Inghilterra del Sud

Ryan Ver Berkmoes
Lou Callan
Nick Ray

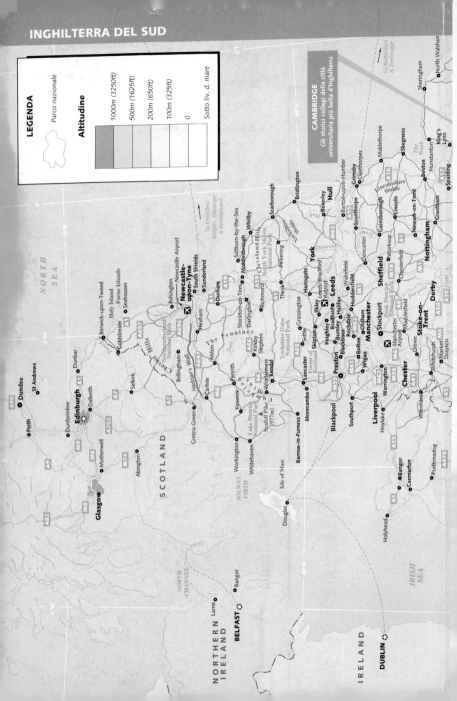

LEGENDA

Parco nazionale

Altitudine

1000m (3250ft)
500m (1625ft)
200m (650ft)
100m (325ft)
0
Sotto liv. d. mare

CAMBRIDGE
Gli storici college della città
universitaria più bella d'Inghilterra

To Rotterdam & Zeebrugge

North Walsham
Sheringham
King's Lynn
Hunstanton
The Wash
Skegness
Mablethorpe
Spalding
Boston
Grantham
Newark-on-Trent
Nottingham
Lincoln
Lincolnshire Wolds
Gainsborough
Worksop
Chesterfield
Derby
Stoke-on-Trent
Market Drayton
Crewe
Whitchurch
Macclesfield
Chester
Wrexham
Bangor
Caernarfon
Porthmadog
Holyhead
A5
A470
A55
Hoylake
Southport
Liverpool
Warrington
Wigan
Bolton
Oldham
Manchester
Manchester Airport
Stockport
Blackpool
Preston
Blackburn
Burnley
Rochdale
Huddersfield
Halifax
Bradford
Leeds
Keighley
Skipton
Ilkley
Harrogate
York
Wakefield
Sheffield
Doncaster
Scunthorpe
Grimsby
Cleethorpes
Barton-upon-Humber
Beverley
Hull
Bridlington
Scarborough
Whitby
Saltburn-by-the-Sea
Middlesbrough
Stockton-on-Tees
Darlington
Richmond
Thirsk
Pickering
Cleveland Hills
North York Moors National Park
Yorkshire Dales National Park
Grassington
Settle
Kirkby Stephen
Kendal
Windermere
Lake District National Park
Scafell Pike (977m)
Keswick
Penrith
Alston
Carlisle
Gretna Green
Workington
Whitehaven
Barrow-in-Furness
Morecambe
Lancaster
Forest of Bowland
Isle of Man
Douglas
IRISH SEA
SOLWAY FIRTH
SCOTLAND
Abington
Motherwell
Glasgow
Edinburgh
Dalkeith
Dunfermline
Perth
Dundee
St Andrews
Dunbar
Selkirk
Coldstream
Berwick-upon-Tweed
Holy Island
Farne Islands
Seahouses
Bellingham
Bamburgh
Hexham
Newcastle Airport
Newcastle-upon-Tyne
South Shields
Sunderland
Durham
Northumberland National Park
Hadrian's Wall
Cheviot Hills
The Pennines
NORTH SEA
To Ijmuiden Bergen, Stavanger & Kristiansand
NORTHERN IRELAND
Bangor
Larne
BELFAST
NORTH CHANNEL
IRELAND
DUBLIN

LONDRA
La poliedrica e vibrante capitale, centro della vita culturale del paese

STONEHENGE
Il sito preistorico più famoso – e misterioso – d'Inghilterra

BATH
Deliziosa città termale con sommi esempi di architettura georgiana

WARWICK CASTLE
Il castello medievale più bello del paese, romanticamente adagiato lungo le rive del fiume Avon

COTSWOLD
Regione collinare con villaggi da cartolina e cottage in pietra color miele

WALES

FRANCE

ENGLISH CHANNEL

CHANNEL ISLANDS

ISLES OF SCILLY

0   25   50km
0   15   30mi

Inghilterra del Sud
1ª edizione italiana – Gennaio 2002
Tradotto dall'edizione originale inglese: *England* (1st edition)

Pubblicato da EDT srl
19 via Alfieri, 10121 Torino (Italia)
su autorizzazione di **Lonely Planet Publications Pty Ltd**
A.B.N. 36 005 607 983, 90 Maribyrnong St, Footscray,
Melbourne, VIC 3011, Australia

Fotografie
Le fotografie di questo libro sono state fornite da
Lonely Planet's image library, Lonely Planet Images
(e-mail: lpi@lonelyplanet.com.au)

In copertina
Insegna all'esterno dei St Katharine Docks, Londra
(foto di Charlotte Hindle / LPI)

ISBN 88-7063-527-9

Stampato da Milanostampa s.p.a., Farigliano, CN (Italia)

DEVON E CORNOVAGLIA   477

DAL TAMIGI AL WYE   539

MIDLANDS   612

INGHILTERRA ORIENTALE   639

GLOSSARI   678

INDICI   684

LEGENDA DELLE CARTINE   696

Indice – Cartine

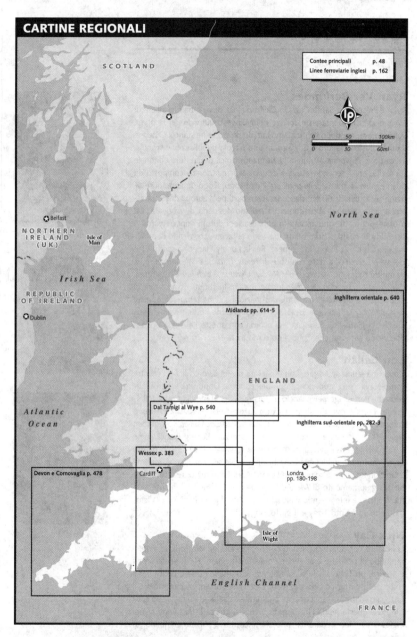

CARTINE REGIONALI

SCOTLAND

Contee principali   p. 48
Linee ferroviarie inglesi   p. 162

0   50   100km
0   30   60mi

North Sea

Belfast

NORTHERN
IRELAND
(UK)

Isle of
Man

Irish Sea

REPUBLIC
OF IRELAND

Dublin

Inghilterra orientale p. 640

Midlands pp. 614-5

ENGLAND

Atlantic
Ocean

Dal Tamigi al Wye p. 540

Inghilterra sud-orientale pp. 282-3

Wessex p. 383

Devon e Cornovaglia p. 478

Cardiff

Londra
pp. 180-198

Isle of
Wight

English Channel

FRANCE

Gli autori

Ryan Ver Berkmoes

Ryan è cresciuto a Santa Cruz, in California, da dove è partito all'età di 17 anni per frequentare un college nel Midwest; qui vide per la prima volta la neve, ma dopo l'entusiasmo iniziale presto se ne stancò. Ottenne il primo posto di lavoro a Chicago, in una piccola pubblicazione scandalistica dove gli venne attribuita l'altisonante carica di direttore editoriale (in realtà, era il secondo assunto di uno staff redazionale composto da due persone, la prima delle quali era il direttore). Dopo un anno di settimane lavorative da 60 ore ciascuna, Ryan partì per l'Europa dove si trattenne sette mesi ed ebbe conferma del suo desiderio di viaggiare. Da allora i suoi scritti sono apparsi in pubblicazioni di tutti i tipi e Ryan si è occupato di qualsiasi argomento, dal serio al faceto, scoprendo di preferire di gran lunga il secondo genere. Per la Lonely Planet ha scritto *Chicago* e *Moscow* ed è stato coautore di *Texas, Canada* e *Western Europe*; ha inoltre coordinato il lavoro per *Russia, Ukraine & Belarus, Great Lakes, Out to Eat – London, Nertherlands* e *Britain*. In futuro, Ryan spera di aggiungere a questo elenco altre destinazioni a clima temperato, anche se non si stanca mai delle località dove abbondano i pub. Insieme a sua moglie, la giornalista Sara Marley, ricorda con affetto l'alloggio di Londra, vicino al luogo che ispirò il noto musicista Nigel Tufnel.

Lou Callan

Dopo una laurea in lingue, Lou è passata da un lavoro all'altro mentre completava i suoi studi nel campo dell'editoria. Dopo una serie di faticosissimi vernissage per il lancio in Australia dei libri della Oxford University Press (dove rivestiva la carica di direttore pubblicitario) trovò lavoro come assistente redattore per *Australian Bookseller & Publisher*. Nel 1998, dopo aver trascorso quattro anni alla Lonely Planet come redattrice dei frasari linguistici, Lou fece le valigie e seguì suo marito Tony fra le dune degli Emirati Arabi Uniti, dove scrisse *Dubai* e, insieme a Gordon Robison, *Oman & the United Arab Emirates*, oltre a contribuire all'aggiornamento di *Middle East*. Oggi Lou è molto ben sistemata fra le spiagge e le aziende vinicole della Mornington Peninsula (Victoria) con suo marito Tony e il gatto Ziggy.

Nick Ray

Londinese per carattere, Nick proviene in realtà da Watford, Inghilterra, il tipo di città che ti fa venire voglia di viaggiare. Ha studiato Storia e Scienze politiche all'Università di Warwick, dalla quale è uscito per il rotto della cuffia con un pezzo di carta che sosteneva che sapeva il fatto suo sulle cose. Solitamente più lontano dai luoghi natii, il suo contributo a questa guida l'ha portato invece a guizzare fra i verdi campi inglesi – per non parlare dei pub che incontrava sul suo cammino. In

realtà, è molto più facile trovarlo impegnato a scrivere libri nelle parti più remote dell'Africa o dell'Asia, soprattutto in Cambogia, che Nick considera un po' la sua seconda casa.

Nota degli autori

Ryan Ver Berkmoes Grazie ai molti enti turistici di Londra e del resto del paese.

Ho un grosso debito di riconoscenza verso Steve Fallon, autore di *London* della Lonely Planet, che ho utilizzato come testo di riferimento per le mie ricerche su Londra. Gli sono grato anche per essere mio buon amico. Sempre a Londra, gli amici che cito hanno reso piacevole la mia permanenza in Inghilterra e mi hanno aiutato incommensurabilmente caricandomi di entusiasmo per il libro: Mike Rothschild, Andrew Humphreys, Gadi Farfour, Damien Simonis, Jane Brockhouse, James Lownie, David e Jane Ellis, Sam, Jennie e Kate Harvey, Laura Board, Kate Norton, Jim Burcke e Barbie Hadley insieme a molti altri.

Lavorare con gli altri autori è stato un piacere, Lou Callan (che non ha mai trovato una città sud-orientale che non le piacesse – o quasi) e Nick Ray (che ha testato personalmente ogni qualità di birra). Il personale dell'ufficio della Lonely Panet a Londra, infine, ha dato prova del suo valore anche in faccende più importanti rispetto all'offerta di una birra tiepida, saltuariamente il venerdì. Kath Leck è stata la prima a propormi il progetto; Tim Ryder, Ed Pickard, Tim Fitzpatrick, Amanda Canning e gli altri sono stati così efficienti da prevenire qualsiasi mia richiesta. Grazie anche a tutti gli altri amici dell'ufficio LP di Londra (Jennifer Cox, Michelle Hawkins, Lorna Gallagher ecc.) non solo per la loro professionalità, ma anche per aver condiviso con me quelle birre tiepide. Infine, un saluto e un bacio alla mia compagna preferita nel mio appartamento preferito, Sara Marley.

Lou Callan Un grazie speciale a Tony Clever, mio amato marito e compagno di viaggio, a Sarah e Nigel Biggs in Gran Bretagna, sempre così disponibili e generosi, e a Danny Foster, ancora in Gran Bretagna, per le telefonate e le birre.

Nick Ray Molti ringraziamenti a tante persone, soprattutto alla mia ragazza Kulikar per la ricchezza che porta nella mia vita, ai miei meravigliosi genitori per il loro costante appoggio e ai miei fantastici amici, i migliori possibili. Un grande ringraziamento anche ai miei parenti nel Worcestershire per avermi dato indicazioni su quella parte del paese, soprattutto Nick George e Sarah Barr. Un grande saluto ai fratelli Johnson di Nottingham, Chris e Andrew, che mi hanno fornito una presentazione esaustiva di quella bella città. Grazie a Brigham Whitney per l'ospitalità a Bristol. Salute anche alle molte brave persone in Inghilterra che mi hanno aiutato a cavarmi d'impaccio e hanno dimostrato che gli Inglesi non sono poi così male. Grazie soprattutto al personale dei molti uffici turistici per la perspicacia e ai tanti membri dello staff dell'ufficio LP di Londra e ai coautori della guida per i suggerimenti, i consigli e la pazienza.

Questa guida

Questa edizione italiana di *Inghilterra del Sud* è tratta dalla prima edizione originale inglese *England* della Lonely Planet, di cui Ryan Ver Berkmoes ha coordinato il progetto, scritto il capitolo introduttivo e quello dedicato a Londra; Lou Callan si è occupata dell'Inghilterra sud-orientale, mentre Nick Ray è l'autore dei capitoli Devon e Cornovaglia, Wessex, Dal Tamigi al Wye e Midlands.

Nota all'edizione italiana

Questa edizione italiana è a cura di Cesare Dapino. Per adattare il testo alle esigenze del lettore-viaggiatore italiano, l'originale è stato rivisto e integrato in alcuni punti dedicati alle informazioni pratiche (notizie sui viaggi dall'Italia, vaccinazioni e medicine 'italiane', visti, ecc.). Sono stati lasciati tuttavia nel testo così riveduto alcuni riferimenti che possono a prima vista apparire di non immediato interesse per il viaggiatore italiano, e questo per almeno tre considerazioni. In primo luogo si è ritenuto in linea di principio più utile abbondare di informazioni che potrebbero in alcuni casi rivelarsi comunque preziose; in secondo luogo, tenuto conto della sempre più diffusa conoscenza dell'inglese in Italia, non ci è parso superfluo mantenere per esempio segnalazioni di pubblicazioni (libri, giornali) in inglese. Infine non si può escludere che chi viaggia solo non incontri compagni di strada e di avventura di altre nazionalità, per i quali alcune delle informazioni qui contenute potrebbero essere d'aiuto a risolvere problemi d'ordine pratico.

Cristina Cossutti, Daniela Delfino, Annalisa Distasi, Gisella Fornaca, Lorena Guglielmino, Sara Passarella, Simone Perasso, Federica Piliego, Fiammetta Spada, Laura Vincenti sono gli autori della traduzione. Le integrazioni per il lettore italiano sono state realizzate da Sabrina Camandona, Luciana Defedele, Cristina Enrico; Luca Borghesio ha curato la sezione su Flora e fauna, il dottor Maurizio Dall'Acqua si è occupato della sezione sulla Salute e Alberto Fornelli delle integrazioni sul Viaggio da/per l'Italia. Ringraziamo poi Ennio Vanzo della Libreria VEL di Sondrio per la consulenza cartografica.

Elisa Griglione e Laura Pellegrin hanno curato l'editing e la correzione delle bozze, mentre l'impaginazione è opera di Carla Degiacomi. Guido Mittiga si è occupato della rielaborazione grafica delle cartine, disegnate per l'edizione inglese dai cartografi della Lonely Planet. Anna Dellacà ha curato la copertina con la supervisione di Loredana De Micheli. Un ringraziamento poi a Silvia Castelli per il prezioso lavoro di coordinamento.

Ringraziamenti

EDT ringrazia Francesca Binotto, Franco Boscato, Nadia Camarotto, Michele De Bernardi, Cristina Rasi, Enzo Rosina e Rodolfo Volpato, che hanno scritto per fornire utili informazioni e aneddoti interessanti.

Prefazione

Le guide Lonely Planet

La nostra storia inizia con un classico viaggio avventuroso: quello compiuto nel 1972 da Tony e Maureen Wheeler attraverso l'Europa e l'Asia fino all'Australia. All'epoca non esistevano informazioni su questo itinerario via terra, perciò Tony e Maureen pubblicarono la loro prima guida Lonely Planet per soddisfare una crescente richiesta. Dal tavolo di cucina, e poi da un minuscolo ufficio di Melbourne (Australia), la Lonely Planet è diventata la più importante casa editrice di viaggi indipendente di tutto il mondo ed è oggi un'azienda internazionale con uffici a Melbourne, Oakland (USA), Londra (Regno Unito) e Parigi (Francia).

Attualmente le guide della Lonely Planet coprono tutti i paesi del pianeta, ma l'elenco delle pubblicazioni continua a crescere e le informazioni sui viaggi vengono anche fornite in varie altre forme e tramite diversi mezzi di comunicazione. Alcune caratteristiche delle guide, però, non sono cambiate nel tempo e lo scopo principale di questi testi è tuttora quello di aiutare il viaggiatore avventuroso a organizzare il proprio itinerario – esplorando il mondo per meglio comprenderlo. La Lonely Planet ritiene che i viaggiatori possano dare un effettivo contributo ai paesi che visitano – a patto che rispettino le comunità di cui sono ospiti e spendano accortamente il loro denaro. A partire dal 1986, inoltre, una parte dei profitti ricavati dalla vendita di ciascuna guida di viaggio viene devoluta alla realizzazione di progetti umanitari e di campagne per il rispetto dei diritti umani.

La Lonely Planet raccoglie informazioni per chiunque voglia conoscere meglio il nostro pianeta – ma soprattutto per coloro che lo esplorano in prima persona. Tramite le guide, i frasari, le guide specificamente dedicate a varie attività, le cartine, la letteratura di viaggio, i notiziari, l'archivio fotografico, le trasmissioni televisive e i siti web, la Lonely Planet agisce inoltre come catalizzatore di informazioni per la comunità mondiale dei viaggiatori.

Aggiornamenti La Lonely Planet aggiorna ciascuna guida quanto più frequentemente possibile: ciò significa che, in genere, da una edizione all'altra passano un paio d'anni, ma per quanto riguarda le guide di paesi insoliti o meno soggetti a cambiamenti questo intervallo può anche essere superiore. Per conoscere le varie edizioni di una guida, date un'occhiata alla imprint page (che segue la cartina a colori, all'inizio del testo).

Tra un'edizione e l'altra, informazioni aggiornate si possono trovare sulla newsletter *Il Mappamondo* (disponibile gratuitamente in libreria o per abbonamento) e sul sito www.lonelyplanet.com/italia. Il sito offre informazioni gratuite online per aggiornare il contenuto di buona parte delle guide. Controllate regolarmente dagli autori Lonely Planet, queste informazioni riassumono le ultime notizie e i cambiamenti rilevanti che riguardano il viaggio nelle destinazioni più importanti e maggiormente soggette a cambiamenti. Ulteriori pagine del sito permettono di condividere racconti e scambiare informazioni con altri viaggiatori.

Corrispondenza La stesura della nuova edizione di una guida inizia dalle lettere, dalle cartoline e dalle e-mail che la casa editrice riceve dai viaggiatori: spesso, infatti, questo genere di corrispondenza comprende suggerimenti, critiche e commenti sull'edizione attualmente in commercio. Perciò, i brani interessanti vengono immediatamente diffusi tramite il notiziario e il sito Web, e raggiungono poi gli autori, che verificano l'esattezza delle informazioni in essi contenute durante la loro ricerca sul campo.

Ricerca Gli autori Lonely Planet si prefiggono lo scopo di raccogliere delle informazioni pratiche perché il viaggiatore possa organizzare il proprio itinerario facilmente e con cognizione di causa. Gli autori effettuano inoltre ricerche sugli avvenimenti storici e culturali dei vari paesi, al fine di arricchire l'esperienza del viaggio e consentire ai turisti di comprendere e rispondere appropriatamente alle tematiche culturali e ambientali.

Gli autori non soggiornano in tutti gli alberghi descritti nelle guide, perché ciò significherebbe trascorrere un paio di mesi in ogni cittadina di medie dimensioni, e nemmeno degustano il menu di ciascun ristorante, nel qual caso le loro cinture si allargherebbero a dismisura. Visitano invece alberghi e ristoranti per descriverne caratteristiche e prezzi, e in questo caso le informazioni basate sulle dirette esperienze dei viaggiatori possono essere di grande aiuto.

Numerosi autori della Lonely Planet non dichiarano la loro professione, mentre altri non ne fanno mistero; nessuno di loro, comunque, accetta servizi gratuiti in cambio di valutazioni positive e nessuna guida di viaggio contiene delle pubblicità.

AVVERTENZA

Le cose cambiano – i prezzi aumentano, gli orari sono soggetti a variazioni, i posti buoni peggiorano e quelli poco raccomandabili scompaiono – e nulla resta immutato. Perciò, se scoprite che una certa situazione è migliorata o peggiorata, che è stata avviata una nuova attività o un'altra ha chiuso da un pezzo, vi chiediamo la cortesia di scriverci e di aiutarci a rendere le successive edizioni delle guide ancora più utili e precise. Tutte le lettere, cartoline ed e-mail vengono lette ed esaminate dalla nostra redazione e anche la più piccola informazione viene verificata dall'autore, dal curatore e dal cartografo idonei.

Chi ci scrive vedrà pubblicato il suo nome nella successiva edizione della relativa guida e gli autori dei contributi più ricchi e originali riceveranno un piccolo omaggio.

I brani estratti dalla vostra corrispondenza possono quindi apparire nelle nuove edizioni delle guide Lonely Planet, sul sito web Lonely Planet, sulla newsletter *Il Mappamondo*, quindi se non volete che la vostra lettera o il vostro nome siano pubblicati siete pregati di segnalarcelo.

Spedite i vostri messaggi, con la dicitura 'Lonely Planet/Aggiornamenti', direttamente all'EDT al seguente indirizzo:

19, via Alfieri – 10121 Torino, Italia – fax (39) 011 5591 824

Oppure inviate la vostra e-mail a: lettere@lonelyplanet.com

Per quanto riguarda le notizie recenti, le informazioni di carattere generale e gli aggiornamenti, potete fare riferimento al sito www.lonelyplanet.com/italia.

Realizzazione delle guide Gli autori sottopongono le loro bozze e cartine ai curatori e ai cartografi – anch'essi viaggiatori esperti – che iniziano a mettere insieme le varie parti del libro, realizzando anche le appropriate traduzioni e gli adattamenti necessari. Quando il testo arriva finalmente nelle librerie alcune informazioni sono già superate e i lettori inviano all'editore i loro commenti, avviando nuovamente il processo di creazione di una guida...

Come utilizzare una guida Lonely Planet

Il modo migliore per utilizzare una guida Lonely Planet è quello che voi ritenete il più appropriato: la Lonely Planet, infatti, è dell'avviso che le esperienze più memorabili di un viaggio sono spesso inaspettate e le scoperte più interessanti quelle che il viaggiatore compie da solo. Le guide di viaggio, quindi, non devono essere utilizzate come una fonte di istruzioni infallibili!

Contenuti Tutte le guide Lonely Planet seguono grossomodo la stessa struttura. I capitoli o le sezioni dedicati alle 'Notizie sulla destinazione' forniscono delle informazioni generali su vari argomenti, dalla storia al clima, mentre le 'Informazioni pratiche' danno consigli pratici su visti, salute e quant'altro. I capitoli e le sezioni 'Il viaggio' e 'Per/da' costituiscono un succinto punto di partenza per le ricerche sugli spostamenti da e per una certa destinazione; i capitoli e le sezioni 'Trasporti locali', infine, presentano un quadro generale dei mezzi pubblici esistenti in un dato paese o in una certa località.

La sequenza dei vari capitoli di una guida è determinata dalle caratteristiche peculiari di ciascuna destinazione, ma alcune gerarchie restano immutate. Le guide Lonely Planet iniziano sempre con le informazioni di carattere generale e proseguono poi con le descrizioni delle attrazioni turistiche, degli alberghi, dei ristoranti, dei divertimenti, dei mezzi di trasporto locali e urbani – sistemati in quest'ordine.

Gerarchia delle intestazioni Le intestazioni delle guide Lonely Planet seguono una precisa gerarchia, che può essere esemplificata da una serie di bamboline russe: ogni intestazione (e il testo che segue) è racchiusa in un altro titolo, che la precede nella scala gerarchica.

Accessi al testo Non necessariamente una guida Lonely Planet va letta dall'inizio alla fine, perché i lettori possono consultare soltanto le parti che interessano loro. I tradizionali accessi al testo sono gli indici (dei capitoli e del testo), ma alcune guide hanno anche l'elenco completo e l'indice delle cartine.

Qualche volta la pubblicazione può essere arricchita da una cartina a colori che illustra i principali luoghi di interesse del paese, trattati più dettagliatamente nel capitolo 'Informazioni pratiche' insieme ai consigli su come organizzare il viaggio e agli itinerari consigliati. Ciascun capitolo è dedicato a una particolare regione geografica e di solito inizia con una cartina generale (nella quale sono evidenziate le

Sebbene l'inserimento in una guida implichi un suggerimento, è impossibile per la Lonely Planet elencare ogni posto degno di nota. D'altro canto, se un certo esercizio è stato escluso, ciò non significa che si abbia da ridire sulla sua attività. In realtà, sono molte le ragioni per cui una struttura o un'attrazione turistica non vengono tenute in considerazione durante la stesura di una guida Lonely Planet: qualche volta per il semplice fatto che sarebbe poco appropriato incoraggiare un afflusso eccessivo di turisti nella loro direzione principali località) e con un altro elenco di attrazioni turistiche: se trovate qualche informazione interessante in questo elenco, consultate l'indice.

Cartine Le cartine svolgono un ruolo fondamentale nelle guide Lonely Planet e danno moltissime informazioni; in fondo alla guida troverete la legenda dei simboli utilizzati. Lonely Planet cerca di ottenere la massima corrispondenza possibile tra le cartine e il testo, e di indicare sulle cartine tutti i luoghi importanti citati nel testo. In genere la numerazione interna delle cartine inizia dall'angolo in alto a sinistra.

Introduzione

Viaggiando attraverso le regioni meridionali dell'Inghilterra rimarrete affascinati dalle testimonianze della ricca e variegata storia del paese. Esiste un paese il cui passato sia altrettanto ben documentato? La varietà di culture e classi di cui è composta oggi la società inglese, inoltre, lascerà a bocca aperta coloro che immaginano l'Inghilterra come un paese tradizionalista dove gran parte della gente trascorre il tempo a sorseggiare birra tiepida nei pub di campagna.

Pur essendo un paese le cui dimensioni risultano intermedie fra quelle della Grecia e quelle dell'Eritrea, l'Inghilterra ha dato al mondo un contributo culturale fondamentale vedendo nascere Shakespeare, la Rivoluzione Industriale, la 'common law', i diritti umani fondamentali, i Beatles e molto altro ancora.

Prima di trovarvi faccia a faccia con l'Inghilterra e gli Inglesi, è tuttavia importante tenere in considerazione alcuni elementi. L'Inghilterra non è il Galles e nemmeno la Scozia. La sua superficie è di 50.085 miglia quadrate (129.721 kmq), su un totale di 229.978 kmq che compongono la Gran Bretagna. La popolazione – circa 50 milioni di abitanti – è decisamente superiore a quella di Scozia e Galles uniti (appena 10 milioni). La densità di popolazione è una delle più alte al mondo, con circa 400 persone per kmq. Questa concentrazione fa sì che il paese presenti molti stimoli: avvenimenti degni di nota sono sempre in corso. Il rovescio della medaglia è che anche nelle zone di grande bellezza naturalistica è sempre palpabile la presenza dell'uomo. Sicuramente, e nonostante ciò che Gallesi e Scozzesi avrebbero da dire in proposito, gran parte di ciò

INGHILTERRA DEL SUD

che è comunemente considerato britannico è in realtà inglese. Per ironia della sorte, questo stato di cose risulta del tutto indifferente a molti Inglesi.

Forse perché hanno sempre guardato verso l'esterno, molti Inglesi si considerano ancora Britannici. In compenso, i loro vicini si considerano in primo luogo Gallesi e Scozzesi e solo in subordine Britannici (se commettete l'errore comune ai turisti di chiamarli Inglesi, lo fate a vostro rischio e pericolo).

A questo sguardo verso l'esterno corrisponde un forte orgoglio nazionale che ha permesso agli Inglesi di contrastare in passato le invasioni straniere e che pervade ancora oggi la vita quotidiana. Per molti Inglesi, infatti, far parte dell'Unione Europea è un compromesso che si può attuare solo tappandosi bene il naso. Abbondano i racconti su come i 'burocrati di Bruxelles' abbiano distrutto le tradizioni inglesi. E non si può fare a meno di notare come tali racconti siano di parte, perché non si fa mai riferimento alle pressioni dell'UE sul paese affinché vengano ripulite le molte spiagge inquinate.

I turisti che arrivano a Londra e si limitano a visitare il West End, Knightsbridge e Kensington non si accorgeranno di trovarsi in una delle città più variegate del pianeta e saranno scusati se penseranno che nella capitale si trovino solo immigrati, altri turisti e qualche raro Inglese. Ma a uno sguardo meno superficiale si offre una città dove gli alunni delle scuole elementari parlano ben 125 lingue diverse e ci sono mercati, quartieri e caffè che ricordano ogni angolo del globo. Vi sono ristoranti che servono cibi etnici di tutti i generi e presto scoprirete anche che alcuni dei piatti migliori che si possono consumare a Londra arrivano da luoghi molto distanti dalla stessa Inghilterra (alcuni direbbero anzi 'maggiore la distanza, migliore la cucina').

I teatri e i club di Londra sono rinomati, mentre è meno noto che la famosa musica pop inglese viene suonata in tutto il paese.

Anche se l'Inghilterra di oggi offre molto ai visitatori, è quella del passato che vi affascinerà maggiormente. Potrete soffermarvi sulla straordinaria abilità nello spostare i massi dimostrata dai nostri antenati a Stonehenge o dare ai Romani ciò che gli spetta a Bath, località da cui trae il nome l'abluzione fondamentale (*bath* significa infatti 'bagno').

La tradizione religiosa prima e dopo Enrico VIII, responsabile dell'abbandono del cattolicesimo, ha lasciato testimonianze monumentali ovunque – dalle chiese gotiche, eleganti nella loro semplicità, fino alla massiccia cattedrale di Winchester.

Nonostante le difficoltà, la monarchia continua a rappresentare il paese, anche se per molti più come icona commerciale che come riferimento culturale. Se Buckingham Palace ha ormai il fascino di un centro congressi, un'altra delle residenze della regina, Windsor Castle, è un piccolo concentrato di storia patria.

Le dimore di Shakespeare a Stratford-upon-Avon costituiscono una testimonianza unica della gloriosa tradizione letteraria dell'Inghilterra.

Un'altra buona ragione per visitare il paese sono gli svaghi, talvolta eccentrici, degli Inglesi, in particolare il piacere di gironzolare a piedi. L'Inghilterra è una rete di sentieri ben segnalati: dalla costa della Cornovaglia al Cotswold vi sono una miriade di itinerari, molti dei quali costituirebbero da soli un buon motivo per affrontare il viaggio.

Mentre vi preparate a scoprire l'Inghilterra che pensavate di conoscere e quella che già sapevate di non conoscere, tenete a mente che, in alcune giornate, la cosa migliore da fare sarà davvero sorseggiare una birra tiepida in un pub di campagna – prestate solo attenzione agli orari di chiusura.

Notizie sulla regione

L'Inghilterra ha sempre svolto un ruolo predominante sia dal punto di vista politico nell'ambito del Regno Unito, sia dal punto di vista geografico rispetto alle altre regioni che compongono la Gran Bretagna. Benché gli Scozzesi e i Gallesi abbiano dato un contributo fondamentale alla fondazione e all'estensione dell'Impero Britannico, questo era considerato, e per certi versi è rimasto, un impero essenzialmente 'inglese'.

Situata ai margini dell'Europa continentale, staccau øda questa pur rappresentandone una parte integrante, l'Inghilterra si è sempre distinta per situazioni e problemi del tutto peculiari. Nel corso della sua storia si sono alternati anni di isolamento a anni di integrazione con il resto dell'Europa. Oggi, con la realtà dell'Unione Europea e con l'apertura del Tunnel della Manica, l'Inghilterra è probabilmente più europea di quanto non sia stata nei 700 anni precedenti, anche se il solo pensiero causerebbe brividi di puro terrore in molti politici conservatori.

Ciò nonostante, il viaggiatore troverà un paese in cui contano ancora moltissimo tutte le istituzioni e i simboli che hanno contribuito a creare l'immagine dell'Inghilterra – dalla monarchia al parlamento, al British Museum e l'elenco sarebbe ancora lungo.

Il contributo più importante del paese è costituito probabilmente dalla lingua: chiunque si trovi a utilizzarla fa inconsciamente riferimento all'Inghilterra, sviluppando con la regione una familiarità che nasconde invece una realtà sconosciuta e capace di stupirci. L'Inghilterra è una regione sovrappopolata e la realtà di ogni giorno, per i suoi abitanti, è una vita difficile che impone ritmi frenetici. Grazie alla fertilità del suolo, per millenni è stato possibile mantenere una popolazione relativamente numerosa. Ogni metro quadrato di terra è stato modificato e sfruttato dall'uomo. Se è vero che il connubio uomo-natura ha portato risultati entusiasmanti, è purtroppo altrettanto vero che, come conseguenza dello sviluppo capitalistico del XIX e XX secolo, nella regione sono sorti agglomerati urbani e industriali squallidi e cupi.

Una parte considerevole del territorio è però rimasta incontaminata. Vi sono pochi paesaggi più attraenti della campagna inglese in un giorno di sole, con i suoi verdi intensi, l'aria tersa, i fiori selvatici, gli alberi dalle chiome tondeggianti, i quieti villaggi, le dimore grandiose e, di tanto in tanto, le guglie di una chiesa gotica all'orizzonte.

STORIA
I Celti
L'Inghilterra era già da tempo abitata da bande di cacciatori quando, circa nel 4000 a.C., dall'Europa arrivò una nuova ondata migratoria. Queste tribù neolitiche, che utilizzavano utensili in pietra furono le prime a lasciare segni permanenti con la coltivazione delle colline calcaree che si irradiano dalla Salisbury Plain. Essi diedero inoltre inizio alla pratica della costruzione di monumenti funebri di pietra e a loro si devono i grandi complessi cerimoniali di Stonehenge e Avebury (circa 3000 a.C.).

Responsabili della migrazione successiva furono i Celti, popolo originario dell'Europa centrale che aveva appreso a fondere il bronzo e più tardi il ferro. Cominciarono ad arrivare verso l'800 a.C. e introdussero due diverse forme linguistiche: il gaelico, che oggi viene ancora parlato in Irlanda e in Scozia e il britannico, parlato un tempo in Inghilterra e tuttora in Galles.

I Romani

Le prime spedizioni di Giulio Cesare in terra britannica risalgono al 55 e al 54 a.c., ma la vera e propria invasione da parte dell'esercito romano avvenne più tardi, nel 43 d.C. Non sono ancora chiare le ragioni che spinsero i Romani a estendere il loro dominio al di là della Manica: forse l'imperatore Claudio ritenne necessario dimostrare il valore militare del suo esercito, oppure temeva che i Celti della Gran Bretagna potessero unirsi ai Galli della Francia o ancora, più semplicemente, pensò che quelle terre gli avrebbero portato denaro. Quest'ultima ipotesi si rivelò esatta, ma il prezzo da pagare fu alto. Facendo un bilancio, infatti, i possedimenti britannici non si rivelarono mai vantaggiosi per i Romani.

Sbarcate sulle coste del Kent, le forze dell'imperatore Claudio cominciarono a penetrare nel territorio inglese e prima del 50 d.C. avevano già raggiunto il confine con il Galles. Gli 'spregevoli Britanni', come recita un'iscrizione latina scoperta nei pressi del Vallo di Adriano, non si arresero facilmente e i centurioni romani ebbero il loro daffare per dominare prima i bellicosi abitanti del Galles e poi (fra il 60 e il 61 d.C.), la regina guerriera Boudicca – conosciuta anche come Boadicea – che riuscì a spingersi fino a Londinium, porto romano che sorgeva presso l'attuale città di Londra. Fatte queste eccezioni, i moti di rivolta furono però rari e sporadici, e non rappresentarono una seria minaccia per l'efficiente esercito romano. In realtà, la stabilità e la ricchezza apportate dai Romani furono probabilmente gradite alla popolazione locale. Verso l'80 d.C. il Galles e il nord dell'Inghilterra erano ormai nelle mani dei Romani.

Impadronirsi della Scozia si rivelò un'impresa più ardua, tanto che nel 122 d.C. l'imperatore Adriano decise che cercare di soggiogare i barbari del nord era una causa persa e che, piuttosto di tentare un'impossibile conquista, era meglio accontentarsi di tenerli a bada. Fu questa la ragione che lo spinse a ordinare la costruzione di una muraglia (il Vallo di Adria-

no) proprio nel bel mezzo del paese: a sud avrebbero prosperato l'Impero Romano e la civiltà, a nord i selvaggi. Solo 20 anni più tardi, i Romani fecero un secondo tentativo di mettere in riga le indisciplinate genti del nord con la costruzione del meno noto Vallo di Antonino, presto abbandonato. Per quasi 300 anni fu il Vallo di Adriano a segnare il confine dell'Impero Romano a nord. Da Londra strade lastricate conducevano ad altri importanti centri regionali – quella oggi nota come Ermine St correva in direzione nord, verso Lincoln, York e il Vallo di Adriano, mentre Watling St si spingeva fino a Chester, a nord-ovest.

Per quasi quattro secoli i Romani portarono all'Inghilterra stabilità e un considerevole progresso economico; inoltre, dopo l'editto di Costantino del 313 d.C., portarono anche il cristianesimo. In questi anni l'impero era già in declino, ma ciò nonostante non furono gli Inglesi a scacciare i Romani, né questi furono chiamati a combattere altrove: l'Inghilterra venne semplicemente abbandonata. Da Roma smise di arrivare il denaro necessario e, sebbene gli avamposti militari tirassero avanti, alla fine caddero in rovina e vennero abbandonati. La fine del dominio romano in Inghilterra si fa generalmente risalire al 410 circa.

Le invasioni degli Angli, dei Sassoni e dei Vichinghi

Con il progressivo rilassamento del dominio romano si assistette a un parallelo degrado della Britannia. La ridotta circolazione del denaro che prima giungeva regolarmente da Roma comportò una diminuzione delle attività commerciali. Allo stesso tempo, si spopolavano le aree rurali, non si viaggiava più in condizioni di sicurezza e iniziavano a sorgere feudi locali. Fu allora che Angli, Juti e Sassoni, tribù pagane di stirpe teutonica, originari delle terre a nord del Reno, cominciarono a stanziarsi in Britannia colmando il vuoto lasciato dalla partenza dei Romani. Per tutto il corso del V secolo i popoli germanici presero possesso di quella che era stata l'Inghilterra romana, giungendo ad assimilare perfettamente la cultura dei Celti: basti pensare che molti toponimi inglesi di oggi sono di origine anglosassone.

Alla fine del VI secolo, l'Inghilterra si trovò divisa in un gran numero di regni anglosassoni che nel corso del VII secolo presero coscienza della loro unità e iniziarono a definirsi 'inglesi'. Benché i Romani non fossero mai riusciti ad attraversare il Mare d'Irlanda, fu soprattutto in Irlanda che i Celti seppero tenere viva la cultura cristiana latina. Importato tardivamente da Roma, il cristianesimo non attecchì immediatamente, ma dal 597, in seguito all'arrivo di Sant'Agostino e alla rapida diffusione delle missioni agostiniane, si verificarono numerose conversioni.

La progressiva fusione della società celtica con i popoli anglosassoni condusse alla formazione di tre potenti regni in terra d'Inghilterra. Nel VII secolo fu il regno di Northumbria – che si estendeva ben oltre in confine scozzese – a svolgere il ruolo dominante. Nell'VIII secolo prese il sopravvento il regno di Mercia, sotto la guida di re Offa, che volle fissare un netto confine fra l'Inghilterra e il Galles facendo costruire un possente argine fortificato (Offa's Dyke), oggi ancora parzialmente visibile. Con l'indebolirsi del regno di Mercia andò poi acquistando potere Egberto re del Wessex, il primo paese che si trovò a governare l'intero territorio d'Inghilterra. Egberto si trovò però a dover contemporaneamente fronteggiare gli attacchi dei Vichinghi, feroce popolo guerriero proveniente dal nord.

Nell'865 un esercito di occupazione vichingo mosse dalla Norvegia alla volta dei regni anglosassoni conquistando Scozia settentrionale, Cumbria e Lancashire, mentre i Danesi si impadronivano dell'Inghilterra orientale, stabilendo la loro capitale a York. I Vichinghi continuarono a espandersi in territorio inglese fino all'871, anno in cui furono sconfitti da Alfredo il Grande di Wessex.

L'Inghilterra si trovava allora divisa in due parti: a nord il Danelaw (sotto la giurisdizione danese) e a sud il Wessex, delimi-

tato dall'antica via romana Watling St. Edoardo il Vecchio, successore di Alfredo, giunse a dominare questi due territori congiunti, ma le generazioni successive videro alternarsi alla guida dell'Inghilterra dapprima i Sassoni (Edgardo, re di Mercia e Northumberland), quindi i Danesi (Canuto e i suoi figli inesperti) e poi nuovamente i Sassoni (Edoardo il Confessore).

Edoardo il Confessore era cresciuto in Normandia – ducato vichingo in terra di Francia – a fianco del cugino, il duca Guglielmo, divenuto poi famoso con l'attributo di 'il Conquistatore'. Alla morte di Edoardo, la corona venne contesa fra due pretendenti: Aroldo di Godwin, il cognato inglese, e Guglielmo, il cugino normanno. Aroldo ottenne il trono ma regnò meno di un anno, impegnato a respingere le invasioni vichinghe, prima a nord e poi nel sud del paese.

Normanni e Plantageneti

Il 1066 rappresenta una tappa d'importanza fondamentale nella storia inglese: con l'arrivo dei Normanni, infatti, le invasioni straniere che proseguivano da un millennio cessarono per sempre e da allora nessun popolo tentò più di mettere piede in terra inglese. In quell'anno Guglielmo, che ben presto sarebbe stato soprannominato 'il Conquistatore', sbarcò sulle coste inglesi insieme a 12.000 uomini e sconfisse Aroldo nella battaglia di Hastings. Completata in breve tempo la conquista dell'Inghilterra, i Normanni sostituirono all'aristocrazia inglese i propri compatrioti di lingua francese, edificarono castelli e instaurarono il sistema feudale.

L'efficienza normanna in campo amministrativo è dimostrata dal *Domesday Book* (libro del catasto), che censiva abitanti, proprietari e possedimenti nell'Inghilterra degli anni 1085-86. A Guglielmo I successero i figli Guglielmo II (1087), misteriosamente ucciso da una freccia mentre si trovava a caccia nella New Forest, ed Enrico I. Sposando una principessa sassone, Enrico consacrò la consuetudine ormai diffusa dei matrimoni fra Normanni e Sassoni.

Enrico morì senza lasciare eredi maschi; si scatenò allora un'aspra lotta per la successione che si risolse nel 1154 con l'ascesa al trono di Enrico II (conte d'Angiò e nipote di Enrico I), il primo dei Plantageneti. Avendo ereditato più della metà dell'attuale territorio francese, Enrico II si trovava a disporre di un potere che superava di gran lunga quello del re di Francia.

Alle innumerevoli controversie che sorgevano all'interno della corte si aggiunsero i dissidi fra il sovrano e la chiesa, culminati con l'assassino dell'arcivescovo di Canterbury (1170), il 'prete testardo' Thomas Becket, gesto che compromise la reputazione di Enrico II.

Succeduto al padre, Riccardo Cuor di Leone si dedicò alle crociate in Terra Santa, mentre il fratello Giovanni Senza Terra perdeva gran parte delle terre normanne in Francia e moltiplicava le dispute con la chiesa di Roma, inimicandosi tutti i potenti baroni inglesi. Questi ultimi, per riacquistare i propri diritti di libertà, costrinsero Giovanni a firmare la Magna Charta nel 1215.

Questo documento, nato come un semplice accordo fra i baroni e il loro re, rappresenta la prima importante dichiarazione dei diritti umani e sarebbe divenuto la base del futuro ordinamento costituzionale inglese.

Nonostante la sottoscrizione della Magna Charta, le lotte fra il re e i baroni ripresero più accese di prima. Nel 1265 i baroni rapirono Enrico III e il figlio Edoardo. Il giovane principe, però, riuscì a fuggire, a imporsi ai baroni e infine a farsi incoronare re nel 1272. Durante il suo regno, Edoardo I strinse nuovi accordi con la nobiltà e riuscì a estendere i suoi domini oltre i confini di Galles e Scozia.

Il regno di Edoardo II, salito al trono nel 1307, fu caratterizzato da insuccessi militari (in testa al suo esercito, il re subì una tremenda sconfitta in Scozia per mano di Robert Bruce), da atti di favoritismo nei confronti dei suoi protetti e da una misera fine. Edoardo venne infatti rinchiuso nel castello di Berkeley (Gloucestershire) e

quindi assassinato per ordine della moglie e del suo amante, Roger Mortimer, per 'punirlo' della sua omosessualità.

Edoardo III rimase sul trono per ben cinquant'anni, senza che il suo regno riuscisse a vivere un solo periodo di pace. Nel 1337 ebbe inizio la guerra dei Cent'Anni contro la Francia e nel 1349 il paese fu colpito dalla peste bubbonica. La 'morte nera' imperversò per diverso tempo, mietendo complessivamente un milione e mezzo di vittime, riducendo cioè di più di un terzo la popolazione dell'Inghilterra. Il giovane Riccardo II era da poco salito al trono quando esplose la rivolta dei contadini (1381) che egli represse brutalmente, aumentando il malcontento che già serpeggiava fra i suoi sudditi.

Oltre agli scontri fra i contadini e la classe dominante, nel corso del XVI secolo si registrarono altri importanti cambiamenti a livello sociale, esemplificati dalla diffusione della lingua inglese e dal conseguente declino del francese, lingua della nobiltà.

Nel 1380 John Wycliff eseguì la prima traduzione inglese della Bibbia, ma questa venne interpretata come una minaccia per la chiesa e per la monarchia (per la possibilità che offriva al popolo di interpretare quanto prima era espresso solo in latino), tanto che 150 anni dopo William Tyndale morì sul rogo per aver osato stampare la Bibbia in inglese.

I *Canterbury Tales* di Geoffrey Chaucer, pubblicati intorno al 1387, furono non solo una delle prime opere scritte in inglese, ma anche uno dei primi libri più tardi riprodotti a stampa.

La lotta per mantenere il controllo inglese sulla Francia fu una delle cause prime della guerra dei Cent'Anni e per affrontare le enormi spese militari i Plantageneti furono costretti a trasferire diversi poteri al parlamento, che custodiva gelosamente l'amministrazione del sistema delle tasse.

Le casate di Lancaster e York

Il debole regno di Riccardo II si concluse con la sua deposizione a favore dell'av-

La guerra dei Cent'Anni e la guerra delle Due Rose

Raramente le guerre sono ciò che il nome suggerisce. Nel nostro secolo, ad esempio, abbiamo visto la Grande Guerra diventare la Prima guerra mondiale perché la guerra successiva le fece cambiare attributo. Nel caso della guerra dei Cent'Anni, si trattò in realtà di un conflitto durato 116 anni, dalla prima vittoria inglese a Crécy fino a quando gli Inglesi stessi si resero conto di non avere forze sufficienti per governare anche al di là della Manica. C'è chi sostiene che al contrasto anglo-francese si aggiunsero le ragioni di una guerra civile francese, ma il vero e proprio casus belli furono i grovigli dinastici nati fra le case reali dei due paesi e i conseguenti disaccordi circa le reciproche sfere di controllo. L'epidemia di peste, la carenza di mezzi finanziari e le catastrofi generali che vessarono il XVI secolo (come la morte del Principe Nero e la rivolta dei contadini) fecero sì che la guerra subisse periodiche interruzioni e spiegano in parte la durata così lunga del conflitto.

Anche la guerra delle Due Rose fu combattuta a fasi alterne e ricevette questo nome solo quattro secoli dopo, grazie alla penna di Sir Walter Scott. Gli storici hanno calcolato che, dei trenta anni trascorsi fra l'inizio delle ostilità e l'ascesa al trono di Enrico VI, solo 60 settimane furono di guerra effettiva. Le guerre del Medioevo erano diverse dalle sanguinose battaglie che si combatterono in epoche successive: allo scontro sul campo, infatti, non di rado si preferiva il tentativo di prostrare il nemico economicamente, distruggendo tutti i suoi raccolti e saccheggiandone i villaggi.

---

versario Enrico, primo duca di Lancaster a salire al trono, nel 1399. Il padre di Enrico IV, Giovanni di Gaunt, era uno dei figli di Edoardo III e aveva esercitato la sua influenza sia durante gli ultimi anni di regno del padre, sia durante il successivo regno di Riccardo II.

A Enrico IV succedette il figlio Enrico V che riportò un'enorme vittoria nella guerra dei Cent'Anni, sconfiggendo i Francesi ad Agincourt; il re fu più tardi immortalato da Shakespeare come uno dei sovrani più amati dal popolo inglese.

Enrico VI salì al trono giovanissimo e invece di occuparsi della guerra si dedicò alla realizzazione di nuove opere architettoniche (fece costruire la King's College Chapel a Cambridge e l'Eton Chapel nei pressi di Windsor), ma era anche preda di ricorrenti attacchi di follia. La guerra dei Cent'Anni si concluse nel 1453 con il ritiro delle forze inglesi dalla Francia, ma in capo a due anni gli Inglesi si ritrovarono coinvolti in un nuovo conflitto: la guerra delle Due Rose.

A scatenarla fu nuovamente un problema di successione, che vedeva contrapposti Enrico VI, rappresentante della rosa rossa di Lancaster e Riccardo duca di York, aspirante al trono per la rosa bianca dei York. La debolezza di Enrico VI si rivelò compensata dalla tempra della moglie Margherita d'Angiò, che in testa al suo esercito sconfisse e uccise Riccardo. La successiva tregua fu breve poiché un anno dopo la regina dovette cedere la corona a Edoardo, figlio di Riccardo.

Salito al trono come Edoardo IV, primo re della casata dei York, egli si vide minacciato da Riccardo Neville, l'astuto conte di Warwick. Nel 1470 quest'ultimo, escogitato un piano per riportare sul trono Enrico VI insieme a Margherita d'Angiò, riuscì a mandare in esilio Edoardo IV. Un anno più tardi però quest'ultimo tornava alla carica e, ucciso il conte di Warwick, fece rapire Enrico e Margherita. Poco tempo dopo Enrico, tenuto prigioniero nella Torre di Londra, morì in circostanze misteriose.

A Edoardo IV successe il figlio dodicenne, Edoardo V, che regnò per un solo anno prima di essere ucciso insieme al fratello minore nella famigerata Torre di Londra. Gli storici non sono ancora riusciti a stabilire con chiarezza se i giovani furono assassinati per ordine di Riccardo III, loro zio e re successivo; certo è che nessuno versò una lacrima quando, nel 1485, Riccardo fu scalzato dal trono da Enrico, primo sovrano della dinastia Tudor.

I Tudor

Enrico VII, discendente dei Lancaster (Giovanni di Gaunt) da parte di madre, chiuse la guerra delle Due Rose con un compromesso, sposando la figlia di Edoardo IV e predisponendo matrimoni strategici per i figli.

Ben altro significato ebbero i matrimoni multipli del figlio Enrico VIII, ossessionato fin dall'inizio dalla preoccupazione di mettere al mondo un erede. Il rifiuto del papa di annullare il matrimonio con Caterina d'Aragona lo indusse alla rottura con il cattolicesimo, sancita dal parlamento inglese che proclamò il re capo della chiesa anglicana. Successivamente Enrico VIII ordinò la soppressione dei monasteri in Gran Bretagna e Irlanda, dapprima (nel 1536) solo i più piccoli e in un secondo tempo (1539-40) anche quelli più grandi, incamerandone tutti i beni. Le terre e le ricchezze usurpate alla chiesa furono rivendute oppure affidate ai membri della nobiltà: così facendo, il re ottenne sia il denaro necessario per le sue campagne militari, sia la riconoscenza e la lealtà dei suoi sudditi più potenti.

Durante i sei anni del regno di Edoardo VI, il figlio di Enrico VIII incoronato quando aveva appena nove anni, la diffusione delle dottrine protestanti crebbe, mentre sotto Maria I la Cattolica, che regnò per cinque anni dopo il fratellastro, si ebbe un breve rifiorire del cattolicesimo.

Elisabetta I, terza figlia di Enrico VIII, rafforzò la chiesa anglicana e aprì le ostilità con la Spagna di Filippo II fino a distruggerne l'Invincibile Armata. Durante il suo regno (1558-1603), durato ben 45 anni spiccano anche altre imprese gloriose come le esplorazioni dei navigatori inglesi, l'opera letteraria di Wiliam Shakespeare e le speculazioni filosofiche di Francis Bacon (Francesco Bacone).

Gli Stuart e il Commonwealth

Il successore di Elisabetta I, morta senza lasciare eredi, fu l'inflessibile discendente della dinastia Stuart, Giacomo VI di Scozia, che riunì per la prima volta le corone di Inghilterra, Galles e Scozia regnando con il nome di Giacomo I. I suoi sforzi per ristabilire i rapporti con la chiesa cattolica si rivelarono inutili per la reazione anticattolica suscitata dalla 'Congiura delle polveri' (1605), tentativo fallito di dar fuoco al parlamento e al re, ordito dal cospiratore Guy Fawkes (celebrato ancora oggi il 5 novembre nella festa chiamata 'Guy Fawkes' Night'). Le lotte di potere fra la monarchia e il parlamento s'inasprirono ulteriormente durante il regno di Carlo I, sfociando nella guerra civile che vide contrapposti i sostenitori della corona ('cavalieri') e quelli del parlamento ('teste rotonde'). I cattolici, i membri conservatori della chiesa anglicana e la vecchia nobiltà parteggiavano per Carlo I, che aveva le sue roccaforti nel nord e nell'ovest del paese. I protestanti puritani e i comuni di Londra e delle città del sud-est difendevano invece il parlamento.

Contrasti e rivolte armate si risolsero dopo cinque anni (1644-1649) a favore del parlamento, con la condanna a morte di Carlo I e l'istituzione del Commonwealth, creato dal deputato Oliver Cromwell. Assunto il comando dell'esercito, Cromwell nel 1694 diede inizio alla furiosa campagna d'Irlanda, che non esaurì purtroppo il suo appetito per i bagni di sangue.

Nel 1653, per neutralizzare i più radicali fra i suoi sostenitori e la risorta opposizione legittimista, Cromwell assunse il titolo di Lord Protettore, instaurando una dittatura personale a carattere militare. Mirando soprattutto allo sviluppo dell'esercito e della marina, Cromwell gettò le basi del futuro impero britannico. La sua politica fu continuata con scarso entusiasmo dal figlio Richard e nel 1660 il parlamento, deluso dal nuovo governo, decise di ripristinare la monarchia.

Carlo II (figlio esiliato di Carlo I) fu un re abile e crudele, capace comunque di ristabilire l'ordine in mezzo al caos, avviando una restaurazione che promettesse una nuova fioritura delle arti e delle scienze piuttosto del rigido puritanesimo propugnato dal Commonwealth. In questo periodo di conquiste ed espansioni, lungo la costa del continente americano le colonie inglesi prosperavano, mentre la Compagnia delle Indie Orientali stabiliva il suo quartier generale a Bombay.

Meno lungimirante fu Giacomo II, che si accinse alla restaurazione cattolica in Inghilterra: di fronte a questa prospettiva il paese insorse offrendo la corona a Guglielmo d'Orange (marito olandese di Maria II, figlia protestante di Giacomo II). Per poter salire al trono, però, Guglielmo e Maria furono invitati a sottoscrivere una dichiarazione dei diritti *(Bill of Rights)* e successivamente un atto costitutivo *(Act of Settlement)* con i quali si garantiva al regime il carattere di monarchia costituzionale, ponendo chiari limiti al potere del re. Si stabiliva inoltre che nessun cattolico, o pretendente alla corona sposato a un cattolico, avrebbe più potuto ascendere al trono inglese.

Se il processo che li vide salire al trono viene ricordato come rivoluzione pacifica *(Glorious Revolution)*, pacifica non fu la situazione in Irlanda, dove i protestanti avevano ottenuto la supremazia soltanto in seguito alla vittoria di Guglielmo su Giacomo nella battaglia di Boyne, fatto che pose le basi dei problemi tuttora esistenti.

Maria morì prima di Guglielmo. Al re successe la regina Anna (seconda figlia di Giacomo II), con la quale la dinastia degli Stuart si estinse nel 1714. Il trono passò allora a lontani parenti germanici che avevano il vantaggio di essere protestanti.

Impero e industria

Salita al potere nel XVIII secolo, la dinastia degli Hannover consolidò il regime costituzionale e parlamentare e dal 1721 al 1742 Sir Robert Walpole assolse le funzioni di primo ministro, carica che non esisteva precedentemente e alla cui creazione diede un contributo fondamentale. Questo periodo di tranquillità fu turbato nel 1745 dal tentativo di riconquistare il trono per gli Stuart da parte del principe Carlo Edoardo. La rivolta ebbe termine con la sconfitta dei giacobiti (i fautori del re esiliato, Giacomo II), sbaragliati dall'esercito nella battaglia di Culloden, in Scozia.

Il controllo inglese sempre più forte sulle Isole britanniche aveva la sua controparte nell'espansione ancora maggiore oltremare e l'impero coloniale inglese si trovava ad amministrare zone sempre più vaste di America, Canada, e India. Allo stesso tempo, in seguito all'epico viaggio del capitano James Cook (1768), gli Inglesi riuscirono a far valere i propri diritti anche sull'Australia.

Il primo grave scacco all'impero britannico fu la rivolta delle colonie nordamericane, che conquistarono l'indipendenza nel 1782. A questo primo insuccesso fece seguito un periodo di isolazionismo, durante il quale in Francia ascese al potere Napoleone. Le mire espansionistiche del futuro imperatore furono subito ridimensionate da due grandi eroi inglesi, l'ammiraglio Nelson e il generale Wellington.

La Gran Bretagna era nel frattempo diventata la culla della Rivoluzione Industriale. La costruzione di canali (il primo fu il Bridgewater Canal, inaugurato nel 1765), l'invenzione della macchina a vapore (brevettata da James Watt nel 1781), l'introduzione della locomotiva a vapore (costruita da George Stephenson nel 1830), lo sviluppo delle miniere di carbone e l'impiego dell'energia idrica rivoluzionarono i mezzi di produzione e di trasporto, favorendo la nascita delle prime città industriali nelle Midlands.

I progressi in campo medico determinarono un sensibile aumento della popolazione, ma il rapido passaggio dalla società agricola a quella industriale provocò un grande disorientamento e molte difficoltà. Ciononostante, quando nel 1837 salì al trono la regina Vittoria, la Gran Bretagna era la prima potenza mondiale: la sua flotta dominava gli oceani, collegando fra loro le terre di un impero enorme mentre le sue fabbriche dominavano il commercio mondiale.

Il prezzo è di 'due bob'

Fino al 1971 la Gran Bretagna ha utilizzato un sistema monetario che qualcuno chiamava *quaint*, mentre per altri era semplicemente… strano. Si trattava di un sistema che sfidava qualsiasi logica, anche se i molti fantasiosi tagli di valuta hanno consentito a generazioni di scrittori inglesi di sbizzarrirsi.

Per vostra informazione, ecco che cosa si intende se sentite fare riferimento al vecchio sistema:

Farthing – una moneta da un quarto di penny, ritirata dalla circolazione nel 1956
Half penny – letteralmente, mezzo penny
Penny – o pence, unità basilare della valuta inglese che risale al 75 d.C.
Three pence – una moneta di questo valore
Sixpence – altra moneta il cui nome indica il valore
Shilling – 12 pence, chiamata anche un 'bob' (scellino)
Florin – due shilling (fiorino)
Halfcrown – due shilling e sei pence (mezza corona)
Crown – cinque shilling (corona)
Pound – 20 shilling, solitamente in banconota (sterlina)
Sovereign – una moneta da un pound d'oro (sovrana)

Per rendere le cose un po' più interessanti, una 'guinea' indicava 21 scellini, anche se non esisteva né una moneta, né una banconota che avesse questo valore.

Com'è facile intuire, il cambiamento del 1971 fu un trauma per gli Inglesi tradizionalisti e si sprecarono le previsioni circa le conseguenze catastrofiche del passaggio al sistema decimale. A ben vedere, molti degli argomenti portati allora a sostegno di quella tesi, vengono oggi riproposti per il passaggio all'euro.

Durante i governi dei primi ministri Disraeli e Gladstone furono approvate numerose riforme sociali interne, come la legge che rendeva l'istruzione obbligatoria per tutti, il riconoscimento legale dei sindacati (*Trade Unions*) e l'estensione del diritto di voto alla quasi totalità della popolazione maschile (le donne avrebbero ottenuto il diritto di voto solo dopo la Prima guerra mondiale).

Da Edoardo VII alla Seconda guerra mondiale

La regina Vittoria morì nel 1901, all'inizio di un nuovo secolo, e con lei terminò anche l'epoca gloriosa delle grandi espansioni britanniche. Quando salì al trono Edoardo VII, tuttavia, nessuno poteva presagire che con il nuovo sovrano sarebbe iniziata un'era di inevitabile declino. Nel 1914 la Gran Bretagna intervenne nella Grande Guerra, conflitto tramutato in un orrendo massacro che avrebbe arricchito i dizionari di una nuova espressione, 'guerra di trincea' e che, volendo usare proprio questa metafora, avrebbe scavato una profonda trincea fra le classi dominanti e quelle operaie con la morte di migliaia di uomini per ordine dei loro ufficiali in comando.

Alla fine della guerra, nel 1918, la Gran Bretagna aveva perso un milione di uomini e il 15% del capitale nazionale accumulato. L'euforia della vittoria portò a una nuova estensione del diritto di voto, ora accordato a tutti gli uomini di 21 anni e alle donne di almeno 30 anni. Il suffragio universale sarebbe stato riconosciuto nel 1928.

Fra i cambiamenti che segnarono la vita politica interna vanno ricordati anche il declino del partito liberale e la formazione del partito laburista che nel 1923 vinse per la prima volta le elezioni con l'appoggio dei liberali. Il primo capo del governo laburista fu James Ramsay MacDonald, ma già un anno dopo il potere tornava nelle mani dei conservatori. La politica deflazionista di questi ultimi determinò un aumento della disoccupazione e un aggravamento delle condizioni di vita delle classi popolari e il malcontento generale sfociò nel grande sciopero generale del 1926. La prima delle innumerevoli agitazioni operaie che avrebbero caratterizzato il paese per i 50 anni successivi vide più di mezzo milione di lavoratori scendere in piazza per rivendicare i propri diritti. La reazione del governo fu di inviare reparti dell'esercito a scopo dimostrativo.

Negli anni '20 si trovò una via di uscita alla questione irlandese, problema che pesava da secoli sulla Gran Bretagna. L'accentuarsi delle reciproche tensioni aveva portato, nel 1919, allo scoppio della guerra anglo-irlandese. Dopo un periodo di aspra lotta, si giunse a un accordo con l'Inghilterra, con il quale venne riconosciuta l'indipendenza all'Irlanda (con l'esclusione dell'Ulster). La decisione di dividere l'isola in due purtroppo, com'è dimostrato dalla storia degli anni seguenti, non si dimostrò risolutiva.

Le agitazioni sindacali degli anni '20, i continui contrasti fra la popolazione e il governo e la crisi economica mondiale esplosa all'inizio degli anni '30 furono le premesse di un decennio di miserie e sconvolgimenti politici. Persino la famiglia reale fu gettata nello scompiglio quando, nel 1936, re Edoardo VII abdicò per sposare Wally Simpson, non solo due volte divorziata, ma addirittura americana.

Fu quindi proclamato re il fratello di Edoardo, Giorgio VI, ma l'eco dello scandalo si protrasse nel tempo, anticipando l'estenuante persecuzione che la famiglia reale avrebbe subito mezzo secolo più tardi da parte dei media.

Negli anni '20 e '30 la Gran Bretagna sopravvisse in balia di governi mediocri e tutt'altro che lungimiranti, completamente incapaci di affrontare la grave crisi in cui il paese languiva ormai da decenni. In Germania saliva nel frattempo al potere Adolf Hitler; quando, nel 1938, il primo ministro Neville Chamberlain tornò da Monaco con una 'promessa di pace per il nostro tempo', la catastrofe della seconda guerra mondiale era già stata innescata. Il 1° settembre del 1939 Hitler invadeva la Polonia, e due giorni più tardi la Gran Bretagna dichiarava guerra alla Germania.

La Seconda guerra mondiale

Le truppe tedesche invasero la Francia e fra il maggio e il giugno 1940 respinsero un contingente britannico, ricacciandolo fino alle spiagge di Dunkerque: fu solo grazie a una flottiglia straordinaria di navi di salvataggio che si poté evitare il massacro dei soldati inglesi. Nel 1940, quando quasi tutti i paesi europei erano sottomessi o subivano comunque l'influenza del potere nazista, Stalin aveva negoziato un armistizio con Hitler e gli Stati Uniti si mantenevano neutrali, la Gran Bretagna, appassionatamente guidata da Winston Churchill, si trovò a essere pressoché isolata. Contestato per la sua politica di pacificazione, Neville Chamberlain si fece da parte per consentire a Churchill di formare una coalizione di governo e coordinare gli sforzi bellici.

Fra il luglio e l'ottobre del 1940 l'aviazione britannica resistette ai numerosi attacchi lanciati dai bombardieri della Luftwaffe riuscendo così a far fallire il piano d'invasione che prevedeva lo sbarco delle truppe tedesche nell'isola. La straordinaria forza trainante di Churchill riuscì a far resistere il paese; durante la guerra, ben 60.000 civili britannici persero la vita e si trattò in larga parte di Inglesi, caduti a Londra e nelle Midlands.

Dopo un'apparente fase di stallo, il conflitto riprese su più fronti, preludendo all'intervento degli Stati Uniti. Nel dicembre del 1941 le forze giapponesi invadevano la Malesia e, poche ore più tardi, bombardavano la flotta americana a Pearl Harbor.

Pochi giorni dopo i Giapponesi occupavano la colonia britannica di Hong Kong e Singapore cadeva alla metà di febbraio. L'entrata in guerra degli Stati Uniti segnò l'inizio del capovolgersi degli equilibri in Europa, dove nel frattempo Hitler aveva scatenato l'offensiva in Russia. Verso la fine del 1942 i Tedeschi furono sconfitti in Nordafrica e, in risposta agli attacchi aerei sferrati contro la Gran Bretagna, le forze alleate bombardarono la Germania nel '42 ed nel '43. Imitando la tattica tedesca di bombardare le città invece degli obiettivi militari, gli Alleati causarono la morte di migliaia di

Quando si dice rivoluzione

Oggi si pensa che la Rivoluzione Industriale sia più il risultato di un cambiamento sociale piuttosto che quello di una serie di progressi della tecnica, ridimensionando quindi l'importanza di invenzioni come il motore a vapore, la ferrovia e la fusione del ferro.

All'inizio del XVIII secolo, l'Inghilterra aveva già accumulato una grossa esperienza nel commercio e aveva prodotto una grande ricchezza attraverso la trasformazione di materie prime in prodotti finiti rivendibili sul mercato. I molti porti e le tradizioni marittime del paese indicavano come il commercio fosse ormai parte della cultura.

Così, quando alla fine del XVIII secolo la Gran Bretagna ebbe un incremento demografico senza precedenti (la popolazione di 8,3 milioni di abitanti del 1770 raddoppiò nel corso di 50 anni), gli abitanti non furono lasciati alla mercé dei capricci della terra, piuttosto la produzione industriale e i posti di lavoro crebbero di pari passo con la popolazione.

Il governo britannico nel frattempo perlustrava senza tregua il globo alla ricerca di nuove terre ricche di risorse da colonizzare. Le materie prime provenienti da queste terre – un buon esempio è dato dal cotone proveniente dall'India e dall'America – impegnarono un numero crescente di lavoratori. I progressi nella tecnologia tessile portarono il prezzo dei prodotti in cotone a un livello largamente appetibile. Il valore della produzione annuale di cotone in Inghilterra crebbe del 7000% dal 1760 al 1800.

Una teoria sulla Rivoluzione Industriale inglese attribuisce alla produzione di massa di capi di vestiario in cotone la facoltà di aver contribuito all'esplosione demografica britannica: i capi di lana, infatti, erano difficili da lavare e trasmettevano le malattie, mentre il cotone, facile da lavare, era più igienico.

Certamente la minore incidenza di malattie infettive a partire dalla metà del XVIII secolo contribuì alla crescita della popolazione. L'accresciuta esigenza di pulizia stimolò l'arduo compito di ripulire le città, molte delle quali nel XIX secolo erano ancora dotate di un sistema fognario medievale. Nuovi alimenti importati da terre lontane, come il frumento e altre granaglie, aiutarono a sfamare la popolazione. Sempre nel corso del XIX secolo la vicina Irlanda, che praticamente non conobbe sviluppo industriale, soffrì diverse terribili carestie.

Anche se la Rivoluzione Industriale coinvolse l'intera Gran Bretagna, il suo fulcro fu l'Inghilterra. Le abbondanti scorte di metallo ferroso e di carbone in Yorkshire, Lancashire, Northum-

civili, senza peraltro riuscire a paralizzare la macchina da guerra tedesca.

Nel 1944 la Germania batteva in ritirata e gli aerei alleati avevano ormai conquistato il pieno controllo dei cieli: nel mese di giugno le truppe alleate sbarcavano in Normandia; sul fronte orientale l'esercito tedesco era già crollato e un anno dopo, nel maggio del '45 (dopo la morte di Hitler) i Tedeschi firmarono la resa incondizionata. La Germania era ridotta a un cumulo di macerie e l'Europa si apprestava a tracciare nuovi confini che l'avrebbero divisa per quasi cinquant'anni. A tre mesi dalla firma della resa tedesca seguiva la resa del Giappone, prostrato dal lancio della bomba atomica su Hiroshima e Nagasaki.

Il dopoguerra e la ricostruzione

Negli anni del secondo dopoguerra i paesi europei affrontarono l'opera di ricostruzione economica con gli aiuti del Piano Marshall, stanziati dal governo americano. In Gran Bretagna il desiderio di rinnovamento si tradusse nella sconfitta elettorale di Churchill a favore del partito laburista che, sotto la guida di Clement Attlee, intraprese una forte politica di nazionalizzazione.

Negli anni '30 fra gli intellettuali del circolo di Bloomsbury, accanto ad artisti e scrittori spiccava il brillante economista John Maynard Keynes. Sostenendo che il governo poteva e doveva influenzare l'economia, Keynes elaborò le sue teorie, destinate ad avere grande influenza sul pensiero economico contemporaneo. La

Quando si dice rivoluzione

berland e Staffordshire fornivano materie prime alle industrie locali e il South Yorkshire in particolare divenne un importante centro per la produzione del ferro prima, dell'acciaio poi. Furono
costruite le linee ferroviarie, dapprima per trasportare il metallo ferroso e poi per trasportare le
persone; nel 1830 una delle prime linee collegava Manchester e Liverpool. Gli Inglesi si dimostrarono provetti scavatori di canali nel terreno quasi piatto, tanto che in meno di 100 anni, a
partire dal 1720, ne vennero costruiti per una lunghezza pari a 4000 miglia: il canale Grand
Union, in particolare, collegava Londra a Bristol e al suo importante porto.

La Rivoluzione Industriale trasse forza da se stessa, come una tempesta: nel 1750 l'Inghilterra
era un paese essenzialmente rurale, dove era la coltivazione della terra a fornire di che vivere a
gran parte della popolazione, mentre solo 100 anni più tardi il 50% degli abitanti viveva nelle
città. Manchester e Birmingham, nelle Midlands, richiedevano forza lavoro e il salario regolare,
per quanto basso, attirava molte persone stanche di dipendere dall'incerta produzione agricola.
Altri furono costretti a recarsi in città perché espropriati delle proprie fattorie dalla costruzione di
grandi stabilimenti industriali.

La vita urbana portò un rinnovamento completo della cultura inglese, specialmente nel XIX
secolo: nelle anonime città, ad esempio, la gente superava le inibizioni ancora forti nelle piccole
e chiuse comunità rurali. Le prime di forze di polizia furono create negli anni '20 del XIX secolo,
in primo luogo per contrastare comportamenti antisociali. Si ebbe un forte incremento delle
nascite fuori dal vincolo matrimoniale e le donne cominciarono a cercare lavoro fuori casa. Nonostante gli aspetti positivi, la vita per molti si riduceva al solo lavoro: la giornata lavorativa di
14 ore era la norma e poteva essere assunto chiunque avesse più di sei anni. Non va dimenticato
però che gli enormi, tetri e impersonali stabilimenti tradizionalmente associati alla Rivoluzione
Industriale cominciarono ad apparire solo durante l'era vittoriana, epoca durante la quale cominciarono anche ad essere emanate leggi che regolavano le condizioni lavorative.

Forse il più grande cambiamento sociale ascrivibile alla Rivoluzione Industriale è la creazione
della classe media: alla fine del XIX secolo per la prima volta in Inghilterra si assistette alla nascita dal nulla di una grande classe di lavoratori, persone che avevano a disposizione un reddito da
utilizzare non solo per l'acquisto di beni (che avrebbe a sua volta incrementato il commercio e
l'industria) ma anche per scopi ricreativi.

nazionalizzazione delle maggiori industrie del paese, le riforme del governo in
materia di economia e l'istituzione del
servizio sanitario nazionale rientravano
tutte nell'ambizioso progetto del Welfare
State, la cui realizzazione, dopo i disastri
provocati dalla guerra, si preannunciava
lenta e faticosa.

Dopo la fine della guerra la popolazione della Gran Bretagna registrò un'esplosione demografica che rese necessaria per
molti anni l'imposizione di un regime di
razionamento e austerità. A svuotare ulteriormente le casse del paese contribuì lo
sgretolamento dell'impero britannico, via
via che le colonie conquistavano l'indipendenza: l'India nel 1947, la Malesia nel
1957 e il Kenya nel 1963.

Benché la Gran Bretagna del dopoguerra
fosse diventata più piccola e meno potente,
nel 1957 la ripresa economica induceva al-
l'ottimismo, tanto da spingere il primo ministro, Harold MacMillan, ad affermare che
la maggioranza dei cittadini inglesi 'non
aveva mai conosciuto un simile benessere'.

Dai favolosi anni '60
a Margaret Thatcher

Completata la ripresa economica e smantellate le ultime basi dell'impero, gli anni
'60 si annunciarono sulle note della musica dei Beatles, che improvvisamente facevano apparire la vecchia e grigia Inghilterra un paese vivace e colmo di promes-
se. Anche l'economia sembrava finalmente poggiare su basi più solide, ma nono-

Re e regine

Guardando alle turbolente vicende d'Inghilterra, non si può certo sostenere che la Gran Bretagna abbia avuto una storia monotona. Essere re o regina d'Inghilterra (o ancor di più aspirante al trono) ha sempre significato trovarsi in una posizione alquanto scomoda e pericolosa. I re inglesi sono morti in battaglia (Aroldo II per una freccia che gli trapassò un occhio), sono stati decapitati (Carlo I), assassinati da perfidi zii (Edoardo V a soli 12 anni) uccisi dalle proprie mogli e dai rispettivi amanti (Edoardo II, vittima di una morte terribile architettata per 'punire' la sua omosessualità).

Spesso poi sono diventati re o regine tipi alquanto singolari ed eccentrici: sciupamogli della peggior specie, come Enrico VIII, malati di mente come Giorgio III, balbuzienti come Giorgio IV. Quanto agli scandali, le gesta degli attuali membri della famiglia reale nel corso degli anni '90 la dicono lunga su ciò di cui devono essere stati capaci i loro predecessori. Né il fenomeno è stato circoscritto ai soli protagonisti maschili: le donne hanno fatto la loro parte dai tempi della regina Boudicca, che caricò le truppe romane al comando del suo carro, fino ai nostri giorni, con Margaret Thatcher che si comportava come una regina pur non essendo tale.

I due sovrani inglesi che ottennero maggiori successi furono probabilmente la regina Elisabetta I e la regina Vittoria, mentre lo sventurato Enrico VI ebbe almeno la fortuna di sposare Margherita d'Angiò, che sembrava disporre di un esercito privato, tant'era la disinvoltura (sicuramente superiore a quella del marito) con cui sapeva comandarlo.

Oggi è acceso il dibattito sulla capacità di Carlo di ricevere il testimone dalla sua longeva madre, Elisabetta II, incoronata nel 1952 e che nel corso del suo lungo regno ha affrontato alcune delle sfide più difficili della monarchia. Partendo dal presupposto che molte delle ferite inflitte all'istituzione sono state in qualche modo cercate, lo stoico regno della regina non è sempre stato un idillio con i sudditi, come è stato dimostrato chiaramente dalle manifestazioni di dolore di massa a seguito della morte della principessa Diana, il cui stile di vita era in aperto contrasto con il rigido protocollo osservato dai Windsor (nome che la famiglia reale si è attribuito durante la Prima guerra mondiale per nascondere le profonde radici tedesche).

La regina si è però piegata ad alcune concessioni: oggi paga le tasse ed ha eliminato un numero consistente di parenti lontani dall'elenco di coloro che beneficiano della munificenza dei contribuenti. Carlo è noto soprattutto per le sue attività filantropiche e per le idee populiste (e solitamente avvedute) sulle peggiori atrocità dell'architettura contemporanea. Il pubblico comincia ad accettare, seppure con riluttanza, la sua relazione con Camilla Parker-Bowles — anche se non riesce a capacitarsi di come abbia potuto preferire Camilla e la sua passione per i cavalli a Diana. Per il futuro prossimo, Carlo sembra destinato a restare un aspirante sovrano: Elisabetta pare non avere alcuna intenzione di abdicare a suo vantaggio, così come non mostra alcun desiderio di morire, appartenendo – come se non bastasse – a una razza longeva: l'omonima madre (meglio conosciuta come regina madre o *Queen Mum*) ha compiuto 100 anni nel 2000, veneranda età che non sembra aver affievolito la sua passione per il gin.

stante il successo riscosso dalla politica di Harold Wilson, leader del partito laburista, la stabilità finanziaria si rivelò solo apparente. Gli anni '70 furono dominati dalla crisi del petrolio, dall'inflazione e da un'accanita concorrenza a livello internazionale, condizioni che ben presto misero in luce la fragilità economica intrinseca alla Gran Bretagna.

L'eterna lotta fra una classe operaia scontenta e una classe dominante incapace giunse a una nuova fase cruciale negli anni '70. Né il governo laburista di Wilson e poi di Callaghan, né quello conservatore di Heath si dimostrarono in grado di controllare il paese, la crisi dell'industria (culminata nel 1974) e le sue drammatiche ripercussioni socio-economiche.

Re e regine

Solleva meno polemiche la figura di William, figlio di Carlo e Diana che, avendo ereditato la bellezza della madre, è già un ospite fisso dei tabloid; vi è chi richiede la successione salti Carlo in favore di William. Certa è la sua popolarità: durante la cerimonia pubblica per i 100 anni della regina madre, le urla più forti hanno accolto l'apparizione del bel principe.

Riportiamo di seguito tutti i re e le regine d'Inghilterra, dal potente Alfredo alla tenace Elisabetta:

Sassoni e Danesi
Alfredo il Grande 871-899
Edoardo il Martire 975-979
Etelredo II (lo Sconsigliato)
  979-1016
Canuto 1016-1035
Edoardo il Confessore
  1042-1066
Aroldo I 1035-1066
Aroldo II 1066

Normanni
Guglielmo I
  (il Conquistatore)
  1066-1087
Guglielmo II (Rufus)
  1087-1100
Enrico I 1100-1135
Stefano 1135-1154

Plantageneti (Angioini)
Enrico II 1154-89
Riccardo I (Cuor di Leone)
  1189-1199
Giovanni (Senza Terra)
  1199-1216
Enrico III 1216-1272
Edoardo I 1272-1307
Edoardo II 1307-1327
Edoardo III 1327-1377
Riccardo II 1377-1399

Lancaster
Enrico IV (Bolingbroke)
  1399-1413
Enrico V 1413-22
Enrico VI 422-1461
  e 1470-1471

York
Edoardo IV 1461-1470
  e 1471-1483
Edoardo V 1483
Riccardo III 1483-1485

Tudor
Enrico VII (Tudor)
  1485-1509
Enrico VIII 1509-1547
Edoardo VI 1547-1553
Maria I 1553-1558
Elisabetta I 1558-1603

Stuart
Giacomo I 1603-1625
Carlo I 1625-1649

Commonwealth e Protettorato
Oliver Cromwell
  1649-1658
Richard Cromwell
  1658-1659

Restaurazione
Carlo II 1660-1685
Giacomo II
  1685-1688
Guglielmo III (d'Orange)
  1689-1702
Maria II 1689-1694
Anna 1702-1714

Hannover
Giorgio I 1714-1727
Giorgio II 1727-1760
Giorgio III 1760-1820
Giorgio IV
  1820-1830
Guglielmo IV
  1830-1837
Vittoria 1837-1901

Sassonia-Coburgo-Gotha
Edoardo VII
  1901-1910

Windsor
Giorgio V
  1910-1936
Edoardo VIII 1936
Giorgio VI
  1936-1952
Elisabetta II 1952

Le elezioni del 1979 affidarono il governo a Margareth Thatcher che, alla guida del partito conservatore, avviò una svolta politica che le valse il soprannome 'lady di ferro'.

Le misure radicali adottate negli anni del thatcherismo e le relative conseguenze, positive o negative secondo il punto di vista, sono tuttora oggetto di dibattito.

Gli operai e i sindacati inglesi facevano ostruzionismo? La Thatcher sbriciolava il loro fronte. Le aziende inglesi erano poco produttive e mancavano di fantasia? La Thatcher le metteva con le spalle al muro. La nazionalizzazione delle industrie nel dopoguerra era stata un errore? La Thatcher le svendeva. Con grande orrore di coloro che ritenevano una donna più incline al pacifismo rispetto a un uomo, nel 1982 la Thatcher portò la Gran Bretagna in guerra per rispondere all'invasione delle isole Falkland da parte dell'Argentina.

Il nuovo volto della Gran Bretagna era sicuramente quello di un paese più efficiente e competitivo, ma profondamente diviso al suo interno: da una parte coloro che avevano tratto profitto dagli anni del thatcherismo, dall'altra coloro che in quegli stessi anni si erano ritrovati disoccupati e per di più in una società meno comprensiva.

Nonostante il governo fosse appoggiato da una minoranza della popolazione, nel 1988 la Thatcher aveva raggiunto l'invidiabile primato di primo ministro in carica da più tempo nella Gran Bretagna del XX secolo. Alle sue ripetute vittorie elettorali contribuì sicuramente il periodo buio attraversato dal partito laburista, dilaniato da lotte interne.

L'Inghilterra entra nel XXI secolo

Con l'introduzione dell'impopolare *poll tax* (tassa richiesta come prerequisito per accedere al voto) uguale per tutti indipendentemente dal reddito, lo spostamento a destra della signora Thatcher raggiunse il limite di tolleranza dei membri del suo stesso partito i quali, nel 1990, optarono per lo scolorito John Major. Sfortunatamente però l'immagine di inaffidabilità ormai associata al partito laburista fu sufficiente a garantire la vittoria di Major nelle elezioni del 1992. L'attesa vendetta arrivò infine nel 1997, quando i Nuovi Laburisti, guidati dal leader Tony Blair, raggiunsero il potere con una maggioranza parlamentare record di oltre 170 seggi.

All'inizio il nuovo governo deluse molti laburisti di lunga data a causa del rigoroso controllo esercitato sulla spesa pubblica. Gli elettori, che avevano sperato in un immediato miglioramento soprattutto nei traballanti settori della sanità e dei trasporti (che i conservatori avevano lasciato andare alla deriva) rimasero insoddisfatti dall'iniziale mancanza di progressi. Il governo Blair si distinse per una serie di passi falsi, fra i quali il più

comico e imbarazzante fu sicuramente il tentativo – fallito – di pilotare l'elezione del sindaco di Londra. Si trovò anche a dover affrontare la diffusa ostilità nei confronti di tutto quanto fosse europeo, soprattutto l'euro, la derisa valuta dell'Europa Unita. Il governo, infine, dovette fronteggiare manifestazioni spontanee contro l'alto prezzo del carburante, che nell'autunno del 2000 portarono il paese quasi alla paralisi. Nel frattempo, il governo Blair aveva finalmente aperto i rubinetti del denaro pubblico, promettendo erogazioni di miliardi per il settore sanitario, quello dei trasporti e dell'istruzione. Le elezioni del 2001 hanno confermato il mandato ai laburisti con una vittoria schiacciante sui conservatori capeggiati da William Hague. È stato un risultato storico per il Labour che per la prima volta si trova a governare per due mandati consecutivi.

Uno dei risultati maggiori conseguiti dalla prima amministrazione Blair avrà conseguenze a lungo temine – e ancora non del tutto chiare – sul ruolo dell'Inghilterra all'interno della Gran Bretagna. Riforme costituzionali e misure di decentramento amministrativo hanno concesso maggiore autonomia a Scozia e Galles; questo fatto, più di qualsiasi altra misura, ha fatto emergere la questione dell'identità primaria degli Inglesi (britannica o inglese?). Mentre infatti Scozzesi e Gallesi vengono rappresentati dalle proprie assemblee popolari elette, alcuni Inglesi cominciano a chiedersi perché i loro interessi debbano essere rappresentati solo all'interno del governo britannico. Da parte sua, Hague aveva dato nuovo spazio al dibattito 'Inglesi contro Britannici' facendosi paladino di un'immagine della Gran Bretagna in linea con il pensiero degli Inglesi più tradizionali.

A seguito del buon risultato ottenuto dalla squadra olimpica della Gran Bretagna ai giochi olimpici di Sydney nel 2000, la maggioranza degli Inglesi sembra ancora trovare più soddisfazione a sventolare la bandiera della Gran Bretagna (la famosa Union Jack), piuttosto che la Croce di San Giorgio, la bandiera tradizionale inglese che mostra una croce rossa su sfondo bianco. È certo però che la questione del ruolo dell'Inghilterra all'interno della Gran Bretagna e di quali siano le caratteristiche che distinguono un Inglese da un Britannico è destinata ad avere sempre maggior peso.

GEOGRAFIA

Con una superficie di 58.085 miglia quadrate, l'Inghilterra è la più grande fra le tre unità politiche che compongono la Gran Bretagna. Il punto più stretto del canale della Manica dista appena 20 miglia (32 km) dalla Francia. Oggi che il tunnel sotto il canale è stato completato, la regione non è più neppure completamente separata dal resto dell'Europa.

La maggior parte del territorio è piatta o solo lievemente ondulata.

La vasta regione pianeggiante che si estende a sud dei Pennini costituita dalle Midlands è una zona industriale ad alta densità di popolazione sin dal XIX secolo.

La penisola sud-occidentale dell'Inghilterra, detta West Country, è un vasto altopiano con qualche affioramento di granito a strapiombo sul mare. La regione comprende la Cornovaglia, il Devon, il Dorset e parti del Somerset. I ricchi pascoli, dove si registra un alto tasso di precipitazioni, favoriscono l'allevamento di bestiame da latte – la panna del Devon è rinomata in tutto il mondo. Il clima mite e le numerose baie e spiagge riparate fanno di questa regione una delle mete estive preferite dai cittadini britannici. Gli amanti delle camminate, in particolare, scelgono le brughiere selvagge del Dartmoor e dell'Exmoor. Il resto della regione è costituito da pianure, con un insieme di terreni coltivati, colline basse, una cintura industriale e alcune città densamente popolate, fra cui la capitale. La parte orientale di questa regione, che comprende Suffolk e Cambridgeshire è quasi completamente pianeggiante e si eleva di appena qualche metro sul livello del mare. Fra Lincoln e Cambridge si estendono le Fens, paludi prosciugate nel XVIII secolo, oggi terreni particolarmente fertili.

Londra sorge nella parte sud-orientale del paese, sulle sponde del fiume Tamigi. A sud della città si trovano le colline di gesso che gli Inglesi chiamano *downs*. A sud di Londra cominciano le North Downs che si estendono fino a Dover, dove il gesso è ben visibile nelle famose 'bianche scogliere'. Le South Downs, invece, attraversano il Sussex correndo parallele alla costa meridionale.

CLIMA

L'Inghilterra meridionale ha un clima che gli esperti definiscono 'temperato marittimo', cioè mite e umido.

Nonostante il paese si trovi piuttosto a nord, il clima è mitigato da leggeri venti oceanici e dalla Corrente del Golfo. In inverno l'acqua del mare è più calda del terreno e questo impedisce alla temperatura nell'entroterra di scendere molto al di sotto degli 0°C. In estate, invece, quando il mare è più freddo della terraferma, le temperature stentano a salire sopra i 30°C. Da giugno ad agosto, a Londra, le temperature raggiungono una media massima di 21°C e una media mi-

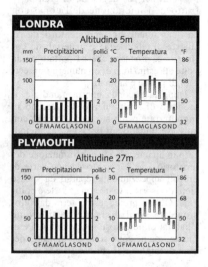

nima di 12°C. Le variazioni climatiche risultano meno sensibili rispetto a quelle che interessano altre zonz della Gran Bretagna.

Le precipitazioni sono piuttosto abbondanti nella West Country, zona in cui la media annua delle precipitazioni a volte può toccare i 4500 mm. La fascia orientale della regione, invece, registra il minor tasso di piovosità di tutto il Regno Unito: in alcune località dell'Essex e del Kent le piogge annuali non raggiungono neppure i 600 mm.

In qualunque luogo dell'Inghilterra vi troviate e qualunque sia la stagione, non stupitevi di incontrare nubi o pioggia: ombrello e impermeabile, quindi, dovrebbero sempre trovare posto in valigia. Una volta che avrete visto il cielo azzurro coprirsi improvvisamente di nubi, presagio di una cupa giornata di pioggia, capirete perché da Londra e altre città inglesi partono così tanti voli charter diretti a Ibiza, Tenerife e altre località balneari.

ECOLOGIA E AMBIENTE
In una regione di superficie ridotta come l'Inghilterra, occupata dall'uomo da tempo immemorabile, non stupisce che l'aspetto del paesaggio sia in gran parte frutto dell'interazione dell'uomo con l'ambiente. La crescita della popolazione ha determinato un incremento della richiesta di cibo, legna e materiali da costruzione, processo che ha portato a sua volta all'estinzione di un numero imprecisato di piante e animali.

Dopo la Seconda guerra mondiale, il modello di sfruttamento del terreno in Inghilterra è cambiato radicalmente, con un forte impatto sul paesaggio. I metodi dell'agricoltura moderna hanno modificato in alcune zone la conformazione del territorio, che è passato da una serie di piccoli appezzamenti separati da spesse siepi divisorie a vaste zone aperte e coltivate. Oltre a proteggere la terra dall'erosione, le siepi divisorie costituivano l'habitat di numerose specie animali e di piante, ma ne sono state già distrutte decine di migliaia di chilometri e la distru-

zione continua, tanto che dal 1984 a oggi ne è scomparso circa il 25%.

La riduzione generale della specificità biologica di questa zone negli ultimi 50 anni ha diverse altre cause, fra le quali l'uso crescente di pesticidi e le grandi opere stradali. Per molti anni le politiche del governo hanno favorito il trasporto su strada rispetto a quello su rotaia, destinando ogni anno miliardi di sterline per la costruzione di nuove strade e incentivando i privati ad acquistare autovetture private. Nel corso degli ultimi 30 anni, il numero dei veicoli è quasi quadruplicato e il problema è così grave che sono stati costituiti dei gruppi di pressione con lo scopo di impedire sia la costruzione di nuove strade, sia la transitabilità di quelle già esistenti da parte delle automobili.

Anche il turismo sta imponendo un prezzo altissimo all'ambiente. Ogni anno circa otto milioni di persone accorrono verso la New Forest, nello Hampshire, per una scampagnata di un giorno e contribuiscono all'erosione del suolo, al degrado dei prati e a disturbare la fauna in genere. La maggior parte arrivano con la propria autovettura e lo stesso succede in altri parchi. Le autorità stanno lentamente prendendo coscienza del fatto che, per risolvere questi problemi, è necessario migliorare la rete dei trasporti pubblici.

Nonostante questi dati negativi, grandi porzioni del territorio sono protette all'interno di riserve naturali, parchi nazionali e Siti di speciale interesse scientifico (SSSI), dove vengono applicate restrizioni al popolamento e all'edificazione.

L'Inghilterra possiede inoltre centinaia di gruppi ambientalisti che si battono per la salvaguardia della natura. Per ulteriori informazioni, provate a contattare Greenpeace (☎ 020-7865 8100, fax 7865 8200, @ info@uk.greenpeace.org), Canonbury Villas, London N1 2NP, oppure visitate il loro sito Internet www.greenpeace.org.uk.

L'organizzazione Friends of the Earth (☎ 020-7490 1555, fax 7490 0881), 26-28 Underwood St, London N1 7JQ, è un'altra buona fonte di informazioni e contatti. Il loro sito Internet è: www.foe.co.uk.

Se siete interessati ai problemi causati dal turismo, contattate Tourism Concern (☎ 020-7753 3330, fax 7753 3331), Stapleton House, 277-281 Holloway Rd, London N7 8HN, oppure visitate il sito www.tourismconcern.org.uk.

Inquinamento
La Gran Bretagna è da sempre sulla lista nera dell'Unione Europea relativa alle spiagge inquinate (la classifica stilata nel 2000 la posizionava al 13° posto su 15 paesi presi in considerazione). La maggior parte delle spiagge britanniche inquinate si trova in Inghilterra – l'UE ne ha individuate ben 15 in Cornovaglia e Devon che non soddisfano neppure le condizioni minime. Molti dei problemi derivano dalla pratica consolidata di scaricare nell'oceano le acque di scolo, pratica che contraddistingue solitamente i paesi in via di sviluppo. Solo negli ultimi anni si è tentato di mettervi un freno.

In Inghilterra desta preoccupazione il numero di impianti nucleari che cominciano a portare i segni del tempo: alcuni hanno già superato di 10 anni o più il tempo di vita inizialmente programmato.

FLORA E FAUNA
Flora
Un tempo quasi interamente coperta da foreste, l'Inghilterra presenta oggi una superficie boschiva di appena il 7,3%, la percentuale più bassa in Europa dopo l'Irlanda. Nel 1919 la Forestry Commission, l'organizzazione statale per la tutela del patrimonio forestale, avviò un progetto a lungo termine che prevedeva il graduale rimboschimento di due milioni di ettari, da completarsi entro il 2000; grazie alle concessioni accordate ai proprietari terrieri questo obiettivo è stato raggiunto già all'inizio degli anni '80. Purtroppo nel rimboschimento sono state privilegiate soprattutto le conifere, per la rapidità con cui crescono, a scapito delle latifoglie indigene. Sui terreni piantati a conifere non riesce a crescere quasi nient'altro e così aree naturali sono lentamente divenute sterili. In anni recenti si

JANE SMITH

Un tipo spinoso: i ricci sono fra gli animali selvatici più diffusi in Inghilterra

è preso coscienza del problema e si è cercato di porre rimedio piantando latifoglie. È a buon punto anche l'ambizioso progetto di creare foreste attorno ai principali centri urbani.

Accanto alle grandi distese di conifere (presenti soprattutto nel nord dell'Inghilterra), fra le altre piante comuni nel paese ricordiamo querce, olmi, castagni, tigli, frassini e faggi.

Nonostante l'incessante distruzione del loro habitat naturale, continuano a fiorire varie specie di fiori selvatici, soprattutto in primavera. I primi a sbocciare, talvolta già a febbraio, sono i piccoli e bianchi bucaneve. Intorno a Pasqua (fine marzo o inizio aprile) i parchi risplendono del giallo dei narcisi, mentre in mezzo ai boschi si stendono tappeti violetti di campanule; nei prati fioriscono primule gialle, ranuncoli e primule profumate. Da giugno a settembre fiammeggiano alte le digitali purpuree. D'estate, i campi coltivati sono a volte delimitati da papaveri rossi.

I cespugli di ginestrone, con piccoli fiori gialli difesi da numerose spine, abbondano nelle lande e in altre zone caratterizzate da terreni aspri e sabbiosi. La ginestra dei carbonai, con foglie semplici e priva di spine è un'altra specie comune. Un'altra specie di pianta piuttosto diffusa è la felce aquilina.

La vegetazione tipica delle brughiere comprende molte specie di erica, felci e mirtilli; questi ultimi crescono in piccoli cespugli che raggiungono il mezzo metro di altezza e producono le squisite bacche bluastre che maturano in estate.

Un libro classico che aiuta a identificare le piante è *The Concise British Fora in Color*, con 1486 riproduzioni accurate delle diverse specie, opera di William Keble Martin.

Fauna

In Gran Bretagna sono più di 100 le specie animali protette; il castoro, il lupo e la renna, un tempo comuni in questo paese, sono ormai animali estinti.

Il cervo nobile oggi è il mammifero più grande vivente in Inghilterra; se ne trovano branchi a Exmoor e Dartmoor. Il daino, introdotto sull'isola dai Romani, vive in piccoli branchi composti da una ventina di esemplari e può essere avvistato nella New Forest. I caprioli sono più piccoli (grandi all'incirca come una grossa capra) abbastanza diffusi nei boschi dove, se sono molto numerosi danneggiano gravemente gli alberi più giovani. Fra le altre specie introdotte ricordiamo il cervo asiatico muntjak e il cervo di palude cinese (o idropote). All'espansione dei boschi in Inghilterra si accompagna l'aumento del numero di cervi.

Le volpi sono molto numerose, soprattutto nelle zone urbane – addirittura se ne può incontrare qualcuna alla ricerca di prede nei viali dei parchi di Londra. Si tratta di un animale prevalentemente notturno, ma non è raro avvistarne qualcuna prima del tramonto intenta a scavare fra i bidoni di rifiuti. I tassi invece sono molto più timidi, vivono nel bosco, in tane sotterranee individuabili per i caratteristici mucchietti di terra da cui escono solo di notte. Un altro animale notturno che è purtroppo più facile incontrare morto, vittima di un'automobilista a margine della strada, è il porcospino.

Lo scoiattolo grigio, introdotto dal Nord America, è molto comune e ha praticamente soppiantato il più piccolo scoiattolo rosso. Il visone, una specie americana fuggita dagli allevamenti (o liberata a seguito delle proteste degli animalisti) è in crescita. Poiché i corsi d'acqua inglesi sono stati in gran parte ripuliti, sta aumentando il numero delle lontre, tanto che ultimamente ne sono stati avvistati alcuni esemplari anche alla periferia delle grandi città. In alcune regioni coperte di foreste è rispuntata la martora, mentre è difficile vedere ermellini e donnole.

I conigli sono molto comuni, mentre lo sono meno le lepri, dalle zampe ed orecchie più lunghe. Esistono poi diverse specie di piccoli roditori come i ratti (originari dell'Asia), l'arvicola dei campi (piccolo topo di campagna spesso dannoso alle coltivazioni), il toporagno (in passato comune nelle siepi) e l'arvicola terrestre (un grosso topo che in realtà vive più in acqua che in terra). All'imbrunire, nelle zone rurali, è facile veder volare qualche pipistrello.

Lungo le coste inglesi si possono avvistare la foca grigia e la foca comune che, in realtà, è molto meno comune della prima.

L'unico serpente velenoso in Inghilterra è il marasso (in inglese *adder* o *viper*) che, ridotto ormai a 20.000 esemplari (da centinaia di migliaia di un tempo) è diventato una specie protetta; il marasso predilige i terreni asciutti delle lande e delle brughiere. Altri rettili presenti sono l'innocua biscia dal collare, l'orbettino e la lucertola vivipara. Fra gli anfibi abbondano rane, rospi e tritoni.

I pesci più noti fra le numerose specie diffuse in Inghilterra sono il salmone la trota marrone.

Avifauna

Gli Inglesi sono amanti del birdwatching e, grazie al clima mite dell'isola, è possibile avvistare una grande varietà di uccelli.

A differenza di quasi tutte le specie costiere, che attualmente non sembrano essere in pericolo, non si può dire lo stesso per quelle che popolano l'entroterra; diverse specie abbastanza comuni fino ad appena 30 anni fa, oggi sono sull'orlo dell'estinzione a causa della distruzione dei loro habitat. Le specie a rischio comprendono lo strillozzo, la starna, la ballerina gialla, la tortora, il ciuffolotto, il tordo bottaccio e la pavoncella. Nel caso della passera mattugia, ad esempio, la popolazione è calata dell'87% dal 1970. Sebbene i motivi siano ancora oggetto di discussione, in generale si pensa che pesticidi, erbicidi e le estese monocolture abbiano contribuito al processo. D'altra parte, si sta assistendo parallelamente al ritorno di cardellini, rondini, picchi muratori e dei picchi rossi maggiori.

I giardini inglesi ospitano pettirossi, passeri domestici, tordi, merli e cinciallegre. I piccioni ormai sono così numerosi da essere considerati un flagello, soprattutto nelle città (attualmente a Londra è in corso una grande campagna per liberare Trafalgar Square da questi 'topi con le ali'). Molto comuni sono pure i corvidi come le gazze bianche e nere.

Le allodole stano diventando sempre meno comuni, ma non mancano di far sentire il loro cinguettio nei campi aperti. L'allocco, un tempo comune, si è recentemente unito loro nell'elenco delle specie a rischio.

Laghi e canali offrono l'habitat ideale per altre specie di uccelli, come il cigno reale, l'uccello più grande dell'Inghilterra – si dice che tutti i cigni del paese, tranne due stormi che vivono lungo il Tamigi, appartengano alla famiglia reale. Lungo i fiumi meta dei pescatori, alcuni cigni sono morti per intossicazione da piombo dovuta all'ingestione dei piombini da lenza dispersi nell'acqua.

L'aggressiva oca del Canada, introdotta circa tre secoli fa, si è riprodotta con tanto successo da essere considerata oggi una minaccia; i grandi stormi sono in grado di spogliare interi campi del loro raccolto, per non parlare dei danni causati dagli escrementi.

La più comune fra le numerose specie di anatre è il germano reale; il maschio è facilmente riconoscibile per lo stretto collare bianco e la testa di un verde metallico. Il fagiano, introdotto dalla Russia più di nove secoli fa, viene allevato in grandi tenute per essere cacciato, ma attualmente vive e si riproduce anche in libertà. Oltre al fagiano, la selvaggina da penna conta anche la pernice e il gallo cedrone.

Pochi sono i rapaci rimasti. Vicino alle autostrade spesso si vedono cacciare i gheppi e le poiane.

Le coste inglesi sono popolate da stormi di gabbiani, sterne, cormorani, sule, marangoni dal ciuffo, gazze marine e ceffi. Il buffo pulcinella di mare dal grande becco giallo-rosso, che si ferma a terra solo il tempo necessario a deporre le uova, è un membro della famiglia degli alcidi. Nella stagione della cova se ne incontrano intere colonie lungo le coste britanniche, dall'Isola di Wight fino alle Shetland.

Gli amanti del birdwatching dovrebbero mettersi in contatto con la Royal Society for the Protection of Birds (RSPB; ☎ 01767-680551), The Lodge, Sandy, Bedfordshire SG19 2BR, che gestisce più di 100 riserve. Il sito Internet è www.rspb. org.uk.

Associarsi al Wildfowl and Wetlands Trust (☎ 01453-891900, @ membership@ wwt.org.uk), Slimbridge, Gloucestershire GL2 7BT, vi permetterà di avere libero accesso alle loro riserve; il sito Internet è www.wwt.org.uk.

Il birdwatching è così diffuso in Inghilterra che gli scaffali delle librerie soccombono sotto il peso dei manuali di ornitologia.

Parchi nazionali

I parchi nazionali inglesi – Dartmoor, Exmoor e nel nord del paese Lake District, Peak District, Yorkshire Dales, North York Moors, Northumberland e Broads – insieme alla New Forest, coprono circa il 7% del territorio.

A differenza di quanto avviene in altri paesi, i parchi nazionali inglesi non sono regioni selvagge dalle quali è esclusa la presenza stabile dell'uomo, né sono terreni di proprietà dello stato, anzi gran parte del territorio all'interno dei parchi è proprietà di privati, oppure appartiene a organizzazioni come il National Trust (NT; v. **Organizzazioni utili** in **Informazioni pratiche**). Si tratta però di zone di straordinaria bellezza naturalistica in cui la conservazione dell'ambiente è tutelata dallo stato attraverso una speciale legge approvata nel 1949.

L'istituzione di un parco nazionale non prevede necessariamente il diritto di accesso per i visitatori, ma comporta la nomina di un comitato di pianificazione che controlla la vita e lo sviluppo del parco e che fornisce centri di informazione e aree attrezzate per i visitatori.

Per i particolari, contattate l'Association of National Park Authorities (☎ 01647-440245, fax 440187), Ponsford House, Moretonhampstead, Devon TQ13 8NL oppure visitate il loro sito Internet www.anpa.gov.uk.

ORDINAMENTO DELLO STATO E POLITICA

A tutt'oggi il sistema di governo del Regno Unito non è disciplinato da una costituzione scritta, ma si fonda su un insieme di leggi emanate dal parlamento, consuetudini e sulla 'common law' (un corpus di leggi non scritte basate su norme che risalgono agli Anglosassoni).

Capo dello stato è il sovrano, dal 1952 la regina Elisabetta II, che esercita un potere eminentemente rappresentativo e agisce sostanzialmente su consiglio dei 'suoi' ministri e del parlamento.

Il parlamento comprende la regina, la camera dei Lords (House of Lords) e la camera dei Comuni (House of Commons). In sostanza, la più importante fra le tre istituzioni è la camera dei Comuni, l'unica i cui membri vengono eletti ogni cinque anni con il sistema uninominale. Possono essere indette elezioni anticipate su richiesta del partito al potere o nel caso in cui questo perda la fiducia del parlamento.

Il voto non è obbligatorio e i candidati risultano eletti se ottengono la maggioranza relativa nei loro collegi elettorali (attualmente è al lavoro una commissione per studiare la possibilità di passare al sistema proporzionale). I consigli elettorali (seggi) sono 659, così ripartiti: 529 all'Inghilterra, 40 al Galles, 72 alla Scozia e 18 all'Irlanda del Nord.

La camera dei Lords è composta dai 25 vescovi e arcivescovi della chiesa anglicana, da 573 pari a vita (che non possono passare il titolo nobiliare alla generazione successiva) e da 92 pari ereditari (il cui titolo viene trasmesso). I 12 lord legislatori costituiscono la corte di giustizia più alta

del paese. Nel 1999 il primo passo della riforma ha portato all'esclusione dalla camera dei Lords di più di 1000 pari ereditari. A 92 di loro (scelti dall'intera House of Lords prima di essere abbandonata da gran parte dei suoi membri) fu concesso di restare.

Ancora non si sa quale sarà il passo successivo, anche se sembra vi sia un desiderio generalizzato di trasformare anche la camera dei Lords in un organo elettivo. Attualmente si tratta di un organismo non democratico dotato di scarso potere, se non quello di trattenere le leggi e proporre emendamenti.

Il primo ministro è il capo del partito di maggioranza nella camera dei Comuni e riceve ufficialmente l'incarico dalla regina. Tutti gli altri ministri vengono nominati su indicazione del primo ministro, che li sceglie in maggioranza fra i membri di questa camera. I ministri sono responsabili dei singoli dicasteri. Assieme ai titolari dei circa 20 dicasteri principali, il primo ministro costituisce il gabinetto *(Cabinet)* che, sebbene formalmente responsabile di fronte al parlamento, di fatto amministra il governo e le sue politiche.

Negli ultimi 150 anni il sistema di governo è stato dominato essenzialmente da due partiti. Dal 1945 si sono alternati al potere il partito conservatore (detto anche partito dei Tories) e il partito laburista, il primo sostenuto soprattutto dagli abitanti delle aree suburbane e delle campagne, il secondo dagli elettori delle aree urbane e da Scozia e Galles.

I conservatori sono considerati per tradizione un partito di destra che appoggia la libera impresa e i laburisti un partito di sinistra che si ispira alla tradizione socialdemocratica. Negli anni '90, tuttavia, il partito laburista ha abbandonato molti principi del suo credo socialista per abbracciare molte delle tesi dei sostenitori del libero mercato. Il nuovo governo laburista, eletto nel 1997, si è dimostrato piuttosto centrista, adottando molte delle riforme economiche auspicate da tempo dai conservatori moderati.

Fin dal 1972 l'Inghilterra fa parte dell'UE, ma con una certa riluttanza. Il risultato è che alcune delle leggi applicate oggi a Londra sono state emanate a Bruxelles, ma i governi britannici si sono sempre opposti ad una maggiore integrazione. L'attuale governo laburista ha promesso di indire un referendum per stabilire se i Britannici vogliano effettivamente abbandonare la sterlina a vantaggio dell'euro, la moneta unica europea, e questo si presenta già come il tema più controverso della vita politica britannica contemporanea, con i conservatori impegnati in un'accesa campagna che fomenta l'eurofobia nel tentativo di salvare la sterlina e guadagnare voti. I settori del commercio e dell'industria premono perché avvenga il passaggio all'euro, consapevoli che il restare ancorati alla forte sterlina significherebbe rendere i prodotti britannici antieconomici per i clienti dell'Europa dell'euro. Purtroppo la causa dell'euro non è avvantaggiata dalle deboli prove che la valuta ha dato fino ad oggi sui mercati internazionali.

ECONOMIA

La Gran Bretagna ha dominato nel XIX secolo gli scambi commerciali a livello mondiale, ma all'alba del XX secolo la sua potenza era già in declino. Il ruolo pionieristico che il paese aveva svolto in vari settori dell'ingegneria, con la costruzione di ferrovie e transatlantici, non fu eguagliato nel XX secolo dalla nuova industria automobilistica e aeronautica. Dopo la Seconda guerra mondiale, si precedette alla nazionalizzazione di gran parte dell'industria britannica: prima le ferrovie, poi le aziende per l'erogazione del gas e dell'energia elettrica, le miniere di carbone, le acciaierie, i cantieri navali e, da ultimo, anche l'industria automobilistica. Il passaggio dalla proprietà privata a quella pubblica, però, non fece che accelerare il declino già in corso, finché la profonda crisi che colpì l'industria manifatturiera di tutto il mondo negli anni '70 e '80 del XX secolo non mutò il graduale declino in un drastico crollo.

Nel frattempo molte industrie tradizionali, come quella estrattiva e ingegneristica, semplicemente sparirono; a salvare l'economia britannica dal completo disastro rimase solo l'estrazione di petrolio dal Mare del Nord.

L'avvento al potere di Margaret Thatcher ridusse il potere dei sindacati e indebolì il loro ruolo nell'ambito dell'industria e del commercio. Il risultato fu un grande cambiamento e un sollevamento sociale di dimensioni tali che, entro il 1992, il governo dovette chiedere di ritirarsi dal Sistema monetario europeo. Politicamente si trattò di una disfatta, ma dal punto di vista economico rappresentò il punto di svolta: i tassi di cambio calarono drasticamente e i produttori di beni esportabili si trovarono ad essere di nuovo competitivi grazie alla svalutazione della sterlina.

Il governo laburista ha avuto la fortuna di acquistare il potere in un momento in cui l'economia britannica stava diventando più forte e mostrava chiari segni di ripresa. All'inizio del 2000 il numero di disoccupati era sceso sotto il milione, cifra record non eguagliata dagli anni del boom (1975). Anche se il dato è discutibile e molti lavori hanno contratti a tempo determinato e part-time, dà comunque indicazioni sul nuovo mercato del lavoro. Percorrendo la M4 a ovest di Londra, si incontrano molte cittadine il cui tasso di disoccupazione è inferiore all'1%. Sono soprattutto i settori dell'hi-tech e dei servizi i responsabili della crescita economica.

Nelle Midlands e nel nord dell'Inghilterra vi sono ancora delle sacche di depressione economica, soprattutto in quelle località che non si sono mai riprese dal crollo dell'industria pesante degli anni '80. Molti temono che la disparità aumenti, con un nord in continua recessione e un sud-est che continua a crescere.

POPOLAZIONE E POPOLI

La Gran Bretagna ha una popolazione di circa 60 milioni di abitanti e, con una densità media di 625 abitanti per miglio quadrato, è una delle isole più popolate del mondo. La maggioranza della popolazione si concentra in Inghilterra (51 milioni di abitanti), soprattutto nella città e nei dintorni di Londra e nelle grandi città della parte centrale della regione. A queste cifre bisogna aggiungere un'affluenza turistica di circa 25 milioni di persone l'anno.

Gli Inglesi (talvolta chiamati Anglosassoni) sono un popolo variegato, com'è facile intuire considerando le genti diverse che hanno fatto di quest'isola la loro patria; l'origine è comunque prevalentemente germanica.

Soprattutto dopo la Rivoluzione Industriale, sono migrate in Inghilterra molte persone provenienti da Scozia, Galles e Irlanda. Nel periodo successivo alla Seconda guerra mondiale, invece, vi è stata una massiccia immigrazione dalle ex colonie, soprattutto quelle dei Caraibi, dal Pakistan e dall'India.

Nel corso del XVIII, XIX e XX secolo inoltre, è stato notevole anche il flusso di profughi, provenienti negli ultimi anni soprattutto dagli angoli più inquieti del globo, come l'Africa e i Balcani.

Se si escludono Londra e le grandi città delle Midlands, la popolazione è perlopiù anglosassone, sebbene i numerosi ristoranti cinesi e indiani che incontrerete anche nella cittadina più piccola testimonino il fenomeno immigratorio. Ultimamente la popolazione ha raggiunto un tasso di crescita pari a zero (se non negativo) e il flusso migratorio verso l'esterno ha spesso superato quello in senso contrario.

ISTRUZIONE

La frequenza scolastica è obbligatoria dai 5 ai 16 anni e un numero crescente di giovani prosegue il ciclo di istruzione fino a 18 anni – età alla quale il servizio cessa di essere erogato gratuitamente. È in crescita anche il dato relativo ai giovani che frequentano l'università, così come il numero di università: il fenomeno ha richiesto finanziamenti tali che oggi il governo richiede che gli studenti si facciano carico delle spese relative all'istruzione e a vitto e alloggio accedendo a dei prestiti.

Nonostante lo scenario roseo, nel paese vi è l'idea diffusa che gli standard educativi stiano peggiorando; vi sono addirittura dati – sui quali il dibattito è molto acceso – secondo i quali vi è un incremento nel numero di studenti che lasciano la scuola dopo un ciclo di istruzione durato 11 anni senza avere imparato né a leggere né a scrivere in modo appropriato. Insieme alla questione dell'euro, alla riforma del Servizio sanitario nazionale e ai trasporti, l'istruzione è uno dei temi chiave del dibattito politico.

ARTI

Il contributo inglese alle arti si è manifestato soprattutto nel campo del teatro, dell'architettura, della letteratura e della musica pop. Nonostante alcune singole e illustri eccezioni, l'Inghilterra non vanta una tradizione altrettanto importante di grandi pittori, scultori e compositori.

Il fenomeno forse più caratteristico del paese è l'incredibile numero di favolose dimore di campagna che costellano il paesaggio. Gli aristocratici del XVIII e XIX secolo, élite di un potente impero, avevano imparato a riconoscere gli oggetti di pregio e seppero circondarsi di veri tesori, abitando le case e i giardini più belli d'Europa.

Fortunatamente i loro discendenti, sebbene abbiano spesso ereditata intatta la loro arroganza, si sono ritrovati a dover pagare delle onerose tasse di successione e quindi in molti casi sono stati costretti ad aprire al pubblico le loro case con inestimabili collezioni d'arte, dimostrando come l'Inghilterra sia una vera e propria miniera di capolavori di ogni epoca e continente. Il patrimonio architettonico ereditato dal passato è a dir poco stupefacente, ma salvo qualche rara eccezione, non si può dire che il XX secolo abbia contribuito ad arricchirlo con le sue autostrade, i complessi residenziali a più piani e la proliferazione dell'edilizia suburbana.

Gli editori inglesi sfornano quasi 100.000 nuovi titoli l'anno e sia la varietà, sia il livello qualitativo di opere teatrali, musicali, artistiche e di danza sono davvero straordinari.

Letteratura

Chiunque abbia studiato la letteratura inglese avrà occasione di ritrovare durante il suo viaggio in Inghilterra i paesaggi e i personaggi che ha conosciuto attraverso i libri. Viaggiare sulle orme dei grandi scrittori inglesi, gallesi e scozzesi o dei protagonisti delle loro opere può essere un modo divertente e appassionante di visitare l'Inghilterra. Esistono innumerevoli opere che colgono l'essenza di un particolare momento storico, di un paesaggio o di un gruppo di persone, e in questa guida ci limiteremo a suggerire qualche titolo per cominciare a orientarsi nel vastissimo panorama letterario inglese.

I corsi di letteratura cominciano solitamente dall'analisi del *Beowulf*, poema epico anglosassone, il più antico della cultura germanica, composto fra il VII e l'VIII secolo; è interamente dedicato a uno dei temi mitici più antichi e universali: il combattimento fra un uomo (il re scandinavo Beowulf) e un mostro (il drago Grendel). Una nuova traduzione in inglese moderno è stata pubblicata nel 2000 a cura di Seamus Heaney, l'irlandese vincitore del premio Nobel, mentre nel catalogo Einaudi è presente un'edizione italiana con testo a fronte (Torino 1992).

A seguito dell'invasione normanna del 1066, le opere inglesi in prosa erano state scritte prevalentemente in francese. Sebbene nel XIV secolo l'inglese avesse riacquistato il ruolo di lingua letteraria, la Francia continuò a esercitare la propria influenza attraverso il Canale della Manica. La stessa lingua inglese era nel frattempo divenuta più flessibile, con l'uso di parole attinte da altri idiomi, soprattutto il latino e il francese.

I *Racconti di Canterbury* di Geoffrey Chaucer ('Bur' Rizzoli, Milano 2000), scritti nel XIV secolo, possono essere considerati come i precursori del racconto di viaggio e come uno dei primi classici della letteratura inglese. Se da un lato il libro è stato oggetto di centinaia di noiosi seminari, dall'altro propone al lettore un vivace ritratto della vita sociale del Medioevo e,

in particolare, una minuta descrizione dei pellegrini sulla via di Canterbury.

Le mitiche gesta di re Artù hanno ispirato per secoli opere in prosa e in versi. Nel 1469 Thomas Malory ne raccolse i diversi episodi in *The Death of Arthur*, opera nella quale a re Artù si accompagnano le altre colonne portanti della tradizione letteraria medievale: Galaad, Lancillotto, Ginevra e il Sacro Graal. Si tratta di storie altamente moralistiche, che esaltano il sacrificio dell'individuo a vantaggio del bene comune e della salvezza religiosa.

Con il XVI secolo ebbe inizio un periodo fulgido per la letteratura inglese. Thomas More (Tommaso Moro) nei suoi scritti si prodigò a svelare le stranezze dei monarchi. La sua opera *Utopia* (1516) presenta una descrizione in chiave satirica di un luogo immaginario, dove re e regine ascoltano saggiamente i buoni consigli forniti da filosofi – tra i quali l'autore stesso. È sicuramente grazie alla sua abilità nello studiare la natura umana che negli ultimi secoli si è assistito a una proliferazione di scuole superiori che portano il suo nome. Fra le edizioni italiane recenti di *Utopia*, opera chiave dell'umanesimo inglese, ricordiamo quelle date alle stampe da Laterza (Bari 1993) e Guida (Napoli 2000).

Il Rinascimento inglese fu caratterizzato dalla controversia socio-religiosa, oltre che dall'apporto letterario dei 'metafisici'. Fra questi, il poeta John Donne, la cui lirica raffinata e sensuale fa propria l'angoscia tra dubbio e fede. La sua poesia è metafisica in quanto accoglie ogni forma di esperienza, con immagini mutuate da scienza, teologia, filosofia e natura. Le sue poesie sono oggi raccolte in diverse collezioni: in italiano potete leggere *Poesie amorose, poesie teologiche* (Einaudi, Torino 2000), *Liriche sacre e profane – Anatomia del mondo – Duello della morte* (Oscar Mondadori, Milano 1997) o, con prefazione di Virginia Woolf, *Poesie sacre e profane* (Feltrinelli, Milano 1995), raccolta di poesie ed epigrammi.

Considerando la storia della letteratura inglese nel suo complesso, nessuna figura emerge più nettamente di William

Shakespeare. A molti viaggiatori potrebbe far piacere ripercorrere i suoi passi – visitando Stratford-upon-Avon, la cittadina in cui visse, e il Globe Theatre di Londra, recentemente ricostruito, che sorge accanto al luogo dove vennero originariamente rappresentati i suoi lavori. Contrariamente a quanto accaduto a molti autori suoi contemporanei, le cui opere sono state seppellite da ore e ore di noiose interpretazioni erudite, le ingegnose trame e i versi taglienti di Shakespeare ne hanno fatto un'icona nazionale. La maggior parte della sua produzione fu scritta fra il 1590 e il 1615 e comprende opere immortali, che conservano ancora quel tocco tanto gradito agli spettatori: non dimentichiamo infatti che era il teatro a dargli da vivere e che il suo successo era quindi indissolubilmente legato ai favori del pubblico. Non possiamo non ricordare qui alcune delle sue opere teatrali più conosciute e rappresentate. Delle tragedie 'personali', ossia prive di dimensione collettiva, la più studiata e discussa è certamente *Amleto* (leggetela nella bella traduzione di Eugenio Montale disponibile negli Oscar Mondadori, Milano 1997), ma altrettanto celebri sono, l'*Otello* (Garzanti, Milano 1998 e Feltrinelli, Milano 1996), *Macbeth* (edito da Garzanti, Rizzoli e Mondadori, quest'ultima edizione a cura di Vittorio Gassman), e *Re Lear* (Einaudi, Torino 2000; con traduzione di Emilio Tadini). Le trame delle tragedie di Shakespeare traggono spesso ispirazione dalle vicende della storia antica, con opere come *Antonio e Cleopatra* (Rizzoli, Milano 1999), e dalle celebrazioni della storia inglese, con capolavori come *Enrico IV, Riccardo III e Enrico VIII* (Newton & Compton le raggruppa, insieme ad altre opere, in un volume della collana 'Grandi tascabili economici Newton', Roma 1997). Le vicende sono trasposte sulla scena con uno stupendo senso della coralità in *Enrico IV*, dramma in due parti (Garzanti, Milano 1999; in due volumi) e in *Riccardo III* (Einaudi, Torino 1998 oppure Garzanti, Milano, stesso anno). Il gusto della con-

versazione brillante convive con il tragico nel celebre dramma *Romeo e Giulietta* e in *Sogno di una notte di mezza estate* (entrambe 'Bur' Rizzoli, Milano 1999), mentre i contrasti si placano e una dolcezza serena conclude la vicenda ne *La tempesta* ('Bur' Rizzoli, Milano 2001). Una pregevole raccolta delle migliori opere teatrali di Shakespeare è quella edita da Einaudi, che riunisce *Amleto, Otello, Re Lear, Macbeth, Antonio e Cleopatra, La tempesta* (Torino 1994).

Lo stile di John Milton, altra vittima di monotoni seminari, è completamente diverso da quello di Shakespeare; sicuramente non gli giova il suo umanesimo moralistico, che gli derivava direttamente dal cristianesimo e dagli studi biblici. Il suo poema epico, *Paradiso perduto* (1667; Einaudi, Torino 1992), analizza il ruolo di Satana nella caduta di Adamo ed Eva. Le opere di Milton vengono studiate sia per la grande maestria nell'uso della lingua e per il pensiero vivace, sia per la loro introspezione nell'epoca del pensiero puritano.

John Dryden, autore di vivi affreschi drammatici, si dedicò alla satira sociale, nella quale eccelse con opere come *Mac Flecknoe* (1682); scrisse altri drammi di successo, fra cui *Tutto per amore* (1678; 'Bur' Rizzoli, Milano 1964, reperibile in biblioteca), una tragedia 'eroica', adattamento di *Antonio e Cleopatra* di Shakespeare. Furono tuttavia i suoi poemetti, fra cui *Annus Mirabilis*, a valergli la nomina, nel 1668, di 'poeta laureato' (il poeta ufficiale della corte d'Inghilterra, secondo una tradizione che risale al 1616).

Alexander Pope proseguì il filone della satira con il poema *Il riccio rapito* (1712; 'Bur' Rizzoli, Milano 1999), nel quale il taglio accidentale di un ricciolo femminile diviene il pretesto per farsi beffe della società del tempo. Vero e proprio uomo del suo tempo, Pope guadagnò una fortuna con la sua traduzione dell'*Iliade* e con le opere di Shakespeare commentate.

I viaggi di Gulliver di Jonathan Swift (1726; Fabbri, Milano 2000) è spesso erroneamente considerato un libro per bambini, per via dei capitoli iniziali dedicati ai minuscoli ma audaci Lillipuziani, ma il fulcro del libro si trova nella parte successiva, dove Gulliver si trova fra gli Yahoos. Poche sono le convenzioni sociali a passare illese attraverso la penna di Swift, che ricorre anche a descrizioni brutali.

Con *Il diario* (1825; Bompiani, Milano 1982, reperibile in biblioteca), uno dei primi esempi di evoluzione della tradizione inglese dei racconti a carattere storico, Samuel Pepys ci ha lasciato un documento eccezionale sulla vita e i costumi del XVII secolo, fornendo inoltre il più accurato resoconto della peste e del grande incendio di Londra che sia giunto fino a noi. I sei volumi di *History of the Rise and Fall of the Roman Empire* (1776-88) di Edward Gibbon sono famosi per l'erudizione che vi traspare, e sono stati un testo irrinunciabile per generazioni di viaggiatori che si trovavano ad affrontare un lungo viaggio per mare.

La tradizione del romanzo popolare inglese risale al XVIII secolo, ossia all'epoca che vide la nascita di una classe intellettuale media e quindi di una letteratura borghese. A rendere popolare il genere furono Daniel Defoe e Samuel Richardson, esploratori del quotidiano, seguiti da Henry Fielding, precursore di forme e temi nuovi. L'insieme dei celebri lavori di Defoe si può ritrovare nelle *Opere complete* (Mondadori, Milano 1997), mentre le più recenti edizioni del suo lavoro più conosciuto, *La vita e le straordinarie, sorprendenti avventure di Robinson Crusoe*, che vide la luce nel 1719, sono quelle di Einaudi (Torino 1998) e Garzanti (Milano 2000); l'isola dove si svolgono le avventure del naufrago Robinson rappresenta i problemi e le contraddizioni di quel mondo moderno che, agli inizi del XVIII secolo, si andava delineando nel confronto tra l'Europa e le nuove terre scoperte. *Clarissa* di Samuel Richardson (1748; Frassinelli, Milano 1996) si distingue per il talento dell'autore e l'ingegnosità della trama, imperniata sull'accanita caccia a una ragazza virtuosa da parte di un aristocratico libertino, Lovelace, il quale riesce

a raggiungere il suo scopo, abusando di lei e conducendola alla morte. Se Richardson rappresenta la corrente sentimentale del romanzo, Fielding, in esplicita contrapposizione, ne rappresenta quella ironica e parodistica. Si può affermare che il suo libro più popolare, *Tom Jones* (1749; Rizzoli, Milano 1999), misceli studio di costumi, avventure e satira sociale. La storia del trovatello Tom, che dopo una difficile adolescenza conquista il suo posto in società grazie alla sua vitalità di dongiovanni, è un vero e proprio affresco dell'Inghilterra urbana e contadina della metà del Settecento.

Se pensate di trascorrere qualche giorno nelle Midlands, potreste leggere *Mary Barton: racconto di vita a Manchester* di Elizabeth Gaskell (1848; Oscar Mondadori, Milano 1997), romanzo in cui l'autrice illustra con partecipazione i drammi della condizione operaia durante la Rivoluzione Industriale. Lo stesso tema fu affrontato da Charles Dickens, che raggiunse la massima fortuna con i romanzi d'impegno sociale. In *Tempi difficili* (1854; Einaudi, Torino 1999), ambientato nell'immaginaria Coketown, Dickens denuncia, in polemica con l'ideologia utilitaristica, la crudeltà delle istituzioni e lo sfruttamento del proletariato industriale da parte della prospera classe dominante. Tipico scrittore vittoriano illuminato e sentimentale anche nella denuncia più vigorosa, Dickens è tuttavia dotato di straordinaria vitalità linguistica: le sue raffigurazioni complesse degli uomini e della società sono ancora oggi estremamente suggestive. Il suo lavoro più felice è sicuramente *David Copperfield* (1849-50; pregevole l'edizione Einaudi, Torino 1999, con traduzione e prefazione di Cesare Pavese), eccellente affresco dell'infanzia, dei suoi amori e dolori, paure e meraviglie, dove si beffeggiano i malvagi e si convocano i buoni a una paradossale rivincita. Considerata un capolavoro dell'umorismo, *Il circolo Pickwick* (1836-37; Adelphi, Milano 1997) mostra l'immagine idealizzata e nostalgica di un'Inghilterra eccentrica e cordiale, ancora integrata nonostante le divisioni di classe. Il romanzo maggiormente legato a Londra è *Le avventure di Oliver Twist* (1837-38; Mondadori, Milano 2000), che narra la storia di una banda di ladri bambini (la produzione narrativa di Dickens è raccolta nei due volumi dal titolo *Tutte le opere narrative*, edito da Mursia, Milano 1983). La sua scrittura attenta alla realtà era apprezzata in un'epoca in cui la società inglese stava attraversando i profondi cambiamenti provocati dalla Rivoluzione Industriale. Questi stessi temi ispirarono letterati come Lord Alfred Tennyson, considerato il poeta più rappresentativo dell'epoca vittoriana.

Nella prima metà del XIX secolo, Jane Austen scriveva dell'agiata classe media di provincia. Le passioni e gli intrighi che si agitano dietro gli obblighi imposti dalla 'proprietà' sono magnificamente rappresentati in *Emma* (1816) e in *Orgoglio e pregiudizio* (1813; editi entrambi da 'Bur' Rizzoli, Milano 1999). Le sorelle Brontë – Charlotte, autrice di *Jane Eyre* (1847; Mondadori, Milano 2000); Emily, che scrisse *Cime tempestose* (1847; Rizzoli, Milano 2000), la romantica storia dell'amore tormentato di Catherine e Heatcliff; e Anne, cui si deve *Tenant of Wildfell Hall* (1848; in italiano col titolo *Il segreto della signora in nero*, Frassinelli, Milano 1997) – ambientavano le loro tragedie commoventi e cupe nelle Yorkshire Dales.

Se visitate il Lake District, potrebbero accompagnarvi i versi del poeta romantico William Wordsworth, che vi trascorse la prima metà del XIX secolo. I lettori contemporanei possono trovarlo arcano, ma nelle liriche migliori trasfonde il suo sentimento per la natura in un linguaggio di grande modernità. Insieme a Samuel Coleridge scrisse le *Ballate liriche* (pubblicate anonime nel 1798; Mondadori, Milano 1999), considerate il manifesto del romanticismo inglese. Pur nella diversità di intenti dei due autori – Wordsworth teso a ricreare il fascino del nuovo nella realtà quotidiana, Coleridge a rendere tangibile il soprannaturale – le ballate sono unificate dallo spontaneo traboccare delle emozioni. Contengono due capolavori assoluti della lirica occidentale, ossia *La ballata del vecchio marinaio* di Coleridge e *L'abbazia di Tintern* di Wordsworth.

Più di altri scrittori, Thomas Hardy si affidò al senso dello spazio e al rapporto fra lo spazio e gli individui. I suoi romanzi più riusciti creano un suggestivo affresco del Wessex, la regione inglese che egli, vivendo a Dorchester (Dorset), conosceva più di ogni altra. Una delle sue opere migliori è *Tess dei d'Uberville* (1891; 'Bur' Rizzoli, Milano 2001).

È invece la Londra aristocratica di fine secolo il teatro delle vicende de *Il ritratto di Dorian Gray* (Newton & Compton, Roma 1999, con introduzione di Masolino d'Amico) di Oscar Wilde, che il grande scrittore irlandese, vissuto però molti anni nella capitale inglese, diede alla luce nel 1891; il libro, che ancora oggi non ha perso il suo fascino, divenne ai tempi una specie di vangelo del decadentismo e dell'estetismo. Di Wilde ricordiamo anche l'importante produzione teatrale, con commedie come *L'importanza di chiamarsi Ernesto* (1895; 'Bur' Rizzoli, Milano 2000) o *Un marito ideale* (1895; Il Mulino, Firenze 1999), in cui la polemica sociale è diluita in battute ironiche e paradossi cinici e brillanti; un altro lavoro di successo di Oscar Wilde fu *Salomé* ('Bur' Rizzoli, Milano 1999, con introduzione di Alberto Arbasino), scritta in francese nel 1891 per la grande Sarah Bernhardt e rappresentata per la prima volta nel 1896, per poi essere successivamente musicata da Richard Strauss (1905).

È ancora Londra a essere evocata nelle avventure scaturite dalla fantasia di Arthur Conan Doyle: l'imperturbabile detective Sherlock Holmes e il suo braccio destro, il dottor Watson, saranno per sempre associati al n. 221b di Baker St. La più recente edizione italiana delle avventure di Sherlock Holmes è *221b Baker St: sei ritratti di Sherlock Holmes* (Marsilio, Venezia 2001). Presso Newton & Compton si può invece trovare la pubblicazione della raccolta *Tutto Sherlock Holmes* (Roma 1991).

Con il XX secolo, il ritmo di produzione della letteratura inglese crebbe ancora. In *Figli e amanti* (1913; Oscar Mondadori, Milano 1997), David Herbert Lawrence dipinse la vita quotidiana dei minatori delle città del nord, mentre nel celebre *L'amante di Lady Chatterley* (1928; Marsilio, Venezia 2001) descrisse i temi del sesso e il loro intrecciarsi con i rapporti di classe con un verismo tale che il romanzo suscitò un clamoroso scandalo, a tal punto che poté essere pubblicato in Inghilterra in edizione non purgata soltanto nel 1960. Altri autori, invece, preferirono trarre ispirazione da luoghi esotici, come Rudyard Kipling, che ambientò *Il libro della giungla* (1894; Fabbri, Milano 2001) nei vasti possedimenti dell'impero, o Joseph Conrad, che in *Cuore di tenebra* (1902; Einaudi, Torino 1999) scelse invece la natura lussureggiante dell'Africa centrale, per finire con E.M. Forster, che si occupò dell'impossibile futuro del dominio britannico sull'India in *Passaggio in India* (1924; Mondadori, Milano 2001). Negli anni '30, ossia gli anni della Grande Depressione, George Orwell descrisse la sua precaria vita di vagabondo in *Senza un soldo a Parigi e Londra* (1933; Oscar Mondadori, Milano 1995); alcuni viaggiatori contemporanei potranno ancora identificarsi nel suo racconto. All'incirca nello stesso periodo, Graham Greene fece luce sul lato oscuro di Brighton con il romanzo *La roccia di Brighton* (1938; Bompiani, Milano 1996) e trovò una fonte di costante ispirazione negli exploit degli Inglesi in tutto il mondo. Continuò a scrivere romanzi di successo fino alla sua morte (1991), con titoli quali *Il nostro agente all'avana* (1950; Oscar Mondadori, Milano 1997) e *Il terzo uomo* (1958; Bompiani, Milano 1994).

Un notevole contributo alla tradizione inglese della satira venne intorno alla metà del XX secolo da Evelyn Arthur Waugh, con – fra le altre opere – l'esilarante *Scoop* (in italiano con il titolo *L'inviato speciale*, Bompiani, Milano 1974, da cercare in biblioteca) e il ragelante *Ritorno a Brideshead* (stesso editore,

1996); un altro lavoro degno di nota è *Quando viaggiare era un piacere* (Adelphi, Milano 1996). Una raccolta dei lavori di Waugh si può leggere nel volume *Opere (1943-1961)*, uscito presso Bompiani (Milano 2000). Nei due romanzi *1984* (Mondadori, Milano 1989) e *La fattoria degli animali* (stesso editore, 2001), scritti fra il 1945 e il 1949, Orwell portò alle estreme conseguenze la sua avversione a ogni tipo di totalitarismo; nel primo diede un'immagine avveniristica, tanto terrificante quanto plausibile, della società mondiale; nel secondo diede vita a una satira brillante e dolorosa del comunismo russo.

Doris Lessing ha tracciato un profilo della Londra degli anni '60 in *The Four-Gated City*, che fa parte del ciclo di cinque romanzi dal titolo 'I figli della violenza', un'analisi dei rapporti interpersonali e sociali fra uomo e donna e delle loro implicazioni politiche; i primi tre romanzi di questo ciclo sono *Martha Quest*, *Un matrimonio per bene* e *Echi della tempesta* (disponibili nel catalogo Feltrinelli); fra gli altri numerosi lavori della scrittrice inglese ricordiamo ancora *Racconti londinesi*, *Ben nel mondo* e *Camminando nell'ombra. La mia autobiografia* (anch'essi editi in Italia da Feltrinelli).

Iris Murdoch, contemporanea della Lessing, ha unito le eccentricità degli Inglesi a scarni commenti sulla vita moderna in *Un uomo accidentale* (Rizzoli, Milano 1977, reperibile in biblioteca). In *Metroland*, pubblicato all'inizio degli anni '80, Julian Barnes racconta di come si cresce nei sobborghi collegati a Londra dalla metropolitana; per avere un saggio della capacità narrativa di Barnes, in italiano potete leggere *England, England* (Einaudi, Torino 2000), curiosa storia di un magnate sognatore che raccoglie le maggiori attrazioni della vecchia Inghilterra (Big Ben, Stonehenge, la foresta di Sherwood) sull'isola di Wight.

Uno dei ritratti più divertenti e meno benevoli dell'Inghilterra degli anni '90 è stato tracciato da Martin Amis in *London Observed*, una raccolta di storie ambientate nella capitale; altri suoi lavori incentrati sulle tante facce dell'Inghilterra di oggi sono *Territori londinesi* (Oscar Mondadori, Milano 1999) e *Money* (Einaudi, Torino 1999). Altre prospettive interessanti sono quelle fornite da Hanif Kureishi, che racconta la vita dei giovani pakistani a Londra in *The Black Album* (Bompiani, Milano 2000). *Il budda delle periferie* (Leonardo, Milano 1995) è invece ambientato a Bromley. Ancora di Kureishi, *Londra mi uccide* (Baldini & Castoldi, Milano 1997) si svolge nell'anno 1989, tra vicende di droga e desideri di riscatto sociale, mentre *Sammy e Rosie vanno a letto* (stesso editore, 1998) è il testo della sceneggiatura originale dell'omonimo film di Stephen Frears, a cui Kureishi ha voluto aggiungere un'interessante e amara riflessione in forma di diario. Caryl Phillips descrive invece l'esperienza degli immigrati provenienti dai Caraibi in *The Final Passage*.

Nick Hornby ha immortalato la tifoseria dell'Arsenal in *Febbre a 90°* (Guanda, Milano 2001), un romanzo praticamente illeggibile per chi non è tifoso di calcio, da cui è stato tratto l'omonimo film con Colin Firth. Fortunatamente, a questa prova ha poi fatto seguito un libro che ha riscosso un grande successo: *Alta fedeltà* (Guanda, Milano 1999), la storia del proprietario di un negozio di dischi a Holloway, North London, fanatico di musica delle etichette indipendenti. In una Londra irrequieta e vibrante, il protagonista racconta con passione, disincanto e una buona dose d'ironia gli amori, i sogni e le disillusioni di una generazione di trentenni già piuttosto provata ma ancora piena di voglia di vivere. Sulla stessa falsariga è *Un ragazzo* (Tea, Milano 2001), storia di un 'Peter Pan' trentaseienne.

Ted Hughes, 'poeta laureato' fino alla sua morte (1999), è stato autore di un libro di poesie che ha registrato vendite record: *Lettere di compleanno* (Mondadori, Milano 2000), dedicate alla moglie, la poetessa Sylvia Plath, suicidatasi nel 1963, è un vero e proprio canzoniere moderno per l'amata scomparsa. Matthew Kneale,

scrittore inglese che oggi vive in Italia, si inserisce nella consolidata tradizione di seguire gli Inglesi all'estero con *English Passengers*. In italiano di questo autore potete leggere *Nero Tamigi* (Bompiani, Milano 1997), il cui protagonista vive nell'ossessione di voler pulire le acque del Tamigi; la storia è un pretesto per sondare gli ambienti più torbidi e oscuri di Londra, dove vive un'umanità umiliata e offesa.

Kazuo Ishiguro, giapponese di nascita, arrivò in Inghilterra quando aveva cinque anni. Il suo apprezzato *Quel che resta del giorno* (Mondadori, Milano 1999) segue il filo dei ricordi di un vecchio e irreprensibile maggiordomo inglese, che durante un viaggio in automobile verso la Cornovaglia ripercorre e rimette in discussione una vita intera passata a rispettare una certa tradizione e a difenderla a dispetto degli altri e del tempo; dal libro è stato tratto il bellissimo film di James Ivory con Anthony Hopkins.

La serie di libri dedicati alle avventure del giovane mago Harry Potter, di cui è autrice J.K. Rowling, ha scalato una classifica dopo l'altra grazie al favore dei lettori di tutte le età (i molti titoli di questa serie tradotti in italiano sono pubblicati da Salani). L'autrice è degna di raccogliere il testimone di scrittori per l'infanzia come A.A. Milne, che faceva girovagare il suo *Winnie the Pooh* nella Ashdown Forest, nel Sussex (con il titolo *Winnie Puh* si possono leggere le avventure pubblicate sempre da Salani, Firenze 1998) e Beatrix Potter, il cui *Peter Rabbit* saltella nel Lake District (in italiano si trova con il titolo *Peter coniglio: il piccolo libro delle buone maniere*, presso Sperling & Kupfer, Milano 2000). Un altro autore molto noto di libri per bambini era Roald Dahl, che con romanzi come *La fabbrica di cioccolato* e *Le streghe* (entrambe nel catalogo Salani) ha fatto presa sulla fantasia di molti piccoli lettori.

Teatro

Con una tradizione che affonda le proprie radici nell'opera di Shakespeare e, prima ancora, nell'epoca medievale, Londra è ancora una delle più importanti capitali del teatro.

Si tratta della migliore città al mondo dove assistere a spettacoli dal vivo, anche se per troppi turisti una serata a teatro significa vedere una rappresentazione di *Trappola per topi* di Agatha Christie, che ha raggiunto la quinta decade di permanenza in cartellone, aggiudicandosi il titolo di spettacolo più longevo della storia, oppure di *Cats* di Andrew Lloyd Webber, che va in scena da vent'anni. Abitualmente su *Time Out* (la rivista che elenca gli eventi culturali di Londra) vengono riportati più di 100 spettacoli in programma. In alcuni casi si tratta di musical, di autori come Lord Lloyd Webber, che raccolgono ampi consensi, studiati apposta per trasmettere ottimismo e fiducia; in altri casi si tratterà semplicemente di grandi opere teatrali del West End, come *An Inspector Calls*; molti altri, infine, saranno lavori innovativi e interessanti, rappresentati in teatri più piccoli sparsi in tutta la capitale. Vi sono anche molti validi teatri regionali; per i particolari, consultate le rubriche degli spettacoli.

Non esiste un 'periodo aureo' del teatro inglese, ma si può affermare piuttosto che la drammaturgia inglese sia stata caratterizzata da sviluppo ed evoluzione. Anche se è facile – e spesso corretto – farsi beffe degli spettacoli senza pretese del West End, fatti ad arte per piacere al pubblico, non bisogna dimenticare che prima dell'avvento della televisione in molti di questi teatri non si rappresentavano altro che le commedie più leggere, che piacevano al pubblico di massa. Con l'avvento della televisione scomparvero progressivamente le grandi platee di spettatori, e vi fu la necessità di riscoprire lavori più interessanti, diversi sia dagli spettacoli televisivi, sia da quelli cinematografici. Queste forme d'intrattenimento di massa ebbero un ulteriore e inaspettato effetto positivo sul teatro londinese: agirono come una sorta di 'sistema pensionistico' per molti veterani del palcoscenico, perché una parte in un film di Hollywood o in uno sceneggiato televisivo poteva far guadagnare più di un intero anno di repliche teatrali.

Agli albori del teatro inglese, per gli attori una buona recita significava, in sostanza, avere qualcosa da mangiare o trovare un posto per dormire, e nel teatro medievale le compagnie di attori itineranti erano la norma. Sebbene le trame dei semplici spettacoli messi in scena fossero tratte dalla Bibbia o dai classici greci, era pratica comune prendersi delle libertà rispetto al testo originale per far divertire il pubblico delle città mercantili che, com'era noto, non si distingueva per il gusto intellettuale. Uno stratagemma comune consisteva nello sdrammatizzare la nascita di Cristo, popolando le file dei pastori in visita di furfanti e malandrini.

La crescita delle città portò alla nascita della classe urbana, ovvero di persone non legate ai ritmi del lavoro nei campi e con maggior tempo libero per i divertimenti; il processo fornì un serbatoio da cui attingere spettatori. Il primo teatro permanente di Londra venne costruito nel 1576 da James Burbage, mentre suo figlio Richard divenne famoso per l'abilità nel ricoprire i ruoli della drammaturgia shakespeariana. Shakespeare stesso si trovò a lavorare in condizioni non dissimili da quelle del teatro contemporaneo: egli si destreggiava fra le richieste di un pubblico incostante e le esigenze di profitto dei proprietari dei teatri, come il Globe e il Rose.

In questo periodo, meglio noto come Età elisabettiana, gli attori erano esclusivamente uomini (che recitavano sia i ruoli maschili sia quelli femminili) e lavoravano grazie all'appoggio e alla protezione di un nobile mecenate. Coloro che non godevano di questa protezione nobiliare venivano definiti ufficialmente 'furfanti e vagabondi'.

Quando fece ritorno in Inghilterra nel 1660, Carlo II incoraggiò l'adozione di determinate consuetudini teatrali che aveva appreso sul continente; il cambiamento più significativo fu quello di utilizzare donne per i ruoli femminili. Questa innovazione conquistò il pubblico londinese e si adattò perfettamente alla produzione dell'epoca di Congreve e Vanburgh. In particolare, *Così va il mondo* di William Congreve (1700; Rizzoli, Milano 1998), un capolavoro della commedia di costume, riscosse un grande successo.

Nel corso del XVIII secolo in tutte le città principali dell'Inghilterra vennero edificati teatri. Nel 1820 suscitò scalpore l'introduzione dell'illuminazione a gas nei due teatri londinesi di Drury Lane e di Covent Garden, perché fino ad allora le rappresentazioni si tenevano o in teatri illuminati dalla luce del giorno o alla fievole luce delle candele, la sera. Sebbene questo tipo d'illuminazione non scongiurasse il pericolo che il teatro andasse a fuoco – cosa che avveniva regolarmente – la grande novità era la possibilità di controllare l'intensità della luce, tanto che questa, per la prima volta, assumeva un suo ruolo all'interno della rappresentazione.

Lo sviluppo del teatro moderno

Nell'ultima parte del XIX secolo emerse in Inghilterra la figura dell'attore-impresario, vera luce guida per il proprio teatro: esempi calzanti furono George Alexander e Charles Wyndham. Essi avevano il loro pubblico e potevano richiedere l'appoggio dei migliori co-attori, drammaturghi, musicisti e di altri professionisti del settore. Le opere rappresentate andavano dai lavori musicali che soddisfacevano il gusto del pubblico a quelle serie, come *L'importanza di chiamarsi Ernesto* di Oscar Wilde (per le opere di Wilde, v. **Letteratura**, più indietro).

All'inizio del XX secolo la drammaturgia seria fu contrassegnata da un nuovo modo di rappresentare le opere di Shakespeare, che privilegiava l'attenzione per la purezza delle battute rispetto all'elaboratezza della scenografia. Al pubblico londinese vennero offerti spettacoli provenienti dall'estero, con autori del calibro di Anton Checkov e Eugene O'Neill. Le più richieste erano però le commedie sulla società contemporanea, opere di scrittori come Somerset Maugham e Noel Coward, autore di *Breve incontro* e *Spirito allegro* (riunite in un'unica edizione da Einaudi, Torino 1991).

Per il Royal Court Theater di Granville-Barker scrisse molti dei suoi successi un altro grande della drammaturgia inglese, George Bernard Shaw, a cui si devono capolavori come *Pigmalione* (Oscar Mondadori, Milano 1996), *Il maggiore Barbara* e *Santa Giovanna* (stesso editore, Milano 1980), scritti fra il 1890 e il 1920. Il *Teatro completo* di Shaw è stato pubblicato dalla Newton & Compton di Roma (1974; in tre volumi, con un'introduzione di Bertold Brecht) e da Mondadori.

Negli anni '50 del XX secolo, nel West End erano all'apice della loro carriera teatrale attori del calibro di Sir Laurence Olivier, Sir John Gielgud e Peggy Ashcroft, che diedero vigore ed energia, fra le altre, alle produzioni classiche delle opere di Shakespeare. Negli anni '60 una generazione di giovani attori, come Peter O'Toole e Albert Finney, portarono un po' di coraggioso realismo nelle produzioni che si occupavano di temi di attualità.

Nel corso degli anni '70 decine di teatri cominciarono a operare fuori dal West End, e se da un lato aprivano e chiudevano con grande rapidità, spesso questi piccoli teatri producevano lavori interessanti e vedevano spesso la nascita di nuovi talenti. Alla fine degli anni '70, i tagli apportati nei finanziamenti statali costrinsero molte di queste piccole strutture indipendenti a chiudere, oppure a darsi un gran daffare per cercare uno sponsor finanziario.

Ciò che ha stimolato fortemente l'interesse degli Inglesi per il teatro è stata la grande popolarità dei gruppi teatrali amatoriali – si pensa che ne esistano circa 17.000. Mentre alcuni fra questi sono diletteschi nel vero senso della parola, altri mettono in scena produzioni che non hanno niente da invidiare a quelle dei migliori professionisti. I teatri regionali hanno una importante e lunga tradizione, ma a seguito dei magri finanziamenti degli anni '80 e '90, molti ottimi teatri riescono a malapena a sopravvivere. Se il governo manterrà la promessa di incrementare i fondi destinati alla cultura, come annunciato nel 2000, questi arriveranno appena in tempo.

Il National Theatre di Londra è il fiore all'occhiello dei teatri cittadini e offre un cocktail di classici rivisitati, opere contemporanee e sporadiche apparizioni di compagnie giovani e radicali. Al Barbican di Londra e in tre teatri di Stratford-upon-Avon potrete assistere alle rappresentazioni dell'eccellente Royal Shakespeare Company (RSC). La maggior parte delle città capoluogo di regione è sede di almeno una compagnia di categoria internazionale, e dispone delle strutture per mettere in scena le principali produzioni per i turisti.

I tanti teatri minori di Londra offrono un'interessante scelta di produzioni che vanno dallo straordinario al noioso, dal radicalmente innovativo fino all'assolutamente esilarante. In qualunque sera dell'anno dovreste avere l'opportunità di assistere alla rappresentazione di un'opera di un grande drammaturgo inglese come Harold Pinter (di cui ricordiamo *Il guardiano* e *Il ritorno a casa*, contenuti nei due volumi di *Teatro*, Einaudi, Torino 1996), John Osborne (di cui Einaudi ha in catalogo *Tutto il teatro*, 2000), Alan Ayckbourn (le cui farse genuine e divertenti sono raccolte in *Teatro*, Costa & Nolan, Genova 1996), Alan Bennett (*La pazzia di re Giorgio*, Adelphi, Milano 1996 e *Drammi e monologhi*, Gremese, Roma 1996), David Hare (*Skylight – Il cielo sopra il letto*, Gremese, Roma 1999) e Simon Gray.

Coloro che hanno voglia di consultare con attenzione *Time Out* potrebbero anche scoprire che vi è la possibilità di assistere a performance di attori come Judi Dench, Daniel Day-Lewis o Vanessa Redgrave.

Nei cartelloni del West End si insinuano anche star televisive e cinematografiche americane, da Kevin Spacey in *The Iceman Cometh* a George Wendt, Patrick Duffy e Richard Thomas in *Art* e a Kathleen Turner e Jerry Hall, che interpretano una Mrs Robinson senza veli ne *Il laurea-*to (forse ispirati dal nudo di Nicole Kidman in *The Blue Room*, vero e proprio 'viagra teatrale').

Fra gli attori di teatro di Londra che hanno avuto fortuna a Hollywood ricordiamo Kenneth Branagh e l'ex moglie, Emma Thompson. Sam Mendes è passato dal successo nella piccola Donmar Warehouse all'Oscar come miglior regista per *American Beauty*.

Cinema

Registi e produttori cinematografici non mancano mai di lamentare che, se solo in patria vi fossero finanziamenti e assistenza sufficienti, i registi e gli attori britannici (come Alan Rickman, Tim Roth, Emma Thompson e Mike Figgis) non sarebbero costretti a trasferirsi a Hollywood per lavorare. Anche coloro che lavorano principalmente nel paese non sempre hanno largo seguito. Mike Leigh, che ha vinto nel 1996 la Palma d'Oro al festival del cinema di Cannes per il notevole *Segreti e bugie*, ha diretto una serie di film commoventi sulla vita nell'Inghilterra contemporanea che non hanno riscosso un grande successo di pubblico.

Naturalmente è un vero peccato, perché vi è una messe di talento e tradizione associata al cinema inglese; Hollywood l'ha sempre saputo e, molto prima di riuscire a far attraversare l'Oceano ad Alfred Hitchcock negli anni '40, ha considerato l'industria cinematografica britannica una importante fonte d'ispirazione.

Dopo la Seconda guerra mondiale, Hollywood entrò in simbiosi con il cinema inglese. Persino alcuni grandi successi, come *Il terzo uomo* di Carol Reed (1949), tratto dall'omonimo racconto di Graham Greene, furono prodotti in gran parte con denaro proveniente dagli Stati Uniti, anche se questo dato non dovrebbe essere utilizzato per sminuire il contributo inglese alla cinematografia. Solo per nominare una piccola parte degli attori inglesi che hanno partecipato a produzioni americane, si pensi a David Niven, Richard Attenborough, David Lean, Elizabeth Taylor, Michael Caine e Alec Guinness.

Inoltre, la maestria tecnica degli studi inglesi è stata essenziale per la produzione di saghe fantascientifiche come *Guerre stellari* di George Lucas.

Negli anni '90 si è assistito a una ripresa delle sorti commerciali del cinema inglese, fino ad allora giudicato, quanto a successi, capace soltanto di riuscire a produrre poco più che il solito film di James Bond ogni due anni. Grazie ai finanziamenti da parte di reti televisive come Channel Four e la BBC, alcune pellicole, come *Quattro matrimoni e un funerale* di Mike Newell (1994), hanno attirato il grande pubblico in tutto il mondo, portando profitti di cui si sentiva forte necessità. I grandi successi che sono seguiti – *Full Monty – Squattrinati organizzati* di Peter Cattaneo (1997), *Lock & Stock – Pazzi scatenati* di Guy Ritchie (1998), *Notting Hill* di Roger Michell (1999) e il delizioso *Billy Elliot* di Stephen Daldry (2000) – hanno continuato a consolidare il rinnovato interesse per la cinematografia inglese. Anche un film essenzialmente hollywoodiano come *Shakespeare in Love* di John Madden (1998) si è avvalso di attori e di tecnici in buona parte inglesi.

Per ulteriori informazioni su questi e altri film girati in Inghilterra, v. **Cinema** nel capitolo **Informazioni pratiche**.

Musica classica e operistica

Londra è una delle capitali europee della musica classica e gran parte delle orchestre principali si esibiscono in tournée in tutto il paese. Vi sono quattro orchestre sinfoniche, molte altre di dimensioni più piccole, una grande disponibilità di sale e luoghi di ritrovo, prezzi ragionevoli e standard di esecuzione alti. Il più grande dilemma che si trovano ad affrontare gli appassionati è quello – piacevole – di scegliere fra le molte offerte interessanti.

Nonostante ciò, può essere davvero difficile assistere a un concerto di musica inglese. Prima del XX secolo, in pratica, l'unico compositore inglese degno di questo nome era Henry Purcell (1659-95), ma dovreste essere comunque in grado di riuscire a individuare uno spettacolo di musica di grandi nomi inglesi, come Edward Elgar, Ralph Vaughan Williams, Benjamin Britten o William Walton. Oggi John Tavener ha raggiunto un pubblico più ampio per l'esecuzione di suoi brani al funerale di Lady Diana.

La compagnia operistica principale del paese, la Royal Opera, che ha sede a Covent Garden, alla riapertura della sua maestosa sede dopo un restauro lungo e dispendioso sembrava pronta a lasciarsi alle spalle un turbolento passato. Purtroppo la rivalità fra i diversi membri della compagnia e le dimissioni che ne sono seguite hanno reso impossibile questo passaggio. La Royal Opera House ospita anche il Royal Ballet, la più eccelsa fra le diverse compagnie di ballerini in Inghilterra.

Musica pop

Per quasi 50 anni cantanti e gruppi inglesi sono stati l'avanguardia che rifiutava tutti i limiti fino ad allora rispettati. Ancora oggi l'Inghilterra rimane un paese leader in questo campo – le classifiche musicali sono un'istituzione, ed essere al primo posto nella classifica dei brani singoli è ancora un avvenimento. I dischi prodotti sono notevoli sia per varietà, sia per qualità e il pubblico degli acquirenti ha aderito appassionatamente ai movimenti che hanno coperto tutto lo spettro musicale.

All'inizio degli anni '60 vi è stata una convergenza fra musica rhythm and blues, skiffle, folk e soul che ha dato vita alla nuova musica pop, portando alla celebrità un gruppo sconosciuto chiamato The Beatles: ciò che è successo dopo in campo musicale deve molto alla loro inventiva e alle loro sperimentazioni. Accanto ai Beatles riscuotevano notevole successo altre band inglesi come The Kinks, The Rolling Stones e The Who. Nonostante la loro 'inglesità', questi gruppi piacevano in tutto il mondo, il che ne spiega la longeva popolarità anche se molti dei fan del loro primo periodo hanno raggiunto l'età della pensione.

Le band degli anni '60 pagarono un prezzo alto ad alcol e droghe, ma questi eccessi proliferarono nei movimenti che seguirono. Il rock psichedelico e progressivo spadroneggiò all'inizio degli anni '70 con Genesis, Pink Floyd e Led Zeppelin, che guidarono il mondo degli acquirenti di dischi su un cammino iniziato con *Sergeant Pepper* dei Beatles. I loro lunghi assoli alla chitarra e i pezzi al basso che si protraevano apparentemente all'infinito diedero agli anni attorno al 1975 un tocco eccessivo, interrotto solo dal dinamico David Bowie. Di lì a poco, il breve ma tagliente shock del punk scosse i domini dell'aristocrazia musicale.

Grazie ai Clash, ai Buzzcocks ma soprattutto ai Sex Pistols emerse un suono completamente nuovo che contribuì a spaventare i genitori di un'altra generazione di adolescenti. Da questi gruppi nacquero quelli New Wave, che mescolavano l'intensità del punk con altre influenze musicali, come il soul, il blues e la musica dance. The Stranglers, The Jam e Joy Division smussarono gli aspetti più duri ed estremi del punk e aprirono la strada alla rinascita del pop all'inizio degli anni '80.

Spandau Ballet, Depeche Mode e Duran Duran con il loro abbigliamento dandy, l'atmosfera di divertimento affettato e il suono elettronico sincopato fornirono per un breve periodo la colonna sonora perfetta al cupo declino industriale inglese. Con il procedere del decennio, emersero gruppi musicali che cercavano di trasmettere un messaggio più profondo. La musica triste da monolocale degli Smiths portò una grande proliferazione di riccioli, che lasciarono posto ai capelli lisci per ballare al suono innovativo e esuberante di New Order e Pet Shop Boys.

Questo percorso non è stato così lineare: ogni tanto qualcuno prendeva una pastiglia di acido e per un certo periodo il panorama musicale ne restava sconvolto. Alla fine degli anni '80 e inizio degli anni '90 il nuovo palcoscenico musicale di Manchester produsse album favolosi degli Stone Roses, The La's e Happy Mondays. In altre località, i party con acidi e i rave illegali diventavano all'ordine del giorno. Questa musica anonima e sinco-

pata ha dato origine da un lato al panorama house, diffusosi dai club di Londra fino ad Ibiza e dall'altro a gruppi dance più conosciuti, come i Prodigy.

La musica inglese, che si reinventa continuamente, durante gli anni '90 tornò ai suoi albori. Dopo un lungo periodo in cui si era guardato sempre avanti, gli Oasis e i Blur tornarono indietro per ispirarsi agli anni '60 e all'inizio degli anni '80 ottenendo un suono conosciuto come Britpop – ottima musica per chitarra che catturava l'immaginazione del pubblico. Il britpop si è mescolato con il pop più commerciale per formare il suono ibrido che ha dominato le scene alla fine del decennio. I Take That, le Spice Girls e i loro prodotti, insieme alle numerose imitazioni (come Steps e Five) sono diventati oggetto di leggende metropolitane. All'epoca della stesura di questa guida, segnava il passo una miscela unica di musica dance, drum and bass e ritmi soul conosciuta come UK Garage.

Arti visive
William Hogarth (1697-1764) emancipò l'arte inglese dalle influenze europee con una serie di dipinti e di incisioni che si prendevano gioco delle ingiustizie sociali; la più famosa fra queste è probabilmente *A Rake's Progress* (La carriera di un libertino). Il presidente e fondatore della Royal Academy of Arts, Joshua Reynolds (1723-92) e il suo rivale Thomas Gainsborough (1727-88) elevarono l'artista a un nuovo livello di considerazione in Inghilterra. Il primo ottenne questo risultato attraverso la sua straordinaria produzione e l'influenza che esercitò su uomini di lettere come Dr Samuel Johnson e James Boswell, il secondo attraverso il suo ingegno e grazie all'appoggio della famiglia reale.

La tradizione della pittura paesaggistica, iniziata da Gainsborough, fu portata avanti da John Constable (1776-1837) e fu d'ispirazione a un'intera generazione di impressionisti francesi. I romantici contemporanei di Constable, J.M.W. Turner (1775-1851) e William Blake (1757-

1827) non avrebbero potuto essere più diversi fra loro. Blake faceva uso di un simbolismo personale per esprimere una filosofia mistica nei suoi disegni, nelle stampe e nella poesia, mentre non gli piacevano tele e colori a olio. Turner, da parte sua, utilizzava con uguale maestria colori ad olio ed acquerelli e con il passare degli anni si dedicò a rendere l'effetto della luce e del colore a svantaggio dei particolari. Negli anni '30 del XIX secolo il processo si era spinto tanto avanti che alcuni suoi dipinti, tra cui *Snow Storm: Steamboat off a Harbour's Mouth*, apparivano totalmente astratti e venivano universalmente denigrati.

John Everett Millais (*Christ in the House of His Parents*, 1850) e William Holman Hunt (*The Scapegoat*, 1854) tentarono di ricatturare la semplicità dell'arte italiana quattrocentesca. Questo aprì la strada alla predilezione per gli ambienti e i temi medievali di Dante Gabriel Rossetti (*Beata Beatrix*, 1864) e dei suoi discepoli William Morris (1834-96) e Edward Burne-Jones (*King Copethua and the Beggar Maid*, 1862). Morris ha esercitato una lunga influenza sulla realizzazione di mobili, vetri istoriati, tessuti da parete e d'arredamento e l'enfasi che egli pose sull'accuratezza della fattura è stata d'ispirazione a generazioni di piccoli laboratori artigiani in Inghilterra.

Nel XX secolo, le sculture monumentali di Henry Moore (1898-1986), i drammatici dipinti di Francis Bacon (1909-92) e i quadri alla moda e decisamente figurativi di David Hockney, che ritrae amici, nuotatori e bassotti tedeschi, hanno garantito all'arte inglese un posto nel panorama internazionale.

Sia Paul Nash (1889-1949), artista ufficiale durante la Prima e la Seconda guerra mondiale, sia Graham Sutherland (1903-80), artista ufficiale durante la Seconda guerra mondiale, seguirono il filone della tradizione romantica e visionaria di Blake, Samuel Palmer e Turner. Nash introdusse il surrealismo nella pittura inglese e fu autore anche, incidentalmente, di *The Shell Guide to Dorset* (1936). Suther-land è famoso per i suoi dipinti di edifici in rovina. Altro artista di guerra ufficiale è Moore, i cui disegni che rappresentano gli abitanti di Londra nell'atto di cercare rifugio dalle incursioni aeree nella metropolitana hanno consolidato la sua fama come uno degli artisti inglesi più influenti di tutti i tempi.

Il fotomontaggio di Richard Hamilton dal titolo *Just what is it that makes today's homes so different, so appealing?* (1956) lanciò il movimento della pop art in Inghilterra. Peter Blake fu l'autore della copertina psichedelica dell'album *Sergeant' Pepper's Lonely Hearts Club Band* (1967) dei Beatles e fu il portabandiera dell'esplosione della cultura pop britannica.

Negli anni '70 e '80 vi furono artisti concettuali e *land artists* come Richard Long, in competizione con *performance artists*, come Gilbert e George. Per tutta l'era Thatcher il panorama artistico è stato dominato dalle gallerie d'arte commerciali, ma negli anni '90 sono emersi una serie di prolifici giovani talenti, operanti con una grande varietà di strumenti: i calchi in resina che riproducono oggetti d'uso quotidiano, di Rachel Whiteread, compresa un'intera casa dell'East End, le hanno guadagnato fama internazionale; l'utilizzo di animali, vivi e morti, nelle opere di Damien Hirst ha scatenato un acceso dibattito; Tracey Emin ha ricamato i nomi di tutti gli uomini con cui ha condiviso il letto all'interno di una tenda e poi è arrivata fino a mettere in mostra il suo letto disfatto; infine, le figure dei fratelli Chapman, con i genitali al posto sbagliato, hanno attirato l'attenzione dei censori. Chris Ofili ha vinto l'edizione 1999 del premio Turner con un dipinto della Vergine Maria realizzato utilizzando come materia prima dello sterco di elefante.

ARCHITETTURA

Le tracce più antiche del ricco patrimonio architettonico dell'Inghilterra risalgono a più di 5000 anni fa e precisamente alla straordinaria Stonehenge; a partire da allora, vi sono tracce di ogni periodo architettonico – anche se non sempre copiose.

Dell'occupazione romana e sassone rimangono ben poche testimonianze, il che non sorprende se si pensa che i Romani colonizzarono la Britannia più di 2000 anni fa. Rare anche le costruzioni normanne giunte a noi intatte, ma nelle molte chiese e cattedrali vi sono numerosi esempi della maestria di 900 anni fa.

Gli edifici risalenti al XVI e XVII secolo sono più comuni e, accanto alle residenze più maestose, sopravvive in Inghilterra un'interessante architettura civile. Nell'Inghilterra rurale si trovano ancora numerosi cottage in mattoni dal tetto di paglia, molti dei quali risalgono al XVII secolo.

Alcuni degli stili visibili nelle chiese venivano utilizzati anche nei castelli, ma mentre nel primo caso il progetto valorizzava in particolare gli elementi decorativi o di fantasia, nei castelli veniva esaltata essenzialmente la funzione militare. I vantaggi del vivere fra grandi cumuli di pietre, tuttavia, vennero scemando mano a mano che i tempi divennero più pacifici.

A partire dal XVI secolo gran parte delle innovazioni in campo architettonico vennero apportate all'interno delle case private e spesso la nobiltà inglese adottò, adattandoli alle proprie esigenze, diversi stili europei. Talvolta i castelli vennero abbandonati, altre volte vennero fagocitati all'interno di strutture completamente nuove.

Una delle caratteristiche più singolari della cultura inglese è la grande passione degli aristocratici per le loro enormi e meravigliose residenze di campagna. Nessun altro paese ne vanta un numero paragonabile. Come le chiese, anche queste si sono evolute e, nell'arco della loro esistenza, hanno incorporato diversi stili architettonici.

Accanto all'architettura monumentale, che si è espressa attraverso opere di straordinario valore, l'Inghilterra vanta un'interessante architettura popolare, che ha prodotto abitazioni di aspetto gradevole e attraente almeno fino all'epoca della Rivoluzione Industriale. Da allora in poi, salvo qualche notevole eccezione, il principio che sembra aver ispirato i costruttori

è quello di spendere il meno possibile. Le considerazioni estetiche diventarono un lusso riservato a coloro che se lo potevano permettere, cioè alle classi più abbienti. Anche gli edifici costruiti dopo la Seconda guerra mondiale mortificano quasi sempre l'occhio e dimostrano inoltre una completa noncuranza per il tessuto urbano in cui sono inseriti. Il principe Carlo è un appassionato sostenitore di un approccio architettonico più attento al fattore uomo e più sensibile all'estetica.

Va segnalata tuttavia la presenza di alcuni singoli edifici moderni di grande bellezza, soprattutto a Londra, dove un esempio particolarmente calzante in tal senso è il Lloyd's Building.

Fortunatamente, sono nate organizzazioni come il National Trust e l'English Heritage che hanno condotto con successo una campagna di sensibilizzazione a salvaguardia del patrimonio artistico del paese, anche se – in alcuni casi – l'attenzione verso il passato si è trasformata in ossessione e può incoraggiare un atteggiamento conservatore nella moderna architettura e progettazione.

Se da un lato in Inghilterra sono sicuramente identificabili i diversi stili e i periodi architettonici, le categorie non sempre sono rigide, tanto che sono riconoscibili influenze fra i diversi stili, i quali in certi periodi architettonici si sono parzialmente sovrapposti.

I testi base cui fare riferimento sull'architettura britannica sono i volumi della serie *Buildings of Britain*, di Nikolaus Pevsner, ricchi di dettagli (v. anche il **Glossario di architettura religiosa** in fondo al volume).

Architettura sacra

Le molte belle chiese medievali inglesi, edifici innalzati in un'epoca lontana, forniscono diversi esempi di soluzioni architettoniche uniche e interessanti e attirano un gran numero di visitatori.

Ma mentre questa ricca collezione di chiese è di grande interesse per gli appassionati di storia e di architettura, gli altri possono trovare la terminologia piuttosto fuorviante: si è invitati a ispezionare i soffitti di un coro, le iscrizioni di una navata, il refettorio di un convento, i monumenti di una cappella o le tombe di un transetto. Una chiesa, inoltre, può essere sassone o normanna, gotica inglese del primo periodo oppure perpendicolare, o più comunemente una commistione di due o più di questi stili. A volte, poi, non è nemmeno facile stabilire se il luogo sacro in cui ci si trova è una cappella, un monastero, una cattedrale oppure un'abbazia. Vediamo dunque di fare un po' di chiarezza.

Indipendentemente dal nome, si tratta fondamentalmente di edifici sacri in cui si svolgono gli atti di culto della religione cristiana. Tecnicamente una cattedrale (cathedral) è la chiesa principale di una diocesi, la sede della cattedra da cui il vescovo esercita la sua giurisdizione spirituale. Di norma le cattedrali sono più grandi e imponenti delle semplici chiese (church), ma esistono anche chiese grandi e cattedrali piccole. Il termine parrocchia o chiesa parrocchiale (parish church) sta a indicare la più piccola circoscrizione territoriale di una diocesi. Le cappelle (chapel) sono ancor più piccole delle chiese e spesso sono i luoghi di culto di gruppi non conformisti come metodisti e battisti.

Il termine abbazia (abbey) indica il luogo dove vive o viveva una comunità monastica maschile o femminile. La chiesa abbaziale è una chiesa eretta principalmente ad uso dei monaci o delle suore piuttosto che della popolazione civile.

Quando Enrico VIII decretò la soppressione dei monasteri, intorno al 1540, molte abbazie e conventi furono distrutti o trasformati in case private, mentre alcuni sopravvissero trasformati in chiese. Ecco perché vi furono chiese abbaziali di cui prese possesso la popolazione (come Malmesbury Abbey nel Wiltshire) e case signorili che, ancora oggi, vengono chiamate 'abbazie' (come Bealieu Abbey nello Hampshire). Il termine inglese minster, si riferisce a una chiesa annessa un tempo a un monastero (come Wimborne Minster nel Dorset).

È affascinante girovagare all'interno delle chiese inglesi, soprattutto dopo aver appreso i rudimenti dei vari periodi, stili e elementi architettonici. Poche sono quelle interamente di un unico stile; solitamente una finestra in un determinato stile si è fatta largo in un muro di un altro. Quando un elemento cedeva o un evento particolare faceva crollare una parte della chiesa, la ricostruzione avveniva nello stile in voga in quel determinato periodo; l'incremento nel numero dei fedeli, oppure una maggiore ricchezza, spesso richiedeva delle aggiunte oppure la costruzione di torri o guglie magnifiche, inevitabilmente nello stile più recente.

Anche i cambiamenti politici avevano un effetto sulle chiese e su come venivano progettate. Durante la Riforma, nel XVI e XVII secolo, molte statue ed immagini che si trovavano all'interno delle chiese vennero distrutte poiché si pensava potessero distrarre i fedeli dalla preghiera.

Sebbene le chiese più grandi venissero costruite utilizzando la tecnologia d'avanguardia dell'epoca, non era infrequente che durante la costruzione si verificassero crolli catastrofici.

Periodi e stili architettonici

Età neolitica e del Bronzo I tumuli funebri comuni delle popolazioni agricole del neolitico rappresentano alcuni esempi delle costruzioni più antiche della Gran Bretagna. Queste 'collinette', che risalgono circa al 3500 a.C., si concentrano nelle regioni ricche di gesso del Dorset e del Wiltshire.

Il circolo di monoliti di Stonehenge, senza dubbio il più famoso punto di riferimento storico dell'Inghilterra, si pensa sia stato costruito da un popolo dell'Età del Bronzo a partire all'incirca dal 3000 a.C.

Civiltà celtica e romana Gli invasori celti cominciarono ad arrivare nel 700 a.C., introducendo l'Età del Ferro e costruendo un congruo numero di villaggi fortificati e roccaforti, dei quali un notevole esempio è costituito dal Maiden Castle, nel Dorset.

I Celti furono seguiti, circa 700 anni più tardi, dagli invasori romani. L'occupazione romana durò 350 anni e si lasciò alle spalle un'impressionante retaggio architettonico, come il grandioso Fishbourne Palace, nel West Sussex (costruito circa nel 75 d.C.) e diverse terme romane (una delle quali ha dato il nome alla città di Bath).

Stile sassone A seguito del ritirarsi dei Romani, presero possesso del suolo inglese i Vichinghi. Le prime chiese costruite in Inghilterra risalgono all'epoca della dominazione anglosassone e precisamente tra il 700 e il 1050 d.C. In genere si trattava di edifici tozzi, di piccole dimensioni e privi di ornamenti, caratterizzati da archi a tutto sesto e torri quadrate.

Gran parte delle chiese sassoni erano di legno, quindi poche si sono conservate fino a oggi. Naturalmente quelle edificate in pietra hanno avuto un destino migliore: un notevole esempio è costituito da St Laurence a Bradford-on-Avon, nel Wiltshire. La chiesa di All Saints a Brixworth e quella omonima di Earls Barton, entrambe nei pressi di Northampton, presentano visibili elementi sassoni.

Stile romanico (Norman) Gli edifici innalzati a partire dal 1066 seguono lo stile che in Gran Bretagna prende il nome dal popolo che in quell'anno invase l'isola, i Normanni, e che nel resto d'Europa viene chiamato romanico. Le chiese tozze, dalle torri quadrate, ricordano le costruzioni sassoni, ma si distinguono per i dettagli e per l'ornato.

Le chiese romaniche comunicano un'impressione di robustezza, sono massicce e pesanti e in genere hanno dimensioni maggiori rispetto agli edifici sassoni.

Lo stile romanico in Gran Bretagna durò solo un secolo circa e in Inghilterra non vi sono chiese *Norman* che si siano conservate interamente. Tuttavia, la cattedrale di Petersborough è prevalentemente romanica.

Stile gotico Lo stile gotico si sviluppò essenzialmente per soddisfare le nuove esigenze della Chiesa e coprì un periodo di circa quattro secoli; al suo interno è possibile distinguere tre diversi sotto-stili, diversi ma collegati fra loro. Le chiese gotiche hanno un aspetto molto più leggero e delicato rispetto ai pesanti esempi romanici.

Gotico primitivo (Early English) La prima fase del gotico si sviluppò in Gran Bretagna fra il 1150 e il 1280. Si trattò della prima fase di utilizzo di elementi gotici, anche se fino al XVII secolo non si parlò di stile gotico. Le chiese inglesi in gotico primitivo sono caratterizzate da archi a sesto acuto, grandi volte a crociera e da finestre ogivali (finestre strette e a punta, singole o in gruppi).

Il più bell'esempio di gotico primitivo in Inghilterra è la cattedrale di Salisbury.

Gotico ornato (Decorated) Il gotico ornato si sviluppò dal 1280 al 1380. Come lascia intuire il nome, lo stile si arricchì di numerosi elementi decorativi quali raffinate finestre a traforo, merlature e altri ornamenti molto elaborati.

Esempi di gotico ornato sono le sale capitolari delle cattedrali di Salisbury e Southwell Minster e le navate delle cattedrali di Exeter e Lichfield.

Gotico perpendicolare (Perpendicular) La tendenza ornamentale del gotico inglese andò via via accentuando gli elementi rettilinei e verticali, dando luogo al cosiddetto stile perpendicolare, la terza fase del gotico, fra il 1380 e il 1550. Un buon esempio è dato dalla navata della cattedrale di Canterbury.

I progressi tecnologici permisero di costruire archi sempre più alti e di allargare e avvicinare le vetrate: molte delle chiese in stile perpendicolare sono infatti incredibilmente leggere e ariose. Divenne inoltre comune l'uso di vetrate istoriate e di complicati intrecci di costoloni nelle volte, come nella King's College Chapel di Cambridge e nella Henry VII's Chapel nella Westminster Abbey.

Di questo periodo si conservano molte case costruite parzialmente in legno, con le grandi intelaiature in travi di quercia rinforzate da mattoni e altri materiali; esempi di queste costruzioni si trovano in Kent, Hereford e Worcestershire.

Stile elisabettiano e giacobita Durante il periodo gotico l'architettura civile ebbe uno sviluppo modesto e uno scopo essenzialmente difensivo. I termini 'gotico primitivo', 'gotico ornato' e 'gotico perpendicolare' non si applicano facilmente alle rozze costruzioni dei castelli. Entro la metà del XVI secolo comunque, l'architettura civile aveva acquistato maggiore importanza.

Dopo la Riforma, l'architettura sacra conobbe un periodo di stasi che durò circa un secolo e, nei periodi di pace, fare colpo sui vicini era di primaria importanza rispetto alla necessità di tenerli a debita distanza.

Si spiega così l'edificazione di residenze come Hardwick Hall e Knole, che combinano le grandi vetrate dello stile perpendicolare con una precoce attenzione per l'architettura classica, sia nelle proporzioni complessive e nella simmetria, sia nei particolari come le colonne e i cornicioni.

Stile rinascimentale Nella prima metà del XVI secolo, Enrico VIII portò in In-

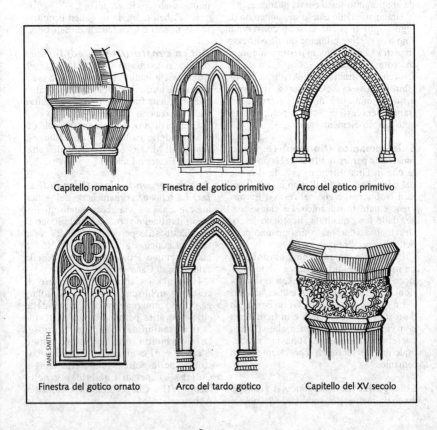

Capitello romanico   Finestra del gotico primitivo   Arco del gotico primitivo

Finestra del gotico ornato   Arco del tardo gotico   Capitello del XV secolo

JANE SMITH

ghilterra, a lavorare ai palazzi reali, artigiani francesi, italiani e fiamminghi. Questi talenti d'importazione furono responsabili in gran parte dell'introduzione dello stile architettonico rinascimentale. In Italia questo stile aveva avuto inizio già a partire dai primi decenni del 1400, mentre l'architettura di ispirazione classica in Gran Bretagna doveva aspettare ancora a lungo.

Stile palladiano La naturale evoluzione degli stili architettonici inglesi fu modificata profondamente per ben due volte dall'opera dell'architetto italiano Andrea Palladio. Il suo famoso trattato *I quattro libri dell'architettura*, che mostrava i suoi austeri edifici e le sue immaginifiche ricostruzioni di rovine romane, venne pubblicato nel 1570 e poco dopo (attorno al 1620) Inigo Jones edificò i suoi capolavori, Banqueting Hall (Londra) e Queen's House (Greenwich, Londra).

Barocco inglese Come lo stile rinascimentale, anche quello barocco nacque in Italia. In Inghilterra esso arrivò più tardi (tra la fine del XVII secolo e i primi decenni del secolo successivo) ed ebbe anche caratteristiche meno definite, ma a questo stile appartengono le opere di alcuni fra i più famosi e più estrosi architetti. Il barocco riprende le forme classiche antiche come archi, colonne e timpani, trattandole con maggiore libertà, con giustapposizioni di forme e figure straordinariamente elaborate.

Il più importante architetto barocco in Inghilterra fu Sir Christopher Wren che, in seguito al grande incendio di Londra del 1666, seppe dare un nuovo volto alla capitale inglese, progettando ben 53 chiese fra cui la cattedrale di St Paul, il suo più grande capolavoro. Fra le costruzioni civili, spiccano gli edifici realizzati da Nicholas Hawksmoor e da Sir John Vanbrugh, che lavorarono insieme al progetto di Blenheim Palace (Oxfordshire). Fu l'epoca durante la quale vennero costruite alcune delle più belle residenze di campagna inglesi (v. la lettura **Residenza di campagna vendesi: 406 stanze con vista**).

Stile neopalladiano Lord Burlington, nobile ed esteta, fu il responsabile di un ritorno alle forme classiche più austere dopo gli eccessi del periodo barocco. Egli aprì la strada progettando la sua stessa casa a Chiswick (Londra), caratterizzata da una stretta adesione alle regole della prospettiva e della simmetria. Ben presto la pianta ufficiale per le residenze di campagna previde un blocco centrale con un portico colonnato, fiancheggiato da ali. Un ottimo esempio è costituito dal Prior Park a Bath (John Wood padre, 1735).

Le case a schiera di John Wood padre e figlio a Bath e di Robert Adam a Edimburgo mostrano come le stesse idee possono esser utilizzate per scopi diversi in diversi contesti urbani.

Stile neoclassico Lo stile neoclassico, sviluppatosi fra il 1760 e il 1830, fu il risultato di un'analisi più accurata delle rovine classiche, non solo in Italia ma anche in Grecia e in Asia Minore. Era nata nel frattempo una nuova generazione di architetti, con una conoscenza più ampia degli elementi classici e contraddistinta da una maggiore libertà nel loro impiego.

Una figura chiave del periodo fu Robert Adam rinomato per le sue decorazioni e arredamenti d'interni; un esempio famoso delle opere da lui realizzate è la casa che si trova a Londra al n. 20 di Portman Square.

Nel corso del XVII secolo non vennero costruiti molti edifici religiosi, se si esclude la meravigliosa St Paul's Cathedral (e altre chiese di Londra) di Sir Christopher Wren, per la quale venne adottato un progetto neoclassico copiato dal continente.

Neogotico e classicismo Il British Museum, progettato da Sir Robert Smirke e costruito fra il 1823 e il 1846, è un notevole esempio di ripresa, non priva di enfasi, di elementi architettonici classici, gusto che si sviluppò a partire dalla fine del XVIII secolo e proseguì fino agli anni '40 del XIX secolo.

La prima fase del gusto neogotico (anni '40 del XIX secolo) fu basata sulla pura

Residenza di campagna vendesi: 406 stanze con vista

Se la definizione 'casa di campagna inglese' vi fa pensare ad un grazioso cottage in campagna, fra le margherite, provate ancora. Le tenute di campagna inglesi comprendevano anche dei piccoli cottage, ma questi si trovavano ben lontani dall'edificio principale e ospitavano probabilmente la servitù, come gli addetti alla pulizia delle stalle.

Quando pensate a una casa di campagna inglese ciò che dovete immaginare è: magione, palazzo, enormi terreni, edifici imponenti e così via. A partire dal XVI secolo queste costruzioni enormi presero il posto dei castelli come residenze principali della nobiltà urbana e di campagna, della classe dominante e di chiunque altro occupasse una posizione sociale di spicco in Inghilterra. Facilmente disponevano di 100 camere o più e per mandarle avanti era necessaria una numerosa servitù. Veniva fatto tutto il possibile per superare in dimensioni e lusso i vicini, che potevano trovarsi anche a 5000 acri di distanza.

Questa moda raggiunse l'apice nel XVIII secolo, quando ne vennero costruite a decine in tutta l'Inghilterra. I progetti erano realizzati dai migliori architetti e le case venivano riempite di tutti i tesori che si riuscivano a raccogliere. I terreni attorno alla casa, talvolta più impressionanti della casa stessa, erano a loro volta opera di progettisti del calibro di Capability Brown e non presentavano piccoli roseti, ma giardini che si estendevano per centinaia di acri. Era considerato più che normale deviare il corso di un fiume, spostare una collina, scavare un lago artificiale o ancora cambiare radicalmente il paesaggio per perseguire un 'ideale naturalistico'. Un altro aspetto negativo era dato dal fatto che i proprietari di questi vasti possedimenti avevano centinaia di fittavoli e altri lavoranti che vivevano in condizioni poco migliori dei servi della gleba.

Fra le residenze di campagna con parchi impressionanti ricordiamo Stourhead nel Wiltshire e Blenheim Palace nell'Oxfordshire, palazzo barocco e luogo natale di Winston Churchill.

Molte residenze edificate all'inizio del XVIII secolo furono progettate secondo i principi enunciati da Andrea Palladio, complete di tutti gli elementi tipici della sua architettura, come le false rovine romane. Un bell'esempio di questo stile è Holkham Hall che si trova nell'Inghilterra settentrionale, a Norfolk, dove viene dispiegata una quantità di marmo intagliato tale da far sentire a casa propria qualsiasi senatore della Roma antica.

ricerca storica associata a una cieca fede nel fatto che il ritorno all'architettura gotica potesse aprire la strada alle riforme sociali e che il classicismo fosse invece legato agli aspetti peggiori dell'urbanizzazione e dell'industrializzazione.

I progetti del gotico primitivo e talvolta del gotico ornato furono presi ad esempio per la costruzione di chiese, scuole e case parrocchiali con piante asimmetriche. Lo stile vittoriano si ispirò a una serie più vasta di fonti, come il gotico perpendicolare, quello francese e italiano presi a modello per tutti i tipi di edifici. Il Parlamento (Houses of Parliament, 1834), costruito su progetto di Augustus Pugin e Sir Charles Barry, è uno dei primi esempi di architettura neogotica, mentre nel nord dell'Inghilterra il municipio di Manchester, di Alfred

Waterhouse (1868), fornisce un esempio dell'evoluzione di questo gusto.

Arti e mestieri I pesanti 'restauri' di chiese intrapresi nell'epoca vittoriana (spesso si trattò di vere e proprie ricostruzioni) ispirò a William Morris nel 1877 la fondazione della Society for the Protection of Ancient Buildings (Società per la salvaguardia degli edifici antichi). Le idee di Morris, insieme agli scritti di John Ruskin, portarono a un progressivo apprezzamento dell'abilità artigianale nella costruzione di nuovi edifici, così come nel restauro di quelli antichi. I molti edifici originali e le nuove idee circa la progettazione e la pianta delle città fecero sì che l'Inghilterra esercitasse in questo periodo una forte influenza. I visitatori stranieri fu-

Residenza di campagna vendesi: 406 stanze con vista

Alla fine del XVIII secolo era in voga il neoclassicismo. Si trattava di uno stile basato su calcoli precisi e metodici, il cui risultato erano proprietà in cui la perfetta simmetria fra casa e terreni non si poté apprezzare finché l'avvento dell'aeroplano permise di osservarle dall'alto; Syon House, a ovest di Londra ne costituisce un valido esempio.

Per tutto il corso del XIX secolo si continuò a edificare residenze di campagna in una grande varietà di stili, dal falso Tudor al neogotico, al vittoriano classico.

La loro grandiosità fu, allo stesso tempo, la loro condanna. La crescita dei costi di manutenzione mise in difficoltà anche le enormi fortune all'origine della loro edificazione – provvedere al riscaldamento degli edifici, notoriamente pieni di spifferi, costava già di per se una fortuna. La tassazione del XX secolo mise poi la parola 'fine' alla storia di molte case di campagna.

Alcune fra queste – in realtà, vere e proprie opere d'arte – furono semplicemente abbandonate dai proprietari e caddero in rovina. Altre furono destinate ad altri usi, per i quali tornava utile il grande numero di stanze: pensionati scolastici, convalescenziari, alberghi, prigioni e apparati statali segreti (il centro di decodificazione della Seconda guerra mondiale si trovava a Bletchley Park). Altre vennero affidate ad associazioni come il National Trust o l'English Heritage, che si trovarono a pagare i conti per la conservazione di queste strutture. Molte infine, soprattutto nel sud-est, sono state vendute ai 'nuovi ricchi', tra cui spiccano le personalità sportive e le rock star.

Alcune sono ancora in mano ai legittimi proprietari, che fanno di tutto per conservarle, sia che lo considerino un piacere sia, in alcuni casi, un'ossessione; è facile capire che, quando rifare il solo tetto viene a costare un milione di sterline, è difficile far quadrare i conti. Alcuni di questi proprietari hanno alle spalle fortune tali da poter provvedere alle spese, altri aprono le loro case al pubblico (e nel negozio interno vendono di tutto, dalle caramelle fondenti con lo stemma, alle tovagliette da tè ricamate), mentre altri ancora tirano avanti vendendo pezzo per pezzo la collezione d'arte che costituiva una parte integrante della casa all'epoca della sua costruzione.

---

rono molto interessati, in particolare, al Garden City Movement, la cui prima realizzazione fu Letchworth.

XX secolo Una delle conseguenze dell'avvento del fascismo fu che molti architetti appartenenti ai movimenti europei d'avanguardia (il Bauhaus ad esempio) negli anni '20 e negli anni '30 fuggirono in Inghilterra, dove il loro arrivo ebbe un forte impatto. Uno dei più famosi e divertenti esempi delle loro opere è la Penguin Pool (vasca dei pinguini) allo zoo di Londra, di Lubetkin.

Altrettanto influenti furono gli esempi dell'architettura svedese, evidenti nel gran numero di complessi urbani e di edifici pubblici costruiti nel periodo postbellico per sostituire quelli danneggiati nei bombardamenti.

Per quanto riguarda gli anni '60, si sta solo cominciando (da parte di una cerchia molto ristretta) ad apprezzare nuovamente gli edifici di cemento, duri e squadrati, come il National Theatre di Sir Denys Lasdun.

Alla fine degli anni '70 e all'inizio degli anni '80 si aprirono due strade all'architettura moderna. Gli architetti postmoderni ritornarono ancora una volta al vocabolario dell'architettura tradizionale, assemblando elementi di molti stili architettonici in maniera ironica.

Negli anni '80 la necessità di ripensare la zona dei Docklands di Londra fornì un grosso impulso all'architettura, spesso da parte di architetti americani come Cesar Pelli, che progettò la torre principale (alta 500 m) di Canary Wharf, aspramente criticata. Più apprezzati sono gli edifici di

La tutela del patrimonio artistico: i 'Listed Buildings'

Quando vi troverete in Inghilterra, vi capiterà sicuramente di sentire citare i 'listed buildings', letteralmente 'edifici compresi in un elenco'.

Gli elenchi in questo caso sono stilati a cura del Department for Culture, Media & Sport, che decide quali edifici inserire congiuntamente all'English Heritage, l'ente statale per la conservazione del patrimonio artistico. L'elenco comprende diverse categorie:

Grade I – gli edifici più belli in assoluto presenti sul territorio; pensate a Westminster Abbey e avrete un'idea della qualità dei 6000 edifici inseriti in questa categoria. Queste costruzioni sono intoccabili e spesso ricevono finanziamenti statali per le opere di conservazione.

Grade II* – sono gli edifici che non raggiungono lo standard di quelli indicati nella categoria 'Grade I', ma che sono comunque tutelati per evitare modifiche o distruzioni; in questa categoria rientrano 18.000 edifici.

Grade II – circa 500.000 edifici che sono stati inseriti nell'elenco per un motivo o per l'altro, ma che di fatto non sono tutelati (o lo sono in modo molto blando).

Tutti gli edifici eretti prima del 1700 e che sono in gran parte originali vengono inseriti automaticamente nell'elenco e la stessa regola si applica a quelli costruiti fra il 1700 e il 1840. A partire da questa data, è necessario che la costruzione ottemperi a standard molto più esigenti. Se l'edificio ha una data di costruzione successiva al 1939 può rientrare nell'elenco solo se è della massima importanza e comunque deve avere almeno 30 anni. Coloro che si intendono di architettura inglese del periodo postbellico sanno che questa parte dell'elenco non conta molti esempi.

Terry Farrell sul Tamigi, a Charing Cross e Vauxhall.

In contrasto con queste forme architettoniche, l'architettura hi-tech degli anni '80 e dell'inizio degli anni '90 inneggiava ai potenziali della tecnologia, solitamente con scheletri strutturali leggeri e complessi, ne sono un esempio l'aeroporto di Stansted, di Norman Foster, la stazione ferroviaria di Waterloo International di Nicholas Grimshaw e il Lloyd's Building a Londra (di Richard Rogers), caratterizzato all'esterno da condotte di servizio di colori vivaci.

Oggi è più difficile tracciare i confini dei nuovi stili architettonici anche se vi sono giovani architetti che stanno cercando di far appezzare lo stile minimalista all'interno di bar e ristoranti.

Gli interventi architettonici più recenti comprendono il controverso Millenium Dome di Richard Rogers e il Millenium Bridge di Foster (v. la lettura **Norman Foster e Richard Rogers: l'architettura va in scena**).

SOCIETÀ E COSTUMI
Cultura tradizionale

Quando si parla degli Inglesi e della loro cultura è difficile generalizzare, anche se è indubbio che si tratta di un popolo creativo, energico e aggressivo, che ha avuto un impatto sul mondo del tutto sproporzionato alle sue dimensioni.

Molti visitatori arrivano con grandi preconcetti circa le caratteristiche inglesi: il più comune sostiene che siano riservati, inibiti e tremendamente formali, ma le reazioni alla morte della principessa Diana hanno dimostrato quanto sia superato questo stereotipo. Ricordate inoltre che l'Inghilterra è uno dei paesi più affollati e presi maggiormente d'assalto dai turisti e che parte della famosa riservatezza è solo una naturale forma di protezione per affrontare la calca costante. Ricordate inoltre che, sebbene le differenze regionali e di classe oggi abbiano perso molto significato, i toni e i comportamenti cambiano

Norman Foster e Richard Rogers: l'architettura va in scena

L'architettura moderna è dominata in Inghilterra da Norman Foster e Richard Rogers. Negli ultimi 30 anni questi due professionisti, titolari negli anni '60 di uno studio associato, hanno vinto la maggior parte delle commissioni nella zona di Londra e del sud-est.

Sebbene entrambi si siano aggiudicati contratti e abbiano realizzato opere in tutto il mondo, è a Londra che troverete le loro opere migliori (e più controverse).

Foster predilige progetti semplici, con linee fluide; un buon esempio è il nuovo tetto di vetro per il Great Court (grande cortile) del British Museum, caratterizzato da linee sinuose e decisamente sensuali. Lo stesso si può dire del suo vacillante Millenium Bridge sul Tamigi e della stazione Canary Wharf per il prolungamento della linea Jubilee, con il fluire delle sue forme organiche.

Procedendo nel tempo, Foster ha creato l'aeroporto di Stansted, una sorta di punto esclamativo evidente ed audace al termine di un viaggio. Il suo progetto di ristrutturazione dello Stadio di Wembley lo espone ad ampie critiche, con la soppressione delle torri gemelle, divenute una sorta di icona contemporanea.

L'opera di Rogers, al contrario, è tutto fuorché sinuosa: tecnica e complicata piuttosto, tanto da assumere spesso l'aspetto di ciò che un bimbo folle può realizzare con il suo gioco di costruzioni.

Il Millenium Dome, con le sue gialle torri affusolate e le grandi distese curve bianche, provoca sempre una reazione in chi lo vede per la prima volta, anche se le più forti vengono solitamente suscitate dal Lloyds Building, costruito negli anni '80 nella City. La struttura interna dell'edificio è completamente esposta e non si può fare a meno di vederla: si tratta, in fondo, dell'evoluzione naturale dell'opera che ha reso famoso Rogers, il Centre Pompidou di Parigi, che egli progettò insieme a Renzo Piano.

Se gran parte delle opere di Foster e Rogers sono apprezzate, o perlomeno sollevano interesse, questa non è una regola generale. Rogers è, ad esempio, responsabile del progetto di un complesso massiccio, chiamato Paddington Basin, da costruire vicino all'omonima stazione: le sue dimensioni sono tali da scatenare il panico in alcuni residenti. Tutte le sue parti sono esposte con la stessa cura ossessiva che fa del Lloyd's Building un edificio unico.

Nel frattempo, Foster ha vinto la gara per progettare il nuovo quartiere generale del sindaco e del consiglio comunale che dovrebbe sorgere vicino a Tower Bridge: si tratta di un teatrale tubo di vetro, chiuso da un 'occhio' ovoidale. Il nuovo sindaco di Londra e probabile futuro residente dell'edificio, Ken Livingston, ha liquidato ogni possibile apprezzamento circa la sensualità di quest'occhio definendolo un 'testicolo di vetro'.

---

ancora in modo notevole secondo la zona in cui vi trovate e le persone con cui avete a che fare.

Attributi come 'snob', 'freddo' e 'conservatore' si possono applicare a un ristretto gruppo appartenente alla classe media e alta, ma solitamente non descrivono la classe lavoratrice o gli abitanti dell'Inghilterra settentrionale. Se vi recate in un locale notturno, a un incontro di football, in un pub frequentato dalla gente del luogo oppure in un B&B di campagna, è più facile che vi troviate a considerare gli Inglesi disinibiti, tolleranti, esibizionisti, passionali, aggressivi, sentimentali, ospitali e amichevoli.

In nessun altro paese al mondo la gente coltiva con tale attenzione i propri hobby, alcuni dei quali sono al limite della vera e propria follia. Qualunque sia la propria passione (chi raccoglie fanaticamente informazioni, ad esempio colleziona numeri di locomotive o autobus, amanti degli uccelli maniaci di specie rare, tifosi sfegatati, moda-dipendenti, monarchici, appassionati di modellismo, escursionisti, amici degli animali domestici, amanti del giardinaggio), tutti trovano posto in Inghilterra.

L'Inghilterra è un paese di scettici individualisti, che se la prendono per qualsiasi intromissione nella loro privacy: ciò spiega perché la loro infatuazione per il socialismo è stata breve. I cambiamenti avvengono lentamente e spesso dopo consultazioni senza fine, riunioni di comitato, incontri a livello dipartimentale e dopo previa comunicazione al governo.

Norme di comportamento

Gli Inglesi sono ragionevoli, tolleranti e non è particolarmente facile offenderli (naturalmente, se non se ne ha l'intenzione). Fatta questa premessa, va precisato che è più facile che un Inglese voli sulla luna piuttosto che rivolga la parola a un estraneo per strada. Se avete l'aspetto del turista e siete palesemente in difficoltà con la cartina non avrete problemi, ma se provate a iniziare una conversazione alla fermata dell'autobus, la gente vi guarderà come se foste pazzo.

Mettersi in coda

Gli Inglesi sono notoriamente coda-dipendenti e molti sketch comici mostrano persone prese dall'irrefrenabile impulso di mettersi in coda, pur non sapendo per cosa. Rispettare l'ordine della coda è considerato sacrosanto: vi sono poche cose che possono provocare indignazione come il tentativo di infilarsi. Sulle scale mobili, ricordate di tenere la destra.

Abiti

In alcuni paesi ciò che indossate quando entrate in una chiesa può provocare problemi. Di regola, l'Inghilterra ha un atteggiamento libero e tollerante su questo come su molti altri aspetti, ma se entrate in una moschea o in un tempio potrebbe essere necessario togliersi le scarpe e coprire braccia, gambe e/o testa.

Alcuni ristoranti eleganti e molti club applicano un codice rigido per quel che riguarda l'abbigliamento; nei primi ciò si-

gnifica generalmente giacca e cravatta per gli uomini e niente scarpe da ginnastica; nei club niente può assumere qualsiasi significato vogliano attribuirgli i proprietari e i buttafuori e può anche cambiare da una sera alla successiva.

Comportamento verso gli animali

È molto diffusa l'idea che gli Inglesi amino gli animali più dei bambini: la Royal Society for the Prevention of Cruelty to Animals (RSPCA, Società reale per la prevenzione della crudeltà verso gli animali) fu creata prima della National Society for the Prevention of Cruelty to Children (NSPCC, Società nazionale per la prevenzione della crudeltà sui bambini) e raccoglie ancora donazioni per lo stesso ammontare.

Non sorprende quindi che la caccia alla volpe, l'antico sport messo alla berlina da Oscar Wilde che lo definì 'l'indescrivibile all'inseguimento dell'immangiabile', sia oggetto di aspre polemiche.

Nelle circa 200 partite di caccia alla volpe si stima vengono uccise circa 20.000 volpi l'anno (altre 40.000 vengono travolte dalle automobili e più di 100.000 muoiono nelle trappole o uccise da armi da fuoco): coloro che sono a favore dello sport sostengono che molte volpi vivono proprio grazie ai cacciatori, poiché gli agricoltori che apprezzano questo sport sono meno propensi a sradicare le siepi e i boschetti dove queste vivono.

Molte persone considerano però la caccia uno sport crudele, inadatto a un paese 'civile'. Il partito contrario alla caccia è forte in Gran Bretagna e i sondaggi suggeriscono che la maggioranza della popolazione sarebbe favorevole alla proibizione – previsione rispettata in una recente consultazione libera in parlamento. Purtroppo il partito favorevole alla caccia è potente e ben organizzato e fino ad oggi è riuscito a evitare il divieto nonostante diversi tentativi in tal senso da parte del governo.

Come accade spesso in Inghilterra, la caccia è uno sport legato indissolubilmente alla classe sociale, praticato essenzialmente dai membri della classe alta, o almeno dai ricchi. Il famoso costume, a cominciare dalla giacca 'rosa' ('pink' nella parlata dei cacciatori significa rosso!), può costare migliaia di sterline in una sartoria di Londra senza contare il costo per aggregarsi a una battuta di caccia e quello dei cavalli.

Negli ultimi anni si sono formate lobby potenti contro gli allevamenti industriali e l'esportazione di animali vivi. Forse il 10% della popolazione è vegetariano e la quasi totalità dei supermercati offre uova e carni provenienti da animali non allevati in batteria, ma presumibilmente lasciati liberi di muoversi all'aperto.

RELIGIONE

La Chiesa d'Inghilterra, chiesa cristiana divenuta indipendente da Roma nel XVI secolo (v. **Storia**, più indietro) è quella più grande, più ricca e più influente sul territorio. Come la Chiesa di Scozia, si tratta di una chiesa *established*, ossia istituita come religione ufficiale dello stato: è la regina o il re che nomina vescovi e arcivescovi su consiglio del primo ministro.

Sebbene il 70% della popolazione sostenga ancora di essere cristiano, le ultime inchieste mettono in luce che solo l'8,2% frequenta regolarmente la chiesa, il che indica che nel corso dell'ultimo ventennio vi è stata una caduta verticale pari a diversi milioni di persone. È difficile descrivere la forma di culto in termini generici, poiché questa varia dallo sfarzo e dal cerimoniale della *High church* (Chiesa alta) fino alla meno tradizionalista *Low church* (Chiesa bassa) più influenzata dal protestantesimo e più recentemente dal movimento evangelico. La chiesa evangelica (e altre chiese carismatiche) sono le uniche che attirano un numero crescente di fedeli.

Tradizionalmente la Chiesa d'Inghilterra è stata associata alle classi dominanti, ma alcuni settori hanno assunto un atteggiamento molto critico nei confronti del partito conservatore negli anni del declino. Nel 1994, dopo anni di tentennamenti, sono state ordinate le prime

donne sacerdote; oggi il dibattito si è spostato sulla possibilità o meno di avere sacerdoti omosessuali.

Altre importanti chiese protestanti che non hanno legami con lo stato sono quella metodista, battista, la Chiesa Riformata Unita e l'Esercito della Salvezza (Salvation Army).

A partire dal XVI secolo i cattolici sono stati crudelmente perseguitati a più riprese, fenomeno testimoniato ancora dalla drammatica situazione dell'Irlanda del Nord. Oggi solo un Inglese su 12 si definisce cattolico, ma anche in questo caso nell'ultimo ventennio è diminuito drasticamente il numero dei fedeli che assiste ogni settimana alla Messa.

Al contrario, stime recenti indicano che il numero dei musulmani in Inghilterra ha superato di larga misura il milione e a questi si aggiungono i sikh e gli hindu: si tratta di congregazioni che, contrariamente ai cristiani, frequentano assiduamente i loro luoghi di culto.

LINGUA

La lingua inglese è probabilmente il contributo più importante dell'Inghilterra al mondo moderno. Qualunque sia la sua classe e il suo retroterra, ogni Inglese trae grande piacere dall'uso inventivo della lingua (in nessun altro paese, ad esempio, vi sono così tanti fanatici del cruciverba). La lingua continua ad evolversi e viene sfruttata al massimo delle sue potenzialità (per gli esempi concreti, v. il **Glossario linguistico** più avanti in questa stessa guida).

L'inglese parlato dagli Inglesi può risultare incomprensibile a chi arriva d'oltremanica – anche a quei visitatori (come gli Statunitensi) che pensano di aver parlato inglese tutta la vita. I dialetti regionali stanno scomparendo ma sono ancora presenti varianti significative, soprattutto nell'accento, alcune delle quali possono essere realmente impenetrabili ai forestieri. Non è un problema chiedere alle persone di ripetere quanto hanno detto, ma ricordate che se voi avete problemi con il loro accento, probabilmente queste, a loro volta, non capiranno voi.

Informazioni pratiche

DA NON PERDERE

Pianificare un viaggio nella regione può essere un'impresa ardua per chi si accinga a visitarla per la prima volta, ma non pensate che la cosa risulti più semplice per chi vi abita. Il paese è di dimensioni ridotte, ma la sua lunga storia di influente potenza mondiale gli ha lasciato una ricca eredità di castelli medievali e cattedrali, città storiche grandi e piccole, residenze nobiliari e giardini eleganti. Oltre a queste, non mancano le attrattive naturali, soprattutto i parchi nazionali e le belle regioni costiere. Le cose 'da non perdere'

CONTEE PRINCIPALI

sono talmente numerose che, per rendere la scelta più semplice, le abbiamo suddivise in categorie.

Città storiche

Bath
Abbellita da splendidi esempi di architettura georgiana, ma sfortunatamente straripante di turisti (Inghilterra sud-occidentale).

Cambridge
Famosa città universitaria con un centro ricco di attrattive. La King's College Chapel è uno degli edifici più significativi d'Europa (Cambridgeshire).

Oxford
Splendida cittadina universitaria dalla suggestiva architettura, purtroppo deturpata dalle grandi folle estive (Oxfordshire).

Winchester
Antica capitale inglese, ricca di storia, con una bella cattedrale (Hampshire).

Cattedrali e chiese

Canterbury Cathedral
La cattedrale più importante della Chiesa d'Inghilterra, affollata da fantasmi del passato (Kent).

Ely Cathedral
Edificio imponente che incombe sul terreno paludoso (Cambridgeshire).

King's College Chapel
Capolavoro del gotico perpendicolare dotato di un'acustica sorprendente; ospita uno dei migliori cori di voci bianche inglesi (Cambridge).

St Paul's Cathedral
Il capolavoro di Sir Cristopher Wren, con un meraviglioso panorama dalla cupola (Londra).

Salisbury Cathedral
Stilisticamente omogenea, con la guglia più alta dell'isola; elegante nella sua altezza (Wiltshire).

Wells Cathedral
Una delle più significative cattedrali medievali di tutta la Gran Bretagna, con pregevoli sculture sulla facciata occidentale (Somerset).

Westminster Abbey
Ricca di storia – a partire da re Aroldo, qui sono stati incoronati praticamente tutti i re inglesi – e sede di un ottimo coro di voci bianche (Londra).

Winchester Cathedral
Diversi stili architettonici, dal romanico al gotico perpendicolare, in perfetta armonia (Hampshire).

Musei e pinacoteche

British Museum
Storico museo che copre in modo esaustivo la storia delle civiltà antiche, con reperti archeologici eccezionali (Londra).

HMS *Victory* e HMS *Mary Rose*
La prima è la più antica nave da guerra mai commissionata, ammiraglia della flotta di Nelson nella battaglia di Trafalgar; la seconda è l'ammiraglia di Enrico VIII, recuperata sul fondale del porto di Portsmouth (Portsmouth).

National Gallery
La collezione nazionale di arte europea dal XV fino all'inizio del XX secolo (Londra).

Tate Modern
Nuovissimo museo sul Tamigi che racchiude l'arte contemporanea a partire dal 1900 (Londra).

Victoria & Albert Museum
Sbalorditivo insieme di arti applicate e decorative che comprende mobilio, dipinti, opere in legno, gioielli, stoffe e abiti (Londra).

Castelli medievali

Bodiam Castle
Castello del XIV secolo perfettamente simmetrico (Sussex).

Dover
Massiccia fortezza iniziata poco dopo la conquista da parte dei Normanni che comprende anche un faro romano, una chiesa sassone e gallerie sotterranee utilizzate per l'ultima volta durante la Seconda guerra mondiale (Kent).

Leeds
Castello di una bellezza fuori dal comune situato in mezzo a un lago; purtroppo svilito dalla folla (Kent).

Tower of London
La Torre di Londra, iniziata nel 1078, fu fortezza, residenza dei reali e prigione di stato; oggi ospita i gioielli della corona (Londra).

Windsor
Residenza reale con camere di rappresentanza restaurate e la bella St George's Chapel (Berkshire).

Residenze storiche

Blenheim Palace
Enorme casa privata in stile barocco costruita nel 1704 da Sir John Vanbrugh e posta all'interno di un vasto parco (Oxfordshire).

Charleston Farmhouse
Residenza di Vanessa Bell, Duncan Grant e David Garnett (del Bloomsbury Group), ab-

bellita da affreschi e opere d'arte postimpressioniste, con un incantevole giardino (Sussex orientale).

Hampton Court Palace
Iniziato nel 1514 e residenza reale fino al XVIII secolo, complesso enorme e ricco di fascino, circondato da bei giardini (Londra).

Ightham Mote
Piccolo maniero circondato da un fossato che ha subito ben pochi cambiamenti negli ultimi 500 anni (Kent).

Knole House
Residenza di enormi proporzioni risalente al XV secolo, che non ha più subito modifiche dal XVII secolo, sita all'interno di un vasto parco (Kent).

Royal Pavilion
Fantasticheria esotica che combina elementi indiani, cinesi e neogotici, costruita nel 1815 per volere di Giorgio IV (Brighton, Sussex).

The Queen's House
Capolavoro di Inigo Jones costruito nel 1635 (Greenwich).

Fascia costiera

Beachy Head
Spettacolari curvilinee gessose alle cui spalle si stendono pianure ondulate ricche di fiori selvatici (Sussex orientale).

Brighton
Città di villeggiatura, un po' squallida ma vivace (Sussex orientale).

Da Ilfracombe a Lynton/Lynmouth
Scogliere dalle linee curve si affacciano sul canale di Bristol; alle spalle il meraviglioso Exmoor National Park (Devon).

Da Land's End a St Ives
Bella costa e paesaggio punteggiato da resti e testimonianze del passato (Cornovaglia).

St Ives
Villaggio pittoresco, rifugio di artisti, con due belle spiagge sabbiose (Cornovaglia).

Tintagel
Promontorio battuto dalle onde e sormontato da un castello in rovina, che si dice fosse il luogo natale di re Artù (Cornovaglia).

Giardini

Forde Abbey
Ex abbazia cistercense circondata da ampi prati, laghetti, alberi enormi e aiuole ricche di colore (Dorset).

Great Dixter
Serie di giardini iniziati da Sir Edwin Lutyens, caratterizzati da fiori selvatici e bulbi primaverili dai colori accesi (Kent).

Che cosa c'è dietro a un nome?

L'Inghilterra prevale su tutto il resto del Regno Unito a tal punto che non solo tra gli Inglesi, ma in tutto il mondo, si è portati a dire 'Inghilterra' intendendo l'intero Regno Unito. L'isola, che comprende Inghilterra, Scozia e Galles, insieme all'Irlanda del Nord costituisce il paese il cui nome ufficiale è Regno Unito di Gran Bretagna e Irlanda del Nord.

Può sembrare un particolare scontato, ma è invece importante sapere qual è il nome corretto del paese. Se, infatti, non avrete problemi in Inghilterra, dovete prestare la massima attenzione se vi capita di attraversarne i confini: gli Scozzesi, i Gallesi e gli abitanti dell'Irlanda del Nord considerano un grande insulto che voi esprimiate il vostro apprezzamento nel trovarvi 'qui in Inghilterra' quando invece siete nella loro parte del Regno Unito.

Hidcote Manor Gardens
Uno dei più famosi giardini moderni del Regno Unito (Gloucestershire).

Regent's Park
Vasti prati, lo spettacolare Queen Mary's Rose Garden con 60.000 rose, laghetti ornamentali e uno zoo (Londra).

Royal Botanic Gardens
Trecento acri di giardini geometrici, boschi, giardini rocciosi, serre e la bellissima Palm House; probabilmente la principale collezione botanica al mondo (Kew, Londra).

Sissinghurst
Giardino incantevole creato da Vita Sackville-West e Harold Nicholson del Bloomsbury Group (Kent).

Stourhead e Stourton
Due giardini confinanti, molto differenti fra loro. Stourhead è uno stupendo parco ben tenuto, progettato negli anni '70 del XVIII secolo attorno a un lago. Il giardino fiorito di Stourton House crea un contrasto perfetto (Wiltshire).

Stowe Landscape Garden
Giardino preso più volte a modello, iniziato nel XVII secolo, oggi in corso di restauro da parte del National Trust (Buckinghamshire).

Trelissick Garden
Rododendri, magnolie, ortensie e piante subtropicali fioriscono grazie al cima temperato della zona (Cornovaglia).

Resti preistorici
Avebury e dintorni
Alcuni sostengono che questo sito sia più imponente di Stonehenge; grandi rovine, compreso un circolo e un viale fiancheggiato da monoliti. Nelle vicinanze, Silbury Hill e il West Kennet Long Barrow (Wiltshire).

Stonehenge
Monumento straordinario, sfortunatamente deturpato dalle grandi folle e dalla vicina strada (Wiltshire).

Siti romani
Chedworth Villa
Pavimenti a mosaico ben conservati in questa villa rurale isolata (Gloucestershire).

Fishbourne Palace
L'unico palazzo romano della Gran Bretagna, con meravigliosi mosaici (vicino a Chichester, Sussex occidentale).

Percorsi in treno
Tarka Line
Da Exeter a Barnstaple attraverso la classica campagna del Devon (Devon).

ITINERARI CONSIGLIATI
La varietà delle scelte disponibili renderebbe inutile suggerire un itinerario 'definitivo': la pianificazione del vostro viaggio dipenderà dai vostri particolari interessi e dal tempo a disposizione.

PIANIFICARE IL VIAGGIO
Quando andare
Chiunque trascorra un certo periodo di tempo in Inghilterra entrerà presto in sintonia con l'ossessione dei locali per le conversazioni circa il tempo – anche se in termini relativi il clima è mite e le precipitazioni non straordinarie (v. **Clima** in **Notizie sulla regione**).

Sono rari i periodi di tempo stabile – soleggiato come nuvoloso – e può piovere in qualsiasi momento. Anche nel bel mezzo dell'estate si possono trascorrere giorni interi senza vedere il sole e ci si devono aspettare temporali (e anche di peggio). Per apprezzare l'Inghilterra è meglio autoconvincersi che la pioggia non è poi così male – del resto, è grazie alle forti precipitazioni che il paese è così verde!

I mesi meno accoglienti per i turisti dal punto di vista climatico sono novembre, dicembre, gennaio e febbraio, quando fa freddo e le giornate sono brevi (in dicembre le ore di luce sono meno di otto). Il mese di marzo è al limite: anche se vi sono 12 ore di luce al giorno e a sud cominciano a sbocciare le giunchiglie, il clima può essere ancora molto freddo. Anche ottobre ha caratteristiche analoghe: vi sono circa 11 ore di luce, le temperature sono accettabili e il tempo sembra insolitamente stabile (il che può significare sia giornate di sole, sia di pioggia).

Le temperature variano ma, com'è logico, solitamente vale la regola che più ci si spinge verso nord, più le temperature si abbassano; allo stesso modo vi è parecchia differenza nel numero delle ore di luce. All'inizio della primavera o nel tardo autunno probabilmente è meglio concentrare la visita nelle regioni del sud, soprattutto nel mite sud-ovest.

Il periodo migliore per visitare l'Inghilterra è sicuramente da aprile a settembre, quando sono aperti la maggior parte dei monumenti e i centri d'informazioni turistiche (Tourist Information Centres o TIC); è anche il periodo di maggiore afflusso turistico. Luglio e agosto sono i mesi più affollati, di conseguenza quelli che, se possibile, è meglio evitare. A meno che non lo vediate con i vostri occhi, non riuscirete a credere alla quantità di gente che si può ammassare sulla costa, nei parchi nazionali, a Londra e nelle città più note (come Oxford e Bath). Il tempo può essere ugualmente bello in aprile, maggio, giugno, settembre e ottobre.

A Londra la stagione turistica si estende in realtà per tutto l'anno, grazie alla quantità di cose da vedere, sulle quali le condizioni meteorologiche non hanno alcuna influenza.

Tipo di viaggio
Anche se la maggior parte dei turisti che si reca nell'Inghilterra meridionale si limita a visitare Londra e a fare un veloce giro delle solite cittadine, Oxford, Cambridge, Stratford-upon-Avon e Bath, la

visita darà maggiori soddisfazioni se si estenderà ad alcune delle città meno turistiche (per esempio Bristol) e la bellissima campagna. Londra è una bella città, ma è molto cara e soprattutto non ha nulla a che vedere con la Gran Bretagna nel suo complesso, quindi il nostro consiglio è di non trascorrere qui tutto il vostro tempo.

Il paese è facilmente visitabile sia in treno, sia in autobus, ma questo secondo mezzo è anche molto più economico. In alternativa, potete scegliere uno degli innumerevoli tour in pullman da turismo, sia in tutto il paese (con partenza da Londra), sia dedicati a zone specifiche. Vi sono alcuni tour, dedicati in particolare a chi viaggia con lo zaino in spalla, progettati in modo che si possa scendere in una località, effettuare la visita e salire sull'autobus successivo (v. **Trasporti interni**).

I viaggiatori che hanno intenzione di trattenersi più a lungo, trovando un lavoro e un posto dove alloggiare, devono tenere a mente che la stagione turistica crea posti di lavoro temporanei e che gli annunci compaiono in maggio e giugno. Giugno in particolare può essere un buon mese per cercare alloggio, perché molte università chiudono per le vacanze estive e molti studenti rientrano a casa; inoltre, gli Inglesi vanno in vacanza nella regione mediterranea. Queste possibilità si rarefanno a partire da ottobre e novembre, quando gli abitanti fanno ritorno per ricostruire le proprie finanze e trascorrere l'inverno in ibernazione.

Cartine

La migliore cartina introduttiva all'Inghilterra viene pubblicata dall'Ente britannico per il turismo (British Tourist Authority o BTA; ☎ 020-8846 9000) e si trova facilmente nei TIC (la cosa migliore da fare è richiederne una copia al più vicino ufficio BTA prima della partenza). Ogni ufficio di informazioni turistiche o TIC, inoltre, distribuisce ottime cartine regionali che coprono la zona di competenza.

Se avete in programma di spostarvi in treno, la cattiva nuova è che per avere la cartina 'gratuita' vi toccherà acquistare il voluminoso orario completo (£9). Potete provare a richiedere le cartine nelle stazioni ferroviarie, ma è probabile che otteniate solo tanti sintetici opuscoli pubblicati dalle compagnie che gestiscono le ferrovie (Train Operating Companies o TOC; v. **Trasporti interni**), ognuno dei quali mostra solo i servizi di una determinata società.

Vi è una gamma completa di ottimi atlanti stradali, che non si distinguono per prezzo o accuratezza, ma solo per la grafica: scegliete quindi quello che visivamente vi soddisfa di più. Se avete in programma di seguire gli itinerari meno battuti, sceglietene uno che sia almeno in scala 3 miglia: 1 pollice.

Gli amanti delle escursioni possono approfittare dell'ampia gamma di cartine, in scale varie, dell'Ordnance Survey (OS); l'ideale sono le cartine Landranger della OS in scala 1:50.000, che equivale grosso modo a 1 pollice e un quarto: 1 miglio (£4,95). Le cartine della serie Explorer o Outdoor Leisure sono ancora più particolareggiate – 1:25.000 – e dovrebbero soddisfare anche l'escursionista più esigente. Queste cartine sono in vendita nelle librerie e nei TIC.

Cartine reperibili in Italia Chi intende acquistare una carta in Italia prima di partire ha a disposizione un'ampia gamma di prodotti, alcuni dei quali sono stati segnalati nel paragrafo precedente. Fra le cartine generali del paese segnaliamo *Great Britain & Ireland* della Michelin (scala 1:1.000.000), le carte dal titolo *Gran Bretagna* rispettivamente di Lac (1:1.000.000), Hallwag, Kümmerly & Frey, RV (tutte in scala 1:800.000) e *Gran Bretagna e Irlanda* rispettivamente di FMB e di TCI (stessa scala). Sono anche disponibili sul mercato italiano le carte *Great Britain* di Marco Polo (1:750.000) e di ADAC (1:500.000). Se programmate di spostarvi in auto sarà utile un atlante stradale, come quello della Michelin *Gran Bretagna* (scala 1:300.000) oppure *Great Britain* della Ordnance Survey (1:250.000). In alternativa potete procurarvi delle carte stradali dettagliate, come quella della Michelin in scala 1:400.000, che copre *South East, Midlands & East Anglia* (foglio 404). Troverete inoltre in vari fogli le carte dal titolo *Inghilterra*, edite rispettivamente da Collins (1:350.000), da RV (1:300.000), dalla OS (1:250.000) e da Kümmerly & Frey (1:200.000). Se prevedete di concentrare il vostro viaggio su alcune regioni specifiche potete procurarvi la carta FMB *Galles e Cornovaglia* (in scala 1:300.000). Se pensate di programmare delle escursioni, anche nelle librerie italiane potete procurarvi le dettagliatissime cartine pubblicate dalla OS della serie Landranger (1:50.000), oppure le Pathfinder, Explorer e Outdoor Leisure, ancora più particolareggiate (1:25.000). La Ordnance Survey pubblica inoltre le Touring maps in scala 1:63.360 e 1:158.400, che coprono alcune zone turistiche di grande interesse, segnalando anche le aree riservate al campeggio, al pic nic e così via.

Per maggiori informazioni su tutte le carte citate vi consigliamo di rivolgervi alla VEL – La Libreria del Viaggiatore (☎/fax 0342 218952, @ vel@vel.it, sito Internet www.vel.it), Via Angelo Custode 3, 23100 Sondrio. Oltre alla VEL, segnaliamo alcune delle librerie italiane specializzate in cartine, guide e narrativa di viaggio in cui potete trovare un buon assortimento: Gulliver (☎ 045 800 7234), Verona; Il Giramondo (☎ 011 473 2815), Torino; Jamm (☎ 081 552 6399, @ jammnapoli@usa.net), Napoli; Libreria del Viaggiatore (☎ 06 6880 1048, @ libreriaviaggiatore@tiscalinet.it), Roma; Luoghi e Libri (☎ 02 738 8370), Milano; Pangea (☎ 049 876 4022, @ pangea@intercity.shiny.it), Padova.

Che cosa portare

Dal momento che tutto ciò di cui potreste avere bisogno lo troverete in vendita nelle città inglesi, preparate un bagaglio leggero e procuratevi gli extra lungo il cammino, anche se spesso i prezzi sono più alti rispetto a quelli di casa.

Il bagaglio più comodo è una borsa da viaggio, via di mezzo fra lo zaino e la borsa a tracolla, soprattutto se sapete già che dovrete spostarvi a piedi: se scegliete una valigia, infatti, sarete costretti a far uso dei costosi taxi. Le cinghie delle borse da viaggio, quando non servono, possono essere riposte all'interno di comode tasche con cerniera, in modo da renderne facile il trasporto negli aeroporti e sui mezzi di trasporto affollati. La maggior parte di queste borse da viaggio, inoltre, dispone oggi di sofisticati meccanismi di regolazione della lunghezza delle cinghie, tanto da poter essere utilizzate comodamente come veri e propri zaini anche sui lunghi percorsi a piedi.

Se non volete portare con voi il bagaglio durante le escursioni, allora potete scegliere la sempre comoda valigia con maniglia e ruote, adatta negli aeroporti e nelle stazioni ferroviarie – un po' meno sugli autobus.

La scelta di portare o meno la tenda dipenderà dalla vostra passione per il campeggio; le condizioni climatiche sicuramente non sono favorevoli a questa formula e gli itinerari delle escursioni sono ben serviti da ostelli, *camping barns* e bed and breakfast (B&B). Se vi tratterrete in ostello o a casa di amici è utile avere il sacco a pelo.

Portate con voi un lucchetto per assicurare la vostra borsa al portapacchi del treno o dell'autobus, oppure per l'armadietto dell'ostello. Un coltellino svizzero (oppure un qualsiasi coltello tascabile che contenga anche un cavatappi e un apribottiglie robusto) è utile in molti casi. Quando visitate le città, ricordate che per un borseggiatore è più difficile scippare un piccolo zaino che non una borsa a tracolla.

Fra gli altri oggetti utili: bussola, sveglia, torcia elettrica, adattatore per gli apparecchi elettrici, occhiali da sole e un filo da bucato elastico.

L'equipaggiamento per la pioggia è essenziale: sia che scegliate un semplice ombrello, sia che preferiate una mantellina impermeabile (o entrambi), portate ciò di cui avrete bisogno, perché la pioggia è sempre in agguato in qualunque località dell'Inghilterra.

Gli articoli da toilette si trovano ovunque. Se in estate visitate zone rurali, procuratevi un repellente contro le zanzare.

Riponete ciò che avete nello zaino all'interno di sacchetti in nylon per conservare tutto separato e asciutto, così da essere preparati a lasciarlo alla pioggia. Di tanto in tanto le compagnie aeree perdono qualche bagaglio, ed è molto più facile vederselo recapitare se si è provveduto a indicare nome e indirizzo all'interno oltre che all'esterno.

TURISMO RESPONSABILE

Escludendo i suoi angoli più remoti e montagnosi, l'Inghilterra è un paese molto affollato anche fuori dell'alta stagione turistica, quando altri milioni di persone si riversano sulle sue strade. Uno dei problemi principali è proprio il congestionamento del traffico stradale, tanto che i viaggiatori faranno un favore ai residenti (e a se stessi) lasciando l'automobile e utilizzando i mezzi di trasporto pubblici.

Chi si sposta con la mountain bike dovrebbe restare sulle strade o sulle piste dedicate a questo mezzo di trasporto, perché alcuni sentieri di montagna sono stati seriamente danneggiati dai ciclisti. Se scegliete il campeggio libero ricordate di chiedere in primo luogo il permesso al proprietario del terreno e di non danneggiare il prato, né lasciare rifiuti.

Anche in Italia si stanno sempre più diffondendo i principi del turismo responsabile. Potete rivolgervi per informazioni all'ICEI, Istituto per la Cooperazione Economica Internazionale (☎ 02 2682 5516, fax 02 282 2853, **@** icei@enter.it), Viale Monza 40, 20127 Milano. Il sito Internet dell'ICEI è www.solidea.org; ospita, fra l'altro, una bibliografia sui temi del turismo responsabile e un elenco di associazioni e gruppi attivi nel settore, fra i quali l'AI-TR, Associazione Italiana Turismo Responsabile (☎ 0185 77 30 61, **@** aitr@ hotmail.com), Via Mortola 15, 16030 San Rocco di Camogli (Ge). L'ICEI ha anche un centro di documentazione consultabile, predispone moduli di formazione per docenti e si occupa di comunicazione, ovvero di media, soprattutto in relazione ai paesi del Sud del mondo.

UFFICI TURISTICI

L'Ente per il turismo britannico o BTA dispone di grandi quantità d'informazioni sull'Inghilterra, distribuite in gran parte gratuitamente. Il suo ufficio centrale si trova a Thames Tower, Black's Rd, Hammersmith, London W6 9EL. Mettetevi in contatto con il BTA prima di partire, perché alcuni sconti sono accessibili solo a chi prenota prima di arrivare in Inghilterra. I viaggiatori con esigenze particolari (disabili, chi segue regimi dietetici particolari e così via) dovrebbero a loro volta contattare il più vicino ufficio BTA per avere informazioni. Il sito Internet è www.bta.org.uk.

Se vi trovate a Londra, un buon punto da cui partire per ottenere informazioni è il British Travel Centre, 1 Regent St (v. il capitolo **Londra**).

L'Ente turistico inglese (English Tourism Board) non è aperto al pubblico; si tratta essenzialmente di un gruppo che rappresenta gli interessi degli enti turistici regionali e locali – che sono invece aperti al pubblico. Gli organismi utili a livello regionale sono elencati all'inizio dei relativi capitoli.

Uffici turistici locali

Ogni cittadina inglese (e molti villaggi) ha il suo TIC, dove è disponibile una grande quantità di informazioni, soprattutto sulle località comprese nel raggio di circa 50 miglia. Molti inoltre forniscono un servizio locale di prenotazione di posti letto e aderiscono a un programma chiamato BABA o Book-A-Bed-Ahead (ossia di prenotazioni anticipate). Vi sono inoltre centri di informazioni per coloro che intendono visitare i parchi nazionali (National Park Visitor Information Centre). Un'altra buona fonte d'informazioni sono le biblioteche locali.

Gran parte dei TIC sono aperti dal lunedì al venerdì, dalle 9 alle 17; nelle zone a maggiore affluenza turistica possono essere aperti anche il sabato e rimanere aperti fino a tarda sera. Infine, nelle zone prese d'assalto dai turisti, come Stratford e Bath, questi centri sono aperti per tutto l'anno, sette giorni su sette. I TIC più piccoli, invece, sono spesso chiusi da ottobre a marzo.

Molti TIC dispongono di database su computer ai quali si può accedere anche quando l'ufficio è chiuso. Altri affiggono alla vetrina cartelli con le informazioni principali circa l'alloggio e una piantina della città.

Uffici turistici all'estero

All'estero è il BTA che rappresenta gli enti turistici dell'Inghilterra (congiuntamente a quelli di Galles e Scozia). Forniamo qui di seguito un elenco degli indirizzi di alcune sedi in vari paesi:

Australia
(☎ 02-9377 4400, fax 9377 4499, @ visit britainaus@bta.org.uk) Level 16, The Gateway, 1 Macquarie Place, Circular Quay, Sydney, NSW 2000

Canada
(☎ 905 405 1840, fax 405 1835) 5915 Airport Rd, Suite 120, Mississauga, Ontario L4V 1T1

Francia
(☎ 01 44 51 56 20, fax 01 44 51 56 21) Maison de la Grande Bretagne, 19 rue des Mathurins, 75009 Parigi (entrata da rue Tronchet e da rue Auber)

Germania
(☎ 069-971123, fax 9711 2444, @ gb-info@ bta.org.uk) Westendstrasse 16-22, 60325 Francoforte sul Meno

Irlanda
(☎ 01-670 8000, fax 670 8244) 18-19 College Green, Dublino 2

Italia
(☎ 02 880 8151, fax 02 7201 0086, @ MilanEnquiry@bta.org.uk; sito Internet: www.visitbritain.it) Corso Magenta 32, 20123 Milano. Orario di apertura al pubblico: lunedì-venerdì 9.30-17.25.

Nuova Zelanda
(☎ 09-303 1446, fax 377 6965, @ bta.nz @bt.org.uk, 17th Floor, NZI House, 151 Queen St, Auckland 1

Olanda
(☎ 020-689 0002, fax 689 0003, @ britinfo. nl@bta.org.uk) Stadthouderskade 2, 1054 ES Amsterdam

Stati Uniti
Chicago: (☎ 800 462 2748, @ travelinfo @bta.org.uk) 625 North Michigan Ave, Suite 1001, Chicago IL 60611 (solo privati)
New York: (☎ 212-986 2200, @ travelinfo @bta.org.uk) 551 Fifth Avenue, Suite 701, New York, NY 10176

Svizzera
(☎ 01-266 2166, fax 266 2161, @ ch.info@ bta.org.uk) Limmatquai 78, 5th floor, 8001 Zurigo

Vi sono più di 40 uffici del BTA sparsi in tutto il mondo e gli indirizzi sono elencati sul sito Internet www.bta.org.uk.

VISTI E DOCUMENTI

Contrariamente a quanto avviene in molti altri paesi europei, i cittadini britannici non sono tenuti ad avere con sé un documento d'identità, ma è comunque una buona idea portare con sé il passaporto o un altro documento d'identità.

Con pochissime eccezioni, inoltre, Londra è un ottimo posto per raccogliere informazioni circa i documenti necessari per visitare altri paesi in tutto il mondo.

Se si trascurano gli scherzi degli Scozzesi, non vi sono controlli di frontiera di alcun tipo fra Inghilterra, Scozia e Galles.

Cittadini UE

I cittadini dei paesi della UE non hanno bisogno del passaporto per recarsi nel Regno Unito; è sufficiente la sola carta d'identità valida per l'espatrio. I minori di 15 anni devono essere muniti della 'carta bianca', oppure essere registrati sul passaporto di uno dei genitori. Per soggiorni a scopo turistico, di studio o di lavoro, i cittadini UE non hanno inoltre bisogno di alcun visto, e possono risiedere e lavorare liberamente nel paese.

Cittadini non-UE

Attualmente ai cittadini di Australia, Canada, Nuova Zelanda, Sudafrica e Stati Uniti, nella località di arrivo viene dato il 'permesso di entrare' nel Regno Unito per un periodo fino a sei mesi, ma non possono lavorarvi.

Gli adempimenti per il visto cambiano continuamente, quindi è essenziale controllare presso la propria ambasciata britannica locale, l'alta commissione o il consolato prima della partenza.

Le autorità preposte all'immigrazione nel Regno Unito sono molto rigide; si consiglia di vestirsi in modo ordinato e di essere pronti a dimostrare di avere fondi sufficienti per mantenersi. Una carta di credito o un biglietto aereo che provi il proseguimento del viaggio possono essere d'aiuto.

Permessi di lavoro I cittadini non-UE che intendano trovare lavoro nel Regno Unito devono procurarsi un permesso di lavoro. Se il fine principale della visita è lavorare, è necessario l'appoggio di una società britannica. Tuttavia, i cittadini di uno degli stati membri del Commonwealth di età compresa fra i 17 e i 27 anni possono presentare domanda per un Working Holiday Entry Certificate (ossia un 'Certificato d'ingresso per una vacanza lavorativa'), che permette di trascorrere fino a due anni nel Regno Unito e svolgere qualsiasi lavoro sia 'accessorio' alla vacanza. Non è permesso intraprendere una propria attività, abbracciare una carriera (evidentemente lavorare come barista non è considerato tale) oppure prestare servizio come professionista in campo sportivo o nel mondo dello spettacolo.

Per ottenere il certificato è necessario fare domanda presso la più vicina rappresentanza diplomatica del Regno Unito, perché non viene rilasciato una volta nel paese. Una volta entrati come semplici turisti, non è possibile cambiare il proprio status in turista-lavoratore, né è possibile pretendere di prolungare il soggiorno dopo i due anni del permesso perché si è trascorso una parte del periodo fuori dal

Regno Unito. Al momento di presentare la domanda, bisogna dare prova di avere i mezzi per pagarsi il biglietto di ritorno o di proseguimento verso un altro paese e di essere in grado di mantenersi senza fare ricorso alla pubblica assistenza.

Chi è cittadino del Commonwealth e ha un genitore nato nel Regno Unito, potrebbe avere i requisiti per ottenere un Certificate of Entitlement to the Right of Abode ('Certificato di abilitazione al diritto di residenza'), che dà diritto a vivere e lavorare nel Regno Unito senza essere sottoposti ad alcun controllo da parte dell'immigrazione.

Invece, un cittadino del Commonwealth con un nonno nato nel Regno Unito, oppure in quella che oggi è la Repubblica d'Irlanda prima del 31 marzo 1922, potrà fare domanda per un UK Ancestry Employment Certificate ('Permesso di lavoro per ascendenza dal Regno Unito'), che dà diritto a lavorare nel Regno Unito a tempo pieno fino a quattro anni.

Gli studenti statunitensi di almeno 18 anni che studiano a tempo pieno in un college o università possono ottenere il permesso di lavorare per sei mesi. Il costo è di US$200 ed è disponibile attraverso il Council on International Education Exchange (☎ 212-661 1414), 205 East 42nd St, New York, NY 10017; il suo sito Internet è www.ciee.org. Anche il British Universities North America Club (BUNAC; ☎ 020-7251 3472, fax 7251 0215, ✉ enquiries@bunac.org.uk), 16 Bowling Green Lane, London EC1R 0QH, può fornire assistenza per ottenere un permesso e trovare lavoro. Il sito Internet è www.bunac.org.

Chi desideri informazioni una volta giunto nel Regno Unito può rivolgersi all'Home Office's Immigration & Nationality Department.

Estensione del visto I visti turistici possono essere estesi solo nel caso di un'emergenza appurata (come un incidente). In caso contrario l'unica alternativa è uscire dal Regno Unito (per esempio per andare in Francia o in Irlanda) e fare domanda per un visto nuovo, ma questa tattica solleverà sospetti dopo il secondo o terzo visto consecutivo. Per estendere (o tentare di estendere) il visto per il Regno Unito bisogna contattare l'Home Office's Immigration & Nationality Department (☎ 020-8686 0688), Lunar House, 40 Wellesley Rd, Croydon CR2 2BY, prima della scadenza del visto corrente. L'ufficio è aperto dal lunedì al venerdì, dalle 14 alle 16. È anche possibile telefonare alla Visa & Passport Information Line al ☎ 0870 606 7766.

Visti di studio I cittadini di paesi non-UE che desiderino trattenersi nel paese come studenti devono iscriversi a un corso di studi a tempo pieno, di almeno 15 ore settimanali, da frequentarsi durante i giorni feriali (non sono ammessi i corsi serali) presso un unico istituto. Per ulteriori informazioni ci si può rivolgere all'ambasciata, all'alta commissione o al consolato britannico nel paese di residenza.

Assicurazione di viaggio

Se avete optato per un viaggio organizzato, l'assicurazione sarà senz'altro inclusa nel 'pacchetto', ma controllate bene che tipo di copertura prevede. Se viaggiate per conto vostro potete provvedere voi stessi, rivolgendovi a un'assicurazione specializzata per il turismo. Vi saranno proposte polizze di vario tipo, con coperture più o meno ampie secondo la durata del viaggio e quanto volete spendere. Prima di scegliere, confrontate diverse polizze e leggetele attentamente. Di solito viene fatta un'unica polizza che comprende l'assicurazione medica, quella sul bagaglio e quella sulla vita, ma ci sono anche polizze che prevedono il rimborso del biglietto se siete costretti ad annullare il viaggio per motivi familiari o professionali. Ovviamente, più garanzie chiedete, più alto sarà il costo. Leggete bene la sezione sul bagaglio, perché molte polizze pongono un tetto a quanto sono disposte a pagare per ogni singolo collo smarrito o rubato.

Acquistare il biglietto con una carta di credito spesso consente di avere una piccola copertura assicurativa. Nel Regno Unito, in particolare, gli erogatori di carte di credito sono tenuti per legge a rimborsare il consumatore nel caso di fallimento di una società, se la somma contesa supera £100.

Patente di guida

La patente di guida italiana è valida per 12 mesi a partire dalla data d'ingresso nel Regno Unito; trascorso questo periodo, potete presentare domanda per una patente britannica presso un ufficio postale. Non occorre normalmente la patente internazionale, anche se può ancora succedere che qualche agenzia di noleggio auto la richieda. Informatevi in proposito all'ACI.

Il sito Internet www.viaggiaresicuri. mae.aci.it, a cura dell'ACI in collaborazione con il Ministero degli Affari Esteri, offre utili informazioni circa documenti, norme sanitarie e di sicurezza. Chi desidera ricevere ulteriori ragguagli può rivolgersi alla sede nazionale ACI (centralino ☎ 06 4477; informazioni per l'estero ☎ 06 49 11 15; documenti doganali ☎ 06 4998 2444; sito Internet www.aci.it), Via Magenta 5, 00185 Roma. Per maggiori informazioni v. anche **Automobile e motocicletta** in **Il viaggio**.

Camping Card International

La Camping Card International è essenzialmente un documento identificativo per i campeggi e viene normalmente rilasciata dalle federazioni locali dei campeggi e talvolta anche sul posto, nel singolo campeggio. La carta offre una copertura assicurativa per eventuali danni causati a terzi, e molti campeggi vi offrono un piccolo sconto presentandola all'atto della registrazione.

In Italia la CCI viene rilasciata da tutte le Associazioni Campeggiatori Turistici distribuite sul territorio nazionale. Per informazioni potete rivolgervi alla Federcampeggi (☎ 055 88 23 91, fax 055 882 5918), Via Vittorio Emanuele 11, 50041

Calenzano (Fi). L'iscrizione alla federazione costa lire 65.000 e dà diritto al rilascio della CCI, che copre l'intero nucleo familiare. La tessera ha la validità di un anno solare, cioè scade il 31 dicembre dell'anno di emissione.

Tessere degli ostelli

Se viaggiate in economia farete bene a procurarvi la tessera della Youth Hostel Association (YHA) oppure della Hostelling International (HI; £12 adulti, £6 sotto i 18 anni). In Inghilterra vi sono più di 200 ostelli e ai soci vengono riservati diversi tipi di sconti. Per ulteriori informazioni circa l'alloggio in ostello in Inghilterra, v. la sezione **Alloggio**, più avanti in questo capitolo.

Per il viaggiatore italiano che intenda procurarsi la carta HI prima di partire, la tessera individuale ha un costo di lire 30.000 ed è valida fino al 31 gennaio dell'anno successivo a quello di emissione; va inoltre detto che non presenta limitazioni per quanto riguarda l'età del richiedente. È rilasciata da numerose organizzazioni e agenzie specializzate in turismo giovanile. È stata istituita anche una tessera familiare molto conveniente (costa lire 35.000), che può essere rilasciata a nuclei familiari che comprendano un minorenne. Eventuali figli maggiorenni ne sono però esclusi e devono procurarsi la carta individuale. Per informazioni ci si può rivolgere all'Associazione Italiana Alberghi per la Gioventù (☎ 06 487 1152, fax 06 488 0492), Via Cavour 44, 00184 Roma.

Tessere studentesche e per giovani

Fra le varie tessere disponibili, la più utile è l'International Student Identity Card (ISIC), una tessera plastificata corredata da fotografia, che nel Regno Unito viene rilasciata al costo di £5 e permette di entrare gratuitamente o pagando un ingresso ridotto nei musei e nei siti d'interesse turistico, di ottenere pasti a poco prezzo in alcuni ristoranti per studenti e infine sconti su molti mezzi di trasporto. In Ita-

lia la tessera ISIC viene rilasciata dalle sedi del CTS (Centro Turistico Studentesco e Giovanile), costa lire 20.000 e vale fino al 31 dicembre dell'anno di emissione. Per ulteriori informazioni potete rivolgervi alla sede nazionale del CTS (☎ 06 44 11 11, fax 06 4411 1400, sito Internet www.cts.it), Via Andrea Vesalio 6, 00161 Roma, o consultare il sito www.istc.org/.

Poiché a livello mondiale vi è la pratica diffusa di falsificare le carte studentesche, in molti posti attualmente viene stabilita un'età massima per accedere agli sconti per studenti, oppure lo 'sconto studenti' viene semplicemente sostituito con lo 'sconto giovani'. Se siete cittadini europei e avete meno di 26 anni, ma non siete studenti, potete richiedere la carta Euro<26, che dà diritto praticamente gli stessi sconti dell'ISIC.

Questa tessera viene rilasciata dalle unioni studentesche, dalle organizzazioni degli ostelli e dalle agenzie di viaggi studentesche. In Italia la Euro<26 prende il nome di Carta Giovani: è rilasciata dal CTS e dagli uffici 'Informa Giovani' dei comuni italiani, costa lire 25.000 e ha la validità di un anno solare.

Per richiedere maggiori informazioni su tutte queste tessere potete fare riferimento al CTS, al recapito fornito poco sopra. L'iscrizione al Centro costa lire 50.000 e consente di fruire di vari servizi (tra cui l'organizzazione di viaggi con sconti particolari) e di ricevere in omaggio una delle suddette carte a scelta.

Carte anziani

Molti luoghi d'interesse turistico riducono il prezzo d'ingresso per le persone che hanno più di 60 o 65 anni (talvolta per le donne l'età limite è addirittura 55 anni); vale sempre la pena d'informarsi anche quando non si vede esposta nessuna tabella degli sconti. Chi ha più di 60 anni può farsi rilasciare una tessera che dà diritto a sconti sui treni e sugli autobus (v. il capitolo **Trasporti interni**). In Italia si può acquistare la Rail Plus Card, in vendita presso le biglietterie internazionali delle principali stazioni ferroviarie al costo di lire 38.700: è valida un anno a partire dalla data di emissione e dà diritto a sconti del 25% sui biglietti ferroviari internazionali (ma solo sulla tratta percorsa al di fuori dell'Italia).

Altri documenti

Se vi trovate in Inghilterra come studente-lavoratore, con un Working Holiday Entry Certificate, non dimenticate di portare qualsiasi certificato scolastico o lettera di referenze che possa aiutarvi nelle ricerca di un lavoro.

Fotocopie

È buona norma tenere con sé fotocopie della carta d'identità o delle pagine del passaporto dove sono registrati i dati, e se riuscite anche del certificato di nascita, e lasciarne una copia a qualcuno di cui vi fidate a casa. Altri documenti che vale la pena di fotocopiare sono i biglietti aerei, la polizza assicurativa dove sono riportati i numeri telefonici per l'assistenza sanitaria d'emergenza, le carte di credito (e i numeri telefonici internazionali per segnalarne lo smarrimento) e la patente di guida.

Per registrare i dati dei vostri documenti più importanti prima di partire avete a disposizione anche il Travel Vault ('cassaforte da viaggio') online della Lonely Planet; l'annotazione dei dati in questo forziere è più sicura rispetto al fatto di portare con sé le fotocopie; per di più è protetto da password ed è accessibile online in qualsiasi momento: create il vostro travel vault gratuitamente su www.ekno.lonelyplanet.com.

AMBASCIATE E CONSOLATI
Ambasciate, Alte Commissioni e Consolati britannici

Le rappresentanze diplomatiche britanniche all'estero sono elencate qui di seguito. Per i particolari circa altre missioni, consultate il sito Internet del Foreign & Commonwealth Office (www.fco.gov.uk).

Australia
Alta Commissione: (☎ 02-6270 6666, fax 6270 6606) Commonwealth Ave, Yarralumla, Canberra, ACT 2600

Consolato: (☎ 02-9247 7521, fax 9251 6201) Level 16, The Gateway, 1 Macquarie Place, Sydney, NSW 2000
Sito Internet: www.uk.emb.gov.au
Canada
Alta Commissione: (☎ 613-237 1530, fax 232 2533) 80 Elgin St, Ottawa, Ontario K1P 5K7
Sito Internet: www.britain-in-canada.org
Consolato: (☎ 416-593 1290, fax 593 1229) Suite 2800, 777 Bay St, College Park, Toronto, Ontario M5G 2G2
Sito Internet: www.uk-canada-trade.org
Francia
Ambasciata: (☎ 01 44 51 31 00, fax 01 44 51 31 28) 35 rue du Faubourg Saint Honoré, 75383 Parigi
Sito Internet: www.amb-grandebretagne.fr
Germania
Ambasciata: (☎ 030-204 57562) Wilhelmstrasse 70-71, 10117 Berlino
Sito Internet: www.britischebotschaft.de
Irlanda
Ambasciata: (☎ 01-205 3822, fax 205 3890) 29 Merrion Rd, Ballsbridge, Dublino 4
Sito Internet: www.britishembassy.ie
Italia
Ambasciata e consolato: (☎ 06 4220 0001, fax 06 4220 2334) Via XX Settembre 80/A, 00187 Roma
Consolati: (☎ 02 72 30 01, fax 02 8646 5081)Via San Paolo 7, 20121 Milano
(☎ 055 28 41 33, fax 055 21 91 12) Lungarno Corsini 2, 50123 Firenze
(☎ 081 423 8911, fax 081 42 24 34) Via dei Mille 40, 80121 Napoli
Sito Internet: www.britain.it
In Italia vi sono inoltre consolati britannici onorari a Bari, Cagliari, Catania, Genova, Messina, Palermo, Torino, Trieste e Venezia.
Nuova Zelanda
Alta Commissione: (☎ 04-472 6049, fax 471 1974) 44 Hill St, Wellington 1
Consolato: (☎ 09-303 2973, fax 303 1836) 17° piano, NZI House, 151 Queen St, Auckland 1
Sito Internet: www.britain.org.nz
Olanda
Ambasciata: (☎ 070-427 0427, fax 427 0345) Lange Voorhout 10, 2514 ED, L'Aia
Consolato: (☎ 020-676 43 43, fax 676 10 69) Koningslaan 44, 1075 AE Amsterdam
Sito Internet: www.britain.nl
Stati Uniti
Ambasciata: (☎ 202-588 6500, fax 588 7850) 3100 Massachusetts Ave, NW, Washington, DC 20008

Consolato: (☎ 212-745 0200, fax 745 3062) 845 Third Ave, New York, NY 10012 Sito Internet: www.britainusa.com/ny.stm

Sudafrica
Alta Commissione: (☎ 021-461 7220, fax 461 0017) 91 Parliament St, Città del Capo 8001
Consolato: (☎ 011-325 2133, fax 325 2132) Dunkeld Corner, 275 Jan Smuts Ave, Dunkeld West, Johannesburg 2196 Sito Internet: www.britain.org.za

Svizzera
Ambasciata: (☎ 031-359 7700, fax 359 7701) Thunstrasse 50, 3000 Berna

Ambasciate e consolati in Inghilterra

Come turisti è bene sapere ciò che la vostra ambasciata – ovvero l'ambasciata del paese di cui siete cittadini – può o non può fare.

In linea di massima non potrà aiutarvi in caso di emergenza se i vostri problemi sono anche lontanamente attribuibili a una vostra responsabilità. Ricordatevi che siete tenuti al rispetto delle leggi del paese in cui vi trovate. La vostra ambasciata non interverrà se finite in carcere per aver commesso ciò che localmente è considerato un reato, anche se l'azione di per se stessa è legale nel vostro paese.

In casi di vera e propria emergenza potreste ricevere una certa assistenza, ma solo dopo che tutti gli altri canali si sono dimostrati inutili. Per esempio, se dovete tornare a casa con la massima urgenza, è improbabile che vi venga fornito un biglietto aereo gratuito – l'ambasciata suppone che abbiate una polizza assicurativa. Se vi dovessero rubare tutti i soldi e il passaporto, riceverete assistenza per ottenerne uno nuovo, ma è escluso un prestito per continuare il viaggio.

Fra le rappresentanze diplomatiche straniere a Londra ricordiamo:

Australia
Alta Commissione: (☎ 020-7379 4334, fax 7240 5333) Australia House, Strand WC2
Canada
Alta Commissione: (☎ 020-7258 6600, fax 7258 6333) 1 Grosvenor Square W1

Francia
Ambasciata: (☎ 020-7838 2050, fax 7838 2046) 58 Knightsbridge SW1
Germania
Ambasciata: (☎ 020-7824 1300, fax 7824 1435) 22 Belgrave Square SW1
Irlanda
Ambasciata: (☎ 020-7235 2171, fax 7245 6961) 17 Grosvenor Place SW1
Italia
Ambasciata: (☎ 020-7312 2200, fax 7312 2230, @ emblondon@embitaly.org.uk) 14 Three Kings Yard, W1
Consolato: (☎ 020-7235 9371, fax 7823 1609, @ itconlond@talk21.com) 38 Eaton Place SW1
Nuova Zelanda
Alta Commissione: (☎ 020-7930 8422, fax 7839 4580) New Zealand House, 80 Haymarket SW1
Olanda
Ambasciata: (☎ 020-7590 3200, fax 7590 3458) 38 Hyde Park Gate SW7
Stati Uniti
Ambasciata: (☎ 020-7499 9000, fax 7495 5012) 24 Grosvenor Square W1
Sudafrica
Alta Commissione: (☎ 020-7451 7299, fax 7451 7284) South Africa House, Trafalgar Square WC2
Svizzera
Ambasciata: (☎ 020-7616 6000, fax 7724 7001, @ Vertretung@lon.rep.admin.ch) 16-18 Montagu Place, W1

DOGANA

Se raggiungete la Gran Bretagna in aereo, una volta nell'area immigrazione dell'aeroporto di arrivo seguite la linea verde se non avete nulla da dichiarare; in caso contrario, seguite quella rossa. Se provenite da un paese della UE vi spetta ancora un terzo passaggio, quello contrassegnato dal colore blu.

Come le altre nazioni della UE, il Regno Unito ha un sistema doganale diviso in due parti distinte: una parte per i beni acquistati duty-free e una seconda per i beni acquistati in altri paesi della UE, dove sono già stati pagati imposte e dazi.

Duty-free

Nel 1999 sono stati aboliti gli acquisti in regime di duty-free fra paesi membri della UE. Per quanto riguarda invece i beni acquistati negli aeroporti o sui traghetti al di fuori della UE, è permesso importare 200 sigarette o 250 g di tabacco, 2 l di vino a bassa gradazione alcolica più 1 l di alcolici con gradazione superiore ai 22°, oppure altri 2 l di vino (spumante o altrimenti), 50 g di profumo, 250 cc di eau de toilette e altri beni duty-free (come birra e sidro) fino a un valore di £136.

Articoli non sottoposti a dazio

Anche se non si può più portare nel Regno Unito merci duty-free acquistate in un altro paese della UE, è tuttora possibile importare alcuni prodotti, che a volte costano meno che nel continente: è sufficiente che si tratti di oggetti sui quali sono state pagate le tasse. Si suppone che gli articoli acquistati siano per uso personale, anche se si è sviluppato un fiorente commercio che vede molti Inglesi andare e tornare dalla Francia in giornata, con le auto cariche di alcolici e sigarette acquistate a buon mercato in Francia, che provvedono a rivendere nel loro paese: sembra che riescano così a compensare ampiamente le spese del viaggio.

Per le merci acquistate presso un normale negozio al dettaglio, le autorità doganali impongono le seguenti quantità massime come criterio per distinguere le importazioni personali da quelle su scala commerciale: 800 sigarette, 200 sigari, 1 kg di tabacco, 10 l di superalcolici, 20 l di vino ad alta gradazione (di cui non oltre 60 l di vino frizzante) e 110 l di birra.

Animali domestici

Per proteggere il suo status di paese in cui non esiste la rabbia, l'Inghilterra ha applicato per lungo tempo una politica draconiana, in base alla quale ogni animale che arrivava nel paese doveva restare in quarantena per ben sei mesi.

Le regole sono state leggermente ammorbidite nel 2000 con l'introduzione di un progetto pilota che si rivolge esclusivamente a cani e gatti, e soltanto a quelli che arrivano da determinati paesi: Andorra, Austria, Belgio, Danimarca, Finlandia, Francia, Germania, Gibilterra, Grecia, Italia, Liechtenstein, Lussemburgo, Norvegia, Olanda, Portogallo, Principato di Monaco, San Marino, Spagna, Svezia e Svizzera.

Vi sono inoltre degli adempimenti supplementari: l'animale non deve essere uscito dal paese di origine durante i sei mesi precedenti l'arrivo in Gran Bretagna; gli si deve applicare un microchip identificativo sottocutaneo; deve avere effettuato diverse vaccinazioni, test e disporre dei relativi certificati ufficiali. La procedura è complessa, ma sicuramente più rilassata della precedente politica di 'nessuna eccezione'.

Se pensate di portare il vostro animale in Inghilterra, dovreste mettervi in contatto con la più vicina rappresentanza diplomatica britannica per sapere quali sono gli ultimi particolari circa la quarantena.

MONETA
Valuta

La valuta britannica è la sterlina (£), divisa in 100 pence (p). Le monete da 1p e da 2p sono in rame; le monete da 5p, 10p, 20p e 50p sono di colore argento, mentre la pesante moneta da una sterlina è dorata. La moneta da £2, messa in circolazione nel 1997, ha una parte centrale argentata ed è dorata sui bordi. Le banconote sono in tagli da £5, £10, £20 e £50 e sono di dimensione e colore diverso. Le banconote da £50 sono difficili da cambiare, quindi il nostro consiglio è di evitarle.

Avvicinandosi alla frontiera con la Scozia vi potrebbe capitare di vedere banconote emesse da tre banche scozzesi – Clydesdale Bank, Royal Bank of Scotland e Bank of Scotland – compresa una banconota da £1, che hanno corso legale su entrambi i versanti della frontiera. Se aveste problemi a farle accettare in Inghilterra, fatevele cambiare da una banca.

Tassi di cambio

US$1	=	£0,68
€1	=	£0,61
£1	=	€1,62
£1	=	Lire 3153,91

Cambio calcolato con il dollaro a un valore di lire 2294 circa.

Cambiare valuta

Entro il 2001, gran parte della UE avrà un'unica valuta, l'euro. Fino ad allora franchi francesi, marchi tedeschi, pesetas e così via continueranno a svolgere la loro funzione e avranno corso legale a fianco dell'euro.

La sterlina continuerà invece a essere la valuta del Regno Unito, perché il governo ha deciso, per ora, di non adottare quella europea. Nel corso della vostra visita è probabile che siate testimoni del vivace dibattito in corso sull'argomento sulla carta stampata.

Denaro contante In quanto a comodità (e a rischi che si corrono a portarselo dietro) niente può eguagliare il denaro contante.

Vi consigliamo di viaggiare già con un po' di sterline, in modo da potervela cavare fino al più vicino sportello cambiavalute, anche se in qualunque aeroporto arriviate in Inghilterra (ipoteticamente senza neppure una sterlina in contanti) ci sono sempre sportelli cambiavalute che applicano tassi vantaggiosi, aperti in corrispondenza dell'arrivo dei voli.

Travellers' cheque ed Eurocheque I travellers' cheque rappresentano una forma di protezione contro il furto. L'ideale sarebbe arrivare forniti di travellers' cheque emessi in sterline, preferibilmente da un istituto come l'American Express (AmEx) o Thomas Cook, che godono entrambi di buona reputazione, sono ben rappresentati e non applicano commissioni per cambiare i propri assegni in denaro contante.

Fatevi emettere travellers' cheque di grosso taglio: solo alla fine del vostro soggiorno, infatti, potrebbe interessarvi cambiare un importo basso, perché non vi resti troppa valuta straniera. In Inghilterra i travellers' cheque solitamente non vengono utilizzati per le transazioni di tutti i giorni o fuori dalle banche, quindi è sempre consigliabile cambiarli e utilizzare perlopiù denaro contante.

Gli Eurocheque, che potete richiedere se avete un conto in una banca europea, sono garantiti fino a una certa cifra. Al momento d'incassarli, vi verrà richiesto di esibire la tessera Eurocheque, che riporta la vostra firma e il numero di registrazione, insieme al passaporto o a un documento d'identità. In Inghilterra gli Eurocheque non sono diffusi come nel resto d'Europa, e in molti posti non vengono accettati; troverete persino persone che non li hanno mai visti.

Acquistare travellers' cheque Il costo dei travellers' cheque varia sensibilmente a seconda del venditore. I più convenienti sono spesso quelli dell'AmEx, che applica una commissione dell'1% e non stabilisce un importo minimo da corrispondere. Le banche inglesi solitamente sono più costose e pretendono spesso un preavviso: la NatWest applica una commissione dell'1%, che deve raggiungere un importo minimo di £4; Lloyds TSB, HSBC e Barclays applicano tutte una commissione dell'1,5% (importo minimo £3).

Smarrimento o furto dei travellers' cheque Segnate su un foglio il numero dei vostri travellers' cheque e spuntate quelli che avete già incassato; così facendo, in caso di smarrimento o furto potrete segnalare all'ente emittente esattamente i numeri di quelli persi. Ricordatevi però di tenere questo elenco separato dagli assegni stessi.

Appena vi rendete conto che vi manca qualche assegno dovete contattare l'ufficio dove li avete acquistati o la filiale più vicina dell'ente emittente. L'AmEx (☎ 029-2066 6111) e Thomas Cook (01733-318950), entrambi funzionanti 24 ore su 24, sette giorni la settimana, spesso possono rimpiazzare gli assegni nel giro di 24 ore.

Bancomat Le tessere magnetiche in plastica sono perfette per chi viaggia; sono l'ideale per gli acquisti più consistenti e vi permettono di prelevare denaro contante in determinate banche e dai bancomat (automatic telling machine o ATM), la trovata più geniale per il viaggiatore dopo l'invenzione dello zaino. I bancomat solitamente appartengono a circuiti internazionali come Cirrus, Maestro o Plus; potete inserire la vostra tessera, digitare il vostro codice segreto (PIN) e ottenere denaro contante seduta stante. Ricordate però che i bancomat commettono errori, specialmente se la tessera è stata rilasciata in un paese extraeuropeo, ed è meglio rivolgersi all'impiegato dietro lo sportello della banca. Non sottovalutate le noie cui andrete incontro se lo sportello automatico 'ingoia' la vostra tessera.

Le carte di debito, utilizzate per prelevare denaro direttamente dalla vostra banca o dal vostro libretto di risparmio, sono ampiamente collegate a livello internazionale: chiedete consiglio alla vostra banca. Le carte di credito, invece, possono non essere legate a una rete di sportelli automatici, salvo abbiate presentato espressamente richiesta alla banca in questo senso e abbiate richiesto un PIN. Gran parte degli sportelli sono legati alla rete Visa e/o MasterCard, ma molti accettano anche le carte American Express. Potreste anche chiedere in quali sportelli automatici bancari del Regno Unito potete utilizzare la vostra carta e se ci sarà un costo da pagare per l'operazione.

Carte di credito In Inghilterra è facile utilizzare le carte Visa, MasterCard, AmEx e Diners Club, anche se le strutture piccole (come i B&B) preferiscono essere pagate in contanti. In alcuni esercizi viene applicata una commissione per il pagamento con la carta di credito, quindi non sempre è il mezzo di pagamento migliore. In molte banche potete ottenere anticipi in contanti, presentando la vostra carta Visa o MasterCard. Se avete invece una carta American Express, potete incassare assegni personali fino a un valore di £500 ogni sette giorni.

Avendo in programma di fare uso della carta di credito, accertatevi che il massi-

male della carta sia abbastanza alto da coprire le spese più importanti, come il noleggio dell'autovettura o i biglietti aerei.

Se pensate di affidarvi al 'denaro in plastica', portate con voi due carte diverse. Meglio ancora sarebbe combinare carta di credito o tessera bancomat con i travellers' cheque, in modo da avere una valida alternativa se uno sportello inghiotte la vostra carta o la banca non l'accetta.

Smarrimento o furto della carta Se una tessera magnetica viene persa o rubata, è necessario informare subito la polizia; in caso contrario, infatti, potreste trovarvi a pagare gli acquisti che il ladro ha fatto utilizzando la vostra carta. Riportiamo di seguito alcuni numeri utili per segnalare furto o smarrimento:

AmEx	☎ 01273-689955
Diners Club	☎ 01252-516261
MasterCard	☎ 01702-362988
Visa	☎ 0800 895082

Trasferimenti internazionali Se date istruzioni alla banca nel vostro paese di origine d'inviarvi una tratta, dovete essere sicuri di comunicare i dati esatti circa la banca e la filiale dove volete ricevere il denaro, oppure chiedere alla vostra banca qual è la corrispondente più indicata nel paese in cui siete diretti. L'intera operazione sarà più facile se avrete delegato qualcuno a operare sul vostro conto corrente a casa.

I trasferimenti di denaro telegrafici dovrebbero arrivare entro una settimana; per quelli postali, mettete un conto almeno due settimane. Quando il denaro arriva è probabile che venga immediatamente convertito in valuta locale: a quel punto potete scegliere se prelevarlo in contanti o acquistare dei travellers' cheque. La tariffa applicata per questo servizio si aggira solitamente intorno a £20.

Un altro sistema per trasferire denaro è utilizzare gli uffici AmEx, quelli della Thomas Cook, oppure il sistema MoneyGram degli uffici postali. Chi spedisce denaro dagli Stati Uniti può utilizzare an-

che Western Union (☎ 0800 833833), anche se in Inghilterra esistono poche filiali
dove andare a ritirare il denaro e viene
applicata una commissione dal 10% in su.

Cambiavalute A Londra cambiare denaro sicuramente non è un problema: banche, uffici di cambio e agenzie di viaggi
sono in concorrenza per offrirvi questo
servizio, ma accertatevi di fare l'affare
migliore. Siate particolarmente prudenti
se vi rivolgete a un ufficio di cambio:
spesso offrono tassi buoni, ma applicano
poi commissioni e tariffe a dir poco ol-
traggiose (le filiali della Chequepoint applicano una commissione che arriva
all'8% per trasformare in valuta un travellers' cheque in sterline).

Se pensate di rivolgervi a una banca,
una regola generale in Inghilterra è rivolgersi a una filiale delle banche principali.

Gli sportelli cambiavalute degli aeroporti internazionali applicano commissioni inferiori rispetto alle banche situate
nelle strade di grande passaggio e vi pagano i travellers' cheque in contanti senza
commissioni; se gli assegni sono in altre
valute, applicano una commissione pari
all'1,5% circa (importo minimo £3). Possono inoltre vendervi seduta stante fino al
controvalore di £500 in altre valute forti.

Altri sistemi Gli assegni personali sono
ancora molto diffusi in Inghilterra – spesso un gruppo di commensali compila
ognuno il proprio assegno per pagare la
propria quota del pasto – convalidati dalla
presentazione di una carta assegni. Sempre più spesso i negozi al minuto sono legati alla rete Delta o Switch e permettono
quindi ai clienti di pagare utilizzando una
carta di debito (gli importi vengono immediatamente prelevati dal conto corrente
inglese).

Se avete in programma di trattenervi in
Inghilterra per un certo periodo, potreste
avere l'esigenza di aprire un conto corrente in una banca inglese: non si tratta di
un'operazione semplice e le società di
credito immobiliare sono solitamente più
disponibili delle banche. Dovrete avere

un indirizzo fisso in Inghilterra, e può essere di aiuto una lettera di presentazione
da parte del direttore della banca presso
cui avete il conto nel vostro paese di origine, insieme agli estratti conto dell'ultimo anno. È utile anche avere carte di credito e/o di debito.

Accertatevi di aprire un conto corrente
che paga gli interessi (anche se bassi), vi
permette di avere il libretto degli assegni
e una carta di debito/carta assegni, e infine di poter utilizzare gli sportelli automatici.

Sicurezza

In qualunque modo decidiate di traspor-
re il vostro denaro, è cosa sensata tenerne
la maggior parte al riparo dai ladri, in una
cintura con scomparto interno o simili. È
sempre bene tenere circa £50 separate dal
resto del contante, da utilizzare in caso di
emergenza.

Fate particolare attenzione nelle zone
affollate, come la metropolitana di Londra, e non lasciate mai sporgere il portafoglio dalla tasca dei pantaloni o dallo zaino, né lasciate le borse appese alla spallie-
ra delle sedie nei pub e nei ristoranti. Siate prudenti inoltre quando circolate sugli
autobus o nei dintorni dei principali siti
d'interesse turistico, come le Torre di
Londra e Stonehenge.

Costi

L'Inghilterra è un paese caro e Londra
lo è ancora di più, tanto che in questa
città per assicurarvi la mera sopravvi-
venza dovreste mettere in conto da £30 a
£35 al giorno. La sistemazione più a
buon mercato viene a costare come minimo da £10 a £20 per notte, una Tra-
vel-Card da un giorno costa £3,90
(Zona 1 e 2) e per le bevande e il sostentamento essenziale si spendono almeno £10, senza contare i prezzi degli
ingressi a monumenti e musei e qualche
locale notturno. Non vale la pena di
viaggiare se non si può godere almeno
in minima parte la vita di una città,
quindi a questo budget dovete aggiungere se possibile altre £15 al giorno.

Tariffe d'ingresso

Nel corso di tutta la guida le tariffe d'ingresso a musei e monumenti vengono fornite per adulti/bambini. Le tariffe riservate ai bambini solitamente valgono fino all'età di 12 anni; in alcuni posti arrivano a 16 anni, mentre in altri si fermano a 10.

Al momento della stesura della guida, in Inghilterra era stata proposta l'abolizione delle tariffe d'ingresso a pinacoteche e musei. La decisione finale dipenderà dall'accordo che raggiungeranno i vari dipartimenti statali interessati; nel frattempo, se avete intenzione di visitare uno dei musei nazionali che applicano una tariffa d'ingresso, vale la pena fare una telefonata prima della visita.

I costi ovviamente saranno anche più alti se scegliete di pernottare in un albergo centrale e di consumare i pasti nei ristoranti. Le tariffe degli alberghi partono da circa £30 per persona e un pasto in un ristorante vi costa almeno £10. Aggiungete un paio di pinte di birra (£2 l'una) e il biglietto d'ingresso a un monumento o a un locale notturno, e potreste arrivare tranquillamente a £55 al giorno – senza fare niente di speciale.

Una volta che incominciate a girare il paese i costi diminuiscono, soprattutto se avete un pass per i trasporti, perché uscendo da Londra, la vita costa meno. Ciò nonostante, senza contare i trasporti sulle lunghe distanze e partendo dal presupposto di pernottare negli ostelli e talvolta nei B&B più a buon mercato, dovete mettere in conto almeno £25 al giorno. Un ostello in campagna costa da £8; aggiungete altre £8 per il cibo, £7 per i biglietti d'ingresso e/o le tratte su autobus locali e £4 per articoli diversi come cinema, shampoo, libri e telefonate.

Se si noleggia un'autovettura o si usa un pass per i trasporti pubblici, si alloggia nei B&B, si consuma un solo pasto completo al giorno e non si esagera con gli ingressi a musei e monumenti, il sog-

giorno viene a costare da £50 a £60 al giorno (sempre senza includere il costo degli spostamenti lunghi). La maggior parte dei B&B più spartani costa da £15 a £25 per persona e la cena costa da £8 a £15 (secondo la scelta del ristorante e in base a quanto bevete); aggiungete poi £5 per bevande e spuntini, £4 per articoli vari e almeno £7 per i biglietti d'ingresso. Se vi spostate in automobile probabilmente spenderete in media da £8 a £15 al giorno per la benzina e il parcheggio (senza contare la tariffa dell'autonoleggio); se invece vi spostate utilizzando una qualche forma di pass, probabilmente spenderete in media un paio di sterline al giorno nei trasporti locali o per noleggiare una bicicletta.

Le tariffe ferroviarie solitamente aumentano circa del 5% in gennaio; quelle degli autobus, invece, aumentano di alcuni pence in aprile e ottobre. Le tariffe d'ingresso a musei e monumenti sembrano crescere di 50p o £1 ogni anno.

Mance e contrattazioni

Molti ristoranti aggiungono oggi al conto una tariffa 'discrezionale' per il servizio; nei locali dove questo non avviene, ci si aspetta che lasciate una mancia che va dal 10 al 15%, salvo che non siate soddisfatti del servizio; tenete presente che al personale che serve ai tavoli viene spesso corrisposta una paga ridicola che dovrebbe essere integrata dalle mance. I ristoranti sono autorizzati dalla legge a includere nel conto una tariffa per il servizio, ma questo fatto dovrebbe essere indicato chiaramente. In questo caso, non dovete aggiungere una mancia supplementare, e solitamente non si dà la mancia a chi vi spilla la birra al pub.

Anche i conducenti di taxi, soprattutto a Londra, si aspettano la mancia (circa il 10%); meno frequente è lasciare la mancia ai guidatori di *minicab*.

In Inghilterra non si contratta, neppure al mercato, anche se si può chiedere se ci sono sconti per gli studenti, i giovani o i membri – per esempio – di un'associazione di ostelli. È anche permesso tirare un po' sul prezzo se si acquista un articolo costoso, come un'automobile o una motocicletta.

Tasse e rimborsi

L'imposta sul valore aggiunto (value-added tax o VAT) è del 17,5% e viene applicata su gran parte dei beni e dei servizi, con l'esclusione del cibo e dei libri. Per legge i ristoranti devono comprendere l'IVA nei prezzi esposti sui loro menu.

Talvolta i visitatori provenienti da paesi non-UE possono chiedere il rimborso dell'IVA corrisposta per alcuni beni: si tratta di un risparmio notevole. Se ne ha diritto se nel corso dei due anni precedenti l'acquisto si sono trascorsi meno di 365 giorni nel Regno Unito e se si esce dalla UE entro tre mesi dalla data dell'acquisto stesso.

Non tutti i negozi aderiscono a questo programma di rimborso della VAT, chiamato Retail Export Scheme (Programma di esportazioni al minuto) o Tax-Free Shopping, mentre molti negozi stabiliscono una spesa minima per avere diritto al rimborso stesso (solitamente circa £75 in un unico negozio).

A chi ne fa richiesta, i negozi che aderiscono al programma forniranno un modulo speciale (VAT 407), che dovrà essere presentato al momento di lasciare il paese, assieme agli articoli acquistati e allo scontrino alla dogana (i beni non soggetti a IVA non possono essere spediti). Dopo che i funzionari della dogana hanno accertato la validità del modulo, questo deve essere rispedito al negozio per ottenere il rimborso, che arriverà dopo 8-10 settimane (sottratta una piccola tariffa per il disbrigo della pratica).

Vi sono diverse società che offrono un servizio centralizzato di rimborso; i negozi che partecipano espongono un adesivo in vetrina (per esempio, con la scritta 'Tax-Free Shopping'). Pagando con carta di credito si evita l'addebito delle spese bancarie applicate per incassare un assegno in sterline e allo stesso tempo si può richiedere che il rimborso dell'IVA venga accreditato sul proprio conto corrente. Talvolta negli aeroporti principali vengono erogati rimborsi in contanti.

POSTE E TELECOMUNICAZIONI
Posta

Anche se le code negli uffici postali possono essere lunghe, la Royal Mail (☎ 0845 600 0606) offre un servizio di qualità piuttosto alta. Gli orari degli uffici postali possono subire modifiche, ma la maggior parte di essi sono aperti dal lunedì al venerdì dalle 9 alle 17 e il sabato mattina dalle 9 alle 12. Si può scegliere fra due diversi tipi di spedizioni postali: *first class* (letteralmente 'prima categoria', equivalente alla posta prioritaria italiana) è più veloce e più costosa (27 p per lettera) rispetto alla *second class* ('seconda categoria', 19p).

Spedire lettere via aerea in altri paesi europei costa 36p, nelle Americhe e in Australasia 45/65p (fino a 10/20 g).

Se non avete un indirizzo permanente, potete utilizzare il servizio di fermo posta della città nella quale soggiornate. Anche gli uffici AmEx Travel tengono gratuitamente la posta degli intestatari di carte di credito American Express.

Una lettera per Stati Uniti e Canada via aerea impiega solitamente meno di una settimana, una settimana intera per Australia o Nuova Zelanda.

Spedire dall'Italia in Inghilterra una cartolina o una lettera di peso non superiore a 20 g richiede un'affrancatura di lire 800.

Telefono

Se volete telefonare in Inghilterra dall'Italia, digitate il prefisso telefonico internazionale di accesso (00), poi 44 (il prefisso del Regno Unito), il prefisso interurbano (senza lo 0 iniziale) e il numero telefonico desiderato. Viceversa, per chiamare l'Italia dall'Inghilterra dovete comporre ☎ 0039, seguito dal prefisso della località con lo zero iniziale (che si omette in caso di chiamata verso telefoni cellulari) e dal numero dell'abbonato.

Le famose cabine telefoniche rosse della British Telecom (BT) sopravvivono ormai solo nelle zone dove si è deciso di conservarle. Oggi sono più comuni le cabine in vetro con telefoni che accettano monete, carte telefoniche prepagate e/o carte di credito.

Tutti i telefoni sono corredati da istruzioni piuttosto chiare. La BT offre carte telefoniche da £2, £5, £10 e £20, che si trovano facilmente in diversi tipi di negozi, compresi giornalai e uffici postali. Un display digitale sul telefono indica quanto credito rimane nella vostra tessera.

Riportiamo alcuni prefissi speciali che è bene conoscere:

☎ 0500	numero verde	
☎ 0800	numero verde	
☎ 0845	tariffa urbana	
☎ 0870	tariffa interurbana	
☎ 0891	tariffa speciale (49p per minuto)	
☎ 09064	tariffa speciale (49p per minuto)	

Diffidate di altri prefissi (come quelli a sei cifre) che indicano, per esempio, che state chiamando un telefono cellulare, solitamente più costoso rispetto a una linea fissa.

Tariffe delle chiamate urbane e interurbane Il costo delle telefonate urbane dipende unicamente dalla durata, mentre le tariffe interurbane sono influenzate sia dalla durata sia dalla distanza. Le tariffe diurne vengono applicate dalle 8 alle 18, dal lunedì al venerdì; le tariffe scontate negli stessi giorni, dalle 18 alle 8; viene infine applicata una tariffa scontata per il fine settimana, in vigore dalla mezzanotte di venerdì alla mezzanotte di domenica. Queste ultime due permettono risparmi significativi.

Per informazioni circa l'elenco degli abbonati chiamate il ☎ 192; la telefonata è gratuita dai telefoni pubblici, mentre da un apparecchio privato costa 25p. Per parlare con un centralinista, digitate ☎ 100.

Telefonate e tariffe internazionali Da quasi tutti i telefoni pubblici si può usufruire della teleselezione internazionale (international direct dialling o IDD).

Per effettuare una telefonata a carico del destinatario, digitate ☎ 155 per il centralino internazionale (la teleselezione diretta costa meno). Anche verso l'Italia, tramite il servizio ItalyDirect, è possibile effettuare telefonate a carico del destinatario o con addebito su carta di credito telefonica; componendo il ☎ 0800 890 039 (via BT) oppure ☎ 0500 890 039 (via CWC) risponderà un operatore italiano, che vi metterà in contatto con l'utente desiderato. Tenete presente che il costo della telefonata è di lire 682 al minuto (IVA esclusa), con addebito per ogni conversazione di una quota fissa di lire 6000.

Se volete informazioni internazionali sull'elenco degli abbonati, digitate ☎ 153 (50p dai telefoni privati).

Per la maggior parte dei paesi (compresi Europa, Stati Uniti e Canada) costa meno telefonare fra le 20 e le 8 dal lunedì al venerdì o durante il fine settimana; se invece volete telefonare in Australia e Nuova Zelanda, le tariffe migliori vengono applicate fra le 14.30 alle 19.30 e da mezzanotte alle 7 tutti i giorni della settimana. Si possono risparmiare cifre considerevoli.

Vi è un'ampia scelta di carte telefoniche locali e internazionali. La eKno Communication Card della Lonely Planet è adatta soprattutto ai viaggiatori indipendenti e permette di fare telefonate internazionali a prezzi bassi, fornisce una serie di servizi di messaggeria, posta elettronica gratuita e informazioni di viaggio; per le chiamate urbane, generalmente è meglio procurarsi una carta telefonica locale. Potete iscrivervi on line su www.ekno.lonelyplanet.com, oppure telefonicamente dall'Inghilterra digitando ☎ 0800 376 1704. Una volta iscritti, per utilizzare eKno dall'Inghilterra, componete ☎ 0800 169 8646 (oppure ☎ 0800 376 2366 da un telefono pubblico).

Per l'iscrizione e il numero di accesso da altri paesi e per gli aggiornamenti circa i numeri di accesso locali e le nuove funzioni, controllate il sito Internet eKno.

È possibile ottenere una riduzione delle tariffe internazionali della BT, acquistando una carta telefonica speciale (disponibile solitamente da £5, £10 o £20), dotata di un codice segreto di identificazione o PIN, utilizzabile da qualsiasi telefono (anche un apparecchio privato) digitando uno speciale numero di accesso. Sono decine le carte telefoniche disponibili (con nomi fantascientifici come Alpha, Omega, Phone Com, Climax, Swiftlink e America First); le trovate nelle edicole e nei negozi di generi alimentari. Per stabilire quale sia la migliore, dovrete paragonare la tariffa che ognuna di queste offre per il paese che v'interessa – spesso nelle vetrine dei negozi trovate affissi manifesti che riportano le tariffe delle diverse società.

Telefoni cellulari L'Inghilterra usa il sistema GSM 900/1800, compatibile con il resto d'Europa e con l'Australia, ma non con il sistema utilizzato nell'America settentrionale, il GSM 1900 (anche se alcuni Nordamericani hanno telefoni cellulari GSM 1900/900 utilizzabili anche in loco) o con quello, del tutto differente, utilizzato in Giappone. Se avete un telefono GSM, controllate con chi vi fornisce il servizio se potete utilizzarlo in Inghilterra, e prestate attenzione alle telefonate deviate internazionalmente (molto costose per una telefonata 'urbana').

Se in Inghilterra pensate di approfittare della comodità di un telefono cellulare, la soluzione più semplice può essere quella di acquistarne uno del tipo 'paghi-mentre-telefoni'; li trovate in vendita non solo in un gran numero di negozi delle strade più battute, ma anche nei supermercati, da Woolworth's e quasi ovunque.

Spendendo meno di £70 avrete un telefono con un discreto credito di traffico prepagato e il vostro numero telefonico, senza avere a che fare con contratti o bollette telefoniche. Tutte e quattro le società che gestiscono la telefonia mobile in Inghilterra – Orange, Vodaphone, One 2 One e BT Cellnet – offrono un programma di questo tipo.

Fax

Molti giornalai e tabaccai offrono il servizio fax. Chiedete al TIC oppure cercate semplicemente l'insegna.

E-mail e Internet

Viaggiare con un computer portatile è un modo fantastico per mantenere i contatti con il vostro paese, ma, a meno che non sappiate esattamente ciò a cui andate incontro, potrebbe rivelarsi una fonte di potenziali problemi. Se avete in programma di portare con voi il computer portatile o palmare, ricordate che il voltaggio nei paesi che visitate potrebbe essere diverso da quello del vostro paese e che rischiate di danneggiare la vostra attrezzatura. L'investimento migliore è un adattatore universale che vi consentirà di collegarvi alla corrente elettrica in qualunque parte del mondo, senza rischiare di bruciare i componenti interni. Avrete inoltre bisogno di una presa per ogni paese meta del vostro viaggio, solitamente più facile da procurarsi prima di partire da casa (per i particolari circa l'elettricità e le prese inglesi, v. **Elettricità**, più avanti in questo capitolo).

Anche la scheda modem del vostro portatile (PC-card) potrebbe non funzionare una volta fuori dal vostro paese, e non ne sarete certi fin quando non avrete provato. La scelta più sicura è acquistare una scheda modem 'globale' di una marca affidabile prima di partire da casa, oppure comprarne una in loco se pensate di trattenervi a lungo. Ricordatevi che le prese del telefono inglesi saranno probabilmente diverse da quelle di casa, per cui assicuratevi di avere almeno un adattatore telefonico RJ-11 che funzioni con il vostro modem.

L'Inghilterra utilizza un morsetto telefonico unico, ma non è difficile trovare un adattatore che consenta di collegarlo ai modem RJ-11. Gli alberghi che hanno una clientela costituita in prevalenza da uomini d'affari sono abitualmente dotati di prese per spine RJ-11, mentre in altri casi sarà possibile riutilizzare il cavo del telefono in stanza, che sicuramente sarà collegato al telefono attraverso un morsetto

RJ-11 per il vostro modem. Nelle strutture più economiche, però, il telefono potrebbe non essere scollegabile e potreste non vedere prese di alcun genere: se poi chiedete una mano a chi vi ospita, vi troverete davanti due occhi spalancati e disorientati.

Per maggiori informazioni sul viaggiare con un computer, consultate i due siti Internet www.teleadapt.com e www.warrior.com.

I principali fornitori di servizi Internet (Internet service provider o ISP), come AOL (www.aol.com), CompuServe (www.compuserve.com) ed Earthlink (www.earthlink.net) hanno nodi cui connettersi in Inghilterra. È preferibile scaricare una lista di numeri di accesso prima della partenza. Se a casa accedete alla vostra mailbox tramite un provider più piccolo oppure attraverso l'ufficio o la scuola, la soluzione migliore è abbonarsi a un provider globale, come uno di quelli citati sopra, oppure ricorrere ai cybercafé e ad altri punti di accesso pubblici. Se pensate di utilizzare i cybercafé, la soluzione più semplice è utilizzare un account di posta elettronica appoggiato a un sito Internet cui si possa accedere da qualsiasi computer connesso alla rete, come Hotmail (www.hotmail.com), Yahoo (www.yahoo.com) oppure eKno (www.ekno.lonely planet. com).

In alternativa, se volete accedere al vostro indirizzo elettronico di casa, dovrete portare con voi tre informazioni che vi permetteranno di accedere alla mailbox: il nome del server (POP o IMAP) per la posta in arrivo, il nome dell'account e la password. Il vostro provider sarà in grado di fornirvele. Con queste informazioni dovreste poter accedere alla vostra casella di posta elettronica da qualunque computer connesso alla rete, purché abbia un software per l' e-mail (ricordate che Netscape e Internet Explorer hanno ambedue dei moduli per la posta elettronica). Può essere utile familiarizzare con queste procedure prima della partenza.

In Inghilterra sono comuni i locali con accesso a Internet. Potete provare in librerie, ostelli, cybercaffè e simili; molti sono elencati in questa guida. In alternativa, potete sempre ottenere l'informazione appropriata da un TIC.

INTERNET

Sicuramente l'Inghilterra non soffre di penuria di siti utili ai viaggiatori. Città, enti turistici, monumenti, B&B, alberghi e le società che gestiscono i mezzi di trasporto hanno tutti i loro siti Internet, molti dei quali li troverete elencati nel corso della guida. Un buon punto d'inizio è il sito Internet del BTA, www.bta.org.uk; un altro è www.information-britain.co.uk. Consultate anche il sito www.british touristauthority.org, ricco di informazioni turistiche (con le ultime notizie, utili ai viaggiatori, sulla questione dell'afta epizootica).

La rete è anche un'ottima fonte di notizie per i viaggiatori in generale. Potete cercare notizie che riguardino il vostro viaggio, andare a caccia di tariffe aeree scontate, prenotare alberghi, controllare le condizioni climatiche, oppure chiacchierare con abitanti del posto o altri viaggiatori per sapere dove andare (e cosa evitare!). Il posto migliore per cominciare la vostra ricerca su Internet è proprio il sito della Lonely Planet (www.lonelyplanet. com). Qui troverete note informative sui viaggi per la maggior parte delle destinazioni sulla terra, notazioni scritte da viaggiatori, e la bacheca Thorn Tree per rivolgere domande prima di partire e dare consigli al proprio ritorno. Potete anche trovare novità e aggiornamenti alle più famose fra le nostre guide, mentre la sezione subWWWay vi collegherà agli altri siti più utili sul web.

LIBRI

Vi sono innumerevoli guide che esplorano l'Inghilterra in ogni singolo aspetto. Le librerie citate in questo libro, così come gran parte dei TIC, strabocano letteralmente di guide turistiche. Gli uffici turistici, in particolare, sono indicati se cercate testi meno comuni, di carattere specialistico o dedicati a realtà locali.

In italiano
EDT e Lonely Planet

Chi intende visitare anche altre regioni del Regno Unito potrà procurarsi le guide Lonely Planet tradotte in italiano dalla EDT: *Inghilterra del Nord, Scozia, Irlanda* e *Londra*, esaustiva guida alla capitale. Dalla fine del 2001 sarà in libreria anche la guida *Galles*.

Nel sito Internet della EDT, www.edt.it, troverete il catalogo completo delle guide Lonely Planet tradotte in italiano, oltre alle indicazioni relative alle collane di narrativa di viaggio 'Viaggi e avventura', 'Orme' e 'Aquiloni'; la sezione 'Lettere' ospita i contributi più interessanti selezionati fra le lettere dei viaggiatori pervenute in redazione.

Libri di viaggio

Gli Inglesi sono stati e sono dei grandi viaggiatori, che hanno arricchito non poco il panorama della letteratura di viaggio dai secoli passati a oggi. Non mancano, tuttavia, libri di viaggiatori che hanno scritto resoconti dei loro viaggi in Inghilterra, e ne citeremo qui alcuni. Cominciamo da un grande della letteratura: Robert Louis Stevenson, che in *Edimburgo e tre passeggiate a piedi a zonzo tra Scozia e Inghilterra* (Muzzio, Padova 1996) raccoglie quattro itinerari turistici fra Scozia e Inghilterra: ancora oggi si possono seguire i percorsi fatti dallo scrittore e scoprire che poco è cambiato. Per un resoconto di viaggio d'autore potete ancora leggere *Volare su Londra* di Virginia Woolf (Marcos y Marcos, Milano 1992).

Un libro di grande fascino, che coniuga il racconto di viaggio con un excursus sul mistero dei megaliti è *Cammino delle antiche pietre. Un pellegrinaggio di fede, ragione e scoperta* di Scott M. Peck (Feltrinelli, Milano 1996), resoconto appassionato di un viaggio di tre settimane compiuto dall'autore con la moglie attraverso Galles, Inghilterra e Scozia, alla ricerca delle affascinanti pietre megalitiche, loro antica passione.

Si può invece definire un viaggio nell'Inghilterra di oggi *Avventure nell'altra Inghilterra* di Nick Cohn (Feltrinelli, Milano 2001), da cui scaturisce un quadro di una Inghilterra 'underground', un paesaggio umano composto da un variegato mix di etnie, di esuli e immigrati, di gente ai margini, e costituito da un insieme di mondi autosufficienti.

Storia e politica

Due testi esaustivi e complementari sono *Storia dell'Inghilterra. Da Cesare ai giorni nostri*, a cura di Kenneth Morgan (Bompiani, Milano 2001), e *Storia sociale dell'Inghilterra* di Asa Briggs (Mondadori, Milano 1997). Il primo individua ed espone le componenti principali della storia britannica, dall'epoca romana al tardo XX secolo, mettendo a fuoco i molti tratti politici, sociali, economici, religiosi, intellettuali e culturali dell'isola. Il secondo è un saggio di quella parte della storiografia da sempre considerata 'minore', ossia la storia sociale, che, occupandosi della vita quotidiana e dello specifico carattere di un popolo nel contesto dei grandi eventi, acquista invece pieno diritto di affiancare la storia costituzionale, politica ed economica.

Per un approccio generale al paese, segnaliamo *Storia d'Inghilterra* di George Macaulay Trevelyan (Garzanti, Milano 1993) e *Storia dell'Inghilterra moderna: società, economia e istituzioni da Enrico VII alla rivoluzione industriale* di Gianpaolo Garavaglia (Cisalpino, Bologna 1998).

Vi sono poi testi più specifici, incentrati su alcuni personaggi o determinati periodi. *Elisabetta I. La vergine regina* di Carolly Erickson (Mondadori, Milano 2000) è la biografia della sovrana che, coniugando spregiudicatezza politica e pugno di ferro, riuscì a fare del proprio paese il padrone assoluto dei mari e la prima potenza mondiale, gettando le basi dell'impero coloniale britannico e lasciando la propria impronta sul Cinquecento europeo. Un altro testo interessante su questa grande regina è *Elisabetta d'Inghilterra* di Dara Kotnik (Rusconi, Milano 1998). *L'età di Shakespeare* di Guy Boquet

(Giunti, Firenze 1994) descrive le caratteristiche storiche dei regni di Elisabetta e Giacomo I, periodi fondamentali per l'evoluzione dell'Inghilterra moderna, in cui avviene il passaggio dalle forme di tradizionale dominio della nobiltà fondiaria alle prime avvisaglie di rinnovamento scientifico, culturale ed economico. Altro testo specifico è *La congiura delle polveri*. *Attentato al re, in nome di Dio nell'Inghilterra del Seicento* di Antonia Fraser (Mondadori, Milano 2000): sullo sfondo di un affresco storico dominato dalla morte di Elisabetta I e dall'ascesa al trono di Giacomo I, l'autrice ricostruisce in questo libro le motivazioni degli uomini che si coalizzarono per far esplodere il Parlamento, al cu i interno si sarebbero dovuti trovare il sovrano e la famiglia reale, colpevoli di aver allontanato il paese dall'ortodossia del Cattolicesimo romano. La congiura delle polveri del 1605 rimane un episodio cruciale nella lunga lotta fra Protestanti e Cattolici, che porta alla luce il complesso intreccio fra religione e politica.

La battaglia d'Inghilterra di Len Deighton (Tea, Milano 2001) è un eccellente documento della Seconda guerra mondiale: nel luglio 1940 l'Inghilterra si ritrova sola, ultimo baluardo di fronte alla Germania nazista. Con lo sbarco dei tedeschi inizia la 'battaglia d'Inghilterra', ossia il primo grande conflitto aereo della storia. L'autore sottopone al vaglio di un'analisi rigorosa e documentata la condotta tattico-strategica dei due avversari, le innovazioni tecniche (come il radar), la sagacia e le qualità morali degli equipaggi della Royal Air Force e della Luftwaffe.

Incentrato sulla storia inglese del XX secolo è il saggio *Speranza e gloria. L'Inghilterra nel XX secolo* di Peter Clarke (Il Mulino, Bologna 2000), in cui l'autore tratteggia l'evoluzione del paese nel Novecento non solo dal punto di vista politico, sociale ed economico, ma anche in termini culturali: accanto al declino dell'Inghilterra come potenza mondiale, si tratteggia invece il suo progresso economico e sociale, il mutamento dei costumi, l'allargamento della democrazia.

Londra: biografia di una città di Christopher Hibbert (Dall'Oglio, Milano 1987) è una storia sociale della capitale inglese, arricchita da bellissime illustrazioni e tavole a colori.

Narrativa

È possibile leggere in italiano diverse opere che presentano la storia del paese sotto forma di romanzo.

Per orientarsi nell'intricata storia di Londra consigliamo il romanzo *London* di Edward Rutherfurd (Mondadori, Milano 1999), dove siamo spettatori affascinati della crescita della città, dai tempi della conquista romana al sorgere dei monumenti che oggi la caratterizzano: un ambizioso itinerario narrativo che ha origine sulle rive del Tamigi. Un altro romanzo di Rutherford dedicato all'Inghilterra e al suo ricco passato è *La foresta* (stesso editore, 2000), l'epopea di uno dei luoghi dell'isola più ricchi di fascino e di leggende, di cui si ripercorrono le vicende dall'anno mille ai giorni nostri: è la New Forest, terra ricca di memorie storiche nel sud dell'Inghilterra, al centro della costa della Manica.

L'antica profezia di Naomi e Deborah Baltuck (stesso editore, 1999) è una storia ambientata nell'Inghilterra del 1086: vent'anni dopo l'arrivo di Guglielmo il Conquistatore, il paese è dominato dai signori normanni che opprimono i sudditi sassoni. I cittadini di Enmore Green tentano allora di ribellarsi ai dominatori con la guida di una bellissima veggente che si è consacrata al culto della Dea della Fonte di cristallo.

Molti sono i romanzi di argomento storico dedicati ai grandi personaggi della storia inglese: *Il re e il suo giullare* di Margaret George (Tea, Milano 1995) è dedicato alla vita di Enrico VIII. Robin Maxwell è l'autore de *Il diario segreto di Anna Bolena* (Piemme, Casale Monferrato 2001), storia nella quale le pagine di un diario avvicinano Elisabetta, giovane regina d'Inghilterra, alla madre che non ha mai conosciuto. Attraverso le parole di Anna, Elisabetta ne rivive il destino tragico, che la porta alla decisione di non sposarsi per non essere sopraffatta da alcun uomo. *Elisabetta I. Rosa dei Tudor* di Kathryn Lasky (Fabbri, Milano 2001) è invece un romanzo incentrato sulla giovinezza della futura 'virgin queen'. *Georgiana. Vita e passioni di una duchessa nell'Inghilterra del Settecento* di Amanda Foreman (Rizzoli, Milano 2000) è la biografia di una nobildonna inglese che ebbe modo di intessere diverse relazioni con personaggi appartenenti alla migliore società dell'epoca, ma è soprattutto un affresco della vita aristocratica dell'Inghilterra dell'epoca.

Longitudine di Dava Sobel (Rizzoli, Milano 1999) narra l'affascinante storia di John Harrison, un orologiaio vissuto nel Settecento, che definì la longitudine, aiutando così i marinai a mantenere la giusta rotta. Potrà sembrarvi un argomento un po' troppo specifico, ma le vicende sono ambientate a Greenwich.

Lettere da Londra (Adelphi, Milano 1997) di Alberto Arbasino è il ritratto che emerge dal flusso di lettere, pubblicate per lo più sulla rivista *Il Mondo*, delle istituzioni londinesi più tipiche (il *Times*, il Labour Party, le Corti di Giustizia) e dei personaggi dell'arte e della cultura della Londra anni Cinquanta.

Dell'americano Jack London ricordiamo *Il popolo dell'abisso* (Oscar Mondadori, Milano 1987), celebre inchiesta, trasformata in delicato ritratto, sulla miseria e disperazione degli abitanti nell'East End di Londra. La storia raccontata ne *L'occhio nella porta* di Pat Barker (Melangolo, Genova 1999) si svolge nell'aprile del 1918, in una Londra incupita dalla violenza e dai lutti: in questo contesto il tenente Prior e lo psichiatra Rivers affrontano le contraddizioni interiori di chi è disgustato dalla violenza, ma non intravede alternative alla guerra.

Storia letteraria

Varia è la scelta dei testi di storia letteraria. Mario Praz, il maggiore anglista italiano, ci offre diversi studi, differenti per impostazione: *Storia della letteratura inglese* (Sansoni, Firenze 2000) è un'analisi

organizzata per generi; *La letteratura inglese* in due volumi: *Dal Medioevo all'Illuminismo* e *Dai romantici al Novecento* (Rizzoli, Milano 1997) è la più completa trattazione storica della letteratura inglese che possiamo leggere in italiano, nella quale Praz delinea le figure e le correnti più significative, con vivacità ed erudizione. La casa editrice Einaudi ha pubblicato *Storia della letteratura inglese*, a cura di Paolo Bertinetti (Torino 2000), un volume, diviso in nove capitoli, che segue un ordine cronologico: dall'età medievale al secondo Novecento, analizzando protagonisti e aspetti essenziali della narrativa, della poesia e del teatro inglese nelle diverse epoche. David Daiches è l'autore della *Storia della letteratura inglese* edita da Garzanti (Milano 1998), un'analisi che va dalle origini ai nostri giorni, collocando l'esperienza letteraria nel contesto delle situazioni sociali, di costume e culturali in senso lato. *Storia della civiltà letteraria inglese*, diretta da Franco Marenco (Utet, Torino 1996) è uno studio attento anche alle letterature di lingua inglese dei paesi coloniali e post coloniali; vi è annesso un *Dizionario, cronologia* (stesso anno). Infine, *Teorie inglesi del romanzo* di Sergio Perosa (Bompiani, Milano 1999) offre una panoramica sulla narrativa inglese, da Fielding a Dickens, attraverso l'interpretazione degli stessi autori.

Società e cultura

Fra i molti libri in commercio in Italia dedicati all'Inghilterra in generale, alcuni si segnalano per l'originalità dell'approccio. *Inglesi. Se li conosci non li eviti* di Antony Miall (Edizioni Sonda, Torino 2000) spiega chi sono, come ragionano, cosa amano e cosa detestano gli Inglesi. È una guida 'antropologica' semiseria, con uno scopo serissimo: prevenire e curare qualsiasi forma di xenofobia. *Perché gli inglesi non usano il bidet* di Paola Guagliumi (Nuovi Equilibri, Viterbo 2001) è un atto d'amore e al tempo stesso un'impietosa radiografia. L'autrice, reduce da lunghe permanenze nel Regno Unito, ama gli Inglesi, ma questo non le impedisce di descriverli, oltre che per i loro pregi, anche per i difetti, i tic e le manie: entra nelle loro vite, nelle loro case, sui mezzi di trasporto, nei negozi, nei ristoranti per mettere a nudo la vera anima della gente comune.

Atti insensati di bellezza. Hippy, punk, squatter, raver. Eco-azione diretta: culture di resistenza in Inghilterra di George Mckay (Shake, Milano 2000) analizza le controculture, dagli hippy ai punk agli eco-raver, viste come tentativi di creare benefici immediati, senza mire al potere.

Un altro testo interessante sull'Inghilterra degli ultimi anni è *Dai Beatles a Blair: la cultura inglese* di Roberto Bertinetti (Carocci, Roma 2001): dalla 'swinging London' degli anni '50 e '60, la città effervescente della minigonna, dei giovani arrabbiati, dei Beatles e dei Rolling Stones, fino alla 'cool' Britannia di Lady Diana e di Tony Blair, passando per il lungo regno di Margaret Thatcher, il volume propone un viaggio nella società e nella cultura inglese dal 1956 a oggi, attraverso i protagonisti e gli eventi di un periodo che ha segnato profondamente la storia europea.

Libri fotografici

La White Star di Vercelli annovera nel proprio catalogo alcuni titoli sull'Inghilterra: *Gran Bretagna. Un'isola al centro dell'Europa* di autori vari (1994; collana 'Grandangolo'), *Londra* di Chiara Libero (1997; collana 'I luoghi e la storia') e *Londra* di autori vari (2000; collana 'Città d'autore').

Esistono diverse altre pubblicazioni dedicate alla capitale inglese e alla sua arte, corredate da illustrazioni o fotografie; fra queste segnaliamo: *Londra* di Gustave Doré (Sansoni, Firenze 1987; collana 'Opere varie di arte'); *La collezione della National Gallery* di M. Levey (Silvana, Cinisello Balsamo 1993) e *National Gallery. Londra* (Mondadori, Milano 1986; collana 'I musei del mondo').

Dizionari
e guide alla conversazione

I dizionarietti tascabili di inglese sono comodi da portare in viaggio e si rivelano utili in ogni occasione. Potete scegliere fra le varie edizioni reperibili in Italia: Collins-Mondadori (2000), Giunti (1999), Vallardi (dizionario essenziale, 1996), De Agostini (1994), Zanichelli (dizionario compatto, 1993). Le edizioni Primavera pubblicano *L'inglese per viaggiare* (Firenze 1994), mentre presso Airone è reperibile *Dizionario e guida alla conversazione* (Roma 1992). Molto utile è il *GrammaDizionario di inglese* della De Agostini (Novara 1995). Se avete già studiato la lingua in passato e desiderate esercitarvi in particolare sul lessico, potete ricorrere a *English Vocabulary Advanced: test ed esercizi per migliorare il proprio lessico inglese* (Vallardi, Milano 2000); più in generale, potete fare un po' di pratica con *Esercizi di inglese* (Vallardi, Milano 1996).

Se volete imparare un po' d'inglese prima di partire, procuratevi un corso su cassette o CD. Ottimo quello della Assimil-Italia di Torino dal titolo *Il nuovo inglese senza sforzo* (sito Internet: www.assimil-italia.it). Esistono anche dei corsi su CD-Rom: segnaliamo quelli della Zanichelli, *Dizionario interattivo inglese-italiano, italiano-inglese* (Bologna 2000) e di Garzanti, *CD-Rom Inglesevivo. La lingua che ascolti e che parli* (Milano 1999), un dizionario bilingue con 75.000 vocaboli e pronuncia di 40.000 parole per voce di uno speaker madrelingua.

In inglese
Lonely Planet

La Lonely Planet pubblica anche *Walking in Britain* e *Cycling Britain*, entrambi eccellenti integrazioni a questa guida. Il libro *Britain* copre l'intera isola, mentre *London Condensed* fornisce le informazioni essenziali su Londra in un pratico formato. *Out to Eat – London* descrive una gamma impressionante dei migliori locali dove recarsi a mangiare a Londra e il video *London City Guide* è una valida integrazione visiva. Coloro che vogliono padroneggiare l'inglese britannico – soprattutto il cockney – dovrebbero procurarsi il *British Phrasebook*.

Altre guide

Vi sono diverse pubblicazioni che forniscono elenchi di B&B, ristoranti, ostelli, case di campagna, campeggi e cottage indipendenti, ma spesso la loro obiettività è dubbia, perché gli esercizi in elenco pagano per avere il privilegio di esservi inseriti. Gli opuscoli pubblicati a cura degli enti turistici sono affidabili (anche se non completi) e facilmente reperibili nei TIC. I libri della collana *Which?*, pubblicati dall'Associazione Consumatori, sono accurati e di buona qualità: le segnalazioni non avvengono dietro pagamento.

Coloro che hanno una predisposizione letteraria potrebbero apprezzare l'*Oxford Literary Guide to Great Britain and Ireland*, che fornisce particolari sui diversi scrittori che hanno immortalato città e villaggi.

Vi sono grandi quantità di guide più specialistiche e potete passare ore a scorrerle nelle librerie. Una delle più apprezzate è la guida annuale *Good Beer Guide*, che vi può indicare le migliori birre inglesi, chiare e scure, e i pub dove vengono spillate.

The Church Explorer's Guide, di Frank Bottomley, è un libro che esamina nei dettagli tutti i tipi di tesori che si trovano nelle chiese inglesi: si tratta di un bell'esempio delle decine di guide turistiche specializzate che si rivolgono a un pubblico con interessi particolari, disponibili su una grande quantità di temi.

Poche zone dell'Inghilterra rimangono completamente naturali, e il *National Trust Coast & Country Handbook* esamina con attenzione gli usi industriali e agricoli cui è stata adibita la campagna, con parti specialistiche che mostrano la versatilità e la varietà della flora e della fauna inglesi.

Libri di viaggio

Il divertente e prospettico *Notes from a Small Island* parla della Gran Bretagna e continua a occupare la classifica dei bestseller; è un libro molto amato anche dai Britannici, che apprezzano il suo benevolo umorismo non troppo mordace. *The*

Kingdom by the Sea, di Paul Theroux, è stato scritto nel 1982 e quindi oggi è un po' datato, ma comunque di piacevole lettura. La prospettiva dell'autore è arguta e il suo umore irascibile, proprio come in tutti gli altri suoi libri.

Iain Sinclair ha percorso a piedi le parti più sabbiose del Sud-Est negli anni '90 e le sue riflessioni sul futuro dell'Inghilterra danno corpo a un libro vigoroso, *Lights Out for the Territory*.

La ricerca, durata sette anni, fra i vicoletti di Spitafield's Market, a Londra, è alla base di *This Bright Field* di William Taylor. In questo piccolo angolo della capitale egli percorre in tutto forse solo poche miglia, ma incontra in compenso una ricca serie di personaggi.

No Voice from the Hall di John Harris racconta di un'affascinante ricerca fra le case di campagna, un tempo maestose, negli anni successivi alla Seconda guerra mondiale. I loro proprietari erano stati costretti ad abbandonarle a causa delle tasse, lasciandosi alle spalle ricordi e fantasmi.

Storia e politica

The Year 1000, di Robert Lacey e Danny Danzinger, è stato un bestseller inatteso per il suo tema, ossia l'analisi della vita in Inghilterra nell'anno 1000 (anche allora faceva freddo ed era umido).

The Isles: A History di Norman Davies è una storia delle isole britanniche e delle sue genti differenti e indocili, che ha raccolto molti consensi.

The Course of My Life di Edward Heath è l'autobiografia di uno degli uomini politici e primi ministri inglesi più influenti. *Windrush – The Irresistible Rise of Multicultural Britain*, di Mike e Trevor Phillips, traccia la storia della Gran Bretagna dei neri e l'impatto dell'immigrazione sulla società britannica. Gran parte del libro è incentrato sull'Inghilterra.

A Traveller's History of England di Cristopher Daniell è sia una guida sintetica alla storia inglese, sia una buona indagine sulla cultura inglese, pensata per il viaggiatore.

Per uno sguardo più approfondito al lungo e ben documentato passato dell'Inghilterra, *The English Experience* di John Bowle riesce a essere al tempo stesso erudito e piacevole da leggere.

Hadrian's Wall, di David J. Breeze e Brian Dobson, valuta la storia del vallo romano progettato per proteggere l'odierna Inghilterra dalle selvagge tribù scozzesi. Gli autori sostengono che la muraglia risultò vantaggiosa per entrambe le parti coinvolte.

The Day the World Took Off – the Roots of the Industrial Revolution integrava una serie televisiva con lo stesso titolo, prodotta da Channel 4. Gli autori, Sally e David Dugan, forniscono una vivace telecronaca degli avvenimenti inglesi e delle loro ripercussioni a livello mondiale.

Varia

The English, opera del presentatore della BBC Jeremy Paxman, è scritto nello stile che ci si aspetta dal più duro intervistatore della radio britannica. Il tema nudo e crudo sono gli Inglesi, come recita il titolo.

The Queen and Di di Ingrid Seward è solo uno fra le centinaia di libri dedicati alla famiglia reale. Uno dei libri più piacevoli sulla monarchia è *The Royals* di Kitty Kelley. Colmo di notizie piccanti e pettegolezzi succulenti, è impossibile acquistarlo in Inghilterra, perché la casa editrice teme di provocare le ire della famiglia reale – mancanza di risolutezza che è una vera e propria sventura.

That Was Satire, That Was di Humphrey Carpenter è uno sguardo sagace alla cosiddetta esplosione della satira britannica a partire dagli anni '60.

Potete quasi sentire l'inflessione della parlata degli snob in *The English Country House Party* di Phyllida Barstow. Queste feste, vere e proprie istituzioni per coloro che ancora non sono stati costretti a lasciare le loro case a causa delle tasse, erano ricche di 'etichetta' e povere di divertimenti estemporanei.

The Knight in Medieval England e il suo alter-ego *The Lady in Medieval England* (entrambi di Peter Cross) forniscono un ritratto della vita medievale molto più accurato di qualsiasi rappresentazione in costume.

The Other Side of The Dale di Gervase Phinn vuole ispirarsi ai racconti di James Herriot sulla sua vita di veterinario; in questo caso però gli animaletti sono bimbi delle scuole (c'è differenza?) e il protagonista è un ispettore scolastico.

CINEMA

L'industria cinematografica inglese sta vivendo ultimamente i suoi anni migliori grazie a un flusso costante di successi commerciali che le ha dato un'iniezione di vita e di energia. *Lock Stock and Two Smoking Barrells*, sorta di *Pulp Fiction* britannico che racconta la storia di alcuni sfortunati malviventi londinesi, ha raccolto un grande successo di pubblico.

La pellicola *Notting Hill* (1999) è riuscita a trascinare orde di turisti nell'omonimo quartiere trendy di Londra. In precedenza, gli anni '90 erano stati contrassegnati da altri grandi successi. *Shakespeare in Love* (1998) era stato girato in diversi set in tutta l'Inghilterra e nel 1998 è stato premiato con l'Oscar come miglior film. *Full Monty – Squattrinati organizzati* (1997), su un gruppo di operai siderurgici disoccupati che si riciclano come spogliarellisti, è il film britannico che ha raccolto i maggiori consensi in assoluto. *Quattro matrimoni e un funerale* (1994) continua a essere trasmesso, soprattutto quando chi prepara il palinsesto ha bisogno di una 'commedia leggera e romantica'.

Grazie, signora Thatcher (1996) è la triste storia di un gruppo di ex lavoratori di una miniera di carbone che lotta per sopravvivere, nonostante la chiusura della miniera di Grimley da parte del governo conservatore.

Distanti anni luce dal crudo realismo sociale sono le trasposizioni cinematografiche delle opere di Jane Austen. Non possiamo non ricordare la grande interpretazione di Lawrence Olivier in *Orgoglio e pregiudizio* (1940), e i più recenti *Ragione e sentimento* (1995), con una grande Emma Thompson, e *Emma* (1996), con Gwineth Paltrow. Le riprese si sono svolte in tutta l'Inghilterra; provate a riconoscere Montacute in Somerset, Lacock in Wiltshire e Lyme Park in Cheshire.

La donna del tenente francese (1981), basato sull'omonimo racconto di John Fowles, ha sfruttato egregiamente il paesaggio attorno a Lyme Regis, Dorset. *Casa Howard* (1992), adattamento del racconto di E.M. Foster da parte del binomio Merchant-Ivory, sembra ambientato nelle Home Counties, mentre invece è stato girato addirittura a Ludlow, nello Shropshire.

Fra i molti titoli diventati ormai dei classici, *Momenti di gloria* (1981) racconta le due vite in competizione dei podisti olimpici Harold Abrahams ed Eric Liddel, di Cambridge. *Tutti per uno* (1964) è la cronaca di 36 ore della vita dei Beatles e vi si riconoscono molti angoli di Londra. *Monty Python* (1974) tratta la leggenda di re Artù con il minimo di accuratezza storica, ma ricreando una esilarante parodia delle imprese dei cavalieri della Tavola Rotonda, arricchita dagli sketch del celebre sestetto britannico.

QUOTIDIANI E RIVISTE
Quotidiani

In Inghilterra non ci sia annoia mai durante la prima colazione: c'è infatti una vasta scelta di quotidiani venduti su tutto il territorio nazionale.

Al livello più basso del mercato inglese dei quotidiani troviamo *Sun*, *Mirror*, *Daily Star* e *Sport*. Il *Sun* è un'istituzione nazionale, contraddistinta da titoli arguti e contenuti volgari o maligni. Dopo un lungo periodo di crisi il *Mirror*, un tempo giornale discreto con una propensione per la sinistra, ha iniziato a rivolgersi a un

---

Dieci film inglesi

Riportiamo di seguito dieci famosi film ambientati in Gran Bretagna, con l'indicazione delle località in cui sono stati girati.

Breve incontro (1945) – Classica pellicola di guerra strappalacrime diretta da David Lean. La stazione di Carnworth, pur essendo chiusa, ha ancora l'aspetto che faceva da sfondo all'addio fra Trevor Howard e Clelia Johnson.

Momenti di gloria (1981) – Le corse al rallentatore al suono della celebre musica di Vangelis si sono svolte soprattutto a Cambridge e dintorni; il cortile quadrangolare era quello dell'Eton College.

La donna del tenente francese (1981) – Meryl Streep cammina accompagnata dalle onde dove già il romanzo indica: The Cobb, Lyme Regis (Dorset).

Full Monty – Squattrinati organizzati (1997) – Girato quasi interamente in esterno nella zona industriale di Sheffield e nei suoi dintorni.

Casa Howard (1992) – La casa era Peppard Cottage, vicino a Henley-on-Thames, mentre il villaggio era quello di Dorchester-on-Thames, in Oxfordshire.

Little Voice – È nata una stella (1998) – La piacevole storia della cantante eccentrica ma dotata, interpretata da Jane Horrocks, è stata girata in esterno a Scarborough, Yorkshire.

Un uomo per tutte le stagioni (1966) – Girato in gran parte a Hampton Court.

Monty Python (1974) – Sebbene il tema del film siano le leggende inglesi di re Artù e dei suoi cavalieri, il film è stato girato prevalentemente in Scozia.

My Fair Lady (1964) – Questa versione musicale del *Pigmalione* di George Bernard Shaw è stata girata in esterno al Covent Garden londinese precedente l'epoca del turismo di massa (lo stesso set fu utilizzato anche per *Frenzy* di Alfred Hitchcock nel 1972).

The Railway Children (1970) – La storia dei bambini e del loro amico facchino fu girata nei dintorni della ferrovia Keighley and Worth Valley, vicino a Haworth nello Yorkshire.

pubblico leggermente – ma solo leggermente – più di élite. *Sport* è l'esemplificazione del cattivo gusto, con l'abituale dose di donne seminude e storie di invasori dallo spazio.

I tabloid che si rivolgono alla fascia di mercato media – il *Daily Mail* e, in misura minore, il *Daily Express* – sono roccaforti del partito conservatore, che appoggiano smaccatamente, facendo leva sulle paure degli Inglesi medi con una dose costante di reportage sulla criminalità. Il *Daily Mail* in modo particolare non fa nulla per mascherare le sue preferenze. Durante la crisi del carburante del 2000 il quotidiano ha attaccato i Francesi quando il loro blocco delle stazioni di servizio causava disagi ai turisti inglesi, ma quando sono stati gli agricoltori e i camionisti inglesi a fare lo stesso, il *Mail* ha definito gli agitatori 'eroi' per la difficile situazione nella quale mettevano il governo laburista. Alla fine del 2000 uno dei principali editori britannici di riviste pornografiche ha acquistato l'*Express*, e non si conosce ancora il suo destino editoriale.

I quotidiani di grande formato sono talvolta antiquati e pretenziosi, ma comunque stimolanti e ben scritti, anche se spesso dimostrano una scarsa considerazione delle fonti e dei punti di vista alternativi. Il *Daily Telegraph* o 'Torygraph' vende un numero di copie maggiore dei giornali concorrenti e i suoi lettori sono soprattutto vecchi parrucconi, nonostante gli sforzi per attirare una nuova clientela (fate caso ai frequenti pezzi di costume su Lady Taldeitali e il suo cavallo o le ultimissime sulla moda delle feste in giardino). *The Times*, un tempo il miglior quotidiano britannico, ha perso terreno dopo essere passato nelle mani di Murdoch, pur restando conservatore e influente, con belle pagine dedicate ai viaggi. L'*Independent* si sforza di restare all'altezza del suo nome, più facile ora che l'economia è forte. Il *Guardian*, vivace, innovativo e blandamente di sinistra, è preferito da chi ama leggere notizie e articoli divertenti.

L'edizione della domenica dei quotidiani è parte integrante del modo di vita inglese. Nel loro giorno di riposo, gli Inglesi si sistemano ancora in comode poltrone e si fanno strada tra gli infiniti supplementi; il *Sunday Times* è responsabile della distruzione di almeno una foresta pluviale per ogni numero. Gran parte dei quotidiani ha un compagno di scuderia domenicale che condivide le stesse idee politiche; il veterano è l'*Observer*, versione domenicale del Guardian che non raggiunge la qualità della testata principale. Ciò che questi tronchi d'albero virtuali hanno in comune è la mancanza di notizie: la parte loro dedicata contiene riflessioni senza scopo dei corrispondenti dal continente e servizi speciali che sembrano ispirati ai comunicati stampa.

Potete acquistare infine l'*International Herald Tribune*, che ha sede a Parigi, sicuramente la migliore fonte di notizie concise internazionali e, nelle stazioni ferroviarie principali come in tutta Londra, molti giornali stranieri.

In tutta l'Inghilterra vi sono poi giornali locali e regionali.

Riviste

Se entrate da un qualsiasi giornalaio in una strada di grande passaggio vi renderete conto che in Inghilterra viene pubblicata almeno una rivista per ogni possibile argomento; vi sono interi scaffali dedicati a riviste di computer, di hobbistica, riviste dedicate al patrimonio storico e culturale, e persino pubblicazioni dedicate ad argomenti come il feng shui e il nudismo.

Quasi tutti i centri urbani principali hanno una rivista che riporta elenchi di locali, strutture utili e così via, sulla falsariga della londinese *Time Out*. Alcune sono gratuite, ma le migliori costano fino a £2 e vengono citate nei capitoli appropriati nel corso della guida.

La rivista satirica *Private Eye*, che esce due volte la settimana, è un'istituzione che conserva il suo mordente anche a rischio di incorrere nelle sanzioni di legge.

Time e *Newsweek* si trovano facilmente, ma il miglior settimanale di notizie, qui come in qualsiasi altra parte del globo, è il londinese *Economist*.

RADIO E TELEVISIONE
Radio

La stazione radio BBC soddisfa i gusti di molti. Radio 1 (1089kHz e 1053kHz MW; 98.8 MHz FM), la sua stazione principale di musica pop, è in fase di revival dopo un periodo di crisi. Allo stesso tempo Radio 2 (88-90.2 MHz FM) ha ampliato le sue prospettive e oggi programma anche brani sdolcinati degli anni '60, '70 e '80, insieme a brani ancora più vecchi.

Radio 3 (1215kHz MW; 91.3MHz FM) continua a trasmettere musica classica e riadattamenti teatrali radiofonici, mentre la venerabile Radio 4 (198kHz LW; 720kHz MW; 93.5 MHz FM) offre un insieme di riadattamenti teatrali, notizie, attualità e dibattiti; particolarmente famoso è il suo programma 'Today' (dal lunedì al venerdì dalle 18 alle 21, dalle 19 il sabato). Radio 5 Live (693kHz e 909kHz MW) offre un miscuglio di sport, attualità e programmi di discussione.

Il BBC World Service (648 kHz MW) offre un copertura efficace delle notizie e notiziole interessanti e particolari da tutto il mondo.

La BBC dispone anche di numerosi servizi locali da tutto il paese, anche se la loro copertura delle questioni locali sembra spesso limitata alle prodezze di eroici cani poliziotto ed episodi simili.

Troverete inoltre tutta una serie di stazioni radio commerciali che trasmettono di tutto, dalla musica pop a quella classica.

Televisione

Probabilmente si può ancora sostenere che l'Inghilterra produca i programmi televisivi migliori, anche se il risultato della competizione crescente e della proliferazione dei canali è stato l'abbassamento degli standard qualitativi. Negli ultimi anni si è assistito a una proliferazione di documentari del tipo televisione-verità, nei quali ci si limita a puntare la telecamera verso il quotidiano (alberghi, autoscuole, persino la Lonely Planet) che divertono lo spettatore ma non gli lasciano niente.

Attualmente vi sono cinque canali televisivi regolari: BBC1 e BBC2 vengono finanziati dal pubblico attraverso il canone televisivo e non trasmettono pubblicità, mentre ITV, Channel 4 e Channel 5 sono TV commerciali, che devono invece proprio alla pubblicità il loro sostentamento. Fra queste, Channel 4 propone i programmi più interessanti, mentre ITV trasmette molte soap opera e altre trasmissioni d'intrattenimento di massa.

Queste stazioni patiscono la competizione delle TV satellitari di Rupert Murdoch, BSkyB, e vari canali via cavo. Le televisioni via cavo propinano essenzialmente programmi spazzatura, ma Sky sta lentamente monopolizzando gli avvenimenti sportivi ed è stata la prima a trasmettere gli avvenimenti più popolari solo a pagamento.

Vi sono anche TV che operano a livello regionale, ma come già evidenziato per le stazioni radio, generalmente mancano di argomenti stimolanti.

SISTEMI VIDEO

Molti monumenti e luoghi d'interesse turistico oggi vendono come souvenir le cassette video: vale quindi la pena di ricordare che i video britannici sono VHS PAL (come in Italia), non compatibili con il sistema NTSC o il SECAM.

FOTOGRAFIA E VIDEO
Pellicole e attrezzatura

Mentre le pellicole fotografiche si trovano ovunque, può essere più difficile trovare quelle per le diapositive. Se siete in una località dove non c'è un negozio specializzato in materiale fotografico, il posto più probabile dove acquistare le pellicole è Boots, la catena di farmacie. Un rullino di stampe (36 pose) costa da £3,50 per 100 ASA, fino a £5 per 400 ASA.

Consigli tecnici

Poiché sono frequenti le giornate di tempo grigio e nuvoloso, è meglio avere con sé pellicole più sensibili (200 o 400 ASA). In estate è meglio scattare fotografie il mattino presto o il pomeriggio tardi, quando il sole non è più molto luminoso.

Il libro a colori della Lonely Planet *Travel Photography: A Guide to Taking Better Picture*, scritto dal fotografo di fama internazionale Richard I'Anson, è stato realizzato in un formato comodo da portare sempre con sé.

Divieti
Molti monumenti impongono una tariffa per scattare fotografie oppure lo proibiscono. L'uso del flash è quasi sempre vietato, allo scopo di salvaguardare i dipinti o i tessuti. Spesso non è consentito l'uso delle videocamere, per i disagi che si possono causare agli altri visitatori.

Sicurezza aeroportuale
In tutti gli aeroporti inglesi vi verrà richiesto di far passare macchina fotografica e pellicola attraverso la macchina a raggi X. Questi apparecchi dovrebbero essere sicuri, ma potete essere più tranquilli chiedendo che le pellicole già utilizzate vengano esaminate manualmente.

ORA
In qualsiasi parte del mondo vi troviate, il tempo viene misurato in rapporto a quello di Greenwich (Greenwich Mean Time o GMT), anche se, volendo essere pignoli, il GMT viene utilizzato solo per la navigazione marittima e aerea, mentre in tutti gli altri casi si definisce Universal Time Coordinated (UTC).

Le cose sono rese ancora più confuse dall'ora legale inglese (British Summer Time o BST), durante la quale la Gran Bretagna stessa si trova un'ora avanti al GMT – dalla fine di marzo alla fine di ottobre.

In Gran Bretagna l'ora è indietro di 60 minuti rispetto a quella dell'Europa centrale e quindi anche rispetto all'Italia; quando a Roma sono le 12 a Londra sono le 11, differenza che permane quando il Regno Unito adotta l'ora legale. La maggior parte degli orari delle società dei trasporti pubblici sono indicati sulle 24 ore.

ELETTRICITÀ
In Gran Bretagna la corrente elettrica è a 240 volt (corrente alternata), 50 Hz. Le spine hanno tre piedini quadrati e gli adattatori si trovano facilmente.

PESI E MISURE
In teoria in Inghilterra oggi si usa il sistema metrico decimale, anche se gran parte della popolazione usa ancora gli equivalenti del precedente sistema inglese (v. oltre la lettura **Niente chilogrammi prego, siamo Inglesi**). Le distanze continuano a essere misurate in miglia.

I liquidi – con l'esclusione di latte e birra – vengono venduti a litro. Per le tabelle di conversione, v. in fondo a questo libro.

LAVANDERIE
Ogni strada di passaggio ha la sua lavanderia automatica. Il costo medio per un singolo carico è £3 (lavaggio e asciugatura); portatevi il detersivo, perché nelle lavanderie solitamente costa caro. I TIC dovrebbero essere in grado d'indirizzarvi verso uno di questi veri e propri centri sociali, in qualsiasi parte del paese vi troviate.

SERVIZI IGIENICI
Anche se molti servizi igienici sono ancora squallidi (pieni di graffiti oppure completamente in acciaio inossidabile, a prova di vandalo) quelli nelle stazioni ferroviarie, nelle autostazioni e nelle stazioni di servizio sulle autostrade sono solitamente discreti, con strutture accessibili ai disabili e per chi si sposta con bambini piccoli. Nelle stazioni ferroviarie e degli autobus di Londra di solito bisogna pagare 20p per poter usufruire dei servizi, ma almeno sono puliti.

In altre occasioni potete provare a persuadere il proprietario di un locale oppure perdervi nell'anonimato di un grande magazzino. I McDonald's, una costante non sempre gradita di tutte le strade di grande passaggio, hanno quasi sempre servizi igienici puliti.

Molti servizi igienici riservati ai disabili possono essere aperti solo con una chiave speciale da richiedere presso alcuni uffici turistici, oppure inviando un assegno da £2,50 alla RADAR (v. **Viaggiatori disabili**, più avanti in questo capitolo), insieme a una breve descrizione del vostro handicap.

SALUTE

La vostra salute in viaggio dipende dalla preparazione precedente la partenza, dall'attenzione che presterete e da come affronterete problemi medici o emergenze che dovessero verificarsi.

L'Inghilterra è una regione salubre. Le condizioni igienico-sanitarie sono molto buone (nonostante quello che vi suggerisce il vostro naso su una carrozza della metropolitana surriscaldata e sovraffollata) e non vi sono particolari malattie di cui preoccuparsi. Ricordiamo, comunque, che negli ultimi anni l'Inghilterra è stata fortemente interessata dal fenomeno BSE (mucca pazza), pertanto prima di acquistare o mangiare carne bovina accertatene la provenienza e controllate le certificazioni del servizio veterinario.

Preparativi prima della partenza

Vaccinazioni Non sono richieste vaccinazioni obbligatorie.

Assicurazioni Accertatevi di avere un'assicurazione di viaggio adeguata (per i particolari, v. **Assicurazione di viaggio**, più indietro in questo capitolo).

Preparativi sanitari Assicuratevi di star bene prima di partire. Se vi preparate a un viaggio lungo, accertatevi che i vostri denti non richiedano cure. Se portate gli occhiali, prendetene un paio di riserva e portatevi dietro la prescrizione oculistica.

Se avete bisogno di un farmaco particolare, portatevene una scorta sufficiente, perché potrebbe non essere reperibile. Non dimenticate la ricetta con l'indicazione del nome farmacologico accanto al nome commerciale del farmaco: in tal modo sarà più facile trovare un prodotto sostitutivo, in caso di necessità. È buona norma portare con sé la prescrizione medica per dimostrare che il farmaco è usato legalmente.

Regole fondamentali

Il principale fattore che condiziona lo stato di salute all'estero è ciò che beve-

---

Niente chilogrammi prego, siamo Inglesi

Negli incubi più terrificanti degli Inglesi per l'anno 2000 compariva una nuova direttiva della UE che avrebbe imposto la conversione al sistema metrico: improvvisamente una libbra di carote sarebbe diventata 0,45 kg di carote.

Nonostante le fosche previsioni il previsto oltraggio non si è verificato, in larga parte perché la gente si limitava a ignorare i nuovi standard. Una delle catene di supermercati più grandi, Tesco, annunciò che si sarebbe limitata ad aggiungere le nuove misure alle sue auguste e già esistenti etichette. Laddove i nuovi standard furono adottati, spesso l'operazione fu condotta con un certo cinismo. Un supermercato, per esempio, esponeva due tipi di pomodori: quelli sciolti erano contraddistinti dalle unità di misura inglesi, mentre quelli preconfezionati riportavano il peso espresso nel nuovo sistema; così era praticamente impossibile accorgersi che i pomodori preconfezionati, in teoria più convenienti, erano in realtà molto più cari degli altri.

I venditori di automobili – che abitualmente non spiccano per il candore – non hanno dovuto cambiare i loro discorsetti: la UE aveva già concesso una deroga permanente per velocità e distanze. I pub potranno seguitare a spillare pinte e anche i lattai potranno continuare a lasciare accanto alla porta la pinta mattutina.

---

te e mangiate: la diarrea è il problema più diffuso tra i viaggiatori, ma in genere il fastidio è di entità relativamente lieve. Persino in Inghilterra non è saggio abbassare del tutto la guardia: per esempio, non acquistate cibo da venditori ambulanti dall'aspetto poco rassicurante.

Acqua

L'acqua del rubinetto è sempre potabile, salvo dove esiste un cartello che indica il contrario (ad esempio, sui treni). Non bevete mai da un ruscello o da un corso d'acqua, perché non potete sapere se a un'altitudine superiore ci sono altre persone oppure del bestiame al pascolo.

Problemi causati da fattori climatici o geografici

Scottature Persino in Inghilterra, anche quando il cielo è coperto da nubi è possibile scottarsi molto rapidamente, soprattutto se vi trovate sull'acqua, sulla neve o sul ghiaccio. Usate una crema con fattore protettivo superiore a 15, indossate capello, camicia a maniche lunghe e pantaloni lunghi.

Collasso da calore Ancora una volta, vi potrà sembrare che l'Inghilterra non sia il paese in cui preoccuparsi per il collasso da calore, ma proprio questo atteggiamento può causare dei problemi. Il collasso da calore può essere provocato da disidratazione o carenza di sali. Quando fa caldo e fate attività fisica, badate di bere acqua o bevande analcoliche a sufficienza. Questo disturbo si manifesta con sintomi quali stanchezza, apatia, emicrania, capogiro e crampi muscolari. La sudorazione eccessiva, la diarrea e il vomito sono le principali cause della perdita di sali minerali e di liquidi.

Ipotermia Il freddo eccessivo è pericoloso, perché può provocare l'ipotermia. Se praticate l'escursionismo, includete nel vostro equipaggiamento tutto l'occorrente per proteggervi dalla pioggia, dal vento e dal freddo; in gran parte dell'Inghilterra, del resto, dovreste sempre essere preparati ad affrontare queste condizioni atmosferiche, anche se state semplicemente camminando all'aperto. Ogni anno succede che qualcuno intraprenda un'escursione in un giorno di clima mite – soprattutto nei parchi del nord della regione – e poi si trovi nei guai a seguito di un repentino cambiamento del tempo.

L'ipotermia si manifesta quando il corpo perde calore più rapidamente di quanto ne produca e la temperatura interna del corpo scende. È facile che il freddo intenso divenga pericoloso per la salute: a ciò

contribuiscono il vento, gli abiti umidi, la fatica e la fame, anche se la temperatura dell'aria rimane al di sopra dello zero. Si consiglia di adottare un abbigliamento 'a strati', ossia di indossare indumenti di diverso spessore da mettere e togliere con facilità per mantenersi caldi e asciutti: seta, lana e alcune delle nuove fibre sintetiche sono buoni materiali isolanti. È pure indispensabile indossare un cappello, perché molto calore viene disperso attraverso il capo, ed è essenziale ripararsi dalla pioggia indossando un indumento impermeabile. Oltre alle scorte alimentari di base è buona norma portare con sé cibi che contengano zuccheri semplici, che sono fonte immediata di energia, e molta acqua.

L'ipotermia è accompagnata dall'insorgere dei seguenti sintomi: spossatezza, insensibilità cutanea (particolarmente delle dita dei piedi e delle mani), brividi, difficoltà di parola, comportamento irrazionale e violento, letargia, tendenza a barcollare, vista annebbiata e assenza, crampi muscolari e violente manifestazioni di energia. Spesso l'irrazionalità si rivela allorché il malato afferma di avere caldo e di volersi svestire.

Per combattere l'ipotermia è innanzitutto necessario mettersi al riparo dal vento e/o dalla pioggia, togliersi gli abiti umidi e indossare vestiti asciutti e caldi. Si consiglia di bere liquidi caldi (niente alcol) e di mangiare cibo facilmente digeribile ad alto contenuto energetico. Tali accorgimenti potrebbero essere sufficienti nelle fasi precoci di ipotermia, ma se lo stadio è più avanzato è indispensabile distendersi accanto al soggetto colpito in un sacco a pelo caldo al fine di trasmettergli calore. Il paziente non dev'essere massaggiato né fatto sedere accanto al fuoco; se possibile, fategli fare un bagno tiepido.

Cinetosi o mal di movimento Mangiare poco prima e durante il viaggio ridurrà il rischio del mal di movimento. Se siete soggetti a cinetosi, cercate di trovare un posto che renda minimo il disturbo: vicino alle ali sugli aeroplani, a metà nave sulle imbarcazioni e nei sedili centrali sugli autobus. L'aria fresca può essere di aiuto; al contrario leggere o fumare (o sedere accanto a qualcuno che fuma) può essere controproducente. Prima di iniziare il viaggio si può prendere un prodotto contro il mal di movimento (Xamamina), che di solito provoca sonnolenza; se lo assumete quando già vi sentite male sarà troppo tardi. I cerotti di scopolamina (Transcop) si applicano quattro ore prima della partenza. Anche la scopolamina può provocare sonnolenza. Usatela con attenzione, perché dilata la pupilla se viene a contatto con gli occhi. Potete anche prevenire in modo naturale la cinetosi prendendo dello zenzero (disponibile anche in capsule) e della menta piperita (vanno bene anche le caramelle aromatizzate).

Malattie infettive

Infezioni micotiche Le infezioni micotiche dovute al caldo colpiscono in particolare il cuoio capelluto, la pelle tra le dita dei piedi (piede d'atleta) o delle mani, l'inguine (micosi inguinale) e il corpo (tricofitosi). Quest'ultima si contrae da animali infetti, mentre il piede d'atleta si contrae attraverso il contatto con terreni o superfici umide, per esempio il piatto della doccia.

Per prevenire le infezioni micotiche indossate indumenti ampi e comodi, evitate le fibre artificiali, lavatevi spesso e asciugatevi accuratamente. Se contraete un'infezione, lavate quotidianamente la zona colpita con acqua e un sapone disinfettante, sciacquate e asciugate bene. Applicate una polvere antimicotica come il Tinaderm, il Daktarin o il Pevaryl, che si trovano molto facilmente. Cercate di esporre il più possibile la zona infetta all'aria e al sole; cambiate spesso gli asciugamani e la biancheria, lavateli in acqua molto calda e lasciateli asciugare al sole.

Diarrea La diarrea può essere provocata dal cambiamento dell'acqua, del cibo e del clima; la più seria è quella dovuta al cibo e all'acqua contaminati. Nonostante

Farmacia da viaggio

È bene portarsi dietro una piccola ed essenziale dotazione di medicinali. Ecco un elenco di ciò che potrebbe esservi utile:

- ❑ **Aspirina o Tachipirina** – per febbre e dolori
- ❑ **Antistaminici** (Polaramin, Zirtec) – utili come decongestionanti per raffreddori allergici, orticaria e allergie. Possono indurre sonnolenza e interagire con l'alcol, quindi vanno usati con cautela; se possibile, prendetene uno che avete già usato
- ❑ **Un prodotto tipo Xamamina o Transcop** – per prevenire il mal d'aria, d'auto o di mare
- ❑ **Preparati a base di caolino** (Kao Pront) **o di loperamide** (Imodium, Dissenten) – per alleviare i sintomi della diarrea; e **a base di metoclopramide** (Plasil) – contro la nausea e il vomito
- ❑ **Disinfettanti, mercurocromo e polveri antibiotiche** o altri **spray secchi** del genere – per tagli e graffi
- ❑ **Una pomata antistaminica** (Fargan, Polaramin) – per calmare irritazioni e prurito dovuti a morsi o punture di insetti
- ❑ **Garze e cerotti** – per piccole ferite
- ❑ **Insettifughi** (Autan Extreme), creme protettive e lozioni per il sole, creme contro le screpolature e compresse o soluzioni per disinfettare l'acqua (Steridrolo, Amuchina)

tutte le precauzioni vi potrà capitare di avere un attacco di 'diarrea del viaggiatore', ma qualche scarica al giorno non accompagnata da altri sintomi non è segno di un problema grave. Una diarrea moderata, che comporta una mezza dozzina di scariche al giorno, è già qualcosa di più che un fastidio. Il pericolo principale della diarrea è la disidratazione, in particolare nei bambini, quindi il primo provvedimento da prendere è quello di ingerire liquidi: vanno bene un tè leggero con un po' di zucchero, acqua minerale o bibite private del gas e diluite al 50% con acqua. In caso di una diarrea più grave, è necessario reintegrare i sali minerali con una soluzione reidratante; durante la convalescenza è bene seguire una dieta leggera.

Per alleviare i sintomi si può usare un antidiarroico a base di caolino, come il Kao Pront, oppure di loperamide (Imodium, Dissenten). Questi farmaci agiscono sui sintomi, ma non curano il problema: usateli solo se è assolutamente necessario, per esempio se dovete a tutti i costi viaggiare. Per i bambini è preferibile il Kao Pront, ma non somministratelo in presenza di febbre alta o di forte disidratazione. Gli antibiotici intestinali (Bimixin, Normix, Rifacol) possono essere indicati nella cura di diarree gravi, che non migliorano nel giro di 24 ore, specialmente se sono accompagnate da nausea, vomito, dolori addominali e febbre. Ma non ricorrete agli antibiotici ai primi sintomi di diarrea: state piuttosto a riposo e a digiuno, evitate di viaggiare e bevete molto.

HIV e AIDS L'HIV (Human Immunodeficiency Virus) porta allo sviluppo dell'AIDS (Acquired Immune Deficiency Syndrome), che è una malattia mortale. Questo virus costituisce un grave problema in molti paesi e si può contrarre tramite qualunque contatto con sangue, emoderivati e fluidi corporei. Spesso la malattia viene trasmessa attraverso i rapporti sessuali o gli aghi infetti – le iniezioni, le vaccinazioni, l'agopuntura, i tatuaggi e il 'piercing' possono essere pericolosi quanto l'uso di droghe per endovena. L'AIDS si può contrarre anche attraverso trasfusioni di sangue infetto; se vi trovate nella situazione di aver bisogno di una trasfusione, cercate di accertare se il sangue è stato controllato. Se avete bisogno di un'iniezione, comprate una siringa sterile in una farmacia e chiedete al medico di servirsene.

Malattie a trasmissione sessuale
Queste malattie si trasmettono in seguito al contatto sessuale con un partner infetto.

L'astinenza è l'unica prevenzione sicura al 100%, ma il rischio può essere circoscritto usando i profilattici. Le più diffuse fra queste malattie sono la gonorrea e la sifilide; i sintomi più comuni sono dolori, eruzioni cutanee intorno ai genitali e bruciore nell'urinare. Nelle donne i sintomi possono essere meno evidenti o non manifestarsi del tutto. I sintomi della sifilide col tempo scompaiono, ma la malattia rimane e con gli anni può provocare gravi problemi. La gonorrea e la sifilide si curano con gli antibiotici.

Vi sono altre malattie trasmesse per via sessuale per le quali esiste una cura efficace, ma per il momento non si conoscono cure efficaci per l'herpes e per l'AIDS. Per evitare queste malattie, astenetevi dai rapporti sessuali occasionali o usate il profilattico.

Morsi e punture di insetti
Le punture di api e vespe sono di solito più dolorose che pericolose. Una pomata antistaminica (Fargan, Polaramin) darà sollievo e gli impacchi di ghiaccio ridurranno il dolore e il gonfiore. Le punture degli scorpioni sono notoriamente dolorose. Fate soprattutto attenzione nelle zone rurali, quando vi vestite al mattino: controllate le scarpe e gli abiti, perché spesso gli scorpioni li scelgono come rifugio.

Salute femminile
Problemi ginecologici Una dieta povera, l'indebolimento dovuto all'uso di antibiotici per problemi di diarrea e anche l'assunzione della pillola contraccettiva possono provocare infezioni vaginali quando si viaggia in climi caldi. Per prevenire queste infezioni è bene tenere pulita la zona dei genitali, indossare gonne o pantaloni ampi e biancheria di cotone.

Le infezioni da saccaromiceti, caratterizzate da eruzioni cutanee, prurito e perdite, si possono curare con irrigazioni di yogurt, di acqua e aceto o di acqua e succo di limone. Il medico solitamente prescrive le candelette oppure gli ovuli vaginali antimicotici. Il trichomonas è una infezione più grave che si manifesta con perdite schiumose giallastre e maleodoranti e un senso di bruciore quando si urina. Bisogna curare anche il partner. Per la diagnosi e la terapia occorre rivolgersi al medico. Il Flagyl è il farmaco che viene solitamente prescritto.

Gravidanza La maggioranza degli aborti spontanei si verifica durante i primi tre mesi di gravidanza, quindi è questo il periodo più rischioso per viaggiare. Le donne in gravidanza devono evitare l'uso di qualsiasi medicinale non strettamente necessario; le eventuali vaccinazioni vanno fatte dopo aver consultato un medico. Si renderanno necessarie maggiori precauzioni per evitare le malattie e per nutrirsi in modo adeguato. Alcol e nicotina andrebbero evitati.

Servizi sanitari

I cittadini di paesi membri della UE possono ottenere cure mediche gratuite anche senza presentare il modello E111, che è comunque possibile procurarsi prima della partenza presso la vostra ASL. Inoltre, accordi reciproci stipulati con il Regno Unito permettono anche ai cittadini di Australia, Nuova Zelanda e di diversi altri paesi di ricevere cure mediche gratuite e cure dentarie a prezzi agevolati attraverso il National Health Service (NHS, Servizio sanitario nazionale); questi possono inoltre usufruire delle strutture ospedaliere, rivolgersi ai medici di base (*general practitioner* o GP) e ai dentisti (controllate sulle Pagine Gialle). I visitatori che si trattengono a lungo nel paese e sono in possesso della documentazione corretta potranno entrare direttamente nell'elenco degli assistiti di un determinato medico previa registrazione; controllate sulla guida telefonica qual è il più vicino. È comunque consigliabile disporre anche di un'assicurazione di viaggio, perché questa offre una maggiore flessibilità circa dove e come si viene curati e copre inoltre le spese per il trasporto in ambulanza o per il rimpatrio, di cui sicuramente il NHS non si farebbe carico (v. la sezione **Visti e documenti**, più indietro in questo capitolo). Qualunque sia la vostra nazionalità, nel caso di un problema di lieve entità (come medicare una ferita) verrete curati gratuitamente.

Farmacie

I farmacisti possono darvi consiglio nel caso di disturbi minori, come mal di gola, tosse o mal d'orecchi. C'è sempre una farmacia locale di turno, aperta 24 ore su 24; troverete i particolari nelle vetrine o sulle porte di tutte le farmacie, oppure consultando i quotidiani. Non arrivate in Inghilterra carichi di medicine, perché in questo paese troverete qualsiasi farmaco, sia vendibile liberamente, sia dietro presentazione di ricetta medica.

DONNE SOLE
Atteggiamento verso le donne

Se si escludono gli occasionali fischi e i gruppi di ragazzi che potrete incontrare sulla metropolitana di Londra, le donne troveranno l'Inghilterra ragionevolmente aperta. Non c'è motivo perché una donna non possa entrare da sola in un pub anche se non a tutte piace farlo; in coppia o in gruppo solitamente passano più inosservate. Alcuni ristoranti assegnano ancora il tavolo accanto alla toilette alle donne che mangiano da sole, ma fortunatamente questi locali diminuiscono di anno in anno.

Consigli per la sicurezza

Le viaggiatrici solitarie non dovrebbero avere grandi problemi, anche se nelle grandi città, naturalmente, è necessario muoversi con la dovuta cautela, soprattutto la notte. Non è consigliato praticare l'autostop.

Pur non essendo essenziale, è in ogni caso una buona idea frequentare un corso di difesa personale prima d'intraprendere i propri viaggi, anche solo per il senso di fiducia in se stesse che infonde.

Nei servizi igienici femminili i preservativi si trovano meno facilmente che in quelli maschili; li trovate però in tutte le farmacie e in molte stazioni di servizio. La pillola contraccettiva in Inghilterra viene venduta solo dietro presentazione di ricetta medica, così come la 'pillola del giorno dopo' (efficace in realtà fino a 72 ore dopo il rapporto senza protezione).

Organizzazioni

Gran parte dei centri urbani principali hanno un Well Woman Clinic o Centre che offre consulenza generica sulla salute femminile; gli indirizzi li trovate nell'elenco telefonico locale o chiedendo nelle biblioteche. Se dovesse succedere il peggio, dopo un'aggressione a sfondo sessuale potete trovare assistenza presso uno dei Rape Crisis Centres.

Se durante il viaggio preferite alloggiare presso donne, vale la pena di associarsi a Women Welcome Women (☎/fax 01494-465441), organizzazione nata con lo scopo di mettere le viaggiatrici in contatto con le potenziali ospiti. Si trova in 88 Easton St, High Wycombe, Bucks HP11 1LT.

VIAGGIATORI OMOSESSUALI

L'Inghilterra è un paese tollerante nei confronti dell'omosessualità e oggi è certamente possibile manifestare le proprie preferenze sessuali, cosa impensabile solo fino a 20 anni fa. Nell'attuale parlamento sono presenti alcuni onorevoli dichiaratamente omosessuali.

Nel tentativo di richiamare questa fascia di turisti, il BTA ha recentemente lanciato una massiccia campagna pubblicitaria all'estero con lo slogan 'You dont't know the half of it'.

Detto questo, nel paese vi sono comunque delle minoranze che manifestano ostilità (per rendervi conto di quali sono i limiti della tolleranza sarà sufficiente che prendiate in mano una copia del *Sun*, *Daily Mail* o *Telegraph*). Ugualmente indicativa è la battaglia in corso in parlamento per abbassare il limite dei rapporti consenzienti da 18 a 16 anni, come per quelli eterosessuali; la proposta è stata approvata dalla camera dei Comuni, ma deve anche passare al vaglio della camera dei Lords che, seppur abitualmente condiscendente, in questo caso ha più volte posto il veto. Se infine riuscirà a passare

questo ostacolo, la legge riformata dovrà ricevere l'approvazione della regina.

A Londra s'incontra una vivace vita gay, così come a Brighton e Manchester; in altri centri urbani grandi e piccoli troverete comunità più o meno visibili. Ricordiamo che è più saggio lasciarsi andare a manifestazioni di affetto in pubblico solo nei quartieri e nei locali risaputamente gay.

Organizzazioni

Gay Men's Press pubblica due utili guide tascabili: *London Scene* e *Northern Scene*. Per scoprire le manifestazioni in corso, prendete una delle riviste gratuite, come *Pink Paper* o *Boyz*, o ancora il *Gay Times* (£2,50), che comprende a sua volta degli elenchi. *Diva* (£2) è rivolto alle lesbiche. Tutte queste pubblicazioni sono disponibili nella libreria Gay's The Word (☎ 020-7278 7654), 66 Marchmont St, London WC1 e quelle gratuite anche nella maggior parte dei bar, club e saune omosessuali.

Un'altra fonte di utili informazioni è il servizio telefonico Lesbian & Gay Switchboard (☎ 020-7837 7324), attivo 24 ore su 24, che può rispondere a buona parte delle vostre richieste, generiche o specifiche. La London Lesbian Line (☎ 020-7251 6911) offre un'assistenza simile, ma solo il lunedì e il venerdì dalle 14 alle 22 e il martedì e il giovedì dalle 19 alle 22.

VIAGGIATORI DISABILI

Molti viaggiatori disabili troveranno l'Inghilterra un paese strano, dotato di strutture adatte e di altre assolutamente inadeguate. Oggi vengono costruiti pochi edifici non accessibili ai disabili: di conseguenza i nuovi grandi alberghi e le moderne attrattive turistiche non pongono problemi. Gran parte delle pensioni e dei B&B, però, si trovano in edifici più vecchi e anche difficili da adattare, il che spesso significa che i viaggiatori con problemi di deambulazione devono alloggiare in strutture più costose.

Lo stesso vale per i trasporti pubblici. Gli autobus più moderni hanno talvolta gradini che è possibile abbassare per facilitare l'accesso, così come i treni, ma è sempre meglio accertarsene prima di mettersi in moto. I monumenti e il luoghi d'interesse turistico talvolta riservano una zona del parcheggio accanto all'ingresso ai guidatori disabili.

Il Disability Discrimination Act, del 1995, ha stabilito l'illegalità delle discriminazioni verso i disabili nell'impiego o nell'erogazione di servizi. La 'Part 3' della legge stabilisce anche che, entro il 2004, debbano essere abolite le barriere architettoniche, per esempio con l'introduzione di rampe e porte automatiche; la situazione per coloro che sono costretti su una sedia a rotelle dovrebbe lentamente migliorare.

Molte biglietterie, banche e altre strutture (caratterizzate dal simbolo di un grosso orecchio) sono organizzate per venire incontro agli audiolesi. Alcuni luoghi d'interesse turistico, come le cattedrali, mettono a disposizione guide in Braille e hanno giardini aromatici per i non vedenti.

Organizzazioni

Se siete portatori di un handicap fisico, contattate un'organizzazione che abbia sede nel vostro paese e chiedete informazioni sull'Inghilterra; queste dispongono spesso di intere biblioteche dedicate al viaggio e vi possono segnalare le agenzie di viaggi specializzate in tour per disabili.

La Royal Association for Disability and Rehabilitation (RADAR) dispone di alcuni titoli utili, come *Holidays in the British Isles: A Guide for Disabled People* (£7,50). Contattate RADAR (☎ 020-7250 3222) in Unit 12, City Forum, 250 City Rd, London EC1V 8AF.

L'Holiday Care Service (☎ 01293-774535), 2° piano, Imperial Buildings, Victoria Rd, Horley, Surrey RH6 7PZ, pubblica *Guide to Accessible Accomodation and Travel for Britain* (£5,95) e può offrire assistenza generica.

Molti TIC distribuiscono opuscoli che indicano l'accessibilità nella loro zona.

Per i particolari su come ottenere la tessera ferroviaria per disabili o Disabled Persons Railcard, che dà diritto a diversi sconti, v. **Treno** in **Trasporti interni**.

In Italia l'associazione Mondo possibile (☎ 011 309 6363, fax 011 309 1201) si occupa da qualche anno di turismo accessibile per i disabili. Consultate il sito Internet www.tour-web.com/accturhp.htm.

Potete inoltre contattare il Centro Documentazione Handicap (☎ 051 641 5005, fax 051 641 5055, ✉ cdh@accaparlante.it, sito Internet www.accaparlante.it), Via Legnano 2, 40132 Bologna.

VIAGGIATORI ANZIANI

Gli anziani hanno generalmente diritto a sconti sui trasporti pubblici, nei musei e così via, sempre che possano provare la loro età; talvolta è necessario avere un pass speciale. L'età minima per avere diritto allo sconto è solitamente da 60 a 65 anni per gli uomini, da 55 a 65 per le donne. Per i particolari su come ottenere la tessera ferroviaria per anziani o Senior Railcard, che dà diritto a ottenere sconti sulle tariffe ferroviarie, v. **Treno** in **Trasporti interni**.

Nel vostro paese di origine potreste avere diritto a pacchetti e sconti speciali (per esempio, per il noleggio di un'automobile) anche se non avete raggiunto l'età minima sopra menzionata, utilizzando organizzazioni e agenzie di viaggi che si rivolgono ai viaggiatori anziani. Cominciate a cercare presso un ufficio locale che offre assistenza agli anziani.

VIAGGIARE CON I BAMBINI

L'Inghilterra è notoriamente un paese i cui abitanti preferiscono gli animali ai bambini. Anche se i bambini sono un argomento molto di moda sui media, chiunque viaggi con loro deve essere pronto a trovare alberghi non disposti ad accogliere i piccoli ospiti e a sguardi raggelanti al ristorante.

Fatta questa premessa, vi sono alcune oasi dove i bambini sono i benvenuti. Vi sono filiali del TGI che mettono a disposizione matite e palloncini per i visitatori più giovani (e, naturalmente, McDonald's cerca di guadagnarsi le simpatie dei futuri consumatori di hamburger). Molti pub hanno deposto le armi nella loro battaglia per escludere i bambini e oggi predispongono dei giochi e menu speciali per i piccoli avventori.

Al momento di fare una prenotazione non c'è nulla di male nel chiedere se la struttura accoglie i bambini. Gli alberghi moderni quasi certamente saranno in grado di scovare un lettino.

Oggi la maggior parte dei supermercati, le più importanti stazioni ferroviarie e automobilistiche, le stazioni di servizio sull'autostrada e le principali attrazioni turistiche sono dotate di servizi igienici con quanto necessario per cambiare i lattanti. Alcune società ferroviarie hanno anche lanciato speciali 'scompartimenti per famiglie', che non hanno in realtà dotazioni particolari, ma dimostrano comunque che ci si sta muovendo nella giusta direzione.

Allattare un neonato al seno in pubblico provoca reazioni molto diverse. Le donne stanno combattendo duramente – una coraggiosa donna deputato ha provato anche ad allattare alla camera dei Comuni – ma passerà ancora un po' di tempo prima che gli Inglesi accettino la cosa di buon grado.

Molte informazioni e suggerimenti utili a chi viaggia con bambini si possono reperire nel volume di Maureen Wheeler *Viaggiare con i bambini* (Lonely Planet, 1996).

ORGANIZZAZIONI UTILI

Se avete in programma di spostarvi molto in Inghilterra e siete interessati a case nobiliari, castelli, abbazie in rovina e altri edifici storici, prendete in considerazione di diventare membri del National Trust (NT; ☎ 020-8315 1111) e dell'English Heritage (EH; ☎ 01793-414910). Si tratta di organizzazioni no profit che si occupano della salvaguardia dell'ambiente; entrambe si prendono cura di centinaia di luoghi e monumenti spettacolari.

National Trust
L'ingresso a gran parte degli edifici di proprietà NT costa (ai non soci) £5,50. Tesserarsi costa £30/15 sopra/sotto i 26 anni; a una coppia l'adesione costa £51 e a una famiglia £57. Diventando membri ci si garantisce l'accesso gratuito a tutte le proprietà NT in Inghilterra, in Galles e nell'Irlanda del Nord, oltre a una ottima guida e una cartina. Potete associarvi presso la maggior parte dei siti. Vi sono inoltre accordi di reciprocità con le organizzazioni partner di NT in Scozia, Australia, Nuova Zelanda e Canada, così come la Royal Oak Foundation negli Stati Uniti. In questa guida, le proprietà del National Trust sono state indicate con la sigla NT dopo il numero di telefono.
Sito Internet: www.nationaltrust.org.uk

English Heritage
L'ingresso ai monumenti dell'EH costa ai non soci fra £1,50 e £6. Associarsi costa £28 per gli adulti, una coppia paga £46 e una famiglia £49,50. La tessera autorizza l'ingresso gratuito in tutte le proprietà EH e permette di ottenere una guida e una cartina di ottimo livello. Nel corso della guida, i siti facenti parte di questa organizzazione sono indicati con la sigla EH dopo il numero telefonico.
Sito Internet: www.english-heritage.org.uk

Great British Heritage Pass
Questo pass vi permette l'ingresso in quasi 600 proprietà NT ed EH e a costose proprietà private. Il pass della durata di sette giorni costa £32, quello da 15 giorni £45 e quello da un mese £60. All'estero lo trovate presso il BTA, mentre in Inghilterra lo potete acquistare nei maggiori uffici turistici. Viene venduto solo a chi non è cittadino britannico (dovete mostrare il vostro documento d'identità).

PERICOLI E CONTRATTEMPI
Criminalità
L'Inghilterra è un paese straordinariamente tranquillo se si considerano le sue dimensioni e la distribuzione ineguale della ricchezza. La criminalità urbana non è però sconosciuta ed è necessario prendere le precauzioni abituali, soprattutto la sera. Nei luoghi pubblici affollati, come la metropolitana di Londra e i musei più famosi, sono all'opera borseggiatori e scippatori.

La notte adottate precauzioni particolari. Se vi spostate in metropolitana a Londra, scegliete gli scompartimenti affollati ed evitate alcune delle stazioni periferiche deserte; un'alternativa più sicura è l'autobus o il taxi. Attenzione anche sulle strade solitarie la notte.

Le cose più importanti da salvaguardare sono passaporto, documenti, biglietti e denaro. È sempre meglio portarli sotto gli indumenti oppure in una resistente borsa di pelle all'altezza della vita. Portate con voi un lucchetto per gli armadietti degli ostelli.

Prestate attenzione anche negli alberghi: non lasciate oggetti di valore nella vostra camera, così come è buona norma non lasciare nulla in auto; di notte portate i bagagli in camera. Questa regola va applicata soprattutto in zone rurali apparentemente sicure: infatti, mentre voi state passeggiando per la campagna, qualcuno potrebbe portare via tutto ciò che possedete. Cercate i parcheggi sicuri accanto ai TIC e ai centri di accoglienza visitatori dei parchi nazionali.

In caso di furto, rivolgetevi alla polizia e fatevi rilasciare una dichiarazione da presentare alla compagnia con la quale avete stipulato l'assicurazione di viaggio.

Ebbrezza

La vista di un ventenne dallo sguardo offuscato che ordina quattro pinte di birra 15 minuti prima della chiusura indica chiaramente che sono in arrivo guai: la conseguenza, spiaccicata sui marciapiedi delle città inglesi la domenica mattina, fa parte della tradizione. Un aspetto ancora peggiore sono le risse fra ubriachi, perché l'orario di chiusura dei pub coincide con il riversarsi sulle strade di avventori colmi di birra. La cosa migliore da fare è girare alla larga – guardando però dove si mettono i piedi.

Procacciatori di clienti e truffatori

I procacciatori di clienti per alberghi e ostelli si avvicinano a coloro che arrivano nelle stazioni della metropolitana o delle

Rintracciare i propri antenati

Fra i molti turisti che vengono in Inghilterra, un buon numero può vantare antenati che provenivano da questo paese. Per costoro il viaggio può allora diventare una buona occasione per scoprire di più sui propri avi; qualcuno potrebbe persino scoprire di avere parenti di cui non immaginava neppure l'esistenza. Per l'Inghilterra, i registri dello stato civile sono conservati a Londra.

Chi è interessato potrà cominciare la ricerca presso il Family Records Centre (☎ 020-8392 5300, fax 8392 5307), 1 Myddelton St, London EC1R 1 UW (Ⓜ Angel). Questo ufficio fa parte del Public Records Office (Archivio di Stato) e viene utilizzato appositamente per coloro che cercano di ricostruire il proprio passato; dispongono di alcune pubblicazioni, inviabili su richiesta, dove viene chiaramente indicato come bisogna muoversi. Il loro sito Internet è www.pro.gov.uk/about/frc.

Il personale dell'ufficio è molto disponibile e presta servizio dal lunedì al venerdì dalle 9 alle 17 (il martedì e il giovedì fino alle 19) e il sabato dalle 9.30 alle 17. Chi desideri visionare le carte originali dovrà portare il passaporto o un altro documento d'identità, tenendo presente, tuttavia, che i documenti individuali non sono consultabili fino a 100 anni dopo la morte, al fine di salvaguardare la privacy. Allo stesso modo, anche se è trascorso il periodo di tempo prescritto, non è possibile avere accesso ai documenti che sono ancora in carico al PRO.

Per chi desidera che qualcuno completi la ricerca per suo conto (a pagamento), l'Association of Genealogists & Record Agents (non ha telefono), 29 Badgers Close, Horsham, West Sussex RH12 5RU, può inviare un elenco di ricercatori e agenti professionisti. La stessa associazione può inoltre fornire il nome di un agente che ricerchi parenti in vita. Il loro sito Internet è www.agra.org.uk.

Una guida utile al Family Records Centre è *Never Been Here Before* di Jane Cox e Stella Colwell (£6,99).

linee ferroviarie principali, come Earl's Court, Liverpool Street e Victoria. Prendete i loro discorsi con scetticismo e non accettate nessun passaggio gratuito, salvo conosciate esattamente il percorso (potreste finire a miglia di distanza).

Non accettate mai neppure l'offerta di una corsa da parte di un conducente di taxi senza licenza – vi faranno percorrere giri in tondo per poi chiedervi una cifra spaventosa. Salite solo sui taxi neri provvisti di tassametro, oppure telefonate a una società di minicab affidabile per avere una quotazione.

I giochi di carte truccati – nei quali la fortuna cambia improvvisamente non appena un turista decide di partecipare – sembrano essere in declino, ma il loro posto è stato preso dalle false aste che si svolgono soprattutto nei dintorni della londinese Oxford St. Vi può succedere che vi sporgano un opuscolo che pubblicizza un'asta di articoli elettrici e altro a prezzi incredibilmente bassi: prestate però attenzione all'aggettivo 'incredibile', perché sono proprio tali. Nel luogo indicato vedrete esposti oggetti interessanti, ma vi troverete a fare offerte per 'cose' contenute all'interno di sacchetti ben sigillati che non potrete aprire fino alla fine dell'asta. Quando infine aprirete il pacco, scoprirete che il vostro splendido affare si è trasformato in una vera e propria fregatura.

Mendicanti

Nelle grandi città, soprattutto Londra, vi sono molti mendicanti; se avete piacere di fare l'elemosina, non sventolate in giro un portafoglio pieno, ma tenete piuttosto delle monete in una tasca separata. Qui come altrove si applicano tutte le argomentazioni contro l'elemosina nei paesi sviluppati; probabilmente è meglio fare un'offerta a un'associazione benefica riconosciuta, piuttosto che dare direttamente al singolo mendicante. Una fra queste organizzazioni è Shelter (☎ 020-7505 2000), 88 Old St, London EC1, che aiuta i senza tetto e accetta volentieri le donazioni. Prendete

in considerazione anche l'acquisto della rivista settimanale *Big Issue* (£1), disponibile presso rivenditori di strade, senza tetto che beneficiano del ricavato della vendita.

Razzismo

In Inghilterra non mancano i problemi razziali, che si fanno sentire soprattutto in alcune delle città depresse dell'interno; in generale prevale però la tolleranza. È difficile che i turisti abbiano problemi per il colore della loro pelle: vi preghiamo di segnalarci ogni caso di questo tipo.

Clima

Siate preparati alla pioggia in qualsiasi periodo dell'anno; non partite mai dal presupposto che, andando nel pieno dell'estate, avrete caldo e ve la caverete. Se ci si reca nelle zone rurali, le precauzioni da prendere sono anche maggiori.

Chi fa un'escursione nei parchi e nelle campagne più settentrionali, deve portare l'equipaggiamento appropriato ed essere prudente: il tempo può essere insidioso in qualsiasi periodo dell'anno. Dopo la pioggia il terreno fangoso può trasformarsi in un pantano; indossate sempre scarpe robuste e portate un cambio d'indumenti.

La nebbia può scendere con grande rapidità e non dovreste mai avventurarvi ad altitudini elevate senza prima controllare le previsioni del tempo. Sicuramente dovreste poi accertarvi di essere vestiti e calzati in modo adeguato e di avere cibo, acqua e una bussola per le emergenze.

In qualunque parte dell'Inghilterra vi troviate, l'ideale sarebbe lasciare detto a qualcuno dove siete diretti, soprattutto se vi allontanate dagli itinerari più battuti o le condizioni climatiche sono incerte.

EMERGENZE

In Inghilterra il numero nazionale da comporre in caso di emergenza è ☎ 999, che vale per polizia, vigili del fuoco ed emergenze sanitarie; potete anche utilizzare ☎ 112, il numero di emergenza che funziona in gran parte d'Europa.

QUESTIONI LEGALI
Droghe
Soprattutto nei club sono disponibili droghe illegali di tutti i tipi, ma è inutile aggiungere che comportano tutti i pericoli abitualmente associati all'utilizzo di stupefacenti e che si sono verificate alcune morti eccellenti per l'uso di ecstasy, la cui purezza è spesso dubbia. Se venite scoperti con una piccola quantità di marijuana (reato penale) solitamente viene applicata solo una piccola multa o un semplice richiamo; per altre droghe vengono applicati provvedimenti più pesanti.

Infrazioni del codice stradale
Le leggi contro la guida in stato di ebbrezza sono divenute più severe e vengono applicate con maggior rigore. Attualmente è consentito avere un tasso alcolico di 80 mg/100 mL, ma si pensa di ridurre ulteriormente il limite. L'atteggiamento più corretto da tenere se si ha in programma di guidare è non bere nulla di alcolico. Per informazioni circa i limiti di velocità e le norme che regolano la sosta, v. **Automobile e motocicletta** in **Trasporti interni**.

Sanzioni
Di regola non è necessario pagare seduta stante le infrazioni. Le due eccezioni principali sono i treni (compresa la metropolitana di Londra) e gli autobus, dove alle persone che non sono in grado di esibire un documento di viaggio valido il controllore può imporre una multa di £5 (autobus), £10 (treni): non si accettano giustificazioni.

ORARI DEGLI UFFICI
Solitamente gli uffici sono aperti dal lunedì al venerdì dalle 9 alle 17. I negozi possono osservare anche orari di apertura più lunghi; la maggior parte sono aperti anche il sabato dalle 9 alle 17. Un numero crescente di negozi poi apre la domenica, all'incirca dalle 11 alle 16. Nelle città rurali i negozi rispettano talvolta un giorno di orario ridotto, di solito il martedì, mercoledì o giovedì pomeriggio. L'orario

prolungato viene invece applicato di norma il giovedì o il venerdì.

A Londra e in alcune altre grandi città c'è un numero crescente di spacci di vario genere aperti 24 ore al giorno.

FESTIVITÀ E MANIFESTAZIONI DI PARTICOLARE RILIEVO
Festività
La maggior parte delle banche, delle imprese e alcuni monumenti e luoghi d'interesse turistico sono chiusi nei giorni festivi: Capodanno, Venerdì Santo, Lunedì di Pasqua, Festa di maggio (May Day Bank Holiday, il primo lunedì di maggio), Festa primaverile (Spring Bank Holiday, l'ultimo lunedì di maggio), Festa estiva (Summer Bank Holiday, l'ultimo lunedì d'agosto), Natale e Santo Stefano.

I musei inglesi e gli altri monumenti solitamente osservano la chiusura di Natale e di Santo Stefano, ma sono aperti durante le altre festività. Fanno eccezione quelli che abitualmente chiudono la domenica, che di solito osservano anche le festività civili. Alcuni musei più piccoli chiudono il lunedì e/o martedì e molti, come il British Museum, chiudono la domenica mattina.

Manifestazioni di particolare rilievo
In tutto il paese si svolgono innumerevoli avvenimenti nel corso dell'anno. Molti mettono in scena cerimonie e tradizioni secolari, alcune vecchie di centinaia di anni, mentre persino nei villaggi più piccoli si tiene un mercato settimanale. Fra le pubblicazioni del BTA utili ricordiamo Forthcoming Events e Arts Festivals, che riportano un elenco degli avvenimenti e delle feste dell'anno con le rispettive date.

Capodanno
Londra dà inizio ai festeggiamenti che si svolgono in tutta l'Inghilterra
Metà marzo
Cheltenham Gold Cup – gara ippica; Cheltenham
Ultima settimana di marzo
Oxford/Cambridge University Boat Race –

tradizionale gara di canottaggio; Fiume Tamigi, da Putney a Mortlake, Londra

Inizio maggio

FA Cup Final – incontro decisivo del più importante torneo di calcio inglese; Wembley, Londra (quando riaprirà)

Brighton Festival – festival artistico; dura tre settimane

Ultima settimana di maggio

Chelsea Flower Show – importante mostra di floricoltura; Royal Hospital, Londra

Bath International Festival – festival artistico; dura due settimane

Prima settimana di giugno

Beating Retreat – bande e marce militari; Whitehall, Londra

Derby Week – corse ippiche e folto pubblico; Epsom, Surrey

Metà giugno

Trooping the Colour – la parata con grande sfarzo per il compleanno della regina; Whitehall, Londra

Royal Ascot – ancora cavalli e cappelli; Ascot, Berkshire

Fine giugno

Lawn Tennis Championship – campionato di tennis su prato, dura due settimane; Wimbledon, Londra

Henley Royal Regatta – gara di canottaggio e avvenimento sociale di prim'ordine; Henley-on-Thames, Oxfordshire

Glastonbury Festival – festa di grandi proporzioni e happening hippy all'aperto; Pilton, Somerset

Mardi Gras – una delle più grandi manifestazioni gay in Europa; Londra

Inizio luglio

Hampton Court Palace International Flower Show – esposizione floreale; Londra

Fine luglio

Cowes Week – fantasia di sport velico; isola di Wight

Farnborough International Aerospace Exhibition and Flying Display – la più grande mostra aerospaziale al mondo; Farnborough, Surrey

Fine agosto (August Bank Holiday)

Notting Hill Carnival – enorme carnevale in stile caraibico; Londra

Reading Festival – rock and roll all'aperto per tre giorni; Reading, Berkshire

Ottobre

Horse of the Year Show – la più famosa gara ippica a ostacoli; Wembley, Londra

5 novembre

Guy Fawkes Day – commemora un tentativo di restaurazione del cattolicesimo; falò e fuochi d'artificio in tutta l'Inghilterra

CORSI

Qualunque argomento vi interessi approfondire, dalla scultura al sanscrito, dall'arte circense all'informatica, in qualche località inglese si tiene sicuramente il corso che fa per voi. Le biblioteche locali spesso sono un buon punto di partenza dove trovare informazioni.

Lingua

Ogni anno migliaia di persone arrivano in Inghilterra per studiare l'inglese e in tutto il paese vi sono centri che offrono questo servizio. Il problema è identificare quelli seri, processo nel quale interviene il British Council (☎ 020-7930 8466), 10 Spring Gardens, London SW1, ente che compila un elenco gratuito di college riconosciuti che soddisfano una serie di standard minimi per quel che riguarda le strutture, il personale qualificato e la scelta dell'orientamento. Il British Council offre una consulenza generica agli studenti provenienti d'oltremanica sulle opportunità istruttive nel Regno Unito; oggi molti college e università normali attivano corsi dedicati agli studenti stranieri. Il British Council ha 243 uffici sparsi in 110 paesi in tutto il mondo che possono fornire le stesse informazioni basilari, cosicché non è necessario arrivare in Inghilterra per chiedere aiuto nella scelta di un college. Il loro sito Internet è www.british council.org: consultatelo anche per conoscere indirizzi e numeri di telefono delle sedi dell'ente inglese nelle principali città italiane.

Anche il BTA pubblica un interessante opuscolo per coloro che vogliono studiare l'inglese in Inghilterra.

LAVORO

Se siete preparati a intraprendere un lavoro umile, con un orario lungo e per una paga relativamente bassa, allora quasi certamente troverete lavoro in Inghilterra. Il problema è che, senza le necessarie qualifiche, è difficile trovare un lavoro abbastanza remunerativo da consentire di mettere qualcosa da parte. Dovreste comunque essere in grado di mantenervi, ma probabilmente è meglio se, prima di partire, risparmiate un po' di denaro nel vostro paese di origine. Come milioni di persone prima di voi, è probabile che vogliate iniziare la vostra ricerca da Londra.

Solitamente i turisti privi di qualifiche trovavano lavoro in pub e ristoranti o come baby-sitter. Per entrambi la paga comprende solitamente vitto e alloggio, ma anche orari piuttosto lunghi; il lavoro è molto faticoso e la retribuzione non così buona (e poi, scegliendo di lavorare in pub o ristoranti, si ha a che fare con un sacco di avventori rompiscatole).

Se vi viene dato anche vitto e alloggio, sarete fortunati se riuscirete a racimolare £130 la settimana; se dovrete cercare un alloggio per conto vostro, una 'buona' paga è di £180 settimanali. Prima di accettare un lavoro, accertatevi che siano state chiarite tutte le condizioni, in particolare quante ore (e quali) dovrete lavorare. Nel 1999 è stato introdotto un salario minimo di £3,60 l'ora (£3 per chi ha fra i 18 e i 21 anni), ma se lavorate in nero nessuno è tenuto a corrispondervi neppure questa somma minima.

Contabili, professionisti del settore sanitario, giornalisti, programmatori software, avvocati, insegnanti e impiegati con esperienza nell'uso del PC hanno migliori probabilità di trovare un lavoro ben retribuito. Anche in questo caso però, avrete bisogno di una certa somma di denaro per mantenervi durante la ricerca. Non dimenticate di portare copie dei vostri titoli di studio, referenze (che probabilmente verranno controllate) e il curriculum vitae.

Gli insegnanti hanno buone possibilità a Londra, dove il ricambio è piuttosto alto; dovreste mettervi in contatto con i singoli consigli di distretto che hanno dipartimenti preposti all'istruzione distinti, anche se alcune scuole reclutano il personale docente direttamente. Se desiderate trovare lavoro come infermiere/a professionale, dovete iscrivervi all'albo, il United Kingdom Central Council for Nursing, operazione che può richiedere fino a tre mesi. La tariffa iniziale per presentare la domanda è £70 (per chi si è qualificato oltremanica) e una volta che la domanda è stata accettata, sono necessarie £56 per la vera e propria iscrizione, rinnovabile ogni tre anni pagando £36. Contattate l'Overseas Registration Department (☎ 020-7333 9333, fax 7636 6935, ✆ update@ukcc.org.uk), UKCCN, 23 Portland Place, London W1N 4JT. Chi non è iscritto all'albo può comunque lavorare come infermiere ausiliario. Il sito Internet è www.ukcc. org.uk.

Un buon punto di partenza per scovare sia i lavori, sia le agenzie che trovano lavoro ai viaggiatori è la rivista *TNT Magazine*. Chi intende lavorare alla pari o come baby-sitter dovrebbe acquistare la rivista curiosamente intitolata *The Lady*. Controllate anche il londinese *Evening Standard*, i quotidiani nazionali e i Jobcentres a gestione statale, che si trovano nei centri urbani grandi e piccoli di tutto il paese (nelle Pagine Gialle li trovate elencati alla voce 'Employment Services'). Qualunque sia la vostra qualifica, vale la pena di iscriversi a diverse agenzie di lavoro interinale.

Per i particolari su tutti gli aspetti del lavoro interinale, consultate l'ottimo *Work Your Way Around the World* di Susan Griffith (aggiornato ogni due anni). Un'altra buona fonte d'informazioni è *Working Holidays*, pubblicato dal Central Bureau for Education Visits & Exchanges di Londra.

Se suonate uno strumento musicale o avete qualsiasi altro talento artistico, potreste provare a esibirvi per strada. Come sa qualsiasi suonatore di flauto peruviano (e il suo quinto cugino trapiantato), a Londra è piuttosto comune vedere artisti e suonatori ambulanti. Nella metropolitana sarebbe teoricamente proibito (sanzione £20), ma questo non ha fermato i molti musicisti, tanto che oggi si parla d'introdurre un permesso, rilasciato dall'LRT a determinati artisti per esibirsi in stazioni prestabilite, dopo essere stati sottoposti a una regolare audizione. I consigli distrettuali si stanno muovendo anche nel senso di rilasciare un'autorizzazione a questi artisti di strada, affinché si esibiscano nei principali luoghi d'interesse turistico, come Covent Garden e Leicester Square. Nel caso, potrete comunque suonare o esibirvi in altre zone, mentre queste saranno off-limits per chiunque non abbia la regolare licenza.

Tasse

Come lavoratore regolarmente assunto, troverete che dalla vostra busta paga verranno detratti settimanalmente gli importi dovuti per le tasse e per il Servizio sanitario nazionale (National Insurance). Le deduzioni verranno calcolate partendo dal presupposto che voi lavoriate per tutto l'anno fiscale (dal 6 aprile di un anno al 5 aprile di quello successivo). Se non lavorate per un periodo così lungo avete diritto a un rimborso: in questo caso, contattate l'Inland Revenue oppure una delle tante agenzie reclamizzate su *TNT Magazine* (controllando prima la tariffa o la percentuale che applicano). Per trovare l'ufficio dell'Inland Revenue più vicino, cercate sull'elenco telefonico locale.

ALLOGGIO

Questa sarà sicuramente la voce di spesa più alta del vostro soggiorno. Persino il campeggio, nelle strutture riconosciute, può essere costoso.

Se volete viaggiare in economia, due sono le possibilità principali: ostelli della gioventù e B&B, anche se nel corso degli ultimi anni hanno aperto diversi ostelli indipendenti rivolti a chi viaggia con lo zaino in spalla e il numero è in crescita, soprattutto nelle zone dove si pratica l'escursionismo.

Nella categoria di prezzi medi, i B&B migliori spesso si trovano in begli edifici antichi e alcune stanze dispongono di bagno privato, con doccia o vasca. È più facile avere il bagno privato nelle pensioni e nei piccoli alberghi, ma questi sono meno intimi. Se avete denaro da spendere, vi sono alcuni alberghi stupendi, derivati per la maggior parte da castelli e magioni nobiliari convertiti.

I vari enti turistici hanno un sistema di assegnazione di un punteggio: gli alberghi, le pensioni e i B&B riconosciuti espongono una targa all'ingresso. Se volete essere certi che l'alloggio che scegliete soddisfi almeno uno standard basilare per quel che riguarda sicurezza e pulizia, il livello più basso della graduatoria è 'listed', che indica un alloggio pulito e confortevole. Una corona indica che ogni camera ha un lavandino e la sua chiave. Due corone significa lavandino, luci accanto al letto e TV in una sala comune o in stanza. Tre corone indica che almeno metà delle stanze hanno il bagno privato e che si possono avere pasti caldi la sera. E così via fino a un massimo di cinque corone.

Oltre a questi contrassegni vi è poi un giudizio ('approved', 'commended', 'highly commended' e 'deluxe'), ancora più indicativo, perché si riferisce non alle caratteristiche della struttura, ma alla qualità del servizio.

In pratica vi è quindi un'offerta molto vasta per ogni qualifica, senza contare che alcuni dei migliori B&B non partecipano, per evitare di pagare la somma necessaria. Un B&B di alta qualità 'listed' può essere 20 volte meglio di un albergo 'a tre corone' di bassa qualità. Alla fin fine il suggerimento migliore vi verrà dall'aspetto della struttura: uno sguardo da fuori vi potrà dare un'idea di ciò che potete aspettarvi (prima di decidere chiedete sempre di vedere la camera).

Come in ogni altro luogo, sono poche le camere singole. Gli alloggi con il peggior rapporto qualità/prezzo si trovano solitamente nelle grandi città, dove spesso pagate a prezzo più alto una qualità inferiore (servizio sbrigativo, ambientazione disordinata, elementi d'arredo scadenti). Nei centri cittadini non esistono praticamente B&B a buon mercato, il che significa che coloro che viaggiano in economia e non hanno neppure l'automobile si trovano ad affidarsi al servizio pubblico, che la sera riduce molte corse.

Prenotazioni tramite TIC

Molti TIC offrono il servizio di prenotazione per il pernottamento. In Inghilterra e Galles viene applicata una commissione del 10%, sottratta dal prezzo del pernottamento. Vi sono pochi TIC che addebitano una tariffa supplementare: in caso vi capitasse una cosa del genere dovreste reclamare con veemenza e sottolineare che l'acconto del 10% (che solitamente trattengono) dovrebbe essere più che sufficiente.

Molti TIC partecipano poi al programma Book-A-Bed-Ahead (BABA), che vi permette di prenotare il pernottamento per le due notti successive, in qualsiasi parte dell'Inghilterra. In questo caso, gran parte degli uffici turistici addebita circa £3 e preleva un acconto del 10%. Se capitate in una località quando il TIC è già chiuso, molti fra questi espongono in vetrina un cartello e una cartina che indicano le strutture che hanno posti letto liberi, servizi che tornano particolarmente utili nelle grandi città e per i fine settimana nella stagione di alto afflusso turistico.

Campeggio

Difficilmente è possibile praticare il campeggio libero. I campeggi sono molto diversi fra loro dal punto di vista della qualità; la maggior parte ha strutture discrete, ma solitamente è disagevole raggiungerli, se non si dispone di un mezzo di trasporto proprio. La pubblicazione *Camping & Caravanning in Britain*, della RAC, comprende elenchi esaustivi. Per i particolari potete rivolgervi anche ai diversi TIC.

Chi ha in programma di fare largo uso dei campeggi oppure di spostarsi con un camper farebbe bene ad associarsi al Camping & Caravanning Club (☎ 02476 - 694995), Greenfields House, Westwood Way, Coventry CV4 8JH. Si tratta del club inglese più antico nel settore, che gestisce alcuni campeggi di proprietà o, in alternativa, riconosce campeggi con strutture essenziali e dove trovano posto

solo fino a cinque camper o caravan, oltre a campeggi commerciali, che vanno da quelli enormi, dove trascorrere intere vacanze, a tranquilli luoghi di pernottamento per chi viaggia con lo zaino in spalla. La quota annuale è di £27,50. Riceverete inoltre una guida a diverse migliaia di campeggi in Gran Bretagna e in Europa, e avrete accesso ad altri servizi utili. Potete visitare il sito Internet del club: www. campingand caravanning club.co.uk.

È anche possibile fare campeggio in alcune proprietà del National Trust; per i particolari su come contattare l'organizzazione, v. l'elenco precedente alla voce **Organizzazioni utili**. Potete infine decidere di campeggiare presso le strutture della Forestry Commission (☎ 0131-334 0066, @ fe.holidays@forestry.gsi.gov.uk) in tutta la Gran Bretagna. Il sito Internet è www.forestry.gov.uk/recreation/holidays.

Gli enti turistici assegnano ai campeggi da uno a cinque segni di controllo; naturalmente maggiore è il punteggio, più alti sono gli standard qualitativi del campeggio stesso.

Ostelli YHA

Essere membro dell'YHA vi permette di usufruire di una rete di ostelli che copre tutta l'Inghilterra – e non dovete essere single né giovani per accedervi.

L'associazione locale dell'YHA per l'Inghilterra (☎ 0870 870 8808, @ customerservices@yha.org.uk) si trova in 8 St Stephen's Hill, St Albans, Herts AL1 2DY. Per diventare soci occorre pagare £12 (adulti), £6 (giovani sotto i 18 anni) e £24 (famiglie). Per il pernottamento, i prezzi si aggirano poi da £7 negli ostelli di campagna fino a £23 a Londra (adulti) e da £6 a £20 (giovani). Il suo sito Internet è www.yha.org.uk.

Strutture Tutti gli ostelli dispongono di una cucina a disposizione per chi fa la spesa da sé e alcuni forniscono addirittura pasti a buon mercato. È consigliato prenotare in anticipo soprattutto nei fine settimana, durante le festività civili e in qualsiasi occasione durante i mesi estivi. La politica per quanto riguarda le prenotazioni è variabile: la maggior parte degli ostelli accetta le prenotazioni telefoniche e il pagamento con Visa o MasterCard; alcuni accettano anche prenotazioni fatte in giornata, ma conservano il posto letto solo fino alle 18; alcuni prendono parte al programma BABA, mentre altri ancora preferiscono assegnare i letti in ordine di arrivo, senza prenotazione.

I vantaggi degli ostelli sono soprattutto il prezzo (anche se la differenza fra un B&B a buon mercato e un ostello caro è praticamente inesistente) e la possibilità d'incontrare altri viaggiatori. Gli svantaggi sono che alcuni sono ancora gestiti in modo dittatoriale, senza possibilità di trattenersi all'interno dalle 10 alle 17, chiusura della porta d'ingresso alle 23, letti a castello in dormitori maschili o femminili e chiusura nei mesi invernali. Nei centri cittadini sono rari gli ostelli della gioventù ufficiali, il che non causa alcun problema a chi preferisce visitare la campagna o dispone di un proprio mezzo di trasporto, mentre è una noia per chi non rientra in queste due categorie.

Nel corso di questa guida, vengono indicate prima le tariffe per gli adulti, più alte, seguite dal prezzo ridotto per i bambini, ossia (negli ostelli YHA e negli ostelli indipendenti) tutti coloro che hanno meno di 18 anni.

Ostelli indipendenti

Il numero crescente di ostelli indipendenti permette di scampare al coprifuoco e alla chiusura diurna a un prezzo che si aggira da £9 a £18 per notte. Come gli ostelli YHA, anche quelli indipendenti sono luoghi ideali per incontrare altri viaggiatori; inoltre, solitamente si trovano nei centri cittadini piuttosto che in aperta campagna, il che soddisferà coloro che non amano muoversi a piedi. Nuove strutture compaiono sempre più rapidamente, quindi è buona regola controllare con attenzione in un TIC.

Alloggiare nelle università

Molte università inglesi durante i periodi di vacanza offrono i loro alloggi per gli studenti ai visitatori, solitamente per tre settimane a cavallo di Pasqua e di Natale e dalla fine di giugno alla fine di settembre. Si tratta in gran parte di stanze singole confortevoli e funzionali, ma prive di qualsiasi accessorio; sta crescendo però il numero delle camere con bagno privato, di unità per coppie o familiari, di appartamenti indipendenti e case condivise.

Per quel che riguarda il vitto, sono solitamente disponibili diverse soluzioni: pensione completa, mezza pensione, solo pernottamento e prima colazione, così come la possibilità di procurarsi tutti i pasti, a partire dalla prima colazione, da sé. La formula con pernottamento e prima colazione costa solitamente da £18 a £25 per persona. Nel capitolo **Londra** sono elencate diverse possibilità, mentre nelle altre località vale come sempre la pena di rivolgersi agli uffici turistici o TIC.

Per ulteriori informazioni potete inoltre mettervi in contatto con il British Universities Accomodation Consortium (BUAC; ☎ 0115-846 6444, fax 846 6333, @ buac @nottingham.ac.uk), Box No 1928, University Park, Nottingham NG7 2RD. Il sito Internet del consorzio è www.buac. co.uk.

B&B e guesthouses

I bed and breakfast (B&B) sono una ottima istituzione britannica, la sistemazione privata più a buon mercato. Scegliendone uno fra quelli di livello più basso, otterrete una camera da letto in una casa privata con il bagno in comune e una prima colazione molto abbondante (succo di frutta, cereali, pancetta, uova, salsiccia, fagioli stufati e pane tostato). I B&B più piccoli hanno talvolta una unica camera in affitto, il che dà veramente l'impressione di essere un ospite della famiglia; a volte addirittura manca il cartello 'B&B' all'esterno.

I B&B più eleganti hanno tutte le camere con bagno privato e TV. Per tradizione, gli Inglesi preferiscono il bagno alla doc-

Arredamento d'interni in puro gusto inglese

Pernottando nei B&B, i visitatori hanno l'opportunità unica di osservare l'arredamento inglese moderno. La gran parte dei proprietari s'industriano in ristrutturazioni fai-da-te e si sforzano di raggiungere uno stile molto in voga, descritto come 'intimo, con un aspetto da casa o cottage di campagna'.

Il classico B&B avrà carta da parati a fiori o in rilievo, applicata storta, e tappeti sintetici con strani disegni a vortice appoggiati a caso sul pavimento. Per quel che riguarda le luci, ci saranno finti candelabri e lampade civettuole. Il mobilio sarà coperto da vinile di colore arancione, velluto violetto e bambole cariche di pizzi. Potrete ammirare soprammobili in porcellana, posacenere e una raccolta di souvenir, che comprenderà senza dubbio almeno uno zoccolo in legno in miniatura e un sombrero in plastica. Il riscaldamento sarà a gas o elettrico, ma non potrà mancare il falso caminetto con i ceppi in plastica e le fiamme arancioni. Infine, non perdetevi il poster del gattino in una cornice dorata.

Bryn Thomas

cia, tanto che in molti B&B e case private troverete solo la vasca oppure un congegno complicatissimo che produce un filino di acqua a temperatura ustionante o da congelamento. Se volete fare una doccia appena decente, chiedete al padrone di casa come funziona il marchingegno.

Le camere doppie spesso sono arredate con due letti singoli piuttosto che con un letto matrimoniale, in modo che sia più facile dividere la stanza anche a chi non viaggia con il proprio partner. Ricordate però che i proprietari di molti B&B sono rigidi conservatori, prestate quindi attenzione a ciò che dite e a come vi comportate.

Le guesthouse o pensioni sono spesso grandi case con una manciata di camere, una estensione del concetto di B&B. Vanno da £12 a £50 per notte, secondo la qualità del cibo e dell'alloggio. Solitamente sono meno intime rispetto ai B&B e più simili a piccoli alberghi economici.

I B&B più costosi possono essere veramente lussuosi e offrire ai loro ospiti un'ampia gamma di servizi e comfort; se il lusso si fa sfrenato, con la prima colazione vi potrebbero addirittura servire frutta fresca al posto dei fagioli stufati.

Alberghi

Il temine inglese 'hotel' copre qualsiasi tipo di struttura, dal pub di campagna alle proprietà maestose.

I pub hanno solitamente uno o due bar e una sala dove vengono serviti pasti a prezzi economici; talvolta hanno anche un ristorante più elegante. In campagna è inoltre sempre più frequente che offrano la possibilità di pernottare in camere confortevoli di categoria media, la cui qualità è comunque molto variabile. Alloggiare in un pub può essere divertente, perché vi permette di essere proprio nel centro della vita sociale della comunità, ma i locali possono essere rumorosi e spesso non è la soluzione ideale per le donne sole.

Sulla costa e in altre zone frequentate da turisti vi sono spesso alberghi grandi, dove ci si trattiene per periodi lunghi. Quelli più economici a volte sono occupati da famiglie di senza tetto 'temporaneamente' ospitate dalle autorità locali. Si tratta di strutture assolutamente inadatte ai viaggiatori stranieri, e questa è una delle ragioni per le quali vi raccomandiamo di scegliere luoghi riconosciuti dagli enti turistici.

Lungo le autostrade e nel centro delle città fanno la loro comparsa, con edifici costruiti appositamente, le grandi catene alberghiere. Molte si rivolgono a una clientela di uomini d'affari e offrono quindi tariffe vantaggiose per i fine settimana nel tentativo di attirare i turisti; spesso inoltre hanno una tariffa standard per camera (con letto matrimoniale o due letti e bagno privato), il che li rende abbastanza convenienti per le coppie o per famiglie con un bambino.

Gli alberghi di categoria superiore sono posti magnifici, con ristoranti di pari livello. Molti hanno alle spalle una storia affascinante e spesso si trovano all'interno di ampi parchi e offrono lussi di tutti i tipi. Nelle zone rurali troverete vecchie residenze di campagna trasformate in alberghi che occupano posizioni strepitose, insieme a castelli con tanto di spalti merlati, scalinate grandiose e la dovuta profusione di trofei di caccia. Per avere tutto questo si paga da circa £60 a ben più di £100 per persona per notte.

Alloggi in affitto

Negli ultimi tempi vi è stata un'impennata del numero di case e cottage disponili in affitto per periodi brevi. Un alloggio fisso permette di arrivare a cogliere la vera atmosfera di una regione o di una comunità. Un cottage per quattro persone può costare anche solo £125 per settimana, mentre il periodo minimo di permanenza si riduce talvolta a soli tre giorni.

È necessario prenotare con largo anticipo solo per i fine settimana e per luglio/agosto. La prenotazione a volte si può fare attraverso i TIC, ma vi sono agenzie specializzate che forniscono anche opuscoli patinati che aiutano nella scelta: il rovescio della medaglia è che i loro servizi, che devono coprire anche il costo degli opuscoli, sono più cari.

L'agenzia Hoseasons Country Cottages (☎ 01502-501515, fax 584962), Sunway House, Lowestoft NR32 2LW, si occupa di una vasta scelta di cottage in tutte le categorie di prezzo. In bassa stagione potrete pagare meno di £200, ma in questo caso è meglio accertarsi che il camino funzioni. In estate, invece, la tariffa media si avvicina più a £500 (tenete conto che questi cottage vengono affittati completi di tutta l'attrezzatura necessaria). Il sito Internet dell'agenzia è www.hoseasons.co.uk.

Il Landmark Trust (☎ 01628-825925, fax 825417, @ bookings@landmarktrust.co.uk), Shottesbrooke, Maidenhead SL6 3SW, offre molte magnifiche possibilità. Si tratta di un ente di beneficenza fondato per recuperare gli edifici storici e la cui attività viene finanziata in parte attraverso l'affitto delle proprietà dopo la ristrutturazione. Il fondo possiede ben 164 edifici singolari, fra i quali case e castelli medievali e forti napoleonici. Per ulteriori informazioni, visitate il sito Internet www.landmarktrust.co.uk.

CUCINA

L'Inghilterra è il paese il cui contributo alla cucina mondiale consiste in salsicce ricche di grassi, poltiglia di piselli e panini alla margarina, cibi talmente poco appetitosi che non esiste nella lingua l'equivalente dell'espressione italiana 'Buon appetito'.

Liberarsi di quest'immagine si è rivelato un compito arduo, ma fortunatamente oggi le cose stanno rapidamente migliorando, soprattutto al sud. L'uso di frutta e verdura fresca è cresciuto esponenzialmente e nei centri urbani maggiori è possibile scegliere anche fra cucine diverse. Trovare un pasto decente è possibile ormai quasi ovunque, sempre che vi piacciano pizza, pasta e curry (e quando parliamo di cucine diverse e discrete, è questo che intendiamo). L'unica che potrebbe essere veramente difficile da scovare (salvo nei pub) è la cucina tradizionale inglese, ossia piatti come roast beef, Yorkshire pudding o kidney pie.

Oggi come oggi s'incontrano facilmente locali che offrono quella che viene chiamata 'cucina britannica moderna', termine utilizzato un tempo per coprire l'uso approssimativo di qualsiasi ingrediente fresco servito in piatti di stile europeo e oggi estesosi a indicare qualsiasi tipo di cibo preparato con creatività e inventiva. Anche le umili *bangers and mash* (salsicce con purea di patate) possono elevarsi a nuova dignità se si usano salsicce fatte in casa profumate al timo e, per esempio, purea di finocchio. In linea generale, cucina *mo-*

dern British vuol semplicemente dire 'cibo piuttosto buono, migliore rispetto alla vecchia cucina inglese'.

La cucina vegetariana è molto diffusa, tanto che tutti i ristoranti propongono almeno un piatto vegetariano e i menu dei locali migliori ne offrono una scelta. Per i vegani, invece, la vita sarà dura qui come altrove.

Take away

I locali che vendono curry da asporto, presi d'assalto per esempio dalle folle che, alle 23, si riversano fuori dai pub, hanno soppiantato in Inghilterra quelli istituzionali che vendono *fish and chips*, merluzzo impanato e patatine fritte.

Ogni strada di grande passaggio ha la sue serie di ristoranti take away, da McDonald's a Pizza Hut, all'ubiquitario locale che prepara curry, a – soprattutto al nord – quelli che vendono fish and chips. Anche se alcuni di questi ultimi sono veramente notevoli, la cosa più lusinghiera che si può dire è che preparano montagne di cibo pesante e poco digeribile a prezzi contenuti.

Una delle novità migliori in questo campo è stato l'emergere di locali da asporto specializzati in cibi freschi. Vi sono catene, come Pret a Manger, che vendono panini e insalate deliziose fatte con ingredienti freschi utilizzati in combinazioni innovative; da bere inoltre propongono buoni succhi (v. più avanti la lettura La combriccola delle catene).

Caffè

Nelle città più grandi troverete diversi caffè, chiamati solitamente *caffs* o *greasy spoons*. Anche se hanno spesso un'aria un po' squallida, si tratta in realtà di locali caldi e accoglienti, molto inglesi, che servono invariabilmente prime colazioni economiche (uova, pancetta e fagioli stufati) e tè inglese (forte, dolce, con latte). Spesso preparano anche pranzi semplici ma sostanziosi, di solito arrosto con tre tipi di verdura cotta (patate, carote e piselli), oppure bangers and mash (salsicce con purea di patate). Nonostante l'atmo-

sfera piacevole, il cibo è spesso sgradevole così come l'arredamento.

Nelle zone turistiche è invece diffuso un altro tipo di caffè, specializzato in tè e focaccine *(scones)* e caratterizzato da un arredamento stucchevole. Accanto all'uscita sono spesso esposti per la vendita diversi articoli regalo (ossia graziose patacche, come cucchiaini con l'effigie della regina madre e piatti con il disegno della bandiera inglese).

Pub

Oggigiorno si può mangiare nella maggior parte dei pub, anche se la domenica può essere difficile. Nei pub più economici i pasti sono simili a quelli serviti nei caffè, mentre in quelli più costosi si avvicinano molto ai pasti dei ristoranti. Per una descrizione particolareggiata di queste istituzioni inglesi, v. I pub.

Ristoranti

In Inghilterra vi sono molti ottimi ristoranti, dove vengono preparati in modo eccelso piatti di pesce, carni diverse, arrosti e altro ancora. Londra in particolare ha decine di ristoranti che non sfigurerebbero nelle altre capitali mondiali.

Fatta questa premessa, bisogna precisare che l'esperienza del 'mangiare fuori' in Inghilterra ha ancora delle grosse lacune; soprattutto i prezzi sono troppo alti e il servizio non è abbastanza buono. Peggio ancora, molti locali (spesso quelli dove il cibo è appena discreto, ma che hanno una grande clientela) si aspettano candidamente che coloro che pagano questi prezzi gonfiati subiscano passivamente diverse offese, fra le quali la più grave è il dover consumare il proprio pasto 'a tempo'. Quando telefonate per fare la prenotazione (che in molti locali è praticamente obbligatoria) vi viene dato un lasso di tempo per consumare il vostro pasto, per esempio dalle 20 alle 22. Non avete ancora finito il caffè? State ancora gustando il dessert? Volete solo stare seduti, digerire e guardare il vostro partner negli occhi? Difficile. Dovete lasciare libero il tavolo, già assegnato ai prossimi gonzi. Oh, dimenticavo: fanno £100. Provate a farlo a Roma o a New York e il proprietario del ristorante presto emigrerà in Inghilterra, sapendo di poterla passare liscia.

Fare la spesa
Il sistema più economico per mangiare in Inghilterra è prepararsi i pasti da sé. Anche se non siete dei grandi cuochi, nei supermercati potete acquistare cibi precotti di qualità (quelli migliori sembra si trovino da Marks & Spencer's).

Prima colazione
Se il prezzo del pernottamento comprende la prima colazione, questa consisterà probabilmente in una combinazione di uova, bacon grasso, salsicce, funghi fritti, fagioli stufati, pane fritto e tostato, cereali e così via, mentre la combinazione più inverosimile sarà quella fra le parole 'frutta' e 'fresca'. Solitamente i turisti apprezzano la colazione all'inglese, perché a casa non mangiano le stesse cose: se lo facessero con regolarità, morirebbero prematuramente.

BEVANDE
Le bevande alcoliche da asporto si trovano nelle rivendite autorizzate di quartiere (off-licence) piuttosto che nei pub. Gli orari di apertura sono diversi; la maggior parte dei negozi osserva l'orario di apertura normale, ma ve ne sono alcuni che prolungano l'apertura fino alle 21 o alle 22, sette giorni su sette. Potete acquistare alcolici anche nei supermercati e nei negozietti, in costante diminuzione.

Gran parte dei ristoranti possono servire alcolici, ma questi, soprattutto se si tratta di vini di buona qualità, sono sempre costosi. Alcuni ristoranti che non hanno la licenza vi consentono di portare la vostra bottiglia (sono contraddistinti dalla sigla BYO, ossia 'Bring Your Own'), salvo poi estorcervi una somma per stapparvi la bottiglia stessa.

Pub
Ai pub è permesso osservare un orario di apertura di 12 ore, da distribuire a piacere lungo l'arco della giornata, dal lunedì al sabato. Gran parte di essi conservano l'apertura tradizionale, dalle 11 alle 23, e il suono della campanella che segnala l'ultimo giro solitamente è alle 22.45. La domenica invece aprono quasi tutti dalle 12 alle 15 e poi dalle 19 alle 22.30, anche se non è difficile trovarne di aperti tutta la giornata. Oggi si stanno finalmente prendendo le misure – era tempo – per liberarsi di queste leggi insensate, ma l'operazione sta richiedendo un tempo esageratamente lungo: diciamo che la velocità è inversamente proporzionale a quella degli avventori che si affrettano a procurarsi le ultime pinte prima che suoni la campana.

Per molti visitatori l'aspetto peggiore di una vacanza in Inghilterra è il venir cacciati fuori da un pub proprio quando ci si comincia a rilassare dopo la dura giornata del turista.

Per saperne di più su questa istituzione inglese, v. I pub.

Bevande analcoliche
La bevanda nazionale inglese è senza dubbio il tè, anche se oggi il caffè è altrettanto diffuso e nelle città del sud è facile trovare anche cappuccino ed espresso. Il tè è talmente parte integrante della vita inglese che potete quasi misurare la vostra posizione geografica dalla quantità di teina contenuta nell'infuso. Avvicinandosi a Birmingham, il tè diventa progressivamente più forte (e di colore arancione), il tipo di bevanda nel quale il cucchiaino resta in piedi, come sostiene un'espressione idiomatica. Spingendovi più a sud, invece, avete le stesse probabilità di bere un tè alle erbe, un tè Earl Grey, o un infuso indiano o dello Sri Lanka.

Bevande alcoliche
Birra Nei pub inglesi viene servita una varietà impressionante di birra – ale, bitter, lager e stout. Quella che i non appassionati considerano birra è in realtà lager (come Fosters e Budweiser) che, con grande dispiacere di coloro che amano la buona birra, oggi occupa una fetta consistente del mercato. Fortunatamente, la bit-

La combriccola delle catene

In molte strade inglesi di grande passaggio avrete l'impressione che gli unici locali dove mangiare siano le catene di caffè e ristoranti. Si tratta di un'evoluzione spiacevole, provocata dagli alti costi che implica l'apertura di un nuovo ristorante in zone dove le spese sono molto consistenti: per una grande società è molto più facile riprodurre un numero infinito di volte lo stesso concetto, offrendo cibo e bevande che possono essere preparati facilmente da personale poco qualificato, piuttosto che gestire ristoranti unici e di alta qualità, alle cui spalle c'è una singola idea, uno chef e diversi menu.

Data la proliferazione di catene in Inghilterra, verrà il momento in cui capirete di non avere scelta e di doverne provare una. Riportiamo qui un resoconto delle migliori possibilità:

Pret a Manger è una catena potente, che offre panini straordinariamente freschi e in una serie di gusti nuovi: il *Chicken Caesar* trasuda parmigiano, il ripieno del *More than mozzarella* contiene anche basilico e pinoli. Il caffè viene preparato su ordinazione. A questa catena va riconosciuto il merito di aver alzato gli standard dei pasti inglesi da asporto.

Soup Opera offre un'ampia scelta di minestre preparate quotidianamente e sempre diverse, con varianti interessanti, come la fagiolata toscana e la zuppa di eglefino affumicato.

Café Flo, Café Rouge e **Dôme** cercano tutti di riprodurre le informali brasserie francesi. I menu sono ricchi di insalate, omelette, bistecche e *frites*, frites e ancora frites. Tutte e tre le catene sono caratterizzate da locali luminosi e ariosi, ma anche dal servizio sciatto, forse perché i proprietari non si curano di muoversi dai loro uffici lontani (sia Café Flo, sia Dôme sono in realtà entrambi del grande gruppo Whitbread). Un pasto viene a costare fra £15 e £20 per persona, bevande comprese.

Pizza Express è una catena originale che cerca di rendere ognuno dei suoi locali unico con un arredamento elegante ma eclettico. Le pizze (£6) sono preparate in un grande assortimento di gusti e sono piuttosto buone. In alcuni locali si suona anche regolarmente musica jazz dal vivo.

---

ter inglese tradizionale oggi sta contrattaccando, grazie all'organizzazione Campaign for Real Ale (CAMRA) – cercate l'adesivo nelle vetrine dei pub.

L'ampia scelta nel campo delle birre va da quelle molto leggere (quasi come le lager) a quelle molto forti e dense. Solitamente la birra viene servita a temperatura ambiente, il che può essere un vero e proprio shock per chi è cresciuto a birre gelate. Se pensate però a queste 'birre' come a qualcosa di completamente nuovo, scoprirete degli aromi più delicati che una lager fredda e dal retrogusto metallico non può eguagliare. Le ale e le bitter sono simili, si tratta più che altro di una differenza di nome a livello regionale; le migliori sono quelle pompate a mano dalle botti rispetto a quelle a pressione, cui è aggiunta anidride carbonica.

La stout è una birra scura, spessa e ricca di schiuma: la più famosa è la Guinness. Tradizione vuole che la birra venga servita a pinte (da £1,60 a £2,50), ma potete anche chiederne 'half' (mezza pinta). Le birre più forti, 'speciali' o 'extra', hanno una gradazione alcolica che va da 2 a 8%. Birre che sembrano praticamente identiche possono discostarsi leggermente nel prezzo, perché questo è basato sulla gradazione alcolica; in pratica, una pinta con alcol pari a 4,3% (gradazione tipica) costerà un po' meno rispetto a una con una percentuale del 5,2%.

Per le raccomandazioni circa quali pinte scolare e informazioni sui posti migliori dove bagnare l'ugola, v. I pub.

Vino È facile trovare del buon vino. I locali in cui si beve vino sono stati popolari

La combriccola delle catene

Café Pasta e Spaghetti House sono considerate il non plus ultra nello stile 'locale italiano'. Sul menu di entrambe compaiono piatti poco più elaborati degli spaghetti 'alla Bolognese' – inesistenti nella tradizione italiana; si pagano circa £15, bevande comprese.

Caffetterie
I giorni in cui in Inghilterra si poteva sperare solo in una tazza di caffè triste e privo di aroma sono finiti, grazie ai locali che vendono fumanti tazze di caffè in un assortimento di formati e varianti. Anche in questo caso imperano le catene, con una grande competizione per aggiudicarsi le posizioni migliori nelle strade più battute. In alternativa, trovate buone caffetterie all'interno di alcune librerie come Waterstones, Books Etc e Borders, che vi permettono di sfogliare il vostro libro davanti a un bel caffè con la schiuma. Anche nelle stazioni ferroviarie e in altri luoghi un tempo tristemente noti per la qualità scadente del caffè, oggi si trovano rivendite discrete.

Elenchiamo di seguito i contendenti principali nella 'guerra dei caffè' britannica. In tutti questi locali potete scegliere se consumare la vostra bevanda sul posto mentre leggete il giornale oppure se portarla via.

Aroma ha rivendite eleganti che mascherano la sua appartenenza al gruppo McDonald's. Il caffè vi viene servito in grandi tazze gialle, blu o rosse, con un po' di cacao spruzzato sul bordo.

Coffe Republic ha sedie grandi e confortevoli in molti dei suoi locali, dove potete consumare anche dolci e panini freddi.

La catena **Costa** propone un menu di zuppe fresche, dolci e panini caldi e freddi. È la scelta giusta per coloro che non vogliono solo una bevanda, ma hanno bisogno di sostentarsi.

Starbuck's continua il suo attacco globale e l'Inghilterra è un fronte di primaria importanza per la catena statunitense. I locali sono generalmente grandi, con molti posti a sedere, adatti per trattenersi più a lungo.

Per gli aggiornamenti circa l'assalto furioso da parte di catene di pub, v. **I pub**.

---

negli anni '80 e, se oggi sono un po' superati, gli va riconosciuto il merito di aver costretto molti pub a migliorare la loro scelta di vini al calice. Anche i ristoranti hanno di norma una lista dei vini discreta, e se cercate una bottiglia da portare con voi per un picnic, i grandi supermercati ne offrono una scelta veramente impressionante a prezzi buoni.

Whisky Il whisky (se irlandese scritto *whiskey*), distillato la prima volta in Scozia nel XV secolo, è una bevanda alcolica di largo consumo in Inghilterra. Si tratta del prodotto scozzese più conosciuto e dell'articolo maggiormente esportato; oggi se ne producono più di 2000 marche.

Vi sono due tipi di whisky: il *single malt*, ottenuto dall'orzo trasformato in malto, e il *blended*, distillato dal granturco e poi miscelato con malti speciali. I 'single malt' sono più rari (ve ne sono solo circa 100 marche) e più costosi rispetto ai 'blended'.

DIVERTIMENTI
Secondo la località nella quale pernotterete, troverete una grande scelta di sale da concerto, teatri, cinema e night-club per occupare le vostre serate. I locali di fama mondiale sono soprattutto a Londra (v. **Divertimenti** nel capitolo **Londra**), ma gran parte delle grandi città ha almeno un teatro di fama e spesso un cinema d'essai per integrare le sale multischermo. Naturalmente la scelta è più limitata se alloggiate in una località di campagna.

In qualunque modo decidiate di suddividere il vostro budget e il vostro tempo, dovete mettere in programma di assistere almeno ad alcune rappresentazioni teatrali, perché lo standard è effettivamente tanto alto da giustificare la fama del teatro inglese come migliore al mondo, non solo nei teatri del West End londinese – dove comunque si puo' assistere a spettacoli interessanti. In altre parti di Londra e dell'Inghilterra si trovano piccole compagnie teatrali di grande livello e durante l'estate alcune delle migliori fra queste vanno in tournée e si esibiscono nelle città di tutta l'Inghilterra.

Per quanto riguarda la vita notturna, i centri urbani principali offrono molte scelte: forse perché i pub chiudono molto presto, in Inghilterra c'è una serie di ottimi locali notturni. In molti di questi si organizzano serate a tema e si esibiscono DJ che attirano pubblico da tutta la regione. Oltre a Londra molte altre località – in particolare le grandi città dell'Inghilterra settentrionale – hanno locali notturni di questo tipo.

L'Inghilterra è il paese natale del rock e ancora oggi vi nascono come funghi nuovi gruppi musicali, che sperano di finire in qualche tetro locale nottuno di Londra come trampolino di lancio per un grande contratto con una casa discografica – ma anche nelle altre città, dove vi è un alto numero di locali, potete ascoltare dell'ottima musica. Il modo migliore per scoprire le band e i locali del momento è chiedere in giro.

I centri urbani più grandi di tutta l'Inghilterra offrono anche una buona scelta nel campo della musica classica e le orchestre londinesi più importanti hanno fama mondiale.

MANIFESTAZIONI SPORTIVE

Gli Inglesi amano appassionatamente i match sportivi e vi assistono con una dedizione totale e agonistica. Il popolo inglese è responsabile dell'invenzione o dei regolamenti che presiedono a molti degli sport più popolari al mondo: cricket, tennis, calcio e rugby, cui bisogna aggiungere biliardo, bocce, boxe, freccette, hockey, squash e ping-pong.

Il paese ospita inoltre avvenimenti sportivi di prim'ordine: il torneo di Wimbledon (tennis), la finale di coppa FA (calcio), il Test Cricket, i Badminton Horse Trials (equitazione), il British Gran Prix (automobilismo), l'Isle of Man TT (motociclismo), il Derby e il Grand National (gare ippiche), l'Henley Regatta (canottaggio), la Super League Final (rugby) e l'Admirals Cup (vela).

Londra ospita tutto l'anno spettacoli sportivi importanti: se volete assistere a uno di questi avvenimenti dal vivo, consultate *Time Out*, dove troverete il calendario sportivo, luoghi e prezzi dei biglietti (v. anche **Manifestazioni sportive** nel capitolo **Londra**). In tutta l'Inghilterra, assistere a un incontro di calcio in cui è coinvolta un'importante squadra locale equivale a conoscere l'aspetto più chiassoso della gente del luogo.

Calcio

Lo sport di gran lunga più seguito in Inghilterra – anche uno di quelli più giocati – è il calcio, chiamato *football* e talvolta *soccer*.

Dopo l'introduzione della prima serie inglese o *Premier League* nel 1992, il calcio in Inghilterra è anche al centro di grandi interessi economici. Questa serie d'élite, alla quale sono iscritte le 20 migliori squadre del paese, ha visto notevoli investimenti finanziari che hanno reso sia l'insieme delle squadre, sia i singoli giocatori più abbienti rispetto al passato (oggi gran parte dei giocatori guadagna circa £15.000 la settimana). Il denaro extra arriva soprattutto da contratti televisivi firmati con Sky, una delle reti via satellite più potenti e più ricche del mondo. Sfortunatamente, pochi dei club minori hanno beneficiato di questi cambiamenti, creando la situazione tipica in cui i club principali diventano sempre più ricchi mentre quelli più piccoli lottano per sopravvivere.

Questa sorta di rivoluzione ha trasformato l'immagine del gioco, che negli anni '80 era associato al fenomeno dei tifosi o *hooligans* e alla violenza. Negli anni '90 i club, rendendosi conto dell'importanza di fare del calcio uno sport socialmente più accettabile, si sono sforzati di attrarre un pubblico più diversificato; nel complesso si può affermare che vi siano riusciti e oggi la Gran Bretagna ha anche un ministro dello Sport, fan sfegatato dell'Arsenal. Le trasmissioni via satellite su Sky TV hanno reso gli incontri più accessibili al pubblico non solo in Inghilterra, ma in tutto il mondo. Oggi, inoltre, gran parte dei campi sono luoghi dove anche una famiglia può trascorrere una piacevole giornata all'aperto. Com'è naturale, tutti questi cambiamenti positivi non hanno impedito agli hooligans inglesi – e non britannici, come vi gridano orgogliosamente in faccia – di mettere in imbarazzo l'intera nazione con le loro prodezze, come è successo a Euro 2000.

In Inghilterra vi sono alcuni dei giocatori migliori e meglio pagati al mondo. Molti dei club più grandi oggi sono quotati in borsa e sono gestiti come vere e proprie imprese produttrici di reddito. L'intero settore è diventato così commerciale che la maggior parte dei redditi dei club deriva in ugual misura dalla partecipazione agli incontri e dalle strategie commerciali.

Il campionato va da agosto a maggio e la maggior parte degli incontri si svolge il sabato pomeriggio alle 15.00. Il prezzo del biglietto va da £12 a £40: è molto difficile procurarsi un ingresso, quindi prenotate con largo anticipo.

Fra i club più importanti ricordiamo Manchester United, Arsenal, Liverpool e Newcastle United. Lo stadio di Wembley è quello dove gioca la nazionale inglese e anche quello dove si svolge la finale della coppa FA, in maggio: la struttura dovrà però essere sottoposta a una controversa ristrutturazione che si prolungherà per tutto il 2003.

Cricket

Il cricket, talvolta definito lo sport nazionale inglese, è ancora molto amato e praticato. Tutti i fine settimana estivi, centinaia di squadre giocano su idilliaci prati verdi (o sui campi sportivi nelle città) mettendo in mostra le migliori caratteristiche inglesi – sportività, spirito di squadra e abilità individuale (oltre a malmenare la squadra avversaria e a insultare l'arbitro).

Chi non conosce il gioco avrà bisogno di qualcuno che gli spieghi le regole e con molta probabilità lo troverà lento, ma nella sua forma migliore il cricket è emozionante, esteticamente piacevole, psicologicamente coinvolgente ed essenzialmente inglese.

Oggi sopravvivono diversi club fondati nel XVIII secolo; il più famoso e importante è il Marylebone Cricket Club (MCC), che ha sede nel campo da cricket Lord's, a nord di Londra.

Ogni estate, la nazionale di almeno uno dei paesi dove si gioca il cricket (Australia, India, Nuova Zelanda, Pakistan, Sudafrica, Sri Lanka, Indie Occidentali, Zimbabwe) viene in Inghilterra per giocare una serie d'incontri internazionali della durata di cinque giorni e di un giorno, che richiamano grandi folle. I biglietti per questi incontri costano da £20 a £40 e si esauriscono rapidamente, mentre quelli per gli incontri dei campionati di contea costano una cifra più abbordabile, da £7 a £15.

Rugby

Una volta si sosteneva che la differenza fra il rugby e il calcio fosse che il secondo era uno sport da gentiluomini praticato da teppisti, mentre il primo era un gioco da teppisti praticato da gentiluomini. La distinzione di classe oggi è scomparsa, ma l'elemento vandalistico è rimasto: un recente rapporto ha stabilito che il rugby è lo sport inglese più violento, con una percentuale d'infortuni gravi per giocatore quattro volte superiore al calcio.

Il rugby (*rugby football* o *rugger*) prende il nome dalla scuola di Rubgy, nel Warwickshire, dove si pensa il gioco abbia avuto origine nel 1823, quando William Ellis, nel corso di un incontro di calcio, raccolse la palla e scappò via.

I professionisti riuniti nella lega del rugby giocano nel nord dell'Inghilterra, e il gioco si differenzia da quello dilettantistico per il numero di giocatori che, invece di 15, è di soli 13 atleti per squadra. Il regolamento e le tattiche cambiano leggermente; l'aspetto più evidente è che il possesso della palla si sposta da una squadra all'altra dopo cinque *tackle* o placcaggi. Gli incontri della lega si svolgono essenzialmente in estate e la finale della Super League si svolge in settembre all'Old Trafford. Fra le squadre 'da vedere' vi segnaliamo St Helen's, Wigan e Warrington.

Il rugby si gioca soprattutto in Scozia e Galles, anche se vi sono squadre inglesi (fra le migliori, quelle di Bath e Leicester). Londra è il luogo adatto ai tifosi del rugby, dove si trovano molte squadre di buon livello (come gli Harlequins, Richmond e Wasps).

Golf

Anche se si ha notizia di sport in cui si colpiva una palla con un bastone fin dall'epoca dei Romani, è la variante scozzese che ha avuto fortuna e si è diffusa. Il golf, che pare risalga al XV secolo, fu diffuso dalla monarchia scozzese e guadagnò popolarità anche a Londra dopo che Giacomo VI di Scozia divenne Giacomo I d'Inghilterra.

Londra ospita il club di golf più antico; Riccardo VI, infatti, nel 1608 giocò a Blackheath, e il Royal Blackheath di Londra ha assunto come data della sua fondazione questa partita reale.

Per informazioni su dove e come giocare a golf in Inghilterra, v. l'inserto **Attività**.

Corse di cavalli

Anche la regina assiste al Royal Ascot, che si svolge nel corso di una settimana alla fine di giugno. I biglietti più economici costano £5, ma per essere ammessi dentro il recinto occorre essere vestiti adeguatamente e disposti a spendere circa £30. La prenotazione è indispensabile (☎ 01344-622211).

Il Derby viene invece disputato a Epsom (☎ 01372-726311) il primo sabato di giugno. Si tratta di una tradizione molto amata dalle masse e, in quest'occasione, non vedrete gente in ghingheri – contrariamente a quanto avviene ad Ascot.

ACQUISTI

Napoleone liquidò una volta gli Inglesi definendoli 'un popolo di commercianti', ma oggi, con la diffusione delle grandi catene di rivendite standardizzate, è più corretto definirli 'un popolo di acquirenti'. Lo shopping è infatti l'attività ricreativa nazionale più diffusa.

Date le caratteristiche del capitalismo delle multinazionali, ci sono pochi articoli in vendita che si potrebbero definire un tipico souvenir inglese. L'altro lato della medaglia è che quello che non trovate in vendita a Londra molto probabilmente proprio non esiste: nella capitale si trovano infatti magazzini enormi, oltre a una quantità impressionante di negozi specializzati. Per i particolari, v. **Acquisti** nel capitolo **Londra**.

Non vi date la pena di acquistare a Londra un articolo che trovereste anche nel vostro paese di origine, dove costa probabilmente meno. Concentratevi piuttosto su quanto trovate solo in Inghilterra.

Che cosa comprare

Fra gli acquisti migliori che si possono fare in Inghilterra vi sono i libri, soprattutto alcuni esemplari insoliti e irreperibili altrove. Le librerie specializzate di Londra, come quelle che trovate lungo Charing Cross Rd, hanno una varietà di libri e titoli che non ha eguali in nessun'altra parte del mondo.

Un altro articolo richiesto sono i dischi, sia in vinile sia i CD; nei piccoli negozi specializzati di Londra e nella maggior parte delle città di una certa dimensione potete scovare incisioni particolari o difficili da reperire altrove.

I negozi di antiquariato – luoghi in cui si condensa la lunga storia inglese – sono molto diffusi. La varietà degli oggetti disponibili e i prezzi soddisfano tutte le richieste, e gli appassionati possono programmare un'intera vacanza per fare acquisti. La popolarità della serie televisiva della BBC *Antiques Roadshow* testimonia l'amore degli Inglesi per tutto ciò che è antico (o vecchio) e collezionabile.

Un altro articolo molto ricercato sono i capi di abbigliamento classico, come le giacche *trench* – il termine significa 'trincea', e queste giacche derivano letteralmente dall'equipaggiamento di milioni di

sventurati soldati che hanno partecipato alla Prima guerra mondiale – e i completi. Hanno fama mondiale i sarti londinesi di Savile Row e le camicerie di Jermyn St.

Il design inglese è sempre stato ottimo – anche se è difficile crederlo vedendo le carrozzerie di alcune automobili e i palazzi adibiti a uffici – e vi è una vasta gamma di articoli, dallo sfizioso al pratico, che vi potrebbero interessare.

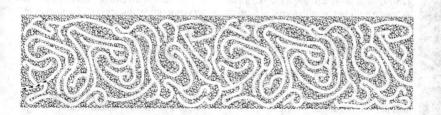

Attività

Uno dei modi migliori per evitare i percorsi più turistici è quello di dedicarsi alle proprie attività e interessi anche in vacanza, soprattutto in Inghilterra dove non mancano certo le possibilità. Partecipare attivamente alla vita di un paese è senza dubbio più piacevole e gratificante che restare uno spettatore solitario che osserva il mondo attraverso l'obiettivo di una macchina fotografica o da dietro il finestrino di un treno.

In Inghilterra molte attività non solo permettono di scoprire gli angoli più belli e affascinanti del paese, ma sono anche alla portata dei viaggiatori con il budget più limitato. A questi infatti potrà facilmente capitare di spostarsi a piedi o in bicicletta per necessità, e fortunatamente attraversare la campagna inglese a piedi o in bicicletta è una tra le esperienze più belle – e anche più economiche – di una vacanza in questo paese.

Chi viaggia con un budget meno ridotto potrà cimentarsi in uno degli sport tradizionali inglesi, ancora praticati con un certo entusiasmo. Queste attività, dall'equitazione alla caccia, dal tiro a segno alla pesca, sono destinate ad assottigliare i portafogli più gonfi.

Nella maggior parte dei casi le attività sono ben organizzate e troverete club o associazioni in grado di fornirvi tutte le informazioni necessarie per praticare un certo sport e che, a volte, praticano sconti piuttosto vantaggiosi. Molte di queste organizzazioni sono affiliate tra loro e a volte hanno sedi anche all'estero, per cui se siete membri di qualche società sportiva, prima di partire informatevi sull'esistenza di eventuali club affiliati in Inghilterra. La British Tourist Authority (BTA; v. **Uffici turistici** in **Informazioni pratiche**) pubblica una serie di opuscoli che illustrano gran parte delle attività e che possono essere utili per indirizzare le proprie ricerche.

In Inghilterra esistono appassionati di quasi ogni sport, attività o hobby praticato sulla faccia della terra. Di solito si tratta di persone desiderose di trovare qualcuno con cui condividere la propria passione, e a volte la loro disponibilità si tramuta in atteggiamenti persino troppo generosi e ospitali.

Itinerari a piedi

Ogni fine settimana milioni di persone si riversano nei parchi e nelle campagne del paese. Forse a causa dell'alta densità di popolazione dell'isola, i cittadini britannici danno una grandissima importanza agli spazi aperti e alla possibilità di respirare un po' di aria pulita. In città, il rito dello shopping del fine settimana si accompagna a quello di una passeggiata al parco per finire poi con un tè o una birra in qualche locale. Anche la campagna viene presa d'assalto da stuoli di persone (e cani) che trascorrono il fine settimana facendo brevi camminate che si concludono in una sala da tè o in un pub.

Nonostante l'impatto negativo dello sviluppo moderno, la campagna inglese è rimasta in gran parte incontaminata, e rispecchia perfettamente l'immagine agreste che ci siamo creati attraverso libri, film e documentari televisivi.

Gli appassionati delle escursioni a piedi potranno usufruire di un'ottima rete di servizi e infrastrutture. Ogni centro di informazione turistica (Tourist Information Centre, TIC) è in grado di fornire gratuitamente o per una cifra irrisoria tutti i particolari relativi ai percorsi consigliati e ai punti d'interesse della zona. Inoltre ci sono un'infinità di libri – disponibili presso i TIC, in edicola, in libreria e nei negozi di attrezzature sportive – che descrivono tutti gli itinerari possibili, dalle passeggiate di mezz'ora alle escursioni di una settimana.

Praticamente tutti i villaggi e le cittadine sono circondati da numerosi sentieri: se amate camminare, potreste fermarvi una settimana in una località che attiri il vostro interesse (magari affittando un cottage o alloggiando in un ostello o in un campeggio) e usarla come base per esplorare a piedi la campagna circostante. In questa guida troverete diversi itinerari brevi descritti in ogni particolare.

DIRITTO DI PASSAGGIO

Forse sempre a causa dell'alta densità di popolazione dell'isola, in Inghilterra il terreno, anche quello di proprietà privata, è tutelato da leggi che ne consentono o ne vietano anche il semplice transito. La campagna è costellata di innumerevoli 'rights of way' (vie di passaggio pubblico), quasi sempre in zone di proprietà privata, lungo le quali può transitare chiunque. I 'rights of way' possono condurre attraverso campi, brughiere, boschi, fattorie.

Queste vie di passaggio pubblico possono essere *footpaths* (sentieri da percorrere a piedi) o *bridleway* (piste che possono essere percorse anche a cavallo o in bicicletta) ed esistono da secoli, in alcuni casi addirittura da millenni. Sono indicate sulle cartine e spesso sono segnalate da cartelli stradali in corrispondenza degli incroci con le strade. Alcune sono contrassegnate da speciali segnali posti in punti strategici lungo il percorso (frecce gialle per i *footpaths*, frecce blu per il *bridleway*, o altri segnavia che indicano un itinerario particolare). Altre però sono completamente prive di segnaletica, e in questi casi è indispensabile avere una buona cartina e saperla leggere. Se un percorso è coperto dalla vegetazione o vi è qualche altro ostacolo che impedisce il passaggio, è consentito sgomberarlo per quel tanto necessario a proseguire il cammino. Se è possibile, evitate di attraversare campi coltivati; in ogni caso cercate di limitare il vostro passaggio – nessun contadino sarà felice di veder danneggiata la sua proprietà.

Alcune di queste vie di passaggio attraversano terre di proprietà del Ministero della Difesa (MOD), usate occasionalmente dall'esercito. In caso di manovre o esercitazioni di tiro, l'accesso a queste zone è vietato e vengono erette delle bandiere rosse per mettere in guardia gli escursionisti da eventuali pericoli.

Ci sono zone, chiaramente contrassegnate, che si possono attraversare liberamente, senza doversi attenere ai 'rights of way'. Per esempio, alcune proprietà del National Trust (NT), oggi uno dei maggiori possidenti terrieri della Gran Bretagna, sono aperte al pubblico. Tuttavia, le terre che si trovano all'interno dei parchi nazionali non rientrano necessariamente in questa categoria. I parchi nazionali dell'Inghilterra sono stati istituiti dalla Countryside Commission (organo ministeriale per la tutela dell'ambiente) allo scopo di tutelare i paesaggi più belli e offrire ai visitatori la possibilità di ammirarli; tuttavia gran parte delle terre è rimasta sotto la proprietà di privati che possono coltivarle e imporre limiti di accesso e di transito. Per piantare una tenda, per esempio, è quasi sempre necessaria l'autorizzazione del proprietario della zona. Anche le cosiddette Areas of Outstanding Natural Beauty (aree di straordinaria bellezza naturalistica) e Heritage Coasts (tratti costieri dichiarati patrimonio nazionale) sono protette dalla legge, ma questo non garantisce necessariamente un libero accesso.

ITINERARI A LUNGA PERCORRENZA

Se siete in buona forma fisica e viaggiate all'insegna del risparmio, potreste tenere seriamente in considerazione di programmare una o più escursioni della durata di qualche giorno. I centri abitati non distano mai molte ore di cammino l'uno dall'altro, per cui non sarà difficile stabilire un percorso che colleghi convenientemente trasporti pubblici, ostelli e villaggi. In molti casi non occorre nemmeno portarsi dietro la tenda e l'attrezzatura per cucinare. Avrete invece bisogno di indumenti caldi e impermeabili (non dimenticate un berretto e un paio di guanti), di un paio di scarpe comode e resistenti, di scorte alimentari e cibi altamente nutritivi (per le emergenze), una bottiglia per l'acqua (con pastiglie per purificarla), una piccola cassetta di pronto soccorso, un fischietto, una torcia elettrica (pila tascabile), e infine una cartina e una bussola.

Tra le zone migliori per compiere escursioni lunghe segnaliamo le colline del Cotswold e l'Exmoor National Park.

Oggi in Inghilterra ci sono nove sentieri a lunga distanza (*long-distance paths*, *LDPs*), chiamati National Trails, sentieri nazionali, creati dalla Countryside Agency, un ente nato nel 1999 dalla fusione tra la Countryside Commission e la Rural Development Commission. In molti casi si tratta dell'unione di itinerari già esistenti e stabiliti dalla Countryside Commission nel corso degli ultimi 40 anni. I National Trails offrono al viaggiatore la possibilità di accedere ad alcune delle zone più belle del paese, a volte anche attraverso i parchi nazionali. Questi itinerari ricalcano il percorso di strade molto antiche.

Agli itinerari nazionali si aggiungono poi oltre 150 itinerari regionali, ideati dai consigli di contea e altri itinerari non ufficiali creati da singoli o da associazioni private come la Ramblers' Association. Su alcuni di essi, molto belli e ben organizzati, sono disponibili anche diverse informazioni utili. D'altra parte però, con una buona cartina in mano si può tracciare un itinerario personalizzato!

Si può anche decidere di percorrere a piedi un intero itinerario (*long-distance trail*, o semplicemente *way*), la cui lunghezza può variare da 30 a 600 miglia (da 48 a 966 km) anche se molti ne scelgono soltanto un tratto, in base al tempo e ai mezzi di trasporto disponibili. Gli amanti delle escursioni che vivono in città suddividono di solito un solo itinerario in più tratti da percorrere in due o tre fine settimana.

Alcuni di questi itinerari, in particolare quelli lungo la costa, possono essere molto frequentati durante il fine settimana e nei mesi di luglio e agosto – in questi periodi è quindi consigliabile prenotare l'alloggio con un certo anticipo (contattate i TIC della zona per tutti i particolari).

Per quanto dolce e ridente, la campagna inglese, soprattutto sulle colline e nei tratti di brughiera, può riservare repentini cambiamenti atmosferici in qualsiasi momento dell'anno. Per avventurarsi nelle zone montane è necessario essere ben attrezzati e avere con sé (sapendo come usarli) delle buone cartine e una bussola. Prima di incamminarsi è bene comunicare a una persona di fiducia tutti i particolari dell'itinerario che s'intende percorrere.

Cartine, guide e informazioni
Nella guida *Walking in Britain* pubblicata da Lonely Planet troverete non solo i principali itinerari a lunga percorrenza ma anche diversi percorsi per camminate da compiere in giornata.

La Countryside Agency in collaborazione con l'Ordnance Survey (OS) pubblica una serie di ottime guide per numerosi sentieri che comprendono note particolareggiate sull'itinerario scelto e le utilissime cartine dell'Ordnance Survey della serie Explorer 1:25.000. Ma ci sono un'infinità di altre guide specializzate nelle escursioni a piedi.

L'Ordnance Survey (OS) pubblica un'ampia scelta di cartine, generalmente non difficili da reperire. Per le escursioni a piedi di solito si consigliano le cartine della serie Landranger 1:50.000 – circa 1,25 pollici per un miglio, su una superficie di 25 x 25 miglia – che risultano sufficientemente dettagliate. In alcuni casi, laddove ci sono sentieri non ben tracciati, può essere utile la serie di cartine Explorer 1:25.000 (che sostituisce la serie Pathfinder) – circa 2,5 pollici per un miglio, su una superficie di circa 12,5 x 12,5 miglia (20 km x 20 km). Segnaliamo inoltre le cartine della Pathfinder Walking Guide (guide a escursioni brevi in zone molto frequentate) e quelle dell'Outdoor Leisure (ce ne sono di quasi tutti i parchi nazionali), entrambe in scala 1:25.000. È molto utile anche il sito Internet dell'Ordnance Survey, www.ordsvy.gov.uk.

Se siete intenzionati a trascorrere gran parte della vostra vacanza dedicandovi a escursioni di questo tipo, vi consigliamo di contattare la Ramblers' Association (☎ 020-7339 8500), Camelford House, 87-90 Albert Embankment, London SE1 7TW. Sul suo sito Internet troverete diversi link e informazioni su molti itinerari da compiere a piedi. L'annuario dell'associazione (£4,99) è facilmente reperibile e riporta informazioni dettagliate su ogni itinerario accludendo le relative cartine e un elenco delle possibilità di sistemazione che s'incontrano lungo il cammino (ostelli, B&B, rifugi).

Un'altra buona fonte di informazioni è costituita dai numerosi negozi di attrezzature per attività all'aria aperta che si trovano anche nei centri più piccoli lungo i percorsi più frequentati; ne troverete un ampio elenco in questa guida.

Bagagli

Negli ultimi anni il settore escursionistico in Inghilterra si è arricchito di un'importante novità: un servizio che permette ai viaggiatori di spedire il proprio bagaglio con un giorno di anticipo nella destinazione che raggiungeranno in seguito, lasciandoli così liberi di assaporare appieno la loro escursione. Anche se questa iniziativa potrà non piacere ai più tradizionalisti, è particolarmente utile se l'itinerario a lunga distanza fa parte di un percorso molto più lungo. Le tariffe applicate variano molto a seconda del servizio richiesto.

Ecco un'agenzia a cui rivolgersi:

Sherpa Van Project (☎ 020-8569 4101, fax 85729788, @ info@sherpavan.com) Offre il trasporto di bagagli e biciclette su una serie di percorsi diversi.
Sito Internet: www.sherpavan.com

South West Coast Path

Lungo un po' più di 610 miglia (982 km), il South West Coast Path è il sentiero più lungo dell'Inghilterra. Il percorso segue la costa toccando quattro contee, da Minehead, nel Somerset, attraversa il Devon e la Cornovaglia, e termina a Poole nel Dorset. Il sentiero è conosciuto anche con i nomi di South West Way e di South West Peninsula Coastal Path.

Il South West Coast Path si basa sul percorso battuto dalle guardie costiere che perlustravano la zona in caccia dei contrabbandieri; per questo motivo gran parte del sentiero corre proprio lungo il margine della costa e l'itinerario comprende molti tratti in salita e in discesa.

Poche persone compiono l'intero percorso in una volta, perché farlo richiederebbe da sei a sette settimane di cammino. Il tratto più spettacolare, e anche il più frequentato, è quello che va da Padstow a Falmouth, nei pressi di Land's End, che copre una distanza di 163 miglia (262 km) interamente entro i confini della Cornovaglia. Questo tratto alterna percorsi facili ad alcuni di media difficoltà, ma si può compiere senza particolari difficoltà in due settimane. Lungo il cammino s'incontrano baie e insenature nascoste, relitti di navi naufragate, ruderi di castelli eretti in cima alle scogliere, resti di antichi tumuli e insediamenti, miniere e cave abbandonate, varie specie di uccelli e foche – per cui un binocolo potrebbe risultare utile.

Trovare una sistemazione qui non sarà un problema: ci sono diversi ostelli, campeggi, B&B e pub, di solito non molto lontani dal sentiero.

La South West Coast Association (☎ 01752-892237) pubblica in un solo volume una guida accompagnata da un elenco di sistemazioni che si trovano lungo tutto il percorso. Le guide dell'Aurum Press coprono gli itinerari da Minehead a Padstow, da Padstow a Falmouth, da Falmouth a Exmouth e da Exmouth a Poole.

Troverete ulteriori informazioni sul sentiero visitando il sito Internet www.swcp.org.uk.

Cotswold Way

L'itinerario chiamato Cotswold Way si snoda lungo il margine occidentale delle Cotswold Hills, da Chipping Campden, poco più a sud di Stratford-upon-Avon, fino a Bath. La campagna e i villaggi del Cotswold sono incantevoli, e allo stesso tempo il sentiero vi condurrà attraverso la storia dell'Inghilterra, costeggiando numerosi forti preistorici costruiti in cima alle colline e antichi tumuli sepolcrali. Lungo il percorso s'incontrano poi quelli che furono i campi di battaglia dei Sassoni e più tardi teatro della guerra civile, alcuni resti romani, delle belle case signorili, le rovine di un imponente monastero medievale e molte altre testimonianze storiche. La Cotswold Way attraversa campi e boschi e s'inerpica su per le colline, percorrendo una delle regioni più ricche dell'Inghilterra. I villaggi da cartolina rimandano infatti a solidi conti in banca e a costose scuole private.

Per percorrere le 100 miglia (161 km) della Cotswold Way sono sufficienti cinque giorni, anche se l'ideale sarebbe una settimana. L'itinerario è entrato a far parte nel 1998 della rete dei National Trails, e anche se manca ancora la denominazione ufficiale le condizioni dei sentieri e la segnaletica sono stati migliorati.

Per informazioni sul sentiero, contattate il Cotswold Way National Trail Office (☎ 01452-425637, ✉ jronald@gloscc.gov. uk), Environment Dept, Shire Hall, Gloucester GL1 2TH.

La Cotswold Way è l'ideale per chi viaggia con un budget medio, visto che lungo il percorso abbondano i pub che affittano camere; i viaggiatori con un budget più ridotto troveranno pochi ostelli.

Ridgeway

Dai resti di una via preistorica, oggi la strada più antica della Gran Bretagna, è nata la Ridgeway, un itinerario nazionale (National Trail) che inizia nei pressi di Avebury (Wiltshire) e corre per 85 miglia (137 km) verso nord-est fino a raggiungere Ivinghoe Beacon, vicino ad Aylesbury (Buckinghamshire). Il sentiero costeggia le *chalk downs* (colline di gesso) per poi scendere nella Thames Valley e infine inerpicarsi sulle Chiltern Hills (un'altra catena di colline). Purtroppo il tratto occidentale del sentiero è spesso affollato dagli abitanti dei quartieri residenziali che testano sul terreno i loro fuoristrada.

La guida migliore è *The Ridgeway* di Neil Curtis (£10,99). Per ulteriori informazioni contattate il Ridgeway National Trail Office (☎ 01865-810224), Cultural Services, Holton, Oxford OX33 1QQ.

Potete anche visitare il sito Internet www.nationaltrails.gov.uk/ridgeway/ rwayinto.htm.

Thames Path

Questo sentiero di 173 miglia (278 km) che costeggia il Tamigi parte dalla sorgente del fiume nel Gloucestershire e termina all'altezza del Thames Barrier a Londra ed è stato dichiarato itinerario nazionale nel 1996. Il Tamigi nasce a Thames Head, a sud di Cirencester, attraversa un paesaggio vario, punteggiato da tipici villaggi inglesi, e lasciata la tranquilla campagna e i prati verdi s'immette nell'orrendo agglomerato suburbano alle porte della capitale.

The Thames Path – National Trail Guide (£12,99), di David Sharp, è una buona fonte di informazioni su tutto il percorso. Per ulteriori particolari contattate il Thames Path National Trail Office (☎ 01865-810224), Cultural Services, Holton, Oxford OX33 1QQ.

Potete visitare il sito Internet www. nationaltrails.gov.uk/thames/thpainto. htm.

South Downs Way

South Downs Way è un itinerario nazionale che coincide con un *bridleway*, ossia un sentiero che si percorrere a piedi, a cavallo e in bicicletta. Il percorso copre 100 miglia (161 km) e si snoda tra la località costiera di Eastbourne e Winchester, antica capitale dell'Inghilterra e sede episcopale.

Trattandosi di un percorso piuttosto semplice, e facilmente raggiungibile da

JANE SMITH

Londra, può capitare che alcuni tratti del sentiero siano molto frequentati, soprattutto durante il fine settimana. L'itinerario tocca paesaggi diversi, ma tutti tipicamente inglesi: si passa dalle spettacolari scogliere di gesso di Beachy Head alla catena di *chalk downs* (colline di gesso) da cui si godono splendide vedute, fino alle ridenti campagne e ai b oschi nei dintorni di Winchester.

Le *chalk downs* corrispondono a una delle zone abitate più estese dell'isola e il sentiero della South Downs Way segue un'antica strada risalente a 4000 anni fa. Durante il cammino s'incontrano diverse rovine preistoriche e alcuni affascinanti villaggi medievali. Pub e B&B non sono mai troppo lontani dal percorso e nel tratto compreso fra Eastbourne e Arundel ci sono ben sei ostelli della gioventù (lungo o vicino al sentiero).

Per compiere l'intero itinerario è necessaria una settimana. Per ulteriori informazioni contattate il South Downs Way National Trail Officer (☎ 01705-597618), Queen Elizabeth Country Park, Gravel Hill, Horndean, Hampshire PO8 0QE.

Altrimenti visitate il sito Internet www.nationaltrails.gov.uk/sdowns/sdowinto.htm.

Escursioni a piedi

Ci sono un'infinità di agenzie che offrono escursioni a piedi in tutta l'Inghilterra. Ne segnaliamo due:

Ramblers Holidays (☎ 01707-331133, @ ramhols@dial.pipex.com) Box 43, Welwyn Garden City, Herts AL8 6PQ. Si occupa prevalentemente della zona del Lake District, nell'Inghilterra settentrionale.

English Wanderer (☎ 01740-650900) 1 High St, Windermere, Cumbria LA23 1AF. Quest'agenzia organizza escursioni a piedi senza guida, programmando le sistemazioni, fornendo le cartine, ecc.

🚲 Escursioni in bicicletta

La bicicletta è un ottimo mezzo per andare alla scoperta dell'Inghilterra. Lontano dalle autostrade e dalla strade principali si estende una vasta rete di sentieri e stradine che conducono attraverso tranquilli villaggi di campagna. Se non volete portare la vostra bicicletta potete sempre noleggiarne una al vostro arrivo. In questa guida troverete segnalati numerosi itinerari e piste ciclabili.

INFORMAZIONI

In *Cycling Britain* della Lonely Planet troverete tutti i particolari dei migliori percorsi per le escursioni in bicicletta, informazioni su pernottamento e pasti nella zona e in più un'utile sezione sulla manutenzione della bici. Gran parte della guida è dedicata alle escursioni da compiere in Inghilterra.

La British Tourist Authority (BTA) pubblica un opuscolo gratuito, *Cycling*, con un elenco di percorsi consigliati, di compagnie che organizzano vacanze in bicicletta e altre informazioni utili. Molti TIC regionali sono in grado di fornire informazioni sugli itinerari locali e sui posti dove è possibile noleggiare le biciclette, e di solito hanno a disposizione anche guide e libri sulle escursioni in bicicletta – cercate la serie di cartine/guide dell'Ordnance Survey (OS).

Il Cyclists' Touring Club (CTC; ☎ 01483-417217, fax 426994, @ cycling @ctc.org.uk), 69 Meadrow, Godalming, Surrey GU7 3HS, è un'associazione che dispone di tutte le informazioni necessarie (gratuite per i soci) a chi ha intenzione di percorrere la Gran Bretagna o qualsiasi altro paese in bicicletta. Oltre a una lista di itinerari consigliati (su strada e non), fornisce anche una serie di indirizzi che possono interessare il viaggiatore-ciclista: luoghi di ritrovo, possibilità d'alloggio, agenzie che propongono vacanze organizzate in bicicletta, noleggi e il servizio che consente di ordinare per posta le cartine e le guide specializzate dell'Ordnance Survey. La quota associativa annuale costa £25 (£15 per gli anziani e i giovani con meno di 26 anni). Fuori dalla Gran Bretagna esistono alcune associazioni ciclistiche convenzionate con il CTC.

Per informazioni sulla creazione di una rete nazionale di piste e sentieri ciclabili, v. la lettura **La Sustrans e la rete nazionale di piste ciclabili**.

Escursioni organizzate

Così come per le escursioni a piedi, ci sono diverse agenzie specializzate nelle escursioni in bicicletta. Ecco qualche indirizzo:

Country Lanes (☎ 01425-655022, fax 655177, @ bicycling@countrylanes.co.uk) 9 Shaftesbury St, Fordingbridge, Hampshire SP6 1JF. È una piccola agenzia che organizza una serie di escursioni nel Lake District (Inghilterra settentrionale), nel Cotswold e nella New Forest.

Acorn Activities (☎ 01432-830083, fax 830110) PO Box 120, Hereford HR4 8YB. Questa agenzia propone escursioni in bicicletta da due a 14 giorni, compreso il servizio di trasporto bagagli.

Orchard Cycle Tours (☎ 01865-863773, fax 865783) 1 The Orchard, Appleton, Oxfordshire, OX13 5LF. Organizza diverse escursioni nelle Cotswolds, nell'Oxfordshire e lungo il Tamigi.

Trasporto della bicicletta

Aereo La maggior parte delle compagnie aeree effettua gratuitamente il trasporto di una bicicletta, posto che il suo peso – portapacchi compreso – non superi il peso totale del bagaglio consentito per ogni pas-

---

La Sustrans e la rete nazionale di piste ciclabili

La Sustrans è un'organizzazione senza scopo di lucro che si occupa della creazione di una rete di 6500 miglia (10.461 km) di sentieri e piste ciclabili che attraverseranno le maggiori città della Gran Bretagna. Nel 2000 sono state ufficialmente inaugurate le prime 5000 miglia (8047 km) del percorso; l'obiettivo è quello di far passare la rete a una distanza di circa tre chilometri dalle case di metà della popolazione del paese.

Quando nel 1978 dichiarò il suo progetto, la Sustrans non fu presa sul serio, ma il rinnovato interesse per le biciclette, con la possibilità di limitare la congestione del traffico, ha attirato l'attenzione sull'idea delle piste ciclabili. La rete ha ricevuto l'approvazione delle istituzioni – compreso un finanziamento di circa 43 milioni di sterline da parte della Millennium Commission. Inoltre la Sustrans ha potuto beneficiare del sostegno accordato dal governo e da alcune personalità di spicco, come Neil Kinnock (politico), Jeremy Paxman (giornalista) e Richard Rogers (famoso architetto).

Metà della rete seguirà strade vietate al traffico (tra cui binari ferroviari caduti in disuso e strade lungo gli argini dei canali), mentre le restanti piste ciclabili correranno lungo tranquille strade secondarie. Gli appassionati ciclisti dovranno condividere i sentieri vietati alle auto con gli amanti delle camminate: sarà interessante vedere come avverrà questa combinazione.

L'*Official Guide to the National Network* (£9,99) della Sustrans descrive in modo particolareggiato 29 percorsi per escursioni in bicicletta di una giornata. Per tutti gli itinerari sono disponibili cartine (gratuite i percorsi più brevi, da £3,99 a £5,99 per le guide con cartina degli itinerari nazionali). Per ulteriori informazioni contattate la Sustrans (☎ 0117-929 0888, @ info@nationalcyclenetwork.org.uk), 35 King St, Bristol BS1 4DZ. Il sito Internet dell'organizzazione è www.sustrans.org.uk.

seggero (generalmente 20 kg). Chi supera questo limite potrebbe incorrere in salate sovrattasse sui voli sia nazionali sia internazionali. Alcune linee charter prevedono in ogni caso una tariffa per il trasporto di biciclette. Quando prenotate il biglietto, non dimenticate di comunicare all'agente della compagnia aerea che intendete portare la vostra bicicletta. Arrivate all'aeroporto con un buon anticipo rispetto alla partenza, per avere il tempo di staccare il portapacchi e i pedali, sgonfiare i pneumatici e girare il manubrio – sono le operazioni minime richieste dalle compagnie aeree.

Treno Di solito portare la bicicletta al seguito in treno non è un problema; tuttavia, la privatizzazione del sistema ferroviario inglese comporta che ogni compagnia ferroviaria segua disposizioni proprie sul trasporto delle biciclette.

Generalmente il trasporto di biciclette sui treni locali è gratuito (ma ci sono treni che possono trasportare una sola bicicletta, per cui conviene arrivare con un certo anticipo), anche se alcune compagnie non effettuano questo servizio su determinate tratte o nelle ore di punta. Su gran parte dei treni a lunga percorrenza è necessario prenotare in anticipo il posto per la bici (di solito costa circa £3 per il solo viaggio di andata).

Per essere sicuri di poter portare la vostra bicicletta sul treno conviene prenotare (e fare il biglietto) e informarsi sulle disposizioni da seguire per il trasporto almeno 24 ore prima della partenza – questo perché ci sono treni che possono trasportare solo una o due biciclette. Informatevi anche su eventuali lavori in corso sulla linea ferroviaria, poiché le biciclette non possono essere caricate sugli autobus sostitutivi. Potete iniziare la vostra indagine chiedendo informazioni presso il National Rail Enquiry Service (☎ 0845 748 4950), ma, se possibile, rivolgetevi anche alla compagnia ferroviaria.

Strade e sentieri
Le biciclette non possono circolare in autostrada, ma sono ammesse su tutte le altre strade (sulla corsia di sinistra!), ad eccezione di quelle contrassegnate dalla scritta 'private'. In Gran Bretagna le strade vengono distinte in due categorie, 'A' e 'B': le prime sono di solito molto trafficate ed è consigliabile evitarle; le seconde sono invece più tranquille e spesso vi si può pedalare piacevolmente.

Le strade migliori per chi viaggia in bicicletta sono quelle 'non classificate', che in inglese si chiamano *lanes* (viottolo o strada di campagna). Sono strade non numerate che collegano piccoli villaggi e si individuano seguendo le frecce da una località all'altra. Nelle regioni pianeggianti ce ne sono moltissime, tutte chiaramente indicate sulla cartina dell'Ordnance Survey, che si snodano attraverso la tranquilla campagna inglese toccando qua e là pittoreschi villaggi.

È consentito viaggiare in bicicletta anche sulle strade in terra battuta (*tracks*) che sulle cartine dell'Ordnance Survey sono indicate come *public right of way*. Tuttavia, il passaggio di biciclette sui cosiddetti *footpaths* (sentieri) non è permesso, essendo questi di solito percorribili soltanto a piedi. Le condizioni di piste e sentieri sono molto variabili e in alcuni casi il terreno è decisamente sconnesso e accidentato.

DOVE ANDARE
Inghilterra sud-orientale
L'estremità sud-orientale dell'Inghilterra è una delle zone più trafficate del paese, tuttavia, con un'accurata programmazione dell'itinerario, potrete trovare strade e sentieri tranquilli che vi faranno dimenticare quanto siete vicini alla caotica capitale. Le colline a nord-ovest di Londra, le Chiltern Hills, offrono alcuni percorsi spettacolari da compiere in bicicletta. A sud e a est di Londra ci sono le North Downs e le South Downs, due catene di colline che si estendono longitudinalmente, intervallate dal Weald, un tratto di terreno ondulato e punteggiato da boschi. L'intera regione offre bellissimi paesaggi e numerose possibilità di escursioni su due ruote. Le strade della costa meridio-

nale, una zona densamente popolata, sono spesso molto frequentate e, per quanto possibile, evitate dai ciclisti.

Altra cosa da evitare è andare in giro in bicicletta a Londra: il traffico è davvero molto congestionato e il terreno può essere poco adatto. Ma se proprio non potete farne a meno, allora contattate la London Cycling Campaign (☎ 020-7928 7220, fax 7928 2318) che vi fornirà cartine della città e tutte le informazioni necessarie. Altrimenti visitate il suo sito Internet www. lcc.org.uk.

Inghilterra sud-occidentale

Gli itinerari attraverso le contee del Somerset, Dorset e Wiltshire alternano percorsi facili lungo dolci vallate a percorsi più ripidi in collina. Tra le varie parti di questa regione che godono di una certa popolarità fra i ciclisti, il vecchio bosco e la brughiera di New Forest offrono una serie di facili sentieri da percorrere.

I viottoli scoscesi della Cornovaglia e del Devon costituiscono un percorso più difficile e pericoloso. A nord, sulla costa, il terreno si presenta irregolare e accidentato e a tratti inaccessibile. Vi sono inoltre delle stradine in forte pendenza che scendono fino a raggiungere i piccoli villaggi di pescatori situati nelle insenature lungo la costa. Il paesaggio dei brulli altipiani di Dartmoor, Bodmin Moor ed Exmoor è profondamente diverso dalla costa meridionale del Devon. La costa gode sicuramente del miglior clima dell'isola, ma durante i mesi estivi diventa una meta molto turistica.

Midlands

Le due contee del Cotswold che si trovano in questa zona, il Gloucestershire e l'Oxfordshire, sono posti affascinanti in cui compiere un'escursione in bicicletta, ma vi scarseggiano le possibilità di sistemazione a basso costo. La fitta rete di autostrade e strade molto trafficate che collegano le città con i centri industriali più a nord, richiede un'accurata pianificazione dell'itinerario per evitare le più trafficate arterie stradali. Vale la pena

quindi di pedalare lungo le tranquille stradine che costeggiano villaggi, boschi e campagne, laghetti e canali – Charnwood Forest, per esempio, oppure varie zone della contea di Hereford e Worcester, o del Northamptonshire. Il terreno è prevalentemente pianeggiante e assicura così escursioni meno faticose che nel nord dell'Inghilterra.

Inghilterra orientale

Questa è la regione ideale per i ciclisti alle prime armi e per chi desidera pedalare su un percorso facile: infatti è costituita prevalentemente da zone pianeggianti, che si alternano qua e là a morbide colline e boschi. Gran parte della zona è coperta da campi coltivati, terreno arabile solcato da fiumi e caratterizzato da laghi, paludi (per esempio le *fens*) e da un'infinità di piccoli e suggestivi insediamenti.

Il Suffolk possiede un'ottima rete di tranquille strade di campagna. Ma ci sono due particolari da considerare: primo che i venti provenienti dal Mare del Nord a volte sono molto forti, soprattutto nella zona delle Fens; e secondo che le strade corrono molto spesso parallele a un fiume o a un canale e non sempre si trova un ponte entro breve distanza, per cui può succedere di pedalare un po' più del previsto. Vale la pena portare con sé una buona cartina e di pianificare l'itinerario prima della partenza.

ALCUNI ITINERARI CONSIGLIATI

Il CTC pubblica degli utili opuscoli (gratuiti ma disponibili soltanto per i soci) che per ogni regione illustrano gli itinerari da percorrere in bicicletta, elencando per ciascun percorso le relative possibilità di sistemazione. Il personale del club vi potrà anche aiutare a pianificare un itinerario lungo, magari comprendendo anche la Scozia e il Galles.

Wye Valley

Il fiume Wye percorre circa 130 miglia (209 km) dalla sua sorgente nelle Cumbrian Mountains, in Galles, fino all'estuario del Severn. Di solito, con un escursione di 10 giorni è possibile esplorare l'intera zona, lungo tranquille strade che seguono il fiume.

La parte meridionale della Wye Valley è coperta da fitti boschi e costituisce la linea di confine tra l'estremità sudorientale del Galles e la contea di Gloucestershire in Inghilterra. Chepstow, situata nel tratto settentrionale dell'estuario del Severn, è un punto di partenza ideale e facilmente raggiungibile. La strada principale (A466) segue un affascinante percorso parallelo al fiume, ma in estate è piuttosto trafficata. Salite i ripidi fianchi della vallata e immettetevi nelle stradine di campagna, godendo dall'alto la vista meravigliosa dell'estuario del Severn. Il percorso alterna facili salite su colline morbide a salite più faticose su colline dai fianchi molto più ripidi.

Con una deviazione si può raggiungere la Forest of Dean, dove troverete percorsi adatti a escursioni in bicicletta per tutta la famiglia. Ritornando verso il fiume Wye vale la pena visitare le due graziose cittadine di Monmouth e Ross-on-Wye.

Da Bristol a Padstow

L'escursione di una settimana parte da Bristol e si dirige verso sud-ovest fino a raggiungere Padstow, sulla costa della Cornovaglia. Tra i punti d'interesse che s'incontrano durante il percorso segnaliamo Glastonbury, Wells con la sua cattedrale, i Somerset Levels, l'Exmoor National Park e lunghi tratti di costa. Il percorso comprende due tratti vietati al traffico, ovvero il Tarka e il Camel Trail.

Lungo le 230 miglia (368 km) dell'itinerario troverete una miriade di possibilità di compiere deviazioni, soprattutto all'interno del parco nazionale. Il percorso è un National Cycle Route ed è dotato di un'ottima segnaletica.

Da Hull (Yorkshire) a Harwich

Questo lungo itinerario che attraversa l'Inghilterra da nord a sud, collega due grandi porti alternando lunghi tratti attraverso la campagna a tratti che seguono la costa rocciosa della parte orientale del paese, passando per Norwich e Lincoln, e attraversando la foresta di Norfolk Broads.

Si tratta di un altro National Cycle Route, frequentato soprattutto dai turisti europei che possono raggiungere l'inizio del percorso prendendo un traghetto per uno dei due porti. Da qui, dopo 370 miglia (592 km) si raggiunge il porto all'altra estremità del percorso.

Golf

La Gran Bretagna (la Scozia in particolare) è la patria del golf. Non c'è infatti un altro paese al mondo che vanti un numero più alto di campi da golf rispetto alla popolazione. E anche in Inghilterra i campi da golf non scarseggiano, se ne contano oltre 1300. Londra può vantare il golf club più antico del mondo. Nel 1608 Giacomo I giocò sul campo di Blackheath e la data di fondazione del Royal Blackheath Golf Club di Londra (☎ 020-8850 1042), Court Rd, London SE9 5AF, risale proprio a quella famosa partita reale.

I campi da golf vengono classificati in base al loro livello di difficoltà e per la maggior parte sono accessibili in qualsiasi periodo dell'anno. Alcuni club privati ammettono soltanto i soci, gli amici dei soci, i giocatori disabili e gli sportivi muniti di una lettera di presentazione rilasciata dal proprio golf club. Tuttavia, gran parte dei club è aperta a tutti.

Dal momento che i soci hanno sempre la precedenza quando si tratta di prenotare l'ora di gioco, vi conviene telefonare con buon anticipo. Generalmente è più facile trovare un'ora libera nei campi pubblici, ma nel fine settimana qualsiasi campo da golf tende a essere piuttosto affollato (qui come in qualsiasi parte del mondo). Ricordatevi di chiedere se c'è un codice d'abbigliamento da rispettare e se al club si possono noleggiare le mazze da golf (non tutti i club offrono questo servizio).

JANE SMITH

INFORMAZIONI

La British Tourist Authority è in grado di fornire informazioni su come giocare a golf in Inghilterra. Altrimenti rivolgetevi alla English Golf Union (☎ 01526-354500, fax 354020, ✉ info@english golfunion.org), National Golf Centre, Woodhall Spa, Lincolnshire LN10 6PU.

PREZZI

Il costo di una partita di golf su un campo pubblico va da £20 a £25. I campi privati sono più costosi: le tariffe (*green fees*) vanno da £20 a £70, ma possono raggiungere prezzi ancora più alti se si tratta di campi dove si giocano i campionati (mediamente costano da £35 a £40). Molti club offrono biglietti giornalieri o settimanali, e vale la pena di chiedere se sono disponibili anche tessere o biglietti speciali. Inoltre molti alberghi hanno convenzioni con i campi da golf che assicurano tariffe scontate o danno diritto a un certo numero di ore di gioco.

Noleggiare un set di mazze da golf costa da £5 a £10 (per partita).

Surf e nuoto

Sono pochi i viaggiatori che pensano alla Gran Bretagna come la meta di una vacanza al mare – e questo per diverse ragioni. In primo luogo il cli-

ma e la temperatura dell'acqua: bisogna avere davvero una buona resistenza oppure indossare una muta per poter resistere in acqua più di qualche secondo. D'altro canto la Gran Bretagna ha dei bellissimi tratti di costa e alcune meravigliose spiagge sabbiose. Inoltre gli abitanti dell'isola trascorrono le loro vacanze al mare fin dal XVIII secolo, per cui c'è un'affascinante, a volte bizzarra, tradizione da scoprire.

Chiunque desideri approfondire la propria conoscenza di questo popolo non può tralasciare un breve soggiorno in una località balneare: si va dalle località più tranquille come Eastbourne, meta soprattutto di pensionati, ai vivaci centri culturali come Brighton, ad animate stazioni balneari frequentate da famigliole in vacanza come Hastings. Ma c'è una cosa che tutti questi posti hanno in comune, e cioè che il luogo deputato al divertimento è la spiaggia e che per divertirsi si rimane vestiti dalla testa ai piedi!

D'estate la temperatura dell'acqua si aggira intorno ai 13° C, mentre d'inverno si abbassa di circa 5-6° C. Quindi chi possiede una muta potrà sfidare le onde del mare: in estate sarà sufficiente una muta dello spessore di 3mm più gli stivaletti da surf, in inverno invece sarà indispensabile avere una muta dello spessore di 5mm, più gli stivaletti, il cappuccio e i guanti da surf.

Le spiagge migliori, ovvero quelle in cui ci sono maggiori probabilità di riuscire a prendere un po' di sole, di fare qualche nuotata e di fare surf, sono quelle della Cornovaglia e del Devon. La capitale inglese del surf è Newquay, sulla costa occidentale della Cornovaglia (cinque o sei ore di strada da Londra) con la sua miriade di negozi che vendono tutte le attrezzature necessarie agli appassionati di questo sport. Le tavole e le mute che si trovano qui sono di buonissima qualità e i prezzi competitivi a livello internazionale.

L'aspetto più insolito del mare locale è dato dall'impatto con le maree. L'escursione di marea è talmente grande che a volte la direzione delle onde cambia completamente passando dall'alta alla bassa marea. Le onde più grandi e più belle tendono a formarsi generalmente nei periodi di flusso di una marea. Purtroppo però in primavera, autunno e inverno si hanno di solito onde migliori rispetto all'estate, quando le condizioni del mare sono più imprevedibili.

La costa occidentale della Cornovaglia e del Devon è interamente bagnata dalle acque dell'Atlantico e nel tratto compreso fra Land's End e Ilfracombe vi sono diverse località in cui si pratica il surf. La scarsa profondità della piattaforma continentale fa sì che le onde raggiungano di rado un'altezza superiore al metro e mezzo. La primavera e l'autunno sono le stagioni migliori per i surfisti. Vi sono buone onde lungo la costa nei dintorni di Newquay, per esempio a Fistral, la spiaggia inglese più rinomata tra gli amanti di questo sport che ogni anno ospita le principali gare di surf.

Potete visitare il sito Internet www.britsurf.org, un sito interamente dedicato al surf in cui troverete atri link e notizie da tutta la Gran Bretagna, informazioni sulle possibilità di sistemazione, chat rooms, annunci economici e tanto altro.

Decisamente meno entusiasmante è il sito Internet della Surfers Against Sewage (☎ 0845 458 3001), all'indirizzo www.sas.org.uk. Qui troverete tutti i particolari sulla campagna condotta da questa organizzazione per frenare (lo anticipa già il nome) lo scarico in mare delle acque di rifiuto. Anche se la situazione è in via di miglioramento, molti comuni scaricano un'enorme quantità di liquami nei vicini tratti di mare.

Pesca

In Inghilterra la pesca con l'amo è diffusa come sport e passatempo fin dall'epoca medievale. Nel trattato *A Treatyse of Fysshnge With an Angle* (Trattato sulla pesca con l'amo) pubblica-

to nel 1496, si trova la descrizione di alcuni tipi di mosca artificiale tuttora in uso. Le grandi innovazioni in fatto di attrezzature da pesca furono introdotte a partire dal XVII secolo, grazie anche al contributo fornito dall'opera di Izaak Walton, *The Compleat Angler* (Il pescatore perfetto).

Gli esperti dividono generalmente la pesca in diverse categorie, la più difficile delle quali è considerata la pesca con la mosca secca. In questo caso il pescatore usa un'esca artificiale galleggiante – l'imitazione di un insetto o di una larva. L'esca deve essere deposta con cautela sulla superficie dell'acqua per ingannare il pesce che così abbocca. Questa tecnica viene adottata per la pesca dei pesci più cauti, che in inglese vengono chiamati *game fish* (trote e salmoni). Questi ultimi si distinguono da tutti gli altri pesci d'acqua dolce (genericamente definiti *coarse fish*) perché lottano strenuamente per non essere catturati. È curioso notare che la terminologia relativa a un'attività così diffusa come la pesca sia molto variabile a seconda della regione in cui ci si trova.

REGOLAMENTAZIONE

In Inghilterra la pesca è molto diffusa ma è anche sottoposta a una severa regolamentazione. Molti tratti di fiume considerati eccellenti zone di pesca sono di proprietà privata e sono accessibili soltanto se si è in possesso di una costosissima licenza. La Environment Agency (☎ 0870 1662662) rilascia le licenze di pesca: una licenza annuale (valida dal 1° aprile al 31 marzo) per pescare trote e salmoni d'acqua dolce costa £19/9,50 rispettivamente per adulti/giovani e anziani. Il costo di una licenza valida per otto giorni è di £6,50 (senza concessioni), quello di una licenza giornaliera è di £2,50. Il costo delle licenze di pesca per trote e salmoni di mare è approssimativamente tre volte superiore. L'Environment Agency ha anche un sito Internet all'indirizzo www. environment-agency.

gov.uk, dove troverete i particolari riguardo a tutti i tipi di pesca.

Le licenze si possono ottenere presso qualsiasi ufficio postale, agenzie e uffici regionali dell'Environment Agency. Per qualsiasi tipo di informazione conviene rivolgersi ai negozi che vendono attrezzature per la pesca. Prima di gettare l'amo è quindi necessario essere in possesso della giusta licenza e aver ottenuto il permesso del proprietario dei diritti di pesca.

Bisogna sapere inoltre che ci sono alcuni periodi di chiusura della pesca. La pesca di *coarse fish* è sospesa dal 15 marzo al 15 giugno in tutti i fiumi e ruscelli – ma per quanto riguarda i canali, i laghi, gli stagni e i bacini idrici vige una diversa regolamentazione. Attualmente le date di chiusura della stagione di pesca variano da una regione all'altra – il posto ideale in cui informarsi con anticipo è presso l'Environment Agency.

Escursioni a cavallo

Girare il paese in sella a un cavallo è un'esperienza che vi consigliamo di non perdere, anche se non siete degli esperti di equitazione. Ci sono scuole di equitazione, di cui molte all'interno dei parchi nazionali, che organizzano corsi per tutti i livelli.

Le escursioni a bordo di piccole carrozze trainate da pony sono un passatempo piuttosto popolare; mezza giornata dovrebbe costare circa £10 (compresi gli elmetti protettivi). Di solito coloro che guidano queste carrozze non sono dei fantini provetti, per cui gran parte delle escursioni avvengono a passo d'uomo, intervallato a volte dal trotto. Se sapete già cavalcare, molte scuole d'equitazione noleggiano i propri cavalli (per i particolari rivolgetevi ai TIC).

Per ulteriori informazioni potete contattare la British Horse Society (☎ 01926-707700, @ enquiry@bhs.org.uk), Stoneleigh Deer Park, Kenilworth, Warks CV8

2XZ, che pubblica anche *Where to ride*, una guida in cui vengono elencati diversi percorsi in tutta la Gran Bretagna; altrimenti potete richiedere che vi siano spediti elenchi di percorsi relativi soltanto a un'area specifica (per esempio le Cotswolds). Il sito Internet è www.bhs.org.uk.

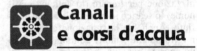 Canali e corsi d'acqua

L'ampia rete di canali e corsi d'acqua della Gran Bretagna si sviluppò in tutto il paese al tempo della Rivoluzione Industriale. Quale via di comunicazione per il trasporto delle merci (il trasporto dei passeggeri passava sempre in secondo piano) i canali ebbero però vita breve, soppiantati ben presto dalle ferrovie e poi, definitivamente, dalla costruzione delle strade moderne. All'epoca della

Seconda guerra mondiale l'intero sistema di corsi d'acqua si trovava già nella fase finale del suo declino: molti vecchi canali, un tempo così utili, erano ormai del tutto abbandonati, diventando grandi serbatoi di acque stagnanti, assolutamente irrilevanti per l'economia del paese. Tuttavia da un po' di tempo a questa parte si sta verificando un nuovo boom dei canali, ora sfruttati dall'industria sportiva e del tempo libero.

Esplorare la Gran Bretagna navigando lungo i suoi canali è una piacevolissima esperienza. Sono numerose le agenzie che noleggiano imbarcazioni chiamate *narrow boats* (battelli) con cui potrete andare alla scoperta di un lato nascosto di questo paese. E se siete una famiglia o un gruppo di più persone vi verranno offerte tariffe molto vantaggiose, sia per il trasporto sia per l'alloggio. Navigando lungo i canali e i corsi d'acqua è facile dimenticarsi di autostrade e circonvallazioni. I canali vi porteranno a immergervi in una splendida campagna, punteggiata da idillici villaggi e da allegri pub costruiti lungo i corsi d'acqua. A volte poi i canali rivelano il volto insospettato di città solo apparentemente prive di fascino e interesse. La Birmingham che si vede dai canali è molto diversa dalla Birmingham che si vede sfrecciando sulla circonvallazione.

La grande rete di canali offre anche una chiara dimostrazione della straordinaria capacità degli ingegneri della Rivoluzione Industriale. Nulla poteva ostacolare gli audaci progetti di questi uomini che, costruendo una chiusa dopo l'altra, rendevano navigabili canali ideati lungo i fianchi di colline scoscese o realizzavano acquedotti immensi attraverso ampie vallate. Si tratta di opere grandiose e destinate a durare nel tempo – molte delle chiuse attualmente in funzione risalgono a più di un secolo fa.

I canali offrono percorsi alternativi non soltanto a chi sceglie le *narrow boats* come mezzo di trasporto, ma anche agli amanti della bicicletta e delle passeggiate, che percorrendo le alzaie che li costeggiano godono di un punto d'osservazione altrettanto privilegiato. Tra fiumi e canali in Gran Bretagna si contano più di 4000 km di vie navigabili, per cui non c'è che l'imbarazzo della scelta.

STORIA

La Rivoluzione Industriale portò con sé un crescente bisogno di nuovi mezzi per trasportare ogni tipo di merce, dal carbone al ferro e alle raffinate ceramiche di Wedgwood. I primi canali furono realizzati a partire dal 1760 sul modello del Bridgewater Canal di James Brindley, costruito per trasportare il carbone dalle miniere alle prime fabbriche di Manchester. L'invenzione e il perfezionamento delle chiuse, sistemi che consentivano alle imbarcazioni di salire e scendere lungo i fianchi delle colline, facilitarono la diffusione dei canali. Thomas Telford fu colui che ideò un tipo di canale più moderno, che permetteva di compiere sempre la via più breve per andare da un punto all'altro, anche se il progetto richiedeva la costruzione di numerose chiuse, argini e altre complesse opere di ingegneria idraulica. Un esempio di questo nuovo tipo di canale fu la Birmingham & Liverpool Junction.

Una delle opere più interessanti è il Blisworth Tunnel, lungo circa 2 miglia (3 km) e costruito nei pressi di Stoke Bruerne (poco più a sud di Northampton). Nei casi di corsi d'acqua con un lungo tratto in pendenza, a volte si realizzavano delle chiuse in serie, dove la porta superiore dell'una fungeva anche da porta inferiore della chiusa successiva. Furono compiuti ingegnosi tentativi di trovare un'alternativa al sistema delle chiuse. Nel 1900 a Foxton, vicino a Market Harborough (nel Leicestershire) fu costruito un piano inclinato con cui si spostavano le imbarcazioni salendo per ben 23 m, distanza che altrimenti veniva superata con una serie consecutiva di 10 chiuse. Un altro esempio interessante è l'Anderton Lift, costruito nel 1875 a Northwich (nel Cheshire), un sistema che faceva scivolare le imbarcazioni in

La chiave per le chiuse

Le chiuse permettono alle imbarcazioni di salire o scendere lungo i fianchi di una collina. Si tratta di conche a forma di vasca chiusa da una porta singola o doppia a monte e da una porta doppia a valle. Le saracinesche (*sluices*) sono il dispositivo che lascia fluire l'acqua da una parte all'altra, per riempire o per svuotare la conca, quando le valvole (*paddles*) sono aperte. Uno dei pezzi fondamentali che non deve mancare nell'attrezzatura di chi naviga sui canali è la chiave o manovella girevole con cui si aprono o si chiudono le valvole della porta. Quando si fa passare la propria imbarcazione da un livello all'altro si deve quindi manovrare la chiusa (procedimento conosciuto con il nome di *working the lock*). Nei canali più stretti le chiuse hanno una lunghezza e una larghezza tali da consentire il passaggio di un solo battello per volta. Su fiumi e canali più ampi invece le chiuse possono essere sufficientemente larghe da far passare due o più battelli alla volta. In questi casi è bene tenere il battello accostato a una banchina all'interno della chiusa legandolo con una fune; attenzione però a non assicurarlo con un ancoraggio fisso, perché gli ormeggi dovranno essere stretti o allentati secondo l'innalzamento o l'abbassamento del livello dell'acqua. Il modo migliore per assicurare il battello è annodare le funi attorno alle bitte e tenerle strette. Quando navigate su un canale c'è un altro fattore da considerare: risparmiare acqua. Ogni volta che si entra o si esce da una chiusa, vengono rilasciate diverse migliaia di litri d'acqua che scendono a valle. E visto che non sempre ci sono sufficienti riserve d'acqua, limitare le perdite è una parte importante della corretta navigazione lungo i canali. Manovrare le chiuse è meno difficile di quanto potrebbe sembrare, e dopo averne passate un paio sarete già degli esperti:

Discesa lungo una chiusa vuota

1. Se la chiusa è ancora vuota hanno la precedenza tutte le imbarcazioni che sono in attesa di salire.
2. Chiudete le porte a valle e assicuratevi che tutte le valvole siano chiuse.
3. Alzate le valvole delle porte a monte e aspettate quindi che la chiusa si riempia.
4. Prima di aprire le porte aspettate che il livello dell'acqua all'interno della chiusa sia uguale a quello esterno. Anche pochi centimetri di differenza fra i due livelli potrebbero esercitare una pressione tale da impedire l'apertura delle porte.
5. Aprite le porte e conducete il battello dentro la chiusa.

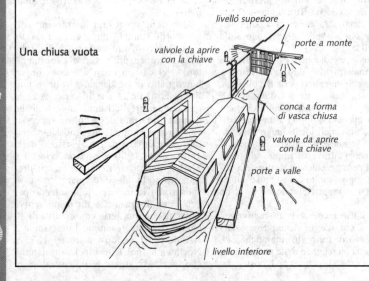

Una chiusa vuota

livello superiore

valvole da aprire con la chiave

porte a monte

conca a forma di vasca chiusa

valvole da aprire con la chiave

porte a valle

livello inferiore

La chiave per le chiuse

6. Chiudete le porte e le valvole a monte.
7. Assicuratevi che il battello sia sufficientemente distante dalla soletta alla base della porta, altrimenti potrebbe rimanervi attaccato quando il livello dell'acqua scende.
8. Aprite le valvole a valle per far uscire l'acqua dalla chiusa.
9. Quando la chiusa si è svuotata, aprite le porte e chiudete tutte le valvole.
10. Lasciate la chiusa.

Discesa lungo una chiusa piena
1. Portate il battello all'interno della chiusa, aprendo le porte se necessario.
2. Seguite i punti dal 6 al 10 (qui sopra).

Salita lungo una chiusa piena
1. Se la chiusa è piena hanno la precedenza le imbarcazioni che sono in attesa di scendere.
2. Chiudete le porte a monte e assicuratevi che tutte le valvole siano chiuse.

3. Alzate le valvole a valle e aspettate che la chiusa si svuoti.
4. Prima di aprire le porte aspettate che il livello dell'acqua all'interno della chiusa sia uguale a quello esterno. Anche pochi centimetri di differenza fra i due livelli potrebbero esercitare una pressione tale da impedire l'apertura delle porte.
5. Aprite le porte e conducete il battello dentro la chiusa.
6. Chiudete le porte e le valvole a valle.
7. Aprite le valvole a monte per far entrare l'acqua nella chiusa.
8. Quando la chiusa è piena d'acqua, aprite le porte e chiudete tutte le valvole.
9. Lasciate la chiusa.

Salita lungo una chiusa vuota
1. Portate il battello all'interno della chiusa, aprendo le porte se necessario.
2. Seguite i punti da 6 a 9 (qui sopra).

Infine, *state attenti a non lasciar cadere la chiave in acqua!* Succede ogni anno a moltissimi navigatori non professionisti, che si confermano così tali. Naturalmente può capitare di farla cadere in acqua e pertanto è bene averne sempre un'altra di riserva. Se doveste perdere anche questa, potrete acquistarne una a poco prezzo in uno dei cantieri o dei negozi che s'incontrano lungo i canali.

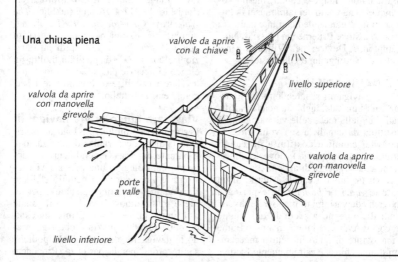

Una chiusa piena

valvole da aprire con la chiave

livello superiore

valvola da aprire con manovella girevole

valvola da aprire con manovella girevole

porte a valle

livello inferiore

una specie di grande conca che poi veniva sollevata per un'altezza di 15 metri. Se una valle o un fiume ostacolavano il progetto, vi furono casi di ingegneri che non esitarono a trasformare il canale in acquedotto: il più famoso è quello di Hebden Bridge nel West Yorkshire.

Un'altra curiosa invenzione legata alla costruzione dei canali è l'High Peak Trail, nel Peak District. Questa vecchia linea ferroviaria, oggi trasformata in sentiero e pista ciclabile, fu originariamente realizzata dagli ingegneri idraulici. Il fatto interessante è che invece di agire sulla pendenza del terreno creando binari percorribili dalle locomotive, si costruì una ferrovia dotata di un sistema analogo a quello delle chiuse destinato a trainare la locomotiva in salita.

I primi battelli venivano trainati da cavalli che correvano sulle alzaie lungo le rive dei canali, fino a quando, verso la metà dell'Ottocento, non subentrò la forza motrice del vapore e, più tardi ancora, il motore diesel. Le moderne *narrow boats* hanno forme antiche ma sono dotate di tutti i comfort delle barche moderne, dal frigorifero al televisore.

Anche se non avete intenzione di fare un'escursione lungo i canali, merita comunque visitare uno dei tanti musei in tutta la Gran Bretagna dedicati ai canali. Ve ne sono a Stoke Bruerne nei pressi di Northampton, a Devizes nel Wiltshire e nel centro di Nottingham e Gloucester.

VIE NAVIGABILI

Per vie navigabili si intendono sia le acque dei fiumi e dei laghi sia i canali artificiali. Più della metà delle vie navigabili è costituita da canali; a sua volta circa la metà dei canali è costituita da canali 'stretti' (*narrow canals*), dove le chiuse hanno una larghezza di appena 2 m.

Navigare lungo i canali a bordo di un battello (*narrow boat*) è un'esperienza che richiede vari tipi di manovre e diversi gradi di impegno a seconda del canale percorso. Avanzare lungo un ampio fiume e manovrare di tanto in tanto i meccanismi di una chiusa è estremamente facile e rilassante; ma se ci si trova lungo un tratto di un canale in forte pendenza dove le chiuse si susseguono una dopo l'altra, manovrare il battello vi costringerà a movimenti misti di aerobica (chiavi da girare, valvole da alzare e da abbassare), sollevamento pesi (le pesanti porte delle chiuse devono essere aperte e chiuse) e jogging (una parte dell'equipaggio deve precedere il battello per prepararsi a manovrare la chiusa). Navigare lungo i canali è un'esperienza molto divertente per i bambini, che spesso alla fine della giornata sono esausti!

Informazioni

Per informazioni sulla rete di canali ci si può rivolgere alla Inland Waterways Association (☎ 01923-711114), PO Box 114, Rickmansworth, Herts WD3 1ZY. L'associazione pubblica una guida introduttiva alle vacanze in battello che illustra anche qualche itinerario: *The Inland Waterways Guide* (Guida alle vie navigabili interne; £3,25). Il sito Internet dell'associazione è www.waterways.org.uk.

La maggior parte delle vie navigabili britanniche sono gestite dalla British Waterways Board (☎ 01923-226422), Willow Grange, Church Rd, Watford, Hertfordshire WD17 4QA, che pubblica *The Waterways Code for Boaters* (Le vie navigabili: istruzioni per i naviganti) un opuscolo gratuito pieno di utili informazioni e consigli. È disponibile inoltre un elenco di agenzie che si occupano di noleggiare i battelli e di organizzare i pernottamenti in battello.

Viaggiare lungo le vie navigabili

Per manovrare un *narrow boat* non è richiesta alcuna esperienza di navigazione o patente nautica. Generalmente al momento del noleggio una persona vi illustrerà le varie parti del battello e il suo funzionamento accompagnandovi per un breve tratto dimostrativo lungo il canale o il fiume, infine vi sarà fornito un elenco delle regolamentazioni che riguardano la navigazione sui canali. Dopodiché sarete pronti per la partenza. Procedete con prudenza, soprattutto all'inizio, anche se presto scoprirete di saper manovrare le chiuse con la sicurezza di un esperto.

Battelli (*narrow boats*)

In Gran Bretagna ci sono più di 200 agenzie che noleggiano battelli. In genere si tratta di imbarcazioni che hanno da 12 a 21 m di lunghezza e non più di 2 m di larghezza. I battelli sono di solito molto confortevoli e perfettamente attrezzati, dotati di letti a castello e matrimoniali, sala da pranzo e angolo cottura, frigorifero, fornelli, servizi igienici, doccia e altre comodità. Generalmente vengono noleggiati per un minimo di una settimana, ma in alcuni casi sono disponibili anche per un numero minore di giorni.

Dal momento che a bordo avrete praticamente tutto ciò che vi serve per la vita di tutti i giorni, l'unica cosa di cui dovrete preoccuparvi è il rifornimento di cibo e bevande, compito non difficile perché lungo i canali non mancano i villaggi e le cittadine in cui fare la spesa. Altrimenti potete pianificare il viaggio in modo da fermarvi per i pasti nei pub o nei ristoranti che costeggiano i corsi d'acqua.

I battelli più piccoli possono ospitare da due a tre persone, quelli più grandi fino a 10 o 12 persone. I prezzi variano a seconda delle dimensioni del battello, della dotazione di bordo e della stagione. Noleggiare un battello per quattro persone, per una settimana in piena alta stagione può costare da £500 a £1000. I battelli più grandi risultano più convenienti se si è in tanti, così si può dividere la spesa: un battello per otto persone verrebbe a costare circa £1000 a settimana, ossia poco più di £100 a testa per trasporto e alloggio insieme, un vero affare.

Troverete agenzie indipendenti un po' ovunque nel paese, ma ci sono anche grandi agenzie di rappresentanza che accettano prenotazioni per molte compagnie più piccole. Una delle maggiori è la Hoseasons (☎ 01502-501010, fax 514 298) Lowestoft, Suffolk NR32

2LW. Il sito Internet dell'agenzia è www.ho seasons.co.uk.

Chi desiderasse solo un assaggio della vita lungo i canali può rivolgersi a una delle 50 agenzie che organizzano escursioni in giornata a bordo dei battelli. Alcune di queste offrono anche la possibilità di pernottare a bordo, vale a dire il piacere di gustare una minivacanza fluviale senza dover governare il battello.

Treni a vapore

L'invenzione della locomotiva e, di conseguenza, il rapido sviluppo della linea ferroviaria in tutto il paese trasformarono le condizioni di vita del XIX secolo. Nel 1963 il Beeching Report avviò la chiusura di molte linee ferroviarie e stazioni di campagna, e nel 1968 la British Rail decise di porre fine all'utilizzo dei treni a vapore. Molti pensarono che con questi due eventi il primo secolo delle ferrovie britanniche si avviasse verso una fine piuttosto triste. Ma il declino non durò a lungo, perché presto gli appassionati di treni e ferrovie riuscirono a far riaprire alcune linee e stazioni di campagna e restaurarono molte delle locomotive e del materiale rotabile risalente al proverbiale 'secolo d'oro delle ferrovie'.

Oggi ci sono oltre 300 linee ferroviarie private, molte delle quali a scartamento ridotto, su cui circolano locomotive a vapore o diesel provenienti da tutto il mondo. In questa guida troverete tutti i particolari sulle linee principali – e su come raggiungerle – nella parte dedicata a questo argomento. Un'utile guida alle ferrovie a vapore private è *Railways Restored* (£12,99), della Ian Allan Publishing (per ordinarne una copia telefonate al numero ☎ 0711-027099; oppure visitate il sito Internet www.ianallan.com).

RICHARD I'ANSON / LPI

Per molti viaggiatori i pub sono il simbolo dell'Inghilterra. Ce ne sono più di 40.000, sparsi ovunque, dalle grandi città agli incroci nel bel mezzo della campagna. Tuttavia, nonostante il loro ruolo fondamentale nella vita inglese, i pub come istituzione si trovano oggi a dover fronteggiare la grande minaccia rappresentata dai profondi cambiamenti che si verificano all'interno dell'industria. Per gran parte del XX secolo quasi tutti i pub erano di proprietà delle fabbriche di birra, che si assicuravano così uno sbocco commerciale per il proprio prodotto. Molti pub venivano affittati dalla fabbrica di birra a un oste che, dopo essersi dimostrato pronto e adatto al lavoro, gestiva da solo il locale. I pub indipendenti (detti *freehouses*), che non dipendono cioè da nessuna fabbrica di birra, sono sempre stati in minoranza, ma hanno comunque sempre goduto di una buona reputazione.

Attualmente l'industria della birra attraversa un periodo di fermento e trasformazione. Le fabbriche di birra hanno in gran parte venduto i loro pub o sono state a loro volta acquistate da società più grandi e potenti. I pub fanno parte sempre più spesso di grandi catene industriali che producono birra di marca. Per saperne di più v. **In catene**, più avanti.

Tuttavia, gli assidui frequentatori dei pub non hanno motivo di allarmarsi troppo, ci sono un'infinità di eccellenti pub in ogni angolo del paese. E molti di questi, anche se di proprietà di grandi colossi della birra, sono comunque gestiti da un oste. Ci sono diversi tipi di pub, ma in ogni caso, che si tratti delle eleganti e decorate *drinking houses* vittoriane o delle locande di campagna circondate da giardini e tavolini all'aperto, è fondamentale attribuire ai pub una parte importante nel vostro soggiorno in Inghilterra. E non è detto che vi dobbiate limitare soltanto a bere, visto che molti pub servono anche ottimi piatti; per i particolari v. **Mangiare nei pub**, più avanti.

Quando i pub non c'erano

Il termine pub risale solo all'epoca vittoriana, mentre prima per definire questi locali si usava il termine 'Public Houses'. Prima ancora, un locale pubblico in cui si andava a bere qualcosa si chiamava in molti modi diversi. Ai tempi dei Romani, le *tabernas* (poi *taverns*, taverne) erano sparse qua e là in tutta l'Inghilterra: qui i Romani si rilassavano, aiutati da un vino piuttosto grezzo, dopo aver passato la giornata a lottare contro i barbari locali.

Nel Medioevo si poteva scegliere fra tre diversi tipi di locale: le taverne (*taverns*) dove si servivano birra e cibo; le locande (*inns*) che

Frontespizio:
Come scegliere una buona birra (foto di Simon Bracken / LPI)

Scegliere la birra giusta

Se avete bisogno di qualche consiglio, provate a leggere *Good Beer Guide* di Roger Protz, una guida estremamente utile per sapere quali sono i migliori pub e le migliori birre dell'Inghilterra (e della Gran Bretagna). Altrimenti contattate la Campaign for Real Ale (CAMRA; ☎ 01727-867201) – il miglior amico degli amanti della birra inglese – che si batte per l'autonomia dei pub e per la liberalizzazione degli orari d'apertura, e promuove con insistenza le migliori birre inglesi. Il suo annuale Great British Beer Festival è molto popolare tra gli intenditori di birra e si tiene a Londra all'inizio di agosto.

Il meglio da bere

Ecco un elenco assolutamente soggettivo di birre che noi consideriamo tra le migliori, alcune più difficili da trovare, altre invece più comuni. Ma non tralasciate di fare anche una ricerca personale per trovare la birra che vi piace di più.

Adnams Bitter (Suffolk)
Barnsley Mayflower (Yorkshire)
Becketts Golden Grale (Hampshire)
Black Sheep Special Ale (Yorkshire)
Border Farne Island (Northumberland)
Burton Bridge Porter (Staffordshire)
Coniston Bluebird Bitter (Cumbria)
Fuller's London Pride (Londra)
Hop Back Summer Lightning (Wiltshire)
Jennings Cocker Hoop (Cumbria)
Marston Moor Golden Ale (Yorkshire)
Riverhead Black Moss Stout (Yorkshire)
St Austell XXXX Mild (Cornovaglia)
Taylor Landlord (Yorkshire)
Theakstons Old Peculiar (Yorkshire)
Young's Winter Warmer (Londra)

Quando ordinate una birra in un pub, guardate prima quali birre sono disponibili alla spina, sceglietene una e ordinatela con il nome completo. Chiedendo solo una birra qualunque vi potrebbero servire una pinta di acquosa birra chiara il cui nome comprende le lettere B, U e D.

si trovavano almeno ogni 20 miglia lungo le strade principali e offrivano da bere, da mangiare, un posto dove dormire (con o senza la compagnia di insetti e animali, a seconda dei casi) e altri servizi; e infine le osterie (*ale houses*), locali grezzi e di dubbia fama in cui si andava semplicemente per ubriacarsi.

Molte locande (*inns*, a volte chiamate anche *coaching inns*) sopravvivono ancora oggi lungo alcune strade storiche che attraversano l'Inghilterra, anche se la compagnia di insetti, animali e altri servizi del genere non sono più quelli di una volta. La bevanda principale servita in tutti questi locali era la birra, che spesso era anche l'unico

RICHARD I'ANSON / LPI

liquido che si potesse ingerire, visto che l'acqua era talmente impura da costituire molte volte un pericolo mortale. Molto presto tutti coloro che erano particolarmente abili a preparare la birra con metodo casalingo scoprirono che con il loro prodotto avrebbero potuto facilmente soddisfare le richieste di altri, cosa che portò alla nascita delle osterie (*ale houses*).

Guglielmo d'Orange, divenuto re nel 1688, introdusse in Inghilterra la bevanda principale dell'Olanda, paese in cui era nato, ovvero il gin. Purtroppo il gin si rivelò presto il vero protagonista del periodo, apprezzato soprattutto per la velocità con cui provocava un senso di ebbrezza ed eccitazione (mentre la birra era spesso più

In alto:
Un pub
di Kentish Town,
nella zona nord
di Londra

blanda). All'inizio del XVIII secolo, l'Inghilterra era punteggiata di *gin palaces*, locali stravaganti e anche piuttosto malfamati in cui si consumava gin. Negli angoli più bui di questi locali venivano collocate delle balle di fieno su cui i clienti ubriachi si potevano abbandonare, per poi ricominciare a bere una volta ritornati in sé.

Decisamente più rispettabili erano le *porterhouses* (birrerie, osterie) che comparivano nelle città. In seguito all'urbanizzazione, gli abitanti di Londra cominciarono a cercare dei posti in cui rifugiarsi, per fuggire dalle loro minuscole e tetre case. La *Porter* (un tipo di birra scura bevuta soprattutto dagli uomini di fatica e che prende il suo nome proprio dai facchini e dagli scaricatori – in inglese *porters* – che ne consumavano a litri) veniva servita in quelli che oggi potremmo chiamare pub primitivi. Si pensava che questa bevanda fosse molto nutriente, infatti molti si limitavano a bere birra per cena. La *Stout* era una versione più forte della birra Porter. (Contrariamente a quanto si crede comunemente, la Stout è originariamente una birra inglese. In seguito al razionamento di combustibile imposto durante la Prima guerra mondiale, le fabbriche di birra non potevano più tostare a lungo l'infuso di malto fino a farlo diventare scuro, così si ripiegò su una qualità più chiara di birra. L'Irlanda, che non era soggetta a questo genere di restrizioni, continuò a produrre birra stout e Guinness fu abbastanza astuto da saper approfittare del vuoto lasciato nel mercato dalla birra scura inglese.)

All'inizio del XIX secolo, il governo inglese approvò un provvedimento contro il consumo di gin che aveva avuto un effetto devastante su larghi strati della popolazione. Furono quindi alzate le tasse sul gin e gli agricoltori vennero incoraggiati a sospendere la coltivazione del mais (utilizzato per la preparazione del gin) per cominciare quella di orzo (per la birra). Dopo la Rivoluzione Industriale, le migliaia di operai che alla fine di una dura giornata di lavoro riemergevano dai caldi ambienti di fabbriche e miniere soffrivano spesso di una sete tremenda. Le fabbriche di birra non si fecero sfuggire la possibilità di trarre guadagno da questa particolare esigenza dei lavoratori e cominciarono a vendere birra al pubblico, inizialmente all'interno di case private (*private houses*) che presero poi il nome di *public houses*. Non era insolito per i bar avere all'esterno una specie di tinozza per fare in modo che i clienti uomini potessero bere e urinare senza muoversi dal locale.

Ovviamente questo tipo di servizi offerti dai bar non incontrava il gusto di tutti e presto le fabbriche di birra risposero alle esigenze dei clienti più raffinati con la creazione di pub più grandi. Generalmente questi pub erano divisi in due parti: il *public bar* era la zona in cui si poteva bere e stare in piedi, mentre il *saloon bar* era la parte più raccolta e intima del locale, con un camino, sedie, tappeti e prezzi più elevati.

La Rivoluzione Industriale influenzò anche lo stesso modo di bere. Prima della diffusione del carbone e del gas in tutto il paese, la birra era preparata sul fuoco a legna, che raramente raggiungeva temperature elevate. In questo modo se un giorno la birra veniva di

RICHARD I'ANSON / LPI

un colore marrone scuro, un altro era di colore pallido e la birra aveva di solito un gusto affumicato. L'industrializzazione portò con sé la possibilità di preparare la birra su vasta scala e secondo un livello standard di qualità. La Rivoluzione Industriale comportò anche un cambiamento nella temperatura della birra. Nonostante fosse generalmente servita a una temperatura di 18° C fino all'inizio del XX secolo, i progressi nel campo della refrigerazione, insieme con la crescente domanda degli appassionati di birra, fecero calare sempre più le temperature medie a cui veniva servita.

Dopo la Seconda guerra mondiale, i pub dovettero affrontare il loro primo nemico – l'apparizione di cinema e sale da concerto, e poi l'avvento di radio e televisione, che offrivano alla gente altre possibilità di passare il tempo libero. I pub risposero alla minaccia in diversi modi: slot-machine, musica, pessime lager (come quelle degli USA) e addirittura aberrazioni come il karaoke.

Gli anni '60 e '70 furono un periodo particolarmente buio per i pub tradizionali. La voglia di tutto ciò che era 'moderno' fece sì che i bellissimi interni di molti pub risalenti all'epoca vittoriana e ancora più in là fossero distrutti per fare spazio a brutti soffitti e tappeti adesivi. Ma ci fu anche uno sviluppo positivo, ossia l'introduzione in molti pub di cibo che andasse oltre i sandwich e i pacchetti di patatine.

Oggi ci sono tipi diversi di pub. Alcuni hanno cercato di competere con i club in cui si fa a gara a chi beve più birra, il tutto al ritmo di una musica altissima; altri sono pienamente soddisfatti dei loro tappeti adesivi e della loro schiera di sempre meno affezionati clienti, altri ancora rispecchiano i gusti del momento e del proprietario. Ma il pub migliore segue una formula semplice: accoglie persone di tutte le età, è confortevole, serve birra e cibo di buona qualità, ed è semplicemente un posto piacevole e simpatico in cui passare qualche ora. Intanto, buona ricerca del pub che fa per voi!

Quegli assurdi orari...

Prima dello scoppio della Prima guerra mondiale, i pub in Inghilterra erano liberi di aprire a qualsiasi ora. Fu Lloyd George, a capo del Ministero della Difesa, a sostenere che il vizio di bere stava causando più danni alla forza bellica della nazione di quanto non facessero i sottomarini tedeschi. Furono così introdotti dei severissimi orari di chiusura per tutti i pub e il grado alcolico della birra fu diminuito del 6% o addirittura dell'8%, fino a che la birra non raggiunse la bassa percentuale del 4% di contenuto alcolico.

Cosa c'è dietro il nome di un pub?

Attraversando i villaggi inglesi incontrerete una miriade di vecchi pub dai nomi tanto bizzarri quanto comuni, come The Red Lion (Il leone rosso), The King's Arms (Le braccia del re) e The Fighting Cocks (La battaglia dei galli), illustrati da affascinanti insegne.

E nelle strade principali della capitale? Non si contano i pub che cercano di combinare nel loro nome parole come 'rat' (topo), 'carrot' (carota), 'newt' (tritone), 'slug' (lumaca) e 'firkin' (unità di misura per i liquidi). Ma se osservate attentamente le insegne non troverete alcuna traccia dell'originalità tipica dei pub più vecchi. Così avrete davanti caratteri e insegne che sembrano pensati più per attirare l'attenzione dei bambini che quella di un pubblico adulto.

Forse non c'è motivo di lamentarsi troppo se i tempi di insegne come 'The Queen Victoria' (La regina Vittoria) e 'The Bunch of Grapes' (Il grappolo d'uva) sono passati. Ma i nomi di molti vecchi pub testimoniano una parte della storia locale tanto quanto le chiese medievali.

Prendiamo ad esempio il pub 'Ye Olde Trip to Jerusalem' (Il vecchio viaggio verso Gerusalemme) di Nottingham, il cui nome ricorda i Crociati che si riunirono per il lungo viaggio verso la Terra Santa. O ancora 'The Nobody Inn' (La locanda di nessuno) di Doddiscombsleigh, nei pressi di Exeter, che si dice abbia a che fare con una lite sorta in merito a una bara. Se si osserva attentamente l'insegna del 'Royal Oak' (La quercia reale) si potrà scorgere la testa di Carlo II nascosta tra le foglie dell'albero – secondo la leggenda, dopo la sconfitta nella battaglia di Worcester, il re dovette cercare rifugio tra i frondosi rami di una quercia a Boscobel. Le insegne che illustrano 'The Five Alls' (I cinque per tutti) mostrano sempre il re che regna su tutti, il parroco che prega per tutti, l'avvocato che difende tutti, il soldato che combatte per tutti e John Bull che paga per tutti.

Infine ricordiamo il sorprendente 'I am The Only Running Footman' (Io sono l'unico lacchè che corre), al n. 5 di Charles St, Londra W1, un'insegna che prende spunto dai lacchè presi a servizio dai signori potenti con il compito di correre davanti alla carrozza del loro padrone per illuminare la strada e rimuovere gli ostacoli.

La moda delle catene di pub dai nomi stupidi e insignificanti ha perfino attirato su di sé le critiche del governo. Nel 2000, il ministro della Cultura Chris Smith ha apertamente espresso la propria disapprovazione per la scomparsa dei nomi tradizionali dei pub. Chissà se sarà riuscito a trovare un po' di conforto nel vicino 'Adam & Eve' (81 Petty France, Londra SW1).

Per i successivi 60 anni i pub furono costretti a chiudere nel pomeriggio e la sera alle 23. Margaret Thatcher liberalizzò l'orario di apertura dei pub, che potevano rimanere aperti dalle 11 alle 23. Tuttavia il limite delle 23 rimaneva e rimane ancora oggi un'assurdità per chi a quell'ora ha appena iniziato a godersi la serata e sente già suonare il campanello che annuncia l'ultima ordinazione e dopo il quale si viene generalmente buttati fuori dal locale (v. **Pericoli e contrattempi** in **Informazioni pratiche** per saperne di più sul com-

BRYN THOMAS / LPI

portamento sgarbato e inopportuno così comune quando si avvicina l'orario di chiusura dei pub).

Nel periodo in cui è stata scritta questa guida, il governo laburista stava cercando di trovare un rimedio a questa situazione insostenibile, concedendo alle amministrazioni locali e ai singoli pub il potere di decidere autonomamente il proprio orario di chiusura. Tuttavia, nonostante l'iniziativa godesse dell'appoggio degli assidui frequentatori dei pub, l'industria della birra e, cosa più importante, la polizia e i medici (stanchi di avere ogni fine settimana un picco di lavoro intorno alle 23) si sono opposti a questo approccio sensato al bere. Temendo forse un ritorno ai *gin palaces* del XVIII secolo, hanno risposto con l'immagine di un immediato futuro con strade piene di ubriaconi abituali. Ma non hanno considerato l'esperienza della Scozia, dove si vedono ora gli effetti positivi portati dalla liberalizzazione degli orari di apertura dei pub. Si è verificata infatti una notevole diminuzione del numero di ubriachi vaganti per le strade dopo l'orario di chiusura – mentre adesso si dileguano nel corso della notte, creando meno confusione – e una diminuzione dei disordini notturni.

Nel frattempo, se viaggiate in Inghilterra, preparatevi a vedere i pub brulicanti di clienti che ogni sera verso le 22.20 cominciano una frenetica gara per ordinare birra e altri alcolici.

In catene

In un paese che può vantare così tanti buoni pub, non c'è nessuna (nessuna!) ragione di cedere al blando e insignificante fascino di un pub appartenente a una catena. Purtroppo questi locali si stanno moltiplicando a vista d'occhio in tutto il paese. E il variegato assortimento di nomi esageratamente sdolcinati e graziosi ha il compito di attirare i clienti che non sospettano o non sanno distinguere la scarsa originalità del luogo.

La maggior parte di queste catene di pub è di proprietà di grandi multinazionali della birra. Le migliaia di pub in questione hanno nomi come All Bar One (yuppie), Firkin (grezzo e rumoroso) e O'Neills (solo il nome è irlandese). In questi McDonald's della birra nella terra dei pub ci sono atmosfere create secondo le disposizioni della compagnia proprietaria della catena e ambienti strettamente legati alla moda del momento.

Ovviamente, gran parte dei pub è sempre stata di proprietà delle grandi compagnie. Ma quando i proprietari erano le fabbriche di birra, queste si preoccupavano quasi esclusivamente di vendere la propria birra e i pub indipendenti erano liberi di gestire il locale in modo autonomo. Ma oggi che i proprietari dei pub sono le 'industrie del tempo libero', questi locali sembrano rientrare in un più ampio programma di divertimento. Con ciò non vogliamo certo dire che tutti i pub di proprietà di una compagnia siano di scarsa qualità, anzi. Alcuni dei migliori pub inglesi fanno parte di grandi catene e sono frequentati da clienti entusiasti.

Le catene di pub hanno aperto locali anche in luoghi piuttosto insoliti. L'esodo delle banche inglesi dalle strade principali delle grandi città ha lasciato ai pub spazio libero per la colonizzazione degli imponenti edifici abbandonati dalle banche. Ma questi spazi, grandi e maestosi, sono spesso anche pieni di correnti d'aria e rumorosi. (L'ironica pubblicità televisiva di una banca mostrava un'attempata signora andare in banca e scoprire una volta sul posto che la filiale della sua banca era stata trasformata in un wine-bar alla moda.)

Qui di seguito troverete una lista delle più importanti catene di pub che incontrerete viaggiando per il paese. In gran parte dei casi non sarà difficile trovare lì vicino un pub gestito da persone del luogo con un po' più di originalità.

All Bar One Quelli appartenenti a questa catena sono forse i migliori pub moderni: i locali sono piacevoli e spaziosi, hanno grandi tavoli e sedie comode, servono birre discrete e abbondanti piatti della cucina europea. L'unica cosa che non troverete è il fascino caratteristico dei pub indipendenti.

Come scegliere un buon pub

Ecco qualche suggerimento su come trovare un buon pub:

- Se il pub è di proprietà di una buona fabbrica regionale di birra, come la Fuller (Londra), la Marston (Staffordshire), la John Smith (Yorkshire), la Taylor (Yorkshire) e la Young (Londra), di solito la birra servita è alla spina e di buona qualità.
- Se la birra viene spillata pompandola dai fusti manualmente significa che il gestore o l'oste si prende il disturbo di servire *real ale* (birra prodotta con metodi tradizionali antichi), che richiede molte più cure e attenzioni della lager. E una maggiore attenzione nel servire birra di qualità rispecchia anche una maggior cura del cibo, dell'atmosfera, della pulizia, ecc.
- Cercate di evitare le grandi catene di pub (v. **In catene** per i particolari).
- I giornali sul tavolo significano che i clienti sono incoraggiati a stare seduti e a rilassarsi.
- Infine date un'occhiata al menu proposto dal pub.

Slot-machine, musica di sottofondo, televisione ad alto volume, aria irrespirabile, gestori in stato comatoso, sporcizia e cose del genere sono tutti CATTIVI segni.

CHRISTINE OSBORNE / LPI

Firkins Si tratta dei successori della catena Firkin, un tempo molto importante. Dieci anni fa, la parola Firkin nel nome di un pub significava che la birra veniva preparata sul posto e che il gestore era libero di introdurre dei cambiamenti per migliorarla. Oggi questi pub (Firkin è solo la seconda parte del nome, come ad esempio nella catena 'Donkey & Firkin') offrono la visione di spettacoli sportivi in diretta e molte lager d'importazione.

Hogshead Un tempo degni di nota unicamente per il loro eccellente assortimento di birre introvabili, provenienti da alcune fra le migliori fabbriche di birra inglesi, negli ultimi anni i pub di questa catena hanno perso entusiasmo e originalità, e l'atmosfera che si respira è quella omologata e 'di marca' dei pub All Bar One.

Moon under Water Questi pub prendono il loro nome ironico da un articolo scritto da George Orwell per l'*Evening Standard* di Londra in cui l'autore immaginava il suo pub perfetto, dal nome 'Moon over Water'. Senza dubbio oggi Orwell non sarebbe molto felice di vedere la sua idea sfruttata da una catena di pub decisamente poco affascinanti.

O'Neill's È la catena dal nome ingannevolmente irlandese che abbiamo già segnalato prima. Per molti aspetti, questi pub come anche quelli della catena Scruffy Murphy, sono versioni Disney dei pub reali, e sono un insulto ai veri pub irlandesi che servono birra da decenni. Ma questa non è l'unica catena di pub falsamente irlandesi;

In alto:
Un caratteristico
pub nella cittadina
di St Mawes,
Cornovaglia

se volete vederne uno non avete che da cercare l'enorme ritratto di James Joyce sull'insegna e nelle pubblicità.

Rat & Parrot Entrando in questi pub viene subito da chiedersi chi abbia inventato il nome della catena (topo e pappagallo). Di proprietà della Scottish Courage – la più importante fabbrica di birra con sede nel Regno Unito – questi pub si trovano in tutti i luoghi più turistici.

Slug & Lettuce È un'altra grande catena di pub, in cui si servo-

SIMON BRACKEN / LPI

no buone birre e piatti discreti. Sono il ritrovo delle persone che si sentono moderne, alcune delle quali pensano che niente possa essere buono se non ha un'etichetta di marca (anche se non riusiamo a immaginare chi vorrebbe mai una lumaca su un'etichetta – *slug* in inglese significa lumaca).

Tap & Spile Questa catena merita un ironico punto in più per il tentativo di differenziarsi dai deliziosi pub locali con un'infinità di birre regionali. Purtroppo in alcuni casi un pub di questa catena può davvero causare la scomparsa di un locale tradizionale caratteristico.

Mangiare nei pub

A partire dagli anni '60 dello scorso secolo, la maggior parte dei pub ha cominciato a servire anche qualcosa da mangiare: alcuni solo a pranzo, con un buon rapporto qualità-prezzo, altri durante tutta la giornata. Molti, soprattutto in campagna, la domenica a pranzo servono piatti alla brace. Se da una parte nei pub più economici il cibo è pressoché uguale a quello servito nei caffè, dall'altra molti pub più costosi e raffinati offrono piatti quasi da ristorante. Molti pub abbracciano entrambi gli estremi proponendo un menu più economico da consumare al bar e un altro più costoso per l'adiacente ristorante.

I cibi serviti sono davvero molto vari, e non solo per quanto riguarda la qualità (da eccezionale a pessima) ma anche per il tipo di cucina (da quella tailandese a quella alla moda). I menu più comuni comprendono diversi piatti standard come il chili con carne o le lasagne, piatti che anche il personale poco esperto è in grado di riscaldare facilmente nel forno a microonde. Un altro piatto praticamente immancabile nei menu dei pub è la 'jacket potato', niente di più che una patata cotta al forno e insaporita con quantità enormi di condimento. Altri piatti come costolette e bistecche sono accompagnati dalle inevitabili patatine fritte e da carote e piselli insipidi. Per qualche strano motivo la moda del momento è dare a qualsiasi piatto una spolverata di erba medica.

Se un menu è semplice non vuol dire che sia anche di bassa qualità. In Inghilterra, i migliori *fish and chips* (pesce fritto con patate fritte) si trovano nei pub della parte settentrionale del paese. Se il menu viene scritto ogni giorno su una lavagnetta, significa che i piatti sono preparati con prodotti freschi, e che il pub è superiore alla media. D'altra parte, le coloratissime lavagne su cui non cambia mai una virgola sono tipiche delle grandi catene di pub e non sono un buon segno.

Molti pub hanno un ristorante di cucina tailandese, dove si servono piatti generalmente di buona qualità – anche se un po' insoliti per un pub. Ma state attenti a quei menu che propongono un paio di piatti tailandesi, un paio di curry e qualche piatto standard come gli spaghetti alla bolognese. Potete star sicuri che la cucina ha la sua arma segreta: forni a microonde. Cominciate a farvi un'idea del posto osservando i piatti degli altri clienti.

La scelta migliore per chi vuole mangiare in un pub sono i 'gastropub', una specie di pub-gastronomia che si sta diffondendo piuttosto rapidamente. La cucina proposta in questi locali è quella che viene definita 'modern British' e spesso combina una buona dose di creatività, qualità e prezzi ragionevoli. Ricordatevi di questi locali, non solo per il buon rapporto di qualità-prezzo, ma anche per la qualità dei piatti, preparati da cuochi con anni di esperienza alle spalle. Infine i vini proposti – anche al calice – sono di solito eccellenti. Alcuni di questi gastro-pub potrebbero far concorrenza ai migliori ristoranti per la preparazione e la presentazione dei piatti.

In qualsiasi tipo di pub bisogna ordinare i piatti al banco oppure nel piccolo ristorante adiacente; quando sarà pronto, un cameriere vi servirà il vostro piatto al tavolo.

Ringraziamenti
Ringraziamo Roger Protz della Campaign for Real Ale (CAMRA) per il suo aiuto nella stesura di questa sezione.

Il viaggio

Londra è uno dei più importanti centri del traffico aereo internazionale e in questi tempi di concorrenza spietata fra le compagnie aeree ciò significa che sono numerose le occasioni di trovare voli a prezzi convenienti. La comparsa di diverse compagnie di corrieri che applicano tariffe scontate ha inasprito la concorrenza sui voli dall'Europa e dall'Irlanda, un tempo caratterizzati da prezzi incredibilmente elevati.

L'alternativa più economica per raggiungere la Gran Bretagna dall'Europa o dall'Irlanda è viaggiare in autobus, ma il viaggio potrebbe rivelarsi faticoso ed estenuante, e il risparmio non così considerevole se confrontato con le occasioni di volo che si possono trovare.

I treni che attraversano il tunnel sotto la Manica hanno messo in difficoltà le varie compagnie di traghetti provenienti dall'Europa, e in molti casi si può parlare di una vera e propria guerra di tariffe per i traghetti che svolgono un servizio passeggeri, con o senza un mezzo di trasporto. Il treno passeggeri che circola sotto la Manica, l'Eurostar, collega Londra con Parigi e Bruxelles e offre tariffe speciali in tutti i periodi dell'anno.

I traghetti hanno velocizzato i servizi tra la Gran Bretagna e l'Europa e anche sulle linee per e dall'Irlanda.

Raggiungere l'Inghilterra dalla Scozia e dal Galles è molto facile: le reti ferroviarie e di autobus dei tre paesi sono perfettamente integrate l'una con l'altra. Per i particolari v. **Trasporti interni**.

AEREO
Aeroporti e compagnie aeree
Aeroporti I principali aeroporti per i voli intercontinentali si trovano a Londra (Heathrow e Gatwick), ma alcuni voli provenienti dal Nord America e dall'Asia atterrano all'aeroporto di Manchester.

Avvertenza

Le informazioni contenute in questo capitolo sono quelle maggiormente suscettibili di modifiche: le tariffe aeree sui voli internazionali cambiano di continuo, nuovi voli vengono introdotti mentre altri vengono cancellati, e cambiano gli orari e le offerte speciali. Le compagnie aeree e i governi dei singoli stati sembrano fare di tutto per complicare al massimo norme e regolamenti. Per capire come funziona il sistema tariffario (e quindi scegliere il tipo di biglietto più adatto alle proprie esigenze) conviene informarsi direttamente presso l'ufficio di una compagnia aerea oppure rivolgersi a un'agenzia di viaggi. Come se non bastasse, nel settore del turismo la competizione è spietata e non mancano le offerte convenienti e neppure gli imbrogli.

La cosa migliore è raccogliere il maggior numero d'informazioni possibile, contattando numerose agenzie di viaggi e le compagnie stesse, in modo da poter confrontare dati e cifre prima di separarvi dal vostro prezioso denaro. Le informazioni fornite in questo capitolo vanno prese come indicazioni di massima, da aggiornare con una ricerca personale e accurata.

I voli dall'Europa continentale e dall'Irlanda atterrano in uno dei cinque aeroporti londinesi e in diversi aeroporti sparsi in tutta l'Inghilterra, come quelli di Manchester e Birmingham.

Vi sono numerosi voli che collegano Glasgow ed Edimburgo, in Scozia, con Londra; tuttavia il treno rimane sem- la soluzione più economica e f-

Compagnie aeree
giori compagnie aeree
Londra e alcune volano
nori. Qui di seguito tro

137

Glossario per i viaggi in aereo

Agenzie di viaggi Ne esistono di tutti i generi e dovreste cercare di trovare quella più adatta alle vostre esigenze. Alcune si occupano soltanto di viaggi organizzati, mentre altre trattano sia i pacchetti tutto compreso sia la vendita di biglietti, il noleggio di automobili e le prenotazioni alberghiere. Una buona agenzia può prendersi cura di tutte queste cose facendovi risparmiare sicuramente tempo e denaro, ma se desiderate un biglietto aereo al prezzo più basso possibile vi converrà rivolgervi a un'agenzia del tipo *bucket shop* (in ogni caso, poco diffuse se non addirittura assenti in Italia). Queste ultime però si occupano solo di biglietti aerei e non fanno prenotazioni alberghiere.

Air Shuttle (voli navetta) Si tratta di brevi voli navetta fra le città più importanti. Il biglietto può anche essere acquistato direttamente al momento della partenza, ma più spesso viene usato il sistema **ticketless travel** (v. la voce specifica più avanti). Perciò bisogna arrivare con un certo anticipo per trovare posto. Non sono ammessi eccessi di bagaglio.

Apex L'Apex, o 'Advance Purchase Excursion' (biglietto a pagamento anticipato) è un biglietto che costa dal 30 al 40% in meno dei biglietti a tariffa piena, ma prevede una serie di restrizioni. Lo si deve acquistare almeno 21 giorni prima della partenza (a volte anche di più) e ha una durata minima (di solito 14 giorni) e massima (90 o 180 giorni). Non sono concessi stopover, e se volete cambiare le date della partenza o del ritorno, oppure la destinazione, bisogna pagare una penale. Questi biglietti non sono del tutto rimborsabili, quindi se dovete cancellare il viaggio vi sarà rimborsata una cifra spesso considerevolmente inferiore a quella da voi pagata per il biglietto; fate un'assicurazione di viaggio che vi copra nel caso in cui dobbiate rinunciare al viaggio per cause impreviste – per esempio per una malattia.

Baggage Allowance (bagaglio consentito) Sul vostro biglietto troverete scritto quanto bagaglio vi è consentito di portare: di solito un collo fino a 20 kg che va nel bagagliaio, più uno come bagaglio a mano. Alcune compagnie aeree che fanno voli transoceanici permettono di avere un bagaglio in più (precisando le limitazioni rispetto alle dimensioni e al peso). Lo stesso concetto dei due bagagli per persona viene applicato su tutti i voli per/da Stati Uniti e Canada.

Bucket Shop In certi periodi dell'anno e/o su determinate rotte, molte compagnie aeree volano con i posti a sedere in parte vuoti. In queste situazioni è per loro più conveniente cercare di riempire gli aerei anche se questo significa vendere un certo numero di biglietti a tariffe estremamente scontate; per fare questo scaricano i biglietti ad agenzie specializzate che a loro volta li venderanno al pubblico a tariffe scontate. Spesso questi biglietti sono i più economici che possiate trovare ma non è possibile acquistarli direttamente dalle compagnie. Sono biglietti non sempre disponibili, per cui non solo dovete essere molto flessibili nei programmi di viaggio, ma anche seguire con attenzione la pubblicità delle agenzie sui giornali ed essere tra i primi a presentarsi in agenzia.

I bucket shop pubblicano le loro offerte su giornali e riviste e dal momento che vi è una forte concorrenza – specialmente su piazze come Amsterdam e Londra che ne sono piene zeppe – è meglio telefonare per accertarsi della disponibilità dei biglietti prima di correre da un'agenzia all'altra. Ovviamente, negli annunci vengono pubblicizzati i biglietti dalle tariffe più basse, ma può succedere che quando si arriva in agenzia questi siano già esauriti e vi venga proposto qualcosa di leggermente più caro.

Bumped Avere un posto confermato non significa che abbiate la sicurezza di prendere l'aereo – v. **Overbooking**.

Cancellation Penalty (penalità per cancellazione) Cancellare o cambiare un apex o un altro tipo di biglietto a tariffa scontata può comportare forti penalità; a volte è possibile fare un'assicurazione che copra questo rischio. Alcune compagnie aeree impongono penalità anche sui biglietti normali, soprattutto per quei passeggeri che non si presentano alla partenza ('no show').

Glossario per i viaggi in aereo

Check-in Generalmente per i voli internazionali viene richiesto ai passeggeri di presentarsi all'aeroporto circa un'ora e mezzo prima della partenza. Se non arrivate in tempo o se per il vostro volo sono state accettate prenotazioni in più rispetto al numero dei posti disponibili, la compagnia aerea può anche annullare la vostra prenotazione e dare la precedenza ad altri.

Confirmation (conferma) Avere un biglietto compilato con i dati del volo e la data non significa che abbiate un posto finché l'addetto al check-in non abbia verificato tramite terminale con la compagnia aerea che il vostro status sia 'OK' o confermato. Fino a quel momento potete solo essere 'on request' (in richiesta).

Courier Fare (corrieri) Le ditte spesso si servono di corrieri per spedire in modo rapido e sicuro documenti urgenti e merci, e queste compagnie di corrieri spesso ingaggiano una persona per far passare il pacco attraverso la dogana, offrendole in cambio un biglietto a volte estremamente conveniente. In effetti, quello che gli spedizionieri fanno è imbarcare la merce su normali voli di linea facendola passare come vostro bagaglio. Tutta l'operazione è perfettamente legale ma presenta due svantaggi: da un lato la ridotta durata del biglietto, di solito non più di un mese e dall'altro il fatto che si debba cedere tutta la propria baggage allowance alla compagnia di corrieri, così che vi sarà concesso di avere soltanto il bagaglio a mano.

Direct Flight (voli diretti) Da non confondersi con i voli 'nonstop' (v. **Nonstop Flight**), i voli 'direct', di solito più economici, effettuano brevi scali lungo le rotte interne più lunghe. Un volo New York-San Francisco, per esempio, può prevedere uno scalo di un'ora a Chicago. È sempre meglio che cambiare aereo, ma non è di certo il sistema più rapido per spostarsi.

Discounted Ticket (biglietti a tariffa ridotta) Ci sono due diversi tipi di tariffe ridotte: quelle ufficiali come le Apex (v. **Promotional Fare**) e quelle non ufficiali (v. **Bucket Shop**). Questi ultimi tipi di biglietto possono darvi altri vantaggi oltre a farvi risparmiare denaro: può succedere di pagare tariffe apex senza essere costretti a sottostare alle restrizioni relative e a prenotare con molto anticipo. I prezzi decisamente più bassi spesso implicano svantaggi come volare con compagnie poco richieste, o in orari scomodi, o ancora su rotte e con coincidenze disagevoli.

Economy Class Ticket (biglietti di classe economica) I biglietti di normale classe economica (da non confondersi con quelli a tariffa promozionale o apex) di solito non sono i biglietti più convenienti in assoluto, ma danno il massimo della flessibilità e hanno una validità di 12 mesi. Se non li utilizzate, sono quasi sempre totalmente rimborsabili, come lo sono le parti non utilizzate di un biglietto multiplo.

Full Fare (tariffa piena) Le linee aeree offrono tutte una prima classe (designata di solito con il codice F), la cosiddetta business class (codice J o C) e la tariffa turistica (codice Y). Oggi però ci sono tante opportunità più convenienti, fra campagne promozionali e tariffe scontate, e ben pochi passeggeri optano per la tariffa piena.

Lost Ticket (biglietti smarriti) Se perdete il vostro biglietto aereo la compagnia generalmente si comporterà come se fosse un travellers' cheque e, dopo una verifica, ve ne rilascerà un altro. In termini legali, tuttavia, la compagnia aerea ha il diritto di considerarlo come denaro contante che una volta perso non è più recuperabile, perciò state attenti ai vostri biglietti.

MCO Un MCO (Miscellaneous Charges Order) è un voucher di un determinato valore che sembra un biglietto aereo e può essere usato per pagare un volo (o qualsiasi altro tipo di servizio richiesto, come per esempio un eccesso bagaglio) con qualsiasi compagnia aerea della IATA (International Air Transport Association). È più flessibile di un biglietto normale e può rispondere all'irritante necessità di dover esibire in anticipo un biglietto per un volo che vi riporti fuori dal

(segue)

Glossario per i viaggi in aereo

paese in cui siete arrivati, ma ora alcuni paesi sono restii ad accettarlo. Se inutilizzato, un MCO è totalmente rimborsabile.

No Show (mancata presentazione alla partenza) I 'no show' sono passeggeri che, per qualsiasi ragione, non si presentano alla partenza del loro volo. I passeggeri con un biglietto a tariffa piena che non arrivano in tempo hanno talvolta la possibilità di prendere il volo successivo. Tutti gli altri devono pagare una penale (v. **Cancellation Penalty**).

Nonstop Flight (voli 'nonstop') Il modo più veloce e più comodo per viaggiare è prendere un volo 'nonstop', che vi porta direttamente a destinazione senza scali intermedi. Tuttavia sulle rotte lunghe questi voli si fanno sempre più rari, e anche più costosi (v. anche **Direct Flight**).

Open-Jaw Ticket Si chiama così un biglietto di andata e ritorno che vi permette di volare su un determinato aeroporto, ma di ritornare da un altro e di viaggiare a vostre spese tra le due località con qualsiasi mezzo di trasporto. Questo tipo di biglietto, quando è disponibile, vi evita di dover ritornare nel luogo in cui siete arrivati per imbarcarvi sul volo di ritorno.

Overbooking (prenotazioni in eccesso) Le compagnie aeree non amano far volare gli aerei con dei posti vuoti e, dato che per ogni volo c'è qualche passeggero che non si presenta alla partenza (v. **No Show**), spesso prenotano più passeggeri di quanti siano i posti disponibili. Di solito l'eccesso di passeggeri viene bilanciato da quelli che non si presentano, ma talvolta qualcuno rimane escluso. Quando questo avviene chi arriva tardi al check-in (o ha un biglietto con tariffa particolarmente scontata) ha più probabilità di rimanere a terra.

Promotional Fare (tariffe promozionali) Sono tariffe scontate ufficialmente, come le apex, ottenibili dalle agenzie di viaggi o direttamente dalle linee aeree.

Reconfirmation (riconferma) Almeno 72 ore prima della partenza di un volo intercontinentale (48 ore prima in caso di volo internazionale) dovete contattare la compagnia aerea e 'riconfermare' che volete prendere quel volo. Se non lo fate la compagnia potrebbe cancellare il vostro nome dalla lista dei passeggeri e voi perdereste il posto (come spesso avviene in caso di overbooking).

Restriction (restrizioni) I biglietti scontati spesso sono soggetti a una serie di restrizioni, come il pagamento anticipato, le limitazioni sulla durata minima e massima del viaggio, sulla possibilità di cambiare la data di rientro, ecc.

Round-the-World Ticket (biglietto per il giro del mondo) Questi biglietti hanno avuto una grande diffusione negli ultimi anni. Ve ne sono di due tipi: quelli delle compagnie aeree e quelli delle agenzie di viaggi. Un biglietto RWT del primo tipo viene rilasciato da due o più compagnie aeree che hanno stipulato un accordo per emettere un biglietto per il giro del mondo che combini le loro diverse rotte. È un biglietto che permette di viaggiare praticamente dovunque utilizzando le loro rotte, a patto che non si torni mai indietro, ma che si mantenga sempre approssimativamente la stessa direzione verso est o verso ovest. Altre restrizioni riguardano il fatto che (di solito) si deve prenotare in anticipo la prima parte del viaggio (con conseguente applicazione di penali) e che vi è un determinato numero di stopover consentiti. La validità di questi biglietti va da 90 giorni a un anno.

L'altro tipo di biglietti RWT, quelli emessi da un'agenzia, consiste in una combinazione di tariffe economiche messe insieme da un'intraprendente agenzia di viaggi, ma, pur essendo a volte meno cari di quelli delle compagnie aeree, consentono una scelta più limitata per quanto riguarda le rotte.

Standby (riserva) Biglietto scontato che prevede che voliate solo se c'è un posto libero all'ultimo momento. Le tariffe standby sono diffuse specialmente negli Stati Uniti o in Inghilterra: di

Glossario per i viaggi in aereo

solito sono disponibili soltanto direttamente all'aeroporto, ma a volte si trovano anche presso la sede cittadina delle compagnie aeree. Per avere maggiori possibilità di partire con il volo che vi interessa, arrivate presto in aeroporto e fate subito inserire il vostro nome nella lista d'attesa. I primi arrivati sono i meglio serviti.

Stopover Fermata volontaria concessa da alcune compagnie aeree tra la località di partenza e quella di arrivo.

Students Discount (sconti per studenti) Alcune compagnie offrono dal 15 al 25% di sconto sulle tariffe dei loro biglietti ai possessori di una carta dello studente. Le stesse condizioni valgono anche per coloro che hanno meno di 26 anni. Questi sconti di solito si applicano soltanto sulle tariffe ordinarie di classe economica; non valgono, per esempio, su un apex o su un RWT che sono già scontati.

Ticketless Travel (viaggio senza biglietto) Si tratta di un nuovo sistema utilizzato sui voli economici di alcune compagnie aeree, che consente di acquistare i biglietti per telefono, tramite Internet con carta di credito o tramite agenzia, e di imbarcarsi presentando semplicemente un documento d'identità con fotografia.

Ticket Out (biglietti d'uscita) Molti paesi richiedono come requisito d'ingresso che abbiate un biglietto per una destinazione successiva oppure un biglietto di andata e ritorno, in altre parole un biglietto che vi porti fuori dal paese. Se non siete sicuri di ciò che volete fare dopo, la soluzione più semplice è acquistare il biglietto più economico per un paese vicino oppure un biglietto da una compagnia che ve lo rimborsi se non lo usate.

Transferred Ticket (trasferimento di biglietti) I biglietti aerei non possono essere trasferiti da una persona a un'altra. I viaggiatori talvolta tentano di vendere la parte del ritorno del loro biglietto, ma i funzionari dell'aeroporto possono chiedervi di provare la vostra identità. Sui voli interni non è molto probabile che succeda, ma sui voli internazionali i biglietti sono di solito confrontati con i passaporti.

Travel Period (periodi di viaggio) Alcune tariffe scontate in modo ufficiale, in particolare le tariffe apex, variano a seconda dei periodi dell'anno. Spesso esistono una bassa e un'alta stagione e talvolta anche una stagione intermedia. In alta stagione quando tutti vogliono volare, saranno più alte non soltanto le tariffe scontate ufficialmente, ma anche quelle con ribassi non ufficiali, o semplicemente possono non essere messi sul mercato biglietti scontati. La tariffa dipende sempre dalla data della partenza: se partite in alta stagione e tornate in bassa stagione, pagate la tariffa di alta stagione.

meri che potete chiamare da tutta la Gran Bretagna per effettuare prenotazioni; per la maggior parte si tratta di chiamate a basso costo.

Aer Lingus	☎ 0845 973 7747
Aeroflot	☎ 020-7355 2233
Air Canada	☎ 0870 524 7226
Air France	☎ 0845 084 5111
Air New Zealand	☎ 020-8741 2299
Alitalia	☎ 0870 544 8259
American Airlines	☎ 0845 778 9789
British Airways	☎ 0845 722 2111
British Midland	☎ 0870 607 0555
Cathay Pacific Airways	☎ 0845 758 1581
Continental Airlines	☎ 01293-776464
Delta Air Lines	☎ 0800 414767
El Al Israel Airlines	☎ 020-7957 4100
Emirates Airlines	☎ 0870 243 2222
Iberia	☎ 0870 606 2032
KLM-Royal Dutch Airlines	☎ 0870 507 4074
Lufthansa Airlines	☎ 0845 773 7747
Olympic Airways	☎ 0870 606 0460
Qantas Airways	☎ 0845 774 7767
Sabena	☎ 0845 601 0933
Scandinavian Airlines (SAS)	☎ 0845 607 2772
Singapore Airlines	☎ 0870 608 8886
South African Airways	☎ 0870 747 1111
TAP Air Portugal	☎ 0845 601 0932
Thai Airways International	☎ 0870 606 0911
Turkish Airlines	☎ 020-7766 9300

United Airlines   ☎ 0845 844 4777
Virgin Atlantic   ☎ 01293-616161

Oggi, inoltre, operano nel settore diverse compagnie aeree che offrono servizi essenziali e spartani, ma a tariffe molto convenienti. Di solito queste aerolinee non figurano nei sistemi di prenotazione computerizzata, come quelli usati dalle agenzie di viaggi o quelli che si trovano sui siti Internet dedicati ai viaggi, come www.travelocity.com e www.expedia.com. Quindi, per avere informazioni su voli e tariffe dovete visitare il loro sito Internet oppure contattare il numero per le prenotazioni. Spesso vengono praticati sconti extra sui biglietti acquistati online.

Buzz (☎ 0870 240 7070) Si tratta di un ramo della KLM che opera voli in partenza dall'aeroporto londinese di Stansted su diverse destinazioni europee.
Sito Internet: www.buzzaway.com

easyJet (☎ 0870 600 0000) Questa compagnia di corrieri collega con i suoi jet arancioni Londra (Luton) e Liverpool a diverse città europee.
Sito Internet: www.easyjet.com

Go (☎ 0845 605 4321) Questa compagnia inglese, nata dalla British Airways, vola fra Londra (Stansted) e diverse destinazioni europee.
Sito Internet: www.go-fly.com

Ryanair (☎ 0870 156 9569) Questa compagnia con sede in Irlanda opera voli in partenza da numerosi aeroporti della Gran Bretagna su diversi aeroporti irlandesi, oltre a voli che collegano Londra (Stansted) con diverse destinazioni europee. Tuttavia occorre segnalare che alcuni degli aeroporti europei serviti dalla Ryanair sono secondari e lontani dalle città che la compagnia dice di servire. Ricordatevi quindi di controllare dove si trova esattamente l'aeroporto in cui atterrerà il volo.
Sito Internet: www.ryanair.com

Virgin Express (☎ 020-7744 0004) I voli di questa compagnia collegano gli aeroporti londinesi di Stansted, Gatwick e Heathrow con numerose città europee (via Bruxelles).
Sito Internet: www.virgin-express.com

Acquisto del biglietto

Viaggiare in aereo non è mai stato così conveniente, e questo grazie alla forte competizione fra le compagnie aeree. Ma per essere sicuri di fare un affare non dimenticate di raccogliere il maggior numero possibile d'informazioni; a questo proposito Internet è una fonte sempre più preziosa.

Agli studenti e ai giovani con meno di 26 anni (30 in alcuni paesi) sono riservate di solito le tariffe più vantaggiose. È sufficiente essere in possesso di un documento o di una carta internazionale dello studente (International Student Identity Card, ISIC) sia quando si acquista il biglietto sia al momento dell'imbarco.

Generalmente acquistare il biglietto direttamente dalla compagnia aerea non comporta nessun risparmio. I biglietti scontati sono messi a disposizione di un numero selezionato di agenzie di viaggi, spesso specializzate in voli a tariffe speciali, e nella maggior parte dei casi è qui che troverete le occasioni migliori.

Vi sono tuttavia un paio di eccezioni. La prima: le compagnie aeree che grazie a un servizio a bordo molto semplice e spartano riescono a offrire biglietti a prezzi molto scontati e venduti direttamente agli acquirenti senza la mediazione delle agenzie. A differenza di quelle tradizionali, queste compagnie aeree mettono a disposizione biglietti di sola andata: l'ideale è optare per il cosiddetto *open-jaw ticket*, ossia un biglietto che prevede il volo di andata su un determinato aeroporto e il ritorno da un altro.

La seconda eccezione è rappresentata dai biglietti acquistati online. Numerose compagnie aeree offrono tariffe molto convenienti a chi naviga in rete: i biglietti sono venduti all'asta o semplicemente a prezzi ridotti, grazie al basso costo che comportano le vendite online.

Molte agenzie di viaggi in tutto il mondo hanno siti Internet che possono diventare un modo semplice e veloce per confrontare le tariffe delle diverse compagnie. Inoltre cresce di continuo il numero di agenzie che operano esclusivamente in rete, per esempio quelle che troverete agli indirizzi www.travelocity.co.uk e www.deck chair.com. Acquistare

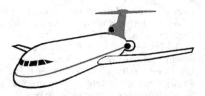

i biglietti online è vantaggioso se si tratta di un viaggio di sola andata, oppure di un viaggio di ritorno da effettuare in date precise. Tuttavia, questi siti che propongono voli e tariffe a prezzi decisamente competitivi non possono sostituire l'agenzia di viaggi, sempre al corrente delle offerte speciali e in grado di farvi evitare soste inutili e darvi consigli e informazioni su tutto ciò che desiderate (dalla migliore assicurazione di viaggio alla compagnia che serve il miglior cibo vegetariano).

Potreste scoprire che i voli più economici sono pubblicizzati da agenzie sconosciute. Nella maggior parte dei casi si tratta di agenzie serie e oneste, ma si sono verificati casi isolati di imbrogli e truffe. Il pagamento con carta di credito offre generalmente una certa protezione, visto che la maggior parte prevede un rimborso, se potete dimostrare di non aver mai ricevuto ciò che avete pagato. Si può avere una garanzia simile acquistando il biglietto presso un'agenzia affiliata a un ente superiore, come quelle coperte dalla Air Travel Organiser's Licence (ATOL) nel Regno Unito. Le agenzie che pretendono il pagamento in contanti devono consegnare subito il biglietto senza dirvi 'passi domani'. Dopo aver effettuato il pagamento o aver lasciato un acconto, chiamate la compagnia aerea per confermare la vostra prenotazione. Di solito non è consigliabile inviare denaro (o assegni) per posta, a meno che l'agenzia con cui avete a che fare non sia estremamente affidabile e consolidata – ci sono stati casi di viaggiatori truffati da sedicenti agenzie che vendono biglietti per posta.

Molti decidono di modificare il proprio itinerario durante il viaggio, per cui è meglio riflettere attentamente prima di acquistare un biglietto che non sarà rimborsato facilmente.

Passeggeri con esigenze particolari

Se avvisata con un certo anticipo, la compagnia aerea è in grado di provvedere a particolari esigenze dei passeggeri, come nel caso di assistenza a terra per i disabili oppure di pasti vegetariani a bordo. I bambini al di sotto dei due anni di età viaggiano pagando il 10% della tariffa piena (o gratuitamente con alcune compagnie) se non occupano un posto a sedere e sono senza bagaglio. La compagnia provvederà anche a fornire lettini, alimenti per bambini e pannolini, sempre se richiesti in anticipo. I bambini tra i due e i 12 anni generalmente possono occupare un posto pagando dalla metà ai due terzi della tariffa piena e hanno diritto alla franchigia bagaglio.

Il sito Internet www.everybody.co.uk ha una pagina interamente dedicata a tutte le facilitazioni offerte ai disabili dalle diverse compagnie aeree.

Volare con i corrieri

Questi voli sono di solito pubblicizzati sui giornali, ma per avere informazioni si possono contattare direttamente le compagnie di corrieri che trovate sull'elenco telefonico. Dal momento che di solito non forniscono volentieri informazioni per telefono, è probabile che per avere una risposta dobbiate recarvi di persona alla sede della compagnia. *Travel Unlimited* (PO Box 1058, Allston, MA 02134, USA) è un bollettino d'informazioni sul quale troverete le migliori opportunità per volare con le compagnie di corrieri. L'abbonamento annuale a questa newsletter costa US$25, o US$35 per i lettori al di fuori degli USA. Un'alternativa (almeno per i residenti negli USA) è aderire all'International Association of Air Travel Couriers (IAATC). La tassa d'iscrizione costa US$45 e dà la possibilità di ricevere ogni due mesi notizie aggiornate sulle offerte di volo dei corrieri e la newsletter bimestrale *Shoestring Traveler*, e inoltre di richiedere un servizio di fax giornaliero con le offerte dell'ultimo minuto. Per ulteriori informazioni contattate la IAATC (☎ 561-582 8320) oppure visitate il sito Internet www.courier.org. Tuttavia, ricordate che diventare membro di questa organizzazione non garantisce automaticamente un passaggio aereo.

Nel Regno Unito simili occasioni sono offerte talvolta dalla British Airways (☎ 0870 606 1133) e dalla ACP Express (☎ 020-8897 5133).

Tassa d'imbarco

Su tutti i voli interni e su quelli verso destinazioni all'interno della UE in partenza dalla Gran Bretagna viene applicata una tassa di £10. Per tutti gli altri voli la tassa è di £20. Di solito questa tassa è già compresa nel prezzo del biglietto.

Per/dall'Italia

Londra, principale scalo aereo del paese, è facilmente raggiungibile da tutti i maggiori aeroporti italiani grazie ai numerosi voli giornalieri su Gatwick, Heathrow, London City e Stansted gestiti da Air France, Alitalia, British Airways, British Midland, KLM, Lufthansa, Ryanair, Sabena e Swissair. Se la vostra destinazione inglese non è Londra, esistono comunque diverse alternative: per esempio, KLM o Sabena effettuano collegamenti giornalieri su Bristol e su altre città inglesi con partenze da Torino, Milano, Venezia, Bologna e Roma e cambio di aeromobile ad Amsterdam/Bruxelles. Altre ottime soluzioni si possono avere anche con Air France (via Parigi), Lufthansa (via Francoforte) e SAS (via Copenaghen). Inoltre, una volta giunti a Londra è possibile raggiungere in aereo tutti i maggiori scali inglesi grazie ai vari collegamenti gestiti da British Airways, British Midland, Cityflyer Express, Gill Aviation o UK. Le tariffe variano sensibilmente secondo la stagionalità o in occasione di particolari promozioni aeree.

Per Londra, per esempio, si parte da lire 1.677.000 (Milano)/lire 1.980.000 (Roma) per la tariffa piena in 'Business Class', mentre per le tariffe a date chiuse (validità minima della notte tra sabato e domenica e massima di 3 mesi) si spendono in alta stagione lire 1.006.000 da Milano e lire 1.152.000 da Roma. Esiste comunque tutta una serie di tariffe promozionali a date fisse decisamente più basse, per le quali è meglio consultarsi di volta in volta con qualche agenzia di fiducia. Inoltre, Alitalia promuove molto spesso, in collaborazione con alcuni tour operator, particolari formule week-end su Londra con combinazioni volo+pernottamento in albergo a prezzi molto convenienti. Da non dimenticare infine le possibili alternative rappresentate dai voli charter per Londra nel periodo estivo, anche se con orari non sempre affidabili, e le cosiddette tariffe giovani o per studenti. Il consiglio migliore è, come sempre, di rivolgersi a un'agenzia di viaggi di fiducia prenotando possibilmente con un certo anticipo, specie in periodi di alta stagione.

Per/dalla Scozia

I voli British Airways, British Midland, easyJet e Go collegano Londra con Glasgow ed Edimburgo. La frequenza dei voli è buona e il viaggio dura un po' più di un'ora. Potreste trovare offerte speciali di voli andata e ritorno a sole £50, ma di solito per un volo di questo tipo si pagano £100, o anche di più. Considerato il tempo che si perde per raggiungere l'aeroporto e per il check-in, viaggiare in treno non richiederà molto tempo in più e solitamente è anche più conveniente.

Raggiungere Londra da piccoli centri della Scozia, come Aberdeen per esempio, oppure raggiungere una delle maggiori città britanniche da Glasgow o da Edimburgo è piuttosto costoso.

Per/dall'Irlanda

Grazie alla spietata competizione fra compagnie aeree sulle principali tratte che collegano l'Inghilterra all'Irlanda, non sarà difficile trovare un biglietto scontato a sole £50. Le cinque compagnie che effettuano più voli su questa tratta sono la British Airways, la British Midland, la Aer Lingus, la Ryanair e la British European. Oltre ai voli fra Dublino e Londra, vi sono moltissimi altri voli che servono aeroporti più piccoli in entrambi i paesi.

Per/dall'Europa continentale

Le tariffe dei voli in partenza dalla maggior parte delle capitali europee non subiscono di solito grandi variazioni. Generalmente, tutte le principali compagnie aeree offrono sconti e tariffe speciali, e anche le agenzie di viaggi hanno spesso proposte vantaggiose, per cui guardatevi intorno confrontando prezzi e possibilità.

Per un biglietto scontato di andata e ritorno per l'Inghilterra mettete in conto di spendere da £50 a £200 sui voli delle maggiori compagnie aeree. Le compagnie di corrieri propongono tariffe scontate che vanno da £50 a £150 per voli sulle destinazioni da loro normalmente raggiunte (che coincidono con quelle per cui la competizione fra compagnie aeree è più forte).

Numerose agenzie in tutta Europa hanno rapporti con la STA Travel; qui è possibile acquistare biglietti aerei a tariffe scontate, oppure cambiare i biglietti già emessi dalla STA (di solito pagando una penale di US$25). Tra le filiali della STA nelle principali città europee segnaliamo: a Parigi Voyages Wasteels (☎ 0 803 88 70 04 – solo per la Francia – fax 01 43 25 46 25), 11 rue Dupuytren, 75006 Parigi; a Berlino la STA Travel (☎ 030-311 0950, fax 313 0948), Goethestrasse 73, 10625 Berlino; a Roma il CTS (☎ 06 44 11 11, fax 06 4411 1400, sito Internet: www.cts.it), Via Andrea Vesalio 6, 00161 Roma; a Milano la Viaggi Wasteels S.p.A. (☎ 02 6610 1090, fax 02 6610 1100), Via Angelo Belloni 1, 20162 Milano, e ad Atene la ISYTS (☎ 01-322 1267, fax 323 3767), 11 Nikis St, Upper Floor, Syntagma Square.

In Francia esiste una rete di agenzie di viaggi studentesche in grado di offrire biglietti scontati ai viaggiatori di tutte le età. La OTU Voyages (☎ 01 44 41 38 50) ha la sede principale a Parigi, 39 Av Georges Bernanos (5e) e altre 42 filiali in tutto il paese. Il sito Internet di questa agenzia è www.otu.fr.

Un'altra agenzia di questo tipo è la Accueil des Jeunes en France (☎ 01 42 77 87 80), 119 rue Saint Martin (4e).

A Parigi, tra le agenzie di viaggi dove troverete alcune delle migliori occasioni segnaliamo Nouvelles Frontières (☎ 0 803 33 33 33), 5 Ave de l'Opéra (1er), e Voyageurs du Monde (☎ 01 42 86 16 00), 55 rue Sainte Anne (2e). Il sito Internet di Nouvelles Frontières è www.nouvelles-frontieres.com.

Anche in Belgio, Svizzera, Paesi Bassi e Grecia si trovano buone agenzie presso cui acquistare biglietti aerei scontati. In Belgio le agenzie più conosciute sono la Acotra Travel Agency (☎ 02-512 86 07), rue de la Madeleine, Bruxelles, e la WATS Reizen (☎ 03-226 16 26), de Keyserlei 44, Anversa. In Svizzera, la SSR Voyages (☎ 01-297 11 11) è specializzata in tariffe economiche, per studenti e giovani. C'è una filiale di questa agenzia a Zurigo in Leonhardstrasse 10, e altre nelle principali città del paese; il sito Internet è www.ssr.ch.

La NBBS Reizen (☎ 020-624 09 89), Rokin 66, Amsterdam, è l'agenzia ufficiale di viaggi per studenti dei Paesi Bassi. Ad Amsterdam ci sono anche altre agenzie, per esempio la Malibu Travel (☎ 020-626 32 30), Prinsengracht 230.

Ad Atene rivolgetevi alle numerose agenzie di viaggi che si trovano nelle strade secondarie tra le piazze Syntagma e Omonia. Per le tariffe scontate e per studenti provate la Magic Bus (☎ 01-323 7471, fax 322 0219).

VIA TERRA
Per/dall'Italia

Autobus Londra è raggiungibile dall'Italia attraverso un servizio di autobus a lunga percorrenza gestito dalla compagnia

Eurolines, un consorzio di compagnie che assicurano i collegamenti con le principali città europee. Per prenotare occorre rivolgersi alle agenzie di viaggi autorizzate a emettere biglietti: chiedete informazioni alla sede centrale Eurolines (☎ 055 35 71 10, fax 055 35 05 65, ✉ posta@eurolines. it), Via G.S. Mercadante 2/b, 50144 Firenze. Potete anche consultare il sito www.eurolines.it.

Frequenze, orari e prezzi dei collegamenti citati qui di seguito si riferiscono all'orario estivo Eurolines per il 2001. Per raggiungere la capitale britannica dalle principali città italiane esistono diverse possibilità. Si può utilizzare il servizio diretto via Parigi, che parte una-due volte la settimana da Roma alle 10: l'arrivo a Londra è previsto per le 17.15 del giorno successivo. L'attraversamento della Manica avviene in traghetto, via Calais-Dover. Il viaggio Roma-Londra dura circa 32 ore; in territorio italiano l'autobus tocca Firenze (14.15), Bologna (16.15), Parma (18), Milano (20) e Torino (22.30). Il tragitto in territorio francese prevede soste a Parigi (arrivo 9.30, partenza 10.30) e Dover (15.30). Negli stessi giorni, nel capoluogo lombardo arriva la coincidenza da Venezia, da dove parte un autobus alle 15.30 che tocca Padova alle 16.15 e Verona alle 17.45. Da Milano in poi il tragitto è analogo a quello sopra descritto. In alternativa, fino a cinque volte la settimana è previsto un collegamento Roma-Londra con lo stesso itinerario e gli stessi orari, ma con un cambio di autobus a Parigi: l'arrivo a Londra scegliendo questa opzione è previsto per le 18. Una terza alternativa è costituita dal servizio espresso, anch'esso con itinerario analogo a quello descritto, ma senza soste a Parigi: prevede fino a tre partenze settimanali da Roma, sempre alle 10 (due volte la settimana la stazione di partenza è Napoli, 7.30), con arrivo previsto a Londra alle 15.45 del giorno successivo. Anche per questo tipo di collegamento esiste una coincidenza da Venezia, con frequenza trisettimanale. È stato infine introdotto anche un servizio via Eurotunnel, con partenza da Firenze il sabato alle 14.15 e arrivo a Parigi alle 9.30 del giorno successivo; dalla capitale francese si riparte alle 12.30 per arrivare a Londra alle 18.45.

Per il viaggio di ritorno, la corsa diretta parte da Londra alle 8.30 e arriva a Roma alle 18 del giorno successivo; il collegamento con cambio a Parigi ha orari analoghi (prevede però anche il passaggio via Eurotunnel), mentre il servizio espresso programma la partenza dalla capitale britannica alle 10, con arrivo a Roma alle 18 (a Napoli alle 20.30) del giorno seguente; la coincidenza per Venezia parte da Milano alle 8.30 e arriva nella città lagunare alle 12.30, toccando nuovamente Verona (10.15) e Padova (11.45). La corsa via Eurotunnel parte dalla capitale britannica alle 8.30 con arrivo previsto a Firenze alle 13.45 del giorno successivo. Le frequenze delle partenze sono analoghe a quelle per il viaggio di andata.

Ricordiamo che per tutti gli itinerari sopra descritti è sempre previsto un cambio d'autobus a Milano.

Per il tragitto Roma-Londra o Venezia-Londra si spendono in alta stagione lire 260.000 per la sola andata e lire 398.000 per l'andata e ritorno; da Milano e da Torino si raggiunge la capitale britannica spendendo lire 250.000 per l'andata e lire 350.000 per l'andata e ritorno.

Fino a quattro volte la settimana è previsto un collegamento Siena-Londra (corsa diretta: 11.35-17.15 del giorno succes-

sivo, ritorno 8.30-16.45; servizio espresso: 11.35-15.45, ritorno 10-16.45; lire 260.000/398.000) e uno L'Aquila-Londra (servizio espresso): 11.20-15.45 del giorno seguente; ritorno 10-16.05; lire 325.000/478.000).

Chi intende viaggiare molto in autobus può acquistare l'Eurolines Pass, che consente la libera circolazione nelle maggiori città europee, fra cui Londra, in un totale di 15, 30 o 60 giorni. Le tariffe in Italia: il pass per 15 giorni costa lire 290.000/387.000 (bassa/alta stagione) per i giovani al di sotto dei 26 anni e per i passeggeri con oltre 60 anni, lire 349.000/465.000 per gli adulti; quello per 30 giorni costa, per le stesse categorie di viaggiatori, rispettivamente lire 416.000/573.000 e lire 523.000/716.000; infine, quello per 60 giorni costa lire 523.000/627.000 e lire 658.000/833.000. Eventuali sconti dipendono dall'itinerario seguito, ma in genere i bambini fino a quattro anni hanno diritto a uno sconto dell'80%, a quelli di età compresa fra quattro e 12 anni si pratica uno sconto del 50%, i passeggeri dai 13 ai 25 anni e dai 60 anni in su godono di una riduzione del 10%. È previsto un supplemento di lire 25.000 per l'altissima stagione (da metà luglio a metà agosto).

Treno La spinta ai collegamenti veloci in treno avviata dalle ferrovie francesi diversi anni fa con i primi TGV (Train Gran Vitesse) sta facendo proseliti in tutta Europa. In Italia esiste da tempo un collegamento rapido fra Milano (via Torino) e Parigi, in virtù del quale in una decina di ore si può raggiungere Londra da Milano semplicemente cambiando treno (e stazione) a Parigi.

Le porte di uscita dall'Italia per raggiungere l'Inghilterra sono due: Torino, per i treni provenienti dalla costa tirrenica e collegati direttamente con la Francia via Modane, o Milano (via Domodossola) attraverso la Svizzera e la Francia. Molte le combinazioni di orario che permettono di raggiungere Londra in treno, ma nessuna linea è diretta. In tutti i casi occorre fermarsi a Parigi Gare de Lyon o

Bercy, punto di arrivo dei treni provenienti dall'Italia, e spostarsi in metropolitana alla Gare du Nord, stazione di partenza dei treni diretti a Londra via Eurotunnel.

Molti i treni diretti che, da varie città italiane, permettono di raggiungere Parigi. Tenuto conto che gli orari cambiano due volte l'anno, per la stagione invernale e per quella estiva, è prudente al momento della partenza verificare le varie possibilità elencate qui di seguito.

Due in sostanza i modi possibili di viaggiare: di giorno con i treni ad alta velocità (TGV) o di notte con i vagoni letto o le cuccette. Dall'Italia settentrionale, in particolare da Torino e Milano, è possibile arrivare in treno a Parigi in poche ore. Da Milano via Torino ci sono due TGV al giorno in entrambe le direzioni che assicurano il collegamento diretto con la capitale francese. Da Milano Centrale il TGV *Dumas* parte alle 9.15; ferma a Torino Porta Susa alle 10.43 e arriva a Parigi Gare de Lyon alle 16.11. Il TGV *Manzoni* parte da Milano alle 16, ferma a Torino P.S. alle 17.26 e arriva alla Gare de Lyon alle 22.51. In direzione opposta il *Manzoni* si prende a Parigi alle 7.54; il treno ferma a Torino P.S. alle 13.27 e arriva a Milano Centrale alle 14.55. Sul *Dumas* si sale invece alle 11.04 alla Gare de Lyon; a Torino P.S. il treno ferma alle 16.30 e l'arrivo a Milano è alle 17.55. Per il viaggio in treno da Milano a Parigi sul TGV si spendono lire 181.000 per la sola andata e lire 272.000 per l'andata e ritorno. Ricordate che sui treni ad alta velocità la prenotazione non solo è obbligatoria, ma va effettuata con un certo anticipo.

Diversi treni notturni, gli EuroNight, partono da alcune città italiane alla volta di Parigi. Sono provvisti di vagoni letto e di cuccette. Da Milano il treno *Stendhal* parte alle 21.55, fermando a Torino Porta Nuova alle 23.48; arriva alla stazione di Bercy alle 8.38. Da Firenze Santa Maria Novella il *Galilei* parte alle 19.51, per fermare a Bologna Centrale alle 21.23 e arrivare a Parigi alle 9.10. Il *Palatino* parte

Biglietti internazionali a riduzione

Se progettate di viaggiare parecchio in treno potete scegliere fra le seguenti offerte di biglietti ferroviari a tariffa ridotta:

BritRail Pass È una tessera che consente la libera circolazione su tutta la rete ferroviaria del Regno Unito per 4, 8, 15, 22 giorni o un mese. Per informazioni rivolgetevi a Rail Europe Italia, al recapito indicato nel paragrafo **Treno**, oppure al CTS (☎ 06 44 11 11, fax 441 11400, sito Internet www.cts.it), Via Andrea Vesalio 6, 00161 Roma.

Inter-Rail Il biglietto Inter-Rail è diviso per zone e le tariffe variano secondo quante zone si decide di coprire. La zona A comprende Regno Unito e Irlanda; la B Norvegia, Svezia e Finlandia; la C Austria, Danimarca, Germania e Svizzera; la D Croazia, Repubblica Ceca, Ungheria, Polonia e Slovacchia; la E Belgio, Francia, Lussemburgo e Paesi Bassi; la F Marocco, Portogallo e Spagna; la G Italia, Grecia, Slovenia e Turchia; la H Bulgaria, Macedonia, Romania ed ex-Jugoslavia. Si tratta di una tessera che vale ventidue giorni per una zona geografica o un mese per due zone, e che consente viaggi senza limiti di percorrenza sulle ferrovie statali della zona o delle zone prescelte, in sola seconda classe. Dato che la Francia e il Regno Unito appartengono alle zone geografiche diverse (il biglietto è dunque valido un mese), il costo dell'Inter-Rail per chi intenda viaggiare nel Regno Unito passando per la Francia è di lire 500.000 per i giovani al di sotto dei 26 anni e di lire 700.000 per chi ha superato tale età. Dal gennaio '98 è stato introdotto anche un Inter-Rail Ragazzi (per chi ha un'età compresa fra 4 e 12 anni): il costo per due zone è di lire 350.000. Con l'Inter-Rail, per il tragitto in territorio italiano dalla località di partenza sino al confine con la Francia si paga metà prezzo. In Italia è rilasciato dalle biglietterie FS delle principali città. Opuscoli informativi sono comunque disponibili presso gli sportelli internazionali nelle più grandi stazioni ferroviarie di tutta Europa.

B.I.J. (Billet International pour Jeunes, detto anche Bige) Questi biglietti, riservati ai giovani al di sotto dei 26 anni, consentono di viaggiare in treno con uno sconto del 22% circa (le ferrovie statali dei vari paesi europei concedono riduzioni differenti) per numerose destinazioni europee. Valgono due mesi dalla data stampata sulla loro copertina (che potrebbe essere diversa dalla data di emissione) e consentono di effettuare tappe intermedie. Con il biglietto di andata e ritorno sarete costretti a tornare seguendo l'itinerario determinato dal biglietto; se prevedete di voler apportare variazioni al vostro percorso, vi conviene acquistare biglietti separati per l'andata e il ritorno. Il prezzo di un biglietto Bige di sola andata Milano-Londra può varia-

invece da Roma Termini, dove il viaggio ha inizio alle 19.35 per concludersi a Bercy alle 9.58. Infine, da Venezia Santa Lucia parte il *Rialto* alle 19.45, che arriva a destinazione alle 8.25. Questi treni hanno percorrenza notturna anche in senso inverso. Lo *Stendhal* parte da Parigi Bercy alle 22.20, ferma a Torino P.N. alle 6.45 e arriva a Milano Centrale alle 8.45. Il *Galilei* parte da Parigi alle 19.27, ferma a Bologna alle 7.21 e arriva a Firenze S.M.N. alle 9.01. Il *Palatino* parte alle 19.09 per arrivare a Roma alle 9.57. Il *Rialto* parte

alle 20.01 e arriva a Venezia alle 8.25. Indicativamente, il costo di un viaggio di sola andata Roma-Parigi è di lire 200.000, comprensivo del posto cuccetta nella carrozza a 6 posti: non esiste più il supplemento cuccetta, ma è obbligatoria la prenotazione.

Da Parigi si può continuare il viaggio alla volta di Londra utilizzando uno dei numerosi treni Eurostar che collegano, ogni giorno, Parigi alla capitale britannica: dal lunedì al venerdì il primo treno del mattino parte alle 6.37, mentre il sabato e

Biglietti internazionali a riduzione

re considerevolmente secondo l'itinerario: a titolo orientativo, si va da un minimo di lire 287.000 a un massimo di lire 566.000. Ricordiamo che dal 1° agosto 1997 non possono più essere emessi biglietti Bige per i TGV e per alcuni altri treni particolari; conviene perciò controllare sempre che sul treno che si intende prendere valga la riduzione. In Italia i biglietti Bige vengono rilasciati dalle organizzazioni di turismo giovanile (CTS, Wasteel) e dalle agenzie di viaggi autorizzate.

RIT (Rail Inclusive Tour) Chi ha superato i 26 anni può viaggiare in treno a tariffa scontata acquistando il biglietto RIT, valido sui percorsi internazionali di andata e ritorno (sia in prima sia in seconda classe); dà diritto a una riduzione dal 20 al 30%. I bambini fino a 4 anni non compiuti viaggiano gratuitamente, mentre quelli da 4 a 12 anni usufruiscono dello sconto del 50% sulla tariffa RIT. Il biglietto RIT deve essere emesso congiuntamente all'acquisto di altri servizi turistici: pernottamento in albergo per almeno una notte nella città di arrivo; il supplemento cuccetta o vagone letto sia per l'andata sia per il ritorno, sui treni a percorrenza notturna. All'importo del biglietto vanno aggiunti i vari supplementi. Chiedete informazioni a un'agenzia di viaggi di vostra fiducia o al CTS.

Euro-Domino Se i vostri progetti di vacanza non prevedono continui spostamenti in treno, potete scegliere questa formula, che consente di utilizzare solo per alcuni giorni in un mese (3, 5 o 10 giorni scelti dal viaggiatore, con percorrenza illimitata) i servizi ferroviari di un determinato paese. Esiste anche un Euro-Domino Junior, di sola seconda classe, rilasciato ai giovani di età inferiore ai 26 anni, a prezzo ulteriormente ridotto. Questo biglietto si acquista in Italia presso le biglietterie FS delle principali città.

Zoom È un biglietto rilasciato per percorrenze di andata e ritorno, a favore di mini-gruppi composti da un minimo di due a un massimo di cinque persone, delle quali una sia obbligatoriamente un giovane di età inferiore a 16 anni, non necessariamente legate da vincolo familiare. Prevede la riduzione del 25% per l'adulto e del 50% per il giovane.

Carta Rail Plus (ex carta RES) Chi ha più di 60 anni può farsi rilasciare la carta Rail Plus, che dà diritto allo sconto del 25% sul biglietto (ma solo sulla tratta percorsa al di fuori dell'Italia) ed è valida un anno a partire dalla data di emissione. Costa lire 38.700 e può essere richiesta presso le biglietterie internazionali delle principali stazioni ferroviarie.

la domenica il primo è quello delle 7.16; l'ultimo treno della sera per Londra via Eurotunnel parte alle 20.07, tranne il venerdì e la domenica in cui ce n'è anche uno alle 21.13. In circa due ore da Parigi si arriva, attraverso il tunnel, alla stazione di Londra Waterloo.

Esiste un'altra possibilità, che consiste nel raggiungere dall'Italia la città di Bruxelles: anche dalla capitale belga, infatti, partono dei treni Eurostar diretti a Londra Waterloo. Chi preferisse questa soluzione può partire dall'Italia utilizzando l'Euro-City *Vauban*, che parte da Milano Centra-

le alle 8.10 e arriva a Bruxelles Midi (stazione di partenza dei treni Eurostar) alle 19.45; per il ritorno, si può ripartire da Bruxelles Midi alle 7.16 per arrivare a Milano Centrale alle 19.25. Optando per questo itinerario, spenderete lire 230.000 per il biglietto di sola andata Milano-Bruxelles e lire 420.000 per l'andata e ritorno. Da Bruxelles sono molte le coincidenze con i treni Eurostar diretti a Londra: ne partono circa una decina al giorno, dalle 7 del mattino alle 21; una frequenza analoga si riscontra per il ritorno, da Londra a Bruxelles.

Per quanto riguarda le tariffe dei treni Eurostar per le tratte Parigi-Londra e Bruxelles-Londra, si spendono indicativamente intorno a lire 500.000 per il biglietto di sola andata, lire 800.000 per l'andata e ritorno; esistono però diverse tariffe scontate: per esempio, se si acquista andata e ritorno includendo nel soggiorno la notte fra sabato e domenica, il prezzo scende addirittura a lire 280.000 circa. Per informazioni e prenotazioni sulla linea Parigi-Londra e Bruxelles-Londra potete rivolgervi a Rail Europe Italia – Ferrovie Francesi e Britanniche (☎ 02 72 54 41, fax 02 8645 7364, sito Internet www.raileurope.it), Galleria Sala dei Longobardi 2, 20121 Milano. Per altre notizie utili sui treni Eurostar v. il paragrafo omonimo in **Per/da altri paesi europei**, più avanti in questo capitolo.

Per informazioni sui treni in partenza dall'Italia potete infine comporre il ☎ 848 888 088, unico per tutto il territorio nazionale e attivo tutti i giorni dalle 7 alle 21, oppure consultare il sito Internet di Trenitalia: www.trenitalia.com.

Automobile e motocicletta Per i proprietari di un'automobile immatricolata in Italia o in un altro paese della UE portare il proprio veicolo in Inghilterra sarà estremamente facile. L'automobile deve avere il libretto di circolazione e la targa con l'indicazione della nazionalità, mentre il conducente dev'essere in possesso di un'assicurazione (la Carta Verde non è più richiesta, ma rimane comunque una prova della vostra copertura assicurativa), e naturalmente della patente (quella italiana è riconosciuta). A questo proposito v. anche **Patente di guida** in **Informazioni pratiche**. Se l'automobile non è vostra, dovete poter esibire una lettera in cui il proprietario della vettura vi autorizza a guidarla.

Se siete membri di un'associazione automobilistica, informatevi se sono previste delle agevolazioni per chi viaggia in Europa. L'ACI, per esempio, prevede una tessera che prende il nome di ACI Passport, che ha validità annuale estesa a Italia ed Europa e un costo di lire 210.000 (lire 220.000 per i camper); in alternativa, si può richiedere la tessera annuale per l'Italia (che costa lire 110.000) con un'estensione europea della validità di un mese (lire 95.000/105.000, rispettivamente per auto/camper) o di due mesi (lire 115.000/125.000), rinnovabile. L'ACI Passport e le estensioni della tessera nazionale sono utilizzabili in tutti i paesi della UE e inoltre ad Andorra, in Bosnia-Erzegovina, Bulgaria, Croazia, Egitto, ex-Jugoslavia, Israele, Liechtenstein, Malta, Marocco, Polonia, Repubblica Ceca, Romania, Slovacchia, Slovenia, Svizzera, Tunisia e Turchia, Ungheria. Per ulteriori informazioni in merito consultate l'ACI (www.aci.it).

Tutte le autostrade che partono dai principali terminal di traghetti e dal tunnel della Manica convergono sulla M25 nei pressi di Londra. Potete usare questa trafficatissima autostrada (su cui a volte si procede a passo d'uomo) per raggiungere altre destinazioni senza dover attraversare la città.

Equipaggiamento Le cinture di sicurezza sono obbligatorie anteriormente per il conducente e il passeggero, posteriormente solo se il veicolo ne è munito; questa norma vale anche per i veicoli immatricolati all'estero. Per il trasporto dei bambini è fatto obbligo di usare l'apposito seggiolino. I motociclisti devono indossare il casco. Il triangolo da utilizzare in caso di panne è facoltativo e non va usato in autostrada. Per segnalare un guasto o un incidente che crei ostacolo alla circolazione vanno accese le luci di posizione. La cassetta di pronto soccorso è consigliata. Il telefono per auto dev'essere segnalato alla dogana all'arrivo nel paese.

Le Shuttle L'Eurotunnel offre un servizio navetta (*Le Shuttle*) per il trasporto di vetture e passeggeri. Il tragitto Calais-Folkestone viene compiuto in trentacinque minuti; le partenze diurne vengono effettuate all'incirca ogni quarto d'ora e quelle notturne ogni ora. Il costo indicativo per il trasporto andata e ritorno di una vettura (passeggeri inclusi) in alta stagione è di lire 875.000 se si viaggia di giorno (dalle 10 alle 22) e di lire 735.000 se si viaggia di notte (dalle 22 alle 10). Sempre in alta stagione, durante il fine settimana, i prezzi delle corse aumentano rispettivamente a lire 1.050.000 e lire 852.000. La tariffa per il trasporto di motociclette (passeggeri inclusi) in alta stagione è di lire 495.000 per la corsa diurna e di lire 455.000 per quella notturna. Durante il fine settimana i costi aumentano rispettivamente a lire 485.000 e lire 465.000. Per maggiori informazioni ci si può rivolgere in Italia a Eurotunnel, presso B&G Italy (☎ 06 5224 8483, fax 06 5227 2595, ✉ eurotunnel-it@bg-tourism.com), Via Ildebrando Vivanti 4, 00144 Roma.

Auto e traghetto Per chi non volesse utilizzare i servizi Eurotunnel, preferendo il sistema di traghettamento tradizionale Calais-Dover, forniamo qui di seguito, a titolo orientativo, alcune tariffe in lire italiane, ricavate dal listino della P&O Stena Line, una delle principali compagnie che coprono questa rotta: l'andata e ritorno standard per una vettura con due passeggeri va da lire 831.000 in bassa stagione a lire 1.155.000 in alta stagione; per un veicolo da 3 fino a 9 passeggeri si pagano invece

lire 866.000/1.205.000 e per una motocicletta con due passeggeri lire 449.000/618.000. Le partenze si effettuano all'incirca ogni tre quarti d'ora. Beninteso, sul traghetto possono anche salire passeggeri a piedi (da Parigi Gare du Nord ci sono buoni collegamenti ferroviari per Calais e da Dover si può facilmente raggiungere Londra in treno); il costo di un passaggio di andata e ritorno è di lire 163.000. Per ulteriori informazioni potete contattare gli agenti generali in Italia, Agamare (☎ 02 673 9721, fax 02 6739 7299, ✉ agamare@tin.it), Viale Tunisia 38, 20124 Milano, e Cristiano Viaggi (☎ 02 8940 1307, fax 02 8940 4540, ✉ cristianoviaggi@interbusiness.it, sito Internet www.cristianoviaggi.com), Viale Tibaldi 64, 20136 Milano. Per informazioni sui traghetti che collegano l'Europa continentale all'Inghilterra v. Via mare, più avanti.

Per/da altri paesi europei
Autobus Dall'Europa continentale si può raggiungere l'Inghilterra in autobus, attraversando la Manica con un breve viaggio in traghetto od hovercraft, oppure prendendo il treno che passa nel tunnel sotto la Manica. Gli autobus sono più lenti e meno comodi dei treni, però sono più convenienti, soprattutto se potete usufruire di sconti o se ve cogliete al volo le tariffe ridotte offerte di tanto in tanto.

La già citata Eurolines (☎ 0870 514 3219), 52 Grosvenor Gardens, London SW1, gestisce la principale rete di collegamenti internazionali d'Europa. Sul sito Internet www.eurolines.com troverete i link per i siti di tutte le compagnie che operano nei singoli paesi europei.

È possibile acquistare i biglietti Eurolines presso tutti gli uffici della National Express (☎ 0870 580 8080, www.gobycoach.com), tra cui quello della Victoria Coach Station (il terminal internazionale di autobus di Londra), e presso numerose agenzie di viaggi. Gli uffici dell'Eurolines e delle compagnie affiliate si trovano in tutta Europa, anche ad Amsterdam (☎ 020-560 87 87), Barcellona (☎ 93 490

4000), Berlino (☎ 030-86 0960), Bruxelles (☎ 02-203 0707) e Madrid (☎ 91 528 1105).

Ecco qualche esempio di tariffe andata e ritorno per adulti (tra parentesi troverete la durata del viaggio): Amsterdam f118/165 (9 ore); Barcellona 21.900/30.800 ptas (22-24 ore); Berlino DM127/212 (22 ore e mezzo); Bruxelles BF2150/3030 (7 ore); Dublino IR£32/58 (11 ore).

In alta stagione le tariffe aumentano dal 5 al 10% ed è necessario prenotare con qualche giorno di anticipo. Considerate che per programmare viaggi da alcune città, come Barcellona per esempio, un volo in aereo a tariffa scontata con compagnie come la easyJet vi costerà più o meno la stessa cifra e non vi farà perdere né tempo (si risparmiano circa 20 ore) né buon umore.

Per ulteriori informazioni sui collegamenti National Express tra Inghilterra, Galles e Scozia, v. **Trasporti interni**.

Treno Per tutti i particolari sulla rete di collegamenti fra Inghilterra, Galles e Scozia v. **Trasporti interni**.

Eurostar Il treno Eurostar percorre le tratte Londra-Parigi e Londra-Bruxelles passando per il tunnel della Manica ed effettuando fermate a Lille e Calais (Francia) e ad Ashford (Inghilterra).

In Inghilterra i treni partono e arrivano dal terminal della stazione Waterloo di Londra. Il viaggio da Parigi a Londra dura circa due ore, da Bruxelles a Londra s'impiega circa un'ora e 40 minuti. Il controllo dei documenti per l'entrata nel paese è completato a bordo del treno, ma le formalità doganali vengono sbrigate a terra, alla stazione di Waterloo.

I biglietti per l'Eurostar si acquistano presso le agenzie di viaggi, nelle principali stazioni ferroviarie, oppure telefonando direttamente all'Eurostar (☎ 0870 518 6186 nel Regno Unito, ☎ 0836 35 35 39 in Francia). Sul suo sito Internet (www.euro star.com) ci sono spesso occasioni e tariffe scontate. Un normale biglietto di sola andata/andata e ritorno da Parigi o da Bruxelles costa ben £250, ma non mancano le offerte speciali, per cui può capitare di spendere solo £79 per un biglietto di andata e ritorno. I bambini, i ragazzi da 12 a 25 anni e gli adulti sopra i 60 anni hanno diritto a riduzioni sulla tariffa normale.

Le biciclette sono ammesse a bordo dell'Eurostar solo se pieghevoli, altrimenti ci si può rivolgere all'Esprit Parcel Service (☎ 01 55 31 58 31) in Francia, che trasporterà la vostra bicicletta per circa 200FF.

Chi arriva nelle stazioni di Bruxelles, Lille e Parigi può contare su un buon numero di coincidenze per altre destinazioni. Per informazioni sugli orari e le coincidenze dei treni europei contattate la Rail Europe al ☎ 0870 584 8848, oppure visitate il suo sito Internet (www.raileurope. com). Un altro sito utile è quello della Deutsche Bahn (www.bahn.de).

Eurotunnel I treni del servizio Eurotunnel trasportano veicoli e merci attraverso il tunnel della Manica. Le formalità doganali e il controllo dei documenti vengono sbrigati prima di salire a bordo del treno.

I terminal dell'Eurotunnel sono collegati con le reti autostradali e sono facilmente raggiungibili grazie alla segnaletica. L'intero viaggio (comprese le manovre di carico e scarico), dal momento in cui si lascia l'autostrada di un paese fino a quando s'imbocca l'autostrada dell'altro, dura un'ora, ma il viaggio vero e proprio a bordo del treno-navetta dura 35 minuti. Sembra incredibile, ma considerate che la traversata dell'hovercraft dura meno di due ore e i traghetti impiegano soltanto due ore e mezzo.

Alcuni treni speciali circolano tutto il giorno, con partenze ogni quarto d'ora dalle 6 alle 22 e ogni ora dalle 22 alle 6. Il costo del trasporto di un'auto e dei suoi occupanti parte da £270. È possibile effettuare prenotazioni (☎ 0870 535 3535) oppure pagare direttamente al casello in contanti o con carta di credito. Vengono venduti anche biglietti giornalieri che costano circa £69. Il sito Internet dell'Eurotunnel è www.eurotunnel.com.

Treno e traghetto Un'altra possibilità per raggiungere l'Inghilterra dall'Europa continentale è sfruttare i collegamenti fra treni e traghetti che attraversano la Manica. I treni arrivano a Londra alle stazioni Victoria, Liverpool St e Charing Cross, secondo il terminal di traghetti da cui prendete il treno. In tutte le principali stazioni troverete centri informazioni a cui rivolgervi per i particolari.

Il costo del viaggio in treno e traghetto fino a Londra varia secondo la località di partenza. Orientativamente, tenete conto di spendere tra £100 e £200. I collegamenti treno/traghetto vanno da Ostenda (Belgio) e Calais (Francia) a Dover e Charing Cross, da Hoek van Holland (Paesi Bassi) fino a Harwich e Liverpool St, e infine da Boulogne (Francia) a Folkestone e Charing Cross.

Per le informazioni sulle partenze dei traghetti, v. **Via mare**, qui di seguito.

VIA MARE

Vi sono numerosissime possibilità di attraversare in traghetto la Manica. In questa sezione ci limiteremo soltanto alle principali, senza darvi un elenco completo. Molte linee di traghetti in partenza dall'Irlanda per la Scozia e il Galles sono anche il modo migliore per raggiungere l'Inghilterra.

La concorrenza del tunnel della Manica e delle compagnie aeree a basso costo ha portato alla fusione di compagnie di traghetti un tempo rivali, per cui oggi l'intero mercato è talmente competitivo che non è difficile trovare offerte speciali o tariffe scontate.

Il servizio offerto è complessivamente molto efficiente, ma il sistema delle tariffe è piuttosto complicato. La stessa compagnia, per esempio, può applicare tariffe diverse su uno stesso collegamento secondo l'ora o la stagione, la validità del biglietto e le dimensioni del veicolo. I biglietti di andata e ritorno tendono a essere più convenienti di due biglietti di sola andata; su alcune tratte, poi, un normale biglietto di andata e ritorno valido per cinque giorni costa come un biglietto

di sola andata; e in alcuni casi i biglietti emessi per un veicolo valgono anche per il conducente e un altro passeggero. Esistono tariffe molto convenienti per chi fa il viaggio di andata e ritorno in giornata, ma si tratta di biglietti soggetti a diverse limitazioni. Anche per le tratte più lunghe è possibile scegliere a bordo del traghetto sistemazioni più costose, come le cabine.

Le tariffe che troverete qui di seguito si riferiscono a biglietti di andata e ritorno in alta stagione rispettivamente per un

Compagnie di traghetti

Dall'Europa alla Gran Bretagna
Brittany Ferries (☎ 0870 901 2400)
Sito Internet: www.brittany-ferries. co.uk
DFDS Seaways (☎ 0870 533 3000)
Sito Internet: www.dfdsseaways.co.uk
Fjord Line (☎ 0191-296 1313)
Sito Internet: www.fjordline.no
Hoverspeed (☎ 0870 240 8070)
Sito Internet: www.hoverspeed.co.uk
P&O European Ferries (☎ 0870 242 4999)
Sito Internet: www.poef.com
P&O North Sea Ferries (☎ 01482-377177)
Sito Internet: www.ponsf.com
P&O Scottish Ferries (☎ 01224-572615)
Sito Internet: www.poscottishferries. co.uk
P&O Stena Line (☎ 0870 600 0600)
Sito Internet: www.posl.com
Smyril Line (agenzia britannica, ☎ 01224-572615)
Sito Internet: www.smyril-line.fo
Stena Line (☎ 0870 570 7070)
Sito Internet: www.stenaline.com

Dall'Irlanda alla Gran Bretagna
Irish Ferries (☎ 0870 517 1717)
Sito Internet: www.irishferries.ie
P&O Irish Sea (☎ 0870 242 4777)
Sito Internet: www.poirishsea.com
Sea Containers Ferries (☎ 0870 552 3523)
Sito Internet: www.steam-packet.com
Stena Line (☎ 0870 570 7070)
Sito Internet: www.stenaline.com
Swansea Cork Ferries (☎ 01792-456116)
Sito Internet: www.swansea-cork.ie

passeggero a piedi o con auto al seguito. Conviene programmare (e prenotare) la traversata in anticipo per usufruire delle eventuali riduzioni offerte in media e bassa stagione. Per i riferimenti delle diverse compagnie, v. la lettura **Compagnie di traghetti**.

Prenotazioni in Italia

In Italia, l'agente generale di DFDS Seaways, Irish Ferries, P&O Irish Sea, P&O North Sea Ferries, P&O Portsmouth, P&O Scottish Ferries, P&O Stena Line, P&O European Ferries, Smyril Line è Agamare (☎ 02 673 9721, fax 02 6739 7299, @ agamare@tin.it), Viale Tunisia 38, 20124 Milano. La P&O Stena Line è rappresentata anche da Cristiano Viaggi (☎ 02 8940 1307, fax 02 8940 4540, @ cristianoviaggi@interbusiness. it, sito Internet www.cristianoviaggi. com), Viale Tibaldi 64, 20136 Milano, che è anche agente generale di Fjord Line.

Per/dalla Francia

Nelle giornate chiare e limpide si riesce a scorgere la costa inglese dalle sponde della Francia. Certo, un vero viaggiatore abituato a risparmiare affronterebbe la Manica a nuoto – la traversata dura soltanto sette ore e quaranta minuti, sempre che riusciate a eguagliare il record.

Per/da Dover/Folkestone/Newhaven

Il collegamento più breve tra l'Europa continentale e la Gran Bretagna è la linea da Calais e Boulogne (Francia) a Dover e Folkestone.

Se una volta sbarcati in Inghilterra intendete proseguire il viaggio in autobus o in treno, il porto più comodo è quello di Dover. I traghetti della P&O Stena Line (£48/321, un'ora e 15 minuti) e i catamarani della Hoverspeed (£48/330, 45 minuti) garantiscono collegamenti tra Calais e Dover ogni ora oppure ogni due ore.

Dalla fine di aprile all'inizio di settembre, i catamarani della Hoverspeed circolano anche tra Folkestone e Boulogne (£48/298, 55 minuti) e tra Newhaven e Dieppe (£56/360, 2 ore).

Per/da Portsmouth I traghetti della P&O European Ferries garantiscono da tre a quattro partenze al giorno da Cherbourg e Le Havre per Portsmouth (£60/ 190, da 5 a 6 ore di giorno, un paio di ore in più la notte).

La Brittany Ferries ha almeno un traghetto al giorno che collega St Malo e Portsmouth (£75/292, 9 ore). Ci sono traghetti di altre compagnie che raggiungono Portsmouth passando per le Channel Islands.

Per/dalla Spagna

Almeno una volta la settimana da Plymouth parte un traghetto della Brittany Ferries diretto a Santander, sulla costa settentrionale spagnola (£154/ 460, 24 ore).

I traghetti della P&O European Ferries circolano due volte la settimana tra Bilbao e Portsmouth (£100/440, 35 ore).

Per/dalla Scandinavia

Se non si conosce il servizio di traghetti in funzione tra la Gran Bretagna e la Scandinavia è facile dimenticare quanto queste terre siano vicine; non per niente i Vichinghi erano soliti saccheggiare i villaggi inglesi.

Per/da Newcastle I traghetti della compagnia norvegese Fjord Line partono durante tutto l'anno da Stavanger (20 ore), Haugesund (22 ore e mezzo) e Bergen (27 ore), in Norvegia, diretti a Newcastle. Salpano tre volte la settimana in estate e due volte la settimana negli altri periodi dell'anno. Le tariffe sono di £200/690 (per passeggero senza auto/ auto con quattro persone che dividono una cabina).

La DFDS Seaways gestisce un servizio di traghetti che partono da Kristiansand, in Norvegia, due volte la settimana (198/ 336, 18 ore). Nel prezzo è compreso un posto in cabina economica.

Per/da Harwich Harwich è il principale porto che collega l'Inghilterra meridionale alla Danimarca e alla Germania settentrionale. DFDS Seaways ha due o tre corse settimanali per Esbjerg (£168/276, 20 ore). Le tariffe includono un posto in cabina economica.

Per/dal Belgio, Olanda e Germania

Vi sono due collegamenti diretti con la Germania, tuttavia molti preferiscono raggiungere in automobile i porti olandesi, e da qui imbarcarsi sui traghetti.

Per/da Dover La Hoverspeed mette a disposizione i suoi catamarani Seacat tra Ostenda (Belgio) e Dover; ci sono partenze almeno tre volte al giorno (£28/215, 2 ore).

Per/da Harwich I traghetti della DFDS Seaways partono tre volte la settimana da Amburgo diretti a Harwich. Nel prezzo del viaggio (£168/276, 19 ore e mezzo) è compreso un posto in cabina economica.

La Stena Line ha due traghetti veloci al giorno da Hoek van Holland, nei Paesi Bassi (£44/260, 4 ore).

Per/da Hull I traghetti della P&O North Sea Ferries collegano tutti i giorni Rotterdam (13 ore) e Zeebrugge (13 ore e mezzo) con Hull. Le tariffe per entrambi i viaggi sono di £81/136.

Per/da Newcastle Un servizio della DFDS Seaways parte tutti i giorni da Ijmuiden, nei pressi di Amsterdam, per raggiungere Newcastle (£118/256, 15 ore). Nel prezzo è compreso un posto in cabina economica.

Per/dall'Irlanda

Vi sono numerose linee che collegano la Gran Bretagna all'Irlanda per mezzo di moderni traghetti con servizio di trasporto auto. Conviene sempre informarsi sulle varie possibilità; spesso ci sono offerte speciali e in bassa stagione le tariffe sono notevolmente più basse. Su alcune tratte il biglietto per l'automobile comprende il trasporto gratuito di quattro o cinque passeggeri. Potreste tentare di farvi dare un passaggio da un'automobile che ha ancora un posto libero: al conducente non costerà nulla.

Ecco alcune delle linee che collegano le due isole da sud a nord:

Da Cork a Swansea, Galles La traversata dura 10 ore e costa £68/378 (per un'automobile e quattro o cinque passeggeri). Il servizio è disponibile diversi giorni la settimana da metà marzo all'inizio di novembre.

Da Rosslare a Fishguard e Pembroke, Galles I traghetti della Irish Ferries partono due volte al giorno da Pembroke; la traversata dura meno di quattro ore e costa £20/179. Da Fishguard partono ogni giorno due traghetti della Stena Line per una traversata di tre ore e mezzo al costo di £40/179. Il servizio di catamarani circola con maggiore frequenza, impiega meno di due ore e costa £50/209.

Da Dublino e Dun Laoghaire a Holyhead, Galles Ci sono due traghetti della Irish Ferries che partono tutti i giorni da Dublino (£40/189, 3 ore). I traghetti veloci circolano quattro volte al giorno (£50/239, 2 ore). La Stena Line mette a disposizione diversi traghetti al giorno da Dublino (£184, 3 ore e mezzo), ma non accetta a bordo i passeggeri senza auto. I traghetti veloci della Stena Line partono da Dun Laoghaire (£50/229, 2 ore).

Da Dublino a Liverpool, Inghilterra Uno o due catamarani della Sea Containers collegano tutti i giorni Dublino con Liverpool (£50/249, 3 ore e 45 minuti).

Da Belfast a Troon, Scozia Su questa tratta i catamarani della Sea Containers Ferries effettuano diversi collegamenti giornalieri (£50/249, 2 ore e mezzo).

Da Belfast a Stranraer, Scozia I traghetti della Stena Line partono più volte al giorno da Belfast per raggiungere Stranraer (£40/189, 3 ore). Il più frequente servizio di traghetti veloci (un'ora e 45 minuti) è leggermente più costoso.

Da Larne a Cairnryan, Scozia Ci sono almeno due traghetti giornalieri della P&O Irish Sea (£42/238, 2 ore e 15 minuti). I traghetti veloci partono con maggiore frequenza, sono più costosi (£50/290) e impiegano un'ora.

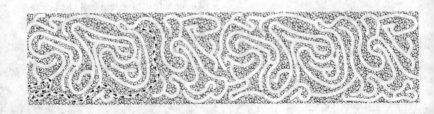

Trasporti interni

In Gran Bretagna la rete dei trasporti pubblici offre un servizio generalmente efficiente ma a volte anche molto costoso. Negli ultimi 20 anni dello scorso secolo il governo ha manifestato una politica apertamente ostile allo sviluppo dei trasporti pubblici: è stato promosso e facilitato l'acquisto di automobili da parte dei cittadini, mentre venivano ridotti i servizi locali di autobus e treni. Il caos provocato dalla privatizzazione della British Rail è solo un esempio degli sconvolgimenti interni al sistema dei trasporti. Il governo laburista ha promesso di rimediare a questo declino, ma ci vorranno anni prima di vedere dei seri risultati. Questo certo non torna a favore dei viaggiatori sprovvisti di un mezzo proprio, poiché raggiungere i parchi nazionali o qualche piccolo villaggio sperduto non sarà facile.

Un'alternativa sempre valida è quella di noleggiare un'auto, almeno per una parte del viaggio. Altrimenti ci vorranno solo un po' di pazienza e tempo in più, perché si arriva più o meno ovunque anche alternando autobus, taxi, itinerari percorsi a piedi o magari con una bicicletta noleggiata.

Il mezzo di trasporto più economico e conveniente è quasi sempre l'autobus; tuttavia si tratta anche del più lento. Per chi acquista tessere e biglietti speciali, a tariffe scontate, il treno può risultare decisamente competitivo, inoltre è anche più veloce e spesso sfreccia attraverso tratti di campagna ancora incontaminata.

I tipi di biglietto, così come i prezzi, sono molto variabili. Viaggiare in autobus e treno può diventare complicato come trovare un volo economico. Molti però optano per la comodità di una tessera dell'autobus o del treno evitando l'estenuante ricerca di occasioni speciali.

Per capire il criterio con cui vengono calcolate le tariffe, consultate le tabelle con le tariffe ferroviarie e quelle degli autobus pubblicate più avanti in questo capitolo. Se avete già stabilito un itinerario di massima potete calcolare approssimativamente quanto vi costeranno gli spostamenti basandovi sulle distanze in miglia riportate nella tabella.

Le reti dei trasporti pubblici di Inghilterra, Galles e Scozia sono perfettamente integrate e gran parte delle informazioni che troverete qui di seguito si riferisce ai viaggi tra questi tre paesi.

AEREO

Voli di linea collegano Londra con diverse città del paese; tuttavia, a meno di non essere diretti in zone remote, per esempio nel nord della Scozia, l'aereo non risulta molto più veloce del treno, soprattutto se si tiene conto del tempo necessario per raggiungere e lasciare l'aeroporto.

Voli interni

Le principali compagnie aeree sono la British Airways (BA), la British Midland, la KLM, la easyJet, la Go e la Ryanair. Per gli indirizzi e i numeri telefonici delle compagnie aeree v. **Il viaggio**.

Anche in questo caso è possibile acquistare biglietti in anticipo e godere di tariffe scontate. Ci sono anche tariffe riservate ai giovani (con meno di 26 anni), ma le tariffe Apex e le offerte speciali sono di solito più convenienti. A seconda della vostra disponibilità, potreste persino trovare un biglietto decisamente più conveniente della più economica tariffa ferroviaria.

Tessere e biglietti

Se atterrate in Gran Bretagna con un volo British Airways avete la possibilità di acquistare una tessera One World Visit Europe Air Pass, che consente di raggiungere qualsiasi destinazione all'interno del paese pagando una tariffa fissa di £59 per ogni volo. È un vero affare se avete intenzione di raggiungere la Scozia settentrionale o le isole, ma se restate all'interno dell'Inghilterra la tessera non vi sarà molto utile. Tuttavia, la stessa formula permette di acquistare anche biglietti per voli su altre destinazioni europee; nel caso si voglia volare tra l'Inghilterra e l'Italia, per esempio, la tessera può risultare molto conveniente. La tessera però va richiesta e acquistata almeno sette giorni prima del vostro arrivo in Gran Bretagna.

La British Midland propone una formula simile, chiamata Discover Europe Airpass, riservata però ai viaggiatori non europei.

AUTOBUS

In Gran Bretagna il trasporto pubblico su strada è quasi interamente gestito da compagnie private. La National Express (☎ 0870 580 8080) è responsabile della più grande rete di collegamenti nazionali e domina il mercato pressoché incontrastata. Lungo le tratte principali, però, operano anche compagnie più piccole che offrono tariffe competitive. Potete visitare il sito Internet della National Express all'indirizzo www.gobycoach.com. La National Express fa parte dell'Eurolines, un'associazione di compagnie europee di autobus (per i particolari v. **Autobus** in **Il viaggio**).

Gli autobus a lunga percorrenza di solito vengono chiamati 'coaches' (pullman), e in molte città esistono due distinte stazioni degli autobus, una 'bus station' e una 'coach station'. Sulle distanze brevi i pullman sono più costosi (ma sono anche più veloci) degli autobus. In questa guida troverete le principali compagnie di autobus che servono il paese.

DISTANZE STRADALI (MIGLIA)

1 miglio = 1,61 km

	Birmingham	Bristol	Cambridge	Cardiff, Wales	Carlisle	Dover	Edinburgh, Scotland	Exeter	Glasgow, Scotland	Lincoln	Liverpool	London	Oxford	Penzance	Sheffield	York
Birmingham	---															
Bristol	85	---														
Cambridge	95	146	---													
Cardiff, Wales	100	45	190	---												
Carlisle	199	282	257	300	---											
Dover	178	187	130	240	400	---										
Edinburgh, Scotland	295	375	338	390	98	450	---									
Exeter	164	84	251	111	355	244	454	---								
Glasgow, Scotland	295	375	370	390	97	470	44	453	---							
Lincoln	85	170	90	200	182	200	260	260	280	---						
Liverpool	95	165	170	170	126	278	219	258	220	120	---					
London	110	115	54	155	313	71	375	200	397	131	193	---				
Oxford	66	75	83	110	271	130	360	154	360	127	160	57	---			
Penzance	270	190	360	230	465	350	560	110	560	365	363	280	263	---		
Sheffield	76	183	122	201	159	247	236	256	256	47	79	168	141	366	---	
York	135	215	150	245	117	266	195	299	220	75	100	188	185	405	58	---

Tariffe degli autobus – linee in partenza da Londra

Le tariffe riportate di seguito si riferiscono a biglietti di sola andata con validità illimitata e di andata e ritorno da Londra con i pullman della National Express. Per ogni categoria, la prima tariffa è quella ordinaria, applicata a tutti i viaggiatori, mentre la seconda è riservata ai possessori di una delle 'discount cards' della National Express (per i particolari v. **Autobus**).

Se evitate di mettervi in viaggio il venerdì, potreste risparmiare qualche pound su queste tariffe. Un altro modo per risparmiare è acquistare il biglietto in anticipo, per le tratte che lo consentono (vale la pena controllare se il vostro itinerario rientra nel novero di queste tratte). Per le destinazioni più vicine alla capitale, ci sono biglietti giornalieri di andata e ritorno che costano poco più di un biglietto ordinario di sola andata.

Su alcune delle tratte riportate di seguito sarà necessario cambiare autobus/pullman una o più volte.

destinazione	durata (ore)	sola andata (£)	andata e ritorno (£)
Brighton	1,45	7,50/6	12,50/10
Cambridge	2	8/6,50	12,50/10
Canterbury	2	8/6,50	12,50/10
Oxford*	1,45	7	7,50
Dover	2,30	9,50/7,50	15/12
Salisbury	2,45	12/9,50	18/14
Stratford	2,45	11/10	16/13
Bath	3	11,50/9,50	22/17
Birmingham	2,30	10/9	15/12
Bristol	2,15	11/11	18/18
Lincoln	4,45	19,25/13,75	28,25/20,75
Shrewsbury	4,30	12,50/10,50	18/15
Exeter	3,45	16,50/13,50	30/24
Manchester	4	15/13	25/19,50
York	4	18/15	28/23
Liverpool	4,30	15/13	25/19,50
Scarborough	5,45	22/18	34/26
Durham	4,45	20/16	32/25
Carlisle	5,30	22/18	33/27
Galles			
Cardiff	3,15	14/11,50	24/19,50
Scozia			
Edimburgo	8	22/18	33/27
Glasgow	7	22/18	33/27

* Gestito dalla Oxford Tube (☎ 01865-772250); le tariffe si riferiscono a un biglietto di sola andata con validità illimitata e a un biglietto giornaliero di andata e ritorno; un biglietto di andata e ritorno aperto costa £9,50.

A meno che non sia specificato diversamente, le tariffe qui riportate si riferiscono a biglietti per una persona in classe economica. Per avere un'idea delle tariffe in vigore per gli autobus a lunga percorrenza, v. la tabella **Tariffe degli autobus – linee in partenza da Londra**. Per convertire le miglia in chilometri moltiplicate per 1,61.

Autobus locali e informazioni

Anche se sembra che il servizio di autobus regionali e locali copra tutta l'Inghilterra, in realtà molte volte non risulta utile per il viaggiatore. Fuori dalle grandi città, gli autobus circolano nelle fasce d'orario più comode per servire scuole, uffici e fabbriche. Ciò significa che probabilmente ci saranno pochi autobus nelle ore centrali della giornata e ancora meno durante il fine settimana. Può capitare di programmare una spettacolare escursione a piedi in un parco nazionale e una volta arrivati alla fine del percorso scoprire che non ci sarà nessun autobus a riportarvi indietro.

In alcune contee è stato istituito un servizio informazioni telefonico nella speranza di aiutare i passeggeri a raccapezzarsi in mezzo alla confusione degli orari che cambiano di continuo; quando è stato possibile abbiamo sempre citato nel corso della guida i numeri di questi servizi. Prima di partire per un'escursione che non segua gli itinerari più tradizionali è consigliabile telefonare per avere gli ultimi aggiornamenti.

L'alternativa migliore è contattare il National Bus Enquiry Service (☎ 0870 608 2608), un servizio governativo nato per fornire ai viaggiatori informazioni sugli orari e le tariffe, un compito simile a quello del National Rail Enquiry Service (v. **Treno**, più avanti). Tuttavia, nel periodo del nostro viaggio il servizio era appena stato istituito ed erano disponibili solo le informazioni riguardanti diverse contee settentrionali. Ma vale la pena di provare, il servizio potrebbe essere stato esteso anche all'area che vi interessa.

Tessere e sconti

Oltre alle tessere nazionali, esistono un'infinità di tessere regionali e locali, molte delle quali si possono acquistare dal conducente una volta saliti a bordo dell'autobus. Se avete intenzione di trascorrere un po' di tempo in una determinata zona, conviene informarsi su quali tipi di tessere Rover (con validità illimitata su certi tipi di trasporto pubblico entro i confini di una determinata area) o altre tessere regionali siano disponibili. Inoltre, esistono alcune tessere ferroviarie che comprendono anche alcune linee di autobus.

Discount Card La National Express offre una tessera che dà diritto a uno sconto dal 20 al 30% sulla tariffa ordinaria per adulti. Possono acquistare la tessera gli studenti a tempo pieno, i giovani tra i 16 e i 25 anni, e gli adulti con più di 50 anni. Si trova presso tutte le agenzie della National Express e costa £9; per acquistarla è necessario avere con sé una foto formato tessera e un documento d'identità che accerti la data di nascita – per comprovare la propria attività di studente è sufficiente la tessera ISIC.

Travel Pass Il National Express Travel Pass dà la possibilità di effettuare viaggi senza limiti di percorrenza entro un determinato periodo di tempo. La tessera si rivolge a tutti i viaggiatori, ma deve essere acquistata fuori dalla Gran Bretagna, di solito presso un'agenzia dell'Eurolines.

Ecco i prezzi delle diverse tessere (adulti/giovani sotto i 26 anni):

5 giorni	£65/50
7 giorni	£95/75
14 giorni	£135/105
30 giorni	£185/145

Tourist Trail Pass Troverete queste tessere, offerte sia ai cittadini britannici sia ai turisti che si trovano nel Regno Unito, presso più di 2000 agenzie della National Express. Le tessere consentono viaggi in autobus senza limiti di percorrenza entro un ampio, ma limitato, periodo di tempo. I ragazzi con meno di 16 anni e i possessori di una 'discount card' della National Express hanno diritto a uno sconto sul prezzo della tessera. Ecco i prezzi delle diverse tessere (adulti/tariffa scontata):

2 giorni di viaggio su 3 di validità	£49/39
5 giorni di viaggio su 10 di validità	£85/69
7 giorni di viaggio su 21 di validità	£120/94
14 giorni di viaggio su 30 di validità	£187/143

Backpackers Buses

La Stray Travel Network (☎ 020-7373 7737, fax 7373 7739) offre un efficiente servizio ideato soprattutto per i viaggiatori che pernottano negli ostelli, ma utile per chiunque desideri risparmiare. Vi sono autobus che collegano regolarmente Londra, Windsor, Bath, Manchester, Haworth, il Lake District, Glasgow, Stirling, Edimburgo, York, Nottingham, Cambridge, fermandosi presso i relativi ostelli. Si può scendere a qualsiasi fermata e poi riprendere l'autobus successivo (anche nel corso della stessa giornata in alta stagione).

Ci sono quattro diversi biglietti:

1 giorno	£24
3 giorni di viaggio su 2 mesi di validità	£79
4 giorni di viaggio su 2 mesi di validità	£99
6 giorni di viaggio su 4 mesi di validità	£129

I biglietti sono disponibili presso tutte le agenzie della STA Travel; per informazioni e particolari sull'agenzia più vicina a voi chiamate il numero ☎ 020-7361 6150. Altrimenti visitate il sito Internet della Stray Travel all'indirizzo www.straytravel.com.

Postbus

Gli autobus postali (*postbus*) della Royal Mail garantiscono collegamenti regolari e affidabili con aree remote del paese e sono particolarmente utili per chi si sposta a piedi. Per informazioni sul servizio e sugli orari contattate la Postbus Helpline (☎ 01246-546329) oppure il Customer Services (☎ 0845 774 0740). I postbus possono trasportare di solito da quattro a dieci persone, ma nella maggior parte dei casi non trasportano biciclette.

Tour Buses

Diverse compagnie organizzano escursioni in autobus in varie città dell'Inghilterra. I loro autobus viaggiano regolarmente lungo un percorso prestabilito e con un biglietto valido un giorno ci si può fermare ovunque, ripartendo con l'autobus successivo per quante volte si

vuole. Nel corso della guida saranno segnalate alcune compagnie locali.

TRENO

Nonostante i danni portati dalla privatizzazione, il sistema ferroviario britannico è ancora piuttosto efficiente. Alcune linee attraversano paesaggi bellissimi e zone poco abitate. Per qualche consiglio, v. **Da non perdere** in **Informazioni pratiche**.

Le linee principali sono servite da treni veloci che viaggiano a una velocità di oltre 140 miglia orarie – per esempio si può raggiungere York da Londra con sole due ore di viaggio.

Privatizzazione delle ferrovie

In seguito alla privatizzazione delle ferrovie promossa dal governo conservatore, il sistema ferroviario britannico sembra diventare meno affidabile di quanto fosse ai tempi della British Rail, l'unica compagnia ferroviaria nazionale. I servizi ferroviari sono oggi gestiti da 25 diverse compagnie, mentre la società Railtrack è la proprietaria di stazioni e binari. Per comodità il logo e il nome della British Rail sono ancora usati nella segnaletica.

Tutta questa diversificazione significa che le ferrovie britanniche sono diventate una sorta di Torre di Babele, con le diverse compagnie da una parte e la Railtrack dall'altra che spesso non collaborano per il bene comune (ossia dei passeggeri). Dopo i disastri di Paddington nel 1999 e di Hatfield nel 2000, il numero degli utenti ferroviari è precipitato. La Railtrack ha avviato un severo controllo su larga scala dei binari e delle linee ferroviarie britanniche, ma il calo di utenti non si è arrestato. Durante il nostro viaggio diverse compagnie ferroviarie offrivano biglietti molto economici per convincere la gente a tornare a viaggiare sui treni, ma dopo la tragedia di Selby sembra impossibile almeno per un po' di tempo recuperare la fiducia dei passeggeri.

Le principali tessere ferroviarie (v. **Railcards** più avanti) sono accettate da

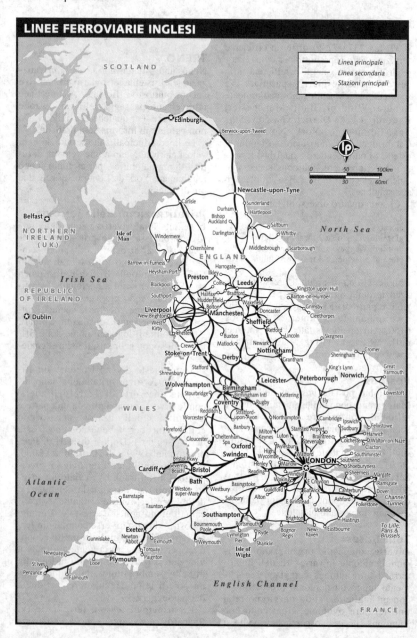

LINEE FERROVIARIE INGLESI

Legenda:
- Linea principale
- Linea secondaria
- Stazioni principali

0 50 100km
0 30 60mi

SCOTLAND

Edinburgh
Berwick-upon-Tweed

Newcastle-upon-Tyne

Carlisle
Durham   Sunderland
Bishop   Hartlepool
Auckland   Saltburn
Darlington   Whitby
Windermere   Middlesbrough   Scarborough
Oxenholme
ENGLAND
Barrow-in-Furness
Heysham Port   Harrogate
Preston   Ilkley   York
Colne
Blackpool   Halifax Bradford   Kingston-upon-Hull
Southport   Huddersfield Wakefield Barton-on-Humber
Liverpool   Bolton   Grimsby
New Brighton   Manchester   Cleethorpes
West   Sheffield   Doncaster
Kirby   Chester   Retford
Buxton   Lincoln
Crewe   Matlock   Newark   Skegness
Stoke-on-Trent Derby   Nottingham Grantham   Cromer
Shrewsbury Stafford   Leicester   Sheringham
Wolverhampton   Peterborough King's Lynn Norwich
Stourbridge Birmingham Kettering   Great
Birmingham Intl   Ely   Yarmouth
Coventry Rugby   Lowestoft
Redditch Stratford-   Cambridge Ipswich
Worcester upon-Avon Northampton   Sudbury Felixstowe
Hereford   Banbury   Milton Stansted Airport Harwich
Gloucester Cheltenham Keynes Luton Braintree Colchester Walton-on-Naze
Spa   Oxford Aylesbury Stevenage   Clacton
Bristol Pkwy Swindon High Watford   Southminster
Cardiff Severn Bristol Henley Wycombe LONDON Southend
Beach   Reading Marlow   Shoeburyness
Bath   Windsor Sheerness
Weston- Woking E Croydon Margate
super-Mare Basingstoke Gatwick Canterbury Ramsgate
Barnstaple Westbury Guildford E Grinstead Ashford Dover
Salisbury Alton   Uckfield Channel
Taunton   Brighton Hastings Folkestone Tunnel
Southampton   New- Eastbourne
Bournemouth   Portsmouth haven   To Lille,
Exeter Poole Ryde Bognor   Paris &
Newton Weymouth Lymington Regis   Brussels
Gunnislake Abbot Exmouth Pier Shanklin
Newquay Torquay Isle of
St Ives Paignton Wight
Penzance Looe Plymouth
Falmouth

English Channel

FRANCE

North Sea

Irish Sea

REPUBLIC
OF IRELAND

Dublin

Belfast

NORTHERN
IRELAND
(UK)

Isle of
Man

WALES

Atlantic
Ocean

tutte le compagnie, ed è possibile acquistare un biglietto per qualsiasi destinazione presso gran parte delle stazioni e agenzie di viaggi. Ma ricordate che le agenzie di viaggi non sono in grado di vendere tutti i diversi tipi di biglietto.

I passeggeri possono viaggiare solo sui treni gestiti dalla compagnia che ha emesso il biglietto e ogni compagnia può applicare differenti tariffe. In questo modo, sulle linee servite da più operatori i passeggeri possono scegliere se spendere meno e viaggiare con un servizio più lento e meno efficiente, oppure spendere di più ma avere un servizio più veloce. Tutta questa competizione fa sì che spesso le compagnie propongano offerte speciali, del tipo 'due biglietti al prezzo di uno', o speciali riduzioni sui biglietti acquistati in anticipo.

Informazioni

Il National Rail Enquiries (☎ 0845 748 4950 nel Regno Unito, ☎ 44 1332-387601 per tutti gli altri paesi) è un utile servizio d'informazioni sugli orari e le tariffe. Merita anche visitare il sito Internet della Railtrack (www.railtrack.co.uk) e il sito www.thetrainline.com, dove potrete facilmente consultare gli orari.

Le singole compagnie ferroviarie pubblicano gratuitamente i loro orari, ma raccoglierli tutti insieme è un lavoro che è meglio lasciare a chi ha molto tempo a disposizione. Lo *European Timetable* (£9,50) di Thomas Cook e la *OAG Rail Guide* (£7,50) elencano tutti i principali servizi ferroviari e si possono acquistare nelle edicole delle principali stazioni.

Per i particolari sulla complicata procedura di acquisto dei biglietti ferroviari v. **Acquistare i biglietti** più avanti.

Classi ferroviarie

Esistono due classi ferroviarie: la prima classe e la classe 'standard' (l'equivalente della nostra seconda classe). I biglietti di prima classe costano dal 30 al 50% in più rispetto a quelli di seconda, differenza che in fondo, a meno che non si tratti

di alcune linee sovraffollate, non vale la pena di pagare. Ma può essere conveniente durante il fine settimana, quando molti biglietti standard si possono far diventare di prima classe aggiungendo solo da £6 a £12.

Sui treni che viaggiano di notte (per esempio quelli che partono da Londra per Plymouth e Penzance, oppure quelli diretti in Scozia) ci sono carrozze letto con scompartimenti da una cuccetta in prima classe, e scompartimenti da due in seconda. Il costo delle cuccette è molto variabile, ma a volte passare la notte in treno è addirittura più conveniente che pernottare in albergo. È indispensabile prenotare le cuccette con un certo anticipo.

A meno che non sia diversamente specificato, i prezzi riportati in questa guida si riferiscono a biglietti di sola andata, in classe standard, per passeggeri adulti.

Biglietti

Con la privatizzazione il sistema tariffario è diventato sempre più complesso, visto che ogni compagnia applica tariffe e riduzioni secondo formule che cambiano nei vari periodi dell'anno. Trovare il biglietto più conveniente per il proprio viaggio non sarà facile. La cosa migliore è spiegare al personale della biglietteria dove avete intenzione di andare e lasciare a loro il compito di trovare la soluzione più adatta a voi.

I bambini sotto i 5 anni viaggiano gratuitamente; i bambini d'età compresa fra i 5 e i 15 anni pagano metà prezzo sulla maggior parte dei biglietti (tranne che sui biglietti già molto scontati). Tuttavia, quando si viaggia con bambini è quasi sempre più conveniente acquistare una Family Railcard (v. **Railcards**, più avanti).

Per i viaggi a lunga percorrenza, il prezzo del biglietto dipende dal grado di flessibilità che desiderate, dalla disponibilità di biglietti economici e dal tipo di tessera ferroviaria che possedete. Per usufruire delle tariffe più economiche è necessario prenotare con molto anticipo

Tariffe ferroviarie – treni in partenza da Londra

Di seguito troverete alcune tariffe ordinarie attualmente in vigore sulle linee che collegano Londra con altre destinazioni in Inghilterra, Galles e Scozia. Nel caso di più collegamenti fra Londra e un'altra località, abbiamo riportato la soluzione più veloce, anche se l'alternativa più lenta è spesso anche la più economica. Considerate inoltre che la durata del viaggio qui indicata è quella minima e che può comprendere anche uno o più cambi di treno.

I biglietti di sola andata hanno validità illimitata. I biglietti di andata e ritorno giornalieri sono piuttosto economici, e per ovvie ragioni abbiamo elencato solo quelli che riguardano le destinazioni a meno di due ore da Londra. Le tariffe dei biglietti economici di andata e ritorno sono l'alternativa meno costosa. Si tratta di viaggi da effettuare solo a bordo di treni prestabiliti; inoltre questi biglietti sono disponibili solo fino a esaurimento e devono sempre essere prenotati in anticipo.

destinazione	durata (ore)	sola andata (£)	and./rit. in giornata (£)	and./rit. economico (£)
Brighton	0,45	13,70	14,60	18,80
Cambridge	1	14,50	14,60	18,80
Canterbury	1,30	15,90	15,40	17,10
Oxford	0,45	15,10	14,80	18,90
Dover	1,15	19,80	18,30	20,60
Salisbury	1,15	22,50	21,90	26,70
Stratford	1,45	20	19,50	22,50
Bath	1,30	34	31	25,50
Birmingham	1,30	43,50	27	15
Bristol	1,30	36	32	18,50
Lincoln	1,45	37	39	21
Shrewsbury	2,30	55	-	18
Exeter	2	39	-	28
Manchester	2,30	85	-	20
York	2	58	-	23
Liverpool	2,30	79	-	20
Scarborough	2,45	60	-	29
Durham	2,45	74	-	23
Carlisle	3,30	91	-	27
Galles				
Cardiff	2	43,50		23
Scozia				
Edimburgo	4	86	-	30
Glasgow	5	91	-	53

e impegnarsi a viaggiare solo su determinati treni. Ricordate che di solito chi non viaggia sui treni prestabiliti deve pagare una penale e che generalmente questi biglietti non sono rimborsabili. Controllate sempre le restrizioni e le condizioni a cui è soggetto il vostro biglietto. È possibile acquistare biglietti per i viaggi a lunga percorrenza anche il giorno stesso della partenza, ma saranno considerevolmente più costosi di quelli acquistati in anticipo.

Per i viaggi più corti solitamente non è necessario acquistare i biglietti in anticipo – basta recarsi alla biglietteria della stazione prima di salire sul treno. Se effettuate il viaggio di ritorno nel corso della stessa giornata, chiedete un biglietto economico di andata e ritorno valido per un giorno (spesso costa come un biglietto di sola andata), disponibile di solito dopo le 9.30. Alcune stazioni non hanno né la biglietteria né le macchinette di vendita automatica, per cui in questi casi sarete costretti ad acquistare il biglietto sul treno.

Troverete alcuni esempi di prezzi dei biglietti nella tabella con le tariffe ferroviarie.

Acquistare i biglietti Innanzitutto conviene contattare il National Rail Enquiries (☎ 0845 748 4950) per le informazioni sugli orari e le tariffe (e se è necessario anche per sapere il numero telefonico di una compagnia ferroviaria). Dopodiché potrete acquistare il biglietto in qualsiasi stazione ferroviaria oppure per telefono direttamente dalla compagnia che gestisce il servizio che vi interessa (pagando con carta di credito). Nel secondo caso non dimenticate di specificare che ritirerete il biglietto il giorno stesso del viaggio presso la stazione da cui prenderete il treno e che ha emesso il biglietto. Quindi arrivate in stazione con un certo anticipo, prima che si formino lunghe code alla biglietteria, e non dimenticate il numero di riferimento del vostro biglietto (nel caso non sia presso quella stazione).

Altrimenti si possono acquistare i biglietti online sul sito Internet www.thetrainline.com, ma visto che i biglietti vengono recapitati a casa (e solo nel Regno Unito), è un'idea da accantonare se siete già in viaggio o se vivete in un altro paese. Tuttavia, questo sito potrebbe risultare utile per sapere se ci sono offerte speciali per cui valga la pena chiamare e prenotare un biglietto.

Railcards

I giovani che hanno un'età compresa fra i 16 e i 25 anni, gli adulti con più di 60 anni, gli studenti a tempo pieno, i disabili e persino le famiglie possono ottenere sconti fino al 33% su gran parte delle tariffe (eccetto quelle già fortemente scontate): ci sono diversi tipi di tessere, basta avere quella giusta. Di solito il costo di una tessera ferroviaria si ammortizza con un paio di viaggi.

Le tessere sono valide per un anno e si possono acquistare nelle principali stazioni ferroviarie.

Young Person's Railcard
La tessera costa £18 e dà diritto a uno sconto del 33% su gran parte dei biglietti ferroviari e su alcuni servizi di traghetto. È riservata ai giovani di età compresa fra i 16 e i 25 anni, e a coloro che svolgono a tempo pieno l'attività di studente in Gran Bretagna (senza limiti d'età); è necessario avere con sé una foto formato tessera, un documento che accerti la data di nascita o eventualmente uno che comprovi la vostra attività di studente.

Senior Railcard
Costa £18, viene offerta a tutte le persone con più di 60 anni d'età e dà diritto a uno sconto del 33%. È necessario un documento che accerti la data di nascita.

Family Railcard
La tessera costa £20 e dà diritto a uno sconto del 33% (del 20% su alcuni biglietti) valido per gruppi di massimo quattro adulti che viaggiano insieme (uno dei quattro deve essere necessariamente il titolare della tessera). I bambini (quattro al massimo) che accompagnano il gruppo pagano una tariffa fissa di £2 ciascuno.

Disabled Person's Railcard
La tessera costa £14 e dà diritto a uno sconto del 33% valido per la persona disabile titolare della tessera e per un suo accompagnatore. Per acquistarla compilate il modulo che troverete presso le stazioni e speditelo al Disabled Person's Railcard Office, PO Box 1YT, Newcastle-upon-Tyne NE99 1YT. Ci vorranno circa tre settimane per ricevere la tessera.

Network Card
Questa tessera è valida per Londra e per la parte sud-orientale dell'Inghilterra, da Dover a Weymouth e da Cambridge a Oxford, ed è particolarmente utile se avete intenzione di effettuare molti spostamenti in treno in questa zona. La tessera costa £20 e dà diritto a uno sconto del 34% per un gruppo di

Attraversare l'Inghilterra in treno: un itinerario consigliato

L'itinerario di 14 giorni che vi consigliamo tocca località d'interesse turistico nel sud e nel nord dell'Inghilterra, spesso percorrendo alcuni tratti spettacolari. La durata degli spostamenti è approssimativa. La maggior parte delle tappe consigliate si trova sulle linee principali, servite con una buona frequenza. Il National Rail Enquiry Service (☎ 0845 748 4950 nel Regno Unito, ☎ 44 1332-387601 in tutti gli altri paesi), il sito Internet della Railtrack (www.railtrack.co.uk) o una delle pubblicazioni segnalate nel corso del testo vi saranno estremamente utili per programmare il vostro viaggio.

partenza	destinazione	durata (ore)
Londra	York	2
York	Durham	50 minuti
Durham	Newcastle	20 minuti
Newcastle	Carlisle	1,15
Carlisle	Windermere (via Oxenholme)	1,15
Windermere	Chester (via Oxenholme e Crewe)	3,30
Chester	Cheltenham (via Crewe e Birmingham)	2
Cheltenham	Bath (via Bristol)	50 minuti
Bath	Oxford (via Didcot)	1,15
Oxford	Londra	1

Itinerario

Partendo dalla stazione londinese di King's Cross si raggiunge York in sole due ore di viaggio. Con le sue antiche mura romane, le affascinanti stradine medievali e la più grande cattedrale gotica dell'Inghilterra, York non può mancare in un itinerario turistico. A meno di un'ora di viaggio verso nord si trova Durham, molto più piccola di York ma con una splendida cattedrale che si affaccia sul fiume Wear.

Da qui si prosegue verso nord fino a Newcastle, che merita una breve sosta, e poi si segue il Vallo di Adriano in direzione ovest, verso Carlisle. Il paesaggio che attraverserete in questa parte settentrionale dell'Inghilterra è davvero meraviglioso. Per raggiungere il Lake

---

massimo quattro adulti che viaggiano insieme (uno dei quattro deve essere necessariamente il titolare della tessera). I bambini pagano una tariffa fissa di £1. Gli sconti si possono ottenere solo dopo le 10 dal lunedì al venerdì e in qualsiasi orario durante il fine settimana.

Tessere ferroviarie

Così come per gli autobus, anche per i viaggi in treno esistono un'infinità di tessere regionali e locali. Molte le troverete segnalate nel corso di questa guida. Se avete intenzione di trascorrere un certo periodo di tempo in una zona, è sempre consigliabile chiedere se c'è una tessera ferroviaria locale, che in molti casi vale anche per gli autobus.

Le tessere Eurail non sono riconosciute in Inghilterra, per cui i viaggiatori dovranno prendere in considerazione una tessera della BritRail, da acquistare prima di arrivare nel paese. Per i particolari rivolgetevi alle principali agenzie di viaggi, oppure visitate il sito Internet della Rail Europe (www.raileurope.com). Le tessere per i bambini costano di solito la metà (o meno) delle tessere per gli adulti; quelle per i giovani si rivolgono a chi ha un'età compresa fra i 15 e i 25 anni e sono valide solo per i viaggi in classe standard (seconda classe). Le tessere Senior sono offerte agli adulti sopra i 60 anni e sono valide solo per i viaggi in prima classe.

Attraversare l'Inghilterra in treno: un itinerario consigliato

District da Carlisle bisogna cambiare treno a Oxenholme. È consigliabile fermarsi due notti a Windermere in modo da poter trascorrere un'intera giornata immersi negli incantevoli paesaggi che ispirarono Wordsworth e tanti altri poeti e artisti. Da qui cambiando treno a Oxenholme e poi a Crewe si arriva a Chester, una città ancora cinta da mura con caratteristici edifici in stile Tudor.

Da Chester si prosegue verso Cheltenham, l'imponente città regale situata al margine del Cotswolds cambiando treno alla stazione New Street di Birmingham. Dopo Cheltenham è la volta della splendida città di Bath, a 12 minuti di treno da Bristol (che merita in sé una visita per il lungomare restaurato).

Per raggiungere Oxford da Bath è necessario cambiare treno a Didcot. Trascorrete due notti nella famosa città universitaria inglese, in modo da avere anche il tempo per un'escursione al vicino Blenheim Palace. Da qui per rientrare a Londra s'impiega solo un'ora di treno.

Deviazioni

Tra le deviazioni che potreste prendere in considerazione, la prima riguarda il percorso da Londra a Scarborough passando per Lincoln e Hull, in modo da poter visitare queste due città storiche e trascorrere un po' di tempo a Scarborough, una tradizionale località balneare. Questa deviazione richiede almeno due giorni di viaggio in più, ma se potete programmatene anche di più. Da Scarborough si può raggiungere direttamente York (un'ora).

Da Bristol ci si può dirigere verso sud-ovest per esplorare la Cornovaglia prima di risalire in direzione di Bath, possibilmente passando per Salisbury con la sua bellissima cattedrale. Questa deviazione farà allungare il vostro viaggio di almeno tre giorni.

Infine, ci sono una miriade di possibilità per ritornare a Londra attraversando la zona sud-orientale dell'Inghilterra. Da Oxford per esempio si può proseguire verso sud, fino a raggiungere Southampton passando per Winchester, un'altra città famosa per la sua cattedrale. Partendo da Southampton ci si può dirigere verso est e visitare le città lungo la costa, come Portsmouth, Brighton, Hastings, Rye e Canterbury. Lungo queste linee, nella parte sud-orientale del paese, i treni circolano con una buona frequenza e sono piuttosto veloci. Questa deviazione richiederà almeno due giorni in più di viaggio.

Le tessere BritRail sono valide in tutta la Gran Bretagna. Non ci sono tessere ferroviarie solo per l'Inghilterra, anche se esistono tessere regionali, per esempio il BritRail SouthEast Pass. I titolari di una tessera BritRail, Eurail e Euro hanno diritto a tariffe scontate sui treni Eurostar (per esempio, £79 da Londra a Parigi o a Bruxelles). C'è anche una variante delle tessere BritRail che costa un po' di più ma comprende anche l'Irlanda. Le tessere BritRail sono valide anche sui treni Heathrow Express, un'utile servizio che nel periodo del nostro viaggio era sottoposto a revisione.

BritRail Classic Ci sono diverse tessere della formula BritRail Classic, ma tutte riguardano più giorni consecutivi di viaggio. I prezzi si riferiscono rispettivamente a giovani/adulti in classe standard/adulti in prima classe/anziani in prima classe:

8 giorni   US$215/265/400/340
15 giorni   US$280/400/600/510
22 giorni   US$355/505/760/645
30 giorni   US$420/600/900/765

Chiunque sia in grado di risparmiare con una tessera da 30 giorni dovrebbe ricevere dalla Railtrack un premio per il suo impegno.

BritRail Flexipass Si tratta di un'alternativa decisamente più conveniente, dal momento che per risparmiare davvero qualcosa non c'è bisogno di salire sul treno e viaggiare per ore tutti i giorni. Queste tessere sono valide per un certo numero di giorni entro un periodo massimo di 60 giorni. I prezzi si riferiscono rispettivamente a giovani/adulti in classe standard/adulti in prima classe/anziani in prima classe:

4 giorni	US$185/235/350/300
8 giorni	US$240/340/510/435
15 giorni	US$360/515/770/655

BritRail Pass'n'Drive Questa formula combina un BritRail Flexipass con il noleggio di un'automobile presso la Hertz. Ci sono diverse possibilità: per un Flexipass valido per 3 giorni più due giorni di noleggio in un mese si spendono US$279 per una persona oppure US$219 ciascuno per due persone che viaggiano nella stessa auto. Ma ci sono tante altre combinazioni che permettono di adattare la formula alle proprie esigenze.

BritRail SouthEast Pass Questa tessera regionale copre la fitta rete ferroviaria della zona sud-orientale dell'Inghilterra, comprese tutte le linee all'interno e nei dintorni di Londra.

Le tessere prevedono un numero fisso di giorni di viaggio entro un periodo massimo di validità. I prezzi riportati si riferiscono rispettivamente a biglietti di classe standard/di prima classe:

3 giorni su 8	US$74/105
4 giorni su 8	US$105/142
7 giorni su 15	US$142/189

AUTOMOBILE E MOTOCICLETTA

Viaggiare con la propria automobile o motocicletta significa poter raggiungere luoghi solitari e remoti, spostarsi velocemente e fermarsi ovunque si desideri. A questa grande libertà, purtroppo, si contrappone lo svantaggio di non poter stare tra la gente del posto (come invece succede in treno o in autobus) e di ritrovarsi nel cuore delle grandi città

con un mezzo che è più d'impedimento che di utilità.

Nonostante l'alta densità di traffico, le strade della Gran Bretagna sono le più sicure dell'UE. Ci sono cinque tipi di strade: le *motorways* (autostrade a tre corsie) e le *A-roads* (autostrade a due corsie) permettono di spostarsi rapidamente da un'estremità all'altra del paese, ma così si perde la parte più interessante del paesaggio. Fate particolare attenzione quando guidate in condizioni di nebbia o di asfalto bagnato. Le *minor A-roads* sono strade carrozzabili a una sola corsia, percorse da molti camion lenti e pesanti. La guida si fa più piacevole e rilassata sulle *B-roads* e sulle *minor roads*, strade secondarie fiancheggiate da siepi che serpeggiano sinuose attraverso la campagna e i villaggi rurali. Su queste strade non si può certo correre, ma vista la bellezza del paesaggio che si attraversa probabilmente non ne avrete nemmeno voglia.

Se potete, evitate di entrare a Londra con l'automobile: il traffico si muove lentamente e i parcheggi sono costosi. Gli addetti ai controlli dei parchimetri e al posizionamento dei dispositivi bloccaruote lavorano con grande efficienza e se per caso la vostra auto venisse rimossa perché in sosta vietata, dovreste sborsare più di £100 per recuperarla.

Fare il pieno sarà piuttosto costoso: la benzina costa circa 99p al litro e il gasolio pochi pence in meno. Consolatevi: non ci sono grandi distanze da percorrere.

Codice stradale

Se avete intenzione di viaggiare in automobile, è consigliabile procurarsi una copia del codice della strada, l'*Highway Code* (in genere disponibile presso i Tourist Information Centres, TIC). Le patenti straniere in Gran Bretagna valgono un anno a partire dall'ultima data di ingresso nel paese del titolare. Prima di mettervi in viaggio con la vostra automobile accertatevi di essere in regola con l'assicurazione.

Ecco in breve le principali norme stradali: i veicoli circolano sul lato sinistro della carreggiata; è obbligatorio l'uso delle cinture di sicurezza anteriori e anche di quelle posteriori se l'auto ne è dotata; i limiti di velocità sono di 30 miglia/h (48 km/h) nei centri abitati, 60 miglia/h (96 km/h) sulle strade statali a una sola carreggiata e 70 miglia/h (112 km/h) sulle strade a due o tre carreggiate; in prossimità delle rotonde bisogna dare la precedenza a destra (hanno la precedenza anche i mezzi che stanno già circolando attorno alla rotonda); i motociclisti hanno l'obbligo di indossare il casco.

Per informazioni sulle norme che riguardano il consumo di alcool prima di mettersi alla guida, v. **Problemi legali** in **Informazioni pratiche**.

Parcheggio

Molte città, grandi e piccole, della Gran Bretagna corrono il rischio di essere letteralmente invase dalle automobili. Per evitare che ciò avvenga le autorità hanno istituito numerosi divieti di sosta e cercano in tutti i modi di dissuadere gli automobilisti dal circolare con l'auto in centro. È senza dubbio una posizione da condividere anche se a volte questo significa dover percorrere a piedi tragitti più lunghi. Lasciando l'auto in periferia, innanzitutto è più facile trovare parcheggio e poi si contribuisce a rendere più vivibile la città sia per la gente del posto sia per i turisti. Questo discorso vale anche, e soprattutto, per i piccoli villaggi: lasciate la vostra auto negli appositi parcheggi e non dove capita, lungo la strada.

Nelle città più grandi spesso vi sono parcheggi *short stay* (per soste brevi) e parcheggi *long stay* (per soste lunghe). Generalmente le tariffe per soste fino a due o tre ore sono uguali in entrambi i parcheggi, ma se la sosta si prolunga i parcheggi *short stay* risultano molto più costosi. I parcheggi *long stay* spesso si trovano un po' più lontani dal centro, ma sono molto più convenienti.

La linea gialla dipinta lungo il margine della strada indica una limitazione al parcheggio. L'unico modo per capire di quale limitazione si tratta è andare alla ricer-

ca del cartello che la indica. Una doppia linea gialla significa divieto di parcheggio a qualsiasi ora, una linea singola indica un divieto di parcheggio per un periodo di almeno otto ore, sempre compreso tra le 7 e le 19, mentre la linea tratteggiata indica altri tipi di limitazione, da chiarire di volta in volta. In alcune città troverete anche delle linee rosse che indicano un divieto di sosta e di parcheggio.

Noleggio

Le tariffe di autonoleggio in Gran Bretagna sono piuttosto elevate, quindi conviene cercare una buona offerta pacchetto dall'Italia prima di partire. Le grandi compagnie internazionali di autonoleggio applicano tariffe a partire da £120 alla settimana per una Ford Fiesta o una Fiat Punto.

Ecco alcune tra le maggiori compagnie presenti in Gran Bretagna:

Avis	☎ 0870 606 0100
Budget	☎ 0541-565656
Europcar	☎ 0870 607 5000
Hertz	☎ 0870 844 8844
National Car Rental	☎ 0870 400 4502
Thrifty Car Rental	☎ 01494-751600

Acquisto

Se avete intenzione di girare in lungo e in largo l'Inghilterra (o la Gran Bretagna, o anche l'Europa) potreste considerare l'idea di acquistare un'automobile. È possibile riuscire a trovare un'auto discreta per £1000 circa. Per annunci e informazioni sfogliate una copia di *Loot* (esce 5 giorni alla settimana a Londra, ma con minore frequenza nei piccoli centri) oppure di *Autotrader* (esce ogni giovedì), mentre sul mensile *Motorists' Guide* troverete un elenco di modelli e prezzi medi.

Tutte le automobili devono essere accompagnate da un certificato del Ministero dei Trasporti (MOT) valido per un anno e rilasciato dalle autofficine autorizzate; inoltre sono richiesti un'assicurazione per danni verso terzi (confrontate più di un'offerta, ma calcolate di pagare al-

Attraversare l'Inghilterra in auto: un itinerario consigliato

Se trascorrete solo un breve periodo di tempo in Inghilterra, viaggiando con un mezzo di trasporto autonomo e pianificando attentamente il vostro itinerario potrete riuscire a sfruttare al meglio la vostra vacanza.

Con l'itinerario di 12 giorni che vi proponiamo, dall'aeroporto potrete raggiungere Londra e da qui Cambridge in treno o in autobus; a Cambridge noleggerete un'auto con cui vi sposterete attraverso l'intero paese per poi riconsegnarla all'aeroporto al momento della partenza, senza dover tornare a Londra.

partenza	destinazione	distanze su strada (miglia)
Londra	Cambridge	61
Cambridge	Lincoln	94
Lincoln	York	81
York	Durham	75
Durham	Windermere	115
Windermere	Chester	113
Chester	Stratford-upon-Avon	65
Stratford-upon-Avon	Bath	99
Bath	Salisbury (via Avebury)	59
Salisbury	Windsor	75
Windsor	Londra	23

Itinerario

Lasciate Londra seguendo la M11, l'autostrada che conduce direttamente a Cambridge. Il consiglio è di trascorrere l'intera giornata in quest'antica città universitaria, senza tralasciare una passeggiata lungo il fiume. Da Cambridge continuate lungo la A604 in direzione Huntingdon fino a che non si congiunge con la A1, facendo brevemente tappa a Stamford, cittadina medievale molto ben conservata. Proseguite lungo la A1, svoltando poi sulla A46 per Lincoln. Questa città, fondata dai Romani, conserva ancora oggi una magnifica cattedrale e un castello.

Dopo Lincoln l'itinerario prosegue verso nord lungo la A15, l'antica strada romana conosciuta con il nome di Ermine Street. Giunti in prossimità della M180 immettetevi sull'autostrada, ma solo per sette miglia, poi riprendete la A15 e superate l'Humber Bridge. Subito dopo aver attraversato il ponte, portatevi sulla A63 e percorretene sette miglia, poi svoltate sulla A1034 in direzione Market Weighton, seguendo le indicazioni per York e facendo un tratto della A1079. Nell'affascinante cittadina di York sorge il York Minster, la più imponente cattedrale gotica dell'Inghilterra.

Lasciate York seguendo la A59 e appena possibile portatevi sulla A1. Poi uscite dalla A1(M) e immettetevi sulla A690 per raggiungere Durham, città dichiarata Patrimonio Mondiale dell'Umanità dall'UNESCO e sede di una delle più belle cattedrali del paese.

meno £300), il certificato d'immatricolazione (è un modulo prestampato che devono firmare sia il venditore sia l'acquirente con un tagliando da spedire al MOT), e un documento che comprovi il pagamento della Vehicle Excise Duty (VED), una tassa di circolazione di £82,25/155 valida per sei mesi/un anno (£55/100 per le auto di cilindrata inferiore a 1100 cc.). Questa tassa si può pagare presso gli uffici postali dietro presentazione del certificato MOT, dei documenti d'immatricolazione e del certificato d'assicurazione.

Quando acquistate un'automobile controllate che il certificato MOT sia ancora valido e che la tassa di circolazione sia pagata (ci dovrebbe essere un tagliando con la scritta VED); questi due documenti infatti passano automaticamente al nuovo

Attraversare l'Inghilterra in auto: un itinerario consigliato

Uscendo da Durham prendete la A691 in direzione di Consett, poi la A692, che si dirige verso sud-ovest, per quattro miglia e infine portatevi sulla A68 che si dirige verso nord e incontra la A69. Seguite la A69 in direzione ovest passando per Haydon Bridge e Bardon Mill, dove vedrete le indicazioni per Housesteads Fort, una fortificazione che fa parte del Vallo di Adriano. Dopo aver visitato il forte, proseguite verso ovest lungo la B6318 per poi riportarvi sulla A69 seguendo le indicazioni per Carlisle. Due miglia a est di Carlisle immettetevi sulla M6 in direzione sud e poi sulla A66 che percorrerete per un miglio in direzione ovest. Dopodiché svoltate a sinistra per ritrovarvi sulla A592, una strada panoramica che vi condurrà nel cuore del Lake District, toccando Ullswater e Windermere. Vale la pena trascorrere almeno due notti a Windermere in modo da poter fare qualche escursione a piedi in questa zona favolosa.

Ripartendo da Windermere, prendete la A591 verso sud-est per ricollegarvi alla M6 in direzione sud e spostarvi poi sulla M56 per Chester. Dopo aver pernottato a Chester proseguite in direzione sud lungo la A41 e la A442 per immettervi sulla M54 nei pressi di Telford. A questo punto potreste fermarvi nella vicina Ironbridge Gorge, culla della Rivoluzione Industriale e sede di interessanti musei, oppure a Warwick, a sud di Birmingham, dove sorge un maestoso castello.

Girate intorno a Birmingham seguendo la M6 e portatevi sulla M40 (attenzione ai cartelli perché è facile lasciarsi sfuggire questa uscita). Poi prendete la A3400 per Stratford-upon-Avon, la città natale di Shakespeare, dove merita fermarsi per una breve visita e, possibilmente, per assistere allo spettacolo della Royal Shakespeare Company.

Il giorno seguente visitate Blenheim Palace, magnifico palazzo signorile; la A3400 e la A44 vi condurranno a Woodstock, e Blenheim si trova proprio ai margini di questa cittadina.

Da Blenheim proseguite attraversando i villaggi del Cotswold fino a raggiungere l'incantevole città di Bath: continuate prendendo la A4095 in direzione di Witney, la A40 per il villaggio di Burford, la B4425 che va a Cirencester passando per Bibury, immettetevi sulla A433, e infine sulla A46 che vi condurrà fino a Bath.

Dopo Bath il nostro itinerario prosegue sulla A4 fino al complesso preistorico di Avebury, meno noto ma forse più impressionante di Stonehenge. Continuate ancora lungo la A4 verso est fino a incontrare la A346 e poi la A338 che si dirige verso sud, in direzione di Salisbury, famosa per la sua cattedrale.

Lasciate Salisbury seguendo la A360 verso nord, portatevi sulla A303, che corre nei pressi di Stonehenge, e proseguite in direzione est sulla M3. A Basingstoke prendete la A33 per immettervi subito dopo sulla M4, facendo una sosta a Windsor per visitare il castello. L'aeroporto di Heathrow dista solo 10 miglia da Windsor, quindi si può cercare una sistemazione per la notte nei dintorni e riconsegnare l'auto in aeroporto il giorno seguente, prima della partenza. Non cambia molto se partite da Gatwick, visto che il secondo aeroporto londinese si può raggiungere percorrendo solo qualche miglio in più lungo la M25 e la M23.

proprietario. L'assicurazione invece resta al vecchio proprietario, quindi dovrete provvedere a stipularne una nuova (pensateci due volte prima di far sedere al volante un'altra persona, a meno che non sia espressamente nominata nel contratto). Per ulteriori informazioni contattate un ufficio postale oppure il Vehicle Registration Office (ufficio immatricolazioni) richiedendo l'opuscolo V100.

Camper

I camper sono un mezzo di trasporto davvero molto comodo, specialmente per chi viaggia all'insegna del risparmio. Capita spesso che un gruppo di tre o quattro amici decida di partire insieme noleggiando o acquistando un camper. Se cercate dei compagni di viaggio con cui condividere questa esperienza leggete gli annunci pubblicati sul *TNT Magazine*.

Anche le riviste *Loot* e *Autotrader* pubblicano annunci di camper in vendita. Il Van Market in Market Rd a Londra (vicino a Caledonian Rd) è un punto di compravendita che funziona già da tempo, dove ogni giorno si radunano i privati che vogliono vendere i propri camper (purtroppo era chiuso nel periodo del nostro viaggio). Alcuni rivenditori di veicoli usati offrono la formula 'buy-back', ossia s'impegnano a riacquistare il camper quando al cliente non serve più; tuttavia, avendo il tempo di cercare le occasioni migliori, è più conveniente acquistare e rivendere privatamente.

In genere i camper sono dotati di un padiglione rialzato fisso o di un tetto rialzabile, di alcune cuccette (da un minimo di due a un massimo di cinque) e di un fornelletto da campeggio. Quelli più attrezzati sono dotati anche di un lavandino, un frigorifero e di una dispensa. Il prezzo di un camper affidabile, con cui si possa girare comodamente per un certo periodo di tempo, va da £1000 a £2000.

Viaggiare in motocicletta

Le buone condizioni delle strade e gli splendidi paesaggi naturali fanno della Gran Bretagna un paese ideale da percorrere in sella a una motocicletta. Assicuratevi soltanto che l'equipaggiamento per la pioggia sia adeguato. Ricordate che l'uso del casco integrale è obbligatorio.

L'Auto-Cycle Union (☎ 01788-566400, fax 573585), ACU House, Wood St, Rugby CV21 2YX, pubblica un utilissimo opuscolo sulle escursioni in motocicletta attraverso tutta la Gran Bretagna.

Associazioni automobilistiche

Le due maggiori associazioni automobilistiche in Gran Bretagna, su cui potrete contare per un'assistenza stradale 24 ore su 24, sono l'Automobile Association (AA; ☎ 0800 444999) e la Royal Automobile Club (RAC; ☎ 0800 550550). La quota associativa annuale parte da £44 per la AA e da £39 per la RAC, e entrambe le società possono offrire la propria assistenza anche in altri paesi europei. Informatevi presso il vostro club automobilistico per sapere se è convenzionato o affiliato alla AA o al RAC.

BICICLETTA
V. **Escursioni in bicicletta** in **Attività**.

AUTOSTOP
L'autostop comporta sempre qualche rischio in tutti i paesi del mondo e, per quanto ci riguarda, ve lo sconsigliamo. Se decidete comunque di farlo, sappiate che state correndo un rischio piccolo, ma potenzialmente molto serio. In ogni caso, l'autostop è più sicuro se si è in due e se si lascia detto a qualcuno di affidabile dove si è diretti.

In Inghilterra l'autostop sta diventando sempre meno comune, e cresce il sospetto reciproco tra guidatore e autostoppista tipico di molti altri paesi. Potreste viaggiare per settimane senza incontrare mai qualcuno che vi chieda un passaggio.

È vietato per legge fare l'autostop in autostrada o lungo le rampe d'accesso; sistematevi vicino agli incroci o alle rotonde oppure presso le stazioni di servizio.

ITINERARI A PIEDI
V. **Itinerari a piedi** in **Attività**.

IMBARCAZIONI
Per informazioni sui servizi di traghetti locali consultate i capitoli riguardanti le singole regioni, per esempio quello dedicato alla Isle of Wight. Se invece desiderate esplorare l'interno del paese viaggiando lungo i canali e i corsi d'acqua, v. **Canali e corsi d'acqua** in **Attività**.

TRASPORTI LOCALI
Generalmente le città inglesi hanno un efficiente sistema di trasporti pubblici. Il problema maggiore è capire come funzionano: grazie a un'iniziativa dell'ultimo governo conservatore, gli autobus locali di tutta la Gran Bretagna sono stati privatizzati. Il processo di privatizzazione ha reso il sistema complicato e caotico; gli enti che amministravano i trasporti locali furono sciolti e le compagnie, volenti o

nolenti, si sono trovate in competizione le une con le altre. In molte cittadine non troverete nessuno in grado di dirvi chi gestisce gli autobus, o a che ora passano o dove vanno esattamente, ma di solito presso i TIC è possibile avere informazioni su orari, tariffe e tutto ciò che riguarda i trasporti locali. Fortunatamente Londra è riuscita a mantenere il completo controllo del suo sistema di trasporti pubblici parzialmente privatizzato. Per cui oggi è più facile girare in autobus a Londra piuttosto che a Leeds!

Taxi

Per informazioni sui famosi taxi londinesi e i loro diretti concorrenti (i *minicab*) v. **Londra**. Al di fuori di Londra e delle altre grandi città i taxi applicano tariffe solitamente ragionevoli. Nelle zone di campagna aspettatevi di spendere circa £1,40 per miglio, il che significa che i taxi potrebbero essere un buon mezzo da tenere in considerazione per raggiungere un ostello isolato o una località remota o ancora il punto di partenza di un sentiero. Sulle tratte brevi i taxi sono spesso più convenienti degli autobus, soprattutto se si è in tre o quattro persone a dividere la spesa. E infine, cosa più importante, se è domenica e scoprite che per prendere un autobus dovete aspettare fino al giorno seguente, vi conviene chiamare un taxi che vi darà un passaggio a un prezzo ragionevole.

ESCURSIONI ORGANIZZATE
Escursioni tradizionali

Organizzare un viaggio in Gran Bretagna è talmente facile che davvero non occorre rivolgersi a un'agenzia. Tuttavia, se avete i giorni contati e preferite viaggiare in gruppo ci sono alcune interessanti offerte da valutare. Avrete tutte le informazioni necessarie presso gli uffici della British Tourist Authority (BTA). V. anche **Backpackers Buses** più indietro in questo capitolo.

L'agenzia Drifters (☎ 020-7262 1292, fax 7706 2673), 22 Craven Terrace, London W2 3QH, organizza escursioni in

giornata da Londra a partire da £17, ed escursioni più lunghe, fino a un massimo di due settimane, attraverso la Gran Bretagna, tutte pensate per i giovani tra i 20 e i 30 anni. Il sito Internet dell'agenzia è www.driftersclub.com.

L'agenzia Contiki (☎ 020-7637 0802, fax 7637 2121), Royal National Hotel, Bedford Way, London WC1H 0DG, si rivolge soprattutto a un pubblico giovane con escursioni da 7 a 16 giorni. Per i particolari visitate il sito Internet dell'agenzia all'indirizzo www.contiki.com.

La Tracks (☎ 020-7937 3028, fax 01797 344164), The Flots, Brookland, Romney Marsh, Kent TN29 9TG, è specializzata in escursioni a basso costo che durano da uno a tre giorni. Scegliete fra le varie possibilità visitando il sito Internet www.tracks-travel.com.

L'agenzia Shearings Holidays (☎ 01942-824824, fax 230949), Miry Lane, Wigan WN3 4AG, ha un'infinità di proposte per escursioni in pullman da quattro a otto giorni che coprono gran parte del paese, rivolte soprattutto a viaggiatori maturi.

Ai viaggiatori sopra i 60 anni l'agenzia Saga Holidays (☎ 0800 300500, fax 01303-776647), Saga Building, Middleburg Square, Folkestone, Kent CT20 1AZ, offre vari tipi di vacanza, dai più economici viaggi in pullman fino alle crociere lussuose. Il sito Internet della Saga Holidays è www.saga.co.uk.

Escursioni naturalistiche

Nei parchi nazionali i guardiani organizzano spesso delle escursioni a piedi, a volte persino gratuite; per informazioni chiedete ai centri informazioni dei parchi. Anche una semplice passeggiata sulla spiaggia può diventare un'esperienza molto interessante e istruttiva se guidata da un esperto.

Diverse agenzie propongono vacanze naturalistiche che vanno da piccole escursioni durante il fine settimana fino a vacanze più lunghe, comprensive di diverse possibilità, dalle camminate all'osservazione di uccelli, volpi e tassi effettuata da speciali nascondigli.

Qui di seguito troverete solo alcuni indirizzi; per ulteriori informazioni contattate i TIC locali.

La Wildlife Breaks (☎/fax 01926-842413, @ oaktreefarm@btinternet.com), Oaktree Farm, Buttermilk Lane, Yarningale Common, Claverdon, Warwickshire CV35 8HP, organizza escursioni dedicate all'osservazione di tassi, specie di uccelli, farfalle e altre affascinanti creature.

Se volete collaborare come volontari alla realizzazione di un progetto ambientalista rivolgetevi al British Trust for Conservation Volunteers (BTCV; ☎ 01491-821600, fax 821603), 36 St Mary's St, Wallingford OX10 0EU, oppure visitate il sito Internet www.btcv.org.

Londra

☎ 020

Che cosa si può dire di Londra che non sia già stato ripetuto molte volte? Forse che il nome allude già a una storia ricca di avvenimenti e di giochi di potere? Oppure che questa è la più importante città europea in termini di dimensioni, popolazione e reddito pro capite? O che le occasioni di divertimento che offre sono infinite, di giorno come di notte?

Londra è tutto questo e anche molto, molto di più. Oltre a vantare dei celebri punti di riferimento come il Big Ben e il Tower Bridge, Londra ospita alcuni dei più grandi musei e gallerie d'arte del mondo ed è la più ricca di parchi tra tutte le capitali del pianeta. A dispetto delle sue dimensioni, è anche una città incredibilmente tollerante, tant'è vero che è quasi impossibile scandalizzare i suoi abitanti.

Spesso i visitatori si stupiscono di scoprire la vocazione multiculturale della capitale inglese, dove un quarto dei residenti appartiene a una delle oltre trenta minoranze etniche che si trovano a convivere qui in modo relativamente pacifico.

Londra è un miscuglio cosmopolita di ricchezza e povertà, del mondo sviluppato e di quello ancora in sviluppo, di antico e moderno; conta da 7 a 12 milioni di abitanti (a seconda del numero di sobborghi che vengono inclusi nel conteggio) e vanta quasi 30 milioni di visitatori ogni anno, numero destinato ad aumentare ulteriormente. Londra ha utilizzato le grandi somme di denaro raccolte con la National Lottery (lotteria nazionale) per diversi scopi, tra cui la costruzione della nuova galleria d'arte Tate Modern, inaugurata nel 2000 .

STORIA

Anche se una comunità di Celti fondò un primo nucleo abitativo nei pressi di un

Da non perdere

- Camminare sulle rive del Tamigi
- Fare un giro sul London Eye
- Gustare una buona birra in un vecchio pub
- Scegliere uno dei tantissimi spettacoli teatrali dal più ricco assortimento disponibile al mondo
- Farsi sorprendere dalla ricchezza artistica della Tate Modern
- Perdersi nel labirinto del palazzo di Hampton Court

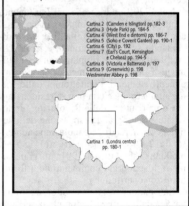

Cartina 2 (Camden e Islington) pp.182-3
Cartina 3 (Hyde Park) pp. 184-5
Cartina 4 (West End e dintorni) pp. 186-7
Cartina 5 (Soho e Covent Garden) pp. 190-1
Cartina 6 (City) p. 192
Cartina 7 (Earl's Court, Kensington e Chelsea) pp. 194-5
Cartina 8 (Victoria e Battersea) p. 197
Cartina 9 (Greenwich) p. 198
Westminster Abbey p. 198

Cartina 1 (Londra centro) pp. 180-1

guado del fiume Tamigi, furono i Romani a sviluppare il primo vero insediamento nell'area di un chilometro quadrato oggi conosciuta come City of London. Vi costruirono un ponte e grandi mura perimetrali e resero la città un importante porto e il fulcro del sistema stradale.

Quando i Romani lasciarono la città, il commercio continuò a fiorire. Poche sono le testimonianze di questo periodo storico, ma si sa che la città sopravvisse alle incursioni dei Sassoni e dei Vichinghi. Cinquant'anni prima dell'arrivo dei Nor-

175

manni, Edoardo il Confessore costruì un'abbazia e un palazzo a Westminster.

Guglielmo (soprannominato 'il Conquistatore') si trovò, a governare una città che era senza dubbio la più grande, ricca e potente di tutto il regno; vi fece costruire alcune fortezze tra cui la White Tower (parte della Torre di Londra), confermandone però anche l'indipendenza e il diritto di autogoverno.

Durante il regno di Elisabetta I la capitale iniziò a trasformarsi rapidamente. Purtroppo, però, quasi tutte le tracce dei periodi medievale, Tudor e giacobita sono andate distrutte dal Great Fire (Grande Incendio), abbattutosi su Londra nel 1666. L'incendio diede a Sir Christopher Wren la possibilità di costruire le sue famose chiese e non fermò né alterò la crescita della città.

Nel 1720 Londra, sede del Parlamento e punto focale di un impero in crescita, contava già 750.000 abitanti e stava diventando sempre più grande e ricca. Gli architetti georgiani rimpiazzarono gli ultimi resti della Londra medievale con imponenti elementi architettonici dalle forme simmetriche e con piazze residenziali.

Come risultato della Rivoluzione Industriale e della grande espansione delle attività commerciali, la popolazione aumentò da 2.700.000 abitanti nel 1851 a 6.600.000 abitanti nel 1901; un gran numero di sobborghi cominciarono a fiorire nelle zone periferiche.

La Londra georgiana e vittoriana fu devastata dalla Luftwaffe durante la seconda guerra mondiale: gran parte del centro e dell'East End furono distrutte dai bombardamenti. Nel periodo del dopoguerra nelle zone bombardate vennero costruite un gran numero di case dall'aspetto poco attraente. La zona del porto, tuttavia, non riuscì a rifiorire; il commercio navale si spostò a Tilbury e i Docklands vennero infine completamente abbandonati fino alla loro riscoperta, avvenuta intorno al 1980.

Nella stessa decade, in seguito all'ondata di sicurezza e 'deregulation' portata dal governo di Margaret Thatcher, Londra ha registrato una decisa crescita economica. I nuovi imprenditori edili si sono rivelati appena un po' più sensibili al patrimonio architettonico della città di quanto non fosse stata la Luftwaffe durante la Seconda guerra mondiale e la maggior parte degli edifici costruiti in questo periodo sono solo leggermente più piacevoli di quelli degli anni '50. Si spera che con i progetti dei primi anni del nuovo millennio si rivelino migliori di quelli del passato.

Londra ha avuto il suo primo 'vero' sindaco soltanto nel 2000 quando è stato eletto Ken Livingstone, che ha vinto con un grande scarto sugli altri candidati non necessariamente per la sua politica liberale, quanto per la promessa di agire nell'interesse dei londinesi invece di accontentare i capricci del governo di Tony Blair.

ORIENTAMENTO

La principale caratteristica geografica della capitale è data dal Tamigi, sufficientemente profondo per l'ancoraggio dei battelli e abbastanza stretto per costruirvi dei ponti, lungo il quale i Romani installarono un porto facilmente difendibile dai pericoli del Mare del Nord. Il fiume scorre da ovest verso est e divide la città nelle sue due metà, quella settentrionale e quella meridionale. Tuttavia, essendo il suo corso segnato da ampie anse che creano delle penisole, non è sempre facile capire su quale sponda del fiume ci si trovi, soprattutto nei quartieri occidentali e orientali più periferici.

Nonostante le sue grandi dimensioni, Londra è facilmente accessibile grazie alla metropolitana (detta *tube*) e anche l'onnipresente cartina ufficiale della rete sotterranea è semplice da usare, per quanto fuorviante dal punto di vista geografico. Le principali attrattive turistiche, i teatri, i ristoranti e anche alcuni alberghetti economici si trovano tutti in un rettangolo ragionevolmente compatto formato dalla Circle Line della metropolitana (la linea di colore giallo), che circonda il centro di Londra subito a nord del fiume.

Il Tamigi, un vecchio fiume non più così sporco

Le condizioni igieniche delle acque del Tamigi sono decisamente migliorate negli ultimi anni. Il momento peggiore è stato nel 1858, durante il periodo della cosiddetta 'Great Stink' (grande puzza), quando il fetore che saliva dal fiume era così terribile che si dovettero coprire le finestre della camera dei Comuni con delle lenzuola imbevute di calce viva. In epoca vittoriana morirono poco alla volta tutte le specie di pesci del fiume e le sue sponde si trasformarono in una massa rossastra e brulicante di vermi; nel 1962, l'impatto degli scarichi non trattati sommandosi all'inquinamento industriale uccise le ultime forme di vita rimaste. A partire dal 1974, però, la bonifica delle acque ha riportato nel Tamigi quasi 120 specie ittiche, tra cui il salmone (l'ultimo avvistamento di cui si aveva notizia risaliva al 1833), specie per la quale sono stati costruiti appositamente dei canali di risalita sulle chiuse. Insieme ai pesci sono ritornati anche aironi e cormorani, che se ne nutrono, e persino delle lontre sono state avvistate nel tratto del fiume più a monte. Buona parte della torbidezza del fiume caratteristica della zona di Londra deriva invece dal fatto che la capitale è situata nel punto del riflusso tra la corrente d'acqua dolce e la marea salmastra.

In questo capitolo è stata indicata per ogni indirizzo la più vicina stazione della metropolitana o del treno; la cartina 1 mostra l'ubicazione delle stazioni della metropolitana e le zone coperte in dettaglio dalle cartine dei diversi quartieri.

Spesso le persone individuano le zone di Londra a partire dal loro codice postale (v. **Gli sconcertanti codici di avviamento postale di Londra**).

Sulle insegne stradali vengono spesso riportati il nome del quartiere e il codice postale, che ovviamente è indispensabile nel caso in cui ci siano più strade con lo stesso nome (a Londra ci sono ben 47 Station Rd) o una strada attraversi più di un quartiere. Inoltre, un altro elemento che contribuisce a confondere i visitatori è che la stessa strada cambia nome da quartiere a quartiere: Holland Park Ave diventa Notting Hill Gate, Notting Hill Gate diventa Bayswater Rd, Bayswater Rd diventa Oxford St, e così via. Talvolta le strade, memori del proprio passato, si piegano e curvano come strade di campagna. Anche i numeri civici possono riservare sorprese: due edifici situati ai due lati opposti della strada avranno spesso numeri completamente diversi (315 e 520, per esempio) o, per rendere il tutto più divertente, aumenteranno procedendo in una direzione da un lato della strada e nella direzione opposta dall'altro.

Quasi tutti gli aeroporti di Londra si trovano a una certa distanza dal centro città, ma sono serviti da trasporti efficienti (e cari). Per ulteriori informazioni, v. **Trasporti urbani**, più avanti in questo capitolo.

Cartine
È importantissimo disporre di una buona cartina a Londra. Sarebbe meglio che vi procuraste una cartina di un solo foglio, in modo da avere una visione d'insieme del centro cittadino. La *London City Map* (£3,99) della Lonely Planet è formata da tre cartine separate in scale diverse, da un inserto con la zona dei teatri e da un indice. La *Mini London A-Z St Atlas & Index* (£3,75) è una guida (rilegata) dettagliata di tutte le strade di Londra e ha dimensioni accettabili. Entrambe le cartine faranno sì che non dobbiate ritirarvi in un angolo del marciapiede con un'enorme carta di un solo immenso foglio che verrà portato via dalla prima pioggia violenta.

INFORMAZIONI
La Lonely Planet ha diverse pubblicazioni che forniscono informazioni più dettagliate su Londra (v. **Libri** in **Informazioni pratiche**).

La rivista *Time Out* (£1,95), che troverete in edicola tutti i martedì, contiene

Gli sconcertanti codici di avviamento postale di Londra

I codici di avviamento postale di Londra vi aiuteranno quando cercherete di orientarvi nella capitale (per esempio, le strade contrassegnate da W1 si trovano nei dintorni di Soho e del West End). Pur non essendo come i 20 *arrondissements* di Parigi, che dichiarano l'appartenenza ad uno status sociale, quelli di Londra sono utili nel darvi un'idea della zona in cui è situata una determinata strada (in questa guida, i codici sono sempre inclusi nell'indirizzo). Il codice postale SW3, che corrisponde al quartiere di Chelsea, definisce una zona molto più ricca dell'E3 (Bow). Tuttavia, come accade spesso per le istituzioni inglesi, noterete un gran numero di stranezze. Com'è possibile che SE28 si trovi più vicino al centro di SE2? Perché N16 confina con N1? E se ci sono un nord (N), un ovest (W) e un est (E), perché mai dovrebbe mancare un sud (S)? E dov'è finito il nord-est (NE)?

Quando furono introdotti, nel 1858, i codici postali di Londra erano abbastanza semplici, perché vi erano rappresentati tutti i punti cardinali, compresa una zona centrale suddivisa in est e ovest (EC e WC) ma, poco dopo, i prefissi NE e S furono assorbiti da E, SE e SW e iniziarono i problemi. Durante la Seconda guerra mondiale, poi, la situazione divenne ancora più complessa con l'introduzione di una numerazione che avrebbe dovuto aiutare gli inesperti funzionari delle poste (gli impiegati veri e propri erano infatti stati inviati al fronte). Il numero 1 si trovava così al centro di ciascuna zona, mentre gli altri numeri facevano riferimento all'ordine alfabetico dei toponimi dei vari distretti postali. Quindi, tutti i quartieri che iniziavano con una delle prime lettere dell'alfabeto, come quello di Chingford, ricevettero anche un numero basso (E4 nel caso citato, anche se la zona dista vari chilometri da Whitechapel, centro di questo distretto postale), mentre un quartiere come Poplar, che si trova al confine con Whitechapel, ha un numero più alto (E14).

---

elenchi dettagliati di vari tipi di manifestazioni. Un'altra pubblicazione interessante, l'unica a essere veramente londinese è l'*Evening Standard* (35 p), un quotidiano 'tabloid' del pomeriggio che oscilla tra un orientamento di destra e uno di sinistra (generalmente negli articoli che concernono Londra). Il supplemento sulle diverse manifestazioni che esce il giovedì, *Hot Tickets*, costituisce spesso una fonte di informazioni migliore e più varia di *Time Out*.

Alle stazioni della metropolitana, specialmente a Earl's Court, Notting Hill e Bayswater, troverete spesso riviste gratuite, quali *TNT Magazine*, *Southern Cross*, e *SA Times* che danno notizie (anche sportive) su Australia, Nuova Zelanda e Sud Africa, ma sono interessanti soprattutto per gli elenchi degli eventi londinesi, le bellissime pagine dedicate ai viaggi e gli utili annunci relativi a lavoro, biglietti scontati, trasporti navali e alloggio.

Loot (£1,30), che troverete in edicola cinque giorni alla settimana, è un giornale di annunci (pubblicati gratuitamente). È la risorsa migliore per chi cerca un appartamento o una camera da condividere.

Uffici turistici

Londra è una meta importantissima per viaggiatori provenienti da ogni dove e i suoi uffici turistici potranno fornirvi informazioni sull'Inghilterra, la Scozia, il Galles, l'Irlanda e quasi tutti i paesi del mondo.

Britain Visitor Centre Il Britain Visitor Centre (cartina 5; **Ⓜ** Piccadilly Circus), 1 Regent St SW1, è un fornitissimo centro di informazioni e prenotazioni con uffici dedicati al Galles, alla Scozia, all'Irlanda del Nord, alla Repubblica d'Irlanda e all'isola di Jersey, e un negozio di cartine e di guide turistiche al pianterreno.

(segue a p. 199)

CARTINE
DI LONDRA

BRONDESBURY

West Hampstead Thameslink

Finchley Road & Frognal

To Hampstead & Royal Free Hospital

KENTISH TOWN

CARTINA 2

Kentish Town West

Kentish Town

Walm Lane
Shoot-Up-Hill

West Hampstead

Finchley Road

Haverstock Hill

Kilburn

WEST HAMPSTEAD

Chalk Farm

Camden Road

CAMDEN TOWN

Brondesbury

Swiss Cottage

Adelaide Road

Chalk Farm Road

Camden Town

Willesden Lane

Kilburn High Road

Belsize Road

South Hampstead

3 ▾ 4

Primrose Hill

Mornington Crescent

Brondesbury Park

1

KILBURN

St John's Wood

Avenue Rd

London Zoo

Prince Albert Road

Regent's Park

REGENT'S PARK

Euston

Willesden Lane Cemetery

Brondesbury Road

Kilburn High Road

Abbey Road

Wellington Road

Great Portland Street

Euston Square

KENSAL RISE

Kilburn Park

ST JOHN'S WOOD

5

6

Regent's Park

Warren Street

Harvist Road

Queen's Park

Carlton Vale

Maida Vale

St John's Wood Road

Park Road

Kilburn Lane

WEST KILBURN

Maida Vale

Goodge Street

CARTINA 4

Mortimer Road

Harrow Road

Walterton Rd

Shirland Rd

Kilburn Park Rd

MAIDA VALE

Edgware Road

MARYLEBONE

CARTINA 5

Tottenham Court Road

Ladbroke Grove

CARTINA 3

WESTBOURNE GREEN

Warwick Avenue

Little Venice

Edgware Road

Marylebone

Baker Street

Oxford Street

Westway

Westbourne Park

PADDINGTON

SOHO

Scrubs Lane

Ladbroke Grove

Royal Oak

Bishop's Bridge Road

Paddington

Marble Arch

Bond Street

Piccadilly Circus

ST JAMES'S

BAYSWATER

MAYFAIR

West Cross Route

Wood Lane

Bayswater

Queensway

Lancaster Gate

Bayswater Road

Marble Arch

Green Park

Goldhawk Rd

NOTTING HILL

Notting Hill Gate

Hyde Park

St James's Park

Holland Park Avenue

Kensington Gardens

Green Park

HAMMERSMITH

KENSINGTON

Holland Park

Kensington Road

St James's Park

Hyde Park Corner

Knightsbridge

Holland Road

High Street Kensington

KNIGHTSBRIDGE

Knightsbridge

CARTINA 7

Kensington (Olympia)

Kensington High Street

Brompton Road

CARTINA 8

BELGRAVIA

Victoria

Hammersmith Rd

Warwick Rd

Cromwell Road

BROMPTON

Sloane Square

WEST KENSINGTON

EARL'S COURT

Gloucester Road

South Kensington

PIMLICO

Pimlico

Talgarth Rd

Barons Court

Earl's Court

SOUTH KENSINGTON

▾ 7

West Kensington

Old Brompton Rd

CHELSEA

King's Road

✛ 8

West Brompton

Redcliffe Gdns

Lillie Rd

WEST BROMPTON

Hammersmith Bridge

Dawes Road

Fulham Broadway

King's Road

Battersea Bridge Road

Albert Bridge Road

NINE ELMS

▾ 9

Fulham Palace Road

WALHAM GREEN

Fulham Road

Battersea Park

Battersea Park

FULHAM

Parsons Green

Queenstown Road (Battersea)

Putney Bridge

New King's Rd

Wandsworth Bridge Road

BATTERSEA

Queenstown Rd

Wandsworth Road

Putney Bridge

PARSONS GREEN

SANDS END

York Road

Lavender Hill

Cedars Rd

Wandsworth Road

Putney High St

Hurlingham Park

Wandsworth Bridge

Clapham Junction

Battersea Rise

CLAPHAM

Clapham High Street

Thames

Clapham Common Long Rd

Clapham Common

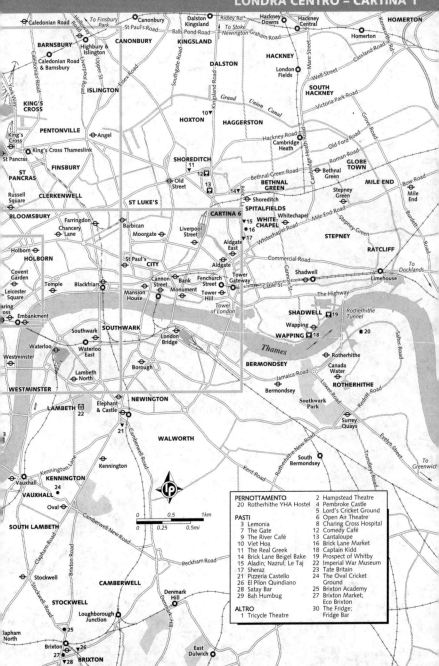

Caledonian Road
Canonbury
Dalston
Kingsland
Ridley Rd
Hackney
Downs
Hackney
Central
HOMERTON
To Finsbury
Park
Holloway Road
St Paul's Road
Balls Pond Road
To Stoke
Newington
Graham Road
Homerton
Kennington Road
Cassland Road

BARNSBURY
Highbury &
Islington
CANONBURY
KINGSLAND
HACKNEY
Mare Street
Well Street

Caledonian Road
& Barnsbury
Liverpool Road
Upper Street
Essex Road
Southgate Road
Kingsland Road

ISLINGTON
DALSTON
London
Fields
SOUTH
HACKNEY
Victoria Park Road
Grove Road

KING'S
CROSS
Grand
Union Canal

King's
Cross
PENTONVILLE
Angel
HOXTON
10
HAGGERSTON
Hackney Road
Old Ford Road
GLOBE
TOWN
Roman Road
Bow Road

King's Cross Thameslink
Cambridge
Heath
Cambridge Heath Road
Bethnal
Green
Mile
End

St Pancras
ST
PANCRAS
FINSBURY
SHOREDITCH
11
12
BETHNAL
GREEN
Stepney
Green
MILE END
Burdett Road

Russell
Square
CLERKENWELL
Old
Street
13
14
Shoreditch
Bethnal Green Road
STEPNEY

BLOOMSBURY
ST LUKE'S
SPITALFIELDS
Whitechapel
Mile End Road
Stepney Green
RATCLIFF

Farringdon
CARTINA 6
Liverpool
Street
15
16
17
WHITE-
CHAPEL
Whitechapel Road
Commercial Road

Chancery
Lane
Barbican
Moorgate
Aldgate
East
Cannon Street
To
Docklands

Holborn
HOLBORN
St Paul's
CITY
Aldgate
Shadwell
Limehouse

Covent
Garden
Temple
Blackfriars
Cannon
Street
Bank
Monument
Fenchurch
Street
Tower
Gateway
Cable St
The Highway

Leicester
Square
Mansion
House
Tower
Hill
SHADWELL
19
Rotherhithe
Tunnel

Embankment
Tower
of London
Wapping
WAPPING
18
20

Southwark
London
Bridge
Thames
Rotherhithe

Waterloo
Waterloo
East
BERMONDSEY
Canada
Water

Westminster
Borough
Jamaica Road
ROTHERHITHE

Lambeth
North
Bermondsey
Lower Road
Redriff Road

WESTMINSTER
Southwark
Park
Surrey
Quays
Evelyn Street

LAMBETH
22
Elephant
& Castle
NEWINGTON

21
WALWORTH
South
Bermondsey
To
Greenwich

Kennington
Kent Road
Rotherhithe New Road
Trundleys Road

Kennington Lane
KENNINGTON
Peckham Road

Vauxhall
24
Camberwell Road

VAUXHALL
Oval

SOUTH LAMBETH
Camberwell New Road
0   0.5   1km
0   0.25   0.5mi

Stockwell
CAMBERWELL

Clapham Road
Brixton Road
Denmark
Hill

Clapham
North
STOCKWELL
Loughborough
Junction
East
Dulwich

Stockwell Road
Denmark Hill
25

Brixton
27
26
BRIXTON
30
28
29

PERNOTTAMENTO
20 Rotherhithe YHA Hostel

PASTI
3   Lemonia
7   The Gate
9   The River Café
10 Viet Hoa
11 The Real Greek
14 Brick Lane Beigel Bake
15 Aladin; Nazrul; Le Taj
17 Sheraz
21 Pizzeria Castello
26 El Pilon Quindiano
28 Satay Bar
29 Bah Humbug

ALTRO
1   Tricycle Theatre

2   Hampstead Theatre
4   Pembroke Castle
5   Lord's Cricket Ground
6   Open Air Theatre
8   Charing Cross Hospital
12 Comedy Café
13 Cantaloupe
16 Brick Lane Market
18 Captain Kidd
19 Prospect of Whitby
22 Imperial War Museum
23 Tate Britain
24 The Oval Cricket
    Ground
25 Brixton Academy
27 Brixton Market;
    Eco Brixton
30 The Fridge;
    Fridge Bar

KENTISH TOWN

Rhyl Street
Wilkin Street
Gaisford Street
Camden Mews
Camden Park Road
York Way

Marsden St
Grafton Rd
Angler's Lane
To Selam Restaurant
Patshull Road
North Villas
South Villas
Marquis Road

Malden Road
Falkland Road
Kentish Town West
Prince of Wales Road
Hadley Street
Kelly Street
Lawford Road
Camden Road
Murray Street
Camden Square
St Augustine's Rd
St Paul's Cres

Crogsland Road
Ferdinand Street
Hartland Road
Castle Road
Lewis St.
Rochester Road
Wilmot Place
Rochester Square
Stratford Villas
Agar Grove
St Paul's Cres

Chalk Farm Road
Castlehaven Road
Hawley Road
Jeffrey's St
St Pancras Way
Prowse St
1 Camden Road
Baynes St.
Barker Drive
Camley Street

The Stables
2
Camden Canal Market
Bonny St
Grand Union Canal

Camden Lock Market
Camden Lock Pl.
Camden High Street
4
Buck St
Camden Market
Camden Road
Lyme Street
Georgiana Street

Gloucester Avenue
3
Jamestown Road
5
Gloucester Crescent
Inverness Street
Greenland Rd
Bayham St
Pratt Street
Royal College Street
St Pancras Way
Granary Street

Camden Town
6
7
8
CAMDEN TOWN
Camden Street
College Place

Parkway
9
Delancey Street
10
11
Arlington Street
Bayham Street
Plender Street
Crowndale Road
St Pancras Gardens

Gloucester Ave.
London Zoo

Regent's Park
Albert Street
Mornington Terrace
Mornington Crescent
Oakley Square
12
Chalton St.
Charrington Street
Pancras Road
Purchese Street
Camley Street

Arlington Crescent
Mornington Crescent
Lidlington Pl.
Craigleigh St.
Chalton Street
Aldenham St.
Polygon Road

Park Village East
Granby Ter
Barnby Street
Eversholt Street
SOMERS TOWN
Ossulston Street
Midland Rd
St Pan Statio

Regent's Park Barracks
Hampstead Road
Phoenix Road
British Library

REGENT'S PARK
Cumberland Terrace
Augustus Street
Varndell Street
Cardington St.
Drummond Cr
Doric Way
Chalton Street

Redhill Street
Robert Street
Euston Station
Euston
Euston Road
21
22

Queen Mary's Gardens
Chester Road
Outer Circle
Clarence Gardens
St James's Gardens
Euston Square
Duke's Rd
Flaxman Gardens
20
19

Chester Gate
Stanhope Street
William Road
Starcross St
Cardington St
Melton St.
Euston Square
Endsleigh Gardens
18

Regent's Park
Albany Street
Munster Square
15
16
Drummond Street
Tolmers Square
Euston St.
Stephenson Way
Endsleigh St
Tavistock Square

Inner Circle
Longford Street
Triton
Tolmers St
Gower Place
Gordon St
Gordon Square
Tavisto

Park Square Gardens
Osnaburgh Street
Euston Road
Warren Street
Beaumont Pl
Grafton Way
University College
Malet Place
Woburn Square

York Bridge
York Terrace
13
Great Portland Street
14
Warren Street
Whitfield St
Cleveland St
17
Huntley St
University St
Bedford Way

Outer Circle
Marylebone
Regent's Park
Conway St
CARTINA 4

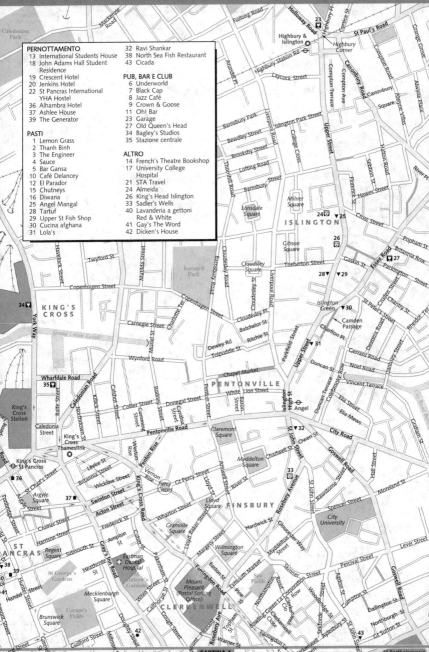

PERNOTTAMENTO
13 International Students House
18 John Adams Hall Student
   Residence
19 Crescent Hotel
20 Jenkins Hotel
22 St Pancras International
   YHA Hostel
36 Alhambra Hotel
37 Ashlee House
39 The Generator

PASTI
1 Lemon Grass
2 Thanh Binh
3 The Engineer
4 Sauce
5 Bar Gansa
10 Café Delancey
12 El Parador
15 Chutneys
16 Diwana
29 Angel Mangal
28 Tartuf
29 Upper St Fish Shop
30 Cucina afghana
31 Lola's

32 Ravi Shankar
38 North Sea Fish Restaurant
43 Cicada

PUB, BAR E CLUB
6 Underworld
7 Black Cap
8 Jazz Café
9 Crown & Goose
11 Oh! Bar
23 Garage
27 Old Queen's Head
34 Bagley's Studios
35 Stazione centrale

ALTRO
14 French's Theatre Bookshop
17 University College
   Hospital
21 STA Travel
25 Almeida
26 King's Head Islington
33 Sadler's Wells
40 Lavanderia a gettoni
   Red & White
41 Gay's The Word
42 Dicken's House

Harrow Road
Woodfield Road
Sutherland Avenue
To The Warrington
Warwick Avenue
Grand Union Canal
Clifton Villas
Blomfield Road
Delamere Terrace
Elkstone Road
St Ervan's Road
Golborne Road
Wornington Road
Bevington Road
Senior Street
Alfred Rd
Harrow Road
Bourne Terrace
Westway
Westbourne Ter. Rd
Westbourne Park
Great Western Road
Acklam Rd
Portobello Road
Tavistock Crescent
Tavistock Road
St Luke's Road
Leamington Rd Villas
Aldridge Rd Villas
Lord Hills Bridge
Royal Oak
Ranelagh Bridge
Westbourne Terrace
Westbourne Park Villas
All Saints Rd
Lancaster Road
Shrewsbury Rd
Chepstow Road
Westbourne Park Road
Gloucester Terrace
Porchester Road
Orsett Terrace
Kildare Terrace
Alexander St
Queensway
Bishop's Bridge Road
Westbourne Park Road
Powis Gdns
Talbot Road
Hereford Road
To Ladbroke Grove Tube Station
Talbot Rd
Ledbury Road
Newton Rd
Artesian Road
Blenheim Crescent
Colville Terrace
Westbourne Grove
Whiteley's Shopping Centre
Portobello Road Market
Elgin Crescent
Colville Rd
Lonsdale Rd
Garway Rd
Hereford Road
Kensington Gardens Square
Leinster Gdns
Leinster Sq
Westbourne Grove
Porchester Gardens
Arundel Gdns
NOTTING HILL
Pembridge Villas
Pembridge Pl
Chepstow Place
Prince's Square
Queensway
Inverness
Queensborough Terrace
Porchester Terrace
Ladbroke Gdns
Chepstow Villas
Chepstow Cres
Ilchester Gdns
St Petersburgh Place
Dawson Place
Bayswater
Stanley Crescent
Stanley Gdns
Kensington Park Road
Pembridge Cres
Portobello Road
Pembridge Square
Moscow Rd
BAYSWATER
Lansdowne Crescent
Ladbroke Grove
Kensington Park Gdns
Ladbroke Square Gardens
Pembridge Road
Pembridge Gardens
Linden Gardens
Clanricarde Gdns
Ossington Street
Queensway
Terrace
Bayswater Road
North Walk
Lansdowne Road
St John's Gdns
Ladbroke Square
Notting Hill Gate
Clarendon Road
Portland Road
Lansdowne Walk
Ladbroke Road
Ladbroke Terrace
Uxbridge St
Palace Gardens Mews
Kensington Palace Gardens
KENSINGTON GARDENS
Holland Park
Holland Park Avenue
Hillsleigh Road
Hillgate St
Campden Hill
Kensington Place
Kensington Church Street
Palace Gardens Terrace
Brunswick Gardens
Aubrey Road
Aubrey Walk
Peel Street
Campden Street
Road
Bedford Gardens
Holland Park
Holland Park Mews
Holland Park
Holland Walk
Sheffield Terrace
KENSINGTON
Vicarage Gate
Kensington Palace Green
Kensington Palace
The Broad Walk
HOLLAND PARK
Campden Hill
Hornton Street
Campden Gr
Pitt Street
Palace Green
Palace Avenue
The Dial Walk
HOLLAND PARK
Holland House
Duchess of Bedford's Walk
Holland Street
Abbotsbury Road
Addison Road
Abbotsbury Close
Holland Walk
Phillimore Gardens
Argyll Road
Campden Hill Road
Kensington High Street
Kensington Court
Victoria Road
Kensington Square
Phillimore Walk
Wright's Lane
High Street Kensington
Ilchester Place
Oakwood Ct
Melbury Rd
CARTINA 7
St Alban's Grove
1
2
3
4
5
6
7
8
9
10
11
12
13
14
15
16
17
18
19
20
21
22
23
24
25
26
27
28
29

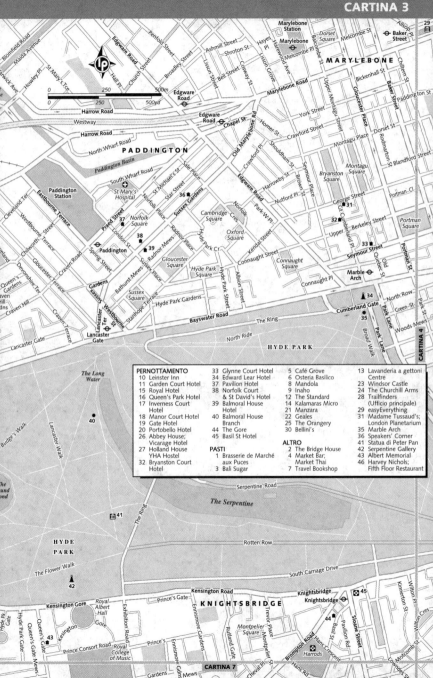

PERNOTTAMENTO
10 Leinster Inn
11 Garden Court Hotel
15 Royal Hotel
16 Queen's Park Hotel
17 Inverness Court Hotel
18 Manor Court Hotel
19 Gate Hotel
20 Portobello Hotel
26 Abbey House; Vicarage Hotel
27 Holland House YHA Hostel
32 Bryanston Court Hotel
33 Glynne Court Hotel
34 Edward Lear Hotel
37 Pavilion Hotel
38 Norfolk Court & St David's Hotel
39 Balmoral House Hotel
40 Balmoral House Branch
44 The Gore
45 Basil St Hotel

PASTI
1 Brasserie de Marché aux Puces
3 Bali Sugar

5 Café Grove
6 Osteria Basilico
8 Mandola
9 Inaho
12 The Standard
14 Kalamaras Micro
21 Manzara
22 Geales
25 The Orangery
30 Bellini's

ALTRO
2 The Bridge House
4 Market Bar; Market Thai
7 Travel Bookshop

13 Lavanderia a gettoni Centre
23 Windsor Castle
24 The Churchill Arms
28 Trailfinders (Ufficio principale)
29 easyEverything
31 Madame Tussaud's; London Planetarium
35 Marble Arch
36 Speakers' Corner
41 Statua di Peter Pan
42 Serpentine Gallery
43 Albert Memorial
46 Harvey Nichols; Fifth Floor Restaurant

CARTINA 2

BLOOMSBURY

Senate House
(University of
London)

Marylebone Road
Park Crescent
York

Great Carburton St
Fitzroy St
Maple St
Capper St
Torrington Place
Gower Street

FITZROVIA

MARYLEBONE

Goodge
Street
Goodge Street

Middlesex
Hospital

Bedford
Square

Brit
Mus

CARTINA 5

Mortimer Street
Riding House St

Tottenham
Court Road

New Oxford

Margaret Street
Market Place
Eastcastle Street

Oxford Street

St Giles H

Oxford
Circus
Oxford
Circus

Soho
Square
Sutton Row
Charing Cross Road

Hanover
Square

SOHO

Golden
Square

Grosvenor
Square

US
Embassy

MAYFAIR

Berkeley
Square

Shaftesbury Avenue
Gerrard Street
Lisle Street

Leices
Squa

Pepsi
Trocadero
Piccadilly
Circus

Leicester
Square

Irving St

Nation
Galler

Royal
Academy
of Arts

Piccadilly

ST
JAMES'S

Tra

Cockspur St

HYDE
PARK

Serpentine Road

Rotten Row

Green
Park

The
Ritz

St James's
Square

Admira
Arch

Old
Admira
Office

Hor
Gua
Para

Knightsbridge
Hyde Park
Corner

Piccadilly

GREEN PARK

Spencer
House

St James's
Palace

Lancaster
House

Clarence
House

Marlborough
House

The Mall

ST JAMES'S

Foreign &
Commonweal
Office

King Char

BUCKINGHAM PALACE
GARDENS

Constitution Hill

Buckingham
Palace

St James's

PARK

Belgrave
Square

Royal
Mews

Birdcage Walk

Wellington
Barracks

Home
Office

St James's Park

New
Scotland
Yard

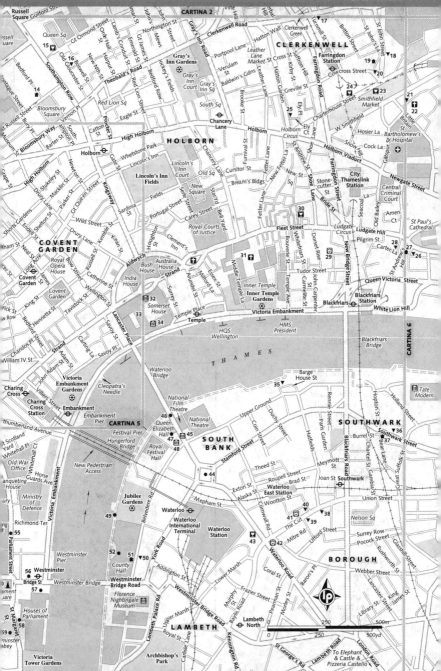

CARTINA 4

PERNOTTAMENTO
4 Goldsmid House
6 Claridges
10 Indian Student YMCA
11 Carr Saunders Hall
12 Hotel Cavendish;
   Arran House Hotel
13 Jesmond Hotel;
   Ridgemount Hotel
14 Haddon Hall
19 The Rookery
27 City of London YHA Hostel
38 Holiday Inn Express
   Southwark
52 Travel Inn Capital

PASTI
7 Rasa W1
16 Mille Pini
17 Gaudí
18 St John
20 The Greenery
21 Club Gascon
26 Dim Sum
28 Da Vinci
30 Ye Olde Cheshire Cheese
33 The Admiralty
36 Oxo Tower Restaurant
   & Brasserie
37 The Tall House
39 Tas
40 Konditor & Cook
41 Mesón Don Felipe
51 Fish!
68 The Little Square
71 Shepherd Café Bar
72 Hard Rock Café
73 Pizza on the Park

PUB, BAR E CLUB
15 The Queen's Larder
23 Cock Tavern
24 Fabric
25 Ye Olde Mitre
44 The Fire Station
63 Westminster Arms
69 Ye Grapes

ALTRO
1 Daunt Books
2 Wallace Collection
3 Selfridges
5 easyEverything
8 Wigmore Hall
9 Broadcasting House;
  BBC Experience

22 St Bartholomew-the-Great
29 Bridewell Theatre
31 Temple Church
32 Courtauld Gallery
34 Gilbert Collection
35 Hermitage Rooms
42 Young Vic Theatre
43 Old Vic Theatre
45 BFI London IMAX Cinema
46 Museum of the Moving Image
47 Mercato del libro
48 Purcell Room
49 Hayward Gallery
50 British Airways London Eye
53 London Aquarium
54 Institute for Contemporary Arts; ICA Café
55 10 Downing Street
56 Cenotafio
57 Portcullis House
58 Big Ben
59 Entrata di St Stephen
60 Jewel Tower
61 Statua di Winston Churchill
62 Cabinet War Rooms
64 Queen Victoria Memorial
65 Biglietteria per Buckingham Palace
66 Queen's Gallery
67 Monumento commemorativo
   ai caduti canadesi in guerra
68 Thomas Cook
   (Ufficio principale)

CARTINA 5

PERNOTTAMENTO
- 19 Fielding Hotel
- 49 Hazlitt's Hotel
- 51 Oxford St YHA Hostel
- 91 Strand Palace

PASTI
- 1 Rasa Samudra
- 3 Soba
- 11 Ruskins Café
- 12 Coffee Gallery
- 13 Mandeer
- 20 Café des Amis du Vin
- 21 Café Pacifico
- 22 Belgo Centraal
- 25 Food for Thought
- 26 Neal's Yard Salad Bar
- 27 World Food Café
- 28 Rock & Sole Plaice
- 29 Franx Snack Bar
- 39 Maison Bertaux
- 40 Pollo
- 42 Old Compton Café
- 43 Pâtisserie Valerie
- 44 Bar Italia
- 45 Garlic & Shots
- 46 Gopal's of Soho
- 48 Mildred's
- 53 YO! Sushi
- 55 Spiga
- 59 Melati
- 64 Wong Kei
- 65 Chuen Cheng Ku
- 66 Gerrard's Corner
- 67 Mr Kong
- 68 Fung Shing
- 69 Cam Phat
- 70 Tokyo Diner
- 75 Gaby's
- 80 Calabash
- 88 Orso
- 90 Simpson's-in-the-Strand
- 109 L'Odéon

PUB, BAR E CLUB
- 5 100 Club
- 10 Museum Tavern
- 15 The End
- 30 First Out
- 31 Astoria
- 32 Velvet Room
- 34 Borderline
- 56 Balans
- 57 O Bar
- 58 Rupert St
- 74 Cork & Bottle Wine Bar
- 79 Lamb & Flag
- 94 Retro Bar
- 104 Comedy Store
- 106 Scruffy Murphy's
- 123 Sherlock Holmes

TEATRI
- 9 Dominion
- 16 Shaftesbury
- 18 New London; Talk of London
- 23 Cambridge
- 24 Donmar Warehouse
- 36 Phoenix
- 38 Palace
- 41 Prince Edward
- 52 London Palladium
- 60 Lyric
- 61 Apollo
- 62 Gielgud
- 63 Queen's
- 71 Ambassadors
- 72 St Martin's
- 73 Wyndham's
- 77 Albery
- 83 Drury Lane
- 84 Fortune
- 85 Aldwych
- 86 Strand
- 87 Duchess
- 89 Lyceum
- 93 Savoy
- 95 Vaudeville
- 96 Adelphi
- 99 Duke of York's
- 100 Garrick
- 102 Comedy
- 103 Prince of Wales
- 107 Piccadilly
- 114 Criterion
- 116 Her Majesty's
- 117 Haymarket

ALTRO
- 2 HMV
- 4 Council Travel
- 6 On the Beat
- 7 Division One
- 8 Virgin Megastore
- 14 Sir John Soane's Museum
- 17 Bikepark
- 33 Waterstone's
- 35 Foyle's
- 37 Blackwell's
- 47 Trax
- 50 Black Market Records
- 54 Hamley's
- 76 Motor Books
- 78 Stanford's
- 81 London Transport Museum
- 82 Theatre Museum
- 92 YHA Adventure Shop
- 97 Ufficio postale di Trafalgar Square
- 98 Coliseum
- 101 Botteghino dei biglietti a metà prezzo
- 105 Rock Circus
- 108 The European Bookshop
- 110 St James's Piccadilly
- 111 Waterstone's
- 112 Tower Records
- 113 Statua di Eros
- 115 Britain Visitor Centre
- 118 American Express
- 119 Colonna di Nelson
- 120 St Martin-in-the-Fields; Café in the Crypt
- 121 easyEverything
- 122 Statua di Carlo I

PERNOTTAMENTO
1 Barbican YMCA
3 Great Eastern Hotel
20 Bankside Residence
Student Hall
21 Mercure Hotel
London City
Bankside

PASTI
2 Mesón Los Barriles
7 Sweeting's
8 Wine Library
9 Café Spice Namaste
11 Cantina del Ponte

19 Tate Modern Café
22 Konditor & Cook
23 Fish!

PUB, BAR E CLUB
4 Vertigo
17 The Anchor
24 The Market
Porter
25 George Inn
26 Ministry
of Sound

ALTRO
5 Museum of London

6 Monumento
alla popolazione
di Londra
10 Design Museum;
Blue Print Café
12 Tower Bridge
Experience
13 HMS
Belfast
14 Prigione
di Londra
15 Southwark
Cathedral
16 Vinopolis
18 Globe Theatre

Lo scout ama e rispetta la natura anche in una grande città

Spettacolo di marionette a Covent Garden

Gli anni Settanta rivivono in Carnaby Street

CARTINA 3

Kensington (Olympia)

Olympia

Kensington High Street

Edwardes Square

Pembroke Square

Earl's Walk

Scandale Villas

Abingdon Villas

Stratford Rd

Lexham Gardens

Cornwall Gardens

Cromwell Road

Edith Road

Gunterstone Road

WEST KENSINGTON

West Kensington

EARL'S COURT

Earl's Court

Earl's Court Square

Earl's Court Exhibition Centre

Philbeach Gardens

Warwick Road

Old Brompton Road

The Little Boltons

The Boltons

West Brompton

WEST BROMPTON

Brompton Cemetery

Normand Park

Chelsea Football Club

Fulham Broadway

WALHAM GREEN

Eel Brook Common

To Putney   To Wandsworth

0   250   500m
0   250   500yd

PERNOTTAMENTO
3 Barmy Badger Backpackers
5 Court Hotel
7 Merlyn Court Hotel
8 Regency Court Hotel
9 York House Hotel
11 Earl's Court YHA Hostel
13 Swiss House Hotel
14 Hotel 167
15 Blakes Hotel
21 Number Sixteen Hotel
28 Annandale House Hotel

PASTI
4 Benjy's
10 Blanco's
12 Krungtap
17 La Grande Bouchée
18 Rôtisserie Jules
19 Spago
20 FrancoFill
22 The Collection
23 Bibendum
24 Daphne's
26 Oriel
29 Made in Italy
31 New Culture Revolution
32 Chelsea Bun
33 The Blue Elephant

ALTRO
1 Leighton House
2 Lavanderia a gettoni Bubbles
6 CallShop
16 STA Travel
25 The Antelope
27 Royal Court Theatre
30 King's Head e Eight Bells

Queen's Gate Ter
Ivaston Place
Queen's
Gardens
Stanhope Gdns

Imperial College Road
Science
Museum
Natural History
Museum
Victoria &
Albert Museum

Brompton
Square
Brompton Road
Beaufort Gdns
Beauchamp Place
Ovington
Square
Yeoman's Row
Hans St
Pont Street

Cromwell Road
Cromwell
Place
Thurloe Place
Thurloe
Square
Thurloe St
South Terrace

Harrington Road
Queensberry
Place
SOUTH KENSINGTON
Pelham Street

Cadogan
Square
Cadogan
Gardens
Ellis St.
Sloane Ter.

Onslow Square
Old Brompton Road
Sumner Place
Sydney Place
Sloane Avenue
Draycott Avenue
Draycott Place

Fulham Road
Cale Street
St Luke's Street
Elystan Place
Markham
Square
Smith St
CHELSEA

Carlyle
Square
King's Road
Chelsea Old
Town Hall
Tedworth
Square
Chelsea
Royal
Hospital

Paultons
Square
Upper Cheyne Row
Cheyne
Cheyne Walk
Chelsea Embankment

Cadogan
Pier
Albert
Bridge
Chelsea Reach

Battersea
Bridge
The Parade

Cremorne Road
Cheyne Walk
Hester Road
Parkgate Road

THAMES
BATTERSEA
PARK

Chelsea
Harbour
Battersea Church Road
Westbridge Road
Battersea Bridge Road
Albert Bridge Road
Carriage Drive South
Prince of Wales Drive

Il Carnevale di Notting Hill si celebra ogni anno l'ultima settimana di agosto

I souvenir più stravaganti potrete acquistarli in Petticoat Lane

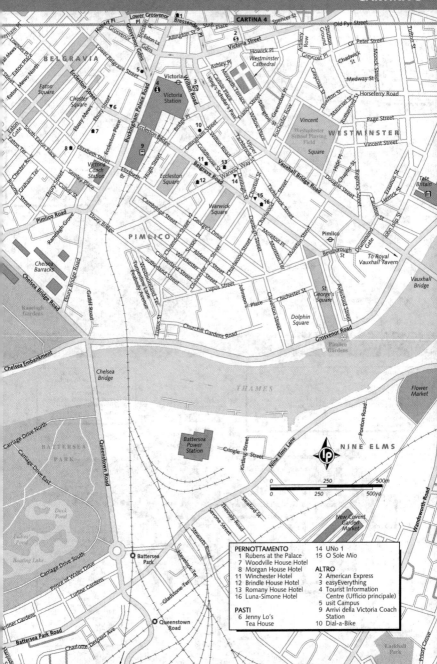

PERNOTTAMENTO
1 Rubens at the Palace
7 Woodville House Hotel
8 Morgan House Hotel
11 Winchester Hotel
12 Brindle House Hotel
13 Romany House Hotel
16 Luna-Simone Hotel

PASTI
6 Jenny Lo's
   Tea House

14 UNo 1
15 O Sole Mio

ALTRO
2 American Express
3 easyEverything
4 Tourist Information
   Centre (Ufficio principale)
5 usit Campus
9 Arrivi della Victoria Coach
   Station
10 Dial-a-Bike

CARTINA 9 - GREENWICH

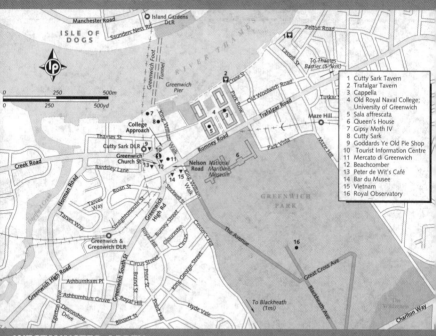

1 Cutty Sark Tavern
2 Trafalgar Tavern
3 Cappella
4 Old Royal Naval College;
  University of Greenwich
5 Sala affrescata
6 Queen's House
7 Gipsy Moth IV
8 Cutty Sark
9 Goddards Ye Old Pie Shop
10 Tourist Information Centre
11 Mercato di Greenwich
12 Beachcomber
13 Peter de Wit's Café
14 Bar du Musee
15 Vietnam
16 Royal Observatory

WESTMINSTER ABBEY

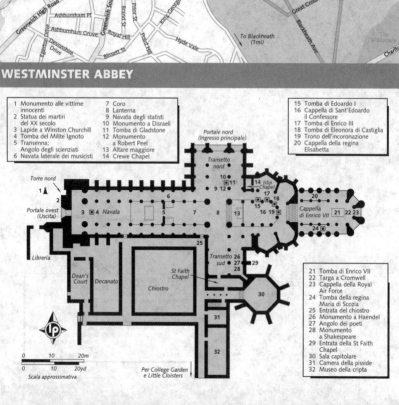

1 Monumento alle vittime innocenti
2 Statua dei martiri del XX secolo
3 Lapide a Winston Churchill
4 Tomba del Milite Ignoto
5 Transenna; Angolo degli scienziati
6 Navata laterale dei musicisti
7 Coro
8 Lanterna
9 Navata degli statisti
10 Monumento a Disraeli
11 Tomba di Gladstone
12 Monumento a Robert Peel
13 Altare maggiore
14 Crewe Chapel
15 Tomba di Edoardo I
16 Cappella di Sant'Edoardo il Confessore
17 Tomba di Enrico III
18 Tomba di Eleonora di Castiglia
19 Trono dell'incoronazione
20 Cappella della regina Elisabetta
21 Tomba di Enrico VII
22 Targa a Cromwell
23 Cappella della Royal Air Force
24 Tomba della regina Maria di Scozia
25 Entrata del chiostro
26 Monumento a Haendel
27 Angolo dei poeti
28 Monumento a Shakespeare
29 Entrata della St Faith Chapel
30 Sala capitolare
31 Camera della pisside
32 Museo della cripta

(continua da p. 178)

All'ammezzato troverete inoltre un ufficio Thomas Cook che offre sistemazioni alberghiere ed escursioni organizzate, biglietti per i treni e gli aerei e noleggio di automobili; sempre sullo stesso piano ci sono anche una biglietteria teatrale, un *bureau de change*, telefoni con i quali potrete effettuare chiamate internazionali e computer per avere accesso alle informazioni turistiche presenti su Internet.

Questo centro è spesso affollatissimo, ma è aperto tutti i giorni: dal lunedì al venerdì l'orario va dalle 9 alle 18.30, il sabato e la domenica dalle 10 alle 16 (l'ufficio è aperto il sabato dalla fine di giugno a settembre dalle 9 alle 17). Il Britain Visitor Centre fornisce informazioni soltanto a chi si presenta personalmente negli uffici; non è previsto un servizio telefonico. Se non siete in zona e avete bisogno di informazioni sulla Gran Bretagna o l'Irlanda, potete telefonare alla British Tourist Authority (BTA; ☎ 8846 9000) oppure consultare il sito Internet della BTA www.visitbritain.com.

Tourist Information Centres (TIC) Il principale centro di informazioni di Londra (TIC, Tourist Information Centre), situato nell'atrio della stazione ferroviaria di Victoria (cartina 8; Ⓜ Victoria) offre anche prenotazioni alberghiere: è aperto da aprile a ottobre dal lunedì al sabato dalle 8 alle 20 e la domenica fino alle 18 (negli altri periodi dell'anno, invece, l'orario va dalle 8 alle 19 dal lunedì al sabato e dalle 8 alle 18 la domenica). Anche questo centro è spesso notevolmente affollato in alta stagione.

C'è un TIC anche nell'atrio arrivi del Waterloo International Terminal (cartina 4; Ⓜ Waterloo), aperto tutti i giorni dalle 8.30 alle 22.30 e un altro presso la stazione di Liverpool St (cartina 6; Ⓜ Liverpool St), aperto dal lunedì al sabato dalle 8 alle 18. Altri ancora si trovano al Terminal 3 dell'aeroporto di Heathrow (sala arrivi, aperto tutti i giorni dalle 6 alle 23) e pres-

so i terminal 1, 2 e 3 della stazione della metropolitana di Heathrow (aperto tutti i giorni dalle 8 alle 18). Gli aeroporti di Gatwick, Stansted, Luton e London City, la stazione ferroviaria di Paddington e la Victoria Coach Station (stazione dei pullman) hanno tutti un banco di informazioni turistiche.

Le richieste scritte devono pervenire invece al London Tourist Board & Convention Bureau, Glen House, Stag Place, London SW1E 5LT (fax ☎ 7932 0222). Potete anche servirvi del sistema Visitorcall telefonando al numero ☎ 09064 123 e poi digitare altri tre numeri che dipenderanno dal tipo di informazione di cui avete bisogno. Si tratta di numeri di telefono cosiddetti 'Premium Rate' che costano 60 p al minuto e sono accessibili soltanto dal Regno Unito. In alternativa, visitate il sito Internet www.londontown.com.

Cambio
Nel centro di Londra troverete tantissime banche e sportelli automatici. Se vi è possibile, cercate di evitare gli uffici di cambio come il Chequepoint; se proprio non potete farne a meno, controllate i tassi di cambio.

Presso i terminal 1, 3 e 4 dell'aeroporto di Heathrow troverete uffici di cambio aperti 24 ore su 24. L'ufficio del terminal 2 è aperto invece tutti i giorni dalle 6 alle 23. La Thomas Cook ha uffici presso i terminal 1, 3 e 4, mentre presso i terminal sud e nord di Gatwick e a Stansted ci sono uffici di cambio aperti 24 ore su 24. Troverete sportelli per il cambio anche presso gli aeroporti di Luton e di London City. Gli uffici di cambio situati negli aeroporti sono un'opzione conveniente, dal momento che non praticano alcuna commissione sui travellers' cheque in sterline e chiedono soltanto l'1,5% per le altre valute (occorre cambiare un minimo di £3).

L'ufficio principale dell'American Express (AmEx; cartina 5; ☎ 7930 4411), 6 Haymarket SW1 (Ⓜ Piccadilly Circus) cambierà il vostro denaro dal lunedì al venerdì dalle 9 alle 17.30 e il sabato e la domenica dalle 9 alle 16. Da giugno a settembre l'ufficio rimane aperto più a lungo, mentre alcuni servizi, tra cui quello postale, sono disponibili per un numero minore di ore al giorno. L'AmEx ha molti uffici a Londra. Quello situato in 96 Victoria St SW1 (cartina 8), nei pressi della stazione ferroviaria di Victoria, è aperto dal lunedì al venerdì dalle 9 alle 17.30 e il sabato dalle 9 alle 16.

L'ufficio principale della Thomas Cook (cartina 4; ☎ 7853 6400), 30 St James St SW1 (Ⓜ Green Park) è aperto il lunedì, il martedì, il giovedì e il venerdì dalle 9 alle 17.30, il mercoledì dalle 10 alle 17.30 e il sabato dalle 9 alle 16. Troverete un gran numero di filiali nella capitale. Quella situata al primo piano del centro commerciale Victoria Place, presso la stazione ferroviaria di Victoria, è aperto dal lunedì al sabato dalle 7.30 alle 20 e la domenica dalle 8 alle 18.

Sconti

Se avete in programma di visitare un gran numero di musei, è consigliabile acquistare la London GoSee card (£10 per un giorno, £16 per tre giorni e £26 per sette giorni), con la quale potrete accedere a 17 tra musei e gallerie. Una carta per tutta la famiglia, che consente l'ingresso gratuito per un numero massimo di due adulti e quattro bambini, costa £30 per tre giorni e £50 per sette giorni.

I musei che partecipano all'iniziativa sono i seguenti: Apsley House (Wellington Museum), Barbican Art Gallery, BBC Experience, BFI London IMAX Cinema, Design Museum, Globe Theatre, Hayward Gallery, Imperial War Museum, London Transport Museum, Museum of London, National Maritime Museum, Natural History Museum, Royal Academy of Arts, Science Museum, Theatre Museum, Tower Bridge Experience e Victoria & Albert Museum.

Poste e telecomunicazioni

Fermoposta Salvo indicazioni diverse, da parte vostra o della persona che vi scrive, la corrispondenza fermoposta arriva all'ufficio postale di Trafalgar Square (cartina 5), 24-28 William IV St, London WC2N 4DL (Ⓜ Charing Cross), che è aperto dal lunedì al venerdì dalle 8 alle 20 e il sabato dalle 9 alle 20. La posta viene tenuta in consegna per quattro settimane e consegnata su presentazione di un documento d'identità.

Telefono Per maggiori informazioni su come evitare di utilizzare i costosi servizi della British Telecom (BT) e utilizzare altre carte quali, per esempio, la eKno card della Lonely Planet, v. **Telefono** in **Informazioni pratiche**.

La compagnia privata CallShop offre tariffe internazionali più convenienti di quelle della BT; l'ufficio si trova in 181a Earl's Court Rd SW5 (cartina 7; ☎ 7390 4549; Ⓜ Earl's Court) ed è aperto tutti i giorni dalle 9 alle 23.30. Ci sono telefoni a scatti e il conto si paga alla fine. Da qui potrete anche spedire e ricevere fax.

E-mail e Internet EasyEverything, affiliata alla compagnia aerea economica easyJet, sta aprendo un gran numero di filiali enormi, aperte 24 ore su 24, in varie zone di Londra. I prezzi variano a seconda del numero di persone che richiedono il servizio: con £1 potrete navigare da un minimo di 40 minuti a un massimo di sei ore. Tra le filiali EasyEverything ricordiamo le seguenti:

Kensington (cartina 3)
160-166 Kensington High St W8 (☎ 7938 1841; Ⓜ High St Kensington)
Oxford St (cartina 4)
358 Oxford St W1 (☎ 7491 8986; Ⓜ Bond St)
Trafalgar Square (cartina 5)
457-459 Strand WC2 (☎ 7930 4094; Ⓜ Charing Cross)
Victoria (cartina 8)
9-13 Wilton Rd SW1 (☎ 7233 8456; Ⓜ Victoria)

Agenzie di viaggi

Londra è sempre stata un centro dove è facile trovare offerte di viaggio convenienti. Troverete liste di voli economici

(ma fate attenzione agli imbrogli) sui quo-
tidiani alla domenica (specialmente il
Sunday Times), *TNT Magazine* e *Time
Out*.

Tra le agenzie più rinomate e affidabili
segnaliamo:

Council Travel (cartina 5; ☎ 7437 7767), 28a
Poland St W1 (◉ Oxford Circus)
Sito Internet: www.counciltravel.com
STA Travel (☎ 7361 6161 per informazioni
sull'Europa; ☎ 7361 6262 per informazioni
sul resto del mondo; ☎ 7361 6160 per escursioni organizzate, alloggio, autonoleggio o
assicurazione), 86 Old Brompton Rd SW7
(cartina 7; ◉ South Kensington) e 117 Euston Rd NW1 (cartina 2; ◉ Euston)
Sito Internet: www.statravel.co.uk
Trailfinders (cartina 3; ☎ 7938 3939 per lunghi viaggi, ☎ 7938 3444 per voli in prima
classe e business class), 194 Kensington
High St W8 (◉ High St Kensington), che offre anche un servizio visti e passaporti
(☎ 7938 3848), un centro vaccinazioni
(☎ 7938 3999), il cambio della valuta estera
(☎ 7938 3836) e un centro informazioni
(☎ 7938 3303)
Sito Internet: www.trailfinders.com
usit Campus (cartina 8; ☎ 7730 3402 per viaggi in Europa, ☎ 7730 8111 per informazioni
su tutto il mondo), 52 Grosvenor Gardens
SW1 (◉ Victoria)
Sito Internet: www.usitcampus.co.uk

Librerie

Per maggiori informazioni sulle librerie
di Londra che dispongono di una buona
selezione di guide turistiche e cartine, v.
Libri in **Acquisti**.

Lavanderie

Molti ostelli e anche alcuni alberghi dispongono di lavatrici e asciugatrici a disposizione della clientela, e praticamente
ogni strada principale di Londra ha una
lavanderia a gettone che, tranne qualche
rara eccezione, non è generalmente un
luogo invitante. Il costo medio per il lavaggio e l'asciugatura di un carico di indumenti varia tra £2,50 e £3. Pur con
qualche differenza di orario tra un negozio e l'altro, le lavanderie sono generalmente aperte tutti i giorni dalle 7 o dalle 8
fino alle 20 o 21.

Segue un elenco di lavanderie, anche se
il personale dell'ostello o dell'albergo
presso il quale pernottate saprà sicuramente consigliarvi una lavanderia della
zona dove risiedete.

Bloomsbury (cartina 2)
Red & White Laundrette, 78 Marchmont St
WC1
Earl's Court (cartina 7)
Bubbles, 113 Earl's Court Rd SW5
Bayswater (cartina 3)
Laundrette Centre, 5 Porchester Rd W2

Deposito bagagli

Tutte le stazioni ferroviarie e la Victoria
Coach Station hanno depositi bagagli o
armadietti, e così anche gli aeroporti (v.
Trasporti urbani, più avanti in questo capitolo). Il deposito costa da £2 a £6 al
giorno, a seconda delle dimensioni del bagaglio o dell'armadietto.

La London Baggage Company
(☎ 0800 378254) si trova all'interno della stazione ferroviaria di Victoria (cartina 8). L'ufficio offre un servizio di deposito bagagli e si occuperà anche di spedire l'eventuale bagaglio in eccesso in tutto il mondo.

Assistenza sanitaria

Per gli indirizzi dei medici o degli ospedali più vicini alla zona dove risiedete,
consultate l'elenco telefonico oppure telefonate al numero verde ☎ 100. I seguenti
ospedali hanno un pronto soccorso in servizio 24 ore su 24:

Charing Cross Hospital (cartina 1; ☎ 8383
0000), Fulham Palace Rd W6 (◉ Hammer-
smith)
Guy's Hospital (cartina 6; ☎ 7955 5000), St
Thomas St SE1 (◉ London Bridge)
Royal Free Hospital (cartina 1; ☎ 7794 0500),
Pond St NW3 (◉ Belsize Park)
University College Hospital (cartina 2;
☎ 7387 9300), Grafton Way WC1 (◉ Euston
Square)

Nel caso in cui abbiate bisogno urgente di
un dentista, potete rivolgervi al Dental
Emergency Care Service (☎ 7955 2186)
nei giorni feriali dalle 8.45 alle 15.30 op-

pure recarvi direttamente all'Eastman Dental Hospital (cartina 2; ☎ 7915 1000), 256 Gray's Inn Rd WC1 (Ⓜ King's Cross).

L'agenzia di viaggi Trailfinders (cartina 3; ☎ 7938 3999) ha una clinica al 194 di Kensington High St W8 con un centro vaccini. Presso Nomad (☎ 8889 7014), 3-4 Wellington Terrace, Turnpike Lane N8 (Ⓜ Turnpike Lane) potrete acquistare kit medici di emergenza da viaggio e fare vaccini il giovedì e il sabato pomeriggio.

Emergenze
Per un'ambulanza, i vigili del fuoco o la polizia telefonate al ☎ 999 (chiamata gratuita).

Pericoli e contrattempi
Criminalità Tenuto conto delle sue dimensioni e disparità sociali, Londra è una città notevolmente tranquilla e la maggior parte dei turisti potrà trascorrere le proprie vacanze nella capitale inglese senza che gli succeda niente di peggio del pagare una cifra esorbitante per un cono gelato. Ciò premesso, consigliamo comunque ai nostri lettori di adottare le solite precauzioni contro i borseggiatori, che operano nei luoghi pubblici affollati come la metropolitana e anche nei principali luoghi d'interesse turistico. La zone nei dintorni di King's Cross e di Soho possono essere pericolose dopo il tramonto.

Fate particolare attenzione di notte. Sulla metropolitana sarà opportuno scegliere un vagone dove si trovano già altre persone ed evitare le stazioni deserte di periferia; in questi casi, taxi e autobus sono un'alternativa più sicura.

Terrorismo Londra è, di tanto in tanto, bersaglio di gruppi terroristici che cercano di richiamare l'attenzione dell'opinione pubblica. A Londra, tuttavia, ci si sente più sicuri che a Sidney o a New York, forse perché la capitale viene sottoposta a seri controlli periodici. Non lasciate *mai* la vostra borsa incustodita nel caso in cui vi troviate a dare un allarme e, se vedete

un pacco apparentemente abbandonato, mantenete la calma e avvertite le autorità e i presenti quanto prima possibile, senza toccare nulla.

Procacciatori d'affari e truffe I procacciatori d'affari che lavorano per conto degli alberghi e degli ostelli calano sui viaggiatori al loro arrivo nelle principali stazioni ferroviarie e della metropolitana, come quelle di Earl's Court, Liverpool St e Victoria. Ascoltate le loro proposte con scetticismo e non accettate le offerte di un passaggio gratuito a meno che non sappiate con precisione dove vogliono portarvi.

Ogni anno molti turisti vengono attirati negli strip club e nei bar con *entraîneuses* di Soho e alleggeriti di ingenti somme di denaro; chi rifiuta di pagare può avere dei problemi, per cui è decisamente meglio evitare di trovarsi in questa situazione.

Infine, quando vi troverete in strade molto trafficate, come per esempio Oxford St, di sicuro sentirete il forte odore di cipolle fritte che proviene da uno dei carretti degli hot dog (provvisti di licenza). È consigliabile resistere al richiamo perché le condizioni sanitarie sono poco affidabili.

LONDRA CENTRO
Trafalgar Square (cartina 5)
Trafalgar Square WC2 (Ⓜ Charing Cross) è il cuore di Londra. Teatro di molte imponenti marce e raduni, è il luogo dove migliaia di persone ubriache festeggiano l'arrivo del nuovo anno. Questo è anche il luogo dove dovrete lottare per farvi spazio tra gli stormi di piccioni.

La piazza fu progettata da John Nash all'inizio dell'Ottocento sul sito delle King's Mews (scuderie del re) e realizzata da Charles Barry, al quale si devono anche in parte le Houses of Parliament. La **Colonna di Nelson**, alta 43,5 m, costruita con granito di Cornovaglia e delle Highland scozzesi, fu terminata nel 1843 e ricorda la vittoria dell'ammiraglio Nelson su Napoleone al largo di Capo Trafalgar in Spagna, nel

1805. I quattro leoni bronzei alla base del monumento sono opera di Edwin Landseer e furono aggiunti nel 1867. Se gettate un'occhiata alla statua del buon ammiraglio, noterete che è rivolto a sud-ovest per osservare gli alberi maestri di quel che resta della sua flotta, cioè i pali della luce che fiancheggiano The Mall.

Trafalgar Square è circondata da molti imponenti edifici e da essa si dipartono strade di grande comunicazione. A nord si trova la **National Gallery** e dietro a questa sorge la **National Portrait Gallery**: Pall Mall, si estende verso sud-ovest. La chiesa di **St Martin-in-the-Fields** è situata a nord-est. Verso sud, la piazza si apre e, attraverso il traffico, riuscirete a intravedere Whitehall. In direzione sud-ovest c'è invece l'**Admiralty Arch**, eretto nel 1910 in onore della regina Vittoria, e dietro all'arco si trova The Mall, che conduce a Buckingham Palace.

Il traffico che vi turbina accanto rende difficile apprezzare Trafalgar Square; il consiglio comunale sta ora prendendo in considerazione alcuni progetti per rendere gran parte della piazza zona pedonale.

National Gallery Con circa 2300 dipinti di autori del mondo occidentale, la National Gallery (☎ 7747 2885), Trafalgar Square WC2, è una delle gallerie d'arte più grandi e più belle del mondo. Una nuova ala, Sainsbury Wing è stata aggiunta sul lato occidentale nel 1991.

I dipinti della National Gallery sono distribuiti nelle sale in ordine cronologico;

I proventi della lotteria nazionale

I visitatori che pensano di conoscere bene Londra si accorgeranno presto, con grande gioia, che il patrimonio culturale della capitale è stato quasi completamente rinnovato.

Grazie alle ingenti somme di denaro ricavate dalla National Lottery che, tra le altre cose, vengono utilizzate per il finanziamento di progetti culturali, nella capitale sono stati portati avanti un gran numero di progetti, molti dei quali legati all'aprirsi del nuovo millennio. Queste iniziative, inoltre, hanno incoraggiato anche diversi investimenti da parte di privati.

Di seguito vengono elencati alcuni progetti portati a termine negli ultimi tempi. Troverete maggiori informazioni a riguardo nei relativi paragrafi.

British Museum – Nel Great Court è stato realizzato un bellissimo tetto in vetro e sono state allestite nuove gallerie dedicate all'arte africana.

Hungerford Bridge – Nuovi e piacevoli passaggi pedonali collegano oggi South Bank (la riva sud del Tamigi) con il West End.

Imperial War Museum – Il museo ospita una nuova mostra permanente sull'Olocausto.

Millennium Bridge – Questo nuovo ponte pedonale collega la Tate Modern alla città.

National Maritime Museum – Il museo è stato completamente restaurato e vanta attualmente nuove gallerie.

National Portrait Gallery – Questa galleria di ritratti è stata ingrandita e dispone di bellissime sale ospitate nei piani più alti dell'edificio.

Science Museum – Una nuova ala (Wellcome Wing) è stata dedicata alle scoperte più recenti.

Somerset House – Questo piccolo gioiello è stato restaurato ed è stata inaugurata la Gilbert Collection.

Southwark Cathedral – La cattedrale è stata restaurata e ha un nuovo centro per i visitatori.

Tate Modern – Inaugurato di recente, questo museo si affaccia sul Tamigi ed è dedicato all'arte moderna.

Wallace Collection – Questo fantastico museo è stato restaurato e vanta attualmente delle nuove gallerie.

partendo dall'ala Sainsbury e procedendo verso est potrete vedere le raccolte che vanno dalla metà del Duecento all'inizio del Novecento. Se siete appassionati di arte antica (1260-1510), dirigetevi nell'ala Sainsbury, mentre se preferite il Rinascimento (1510-1600) recatevi nell'ala occidentale (Western Wing), nell'edificio principale del museo. Le opere di Rubens, Rembrandt e Murillo (1600-1700) si trovano nell'ala settentrionale (North Wing), mentre se cercate i dipinti di Gainsborough, Constable, Turner, Hogarth e gli Impressionisti (1700-1900) dovrete andare nell'ala orientale (East Wing). Una più vasta raccolta di capolavori dei pittori britannici la potete trovare alla Tate Britain (v. **A sud del Tamigi**).

I dipinti elencati nel riquadro vi daranno un'idea dei capolavori assoluti che la galleria offre, ma se volete saperne di più prendete a prestito (è gradita un'offerta) un'audioguida a cuffie nella sala centrale. Ogni dipinto è contrassegnato da un numero: digitatelo sull'apparecchio e questo si posizionerà nel punto giusto del CD-ROM. Vi sono anche visite audioguidate ai maggiori capolavori (circa 30) e pub-

blicazioni riservate ai bambini (50p). Visite guidate di un'ora, gratuite, che vi danno modo di osservare e capire sei quadri alla volta, sono previste alle 11.30 e alle 14.30 nei giorni feriali e alle 14 e alle 15.30 il sabato (il mercoledì viene effettuata una visita supplementare alle 18.30). La Micro Gallery ha schermi interattivi dove potrete pianificare la vostra visita e poi stampare una copia della vostra 'scaletta'.

La National Gallery è aperta tutti i giorni dalle 10 alle 18 (il mercoledì fino alle 21) e l'ingresso è gratuito. Potete visitare il sito Internet del museo: www.national gallery.org.uk.

National Portrait Gallery Alla National Portrait Gallery (☎ 7312 2463), St Martin's Place WC2, non si va tanto per la qualità dei suoi ritratti, ma piuttosto per dare un volto ai nomi famosi (e a quelli scellerati) della storia britannica dal Medioevo ai giorni nostri. La galleria, che fu fondata nel 1856, ospita un'importante collezione di circa 10.000 opere disposte su cinque piani, senza limitazioni di tecniche espressive: vi sono ritratti a olio, acquerelli, disegni, miniature, sculture, caricature, silhouette, fotografie ed esempi di utilizzo del computer in ambito artistico.

I ritratti sono disposti più o meno in ordine cronologico e si comincia con i primi Tudor all'ultimo piano per poi scendere, arrivando alle opere risalenti alla fine del XX secolo. I ritratti di Elisabetta I del 1575, in tutto il suo splendore, e quello di Lord Byron in romantiche vesti orientali (1813) dipinto da Thomas Phillips, sono straordinari come le opere più recenti, tra cui spiccano Elisabetta II vista da Andy Warhol, il principe Carlo in posa sotto un albero di banane e le fotografie di Oscar Wilde e Virginia Woolf.

Nel 2000 sono stati portati a termine alcuni lavori presso il museo, che ora ospita gallerie più ampie. Le scale mobili nella nuova Ondaatje Wing (Ala Ondaatje) portano i visitatori all'ultimo piano, dove è consigliabile iniziare la visita al

---

Capolavori della National Gallery

- *I coniugi Arnolfini* di Van Eyck
- *Venere allo specchio* di Velázquez
- *Wilton Diptych*
- *Le grandi bagnanti* di Cézanne
- *Venere e Marte* di Botticelli
- *La vergine delle rocce* di Leonardo
- *Sant'Anna, la Madonna, il Bambino e San Giovannino* di Leonardo
- *La battaglia di San Romano* di Paolo Uccello
- *Gli ambasciatori* di Holbein il giovane
- *Carlo I* di Van Dyck
- *Il cappello di paglia* di Rubens
- *The Hay-Wain* di Constable
- *I girasoli* di Van Gogh
- *Lo stagno delle ninfee* di Monet
- *La valorosa 'Témeraire'* di Turner

museo e dove si trova un ristorante con una vista fantastica. Informatevi sulle mostre temporanee.

La National Portrait Gallery è aperta dal lunedì al sabato dalle 10 alle 18 (fino alle 21 il martedì e il venerdì, da mezzogiorno la domenica) e l'ingresso è gratuito. Sito Internet: www.npg.org.uk.

St Martin-in-the-Fields Capolavoro di James Gibbs (1682-1754), la 'reale parrocchia' di St Martin-in-the-Fields (☎ 7930 0089), Trafalgar Square WC2, occupa una posizione di primo piano nell'angolo nord-orientale della piazza. Vi è annesso un mercato di oggetti d'artigianato e nella cripta si trovano una collezione d'arte funeraria (☎ 7930 9306), una libreria e un caffè molto frequentato (v. **Trafalgar Square** in **Pasti**, più avanti). La chiesa è aperta tutti i giorni dalle 8 alle 18.30, mentre la collezione di arte funeraria è aperta tutti i giorni dalle 12 alle 18.30 e la domenica dalle 12 alle 18.

Westminster e Pimlico (cartine 4 e 8)

Mentre la City of London (detta semplicemente 'City') è sempre stata la sede degli affari e del commercio, Westminster è il centro del potere politico e la maggior parte dei suoi luoghi d'interesse turistico sono collegati con la Corona, il Parlamento e la Chiesa d'Inghilterra.

Pimlico, esteso verso sud e verso sud-ovest, non è mai stato un quartiere elegante come, per esempio, Belgravia, ma possiede alcune splendide case dell'inizio dell'Ottocento e l'incomparabile Tate Britain.

Whitehall Whitehall SW1 (cartina 4; Ⓜ Charing Cross o Westminster), con il suo prolungamento Parliament St, è un ampio viale che conduce da Trafalgar Square a Parliament Square. Lo fiancheggiano un numero così elevato di edifici governativi, statue, monumenti e altri luoghi storici che il modo migliore per percorrerlo è seguire la breve passeggiata descritta qui di seguito. Iniziate la vostra passeggiata all'estremità meridionale di Trafalgar

Square nel punto in cui dalla piazza si passa a Whitehall. Andando verso sud vedrete l'**Admiralty Arch** e l'**Old Admiralty** a destra e, poco oltre a sinistra, il **Ministry of Defence**.

Di fronte a quest'ultimo sorge la **Banqueting House** (☎ 7930 4179), l'unica parte ancora esistente del Tudor Whitehall Palace che un tempo occupava quasi tutto questo lato di Whitehall, ma che andò distrutto in un incendio nel 1698. Progettato da Inigo Jones nel 1622, questo fu il primo edificio d'Inghilterra in stile rinascimentale. Deve la sua fama anche al fatto che, su un palco innalzato contro una finestra del primo piano, il 30 gennaio 1649 vi fu decapitato Carlo I, accusato di tradimento da Cromwell. All'interno, un video illustra la storia del palazzo e al pimo piano, sul soffitto di un'enorme sala praticamente priva di arredi, vi sono nove pannelli dipinti da Rubens nel 1634. La Banqueting House è aperta dal lunedì al sabato dalle 10 alle 17 e l'ingresso costa £3,60/2,30.

Sul lato opposto si trova l'**Horse Guards Parade**, dove si può assistere al cambio della guardia dei soldati a cavallo della Household Cavalry dal lunedì al sabato alle 11 e la domenica alle 10; si tratta di una versione più accessibile della cerimonia che avviene di fronte a Buckingham Palace.

A sud della House Guards Parade è situata **Downing St**, che ospita al **n. 10** la residenza del primo ministro dal 1732, anche se oggi Tony Blair e la sua famiglia vivono in realtà nei più spaziosi appartamenti del n. 11. Ai tempi di Margaret Thatcher, sono stati posti i cancelli e la strada è stata chiusa al pubblico per timore di attacchi terroristici da parte dell'IRA.

A poca distanza, in mezzo a Whitehall, sorge il **Cenotafio** (termine greco per 'tomba vuota'), monumento ai cittadini del Commonwealth che persero la vita durante le due guerre mondiali.

A ovest della tomba del milite ignoto si trova il restaurato **Foreign & Commonwealth Office** (1872), opera di Sir George Gilbert Scott e Matthew Digby Wyatt.

Se percorrete King Charles St in direzione ovest arriverete alle **Cabinet War Rooms** (☎ 7930 6961), dove il governo britannico, durante la Seconda guerra mondiale, trovò rifugio sottoterra, dirigendo le operazioni da una postazione collocata sotto tre metri di solido cemento. Il luogo è aperto tutti i giorni dalle 9.30 alle 18 (dalle 10 da ottobre a marzo) e l'ingresso costa £4,80 (ma è gratuito per i bambini).

Whitehall termina in **Parliament Square**, da dove a causa del traffico intenso è difficile apprezzare le statue dei primi ministri del passato, quali **Winston Churchill**. A nord-est, lungo Bridge St, sorge il nuovo, ultramoderno e ultracostoso edificio parlamentare, **Portcullis House**.

A questo punto potete procedere con la visita ai seguenti luoghi d'interesse storico-artistico.

JANE SMITH

**Un Churchill pensieroso
durante la Seconda guerra mondiale**

Westminster Abbey L'Abbazia di Westminster (cartina 4; ☎ 7222 5152), Dean's Yard SW1 (Ⓜ Westminster) è una delle chiese maggiormente visitate del mondo cristiano. Ha avuto un ruolo importante nella storia della chiesa inglese e anglicana e, a partire da Guglielmo II il Conquistatore nel lontano 1066, con l'eccezione di Edoardo V e di Edoardo VIII, tutti i sovrani vi sono stati incoronati e poi sepolti, da Enrico III (morto nel 1272) fino a Giorgio II (1760). Dalla morte di Giorgio III nel 1820 i re e le regine del Regno Unito riposano nella cappella di St George a Windsor.

Alcune zone sono state transennate per proteggere il pavimento e l'ingresso principale è ora quello del transetto settentrionale.

L'abbazia, sebbene sia una mescolanza di stili architettonici diversi, è il più bell'esempio ancora esistente di gotico inglese primitivo ('Early English'; 1180-1280). La chiesa originaria fu fatta costruire nell'XI secolo da re Edoardo il Confessore (più tardi divenuto santo), che è sepolto nella cappella dietro l'altare maggiore. Enrico III, che regnò dal 1216 al 1272, diede inizio ai lavori del nuovo edificio, ma non li completò; la navata in stile gotico francese fu terminata nel 1388, mentre la grande e splendida cappella di Enrico VII fu aggiunta nel 1519.

A differenza di St Paul, l'Abbazia di Westminster non è mai stata cattedrale, bensì 'prerogativa reale', amministrata direttamente dalla corona.

Orientamento Appena superato il cancello girevole incontrate la **Statemen's Aisle** (navata degli uomini di stato), dove uomini politici e personaggi illustri sono commemorati da numerose sculture marmoree di notevoli proporzioni. I primi ministri di opposte fazioni che dominarono la politica tardo-vittoriana, Gladstone (qui sepolto) e Disraeli, sono collocati, ironia della sorte, uno di fronte all'altro. Nei pressi c'è il monumento di Robert Peel, ministro dell'Interno nel 1829, che creò le forze di polizia metropolitana. Al di sopra, un rosone disegnato da James Thornhill raffigura 11 dei 12 apostoli (manca Giuda).

Appena svoltate a sinistra e vi dirigete verso est, vedrete diverse piccole cappelle con eleganti sculture del Cinquecento, tra cui, nella Crewe Chapel, un'incantevole *Madonna con Bambino* in alabastro. Di fronte alla Islip Chapel, nel deambulatorio settentrionale, vi sono tre bellissime tombe medievali. Poco oltre si trovano le sepolture di Edoardo I e di Enrico III.

All'estremità orientale del presbiterio, di fronte all'ingresso della cappella di Enrico VII, vi è la **Coronation Chair** (trono dell'incoronazione), dall'aspetto piuttosto dimesso, sulla quale si dice siano stati incoronati quasi tutti i sovrani a partire dal 1066. In realtà la sedia, realizzata in legno di quercia, risale alla fine del Duecento; prima doveva essercene un'altra.

Salite i gradini di fronte a voi e a sinistra troverete l'angusta **Queen Elizabeth Chapel** (cappella della regina Elisabetta). Qui sono sepolte, nella stessa ed elaborata tomba, la regina Elisabetta I, che diede all'abbazia il suo statuto, e la sorellastra Maria la Sanguinaria.

Nella parte più orientale dell'abbazia è situata la **Henry VII Chapel** (cappella di Enrico VII), eccezionale esempio di tardogotico 'perpendicolare' (una variante del gotico inglese) ammirata soprattutto per la sua spettacolare volta. Dietro all'altare della cappella, insieme a una quattrocentesca *Madonna con Bambino* di Bartolomeo Vivarini, si trova l'ornato sarcofago di Enrico VII e della moglie Elisabetta di York. Dietro si trovano la **Royal Air Force Chapel** e la vetrata policroma raffigurante la Battaglia d'Inghilterra. Accanto a questa, una targa indica il luogo dove il corpo di Oliver Cromwell giacque fino alla Restaurazione.

Nella zona sud della navata sono situate la **Tomb of Mary Queen of Scots** (tomba di Maria di Scozia), decapitata per ordine della cugina Elisabetta e con il tacito consenso di suo figlio, il futuro Giacomo I, e quella stupenda di Lady Margaret Beaufort, madre di Enrico VII. Sono sepolti qui anche Carlo II, Guglielmo e Maria e la regina Anna.

La **Chapel of St Edward the Confessor** (cappella di Sant'Edoardo il Confessore), il luogo più 'sacro' dell'abbazia, si trova subito a est del presbiterio e dietro l'altare maggiore; l'accesso sarà forse vietato per proteggere il pavimento del Duecento. Sant'Edoardo fu il fondatore dell'abbazia.

Alcune delle tombe circostanti (quelle di Enrico III, Edoardo I, Edoardo III, Riccardo II, Enrico V e di quattro regine) sono disposte a nord e a sud del deambulatorio. **Eleonora di Castiglia**, moglie di Edoardo I, giace in un monumento sepolcrale in bronzo tra i più antichi e notevoli. Il transetto a sud dell'abbazia ospita il **Poet's Corner** (angolo dei poeti), dove sono sepolti molti grandi scrittori inglesi, secondo una tradizione affermatasi con Geoffrey Chaucer.

Di fronte ad affreschi medievali dedicati all'incredulità di San Tommaso e a San Cristoforo, sulla parete orientale si trova il **monumento funerario a William Shakespeare** (in realtà né lui né Byron, Tennyson, William Blake, T.S. Eliot e altri illustri uomini di lettere sono realmente sepolti qui). Qui figurano anche i monumenti a Händel (che tiene in mano la partitura del *Messiah*), Edmund Spenser, Lord Tennyson e Robert Browning, e quelli di Charles Dickens, Lewis Carroll, Rudyard Kipling e Henry James. La St Faith Chapel (ingresso a est) è riservata alle funzioni private.

Subito a nord dell'angolo dei poeti vi è la **Lanterna**, il cuore dell'abbazia, il luogo dove avvengono le incoronazioni. Stando al centro, rivolti a est, avrete di fronte a voi il **presbiterio**. L'**altare maggiore**, molto ornato, fu realizzato nel 1897. Alle vostre spalle (cioè a ovest), il **coro** di Edward Blore, della metà dell'Ottocento, è una struttura mozzafiato.

L'ingresso al **chiostro** risale al Duecento, il resto al Trecento. A est, in fondo a un passaggio che lo collega al chiostro, la **Chapter House** (sala capitolare), di forma ottagonale, ha un pavimento medievale di piastrelle fra i meglio conservati d'Europa e sulle pareti sono visibili tracce di affreschi di soggetto sacro. Il governo gestisce tuttora la sala capitolare e l'adiacente **Pyx Chamber** (camera della pisside), antica sala del tesoro reale dove si trovava una cassetta contenente i prototipi di conio delle monete d'oro e d'argento. Oggi ospita il tesoro dell'abbazia e suppellettili liturgiche come pure il più antico altare dell'abbazia.

L'**Undercroft Museum** (o Abbey Museum) espone le maschere funerarie di generazioni di reali, oltre ad armature e vetrate istoriate.

Il **College Garden**, il più antico d'Inghilterra, costruito 900 anni fa, è raggiungibile attraverso Dean's Yard e i **Little Cloisters** (piccoli chiostri), poco lontano da Great College St. In luglio e agosto, il giovedì all'ora di pranzo, nei College Gardens si tengono concerti gratuiti.

All'estremità occidentale della navata, sul pavimento, vi è la **Tomb of the Unknown Warrior** (tomba del milite ignoto), per ricordare coloro che caddero nelle campagne della prima guerra mondiale. Poco prima, una lapide ricorda **Winston Churchill**.

Proprio di fronte vi è una parete, costruita nel 1834, che funge da schermo tra la navata e il coro. Ai due lati si trovano i monumenti a Newton, Darwin, Stanhope, Faraday e a quattro premi Nobel, tra cui Kelvin e Rutherford. Si tratta di un autentico **Scientists' Corner** (angolo degli scienziati).

La navata settentrionale è chiamata **Musicians' Aisle** (navata dei musicisti) a causa dei monumenti in memoria dei musicisti che prestarono servizio nell'abbazia, tra cui Henry Purcell, organista.

Le due torri che sovrastano il portale occidentale, attraverso il quale si esce dall'abbazia, furono portate a termine nel 1745. Proprio sopra la porta, affacciate a nicchie del Quattrocento, ci sono le più recenti acquisizioni dell'abbazia: dieci statue in pietra dedicate ai **martiri del ventesimo secolo**. Uscendo, a destra, si trova il monumento alle vittime della sopraffazione, della violenza e della guerra. 'Per voi che passate oltre con indifferenza, ciò non significa proprio niente?', chiede con acutezza un'iscrizione.

Orari e biglietti L'abbazia è aperta nei giorni feriali dalle 9 alle 16.45 e il sabato dalle 9 alle 14.45. È possibile entrarvi fino a un'ora prima della chiusura. La Chapter House è aperta dalle 9.30 alle 17.30 da aprile a ottobre e fino alle 16 il resto dell'anno. La Pyx Chamber e l'Undercroft Museum sono aperti tutti i giorni dalle 10 alle 16.30. Il College Garden è aperto dal martedì al giovedì dalle 10 alle 18, da aprile a settembre, e fino alle 16 il resto dell'anno. I chiostri sono aperti tutti i giorni dalle 8 alle 18.

L'ingresso all'Abbazia di Westminster costa £5/2, mentre l'ingresso esclusivo alla Chapter House, alla Pyx Chamber e all'Undercroft Museum costa £2,50 (£1 se siete muniti del biglietto d'ingresso all'abbazia) ed è gratuito per i soci dell'English Heritage. L'ingresso ai chiostri è gratuito.

Uno dei modi migliori per visitare l'abbazia è assistere a una funzione, soprattutto al vespro (alle 17 nei giorni feriali, alle 15 durante il fine settimana). L'Eucaristia domenicale ha luogo alle 11.

Visite guidate Le visite guidate all'abbazia (☎ 7222 7110) durano circa un'ora e mezzo (£3) e vengono effettuate dalle tre alle sei volte al giorno, dal lunedì al sabato.

Houses of Parliament Le aule del parlamento (cartina 4; ☎ 7219 4272), costituite dalla camera dei Comuni e dalla camera dei Lord, hanno sede nel Palace of Westminster, Parliament Square SW1 (Ⓜ Westminster). Costruito da Sir Charles Barry e Augustus Pugin nel 1840, quando lo stile neogotico era di gran moda, l'edificio, dopo essere stato ripulito, si è rivelato nel suo splendore originario delicatamente dorato. All'*esterno* del palazzo, la costruzione più famosa è la Clock Tower (torre dell'orologio), comunemente chiamata **Big Ben** (all'interno è appesa la vera Ben, una campana che ha preso nome da Benjamin Hall, commissario dei lavori quando la torre fu completata nel 1858).

La **House of Commons** è il luogo dove i membri del parlamento si riuniscono per proporre e discutere nuove leggi e per rivolgere interrogazioni al primo ministro e agli altri ministri. Sebbene i Comuni siano un'assemblea nazionale di 659 membri, la sala ad essi dedicata dispone soltanto di 437 posti a sedere. I membri del governo siedono alla destra del presidente della camera dei Comuni e quelli dell'opposizione a sinistra.

I visitatori sono ammessi alla **Strangers' Gallery** (galleria dei forestieri; ingresso gratuito) della camera dei Comuni attraverso l'ingresso di St Stephen dal lunedì al giovedì dopo le 16.15 e il venerdì a partire dalle 10; preparatevi a fare la fila per almeno un'ora. Le vacanze parlamentari durano tre mesi durante l'estate e qualche settimana nei periodi di Pasqua e Natale, perciò è meglio telefonare prima, per verificare se le camere sono riunite. Tuttavia, l'apertura sperimentale delle camere durante l'estate (con visite guidate a £3,50) potrebbe diventare un evento fisso, quindi è consigliabile informarsi al riguardo. Borse e macchine fotografiche devono essere deposite al guardaroba prima di entrare nella galleria e valigie e zaini non sono ammessi oltre le barriere di sicurezza, simili a quelle degli aeroporti.

Costruita nel 1099, **Westminster Hall** costituisce oggi la parte più antica ancora esistente del palazzo di Westminster, sede della monarchia inglese dall'XI secolo agli inizi del XVI. Aggiunto tra il 1394 e il 1401, il tetto è il più antico esempio di tetto a travi sporgenti ed è considerato la più grandiosa opera di carpenteria medievale ancora esistente in Inghilterra.

Jewel Tower Un tempo parte del palazzo di Westminster, la torre dei gioielli (cartina 4; ☎ 7222 2219), di fronte ai palazzi del parlamento e di fianco all'Abbazia di Westminster, fu costruita nel 1365 per custodire il tesoro di Edoardo III. Oggi ospita mostre che illustrano la storia del parlamento e spiegano come funziona. La Jewel Tower è aperta tutti i giorni dalle 10 alle 18 da aprile a settembre, tutti i giorni dalle 10 alle 17 a ottobre e tutti i giorni dalle 10 alle 16 da novembre a marzo. L'ingresso costa £1,50/80p.

Westminster Cathedral Terminata nel 1903, la cattedrale di Westminster (cartina 8; ☎ 7798 9064), Victoria St SW1 (Ⓜ Victoria) è la principale chiesa cattolica della Gran Bretagna e l'unico bell'esempio di architettura neobizantina di Londra. La caratteristica torre a strisce di mattoni rossi e pietra bianca spicca nel profilo della parte occidentale di Londra.

L'interno in parte è decorato da splendidi marmi e in parte è fatto in semplice cotto: essendo stati esauriti i fondi, la cattedrale non fu mai completata. Vanta sculture in pietra raffiguranti le 14 stazioni della Via Crucis (1918), opera molto stimata di Eric Gill. La cattedrale è aperta tutti i giorni dalle 7 alle 19. Pagando £2 potrete salire con un ascensore sulla torre, dalla quale si gode una bella vista di Londra.

Tate Britain Alla Tate Britain (cartina 1; ☎ 7887 8008), Millbank SW1 (Ⓜ Pimlico), costruita nel 1897, si stanno effettuando lavori di rinnovamento e di espansione in concomitanza con quelli della galleria sorella, la Tate Modern, che si trova a Bankside (v. **A sud del Tamigi**). Tuttavia, questo museo sembra essere stato colpito da una sorta di 'maledizione del millennio' e l'apertura di grandissime e nuove gallerie (e di un nuovo ingresso in Attenbury St) è stata rimandata alla fine del 2001 (come minimo) a causa di un'inondazione.

A parte le calamità che vi si sono avventate contro, la Tate Britain funge da archivio storico dell'arte britannica a partire dall'inizio del Cinquecento fino ad arrivare ai giorni nostri. Qui troverete opere di William Blake, Hogarth, Gainsborough, Whistler, Spencer e molti altri artisti. Accanto all'edificio principale sorge la **Clore Gallery**, un bizzarro tentativo architettonico dove potrete trovare la maggior parte dei quadri di J.M.W. Turner.

La Tate Britain è aperta tutti i giorni dalle 10 alle 17.50. Solo le grandi mostre temporanee sono a pagamento. Sono disponibili visite guidate del museo nei giorni feriali alle 11.30, alle 14.30 e alle 15.30 e il sabato alle 15. Il sito Internet della galleria è www.tate.org.uk.

St James's e Mayfair (cartina 4)

St James è un insieme di club esclusivi, negozi storici e palazzi eleganti; in totale, nei suoi 36 ettari ci sono ben 150 edifici di importanza storica rilevante. La zona di St James è scampata in larga misura alla ristrutturazione urbanistica che ha avuto luogo in molte parti di Londra.

Mayfair confina con Oxford St a nord, Piccadilly a sud, Park Lane e Hyde Park e ovest e Regent St a est. Si tratta di una delle zone più eleganti di Londra che si sviluppa intorno a **Grosvenor Square**, dominata dalla spaventosa ambasciata degli Stati Uniti, sul lato occidentale; nel centro della piazza c'è il **monumento commemorativo a Franklin D. Roosevelt.**

Institute for Contemporary Arts

L'Institute for Contemporary Arts (ICA; ☎ 7930 3647), The Mall SW1 (Ⓜ Charing Cross) ha la reputazione di essere all'avanguardia per tutti i generi d'arte. Durante tutto l'anno, questo è il posto giusto in cui venire per godersi film, balletti, fotografia, arte, teatro, musica, conferenze, video e leggere libri. Il centro è aperto tutti i giorni da mezzogiorno alle 19.30. Una tessera giornaliera costa £1,50 (£2,50 durante il fine settimana).

St James's Park e St James's Palace

St James's Park, The Mall SW1 (Ⓜ St James's Park o Charing Cross) è il parco più regale e più curato di Londra e offre una bellissima vista di Westminster, Bukingham Palace, St James's Palace, Carlton Terrace e della Horse Guards Parade. In estate, le aiuole di fiori sono sontuose e coloratissime, ma ciò che rende questo parco così speciale è il grande lago che lo attraversa e la varietà di uccelli acquatici che qui hanno il loro habitat, tra cui un gruppo di pellicani.

La splendida casa in stile Tudor di **St James's Palace**, tutto ciò che rimane dell'edificio iniziato nel 1530 da Enrico VIII (che nutriva una grande passione per i palazzi), è più facilmente raggiungibile da St James's St, a nord del parco. È la residenza del principe Carlo e dei figli, i principi William e Harry, e non è mai aperto al pubblico. Gli ambasciatori stranieri nel Regno Unito sono tuttora

accreditati alla Court of St. James's (corte di San Giacomo). Qui accanto c'è **Clarence House** (1828), residenza della regina madre.

Buckingham Palace Buckingham Palace (☎ 7830 4832; Ⓜ St James's Park o Victoria) si trova all'estremità di The Mall, dove St James's Park e Green Park si incontrano in un vasto rondò. Al centro è situato il **Queen Victoria Memorial**, accanto al luogo dove sorgeva il Marble Arch fino al 1851, anno in cui fu spostato nella sua attuale ubicazione.

Buckingham Palace fu costruito nel 1803 per il duca di Buckingham ed è residenza londinese della famiglia reale sin dal 1837, quando St James's Palace fu ritenuto sorpassato e non abbastanza imponente. Per brevi periodi dell'anno sono aperte ai visitatori 18 stanze (delle 661 complessive), ma non aspettatevi di vedere la camera da letto della regina, la quale divide con il Duca d'Edimburgo una suite di 12 stanze nell'ala nord affacciata su Green Park. La visita riguarda solo gli appartamenti di stato: molte persone la trovano troppo cara e deludente.

La visita comprende **Queen Victoria's Picture Gallery** (quadreria della regina Vittoria), lunga 76,5 m con opere di Rembrandt, Van Dyck, Canaletto, Poussin e Vermeer e la **Throne Room** (sala del trono) con i troni rosa di re e regine siglati 'ER' e 'P' e sistemati in bell'ordine sotto a quella che sembra una scenografia teatrale.

Il palazzo è aperto tutti i giorni dalle 9.30 alle 16.30, dall'inizio di agosto all'inizio di ottobre, e l'ingresso costa £10,50/5.

Cambio della guardia Non dovete assolutamente perdervelo, anche se alla fine probabilmente vi chiederete perché se ne parli tanto. La guardia (Foot Guards of the Household Regiment) che ha finito il proprio turno smonta e viene sostituita da quella che subentra sul piazzale antistante di Buckingham Palace, offrendo ai turisti l'occasione di ammirare le sgargianti uniformi rosse, i colbacchi in pelle d'orso (di cui si stanno cercando alternative sintetiche), le grida e le marce. La cerimonia ha luogo ogni giorno alle 11.30 da aprile a giugno e soltanto nei giorni dispari (per esempio il 3, il 5, il 7 di luglio e così via) durante il resto dell'anno. Gli orari, tuttavia, possono cambiare; pertanto, per informazioni aggiornate si consiglia di telefonare allo ☎ 0839 123411.

Queen's Gallery La Queen's Gallery, con la sua vasta collezione d'arte reale, è chiusa per lavori di rinnovo fino alla fine del 2002. Per informazioni più aggiornate potete telefonare al numero del palazzo reale.

Royal Mews A sud del palazzo, le scuderie note come Royal Mews, Buckingham Palace Rd SW1 (Ⓜ Victoria), nacquero come falconerie ma ospitano oggi i veicoli utilizzati dai reali per le cerimonie ufficiali, compresa la splendida carrozza da parata dorata del 1762. Le Royal Mews sono aperte dal lunedì al giovedì da mezzogiorno alle 16.30, ad agosto e settembre, e fino alle 16 durante il resto dell'anno. L'ingresso costa £4,30/2,10.

Green Park Green Park si congiunge a St James's Park e si stende a nord-ovest, al di là di The Mall; è un parco meno elaborato, con alberi e spazi aperti, sole e ombra. Nei pressi di Buckingham Palace potrete ammirare il Memorial to Canadian War Dead (monumento commemorativo ai caduti canadesi in guerra).

Il West End: Piccadilly, Soho e Chinatown (cartine 4 e 5)

Non troverete mai due londinesi che siano d'accordo sugli esatti confini del West End, comunque possiamo considerarli Piccadilly Circus e Trafalgar Square a sud, Oxford St e Tottenham Court Rd a nord, Regent St a ovest e Covent Garden e lo Strand a est. Eccitante miscuglio di consumismo e cultura, il West End è la zona dove convivono importanti musei e gallerie con volgari trappole turistiche.

Piccadilly Circus A Piccadilly Circus (cartina 5; Ⓜ Piccadilly Circus) sorge la statua dell'*Angel of Christian Charity*, noto comunemente come **Eros** e dedicato a Lord Ashley, il vittoriano conte di Shaftesbury, che si fece paladino di riforme sociali e industriali.

Piccadilly Circus era un tempo il cuore di Londra, dove le ragazze vendevano fiori e le persone si davano appuntamento o si incontravano per caso. Oggi è un luogo di scarso interesse, pieno di smog, sul quale si affacciano il Rock Circus e il negozio di dischi Tower Records.

Rock Circus Il Rock Circus (☎ 7734 7203), London Pavilion, Piccadilly Circus W1, completamente rinnovato sullo stile del Madame Tussaud's, è una delle maggiori attrattive della capitale. Dopo aver visto una serie di modelli animati che cantano in sincrono con la loro musica, mentre muovono gli arti a scatti, sarete riportati indietro alle stramaledette origini del rock così velocemente da avere a malapena il tempo di capire quello che sta succedendo. Il Rock Circus è aperto tutti i giorni dalle 10 alle 22 (dalle 11 il martedì). Il biglietto d'ingresso costa £8,25/6,25.

London Trocadero Il Trocadero (☎ 09068 881100), 1 Piccadilly Circus W1, è un enorme complesso di divertimenti al coperto su sei piani, con parecchie attrazioni high-tech, annesso al parco a tema al coperto di **Segaworld**. È un ottimo posto dove portare i più giovani, poco entusiasti delle mete culturali di Londra, ma non aspettatevi di trascorrere una serata o una giornata tranquilla (o a buon mercato).

A Segaworld non si paga l'ingresso, ma dovete spendere £3 per ciascuna delle otto giostre. Informatevi sulla possibilità di acquistare un biglietto per più giostre. **Funland** ha più di 400 videogiochi in grado di tenere impegnati anche i ragazzi iperattivi. Il centro è aperto tutti i giorni dalle 10 a mezzanotte (fino all'una il venerdì e il sabato).

Piccadilly Piccadilly (cartina 5), la strada che da Piccadilly Circus si dirige a sud-ovest, ospita **St James's Piccadilly**, una chiesa creata da Sir Christopher Wren dopo il grande incendio del 1666.

La **Royal Academy of Arts** (☎ 7300 8000), Burlington House, Piccadilly W1 (Ⓜ Green Park) è stata sempre considerata come la parente povera della Hayward Gallery. Tuttavia, negli ultimi anni le sue mostre hanno battuto ogni record. Ogni estate, l'accademia organizza la tradizionale Summer Exhibition, una mostra all'aperto con ingresso gratuito. È aperta tutti i giorni dalle 10 alle 18 (spesso al venerdì è aperta fino alle 20.30). Il costo del biglietto dipende dalla mostra del momento, ma prevedete di spendere circa £6.

Regent St Regent St (cartina 5) è fiancheggiata da eleganti facciate di negozi che risalgono però solo al 1925. Qui troverete Hamley's, il più importante negozio di giochi e giocattoli di Londra e l'elegante grande magazzino Liberty. Andate a est lungo Great Marlborough St e raggiungerete l'estremità settentrionale di **Carnaby St**, che corre parallela a Regent St. È stata la strada della moda negli anni Sessanta al tempo della 'swinging London' e oggi vive rifilando ai turisti cianfrusaglie ornate con l'Union Jack.

BBC Experience A nord di Oxford Circus si trova la **Broadcasting House** (cartina 4; Ⓜ Oxford Circus), da dove la BBC iniziò a trasmettere nel 1932. L'interrato ospita oggi BBC Experience (☎ 0870 603 0304) dove potrete vedere sequenze di popolari programmi della BBC e visitare la Marconi Collection che raccoglie i primi apparecchi senza fili. La BBC Experience è aperta tutti i giorni dalle 10 (dalle 11 il lunedì) alle 17.30 e l'ingresso costa £6,95/4,95. Vi è anche un negozio con un certo numero di video, cassette e libri riguardanti i programmi della BBC.

Oxford St Oxford St (cartine 4 e 5) un tempo era una delle più belle vie commerciali di Londra, ma oggi è una grande delusione per la maggior parte dei visitatori, soprattutto se si esce dalla metropolitana a Oxford Circus e si va in direzione est, verso Tottenham Court Rd. Le cose vanno molto meglio se vi dirigete a ovest, verso Marble Arch; in questo tratto di strada troverete famosi grandi magazzini, tra cui Selfridges.

Soho A est di Regent St e a sud di Oxford St, con Shaftesbury Ave e Charing Cross Rd a sud e a est, trovate Soho (cartina 5), uno degli angoli più vivaci di Londra e il luogo dove venire a divertirsi la sera. Dieci anni fa Soho era un quartiere molto squallido, pieno di locali con spogliarelli e di peepshow; i locali dello strip ci sono ancora, ma oggi stanno accanto ad alcuni dei club, bar e ristoranti più alla moda di Londra. Tuttavia, fate sempre molta attenzione perché questo quartiere può ancora essere pericoloso.

Leicester Square Nonostante gli sforzi per abbellirla e la presenza di quattro enormi cinema, vari nightclub, pub e ristoranti, Leicester (pronuncia 'lèster') Square (cartina 5), oggi isola pedonale, continua a dare l'impressione di essere solo un punto di passaggio tra Covent Garden e Piccadilly Circus.

Chinatown Subito a nord di Leicester Square si trovano Lisle St e Gerrard St, il cuore della Chinatown londinese (cartina 5), dove le insegne sono scritte in cinese e in inglese. Questo è il luogo dove venire per un pasto cinese anche alle ore piccole (v. **Chinatown** in Pasti).

Covent Garden Negli anni Trenta del Seicento, Inigo Jones trasformò quello che era un orto adiacente all'Abbazia di Westminster nell'elegante piazza di Covent Garden (cartina 5; Ⓜ Covent Garden). In epoca vittoriana qui nacque un mercato di frutta e verdura (immortalato nel 1964 nel film *My Fair Lady*, adattamento cinematografico della commedia di

George Bernard Shaw *Pigmalione*).
Quando, negli anni Ottanta del secolo
scorso, il mercato fu spostato, questo centro si trasformò in uno dei luoghi d'incontro più vivaci di Londra, con i negozi sistemati nei vecchi portici.

Covent Garden è terribilmente affollata
d'estate, ma è ancora uno dei pochi posti
di Londra dove i pedoni la fanno da pa-
droni, e dove potete sempre trovare un angolo di relativa pace per godervi gli spettacoli degli artisti di strada autorizzati.

Oltre la piazza si trovano vie animate
piene di negozi d'abbigliamento, bar, ristoranti e negozi di articoli di design. A
nord, Floral St è il luogo dove vedere le
proposte dei designer più audaci.

London Transport Museum Nascosto
nell'angolo di Covent Garden tra la Jubilee Hall e il ristorante Tutton's, il London
Transport Museum (museo dei trasporti
londinesi ☎ 7836 8557) racconta le fasi
del cambiamento di Londra dalle strade
intasate dalle carrozze a cavalli fino al-
l'arrivo della Docklands Light Railway
(DLR) e dell'ultramoderno prolungamento della Jubilee Line. Si tratta di una storia più interessante di quanto possiate immaginare. Il museo è aperto tutti i giorni
dalle 10 alle 18 (dalle 11 il venerdì) e l'ingresso costa £5,50/2,95. Si segnala un ottimo negozio con oggetti e libri.

Theatre Museum Questo museo dedicato alla storia del teatro, sezione distaccata del Victoria & Albert Museum
(☎ 7836 7891), Russel St WC2, espone
costumi e manufatti teatrali. Il museo è
aperto dal martedì al sabato dalle 10 alle
18 e l'ingresso costa £4,50 (ingresso gratuito per i bambini).

Lo Strand Alla fine del XII secolo, la
nobiltà si fece costruire case di pietra con
giardini lungo la 'spiaggia' del Tamigi.
Lo Strand (cartine 4 e 5), che collegava
Westminster, sede del potere politico, alla
City, centro degli affari e del commercio
londinesi, divenne uno dei più prestigiosi
luoghi in cui vivere; nell'Ottocento Disrae-

Alcuni artisti di strada che potrete vedere
a Covent Garden

li la dichiarò la più bella strada d'Europa.
Oggi è una via di grande traffico, lunga
1,2 km, piena di negozi di vario genere,
begli alberghi, teatri e uffici, nell'ingresso
dei quali i senzatetto stendono i loro sac-
chi a pelo per la notte.

Somerset House Questo splendido capolavoro palladiano (cartina 4; Ⓜ Temple), progettato da William Chambers nel
1775, ospita due musei favolosi di arti decorative: la Courtauld Gallery e la nuova
Gilbert Collection, dedicata alle arti decorative. Nel 2000, il cortile centrale è stato
riaperto dopo lunghi lavori di ristrutturazione che hanno visto la demolizione di
un parcheggio: uno dei luoghi più eleganti
di Londra è stato riportato al suo antico
splendore. Durante l'estate, all'esterno ci
sono fontane in funzione e tavoli a cui potersi sedere; talvolta, questo spazio ospita
spettacoli teatrali all'aperto. Si spera che,
durante l'inverno, qui venga installata una
pista di pattinaggio su ghiaccio. Sul retro
dell'edificio c'è una grande terrazza che
si affaccia sul Tamigi dove troverete un
caffè e dei tavoli per un picnic.

Le nuove **Hermitage Rooms** sono state inaugurate alla fine del 2000 e ospitano mostre temporanee di tesori provenienti dall'Hermitage Museum di San Pietroburgo. Per ricevere informazioni sull'orario di apertura e sui biglietti d'ingresso, telefonate al numero 7845 4630.

Courtauld Gallery Ospitata nell'ala settentrionale (o Strand Block), la Courtauld Gallery (☎ 7848 2526) espone alcune delle meravigliose raccolte di quadri del Courtauld Institute in ambienti grandiosi, la cui rimessa a nuovo è costata 25 milioni di sterline (circa 80 miliardi di lire). Tra gli autori delle opere esposte troviamo Rubens, Bellini, Velázquez e Botticelli. Tuttavia, per molti visitatori risulteranno indimenticabili le opere di impressionisti e postimpressionisti quali Van Gogh, Cézanne, Toulouse-Lautrec, Manet, Pissarro, Sisley, Renoir, Degas e Monet.

La galleria è aperta tutti i giorni dalle 10 alle 18 (da mezzogiorno la domenica) e l'ingresso costa £4, ma è gratuito per i bambini. Il lunedì tra le 10 e le 14 l'ingresso è gratuito per tutti. Il biglietto cumulativo che consente di entrare alla Courtauld Gallery e alla Gilbert Collection costa £7.

Gilbert Collection La Gilbert Collection (☎ 7240 5782), uno dei musei più recenti di Londra, ospita una collezione di oggetti quali argenti europei, tabacchiere d'oro e mosaici italiani, lasciati in eredità alla nazione dall'uomo d'affari americano Arthur Gilbert, nato a Londra. La collezione, il cui valore supera i 100 milioni di sterline (circa 330 miliardi di lire), è ospitata nei sotterranei della South Terrace. L'orario di apertura e il prezzo del biglietto sono gli stessi della Courtauld Gallery.

Bloomsbury (cartine 2 e 4)

Situato a est di Tottenham Court Rd, a nord di High Holborn, a sud di Euston Rd e a ovest di Gray's Inn Rd, Bloomsbury è un insieme eterogeneo, che comprende la University of London, il British Museum e bellissimi edifici georgiani. **Russell Square** (cartina 4), il cuore di Bloomsbu-

ry, è la più grande piazza di Londra e fu progettata nel 1800. Di notte è molto frequentata dai gay.

Tra le due guerre mondiali, queste belle strade furono colonizzate da un gruppo di artisti e intellettuali divenuti in seguito noti con il nome collettivo di Bloomsbury Group. I romanzieri Virginia Woolf e E.M. Forster e l'economista John Maynard Keynes ne sono probabilmente i più famosi esponenti. Il centro della Bloomsbury letteraria fu **Gordon Square** (cartina 2) dove, in periodi diversi, vissero diversi scrittori. Cercate le targhe blu che indicano questi edifici. Fino a tempi recenti, la graziosa **Bedford Square** (cartina 4), la sola piazza completamente in stile georgiano ancora esistente a Bloomsbury, fu sede di molte case editrici londinesi.

British Museum Il British Museum (cartina 4; ☎ 7636 1555), Great Russel St WC1 (Ⓜ Tottenham Court Rd o Russell Square), è il più grande museo della Gran Bretagna e uno dei più antichi del mondo. È anche l'attrazione turistica più visitata di Londra con più di sei milioni di visitatori all'anno (v. oltre la lettura **Da non perdere al British Museum**).

Alla fine del 2000 il cortile interno del museo, nascosto al pubblico per quasi un secolo e mezzo, è stato riaperto con il nome di **Great Court**, coperto da uno spettacolare tetto in vetro disegnato da Sir Norman Foster. Questa enorme area nuova, che è stata costruita con quasi 100 milioni di sterline ricavate dalla lotteria nazionale, costituisce una sorta di ingresso al labirinto del British Museum. Situato al di sotto di un tetto di vetro verde (sostenuto da una cornice in acciaio dalle linee seducenti), questo spazio da solo costituisce un ottimo motivo per visitare il museo. L'antica sala lettura di forma circolare, che risale ai tempi in cui la biblioteca British Library era ospitata all'interno del museo, troneggia al centro. Al suo interno, le sale lettura risplendono al di sotto dell'enorme cupola, che è più grande di quella di St Paul. È questo il luogo in cui George Bernard Shaw e il Mahatma Gandhi studiarono e dove Karl Marx e Friedrich Engels scrissero il *Manifesto del partito comunista*. Il livello più basso dell'estremità settentrionale del cortile ospita le Gallerie africane Sainsbury e verrà collegato alle nuove gallerie dedicate alle collezioni etnografiche americana, asiatica, mediorientale, europea e del Pacifico. Nel momento in cui leggete questa guida, le gallerie dovrebbero già essere state aperte al pubblico.

Se vi trovate nel Great Court, non mancate di ammirare il nuovo portico meridionale, dalla struttura più leggera rispetto a quella delle strutture in pietra che lo circondano perché, per un errore, fu costruito utilizzando calce francese invece che di Portland.

La collezione è vasta, varia e stupefacente, tanto da apparire scoraggiante. Per godervi la maggior parte del museo, non programmate di vedere troppe cose in un giorno solo; il fatto che l'ingresso sia ancora gratuito significa che potete tornare più volte e vedere a vostro piacimento quello che il museo espone.

Qui di seguito vengono elencati soltanto alcuni dei capolavori esposti presso il museo. Tuttavia, un'alternativa interessante potrebbe anche essere quella di allontanarsi dalle folle, scegliere una mostra a caso e leggere le didascalie e le spiegazioni (di solito utilissime).

Nella sala n. 25 troverete le sculture egizie e la **stele di Rosetta**, scritta nelle due differenti forme dell'egiziano antico (geroglifica e demotica) e in greco. La stele di Rosetta fu la chiave che consentì agli studiosi di decifrare i geroglifici egiziani, cosa fino ad allora impossibile. Le famose mummie sono state trasportate alla **Mummies Gallery** del secondo piano.

Le sale dal n. 1 al n. 15 ospitano alcuni ritrovamenti risalenti agli imperi greco, romano e ellenistico. Tra i pezzi più famosi ci sono i **marmi di Lord Elgin**, sottratti al Partenone sull'Acropoli di Atene da Lord Elgin tra il 1801 e il 1806. Si ritiene che i marmi raffigurino la grande processione al tempio, ma nel corso dei secoli sono stati danneggiati e rovinati

(anche dallo stesso British Museum; v. la lettura **Ridateci i nostri marmi!**).

Al piano superiore, nelle sale n. 51 e 52, troverete lo stupefacente **tesoro di Oxus**, una raccolta di pezzi d'oro persiani del periodo tra il VII e il IV secolo a.C. Le sale n. 49 e 50 ospitano manufatti della Gran Bretagna romana, dell'Età del bronzo e dell'Europa celtica (dal 900 al 100 a.C. circa). In queste sale potrete ammirare l'incredibile **tesoro di Mildenhall**, un servizio da tavola di 28 pezzi d'argento del IV secolo.

In queste sale ammirerete inoltre l'**uomo di Lindow**, vissuto nell'Età del ferro, che sembra essere stato colpito alla testa con una stretta ascia (ci sono delle spaccature nel cranio) e poi giustiziato alla garrotta.

Il British Museum ha due ingressi: l'imponente ingresso principale con portico, disegnato da Smirke, vicino a Great Russell St, e l'ingresso posteriore in Montague Place, che di solito è meno affollato. Il Great Court ha un buon caffè.

Orari e biglietti Il British Museum è aperto dal lunedì al sabato dalle 10 alle 17 e la domenica da mezzogiorno alle 18. L'ingresso è gratuito. L'amministrazione ha in progetto di utilizzare il Great Court per tenervi alcune manifestazioni e seminari.

Visite guidate Il museo offre ai visitatori una visita guidata di un'ora e mezzo degli oggetti di maggiore interesse alle 10.30 e alle 13 dal lunedì al sabato e un numero maggiore di visite alla domenica (£7/4).

Vi sono poi delle visite guidate più specifiche che solitamente si tengono una volta al giorno di pomeriggio. Durano un'ora e costano £5/3. Una visita con un audioguida costa invece £2,50. La sala lettura è ora aperta a chi cerca maggiori informazioni sulla collezione esposta presso il museo. Qui troverete tantissime informazioni su supporto tradizionale o elettronico.

Dickens' House La casa di Charles Dickens (cartina 2; ☎ 7405 2127), 49 Dou-

Da non perdere al British Museum

- I bronzi del Benin
- I marmi di Lord Elgin
- Le mummie egizie
- La stele di Rosetta
- Il tesoro di Sutton Hoo
- Gli scacchi di Lewis
- Il tesoro di Mildenhall
- Lo scudo di Battersea
  e l'elmo di Waterloo
- L'uomo di Lindow
- Il tesoro di Oxus
- Il vaso di Portland

ghty St WC1 (**M** Russell Square), è la sola rimasta delle molte abitazioni occupate dal grande romanziere vittoriano prima di trasferirsi nel Kent. Durante il soggiorno in questa casa, dal 1837 al 1839, egli scrisse *Il circolo Pickwick, Nicholas Nickleby* e *Oliver Twist*.

L'appartamento è composto da 11 stanze discretamente interessanti, tra cui una cucina vittoriana completa e numerosi ricordi d'epoca. Date un'occhiata, nella tromba delle scale, all'insegna della bottega di un orefice con un braccio e un martello che un tempo ornava Manette St a Soho e che è menzionata in *Le due città*.

La casa di Dickens è aperta dal lunedì al sabato dalle 10 alle 17 e l'ingresso costa £4/2.

Holborn e Clerkenwell (cartine 2 e 4)

Holborn, la zona a nord dello Strand e di Fleet St, incuneata tra la City a est, Covent Garden a ovest e High Holborn a nord, comprende parecchi Inns of Court, dove gli avvocati londinesi praticano la loro professione, e il bellissimo Sir John Soane's Museum. È il più piccolo degli antichi distretti metropolitani di Londra e prende il nome da un affluente del fiume Fleet.

Subito a nord-ovest della City, Clerkenwell è diventata un angolo della capitale molto alla moda, con il solito insieme di ristoranti costosi e di immobili carissimi. La zona intorno a Clerkenwell Green è molto attraente.

Sir John Soane's Museum Il Sir John Soane's Museum (cartina 5; ☎ 7405 2107), 13 Lincoln's Inn Fields WC2 (**M** Holborn) è in parte una bellissima casa, sia pure un po' stravagante, e in parte un piccolo museo rappresentativo del gusto personale di un collezionista. Alcuni visitatori lo considerano il loro angolo preferito di Londra.

Sir John Soane (1753-1837) fu un eminente architetto inglese con una grande passione per il collezionismo. Tra i suoi eclettici acquisti si ricordano un sarcofago egizio e l'originale di *Rake's Progress* (La carriera di un libertino), la serie di scene caricaturali di William Hogarth del XVIII secolo che ritrae la vita nei bassifondi della Londra settecentesca. Il museo è aperto dal martedì al sabato dalle 10 alle 17 e anche dalle 6 alle 21 il primo martedì di ogni mese. L'ingresso è gratuito.

La City (cartine 4 e 6)

La City di Londra comprende la piccola area sulla riva settentrionale del Tamigi dove i Romani, 2000 anni fa, costruirono il primo insediamento fortificato. I confini dell'odierna City non sono cambiati di molto: lo stemma della Corporation of London compare sulle targhe con i nomi delle vie, e la piccola strada del grifone blasonato con il motto *Domine dirige nos* segna i limiti della City. Questo è il cuore commerciale della capitale, dove troverete non solo la Bank of England ma anche le sedi centrali di molte banche inglesi e straniere, di compagnie di assicurazioni e di altri uffici finanziari. In realtà vivono nella City meno di 10.000 persone, ma ogni giorno ne arrivano 300.000 per lavorare.

Una tranquilla passeggiata durante il fine settimana, quando banche e uffici sono chiusi, offre l'opportunità unica di apprezzare la ricchezza architettonica di molti edifici famosi e dei vicoli pieni

Ridateci i nostri marmi!

Per quanto stupefacente possa essere, il British Musem talvolta appare come un grande magazzino dove sono nascoste merci di dubbia provenienza. Molti degli oggetti che ammirerete in questo museo non sono semplicemente stati 'prelevati' lungo la strada da viaggiatori ed esploratori vittoriani, bensì rubati o comprati in circostanze ambigue.

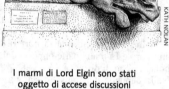

Negli anni Novanta, i governi dei paesi coinvolti hanno osato chiedere la restituzione dei beni. Il governo più insistente è stato quello greco, che ha chiesto che i cosiddetti 'marmi di Lord Elgin' venissero riportati nel loro domicilio originario, presso il Pantenone di Atene. Tuttavia, una lunga serie di governi britannici non ha dato seguito a queste richieste.

Il British Museum sostiene che i marmi si trovano in mani più sicure se rimangono presso la sua sede; questa affermazione arrogante ha acquistato un che di tragicomico quando, nel 1999, si è scoperto che all'inizio del secolo i marmi sono stati 'ripuliti' utilizzando ceselli e spazzole in ferro, che hanno distrutto le finiture originali.

I marmi di Lord Elgin sono stati oggetto di accese discussioni

---

d'atmosfera che oggi separano avveniristiche torri d'uffici.

Fleet St Fin da quando, nel 1500, Wynkyn de Worde spostò la macchina da stampa di Caxton da Westminster in un bottega presso St Bride Church, Fleet St (cartina 4; **Ⓜ** Blackfriars) è stata invasa dall'inchiostro. Nel Novecento si è meritata la fama di 'London's St of Shame' (strada degli scandali), dove le rotative impregnate di pettegolezzi e di bugie sfornavano i loro volgari prodotti editoriali: i quotidiani tabloid inglesi. Tuttavia, verso la metà degli anni Ottanta spuntarono Rupert Murdoch e le nuove tecnologie e iniziò la trasformazione urbanistica dei Docklands, dove si spostarono le sedi di tutti i quotidiani.

Temple Church La Temple Church (cartina 4; ☎ 7353 1736), Inner Temple, King's Bench Walk EC4 (**Ⓜ** Temple oppure, di domenica, Blackfriars), è a pochi passi da Fleet St, sotto l'arco situato subito dopo il n. 17. Dopo l'arco vi troverete

nell'Inner Temple ('tempio interno'), una delle associazioni forensi di Londra (Inns of Court). La Temple Church (chiesa del Tempio) fu progettata e costruita tra il 1161 e il 1185 dall'ordine segreto dei cavalieri Templari, che presero a modello la chiesa del Santo Sepolcro di Gerusalemme.

La Temple Church è aperta dal mercoledì al sabato dalle 10 alle 16. A parte l'Abbazia di Westminster e la cattedrale di St Paul, questa è forse la chiesa più interessante e architettonicamente più importante di Londra. Da non perdere. La zona circostante comprende parte degli Inns of Court e le molte viuzze rendono una passeggiata in questa zona un'esperienza interessante.

St Bartholomew-the-Great Una delle chiese più antiche di Londra, St Bartholomew-the-Great (cartina 4; ☎ 7606 5171), West Smithfield EC1 (**Ⓜ** Barbican), è situata a un tiro di schioppo da Barbican e merita più di una visita frettolosa. Gli autentici archi normanni e altri particolari conferiscono a questo luogo sacro una quiete antica; arrivando dal vicino Smith-field Market, passare sotto le volte restaurate del Duecento, è come tornare indietro nel tempo.

La chiesa è aperta dal lunedì al venerdì dalle 8.30 alle 17, il sabato dalle 10.30 alle 13.30 e la domenica dalle 8 alle 20.

Central Criminal Court (Old Bailey)

Tutti i più grandi gangster e serial killer inglesi alla fine si sono ritrovati alla Central Criminal Court (cartina 4), meglio conosciuta come Old Bailey dal nome della strada in cui è situata. Guardate la grande cupola di rame e vedrete l'immagine della giustizia che tiene in mano la spada e la bilancia; curiosamente *non* è bendata, cosa che ha suscitato molti sarcastici commenti da parte degli imputati.

La galleria pubblica della corte di giustizia (☎ 7248 3277), in Newgate St, è aperta nei giorni feriali dalle 10.30 alle 13 e dalle 14 alle 16.

St Paul's Cathedral La cattedrale di St Paul (cartina 6; ☎ 7236 4128; Ⓜ St Paul's) fu costruita, in un clima di aspre polemiche, da Sir Christopher Wren tra il 1675 e il 1710. Sorge sul sito di quattro precedenti cattedrali, la prima delle quali risaliva al 604.

La cupola domina ancora la City ed è superata per dimensioni solo da quella di San Pietro a Roma. Immagini della cattedrale miracolosamente scampata ai devastanti bombardamenti della Seconda guerra mondiale sono esposte in una vetrinetta nella navata laterale, a sud del coro; le immagini sono diventate un'icona dei bombardamenti aerei.

Prima di entrare, concedetevi un po' di tempo per camminare lungo il lato settentrionale della cattedrale (quello di sinistra rispetto a chi guarda l'ampia scalinata). Il giardinetto che si trova accanto al transetto nord, nel cimitero di St Paul, ospita il **monumento alla popolazione di Londra**. Il monumento è dedicato non tanto a chi ha fatto la guerra, o agitato la spada o agli eroi che riposano nella cripta, ma (semplice ed elegante) ricorda i 32.000 civili morti a Londra durante la Seconda guerra mondiale.

Dall'ingresso principale, procedete lungo la navata nord e passate accanto alla **Chapel of St Dunstan**, dedicata all'arcivescovo di Canterbury (X secolo), e al grandioso **monumento al Duca di Wellington** (1875). Raggiungerete infine la zona centrale, sotto la cupola. Circa 30 m sopra la zona pavimentata si trova la prima delle tre cupole (in realtà una cupola, dentro un cono, dentro una cupola) sostenuta da otto massicce colonne. Il passaggio posto alla base della cupola è detto **Whispering Gallery** (galleria dei sussurri), perché se parlate vicino alla parete questa porterà le vostre parole fino alla parte opposta della cupola, a 32 m di distanza.

Nella cappella del transetto settentrionale si trova il famoso dipinto di Holman Hunt *The Light of the World* (La luce del mondo), che rappresenta Cristo che bussa a un'enorme porta, la quale simbolicamente può essere aperta solo dall'interno. Più oltre si incontra il **coro** (o 'chancel'), in cui il soffitto e gli archi splendono di un mosaico di colori, dal verde al blu, dal rosso all'oro, e l'altare maggiore. Girate intorno all'altare, sormontato da un imponente baldacchino di legno di quercia dorato, e proseguite fino all'**American Chapel**, monumento alla memoria dei 28.000 Americani di stanza in Inghilterra caduti durante la Seconda guerra mondiale.

Sul lato orientale del transetto sud, una scala conduce alla cripta, al tesoro e alla Order of the British Empire Chapel (OBE, cappella dell'Ordine dell'Impero Britannico), dove si tengono le cerimonie (nozze, funerali, ecc.) riservato a questo ordine. La **cripta** racchiude 300 militari pressoché divinizzati, tra cui Wellington, Kitchener e Nelson, che riposa in un sarcofago nero sotto la cupola.

Il monumento funebre più toccante è quello dello stesso Sir Christopher. È situato a sud della **OBE Chapel** e consiste in una semplice lastra con il suo nome, l'anno della morte (1723) e la sua età ('XCI'). Il **Treasury** (tesoro) espone alcuni arredi della cattedrale. Troverete anche un caffè e un negozio nella cripta, aperta dal lunedì al sabato dalle 9 alle 17 e la domenica dalle 10.30 alle 17.

Risalendo lungo la navata principale, potrete raggiungere la Whispering Gallery, come pure la **Stone Gallery** e la **Golden Gallery**, per mezzo di una scala posta sul lato occidentale del transetto sud. Sono 259 gradini per arrivare alla prima galleria, altri 116 per la Stone Gallery e ancora 155 per la galleria più alta, per un totale di 530 gradini da fare in salita e in discesa. Anche se non ce la fate a salire fino alla Golden Gallery, vale la pena di arrivare almeno alla Stone Gallery, da cui si gode di una delle più belle viste di Londra.

La cattedrale è aperta dal lunedì al sabato dalle 8.30 alle 16; l'ingresso costa £5/2,50. Visite con audioguida della durata di 90 minuti sono disponibili a £2,50/2 e partono dal botteghino alle 11, 11.30, 13.30 e 14. A St Paul, quasi tutte le domeniche alle 17 si tengono concerti per organo, mentre i vespri si cantano alle 17 nella maggior parte dei giorni feriali e alle 15.15 la domenica.

Guildhall Guildhall (cartina 6; ☎ 7606 3030), a pochi passi da Gresham St EC2 (Ⓜ Bank), è situata esattamente al centro del 'miglio quadrato' della City e per circa 800 anni è stata la sede del governo della stessa. L'attuale edificio risale all'inizio del Quattrocento.

È possibile visitare la **Great Hall**, il grande salone dove vengono tuttora eletti il sindaco e gli sceriffi (funzionari a capo delle contee). Si tratta di un grande spazio vuoto, con monumenti sul genere di quelli che adornano le chiese e alle pareti gli stemmi e gli stendardi delle 12 principali corporazioni di livrea di Londra.

La **Guildhall Art Gallery**, a sud-est, nel Guildhall Yard (aperto nel 1999), riunisce per la prima volta dopo la Seconda guerra mondiale le raccolte d'arte delle corporazioni.

L'ingresso alla Guildhall Gallery costa £2.50/1 ed è gratuito per gli altri edifici. È aperta tutti i giorni dalle 10 alle 17 (dalle 10 alle 16 la domenica) ma da ottobre ad aprile rimane chiusa la domenica.

Barbican Nascosto in un angolo della City dove un tempo sorgeva un barbacane, la torre dell'orologio, Barbican (cartina 6; ☎ 7638 4141) è un'estesa area di sviluppo urbano costruita su un sito ampiamente bombardato durante la Seconda guerra mondiale.

L'ambizioso progetto originario prevedeva la creazione di un complesso modernissimo ed elegante per uffici, abitazioni e centri artistici. Inevitabilmente forse, il risultato fu una serie di repellenti gallerie del vento con penuria di negozi, un gran numero di altissimi palazzi di costosi appartamenti e un enorme centro culturale sperduto in mezzo a questa desolazione. Vi troverete la sede della Royal Shakespeare Company, London Symphony Orchestra e London Classical Orchestra. Vi sono inoltre piccole sale teatrali, il Museum of London e la meravigliosa **Barbican Art Gallery** (☎ 7588 9023), Level 3, che propone forse le migliori mostre fotografiche di Londra. L'orario di apertura varia a seconda della mostra, ma fate attenzione: persino i londinesi arrivano qui per tempo per essere sicuri di trovare la strada nel posto giusto in tempo utile.

Per informazioni su teatri e sale da concerto, v. **Divertimenti**.

Museum of London Nonostante la sua posizione poco attraente in mezzo al cemento dei passaggi pedonali di Barbican (cercate la porta n. 7), il Museum of London (cartina 6; ☎ 7600 3699, segreteria telefonica 7600 0807), London Wall EC2 (Ⓜ Barbican), è uno dei più belli della capitale e illustra l'evoluzione della città dall'era glaciale all'arrivo di Internet.

Le sezioni dedicate alla Britannia e alla Londinium romane sfruttano le vicine rovine di una fortificazione romana scoperte durante i lavori di ricostruzione di una strada. Il percorso espositivo procede speditamente attraverso i secoli usando materiali audiovisivi per illustrare avvenimenti importanti come il Grande Incendio del 1666.

Una parte della collezione, quella che riguarda il porto di Londra e il Tamigi, nel 2001 verrà spostata in un nuovo museo nei Docklands, che aprirà a quell'epoca.

Il museo è aperto dal lunedì al sabato dalle 10 alle 17.50 e la domenica da mezzogiorno alle 17.50. L'ingresso costa £5 (gratuito per i bambini) e il biglietto ha validità di un anno. Il bel negozio offre un'ampia scelta di materiali sulla città di Londra.

Tower of London La Torre di Londra (cartina 6; ☎ 7680 9004), Tower Hill EC3 (Ⓜ Tower Hill), uno dei tre monumenti della città dichiarati dall'UNESCO Patrimoni Mondiale dell'Umanità (gli altri due sono l'Abbazia di Westminster con gli edifici adiacenti e Greenwich), domina l'angolo sud-orientale della City of London fin dal 1078, quando Guglielmo il Conquistatore pose la prima pietra della White Tower (torre bianca) per sostituire il castello di mattoni e legno che egli stesso aveva precedentemente fatto costruire in quel sito.

Nell'alto Medioevo la Torre di Londra non serviva solo da residenza reale ma era anche sede del tesoro, della zecca, dell'arsenale e delle prigioni. Quando, nel 1529, Enrico VIII si trasferì nel palazzo di Whitehall, la funzione della Torre come carcere divenne sempre più importante e tra i più celebri prigionieri dell'epoca Tudor occorre ricordare Tommaso Moro, le regine Anna Bolena e Caterina Howard e Lady Jane Grey.

Oggi la Torre è visitata da oltre due milioni di persone all'anno, con folle incredibili anche nei freddi pomeriggi invernali. Tuttavia, non dovrete mettervi in coda a lungo.

Orientamento L'edificio più straordinario della Torre è senza dubbio la **White Tower** (torre bianca), che sorge al centro del complesso con le sue massicce forme romaniche e le quattro torrette. Fu imbiancata a calce durante il regno di Enrico III e prese il suo nome in questo periodo. Oggi espone una collezione delle Royal Armouries. Al secondo piano si apre la **Chapel of St John the Evangelist**, del 1080, che è dunque la più antica chiesa di Londra.

Di fronte alla White Tower, a nord, sorge **Waterloo Barracks** (caserma di Waterloo), che ora custodisce i gioielli della corona: globi, scettri e il pezzo più importante, l'Imperial State Crown (corona imperiale da parata), tempestata di diamanti (2868 per l'esattezza), zaffiri, smeraldi, rubini e perle.

Accanto alla caserma, troverete la **Chapel Royal of St Peter ad Vincula** (cappella reale di San Pietro in Vincoli), visitabile, però, solo se si fa parte di un gruppo oppure dopo le 16.30. Si tratta di un raro esempio di architettura Tudor.

Quello che pare un angolo tranquillo e pittoresco della torre è in realtà uno dei più tragici. Sul piccolo appezzamento verde di fronte alla chiesa sorgeva il **patibolo** durante il regno di Enrico VIII, e qui sette persone furono decapitate. Fu qui che persero la vita due mogli del re, Anna Bolena e Caterina Howard.

Accanto alla Wakefield Tower vi è la **Bloody Tower** (torre del sangue), forse l'edificio più noto di tutto il complesso. Al primo piano vedrete l'argano che controllava la saracinesca, cioè l'inferriata che poteva essere abbassata per controllare la porta d'accesso, con una grata di legno del Seicento che la separa dalla stanza dove Sir Walter Raleigh venne imprigionato e scrisse la sua *Storia del mondo* (ne è esposta una copia).

Chiamata un tempo Garden Tower, la Bloody Tower deve il suo sgradevole soprannome alla vicenda dei 'principi della torre' Edoardo V e suo fratello minore, che sarebbero stati assassinati proprio qui. La responsabilità viene di solito attribuita allo zio Riccardo III, ma c'è chi ritiene che il responsabile del delitto sia stato Enrico VII.

Non lasciate la Torre senza avere prima dato uno sguardo allo spazio verde compreso tra la Wakefield Tower a la White Tower, dove un tempo sorgeva la Great Hall. Qui troverete i famosi corvi che, vuole la leggenda, causerebbero il crollo della torre qualora la abbandonassero.

Orari e biglietti La Torre è aperta dal lunedì al sabato dalle 9 alle 18 e la domenica dalle 10 alle 18. Da novembre a marzo, tuttavia, chiude alle 17. Si può entrare fino a un'ora prima della chiusura e il biglietto costa £11/7,30.

Visite guidate Divertentissime visite di un'ora, guidate dagli Yeoman Warders o 'Beefeaters', i guardiani della Torre, partono dalle Middle Tower ogni 30 minuti tutti i giorni dalle 9 (dalle 10 la domenica) alle 15.30.

Tower Bridge Il Tower Bridge (ponte della torre; cartina 6; ☎ 7378 1928; Ⓜ Tower Hill) fu costruito nel 1894, quando Londra era ancora un porto fiorente e il ponte doveva consentire il passaggio delle navi. I passaggi pedonali del ponte vantano una bella vista sulla City e sui Docklands.

Per il **Tower Bridge Experience** si prende l'ascensore della torre nord dove viene raccontata la storia dell'edificio. È aperto tutti i giorni dalle 10 alle 18.30, da aprile a ottobre e tutti i giorni dalle 9.30 alle 18 da novembre a marzo. L'ingresso costa £6,25/4,25.

A sud del Tamigi

Fino ad appena dieci anni fa, la zona sud del centro di Londra era la parte dimenticata della città: malandata e in abbandono, aveva poco da offrire al visitatore straniero una volta visitate le sale teatrali e le gallerie d'arte della South Bank. Tuttavia, di recente il panorama è cambiato e alcune aree di Londra immediatamente a sud del fiume sono non meno vivaci di qualsiasi altra zona situata a nord.

Bermondsey (cartine 1 e 6) Benché alcune parte di Bermondsey abbiano tuttora un aspetto depresso, ve ne sono non poche rimesse a nuovo e, anzi, persino nobilitate.

Design Museum Il luminoso e bianco Design Museum (cartina 6; ☎ 7403 6933), 28 Shad Thames SE1 (Ⓜ Bermon-

dsey o Tower Hill), illustra come l'oggetto di design si sia evoluto nel tempo e come sia in grado di fare la differenza tra successo e fallimento nel caso di prodotti destinati al consumo di massa. Le gallerie al secondo piano si occupano del design passato e futuro degli oggetti di uso quotidiano, dagli apparecchi televisivi alle lavatrici, alle stoviglie da tavola.

Il museo è aperto tutti i giorni dalle 11.30 alle 18 e l'ingresso costa £5,50/4. Vi sono un caffè e un negozio di articoli da regalo, mentre l'adiacente Blue Print Café offre una vista vertiginosa sul fiume e pratica prezzi altrettanto vertiginosi (v. **Bermondsey** in **Pasti**).

Southwark (cartine 4 e 6) Nato come insediamento romano, Southwark divenne nel Medioevo un importante punto di transito per i viaggiatori diretti a Londra. Per secoli il London Bridge fu l'unico ponte sul Tamigi.

Benché Southwark sia ancora piuttosto degradato, è in continuo miglioramento, e alcuni sostengono che sia il nuovo Left Bank di Londra. Vi sono numerosi luoghi d'interesse in questa zona, nell'area lungo il Tamigi, Bankside, famosa soprattutto per la galleria d'arte Tate Modern.

HMS Belfast HMS *Belfast* (cartina 6; ☎ 7407 6328), Morgan's Lane, Tooley St SE1 (Ⓜ London Bridge) è un grande incrociatore leggero con 16 cannoni da 6 pollici, varato nel 1938, che venne utilizzato durante la Seconda guerra mondiale ed è ora tutelato dall'Imperial War Museum. Potete visitarlo tutti i giorni dalle 10 alle 18 da marzo a ottobre e fino alle 17 durante il resto dell'anno. L'ingresso costa £5 ed è gratuito per i bambini.

London Dungeon Situate sotto le arcate della stazione di London Bridge, le prigioni di Londra (cartina 6; ☎ 7403 7221), 28-34 Tooley St SE1 (Ⓜ London Bridge), sono molto famose ma non molto interessanti. La riproposizione della ghigliottina francese (in azione) è davvero cupa ma non raggiunge il livello del settore dedicato al serial killer vittoriano Jack lo Squartatore. I ragazzini, ovviamente, ne vanno pazzi.

Il London Dungeon è aperto tutti i giorni da ottobre a marzo dalle 10 alle 17.30, dalle 10 alle 18.30 in aprile, maggio, giugno e settembre e dalle 10 alle 21 in luglio e agosto. L'ingresso costa £9,95/6,50. Fate attenzione ai bagarini che vendono biglietti falsi.

Southwark Cathedral Su questo sito, nel 1086, sorgeva già una chiesa che fu ricostruita nel 1106 e successivamente, per la terza volta, nel Duecento. Negli anni Trenta dell'Ottocento l'edificio era ridotto in pessime condizioni e gran parte di ciò che è visitabile oggi risale all'epoca vittoriana (la navata centrale fu ricostruita nel 1897); originali sono invece la torre centrale (1520) e il coro (XIII secolo). Nel 1905, la vecchia chiesa divenne la cattedrale di Southwark (cartina 6; ☎ 7407 3708), Montague Close SE1 (Ⓜ London Bridge), con un proprio vescovo. La chiesa è tornata a splendere nel 2000 dopo lunghi lavori di restauro, completa di un centro per i visitatori.

All'interno della cattedrale troverete monumenti e un gran numero di informazioni; vale la pena prendere una delle piccole guide. Sul pavimento del coro vi sono delle targhe che segnano il luogo della **tomba di Edmond Shakespeare**, attore e fratello del poeta, che morì nel 1607. Procedendo lungo la navata laterale, fermatevi ad ammirare il **monumento a William Shakespeare** (in alabastro verde), le cui opere furono scritte per i teatri di Bankside.

La cattedrale è aperta tutti i giorni dalle 8 alle 18 e l'ingresso è gratuito, anche se viene richiesta una donazione di £2,50. I vespri si cantano il martedì e il venerdì alle 17.30, alle 16 il sabato e alle 15 la domenica.

Vinopolis – la città del vino Vinopolis (cartina 6; ☎ 0870 444 4777), 1 Bank End, Park St SE1 (Ⓜ London Bridge) è disposta in un ettaro di sotterranei di ferrovie vittoriane in Bankside e ha sfruttato l'amore dei londinesi per il nettare rosso, bianco e rosé. Le esposizioni, realizzate con tecnologie all'avanguardia, guidano i visitatori nella storia dell'enologia; durante la visita è prevista la degustazione di cinque vini. Vinopolis è aperta tutti i giorni dalle 10 alle 17.30 (fino alle 20 durante il fine settimana); è possibile entrare fino a due ore prima della chiusura. L'ingresso costa £11,50/5. Ovviamente, ai bambini non viene dato il vino.

Globe Theatre ed esposizione permanente Il Globe Theatre (cartina 4; ☎ 7401 9919), 21 New Globe Walk SE1 (Ⓜ London Bridge), è l'antico Globe ristrutturato, nei cui sotterranei è aperta una mostra dedicata alla Londra elisabettiana e alla battaglia combattuta per la ricostruzione del teatro da parte dall'attore americano (e regista cinematografico) Sam Wanamaker.

Il Globe originale (noto come 'Wooden O', cioè 'O di legno', per la sua forma circolare con l'arena centrale priva di copertura) fu costruito nel 1599 e bruciò nel 1613, ma fu subito ricostruito. Nel 1642 venne chiuso definitivamente dai puritani, che consideravano i teatri terribili covi di iniquità. Il nuovo Globe ha aperto i battenti nel 1997 e dovrebbe rimpiazzare l'originale, con il canniccio di copertura del tetto e la mancanza di posti a sedere per i 500 spettatori, che assistono agli spettacoli in piedi.

Il Globe è aperto ai visitatori tutti i giorni dalle 10 alle 17. Il biglietto, che comprende anche una visita guidata del teatro (nei giorni durante i quali è previsto uno spettacolo pomeridiano le visite sono soltanto al mattino), costa £7,50/5. Qui si tengono spettacoli da metà maggio alla fine di settembre.

Tate Modern L'ex centrale elettrica di Bankside, progettata da Giles Gilbert Scott dopo la Seconda guerra mondiale e smantellata nel 1986, ospita ora la Tate Modern (cartine 4 e 6; ☎ 7887 8000),

Queen's Walk SE1 (Ⓜ Blackfriars o London Bridge), il nuovo polo di attrazione turistica di Londra. La galleria accoglie opere d'arte del Novecento, in tutte le forme possibili: da quadri ai video, ai pezzi di roccia ammucchiati sul pavimento.

La galleria si estende su cinque piani, e tutti si aprono su quella che fu in passato la **Turbine Hall**. I macchinari ormai non ci sono più, anche se un ronzio aiuta a riportarli alla mente, e al loro posto sono stati posizionati enormi opere d'arte, tra cui un ragno gigante di Louise Bourgeois.

La scelta di dividere i lavori esposti per tema (piuttosto che ordinarli cronologicamente) è stata piuttosto criticata; Brian Sewell, il critico d'arte del quotidiano *Evening Standard* ha definito la scelta 'stupida e capricciosa'. All'ultimo piano è ospitata la sezione dal titolo 'Nudo/Azione/Corpo', che richiama molti visitatori curiosi.

La Tate Modern è aperta dalla domenica al giovedì dalle 10 alle 18 e il venerdì e il sabato fino alle 22. L'ingresso è gratuito, anche se per alcune mostre occorre pagare. Le audioguide (£1) sono utili per le descrizioni di alcuni lavori.

Millennium Bridge Di tutti i progetti realizzati per l'ingresso nel terzo millennio, questo ponte pedonale sul Tamigi (cartina 6) è forse il più importante per i londinesi: è insieme utile e bello, e restituisce Londra alle sue origini fluviali, oltre a collegare le due sponde del Tamigi. Disegnato dal sempre presente Sir Norman Foster in modo da apparire come una 'lama di luce', il ponte collega la Tate Modern e Bankside alla City e a St Paul.

Detto ciò, l'apertura del ponte nel giugno del 2000 si è trasformata in uno spettacolare fallimento quando vere e proprie folle di persone hanno deciso di provarlo (c'era da aspettarselo, d'altro canto). Mentre il ponte si riempiva di persone, cominciava a muoversi in modo così visibile che le persone si vedevano costrette ad aggrapparsi ai corrimano e l'una all'altra per evitare di cadersi addosso. Il ponte

è stato immediatamente chiuso, pur essendo stato dichiarato sicuro, anche se traballante. Al momento della stesura di questa guida il ponte era ancora chiuso e le discussioni su eventuali responsabilità ancora in corso.

La South Bank (cartina 4) A nord della stazione di Waterloo, sull'altra sponda del Tamigi rispetto alla stazione della metropolitana di Embankment, si estende la South Bank, un labirinto di luoghi dedicati alle varie arti che si susseguono lungo passaggi pedonali di cemento tra l'Hungerford Railway Bridge e poco oltre il Waterloo Bridge. Non c'è quasi nessuno disposto a spendere una buona parola per questi brutti edifici dei quali è prevista la completa ristrutturazione: aspettatevi grandi lavori nei prossimi tempi.

La **Royal Festival Hall** ospita musica classica e corale, operistica e jazz. Oltre a diversi caffè e ristoranti costosi e buoni negozi di musica, dispone anche di un foyer dove quasi tutte le sere hanno luogo recital gratuiti. La più piccola **Queen Elizabeth Hall**, a nord-est, e la **Purcell Room** propongono concerti dello stesso tipo. Profondi interventi di rinnovamento della Royal Festival Hall sono cominciati nel 1999.

Quasi invisibile, sotto le arcate del Waterloo Bridge, c'è il **National Film Theatre**, costruito nel 1958, che programma circa 2000 film all'anno. Il frequentato **Museum of the Moving Image** rimarrà chiuso per lavori fino al 2003.

La **Hayward Gallery** (☎ 7928 3144), Belvedere Rd SE1 (Ⓜ Waterloo), costruita nel 1968, ospita di solito mostre di arte moderna di successo (gli orari e i prezzi variano a seconda della mostra), mentre il **Royal National Theatre**, un complesso (che suscita amore o odio) in cui sono riuniti tre teatri (Olivier, Lyttleton e Cottesloe), è la bandiera teatrale dell'Inghilterra.

Hungerford Bridge Questo ponte ferroviario (Ⓜ Embankment o Charing Cross), un tempo molto banale, collega la stazione di Charing Cross con la parte meridionale di Londra; recentemente sono stati previsti lavori per ristrutturarlo. Lo stretto ma vitale passaggio pedonale, sul lato settentrionale, doveva essere rimpiazzato da due passaggi pedonali sospesi, uno su ciascun lato del ponte. Tuttavia, subito dopo l'inizio dei lavori, cominciarono a verificarsi complicazioni e, al momento della stesura di questa guida, il completamento dei lavori era stato posposto fino a data da definirsi. Per qualche strano motivo a Londra risulta difficile realizzare quello che i Romani non ebbero nessun problema a fare quasi duemila anni fa: costruire ponti sul Tamigi.

British Airways London Eye La nuova attrazione turistica di Londra, situata sulle sponde del Tamigi, è costituita dal British Airways London Eye (Ⓜ Waterloo), l'occhio di Londra. Con i suoi 135 m di altezza, questa è la più grande ruota panoramica del mondo. Trovarsi in una delle sue 32 navicelle di vetro è un'esperienza elettrizzante, in quanto l'occhio può spaziare, nei giorni sereni, fino a una distanza di 40 km su tutta la capitale. La Millennium Wheel (ruota del millennio), com'è anche chiamata, impiega 30 minuti per effettuare una rotazione completa.

La ruota è in funzione tutti i giorni dalle 9 alle 22 da aprile a ottobre e dalle 10 alle 18 durante il resto dell'anno, ma è così frequentata che l'orario di apertura tende ad allungarsi. I biglietti costano £8,50/5; è consigliabile prenotare con un certo anticipo, magari comprando i biglietti (☎ 0870 500 0600) per una determinata data e ritirarli subito prima di salire sulla ruota. In alternativa, potete acquistare i biglietti di persona presso la biglietteria, ma non aspettatevi, in estate oppure durante il fine settimana, di trovarne uno, dal momento che spesso in questi periodi i biglietti sono esauriti. Per fare il giro sulla ruota nello stesso giorno in cui acquistate il biglietto dovrete presentarvi alla biglietteria prima dell'apertura oppure riuscire a procurarvi uno dei pochi biglietti che vengono venduti per il giorno stesso. L'ultima possibilità è quella di comprare un biglietto da un bagarino, ma fate attenzione ai biglietti falsi e cercate di non spendere troppo.

London Aquarium Il London Aquarium (☎ 7967 8000), County Hall, Westminster Bridge Rd SE1 (Ⓜ Westminster o Waterloo), pur essendo uno dei più grandi acquari del mondo è stranamente deludente, non solo perché la sua disposizione su tre livelli nell'interrato lo rende decisamente buio, ma anche perché i colori dei pesci sono in prevalenza un po' spenti. Il nuovo settore della barriera corallina, però, non è male. Il London aquarium è aperto tutti i giorni dalle 10 alle 18. L'ingresso costa £8/5.

Lambeth (cartine 1 e 4) Lambeth è il quartiere che si trova subito a sud di Westminster Bridge.

Imperial War Museum L'Imperial War Museum (cartina 1; ☎ 7416 5000), Lambeth Rd SE1 (Ⓜ Lambeth North), è ospitato in un edificio straordinario del 1815.

Benché vi sia esposto molto materiale militare e il fulcro delle esposizioni sia costituito da una mostra cronologica sulle due guerre mondiali, oggi il museo sottolinea in particolare i costi sociali della guerra, con la **Holocaust Exhibition** (mostra sull'Olocausto), una bellissima mostra inaugurata nel 2000. Alcuni manufatti e i ricordi dei sopravvissuti raccontano la storia dei nazisti e il genocidio degli ebrei. Qui non viene risparmiato nulla, e la mostra non è consigliata ai minori di 14 anni. Cercate di procurarvi uno dei biglietti gratuiti (a tempo determinato) dopo essere entrati nel museo.

Tra le altre mostre, di poco meno scioccanti di quella sull'Olocausto, ci sono la Blitz Experience e la Trench Experience, sulla Prima guerra mondiale, quest'ultima incentrata sulla terribile vita di un soldato di fanteria in trincea sulla Somme. Presso questo museo ci sono sempre diverse mostre temporanee. Il museo è aperto tutti i giorni dalle 10 alle 18. L'ingresso costa £5,50 ed è gratuito per i bambini e per tutti dopo le 16.30.

Chelsea, South Kensington e Earl's Court (cartina 7)

Gran parte della zona occidentale di Londra è formata da quartieri d'alta classe, e non c'è dubbio che gli abitanti di Kensington e Chelsea godano in media di un reddito lordo più elevato rispetto a quelli che vivono in tutti gli altri quartieri della capitale: più di £485 (circa un milione e mezzo di lire) alla settimana. Andando un po' più a ovest, tuttavia, giungerete a Earl's Court e a Barons Court, zone un po' meno ricche che sembrano trovarsi lì per caso.

Grazie all'Esposizione Universale del 1851, una grande esposizione tecnologica, South Kensington è la prima e la più importante zona di musei della città, potendo vantare il Museo di storia naturale e quello della scienza, oltre al Victoria & Albert Museum, tutti lungo la stessa via.

Victoria & Albert Museum Il Victoria & Albert Museum (☎ 7942 2000), Cromwell Rd SW7 (Ⓜ South Kensington), conosciuto universalmente come il 'V&A', è un vasto, caotico e meraviglioso museo dedicato alle arti decorative e al design, che fa parte del lascito del principe Alberto ai londinesi dopo il successo dell'Esposizione Universale del 1851.

Qui potrete vedere un miscuglio di vari oggetti, dalla ceramica cinese ai disegni di architettura moderna, dai bronzi coreani alle spade giapponesi, da alcuni esempi del movimento Arts and Crafts di William Morris, risalente al XIX secolo, ai cartoni di Raffaello, dagli acquerelli asiatici alle sculture di Rodin, dalle sottovesti del periodo elisabettiano agli abiti delle ultime sfilate di moda parigina, dai gioielli antichi a un telefono senza fili degli anni Trenta, a uno studio di Frank Lloyd Wright realizzato interamente in legno, fino a un paio di scarpe Doctor Martens. Questo museo può essere considerato come la soffitta del paese.

Come per il British Museum, anche la visita al Victoria & Albert Museum necessita di un'accurata programmazione, se volete ricavare il massimo da quest'esperienza. Appena superato il cancelletto rotante, studiate la pianta e decidete che cosa vi interessa di più, poi attenetevi al programma, per evitare di scoprire che il tempo è passato e voi state ancora studiando i calchi in gesso delle statue classiche. Per saperne di più sugli oggetti di particolare interesse, v. **Da non perdere al V&A Museum.**

È in corso un progetto per l'apertura delle nuove British Galleries (del valore di 31 milioni di sterline, circa 1 miliardo di lire) nel 2002. Queste celebreranno il design britannico e contribuiranno all'espansione dello spazio espositivo. Inoltre, è in corso un progetto controverso per la costruzione di un eccentrico nuovo ingresso con una scala a forma di spirale.

Il museo è aperto tutti i giorni dalle 10 alle 17.45 e il mercoledì anche dalle 18.30 alle 21.30. L'ingresso costa £5/3 e sono disponibili visite guidate introduttive ad alcune delle gallerie del museo che dura-

Da non perdere al V&A Museum

- Cartoni di Raffaello
- Sala da musica della Norfolk House
- Sale da rinfresco Morris, Gamble e Poynter
- Tippoo's tiger
- Coppa da vino di Sarah Jahan
- Trono del Maharaja Ranjit Singh
- Scrigno di Becket
- Galleria del ferro battuto
- Arazzo *Board and Bear Hunt*
- Scrittoio di Enrico VIII
- Burghley Nef
- Candeliere di Gloucester
- Pagoda
- Tappeto di Ardabil

no da un'ora a un'ora e mezzo (tra le 10.30 alle 16.30).

Natural History Museum Il Natural History Museum (☎ 7938 9123), Cromwell Rd SW7 (Ⓜ South Kensington), ha due collezioni, divise tra le adiacenti Life Gallery, la sezione di biologia, e Earth Gallery, la sezione delle scienze della terra. Mentre un tempo era piena di polverose vetrine con farfalle e insetti infilzati da spilli, ora vi troverete delle meravigliose mostre interattive su temi quali la biologia umana e l'entomologia, oltre all'esposizione che richiama il maggior numero di visitatori, quella sui mammiferi e i dinosauri comprendente esemplari che si muovono, come per esempio il Tyrannosaurus Rex, alto 4 m.

Più sbalorditive ancora sono le Earth Galleries. Entrando da Exhibition Rd vi troverete di fronte a un ascensore che sale ed entra in una sfera cava. Al piano superiore troverete due importanti sezioni: la Earthquake (terremoto) e la Restless Surface (mutamenti della crosta terrestre); quest'ultima spiega come il vento, l'acqua, il ghiaccio, la gravità e la stessa vita influenzino la superficie del pianeta.

Il museo è aperto tutti i giorni dalle 10 alle 17.50 e la domenica dalle 11. L'ingresso costa £6,50 ed è gratuito per i bambini e per tutti dopo le 16.30 nei giorni feriali e dopo le 17 durante il fine settimana.

Science Museum Lo Science Museum (☎ 7942 4455), Exhibition Rd SW7 (Ⓜ South Kensington), ha subito una completa trasformazione dai giorni in cui era frequentato quasi esclusivamente da studiosi e da scolaresche svogliate. Al pianterreno la storia della Rivoluzione Industriale è illustrata con diversi macchinari del tempo, e c'è una sezione dedicata alle esplorazioni spaziali. Qui troverete affascinanti mostre interattive su cinque piani che analizzano gli aeroplani, l'impatto della scienza sul cibo, i computer, la storia della medicina e molto altro.

La nuova Wellcome Wing, del valore di 50 milioni di sterline (circa un miliardo e mezzo di lire) si concentra sulla scienza contemporanea, la medicina e la tecnologia e comprende un cinema IMAX con 450 posti a sedere. Qui vengono presentate le ultime scoperte scientifiche e c'è uno studio, tuttora in corso, sul DNA, dal titolo 'What am I?' (Cosa sono?).

Il museo è aperto tutti i giorni dalle 10 alle 18 e l'ingresso costa £6,95 ma è gratuito per chi ha meno di 17 anni e per tutti dopo le 16.30.

Knightsbridge, Kensington e Holland Park (cartina 3)

Knightsbridge è il quartiere dove troverete i più celebri grandi magazzini, da Harrods a Harvey Nichols. A ovest e a nord-ovest si estende Kensington, altro ambitissimo quartiere londinese dove non spenderete molto meno di un milione di sterline per una casa di dimensioni medio-grandi. L'arteria principale, Kensington High St, è un paradiso dello shopping. Holland Park è un altro quartiere molto elegante e caro di Londra.

Albert Memorial Situato all'estremità meridionale di Hyde Park, di fronte a Kensington Gore, l'Albert Memorial (Ⓜ South Kensington o Gloucester Rd) è un monumento forse eccessivo al principe Alberto (1819-1861), marito tedesco della regina Vittoria, nuovamente visibile dal 1998, dopo otto anni di restauri costati 11 milioni di sterline.

Kensington Palace In alcuni periodi residenza della principessa Margaret e della defunta Diana, principessa del Galles, Kensington Palace (☎ 7937 9561), Kensington Gardens W8 (Ⓜ High St Kensington), risale al 1605, epoca in cui vi andò ad abitare il secondo Conte di Nottingham. Le visite guidate al palazzo, della durata di un'ora, vi faranno fare un giro dei piccoli State Apartments (appartamenti di stato) con pannelli di legno, che risalgono ai tempi di Guglielmo d'Orange, e anche degli appartamenti, più lussuosi e spaziosi, del periodo georgiano.

Il **Sunken Garden** (giardino sommerso), presso il palazzo, è al suo meglio durante l'estate. Nei pressi si trova anche l'**Orangery**, progettata da Hawksmoor e da Sir John Vanbrugh con incisioni di Grinling Gibbons. Prendere un tè qui è molto caro.

Gli State Apartments sono aperti tutti i giorni dalle 10 alle 17 e l'ingresso costa £9,50/7,10. Il parco e i giardini, invece, sono aperti dalle 5 del mattino fino a mezz'ora prima del tramonto.

Leighton House Presso Holland Park e Kensington, ma spesso trascurata dai turisti, sorge Leighton House (cartina 7; ☎ 7602 3316), 12 Holland Park Rd W14 (Ⓜ Kensington Olympia o High St Kensington), un'autentica gemma architettonica progettata nel 1866 da George Aitchison. Qui abitò Lord Leighton (1830-1896), pittore che fece parte del movimento 'olimpico' e decorò alcune parti dell'edificio in stile arabo. La stanza più bella è la squisita sala araba, aggiunta nel 1879 e fittamente rivestita di piastrelle blu e verdi provenienti dal Medio Oriente. La casa ospita dipinti del periodo preraffaelita, ad opera di Burne-Jones, Millais e dello stesso Lord Leighton.

La casa (ingresso libero, si accettano donazioni) è aperta dal lunedì al sabato dalle 11 alle 17.30.

Hyde Park e Notting Hill (cartina 3)

La grande notorietà del Notting Hill Carnival, che si tiene alla fine di agosto, riflette il fascino multiculturale di questa zona della West London, invasa negli anni Cinquanta dagli immigrati provenienti da Trinidad. Oggi è un angolo di Londra fiorente e vivace, separato dal West End e da Mayfair dalla vasta distesa di Hyde Park. La zona riecheggia inoltre dei passi dei turisti che vi si recano attratti dal film omonimo.

Hyde Park Con i suoi 145 ettari di terreno, Hyde Park è il più grande spazio aperto del centro di Londra. Espropriato alla Chiesa da Enrico VIII nel 1536, divenne zona di caccia per re e aristocratici e poi terreno per duelli, esecuzioni capitali e corse di cavalli. Nel 1851 vi si tenne l'Esposizione Universale e durante la Seconda guerra mondiale fu trasformato in un enorme campo di patate. Recentemente vi si sono tenuti anche dei concerti. In primavera, il parco è un tripudio di colori, mentre in estate è affollato da gente bianchiccia o rosata che ozia in costume da bagno. Chi ha qualche energia da sprecare va in barca sulla Serpentine.

Oltre alle sculture di Henry Moore e Jacob Epstein e alla statua di Peter Pan di George Frampton, Hyde Park vanta una propria galleria d'arte. La **Serpentine Gallery** (☎ 7402 6075; Ⓜ Hyde Park Corner o Lancaster Gate), in splendida posizione, a sud del lago e a ovest della via principale che attraversa il parco, organizza mostre temporanee ed è specializzata in arte contemporanea. È aperta tutti i giorni dalle 10 alle 18 e l'ingresso è gratuito.

Nei pressi del Marble Arch troverete lo **Speakers' Corner** (Ⓜ Marble Arch), che prese a vivere nel 1872 come reazione a gravi tumulti. Tutte le domeniche, chiunque, su un podio di fortuna, può parlare in pubblico su qualsiasi argomento. L'esperienza può essere divertente.

Hyde Park è aperto tutti i giorni dalle 5.30 a mezzanotte.

Marble Arch All'angolo nord-orientale di Hyde Park troverete il Marble Arch (Ⓜ Marble Arch), un arco monumentale creato da John Nash nel 1827 davanti a Buckingham Palace e qui trasferito nel 1851. Al suo interno c'è un vano.

Marylebone e Regent's Park (cartine 2, 3 e 4)

Marylebone Rd corre a nord di Oxford St e possiede la più clamorosa trappola per turisti della capitale, Madame Tussaud's. È inoltre vicina a Regent's Park, un'oasi di pace che ospita lo zoo di Londra.

Wallace Collection La Wallace Collection (cartina 4; ☎ 7935 0687), Hertford House, Manchester Square W1 (Ⓜ Bond St) è, tra le piccole gallerie, una delle più belle, ed è poco conosciuta. Questa casa nobiliare in stile italiano ospita un vero e proprio tesoro di dipinti di alto livello risalenti al XVII e XVIII secolo; tra questi ci sono opere di Rubens, Tiziano, Poussin e Rembrandt. Anche la Wallace Collection ha usufruito dei fondi ricavati dalla lotteria nazionale, con i quali diverse parti della casa sono state riportate al loro antico splendore ed è stato inoltre creato un nuovo spazio dove è in mostra l'intera collezione permanente.

La Wallace Collection è aperta tutti i giorni dalle 10 alle 17 (la domenica dalle 14); l'ingresso è gratuito. Inoltre, tutti i giorni sono disponibili visite guidate gratuite: è consigliabile telefonare per ricevere informazioni sull'orario d'inizio.

Madame Tussaud's Con le sue statue di cera, Madame Tussaud's (cartina 3; ☎ 7935 6861), Marylebone Rd NW1 (Ⓜ Baker St) attira circa 2,7 milioni di visitatori ogni anno. Per evitare le lunghe file (soprattutto durante i mesi estivi), vi converrà arrivare al mattino presto oppure a pomeriggio inoltrato (l'alternativa migliore sarebbe quella di non andare).

La parte più grande del museo è formata dalla sezione **Garden Party**, dove potrete farvi fotografare insieme ai personaggi famosi del momento (le teste dei personaggi che per un motivo o un altro sono caduti in disgrazia vengono conservate, nel caso in cui ritornino sulla cresta dell'onda). Nella **Grand Hall** troverete invece le statue dei capi di stato più famosi del mondo (del passato e del presente) oltre alla famiglia reale.

Il museo è aperto dal lunedì al venerdì dalle 10 alle 17.30 e dalle 9.30 alle 17.30 durante il fine settimana. L'ingresso costa £11/7,50. Un biglietto comulativo per l'ingresso al Madame Tussaud's e al London Planetarium costa invece £ 13,95/9.

London Planetarium Proprio di fianco al Madame Tussaud's c'è il London Planetarium (cartina 3), che offre uno spettacolo di trenta minuti sulle stelle e i pianeti e che si avvale anche di effetti speciali. L'orario di apertura è lo stesso di quello del Madame Tussaud's e l'ingresso costa £ 6,30/4,20.

Regent's Park Come molti altri parchi di Londra, Regent's Park (cartine 1 e 2; Ⓜ Baker St o Regent's Park), situato a nord di Marylebone e a sud-ovest di Camden, veniva un tempo utilizzato come terreno di caccia reale; in seguito fu coltivato e fu poi trasformato in luogo di divertimento nel XVIII secolo.

Le rose dei **Queen Mary's Gardens** (cartina 2) sono davvero spettacolari e, nei mesi estivi, presso il parco si tengono rappresentazioni di opere shakespeariane. Per maggiori informazioni al riguardo, telefonate al ☎ 7486 2431.

London Zoo Lo Zoo di Londra (cartina 2; ☎ 7722 3333), Regent's Park NW1 (Ⓜ Camden Town), oltre a essere uno dei più antichi zoo del mondo, è, come la metropolitana londinese, vittima del peso degli anni: fu infatti fondato nel 1828. Il giardino zoologico è dotato di molti edifici di interesse storico che tuttavia non corrispondono più alle aspettative dei visitatori moderni, attenti ai diritti degli animali. Dopo un lungo periodo di crisi, lo zoo ha oggi avviato un programma decennale di 21 milioni di sterline per adeguarsi al terzo millennio. Il programma rivolge una notevole attenzione agli aspetti conservativi ed educativi, prevede di ospitare un minor numero di specie e, se possibile, di costituire gruppi in grado di accoppiarsi e di riprodursi.

Lo zoo è aperto tutti i giorni dalle 10 alle 17.30 da marzo a ottobre e fino alle 16 durante il resto dell'anno. L'ingresso costa £8,50/6.

LONDRA SETTENTRIONALE

L'estremità settentrionale del centro di Londra si estende lungo un ampio arco che va da St John's Wood a ovest fino a Islington a est. Questi due quartieri sono esemplificativi del grande divario economico che esiste nella capitale: St John's Wood è una zona ricca e raffinata, mentre Islington, specialmente nei dintorni di Angel (dove meno del 10% del territorio è destinato a spazi pubblici aperti) è l'esatto opposto. Regent's Park, situato nel mezzo, con la sua estensione settentrionale di Primrose Hill, offre la più ampia distesa di vegetazione. Il Grand Union Canal, conosciuto anche con il nome di Regent's Canal, serpeggia nella parte settentrionale del parco e costituisce una piacevole alternativa per evitare il traffico lungo la strada che conduce al mercato di Camden. Tra gli altri luoghi di particolare interesse della parte settentrionale di Londra ricordiamo Hampstead Heath, dove sarà facile dimenticare di trovarsi in una grande metropoli, ma occorrerà fare attenzione a non perdersi.

Euston e King's Cross (cartina 2)
Euston Rd collega la stazione ferroviaria di Euston a quelle di King's Cross e St Pancras. Non si tratta di una zona particolarmente affascinante da visitare, ma è probabile che vi capiterà di passarci se andate o venite dal nord dell'Inghilterra.

British Library Dopo 15 anni e 500 milioni di sterline ha aperto i battenti nel 1998 l'edificio più costoso del Regno Unito (dopo il Millennium Dome): la British Library (☎ 7412 7000), 96 Euston Rd NW1 (Ⓜ King's Cross St Pancras). Si tratta della biblioteca più importante del paese, dove troverete una copia di tutte le pubblicazioni inglesi, oltre a un serie di manoscritti di importanza storica, libri e cartine del British Museum.

Sebbene gran parte dell'edificio sia destinata all'archiviazione delle pubblicazioni e alla ricerca (l'accesso è limitato e la procedura molto rigida), ci sono alcuni libri in mostra. La **John Ritblat Gallery** presenta la Treasures of the British Library, una collezione di volumi e documenti che abbraccia quasi tre millenni e quattro continenti. Tra i documenti più importanti della galleria si ricordano la Magna Charta (1215), il Messale di Sherborne (1400-1407), una Bibbia di Gutenberg (1455), il primo volume *in-folio* di Shakespeare (1623), i manoscritti di alcuni tra i maggiori autori britannici (Lewis Carrol, Jane Austen, Geroge Eliot e Thomas Hardy) e *Summer Is Icumen In*, il primo esempio di poesia scritta in lingua inglese di cui si abbia notizia (XIII secolo).

La British Library è aperta ai visitatori dal lunedì al venerdì dalle 9.30 alle 18 (fino alle 20 il martedì), il sabato dalle 9.30 alle 17 e la domenica dalle 11 alle 17. L'ingresso è gratuito.

Camden (cartina 2)
Dalla stazione di Euston potete camminare lungo Eversholt St fino a Camden, mecca dei turisti, particolarmente vivace durante i fine settimana. In poco più di vent'anni, il **mercato di Camden** si è trasformato nell'attrazione turistica 'priva di biglietto d'ingresso' più visitata di Londra, con circa 10 milioni di visitatori all'anno. Quello che è cominciato come un miscuglio di attraenti bancarelle a Camden Lock, sul Grand Union Canal, oggi si estende per gran parte della strada che collega la stazione della metropolitana di Camden Town a quella di Chalk Farm.

Hampstead
Appollaiato su una collina circa 6 km a nord della City, Hampstead è un sobborgo esclusivo, adiacente a un'immensa brughiera, che a stento si può definire un villaggio.

Hampstead Heath Hampstead Heath (Ⓜ Hampstead; stazione di Gospel Oak o Hampstead Heath) si espande per 320 ettari di terreno, per la maggior parte coperto da boschi, colline e prati, e vanta circa cento specie diverse di uccelli. Alcune zone sono adibite ad attività sportive quali il calcio e il cricket. Percorrete Parliament Hill o la collina di North Wood in salita e nei giorni sereni riuscirete a vedere fino a Canary Wharf e oltre.

Kenwood House Questa splendida casa neoclassica (☎ 8348 1286), Hampstead Lane NW3 (Ⓜ Archway o Golders Green, e da qui l'autobus n. 210), sul lato settentrionale della brughiera, fu ristrutturata da Robert Adam tra il 1764 e il 1779. La casa contiene dipinti di Gainsborough, Reynolds, Turner, Lely, Hals, Vermeer e Van Dyck; questa è una delle più interessanti piccole collezioni di arte europea di Londra. Kenwood House (ingresso gratuito) è aperta tutti i giorni dalle 10 alle 18 da aprile a settembre, fino alle 17 a marzo e ottobre e fino alle 16 durante gli altri mesi dell'anno.

LONDRA ORIENTALE
Le aree più orientali del centro di Londra comprendono l'East End (la Londra dei film holliwoodiani e degli spettacoli natalizi) e l'espansione dei Docklands, dove gli edifici moderni e all'avanguardia stanno rimpiazzando quelli vecchi e decadenti.

East End (cartine 1 e 6)
I quartieri di Shoreditch, Hoxton, Spitalfields e Whitechapel sono raggiungibili a piedi dalla City, ma il cambiamento di tono e di stile è decisamente straordinario. Tradizionalmente, questa era la Londra operaia dove, in diverse ondate, sono venuti a insediarsi gli immigrati, dando origine a un caratteristico intreccio culturale irlandese, ugonotto, bengalese ed ebraico, che è ancora possibile percepire. Abbandonato e trascurato durante gli anni Ottanta, l'East End sta cominciando a riprendersi, specialmente nelle aree confinanti con la City e la stazione di Liverpool St e Spitalfields, nel nuovo quartiere 'di tendenza' di Hoxton e nella zona intorno a Old St.

Una visita all'East End è senz'altro consigliabile per chiunque sia interessato all'aspetto moderno e multiculturale di Londra.

Docklands
Il porto di Londra fu un tempo il più grande porto del mondo, cuore dell'impero britannico e della sua attività commerciale a livello mondiale. Nel Cinquecento c'erano 20 moli commerciali a est di Londra. Nel Settecento e nell'Ottocento non si riusciva a far fronte alla quantità di carichi in partenza e in arrivo, motivo per cui nell'Ottocento furono costruiti nuovi moli. Tuttavia, dopo la Seconda guerra mondiale i docks non furono in grado di far fronte ai cambiamenti tecnologici e politici del dopoguerra, mentre l'impero si dissolveva. A partire dalla metà degli anni Sessanta, i docks cominciarono a chiudere uno dopo l'altro, velocemente come erano sorti.

Il 1981 vide la fondazione della London Docklands Development Corporation (LDDC), con lo scopo di rinnovare la zona e incoraggiare la costruzione di nuovi uffici e abitazioni. I costruttori arrivarono e fu realizzata la Docklands Light Railway (DLR) per collegare la zona al resto di Londra.

Con la recessione degli anni Novanta, la bolla di sapone scoppiò. Gli uffici rimasero vuoti, un gran numero di persone perse il proprio lavoro, i loro appartamenti non si vendevano e i negozi alla moda misero in vista il cartello 'in vendita'. Su tutto troneggiava Canary Wharf, sull'Isle of Dogs, distrutta dalla recessione economica. I prezzi dei beni immobili calarono notevolmente.

Ora, tuttavia, le cose sono cambiate e gli edifici sono pieni di un numero sempre maggiore di affittuari. I trasporti sono sempre stati il tallone d'Achille dei Docklands; l'espansione della Docklands Light Railway e l'allungamento della Jubilee Line della metropolitana hanno notevolmente contribuito ad alleviare questo problema.

Che cosa vedere Se prendete la DLR in direzione Greenwich vi troverete ben presto nel cuore dei Docklands. **Canary Wharf** è dominata dalla **torre** alta 500 m, creata da Cesar Pelli nel 1991 e descritta come un 'prisma quadrato con una punta piramidale'. **Cabot Square**, situata al centro del complesso di Canary Wharf, vanta un centro commerciale e ospita manifestazioni artistiche e culturali. La stazione della Jubilee Line progettata da Sir Norman Foster è molto affascinante.

Il Museum of London ha in progetto di aprire un **Docklands Museum** nel 2001, che si concentrerà sulla storia del Tamigi, del suo porto e delle industrie. Telefonate al ☎ 7600 3699 per avere maggiori informazioni sui progressi di questo progetto. Inoltre, è prevista la costruzione di un nuovo Visitor centre in Sugar House, un magazzino del XIX secolo presso il **West India Quay**, a nord di Canary Wharf.

L'ultima stazione della DLR sull'Isle of Dogs è **Island Gardens**, da dove si gode un panorama stupendo del patrimonio architettonico di Greenwich. Se desiderate procedere verso Greenwich, a sud, prendete la DLR fino alla stazione di Cutty Sark o, in alternativa, utilizzate lo storico **ponte pedonale** lungo 390 m che corre sotto il Tamigi.

LONDRA MERIDIONALE
Per molti Greenwich è una delle zone più interessanti del sud di Londra e il colorato mercato di Brixton è un'altra meta molto frequentata.

Greenwich (cartina 9)
Ricco di edifici di rara bellezza architettonica, Greenwich ha un forte legame con il mare.

Sorge nella parte sud-orientale del centro di Londra, dove il Tamigi si allarga e diventa più profondo; qui si avverte una sensazione di respiro rara in una grande città. Greenwich ha l'aspetto di un villaggio caratteristico, vanta la splendida imbarcazione *Cutty Sark* e il bellissimo National Maritime Museum. Dal 1997, Greenwich è nella lista dei siti classificati dall'UNESCO come Patrimonio Mondiale dell'Umanità. La gita a Greenwich è una delle cose da non perdere durante una visita a Londra; dovreste concedervi almeno un giorno intero per rendergli giustizia.

Greenwich ospita uno straordinario complesso di edifici classicheggianti collegati tra loro; tutti i grandi architetti dell'Enlightenment lasciarono qui il proprio segno, grazie soprattutto al mecenatismo reale. Enrico VIII e le sue figlie Maria ed Elisabetta I nacquero qui. Carlo II amava molto questa zona e Christopher Wren costruì sia il Royal Observatory sia parte del Royal Naval College, completato poi da John Vanbrugh all'inizio del Seicento.

Informazioni Il TIC (Tourist Information Centre; ☎ 8858 6376, fax 8853 4607), 46 Greenwich Church St SE10, è aperto tutti i giorni dalle 10 alle 17.

È possibile acquistare un Greenwich Passport Ticket (£12/2,50), un biglietto che vi consente di accedere ai tre principali luoghi di interesse turistico: la *Cutty Sark*, il National Maritime Museum e il Royal Observatory. Il biglietto può essere acquistato presso uno qualsiasi di questi tre luoghi. A meno che non venga specificato altrimenti, la maggior parte delle località di interesse di Greenwich sono gratuite per i bambini.

Cutty Sark Il veliero clipper *Cutty Sark* (☎ 8858 3445) è situato nei Cutty Sark Gardens, in cima al King William Walk, proprio accanto al molo di Greenwich. Nel 1869, anno della sua inaugurazione, questa era la nave più veloce a solcare i sette mari.

Potete passeggiare sul ponte e sbirciare nelle cabine dai pannelli di tek, poi sottocoperta avrete modo di leggere la storia della nave ed esaminare i carteggi marittimi, i dipinti e la più vasta collezione di polene del mondo.

La *Cutty Sark* è aperta tutti i giorni dalle 10 alle 17 e l'ingresso costa £3,50/2,50.

Gipsy Moth IV Proprio di fianco al *Cutty Sark* si trova *Gipsy Moth IV* (☎ 8858 3445), un ketch lungo 16 m con il quale Francis Chichester compì per primo, da solo, la circumnavigazione del globo negli anni 1966-1967. Chichester aveva all'epoca 64 anni e tenne duro 226 giorni su questa imbarcazione dalla forma di vasca da bagno. Purtroppo, non è più possibile visitare l'imbarcazione.

Old Royal Naval College Proseguendo in direzione sud lungo King William Walk, arriverete all'ingresso dell'Old Royal Naval College (☎ 8858 2154), che troverete sulla sinistra. Questo capolavoro di Wren è stato in gran parte occupato dall'Università di Greenwich, ma i visitatori possono ammirare la favolosa Painted Hall e la cappella su lato meridionale. Il College è aperto tutti i giorni dalle 10 alle 17 (dalle 12.30 la domenica) e l'ingresso costa £5.

National Maritime Museum Ancora più a sud, sempre lungo King William Walk, troverete il National Maritime Museum (☎ 8312 6565), Romney Rd SE10, che ospita un'imponente raccolta di imbarcazioni, mappe, carte nautiche, uniformi e pezzi ideati per raccontare la lunga e travagliata storia della Gran Bretagna come potenza marittima.

A causa di una grande opera di ristrutturazione, il cortile centrale è stato coperto da un enorme tetto di vetro a un solo spiovente per fornire un accesso comodo alle nuove 16 gallerie a tema che occupano due dei tre piani del museo. Le gallerie ospitano giochi interattivi e video che si soffermano su vari argomenti: l'ecologia marina e il futuro del mare, il commercio del tè e la schiavitù, l'imperialismo e gli insediamenti coloniali. Non mancate di visitare la sezione dedicata a Nelson, dove sono in mostra, tra le altre cose, la sua giubba militare con un foro, quello del proiettile che lo colpì a morte, e il proiettile stesso.

Il museo è aperto tutti i giorni dalle 10 alle 17. L'ingresso costa £7,50.

Queen's House La Queen's House (☎ 8858 4422), in stile palladiano, è la prosecuzione sul lato orientale del National Maritime Museum. Inigo Jones iniziò la costruzione dell'edificio per Anna di Danimarca, moglie di Giacomo I, nel 1616, ma l'opera non fu completata che nel 1635. La casa è stata restaurata per renderla il più simile possibile a quello che era un tempo; è aperta tutti i giorni dalle 10 alle 17 e l'ingresso costa £7,50.

Royal Observatory Nel 1675 Carlo II fece costruire su una collina in mezzo a Greenwich Park il Royal Observatory (☎ 8858 4422) con il proposito di usare le conoscenze astronomiche per determinare la longitudine in mare. Le camere, ben conservate, sono intriganti e qui potrete vedere ciò di cui parla Dava Sobel nella sua opera *Longitude*, un vendutissimo libro sull'incredibile sfida per la misurazione della longitudine. Potete mettere un piede da una parte e l'altro dall'altra della linea del meridiano e stare a cavallo dei due emisferi. Il Royal Observatory è aperto tutti i giorni dalle 10 alle 17 e l'ingresso costa £6.

Per/da Greenwich Greenwich è ormai facilmente accessibile grazie alla DLR; la stazione di Cutty Sark è la più vicina all'ufficio di informazioni turistiche e alla maggior parte dei luoghi di interesse.

Ogni 15 minuti c'è un treno veloce ed economico con partenza da Charing Cross e arrivo a Greenwich. La stazione di Maze Hill è più comoda di quella di Greenwich per raggiungere la maggior parte dei luoghi di interesse.

Se il tempo è buono, il modo più piacevole per spostarsi per/da Greenwich è il battello. La Westminster Passenger Services Association (☎ 7930 4097) offre un servizio di trasporto tra Westminster Pier (cartina 4) e Greenwich. Ci sono partenze ogni mezz'ora-ora, tutti i giorni. Il biglietto di sola andata costa £6,30/3,30 e la traversata dura 50 minuti. Il biglietto di andata e ritorno costa invece £7,60/3,80.

La Catamaran Cruises (☎ 7987 1185) offre un servizio di collegamento tra Embankment Pier (cartina 5) e Greenwich che ferma anche a Tower Pier (cartina 6). Le partenze sono ogni mezz'ora tutti i giorni, e la traversata dura un'ora. Il biglietto di andata e ritorno costa £8/5.

Dintorni di Greenwich

Millennium Dome Il Millennium Dome (☎ 0870 606 2000; Ⓜ North Greenwich), che ha aperto i battenti il primo giorno del 2000, è stato discusso sui quotidiani britannici e visitato da un gran numero di persone. Il progetto, controverso fin dal suo inizio, è costato più di un miliardo di sterline; si tratta di una somma enorme, se si pensa che gran parte delle persone che l'hanno visitato lo hanno descritto soltanto come 'abbastanza interessante'.

Si tratta di un enorme complesso, creato da Richard Rogers, che vanta il tetto più grande del mondo. Al momento della stesura di questa guida, il suo futuro incerto era nelle mani degli investitori. Trovare investitori per il Millennium Dome è molto difficile, perché pare che, non appena danno un'occhiata alla situazione finanziaria di questo enorme complesso, tutti vi rinunciano.

Il Millennium Dome ha utilizzato i fondi ricavati dalla National Lottery ed è riuscito a sopravvivere, sebbene con difficoltà, fino alla fine del 2000. Tuttavia, il suo futuro non potrebbe essere più incerto.

Dulwich

Nascosto nell'ampia distesa meridionale di Londra non raggiunta dalla metropolitana, Dulwich è un tranquillo sobborgo immerso nel verde che vanta alcune opere architettoniche degne di nota e mantiene un'atmosfera raffinata.

Dulwich Picture Gallery Sir John Soane edificò nel 1811 la Dulwich Picture Gallery (☎ 8693 5254), College Rd SE21 (stazione di North Dulwich), la più antica galleria d'arte pubblica del paese, per ospitarvi le collezioni di quadri di Noel Desenfans e del pittore Francis Bourgeois. Caso forse unico, la galleria funge per loro anche da mausoleo, illuminata da una bizzara *lumière mystérieuse* creata grazie a una vetrata istoriata. La galleria, che è stata ingrandita e restaurata con un progetto di 9 milioni di sterline, ospita capolavori di Rembrandt, Rubens, Reynolds, Gainsborough, Lely e altri artisti. Spesso vengono allestite mostre temporanee di artisti moderni.

La galleria è aperta dal martedì al venerdì dalle 10 alle 17 e il fine settimana dalle 11 alle 17. L'ingresso costa £3/1,50 (£5 per alcune mostre temporanee) ma è gratuito al venerdì. Per arrivare qui, dalla stazione di North Dulwich girate a sinistra, attraversate East Dulwich Grove e proseguite per Dulwich Village fino al punto in cui la strada si biforca: prendete College Rd a sinistra e troverete l'ingresso sulla destra, di fronte a Dulwich Park.

Brixton (cartina 1)

Dopo la Seconda guerra mondiale, gli immigrati delle Indie Occidentali si stabilirono in questa zona in numero elevato, conferendo a Brixton un sapore caraibico che è tuttora facile trovare nella frutta e verdura esotica venduta al Brixton Market (v. **Acquisti**, più avanti). Tutto ciò che rimane degli anni Ottanta, durante i quali in questo quartiere si verificarono diverse rivolte, ha contribuito in un certo qual senso alla vivacità della vita notturna che, come sta avvenendo per la zona stessa, sta acquistando un carattere 'esclusivo'.

Wimbledon

Quasi tutti collegheranno questo sobborgo pieno di verde con il torneo di tennis su erba che, dal lontano 1877, è ospitato in questo quartiere tutti gli anni a giugno. Nel resto dell'anno potete visitare il Wimbledon Lawn Tennis Museum. Wimbledon Common è un luogo straordinario per i picnic.

Wimbledon Lawn Tennis Museum Il museo (☎ 8946 6131), Gate 4, Church Rd SW19 (Ⓜ Southfields o Wimbledon Park) è ovviamente di grande interesse soltanto per gli amanti del tennis, in quanto illustra fin nei minimi particolari la storia del tennis, risalendo all'invenzione del tosaerba nel 1830 e alla palla di caucciù nel decennio 1850-1860.

Il museo è aperto dal martedì al sabato dalle 10.30 alle 17 e la domenica dalle 14 alle 17. Durante il torneo, il museo è aperto soltanto per gli spettatori che assistono alle partite. L'ingresso costa £4/3. Ci sono anche una sala da tè e un negozio che vende una grande quantità di oggetti che hanno a che fare con il tennis.

Down House

Charles Darwin, il grande teorico vittoriano dell'evoluzionismo, visse a Down House (☎ 01689-859119), Luxted Rd, Downe, nei presi di Orpington, nel Kent, per più di 40 anni. Gli stupendi interni in stile vittoriano di questa casa georgiana sono stati restaurati per consentire di vedere nelle migliori condizioni il suo studio, dove scrisse il trattato *Sull'origine delle specie* (1859). Al piano superiore sono ospitate le mostre temporanee, e potete anche visitare i giardini.

Down House è aperta dal mercoledì alla domenica dalle 10 alle 18 da metà aprile a settembre, fino alle 17 in ottobre e fino alle 16 durante il resto dell'anno (fatta eccezione per gennaio, mese di chiusura). L'ingresso costa £5,50 per gli adulti e £2,80 per i bambini.

Pur avendo un codice di avviamento postale del Kent, Down House si trova in realtà nella zona sud-orientale di Londra. Per raggiungere questo edificio, prendete un treno dalla stazione Victoria fino a Bromley South e poi l'autobus n. 146.

LONDRA OCCIDENTALE
Wetlands Centre

Una delle zone ricche di natura più interessanti di Londra e dei suoi dintorni è la riserva ornitologica situata nei pressi del Tamigi, a Barnes. Gestito dal Wildfowl & Wetlands Trust, il Wetlands Centre (☎ 8409 4400), Queen Elizabeth's Walk SW13 (Ⓜ Hammersmith; stazione di Barnes), è stato costruito sul sito dove sorgevano un tempo alcune riserve naturali e vanta una grande varietà di habitat naturali nei suoi 42 ettari. Qui troverete un ottimo Visitor centre oltre ad alcune zone dove potrete osservare le diverse specie di volatili che si fermano in questa riserva (più di 130) e diversi sentieri.

Il Wetlands Centre è aperto tutti i giorni dalle 9.30 alle 18 (fino alle 17 da ottobre a marzo) ma di domenica è aperto solo ai soci. L'ingreso costa £6,50/4. Dalla stazione della metropolitana, prendete l'autobus 'Duck Bus' n. 283; dalla stazione di Barnes, invece, potete percorrere a piedi il chilometro e mezzo che vi separa dalla riserva camminando lungo Rocks Lane, oppure potete prendere l'autobus n. 33 o 72.

Chiswick

Nonostante l'orrendo spettacolo della A4 che l'attraversa, se si taglia dal centro commerciale per le strade lungo il fiume, Chiswick è ancora un sobborgo piacevole, con una serie di caffè e ristoranti che dispongono i tavoli sul marciapiede lungo Chiswick High Rd.

Chiswick House Chiswick House (☎ 8995 0508), Chiswick Park W4 (Ⓜ Turnham Green), è un bel padiglione in stile palladiano, con cupola ottagonale e portico a colonne, progettato dal terzo Conte di Burlington (1694-1753) che, al ritorno dal suo *grand tour* in Italia, era pieno di entusiasmo per tutte le meraviglie di Roma. Lord Burlington usava il padiglione per intrattenere gli amici e conservarvi i libri e la collezione d'arte.

All'interno, alcune delle stanze sono state restaurate con una magnificenza che alcuni troveranno insopportabile. La cupola del salone principale, tuttavia, è stata lasciata senza doratura e le pareti sono decorate da otto enormi dipinti.

Chiswick House è aperta tutti i giorni dalle 10 alle 18 da aprile a settembre (fino alle 17 in ottobre) e dalle 10 alle 16 dal mercoledì alla domenica da novembre a marzo. L'ingresso costa £3/1,50 ma è gratuito per i membri dell'English Heritage.

La casa dista circa 1,5 km dalla stazione della metropolitana, ma l'autobus n. E3 che parte sotto il ponte davanti alla stazione vi lascerà nelle vicinanze.

Hogarth's House Privata della sua atmosfera dal rumore del traffico che scorre sulla A4, la Hogarth's House (☎ 8994 6757), Hogarth Lane, Great West Rd W4 (Ⓜ Turnham Green), offre comunque la possibilità di visitare l'interno di una piccola casa del Settecento.

William Hogarth visse qui dal 1749 al 1764 e, sebbene rimanga assai poco dell'arredo originale, le pareti color pistacchio sono decorate da sue incisioni dai titoli suggestivi che rappresentano la vita quotidiana della Londra georgiana (v. la lettura **Libertini e prostitute: l'universo di Hogarth**).

La casa (ingresso gratuito) è aperta dal martedì al venerdì dalle 13 alle 17 e fino alle 18 durante il fine settimana, ma chiude un'ora prima da novembre a marzo.

Kew Gardens

Kew Gardens (☎ 8332 5000), Kew Rd, Kew (Ⓜ Kew Gardens), è uno dei luoghi più segnalati dagli itinerari turistici, il che significa che può essere molto affollato d'estate, specialmente durante il fine settimana. La primavera è probabilmente il periodo migliore per una visita, ma in qualsiasi momento dell'anno questa vasta distesa di 120 ettari tra prati, giardini e serre, offre uno spettacolo di incredibile fascino. Non mancate di visitare l'enorme **Palm House**, una serra in vetro e metallo che ospita ogni sorta di piante tropicali. Il meraviglioso **Princess of Wales Conservatory** vanta piante di dieci diverse zone climatiche, dal deserto alla foresta nebulare.

I Kew Gardens sono aperti tutti i giorni dalle 9.30 ma chiudono a orari diversi a seconda del periodo dell'anno: dalle 16.30 alle 19.30 a seconda della stagione. L'ingresso costa £5/2,50.

Sono raggiungibili con la metropolitana o con un'imbarcazione della Westminster Passenger Services Association (☎ 7930 2062), con partenza da Westminster Pier (cartina 4), da aprile a settembre, con un servizio ridotto in ottobre. Ci sono diverse traversate al giorno e la barca impiega un'ora e mezzo per raggiungere l'orto botanico. Un biglietto di sola andata costa £7/3, mentre un biglietto di andata e ritorno costa £11/7.

Hampton Court Palace

Hampton Court (☎ 8781 9500: stazione di Hampton Court) fu il palazzo preferito di Enrico VIII, che lo fece ingrandire con grande passione. Nel 1540, questo era uno dei palazzi più sfarzosi e sofisticati d'Europa. Alla fine del XVII secolo, Guglielmo III e Maria Stuart incaricarono Christopher Wren di ampliare l'edificio e il risultato fu una bellissima fusione di architettura Tudor e di 'barocco misurato'.

Oggi Hampton Court è il più vasto palazzo d'Inghilterra e la più grandiosa struttura Tudor, con tanta storia alle spalle, splendidi giardini e un famoso labirinto vecchio di 300 anni. Dovreste dedicare un bel po' di tempo alla visita di questo luogo per fargli giustizia, ricordando che se vi arrivate con un'imbarcazione dal centro di Londra, il viaggio prenderà mezza giornata. Tra le cose più interessanti da visitare si segnalano gli **appartamenti di stato di Enrico VIII**, che comprendono la Great Hall, la più grande sala del palazzo; le **Tudor Kitchens** (cucine Tudor), dove è possibile preparare un pasto per una corte di circa 1200 persone e i bellissimi **giardini** e, naturalmente, il **labirinto**.

Il palazzo di Hampton Court è aperto tutti i giorni dalle 9.30 (dalle 10.15 il lunedì) alle 18 dalla seconda metà di marzo a ottobre, mentre chiude alle 16.30 durante il resto dell'anno. Il biglietto 'tutto compreso' costa £10,50/7.

Ogni mezz'ora c'è un treno che da Waterloo porta fino alla stazione di Hampton Court. In alternativa, potete raggiungere il palazzo navigando con le imbarcazioni della Westminster Passenger Services Association (☎ 7930 2062), con partenza dal Westminster Pier (cartina 4). Le imbarcazioni fermano anche a Kew e fanno servizio da aprile a settembre, con un servizio ridotto nel mese di ottobre. Le partenze sono alle 10.30, alle 11.15 e a mezzogiorno, e la traversata dura circa tre ore e mezzo. Un biglietto di sola andata costa £10/4 e uno di andata e ritorno £14/7.

Osterley House e parco

Gestita dal National Trust (NT) e situata in una distesa di 120 ettari composta da un parco e da terre coltivate, Osterley House (☎ 8568 7714) fu inaugurata nel 1575 come dimora campestre di Thomas Gresham, cui si deve il Royal Exchange, ma nel Settecento fu in gran parte ricostruita a opera di Robert Adam. Le stupende decorazioni a stucco, i mobili e i dipinti meritano di essere visti, ma molti ritengono che la cucina del pianterreno sia ancora più interessante.

La casa è aperta dal martedì alla domenica dalle 13 alle 16.30 (da aprile a ottobre) e il biglietto d'ingresso costa £4,20/ 2,10 (£10,50 per le famiglie) ed è gratuito per i membri del National Trust. Uno sconto per i possessori di una travelcard stimola la gente a servirsi dei mezzi di trasporto pubblici. Il parco, con un lago ornamentale, è aperto dalle 9 al tramonto e l'ingresso è gratuito. Se vi trovate alla stazione della metropolitana di Osterley, percorrete Great West Rd per poi girare a sinistra imboccando Thornbury Rd, che vi porterà di fronte all'ingresso del parco.

ESCURSIONI ORGANIZZATE

La Original London Sightseeing Tour (☎ 8877 1722), la Big Bus Company

---

Libertini e prostitute: l'universo di Hogarth

William Hogarth (1697-1764), pittore e incisore, si specializzò nella satira e si distinse per un pesante moralismo ossessionato dall'idea del peccato. Le sue incisioni furono talmente popolari all'epoca da essere copiatissime e il parlamento dovette promulgare nel 1735 il cosiddetto Hogarth Act per tutelare i diritti d'autore. Queste immagini forniscono un preziosissimo ritratto della vita quotidiana (soprattutto dei ceti poveri della popolazione) ai tempi della Londra georgiana. I ritratti sono piuttosto divertenti e abbondano di dettagli.

La serie di stampe intitolata *Marriage à la Mode* (Matrimonio alla moda) mette alla berlina la dissolutezza e i costumi matrimoniali dei ceti elevati, mentre *Gin Lane* fu pubblicata a sostegno della campagna per rendere illegale la distillazione del gin (cosa che accadde con il Gin Act del 1751). Questa seconda serie ritrae gli ubriaconi che ciondolano nella parrocchia di St Giles, con la chiesa di St George's Bloomsbury chiaramente visibile sullo sfondo. In contrasto, la vita nella *Beer St* è piacevole, e vi regna la prosperità. Un tempo si pensava che la birra fosse una bevanda innocua, e questo è il contributo di Hogarth per spingere le persone a berla.

La serie di otto stampe *The Harlot's Progress* (La carriera di una prostituta) narra le vicissitudini quotidiane di una ragazza di campagna dal suo arrivo in città all'arresto per l'esercizio della prostituzione e alcune scene sono ambientate in Drury Lane. Il protagonista di *The Rake's Progress* (La carriera di un libertino) viene invece ritratto mentre si intrattiene in una taverna di Russell St con un gruppo di prostitute: una lo colpisce al petto e un'altra gli sfila l'orologio dal taschino. I volti delle donne sono coperti da una mezza dozzina di nei, l'ultima moda in quei tempi. Nell'ultima stampa, il povero libertino è ormai fuori di sé.

Le opere di Hogarth sono conservate quasi tutte a Londra. *Marriage à la Mode* può essere ammirato alla National Gallery, mentre *Gin Lane* e *Beer St* (v. **I pub**) sono conservati presso la casa di Hogarth (Hogarth's House). *The Harlot's Progress* è al British Museum e *The Rake's Progress* nel Sir John Soane's Museum. La Tate Britain espone diverse altre opere di Hogarth.

(☎ 7233 9533) e la London Pride Sightseeing (☎ 7520 2050) organizzano visite guidate ai più importanti luoghi d'interesse di Londra su autobus a due piani che vi permetteranno di fare un giro completo della città senza mai scendere oppure di fermarvi dove vorrete e poi prendere un altro autobus dallo stesso punto in cui siete scesi. Indipendentemente dalla compagnia che sceglierete, il biglietto sarà sempre caro (circa £12) e probabilmente vale la pena considerare questa opzione solo se pensate di fermarvi a Londra per breve tempo (uno o due giorni). Tutte le compagnie appena segnalate vendono inoltre biglietti per le maggiori attrazioni turistiche della città; in questo modo, non sarete costretti a perdere tempo facendo la fila per comprare il biglietto.

I punti più comodi dai quali cominciare il vostro giro di Londra sono Trafalgar Square, di fronte alla National Gallery, Coventry St, di fronte al Trocadero, tra Leicester Square e Piccadilly Circus, e Wilton Gardens, di fronte alla stazione ferroviaria di Victoria.

La London Pride Sightseeing offre una visita che comprende anche i Docklands e Greenwich, mentre la Original London Sightseeing offre una visita più breve per chi non ha molto tempo.

Una crociera sul Tamigi è sicuramente un'esperienza da non perdere; per maggiori informazioni, v. **Greenwich, Kew Gardens** e **Hampton Court Palace**, più indietro in questo capitolo, e **Trasporti urbani**, più avanti.

PERNOTTAMENTO
La scelta della vostra sistemazione temporanea a Londra avrà sicuramente delle ripercussioni sul vostro portafogli. Può capitare che la domanda sia più alta dell'offerta, specialmente per le opzioni più economiche; pertanto, è consigliabile prenotare come minimo qualche notte in albergo prima dell'arrivo, soprattutto se si ha in programma di andare a Londra a luglio e agosto. Un'altra cosa da non dimenticare è che le camere singole non sono molte e molti alberghi non sono disposti a concedere una camera doppia a una sola persona, anche nei periodi meno affollati, senza chiedere un discreto supplemento o, addirittura, il prezzo pieno della camera doppia.

Uffici prenotazioni
Nella maggior parte dei centri di informazioni turistica (TIC) è possibile prenotare gratuitamente per il giorno stesso. La linea telefonica diretta delle prenotazioni (attiva dal lunedì al venerdì dalle 8.30 alle 18) risponde al ☎ 7604 2890 e fa pagare £5 per prenotazione. Il British Hotel Reservation Centre (☎ 0800 282888) dispone di un ufficio prenotazioni nell'atrio centrale della stazione ferroviaria di Victoria; è aperto tutti i giorni dalle 6 alle 23.30 e chiede £3 per prenotazione.

La YHA (Youth Hostel Association) gestisce un sistema di prenotazioni centralizzato (☎ 7373 3400, fax 7373 3455, ✉ lonres@yha.co.uk). Anche se poi pagherete direttamente all'ostello, il personale addetto a questa linea saprà quali letti sono disponibili, quando e dove.

Se volete pernottare nei Bed & Breakfast (B&B), le prenotazioni per un minimo di tre giorni possono essere fatte gratuitamente attraverso il London Homestead Services (☎ 8949 4455, fax 8549 5492, Coombe Wood Rd, Kingston-upon-Thames KT2 7JY). La London Bed & Breakfast Agency Ltd (☎ 7586 2768, fax 7586 6567, ✉ stay@londonbb.com, 71 Fellows Rd, London NW3 3JY,) è specializzata nelle possibilità di pernottamento nel centro di Londra.

Pernottamento – prezzi economici
Campeggio Il campeggio non è la scelta più realistica nel centro di Londra, ma ci sono anche possibilità sorprendentemente vicine.

Tent City Hackney (☎ *8985 7656, Millfields Rd E5, stazione di Hackney Central, poi autobus n. 236 o 276*). Situato nella parte nord-orientale di Londra, il Tent City Hackney ha una tenda-ostello con 90 posti letto e 200 piazzole solo per tende (£5 per persona). È aperto da giugno ad agosto.

Abbey Wood Caravan Park (☎ *8311 7708, fax 8311 6007, Federation Rd SE2; stazione di Abbey Wood*). Ubicato a sud del fiume e a est di Greenwich, il campeggio ha 360 piazzole ed è aperto tutto l'anno. Le piazzole per le tende costano £2 e quelle per le roulotte £8,50, più £4 per ogni adulto e £1,20 per ogni bambino. La corrente elettrica costa £1,50.

Ostelli YHA/HI Sette ostelli della zona centrale di Londra e altri due facilmente raggiungibili con i mezzi pubblici sono associati all'Hostelling International (HI), conosciuto in Gran Bretagna come Youth Hostel Association.

Gli ostelli YHA del centro di Londra sono molto affollati nei mesi estivi. Tutti accettano prenotazioni in anticipo per telefono con carta di credito e lasciano alcuni letti liberi per le persone che si presentano all'ostello il giorno stesso in cui hanno bisogno di una sistemazione (arrivate con un certo anticipo e preparatevi a fare la fila). Nella maggior parte si può accedere 24 ore su 24, cucinare da sé e mangiare a prezzi relativamente bassi (£3,20 per una colazione all'inglese o continentale, £3,50 per un abbondante pranzo al sacco, £4,70 per una cena di tre portate).

City of London (*cartina 4;* ☎ *7236 4965, fax 7236 7681,* **☻** *city@yha.org.uk, 36 Carter Lane EC4;* **Ⓜ** *St Paul's*). Questo eccellente ostello (193 posti letto) è situato all'ombra della cattedrale di St Paul. La maggior parte delle camere ha 2/3/4 letti, ma ce ce ne sono alcune da 5 a 8 letti. C'è una tavola calda autorizzata ma non la cucina. I prezzi sono di £23,50 per gli adulti e £19,90 per chi ha meno di 18 anni. Ricordate: questa parte della città è abbastanza tranquilla al di fuori delle ore lavorative.

Earl's Court (*cartina 7;* ☎ *7373 7083, fax 7835 2034,* **☻** *earlscourt@yha.org.uk, 38 Bolton Gardens SW5;* **Ⓜ** *Earl's Court*). Questo ostello è una casa vittoriana di città (154 posti letto) situata in una zona malandata, ma vitale, di Londra. Le stanze sono quasi tutte dormitori a dieci letti con docce in comune. Ci sono un caffè, una cucina e un cortile con giardino per le grigliate estive. I prezzi, che comprendono la prima colazione, sono di £18,50 per gli adulti e £16,60 per i minori di 18 anni.

Hampstead Heath (☎ *8458 9054, fax 8209 0546,* **☻** *hampstead@yha.org.uk, 4 Wellgarth Rd NW11;* **Ⓜ** *Golders Green*). Questo ostello, con 190 posti letto, si trova in una bellissima posizione, anche se un po' isolata, e ha un giardino molto ben curato. I dormitori sono molto confortevoli e ciascuna stanza è fornita di un lavabo. Ci sono un caffè con permesso per la vendita di alcolici e una cucina. I prezzi sono di £19,90 per gli adulti e £17,70 per chi ha meno di 18 anni.

Holland House (*cartina 3;* ☎ *7937 0748, fax 7376 0667,* **☻** *hollandhouse@yha.org.uk, Holland Walk W8;* **Ⓜ** *High St Kensington*). Questo è un ostello con 201 posti letto ed è stato costruito all'interno dell'ala giacobita di Holland House nel mezzo di Holland Park. È grande, sempre pieno di gente e abbastanza istituzionale, ma la posizione è imbattibile. Ci sono un caffè e una cucina. I prezzi sono di £20,50 per gli adulti e £18,50 per chi ha meno di 18 anni.

Oxford St (*cartina 5;* ☎ *7734 1618, fax 7734 1657,* **☻** *oxfordst@yha.org.uk, 14 Noel St W1;* **Ⓜ** *Oxford Circus o Tottenham Court Rd*). Si tratta dell'ostello più centrale di Londra (75 posti letto) ed è semplice ma pulito e accogliente. Ha una grande cucina, ma nessun pasto viene servito, a parte la prima colazione (£2,30). I prezzi sono di £21,50 per gli adulti e £17,50 per i minori di 18 anni in camere con tre o quattro letti e £22 per persona in camere doppie, che sono quelle in maggior numero.

Rotherhithe (*cartina 1;* ☎ *7232 2114, fax 7237 2919,* **☻** *rotherhithe@yha.org.uk, 20 Salter Rd SE16;* **Ⓜ** *Rotherhithe*). Si tratta della nave ammiraglia degli ostelli YHA (320 posti letto) ed è stato costruito appositamente nel 1993. Si trova vicino al Tamigi ed è altamente consigliato, anche se si trova un po' fuori mano, in una zona tranquilla. La maggior parte dei dormitori ha 4/6 letti, ci sono anche 22 doppie (di cui 4 sono attrezzate per ospitare disabili); tutte hanno il bagno annesso. Ci sono un bar, un ristorante, una cucina e una lavanderia. I prezzi sono di £23,50 per gli adulti e £19,90 per chi ha meno di 18 anni.

St Pancras International (*cartina 2;* ☎ *7388 9998, fax 7388 6766,* **☻** *stpancras@yha.org. uk, 79-81 Euston Rd NW1;* **Ⓜ** *King's Cross St Pancras*). Questo ostello con 152 posti letto è situato in una zona centrale. La zona non è fra le più belle, ma l'ostello è molto moderno e dotato di cucina, ristorante, armadietti con lucchetto, rimessa per le biciclette e una sala di soggiorno. I prezzi sono di £23,50 per gli adulti e £19,90 per i minori di 18 anni, ma se volete una camera doppia o una delle migliori pagherete rispettivamente £25 e £26,50.

Ostelli indipendenti Gli ostelli indipendenti di Londra tendono a essere più economici e più rilassanti di quelli YHA, anche se lo standard qualitativo è piuttosto basso; alcuni sono veramente orrendi. La maggior parte degli ostelli ha almeno 3 o 4 letti a castello pigiati in ogni piccola stanza, una cucina e una specie di soggiorno comune. Alcuni hanno all'interno dei ristoranti e dei bar economici. Fate attenzione ai vostri averi e depositate gli oggetti di valore nella cassaforte dell'ufficio o, se disponibile, in una cassetta di sicurezza. Controllate che le uscite d'emergenza e le scale antincendio siano accessibili.

Ashlee House (cartina 2; ☎ 7833 9400, fax 7833 9677, ✉ ashleehouse@tsnxt.co.uk, 261-265 Gray's Inn Rd WC1; Ⓜ King's Cross St Pancras). Questo è un ostello pulito e ben tenuto per chi viaggia con lo zaino in spalla, di tre piani, situato vicino alla stazione di King's Cross. I dormitori (la maggior parte con letti a castello) possono risultare molto piccoli, ma ci sono i doppi vetri, una lavanderia e una cucina di dimensioni discrete. Le camere che hanno da 4 a 16 letti costano £15 per persona in bassa stagione e £19 in alta stagione. C'è persino qualche doppia a £44 in bassa stagione e £48 in alta stagione.

Barmy Badger Backpackers (cartina 7; ☎/fax 7370 5213, ✉ barmy_badger.b@virgin.net, 17 Longridge Rd SW5; Ⓜ Earl's Court). Si tratta di un ostello molto semplice con posti letto in dormitorio a partire da £13 per persona, prima colazione compresa. Le doppie con o senza servizi costano rispettivamente £34 e £32. C'è una grande cucina e l'ostello è provvisto di cassette di sicurezza.

The Generator (cartina 2; ☎ 7388 7666, fax 7388 7644, ✉ generator@lhdr.demon.co.uk, Compton Place, 37 Tavistock Place WC1; Ⓜ Russell Square) – questo è uno degli ostelli più economici di Londra; le decorazioni futuristiche sembrano un riadattamento moderno del film *Brazil* di Terry Gilliam. Oltre alle 207 camere (830 posti letto), l'ostello ha anche un bar che rimane aperto fino alle 2,

una grande sala dove si può mangiare, guardare la televisione o giocare a biliardo, una stanza dove è possibile navigare su Internet, cassette di sicurezza e una grande sala da pranzo, ma non ha una cucina. A seconda della stagione, un posto letto in un dormitorio con 7/8 letti costa da £15 a £20 e in uno con 3/6 posti letto da £19 a £22. Le camere singole costano £38, mentre le doppie costano da £45 a £48. Tutti i prezzi comprendono la prima colazione.

International Students House (cartina 2; ☎ 7631 8300, fax 7631 8315, 229 Great Portland St W1; Ⓜ Great Portland St). Questo ostello di Marylebone sembra più una residenza universitaria. Le camere singole e le doppie sono molto semplici ma pulite, ci sono eccellenti servizi e l'atmosfera è rilassante e amichevole. È aperto tutto l'anno. I prezzi vanno da £9,90 per un posto letto in una camera con otto letti (senza prima colazione) a £29,50 per una camera singola con lavabo (prima colazione compresa). Una singola con servizi privati costa £30, una doppia £47.

Leinster Inn (cartina 3; ☎ 7229 9641, fax 7229 5255, ✉ astorhotel@msn.com, 7-12 Leinster Square W2; Ⓜ Bayswater). Questo ostello è situato in una grande vecchia casa a nord-ovest della stazione della metropolitana di Bayswater, vicino al mercato di Portobello, ed è il più grande degli ostelli Astor (100 posti letto). Ha un bar, un caffè e una lavanderia. Il costo per un letto in un dormitorio con un numero massimo di 10 posti letto è di £17, mentre una camera doppia costa da £22 a £25 per persona.

Case dello studente Durante le ferie, solitamente dalla fine di giugno alla metà di settembre e talvolta durante le vacanze di Pasqua, le case dello studente universitarie vengono affittate ai non studenti. Sono un po' più care degli ostelli della gioventù, ma quasi sempre potrete disporre di una camera singola (c'è anche qualche doppia) con i servizi in comune, oltre che della prima colazione.

La ristorazione universitaria è in genere discreta e comprende bar, caffetterie self-service, cibi pronti da asporto e ristoranti. Nella maggior parte dei casi, potete scegliere tra pensione completa, mezza pensione, B&B e uso della cucina.

LONDRA

La London School of Economics and Political Science (☎ 7955 7370), Room B508, Page Building, Houghton St, London WC2A 2AE, affitta sei o sette delle sue case in estate e a volte anche durante le vacanze pasquali. Tra queste segnaliamo:

Carr Saunders Hall (cartina 4; ☎ 7323 9712, fax 7580 4718, 18-24 Fitzroy St W1; **Ⓜ** Warren St). Questa casa dello studente si trova in una buona posizione ed è stata rinnovata di recente. Chiede £27 per una singola e £46 per una doppia (prima colazione compresa).

Bankside Residence (cartina 6; ☎ 7633 9877, 24 Sumner St SE1; **Ⓜ** Southwark o Blackfriars). Questa casa vanta un'ottima ubicazione, vicinissima al Globe Theatre e alla Tate Modern, e ha letti in camere da quattro posti letto a prezzi che vanno da £20 a £35 e quadruple a £80, prima colazione compresa.

Tra le altre case dello studente che vengono affittate durante le ferie si segnalano:

Goldsmid House (cartina 4; ☎ 7493 8911, fax 7491 0586, 36 North Row W1; **Ⓜ** Marble Arch). Si tratta di una casa dello studente situata in posizione centrale, con 10 singole (£16) e 120 doppie (£24) disponibili dalla seconda metà di giugno alla prima metà di settembre.

John Adams Hall (cartina 2; ☎ 7387 4086, fax 7383 0164, **Ⓔ** joh@ioe.ac.uk, 15-23 Endsleigh St WC1; **Ⓜ** Euston). Questa è una maestosa casa dello studente situata all'interno di una schiera di case georgiane. È aperta a Pasqua e da luglio a settembre. Il B&B costa £24 per la singola e £42 per la doppia, a seconda del periodo dell'anno.

YMCA YMCA England (☎ 8520 5599), 640 Forest Rd, London E17 3DZ, può fornirvi una lista di tutti i suoi ostelli nella zona di Londra. I principali sono elencati di seguito:

Barbican YMCA (cartina 6; ☎ 7628 0697, fax 7638 2420, **Ⓔ** admin@barbican.ymca.org.uk, 2 Fann St EC2; **Ⓜ** Barbican). Questo ostello ha 240 posti letto e offre camere singole a £25 e doppie a £42, prima colazione compresa.

Indian Student YMCA (cartina 4; ☎ 7387 0411, fax 7383 4735, **Ⓔ** indianymca@aol.com, 41 Fitzroy Square W1; **Ⓜ** Warren St). Un posto letto, con prima colazione e cena, costa £33 per la camera singola e £46 per la doppia.

B&B, guesthouse e alberghi Tutto ciò che a Londra sta al di sotto (il che può essere sconcertante) di £30/50 per una camera singola/doppia con servizi in comune e £40/60 per camere singole/doppie con bagno privato, è considerato 'economico'. Nei mesi di luglio, agosto e settembre, i prezzi possono aumentare anche del 25% (o più) ed è consigliabile prenotare con un certo anticipo. I prezzi possono variare molto rispetto a quelli elencati qui di seguito, perché cambiano a seconda della richiesta. Vale sempre la pena chiedere se ci sono offerte speciali. Fate attenzione, perché alcuni dei B&B più economici non accettano carte di credito.

Pimlico e Victoria (cartina 8) Victoria non è probabilmente la zona più affascinante di Londra, ma è molto vicina al centro. Pimlico è comodo per la galleria Tate Britain a Millbank.

Luna-Simone Hotel (☎ 7834 5897, fax 7828 2474, 47 Belgrave Rd SW1; **Ⓜ** Victoria). Se tutti gli alberghi economici di Londra fossero come questo, centrale, pulito fino a essere immacolato e confortevole, ne saremmo tutti felici. Le singole/doppie senza bagno partono da circa £35/50, mentre una doppia con bagno va da £60 a £75. La prima colazione all'inglese completa è compresa nel prezzo e c'è inoltre un servizio gratuito di deposito bagagli di cui potete usufruire mentre siete in viaggio. Se il Luna-Simone è al completo, ci sono numerosi altri B&B in Belgrave Rd.

Brindle House Hotel (☎ 7828 0057, fax 7931 8805, 1 Warwick Place North SW1; **Ⓜ** Victoria). Questo vecchio edificio si trova in una via piuttosto tranquilla ed è stato recentemente rinnovato; le camere sono piccole ma pulite. Una singola costa £38 (servizi in comune), le doppie costano £50 con bagno privato e £45 con bagno in comune e le triple costano £69.

Romany House Hotel (☎ 7834 5553, fax 7834 0495, 35 Longmore St SW1; Ⓜ Victoria). Questo albergo è in parte costruito all'interno di una casa di campagna del Quattrocento che vanta di aver avuto tra i suoi ospiti dei banditi, veri o immaginari che siano. Dovrete dividere il bagno con altre persone, ma la prima colazione è buona e i prezzi delle singole/doppie partono da £30/40.

Bloomsbury (cartine 2 e 4) Si tratta di una zona molto comoda soprattutto per il West End. Ci sono molti alberghi in Gower St e North Gower St.

Hotel Cavendish (cartina 4; ☎ 7636 9079, fax 7580 3609, 75 Gower St WC1; Ⓜ Goodge St). Questo è un albergo a gestione familiare, pulito e piacevole, con singole/doppie senza bagno a £34/48 e con servizi interni a £42/66, prima colazione compresa. Molto simile è il vicino **Jesmond Hotel** (cartina 4; ☎ 7636 3199, fax 7323 4373, 63 Gower St WC1; Ⓜ Goodge St), che applica le stesse tariffe.

Alhambra Hotel (cartina 2; ☎ 7837 9575, fax 7916 2476, 17-19 Argyle St WC1; Ⓜ King's Cross St Pancras). Questo è uno dei migliori alberghi che si possano trovare in questa zona ed è in una buona posizione per la stazione della metropolitana e per le due stazioni ferroviarie principali. Semplice ma pulitissimo, dispone di 55 camere. I prezzi di una camera singola/doppia/tripla senza doccia sono di £32/45/65, mentre quelli per una camera con doccia sono di £43/50/72. Particolarmente conveniente risulta la quadrupla, con doccia e gabinetto interni, a £90. Tutti i prezzi sono comprensivi della prima colazione all'inglese.

Southwark (cartina 4) Il County Hall, ex sede del Greater London Council, ospita oggi una delle molte catene di alberghi spuntate a sud del Tamigi.

Travel Inn Capital (☎ 7902 1600, fax 7902 1619, Belvedere Rd SE1; Ⓜ Waterloo). Questo è uno di quegli alberghi in cui tutte le camere hanno lo stesso prezzo; in questo caso costano £69,95 e possono ospitare fino a due adulti e due bambini. L'albergo è piuttosto spoglio, ma le camere sono grandi e di livello accettabile.

Earl's Court (cartina 7) Non sarete in posizione tale da raggiungere a piedi molti dei luoghi di maggior interesse, ma la stazione della metropolitana di Earl's Court è un punto d'incrocio di diverse linee, perciò da qui è facile muoversi e incontrare le molte persone di passaggio.

Regency Court Hotel (☎ 7244 6615, 14 Penywern Rd SW5; Ⓜ Earl's Court). Questo albergo è stato sottoposto a lavori di restauro assolutamente necessari e le sue 15 camere luminose, tutte con servizi interni, costano da £35 a £45 la singola, da £50 a £60 la doppia e da £65 a £75 la tripla. Un letto in un dormitorio costa invece £18.

York House Hotel (☎ 7373 7519, fax 7370 4641, 27-28 Philbeach Gardens SW5; Ⓜ Earl's Court). Questo albergo offre un buon rapporto qualità-prezzo, considerando la collocazione su una via tranquilla e l'accoglienza calorosa. Le camere sono spartane, alcune con doccia; le singole/doppie/triple senza servizi costano £34/52/69, mentre quelle con doccia e gabinetto costano £48/74/86.

Merlyn Court Hotel (☎ 7370 1640, fax 7370 4986, 2 Barkston Gardens SW5; Ⓜ Earl's Court). Si tratta di un albergo con poche pretese ma con un'atmosfera piacevole e una posizione carina, poco lontano dalla stazione della metropolitana. Le camere sono piccole ma pulite; una singola/doppia/tripla con bagno privato costa £60/70/80; le camere senza servizi costano invece £35/50/65.

Bayswater e Paddington (cartina 3) Bayswater è in una posizione estremamente comoda, sebbene alcune delle strade immediatamente a ovest di Queensway, che ha una buona scelta di ristoranti, siano trascurate e deprimenti. Paddington ha numerosi alberghi dai prezzi economici ed è un buon luogo di transito.

Royal Hotel (☎ 7229 7225, 43 Queensborough Terrace; Ⓜ Bayswater). Una volta attirava nei suoi dormitori i viaggiatori con zaino in spalla, ma ora non è altro che una guesthouse economica con prezzi accessibili: una singola/doppia/tripla con doccia privata costa £36/45/52.

Manor Court Hotel (☎ 7792 3361, fax 7229 2875, 7 Clanricarde Gardens W2; Ⓜ Queensway). Non si tratta sicuramente di un posto spettacolare, ma è molto vicino a Bayswater Rd. Una camera singola/doppia con bagno o doccia privati ha prezzi a partire da £50/60 (i prezzi variano a seconda della stagione).

Garden Court Hotel (☎ 7229 2553, fax 7727 2749, 30-31 Kensington Gardens Square W2; **◑** Bayswater). È una delle scelte migliori offerte da Bayswater e rientra a malapena in questa categoria di alberghi. Il Garden Court è un albergo familiare ben tenuto e gestito ed è l'unione di due residenze urbane risalenti al 1870. Dispone di 34 camere, tutte dotate di telefono e televisione; le singole/doppie senza bagno costano £36/58, mentre quelle con bagno privato costano £54/86.

Norfolk Court & St David's Hotel (☎ 7723 4963, fax 7402 9061, 16-20 Norfolk Square W2; **◑** Paddington). Questo albergo si trova proprio dove c'è più movimento; è pulito, confortevole e con personale di servizio cordiale, ma purtroppo ha le solite pesanti decorazioni. Le semplici camere singole/doppie/triple sono dotate di lavabo, televisione e telefono e costano £39/59/70, ma se volete bagno e doccia privati pagherete £49/69/80. I prezzi comprendono la prima colazione (molto abbondante).

Balmoral House Hotel (☎ 7723 7445, fax 7402 0118, 156 e 157 Sussex Gardens W2; **◑** Paddington). Questo albergo è pulitissimo e molto confortevole ed è situato in due edifici, uno di fronte all'altro; è uno dei posti migliori in cui pernottare a Sussex Gardens, che è una via^piena di piccoli alberghi ma che, purtroppo, è anche un'arteria molto trafficata. I prezzi delle singole variano da £35 (senza servizi) a £45 (con bagno privato), mentre le doppie con servizi privati costano £65 (la prima colazione è compresa nel prezzo e tutte le camere sono dotate di televisione).

Marylebone (cartina 3) Marylebone è una zona molto comoda per visitare alcuni dei muoghi più conosciuti di Londra, come il museo delle cere di Madam Tussaud e il London Planetarium. Inoltre, questa è una zona molto piacevole.

Glynne Court Hotel (☎ 7262 4344, fax 7724 2071, 31 Great Cumberland Place W1, **◑** Marble Arch). Si tratta di un albergo tipico di questa fascia di prezzo che conta 15 camere, tra singole e doppie, che costano rispettivamente da £50 a £60 e da £60 a £75. Tutte le camere sono dotate di televisione e telefono.

Pernottamento – prezzi medi

I B&B, le guesthose e i piccoli alberghi di questa categoria chiedono da £50/70 per una singola/doppia senza servizi privati e £70/90 per una camera con bagno.

Pimlico e Victoria (cartina 8) Pimlico è una zona gradevole e dispone di alcuni alberghi con un buon rapporto qualità-prezzo, mentre Victoria è estremamente comoda per quanto riguarda i trasporti.

Winchester Hotel (☎ 7828 2972, fax 7828 5191, 17 Belgrave Rd SW1; **◑** Victoria) . Questo albergo è pulito, confortevole e accogliente. Per la zona in cui è situato pratica prezzi piuttosto buoni: le doppie e le matrimoniali con bagno privato e televisione costano £85.

Woodville House (☎ 7730 1048, fax 7730 2574, 107 Ebury St SW1; **◑** Victoria). L'albergo dispone di 12 camere semplici ma accoglienti con bagno in comune, uso di cucina e un grazioso patio sul retro. Una singola/doppia spartana costa £42/62, mentre le camere 'familiari' costano da £80 a £115. Si tratta di un posto simpatico con un buon rapporto qualità-prezzo.

Morgan House (☎ 7730 2384, fax 7730 8842, 120 Ebury St SW1; **◑** Victoria). L'albergo è di proprietà degli stessi gestori del Woodville House. Le singole/doppie senza servizi privati costa £42/62, mentre quelle con bagno costano £68/80. Su questa stessa strada vi sono molte altre possibilità di sistemazione.

Covent Garden (cartina 5) Niente potrebbe essere più centrale di Covent Garden, L'unico inconveniente è che il frastuono continua fino alle ore piccole.

Fielding Hotel (☎ 7836 8305, fax 7479 0064, 4 Broad Court, Bow St WC2; **◑** Covent Garden). Questo albergo, situato in una zona pedonale a un isolato dalla Royal Opera House, ha uno straordinario rapporto qualità-prezzo ed è pulito e ben gestito. Tutte le camere sono dotate di bagno privato, televisione e telefono. I prezzi delle singole partono da £76, quelli delle doppie £100.

Bloomsbury (cartine 2 e 4) Nascosti nei verdeggianti Cartwright Gardens, a nord di Russell Square, a breve distanza a piedi dal West End, troverete alcuni dei migliori alberghi di Londra per quanto riguarda il rapporto qualità-prezzo. Anche gli alberghi presso la vicina Gower St sono altrettanto buoni e raccomandabili, ma non tutti sono dotati di doppi vetri, indispensabili se siete sensibili al rumore del traffico.

Jenkins Hotel (cartina 2; ☎ 7387 2067, fax 7383 3139, @ reservations@jenkinshotel. demon.co.uk, 45 Cartwright Gardens WC1; ⓜ Russell Square). Si tratta di un albergo per non fumatori con camere eleganti, piacevoli e confortevoli, tutte con lavandino, televisione, telefono e frigorifero; una singola semplice costa £52; le singole/doppie con servizi privati costano £72/85 (tutti i prezzi citati comprendono la prima colazione). Gli ospiti possono usare i campi da tennis di fronte all'albergo.

Crescent Hotel (cartina 2; ☎ 7387 1515, fax 7383 2054, 49-50 Cartwright Gardens WC1; ⓜ Russell Square). Questo albergo accogliente è gestito ad alto livello dalla famiglia che ne è proprietaria; il prezzo delle singole varia da £43 a £45 e quello delle singole/doppie/triple/quadruple con servizi privati è di £70/82/93/102.

Arran House Hotel (cartina 4; ☎ 7636 2186, fax 7436 5328, 77-79 Gower St WC1; ⓜ Goodge St). Si tratta di un albergo dall'atmosfera accogliente con un grazioso giardino e il servizio di lavanderia. Il prezzo delle singole varia da £45 senza servizi a £55 con doccia privata; quello delle doppie da £55 a £75 e quello delle triple da £73 a £93. I prezzi comprendono la prima colazione. Le camere sul davanti sono insonorizzate, mentre tutte sono dotate di telefono e televisione.

Ridgemount Hotel (cartina 4; ☎ 7636 1141, fax 7636 2558, 65-67 Gower St WC1; ⓜ Goodge St). Questo albergo all'antica è stato giudicato favorevolmente dai lettori; offre singole/doppie semplici a £32/48 e singole/doppie con doccia e bagno privati a partire da £43/62 (prima colazione compresa). L'albergo dispone di una lavanderia e il costo per ogni lavaggio è di £2.

Haddon Hall (cartina 4; ☎ 7636 2474, fax 7580 4527, 39 Bedford Place WC1; ⓜ Russell Square). Questo albergo abbastanza spartano dispone di camere singole/doppie senza servizi a £50/65 e di doppie con bagno privato a £90.

Southwark (cartine 4 e 6)

In questa zona sono sorte nuove catene di alberghi, incoraggiati dalla 'nobilitazione' di quest'area a sud del Tamigi oltre che dalla presenza della Tate Modern.

Holiday Inn Express Southwark (cartina 4; ☎ 7401 2525, fax 7401 3322, 103-109 Southwark St SE1; ⓜ Southwark). Questo albergo economico e moderno ma privo di personalità offre buoni prezzi, con singole a £50 e doppie a £87.

Mercure Hotel London City Bankside (cartina 6; ☎ 7902 0808, fax 7902 0810, 75-79 Southwark St SE1; ⓜ Southwark). Appartiene a una catena di alberghi francesi di prezzo medio e ha camere comode e moderne perfette per gli uomini d'affari. Informatevi sulle molte offerte speciali che vi faranno spendere circa £90 per una singola e £110 per una doppia.

Chelsea e South Kensington (cartina 7)

I quartieri 'di classe' di Chelsea e 'South Ken' offrono un comodo accesso ai musei e ad alcuni dei migliori negozi di Londra.

Annandale House Hotel (☎ 7730 5051, fax 7730 2727, 39 Sloane Gardens SW1; ⓜ Sloane Square). Si tratta di un albergo tradizionale e discreto appena a sud di Sloane Square che è forse la scelta migliore per chi è sensibile al rumore. Le camere, tutte con servizi interni, televisione e telefono, costano da £60 a £70 la singola e da £95 a £105 la doppia.

Hotel 167 (☎ 7373 0672, fax 7373 3360, 167 Old Brompton Rd SW5; ⓜ Gloucester Rd). Questo è un albergo piccolo ma elegante e, cosa insolita in Inghilterra, arredato in maniera sobria, ordinata e piacevole. Dispone di 19 camere, tutte con bagno privato. Le camere singole partono da £72, mentre le doppie costano da £90 a £99.

Swiss House Hotel (☎ 7373 2769, fax 7373 4983, @ recep@swiss-hh.demon.co.uk, 171 Old Brompton Rd SW5; ⓜ Gloucester Rd). Questo è un albergo pulito, accogliente e con un'atmosfera da casa di campagna. Ha anche un buon rapporto qualità-prezzo: le singole con doccia privata partono da £48, le singole/doppie con bagno e doccia privata partono da £68/85. Nel prezzo è compresa la prima colazione continentale.

Kensington (cartina 3)

Gli alberghi elencati qui di seguito sono ben posizionati per arrivare a Kensington Gardens, Notting Hill e Kensington High St.

Vicarage Hotel (☎ 7229 4030, fax 7792 5989, ✉ reception@londonvicaragehotel.com, 10 Vicarage Gate W8; Ⓜ High St Kensington). Questo è un albergo piacevole e ben tenuto, con belle docce e camere leggermente più grandi del solito. Le singole/doppie con servizi in comune costano £46/76, mentre le doppie con bagno privato costano £99.

Abbey House (☎ 7727 2594, 11 Vicarage Gate W8; Ⓜ High St Kensington). Si tratta di un piccolo albergo con un rapporto qualità-prezzo particolarmente buono; l'arredamento è carino e il servizio di alto livello. Dispone di singole/doppie/triple/quadruple con lavabo e bagno in comune a £45/74/85/100, prima colazione all'inglese compresa.

Bayswater, Paddington e Notting Hill (cartina 3)

Bayswater è una zona residenziale molto comoda per la movimentata Queensway. Paddington, invece, è centrale ma alquanto trasandato. Notting Hill è una zona abbastanza cara, ma vanta molti bar e ristoranti di buon livello.

Pavillion Hotel (☎ 7262 0905, fax 7262 1324, 34-36 Sussex Gardens W2; Ⓜ Paddington). L'albergo ha 30 camere, tutte arredate in maniera diversa (stile moresco, anni Settanta, cinese e altro) che seguono il suo motto: 'moda, glamour e rock'n'roll'. Se non vi sentite in vena di stravaganze, farete meglio a cercarvi un altro albergo. I prezzi delle singole/doppie partono da £60/90; il prezzo comprende la prima colazione.

Inverness Court Hotel (☎ 7229 1444, fax 7706 4240, Inverness Terrace W2; Ⓜ Queensway). Questo bell'albergo fu commissionato da Edoardo VII per la sua amante, l'attrice Lillie Langtry, e ha un suo teatro privato, ora un cocktail bar. Le pareti tappezzate, i vetri consunti e gli enormi camini nelle zone in comune danno all'ambiente un'aria gotica, ma la maggior parte delle 183 camere è moderna e piuttosto ordinaria. Alcune camere da letto si affacciano su Hyde Park; le singole costano £84, le doppie £108.

Gate Hotel (☎ 7221 0707, fax 7221 9128, ✉ gatehotel@aol.com, 6 Portobello Rd W11; Ⓜ Notting Hill Gate). Questa è una casa antica con un arredamento inglese classico pieno di fronzoli e deliziosi cestini floreali appesi. Tutte le camere hanno servizi privati e costano da £55 a £70 la singola e da £80 a £90 la doppia, prima colazione continentale compresa.

Marylebone (cartina 3)

Entrambi gli alberghi segnalati si trovano a brevissima distanza da Hyde Park.

Edward Lear Hotel (☎ 7402 5401, fax 7706 3766, 28-30 Seymour St W1; Ⓜ Marble Arch). Questa fu un tempo la casa del celebre pittore e poeta vittoriano omonimo. Le camere di questo piccolo e confortevole albergo sono dotate di televisione, bollitore per tè e caffè e telefono. Le singole/doppie senza bagno costano a partire da £48/68, quelle con bagno privato £75/93.

Bryanston Court Hotel (☎ 7262 3141, fax 7262 7248, ✉ hotel@bryanstonhotel.com, 56-60 Great Cumberland Place W1; Ⓜ Marble Arch). Quest'albergo ha un'atmosfera da circolo privato, con poltrone in pelle, illuminazione discreta e aria formale (sebbene faccia parte della catena *Best Western*). Tutte le camere sono dotate di bagno privato, televisione e telefono; la singola costa £95, la doppia £120.

Pernottamento – prezzi elevati

In questa sezione troverete indicati gli alberghi più costosi, dove una doppia ha prezzi a partire da £150. Naturalmente, in questa categoria potete sempre contare su vasca da bagno/doccia e bagno privati.

Victoria (cartina 8)

Se volete pernottare a pochi passi dalla regina, il massimo che vi è concesso è (probabilmente) quello che segue.

Rubens at the Palace (☎ 7834 6600, fax 7233 6037, ✉ reservations@rubens.redcarnationhotels.com, 39 Buckingham Palace Rd SW1; Ⓜ Victoria) – questo albergo della catena *Rubens* è situato in una magnifica posizione dominante le mura di Buckingham Palace e le scuderie reali (Royal Mews). Le singole/doppie hanno prezzi che partono da £135/150 (la prima colazione non è compresa nel prezzo). L'albergo è molto frequentato da comitive.

West End e Covent Garden (cartina 5)
Ci sono dei vantaggi straordinari ad alloggiare nel centro della città. Purtroppo, questo privilegio non si ottiene spendendo poco.

Hazlitt's (☎ *7434 1771, fax 7439 1524, Frith St W1;* ◍ *Tottenham Court Rd).* Costruito nel 1718, l'albergo comprende tre case originali d'epoca georgiana. Questo è uno degli alberghi più belli del centro di Londra, con personale e servizio efficientissimi. Tutte le 23 camere hanno preso il nome da ospiti e visitatori del passato, e ognuna di esse è arredata con stampe e mobili d'antiquariato. Le singole/doppie partono da £140/175. È consigliabile prenotare, soprattutto da quando lo scrittore Bill Bryson ha svelato al mondo l'esistenza di questo albergo, rendendolo famoso, scrivendone nel suo bestseller *Notes from a Small Island.*

Strand Palace (☎ *7836 8080, fax 7836 2077, Strand WC2;* ◍ *Charing Cross).* Questo enorme albergo (783 camere) è migliorato in seguito a una recente ristrutturazione. La sua posizione, vicino a Covent Garden, è eccellente, e l'albergo dispone di una serie di bar e ristoranti, ma i prezzi (da £100/150 per una singola/doppia senza prima colazione) sono piuttosto alti, anche se qui troverete diverse offerte speciali.

Clerkenwell (cartina 4) Questa zona non è famosa per la qualità dei suoi alberghi, ma qui di seguito si segnala un'eccezione.

The Rookery (☎ *7336 0931, fax 7336 0932,* ◍ *reservations@rookery.co.uk, Peter's Lane, Cowcross St EC1;* ◍ *Farringdon).* Questo albergo di 33 camere è stato costruito all'interno di una schiera di case d'epoca georgiana recuperate dal degrado. È arredato con mobili d'epoca (inclusa una collezione di pezzi da museo di vasche da bagno, docce e gabinetti vittoriani), pannelli di legno importati dall'Irlanda e camini. I prezzi delle singole/doppie partono da £170/200.

South Kensington (cartina 7) South Kensington è una delle zone più eleganti di Londra.

Blakes Hotel (☎ *7370 6701, fax 7373 0442,* ◍ *blakes@easynet.co.uk, 33 Roland Gardens*

SW7; ◍ *Gloucester Rd).* Questo è uno dei migliori alberghi di Londra in stile classico: è formato da cinque case vittoriane riunite in una sola e arredate con letti a baldacchino, tessuti preziosi e mobili e oggetti antichi su rudi pavimenti di legno. I prezzi delle singole/doppie partono da £165/240.

Number Sixteen Hotel (☎ *7589 5232, fax 7584 8615,* ◍ *reservations@numbersixteenhotel. co.uk, 16 Summer Place SW7;* ◍ *South Kensington).* Questo albergo ha camere confortevoli e fornite di diversi servizi. Al momento della stesura di questa guida presso l'albergo erano in corso lavori di rinnovamento completo, ma dovrebbe già aver riaperto. I prezzi delle singole/doppie partono da £140/200.

Kensington e Knightsbridge (cartina 3)
Gli alberghi di lusso di questa zona di Londra sembrano avere l'antichità come tema dominante.

The Gore (☎ *7584 6601, fax 7589 8127,* ◍ *reservations@gorehotel.co.uk, 189 Queen's Gate SW7;* ◍ *High St Kensington o Gloucester Rd).* Questo splendido albergo è un palazzo d'epoca con arredi in mogano tirato a lucido, tappeti turchi, bagni in stile e piante di aspidistra tra ritratti e stampe antiche (circa 4500). L'attiguo Bistrot 190 è un bel posto dove consumare una tarda prima colazione domenicale. I prezzi delle singole/doppie partono da £140/175.

Basil Hotel (☎ *7581 3311, fax 7581 3693,* ◍ *thebasil@aol.com, Basil St SW3;* ◍ *Knightsbridge).* Si tratta di un posto tranquillo, nel cuore di Knightsbridge, pieno zeppo di mobili d'antiquariato. È situato in posizione perfetta per portarsi in camera i pacchetti dello shopping fatto da Harrods, Harvey Nichols e Sloane St. Il prezzo delle camere singole/doppie parte da £128/190.

Bayswater e Notting Hill (cartina 3)
Il rapporto qualità/prezzo di queste zone, in questa fascia di prezzo, è notevolmente superiore rispetto a quello dei quartieri a sud o a est di Londra.

Queen's Park Hotel (☎ *7229 8080, fax 7792 1330,* ◍ *parksales@compuserve.com, 48 Queensborough Terrace W2;* ◍ *Bayswater).* Con le sue 86 camere, questo albergo di lusso è molto frequentato, soprattutto da grup-

pi. Le tariffe sono molto buone, considerata
la zona in cui si trova l'albergo. I prezzi delle singole/doppie sono di £98/130.

Portobello (☎ *7727 2777, fax 7792 9641, 22
Stanley Gardens W11;* ◍ *Notting Hill Gate).*
Questo albergo, uno dei più belli di Londra,
è arredato splendidamente e ubicato in ottima posizione. La maggior parte delle persone che vi pernotta considera £145/185 per la
singola/doppia denaro ben speso.

East End (cartina 6) La scelta migliore
di questa zona è costituita da un albergo
molto comodo per chi si sposta in metropolitana o in treno.

Great Eastern Hotel (☎ *7618 5010, fax 7618
5011,* ◍ *sales@great-eastern-hotel.co.uk,
Liverpool St EC2* ◍ *Liverpool St).* Questo
albergo, situato tra l'East End e la City, è a
un tiro di schioppo dalla stazione di Liverpool St ed è stato rinnovato dall'organizzazione Conran. È un albergo elegante e di
lusso ed è decisamente il posto da scegliere
tra quelli che troverete nel raggio dei chilometri circostanti. I prezzi partono da £195/
225 per la singola/doppia; le camere sono
dotate di tutti i servizi possibili e immaginabili.

Pernottamento – deluxe
Alcuni degli alberghi del centro di Londra
sono così lussuosi e rinomati da costituire
loro stessi una meta turistica. Nonostante
lo splendore del loro 'vecchio stile', questi alberghi si sono tutti adeguati alle necessità di chi viaggia per affari.

Claridges (cartina 4; ☎ *7629 8860, fax 7499
2210,* ◍ *info@claridges.co.uk, Brook St W1;*
◍ *Bond St).* Si tratta di uno dei migliori alberghi a cinque stelle di Londra, a testimonianza di un'epoca lontana. Molti dei particolari Art Déco delle sale comuni risalgono
agli anni Venti e molti dei mobili anni Trenta impreziosirono i saloni di gala del transatlantico *SS Normandie,* ora in disarmo.
Aspettatevi di pagare £315 per una singola e
£370 per una doppia.
The Ritz (cartina 4; ☎ *7493 8181, fax 7493
2687,* ◍ *enquire@theritzhotel.co.uk, 150
Piccadilly W1;* ◍ *Green Park).* Cosa si può
dire di un albergo che è entrato nel lessico
inglese? Questo è il più celebrato albergo di
Londra: l'opulento Ritz si trova in posizione

spettacolare, affacciato su Green Park, e qui
la famiglia reale è di casa. I prezzi delle sin-
gole/doppie partono da £295/345. La Long
Gallery e il ristorante sono arredati come un
boudoir rococò.

St Martins Lane (cartina 5; ☎ *7300 5500, numero verde 0800 634 5500, 45 St Martin's
Lane;* ◍ *Leicester Square).* Si tratta di un albergo dal design molto innovativo, dedicato
a chi ricerca 'lo *chic* urbano di New York'
qui a Londra; fu creato dall'*hotelier* internazionale Jan Schrager e dal designer francese
Philippe Starck, ed è a un tiro di schioppo da
Covent Garden. È il tipico posto dove pernottare se volete incontrare top model nel-
l'ascensore e godervi una panoramica della
vita pulsante del West End. Farsi circondare
dal suo minimalismo *fin de siècle* costa
£245/265 per una singola/doppia.
The Savoy (cartina 5; ☎ *7836 4343, fax 7240
6040,* ◍ *info@the-savoy.co.uk, Strand WC2;*
◍ *Charing Cross).* Questo albergo sorge sulle ceneri del vecchio palazzo Savoy, distrutto da un incendio durante la rivolta dei contadini del 1381. Qui le camere (207) sono
così confortevoli e offrono una vista così
splendida che alcune persone vi hanno preso
residenza stabile. Le tariffe della singola/
doppia partono da £290/340. Il piazzale antistante è l'unico luogo, in tutta la Gran Bretagna, in cui gli automobilisti guidano sulla
destra.

Alberghi negli aeroporti
Se dovete prendere un volo molto presto al
mattino dall'aeroporto di Heathrow, probabilmente sceglierete di pernottare in uno
degli anonimi alberghi che si trovano nelle
sue vicinanze. L'autobus-navetta Hotel
Hoppa (☎ 01293-507099, £2,50 per gli
adulti, gratuito per i bambini) fornisce un
collegamento tra i terminal dell'aeroporto,
la linea degli autobus, della metropolitana
e quella ferroviaria e gli alberghi situati
nelle vicinanze; per maggiori informazioni
v. **Per/da Londra** più avanti.

Hotel Ibis Heathrow Airport (☎ *8759 4888, fax
8564 7894, 112/114 Bath Rd, Hayes UB3
5AL).* Questo albergo ha camere pulite e dotate di diversi servizi. Il ristorante pratica prezzi
relativamente bassi, ma quando vi sveglierete
potreste non sapere dove vi trovate, perché
l'albergo è piuttosto anonimo. Le camere singole costano £60, le doppie £68.

Novotel Heathrow Airport (☎ *01895-431431, fax 431221, Cherry Lane, West Drayton UB7 9HB*). Questo albergo, anch'esso decisamente anonimo, si trova nei pressi delle autostrade M4 e M25. Il suo vasto atrio vanta una piscina e le camere costano £90 la singola e £110 la doppia.

Appartamenti

Spesso, le famiglie o i gruppi preferiscono affittare un appartamento piuttosto che alloggiare in un albergo o in un B&B. Alcune agenzie vi potranno aiutare nella ricerca. La Holiday Serviced Apartments (☎ 7373 4477, fax 7373 4282, **@** reserva tions@holidayapartments.co.uk), 273 Old Brompton Rd SW5 (**Ⓜ** Gloucester Rd) e l'Aston's Budget & Designer Studios (☎ 7590 6000, fax 7590 6060), 39 Rosary Gardens SW7 (**Ⓜ** Gloucester Rd) hanno entrambe una lista di appartamenti da affittare per una vacanza.

PASTI

Londra è l'indiscussa capitale gastronomica del Regno Unito, e il fiorire di numerosi ristoranti e caffè (circa 8500, stando alle ultime stime), che rappresentano 70 tipi diversi di cucina, ha reso la città decisamente internazionale. Non ha importanza quello che vi piace mangiare: c'è sicuramente un ristorante che lo serve.

I ristoranti e gli altri locali che servono cibo a Londra hanno orari d'apertura e chiusura estremamente variabili. Per esempio, molti di quelli di Soho sono chiusi la domenica e nella City l'intero fine settimana. Abbiamo cercato di segnalare i ristoranti che non sono aperti tutti i giorni a pranzo e cena, ma è sempre meglio telefonare per essere sicuri. Inoltre, potete prendere in considerazione anche molti dei pub elencati nella sezione **Divertimenti**, dal momento che spesso servono pasti.

Trafalgar Square (cartina 5)

Non troverete un gran numero di esercizi direttamente sulla piazza, ma ci sono un paio di caffetterie nei paraggi e la *Brasse-* *rie* (☎ 7747 2885), al primo piano nella Sainsbury Wing della National Gallery, ha ricevuto apprezzamenti.

Café in the Crypt (☎ *7839 4342, St Martin-in-the-Fields, Duncannon St WC2;* **Ⓜ** *Charing Cross*). Il cibo in questa 'cripta' ricca di atmosfera è buono, con una vasta scelta per i vegetariani, ma il posto può essere rumoroso e movimentato all'ora di pranzo. La maggior parte delle portate principali costa da £5 a £6 e ci sono 'pasti veloci' a partire da £3,95. È aperto tutti i giorni dalle 10 alle 20 e la domenica fino alle 18.

ICA Café (*cartina 4;* ☎ *7930 8619, ICA, The Mall SW1;* **Ⓜ** *Charing Cross*). Potete pranzare in questo locale *bohémienne* per meno di £10, ma la sera il prezzo aumenta considerevolmente (£36 per due persone, vino incluso). È un ristorante per non fumatori, ha un menu con molti piatti vegetariani ed è autorizzato a servire alcolici fino all'una di notte.

Westminster e Pimlico (cartina 8)

Ci chiediamo dove mangiano tutti i poliziotti che girano da queste parti, data la scarsità di ristoranti della zona di Westminster; Pimlico invece ne ha un vasto assortimento.

Jenny Lo's Tea House (☎ *7259 0399, 14 Eccleston St SW1;* **Ⓜ** *Victoria*). Questo semplice ristorante asiatico prepara zuppe e spaghettini fritti a prezzi che vanno da £3,50 a £6,50 e piatti a base di riso a partire da £4,50.

O Sole Mio (☎ *7976 6887, 39 Churton St SW1;* **Ⓜ** *Victoria*). Questo è un locale tipicamente italiano dai prezzi ragionevoli che prepara pizze e piatti di pasta a prezzi che si aggirano intorno a £6.

UNo 1 (☎ *7834 1001, 1 Denbigh St SW1;* **Ⓜ** *Victoria*). In questo allegro ristorante, con una sala da pranzo decorata con colori luminosi (rosso e giallo), i piatti di pasta costano da £5,50 a £8.

St James's e Mayfair (cartina 4)

Shepherd Market è frequentato dalla gente del posto e lungo le sue strade sorgono diversi ristoranti di buon livello.

Shepherd Café Bar (☎ *7495 5509, 7 Shepherd Market W1;* **Ⓜ** *Green Park*). Un vasto menu di piatti a base di pasta (che costano meno di £4) è solo una delle attrazioni di questo accogliente caffè italiano, che ha anche tavoli all'aperto.

Hard Rock Café (☎ 7629 0382, 150 Old Park Lane W1; ⓜ Hyde Park Corner). L'Hard Rock Café originale è qui dal 1971 ed è sempre molto frequentato; date un'occhiata alle code che si fermano davanti all'entrata tutti i giorni dell'anno (non si accettano prenotazioni). Il ristorante serve hamburger e patatine collaudati a £7,25. Qui troverete memorabili cimeli delle vicende del rock.

Rasa W1 (☎ 7629 1346, 6 Dering St W1; ⓜ Bond St). Questo ristorante vegetariano dell'India meridionale serve piatti eccezionali; dovreste pagare circa £10 per persona.

The Little Square (☎ 7355 2101, 3 Shepherd Market W1; ⓜ Green Park). Questo piccolo ristorante ha un menu di buona cucina britannica sia a pranzo sia a cena. Le pietanze principali costano da £8 a £11 e c'è una buona lista di vini. Ci sono un paio di tavoli all'aperto.

West End: Piccadilly, Soho e Chinatown (cartina 5)

Attualmente, Soho è il cuore della Londra gastronomica, con numerosi ristoranti e cucine diverse tra cui scegliere. Le strade più vivaci sono Greek St, Frith St, Old Compton St e Dean St. Le vie Gerrand St e Lisle St sono piene di ogni sorta di gastronomie cinesi.

Cucina cinese Se siete un gruppo di persone e volete mangiare a Chinatown (ⓜ Leicester Square) ma siete molto confusi su quale ristorante scegliere, allora potete contare su uno qualsiasi dei tre della lista che segue. Sono stati provati e riprovati e ne sono sempre usciti vincenti.

Fung Shing (☎ 7437 1539, 15 Lisle St WC2)
Gerrard's Corner (☎ 7437 0984, 30 Wardour St WC2)
Mr Kong (☎ 7437 7341, 21 Lisle St WC2)

Un modo veramente ottimo per assaggiare il meglio della cucina cinese è provare un dim sum cantonese, dove potete selezionare numerosi piattini accompagnandoli con del tè al gelsomino.

Chuen Cheng Ku (☎ 7437 1398, 17 Wardour St W1). Il ristorante è ideale per coloro che non hanno mai provato questo tipo di cucina, perché tutti i piatti (gnocchi, spaghettini, gamberi al cartoccio e altre specialità) vengono portati in giro a vista su carrelli.

Wong Kei (☎ 7437 3071, 41-43 Wardour St W1). Questo ristorante è famoso per la villania dei camerieri. Qualcuno la considera un'esperienza interessante; ma anche se per voi, così come per noi, non è così, potreste comunque farvi tentare dall'economica cucina cantonese (portate principali da £4,50 a £7,50, piatti a base di riso a partire da £3, menu a prezzo fisso da £6).

Cucina giapponese e del Sud-est asiatico

Nel West End, i ristoranti di gastronomia asiatica non si riducono soltanto alla cucina cinese. Ci sono molti altri ristoranti di buon livello che offrono una grandissima varietà di cucine asiatiche.

Tokyo Diner (☎ 7287 8777, 2 Newport Place WC2; ⓜ Leicester Square). Si tratta di un ristorante che consigliamo, con un buon rapporto qualità-prezzo, se si vuole consumare rapidamente una scodella di spaghettini o un piatto di sushi prima di andare al cinema o a teatro. Un pasto vi costerà probabilmente da £8 a £10, ma la serie di bento costa a partire da £10.50.

Soba (☎ 7734 6400, 38 Poland St W1; ⓜ Oxford Circus). Questa è sempre la nostra prima scelta per una semplice (ed economica) scodella di spaghettini giapponesi a £5 circa.

YO! Sushi (☎ 7287 0443, 52-53 Poland St W1; ⓜ Oxford Circus). Si tratta di uno dei più vivaci sushi-bar di Londra, dove i clienti si siedono attorno al bancone e le portate arrivano su un nastro trasportatore lungo 60 m, mentre le bevande vengono servite da un carrello automatico. Il sushi costa da £1,50 a £3,50; un pasto completo dovrebbe costare circa £10 per persona.

Melati (☎ 7437 2745, Great Windmill St W1; ⓜ Piccadilly Circus). Questo è un ristorante indonesiano/malese/singaporese con una buona cucina e una varietà di piatti vegetariani di tutto rispetto. Le diverse portate a base di riso e spaghettini costano da £6 a £8 e il pesce in salsa piccante è ottimo e costa £7,25.

Cam Phat (☎ 7437 5598, 12 Macclesfield St W1; ⓜ Leicester Square). Il Cam Phat è un ristorante vietnamita allegro ed economico che serve piatti ben preparati come il maiale arrosto e spaghetti tipo vermicelli (£4,50) e il *pho* (£3,50), una zuppa vietnamita tipica con carne e spaghettini in un brodo insaporito con scorza di limone.

Altre cucine Nel West End troverete ristoranti che servono ogni tipo di cucina.

Franx Snack Bar (☎ *7836 7989, 192 Shaftesbury Ave WC2;* Ⓜ *Tottenham Court Rd*). Si tratta di un tipico caffè londinese che offre piatti tipici inglesi, quali uova e bacon, a circa £3.

Gaby's (☎ *7836 4233, Charing Cross Rd WC2;* Ⓜ *Leicester Square*). Questo è uno snack bar situato accanto al teatro Wyndham. È lì da sempre e continua ad attirare gente che vuole assaggiare l'*hummus* e il *falafel* (£3,20) e il *couscous royale* (£7,50).

Mildred's (☎ *7494 1634, 58 Greek St W1;* Ⓜ *Tottenham Court Rd*). È un locale così angusto (e famoso) che probabilmente dovrete dividere il tavolo con qualcuno. Ne vale comunque la pena, perché i piatti vegetariani sono sia buoni sia convenienti; tra questi ricordiamo gli hamburger di soia e le verdure saltate in padella; una portata principale abbondante costa da £5 a £7.

Pollo (☎ *7734 5456, 20 Old Compton St W1;* Ⓜ *Leicester Square*). Questo economico ristorante italiano attira studenti con i suoi piatti di pasta, i risotti, le pizze e i piatti a base di pesce a meno di £4.

Spiga (☎ *7734 3444, 84-86 Wardour St W1;* Ⓜ *Tottenham Court Rd*). È il posto che fa per voi se volete una pizza autentica (da £6), un piatto di pasta o una portata principale in un ambiente tirato a lucido e piacevole, ma non vi va di spendere un patrimonio.

Garlic & Shots (☎ *7734 9505, 14 Frith St W1;* Ⓜ *Leicester Square*). Decidere se mangiare o meno in questo ristorante dipende dalla vostra tolleranza all'aglio (e dai vostri progetti per la fine della serata!). Lo troverete dappertutto, persino nella *cheesecake* (torta al formaggio), nel gelato e nella vodka. Le portate principali hanno prezzi da £9 a £13. Il ristorante è aperto tutti i giorni soltanto per la cena.

Gopal's of Soho (☎ *7434 0840, 12 Bateman St W1;* Ⓜ *Tottenham Court Rd*). Si tratta di un ristorante piuttosto angusto e trascurato che tuttavia offre piatti di cucina indiana ragionevolmente autentici e prezzi abbordabili. Il *Thalis* (pasto completo servito su un vassoio

Tè per due o più persone

Dato l'importante ruolo che il tè ha sempre giocato nella cultura e nella società inglese, non dovrebbe sorprendere il fatto che uscire per un 'afternoon tea' (tè pomeridiano) sia un'abitudine veramente sentita dai londinesi.

Quelli che seguono sono alcuni dei posti migliori per sottoporsi al rituale del tè pomeridiano:

Brown's Hotel (cartina 5; ☎ 7493 6020, 30 Albemarle St W1; metro: Green Park) dispensa tè nella Drawing Room tutti i giorni dalle 15 alle 18, con l'accompagnamento di un pianista che allevia lo stress provocato dal traffico delle strade cittadine. Un servizio medio vi costerà £17,95 per persona.

Fortnum & Mason (cartina 5; ☎ 7734 8040, 181 Piccadilly W1; metro: Piccadilly Circus) serve il tè pomeridiano a £13,50 e quello accompagnato da champagne a £16,50 e £18,50 dal lunedì al sabato dalle 15 alle 17.

The Orangery (cartina 3; ☎ 7376 0239; metro: High St Kensington o Queensway) si trova in Kensington Gardens ed è un posto magnifico per un tè pomeridiano a un costo relativamente abbordabile; i prezzi variano da £6,50 con tramezzini al cetriolo o pasticcini all'uva passa a £12,50 con lo champagne. È aperto tutti i giorni dalle 10 alle 18 da aprile a settembre e fino alle 16 il resto dell'anno.

circolare di metallo) ha un buon rapporto qualità-prezzo: £11,75 quello vegetariano cui si deve aggiungere £1 per un pasto equivalente ma con carne.

Rasa Samudra (☎ *7637 0222, 5 Charlotte St W1;* Ⓜ *Goodge St*). Questo ristorante si trova appena a nord di Oxford St ed è soltanto uno dei molti ristoranti che troverete lungo questa strada. Tuttavia, si differenzia dagli altri per la sua enfasi sui piatti del sud dell'India (vegetariani e a base di pesce). Pagherete circa £15 per persona.

L'Odéon (☎ *7287 1400, 65 Regent St W1;* Ⓜ *Piccadilly Circus*). Questo elegante ristorante francese è un posto che vale la pena visitare anche solo per la vista su Regent St che si può godere dalle ampie finestre. Anche il cibo riceve apprezzamenti, soprattutto se scegliete il pranzo o la cena (solo dalle 17.30 alle 19) con menu a prezzo fisso a £15,50/ 19,50 per due/tre portate.

Caffè I caffè di Soho sono un ottimo posto dove passare qualche ora (al chiuso o all'aperto).

Pâtisserie Valérie (☎ 7437 3466, 44 Old Compton St W1; ❻ Tottenham Court Rd). Questo caffè di Soho è una vera e propria istituzione per gustare un tè o un caffè con qualcosa di dolce (torte ipercaloriche a £2,50), ma ritenetevi fortunati se riuscirete a trovare una sedia libera. Ci sono anche *croissant* ripieni e tramezzini a prezzi che vanno da £4 a £5,50.

Maison Bertaux (☎ 7437 6007, 28 Greek St W1; ❻ Tottenham Court Rd). Continua a produrre prelibatezze da 130 anni, squisite come sempre.

Bar Italia (☎ 7437 4520, 22 Frith St W1; ❻ Leicester Square). Questo è un locale amato da molti; è aperto giorno e notte e vanta un favoloso arredamento in stile anni Cinquanta. È sempre affollato e rumoroso; per trovare un posto a sedere, la cosa migliore è andarci dopo l'una di notte.

Covent Garden e lo Strand (cartina 5)

Confinante con Soho e tecnicamente parte del West End, la zona di Covent Garden (❻ Covent Garden) è anch'essa assai fornita di ristoranti.

Rock & Sole Plaice (☎ 7836 3785, 47 Endell St WC2). Si tratta di un semplice negozio che vende pesce e patatine (*fish and chips*) su tavoli di formica. Il delizioso merluzzo o l'aglefino in pastella costano £3,50 o £4,50 con patatine. Non ha la licenza per vendere gli alcolici, ma potete portarne di vostri.

Food for Thought (☎ 7836 0239, 31 Neal St WC2). Questo è un piccolissimo caffè vegetariano, per non fumatori, che presenta piatti speziati a meno di £4.

Calabash (☎ 7836 1973, 38 King St WC2). È una semplice gastronomia nell'Africa Centre che serve piatti di tutte le regioni africane, e dispone di un menu che descrive ogni piatto per coloro che non conoscono questo tipo di cucina. Due piatti tipici sono l'*egusi* (£6,95), un piatto nigeriano a base di spezzatino di carne con pomodori e spezie, e lo *yassa* (£6,50), pollo marinato nel succo di limone e peperoni, proveniente dal Senegal.

Café Pacifico (☎ 7379 7728, 5 Langley St WC2). Serve cibo messicano in una sala da pranzo allegra, con portate principali a circa £7,50 e buonissimi cocktail Margarita.

Belgo Centraal (☎ 7813 2233, Earlham St WC2). Scendere con l'ascensore al piano inferiore e passare attraverso le cucine fa parte del divertimento di questo locale, dove i camerieri sono vestiti da monaci del Cinquecento. Essendo un ristorante belga, le specialità sono *moules et frites* (cozze e patate fritte), arrosti allo spiedo e birra chiara; questo è l'unico ristorante in città a proporre birre con 100 diversi aromi, comprese quelle alla banana, alla pesca e alla ciliegia. Qui vengono serviti un menu a prezzo fisso per il pranzo a £5 e un menu per la cena con un antipasto, cozze e patatine e una birra a £13,95.

Café des Amis du Vin (☎ 7379 3444, 11-14 Hanover Place WC2). Questa è una *brasserie* molto comoda per un pasto prima o dopo il teatro con buoni piatti francesi dai prezzi abbordabili. Gli antipasti costano da £4,95 a £6,50, le pietanze principali da £10 a £13,50 e il pranzo con menu a prezzo fisso da due/ tre portate £9,95/12,50.

Orso (☎ 7240 5269, 27 Wellington St WC2). Si tratta di una gastronomia da tempo in attività, molto frequentata da persone che lavorano nel campo dei media. Questo ristorante è relativamente caro per la cena (circa £25 per persona), ma per un pranzo da due/tre portate ha prezzi più economici: £14/16, incluso un Bloody Mary o un bicchiere di champagne (come qualsiasi giornalista di rispetto vi aspetterebbe).

Simpson's-in-the-Strand (☎ 7836 9112, 100 Strand WC2). Questo è il posto da scegliere per gustare un arrosto tradizionale inglese, anche perché sforna piatti caldi a base di carne dal 1848. Le pietanze principali costano circa £15.

The Admiralty (cartina 4; ☎ 7845 4646, Somerset House, Strand WC2; ❻ Covent Garden o Temple). Il famosissimo ristorante della Somerset House, restaurata di recente, ha un interno decorato in modo tradizionale e prepara piatti di cucina francese moderna. Aspettatevi di pagare almeno £22 per persona. All'esterno c'è una graziosa terrazza che si affaccia sul Tamigi.

Caffè Ci sono alcuni divertenti caffè New Age, alcuni vegetariani, a Neal's Yard, inclusi quelli elencati di seguito. Tutti offrono un menu simile, caratterizzato da piatti unici come pane e formaggio con taglierini fatti in casa e piacevoli contorni, ma lo spazio è poco e i locali si riempiono rapidamente. Il pranzo in uno qualsiasi di questi locali dovrebbe costare da £5 a £6, se fate delle scelte oculate.

World Food Café (☎ 7379 0298, 14 Neal's Yard WC2)
Neal's Yard Salad Bar (☎ 7836 3233, 2 Neal's Yard WC2)

Bloomsbury (cartine 2, 4 e 5)

Se avete deciso di visitare il British Museum, vi sarà utile sapere che in Museum St (cartina 5) ci sono moltissimi caffè e locali semplici dove pranzare; questi offrono un rapporto qualità-prezzo migliore di quello del caffè del museo.

Ruskins Café (cartina 5; ☎ 7405 1450, 41 Museum St WC1; ❹ Tottenham Court Rd). Propone una zuppa e patate ripiene cotte al forno (*jacket potato*) a partire da £2,95.
North Sea Fish Restaurant (cartina 2; ☎ 7387 5892, 7-8 Leigh St WC1; ❹ Russell Square). Questo ristorante offre una cucina caratterizzata esclusivamente da pesce fresco e patate, un'ambizione senza pretese, ma che raggiunge con pieno successo. Merluzzo, aglefino e passera di mare fritti o alla griglia, e un'enorme porzione di patate fritte, vi costeranno da £6,95 a £7,95.
Coffee Gallery (cartina 5; ☎ 7436 0455, 23 Museum St WC1; ❹ Tottenham Court Rd). È un posto frequentatissimo che serve piatti di pasta e portate principali, come sardine alla griglia con insalata, in una sala luminosa e allegra con quadri d'arte moderna alle pareti.
Mille Pini (cartina 4; ☎ 7242 2434, 33 Boswell St WC1; ❹ Russell Square o Holborn). Questo posto, molto apprezzato, è un vero ristorante-pizzeria 'vecchio stile' che pratica prezzi ragionevoli. Con qualche oscillazione dovreste spendere solo £6/10 per due portate a pranzo/cena.
Mandeer (cartina 5; ☎ 7405 3211, 8 Bloomsbury Way WC1; ❹ Holborn). Questo ristorante indiano è l'ideale per i vegetariani convinti; non troverete pesce, carne, coloranti o conservanti in nessuna pietanza. Questo ri-

storante ajurvedico (tradizione olistica indiana) offre numerosi piatti vegetariani e vegani a circa £6. È aperto tutti i giorni tranne la domenica.

Holborn e Clerkenwell (cartine 2 e 4)

La zona di Holborn ha qualche ristorante e locale notturno da raccomandare ma è generalmente deserta nelle ore serali. Clerkenwell, invece, occupa una posizione di riguardo sulla mappa dei ristoranti. I locali indicati qui di seguito sono, per la maggior parte, raggiungibili dalla stazione della metropolitana di Farringdon.

The Grenery (cartina 4; ☎ 7490 4870, 5 Cowcross St EC1). Questo piccolo caffè vegetariano resiste, per il momento, all'imborghesimento di Clerkenwell. Serve insalate a £3,95 e *chapati* di ceci e coriandolo a 1,80.
St John (cartina 4; ☎ 7251 0848, 26 St John St EC1). È il locale dove venire se volete assaggiare la cucina della vecchia Inghilterra sotto nuove spoglie: trippa e zuppa con salsicce a £5, piccione e carciofi di Gerusalemme a £11,80, animelle, piselli e fave a £12,80. Sebbene vi siano alcuni piatti a base di pesce, questo posto è specializzato in piatti di carne, in particolare frattaglie (d'altra parte è situato proprio accanto al mercato di Smithfield).
Gaudí (cartina 4; ☎ 7608 3220, 63 Clerkenwell Rd EC1). Questo locale si prende delle libertà con la genialità dell'architetto catalano Gaudí per creare un'atmosfera di un ristorante di classe specializzato in quella che è stata chiamata la 'nuova cucina spagnola'. Il pesce qui gioca un ruolo importante, se non esclusivo, e i primi piatti costano a partire da £6 mentre le portate principali partono da £14. Il pranzo a menu fisso nei giorni feriali costa £12,50/15 per due/tre portate. Il ristorante dispone di un'ottima lista di vini spagnoli.
Cicada (cartina 2; ☎ 7608 1550, 132-136 St John St EC1). Questo è un ristorante adorabile e moderno che mescola i gusti e gli aromi della cucina asiatica con grande successo. Gli antipasti hanno prezzi che partono da £5, mentre le portate principali costano da £6 a £10.
Club Gascon (cartina 4; ☎ 7253 5853, 57 West Smithfield EC1). Situato accanto al glorioso St Bartholomew's-the-Great (famoso grazie al film *Quattro matrimoni e un funerale*),

serve i piatti tipici della Francia sud-occidentale. È consigliabile prenotare con molto anticipo; aspettatevi di pagare almeno £30 per persona.

La City (cartine 4 e 6)

La zona della City può diventare irritante se cercate un ristorante di livello medio con prezzi abbordabili che sia aperto dopo l'orario d'ufficio. I ristoranti elencati qui di seguito sono i migliori dell'esiguo numero.

Ye Olde Cheshire Cheese (cartina 5; ☎ 7353 6170, Wine Office Court EC4; Ⓜ Blackfriars). È stato ricostruito sei anni dopo il Grande Incendio che colpì Londra ed era molto frequentato da personaggi come Johnson, Thackeray, Dickens e Mark Twain. Nonostante sia un ristorante turistico, rimane comunque un locale ricco d'atmosfera con ottimi pasti da pub (£6).

Dim Sum (cartina 4; ☎ 7236 1114, 5-6 Deans Court EC4; Ⓜ St Paul's). Si tratta di una delizia per coloro che viaggiano con un budget limitato ed è in una posizione comoda per una visita a St Paul e per l'ostello YHA City of London. Il ristorante serve specialità di Pechino e Szechuan con prezzi da £3 a £6, ma l'affare migliore è il buffet a £9,99 (minimo per quattro persone) che segue la regola 'divora tutto quello che puoi'; il buffet è disponibile dal lunedì al venerdì dalle 18 alle 22.30.

Wine Library (cartina 6; ☎ 7481 0415, 43 Trinity Square EC3; Ⓜ Tower Hill). Questo è un locale eccellente in cui andare se desiderate un pranzo leggero ma accompagnato da grandi quantità di alcolici. Compratevi una bottiglia di vino (nessuna ulteriore aggiunta di prezzo a parte £2 per aprirla) dall'ampia selezione in offerta e fate uno spuntino di patè, formaggi e insalate per £9,95. Il negozio è aperto dal lunedì al venerdì dalle 10 alle 18 e dalle 11.30 alle 15 per il pranzo.

Da Vinci (cartina 4; ☎ 7236 3938, 42-44 Carter Lane EC4; Ⓜ St Paul's). Questo è un caso più unico che raro; si tratta di un ristorante italiano con prezzi abbordabili, situato appunto nella City. Gli antipasti costano da £3,95 a £6,95, i piatti di pasta da £3,80 a £5,95 e le portate principali da £8,50 a £14. Il pranzo a menu fisso da due portate costa invece £11,50 ed è disponibile anche un 'menu economico' dalle 11.30 alle 13 (£4,50).

Café Spice Namaste (cartina 6; ☎ 7488 9242, 16 Prescot St E1; Ⓜ Tower Hill). Questo è uno dei nostri ristoranti indiani preferiti a Londra; serve piatti tipici di Goa e del Kerala (con influenze del sud-est asiatico) in un ex palazzo di giustizia che è stato decorato con colori 'carnevaleschi'. Provate il *frango piri-piri* (£7,75), un pollo *tikka* piccante e infuocato marinato nel *masala* rosso.

Sweeting's (cartina 6; ☎ 7248 3062, 39 Queen Victoria St EC4; Ⓜ Mansion House). Questo è un bellissimo locale 'vecchio stile', con pavimento a mosaico e camerieri in grembiule bianco in piedi dietro a stretti banconi, intenti a servire ogni tipo di delizia tradizionale a base di pesce. Qualche fetta di salmone affumicato costa £8,50; i prezzi delle portate principali vanno da £8 a £19.

Bermondsey (cartina 6)

Tra i locali che si dedicano alla ristorazione si segnalano i palazzi gastronomici di Terence Conran in Shad Thames, (Ⓜ Bermondsey o Tower Hill).

Blue Print Café (☎ 7378 7031, Design Museum, Butlers Wharf, Shad Thames SE1). Nave ammiraglia dei ristoranti Conran, la cucina europea moderna è all'ordine del giorno, con antipasti che costano da £5 a £6,50 e portate principali che vanno da £11 a £16,50. Da qui si gode una vista spettacolare del fiume e il museo del design si trova proprio accanto al caffè.

Cantina del Ponte (☎ 7403 5403, Butlers Wharf, 36c Shad Thames SE1). Questo è un ristorante Conran che si trova sulla sponda del fiume, ma è più economico degli altri e serve cibo italiano e mediterraneo. Gli antipasti partono da £5, le pietanze principali da £13, le pizze costano circa £7 e i piatti a base di pasta da £7,50 a £12,50. All'ora di pranzo, durante il fine settimana, e all'ora di cena la domenica, si può degustare un menu di due/tre portate a £12/15. C'è una fantastica zona all'aperto dove si può mangiare con il bel tempo.

Southwark (cartina 6)

Il numero di locali dove poter mangiare in questa zona dovrebbe aumentare presto, soprattutto grazie alla presenza della nuova Tate Modern.

Manze's (☎ 7407 2985, 87 Tower Bridge Rd SE1; ⓜ London Bridge). Questo è il più antico negozio di torte salate di Londra (ancora in piena attività da più di un secolo); si trova in una posizione comoda per chi voglia visitare il Bermondsey Market. All'interno del suo locale, piastrellato in maniera gradevole, le anguille in gelatina costano £2, la torta salata con purè di patate £2,20 e quella con *liquor* £1,50.

Konditor & Cook (☎ 7620 2700, 10 Stoney St SE1; ⓜ London Bridge). Questa originale panetteria, probabilmente la migliore di Londra, serve ottimi pranzi caldi e freddi. Ci sono tavoli all'aperto e potete anche comprare ciò che vi interessa e mangiarlo da qualche altra parte. La maggior parte delle pietanze in vendita costa meno di £3.

Tate Modern Café (☎ 7401 5020, Bankside SE1; ⓜ Southwark). In questo caffè alla moda con una vista stupenda le pietanze sono, ovviamente, artistiche. Il menu, come anche le gallerie che si trovano ai piani inferiori, rivela influenze da ogni parte del mondo; tra i piatti disponibili ci sono insalate, panini e diverse pietanze principali; per un pasto pagherete da £5 a £20. Il caffè è aperto tutti i giorni dalle 10.15 alle 17.30 e il venerdì e il sabato per la cena (ma spesso l'orario di apertura è più ampio).

The Tall House (cartina 4; ☎ 7401 2929, 134 Southwark St SE1; ⓜ Southwark). In questo elegante ristorante vengono servite pietanze fresche e originali che si ispirano alla cucina cantonese. Due pietanze costano circa £12. Il ristorante è aperto tutti i giorni tranne la domenica da mezzogiorno a mezzanotte.

Fish! (☎ 7836 3236, Cathedral St SE1; ⓜ London Bridge). Questo locale è situato in un padiglione vittoriano completamente in vetro che si affaccia sul Borough Market e la cattedrale di Southwark. Qui servono pesce freschissimo e frutti di mare preparati in maniera semplice: pesce spada, merluzzo, razza, calamari (o qualsiasi altra cosa segnalata) alla griglia o al vapore, accompagnati da una delle cinque salse disponibili. Aspettatevi di pagare da £8,50 a £15,95 per una portata principale.

Waterloo e Lambeth (cartina 4)

Questa zona a sud di Londra non risulta attraente a prima vista per quanto riguarda il cibo, anche se i caffè e i ristoranti all'interno della Festival Hall, del Royal National Theatre e del National Film Theatre sono luoghi d'incontro molto frequentati dove si mangia discretamente.

Konditor & Cook (☎ 7620 2700, 66 The Cut SE1; ⓜ Waterloo). Questo caffè che appartiene alla famosa catena di panetterie di Southwark è situato all'interno del Young Vic Theatre e serve pasti dal lunedì al venerdì dalle 8.30 alle 23 e il sabato dalle 10.30 alle 23.

Mesón Don Felipe (☎ 7928 3237, 53 The Cut SE1; ⓜ Waterloo). È un locale che serve *tapas* e che viene raccomandato più spesso di molti altri per la sua vasta scelta di piatti, per i prezzi economici (da £3 a £4 per piatto) e per i dintorni affascinanti.

Tas (☎ 7928 1444, 33 The Cut SE1; ⓜ Southwark). Questo è un ottimo ristorante turco situato in una bella zona, con piatti di buon livello. Il *choban kavurma* (agnello in casseruola), a £6,95, viene apprezzato da molti.

Fish! (☎ 7234 3333, 3B Belvedere Rd SE1; ⓜ Waterloo). Si tratta di una filiale dell'omonimo ristorante di Southwark (v. più indietro, in questa sezione). Anche in questo ristorante il pesce fresco la fa da padrone.

Oxo Tower Restaurant & Brasserie (☎ 7803 3888, Barge House St SE1; ⓜ Waterloo). La trasformazione della vecchia Oxo Tower nella South Bank in un palazzo di abitazioni che ospita un ristorante all'ottavo piano ha stimolato l'apertura di nuovi ristoranti a sud del fiume. Il cibo, che è una miscellanea di gusti mediterranei, francesi e del Pacifico, è molto buono. I prezzi degli antipasti vanno da £5,50 a £13,50, quelli delle pietanze principali si aggirano intorno a £18 ed è inoltre disponibile un pranzo di tre portate con menu a prezzo fisso (£24,50).

Pizzeria Castello (cartina 1; ☎ 7703 2556, 20 Walworth Rd SE1; ⓜ Elephant and Castle). Chiedete a qualsiasi abitante del sud di Londra di indicarvi la migliore pizzeria su questa sponda del Tamigi e vi ritroverete proprio qui. Questa pizzeria, molto accogliente, è in attività da anni ed è a gestione familiare. I prezzi sono bassi (meno di £6); è indispensabile prenotare se si vuole evitare una lunga attesa per un tavolo.

Chelsea, South Kensington e Earl's Court (cartina 7)

Queste tre zone vantano un incredibile assortimento di ristoranti, dai ristoranti segnalati sulla guida Michelin ai bar 'trendy' che vendono spaghettini e alle *pâtisserie* francesi. I prezzi accontentano tutte le tasche.

Benjy's (☎ *7373 0245, 157 Earl's Court Rd SW5;* Ⓜ *Earl's Court*). Nonostante non sia niente di più di un caffè tradizionale, questo locale è sempre affollato e offre cibo economico e sostanzioso. Prime colazioni serie, con tè o caffè a volontà, costano circa £3,50, mentre il pranzo costa £4,95.

Krungtap (☎ *7259 2314, 227 Old Brompton Rd SW10;* Ⓜ *Earl's Court*). Questo è il nome thailandese di Bangkok; si tratta di un caffè accogliente e affollato aperto solo a cena. I prezzi della maggior parte dei piatti variano da £3,50 a £5.

Blanco's (☎ *7370 3101, 314 Earl's Court Rd SW5;* Ⓜ *Earl's Court*). È un posto molto allegro, un autentico bar di *tapas* (da £2,25 a £4,95) che serve anche dell'ottima birra spagnola. Rimane aperto fino a mezzanotte.

Chelsea Bun (cartina 7; ☎ *7352 3635, 9a Lamont Rd SW10;* Ⓜ *Fulham Broadway o Earl's Court*). Questa versione londinese di un caffè americano è un locale con un ottimo rapporto qualità-prezzo che si trova nella zona conosciuta con il nome di World's End ('la fine del mondo'). Qui viene servita la prima colazione tutto il giorno, e ci sono posti a sedere su una veranda al piano superiore. Le pietanze principali hanno prezzi che vanno da £4 a £7.

Oriel (☎ *7730 2804, 50-51 Sloane Square SW1;* Ⓜ *Sloane Square*). Con le sue sedie in vimini, i suoi specchi e i suoi tavolini che si affacciano su Sloane Square, questo ristorante è il posto ideale per incontrarsi prima di andare a fare acquisti in King's Rd o Sloane St. I prezzi delle portate principali variano da £5 a £10; qualcosa di più leggero come una pasta o un'insalata costa dalle £6 alle £8,50.

The Collection (☎ *7225 1212, 264 Brompton Rd SW3;* Ⓜ *South Kensington*). Questo locale si trova in una splendida posizione, in una galleria ristrutturata, con il ristorante che occupa una balconata che si affaccia sul bar (ideale per osservare la gente). I prezzi degli antipasti variano da £3,50 a £7 e dei piatti principali da £11 a £14,50. Ci sono anche pasti con menu a prezzo fisso di due/tre portate che costano £10/13.

Spago (☎ *7225 2407, 6 Glendower Place SW7;* Ⓜ *South Kensington*). Questo è un ristorante italiano con un eccellente rapporto qualità-prezzo e con una buona scelta di piatti di pa-

sta e pizze con prezzi che partono da £4,50; è situato in una posizione comoda per i musei di South Kensington. È aperto tutti i giorni all'ora di cena e il sabato offre musica dal vivo.

New Culture Revolution (☎ *7352 9281, 305 King's Rd SW3;* Ⓜ *Sloane Square*). Questo è un ottimo bar alla moda che serve gnocchi e spaghettini con piatti principali a £6 circa.

Made in Italy (☎ *7352 1880, 249 King's Rd SW3;* Ⓜ *Sloane Square*). Mangiare in questo ristorante a gestione familiare è come fare un viaggio nel sud dell'Italia senza però i fastidi del viaggio stesso. Le pizze (£6) sono buonissime, come pure il menu (sempre diverso) di piatti di pasta e pesce fresco (da £6 a £12). Qui le famiglie si troveranno a proprio agio, dal momento che il ristorante vanta un'atmosfera rilassata e divertente.

Daphne's (☎ *7589 4257, 112 Draycott Ave SW3;* Ⓜ *South Kensington*). Questo è un locale frequentato da persone celebri e dal loro seguito, piccolo abbastanza da essere intimo ma abbastanza grande da non risultare claustrofobico. Serve una deliziosa cucina di tipo mediterraneo con portate principali da £12,50 a £19 e piatti di pasta a £9.

Bibendum (☎ *7581 5817, 81 Fulham Rd SW3;* Ⓜ *South Kensington*). Questo locale appartenente alla catena Conran si trova in uno degli edifici più piacevoli tra quelli che ospitano ristoranti: la Michelin House, realizzata in stile Art Nouveau e risalente al 1911. Il famoso Bibendum Oyster Bar (da £3,60 a £10,20 per una mezza dozzina di ostriche) si trova al piano terra, dove vi sentirete davvero nel cuore della raffinatezza architettonica. Al piano superiore la struttura è molto più leggera e luminosa. Un pasto completo (vino incluso) costerà circa £55 per persona.

Cucina francese La zona di South Kensington è abitata da molti francesi, che qui gestiscono un gran numero di attività, particolarmente lungo Bute St, immediatamente a sud-ovest della stazione della metropolitana di South Kensington. Tra queste attività rientrano un negozio di ghiottonerie che si chiama *La Grande Bouchée* (☎ *7589 8346*), situato al n. 31 di Bute St, e la *Rôtisserie Jules* (☎ *7584 0600*), al n. 6-8, una caffetteria in semplice stile francese con polli arrosto alla fiamma (da £4,95 a £9,75) e *gigot d'agneau*.

Dietro l'angolo, *FrancoFill* (☎ *7584 0087, 1 Old Brompton Rd SW7*) è un delizioso caffè-ristorante che serve pasti a circa £10.

Kensington e Knightsbridge (cartine 3 e 4)

I ristoranti, i caffè e i bar in questi eleganti 'villaggi' a sud e a sud-est di Londra si rivolgono a una clientela altolocata, ma troverete sempre qualcosa di buono e a prezzi accessibili lontano dalle vie principali.

Pizza on the Park (*cartina 4;* ☎ *7235 5273, 11 Knightsbridge SW5;* ◒ *Hyde Park Corner*). Questo locale è tanto famoso per le serate con musica jazz dal vivo quanto lo è per le sue pizze. Al piano superiore c'è un ristorante spazioso con pochi tavoli (è una fortuna trovarli liberi) che si affacciano su Hyde Park. Le pizze costano in media £6,50; la prima colazione è disponibile tutto il giorno dalle 8.15 (£4 se 'continentale', £4,95 se 'all'inglese') e il tè del pomeriggio viene servito dalle 15.15 (£6,95).

Bellini's (*cartina 3;* ☎ *7937 5520, 47 Kensington Court W8;* ◒ *High St Kensington*). Questo è un ristorante di classe con qualche tavolo all'aperto e con una bella vista su di un vicolo adornato di fiori; i pranzi di due/tre portate costano £6,75/7,90.

Fifth Floor (*cartina 3;* ☎ *7235 5250, Harvey Nichols, 109-125 Knightsbridge SW1;* ◒ *Knightsbridge*). Questo è il bar o ristorante e caffè perfetto per riposare le membra dopo aver fatto acquisti. È caro, se considerate la media di £30 per persona a cena, ma c'è un pranzo a prezzo fisso di tre portate a £23,50 disponibile nei giorni feriali da mezzogiorno alle 15 (fino alle 15.30 durante il fine settimana).

Notting Hill e Bayswater (cartina 3)

La zona di Notting Hill, diventata così famosa dopo l'uscita nelle sale cinematografiche del film omonimo, dispone di una grande varietà di posti interessanti per mangiare e ci sono letteralmente dozzine di locali che si susseguono su Quensway e Westbourne Grove, dai negozietti economici con cibo d'asporto ai ristoranti di buona qualità.

Market Thai (☎ *7460 8320, 240 Portobello Rd;* ◒ *Ladbroke Grove*). Al piano superiore di un bar e ben più in alto della zona del mercato, infestata dalle folle, viene servita una cucina thailandese fresca e deliziosa; i piatti speciali, a £5, offrono un buon rapporto qualità-prezzo.

Geales (☎ *7727 7528, 2 Farmer St W8;* ◒ *Notting Hill Gate*). Questo è un frequentato ristorante di pesce, con il prezzo di quest'ultimo che viene calcolato a seconda della stagione e del peso. Pesce e patatine fritte costano circa £8,50, ma ne vale sicuramente la pena.

Café Grove (☎ *7243 1094, 253a Portobello Rd;* ◒ *Ladbroke Grove*). Questo è il posto dove dirigersi per gustare prime colazioni gigantesche e originali oppure piatti vegetariani economici e fantasiosi per £5 circa. La grande balconata che si affaccia sul mercato è il luogo ideale per osservare il movimento nelle mattinate dei fine settimana.

Mandola (☎ *7229 4734, 139-141 Westbourne Grove W2;* ◒ *Bayswater*). Offre qualcosa di completamente diverso: piatti vegetariani sudanesi come il *tamia* (una specie di *falafel*) a £4,50 o il *fifilia* (curry di verdure) a £6,95. I piatti a base di carne, come l'*halla* di pollo, costano intorno a £7.

Osteria Basilico (☎ *7727 9372, 29 Kensington Park Rd W11;* ◒ *Notting Hill Gate o Ladbroke Grove*). Questo ristorante offre uno strano connubio di fascino rustico e di eleganza dell'ovest di Londra, con un menu di provata qualità e un'atmosfera vivace e rilassata. I tavoli accanto alla finestra sono i migliori, ma dovrete prenotare. Sono da raccomandare i piatti di pasta (da £6) e i piatti a base di pesce (da £8).

Kalamaras Micro (☎ *7727 5082, 66 Inverness Mews W2;* ◒ *Bayswater*). I paraggi in cui è situato questo locale non saranno 'mega' in questa zona tranquilla di Queensway, ma la cucina è davvero 'macro'. I piatti principali costano in media £7,50 e potete portarvi le vostre bevande.

Manzara (☎ *7727 3062, 24 Pembridge Rd W11;* ◒ *Notting Hill Gate*). È un locale semplice che offre piatti turchi economici, freschi e ben preparati per meno di £10.

The Standard (☎ *7229 0600, 21-23 Westbourne Grove W2;* ◒ *Bayswater*). Serve piatti indiani eccellenti e a un prezzo molto buono. Contate di spendere circa £10 per persona.

Brasserie de Marché aux Puces (☎ *8968 5828, 349 Portobello Rd;* ◒ *Ladbroke Grove*). Situato in una zona tranquilla della strada del mercato di Portobello, a nord dello stesso, quest'ottima *brasserie* offre pietanze francesi classiche a buoni prezzi (la maggior parte delle pietanze costa meno di £12) e nelle giornate di sole dispone di tavoli all'aperto.

Inaho (☎ *7221 8495, 4 Hereford Rd W2;* Ⓜ *Bayswater).* Questo minuscolo ristorante giapponese offre un menu *tempura* con prezzo fisso (all'ora di cena) con antipasto, zuppa, insalata mista, *yakitori, sashimi, tempura,* riso e frutta di stagione a £20 e un menu equivalente *teriyaki* a £22. Un *tonkatsu* costa £7m mentre i piatti a base di riso e di spaghettini costano da £4 a £6.

Bali Sugar (☎ *7221 4477, 33a All Saints Rd W11; metro Westbourne Park).* Questo graziosissimo ristorante è pieno di fiori e molto affascinante. La cucina viene definita 'fusion' e propende leggermente per la parte asiatica.

Euston (cartina 2)

Drummond St (Ⓜ Euston Square o Euston) vanta un certo numero di buoni ristoranti vegetariani dell'India meridionale. Il *Diwana* (☎ *7387 5556),* al n. 121, è il primo (e, a detta di alcuni, il migliore) nel suo genere lungo questa via. È specializzato in *bel poori* in stile Bombay (una specie di spuntino misto) e *dosa* e ha un pranzo a buffet dove si può mangiare a volontà per £3,95. Nelle vicinanze, al n. 124, c'è il *Chutney's* (☎ *7388 0604),* che offre un pranzo a buffet migliore (disponibile tutto il giorno la domenica) per $£4,95.

Camden (cartina 2)

Camden High St è punteggiata di buoni ristoranti, anche se osservando i gitanti della domenica che fanno uno spuntino con salsicce e hamburger comprati in rosticceria vi sarà difficile crederlo.

Café Delancey (☎ *7387 1985, 3 Delancey St NW1;* Ⓜ *Camden Town).* Questo è il padre di tutte le *brasserie* in stile francese di Londra e offre la possibilità di bere una tazza di caffè decente con uno spuntino o un pasto completo in un ambiente in stile europeo con tanto di giornali. I piatti principali costano da £8 a £13 e una mezza bottiglia di vino parte da £6,90. Le toilette anguste, il personale litigioso e Charles

Aznavour che canticchia in sottofondo rendono il tutto abbastanza parigino.

El Parador (☎ *7387 2789, 245 Eversholt St NW1;* Ⓜ *Mornington Crescent).* Questo è un locale spagnolo tranquillo dove la lista di circa 15 piatti vegetariani e *tapas* comprende le *empanadillas de espinacas y queso* (specialità con spinaci e formaggio) a £3,80; il ristorante ha anche piatti a base di carne e pesce appena un po' più cari (circa £5).

Bar Gansa (☎ *7267 8909, 2 Inverness St NW1;* Ⓜ *Camden Town).* Si tratta di un bar/caffè con pretese artistiche che serve *tapas* intorno a £3 e piatti più elaborati a prezzi che vanno da £6,50 a £7,95. Il servizio è buono e il personale è cordiale. La prima colazione costa £3,95. Il locale serve alcolici fino a mezzanotte e mezza (al sabato e alla domenica fino all'una di notte).

Lemon Grass (☎ *7284 1116, 243 Royal College St;* Ⓜ *Camden Town).* Questa è una delle migliori gastronomie thailandesi di Camden, con cibo autentico e personale cordiale; anche l'interno del locale è affascinante. I piatti principali costano circa £6.

Thanh Binh (☎ *7267 9820, 14 Chalk Farm Rd NW1;* Ⓜ *Camden Town).* Si tratta di un piccolo e tranquillo locale di fronte al Camden Market che serve piatti vietnamiti accettabili, con prezzi che variano da £4,50 a £6,50; il pranzo con menu a prezzo fisso costa £5.

Sauce (☎ *7482 0777, 214 Camden High St NW1;* Ⓜ *Camden Town).* Si tratta di un locale giovanile e molto alla moda, soprattutto perché utilizza ingredienti certificati come 'organici'. Il cibo servito è molto vario (da insalate a hamburger) e le pietanze costano in media da £6 a £11.

The Engineer (☎ *7722 0950, 65 Gloucester Ave NW1;* Ⓜ *Chalk Farm).* Questo è un locale dal tocco decisamente vittoriano che è stato trasformato in un pub di grande successo, che al piano superiore attira il pubblico 'alternativo' della Londra settentrionale. Le moderne pietanze britanniche sono ottime; spendere circa £12 per persona.

Lemonia (cartina 1; ☎ *7586 7454, 89 Regent's Park Rd NW1;* Ⓜ *Chalk Farm).* Questo è un ristorante greco di alto livello e molto frequentato che offre una cucina con un buon rapporto qualità-prezzo in un'atmosfera vivace. I *metze* (serie di stuzzichini) costano £13,50 per persona e il *moussaka,* sia vegetariano sia di carne, costa £7,50 ed è particolarmente gustoso. Nei giorni feriali c'è un pranzo con menu a prezzo fisso (£7,50).

Islington (cartina 2)

Islington è un posto eccellente per una serata fuori casa. Secondo l'ultimo conteggio, vi erano più di 60 caffè e ristoranti fra Angel e Highbury Corner, con la maggior parte del movimento concentrato in Upper St.

The Duke of Cambridge (☎ 7359 3066, 30 St Peter's St N1; ❻ Angel). Il primo 'gastropub' di Londra, con alimenti classificati come 'organici', serve pietanze buone e abbondanti in un'atmosfera accogliente. I prezzi vanno da £4 a £14.

Ravi Shankar (☎ 7833 5849, 422 St John St EC1; ❻ Angel). Questo piccolo ristorante dai prezzi economici è uno dei migliori di Londra quanto a pietanze indiane vegetariane.

Afghan Kitchen (☎ 7359 8019, 35 Islington Green N1; ❻ Angel). Questo ristorante piccolo e spartano, ma molto alla moda, serve semplici pietanze afghane (carni e verdure speziate) che ben si accoppiano con il riso basmati. Il servizio è veloce e i prezzi sono bassi (circa £5).

Angel Mangal (☎ 7359 7777, 139 Upper St N1; ❻ Angel o Highbury & Islington). Le ottime ed economiche pietanze turche servite in questo ristorante lo rendono difficile da battere in qualità. Qui troverete una scelta vastissima di carni alla griglia, cotte su richiesta e servite con grandi assortimenti di verdure e insalate. Pagherete meno di £10 per persona.

Tartuf (☎ 7288 0954, Upper St N1; ❻ Angel). Il piatto migliore di questo ristorante divertente e dall'atmosfera rilassata è la *tarte flambée* alsaziana. La pasta sottile e leggera viene servita con una varietà di condimenti e costa circa £6. Il menu in stile 'divora tutto quello che puoi', dal prezzo di £10 per persona, vi garantirà *tarte* a volontà.

Lola's (☎ 7359 1932, The Mall, 359 Upper St N1; ❻ Angel). Questo è un premiato ristorante famoso per il suo adorabile arredamento, per il menu che varia continuamente e per la tarda prima colazione della domenica accompagnata da musica jazz dal vivo. I prezzi degli antipasti variano da £5 a £7, quelli delle portate principali da £10,50 a £14.

Hampstead

Hampstead, il 'villaggio' londinese più autentico della capitale, vanta un gran numero di ristoranti di buon livello che si trovano a breve distanza dalla stazione della metropolitana omonima.

Café Base (☎ 7431 3241, 70-71 Hampstead High St NW3). Si tratta di un caffè luminoso e pulito che serve 'ciabatte' farcite e involtini a prezzi che vanno da £2,60 a £4,95 e insalate e piatti di pasta che costano da £2,95 a £3,95.

La Gaffe (☎ 7794 7526, 107 Heath St NW3). Questo è un ristorante italiano con un'accogliente gestione familiare ospitato da molto tempo in un cottage del Settecento. I prezzi sono piuttosto ragionevoli.

Giraffe (☎ 7435 0343, 46 Rosslyn Hill NW3). Questo bellissimo caffè serve la prima colazione al mattino (le frittelle di banane costano £4,25) e, nel resto del giorno, un menu molto vario. Il locale è confortevole ed è il luogo ideale dove fermarsi se siete in giro per il villaggio di Hampstead o per la brughiera.

East End (cartine 1 e 6)

Con i ristoranti indiani e bengalesi di Brick Lane e quelli alla moda di cucina europea/britannica moderna di Hoxton e Shoreditch, l'East End è finalmente riuscito a farsi inserire sulle cartine culinarie di Londra. Il mercato di Spitalfields (cartina 6) ospita una serie di locali dall'atmosfera accogliente e rilassata.

Brick Lane Beigel Bake (cartina 1; ☎ 7729 0616, 159 Brick Lane E2; ❻ Shoreditch). Questo è più un rivenditore di ghiottonerie gastronomiche che un caffè; si trova alla fine di Brick Lane, verso Bethnal Green Rd, ed è aperto 24 ore su 24. Non toverete dei *bagel* (ciambelle di pane ebraico) più freschi e a buon prezzo in nessun'altra parte di Londra. Il *bagel* ripieno è un affare: da 45p a 65p (quello con salmone e formaggio spalmato è enorme e costa 95p).

Mesón Los Barriles (cartina 6; ☎ 7375 3136, 8a Lamb St E1; ❻ Liverpool St). Questo bar-ristorante che serve *tapas* si trova all'interno dello Spitalfields Market e ha un'eccellente scelta di pesce e frutti di mare. I prezzi delle *tapas* variano da £2 a £4.90, mentre il costo medio di una portata principale è di £6.50.

The Real Greek (cartina 1; ☎ 7739 8212, 15 Hoxton Market N1; ❻ Old St). Hoxton Market è una delle zone più alla moda di Londra e questo ristorante è molto conosciuto (a ragione). Le pietanze greche che gusterete sono veramente buonissime e originali. Ospitato in un vecchio pub, è aperto per pranzo e cena, ma rimane chiuso la domenica. Aspettatevi di pagare circa £25 per persona.

Viet Hoa (*cartina 1;* ☎ *7729 8293, 70-72 Kingsland Rd E2; autobus n. 67 o 149*). Questo ristorantino ha lo stile di una cantina e serve piatti vietnamiti autentici ed eccellenti. Un pasto completo dovrebbe costarvi meno di £10; il ristorante è sempre affollato.

Cucina indiana Brick Lane (cartina 1; Ⓜ Aldgate East o Shoreditch) è piena, su entrambi i lati, di ristoranti indiani e bengalesi economici; tuttavia, non tutti sono eccellenti. L'*Aladin* (☎ *7247 8210*), al n. 132, è uno dei posti preferiti di molti, mentre il *Nazrul* (☎ *7247 2505*), al n. 130, valgono la pena di essere provati. Sono entrambi sprovvisti di licenza per gli alcolici, ma potete portarveli da fuori; dovreste riuscire a mangiare spendendo circa £8. *Le Taj* (☎ *7247 4210*), al n. 134, e lo *Sheraz* (☎ *7247 5755*), al n. 10, sono più esclusivi (e cari).

Greenwich (cartina 9)

Il bellissimo quartiere di Greenwich offre sia locali 'vecchio stile' sia moderni ristoranti alla moda tra cui scegliere. Non dimenticate il mercato, dal venerdì alla domenica, dove troverete diversi posti per fare la prima colazione oppure pranzare.

La stazione della Docklands Light Railway, Cutty Sark è un punto di partenza comodo per tutti i locali elencati qui di seguito. Per avere informazioni sui pub di Greenwich che preparano buone pietanze, v. **Divertimenti**.

Greenwich Church St vanta alcuni caffè dai prezzi economici quali il *Peter de Wit's* (☎ *8305 0048*), al n. 21, che serve tè con panna a circa £4.

Goddards Ye Olde Pie Shop (☎ *8692 3601, 45 Greenwich Church St SE10*). Questo locale è un vero tuffo nel passato: un autentico caffè londinese, con panche di legno e cibi quali bistecca e torta salata ripiena di rognone con salsa piccante, purè di patate e torta salata

del pastore, servita con fagioli e una salsa densa e scura (tutti al di sotto di £2,50). I prezzi delle crostate partono da 50p. È aperto tutti i giorni (tranne il lunedì) quasi sempre dalle 11 alle 15 o alle 16.

Bar Du Musee (☎ *8858 4710, 17 Nelson Rd Se10*). Più un caffè che un pub, questo locale francese dall'atmosfera rilassata offre una buona scelta di vini al bicchiere e un buon menu che comprende insalate, torte e simili a circa £5. Il locale vanta inoltre un el giardino.

Vietnam (☎ *8858 0871, 18 King William Walk SE10*). Serve piatti economici a pranzo come involtini primavera con spaghettini o con riso (£3,95), disponibili da mezzogiorno alle 17.

Beachcomber (☎ *8853 0055, 34 Greenwich Church St SE10*). Questo è proprio un locale in stile 'vecchia guardia', addobbato con cestini di fiori e vasi di piante. Si servono pranzi con menu a prezzo fisso di due/tre/quattro portate per £5,90/7,95/9,90 e prime colazioni complete per £3,90. È un posto molto piacevole nei pomeriggi di sole.

Brixton (cartina 1)

Giungendo a Brixton per il suo mercato (Ⓜ Brixton), non limitatevi ai ristorantini che si trovano all'interno del mercato stesso. Le vie che lo circondano (Atlantic Rd, Coldharbour Lane e le altre vie circostanti) hanno un certo numero di ottimi locali.

Eco Brixton (☎ *7738 3021, 4 Market Row SW9*). Si tratta di uno dei migliori ristoranti di Londra per le pizze (da £5,50), gli antipasti (£7,50) e per il cappuccino. È aperto tutti i giorni tranne il mercoledì e il sabato fino alle 17.

El Pilon Quindiano (☎ *7326 4316, Granville Arcade SW9*). Questo caffè colombiano serve specialità veramente autentiche come l'*arepa* (piccole frittelle di granturco con diversi ripieni), lo *yucca* e le *empanadas* a circa £3. Un pranzo completo costa £6. Questo è il locale adatto per chi desidera gustare piatti sudamericani a prezzi economici.

Satay Bar (☎ *7326 5001, 447-450 Coldharbour Lane SW9*). È uno dei nostri ristorantini asiatici preferiti che serve, sorprendentemente, autentico cibo indonesiano: *rendang ayam* (£5,95), *laksa* (£5,25), *satay* misti (£5,95) e *mee goreng* (£4,25). Il *rijsttafel* costa £11,95 per persona. Le porte che si apro-

no sulla via affollata sono persino più autentiche: sembra proprio di trovarsi in un *wa-
rung* di Giacarta.
Bah Humbug (☎ *7738 3184, St Matthew's Place Garden, Brixton Hill SW2).* Questo è uno
dei migliori ristoranti vegetariani di Londra
ed è situato nella cripta del tempio metodista
di St Matthew. C'è un'ampia scelta di pitti,
dalle frittelle di verdure thailandesi (£3) alla
finta oca alla cantonese e al *masala curry*
(meno di £6,50).

Fulham (cartine 1 e 7)
Fulham Place è il posto giusto dove andare per un buon pasto e un'uscita serale.

The Gate *(cartina 1; ☎ 8748 6932, 51 Queen
Caroline St W6; ⓜ Hammersmith).* Questo
potrebbe essere il luogo dove convertirsi al
vegetarianesimo. I piatti insoliti, presentati
in maniera splendida, costano circa £8,50 e
sono tanto raffinati quanto la sala da pranzo
con i suoi alti soffitti e la parete di vetro.
The Blue Elephant *(cartina 7; ☎ 7385 6595,
4-6 Fulham Broadway SW6; ⓜ Fulham
Broadway).* Questa istituzione di Fulham
serve piatti thailandesi di alto livello (e con
buoni prezzi) in un ambiente arredato in stile
'giungla'. Il momento migliore in cui venire
è tra mezzogiorno e le 14.30 della domenica,
quando servono una tarda prima colazione a
prezzo fisso (£16,75).
The River Café *(cartina 1; ☎ 7381 8824, Thames Wharf, Rainville Rd W6; ⓜ Hammersmith).* Questo è un ristorante molto animato
dove si va per osservare ed essere osservati,
che deve la sua fama tanto ai libri di ricette
di cui è responsabile tanto ai piatti che effettivamente vengono proposti. The River Café
serve sicuramente la migliore cucina italiana
moderna di Londra. I piatti principali hanno
prezzi a partire da £16,50, ma è molto improbabile che riceviate del resto da £40, una
volta aggiunto il prezzo del vino e del dolce
o di un antipasto.

Kew
Poco lontano da Victoria Gate (l'ingresso
di Kew Gardens), verso nord, si trova un
caffè storico.

Newens Maids of Honour (☎ *8940 2752, 288
Kew Rd; ⓜ Kew Gardens).* Questa è una sala
da tè vecchio stile ma molto piacevole che
non sembrerebbe per niente fuori posto in un
villaggio del Cotswold. Deve la sua fama, in

particolare, a un dolce speciale che si suppone abbia inventato Anna Bolena, seconda
moglie di Enrico VIII, composto di pasta
sfoglia, limone, mandorle e formaggio ca-
gliato. Una di queste 'Maid of Honour' (da-
migelle d'onore) vi costerà £1,40, ma non
programmate di provarla il lunedì pomeriggio o la domenica, quando la sala da tè è
chiusa (durante il resto della settimana è
aperta dalle 9.30 alle 18). Il tè (£4,65) viene
servito dalle 14.30 alle 17.30.

DIVERTIMENTI
Pub e bar
Per consultare una lista dei pub migliori
di Londra, v. la lettura **Dove bere a Londra**, più avanti in questo capitolo.

Club
Anche se la maggior parte dei pub di Londra chiudono ancora alle 23, ci sono diversi club dove potrete proseguire la serata. Il
prezzo del biglietto d'ingresso varia da £10
a £15 per la maggior parte dei club; a questa cifra vanno aggiunte almeno £3 per
ogni bevanda che consumerete. Quasi tutti
i locali più animati non iniziano a essere
frequentati prima di mezzanotte e spesso
restano aperti fino alle 4 o alle 5 del mattino; alcuni stanno aperti tutta la notte. L'abbigliamento può essere elegante (niente
abiti classici, però) o casual: quanto più eccentrico sarà tanto maggiori saranno le
possibilità che vi facciano entrare.

Bagley's Studios *(cartina 2; ☎ 7278 2777,
King's Cross Freight Depot, York Way N1; ⓜ
King's Cross St Pancras).* Questo è un vastissimo ex magazzino con cinque piste da ballo,
quattro bar e un'area all'aperto (in estate).
The End *(cartina 5; ☎ 7419 9199, 16a West
Central St WC1; ⓜ Holborn).* Ha un'arredamento 'moderno-industriale' con una fontana; è per veri frequentatori di club che amano la musica underground.
The Fridge *(cartina 1; ☎ 7326 5100, 1 Town
Hall Parade, Brixton Hill SW2).* Offre
un'ampia scelta di serate in un locale né
troppo grande né troppo piccolo. Il sabato è
serata gay.
Fabric *(cartina 4; ☎ 7490 0444, 77a Charterhouse St EC1; ⓜ Farringdon).* È il fiore al-
l'occhiello di Clerkenwell; ospita tre piste
da ballo in un ex magazzino di carne.

Ministry of Sound (cartina 6; ☎ 7378 6528, 103 Gaunt St SE1; ❷ Elephant and Castle). Forse il locale più famoso di Londra, attira sia avventori *hard core* sia persone che vogliono cambiare aria. È aperto fino alle 9 del mattino.

Velvet Room (cartina 5; ☎ 7439 4655, 143 Charing Cross Rd WC2; ❷ Tottenham Court Rd). Questo è un club intimo e confortevole, avvolto nel velluto rosso.

Londra per gli omosessuali

Un bel modo per cominciare: procurarsi una serie di pubblicazioni gratuite quali il *Pink Paper* (molto serio e 'politicamente corretto') o il *Boyz* (più introdotto per quanto riguarda i divertimenti), disponibili in quasi tutti i caffè, bar e club gay. Le quattro pagine della sezione gay del *Time Out* sono un'altra importante fonte di informazioni. Il *Gay and Lesbian Switchboard* (☎ 7837 7324) risponde 24 ore su 24.

Soho Il 'gay village' di Soho (❷ Tottenham Court Rd o Piccadilly Circus), soprattutto lungo Old Compton St, pullula di bar e caffè. Tutti i locali elencati di seguito si possono trovare nella cartina 5.

L'*Old Compton Café* (☎ 7439 3309, 34 Old Compton St W1) è un confortevole locale, anche se a volte frenetico, mentre il *Balans* (☎ 7437 5212), al n. 60 della stessa via, è un caffè in stile continentale famoso e moderatamente caro.

L'elegantissimo *Rupert St* (☎ 7734 5614, 50 Rupert St W1) è il bar gay più in voga di Londra; è situato in corrispondenza di un angolo e ha grandi vetrate per guardare e farsi guardare, farsi guardare mentre si guarda e così via.

Nei pressi della stazione della metropolitana di Tottenham Court Rd troviamo l'amichevole e duraturo *First Out* (☎ 7240 8042, 52 St Giles High St WC2), un caffè per gay e lesbiche che serve cibo vegetariano e ospita mostre itineranti. Nelle vicinanze c'è l'*Astoria* (☎ 7434 9592, 157-165 Charing Cross Rd WC2), un club dall'atmosfera cupa e sudaticcia con una buona vista sul palco e un'immensa pista da ballo.

Il *Retro Bar* (☎ 7321 2811, 2 George Court WC2) è un bar accogliente, rintanato in un vicolo laterale dello Strand; durante il fine settimana organizza serate a tema nel bar al piano superiore.

Nord Ci sono molti locali gay nei dintorni di King's Cross, Islington e Camden. Il sempiterno *Central Station* (cartina 2; ☎ 7278 3294, 37 Wharfdale Rd N1; ❷ King's Cross St Pancras) ha un bar con clientela per una notte ed è l'unico sport bar gay del Regno Unito. Il *Black Cap* (cartina 2; ☎ 7428 2721, 171 Camden High St NW1; ❷ Camden Town) è un bar che chiude tardi, famoso per i suoi spettacoli con travestiti.

Sud Brixton è uno dei centri gay della parte meridionale di Londra. Il rilassato *Fridge Bar* (cartina 1; ☎ 7326 5100), accanto al grande Fridge club (v. **Club**, più indietro) serve assenzio e altre libagioni tutti i giorni fino alle 23. Ha anche un buon caffè.

Spettacoli comici

Il centro di Londra ospita una serie di club la cui ragione d'essere è la rappresentazione di commedie; ci sono anche altri locali, in particolar modo i pub, che organizzano serate in cui si presentano degli spettacoli. Cercate i programmi giornalieri sul *Time Out*, ma tenete anche a mente che i seguenti locali sono molto noti.

Comedy Café (cartina 1; ☎ 7739 5706, 66 Rivingon St EC2; ❷ Old St). Ce n'è per tutti i gusti in questo club di Hoxton, situato appena fuori Shoreditch High St. Il mercoledì è dedicato ai dilettanti: potete tentare.

Comedy Store (cartina 5; ☎ 7344 0234, 1A Oxendon St SW1; ❷ Piccadilly Circus). La maggior parte delle commedie famose va in scena nel più antico club di Londra, ora nel terzo decennio di attività (da £12 a £15). Gli spettacoli iniziano alle 20 dal martedì alla domenica con uno spettacolo notturno (a mezzanotte) il venerdì e il sabato.

Musica dal vivo

Rock e pop Il panorama musicale di Londra è talmente ricco che non rimane altro da fare che elencare soltanto alcuni dei locali più interessanti. Si consiglia di consultare qualche rivista per avere ulteriori informazioni sui concerti in programma. Seguono alcuni indirizzi dei locali migliori:

Brixton Academy *(cartina 1; ☎ 7771 2000, 211 Stockwell Rd SW9; Ⓜ Brixton).* Luogo di ritrovo enorme e molto noto con una buona atmosfera.

Garage *(cartina 2; ☎ 7607 1818, 20-22 Highbury Corner N5; Ⓜ Highbury & Islington).* Bel luogo di ritrovo per ascoltare rock, industrial e punk.

Borderline *(cartina 5; ☎ 7734 2095, Orange Yard W1; Ⓜ Tottenham Court Rd).* Locale piccolo e tranquillo, famoso per grandi nomi di gruppi rock che vengono qui a suonare sotto falso nome.

Underworld *(cartina 2; ☎ 7482 1932, 174 Camden High St NW1; Ⓜ Camden Town).* Sotto al grande pub World's End c'è questo piccolo locale che propone gruppi emergenti.

Jazz La scena jazzistica di Londra è vivace. Vi sono vari locali jazz sparsi per la capitale.

Jazz Café *(cartina 2; ☎ 7344 0044, 5 Parkway NW1; Ⓜ Camden Town).* Questo è un ristorante molto alla moda dove è sempre meglio prenotare un tavolo. Gli spettacoli costano da £8 a £15 se si acquistano i biglietti all'entrata; si risparmia se si prenota in anticipo.

100 Club *(cartina 5; ☎ 7636 0933, 100 Oxford St W1; Ⓜ Oxford Circus).* È uno dei locali leggendari di Londra; una volta, in piena rivoluzione punk, vi si esibirono i Rolling Stones; ora è più concentrato sul jazz (biglietti da £6 a £10).

Musica classica Londra è una delle capitali europee della musica classica, con le sue cinque orchestre sinfoniche, vari complessi minori, bei locali, prezzi ragionevoli e ottimo livello esecutivo.

La **Royal Festival Hall,** la **Queen Elizabeth Hall** e la **Purcell Room** *(cartina 4; ☎ 7960 4242; Ⓜ Waterloo)* sono tre dei locali migliori di Londra per i concerti di musica classica. Si trovano tutti sulla South Bank. A seconda di chi si esibisce e

del posto a sedere che sceglierete, i prezzi possono variare da £5 a £50, ma di solito i biglietti costano da £13 a £30. La biglietteria è aperta tutti i giorni dalle 9 alle 21.

Il **Wigmore Hall** *(cartina 4; ☎ 7935 2141, 36 Wigmore St W1; Ⓜ Bond St),* in stile Art Nouveau, è uno dei migliori locali per concerti di Londra; offre una grande varietà di concerti e di recital. I recital domenicali iniziano alle 11.30 (prezzi a partire da £7) e sono particolarmente belli. Il lunedì ci sono concerti all'ora di pranzo (da £7 a £16) che iniziano alle 13.

Il **Barbican** *(cartina 6; ☎ 7638 8891, Silk St EC2; Ⓜ Barbican)* è la sede della London Symphony Orchestra. I prezzi possono arrivare fino a £32, ma si possono trovare biglietti per studenti e per le persone al di sopra dei sessant'anni da £6,50 a £9, appena prima dello spettacolo.

La **Royal Albert Hall** *(cartina 5; ☎ 7589 8212, Kensington Gore SW7; Ⓜ South Kensington)* è una splendida sala di concerti in stile vittoriano che ospita ogni sorta di spettacolo; solitamente il prezzo di un biglietto è compreso tra £5 e £40. Dalla seconda metà di luglio alla prima metà di settembre ospita i 'proms' ('promenade concerts'), concerti popolari a cui si può assistere anche in piedi; si tratta di uno dei più grandi e più democratici festival di musica classica del mondo. I posti a sedere costano da £5 a £35 in base allo spettacolo, ma la vera esperienza dei 'proms' è quella di fare la coda stando in piedi (o 'passeggiando'), per uno dei mille biglietti che vengono venduti un'ora prima dell'inizio di ogni concerto al prezzo di £3 l'uno. Potete scegliere, in base a due code diverse, un posto in piedi in galleria o in platea. Il botteghino (porta n. 7; raccolta biglietti prepagati, porta n. 9) è aperto tutti i giorni dalle 9 alle 21.

Cinema

Leicester Square è il luogo in cui vengono presentate le prime visioni, ma troverete tanti cinema sparsi per la città. Oltre a diversi cinema multisala che hanno in programma i film di Hollywood più recenti, ci sono una serie di cinema che mostrano film alternativi, artistici, classici, in lingua straniera e tanti altri. Per ulteriori informazioni sui cinema è davvero indispensabile consultare il *Time Out*. I due cinema elencati di seguito meritano di essere menzionati:

National Film Theatre (*cartina 4;* ☎ *7928 3232, South Bank;* Ⓜ *Waterloo*). Questo paradiso degli amanti del cinema ha una programmazione veramente interessante.

BFI London IMAX Cinema (*cartina 4;* ☎ *7902 1234, Tenison Way SE1;* Ⓜ *Waterloo*). Questo incredibile complesso ospita lo schermo IMAX più grande d'Europa. Gli spettacoli iniziano tutti i giorni a mezzogiorno e i prezzi sono a partire da £6,75/4,75.

Teatro

Londra è uno dei maggiori centri del mondo per gli amanti del teatro, e c'è molto di più di *Cats*, *Art* e *Chicago*. Con posti così numerosi e prezzi così ragionevoli sarebbe una vergogna non assicurarvi almeno uno o due degli spettacoli migliori. Per maggiori informazioni, v. la lettura **Come e dove acquistare i biglietti teatrali** qualche pagina più avanti.

Royal National Theatre Il teatro più importante del paese, il *Royal National Theatre* (*cartina 4;* ☎ *7452 3000, South Bank;* Ⓜ *Waterloo*), offre tre sale: la Olivier, la Lyttleton e la Cottesloe. Mette in scena opere classiche e contemporanee e ospita spettacoli delle migliori compagnie teatrali del mondo.

I biglietti per gli spettacoli serali alla Olivier e alla Lyttleton costano da £10 a £32,50. Al botteghino a volte si possono comprare uno o due biglietti per la serata a prezzi che vanno da £10 a £13,50. Biglietti 'stand-by' si possono trovare, a volte, due ore prima dello spettacolo per £16; gli studenti con carta d'identità pagano solo £8, ma devono aspettare fino a 45 minuti prima dell'alzarsi del sipario. Potete risparmiare andando a uno spettacolo pomeridiano durante la settimana, quando i biglietti costano da £10 a £22.

I minori di diciotto anni pagano da £8 a £10 per i pomeridiani, e le persone al di sopra dei sessant'anni da £11 a £13. I disabili registrati hanno diritto a sconti per tutte le rappresentazioni.

La maggior parte dei biglietti per la piccola sala Cottesloe costano £22, ma alcuni dei posti dai quali si ha una visuale lontana costano £12.

Barbican Il *Barbican* (*cartina 6;* ☎ *7638 8891, Silk St EC2;* Ⓜ *Barbican*) è la sede stabile londinese della Royal Shakespeare Company e dispone di due sale, la Barbican Theatre e la più piccola Pit. Durante la settimana, i biglietti per una *matinée* costano da £6 a £30 alla Barbican e da £12 a £22 alla Pit. Per i giovani fino a 25 anni ci sono sconti del 50% il giorno stesso della rappresentazione. Ci sono anche riduzioni per gli anziani oltre i sessant'anni per una matinée e per il mercoledì sera.

Royal Court Il *Royal Court* (*cartina 7;* ☎ *7563 5000;* Ⓜ *Sloane Square*) ha due sale, la Upstairs (piano superiore) e la Downstairs (piano inferiore). Tende a promuovere le opere nuove e quelle controcorrente, vari *enfants terribles*, da John Osborne a Caryl Churchill, hanno debuttato qui.

Globe Theatre Il *Globe Theatre* (*cartina 6;* ☎ *7401 9919, 21 New Globe Walk SE1;* Ⓜ *London Bridge*), riproduzione del Globe originale dei tempi di Shakespeare, aperto nel 1997, domina ora Bankside, dove una volta c'erano diversi teatri elisabettiani. Veniteci se volete provare un'esperienza teatrale veramente stimolante. Benché ci siano delle panche di legno intorno al palco, molti vogliono emulare i 'groundlings' ('spettatori di platea') del Seicento che stavano in piedi davanti al palcoscenico urlando e strepitando, muovendosi a loro piacimento. Il Globe fa poche concessioni alla sensibilità moderna. È senza tetto, quindi esposto alle intemperie; è meglio coprirsi bene e portarsi un thermos; non sono ammessi ombrelli. Ci sono spettacoli di Shakespeare e dei suoi contemporanei solo da maggio a settembre. Due pilastri sorreggono il baldacchi-

Dove bere a Londra

Una volta arrivati a Londra, scoprire i pub e i bar è una forma di divertimento tra le altre. L'elenco che segue vi fornisce alcuni dei nostri luoghi preferiti ma non riesce assolutamente a sostituire un'accurata ricerca personale. Molti dei pub elencati servono anche ottime pietanze.

Westminster e Mayfair (cartine 4 e 5)

Sherlock Holmes (cartina 5; 10 Northumberland St WC2; Ⓜ Charing Cross). Nascosto a due passi da Northumberland Ave, questo pub è pieno di cimeli dell'investigatore che gli ha dato il nome, non è mai affollato come dovrebbe e non è turistico.

Westminster Arms (cartina 4; 9 Storey's Gate SW1; Ⓜ Westminster). Questo è un posto piacevole e d'atmosfera, perfetto per una breve pausa dopo una visita all'Abbazia di Westminster, che si trova a due minuti a piedi. Pensate alla convenienza.

Ye Grapes (cartina 4; 16 Shepherd Market W1; Ⓜ Green Park). Si tratta di un pub di discreto livello che combina buona birra, decorazioni antiche, visitatori dall'aria simpatica e una vista sul brulicante Shepherd Market.

West End (cartine 4 e 5)

Scruffy Murphy's (cartina 5; 15 Denman St W1; Ⓜ Piccadilly Circus). Questo è il localino più autentico, fra i pub irlandesi di Soho: stanzette appartate, accento irlandese.

O Bar (cartina 5; 83-85 Wardour St W1; Ⓜ Piccadilly Circus). Si tratta di un locale allegro disposto su due piani, con un DJ al piano terra tutte le sere (coperto £5). Si servono anche cocktail in caraffa a metà prezzo fino alle 20 (fino alla chiusura il lunedì e fino a mezzanotte il mercoledì).

Cork & Bottle Wine Bar (cartina 5; 44-46 Cranbourn St WC2; Ⓜ Leicester Square). Questo pub è situato al piano inferiore, sulla sinistra, andando dall'uscita della metropolitana verso Leicester Square. È sempre affollato fino all'inverosimile al termine della giornata di lavoro, ma il cibo è buono, la carta dei vini apprezzabile e l'ambiente, con diversi angolini appartati, è piacevole.

Lamb & Flag (cartina 5; 33 Rose St WC2; Ⓜ Covent Garden). Questo è il posto preferito da tutti a Covent Garden, quindi è sempre affollato. Fortunatamente rimasto sempre uguale, il Lamb & Flag era un tempo noto come Bucket of Blood.

Bloomsbury (cartine 4 e 5)

The Queen's Larder (cartina 4; 1 Queen Square WC1; Ⓜ Russell Square). È situato in un'incantevole piazza a sud-est di Russell Square e offre un comodo rifugio con panchine esterne e tipico cibo da pub.

Museum Tavern (cartina 5; 49 Great Russell St WC1; Ⓜ Tottenham Court Rd). Dopo un faticoso giorno di lavoro nella sala di lettura del British Museum, Karl Marx si rifugiava abitualmente in questo capiente pub, dove anche voi potrete sorseggiare una pinta di birra.

City (cartine 4 e 6)

Ye Olde Cheshire Cheese (cartina 4; Wine Office Court EC4; Ⓜ Blackfriars). L'ingresso a questo pub storico è in un vicolo pittoresco al n. 145 di Fleet St, che vi condurrà in un ambiente con pannelli di legno (la trave più vecchia risale alla metà del Seicento) e segatura sul pavimento, diviso in varie zone dove si può bere e mangiare (per ulteriori informazioni v. La City nella sezione Pasti).

Ye Olde Mitre (cartina 4; 1 Ely Court EC1; Ⓜ Chancery Lane). È uno dei nostri preferiti, tra i pub antichi e storici pub di Londra. Le dimensioni delle stanze del Settecento possono risultare un po' strette per i clienti del duemila, come noi.

Cock Tavern (cartina 4; East Poultry Ave EC1; Ⓜ Farringdon). Questo pub leggendario serve birra fra le 6.30 e le 10.30, quando i lavoratori del mercato di Smithfield fanno uno spuntino.

Vertigo (cartina 6; Bishopgate EC2; Ⓜ Liverpool St). La torre della NatWest, alta 373 m, è un'altissima ma anonima costruzione del panorama londinese. Il Vertigo occupa il piano n. 42 e quello superiore, l'ultimo del palazzo; nei giorni sereni offre una vista spettacolare. Il pub è caro, ma si paga anche per la vista. Prenotare, anche una bevanda, è essenziale (☎ 7877 7842).

(segue)

Dove bere a Londra

A sud del Tamigi (cartine 4 e 6)

George Inn (cartina 6; Talbot Yard, 77 Borough High St SE1; Ⓜ London Bridge o Borough). È l'unica locanda di posta con gallerie tuttora esistente a Londra, risale al 1676 ed è stata citata da Charles Dickens in *La piccola Dorrit*. È anche la sede del Tabard Inn, dove i pellegrini descritti ne *I racconti di Canterbury* si radunarono prima di iniziare il loro pellegrinaggio.

The Anchor (cartina 6; 34 Park St SE1; Ⓜ London Bridge). Questo è un pub del Settecento situato a est del Globe Theatre; dalla terrazza si gode di una superba vista sul Tamigi.

The Market Porter (cartina 6; 9 Stoney St SE1; Ⓜ London Bridge). In questo antico pub proprio di fronte al Borough Market viene servito un buon assortimento di birre.

The Fire Station (cartina 4; 150 Waterloo Rd SE1; Ⓜ Waterloo). Si tratta di un gastropub immensamente famoso (da £7 a £10 per una portata principale) che si trova in una zona della città una volta considerata un vero deserto culinario ma che ora è sempre affollata. Jazz il sabato pomeriggio.

Chelsea (cartina 7)

King's Head & Eight Bells (50 Cheyne Walk; Ⓜ Sloane Square). Si tratta di un attraente pub d'angolo dove in estate sono appesi gradevolissimi cesti di fiori; il pub ha una vasta gamma di birre ed era il locale preferito del pittore Whistler e dello scrittore Carlyle.

The Antelope (22-24 Eaton Terrace SW1; Ⓜ Sloane Square). È tranquillo e incantevole, esiste da assai più tempo di tutti gli edifici circostanti e non ha musica; perfetto per un tête-à-tête.

Kensington e Holland Park (cartina 3)

The Churchill Arms (119 Kensington Church St W8; Ⓜ Notting Hill Gate). Questo è un pub inglese tradizionale noto per i cimeli di Sir Winston Churchill. Ci sono boccali appesi a considerevole altezza e un'eccellente cucina thailandese di qualità (£6 circa) servita in una serra sul retro.

Windsor Castle (114 Campden Hill Rd W11; Ⓜ Notting Hill Gate). Questo locale ha uno dei giardini interni (riscaldato in inverno) più belli tra quelli dei pub di Londra.

Notting Hill e Bayswater (cartina 3)

The Market Bar (240a Portobello Rd W11; Ⓜ Notting Hill Gate). Si trova vicino al mercato, ha un arredamento interessante ed eclettico e una clientela divertente.

The Bridge House (13 Westbourne Terrace Rd W2; Ⓜ Warwick Ave). Questo locale è in una bella posizione, di fronte al Grand Union Canal.

---

no della scena (detto 'Heavens', 'paradiso') e oscurano gran parte della visuale della sezione D; sarebbe quasi meglio stare in piedi.

I biglietti per i posti a sedere costano da £10 a £26. I 500 posti in piedi costano £5 a spettacolo e possono essere prenotati, anche se si trovano i biglietti invenduti il giorno stesso dello spettacolo. Il botteghino è aperto dal lunedì al sabato dalle 10 alle 20 (fino alle 18 se il teatro è chiuso). Il sito Internet del Globe Theatre è www.shakespeare.globe.org; vale la pena visitarlo.

Teatri del West End Ogni estate, decine di teatri nel West End allestiscono una grande quantità di opere teatrali, musicali e altre manifestazioni. Per ulteriori informazioni, consultate *Time Out*. Indirizzi e numeri di telefono dei botteghini li troverete nella lista che segue; si trovano tutti nella cartina 5.

Adelphi (☎ 7344 0055, Strand WC2; Ⓜ Charing Cross)

Albery (☎ 7369 1740, St Martin's Lane WC2; Ⓜ Leicester Square)

Aldwych (☎ 7416 6075, Aldwych WC2; Ⓜ Holborn)

Dove bere a Londra

Camden (cartine 1 e 2)

Crown & Goose (cartina 2; 100 Arlington Rd NW1; **⊖** Camden Town). Si tratta di un pub con uno stile nuovo che attira una clientela giovane e offre un cibo decente.

Pembroke Castle (cartina 1; 150 Gloucester Ave NW1; **⊖** Chalk Farm). Adoriamo questo palazzo luminoso e retrò con bei vetri istoriati e un arredamento raffinato di tema sportivo.

Oh! Bar (cartina 2; 111-113 Camden High St NW1; **⊖** Camden Town). Questo grande pub ha buona musica che viene ascoltata da una folla allegra. È un buon posto dove 'riscaldarsi' prima di andare in qualche altro locale.

Islington (cartina 2)

Old Queen's Head (44 Essex Rd N1; **⊖** Angel). Rumoroso, famoso e zeppo di festaioli fino al soffitto. Questo è il primo locale di Islington, un quartiere molto alla moda, a introdurre un'atmosfera più aperta e rilassata.

East End e Wapping (cartine 1 e 6)

Cantaloupe (cartina 1; 35-43 Charlotte Rd EC2; **⊖** Old St o Liverpool St). Riesce ancora ad apparire sufficientemente artistico senza essere opprimente. Sul retro c'è un ristorante di livello discreto (le pietanze principali vanno da £7 a £14).

Captain Kidd (cartina 1; 108 Wapping High St E1; **⊖** Wapping). Con le sue grandi finestre, un bel giardino e l'imitazione di un patibolo che rievoca l'impiccagione del pirata, avvenuta nel 1701, è il nostro pub preferito sul lungofiume nord del Tamigi.

Prospect of Whitby (cartina 1; 57 Wapping Wall E1; **⊖** Wapping). Questo pub risale al 1520 ed è una delle più vecchie 'case pubbliche' di Londra. Una volta era noto come 'Devil's Tavern'. È da considerarsi un posto decisamente turistico, ma c'è una terrazza sul Tamigi, un buon ristorante al piano superiore e camini accesi in inverno. Non mancate di dare un'occhiata all'insegna in peltro: Samuel Pepys l'aveva trafugata.

Greenwich (cartina 9)

Trafalgar Tavern (Park Row SE10; DLR Cutty Sark). Questo pub con grandi finestre che si aprono sul Tamigi e sul Millennium Dome ha molta storia. Sorge sul luogo dell'antico Placentia Palace, dove nacque Enrico VIII. L'edificio attuale risale al 1837. Le pietanze del vasto menu costano in media £6.

Cutty Sark Tavern (4-6 Ballast Quay SE10; DLR Cutty Sark). Si tratta di un tranquillo pub sulla riva del fiume con tavoli proprio sul Tamigi. Il pesce con le patatine fritte è molto buono e costa £6.

Ambassadors (☎ 7836 6111, West St WC2; **⊖** Leicester Square)

Apollo (☎ 7494 5070, Shaftesbury Ave W1; **⊖** Piccadilly Circus)

Cambridge (☎ 7494 5083, Earlham St WC2; **⊖** Covent Garden)

Comedy (☎ 7369 1741, Panton St SW1; **⊖** Piccadilly Circus)

Criterion (☎ 7369 1737, Piccadilly Circus W1; **⊖** Piccadilly Circus)

Dominion (☎ 7656 1857, Tottenham Court Rd W1; **⊖** Tottenham Court Rd)

Drury Lane (☎ 7494 5000, Theatre Royal, Catherine St WC2; **⊖** Covent Garden)

Duchess (☎ 7494 5075, Catherine St WC2; **⊖** Covent Garden)

Duke of York's (☎ 7565 5000, St Martin's Lane WC2; **⊖** Leicester Square)

Fortune (☎ 7836 2238, Russell St WC2; **⊖** Covent Garden)

Garrick (☎ 7494 5085, Charing Cross Rd WC2; **⊖** Charing Cross)

Gielgud (☎ 7494 5065, Shaftesbury Ave W1; **⊖** Piccadilly Circus)

Haymarket (☎ 7930 8800, Haymarket SW1; **⊖** Piccadilly Circus)

Her Majesty's (☎ 7494 5400, Haymarket SW1; **⊖** Piccadilly Circus)

London Palladium (☎ 7494 5030, Argyll St W1; **⊖** Oxford Circus)

Lyceum (☎ 7656 1800, Wellington St WC2; **⊖** Covent Garden)

Lyric (☎ 7494 5045, *Shaftesbury Ave W1;* Ⓜ *Piccadilly Circus*)

New London (☎ 7405 0072, *Drury Lane WC2;* Ⓜ *Holborn*)

Palace (☎ 7434 0909, *Shaftesbury Ave W1;* Ⓜ *Piccadilly Circus*)

Phoenix (☎ 7369 1733, *Charing Cross Rd WC2;* Ⓜ *Tottenham Court Rd*)

Piccadilly (☎ 7369 1734, *Denman St W1;* Ⓜ *Piccadilly Circus*)

Prince Edward (☎ 7447 5400, *Old Compton St W1;* Ⓜ *Leicester Square*)

Prince of Wales (☎ 7839 5987, *Coventry St W1;* Ⓜ *Piccadilly Circus*)

Queen's (☎ 7494 5040, *Shaftesbury Ave W1;* Ⓜ *Piccadilly Circus*)

St Martin's (☎ 7836 1443, *West St WC2;* Ⓜ *Leicester Square*)

Shaftesbury (☎ 7379 5399, *Shaftesbury Ave WC2;* Ⓜ *Tottenham Court Rd*)

Savoy (☎ 7836 8888, *Strand WC2;* Ⓜ *Charing Cross*)

Strand (☎ 7930 8800, *Aldwych WC2;* Ⓜ *Covent Garden*)

Vaudeville (☎ 7836 9987, *Strand WC2;* Ⓜ *Charing Cross*)

Wyndham's (☎ 7369 1736, *Charing Cross Rd WC2;* Ⓜ *Leicester Square*)

Altri teatri In una bella giornata di sole è divertente vedere un'opera di Shakespeare o un musical all'*Open Air Theatre* (*cartina 1;* ☎ 7486 2431; Ⓜ *Baker St*) in Regent's Park.

E come se non bastasse, in ogni periodo dell'anno a Londra numerosi teatri fuori dal West End e alternativi offrono una vasta scelta di produzioni che vanno dal sorprendente al noioso, all'esaltante al decisamente ridicolo. Ecco alcune delle sale migliori.

Almeida (*cartina 2;* ☎ 7359 4404, *Almeida St N1;* Ⓜ *Angel o Highbury & Islington*)

Bridewell Theatre (*cartina 4;* ☎ 7936 3456, *Bride Lane, Fleet St EC4;* Ⓜ *Blackfriars*)

Donmar Warehouse (*cartina 5;* ☎ 7369 1732, *Earlham St WC2;* Ⓜ *Covent Garden*)

Hampstead Theatre (*cartina 1;* ☎ 7722 9301, *98 Ave Rd NW3;* Ⓜ *Swiss Cottage*)

King's Head Islington (*cartina 2;* ☎ 7226 1916, *115 Upper St N1;* Ⓜ *Angel*)

Old Vic (*cartina 4;* ☎ 7494 5372, *Waterloo Rd SE1;* Ⓜ *Waterloo*)

Tricycle Theatre (*cartina 1;* ☎ 7328 1000, *269 Kilburn High Rd NW6;* Ⓜ *Kilburn*)

Young Vic (*cartina 4;* ☎ 7369 1736, *66 The Cut SE1;* Ⓜ *Waterloo*)

Opera, balletto e danza

I prezzi di questo tipo di biglietto oscillano da £5 a £100.

Dopo un'opera di restauro costata 213 milioni di sterline, la **Royal Opera House** (*cartina 5;* ☎ 7304 4000, *Covent Garden WC2;* Ⓜ *Covent Garden*) ha riaperto i battenti e ha salutato il rientro degli itineranti Royal Opera e Royal Ballet. Come risultato del restauro, è diventata meno elitaria: la rinnovata Floral Hall è ora aperta al pubblico durante il giorno, con concerti gratuiti all'ora di pranzo, mostre e visite giornaliere.

Sede dell'English National Opera, il **Coliseum** (*cartina 5;* ☎ 7632 8300, *St Martin's Lane WC1;* Ⓜ *Leicester Square*) propone opere liriche in inglese.

A Londra hanno sede cinque compagnie importanti di balletto e una grande quantità di gruppi minori e sperimentali. Il Royal Ballet, il miglior corpo di ballo del Regno Unito, ha una prima ballerina, Sylvie Guillem, che probabilmente è la più brava del mondo.

Sadler's Wells (*cartina 2;* ☎ 7863 8000, *Rosebery Ave EC1;* Ⓜ *Angel*), riaperto dopo un restauro totale nel 1998, è sempre stato associato alla danza fin da quando Thomas Sadler, nel 1683, fece costruire una 'casa della musica' vicino al suo centro di terapia termale. Il suo nuovo e ultramoderno teatro richiama compagnie contemporanee e classiche da tutto il mondo.

Manifestazioni sportive

Calcio I biglietti per le partite di calcio della Premier League (la 'serie A' inglese) hanno prezzi che partono da circa £15 (i biglietti per le squadre migliori vengono quasi sempre venduti molto prima rispetto alla data della partita). Tra le squadre che vale la pena vedere giocare ricordiamo:

Arsenal (☎ 7704 4040, *Avenell Rd N5;* Ⓜ *Arsenal*)

Chelsea (*cartina 7;* ☎ 7385 5545, *Stamford Bridge, Fulham Rd SW6;* Ⓜ *Fulham Broadway*)

Tottenham Hotspur (☎ *8365 5000, White Hart Lane N17; stazione di White Hart Lane*) **West Ham United** (☎ *8548 2748, Green St E13;* ⓜ *Upton Park*)

Presso il leggendario **Wembley Stadium** (☎ *8900 1234;* ⓜ *Wembley Park*), uno stadio di prima categoria per molti fan inglesi, sono tuttora in corso lavori di ristrutturazione che termineranno nel 2003.

Rugby Il *Twickenham Rugby Stadium* (☎ *8892 2000, Rugby Rd, Twickenham;* ⓜ *Hounslow East, poi autobus n. 281; stazione di Twickenham*) è il tempio del rugby britannico. Un biglietto costa circa £30. Il campo ospita anche un museo del rugby (Museum of Rugby), il cui biglietto d'ingresso costa £5. È aperto dal martedì al sabato dalle 10 alle 17 e la domenica dalle 14 alle 17.

Cricket Il cricket continua a essere in auge, nonostante le avverse fortune della squadra inglese. Gli incontri a Londra si tengono nei due campi di cricket che seguono: il *Lord's* (*cartina 1;* ☎ *7289 1300, St John's Wood Rd NW8;* ⓜ *St John's Wood*) e *The Oval* (*cartina 1;* ☎ *7582 6660, Kennington Oval SE11;* ⓜ *Oval*). I biglietti sono cari (da £15 a £45).

Tennis Tennis e *Wimbledon* (☎ *8944 1066, segreteria telefonica 8946 2244;* ⓜ *Southfields o Wimbledon Park*) sono quasi sinonimi; l'All-England Lawn Tennis Championship viene disputato qui dal giugno del 1877. Le code, i prezzi sproporzitati, la disponibilità di biglietti limitata e l'incredibile affollamento possono trasformare il sogno di Wimbledon in un incubo. Sebbene vi sia un numero limitato di posti (nel campo centrale e nei campi n. 1 e 2) in vendita il giorno stesso degli incontri, le code sono incredibilmente lunghe. Più ci si avvicina alla fine del torneo, più aumentano i prezzi: un biglietto per il campo centrale che costa £25 una settimana prima, raddoppia per la finale. I prezzi per i campi laterali costano meno di £10 e diminuiscono (£5) dopo le 17.

Tra il primo giorno di settembre e il 31 dicembre, ogni anno, c'è un'estrazione pubblica per aggiudicarsi i biglietti per i posti migliori del torneo della stagione successiva. In questo periodo potete inviare una busta affrancata con il vostro indirizzo all'All-England Lawn Tennis & Croquet Club, PO Box 98, Church Rd, London SW19 5AE, e sperare nella fortuna.

ACQUISTI
Londra è la Mecca dello shopping europeo. Se non riuscirete a trovare quello che cercate nella capitale britannica, probabilmente non lo troverete da nessun'altra parte.

Se siete alla ricerca di qualcosa che sia 'made in England', evitate l'abbigliamento kitsch con la Union Jack (la bandiera nazionale britannica) di Carnaby St e di Oxford St, piuttosto, andate alla ricerca dei prodotti che gli Inglesi reputano di buona qualità: le scarpe e gli anfibi Dr Martens, gli impermeabili e gli ombrelli Burberry, le camicie cucite su misura di Jermyn St e la bigiotteria da indossare su tutte le parti del corpo (dita, polsi, naso, sopracciglia e ombelico).

Che cosa comprare
Libri Londra è, in un certo senso, la capitale mondiale dei negozi di libri. A quanto pare, esistono un gran numero di librerie dedicate a un grandissimo numero di argomenti specifici. Seguono solo alcuni esempi.

Librerie di interesse generale Per chi ha letto il libro o visto il film *84 Charing Cross Rd*, questa strada (cartina 5; ⓜ Tottenham Court Rd o Leicester Square) non richiede ulteriori spiegazioni: è il posto dove andare per comprare libri nuovi o usati.

Foyle's (☎ 7437 5660), 113-119 Charing Cross Rd WC2, è la più vasta nonché di gran lunga la più disordinata e disorientante libreria di Londra, ma spesso ha libri che non è possibile trovare da nessun'altra parte.

Waterstone's (☎ 7434 4291), 121-129 Charing Cross Rd WC2, è una catena di librerie con una politica della scelta di titoli un po' più seria di quella dei suoi concorrenti. La sua grandissima succursale (cartina 5; ☎ 7851 2400), la libreria più grande d'Europa, si trova al n. 203-206 di Piccadilly W1 (Ⓜ Piccadilly Circus).

Librerie specializzate A Londra troverete un gran numero di librerie dedicate ad argomenti specifici. Quelle elencate di seguito sono soltanto alcuni esempi.

Blackwell's (☎ 7292 5100), 100 Charing Cross Rd WC2. Qui ci sono molti titoli di testi universitari ma anche una buona scelta di libri di argomento generale.

The European Bookshop (cartina 5; ☎ 7734 5259), 5 Warwick St (Ⓜ Piccadilly Circus). Ha una vasta scelta di libri e periodici dell'Europa continentale.

French's Theatre Bookshop (cartina 2; ☎ 7387 9373), 52 Fitzroy St W1 (Ⓜ Warren St). Qui troverete molti testi teatrali e altri libri che riguardano il teatro.

Motor Books (cartina 5; ☎ 7836 5376), 33-36 St Martins Court (Ⓜ Leicester Square). Gli scaffali di questa libreria sono pieni zeppi di libri che riguardano i mezzi di trasporto.

Gay's the Word (cartina 2; ☎ 7278 7654), 66 Marchmont St WC1 (Ⓜ Russell Square). Questo negozio propone guide e letteratura a opera di autori gay.

Uno dei posti migliori dove acquistare libri di seconda mano a metà prezzo è il mercato dei libri (cartina 4), sulla South Bank, sotto gli archi del ponte di Waterloo. È aperto il fine settimana dalle 10 alle 17, anche se qualche bancarella rimane aperta anche nei giorni feriali. Cecil Court (cartina 5) vanta un certo numero di antiquari che vendono libri antichi.

Librerie specializzate in viaggi Le più importanti catene di librerie sono ben fornite di guide turistiche e cartine, ma ci sono anche librerie specializzate nel settore:

Daunt Books (cartina 4; ☎ 7224 2295), 83 Marylebone High St W1 (Ⓜ Baker St). In questa libreria ospitata in un locale antico e affascinante troverete un'ampia scelta di guide di viaggio e libri di altro argomento.

Stanford's (cartina 5; ☎ 7836 1321), 12-14 Long Acre WC2 (Ⓜ Covent Garden). Dispone di una delle più ampie scelte di cartine, guide e letteratura di viaggio del mondo.

Travel Bookshop (cartina 3; ☎ 7229 5260), 13 Blenheim Crescent W11 (Ⓜ Ladbroke Grove). È la migliore *boutique* della città quanto all'argomento viaggi. Sembra che abbia fornito l'ispirazione per il negozio di libri che appare nel film *Notting Hill*. È fornita di tutte le guide più recenti, di testi fuori commercio e di libri antichi.

Musica Se cercate CD o cassette, provate uno dei tre immensi negozi di musica, tutti situati nel West End:

HMV (☎ 7631 3423), 150 Oxford St W1 (Ⓜ Oxford Circus), aperto dal lunedì al venerdì dalle 9.30 alle 20, il sabato dalle 9 alle 19.30 e la domenica da mezzogiorno alle 18.

Tower Records (☎ 7439 2500), 1 Piccadilly Circus W1 (Ⓜ Piccadilly Circus), aperta dal lunedì al sabato dalle 9 a mezzanotte e la domenica da mezzogiorno alle 18.

Virgin Megastore (☎ 7631 1234), 14-30 Oxford St W1 (Ⓜ Tottenham Court Rd), aperta dal lunedì al sabato dalle 9 alle 21 e la domenica da mezzogiorno alle 18.

Londra ha anche una serie di ottimi negozi specializzati in generi musicali diversi, dal jazz alla musica di tutto il mondo. I negozi che meritano una visita sono (cartina 5):

Black Market Records (☎ 7437 0478), 25 D'Arblay St W1 (Ⓜ Oxford Circus)

Trax (☎ 7734 0795), 55 Greek St W1 (Ⓜ Tottenham Court Rd)

Per i dischi in vinile rari o di seconda mano provate uno di questi negozi (cartina 5):

Division One (☎ 7637 7734), 36 Hanway St W1 (Ⓜ Tottenham Court Rd)

On the Beat (☎ 7637 8934), 22 Hanway St W1 (Ⓜ Tottenham Court Rd)

Attrezzatura per escursionisti e campeggiatori L'YHA Adventure Store (cartina 5; ☎ 7836 8541), 14 Southamp-

Come e dove acquistare i biglietti teatrali

Ci sono un gran numero di cose che potete fare per ottenere un biglietto teatrale o per riuscire a vedere uno spettacolo che di solito registra il tutto esaurito. Prima di comprare un biglietto, controllate sempre tutti i dati che vi sono riportati. Inoltre, ricordate che alcuni teatri mettono in vendita biglietti più economici che però sono per posti a sedere con una vista limitata
del palco; una volta seduti, potreste rendervi conto di non riuscire a vedere gran parte dello
spettacolo.

Per comprare un biglietto 'normale', avete due alternative. Il giorno stesso dello spettacolo
potete acquistare biglietti a metà prezzo per gli spettacoli del West End (pagamento solo in
denaro contante) presso la biglietteria 'a metà prezzo' che troverete nella parte meridionale di
Leicester Square (cartina 5; Ⓜ Leicester Square). È quella con la torre dell'orologio (fate attenzione alle 'imitazioni', potreste cadere preda di imbrogli). La biglietteria è aperta tutti i giorni da
mezzogiorno alle 18.30 e l'ufficio chiede £2 di commissione per ogni biglietto. Non aspettatevi
di trovare biglietti per musical di grande richiamo; tuttavia, qui troverete sicuramente ingressi
per produzioni molto serie e artisticamente interessanti.

L'altra scelta che vi si presenta è quella classica, vale a dire andare alla biglietteria del teatro
dove si tiene lo spettacolo che vi interessa. Se lo fate di persona, non dovrete pagare nessun
tipo di commissione e potrete dare un'occhiata alla cartina dei posti disponibili. In alternativa,
potete telefonare in anticipo (da qualsiasi parte del mondo) e comprare i biglietti con la vostra
carta di credito e ritirarli la sera stessa dello spettacolo. Pagherete una commissione di qualche
sterlina. Potete anche chiedere se ci sono biglietti 'stand-by' per gli studenti, che vengono venduti circa un'ora prima dell'inizio dello spettacolo. Questi biglietti sono piuttosto convenienti,
ma dovrete esibire una tessera studentesca e non li troverete in tutti i casi.

Per riuscire a comprare un biglietto per uno spettacolo tra i più richiesti, provate ad andare a
uno spettacolo del lunedì sera o a un *matinée* del mercoledì. In alternativa, potrete provare ad
acquistarne uno presso un'agenzia di prenotazione di biglietti teatrali, come quelle che si trovano nei dintorni di Leicester Square, o presso la concierge di un albergo, ma in questi casi pagherete probabilmente una commissione altissima.

La Society of London Theatre (☎ 7836 0971) fornisce i seguenti consigli a chi decide di
comprare un biglietto presso un'agenzia:

- Prima dell'acquisto, informatevi sul prezzo normale del biglietto.
- Chiedete al personale dell'agenzia qual è il prezzo reale del biglietto e quanto pagherete di
  commissione.
- Chiedete che vi indichino su una cartina il posto dove sarete seduti.
- Non pagate il biglietto finché non lo vedete e controllate il prezzo reale, riportato sul bigliet-
  to stesso.
- Non accettate di ritirare i biglietti successivamente all'acquisto o di farveli spedire per posta.

Un ultimo consiglio: dubitate dei biglietti che vi verranno offerti da qualche sconosciuto quando
fate la fila per acquistarne uno.

ton St WC2 (Ⓜ Covent Garden), è un negozio fornitissimo per l'attrezzatura da
campeggio e da trekking.

Dove fare acquisti

Anche se si può trovare praticamente di
tutto in ogni zona della città, vi sono tuttavia alcune strade specializzate. Tottenham Court Rd, per esempio, è un lungo
susseguirsi di negozi di elettronica e computer, mentre a Denmark St troverete
strumenti musicali, spartiti e libri di musica (entrambe le vie si trovano all'interno
della cartina 5).

Alcune vie dello shopping tendono ad adagiarsi sugli allori, puntando più sulla fama passata che su quello che effettivamente offrono al giorno d'oggi (Carnaby St è un esempio lampante di questo fenomeno). I leziosi negozi e le bancarelle che troverete a Covent Garden (cartina 5) tendono a vendere la propria merce a caro prezzo e a essere orientati soprattutto verso i turisti, ma le vie della zona rimangono un felice terreno di caccia per i patiti dello shopping: Neal St e Neal's Yard, in particolare, offrono una serie di interessanti negozi esclusivi.

Oxford St (cartine 4 e 5) può rivelarsi una grande delusione. Selfridges merita di essere visitato non meno di Harrods, ma più vi spostate verso est più troverete merce di cattivo gusto e di scarso interesse. Le vie nei pressi di Regent St hanno negozi di livello più alto e prezzi più cari. Kensington High St (cartina 3) è una buona alternativa a Oxford St. Nella City, fate un giro per le deliziose boutique di Bow Lane (cartina 6), tra Cheapside e Cannon St.

Molti luoghi frequentati dai turisti dispongono di negozi eccellenti che vendono souvenir di buona qualità. Potete trovare libri e video sulla guerra all'Imperial War Museum, ottimi libri d'arte alla National Gallery, articoli riguardanti la metropolitana al London Transport Museum (come, per esempio, la t-shirt 'Mind the Gap') e così via.

Grandi magazzini I principali grandi magazzini londinesi hanno anche una vasta scelta di caffè, bar e locali del genere che costituiscono una scelta ottima per chi vuole riposarsi e gustare un tè pomeridiano.

Harrods (cartina 3; ☎ 7730 1234), 87 Brompton Rd SW1 (Ⓜ Knightsbridge). È sempre affollato, ha stabilito un regime più duro di quelli militari e spesso qui è difficile trovare ciò che si cerca, ma è sempre pieno di turisti. Il numero di oggetti in vendita che riportano il logo di Harrods sembra proliferare.
Harvey Nichols (cartina 3; ☎ 7235 5000), 109-125 Knightsbridge SW1 (Ⓜ Knightsbridge). È il cuore dell'alta moda della città, con in

più uno splendido reparto alimentari al quinto piano e un originale settore dedicato alla profumeria e ai gioielli per i quali vale la pena risparmiare un po' di soldi.
Fortnum & Mason (cartina 5; ☎ 7734 8040), 181 Piccadilly W1 (Ⓜ Piccadilly Circus). È noto per il suo reparto alimentari esotico e 'vecchio stile' che si trova al pianterreno, ma dispone anche di un vasto reparto di abbigliamento sugli altri quattro piani.
Selfridges (cartina 4; ☎ 7629 1234), 400 Oxford St W1 (Ⓜ Bond St). È probabilmente il negozio più elegante e antico di Oxford St. Questo grande magazzino rispecchia tutto ciò che era Harrods prima di diventare una parodia di sé stesso.
Liberty (cartina 5; ☎ 7734 1234), 214-220 Regent St W1 (Ⓜ Oxford Circus). Offre articoli di alta moda, un favoloso reparto di tessuti e le inimitabili sciarpe di seta Liberty.

Mercati Che ci crediate o meno, a Londra esistono più di 350 mercati dove si vende praticamente di tutto, dalle antichità agli oggetti rari, dai fiori al pesce. Alcuni mercati come, per esempio, quelli di Camden e Portobello Rd, sono molto famosi tra i turisti, mentre altri sono frequentati soltanto dalla gente del posto, che vi si reca per acquistare praticamente di tutto, dalla biancheria intima ai beni alimentari.

La lista che segue è solo un breve elenco dei mercati maggiormente degni di nota (ricordate che i mercati non si tengono tutti i giorni). Per visitare i più grandi avrete bisogno di un intero giorno per camminare tra le bancarelle, spulciare tra gli oggetti in vendita e fare uno spuntino.

Bermondsey (cartina 6; ☎ 7351 5353), Bermondsey Square SE1 (Ⓜ Borough). Questo è il mercato da visitare se siete alla ricerca di vecchi binocoli da teatro, palle da bowling, spilloni per cappelli, bigiotteria, porcellana e qualsiasi altra antichità. Il mercato principale del venerdì (dalle 4 alle 14) è all'aperto, in piazza, anche se i magazzini che si trovano nelle vicinanze forniscono riparo al mobilio e alle anticaglie più preziose.
Borough (cartina 6; Ⓜ London Bridge). Questo mercato risale come minimo al Duecento. Fino a poco tempo fa, la merce veniva venduta soltanto all'ingrosso, ma adesso il ve-

nerdì da mezzogiorno alle 18 e il sabato dalle 9 alle 17 venditori al dettaglio provenienti dai dintorni vendono al pubblico ogni tipo di alimento, dai formaggi inglesi alle salsicce più ricercate, ai prodotti di pasticceria, al pesce fresco. Si tratta di un mercato ricco di atmosfera nella cui zona si trovano diversi pub di buon livello. Una piccola zona all'aperto ospita un negozio di alimentari della zona del Mediterraneo che prepara ottimi panini con il chorizo (salame piccante spagnolo).

Brick Lane (cartina 1), Brick Lane E1 (Ⓜ Shoreditch o Aldgate East). Questo è un mercato davvero divertente. Il mercato comincia ad animarsi la domenica dalle 8 e si estende lungo Bethnal Green Rd verso nord. Alle 14 è tutto finito. Sulle bancarelle si vende un po' di tutto, dall'abbigliamento ai prodotti ortofrutticoli, dai casalinghi ai quadri alle anticaglie.

Brixton (cartina 1; Ⓜ Brixton). È caratterizzato da un ambiente cosmopolita che mette insieme di tutto, dal Body Shop (cosmetici alternativi) e dalla musica reggae agli spigliati predicatori musulmani, dai macellai sudamericani alla frutta esotica. In Electric Ave e nella Granville Arcade, al coperto, potete comprare parrucche, cibi insoliti, spezie e medicamenti omeopatici. Il mercato è aperto dal lunedì al sabato dalle 8 alle 17.30 (fino alle 13 il mercoledì).

Camden (cartina 2). Si estende a nord dalla stazione della metropolitana di Camden Town fino a Chalk Farm Rd. Per visitarlo al massimo dell'animazione andateci durante il fine settimana, dalle 10 alle 18, anche se quasi tutti i giorni troverete bancarelle in attività. Qui troverete capi d'abbigliamento degli anni Sessanta, articoli dell'esercito, oggetti in ceramica, mobilio, tappeti orientali, strumenti musicali, abbigliamento di marca e così via. Il ponte sul Grand Union Canal e Camden Lock offrono una bella vista.

Camden Passage (cartina 2; ☎ 7359 9969; Ⓜ Angel). Si tratta di una zona con quasi tre dozzine di negozi di antiquariato e bancarelle che non va confusa con il mercato di Camden. Le bancarelle vendono praticamente tutto ciò che possa essere definito 'originale' o 'antico' e i venditori conoscono il valore della loro merce, motivo per cui è difficile fare affari. Il giorno più frequentato è il mercoledì: il mercato si anima alle 7.30 e finisce alle 14, il sabato chiude alle 17. Il giovedì, invece, si vendono libri di seconda mano dalle 7 alle 16.

Petticoat Lane (cartina 6; Ⓜ Aldgate, Aldgate East o Liverpool St). Questo è il famoso mercato della domenica della zona orientale di Londra (dalle 8 alle 14) e si trova in Middlesex St, al confine tra la City e Whitechapel. Attualmente però è diventato decisamente dozzinale e pieno di turisti.

Portobello Rd (cartina 3; ☎ 7727 7684; Ⓜ Notting Hill Gate, Ladbroke Grove o Westbourne Park). Il mercato del fine settimana più famoso (e affollato) di Londra inizia vicino al pub Sun in Splendour a Notting Hill e si estende verso nord per terminare dopo il cavalcavia Westway. Gli oggetti antichi, gli oggetti fatti a mano, i dipinti e i prodotti etnici si concentrano nella zona di Notting Hill Gate e Portobello Rd (più o meno da Chepstow Villas fino a Elgin Crescent a ovest e Colville Terrace a est). Man mano che si procede in direzione nord, la merce diventa di qualità inferiore (abiti di seconda mano e articoli casalinghi).

Spitalfields (cartina 6; ☎ 7247 6590; Ⓜ Liverpool St). Questo enorme mercato che si tiene tra Bishopgate e Commercial St si trova all'interno di un magazzino di epoca vittoriana. Nella sua parte centrale, offre una grande varietà di prodotti d'artigianato, frutta e verdura, capi d'abbigliamento all'ultima moda e alcuni negozi di merce esotica. La maggior parte dei negozi del mercato è aperta dal lunedì al venerdì dalle 10.30 alle 17, mentre il mercato si tiene la domenica dalle 9.30 alle 17.30 circa. Qui troverete un gran numero di ottimi caffè.

PER/DA LONDRA

Londra è il più importante punto di arrivo in Inghilterra; pertanto, per ulteriori informazioni su come raggiungerla si vedano i capitoli Il viaggio e Trasporti interni.

Aereo

Aeroporti *Heathrow* (codice aeroportuale LHR) si trova 24 km a ovest del centro di Londra ed è l'aeroporto commerciale più trafficato del mondo, con un numero superiore ai 60 milioni di passeggeri all'anno. Adesso ha quattro terminal. Sia la metropolitana sia l'Heathrow Express hanno un totale di quattro stazioni (due ciascuno) che effettuano collegamenti per/dall'aeroporto: una per i terminal 1, 2 e 3 e una per il terminal 4.

Informatevi con anticipo sul numero di terminal dal quale partirete, visto che le compagnie aeree non partono tutte dallo stesso terminal.

Purtroppo, l'aeroporto di Heathrow è caotico, affollato e decisamente brutto. BAA, la compagnia che lo gestisce, ha deciso di orientarsi verso la creazione di un grande centro commerciale di basso livello piuttosto che verso un servizio per viaggiatori competitivo a livello mondiale. Dove un tempo sorgevano aree pubbliche tranquille in cui era possibile aspettare la partenza del proprio volo ora sorgono i soliti negozi; la zona 'partenze' del terminal n. 3 è una delle più brutte. Inoltre, la BAA ha pensato bene di mettere nuovi negozi anche dopo il passaggio della dogana, impedendo ai viaggiatori di scampare al proprio destino. Inoltre, i pub, i bar e i ristoranti che troverete presso l'aeroporto sono di basso livello.

Una delle cose positive di questo aeroporto è che tutti i terminal hanno servizi per il cambio del denaro contante molto competitivi, sportelli automatici, banconi per le informazioni e banconi che si occupano del pernottamento.

All'interno dell'aeroporto e nei suoi dintorni troverete diversi grandi alberghi internazionali (nessuno dei quali è particolarmente economico o degno di nota), nel caso in cui arriviate molto tardi o partiate molto presto al mattino. Per maggiori informazioni, v. **Pernottamento**. Questi alberghi sono raggiungibili con l'Heathrow Hotel Hoppa (☎ 01293-507099), un servizio di autobus con biglietti che costano £2,50 (i bambini non pagano). Gli autobus effettuano il proprio servizio dalle 6 alle 23, con una corsa ogni 10 minuti nell'orario di punta e ogni 15 minuti negli altri orari per i terminal 1, 2 e 3 e ogni mezz'ora per il terminal n. 4.

Il terminal 1 (☎ 8745 5301), il terminal 2 (☎ 8745 4599), il terminal 3 (☎ 8759 3344) e il terminal 4 (☎ 8745 7460) offrono un servizio di deposito bagagli disponibile come minimo dalle 6 alle 22. Vi chiederanno £3 per collo per

le prime 12 ore e £3,50 per collo per un tempo massimo di 24 ore. Tutti gli uffici si occupano anche di spedire i bagagli dove vorrete.

Per ricevere informazioni di tipo generale o informazioni sui voli, telefonate al ☎ 0870 000 0123. Il centro prenotazioni alberghiere (Hotel Reservation Service; ☎ 8564 8808) è utile se avete bisogno di una camera nei pressi dell'aeroporto.

Gatwick Pur essendo grande, Gatwick (codice aeroportuale LGW) è molto più piccolo di Heathrow e, per molti versi, è più agevole e piacevole dello stesso. I terminali sud e nord sono collegati da un efficiente servizio su monorotaia. Prima della partenza, siate certi di sapere da quale terminal partirete. Anche qui troverete i soliti negozi, oltre a diverse aree dove potrete mangiare o bere qualcosa.

L'ufficio per il deposito bagagli del terminal nord (☎ 01293-502013) è aperto tutti i giorni dalle 6 alle 22, mentre quello del terminal sud (☎ 01293-502014) è aperto 24 ore su 24.

Per informazioni sui voli della British Airways, telefonate al ☎ 0870 000 0123, mentre per informazioni sull'aeroporto o sugli altri voli potete rivolgervi al ☎ 01293-535353.

Stansted Circa 56 km a nord-est di Londra, Stansted (codice aeroportuale STN), terzo aeroporto internazionale di Londra, gestisce i voli di un gran numero di compagnie aeree economiche quali Buzz, Go e Ryanair. L'edificio futuristico è stato disegnato dal Sir Norman Foster. C'è un solo numero di telefono (☎ 01279-680500) per le informazioni di tipo generale, per le prenotazioni alberghiere e per le informazioni ferroviarie.

Luton Questo aeroporto (codice aeroportuale LTN; ☎ 01582-405100 per informazioni di tipo generale, prenotazioni alberghiere e informazioni sui parcheggi) che, insieme a Stansted, gestisce le compagnie aeree economiche, si trova a 35 miglia (56 km) a nord della capitale. Da qui partono i voli della compagnia aerea economica easy Jet; recentemente, l'aeroporto ha aperto un nuovo spazioso terminal.

London City London Ciry (codice aeroportuale LCY; ☎ 7646 0088) si trova a 6 miglia (10 km) a est del centro di Londra, nei Docklands. Considerato un aeroporto per uomini d'affari e poco sfruttato fino a non molto tempo fa, questo aeroporto gestisce oggi voli per numerose destinazioni europee.

Uffici delle compagnie aeree Per conoscere i numeri di telefono a cui rivolgersi per informazioni sui voli, le prenotazioni e sugli uffici, v. Il viaggio.

Autobus
La maggior parte dei pullman espresso che fanno servizio sulle lunghe distanze parte dalla Victoria Coach Station (cartina 8; ☎ 7730 3466), un bell'edificio degli anni Trenta situato al n. 164 di Buckingham Palace Rd SW1 (Ⓜ Victoria), circa 10 minuti a piedi dalle stazioni ferroviaria e della metropolitana di Victoria. Il terminal degli arrivi si trova in un edificio separato, sull'altro lato di Elizabeth St rispetto all'autostazione principale.

Treno
Londra ha 10 terminal per le linee ferroviarie principali, tutti collegati dalla linea metropolitana. Ciascuna stazione serve destinazioni geografiche diverse del Regno Unito.

Charing Cross (cartina 5)
Inghilterra sud-orientale
Euston (cartina 2)
Inghilterra settentrionale e nord-occidentale, Scozia
King's Cross (cartina 2)
Londra settentrionale, Hertfordshire, Cambridgeshire, Inghilterra settentrionale e nord-orientale, Scozia
Liverpool St (cartina 6)
Londra orientale e nord-orientale, aeroporto di Stansted, East Anglia
London Bridge (cartina 6)
Inghilterra sud-orientale

Marylebone (cartina 3)
Londra nord-occidentale, the Chilterns
Paddington (cartina 3)
Galles meridionale, Inghilterra occidentale e sud-occidentale, Midlands meridionali, aeroporto di Heathrow
St Pancras (cartina 2)
Midlands orientali, Yorkshire meridionale
Victoria (cartina 8)
Inghilterra meridionale e sud-orientale, aeroporto di Gatwick, terminal dei traghetti per il Canale della Manica
Waterloo (cartina 4)
Londra sud-occidentale, Inghilterra meridionale e sud-occidentale

Negli ultimi anni, sono stati portati avanti diversi progetti per rendere queste stazioni più piacevoli ed efficienti. La stazione di Liverpool St è stata riportata al suo antico splendore vittoriano, mentre presso la stazione di Paddington di Brunel sono tuttora in corso lavori di restauro da lungo tempo auspicati.

La maggior parte delle stazioni oggi ha un servizio di deposito bagagli e degli armadietti, bagni (20p) con docce (circa £3), edicole e librerie, oltre a una serie di attività commerciali che vendono cibo e bevande. Le stazioni di Victoria e Liverpool St hanno anche un centro commerciale.

Automobile
Per i numeri di telefono delle più importanti compagnie di autonoleggio (tutte con filiali presso gli aeroporti e in città), v. Trasporti interni.

TRASPORTI URBANI
Transport for London (TfL), una nuova organizzazione controllata direttamente dal sindaco di Londra, è responsabile per gran parte dei mezzi e delle linee di trasporto pubbliche della capitale. Quando leggerete questa guida, la TfL dovrebbe aver assunto anche la supervisione della linea metropolitana.

Per/dagli aeroporti
Ricordate che alcune compagnie aeree hanno offerte speciali sui trasporti per/da-

gli aeroporti per i propri passeggeri e che i biglietti di andata e ritorno sono spesso più convenienti di quelli di sola andata o di solo ritorno.

Heathrow È raggiungibile tramite autobus, metropolitana (dalle 5 alle 23) e con la linea ferroviaria principale.

L'Heathrow Express (☎ 0845 600 1515) collega la stazione di Paddington con l'aeroporto di Heathrow con un viaggio che dura soltanto 15 minuti. I prezzi dei biglietti sono molto alti: £12/22 (£14/24 se acquistate il biglietto direttamente a bordo) per la sola andata/andata e ritorno. C'è un treno ogni 15 minuti dalle 5 alle 22.30. Molte compagnie aeree hanno uffici per il check-in alla stazione di Paddington.

La stazione della metropolitana per i terminal 1, 2 e 3 è direttamente collegata ai terminal stessi, mentre il terminal 4 ha una stazione diversa. Al momento di riconfermare il volo, chiedete da quale terminal partirete. Il biglietto di sola andata per un adulto costa £3,50; in alternativa, potete utilizzare una Travelcard di un giorno per tutte le zone, che costa £4,70. Il viaggio, se partite dal centro di Londra, dura circa un'ora.

L'Airbus (☎ 7222 1234) offre un servizio che però è soggetto alle condizioni del traffico stradale. Ci sono due percorsi: l'A1 parte da Victoria e percorre Cromwell Rd, mentre l'A2 va da Russell Square a Bayswater Rd per proseguire lungo Notting Hill Gate. Ci sono autobus ogni mezz'ora (£7).

Gli aeroporti di Heathrow e Gatwick sono collegati tra loro da diversi servizi d'autobus. L'autolinea Speedlink (☎ 0870 574 7777) ha uffici nei punti di arrivo dei terminal 1, 3 e 4 di Heathrow e in entrambi i terminal di Gatwick. Ci sono partenze ogni mezz'ora e il prezzo del biglietto è di £17 per gli adulti e £9 per i bambini. Il tragitto dura circa un'ora.

Se prendete un minicab dal centro di Londra per raggiungere l'aeroporto pagherete circa £25, ma se scegliete un taxi nero con tassametro spenderete circa £35.

Gatwick I treni Gatwick Express (☎ 0870 530 1530) collegano la stazione che si trova vicino al South Terminal alla stazione Victoria 24 ore su 24. I due terminal di Gatwick sono collegati tra loro da una linea ferroviaria su monorotaia; ricordate di controllare da quale terminal partirete. Alcune compagnie aeree offrono la possibilità di fare il check-in direttamente alla stazione Victoria. Un biglietto di sola andata costa £10,20 e il viaggio dura circa mezz'ora. Un normale treno da Victoria a Gatwick impiega un po' di più (il biglietto costa £8,20).

I treni della Thameslink diretti a Gatwick passano per London Bridge, Blackfiars, City Thameslink e King's Cross. Un biglietto di sola andata costa £9,20 e il percorso dura da 30 a 45 minuti.

Gli autobus della Jetlink 777 (☎ 8668 7261) partono dall'autostazione di Victoria (£8), ma impiegano un'ora e mezzo per raggiungere l'aeroporto.

Un minicab dal centro di Londra vi costerà circa £35, mentre per una corsa in uno dei taxi neri dotato di tassametro pagherete circa £50.

Per informazioni sui collegamenti tra l'aeroporto di Gatwick e quello di Heathrow, v. sopra **Heathrow**.

Stansted L'aeroporto è servito dal treno Stansted Express (☎ 0845 748 4950), che parte dalla stazione di Liverpool St e impiega 45 minuti per raggiungere l'aeroporto (£11). Ci sono treni ogni 15 minuti-mezz'ora.

Luton L'aeroporto (☎ 01582-405100) è collegato da molti autobus navetta che fermano alla stazione Parkway dell'aeroporto di Luton (Luton Airport Parkway station). C'è inoltre più di un treno all'ora (☎ 0845 748 4950) per/da Londra centro; tra le altre fermate c'è quella della stazione ferroviaria Thameslink di King's Cross. Il biglietto costa £9 e il percorso dura 35 minuti.

London City L'aeroporto (☎ 7646 0000) si trova a due minuti di cammino dalla stazione ferroviaria di Silverton & City Airport, che è collegata a Stratford da alcuni treni. Inoltre, un servizio di frequenti autobus navetta collega l'aeroporto con la stazione della metropolitana, ferroviaria e della Docklands Light Railway di Canning Town. L'Airbus collega l'aeroporto alla stazione di Liverpool St (£5; mezz'ora) e alla zona di Canary Wharf (£2; 10 minuti).

Metropolitana
La London Underground, detta anche 'tube', fu inaugurata nel 1863 quando era poco più di una trincea coperta. Talvolta sembra che non sia cambiato un granché da allora, dato che i treni possono essere lenti e inaffidabili e, poiché il sistema soffre da decenni di mancanza di manutenzione, le interruzioni dovute a guasti sono piuttosto frequenti.

Eppure, la metropolitana continua a essere il mezzo di trasporto più semplice e veloce per girare Londra; secondo una stima, ogni giorno vengono effettuati 3 milioni di spostamenti con questo mezzo di trasporto.

Informazioni La Transport for London (TfL) e la metropolitana hanno centri informazioni che vendono biglietti e distribuiscono gratuitamente cartine illustrative della linea metropolitana. Vi sono sportelli a tutti e quattro i terminal di Heathrow, alle stazioni della metropolitana di Victoria, Piccadilly Circus, Oxford Circus, St James's Park, Liverpool St, Euston e King's Cross e a quelle delle principali linee ferroviarie. Si trovano anche uffici informazioni alle stazioni di Hammersmith e di West Croydon. Per informazioni generali sul metro, gli autobus, la Docklands Light Railway (DLR) o i treni della zona di Londra, telefonate al ☎ 7222 1234 o visitate il sito della TfL: www.london transport.co.uk.

Rete metropolitana La Greater London è servita da 12 linee di metropolitana, oltre che dall'indipendente e privata (ma collegata) Docklands Light Railway

(DLR) e da una rete ferroviaria interconnessa (v. **DLR e treno**, più avanti). Il primo treno è alle 5.30 circa dal lunedì al sabato e alle 7 circa la domenica; l'ultimo parte tra le 23.30 e mezzanotte e mezzo a seconda del giorno, della stazione e della linea.

Occorre ricordare che qualsiasi treno che viaggia da sinistra a destra sulla cartina è indicato come *eastbound*, cioè diretto a est, mentre un treno che viaggia dall'alto al basso è indicato come *southbound*, cioè diretto a sud. Se due stazioni non sono sulla stessa linea, occorre cercare la stazione più vicina dove le due linee si intersecano e dove dovrete cambiare treno (*transfer*).

Un evento degno di nota è stato il completamento, nel 1999, del prolungamento di 16 km della Jubilee Line, da Westminster a Stratford, includendo Canary Wharf. Le 11 nuove stazioni della Jubilee Line sono state progettate da architetti diversi e molte sono vere opere d'arte ultramoderne.

Se vi pescano sulla metropolitana senza un biglietto valido (oppure se viaggiate lungo un tratto non coperto dal vostro biglietto) sarete puniti con una multa di £10 da pagare sul posto. Se siete colti sul fatto, per favore state zitti e pagate. I controllori e gli altri passeggeri accanto a voi ascoltano gli stessi alibi ogni santo giorno.

Tariffe La TfL divide Londra in sei zone concentriche. La tariffa semplice per adulti/ragazzi al di sotto dei 16 anni per la zona 1 è di £1,50/60p., per le zone 1 e 2 £1,90/80, per tre zone £2,20/1, per quattro zone £2,70/1,20, per cinque zone £3,30/1,40 e per tutte e sei le zone (compresa la stazione di Heathrow) £3,60/1,50. Tuttavia, se si prevede di viaggiare attraverso un paio di zone, magari più volte in un giorno, è consigliabile prendere in considerazione l'uso di una travelcard o di qualche altra forma di tariffa ridotta.

Tessere e tariffe ridotte La travelcard giornaliera offre il modo più economico per spostarsi a Londra e può essere usata dopo le 9.30 nei giorni feriali e tutto il giorno nei fine settimana indifferentemente su tutti i mezzi di trasporto della città: metropolitana, treni suburbani, Docklands Light Railway (DLR) e autobus (ma non quelli notturni).

Per la maggior parte dei visitatori sarà sufficiente una tessera per le zone 1 e 2 (£4). La tessera per tutte le zone costa £4,90, solo £1,30 in più del costo di un biglietto di una sola corsa per tutte le zone, e potete usarla tutto il giorno. Una tessera giornaliera per bambini dai 5 ai 15 anni costa £2, indipendentemente dal numero di zone che copre, ma per i ragazzi di 14 e 15 anni è necessaria una Child Rate Photocard (tessera con fotografia) per viaggiare con queste tariffe. La travelcard può essere acquistata con diversi giorni di anticipo ma non sugli autobus.

Se nei giorni feriali dovete spostarvi prima delle 9.30, potete acquistare una LT Card (London Transport Card) per le zone 1 e 2 spendendo £5,10/2,50 (£7,70/3,30 per tutte e sei le zone), valida sulla metropolitana, sulla DLR e sugli autobus (ma non sui treni suburbani) per una giornata, senza restrizioni di orario.

Sono disponibili anche tessere settimanali, per le quali sono richiesti un documento d'identità con fototessera. La tariffa per la zona 1 per adulti/bambini da 5 a 15 anni è di £15,90/6,60 e quella per le zone 1 e 2 è di £18,90/7,70. Con queste tessere potete viaggiare in qualsiasi ora del giorno e sugli autobus notturni.

A £6 per le zone 1 e 2, le tessere del weekend valide il sabato e la domenica costano il 25% in meno di due singole tessere giornaliere. Sono anche disponibili le Family Travelcard per gruppi di uno o due adulti insieme a uno o più bambini (fino a quattro) al di sotto dei 16 anni con i quali non è necessario che ci sia un legame di parentela; le tariffe partono da £2,60 per adulto e 80p per bambino per le zone 1 e 2.

Se pensate di viaggiare molto soltanto nella zona 1, potete acquistare un blocchetto di 10 biglietti per £11,50 il che vi consente di risparmiare una bella somma (£3,50).

Sono in corso progetti per introdurre tessere elettroniche nel 2002. Queste tessere potranno essere 'caricate' con la desiderata somma di denaro; per ogni viaggio verrà dedotta la cifra dovuta.

Autobus

Se non avete fretta, viaggiare per Londra su un autobus a due piani può essere più divertente che viaggiare in metro. La All London bus map (cartina dei percorsi degli autobus), disponibile gratuitamente presso la maggior parte degli uffici della TfL, è uno strumento di pianificazione dei viaggi indispensabile. Per spostamenti brevi, a Londra è spesso molto meglio usare un autobus che prendere la metropolitana per un paio di fermate.

Linee utili I due percorsi segnalati qui di seguito sono soltanto due esempi di percorso panoramico che è possibile effettuare prendendo un autobus.

N. 24
Partendo da South End Green e Hampstead Heath, questo autobus passa per Camden e, dopo aver percorso Gower St, arriva a Tottenham Court Rd, passa per Leicester Square, Trafalgar Square, Whitehall, per costeggiare il palazzo di Westminster, l'abbazia di Westminster e la cattedrale di Westminster. Raggiunge la stazione Victoria e prosegue poi per Pimlico, da cui si raggiunge facilmente la Tate Britain.

N. 8
Da Bow, nella parte orientale di Londra, questo autobus attraversa Bethnal Green Rd e costeggia i mercati di Spitalfields e Petticoat Lane, la stazione di Liverpool St, la City, Guildhall, e l'Old Bailey. Poi passa per Holborn e procede verso Oxford St, superando Oxford Circus, Bond St, Selfridges e la sede principale dei grandi magazzini Marks & Spencer a Marble Arch prima di terminare a Victoria.

Gli autobus Stationlink hanno un accesso facilitato per sedie a rotelle e seguono un percorso analogo a quello della Circle

The Tube: tutto quello che avreste sempre voluto sapere sulla metropolitana di Londra

The tube è il sistema di trasporto sotterraneo più antico del mondo (1863), il più esteso (254 miglia/408 km di binari) e il più trafficato (quasi 1100 milioni di passeggeri all'anno). Con un guasto in media ogni 16 minuti, è anche il più inaffidabile e, se per andare da Covent Garden a Leicester Square si spendono £1,50 per 250 metri di percorso, significa che il prezzo al chilometro è più alto di quello di un volo aereo in prima classe. Ma queste non sono le uniche cose da sapere sulla metropolitana londinese:

- La linea più lunga è la Central Line (46 miglia/74 km), seguita da vicino dalla Piccadilly Line con 44,6 miglia (71,3 km); la più corta è la Bakerloo & City Line (1,4 miglia/2,2 km), detta 'the drain' (la fogna), che collega Bank a Waterloo.
- Con i suoi 16 km di prolungamento oggi portati a termine, la Jubilee Line è l'unica dell'intero sistema a collegare tutte le altre linee e la Docklands Light Railway (DLR).
- Il percorso più lungo possibile senza dover cambiare treno è quello da West Ruislip a Epping sulla Central Line (31,1 miglia/54,9 km).
- La distanza maggiore fra due stazioni è quella da Chesham a Chalfont & Latimer sulla Metropolitan Line (3,6 miglia/6,3 km); la minore è quella tra Leicester Square e Covent Garden (250 m).
- La stazione più profonda è Hampstead, sulla Northern Line (58.5 m).
- La District Line, con 60 stazioni, è quella che ne ha il maggior numero, seguita dalla Piccadilly (52) e dalla Central (49); la Waterloo & City ne ha solo due.
- Le stazioni con il maggiore traffico sono Victoria (86 milioni di passeggeri all'anno), Oxford Circus (85 milioni), King's Cross (69 milioni), Liverpool St (44 milioni) e Baker St (43 milioni).
- Le stazioni con il maggior numero di banchine sono Moorgate e Baker St; ciascuna ne ha 10.
- Nella metropolitana vi sono 303 scale mobili. A Bank sono più numerose che altrove (15, senza contare i due *tapis roulants*), mentre quella di Angel sulla Northern Line è la più lunga (60 m con un dislivello di 27.5 m).
- Vi sono ben 40 stazioni 'fantasma' (in disuso), tra cui la British Museum sulla Central Line (chiusa negli anni Trenta), la Down St vicino a Hyde Park Corner, sulla Piccadilly Line, usata da Churchill e dalla sua famiglia durante la Seconda guerra mondiale, la Malborough St sulla Metropolitan Line, vicino a Lord's, oggi trasformata in un ristorante cinese, la South Kentish Town nei pressi di Camden, sulla Northern Line, chiusa durante un'interruzione di corrente e mai più riaperta, e la povera Hounslow Town sulla District Line, che funzionò dal 1883 al 1886 e poi di nuovo dal 1903 al 1909 e che fu quindi chiusa definitivamente perché troppo poco frequentata.
- L'avvertimento 'Mind the gap' ('attenti al vuoto') risulta superfluo soltanto sul prolungamento della Jubilee Line, poiché tutte le banchine hanno porte al filo del marciapiede per eliminare ogni discontinuità; le stazioni dove c'è maggiore distanza tra treno e marciapiede (a causa della deformazione delle banchine) sono Embankment e Bank.
- La famosa cartina della linea metropolitana fu ideata da Henry Beck, un disegnatore industriale per il quale la creazione di questa cartina fu un gesto d'amore. Dalla prima versione, risalente al 1931, Beck continuò a lavorare per renderla più chiara e dettagliata fino al 1960, quando fu licenziato per un lavoro che gli aveva reso soltanto un totale di £5,25! Una nuova versione della cartina fu poi creata dal dipartimento pubblicitario della compagnia metropolitana, che snobbò la versione di Beck. Questo 'miglioramento' fu però un fallimento e, qualche anno più tardi, i criteri utilizzati da Beck vennero ripresi, anche se non dallo stesso Beck.

Line della metropolitana, toccando tutte le stazioni principali della linea. Per chi ha problemi di mobilità o per chi viaggia con un bagaglio molto pesante può essere più comodo usare questo autobus piuttosto che servirsi della metropolitana, ma viene effettuata solo una corsa all'ora. Da Paddington vi sono servizi in senso orario (SL1) dalle 8.15 alle 19.15, e antiorario (SL2) dalle 8.40 alle 18.40.

Trafalgar Square è attraversata da 44 dei 50 autobus notturni della rete della TfL (indicati con la lettera 'N'); gli autobus circolano da mezzanotte alle 7 ma non sono molto frequenti. La TfL pubblica su una tessera delle dimensioni di una carta di credito un orario che viene distribuito gratuitamente e che elenca tutti i percorsi. Sugli autobus notturni sono valide soltanto le tessere settimanali o quelle di più lunga validità; tutte le altre non sono utilizzabili.

Tariffe Le tariffe degli autobus sono molto semplici. Ci sono soltanto due zone: la prima corrisponde alla zona 1 della rete metropolitana mentre la seconda copre il resto della città. Spostarsi nella zona 1 oppure tra la zona 1 e la zona 2 costa £1, mentre spostarsi all'interno della zona 2 costa 70p. I bambini pagano 40p, indipendentemente dalle zone in cui viaggiano. Un biglietto su un autobus notturno costa £1,50. Le travelcard e le altre tessere della metropolitana possono essere utilizzate sugli autobus.

DLR e treno

L'indipendente Docklands Light Railway (DLR), che viaggia senza conduttore, collega la City a Bank e Tower Gateway con Canary Wharf, Greenwich e Stratford. Offre una buona panoramica dello sviluppo edilizio di questa parte della città. Le tariffe sono le stesse di quelle della metropolitana.

I treni passeggeri di Londra e dei suoi dintorni sono gestiti da diverse compagnie ferroviarie e diventano essenziali nella parte meridionale della capitale, dove la linea metropolitana è meno sviluppata. Anche in questo caso, le tariffe sono le stesse di quelle della metropolitana.

Automobile e motocicletta

Evitate nel modo più assoluto di portare l'auto a Londra. Le strade sono terribilmente intasate, i guidatori sono estremamente aggressivi e trovare un parcheggio costituisce un problema. Non che i parcheggi scarseggino: il problema è che spenderete £12 o più al giorno.

Gli addetti al controllo dei parchimetri e all'applicazione dei ceppi bloccaruote sono molto efficienti e, se il vostro veicolo viene trainato via, per riaverlo dovrete spendere non meno di £100. Se trovate l'auto bloccata, telefonate alla hotline della Clamping & Vehicle Section, in funzione 24 ore su 24 (☎ 7747 4747): vi diranno cosa fare.

Taxi

I caratteristici taxi neri londinesi (☎ 7272 0272) sono efficientissimi ma non economici. Un taxi è libero quando il segnale giallo sopra il parabrezza è acceso. La durata della corsa viene registrata dal tassametro; i tassisti si aspettano il 10% di mancia. Ricordate che questi taxi possono trasportare 5 persone.

I minicab indipendenti possono trasportare quattro persone; i prezzi più economici dei minicab fanno concorrenza ai taxi neri. Chiunque abbia un'automobile può lavorare come autista di minicab e, anche se in teoria a questi mezzi possono essere prenotati soltanto telefonicamente, in posti come Soho potrete trovare degli impostori che si spacciano per autisti. Fate attenzione, perché molti hanno un'idea limitata su come si circoli in modo efficiente (e sicuro). Inoltre, questi taxi non sono dotati di tassametro; pertanto, è indispensabile fissare il prezzo della corsa prima di partire. Alle donne si consiglia di spostarsi con un taxi nero.

Ci sono piccole compagnie di minicab con base in zone specifiche. Chiedete a un abitante della zona di indicarvi una compagnia affidabile, oppure chiamate uno dei numeri di telefono attivi 24 ore su 24 (☎ 7272 2612, 8340 2450 o ☎ 8567 1111). Le donne possono avvalersi di Lady Cabs (☎ 7254 3501), mentre i gay e le lesbiche possono scegliere Freedom Cars (☎ 7734 1313).

Bicicletta

Girare in bicicletta per Londra è un modo per ridurre le spese di trasporto, ma può essere un brutto affare a causa del traffico intenso e delle esalazioni che diminuiscono il piacere di fare un po' d'esercizio fisico. È consigliabile indossare il casco e un numero sempre maggiore di londinesi usa la mascherina per difendersi dall'inquinamento.

La Bikepark (cartina 5; ☎ 7430 0083), 11 Macklin St WC2 (Ⓜ Holborn) noleggia biciclette e ha un parcheggio per queste ultime. La spesa minima è di £10 per il primo giorno, £5 per il secondo giorno e £3 per i giorni successivi.

La Dial-a-Bike (cartina 8; ☎ 7828 4040), 18 Gillingham St SW1 (Ⓜ Victoria) noleggia biciclette a £6,99 al giorno e £29,90 alla settimana.

Imbarcazioni

A Londra esistono tantissimi battelli lungo il Tamigi e ne continuano a spuntare di nuovi. Utilizzando il battello, eviterete lo stress del traffico e potrete godere di un bel panorama.

Dal Westminster Pier (cartina 4), la City Cruises (☎ 7930 9033) offre un servizio molto utilizzato per/dalla Torre di Londra. Il prezzo del biglietto per un adulto è di £4,80/6 per la sola andata/andata e ritorno (i bambini pagano £2,40/3). La traversata dura 30 minuti e ci sono diverse corse ogni ora da aprile a ottobre (le corse sono meno frequenti durante il resto dell'anno).

La Crown River Cruises (☎ 7936 2033) offre una crociera circolare con partenza da Westminster Pier con battelli che attraccano ai moli di London Bridge e St Katharine's (subito a est della Torre di Londra). Un biglietto costa £5,80/3 ed è valido per tutta la giornata, il che vi permette di scendere e di risalire a bordo dove e quando desiderate. I battelli effettuano il proprio servizio tutto l'anno, di solito con una traversata all'ora.

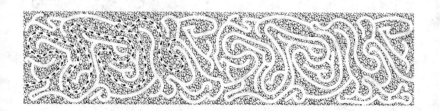

Inghilterra sud-orientale

Le cittadine e i villaggi delle contee descritte in questo capitolo – Berkshire, Surrey, Kent, East Sussex, West Sussex, Hampshire, Isle of Wight, Hertfordshire, Buckinghamshire ed Essex – offrono pace e tranquillità a un numero significativo di persone che lavorano a Londra.

Il sud-est è una regione di straordinaria bellezza che racchiude quelle immagini della vecchia Inghilterra rimaste immutate nel tempo – cittadine e villaggi pittoreschi con vecchi pub accoglienti (Rye, Lewes, Winchester e St Albans), tratti di costa spettacolari (le bianche scogliere di Dover e Beachy Head), castelli imponenti (Dover, Hever, Ightham Mote e Leeds), splendide case storiche (Knole, Penshurst e Beaulieu), giardini curati (Sissinghurst e Stowe), magnifiche cattedrali (Canterbury e Winchester) e stazioni balneari kitsch (Eastbourne, Brighton e Southend).

Di conseguenza, questi luoghi sono tra le più apprezzate destinazioni turistiche del paese. In primavera e in estate le folle di vacanzieri possono risultare fastidiose e i prezzi, particolarmente a sud di Londra, tendono a essere elevati.

STORIA

La vicinanza delle contee sud-orientali al resto dell'Europa ha fatto sì che la regione sia stata un punto caldo per gran parte della storia d'Inghilterra. La città di Deal sulla costa del Kent è il luogo dove approdarono i Romani nel 55 a.C. Anche gli invasori normanni provenienti da oltre Manica diressero le loro navi verso le rive del sud-est nell'XI secolo. Portsmouth è sede della Marina Britannica, che ha svolto un ruolo di primo piano nell'espansione e nella difesa dell'impero britannico, sin dal 1194. La famiglia reale ha privilegiato questa regione per costruire alcuni tra i castelli più imponenti per gran parte della sua storia.

Da non perdere

- Visitate la casa dove Anna Bolena trascorse l'infanzia – il fiabesco Hever Castle nel Kent
- Regalatevi qualche acquisto di lusso, un pasto squisito e una nottata indimenticabile a Brighton
- Fate un viaggio nel passato a bordo dell'HMS *Victory* a Portsmouth – la nave ammiraglia capitanata da Nelson nella battaglia di Trafalgar
- Visitate il sito che fu teatro della vittoria di Guglielmo il Conquistatore nel 1066 durante la battaglia dell'East Sussex
- Fate un giro tra le rovine dal fascino misterioso dell'Abbazia di Waverley, un monastero del XII secolo nel Surrey
- Visitate la Cattedrale di St Albans, splendido edificio che riunisce gli stili romano, sassone, romanico e vittoriano

St Albans p. 375
St Albans Cathedral p. 376 • LONDRA
Windsor ed Eton p. 285
Guildford p. 291
Southend-on-Sea p. 368
Canterbury p. 301
Canterbury Cathedral p. 302
Winchester p. 348
Winchester Cathedral p. 349
Rye p. 322
Dover p. 313
Portsmouth e Southsea p. 354
Chichester p. 343
Lewes p. 332
Brighton p. 335
Eastbourne p. 329
Isle of Wight p. 364
New Forest p. 362

Con la costa francese a sole 20 miglia (32 km) di distanza, il sud-est è sempre stato in prima linea. Durante la Seconda guerra mondiale questa regione, in particolare Portsmouth e Southampton, subì molti bombardamenti. Più di recente il tunnel sotto la Manica ha facilitato gli spostamenti tra l'Inghilterra e il resto d'Europa.

CLIMA
La parte sud-orientale del paese presenta un clima relativamente caldo. La vicinanza al mare impedisce alla temperatura esterna di scendere sotto lo zero in inverno, sebbene in estate le temperature raramente superino i 30°C. Le contee sud-orientali vedono più giorni di sole del resto del paese e registrano il minor tasso di piovosità, con medie annue inferiori ai 600 mm in alcune zone dell'Essex e del Kent, contro i 4500 mm delle regioni settentrionali e occidentali.

ORIENTAMENTO
A sud di Londra, la regione è attraversata dalle cosiddette *downs*, le colline di gesso dell'Inghilterra meridionale, che corrono da est a ovest. Le North Downs da Guildford disegnano una curva attraverso la campagna del Kent fino a Dover, dove diventano le famose bianche scogliere. A nord di Portsmouth corrono le South Downs che terminano nello spettacolare promontorio di Beachy Head, nei pressi di Eastbourne. Tra le due catene di colline si estende il Weald, regione un tempo boscosa e ora coltivata a orti e frutteti.

A nord-ovest di Londra, le colline conosciute come Chiltern Hills sono attraversate dal Ridgeway Trail, splendido itinerario nazionale, tra boschi in gran parte incontaminati. Proseguendo verso la costa in direzione est, dopo le foreste dell'Essex si raggiunge una zona di campagna più pianeggiante e meno interessante, la cui rete di autostrade costituisce la caratteristica predominante fino alla costa.

INFORMAZIONI
Grazie all'intenso afflusso di visitatori, il sud-est ha molti Tourist Information Centre (TIC), centri d'informazioni turistiche che osservano un orario di apertura relativamente prolungato. In quasi tutte le città e cittadine più grandi ci sono degli ostelli della gioventù che fanno parte dell'YHA (Youth Hostels Association). Molte università affittano stanze durante l'estate, ma si consiglia di prenotare in anticipo. Alcuni TIC locali chiedono un compenso per le prenotazioni nei B&B. Troverete banche, uffici postali, punti internet e lavanderie a gettoni in tutte le città principali descritte in questo capitolo.

TRASPORTI LOCALI
Tutte le località menzionate in questo capitolo sono facilmente raggiungibili in treno o in autobus, e ogni città o villaggio può essere visitato con una gita di un giorno da Londra. In questo capitolo troverete informazioni sui trasporti pubblici che servono le varie località.

Autobus
Diverse compagnie di autobus offrono regolari collegamenti con Londra e servizi tra le cittadine e quasi tutti i villaggi della regione. Gli Explorer Tickets (£6/4 per adulti/ragazzi sotto i 16 anni), che consentono un numero illimitato di corse nell'arco della giornata, sono validi su quasi tutti gli autobus che servono la regione. Si possono acquistare dai conducenti oppure presso le autostazioni. I biglietti Country Rover (£5/2,50) possono essere usati dopo le 9 dal lunedì al venerdì, e tutto il giorno il sabato e la domenica. I biglietti Diamond Rover (£7/5) sono validi anche su quasi tutti gli autobus dell'Arriva (☎ 0870 688 2608) nel Buckinghamshire, nell'Hertfordshire e nell'Essex. L'abbonamento settimanale che consente un numero illimitato di corse con la Stagecoach Coastline e la Sussex Bus Services (☎ 01903-237661) costa £12,50 e può essere acquistato sugli autobus delle linee sopracitate.

Treno
Per le informazioni ferroviarie chiamate il numero ☎ 0845 748 49 50. Se pensate di usare molto i treni, è una buona idea acquistare una Network Card (costa £20 e dà diritto a sconti del 34% sulle tariffe ferroviarie), valida un anno, ma solo dopo

INGHILTERRA SUD-ORIENTALE

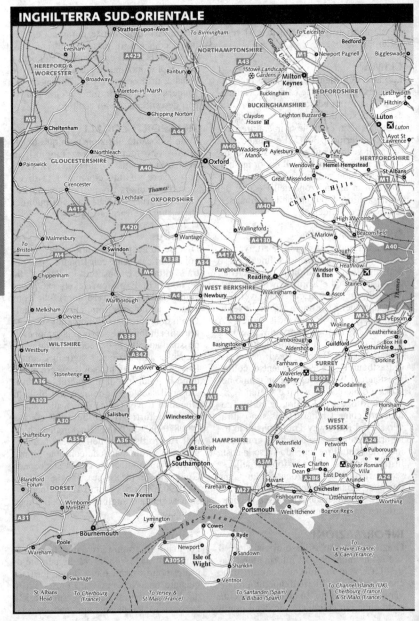

INGHILTERRA SUD-ORIENTALE

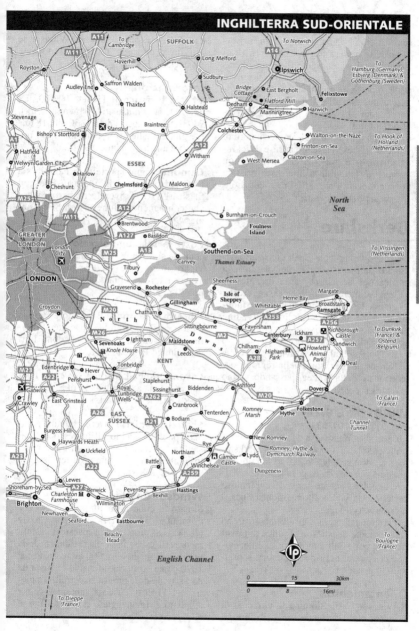

le 10 nei giorni lavorativi (a qualsiasi ora nel fine settimana). I passeggeri sotto i 15 anni di età che viaggiano con un possessore della tessera pagano £1. Il BritRail SouthEast Pass consente di usare liberamente i treni per tre o quattro giorni su sette, o per sette giorni su 15, ma deve essere acquistato all'estero. Per ulteriori informazioni al riguardo, v. **Treno in Trasporti interni**.

Spostarsi in treno tra le contee a nord di Londra (Essex, Hertfordshire e Buckinghamshire) è più difficile perché non sempre le cittadine d'interesse turistico sono collegate l'una all'altra o con Londra da servizi ferroviari.

Berkshire

Da lungo tempo considerata territorio occupato dall''aristocrazia del denaro', la contea del Berkshire vanta incantevoli villaggi, dimore signorili e paesaggi rurali di grande fascino, anche se cittadine industriali come Slough e l'ordinaria Reading (centro amministrativo della contea) lasciano molto a desiderare.

Il Thames Path (v. **Attività**) attraversa le Downs del Berkshire nella regione settentrionale della contea, passando vicino a Windsor e a Reading.

WINDSOR E ETON
Pop. 31.000 ☎ 01753

La graziosa Windsor è da lungo tempo il principale richiamo turistico del Berkshire, ma ultimamente i visitatori la raggiungono in giornata da Londra tanto per visitare Legoland quanto per vedere il famoso castello e la vicina Eton, rinomata per il prestigioso college.

Facilmente raggiungibile sia in treno sia su strada, questa zona brulica di turisti per gran parte dell'anno. Se possibile, evitate di andarci nel fine settimana, soprattutto in estate.

Orientamento

Il Windsor Castle domina la cittadina di Windsor che si estende lungo il Tamigi.

Eton è un piccolo villaggio, collegato a Windsor da un ponte pedonale e sede dell'esclusivo Eton College. A Windsor le attività si concentrano in Peascod St e Thames St.

Informazioni

Ufficio turistico Il TIC (☎ 743900, fax 743904, @ windsor.tic@rbwm.gov.uk), 24 High St, è aperto dalle 9.30 alle 18 tutti i giorni (dalle 10 la domenica); da novembre a marzo chiude alle 16.30.

Cambio Hanno sportelli di cambio sia l'ufficio postale principale in Peascod St sia il TIC. Troverete numerose banche con bancomat lungo High St e Thames St.

Poste e telecomunicazioni La posta centrale si trova in Peascod St. Potete navigare in rete presso il negozio di CD Tower Express, situato in Peascod St (£1 per 20 minuti).

Librerie Eton Bridge Book Store si trova a Eton, al 77 di High St; troverete altre librerie, tra cui alcune che vendono libri usati, lungo Peascod St, a Windsor.

Lavanderie La Laundro Coin è una buona lavanderia a gettoni al 56 di St Leonards Rd, vicino a St Mark's Rd.

Servizi igienici Troverete alcuni gabinetti pubblici vicino all'ingresso del castello (dovrete prima acquistare il biglietto) e altri vicino ai campi da tennis nelle vicinanze di River St.

Windsor Castle

Situato in cima a un'altura di gesso che domina il Tamigi, il Windsor Castle (☎ 831118), uno dei più maestosi castelli medievali esistenti, è la residenza della famiglia reale da oltre 900 anni. Sorto nel 1070 come struttura difensiva formata da un bastione di legno, fu ricostruito in pietra nel 1165 e, successivamente, venne ampliato e rimaneggiato più volte fino al XIX secolo.

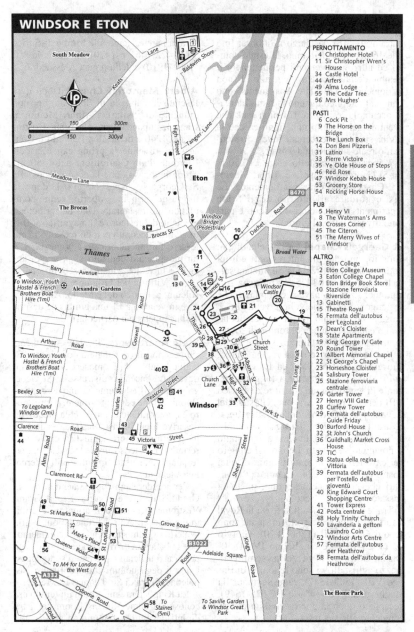

WINDSOR E ETON

PERNOTTAMENTO
4 Christopher Hotel
11 Sir Christopher Wren's House
34 Castle Hotel
44 Arfers
49 Alma Lodge
55 The Cedar Tree
56 Mrs Hughes'

PASTI
6 Cock Pit
9 The Horse on the Bridge
12 The Lunch Box
14 Don Beni Pizzeria
31 Latino
33 Pierre Victoire
35 Ye Olde House of Steps
46 Red Rose
47 Windsor Kebab House
53 Grocery Store
54 Rocking Horse House

PUB
5 Henry VI
8 The Waterman's Arms
43 Crosses Corner
45 The Citeron
51 The Merry Wives of Windsor

ALTRO
1 Eton College
2 Eton College Museum
3 Eaton College Chapel
7 Eton Bridge Book Store
10 Stazione ferroviaria Riverside
13 Gabinetti
15 Theatre Royal
16 Fermata dell'autobus per Legoland
17 Dean's Cloister
18 State Apartments
19 King George IV Gate
20 Round Tower
21 Allbert Memorial Chapel
22 St George's Chapel
23 Horseshoe Cloister
24 Salisbury Tower
25 Stazione ferroviaria centrale
26 Garter Tower
27 Henry VIII Gate
28 Curfew Tower
29 Fermata dell'autobus Guide Friday
30 Burford House
32 St John's Church
36 Guildhall; Market Cross House
37 TIC
38 Statua della regina Vittoria
39 Fermata dell'autobus per l'ostello della gioventù
40 King Edward Court Shopping Centre
41 Tower Express
42 Posta centrale
48 Holy Trinity Church
50 Lavanderia a gettoni Laundro Coin
52 Windsor Arts Centre
57 Fermata dell'autobus per Heathrow
58 Fermata dell'autobus da Heathrow

Le aree del castello accessibili al pubblico sono aperte dalle 10 alle 17 (ultima entrata alle 16) da marzo a ottobre, fino alle 16 nel resto dell'anno. D'estate, tempo ed altri inconvenienti permettendo, il cambio della guardia avviene alle 11 (non la domenica). Gli State Apartments sono chiusi al pubblico quando la famiglia reale occupa la residenza. L'Union Jack che sventola sul castello non significa che la regina sia presente; cercate invece lo stendardo reale sulla Round Tower.

L'ingresso al castello costa £10.50/5. La St George's Chapel e l'Albert Memorial Chapel sono chiuse la domenica. Le visite guidate all'interno degli State Apartments durano circa 45 minuti e partono diverse volte al giorno.

St George's Chapel La cappella di San Giorgio, uno dei più interessanti edifici gotici della Gran Bretagna, fu iniziata sotto Edoardo IV nel 1475 ma ultimata soltanto nel 1528. La navata, con pilastri che sostengono splendide volte a ventaglio, è un superbo esempio di stile perpendicolare. La cappella è piena di **tombe di sovrani**, tra cui quelle di Giorgio V (che regnò dal 1910 al 1936) e della regina Maria, Giorgio VI (1936-1952) ed Edoardo IV (1461-1483). La **finestra a loggia sporgente** di legno fu fatta costruire da Enrico VIII per Caterina di Aragona. Gli **stalli dei Cavalieri dell'Ordine della Giarrettiera**, costruiti tra il 1478 e il 1485, sono simili agli stalli di un coro. In cima a ogni stallo si notano lo stendardo, l'elmo e il cimiero del cavaliere attualmente titolare di quel posto. Le targhe recano i nomi dei cavalieri che hanno occupato quel posto in passato fin dal XIV secolo.

Tra le due file di stalli si trova la **Royal Vault**, la volta reale sotto la quale sono sepolti Giorgio III (1760-1820), Giorgio IV (1820-1830) e Guglielmo IV (1830-1837). Sotto un'altra **volta**, sempre in mezzo agli stalli, vi sono le tombe di Enrico VIII (1509-1547), Jane Seymour, la moglie prediletta, e Carlo I (1625-1649), decapitato dopo la guerra civile e ora ricongiunto alla sua testa.

L'enorme **spada** di Edoardo III, fondatore dell'Ordine della Giarrettiera, è appesa alla parete vicino alle **tombe** di Enrico VI (1422-1461 e 1470), di Edoardo VII (1901-1910) e della regina Alessandra.

Albert Memorial Chapel Dopo aver lasciato la cappella di San Giorgio, non mancate di visitare l'Albert Memorial Chapel, stupendamente elaborata. Costruita nel 1240 e dedicata a Edoardo il Confessore, divenne la prima cappella dell'Ordine della Giarrettiera nel 1350 ma cadde in disuso dopo la costruzione della St George's Chapel. Nel 1861, dopo la morte del principe Alberto, venne completamente restaurata. Uno dei principali elementi del restauro è il magnifico soffitto a volta, decorato con un mosaico le cui tessere furono fabbricate a Venezia. C'è un monumento dedicato al principe, anche se in realtà Alberto è sepolto con la regina Vittoria nel Frogmore Royal Mausoleum, nel parco del castello. All'ingresso è in vendita a £1 una guida che descrive la cappella nei particolari.

State Apartments Gli State Apartments riuniscono sale destinate a occasioni ufficiali e locali adibiti a museo. Nel 1992 un devastante incendio distrusse la St George's Hall e l'adiacente Grand Reception Room (salone per i ricevimenti). Il restauro è ora terminato e una piccola **mostra** ne descrive le varie fasi. Resta da vedere se ha recato maggiori danni l'incendio o il restauro: per ricostruire le sale danneggiate sono state usate in tutto 350 querce. Pensateci su.

Per accedere agli appartamenti si sale la Grand Staircase e si attraversa il Grand Vestibule, decorati con armature e armi, giungendo all'Ante Throne Room e alla Waterloo Chamber, creata per commemorare la battaglia di Waterloo e tuttora usata per pranzi ufficiali. Alle pareti sono appesi i ritratti degli uomini che sconfissero Napoleone, opera di Sir Thomas Lawrence.

La King's Drawing Room un tempo era conosciuta come Rubens Room per i tre dipinti del pittore fiammingo appesi alle pareti. Opere del Canaletto e di Thomas Gainsborough adornano la King's Bed Chamber. Carlo II, però, era solito dormire nell'attigua King's Dressing Room, dove sono custoditi alcuni dei dipinti più preziosi dei Windsor, tra cui il magnifico *Triple Portrait of Charles I* di Sir Anthony Van Dyck e opere di Hans Holbein, Rembrandt, Peter Paul Rubens e Albrecht Dürer. Nel King's Closet, che Carlo II usava come studio, si possono ammirare lavori del Canaletto, di Sir Joshua Reynolds e di William Hogarth.

Si attraversa quindi la Queen's Drawing Room, dove ci sono dipinti di Holbein e Van Dyck, e si raggiunge la King's Dining Room, con un bell'affresco di Verrio sul soffitto – uno dei tre sopravvissuti all'incendio – e sculture lignee di Grinling Gibbons. La Queen's Ballroom custodisce una notevole collezione di opere di Van Dyck, tra cui un ritratto dei figli di Carlo I, mentre la Queen's Audience Chamber vanta un altro soffitto dipinto da Verrio. Arazzi gobelin e un altro affresco di Verrio adornano la Queen's Presence Chamber.

La Queen's Guard Chamber è decorata con armi e armature, tra cui spicca un busto di Churchill. Questa sala dà accesso alla St George's Hall, restaurata da poco e dunque troppo nuova per avere una sua atmosfera. Il dipinto sulla trave a sbalzo del tetto raffigura le armi dei Cavalieri dell'Ordine della Giarrettiera. La Lantern Lobby si trova nella zona in cui scoppiò l'incendio ed è usata per esporre l'argenteria. Un corridoio conduce alla magnifica Crimson Drawing Room dalle raffinate decorazioni in oro, con la più piccola Green Drawing Room visibile attraverso una porta sulla destra. Anche la State Dining Room e l'Octagon Dining Room furono completamente restaurate dopo l'incendio.

Dopo aver attraversato un vestibolo con una bella collezione di porcellane inglesi su un lato, si raggiunge la Grand Reception Room in stile francese. Il soffitto crollò nel 1992, ma ora è stato restaurato; la sala dà accesso alla Garter Throne Room, dove ricevono l'investitura i nuovi Cavalieri dell'Ordine della Giarrettiera.

Terminato il giro degli State Apartments ci si ritrova nuovamente nella Waterloo Chamber. Ricordate che alcune delle stanze più piccole non sono aperte al pubblico quando c'è molta gente – un'ottima ragione per visitare il castello fuori stagione!

Queen Mary's Dolls' House Opera dell'architetto Sir Edwin Lutyens, la casa delle bambole fu costruita nel 1923 in scala 1:12 allo scopo di raccogliere fondi da destinare agli orfani. Di tanto in tanto qui vengono allestite delle mostre speciali come quella dedicata ai giocattoli d'infanzia della regina.

Windsor Great Park Il Windsor Great Park dal castello si estende verso sud quasi fino ad Ascot su una superficie di 40 miglia quadrate. Nel parco vi sono un lago, sentieri escursionistici, un sentiero per gite a cavallo e giardini. Particolarmente grazioso è il Savill Garden (☎ 860222), aperto dalle 10 alle 18 tutti i giorni (fino alle 16 da novembre a febbraio); l'ingresso costa £3,80/3,30.

In città
La bella **Guildhall** (municipio) di Windsor si trova in High St, accanto a Castle Hill. Costruito tra il 1687 e il 1689, l'edificio fu ultimato sotto la supervisione di Sir Christopher Wren. Il consiglio cittadino ordinò l'innalzamento di alcune colonne centrali per sostenere il primo piano, che invece Wren considerava superflue. Il piccolo spazio non occupato dalle colonne dà ragione a Wren.

Proprio accanto alla Guildhall sorge l'edificio visibilmente pendente della **Market Cross House** del 1768. Nell Gwyn, amante prediletta di Carlo II, abitava a **Burford House** in Church St.

La **Long Walk** è un passeggiata di 3 miglia (5 km) che si snoda lungo un sentiero alberato da King George IV Gate alla statua detta Copper Horse (cavallo di rame, raffigurante George III) in cima a Snow Hill, punto più alto del Windsor Great

Park. Lungo il percorso si aprono splendide vedute del castello. La passeggiata è segnalata a partire dal centro cittadino.

Eton College

Attraversando Windsor Bridge, un ponte pedonale sul Tamigi, si raggiunge un altro simbolo permanente della selettiva società britannica: l'Eton College (☎ 671177), la prestigiosa public school (scuola privata) fondata da Enrico VI verso la metà del XV secolo che annovera tra i suoi studenti, vecchi e nuovi, non meno di 18 primi ministri e i principi William e Harry.

Il college è aperto al pubblico dalle 14 alle 16.30 durante l'anno scolastico, mentre durante le vacanze da aprile a settembre apre alle 10.30. L'ingresso costa £2,50/2. Le visite guidate di un'ora iniziano alle 14.15 e alle 15.15 e costano £3,50/3. Se state pensando di mandare i vostri figli a Eton insieme ad altri 1200-1300 studenti, mettete da parte circa £14.000 per la sola tassa d'iscrizione.

Legoland Windsor

È improbabile che i visitatori con bambini riescano a fuggire da Windsor senza aver visitato questo fantasioso parco dei divertimenti pieno di costruzioni in miniatura, autentici capolavori, e giostre meccaniche. È pensato per divertire le famiglie, dedicando particolare attenzione alle esigenze dei bambini tra i 2 e i 12 anni. Ma dovrete sborsare un bel po' di soldi per intrattenere la famiglia. Il prezzo dei biglietti è esorbitante: £17,50/14,50 per adulti/bambini. Prenotando in anticipo (☎ 0870 504 0404) si ottiene uno sconto di £1 per ogni biglietto.

Da metà marzo a ottobre è aperto tutti i giorni dalle 10 alle 18 (fino alle 20 da metà luglio ad agosto). Gli autobus effettuano corse regolari tutto il giorno, con partenza da Thames St.

Pernottamento

Windsor è una delle mete turistiche più frequentate in qualsiasi periodo dell'anno, quindi si consiglia di prenotare la sistemazione con largo anticipo.

Ostelli Un miglio a ovest della stazione ferroviaria Riverside si trova il *Windsor Youth Hostel* (☎ 861710, fax 832100, @ yhawindsor@compuserve.com, Edgworth House, Mill Lane). Prendete l'autobus n. 50A/B di fronte alla Barclays Bank in Thames St, oppure dal centro seguite Arthur Rd o Barry Ave (lungo la riva del fiume). Costa £10,85/7,40 per adulti/ragazzi sotto i 18 anni. Nel periodo di Capodanno chiude per una settimana.

B&B e alberghi Il TIC di Windsor chiede £3 per il servizio di prenotazione alberghiera. I B&B più economici si trovano nella zona a sud di Clarence Rd, tra Alma Rd e St Leonards Rd.

Mrs Hughes' (☎ 866036, 62 Queens Rd) è un B&B che offre una stanza singola con cucinino a £30, una doppia a £45 e una stanza per sei persone a £20/10 per adulto/bambino. Tutte le stanze hanno il frigorifero e il bagno.

The Cedar Tree (☎ 860362, 90 St Leonards Rd) è pulito, accogliente e arredato come un cottage. Costa £18/36 per le singole/doppie e £40 per una doppia con bagno. La *Rocking Horse House* (☎ 853984, 88 St Leonards Rd), accanto, offre una maggiore convenienza per due persone perché le stanze costano £38/44.

L'*Alma Lodge* (☎ 854550, fax 855620, 58 Alma Rd) offre stanze arredate con gusto a £55 la doppia. I prezzi delle singole sono trattabili, ma talvolta non si trova posto in estate e durante le vacanze scolastiche. L'*Arfers* (☎ 855062, 48 Clarence Rd) chiede da £50 a £55 per una doppia. In genere non accetta persone sole, ma quando gli affari non sono buoni talvolta si riesce a ottenere una stanza, che però vi costerà £35 circa.

Il *Castle Hotel* (☎ 852359, 10 High St) è rinomato tra i turisti americani benestanti. Le stanze costano £150/175. *Sir Christopher Wren's House* (☎ 861354, fax 860172, Thames St), che occupa un edificio costruito dall'architetto Wren nel 1676, è uno degli alberghi più eleganti della città. Le stanze costano £145/185.

Il *Christopher Hotel* (☎ *852359, 10 High St, Eton)*, sulla riva opposta del fiume, occupa un edificio del 1511. Le stanze costano £98/108, la prima colazione all'inglese £9,95. Le stanze della parte vecchia sono più caratteristiche rispetto a quelle situate nel più nuovo edificio stile motel.

Pasti

Dato il costante afflusso di visitatori non stupisce il gran numero di ristoranti presenti a Windsor, che però tendono a essere costosi e piuttosto deludenti. Chi cucina i propri pasti troverà una *drogheria* in St Leonards Rd e un *supermercato* nel King Edward Court Shopping Centre.

The Lunch Box (☎ *833323, 48 Dachet Rd)* è un negozio che vende panini da asporto, ma dispone di alcuni tavoli dove ci si può sedere. I panini vengono preparati sul momento con ingredienti freschi e costano da £1,30 a £1,95.

Ye Olde House of Steps (☎ *855334, 1 Church Lane)* serve di tutto, dai cream tea (tè servito con scones, panna acida e marmellata) agli hamburger ai pasticcini. Il fish and chips con insalata è molto conveniente a £4,95. *Latino* (☎ *857711, 3 Church Lane)* è un simpatico e accogliente ristorante greco/continentale con musica dal vivo il venerdì e il sabato sera.

Pierre Victoire (☎ *833009, 6 High St)* è un bistrot informale ma elegante che serve piatti francesi e italiani. La cena di due portate servita presto (bisogna arrivare prima delle 19.30) costa solo £7,95.

La *Don Beni Pizzeria* (☎ *622042, 28 Thames St)* è animata, chiassosa e sempre piena di gente, segno che il cibo deve essere buono. Il menu turistico proposto a pranzo offre la scelta tra una pizza piccola e un piatto a base di pasta con pane all'aglio a £4,95. Prenotate prima oppure cercate di arrivare presto se volete trovare un tavolo.

La *Windsor Kebab House* (☎ *622022, 67 Victoria St)* costa poco. I doner kebab di media grandezza costano £2,80, gli hamburger partono da £1,80. *Red Rose* (☎ *620180, 69 Victoria St)* è un ristorante

indiano dove i piatti principali costano da £5 a £8, i contorni £2,25. Un articolo di quotidiano sulla finestra sostiene che questo ristorante riceve regolarmente ordinazioni dai membri della famiglia reale.

Lungo Eton High St si trovano ristoranti e negozi d'antiquario. Lo sgangherato *Cock Pit* (☎ *860944, 47-49 High St, Eton)*, situato in un edificio del 1420, serve piatti italiani semplici e buoni. I caminetti e le travi a vista conferiscono a questo locale un'atmosfera accogliente.

The House on the Bridge (☎ *790197, 67 High St, Eton)* è un ristorante elegante e costoso, con vista sul fiume e sul castello. Serve piatti della cucina contemporanea francese e spagnola; il menu turistico di tre portate costa £29,95.

Divertimenti

Windsor e Eton sono letteralmente piene di pub, ma pochi di essi offrono intrattenimenti dal vivo. *The Merry Wives of Windsor* (☎ *861860, 65 St Leonards Rd)* è da lungo tempo uno dei pub preferiti dalla gente del luogo e dai visitatori. Il *Criterion* (☎ *866139, 72 Peascod St)* si rivolge principalmente a una clientela maschile, mentre il *Crosses Corner* (☎ *862867, 73 Peascod St)* è frequentato da professionisti rampanti.

The Waterman's Arms (☎ *861006, Brocas St)*, situato a Eton, è un pub piccolo e intimo nascosto a ovest di High St, ed è rinomato tra i canottieri. *Henry VI* (☎ *866051, 37 High St, Eton)* ha una terrazza all'aperto e offre musica dal vivo la sera, dal giovedì alla domenica.

Il *Windsor Arts Centre* (☎ *859336)*, all'angolo tra St Leonards Rd e St Marks Rd, ospita un bar, un teatro e una sala da concerto che richiamano una clientela giovane. Il *Theatre Royal* (☎ *853888, Thames St)* è il teatro più importante della città.

Per/da Windsor

Windsor si trova 21 miglia (34 km) a ovest di Londra, tra la M4 e la M25, a circa 15 minuti di auto dall'aeroporto di Heathrow.

Autobus Gli autobus n. 700 (servizio espresso) e n. 702 della Greenline Bus (☎ 0870 608 7261) collegano Londra a Windsor e Legoland, con partenza a intervalli di un'ora da una fermata di fronte alla Victoria Coach Station (£7/3,50 per andata e ritorno in giornata; 65 minuti, 50 minuti con il servizio espresso). L'autobus n. 192 (dal lunedì al sabato), o n. 190 e 191 (domenica) collegano Windsor con l'aeroporto di Heathrow, con due corse ogni ora.

Treno Esistono due stazioni ferroviarie a Windsor e a Eton – la stazione centrale in Thames St, proprio di fronte al cancello d'ingresso del castello, e la Riverside accanto al ponte che conduce a Eton.

Dalla stazione londinese di Waterloo c'è un treno per la stazione di Riverside ogni 30 minuti dal lunedì al sabato, ogni ora la domenica (£6; 55 minuti). Dalla stazione di Paddington ogni ora partono due treni per la stazione centrale; bisogna cambiare a Slough, a cinque minuti da Windsor (£6; 60 minuti).

Trasporti locali
Dalla fine di marzo a ottobre la Guide Friday (☎ 01789-294466) offre visite guidate a bordo di autobus a due piani scoperti. I biglietti costano £6,50/2 e sono in vendita presso il TIC. Da Pasqua a ottobre, la French Brothers (☎ 851900) organizza escursioni fluviali in battello di 35 minuti, con partenza da Windsor. I biglietti costano £3,80/1,90. Le escursioni più lunghe raggiungono Runneymeade, Maidenhead e Staines. Inoltre è possibile noleggiare barche a remi e a motore. L'ufficio di questa agenzia si trova in Clewer Court Rd, un miglio a ovest della stazione Riverside (vicino all'ostello della gioventù), oppure rivolgetevi al TIC per informazioni più precise.

BEALE PARK
Questo parco che si trova nella parte orientale del Berkshire, a circa 2 km dalla stazione ferroviaria di Pangbourne, offre ai genitori la possibilità di intratte-

nere i bambini, che qui potranno toccare gli animali domestici nello zoo, fare un giro su un trenino a vapore, usare le stimolanti attrezzature nel parco giochi, oppure nuotare nella vasca per giochi infantili. Nel parco ci sono un caffè e belle passeggiate. Sappiamo da fonti sicure che i ragazzini vorrebbero tornarvi ancora e ancora. È aperto da marzo a dicembre, ogni giorno dalle 10 alle 18. Il prezzo del biglietto è ragionevole: £3/2. Dalla stazione di Paddington ogni 30 minuti parte un treno diretto per la stazione di Pangbourne (£10,30; un'ora). Da Oxford, i treni per Pangbourne partono ogni 30 minuti, ogni ora la domenica (£10,30; 30 minuti).

Surrey

Se, come si dice, il Kent è il 'giardino d'Inghilterra', il Surrey ne è sicuramente il patio. Oltre alle estese città dormitorio abitate dai pendolari che ogni mattina raggiungono Londra per lavoro, questa contea così spesso derisa presenta alcuni angoli davvero incantevoli, che si possono raggiungere facilmente con una gita di un giorno dalla capitale. È inoltre sede dell'Epsom Downs Racecourse, l'ippodromo che ospita il Derby, una delle più importanti gare ippiche della Gran Bretagna.

GUILDFORD
Pop. 130.000 ☎ 01483
Guildford, centro amministrativo del Surrey, si trova tra le North Downs. Nel periodo dell'invasione normanna, Guildford era una delle città più importanti dell'Inghilterra, grazie alla vicinanza a Londra (un solo giorno di viaggio a cavallo) e alla posizione sul fiume Wey.

Benché decisamente brutta al primo sguardo, Guildford è ancora una città benestante poiché accoglie molti pendolari che lavorano a Londra. Esplorandola un po' si scoprono un'attraente centro storico, una High St lastricata con ciottoli, le rovine di un castello normanno e un'insolita cattedrale moderna. I luoghi d'interesse si possono visitare in un giorno, dunque basterà un'escursione o un pernottamento.

Orientamento

Il centro storico di Guildford è piccolo e, tranne che per la cattedrale, tutti i luoghi d'interesse qui menzionati si possono raggiungere comodamente a piedi.

Informazioni

Ufficio turistico Il TIC (☎ 444333, ✉ tourism@guildford.gov.uk) si trova al 14 di Tunsgate, ma non dispone di molto

materiale informativo gratuito. Da maggio a settembre l'orario di apertura è dalle 9 alle 18 dal lunedì al sabato, dalle 10 alle 17 la domenica; nel resto dell'anno è aperto dalle 9.30 alle 17.30 dal lunedì al sabato. Le visite guidate a piedi della città sono gratuite e partono dal Tunsgate Arch in High St alle 14.30 la domenica, il lunedì e il mercoledì, da maggio a settembre.

Cambio Trovate un ufficio di cambio all'angolo tra Quarry St e High St, e un ufficio dell'AmEx (☎ 551601) al 38 di High St.

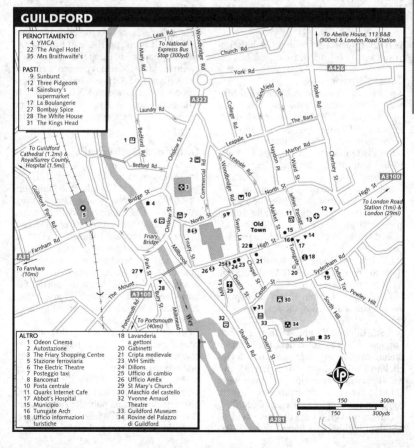

Poste e telecomunicazioni La posta centrale si trova al 15 di North St, in centro. Quarks (☎ 451166), 7 Jeffries Passage, è un Internet café. Le tariffe sono elevate: £3 per 30 minuti.

Librerie Dillons e WH Smith si trovano in High St, vicino all'angolo con Quarry St.

Lavanderie C'è una lavanderia a gettoni all'1b di Sydenham Rd, un paio di minuti di cammino a sud del TIC.

Assistenza sanitaria Il Royal Surrey County Hospital (☎ 571122) in Egerton Rd, circa 2 miglia (3 km) a nord-ovest del centro storico, ha un pronto soccorso.

Servizi igienici I gabinetti pubblici si trovano in Tunsgate, di fronte al TIC.

Centro storico

Il punto di riferimento della città è il **Municipio** (☎ 444035), edificio Tudor con una facciata del XVII situato in High St, vicino al TIC. Lo riconoscerete dall'enorme orologio che sporge sulla via. È aperto per le visite guidate alle 14, alle 15 e alle 16 dal martedì al giovedì. L'ingresso è gratuito.

Sul lato opposto della via, sotto il 72 di High St, si trova la **cripta medievale** (☎ 444750), aperta dalle 14 alle 16 dal martedì al giovedì, dalle 12 alle 16 il sabato, da maggio a settembre. L'ingresso è gratuito.

L'**Abbot's Hospital** (☎ 562670), in High St, fu fondato nel 1619 da George Abbot, arcivescovo di Canterbury dal 1611 al 1633. Ospita tuttora un ospizio per anziani e le visite si svolgono su richiesta.

A sud di High St, ubicato in giardini all'inglese, c'è il **maschio del castello** che si ritiene sia stato costruito per volere di Guglielmo I subito dopo la sua grande vittoria. Il maschio non vide mai importanti azioni difensive, fu usato soprattutto come centro amministrativo di Guildford.

Dirigetevi verso l'angolo sud-occidentale dei giardini per vedere i resti del **Palazzo di Guildford**, risalente alla fine del XII secolo. La stanza rimasta è forse la Great Chamber, dove era solito pernottare Enrico III in occasione dei suoi viaggi tra Londra e Winchester nel XIII secolo.

Il **Guildford Museum** (☎ 444750), in Quarry St, inizia con una mostra archeologica e prosegue attraverso i secoli fino al '900. C'è anche una mostra speciale dedicata a Lewis Carroll che trascorse molto tempo a Guildford, e morì nella casa della sorella al 5 di Castle Hill. Il museo è aperto dalle 11 alle 17 dal lunedì al sabato. L'ingresso è gratuito.

St Mary's Church, in Quarry St, risale al 1040 circa. La torre, che forse in origine era una fortezza, risale al periodo antecedente la conquista ed è costruita in selce. Il transetto risale al primo periodo normanno, le cappelle di san Giovanni e santa Maria vennero aggiunte nel XII secolo. Alcune parti della chiesa furono ristrutturate nel XIII secolo, in stile gotico antico, come dimostra l'arco rampante in pietra sotto una delle estremità del tetto.

Guildford Cathedral

Circa 2 miglia e mezzo (4 km) a nord-ovest del centro, in cima a Stag Hill, sorge la straordinaria Cattedrale di Guildford (☎ 565287). I lavori di costruzione furono avviati nel 1935, interrotti dalla Seconda guerra mondiale e ultimati nel 1961. È opera di Sir Edward Maufe che vinse un concorso per progettare la cattedrale nel 1932. Indipendentemente da come la si giudica – un mostruoso edificio eclettico o una 'tarda' opera gotica di squisita fattura – bisogna riconoscerne la maestosità. L'interno è un misto di sobrietà gotica e minimalismo anni Sessanta. Spoglia e priva di ornamenti, si pone in netto contrasto con le cattedrali di Canterbury e di Winchester, traboccanti di tombe, statue, targhe e vetro colorato.

È aperta dalle 8.30 fino al termine del vespro. Entrando nella cattedrale, sulla sinistra, troverete una pubblicazione gratuita con la pianta dell'edificio. Se sono presenti, le guide saranno liete di accompagnarvi nella visita. Le funzioni sono alle 9 e alle 17.30; la domenica alle 8, alle 9.45, alle 11.30 e alle 18.30.

Pernottamento

Se decidete di fermarvi per la notte ricordate che le sistemazioni situate nel centro storico o nelle sue vicinanze sono molto costose e anche quelle più lontane, in zone alquanto ordinarie, non hanno prezzi particolarmente convenienti. Persino lo **YMCA** (☎ *532555, fax 537161,* ❷ *admin@guildford.ymca.org.uk, Bridge St)* costa l'esorbitante cifra di £30 per notte, prima colazione esclusa.

Un buon posto dove passare la notte è il **Mrs Braithwaite's** (☎ *563324, 11 Castle Hill),* un B&B situato in una bella zona non lontano dai giardini del castello e dal centro, che chiede la modica cifra di £20 per persona.

Abeille House (☎ *532200, 119 Stoke Rd)* costa £28/40 per le singole/doppie. Il **113 B&B** (☎ *302394, 113 Stoke Rd)* chiede £26/40. Spartani e anonimi, questi due posti si trovano a circa 15 minuti di cammino dal centro, lungo strade trafficate.

The Angel Hotel (☎ *564555, fax 533770, 91 High St)* è un costoso albergo vecchio stile che occupa l'antica rimessa della diligenza e la scuderia. Le sue stanze di lusso costano £135 (singole o doppie).

Pasti

Vi consigliamo di affidarvi a supermercati e negozi, perché i ristoranti di Guildford non sono economici. C'è un **Sainsbury's** in High St; **La Boulangerie** (☎ *561050, 142 High St),* nelle vicinanze, vende pane fresco, torte (£1,25) e quiche (£1,50).

Three Pigeons (☎ *504227, 169 High St)* è uno squallido pub al piano terreno, ma il ristorante al piano di sopra si rivela accogliente e serve bistecche che costano appena £4,95. **The Kings Head** (☎ *575004, Quarry St)* è un piacevole pub con travi a vista, caminetto, tavoli all'aperto in un frondoso cortile e buon cibo da pub.

Sunburst (☎ *454970, 53 North St)* offre piatti da asporto di ogni genere. Le baguette partono da £2,15, la pizza costa cir-

ca £5, le fajitas di pollo £3,80. **The White House** (☎ *302006, 8 High St)* si trova sulla riva opposta del fiume Wey rispetto al centro. È un pub spazioso simile a un granaio, con un vasto menu. I pasti vengono serviti tutto il giorno e vi è un'area con tavoli all'aperto affacciata sul fiume.

Bombay Spice (☎ *454272, 17 Park St)* è un ristorante indiano con un ambiente confortevole e un ottimo servizio. I piatti principali costano circa £7,95, i contorni £2,50.

Divertimenti

Guildford vanta molti teatri, dei quali i principali sono **The Electric Theatre** (☎ *444789,* ❷ *electrictheatre@guild ford.gov.uk, Onslow St)* e l'**Yvonne Arnaud Theatre** (☎ *440000,* ❷ *yat@yvonne- arnaud.co.uk, Millbrook).* L'**Odeon Cinema** (☎ *578017, Bedford Rd)* ha nove sale.

Trasporti urbani

La principale compagnia di autobus locale è l'**Arriva** (☎ *505693).* L'ufficio, situato all'autostazione in Commercial Rd, dispone degli orari dei servizi a Guildford e dintorni. Trovate un posteggio taxi in North St, vicino all'angolo di Onslow St.

Per/da Guildford

Guildford si trova 29 miglia (47 km) a sud-ovest di Londra, nei pressi della A3. Abitata principalmente da pendolari, è collegata a Londra da frequenti e regolari servizi ferroviari e di autobus.

Autobus L'autobus n. 30 della National Express (☎ *0870 580 8080)* parte dalla stazione di Victoria ogni due ore e ferma a Guildford in Woodbridge Rd, circa 1 miglio e mezzo a nord del centro; il biglietto costa £5,50. Gli autobus n. 2, 16, 20 e 28 dell'Arriva fanno servizio tra l'autostazione e la fermata National Express. L'autobus n. 740 della Golden Miller (☎ *020-8897 6131)* parte regolarmente per Guildford dall'autostazione della Greenline presso Victoria (£4,60, un'ora). L'autobus n. X64 della Stagecoach Hampshire (☎ *01256-359142)* collega l'autostazione di Guildford con Farnham (£2,75, 30 minuti), con partenza ogni ora, proseguendo poi fino a Winchester (£4,30, 1 ora e 50 minuti).

Treno La stazione ferroviaria principale si trova in Guildford Park Rd, a pochi minuti di cammino dal centro, in direzione est. La stazione di London Rd si trova a 15 minuti di cammino dal centro, ma a soli 5 minuti dai B&B di Stoke Rd. Dalla stazione di Waterloo ogni 15 minuti c'è un treno per Guildford (£8, 35 minuti). Per Farnham (£3,80, 22 minuti) ci sono due treni ogni ora, per Portsmouth tre servizi ogni ora (£11,80, 50 minuti).

FARNHAM
Pop. 38.000 ☎ 01252
Farnham è un'attraente città georgiana dove si tiene il mercato situata nella valle del fiume Wey, ai confini con l'Hampshire. Al primo sguardo sembra un luogo conservatore, abitato principalmente da pendolari benestanti che lavorano a Londra, ma scavando più a fondo si scopre una città interessante e artistica. Forse questo ha qualcosa a che vedere con il fatto che Farnham ospita il West Surrey College of Art and Design.

Il figlio prediletto di Farnham è William Cobbett (1762-1835), l'agricoltore convertitosi al pensiero radicale e divenuto attento cronista dei suoi tempi che per primo pubblicò i dibattiti parlamentari (oggi compito di Hansard).

Orientamento e informazioni
Il centro cittadino si può comodamente girare a piedi. The Borough è la principale via di negozi; la stazione ferroviaria si trova in South St.

Il personale del TIC (☎ 715109, fax 725083, ✉ info@waverley.gov.uk), situato nell'edificio che ospita gli uffici del consiglio cittadino in South St, è molto disponibile. Qui troverete un'eccellente opuscolo che descrive i B&B della zona e il *Farnham Heritage Trail* che è gratuito. L'ufficio è aperto dalle 9.30 alle

17.15 dal lunedì al giovedì, fino alle 16.45 il venerdì, fino alle 12 il sabato.

Troverete un bancomat lungo The Borough, vicino all'angolo di Castle St. La posta centrale e l'ufficio di cambio si trovano in West St, proseguimento del Borough. Ci sono dei gabinetti pubblici nel parcheggio lungo The Hard che si dirama da West St, nei pressi della posta centrale.

Farnham Castle
Il castello di Farnham (☎ 713393), di proprietà dell'English Heritage (EH; v. **Organizzazioni utili** in **Informazioni pratiche**), consiste di un maschio e di un palazzo residenziale, costruiti nel XIII secolo per offrire ricovero ai vescovi di Winchester in viaggio verso Londra. Venne usato a tale scopo fino al 1926. Da allora fino agli anni Cinquanta fu dimora dei vescovi di Guildford. Oggi ospita il Centre for International Briefing, che organizza corsi per le persone che hanno intenzione di trasferirsi all'estero. Per questo motivo si può visitare il palazzo solo con le visite guidate.

Nel corso dei secoli l'edificio è stato sottoposto a modifiche e rimaneggiamenti su larga scala, eseguiti in gran parte durante il periodo del vescovo Morley intorno al 1660. L'ingresso costa £1,50/80P, ma il palazzo è aperto solo il mercoledì dalle 14 alle 16.

Il **maschio del castello** fu costruito nel 1138 per volere di Henri de Blois, nipote di Guglielmo in Conquistatore (a cui si deve anche la costruzione del Wolvesey Castle e del St Cross Hospital di Winchester). Il maschio è caduto in rovina nel corso dei secoli, ma si può salire fino in cima per ammirare lo splendido panorama. È aperto dalle 10 alle 18 tutti i giorni, da aprile a ottobre. L'ingresso costa £2/1. Il castello può essere raggiunto salendo i gradini all'estremità di Castle St.

Altre cose da vedere
Qualsiasi altro giro turistico di Farnham dovrebbe iniziare dalla storica Castle St. Tra le facciate in stile georgiano troverete gli **ospizi di carità**, riconoscibili dalle

porte blu. Furono fatti costruire nel 1619 da Andrea Windsor per offrire 'accoglienza e assistenza' a otto poveri vecchi onesti e impotenti di fronte alle avversità della vita.

Fate una passeggiata lungo le Middle, Lower e Upper Church Lanes, viuzze coperte di ciottoli dove troverete una fila di **case con travi in legno** del XV e XVI secolo. Le facciate originali sono nascoste dietro una muratura in mattoni realizzata nel XVIII secolo.

L'eccellente **Museum of Farnham** (☎ 715094), 38 West St, ospita una mostra speciale dedicata all'architetto Falkner, vissuto qui nel XX secolo al quale si devono molti degli edifici cittadini, tra cui quello che ospita il **Municipio**, all'angolo tra Castle St e The Borough. Il museo illustra anche la storia di Farnham dalla preistoria fino ai giorni nostri attraverso i periodi romano, sassone e normanno. Il pezzo forte è la cuffia da notte appartenuta a Carlo I, che nel 1498 trascorse la notte a Vernon House (oggi sede della biblioteca) durante il viaggio verso la Torre di Londra, dove fu processato. Carlo I fece dono della sua cuffia al locandiere.

Percorrendo Castle St e proseguendo oltre il castello per mezzo miglio circa si raggiunge il **Farnham Park**, che si estende su una superficie di 130 ettari. Un tempo riserva di cervi per i vescovi, oltre a offrire alcune splendide passeggiate, il parco ospita un campo di golf, uno di cricket, uno di calcio e un parco giochi per bambini.

Pernottamento

Gli alberghi del centro sono tutti costosissimi e la maggior parte dei B&B più economici di Farnham si trova a circa 15 minuti di cammino dal centro. Dovrete prenotare in anticipo, specialmente durante il fine settimana.

Mrs Burland's B&B (☎ 723047, *15 Vicarage Lane*) offre un ottimo rapporto tra qualità e prezzo, ma dista un miglio e mezzo dal centro. Se riuscite a reggere la distanza, allora vi attende un soggiorno davvero piacevole. Le spaziose e confortevoli stanze, con bagno e vista sulla val-

le, costano £18 per persona; £16 se vi fermate per più di una notte. In questa zona ci sono alcune brevi passeggiate lungo viottoli di campagna – chiedete a Mrs Burland.

Sandiway (☎ *710721, 24 Shortheath Rd*) si trova più o meno alla stessa distanza dalla città (circa 20 minuti di cammino), ma è molto confortevole e pulito, e le stanze costano appena £20 per persona.

Mrs Williams' (☎ *715430, Wingate, 8 Trebor Ave*) è un B&B più costoso a £30 per una singola con bagno e £35 per una doppia con bagno in comune, ma si trova a pochi minuti di cammino dal centro.

The Bishop's Table (☎ *710222, fax 733494, 27 West St*), un bell'albergo ubicato in un vecchio edificio georgiano pratica prezzi più accessibili di altri alberghi del centro: £90/110.

Pasti

Chi provvede ai propri pasti troverà un *Sainsbury's* in South St, vicino all'angolo di East St.

Downing St ospita diversi ristoranti eccellenti. *The Banaras* (☎ *734081, 40 Downing St*) è un ristorante indiano che si è guadagnato un'ottima reputazione nella zona. Pare che il tikka masala di agnello (£7,95) sia eccellente.

The Stirling Sandwich Shop (☎ *711602, 49a Downing St*) prepara abbondanti panini che costano da £1,30 a £2. È molto frequentato, e all'ora di pranzo la coda arriva fino all'estremità di Downing St.

The Traditional Plaice (☎ *718009, 50 Downing St*) è un negozio che vende fish and chips con un ristorante sul retro. Un pasto a base di frutti di mare per due persone con una bottiglia di vino costa meno di £20.

Il *Caffè Piccolo* (☎ *723277, 84 West St*), sul lato opposto della via rispetto al museo, è un informale ristorante italiano ubicato in un caratteristico edificio con le travi in legno. Gli eccellenti piatti a base di pasta e le pizze costano circa £7.

The Nelson Arms (☎ *716078, 50 Castle St*) è un vecchio pub con le travi in legno e un caminetto. Sfuggito a una ristrutturazione in mattoni, è stato invece decorato a stucco. I pasti costano circa £5.

Per/da Farnham

Farnham dista 39 miglia (63 km) da Londra e sole 10 miglia (16 km) da Guildford, sulla A31.

Autobus La National Express (☎ 0870 580 8080) offre un servizio dalla stazione di Victoria (£5,50; un'ora e 45 minuti). L'autobus n. X64 della Stagecoach Hampshire (☎ 01256-359142) effettua due corse ogni ora (una ogni ora il sabato, non c'è servizio la domenica) tra Winchester e Guildford via Farnham. Impiega 70 minuti da Winchester (£4,30) e 30 minuti da Guildford (£2,75). L'autobus n. 38 della Stagecoach Coastline (☎ 01903-237661) raggiunge Portsmouth, con partenza ogni ora, dal lunedì al sabato (£3,20; due ore e 15 minuti).

Treno La stazione ferroviaria si trova alla fine di South St, sull'altro lato della A31 rispetto al centro storico (cinque minuti di cammino a sud-est del centro). Ci sono servizi ogni mezz'ora dalla stazione di Waterloo (£9,50; 50 minuti) e da Guildford (£3,80; 22 minuti) via Woking. Per andare a Portsmouth dovrete cambiare a Woking (£13; un'ora e mezzo).

WAVERLEY ABBEY

La prima abbazia cistercense costruita in Inghilterra, ossia quella di Waverley, risale al 1128. Come la Beaulieu Abbey nella New Forest dell'Hampshire, fu realizzata sul modello del monastero dello stesso ordine situato a Citeaux in Francia. È facile vedere come queste belle rovine, che giacciono gravi sulle rive del fiume Wey, abbiano ispirato il romanzo di Walter Scott *Waverley Abbey*.

I monaci cistercensi conducevano una vita semplice di duro lavoro. Coltivavano la terra e facevano lavori manuali di ogni sorta, cosa molto apprezzata dalla comunità locale. Nel 1536 Waverley subì la stessa sorte di molte altre istituzioni religiose del paese per mano di Enrico VIII.

Molti edifici furono distrutti, ma le rovine si conservano tuttora in ottimo stato e questo luogo è davvero bello da visitare. L'abbazia si trova nei pressi della B3001, 2 miglia (3 km) a sud-est di Farnham.

BOX HILL

Questa collina, che fa parte delle North Downs, 2 miglia e mezzo (4 km) a nord-est di Dorking, era famosa per la sua bellezza molto prima che la Emma di Jane Austen vi si recasse per il suo disastroso picnic. Per tutti gli altri è un luogo eccellente per un lunga passeggiata, con vedute che spaziano per 20 miglia dalla cima del colle, e ampie distese di prati ondulati frammezzate da fitti boschi. Questa è anche una buona zona per le escursioni in mountain bike, e vi sono diversi sentieri per gite a cavallo.

Sulla cima del colle vi sono un centro visitatori dove troverete cartine escursionistiche, e un chiosco. Alle spalle di questi edifici sono visibili i resti di un forte e di un arsenale, costruiti nel 1899 insieme ad altre 12 fortificazioni per respingere un eventuale attacco francese. Ci sono due treni ogni ora tra la stazione di Victoria e Box Hill e la stazione di Westhumble (£6,30; 50 minuti).

Kent

Il Kent è una delle contee più belle e più varie della regione. Le città costiere vantano una storia lunga e interessante (v. la lettura **Cinque Ports**). È opinione condivisa da molti che il carattere della maggior parte delle città costiere sia stato sciupato dall'arrivo della ferrovia e del turismo di massa nel XIX secolo, per non parlare poi delle sale giochi e dei parchi dei divertimenti all'insegna del cattivo gusto del XX secolo. Si potrebbe tuttavia obiettare che questa metamorfosi ha solo conferito a queste cittadine una nuova impronta – più moderna forse, decisamente più pacchiana in alcuni casi, ma sempre unica e molto caratteristica.

L'entroterra vanta straordinari paesaggi di campagna e alcuni dei villaggi più inglesi d'Inghilterra. Forse l'elemento più peculiare delle fertili colline ondulate del Kent sono i bianchi tetti a forma di cono degli essiccatoi per il luppolo (v. la lettura **Essiccatoi per il luppolo**). Si vedono ancora boschi curati con antiche tecniche di ceduazione (la pratica di recidere gli alberi all'altezza del ceppo per favorire la ricrescita di tronchi multipli).

I sentieri che si snodano lungo le North e le South Downs richiamano escursionisti da ogni parte del mondo (v. la lettura **The North Downs Way**). Tra le North Downs e le South Downs si estende il Weald, regione un tempo coperta di boschi che è stata in gran parte dichiarata Area of Oustanding Natural Beauty (area di eccezionale valore naturalistico).

TRASPORTI LOCALI
Autobus e treno

La Stagecoach East Kent (☎ 01424-440770) gestisce un'efficiente rete di trasporti pubblici nella regione. Il suo autobus Kent Compass 100 effettua una corsa ogni ora (con minore frequenza la domenica) lungo un percorso ad anello comprendente Canterbury, Dover, Deal, Sandwich, Ramsgate, Broadstairs, Margate, Herne Bay, Whitstable e ritorno a Canterbury. L'autobus 200 segue lo stesso percorso nella direzione opposta.

Tutte le principali città e cittadine sono servite da diversi treni diretti che ogni giorno le collegano con Londra

Bicicletta

Una pista ciclabile segnalata si snoda tra Dover, Deal, Sandwich, Canterbury e Whitstable. La campagna è in gran parte pianeggiante con numerosi viottoli tranquilli. Si tratta di un percorso più o meno tortuoso di circa 40 miglia (64 km). Il TIC dispone di una buona cartina (£6) che riporta le piste ciclabili del Kent.

CANTERBURY
Pop. 38.670 ☎ 01227

I bombardamenti della Seconda guerra mondiale hanno danneggiato gravemente la città di Canterbury che in alcune zone, specialmente a sud della cattedrale, è stata ricostruita senza scrupoli. Nonostante la bruttezza di alcuni quartieri, il

Cinque Ports

Per la loro prossimità all'Europa, le città costiere dell'Inghilterra sud-orientale costituivano la prima linea contro le incursioni e le invasioni vichinghe durante il periodo anglosassone. In mancanza di un esercito e di una flotta veri e propri, le città della costa orientale si trovarono spesso a dover difendere se stesse e il loro regno, per mare e per terra.

Nel 1278 re Edoardo I rese ufficiale un'unione che di fatto già esisteva da tempo istituendo la Confederation of Cinque Ports (la parola 'cinque' si pronuncia sink come in francese, lingua anticamente parlata anche in Inghilterra), che univa i cinque principali porti della regione, Sandwich, Dover, Hythe, Romney (l'odierna New Romney) e Hastings, i quali in cambio di numerosi privilegi s'impegnavano a fornire navi al re. La lega dei Cinque Ports gradualmente si ingrandì fino a comprendere circa trenta cittadine e villaggi costieri.

Alla fine del XV secolo, con il ritiro del mare, quasi tutti i porti della confederazione divennero inutilizzabili e fu stabilita una base della marina inglese a Portsmouth.

Come spesso accade in Inghilterra, l'importanza e il potere sfumarono ma rimasero lo sfarzo e le cerimonie di contorno. Quello di Lord Warden, o governatore dei Cinque Ports, è un titolo prestigioso che viene oggi conferito a fedeli sudditi della corona – l'onorificenza dà diritto a un appartamento nel Walmer Castle a Deal e a indossare abiti da cerimonia e una grande catena d'oro. L'attuale governatore è la regina madre; tra gli incaricati precedenti ricordiamo il duca di Wellington, Sir Winston Churchill e Sir Robert Menzies, che fu il primo ministro dell'Australia.

bel centro storico conserva un'atmosfera piacevole con numerosi luoghi interessanti da scoprire. La città brulica di turisti e, d'estate, non c'è modo di sfuggire alle code.

Il gioiello più prezioso di Canterbury è la sua cattedrale, splendido edificio costruito sulla chiesa che Sant'Agostino fece erigere nel 597 dopo aver convertito i primi Inglesi al cristianesimo. Dopo l'assassinio dell'arcivescovo Thomas Becket nel 1170, la cattedrale divenne una delle più importanti mete di pellegrinaggio del medioevo europeo, fenomeno immortalato da Geoffrey Chacer nei *Canterbury Tales* (v. la lettura **L'assassinio di Becket**).

Canterbury può essere comodamente visitata con una gita in giornata da Londra, e costituisce una tappa ideale lungo il percorso verso Dover o i Cinque Ports, più a nord, o rientrando a Londra da quelle località. Un paio di giorni dovrebbero essere sufficienti per visitare tutti i luoghi d'interesse descritti qui di seguito.

Orientamento

L'antico centro di Canterbury è circondato da una cinta muraria medievale e da una moderna circonvallazione. Spostarsi a piedi è l'ideale, anzi costituisce l'unica soluzione pensabile visto che il centro è inaccessibile alle automobili.

Essiccatoi per il luppolo

Gli essiccatoi per il luppolo (Oast huoses) erano essenzialmente dei giganteschi forni per essiccare il luppolo che venivano usati per fare la birra. Fecero la loro comparsa all'inizio del XV secolo, quando il luppolo venne introdotto nella regione. (La birra di malto veniva prodotta già da secoli). Gli essiccatoi per il luppolo sono così comuni nel Kent perché in questa zona il terreno è particolarmente adatto alla coltivazione del luppolo; altre regioni dove veniva coltivato con successo erano il Surrey e l'Hampshire.

Un essiccatoio per il luppolo è costituito da quattro stanze: il forno, la camera d'essiccazione (situata sopra il forno), la camera di raffreddamento e il deposito dove il luppolo veniva pressato e confezionato in balle, pronte per essere distribuite alle fabbriche di birra locali. Il tetto a forma di cono era necessario per creare una corrente d'aria per il fuoco. Le parti che sporgono dalla punta del cono sono comignoli girevoli, usati per regolare il flusso d'aria sul fuoco.

Sempre più ricercati come prima casa, molti essiccatoi per il luppolo sono stati trasformati in abitazioni e in alcuni casi in B&B.

Comignolo
Camera di raffreddamento
Deposito
Forno
Luppolo
Luppolo
Pressa
Fuoco
Camera di essiccazione
JANE SMITH

North Downs Way

Il North Downs Way è un itinerario escursionistico che inizia vicino a Dorking, nel Surrey, e termina in prossimità di Dover, nel Kent. Corre lungo le catene di colline di gesso attraverso boschi e valli. L'intero percorso copre 153 miglia (240 km) e alcuni tratti sono adatti per le escursioni in bicicletta e a cavallo. North Downs Way segue in gran parte la Pilgrims Way, citata da Chaucer nei Canterbury Tales e in uso da oltre 2000 anni.

Il *North Downs Way Practical Handbook* costa £1,95 ed è reperibile presso quasi tutti i centri di informazioni turistiche (TIC) della regione. Descrive nei particolari percorsi, distanze, alberghi e ristoranti. I TIC distribuiscono anche diversi opuscoli gratuiti che descrivono tratti più brevi del North Downs Way. Per ulteriori informazioni al riguardo contattate il North Downs Way National Trail Office (☎ 01622 696185, 📧 jim.walker@kent.gov.uk).

Informazioni

Ufficio turistico Il TIC (☎ 766567, fax 459840, 📧 canterburyinformation@canterbury.gov.uk), 34 St Margaret's St, è aperto tutti i giorni dalle 9.30 alle 17, fino alle 16 il mercoledì. Offre un servizio di prenotazione gratuito per i B&B locali (disponibile fino alle 16.30, 15.30 il mercoledì).

Cambio C'è un ufficio di cambio al 28 di St Margaret's St. Troverete tutte le banche principali, con relativi bancomat, in High St, vicino all'angolo di St Margaret's St.

Poste e telecomunicazioni La posta centrale si trova all'angolo tra Stour St e High St. La biblioteca del Royal Museum in High St offre l'accesso gratuito a internet per un'ora, ma dovrete prenotare prima chiamando il numero ☎ 463608.

Librerie Il Chaucer Bookshop in Beer Cart Lane è un disordinato e caotico negozio di libri usati che vende anche titoli sulla storia di Canterbury e volumi rari. Se però preferite scegliere i vostri libri in un ambiente più ordinato, provate Waterstones al 20 di St Margaret's St.

Lavanderie Trovate una lavanderia a gettoni al 36 di St Peter's St. È aperta dalle 8.30 alle 17.45 dal lunedì al sabato.

Assistenza sanitaria Il Canterbury Health Centre (☎ 452444) si trova al 26 di Old Dover Rd. In caso di emergenza, andate al Kent & Canterbury Hospital (☎ 766877) in Etherbert Rd, circa un miglio a sud del centro.

Servizi igienici Troverete alcuni gabinetti pubblici all'interno del complesso della cattedrale.

Canterbury Cathedral

La cattedrale di Canterbury (☎ 762862) fu costruita in varie fasi nel corso di molti anni, come dimostrano i numerosi stili architettonici.

L'originale cattedrale di Sant'Agostino fu distrutta da un incendio nel 1067. I lavori di costruzione di una nuova cattedrale furono avviati nel 1070 dal primo arcivescovo normanno, ma di quell'edificio non restano che pochi frammenti. Nel 1174 un incendio distrusse quasi tutta la metà orientale, ma le fiamme per fortuna risparmiarono la splendida cripta che si trova sotto il coro.

L'incendio offrì il pretesto per creare un edificio all'altezza di quella che era ormai divenuta la più importante meta di pellegrinaggio in Inghilterra. Fu così che William of Sens realizzò la prima grande costruzione gotica del paese, nello stile che oggi viene definito gotico primitivo. La parte della cattedrale a est di Bell Harry risale in gran parte a quel periodo.

Nel 1391 iniziò l'opera di restauro nella parte occidentale dell'edificio, dove furono ricostruiti il transetto sud-occidentale, quello nord-occidentale e la navata, adottando il nuovo stile perpendicolare. I lavori proseguirono per oltre

L'assassinio di Becket

Giunto a Canterbury nel 597, Sant'Agostino riuscì a convertire al cristianesimo il re e molti dei suoi sudditi e fondò un monastero e un'abbazia benedettina; la città fu così riconosciuta come il centro della chiesa inglese. La lotta per la supremazia tra chiesa e stato gradualmente crebbe in intensità finché, nel XII secolo, la tensione giunse a un punto di rottura allorché Enrico II rifiutò di riconoscere l'indipendenza della chiesa cattolica e l'autorità di un papa straniero. Prima di essere nominato arcivescovo da Enrico nel 1162, Thomas Becket era stato un amico fedele del re, conosciuto per la sua inclinazione alla vita lussuriosa. Enrico II pensava di poter contare su un alleato nella lotta contro il papa, ma si sbagliava. Divenuto arcivescovo, Becket abbandonò completamente il suo vecchio stile di vita e il suo amico. Il conflitto personale e politico tra i due uomini si concluse tragicamente nel 1170, quando quattro cavalieri di Enrico, a quanto pare a insaputa del re, uccisero l'arcivescovo nella cattedrale.

A poche ore dall'assassinio si erano già diffuse le prime voci che parlavano di una serie di miracoli verificatisi sul luogo del delitto, e alcuni anni più tardi Becket fu canonizzato. Il suo reliquiario incrostato di pietre preziose divenne la più importante meta di pellegrinaggio d'Inghilterra, nota anche nel resto d'Europa. Come ebbe a osservare Chaucer, i mercanti si arricchirono grazie ai pellegrini/turisti, e la situazione non è cambiata.

100 anni e culminarono nel 1500 con la costruzione della torre di Bell Harry. In seguito furono più numerose le opere sottratte che quelle aggiunte alla cattedrale, anche se gli esterni sono rimasti pressoché intatti.

L'ingresso principale passa attraverso il **portico sud-occidentale** (1), eretto nel 1415 per celebrare la vittoria inglese ad Agincourt. Dal centro della navata si possono ammirare la chiesa in tutta la sua lunghezza, a est, le sue linee ascendenti, e la **finestra** rivolta verso ovest (2) che possiede una vetrata risalente al XII secolo.

Sotto **Bell Harry** (3), con la sua bella volta a ventaglio, si vedono altre vetrate evidentemente sfuggite ai Puritani. Una transenna del XV secolo, raffigurante sette re, separa la navata centrale dal coro.

Un moderno **altare e una scultura** (4), posti nel transetto nord-occidentale, indicano il punto in cui si ritiene sia stato colpito a morte Becket. L'adiacente **Lady Chapel** (5) presenta una bella volta a ventaglio in stile perpendicolare. Scendendo una rampa di scale si raggiunge la cripta romanica, principale testimonianza rimasta dell'antica cattedrale normanna.

La **Chapel of Our Lady**, all'estremità occidentale della cripta, conserva alcune tra le più squisite sculture romaniche in Inghilterra. L'arcivescovo Becket rimase sepolto fino al 1220 nella parte orientale in stile gotico primitivo (6). Questo è il luogo dove Enrico venne frustato per l'omicidio di Becket e dove, secondo la leggenda, sarebbero avvenuti molti miracoli. La **Chapel of St Gabriel** (7) custodisce dipinti del XII secolo, mentre la **Black Prince's Chantry** (8) è una splendida cappella perpendicolare, donata alla chiesa dal Principe Nero nel 1363 che oggi ospita le funzioni di una comunità protestante francese.

All'uscita dalla cripta ci si ritrova nel transetto sud-occidentale. La **Chapel of St Michael** (9) accoglie un gran numero di tombe fra cui quella dell'arcivescovo Stephen Langton, uno dei principali autori della Magna Carta. Il superbo **coro del XII secolo** (10), che si allarga verso l'alto, si trova di fronte all'**altare maggiore** (11) e alla Trinity Chapel. La transenna intorno agli stalli del coro fu costruita nel 1305. In questo suggestivo ambiente si cantano i vespri ogni giorno ormai da otto secoli. La **St Augustine's Chair** (12) è un trono risalente al XIII secolo dove siede l'arcivescovo durante la cerimonia della sua consacrazione.

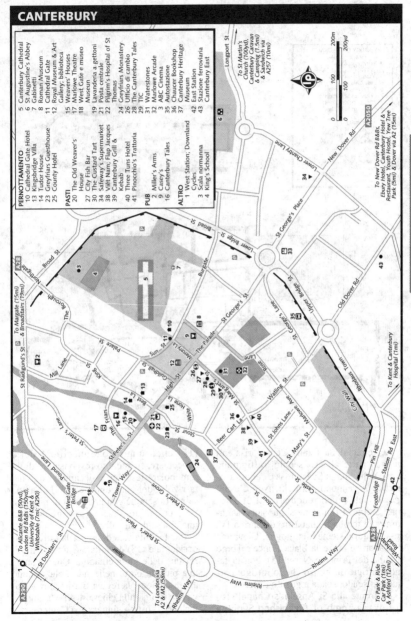

CANTERBURY

5 Canterbury Cathedral
6 St Augustine's Abbey
7 Gabinetti
8 Roman Museum
11 Cathedral Gate
12 Royal Museum & Art
   Gallery; biblioteca
15 Weavers' Houses
17 Marlowe Theatre
18 West Gate e museo
   Museum
19 Lavanderia a gettoni
21 Posta centrale
22 Pilgrim's Hospital of St
   Thomas
24 Greyfriars Monastery
26 Ufficio di cambio
28 The Canterbury Tales
29 TIC
31 Waterstones
32 Marlowe Arcade
33 ABC Cinema
35 Autostazione
36 Chaucer Bookshop
37 Canterbury Heritage
   Museum
42 East Station
43 Stazione ferroviaria
   Canterbury East

PERNOTTAMENTO
10 Cathedral Gate Hotel
13 Kingsbridge Villa
14 Tudor House
23 Greyfriars Guesthouse
25 County Hotel

PASTI
20 The Old Weaver's
   House
27 City Fish Bar
30 The Custard Tart
34 Safeway's Supermarket
38 Miriam; Flap Jacques
39 Canterbury Grill &
   Kebab
40 Three Tuns Hotel
41 Pinocchio's Trattoria

PUB
2 Miller's Arms
9 Casey's
16 Canterbury Tales

ALTRO
1 West Station; Downland
   Cycles
3 Scala normanna
4 King's School

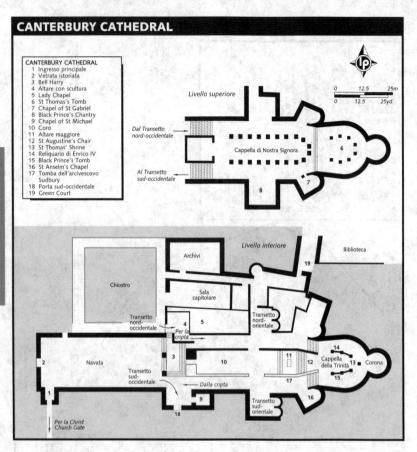

CANTERBURY CATHEDRAL

CANTERBURY CATHEDRAL
1 Ingresso principale
2 Vetrata istoriata
3 Bell Harry
4 Altare con scultura
5 Lady Chapel
6 St Thomas's Tomb
7 Chapel of St Gabriel
8 Black Prince's Chantry
9 Chapel of St Michael
10 Coro
11 Altare maggiore
12 St Augustine's Chair
13 St Thomas' Shrine
14 Reliquario di Enrico IV
15 Black Prince's Tomb
16 St Anselm's Chapel
17 Tomba dell'arcivescovo Sudbury
18 Porta sud-occidentale
19 Green Court

Le vetrate della Trinity Chapel, risalenti in gran parte al XIII secolo, raffigurano scene della vita di St Thomas e dei miracoli che gli vengono attribuiti. Non c'è più traccia dell'antico reliquiario, il **St Thomas' Shrine** (13), mentre si può ancora ammirare la tomba in alabastro di Enrico IV, sepolto qui insieme alla moglie, **Giovanna di Navarra** (14), e la **Black Prince's Tomb** (tomba del Principe Nero; 15), con la famosa effigie di bronzo che lo raffigura armato di scudo, spada e guanto di ferro.

Di fronte alla **St Anselm's Chapel** (16) si trova la **Tomb of Archbishop Sudbury**

(17) che, nominato Cancelliere dello Scacchiere, fu ritenuto responsabile di un impopolare testatico e decapitato durante la rivolta dei contadini nel 1381. La sua salma fu sepolta con una palla di piombo; la testa dell'arcivescovo è conservata in una chiesa di Suffolk.

Uscite dalla cattedrale per la **porta sud-occidentale** (18) e svoltate a sinistra in direzione delle mura cittadine. Queningate è una piccola porta nelle mura che, stando alla tradizione, la regina Bertha attraversava per recarsi alla chiesa di St Martin prima che Agostino giungesse a Canterbury.

Girando intorno all'estremità est della cattedrale e svoltando a destra vi ritroverete nella Green Court (19), cortile delimitato a est (destra) dalla Deanery, residenza del decano, e a nord (di fronte) dalla Brewhouse e dalla Bakehouse, entrambi edifici degli inizi del XIV secolo dove si producevano rispettivamente la birra e il pane, che oggi ospitano una parte dell'esclusiva King's School. Nell'angolo nord-occidentale (in fondo a sinistra) si trova la celebre **scala romanica** (1151).

Una visita attenta richiede almeno mezza giornata. È consigliabile affidarsi a una guida esperta perché la cattedrale è ricca di tesori nascosti e carica di leggende legate alla sua storia. Le visite guidate durano un'ora e partono alle 10.30, alle 12 e alle 14 (£3,50); ma se i gruppi sono troppo numerosi per i vostri gusti, potete noleggiare un walkman (£2,95, 30 minuti) che vi guiderà nella cattedrale. L'ingresso costa £3/2, ed è gratuito per i bambini sotto i 5 anni. All'ingresso è in vendita un'ottima guida al prezzo di £1. Da Pasqua a settembre la cattedrale è aperta dalle 9 alle 19 dal lunedì al sabato, mentre da ottobre a Pasqua apre sempre alle 9 ma chiude alle 17. I vespri si cantano alle 17.30, alle 15.15 il sabato. La domenica la cattedrale è aperta dalle 12.30 alle 14.30 e dalle 16.30 alle 17.30; i vespri vengono cantati alle 15.15. Se visiterete la città nel mese di luglio, telefonate prima di recarvi alla cattedrale per accertarvi che non sia chiusa per la cerimonia della consegna dei diplomi di laurea.

The Canterbury Tales

The Canterbury Tales (☎ 479227), in St Margaret's St, fornisce una divertente introduzione ai racconti di Chaucer. Curiosa, però, la scelta di raccontare la storia tramite burattini meccanici che si muovono a scatti e sembrano alquanto inadeguati. Forse gli organizzatori hanno pensato ai personaggi tridimensionali per giustificare il prezzo del biglietto: £5,50/4,60. Il centro è aperto dalle 9 alle 17.30 (fino alle 16.30 da novembre a marzo) ed è solitamente pieno di scolaresche.

Musei

Il **Royal Museum & Art Gallery** (☎ 452747), High St, ospita cimeli militari e opere di artisti locali; l'ingresso è libero. È aperto dalle 10 alle 17 dal lunedì al sabato. Gli altri tre musei cittadini possono essere visitati con un biglietto cumulativo che costa £4/2. Qui di seguito abbiano indicato il prezzo d'ingresso ai singoli musei.

West Gate, risalente al XIV secolo, è l'unica porta rimasta della città. La costruzione si è conservata perché era usata come prigione e di tanto in tanto veniva sottoposta a lavori di manutenzione; è oggi un piccolo **museo** con una collezione d'armi e d'armature. Il museo è aperto tutto l'anno dal lunedì al sabato dalle 11 alle 12.30 e dalle 13.30 alle 15.30. L'ingresso costa £1,65/50p.

Allestito in un edificio del XII e XIII secolo in Stour St, il **Canterbury Heritage Museum** (☎ 452747) illustra in maniera esauriente seppure un po' distaccata la storia della città e dei personaggi locali, che comprendono Rupert Bear e Joseph Conrad. Merita una visita anche soltanto per vedere l'edificio, originariamente un ospizio per i sacerdoti poveri (Poor Priests' Hospital). Il museo è aperto tutto l'anno, dal lunedì al sabato dalle 10.30 alle 17 (ultimo ingresso alle 16), da giugno a ottobre anche la domenica dalle 13.30 alle 17. L'ingresso costa £2,40/1,60/1,20.

L'interessante **Roman Museum** (☎ 785 575), costruito sottoterra intorno ai resti di una villa romana in Butchery Lane, offre la possibilità di visitare il mercato, di sentire gli aromi di una cucina romana e di toccare i manufatti. Vi sono esposti anche grossi frammenti di un pavimento a mosaico provenienti da una villa romana, scoperta nel 1946 mentre si stavano rimuovendo le macerie di un edificio sventrato dai bombardamenti della Seconda guerra mondiale. La casa è rimasta in gran parte sepolta sotto altri edifici in Butchery Lane. Vi sono molte cose da vedere in questo museo che dovete assolutamente visitare. È aperto tutto l'anno, dal lunedì al sabato dalle 10 alle 17 (ultimo ingresso alle 16), da giugno a ottobre anche la domenica dalle 13.30 alle 17. L'ingresso costa £2,40/1,60.

Pilgrim's Hospital of St Thomas

Fondato nel 1180, il Pilgrim's Hospital (☎ 471688) merita sicuramente una visita. Costruito in origine per accogliere i pellegrini che giungevano in città per visitare il reliquiario di Becket nella cattedrale, ospita oggi un ospizio per anziani (che vivono dietro le porte con la scritta 'Private'). Qui vedrete una cripta normanna, un refettorio e, al piano superiore, la Pilgrim's Chapel. L'edificio fu ampiamente restaurato nel XVI secolo e ancora nel XX secolo, ma il tetto della cappella è quello originale.

L'ospizio è aperto al pubblico dal lunedì al sabato dalle 10 alle 17. L'ingresso costa £1/50p.

St Augustine's Abbey

Enrico VIII agì con minuziosità quando fece demolire l'abbazia di Sant'Agostino (☎ 77800; EH) nel 1538 – non restano che le fondamenta. Da aprile a ottobre è aperta tutti i giorni dalle 10 alle 18; da novembre a marzo chiude alle 16. L'ingresso costa £2,50/1,30, prezzo che comprende la visita audioguidata.

St Martin's Church

Precedente all'abbazia di Sant'Agostino e probabilmente costruita durante l'occupazione romana, San Martino fu con tutta probabilità la prima chiesa parrocchiale d'Inghilterra. Per raggiungerla, proseguite per 250 m dopo l'abbazia di Sant'Agostino e quindi imboccate la prima strada a sinistra; la chiesa è sulla destra, dopo 100 metri.

Greyfriars Monastery

Fondato nel 1267, questo fu il primo monastero francescano d'Inghilterra (i Grey Friars sono i frati francescani). Il pittoresco edificio sorge a mo' di ponte sopra un piccolo ramo del fiume Stour e, al piano superiore, ospita una cappella aperta al pubblico da metà maggio a settembre, dal lunedì al sabato dalle 14 alle 16. L'eucarestia viene celebrata ogni mercoledì alle 12.30.

Weavers' Houses

Nelle immediate vicinanze di St Peter's St, lungo il fiume Stour, vi sono diverse case di tessitori, costruite in stile Tudor e risalenti all'incirca al 1500. Sono quasi tutte abitate e chiuse al pubblico, ma se volete farvi un'idea degli interni fermatevi a mangiare qualcosa all'Old Weaver's House (v. **Pasti**, più avanti).

Visite guidate ed escursioni

Le visite guidate a piedi, che partono dal TIC in St Margaret's St, vengono condotte ogni giorno alle 14 da aprile a ottobre; a luglio e agosto è prevista anche una visita mattutina dal lunedì al sabato, con partenza alle 11.30. Il prezzo è di £3,50/3. L'escursione dura un'ora e mezzo e prevede la visita della cattedrale e del museo, della King's School e una passeggiata per la città medievale. Ci sono anche diversi itinerari specialistici incentrati sull'architettura, la letteratura e il pellegrinaggio.

A Canterbury, come in quasi tutte le città turistiche d'Inghilterra, sono molto richiesti i cosiddetti Ghost Tours, le visite 'a caccia' di fantasmi. Nei mesi di aprile, giugno, luglio e agosto ogni venerdì, sabato e domenica alle 18.30 potrete seguire terrorizzanti itinerari guidati per le vie del centro storico, ma bisogna prenotare chiamando il numero ☎ 454888.

Da maggio a settembre potrete concedervi un'escursione lungo il fiume Stour a bordo di una barca a fondo piatto (☎ 07885 318301), con partenza alle 10 dal West Gate Bridge. Il prezzo per quattro adulti e due bambini è di £18.

D'estate ci sono anche escursioni in barca a remi, con partenza da un punto dietro il ristorante The Old Weaver's House (v. **Pasti**, più avanti), che costano £4 per persona.

Pernottamento

Le sistemazioni sono in genere piuttosto costose a Canterbury, soprattutto a luglio e agosto. In alcuni casi i prezzi vengono addirittura raddoppiati; telefonate prima per evitare spiacevoli sorprese.

Campeggi Situato nelle vicinanze della A257, il *Canterbury Caravan and Camping Site* (☎ *463216, Bekesbourne Lane*), si trova poco meno di 2 miglia (3 km) a est del centro e chiede da £9 a £10 per due persone con tenda.

Lo *Yew Tree Park* (☎ *700306, Stone St, Petham)*, 5 miglia (8 km) a sud di Canterbury, nei pressi della B2068 (prendete New Dover Rd per uscire dal centro, quindi svoltate a destra subito dopo l'ostello della gioventù), offe una grande piscina ai suoi ospiti. È aperto da aprile a ottobre e costa £4 per un adulto con tenda, £6 per due persone. L'autobus che collega Canterbury con il villaggio di Petham (a mezzo miglio di cammino dal campeggio) parte a intervalli di un'ora dall'autostazione.

Ostelli Lo *Youth Hostel* (☎ *462911, 54 New Dover Rd)*, situato in una vecchia villa vittoriana, dista poco meno di un miglio dal centro, verso est. Rimane chiuso dalla fine di dicembre alla fine di gennaio. Costa £9,75 per notte, e ha una stanza a due letti a £28.

Let's Stay (☎ *463628, 26 New Dover Rd)* è più accogliente e offre un miglior rapporto qualità-prezzo rispetto all'ostello della gioventù. Il proprietario chiede £10 per persona in dormitori a quattro letti con una prima colazione all'inglese. Uomini e donne dormono in stanze separate. A volte accetta coppie e famiglie, ma dovrete telefonare prima per verificare la disponibilità.

The University of Kent (☎ *82800, Tanglewood)* si trova a 20 minuti dal centro, verso nord-est, e offre sistemazioni soltanto quando non ci sono gli studenti (ad aprile e da luglio a settembre). I prezzi partono da £14,50 per persona per alloggio e prima colazione.

B&B Nel centro cittadino, a due passi da High St, trovate la *Kingsbridge Villa* (☎ *766415, 15 Best Lane)*, un tranquillo e accogliente B&B. Non ha stanze singole; le doppie costano £42 o da £45 a £50 con il bagno. C'è il parcheggio.

Altrettanto centrale e molto conveniente in rapporto ai prezzi è la *Tudor House* (☎ *765650, 6 Best Lane)*. Questo pittoresco (e un po' stravagante) edificio costruito 450 anni fa ha singole/doppie a £18/36. Oltre ai consueti servizi, offre ai clienti canoe e imbarcazioni a noleggio al prezzo di £10 al giorno.

La *Greyfriars Guesthouse* (☎ *456255, 6 Stour St)* si trova proprio nel cuore del centro e offre spaziose stanze con bagno a partire da £25/45.

L'*Alicante B&B* (☎ */fax 766277, 4 Roper Rd)* non si trova propriamente in centro, ma la stazione Canterbury West è a due passi. Le spaziose stanze doppie costano £40; i prezzi delle singole sono trattabili. Servizi attenti, come l'asciugacapelli in ogni stanza, lo rendono particolarmente invitante.

I B&B di London Rd si trovano a 10 minuti di cammino dal centro. L'*Acacia Lodge* e il *Tanglewood B&B* (☎ *769955, 39 London Rd)* sono in realtà lo stesso posto. Le stanze, accoglienti, graziose e molto ordinate, costano £26/38.

La *London Guest House* (☎ *765860, fax 456721, 14 London Rd)* è leggermente più vicina al centro e offre stanze con bagno in comune a £20 per persona. La stanza doppia ha la doccia.

La *Magnolia House* (☎ */fax 765121, 36 St Dunstan's Terrace)*, nei pressi di London Rd, è molto lussuosa ma lo sono anche i prezzi – le singole/doppie costano £38/78, la stanza con il letto a quattro colonne e vasca termale £110.

Lungo New Dover Rd c'è una fila di discreti B&B, tutti situati a circa 10 minuti di cammino dal centro.

Il *Charnwood Lodge B&B* (☎ */fax 451712, 64 New Dover Rd)* (sull'insegna si legge 'B&B') è il posto più conveniente della città e lo consigliamo caldamente. Per £35 otterrete un pulito appartamento indipendente che può ospitare fino a tre persone. La prima colazione è inclusa e, volendo, potete prepararla da soli.

L'*Hampton House* (☎ *464912, 40 New Dover Rd*) è gestito da una simpatica coppia che impone un severo divieto di fumare. Le stanze offrono un tocco di classe e costano £28/40 con bagno comune; la doppia con bagno privato costa £45. In inverno le tariffe scendono a £20/40.

L'*Alverstone House* (☎ */fax 766360, 38 New Dover Rd*) è una splendida casa padronale con pannelli di legno, molto rinomata tra i viaggiatori più giovani; i prezzi delle stanze sono ragionevoli a £20/35.

Alberghi Nel cuore della città si trova il *Cathedral Gate Hotel* (☎ *464381, fax 462800, ✉ cgate@cgate.demon.co.uk, 36 Burgate*) che offre singole/doppie a partire da £23/44 con bagno in comune, £52,50/79 con bagno privato. Benché provviste di pareti alquanto sottili e di pavimenti talvolta in allarmante pendenza, le stanze sono confortevoli e offrono una magnifica vista della cattedrale.

Il *County Hotel* (☎ *766266, High St*) si trova in posizione centrale e offre un autentico fascino inglese d'altri tempi con il suo bar del XV secolo e le cantine del XII secolo. Le stanze costano £90/106, la prima colazione continentale £7,50 per persona, quella inglese £10,50.

In New Dover Rd si trovano alcuni alberghi economici. *The Ebury Hotel* (☎ *768433, fax 459187, ✉ info@ebury-hotel.co.uk, 65-67 New Dover Rd*) ha l'aspetto di un B&B di lusso, ma è privo di quell'atmosfera calda e accogliente che contraddistingue i B&B. C'è una piscina coperta riscaldata. Le singole costano da £45 a £50, le doppie da £65 a £75, a seconda delle dimensioni.

Il *Canterbury Hotel* (☎ *450551, fax 780145, ✉ canterbury.hotel@btinternet.com, 71 New Dover Rd*) vanta un'atmosfera gioviale e personale disponibile, ma le stanze sono meno belle rispetto a quelle dell'Ebury. Le singole/doppie/triple costano £55/75/95.

Pasti

Grazie alle schiere di visitatori e studenti, Canterbury offre una buona scelta di ristoranti dai prezzi ragionevoli. Si consiglia di prenotare, specialmente nel fine settimana. Chi cucina i propri pasti troverà un *Safeway* all'angolo tra New Dover Rd e Lower Chantry Rd, immediatamente a sud-est del centro.

The Old Weaver's House (☎ *464660, 1 St Peter's St*), situato in un edificio costruito intorno al 1500, è molto accogliente e serve di tutto, dalle insalate al fish and chips a pietanze al curry. I primi costano da £2,25 a £3,95, i piatti principali da £6,75 a £9,95. Ha una terrazza all'aperto affacciata sul fiume Stour, che si rivela incantevole in primavera e in estate.

Lungo Castle St troverete una grande varietà di ristoranti per tutte le tasche. *Flap Jacques* (☎ *781000, 71 Castle St*) è un economico bistrot francese che serve crêpe bretoni tradizionali (fatte con grano saraceno).

Accanto c'è il *Viêt Nam* (☎ *760022, 72 Castle St*) con un moderno menu vietnamita. I gamberetti con fagiolini verdi e aglio costano £5,95. L'invitante menu delle tapas vietnamite comprende piatti che costano da £2,75 a £3,50.

La *Pinocchio's Trattoria* (☎ *457538, 64 Castle St*) è più costosa ma molto allegra e con un'ottima scelta di vini e una terrazza sul retro. I piatti a base di pasta costano da £5,60 a £8,95, le pizze da £4,70 a £7,30.

Canterbury Grill & Kebab (☎ *765458, 66 Castle St*) è il luogo dove potete assaggiare quel delizioso contributo inglese alla cucina internazionale che è il chip buttie (panino di patatine fritte) per £1,30. I kebab partono da £3, gli hamburger da £2,20.

Il *Three Tuns Hotel* (☎ *456391*), alla fine di St Margaret's St, si trova in un edificio del XVI secolo costruito sulle rovine di un teatro romano. Offre la tipica cucina dei pub e un buon rapporto qualità-prezzo – a partire da £4 per un pasto.

The Custard Tart (☎ *785178, 35a St Margaret's St*) è molto rinomato e serve deliziose baguette a partire da £2,30 e cream teas a £2,95. Al bancone al piano di sotto sono in vendita cibi da asporto a prezzi molto convenienti, con sausage roll (rotolo di carne tritata, cotto dentro un involucro di pasta) a £1 e panini a £1,30. Cercate di arrivare prima della ressa delle 13.

Il *City Fish Bar* (☎ *760873, 29a St Margaret's St)* offre fish and chips a partire da £3,60 e pasticcio di carne con patatine fritte a £2,80.

Il *Canterbury Hotel* (☎ *450551, 71 New Dover Rd)* ha un eccellente ristorante francese che a qualcuno potrebbe sembrare troppo tranquillo e austero. I primi costano da £7 a £8,50, i piatti principali da £12 a £16.

Divertimenti

What, Where & When, una guida gratuita agli avvenimenti in programma a Canterbury, è reperibile presso il TIC. Sul sito www.wwevents.com troverete un calendario di tutte le manifestazioni e le attività di Canterbury.

Pub Essendo una città universitaria e una delle mete preferite dai turisti, Canterbury vanta diversi pub vivacissimi. Il *Miller's Arms* (☎ *456057, Mill Lane)* è un classico ritrovo studentesco, mentre il *Casey's* (☎ *463252, 5 Butchery Lane)*, vicino all'ingresso principale della cattedrale, offre una vasta scelta di birre irlandesi. *Canterbury Tales* (☎ *768594, 12 The Friars)* è un'autentica birreria di fronte al Marlowe Theatre.

Teatri e cinema Il *Marlowe Theatre* (☎ *787787, fax 479622, @ boxoffice@ canterbury.gov.uk, The Friars)* ospita rappresentazioni teatrali, spettacoli di danza, concerti e musical tutto l'anno. Il botteghino è aperto dal lunedì al sabato dalle 10 alle 20. L'*ABC Cinema* (☎ *453577)*, all'angolo tra Upper Bridge St e St George's Place, propone prime visioni.

Per/da Canterbury

Canterbury dista 58 miglia (93 km) da Londra e 15 miglia (24 km) circa da Margate, Sandwich e Dover.

Autobus L'autostazione si trova all'interno delle mura cittadine, tra St George's Lane e Upper Bridge St. Gli autobus della National Express (☎ 0870 580 8080) per Canterbury partono dalla stazione di Victoria (£7/9 sola andata/andata e ritorno in giornata; un'ora e 50 minuti). Questa compagnia offre un servizio navetta giornaliero tra Canterbury e Dover (£2,50, 30 minuti), con partenze ogni ora.

Per informazioni sulle fermate degli autobus 100/200 della Stagecoach East Kent's (☎ 01424-440770) v. **Trasporti locali** all'inizio di questa sezione. Questi autobus partono da Canterbury ogni 30 minuti (ogni ora la domenica) e impiegano 40 minuti per Margate, 1 ora e 15 minuti per Broadstairs e 1 ora e mezzo per Ramsgate. I servizi per Sandwich e Deal sono disponibili solo dal lunedì al sabato. La corsa per ciascuna località costa £6, quindi il biglietto Explorer risulterà conveniente se pensate di effettuare più di una corsa.

Treno Ci sono due stazioni ferroviarie a Canterbury: la East (comoda per chi alloggia all'ostello), raggiunta dai treni che partono da Victoria Station (Londra), e la West, raggiunta dai treni che partono dalle stazioni di Charing Cross e Waterloo (£14,80 per il biglietto di andata e ritorno per la giornata, o £19,99 per due persone; un'ora e mezzo). Esiste un regolare servizio ferroviario tra Canterbury East e Dover Priory (£4,50; 45 minuti). I treni per Margate, Broadstairs e Ramsgate partono da Canterbury West ogni ora (£4,70) e impiegano 30 minuti circa. Per andare a Deal bisogna cambiare a Ramsgate. I treni per la costa meridionale passano per Ashford.

Trasporti urbani

Automobile Le automobili non possono entrare nel centro cittadino. Troverete parcheggi in diversi punti lungo la circonvallazione e nelle sue immediate vicinanze.

Oppure potete approfittare del servizio Park & Ride che è gratuito se avete pagato la tariffa di £1,40 per lasciare la vostra automobile presso i parcheggi di Sturry Rd o di Whincheap, circa 1 miglio a sud del centro. Gli autobus navetta effettuano una corsa ogni 8 minuti tra le 7.30 e le 18.30. Il sabato c'è anche un servizio per e dall'università.

Taxi Provate la Laser Taxis (☎ 464422) o la Cabwise (☎ 712929).

Bicicletta La Downland Cycles (☎ 479643) ha sede presso la stazione Canterbury West. Noleggiare una mountain bike costa £10 al giorno o £50 la settimana, con un deposito di £25. L'agenzia offre cartine del percorso di 21 miglia (34 km) fino a Dover o del percorso di 7 miglia (11 km) che si snoda verso nord fino a raggiungere la città costiera di Whitstable.

DINTORNI DI CANTERBURY

Higham Park (☎ 830830) è un palazzo palladiano immerso in magnifici giardini italiani. Il parco si trova sulla A2, 3 miglia (5 km) a sud di Canterbury ed è raggiunto dagli autobus n. 16 e 17 diretti a Folkestone. È aperto da aprile a settembre, dalla domenica al giovedì dalle 11 alle 18.

L'**Howlett's Animal Park** (☎ 721410), che occupa una superficie di 70 acri, è il più importante tra i centri che allevano gorilla in cattività nel mondo, con un programma assai vasto. Vedrete anche elefanti, tigri, scimmie, lupi e piccoli gatti selvatici. Situato 4 miglia (6 km) a est di Canterbury, è aperto tutti i giorni dell'anno dalle 10 alle 17 (ultima entrata alle 16). L'ingresso costa £9,80/7,80 o £28 per una famiglia di quattro persone. Per arrivarci in auto, prendete la A257 e svoltate a destra al cartello per Bekesbourne, quindi seguite le indicazioni per l'Animal Park. Dall'autostazione principale potete prendere l'autobus n. 111/211 o 611-14 della Stagecoach fino a Littlebourne, a 8 minuti di cammino dal parco.

Chilham, situato sulla A252, 5 miglia (8 km) a sud-ovest di Canterbury, è un villaggio medievale costruito attorno a una piazza alle porte di un castello, come

vuole la tradizione feudale. La chiesa in stile romanico risale al XIII secolo, ma alcune parti furono aggiunte o ricostruite nel XV secolo e nuovamente in epoca vittoriana. Ci sono diverse case in stile Tudor e giacobiano, con le travi di legno a vista e il tetto ricoperto di paglia, e un paio di pub molto accoglienti. Chilham si trova lungo la North Downs Way e costituisce una piacevole meta per un'escursione a piedi da Canterbury. Oppure, da Canterbury potete prendere l'autobus n. 400 (£1,60, 15 minuti) della Stagecoach East Kent (☎ 01424-440770).

Ickham, dista anch'esso 5 miglia (8 km) da Canterbury, verso est, e si trova nei pressi della A257. Prendete l'autobus della Stagecoach n. 111/211 o 611-14 per Littlebourne, quindi proseguite a piedi in direzione nord-est per l'ultimo miglio e mezzo (2,5 km). È un tipico villaggio del Kent con alcuni incantevoli paesaggi della campagna circostante. La sua principale attrattiva è una chiesa del XIV secolo che fu costruita nel luogo in cui sorgeva un'altra chiesa risalente al 791 d.C. Le case, alcune delle quali risalgono al 1200, sono ben conservate e la città ha un fascino tranquillo e misterioso. Un opuscolo turistico fa notare la ragguardevole prodezza di un abitante di Ickham: riuscì a battere un primato mondiale tenendo nei pantaloni due furetti vivi per più di due ore!

MARGATE
Pop. 38.535 ☎ 01843
Margate fu una delle prime e più rinomate stazioni balneari d'Inghilterra e, benché nel corso degli anni abbia perso lustro, conserva un peculiare fascino d'altri tempi. Sembra quasi di vederli i vittoriani benestanti a passeggio con i loro parasole o seduti a tavola sulle grandi terrazze che fiancheggiano la passeggiata. Il centro storico, che ospita un museo, è un luogo piacevole per un passeggiata tra interessanti case antiche, negozi d'antiquario, pub e caffè. Al momento della stesura di questa guida lungo la passeggiata era in costruzione un enorme casinò. Si spera

JANE
SMITH

Due furetti da record

che il denaro ricavato da questa dubbia impresa venga usato per ripulire il litorale di Margate, ormai allo stremo, e per restituire alla città almeno una parte del suo antico splendore.

Trovate un TIC (☎ 220241, fax 230099) in Marine Dr, quattro porte più avanti del sex shop. È aperto dalle 9 alle 17 (fino alle 16 nel fine settimana).

Se volete immergervi nel fascino di Margate, potete alloggiare presso il ben gestito *youth hostel* (☎/fax 221616, @ margate@yha.org.uk, *The Beachcomber, 3-4 Royal Esplanade*) che chiede £10,85/7,40 per adulti/ragazzi sotto i 18 anni. È aperto da metà aprile a novembre. Tra i numerosi B&B e alberghi che si trovano

lungo la passeggiata segnaliamo il *Malvern Private Hotel* (☎ 290192, *Eastern Esplanade, Cliftonville*). È forse un po' malandato, ma comunque accogliente e molto dignitoso con stanze che costano da £21 a £23 per persona.

Per gustare i frutti di mare locali, provate il *Newbys Wine Bar* (☎ 292888, *Market Place*). Una pietanza a base di scampi costa £8,90, un branzino intero £12,25, mentre per gli spuntini si spendono £4 circa.

Per/da Margate

L'autobus n. 22 della National Express (☎ 0870 580 8080) collega Victoria Station (Londra) con Margate, quindi prosegue fino a Broadstairs e Ramsgate, con cinque corse al giorno circa (£9/10 sola andata/andata e ritorno per la giornata; 2 ore e mezzo). Il servizio 100/200 della Stagecoach East Kent (☎ 01424-440770) da Canterbury raggiunge Margate (40 minuti), quindi prosegue alla volta di Broadstairs, Deal e Dover.

Dalle stazioni di Victoria e Charing Cross ogni ora partono treni per Margate (£18,20; 2 ore). I treni in partenza ogni ora da Canterbury West passano per Broadstairs e Ramsgate (£4,70; 30 minuti) e proseguono fino a Dover (£6,50; 50 minuti).

BROADSTAIRS
Pop. 23.691 ☎ 01843

Broadstairs ebbe uno sviluppo più tardivo rispetto a Margate (sorse tra la fine del periodo della Reggenza e l'inizio dell'era vittoriana) e si conserva in condizioni decisamente migliori. La parte vecchia della città, in riva al mare, è piccola e intricata e conserva pressoché intatto il fascino peculiare della tipica stazione balneare inglese. Il TIC (☎ 862242, fax 865650) si trova al 6b di High St.

Charles Dickens, che qui aveva una serie di case di villeggiatura, costituisce attualmente il vanto della città. Ogni anno a giugno si svolge il Dickens Festival, che dura una settimana e si conclude con un ballo in costume vittoriano.

Nella casa in cima alla scogliera che domina il molo, Dickens scrisse alcuni capitoli dei romanzi *Bleak House* e *David Copperfield* tra il 1837 e il 1859. La casa ospita oggi un museo, il **Bleak House** (☎ 862224). Gestito privatamente dai suoi entusiasti proprietari, il museo merita sicuramente una visita. Vi sono diverse stanze sistemate come ai tempi di Dickens, una mostra di relitti locali e, nelle cantine, una divertente mostra dedicata al contrabbando nella zona. Se il Gigante del Kent assomigliava anche solo vagamente al suo manichino esposto nel museo, doveva essere davvero terrificante. Il museo è aperto da marzo a novembre tutti i giorni dalle 10 alle 18 (fino alle 21 a luglio e agosto). L'ingresso costa £3/2.

Il **Dickens House Museum** (☎ 862853), 2 Victoria Parade, in realtà non era la casa dello scrittore bensì di Mary Pearson Strong, che ispirò il personaggio di Betsey Trotwood. Tra i cimeli esposti figurano effetti personali dello scrittore e lettere; il museo è aperto da aprile a ottobre, tutti i giorni dalle 14 alle 17. L'ingresso costa £1,20/60p.

Pernottamento e pasti

Per trovare dei B&B dignitosi dai prezzi ragionevoli e con vista sul mare dirigetevi verso la Eastern Esplanade.

Il *Broadstairs Youth Hostel* (☎ 604121, fax 604121, @ broadstairs @yha.org.uk, Thistle Lodge, 3 Osborne Rd) è gestito da persone disponibili che chiedono £9,80/6,75 per adulti/ragazzi sotto i 18 anni. Per arrivarci, dalla stazione girate a destra sotto la ferrovia e proseguite per 30 m circa fino a raggiungere un incrocio con semafori, quindi svoltate a destra in Broadway.

Il *Bay Tree Hotel* (☎ 862502, fax 860589, 12 Eastern Esplanade) offre incantevoli stanze a £24 per persona, £26 con vista sul mare. Lo consigliamo caldamente.

Il *Gull Cottage Hotel* (☎ 861936, 5 Eastern Esplanade) ha stanze dignitose a £22 per persona. Il *Sunnydene Hotel* (☎/fax 863347, 10 Chandos Rd) si trova a est

di High St, arretrato rispetto alla spiaggia, e offre un buon rapporto qualità-prezzo con stanze che costano da £19 a £21 per persona.

Vi è una vasta scelta di ristoranti. Il *York Gate Café* (☎ 862408, Harbour St), vicino alla spiaggia, è uno splendido caffè tradizionale sul mare, dove un panino con uova e bacon o un cream tea vi costerà £2.

Sea Chef (☎ 867964, 17 Albion St) serve del buon fish and chips a £2,50 e porzioni di scampi fritti a £2. Il ristorante messicano *Amigos* (☎ 862651, 36 Albion St) è il luogo in cui andare se non amate il pesce. Un enorme piatto di pollo piccante, riso e insalata costa £6,95.

Per/da Broadstairs

La stazione ferroviaria e la fermata della Stagecoach si trovano in High St, in centro. L'autobus 100/200 della Stagecoach East Kent (☎ 01424-440770) collega ogni ora Canterbury con Broadstairs via Margate, quindi prosegue per Ramsgate, Sandwich, Deal e Dover. Lungo questo percorso la soluzione migliore è acquistare un biglietto Explorer.

Ogni ora partono treni per Broadstairs dalle stazioni di Victoria, London Bridge e Charing Cross (£18,20; 2 ore e mezzo), ma forse dovrete cambiare a Ramsgate. Ci sono anche collegamenti ferroviari tra Margate e Dover (£6,50; 50 minuti) via Broadstairs e Deal.

SANDWICH
Pop. 6000 ☎ 01304

Sandwich è una cittadina depressa, ma molto bella. Un tempo porto fiorente della confederazione dei Cinque Ports lungo le sponde protette del Wantsum Channel, Sandwich è oggi un sonnolento villaggio medievale a 2 miglia (3 km) dal mare. Grazie al ritiro delle acque, è sfuggita al destino toccato alle altre città della lega che nel XIX secolo si sono trasformate in stazioni balneari.

Attualmente Sandwich richiama soprattutto gli appassionati del golf con i suoi tre campi realizzati sulle dune di sabbia a est della cittadina. L'esclusivo Royal St

George, forse il più bel campo da golf di tutta l'Inghilterra, talvolta ospita il British Open. L'atmosfera pacata e l'eleganza della cittadina si riflettono nelle sistemazioni. Ci sono diversi alberghi esclusivi e i B&B hanno prezzi elevati.

Orientamento e informazioni

Situata lungo la riva meridionale del fiume Stour, Sandwich è in gran parte circondata da un barbacane di terra risalente al XIV secolo. Tutti i luoghi d'interesse sono facilmente raggiungibili a piedi, basterà seguire i cartelli. Troverete un'utile pianta della città sul tabellone posto nel parcheggio di fronte al Bell Hotel. La stessa cartina è reperibile presso il TIC (☎ 613565), sul lato di New St della Guildhall (municipio), aperto ogni giorno dalle 11 alle 15 da maggio a settembre. L'ufficio vende un pacchetto di schede informative che descrivono nei particolari sette itinerari a piedi nella zona.

L'ufficio postale si trova all'angolo tra King St e St Peter's St.

Che cosa vedere e fare

Strand St è la via che, a detta di molti, fra tutte le strade d'Inghilterra vanta il maggior numero di case in legno e muratura. In altre vie ci sono edifici che presentano caratteristiche olandesi o fiamminghe (si notino per esempio i frontoni a gradoni di alcuni edifici), retaggio dei rifugiati fiamminghi protestanti stabilitisi in città nel XVI secolo. L'imponente **Barbican** è un casello del dazio risalente al XVI secolo.

Gli esterni della **Guildhall** (municipio, ☎ 617197) hanno subìto notevoli modifiche nel 1910, ma gli interni sono cambiati di poco dal XVI secolo. Oggi ospita un museo che illustra con orgoglio e dovizia di particolari la storia di Sandwich. Da aprile a settembre il museo è aperto dal lunedì al sabato dalle 10 alle 16 (chiude tra le 12.30 e le 14 il martedì, il mercoledì e il venerdì) e la domenica dalle 14 alle 16. Nel resto dell'anno è aperto tutti i giorni dalle 14 alle 16 (dalle 10.30 alle 16 il giovedì e il sabato). L'ingresso costa £1/50p.

La **Church of St Clement** (chiesa di San Clemente) vanta una delle più belle torri normanne rimaste nel paese. **St Peter's Church** (chiesa di San Pietro), in King St, è la più antica tra le chiese di Sandwich, anche se la sua torre fu ricostruita nel 1661.

Agli appassionati del golf consigliamo il **Prince's Golf Club** (☎ 611118), ma le tariffe sono elevate: £40 per 18 buche.

Si possono organizzare visite guidate della città chiamando Frank Andrews al numero ☎ 611925 (solo la sera).

Pernottamento e pasti

La scelta di alberghi è piuttosto limitata e non sono molti quelli economici.

Il *Sandwich Leisure Park (☎ 612681, Woodnesborough Rd)*, aperto da marzo a ottobre, chiede £6,80 per una persona con tenda.

Il *New Inn (☎ 612335, fax 619133, 2 Harnet St)*, vicino alla Guildhall, offre stanze minuscole con doccia privata a £25 per persona. *Fleur de Lis (☎ 611131, fax 611199, 6-8 Delf St)* occupa un edificio in legno e muratura e offre belle stanze a £35/50.

The Bell Hotel (☎ 613388, fax 615308, The Quay), affacciato sul fiume, è l'albergo di lusso della città, con stanze che sono appena discrete per il prezzo di £75/100.

Strands (☎ 621611, 19 Strand St) è un caffè che serve pasti caldi e leggeri a partire da £4,95 e panini da £2,75. Per un'occasione speciale, visitate il *Fisherman's Wharf (☎ 613636, The Quay)*, vicino al Barbican, dove un'abbondante porzione di pasticcio di tacchino e prosciutto costa £6,95, il salmone arrosto £8,95. D'estate ci si può sedere fuori e ammirare il panorama sul fiume.

Per/da Sandwich

Sandwich si trova circa 15 miglia (24 km) a est di Canterbury e 10 miglia (16 km) a nord di Dover. Gli autobus 111 e 211 della Stagecoach East Kent (☎ 01424-440770) collegano Sandwich con Dover (£3,30; 45 minuti), Deal e Canterbury, con partenza ogni ora. L'autobus n. 93 effettua collegamenti tra Sandwich e Dover, mentre il n. 94 va da Ramsgate a Dover via Sandwich.

Dalla stazione Dover Priory (£4; 25 minuti) e dalla stazione di Charing Cross (Londra) ogni 30 minuti ci sono treni per Deal, dalla quale un autobus vi porterà a Sandwich (£18,20; 2 ore). La stazione ferroviaria si trova nei pressi di New St, a sud del fiume.

DINTORNI DI SANDWICH
Un miglio e mezzo a nord di Sandwich, nei pressi della A256, ci sono i resti del **Richborough Castle** (☎ 01304-612013), un forte romano in cima a un colle le cui imponenti ed estese mura dominano la campagna circostante. Il forte fu costruito intorno al 275 d.C., ma nel sito vi era una città importante già molto prima. Nel 43 d.C. l'esercito romano sbarcò a Richborough e vi stabilì una base militare per i rifornimenti. Alcuni dei reperti rinvenuti nel sito sono esposti nel museo di Sandwich.

Da aprile a settembre il castello è aperto tutti i giorni dalle 10 alle 18, fino alle 17 nel mese di ottobre; a novembre e a marzo è aperto dal mercoledì alla domenica fino alle 16; da dicembre a febbraio apre solo nei fine settimana. Particolarmente esposta, questa zona può essere molto ventosa. A volte è disponibile lo Stour River Bus, che collega il lato settentrionale del casello del dazio con Richborough (per ulteriori informazioni chiamate lo ☎ 01304-820171).

La vicina città di **Deal** è il luogo dove sbarcò Giulio Cesare con il suo esercito nel 55 a.C. È una cittadina tranquilla, con una splendida spiaggia e un insolito castello a pianta circolare che faceva parte della catena di fortezze costruite lungo la costa meridionale per volere di Enrico VIII. Qui sorge anche il Walmer Castle, residenza ufficiale del Guardiano dei Cinque Ports (v. la lettura **Cinque Ports**).

DOVER
Pop. 37.826 ☎ 01304
Dover sarà forse la 'porta per l'Europa' dell'Inghilterra, ma ha soltanto due attrattive: lo spettacolare castello medievale e le famose bianche scogliere.

I Romani individuarono l'importanza strategica del luogo, che conserva tracce di un insediamento risalente all'Età del ferro. Dubrae, come Dover veniva chiamata, era un porto fortificato della catena difensiva lungo la sponda sassone. I Normanni, inutile dirlo, vi costruirono subito un castello.

Il lido di Dover appare essenzialmente come un enorme, intricata (ma ben segnalata) e anonima rampa d'imbarco per i veicoli. Gravemente danneggiata durante la Seconda guerra mondiale, Dover è oggi una città assediata dall'intenso traffico e priva di fascino. La sensazione che tutti siano in viaggio verso qualche altra località più interessante – da raggiungere il più presto possibile – non contribuisce certo a migliorare le cose. Forse hanno letto lo spassoso *Notes from a Small Island* di Bill Bryson, nel quale l'autore descrive una visita alquanto snervante a Dover all'inizio degni Settanta.

Orientamento
Dover è dominata dall'enorme castello di Enrico VIII, situato in cima a un colle a est del centro. La città vera e propria si estende, arretrata rispetto al mare, lungo una valle scavata dal Dour (oggi è un fiumiciattolo, ma in epoca romana formava un estuario navigabile).

Informazioni
Ufficio turistico Il TIC (☎ 205108, fax 225498, ❷ tic@doveruk.com) si trova in Townwall St, vicino al lungomare, ed è aperto tutti i giorni dalle 9 alle 18. Offre un servizio prenotazioni per alberghi e traghetti.

Cambio Trovate un ufficio di cambio accanto al TIC, aperto sette giorni su sette. Le banche principali si trovano tutte in Market Square.

Poste e telecomunicazioni La posta centrale si trova in Pencester Rd. La biblioteca (☎ 204241), in High St, offre corsi di

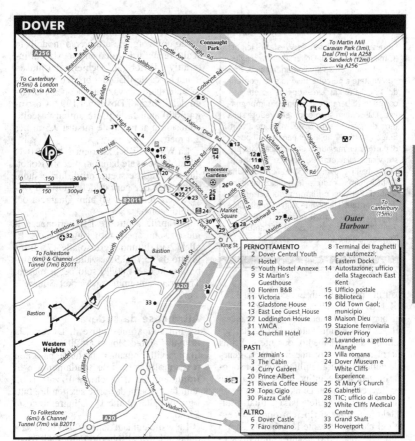

DOVER

PERNOTTAMENTO
2 Dover Central Youth Hostel
5 Youth Hostel Annexe
9 St Martin's Guesthouse
10 Florern B&B
11 Victoria
12 Gladstone House
13 East Lee Guest House
27 Loddington House
31 YMCA
34 Churchill Hotel

PASTI
1 Jermain's
3 The Cabin
4 Curry Garden
20 Prince Albert
21 Riveria Coffee House
29 Topo Gigio
30 Piazza Café

ALTRO
6 Dover Castle
7 Faro romano

8 Terminal dei traghetti per automezzi; Eastern Docks
14 Autostazione; ufficio della Stagecoach East Kent
15 Ufficio postale
16 Biblioteca
19 Old Town Gaol; municipio
18 Maison Dieu
19 Stazione ferroviaria Dover Priory
22 Lavanderia a gettoni Mangle
23 Villa romana
24 Dover Museum e White Cliffs Experience
25 St Mary's Church
26 Gabinetti
28 TIC; ufficio di cambio
32 White Cliffs Medical Centre
33 Grand Shaft
35 Hoverport

INGHILTERRA SUD-ORIENTALE

lingua per adulti e, se prenotate per tempo, l'accesso gratuito a internet per un'ora.

Lavanderie La lavanderia a gettoni Mangle, in Worthington St, vicino alla Riveria Coffee House, è aperta tutti i giorni dalle 8 alle 20.

Assistenza sanitaria Il White Cliffs Medical Centre (☎ 201705) si trova a cinque minuti di cammino dal centro, al 143 di Folkestone Rd. Il pronto soccorso più vicino è quello dell'ospedale di Folkestone, 8 miglia (13 km) a ovest di Dover.

Servizi igienici Ci sono dei gabinetti pubblici in Pencester Gardens, vicino all'ufficio della Stagecoach East Kent.

Dover Castle

Dal castello di Dover si gode una vista spettacolare sulla Manica. Di particolare interesse all'interno delle fortificazioni sono i resti di un faro romano che risale al 50 d.C. ed è con tutta probabilità la più antica costruzione esistente in Inghilterra. Qui trovate anche una **chiesa sassone** restaurata. Il **maschio** (keep), le cui mura in alcuni punti hanno uno spessore di 7 m, fu

Cime di Dover

Se desiderate esplorare le Western Heights (Cime occidentali) di Dover, potrete scegliere fra tre sentieri ad anello ben tracciati. Ci si può limitare a percorrerne uno solo, coprendo 4 miglia (6 km) circa, oppure potete percorrerli tutti per un'escursione più impegnativa. Dai sentieri si aprono belle vedute sulla terra del gesso e sulla costa, ma state attenti lungo i tratti più ripidi del percorso. Il punto di partenza è raggiunto da una scalinata posta vicino alla rotatoria dove si incontrano Snargate St, Townwall St e York St. Una volta in cima, vedrete le indicazioni per i sentieri. Per ulteriori informazioni al riguardo contattate The White Cliffs Countryside Project chiamando il numero ☎ 01304-241806 oppure scrivendo al 6 Cambridge Terrace, Dover, Kent CT16 1JT.

costruito per ordine di Enrico II tra il 1181 e il 1187. Il castello resistette agli assedi dei baroni ribelli nel 1216 e dei Francesi nel 1295, fu conquistato nel 1642 dai sostenitori del Parlamento, durante la Prima guerra mondiale divenne il quartiere generale delle operazioni militari contro i sottomarini tedeschi e infine nel 1940 la base per l'evacuazione di Dunkerque.

Con l'interessante visita guidata dell'**Hellfire Corner** si ripercorrono le vicende del castello durante la Seconda guerra mondiale e si attraversano i cunicoli scavati sotto la fortezza.

Il Dover Castle (☎ 211067; EH) è aperto tutti i giorni dalle 10 alle 18, fino alle 16 da novembre a marzo. L'ingresso costa £6,90/3,50 e comprende la visita guidata all'Hellfire Corner che dura 55 minuti; interessante la visita audioguidata del maschio. Per raggiungere il castello, potete prendere l'autobus n. 90 della Stegacoach dalla stazione ferroviaria Dover Priory.

Dover Museum e White Cliffs Experience

Non mancate di visitare il Dover Museum (☎ 201066), uno dei migliori mu-

sei della zona. Le mostre sono ben allestite, con le informazioni presentate in modo coinvolgente attraverso modelli in scala, manufatti, video ed esposizioni interattive. Il fiore all'occhiello del museo è una barca dell'Età del bronzo in perfetto stato di conservazione, scoperta al largo della costa di Dover nel 1992. Costruita 3600 anni fa, è il più antico vascello conosciuto al mondo e misura 9,5 m per 2,4 metri.

La White Cliffs Experience (☎ 210101) è l'ideale se avete bambini piccoli. Robot, diorami, attori e spettacoli di luci e suoni raccontano due periodi della storia di Dover: l'era romana e gli anni Quaranta del secolo scorso.

Da aprile a ottobre l'Experience e il museo sono aperti tutti i giorni dalle 10 alle 17.30 (ultimo ingresso alle 17). Il biglietto da £5,75/3,95 è valido per entrambi, quello da £1,80/90 solo per il museo. Troverete entrambi tra Market Square e York St.

Altre cose da vedere

La più antica guesthouse di Dover è la **Roman Painted House** (☎ 203279), New St, una villa romana della quale però non resta molto oltre alle fondamenta e ai frammenti di affreschi realizzati 1800 anni fa. È aperta da aprile a settembre tutti i giorni dalle 10 alle 17. L'ingresso costa £2/80p.

Le visite guidate delle celle e della sala delle udienze all'interno della **Old Town Gaol** (☎ 242766) durano 45 minuti e partono ogni mezz'ora. Situata nel municipio in High St, l'antica prigione è aperta dalle 10 alle 16.30 dal martedì al sabato, e dalle 14 alle 16.30 la domenica. L'ingresso costa £3,50/2,10.

Accanto trovate la **Maison Dieu**, costruita nel 1203 per accogliere i pellegrini e i soldati feriti. In seguito divenne una casa per monaci e nel 1544, quando furono sfrattati, fu donata alla Royal Navy. Oggi appartiene alla città di Dover e ospita una collezione di armi, armature, ritratti di re e dignitari d'Inghilterra e magnifiche vetrate istoriate raffiguranti episodi della storia inglese. È aperta quasi tutti i giorni dell'anno dalle 10 in poi. L'ingresso è libero.

La **Grand Shaft**, che inizia in Snargate St, è una scala di 43 m divisa in tre sezioni che fu scavata nella bianca scogliera all'epoca delle guerre napoleoniche, per consentire alle truppe di stanza sulle Western Heights di raggiungere velocemente la città. La tradizione vuole che la prima scala fosse riservata agli ufficiali e alle loro dame, la seconda ai sottoufficiali e rispettivi consorti e la terza ai soldati e alle loro donne!

Pernottamento

Gli alberghi di Dover non sono entusiasmanti. Vale la pena di dare un'occhiata in giro, se possibile. Nel pieno dell'estate può essere difficile trovare una sistemazione di qualsiasi tipo, quindi consigliamo di prenotare. Per informazioni sulla disponibilità alberghiera chiamate il numero ☎ 401571.

Campeggi Il *Martin Mill Caravan Park* (☎ 852658) si trova a Hawthorn Farm, 3 miglia (5 km) a nord-est di Dover, nei pressi della A258. È aperto da marzo a novembre e costa £5/7 per una/due persone, £7/9 con l'auto.

Ostelli Il *Dover Central Youth Hostel* (☎ 201314) si trova al 306 di London Rd, ma ha anche una dépendance al 14 di Godwyne Rd. Un posto letto costa £10,50.

Il *YMCA* (☎ 225500, 4 Leyburne Rd), era chiuso per lavori di ristrutturazione al momento della stesura di questa guida, ma forse lo troverete aperto quando visiterete la città.

B&B e alberghi I B&B si concentrano perlopiù lungo Folkestone Rd (la A20), ma ve ne sono altri in Castle St e Maison Dieu Rd.

East Lee Guest House (☎ 210176, 108 Maison Dieu Rd) è accogliente e lussuosa con stanze (senza televisore) a partire da £24/48.

Consigliamo caldamente la *St Martin's Guesthouse* (☎ 205938, fax 208229, 17 Castle Hill Rd). La proprietaria è disponibile e simpatica, le stanze accoglienti e immacolate. Costa £45 per due persone (le tariffe singole variano). All'inizio della primavera e in inverno le tariffe possono scendere fino a £30.

Il *Floren B&B* (☎ 206408, 8 Castle Hill Rd) è piuttosto trascurato, ma le stanze con doccia sono relativamente economiche a £20 per persona.

Il *Victoria* (☎ 205140, 3 Laureston Place) occupa un'attraente casa vittoriana con molte faticose scale. Le stanze con bagno comune costano £22 per persona, £18 nei mesi più tranquilli. La *Gladstone House* (☎ 208457, 3 Laureston Place) è molto simile e chiede £25/35 per stanze con bagno comune.

Quasi tutti i B&B situati lungo Marine Parade sono brutti e malandati, difetti non compensati da prezzi particolarmente economici. La *Lodington House* (☎/fax 201947, 14 East Cliff, Marine Parade), tuttavia, è più elegante; le singole costano £45, le doppie da £52 a £56.

Il *Churchill Hotel* (☎ 203633) è uno dei posti più convenienti fra quelli situati sul lungomare. Frequentato da persone che viaggiano per affari, chiede da £37,50 a £50,50 per persona.

Pasti

Nonostante le dimensioni, Dover manca di buoni ristoranti. Tuttavia intorno a Market Square si trovano numerosi pub dove si mangia discretamente. Tra questi figura il *Prince Albert* in Biggin St.

Curry Garden (☎ 206357, 24 High St) è un economico ristorante indiano con arredi eleganti, dove potrete gustare un korma di gamberetti per £4,20 o il dhal per £1,95.

Il *Riveria Coffee House* (☎ 201766, 9-11 Worthington St) offre un ottimo rapporto tra qualità e prezzo, con cream tea a £1,80, panini e pasti leggeri a partire da £1,20.

Jermain's (☎ 205956, 18 Beaconsfield Rd) è un pulito ed efficiente ristorante economico nei pressi dell'ospedale. A pranzo propone una scelta di piatti tradizionali della cucina inglese a prezzi modici, quali roast beef a £5 e pudding a £1.

Troverete diversi locali in Market Square e dintorni. Il *Topo Gigio* (☎ *201048, 1-2 King St)* è un ristorante italiano che serve piatti a base di basta a partire da £3,45 e pizze da £5,20. *Piazza Cafè* (☎ *202195, 12 King St)*, nelle vicinanze, offre una scelta di interessanti spuntini (per esempio, panini preparati con ciabatta a partire da £1,85) oltre a piatti più sostanziosi.

The Cabin (☎ *206118, 91 High St)* è uno dei pochi ristoranti in grado di soddisfare i palati dei raffinati buongustai. Piccolo e accogliente, è specializzato nella preparazione di piatti della cucina tradizionale inglese e di pietanze a base di selvaggina, ma il menu prevede anche specialità vegetariane. Una coscia di cinghiale, cotta in vino rosso con erbe fresche, costa £11,70, mentre le frattaglie in salsa al whisky, proposte come antipasto, costano £2,95.

Per/da Dover

Dover si trova 75 miglia (121 km) a sudest di Londra e 15 miglia (24 km) a sudest di Canterbury.

I traghetti partono dagli Eastern Docks (raggiunti da autobus) a sud-est del castello, ma l'Hoverport si trova solo le Western Heights. La stazione ferroviaria Dover Priory si trova pochi minuti di cammino a ovest del centro cittadino. L'autostazione è in Pencester St, più vicino al centro.

Autobus La Stagecoach East Kent ha un ufficio in Pencester Rd (☎ 240024). Offre un servizio navetta tra Canterbury e Dover (£2,50; 30 minuti). Gli autobus della National Express (☎ 0870 5808080) partono a intervalli di un'ora dalla stazione di Victoria (£9/11 sola andata/andata e ritorno per la giornata; 2 ore e 20 minuti). Alcuni di questi autobus passano per Deal.

Ogni ora parte un autobus per Brighton, ma dovrete cambiare a Eastbourne. Il servizio serale è diretto. Lungo questo percorso conviene acquistare un biglietto Explorer (£6). L'autobus n. 711 della Stagecoach South Coast (☎ 01424-433711) vi porterà fino a Hastings (£4,50; 2 ore e 40 minuti). Gli autobus n. 111 e 211 raggiungono Canterbury via Sandwich e Deal.

Treno Sono più di 40 i treni che, giornalmente, partono dalle stazioni di Victoria e di Charing Cross (Londra) diretti a Dover Priory via Ashford e Sevenoaks (£18,20; 1 ora e 30 minuti). C'è un treno ogni ora da Canterbury East (£4,40; 28 minuti). Vi sono anche servizi regolari per Deal, Margate e Broadstairs, a nord.

Imbarcazioni Per informazioni sulle escursioni in giornata verso la Francia e le offerte speciali chiamate il numero ☎ 401575. I traghetti partono dagli Eastern Docks. I traghetti per Calais della P&O Ferries (☎ 0870 242 4999) partono a intervalli di 45 minuti; il biglietto di sola andata costa £24, quello di andata e ritorno £48. Con la Seafrance (☎ 0870 571 1711) il biglietto costa £15/30, e i traghetti partono ogni 90 minuti. L'Hoverspeed (☎ 0870 524 0241) per Calais od Ostende parte a intervalli di un'ora e costa £19,50/39; se volete portare la vostra automobile, il Channel Tunnel (tunnel sotto la Manica) vi costerà £29/59.

Trasporti urbani

Autobus Fortunatamente le compagnie di traghetti offrono servizi di autobus gratuiti tra i punti d'imbarco e la stazione ferroviaria, evitando ai passeggeri una lunga camminata. Gli autobus per gli Eastern Docks in partenza dall'autostazione di Pencester Rd sono poco frequenti. La corsa da un capo all'altro della città costa circa £1,50.

Taxi Le agenzie Central (☎ 240441) e Heritage (☎ 204420) offrono un servizio 24 ore su 24. Potete provare anche la Star Taxi chiamando il numero 228822. Una corsa di sola andata costa £8 circa fino a Deal, £12 fino a Sandwich.

ROMNEY MARSH E DINTORNI

Un tempo sommersa, Romney Marsh è una piatta e fertile pianura tuttora parzialmente situata sotto il livello del mare. Sembra un microcosmo, dove trova la sua collocazione ideale la ferrovia pubblica più piccola del mondo. Da Pasqua a settembre la **Romney, Hythe & Dymchurch Railway** (☎ 01797-362353) compie il percorso di 13 miglia e mezzo (22 km) da Hythe al faro di Dungeness ogni giorno, solo nel fine settimana a marzo e ottobre.

Hythe, che faceva parte della lega dei Cinque Ports, è una pacata stazione balneare con un attraente centro storico. La cripta della St Leonard's Church ospita una collezione assai macabra – 8000 femori e 2000 teschi, alcuni dei quali sono sistemati su scaffali come barattoli di marmellata in un supermercato. L'autobus n. 558/559 della Stagecoach East Kent (☎ 01424 440770) da Canterbury raggiunge Hythe con cinque corse al giorno dal lunedì al sabato (£4,20), l'autobus n. 711 della Stagecoach South Coast collega Dover con Eastbourne via Hythe, con partenza ogni ora (ogni due ore la domenica).

Dungeness è una lingua di terra bassa, coperta di ciottoli e dominata da una centrale nucleare e da un faro. Il paesaggio esercita uno strano fascino che trascende il senso di desolazione e catastrofe che il luogo comunica. Questa zona ospita la più numerosa colonia di uccelli marini dell'Inghilterra sud-orientale. La RSPB Nature Reserve (Royal Society for the Protection of Birds, Reale società per la protezione degli uccelli; ☎ 01797-320588) gestisce un Visitor centre, aperto tutti i giorni dalle 9 al tramonto.

Il Romney Marsh Countryside Project (☎ 01304-241806) organizza escursioni guidate a piedi e in bicicletta nella zona. Chiedete il loro opuscolo al centro visitatori della RSPB Nature Reserve a Dungeness.

GIARDINI DI SISSINGHURST CASTLE

Sissinghurst (☎ 01580-715330), di proprietà del National Trust (NT; v. **Organiz-**

zazioni utili in **Informazioni pratiche**), nei pressi della A262 tra Biddenden e Cranbrook, è un luogo incantevole. Nel 1930 Vita Sackville-West e il marito Harold Nicholson (entrambi membri del discusso circolo di Bloomsbury), scoperto un maniero abbandonato del periodo elisabettiano, decisero di creare una serie di superbi giardini dentro e intorno agli edifici rimasti. Il castello e i giardini sono circondati da un fossato e da ondulate colline coperte di boschi. L'insieme di tutti questi elementi conferisce al luogo un fascino irreale, squisitamente inglese. Chiunque dubiti della seducente bellezza dei paesaggi inglesi non è mai stato a Sissinghurst in primavera o in estate.

Sissinghurst si riempie di gente il sabato e la domenica, specialmente da maggio ad agosto quando è praticamente impossibile accedervi, si consiglia dunque di evitare i fine settimana estivi, se possibile. I giardini sono aperti dal 1° aprile al 15 ottobre, dalle 13 alle 18.30 dal martedì al venerdì, dalle 10 alle 17.30 il sabato e la domenica. L'ingresso costa £6,50/3.

È possibile alloggiare nella solida casa del sovrintendente che dista 100 m da Sissinghurst Castle. Tutte le stanze (e il bagno) offrono una vista magnifica sui famosi giardini e sulla campagna circostante. La *Sissinghurst Castle Farm* (☎ 01580-712885) è giustamente rinomata, con prezzi a partire da £26 per persona; £29 per persona in stanze con bagno. Si consiglia di prenotare.

Per/da Sissinghurst Castle

La stazione ferroviaria più vicina è quella di Staplehurst, sulla linea tra Tonbridge e Ashford. L'autobus n. 4/5 dell'Arriva Kent & Sussex (☎ 01634-281100) collega Maidstone con Hastings via Sissinghurst, con partenza ogni ora (servizio ridotto la domenica).

SEVENOAKS
Pop. 19.000 ☎ 01732
Benché di modesto interesse, questa piacevole cittadina ai margini nord-occiden-

tali del Kent, vanta una posizione ideale per chi volesse visitare le vicine attrattive (quali Chartwell, Hever Castle, Penshurst Place, Knole House e Ightham Mote) in automobile. Purtroppo chi si affida ai trasporti pubblici, avrà qualche difficoltà a spostarsi. Knole House può essere raggiunta con una breve passeggiata dalla città, ma l'unica località servita da autobus diretti da Sevenoaks è Chartwell. La situazione potrebbe cambiare, rivolgetevi quindi al TIC situato nell'edificio che ospita la biblioteca in Buckhurst Lane (☎ 450305, fax 461959, ✉ tic@sevenoaks town.co.uk).

Sevenoaks vanta alcuni legami con il mondo letterario e scientifico. Pare che H. G. Wells abbia scritto *The Time Machine* quando abitava al 23 di Eardly Rd, e due delle figlie di Charles Dickens sono sepolte nel cimitero della chiesa di St Nicholas.

Pernottamento e pasti

A Sevenoaks non mancano le sistemazioni. Il *Morley's Farm Camping Ground* (☎ 463309), sulla A225, 2 miglia e mezzo (4 km) a sud della città, è aperto da Pasqua a ottobre. Dalla stazione ferroviaria prendete Tonbridge Rd e percorretela fino alla grande rotatoria, quindi svoltate al bivio per 'Sevenoaks Weald'. Il campeggio si trova 100 m più avanti, sulla sinistra. L'autobus n. 402, con partenza ogni ora da Sevenoaks passa davanti al cancello. Costa £4 per persona con tenda.

Beechcombe (☎ 741643, ✉ anthonytait @hotmail.com, Vine Lodge Court, Holly Bush Lane) è una gradevole pensione familiare che offre stanze a £20/38, con colazione continentale. È previsto uno sconto di qualche sterlina per chi si ferma per almeno due notti.

Hornshaw House (☎ 465262, 47 Mount Harry Rd), gestita da Mr e Mrs Bates, si trova a 10 minuti di cammino dalla stazione. Le stanze doppie con vista sul giardino costano £45, compresa la prima colazione. In genere non è prevista una tariffa di occupazione singola delle stanze, ma vale la pena informarsi.

The Royal Oak Hotel (☎ 451109, fax 740187, Upper High St) ha un ristorante eccellente che pratica prezzi ragionevoli e serve squisitezze come porri al forno e torta di stilton (formaggio piccante, con venature bluastre) a £6,35, o petto di fagiano con ripieno di castagne a £13,35.

L'*Asia Cuisine Tandoori Restaurant* (☎ 453153, 107 London Rd) è un rinomato locale dove si spendono da £2 a £4 per i primi e da £4 a £7 per i piatti principali.

Bar 115 (115 London Rd, ☎ 740115) è un locale dimesso e rustico. Qui gli hamburger costano £4,95, i piatti a base di pasta £7,95 circa. La domenica sera è previsto un piatto del giorno a £5.

Troverete caffè e paninoteche dai prezzi più contenuti lungo High St, dove un pasto leggero vi costerà da £2 a £4.

Per/da Sevenoaks

Non ci sono autobus diretti tra Londra e Sevenoaks, quindi vi converrà prendere il treno. Dalla vicina Tonbridge, tuttavia, partono gli autobus n. 402 e 704 dell'Arriva Kent & West Sussex che raggiungono Sevenoaks in mezz'ora.

La stazione ferroviaria di Sevenoaks si trova in London Rd. Ogni ora dalla stazione di Charing Cross partono tre treni (£6,20; 35 minuti) che proseguono fino a Tunbridge Wells (£4; 20 minuti) e Hastings (£11,40; un'ora e 10 minuti).

KNOLE HOUSE

L'elegante Knole House (☎ 01732-450608; NT), un miglio e mezzo di cammino a sud di Sevenoaks, possiede la squisita sobrietà che contraddistingue l'architettura del periodo elisabettiano/giacobita. Risalente al 1456, è meno antica rispetto ai grandiosi manieri ricavati da fortezze medievali, ma presenta una maggiore uniformità stilistica.

Dall'inizio del XVII ha subito poche modifiche, e anche gli arredi si conservano pressoché intatti. Il merito va riconosciuto alla famiglia Sackville, proprietaria della casa fin dal 1566, che ha resistito alla tentazione di ricostruirla e ristrutturarla secondo i dettami della 'moda'.

Dopo tutto ci sono cose che non possono essere migliorate.

Ispirandosi alla storia di questa casa, dove nel 1892 nacque Vita Sackville-West, una delle creatrici di Sissinghurst, e della famiglia che la abitò, Virginia Woolf, amica di Vita, scrisse *Orlando*.

Data la vastità del palazzo, che ha 6 cortili, 52 scale e 365 stanze, si consiglia di acquistare l'eccellente guida. È aperta al pubblico il mercoledì, il venerdì, il sabato e la domenica dalle 11 alle 17, e il giovedì dalle 14 alle 17. L'ingresso costa £5/2 e l'ultima entrata è alle 16. Il parcheggio costa £2,50 (gratuito per i membri NT). Il parco è aperto tutto l'anno.

CHARTWELL

Chartwell (☎ 01732-866368), poco più a nord di Edenbridge, fu la casa di famiglia di Winston Churchill dal 1924 al 1965, anno della sua morte.

Piena di oggetti e di quadri appartenuti allo statista, la casa è aperta al pubblico da aprile a ottobre, dal mercoledì alla domenica dalle 11 alle 17. A luglio e agosto è aperta anche il martedì. L'ingresso costa £5,50/2,75.

Da metà maggio a metà settembre l'autobus Chartwell Explorer (☎ 0870 608 2608) effettua sei corse al giorno tra la stazione ferroviaria/autostazione di Sevenoaks e Chartwell nel fine settimana e nei giorni festivi, con servizi supplementari dal mercoledì al venerdì a luglio e agosto. Il viaggio dura 30 minuti, e il biglietto costa £3/1,50 e comprende una tazza di tè a Chartwell. Il biglietto combinato, che comprende il ritorno in treno da Sevenoaks a Londra, il tragitto in autobus a Chartwell e l'ingresso, costa £13/6,50; informatevi presso la stazione ferroviaria di Charing Cross.

HEVER CASTLE

L'idilliaco Hever Castle (☎ 01732-861702), vicino a Edenbridge, alcune miglia a ovest di Tonbridge, è la casa dove trascorse l'infanzia Anna Bolena, amante prima e poi moglie predestinata di Enrico VIII. Attraversare il cancello che dà accesso al cortile di Hever è un po' come trovarsi sul set di un film in costume. È un luogo veramente fiabesco e una delle principali attrattive della zona. Il castello, cinto da un fossato, fu costruito tra il XIII e il XV secolo e restaurato da William Waldorf, un diplomatico americano che lo acquistò nel 1903. Gli esterni sono rimasti immutati dal periodo Tudor, ma gli interni presentano splendidi pannelli di legno intagliato del periodo edoardiano. Tra gli oggetti appartenuti alla famiglia Astor figura il frammento di un rilievo proveniente dall'Arco di Claudio (costruito nel 51 d.C.), che Astor portò da Roma.

Intorno al castello si estende un parco, creazione degli Astor, che riunisce più giardini in stili diversi, tra cui quello italiano con sculture neoclassiche.

Di particolare interesse è l'ultima appassionata lettera che Anna Bolena scrisse al re prima di essere decapitata. I sotterranei della torre ospitano una macabra collezione di strumenti di tortura e per le esecuzioni capitali. Ci ha colpito soprattutto la sgorbia!

Il castello è aperto da marzo a novembre tutti i giorni dalle 11 alle 17. L'ingresso al castello e ai giardini costa £7,80/4,20; l'ingresso ai soli giardini £6,10/4. Dalla stazione di Victoria (Londra) partono tre treni per Hever (bisogna cambiare a Oxted), che dista un miglio dal castello (£7,10; 52 minuti). Oppure potete prendere il treno per Edenbridge, percorrendo in taxi le rimanenti 4 miglia (6 km). L'autobus n. 234 della Metrobus East Surrey (☎ 01342-893080) collega Edenbridge con Hever Brook Corner, che dista appena mezzo miglio dal castello. Questo autobus effettua soltanto 4 corse al giorno (due il sabato; nessuna corsa la domenica) e impiega 35 minuti (95p).

Potrebbe essere una bella idea raggiungere Hever in bicicletta, partendo da Edenbridge. Da High St, a Edenbridge, il percorso per Hever è segnalato da cartelli. Potete quindi proseguire per altre sei miglia (10 km) fino a raggiungere Penshurst Place e i giardini. Purtroppo non vi sono negozi che noleggiano biciclette a Edenbridge, quindi dovrete procurarvela altrove.

PENSHURST PLACE E GIARDINI

Penshurst Place (☎ 870307), la casa di famiglia del visconte De l'Isle, è circondata da giardini in stile Tudor. La sala più bella della casa è la splendida Barons' Hall, dove molti sovrani d'Inghilterra, tra cui Enrico VIII, intrattenevano i loro ospiti. Costruita nel 1341, questa sala medievale con il soffitto in legno di castagno alto 60 piedi si conserva in ottime condizioni.

Tranne che la State Dining Room, le altre stanze del castello furono aggiunte all'inizio del XV secolo e rimaneggiate fino al XIX. Gli arredi, provenienti da tutta l'Europa, risalgono al periodo compreso tra il XVI e il XVIII secolo. All'ingresso di ogni stanza c'è un foglio informativo che ne descrive le caratteristiche principali.

Il castello è aperto ogni giorno dalle 12 alle 17 (i giardini sono aperti dalle 10.30 alle 18), da aprile a ottobre; nel mese di marzo è aperto solo il sabato e la domenica. L'ingresso costa £6/4. Si trova nel villaggio omonimo, sulla B2176. La domenica e i lunedì festivi c'è un autobus per Penshurst da Edenbridge (a 10 miglia di distanza), che potrete raggiungere in treno dalla stazione di Victoria. Gli autobus n. 231, 232 e 233 della Metrobus East Surrey che collegano Edenbridge con Tunbridge Wells, con partenza ogni ora, passano per Penshurst (£2,75; 25 minuti). Se vi sentite in forma, potete percorrere in bicicletta le 10

miglia (16 km) fino a Penshurst. Il TIC di Edenbridge (☎ 01732-868110), in Station Rd, distribuisce una carta stradale, ma non vi sono negozi che noleggiano biciclette a Edenbridge.

IGHTHAM MOTE

Per sei secoli e mezzo Ightham è sopravvissuto a guerre, all'inclemenza del tempo e a cambi di proprietari, assistendo al succedersi delle generazioni. Fatto davvero notevole se consideriamo che non si tratta di un palazzo nobiliare pieno di inestimabili tesori, bensì di un piccolo maniero cinto da un fossato. Le parti più antiche risalgono al 1340 circa, ma per il resto l'edificio presenta un guazzabuglio di elementi architettonici, difficilmente riconducibili al periodo cui si riferiscono senza l'aiuto di una guida. Alcune modifiche e aggiunte sembrano azzardate, ma nel complesso la scelta dei materiali (legno, pietra, argilla), le dimensioni dell'edificio e la cornice del fossato pieno d'acqua creano un insieme armonico.

Ightham Mote (☎ 01732-811145; NT) si trova 6 miglia (10 km) a est di Sevenoaks, nei pressi della A25, 2 miglia e mezzo a sud di Ightham, lungo una deviazione della A227. Un autobus collega Sevenoaks a Ivy Hatch, che dista 1 miglio da Ightham Mote, con sei corse giornaliere. Il maniero è aperto da aprile a ottobre, dalle 11 alle 17.30 tutti i giorni tranne il martedì e il sabato. L'ingresso costa £5/2.

LEEDS CASTLE

Il Leeds Castle (☎ 01622-765400), immediatamente a est di Maidstone, è uno dei castelli più famosi – e più visitati – del mondo.

Passeggiate nella tenuta di Penshurst Place

Sono diverse le passeggiate ad anello che potete effettuare nella vasta tenuta di Penshurst Place, nel Kent. Gli itinerari, che si snodano attraverso parchi, giardini e lungo il fiume, variano in lunghezza da 2 a 4 miglia (da 3 a 6 km) e richiedono fino a due ore. Potete prendere l'opuscolo che descrive queste passeggiate presso la biglietteria di Penshurst. Lungo il percorso troverete cartelli che indicano la direzione da seguire. Per ulteriori informazioni al riguardo contattate Penshurst Place chiamando il numero ☎ 01892-870307.

Sorge su due isolotti al centro di un lago circondato da una vasta tenuta con boschi, un aviario e una grotta alquanto bizzarra alla quale si accede solo dopo aver superato un labirinto di siepi.

Costruito nel IX secolo, l'edificio in origine era una fortezza che Enrico VIII trasformò in un palazzo. Appartenne a privati fino al 1974, anno della morte di Lady Baillie, ultima proprietaria del castello. Quadri, mobili e gli altri arredi del castello risalgono agli ultimi otto secoli.

Una fondazione privata gestisce oggi la proprietà e, poiché uno dei requisiti impone che il castello serva per altri scopi oltre a quello di richiamo turistico, alcune stanze vengono usate per conferenze e altri eventi. Questo crea qualche problema al visitatore, perché alcune delle stanze sono regolarmente chiuse al pubblico. Per assicurarvi di poter visitare tutte le sale senza sprecare i soldi del biglietto, telefonate prima. Un altro problema è costituito dai numerosi visitatori – famigliole il sabato e la domenica, scolaresche durante la settimana.

Leeds Castle è aperto tutti i giorni, dalle 10 alle 17 da marzo a ottobre, dalle 10 alle 15 da novembre a febbraio. Il biglietto d'ingresso è costoso: £9,50/6. La National Express (☎ 0870 580 8080) ha un autobus diretto giornaliero che parte dalla Victoria Coach Station (Londra) alle 9 e ritorna alle 15,50 (un'ora e 15 minuti). È necessario prenotare; il biglietto, che comprende l'ingresso al castello e la corsa in autobus costa £12,50/9,50. La Greenline Buses (☎ 0870 608 7266) offre lo stesso servizio a £13/7 (con partenza da Victoria alle 9.35 e ritorno alle 16).

East Sussex

La contea dell'East Sussex offre stupendi paesaggi rurali lungo la dorsale delle South Downs e alcune splendide zone costiere. Benché turistiche, le cittadine di Rye e Battle esercitano un certo fascino. Lewes è interessante dal punto di vista storico, ma non sembra richiamare molti turisti. Eastbourne e Brighton sono tra le più interessanti città costiere d'Inghilterra; grazie a una straordinaria combinazione di eleganza pura e decadenza, Brighton è una città unica nel suo genere.

RYE
Pop. 5400 ☎ 01797
Rye, cittadina medievale che faceva parte dei Cinque Ports, racchiude in sé tutto il fascino del tipico villaggio inglese. Disperatamente suggestiva, vanta edifici in legno e muratura, tortuose viuzze lastricate con ciottoli, centinaia di vasi di fiori e diversi circoli letterari. Gli edifici, un misto di stile Tudor e georgiano, si susseguono comodamente appoggiati l'uno all'altro.

A detta di molti Rye è la più bella città della Gran Bretagna, e di conseguenza è piena di turisti. Se volete visitarla – e dovreste – cercate di evitare i fine settimana estivi.

Orientamento e informazioni
Rye è una cittadina di piccole dimensioni, dove potrete tranquillamente spostarvi a piedi. Il fiume Tillingham attraversa l'angolo sud-occidentale della città. Il Rye Heritage Centre e il TIC (☎ 226696, fax 223460, ✉ ryetic@rother.gov.uk) si trovano lungo Strand Quay. Il TIC è aperto ogni giorno, dalle 9 alle 17.30 da giugno ad agosto, dalle 10 alle 16 nel resto dell'anno. Il *Rye Town Walk* illustra nei particolari la storia degli edifici cittadini e costa £1. C'è anche una visita audioguidata che costa £2/1. Per informazioni sulle visite guidate a piedi, telefonate al numero ☎ 01424-882343.

L'ufficio postale principale si trova in Cinque Ports St, ma il centro delle attività è High St, dove troverete qualche bancomat e alcune librerie.

Ogni anno, ad agosto, la città rende omaggio al suo retaggio medievale con una manifestazione di due giorni; a settembre si svolge il Festival of Music and the Arts che dura due settimane.

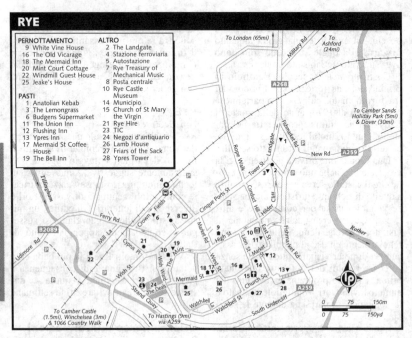

RYE

PERNOTTAMENTO
- 9 White Vine House
- 16 The Old Vicarage
- 18 The Mermaid Inn
- 20 Mint Court Cottage
- 22 Windmill Guest House
- 25 Jeake's House

PASTI
- 1 Anatolian Kebab
- 3 The Lemongrass
- 6 Budgens Supermarket
- 11 The Union Inn
- 12 Flushing Inn
- 13 Ypres Inn
- 17 Mermaid St Coffee House
- 19 The Bell Inn

ALTRO
- 2 The Landgate
- 4 Stazione ferroviaria
- 5 Autostazione
- 7 Rye Treasury of Mechanical Music
- 8 Posta centrale
- 10 Rye Castle Museum
- 14 Municipio
- 15 Church of St Mary the Virgin
- 21 Rye Hire
- 23 TIC
- 24 Negozi d'antiquario
- 26 Lamb House
- 27 Friars of the Sack
- 28 Ypres Tower

Che cosa vedere e fare

Potete iniziare il giro della città con il **Rye Town Model Sound & Light Show**, presso il TIC, uno spettacolo di suoni e luci molto teatrale che in mezz'ora introduce il visitatore alla storia della città (aperto tutti i giorni). L'ingresso costa £2/1.

Dietro l'angolo, lungo Strand Quay, ci sono diversi **negozi d'antiquariato** che vendono cianfrusaglie di ogni sorta. Percorrete **Mermaid St**, lastricata con ciottoli e una delle vie più famose d'Inghilterra, su cui affacciano case con le cornici in legno del XV secolo. Il Mermaid Inn era un noto covo di contrabbandieri e il pub dove nel XVIII secolo si riuniva a festeggiare i suoi successi la Hawkhurst Gang, una delle bande più temute del paese.

Svoltate a destra all'incrocio a T per raggiungere la **Lamb House** (☎ 224982; NT), West St, edificio in stile georgiano costruito in gran parte nel 1722. Fu la di-

mora dello scrittore americano Henry James dal 1898 al 1916 (alcuni dei suoi effetti personali sono esposti) e di E.F. Benson, autore della serie Mapp & Lucia, dal 1919 al 1940. È aperta da aprile a ottobre, dal martedì al sabato dalle 14 alle 18. L'ingresso costa £2,50/1,25

Proseguite lungo la via che curva a angolo acuto fino a raggiungere Church Square, una piazza circondata da diversi interessanti edifici, tra cui **Friars of the Sack**, situato sul lato meridionale al n. 40. Oggi residenza privata, nel XIII secolo faceva parte di un convento di frati agostiniani. La **Church of St Mary the Virgin** (chiesa di Santa Maria Vergine) sorge nel punto più alto di Rye e presenta diversi stili architettonici. La chiesa risale al XII secolo, ma venne ricostruita nel XV secolo. La torretta contiene il più antico orologio d'Inghilterra (1561) che funziona ancora con il meccanismo originale. I due

putti dorati battono soltanto i quarti d'ora
e perciò sono detti Quarter Boys. Dalla
torre della chiesa si aprono splendide vedute.

Girando a destra all'angolo est della
piazza incontrerete la **Ypres Tower**, che fa
parte della cittadella del XIII secolo e fortunatamente scampata agli attacchi francesi. Oggi ospita una parte del **Rye Castle
Museum** (☎ 226728). La sede centrale si
trova al 3 di East St. Da Pasqua a ottobre
è aperto dalle 10.30 alle 17.30 tutti i giorni, da novembre a marzo soltanto il sabato
e la domenica fino alle 16.30. L'ingresso
alla sola Ypres Tower costa £2/75p; per
visitare entrambi si spendono £3/1.

Il **Rye Treasury of Mechanical Music**
(☎ 223345) si trova al 20 di Cinque Ports
St. Ogni giorno, dalle 10 alle 17, il proprietario, uomo pieno di entusiasmo, offre
interessanti dimostrazioni sul funzionamento di fonografi, pianole e altri strumenti musicali. L'ingresso costa £3/1,25.

Ai margini nord-orientali della città
trovate **Landgate**. Costruita nel 1329 per
fortificare la città, è l'unica rimasta delle
quattro porte del XIV secolo.

Pernottamento

Come prevedibile, ci sono decine di sistemazioni a Rye. Nella maggior parte dei
casi i prezzi sono elevati, ma Rye è il
classico posto dove vale la pena di spendere qualcosa in più per soggiornare in un
albergo speciale.

Il *Camber Sands Holiday Park*
(☎ 225555) si estende lungo un tratto di
spiaggia frastagliato e meravigliosamente
isolato, 5 miglia mezzo (9 km) a sud di
Rye. È aperto da marzo a ottobre; le tariffe variano di settimana in settimana, quindi è meglio telefonare per verificare quelle correnti.

The Mermaid Inn (☎ 223065, fax
225069, Mermaid St) esiste fin dal 1420.
Visitato dalla famiglia reale e orgoglioso
del fantasma che vi risiede, questo albergo chiede £68 per persona per alloggio e
prima colazione.

La *White Vine House* (☎ 224748, fax
223599), in High St, è un'altra sistema-

1066 Country Walk

Questo sentiero di campagna collega Rye
con Pevensey e attraversa per 31 miglia
(50 km) la campagna dell'East Sussex prima di congiungersi alla South Downs Way.
Rye dista 3 miglia (5 km) dal villaggio di
Winchelsea, bello quasi quanto Rye, ma
senza i turisti. Il sentiero offre la possibilità
di raggiungere Battle (15 miglia o 24 km)
in modo piacevole. Ci sono inoltre collegamenti per Hastings (a circa 15 miglia da
Rye). Un'altra bella escursione da Rye è
quella che porta al Camber Castle (un miglio e mezzo).

I TIC di Rye, Battle, Hastings e Pevensey
distribuiscono gratuitamente un opuscolo
che descrive l'itinerario del 1066 Country
Walk e riporta l'elenco delle sistemazioni
che si trovano lungo il percorso.

INGHILTERRA SUD-ORIENTALE

zione di lusso. Questo edificio in stile Tudor, costruito nel 1560, è arredato con gusto, senza quei fronzoli solitamente associati ai B&B. Il servizio è impeccabile e i
prezzi delle stanze partono da £40/70 e arrivano fino a £130 per la stanza a cinque
letti.

The Old Vicarage (☎ 222119, fax
227466, 66 Church Square), situato accanto a St Mary's Church, è molto caratteristico e ha un delizioso giardino. Le
stanze doppie costano £64, quelle a tre e
quattro letti £22 per persona.

Jeake's House (☎ 222828, fax 222623,
@ jeakeshouse@btinternet.com), all'angolo tra Mermaid St e Wish Ward, è un
vecchio albergo ricco di atmosfera con
molti fronzoli e drappeggi. Le stanze con
bagno in comune costano £26,50/51,
quelle con bagno privato £53/66. Durante
il fine settimana accetta soltanto clienti
che si fermano almeno due notti.

La *Windmill Guest House* (☎ 224027,
Mill Lane), nei pressi di Ferry Rd, è uno
dei posti più economici. Le stanze si trovano nella dépendance presso il mulino a
vento. Una doppia con bagno costa circa
£22 per persona. Il *Mint Court Cottage*

(☎ *227780, The Mint)*, dietro il Bell Inn, ha un solaio riadattato e un salotto privato al piano terra; costa £25 per persona, £23 da novembre a marzo.

Pasti

Per essere una cittadina di piccole dimensioni Rye offre un numero sorprendente di ristoranti. Chi cucina i propri pasti, troverà un supermercato *Budgens* vicino alla stazione ferroviaria.

La *Mermaid St Coffee House* (☎ *224858)*, all'angolo tra Mermaid St e West St, offre un genuino smorgasbord con caffè e spuntini. Per un dolce e un caffè si spendono £2,90.

Il *Tudor Room Bar & Bistro* (☎ *223065, Mermaid St)* del Mermaid Inn (v. **Pernottamento**), è un minuscolo pub in legno e muratura dai bassi soffitti, con una terrazza all'aperto. Le baguette costano circa £5, oppure potete ordinare qualcosa di più sostanzioso, per esempio tortino di pesce locale con formaggio affumicato a £7,50. *The Union Inn* (☎ *222334, East St)* propone alcuni piatti interessanti – qualcuno vuole assaggiare il pasticcio di scoiattolo a £9,95?

The Bell Inn (☎ *222232)*, The Mint, e l'*Ypres Inn* (☎ *227460, Gungarden)*, dietro la Ypres Tower, hanno belle aree all'aperto; un pasto leggero parte da £3,50.

Anatolian Kebab (☎ *226868, Landgate)* oltre a offrire kebab vende anche pizze da asporto. Un enorme kebab costa £2,90, le pizze £5 circa.

The Lemongrass (☎ *222327, 1 Tower St)* è l'unico ristorante thailandese in città con piatti al curry a £6,50.

Il *Flushing Inn* (☎ *223292, 4 Market St)*, nella fascia di prezzi più alta, offre un '1066 Maritime Menu' e vini locali. I piatti principali costano da £8,80 a £13,50.

Per/da Rye

L'autobus n. 711 della Stagecoach Coastline (☎ 01903-237661) collega ogni ora Dover con Brighton, via Hythe, le paludi di Romney, Rye, Hastings ed Eastbourne. L'autobus n. 710 da Brighton raggiunge Rye via Eastbourne e Hastings, quindi prosegue fino a Camber. L'autobus n. 344/345 della compagnia locale Rider collega Rye con Hastings, mentre l'autobus n. 44 della Rambler Coaches effettua una corsa ogni due ore (non nel fine settimana) tra Hastings e Rye, impiegando 50 minuti.

Rye può essere raggiunta dalla stazione di Charing Cross via Ashford (£7,60; un'ora e 45 minuti). Da Ashford vi sono treni ogni ora dal lunedì al sabato, cinque servizi la domenica. Il treno prosegue fino a Hastings (£3,20; 21 minuti).

Trasporti urbani

Per i taxi provate la Rye Motors Taxis (☎ 223176) o la Rother (☎ 224554). Oppure, potete noleggiare una bicicletta (a partire da £9) presso il Rye Hire (☎ 223033), Cyprus Place. Il TIC offre una cartina che riporta i percorsi ciclabili nell'East Sussex.

HASTINGS

Pop. 80.820 ☎ 01424

Nonostante il malandato lungomare, dove si susseguono pacchiani luna-park e guesthouse, il triste molo ormai chiuso e il grigio e deprimente nuovo centro cittadino, Hastings attira ancora ogni anno 3 milioni e mezzo di vacanzieri. In tutta sincerità, la città vecchia ha un certo fascino (seppure un po' decadente) con i suoi edifici in legno e muratura e i negozi di antiquariato, e la vita notturna qui è sicuramente più vivace che a Eastbourne, più avanti lungo la costa. A nostro avviso, tuttavia, l'unico elemento degno di nota sono le rovine di un castello eretto per volere di Guglielmo I. La città si trova lungo la costa tra Eastbourne e Dover ed è ben servita da treni e autobus, dunque si rivela una buona base per visitare le vicine Rye, Battle e Pevensey.

Il TIC (☎ 781111, fax 781133, ✉ hic_info@hastings.gov.uk), accanto al municipio in Priory Meadow, è aperto ogni giorno dalle 9.30 alle 17 (dalle 10 la domenica). Ha anche una filiale sul lungomare, vicino alla Stade.

Pernottamento e pasti

I B&B più economici si trovano lungo Cambridge Gardens.

Consigliamo *The Apollo* (☎ *444394, 25 Cambridge Gardens)* dove le stanze costano £15 per persona, prezzo che sale a £20 da giugno ad agosto. Il *Senlac B&B* (☎ *430080,* ✉ *senlac@1066-country.com, 47 Cambridge Gardens)* è un altro posto che merita sicuramente di essere preso in considerazione e chiede £16 per persona, £18 per le stanze con bagno.

Il *Jenny Lind Hotel* (☎ *421392, 69 High St)*, nella città vecchia, offre stanze doppie con bagno a £30/45, compresa la prima colazione.

I frutti di mare freschi costituiscono la scelta più appropriata, e vi sono numerosi locali che offrono fish and chips, in particolare nella città vecchia. *Gannets* (☎ *439678, 45 High St)* è aperto per la prima colazione, il pranzo e il tè del pomeriggio. Un pranzo a base di carne arrosto costa £5,25, un piatto di spaghetti al ragù con insalata £5,50, i pudding da £1,75 a £2,50.

Per/da Hastings

L'autobus n. 711 della Stagecoach South Coast effettua una corsa ogni ora (con minore frequenza la domenica) tra Dover e Brighton via Hastings ed Eastbourne (£4,50 da Dover).

L'autobus n. 710 collega Brighton con Hastings via Eastbourne, con partenza ogni ora, ma non prosegue fino a Dover. La maggior parte degli autobus utilizza la fermata in Queens Rd.

Ci sono regolari servizi ferroviari per/dalla stazione di Charing Cross (£17,20 per andata e ritorno; un'ora e mezzo) via Battle, e per/da Ashford via Rye.

Ogni 15 minuti partono treni che si dirigono a ovest lungo la costa del Sussex collegando Hastings con Portsmouth (£20; due ore e mezzo) via Brighton (£8,60; un'ora).

La stazione ferroviaria si trova circa 350 m a ovest del TIC, nei pressi di Cornwallis Terrace.

BATTLE

Pop. 5732 ☎ 01424

Battle, 6 miglia (10 km) a nord di Hastings, fu costruita intorno al campo di battaglia dove nel 1066 il duca Guglielmo di Normandia sconfisse Aroldo II durante l'ultima vittoriosa invasione della Gran Bretagna.

Il punto forte di ogni visita è la passeggiata di un miglio e mezzo lungo l'antico campo di battaglia.

Orientamento e informazioni

La stazione ferroviaria si trova a pochi minuti di cammino da High St ed è ben segnalata. Il TIC (☎ 773721, fax 773436), in High St, è aperto ogni giorno dalle 10 alle 18, fino alle 16 in inverno. Anche le banche e l'ufficio postale si trovano in High St.

La battaglia di Hastings

L'esercito di Aroldo giunse per primo sul luogo della battaglia di Hastings e occupò una forte posizione difensiva. Vi erano circa 7000 unità tra fanti e arcieri, che ne facevano uno degli eserciti più formidabili dell'epoca.

Saputo dell'arrivo di Aroldo, Guglielmo marciò verso nord da Hastings e occupò una posizione circa 400 m a sud di quella inglese. Anche il suo esercito contava 7000 uomini, ma con 2000-3000 cavalleggeri.

Dopo aver sferrato diversi attacchi contro il muro di difesa inglese, peraltro falliti, i cavalieri di Guglielmo simularono la ritirata attirando dietro di sé molti soldati inglesi. Manovra che si sarebbe rivelata disastrosa per gli Inglesi, poiché il varco apertosi nel muro di soldati li rese vulnerabili. Re Aroldo fu tra i soldati che persero la vita sul campo di battaglia. Aroldo fu falciato dai cavalieri normanni mentre cercava di togliersi la freccia che gli aveva trapassato l'occhio. Alla notizia della sua morte crollò anche l'ultima resistenza inglese.

Campo di battaglia e Battle Abbey

L'itinerario guidato nel campo di battaglia vi regalerà alcune ore piacevoli. La visita audioguidata descrive nei particolari la famosa battaglia, offrendo al visitatore la possibilità di ripercorrere gli eventi sanguinosi che si svolsero quasi mille anni fa (v. la lettura La battaglia di Hastings).

La costruzione dell'abbazia iniziò nel 1070. L'edificio fu occupato dai monaci benedettini fino al 1539, anno in cui vennero soppressi i monasteri. Dell'antica abbazia restano soltanto le fondamenta della chiesa, dove una targa indica il punto in cui sorgeva l'altare, e alcuni edifici monastici che conferiscono al luogo un fascino molto particolare.

Battle Abbey e il campo di battaglia (☎ 773792; EH) sono aperti ogni giorno dalle 10 alle 18; dalle 10 alle 16 da novembre a marzo. L'ingresso costa £4/2, prezzo che comprende una visita audioguidata di un'ora e mezzo.

Pernottamento e pasti

Non sono molti gli alberghi economici facilmente raggiungibili a piedi dal centro, quindi potrebbe risultare più comodo soggiornare a Hastings.

Il *Clematis Cottage* (☎ 774261, 3 High St) si trova proprio di fronte all'ingresso dell'abbazia e offre singole/doppie a £35/45 o £40/50 con bagno.

L'*Abbey View* (☎ 775513, Caldbec Hill, Mount St) si trova a cinque minuti di cammino da High St, ma è uno dei posti più economici e offre incantevoli vedute della campagna circostante. Da maggio a ottobre le stanze costano £30 per persona, nel resto dell'anno £25.

The King's Head (☎ 772317), un piccolo e intimo locale dove concedersi una birra in tutta tranquillità all'angolo tra Mount St e High St, sostiene di essere il più antico pub di Battle.

Il *Pilgrim's Rest* (☎ 772314, 1 High St) è un ristorante di tipo casalingo situato di fronte all'abbazia che serve sostanziosi pasti inglesi al prezzo di circa £5.

Per/da Battle

Da Battle si possono raggiungere Pevensey (£2,10; 45 minuti) e Bodiam (£1,30; 20 minuti) con l'autobus n. 19 della Eastbourne Bus (☎ 01323-416416) che dal lunedì al sabato effettua sei corse al giorno. L'autobus n. 4/5 della Rider (☎ 01273-482006) raggiunge Hastings (£2,15; 30 minuti), con partenza a intervalli di un'ora dal lunedì al sabato e quattro corse la domenica. La linea tra Londra e Hastings (067) della National Express (☎ 0870 580 8080) attraversa Battle.

Battle si trova sulla principale linea ferroviaria tra la stazione di Charing Cross (Londra) e Hastings. I treni partono a intervalli di 30 minuti dal lunedì al sabato, ogni ora la domenica. Il biglietto di andata e ritorno per la giornata costa £15,40, il viaggio dura un'ora e mezzo. Da Hastings la tariffa è di £2,30 e il viaggio dura 15 minuti.

PEVENSEY CASTLE

Prima roccaforte di Guglielmo il Conquistatore, Pevensey Castle si trova 12 miglia (19 km) a ovest di Hastings, nelle immediate vicinanze della A259 per Eastbourne. Il castello normanno sorge nel luogo dove si trovava un forte romano eretto tra il 280 e il 340 d.C., all'interno delle mura difensive. Nel 1066 vi approdò Guglielmo che occupò il forte abbandonato per 17 giorni prima della sua vittoria a Hastings. All'epoca il castello si trovava molto più vicino al mare. Il castello è ormai quasi completamente in rovina, ma osservando le parti rimaste si riesce a capirne lo schema. È aperto dal mercoledì alla domenica dalle 10 alle 18 da aprile a settembre, dalle 11 alle 16 da novembre a marzo. L'ingresso costa £2,50/1,30.

The Mint House, proprio di fronte al castello, risale al 1342 e ospita una delle più vaste e bizzarre collezioni di oggetti e pezzi antichi che abbiate mai visto. L'atmosfera è decisamente stravagante e l'ingresso costa £1/50p.

I treni che collegano regolarmente Londra con Hastings via Eastbourne fermano a Westham, che dista mezzo miglio da

Pevensey. L'autobus n. 18 per Eastbourne ferma a Westham, i n. 7 e 19 fermano a Pevensey.

BODIAM CASTLE

Cinto da un fossato, il Bodiam Castle (☎ 01580-830436; NT) è forse il castello più pittoresco del paese. Fu costruito a scopo difensivo verso la fine del XIV secolo per volere di Sir Edward Dalyngrigge dopo che i Francesi avevano sottratto agli Inglesi il controllo sulla Manica nel 1372. Per ironia della sorte, lo stile è quello di una fortezza gotica francese, con torri rotonde a ogni angolo. Purtroppo non c'è molto da vedere – all'interno vi sono principalmente rovine che non meritano la spesa di £3,60/1,80 per il biglietto d'ingresso. Dagli spalti merlati, tuttavia, si aprono alcune splendide vedute. Il piccolo museo è gratuito e ospita alcuni utensili in ceramica e in ferro risalenti al periodo compreso tra il XV e il XVIII secolo.

Da febbraio a ottobre il castello è aperto ogni giorno dalle 10 alle 18, da novembre a febbraio è aperto solo il sabato e la domenica fino alle 16. Tre volte al giorno fermano davanti al castello l'autobus n. 326 della Ryder proveniente da Hastings e l'autobus n. 19 per Eastbourne proveniente da Battle; il sabato e la domenica ci sono soltanto due corse. L'autobus n. 349 della Stagecoach South Coast collega Hastings a Bodiam, con cinque corse al giorno dal lunedì al sabato. Il treno a vapore della Kent and East Sussex (☎ 01580 765155) parte da Tenterden, nel Kent, e attraversa uno splendido tratto di campagna 10 miglia e mezzo (17 km) fino a raggiungere il villaggio di Bodiam, dal quale un autobus vi porterà al castello. A luglio e agosto è in servizio ogni giorno, ma solo nel fine settimana e durante le vacanze scolastiche nel resto dell'anno.

EASTBOURNE

Pop. 81.395 ☎ 01323

Accogliente e un po' eccentrica, Eastbourne costituisce una piacevole alternativa alle più pacchiane stazioni balneari del Sussex. Sebbene negli ultimi anni si sia guadagnata la reputazione di località di villeggiatura prediletta dagli ottantenni, conserva un'atmosfera giovane, con ritrovi studenteschi, bar e svaghi per bambini. Le spiagge sono pulite e la città è punteggiata di parchi e giardini. Numerosi gli alberghi e i B&B, che però dovrete prenotare con largo anticipo perché tendono a riempirsi di folti gruppi di vacanzieri.

Orientamento

Il centro cittadino si trova immediatamente a nord-ovest del molo. La città vecchia (della quale rimane ben poco oltre a qualche interessante vecchio edificio e a un paio di negozi d'antiquario) è situata circa un miglio a nord-ovest della città nuova. A ovest, le imponenti scogliere di gesso guidano il visitatore verso Beachy Head, un promontorio a sole 3 miglia (5 km) di cammino.

Informazioni

Il TIC (☎ 411400, fax 649574, @ eastbourne@btclick.com), situato in Cornfield Rd, distribuisce gratuitamente alcuni opuscoli sulla città. Il distributore automatico situato all'esterno dell'ufficio fornisce una pianta tridimensionale della città al prezzo di £1.

In Terminus Rd trovate un ufficio della Thomas Cook e una filiale della Barclays Bank. La posta centrale si trova in Langney Rd, dietro l'angolo rispetto all'Arndale Centre. L'accesso a internet è offerto dal Wired Cafe (☎ 646436), 2d Pevensey Rd, al prezzo di 7p per minuto, con una tariffa minima di £1.

La Rainbows Laundrette si trova al 47 di Seaside Rd e ci sono dei gabinetti pubblici sul lungomare accanto al Wishtower Puppet Museum.

Che cosa vedere e fare

Il molo di Eastbourne ospita una sala giochi, negozi di souvenir, un bar, una discoteca e molti escrementi di uccelli, ma è un bel posto per guardare il sole che tramonta sull'acqua. Inoltre all'estremità del molo potete affittare una canna da pesca a £2. L'**Eastbourne Heritage Centre** (☎ 411 189), in Carlisle Rd, a ovest del centro, analizza lo sviluppo della città dal 1800 ai giorni nostri. È aperto ogni giorno dalle 14 alle 17, da maggio a settembre; nel resto dell'anno apre solo nei fine settimana seguiti da un lunedì festivo. L'ingresso costa £1/50p.

Il **Wishtower Puppet Museum** (☎ 417 776), in King Edward's Parade, può essere un ottimo posto dove portare i bambini. Ospita una collezione di burattini provenienti da tutto il mondo, tra cui Punch e Judy (personaggi dei burattini inglesi). È aperto da Pasqua a novembre ogni giorno dalle 10.30 alle 17. L'ingresso costa £1,80/1,25.

The **Museum of Shops** (☎ 737143), 20 Cornfield Terrace, ospita una vasta collezione di cimeli dell'età vittoriana e dell'inizio del XX secolo – oggetti antichi, libri, giocattoli e altro ancora – ma il biglietto d'ingresso è caro a £3/2. È aperto ogni giorno dalle 10 alle 17.30, ma talvolta chiude prima in inverno.

Il **Towner Art Gallery & Local History Museum** (☎ 411688), immerso negli splendidi **Manor Gardens**, dista un miglio dal centro. Vanta una meravigliosa collezione di arte britannica del XX secolo e ospita mostre temporanee. È aperto dalle 12 alle 17, dal martedì al sabato, e dalle 14 alle 17 la domenica e nei festività legali (da novembre a marzo chiude alle 16). L'ingresso è libero, ma per le mostre speciali bisogna acquistare il biglietto.

Pernottamento

È difficile trovare una sistemazione a Eastbourne senza prenotazione.

Il *Lindau Lodge* (☎ 640792, 71 Royal Parade), si trova a cinque minuti di cammino dal centro ed è l'albergo migliore della zona. L'alloggio con prima colazione costa £19 per persona, il pasto serale di tre portate £8.

Il *Royal Hotel* (☎ 724027, 8-9 Marine Parade) si trova sul lungomare a pochi passi dal molo. Se il denaro è la vostra preoccupazione maggiore, non troverete nulla di meglio. Le stanze, un po' buie ma con vista sul mare, costano solo £15 per persona, prima colazione inclusa.

The Belle Vue Hotel (☎ 649544, 2-4 Grand Parade) è un albergo accogliente situato in un bell'edificio antico. È vicinissimo al molo e offre stanze a £25 per persona (£19,95 da novembre a marzo). Nei fine settimana di luglio e agosto talvolta le tariffe sono più elevate.

Trovate diversi deliziosi B&B e alberghi immediatamente a ovest del centro. L'*Arundel Private Hotel* (☎ 639481, fax 431683, 43-47 Carlisle Rd) chiede £25 per persona per le sue enormi stanze, tariffa molto ragionevole. È un albergo luminoso e arioso, con uno splendido bar.

The Ellesmere Hotel (☎ 731463, 11 Wilmington Square) è un posto accogliente situato in un bel quartiere della città. Le stanze, spaziose e confortevoli, costano £20 per persona, £23 da giugno ad agosto.

Pasti

In centro si trovano moltissimi ristoranti interessanti, ma nel resto della città la scelta è assai limitata se si escludono gli anonimi ristoranti degli alberghi.

The Townhouse (☎ 734900, 6 Bolton Rd), un bar ristorante con terrazza all'aperto, è frequentato principalmente da studenti e giovani sotto i 25 anni. L'aragosta fritta con limone e aglio costa £6,95. L'*Oartons Restaurant* (☎ 731053, 4 Bolton Rd) è un raffinato ristorante francese con menu turistici di due e tre portate che costano rispettivamente £13,95 e £15,95.

The Lamb (☎ 729545), all'angolo tra High St e Ocklynge Rd, nella città vecchia, è un pub in legno e muratura che serve tradizionali pasti da bar, quali il ploughman's lunch (spuntino del contadino) a £4,95 e specialità più recenti a £7,50 circa. Il *Cafe Aroma* (☎ 640263, 54 Crown St) si trova nella città vecchia e serve cream tea a £2,10 e spuntini a partire da £2,40.

Divertimenti

Il **Curzon Cinema** (☎ 731441), in Langney Rd, propone le ultime novità cine-

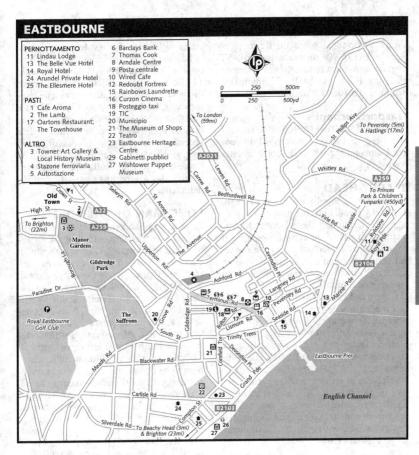

EASTBOURNE

PERNOTTAMENTO
11 Lindau Lodge
13 The Belle Vue Hotel
14 Royal Hotel
24 Arundel Private Hotel
25 The Ellesmere Hotel

PASTI
1 Cafe Aroma
2 The Lamb
17 Oartons Restaurant;
   The Townhouse

ALTRO
3 Towner Art Gallery &
   Local History Museum
4 Stazone ferroviaria
5 Autostazione

6 Barclays Bank
7 Thomas Cook
8 Arndale Centre
9 Posta centrale
10 Wired Cafe
12 Redoubt Fortress
15 Rainbows Laundrette
16 Curzon Cinema
18 Posteggio taxi
19 TIC
20 Municipio
21 The Museum of Shops
22 Teatro
23 Eastbourne Heritage
   Centre
29 Gabinetti pubblici
27 Wishtower Puppet
   Museum

INGHILTERRA SUD-ORIENTALE

---

matografiche. A Eastbourne vi sono anche diversi teatri – il **Congress Theatre** è in Carlisle Rd, immediatamente a ovest del centro, il **Devonshire Park Theatre** e il **Winter Garden** si trovano in Compton St. Per informazioni sugli spettacoli in programma chiamate il numero ☎ 412000.

Per/da Eastbourne

Eastbourne dista 75 miglia (121 km) da Londra, quindi è troppo lontana per una gita in giornata. Dista 23 miglia (37 km) da Brighton.

Autobus Gli autobus fermano lungo il tratto pedonale di Terminus Rd. La National Express (☎ 0870 580 8080) offre due corse giornaliere per Eastbourne, con partenza dalla stazione di Victoria (£8; 2 ore e mezzo).

L'autobus n. 711 della Stagecoach Coastline (☎ 01903-237661) collega Dover con Brighton, via Eastbourne, Hastings e Rye, con una corsa ogni ora. Il viaggio da Dover a Eastbourne dura quattro ore (£5,50). L'autobus n. 710 arriva da Brighton (£2,20; un'ora e mezzo) e prosegue fino a Hastings.

Treno La stazione ferroviaria è in Ashford Rd, in centro. Dalla stazione di Victoria (Londra) parte un treno ogni mezz'ora (£16,90; un'ora e mezzo). Vi sono tre treni l'ora (uno ogni ora la domenica) per Hastings (£4,40; 32 minuti) e Brighton (£6,70; 45 minuti).

Trasporti urbani

Provate la T&C Taxi (☎ 720720). Trovate un posteggio di taxi in Bolton Rd, in centro. La maggior parte delle corse in città costa da £2,50 a £3.

BEACHY HEAD

Alte 175 m, le scogliere a picco sul mare di Beachy Head, che costituiscono le propaggini meridionali delle South Downs, incutono di per sé un certo timore, ma il color bianco candido del gesso contornato dal verde smeraldo del tappeto erboso ne accentua il fascino, offrendo allo sguardo una visione mozzafiato.

C'è un centro rurale (☎ 01323-737273) con mostre interattive sulla zona e un ristorante. È aperto da marzo a settembre, ogni giorno dalle 10 alle 17.30. Se viaggiate in auto, per raggiungere Beachy Head dovrete lasciare la B2103, che si dirama dalla A259, tra Eastbourne e Newhaven. In estate c'è un servizio regolare di autobus (n. 3), con partenza da Eastbourne. Meglio ancora, perché non percorrere a piedi le tre miglia (5 km) che separano Beachy Head da Eastbourne lungo la South Downs Way?

CHARLESTON FARMHOUSE

La tenuta di Charleston (☎ 10323-811265) è un affascinante tributo al gruppo di Bloomsbury. Questa casa colonica in stile Tudor/georgiano sorge ai piedi delle South Downs, immediatamente a sud della A27 tra Lewes e Eastbourne. Vanessa Bell (sorella di Virginia Woolf e nota pittrice) vi si trasferì nel 1916 con il suo amante Duncan Grant. La coppia iniziò a dipingere e decorate la casa, opera che proseguì fino agli anni Sessanta. Nel 1939 Clive Bell, marito di Vanessa, vi portò la sua collezione di

mobili e quadri. Ci sono anche un delizioso giardino, alcune belle dépendance e una colombaia medievale.

La casa è aperta al pubblico da aprile a ottobre, dal mercoledì alla domenica dalle 14 alle 17 (e i lunedì festivi), ma l'orario di visita è irregolare quindi conviene telefonare. L'ingresso costa £5,50/3,50 ed è possibile solo con le visite guidate, tranne la domenica (£6,50 per le visite guidate speciali che si svolgono il venerdì pomeriggio). La stazione ferroviaria più vicina è quella di Berwick, sulla linea Brighton-Eastbourne, a 2 miglia (3 km) di cammino dalla tenuta.

LONG MAN OF WILMINGTON

Se state viaggiando lungo la A27 tra Eastbourne e la Charleston Farmhouse in automobile o in autobus, non mancate di guardare verso sud per vedere questa incredibile figura, situata poco più a est di Wilmington. L'immagine tracciata sul fianco di una collina delle South Downs potrebbe esservi familiare. Non si conoscono le origini di questa figura maschile alta 70 m. Potrebbe essere un simbolo legato alla fertilità della terra e risalente all'Età del ferro, ma ricorda nella forma le figure che compaiono sulle monete romane, dunque non si può escludere che sia stata realizzata in epoca successiva. Le marcature nell'erba originarie sono state sostituite da blocchi di cemento bianco per conservare l'immagine.

Nella città di Wilmington c'è un bivio per il Long Man, dal quale si può avere una veduta più nitida. Wilmington si trova 7 miglia (11 km) a nord-ovest di Eastbourne e 10 miglia (16 km) a sud-est di Lewes. Percorrendo a piedi questo tratto delle South Downs si passa accanto alla figura riuscendo a vederla da vicino.

LEWES

Pop. 16.000 ☎ 01273

Questa bella cittadina costruita su un'altura che domina il fiume Ouse, è il capoluogo amministrativo dell'East Sussex. Thomas Paine, autore di *The Rights of Man* e *The Age of Reason*, visse dal 1768 al 1774 nella Bull House (un tempo detta The Bull), situata in High St, di fronte a St Michael. Paine perse il posto di esattore del dazio e si trasferì in America. Attraverso i suoi libri si fece sostenitore del suffragio universale, di un'imposta sul reddito progressista, della pensione di anzianità, degli assegni familiari e di un sistema d'istruzione nazionale!

La città è in gran parte costituita da edifici georgiani, ma conta anche alcune case più antiche (talvolta nascoste dietro facciate georgiane). La varietà di materiali usati per la costruzione – legno, travi, mattoni, selce, pietra, tavole e mattonelle di legno – crea un interessante mosaico architettonico.

Orientamento e informazioni

La città è costruita sul fianco di una rapida altura tra il fiume e le rovine del castello, con High St che si inerpica lungo la dorsale e diversi *twittens* (viuzze e passaggi scoscesi) laterali.

Il TIC (☎ 483448, fax 484003), 187 High St, è aperto dalle 9 alle 17 dal lunedì al venerdì, dalle 10 alle 17 il sabato e dalle 10 alle 14 la domenica; in inverno osserva un orario di apertura ridotto. Distribuisce gratuitamente la *Town Guide*, che riporta un itinerario a piedi.

La posta centrale si trova in High St, vicino all'angolo con Watergate Lane, e trovate un bancomat della Lloyds TSB all'estremità orientale del centro in Cliff High St. Nell'Old Needlemakers, in West St, vi è un gruppo di interessanti negozi di artigianato; i gabinetti pubblici si trovano in Market Lane.

Lewes Castle e Museum

Il castello (☎ 486290) fu costruito da William de Warenne per proteggere la città subito dopo la battaglia di Hastings. Nei successivi 300 anni furono aggiunti altri elementi – il maschio nel XIII secolo e il barbacane nel XIV secolo. Oggi non resta molto, ma la vista che si gode dall'alto rende la visita indimenticabile. Il museo adiacente al castello illustra l'impatto che hanno avuto sulla regione i vari popoli invasori attraverso una collezione di reperti preistorici e oggetti di epoca romana, sassone e medievale. Non perdetevi il **Lewes Living History Model**, interessante introduzione audiovisiva alla città e alla sua storia che dura 22 minuti.

Il complesso è aperto dalle 10 alle 17.30, dal lunedì al sabato, e dalle 11 alle 17.30 la domenica e nei giorni festivi. L'ingresso costa £3,70/1,90. La visita audioguidata costa £1. Al prezzo di £5/2,60 potete acquistare un biglietto cumulativo che consente anche l'ingresso all'Anne of Cleves House Museum.

Anne of Cleves House Museum

Risalente agli inizi del XVI secolo, l'edificio noto come Anne of Cleves House (☎ 474610), Southover High St, fu donato ad Anne of Cleves da Enrico VIII in base ai termini dell'accordo per il loro divorzio, ma Anne non vi abitò mai.

Oggi ospita un museo etnografico con ogni sorta di oggetti e curiosità. Accanto a prosaiche mostre di mobili, giocattoli, strumenti musicali, arazzi, ceramiche e alla ricca collezione di oggetti legati all'industria siderurgica del Sussex, sono esposti cimeli del mondo fantastico quali l'effigie di una strega (con tanto di spilloni) e l'antico ripiano di marmo di un tavolo magico che allontanò da sé gli assassini dell'arcivescovo Becket impedendo loro di sedersi a mangiare.

Meritano una visita tanto la casa quanto il museo. L'ingresso costa £2,50/1,20, mentre il biglietto che comprende il Lewes Castle costa £5/2,60 L'Anne of Cleves House è aperta da marzo a novembre, dal lunedì al sabato dalle 10 alle 17, e la domenica dalle 12 alle 17.

St Michael's Church

La chiesa in High St, immediatamente a ovest del castello, è un edificio straordinario che coniuga diversi stili architettonici. La torre in selce risale al XII secolo, il portico fu costruito nel XIV secolo. La facciata, in stile georgiano, fu costruita con selce spaccata, la vetrata è vittoriana.

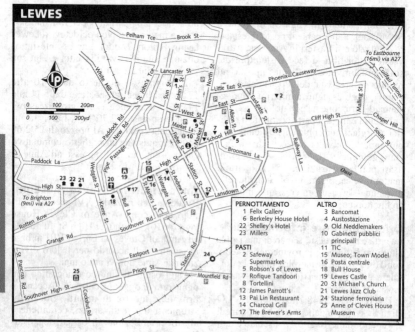

LEWES

PERNOTTAMENTO	ALTRO
1 Felix Gallery	3 Bancomat
6 Berkeley House Hotel	4 Austostazione
22 Shelley's Hotel	9 Old Neddlemakers
23 Millers	10 Gabinetti pubblici
	principali
PASTI	11 TIC
2 Safeway	15 Museo; Town Model
Supermarket	16 Posta centrale
5 Robson's of Lewes	18 Bull House
7 Rofique Tandoori	19 Lewes Castle
8 Tortellini	20 St Michael's Church
12 James Parrott's	21 Lewes Jazz Club
13 Pai Lin Restaurant	24 Stazione ferroviaria
14 Charcoal Grill	25 Anne of Cleves House
17 The Brewer's Arms	Museum

Pernottamento

Trattandosi di una meta poco turistica, Lewes non offre un'ampia scelta di sistemazioni e le poche disponibili non sono particolarmente economiche.

Felix Gallery (☎ 472668, 2 Sun St) è per coloro che amano i gatti. Ha una stanza singola (£35) e una stanza a due letti (£43). Se potete permettervi di spendere qualcosa in più, provate il *Berkeley House Hotel* (☎ 476057, fax 479575, @ www. berkeleyhousehotel.co.uk, 2 Albion St), un albergo che occupa una casa di città georgiana restaurata con cura, dotato di una terrazza sul tetto e autorizzato alla vendita degli alcolici. Le singole costano da £39 a £49, le doppie da £49 a £59, a seconda delle dimensioni della stanza.

Il *Shelley's Hotel* (☎ 472361, fax 483152, High St) si trova in un edificio costruito intorno al 1520 e trasformato in maniero nel 1590. Oggetti antichi adornano l'albergo, caratterizzato da un'atmosfera vecchio stile molto raffinata. Le singole costano da £100 a £126, le doppie da £140 a £165.

Millers (☎ 475631, 134 High St) occupa una casa di città del XVI secolo, con le travi in legno. Le stanze doppie con bagno costano £47/52 per una/due persone.

Pasti

Chi cucina i propri pasti, troverà un *Safeway* nei pressi della Phoenix Causeway.

Robson's of Lewes (☎ 480654, 22A High St, School Hill) è un rinomato ristorante che serve spuntini e gelati. Il Devonshire tea costa £2,75.

Il *Charcoal Grill* (☎ 471126) in High St è una rosticceria con molti cibi grassi. Un grande kebab costa £3,30, gli hamburger da £1,90. *Tortellini* (☎ 487766, 197 High St) è un elegante ristorante italiano che serve piatti a base di pasta a £7 e piatti più sostanziosi a prezzi compresi tra £7,95 e £9,50.

The Brewer's Arms (☎ *479475, 91 High St)* è un pub tradizionale dove un pasto costa meno di £5. Il *Rofique Tandoori* (☎ *475817, 205 School Hill)* è un ristorante indiano molto economico – i piatti vegetariani costano £3,10, quelli a base di carne partono da £3,20, una porzione di naan costa £1,20.

James Parrott's (☎ *472223, 15 Station St)* è un ristorantino dai prezzi molto ragionevoli, con baguette a £1,50 e piatti casalinghi che costano 90p a porzione. *Pai Lin Restaurant* (☎ *473906, 20 Station St)* è un accogliente ristorante thailandese dove potrete gustare pollo penang per £5,50 e insalata calda di gamberetti per £6,50.

Divertimenti

Il *Lewes Jazz Club* (☎ *473568, 139 High St)* propone musica jazz tutti i giovedì sera dalle 20. I biglietti costano £4, £3 per gli studenti.

Lungo High St troverete diversi pub tranquilli, ideali per gustare un pinta.

Per/da Lewes

Lewes si trova 50 miglia (80 km) a sud di Londra, 9 miglia (14 km) a sud-est di Brighton e 16 miglia (26 km) a nord-ovest di Eastbourne.

Autobus L'autostazione si trova nei pressi di Eastgate St. L'autobus n. 28 della Stagecoach South collega Brighton a Lewes (£2,65; 37 minuti), con partenza ogni ora. L'autobus n. 729 effettua una corsa ogni ora tra Brighton e Royal Tunbridge Wells via Lewes.

Treno Lewes è ben servita dai treni poiché si trova sia sulla principale linea ferroviaria tra Londra (Victoria Station) ed Eastbourne sia lungo il collegamento costiero tra Eastbourne e Brighton. Da Brighton ci sono treni ogni 15 minuti (£2,50; 15 minuti), da Eastbourne tre servizi ogni ora (£4,20; 20 minuti), da Victoria Station ogni mezz'ora (£13,20; 55 minuti).

GLYNDEBOURNE

Situata 4 miglia (6 km) a est di Lewes, nei pressi della B2192, Glyndebourne (☎ 01273-812321, 🖂 info@glyndebourne. com) è un fenomeno tipicamente inglese. Nel 1934 John Christie, insegnante di scienze a Eton, ereditò un grande maniero Tudor e decise di soddisfare la sua passione per l'opera, condivisa con la moglie che era una cantante lirica, costruendo un teatro dell'opera da 1200 posti nel bel mezzo della campagna. L'Archive Gallery ospita una mostra dedicata allo sviluppo di Glyndebourne a partire dal 1930.

La stagione musicale va dalla fine di maggio alla fine di agosto; gli spettacoli iniziano intorno alle 17. A ottobre la compagnia si esibisce in altri teatri inglesi. È richiesto un abbigliamento formale (abito da sera). I biglietti costano da £23 a £130; per i posti in piedi si spendono £10, ma bisogna essere nell'indirizzario per ottenerli. Il biglietto consente l'ingresso ai giardini all'inglese dalle 15. Per le prenotazioni chiamate il botteghino al numero ☎ 01273-813813.

Il viaggio in auto da Londra richiede circa due ore e mezzo. Si può richiedere un autobus dalla stazione di Lewes (☎ 01273-815000). Per informazioni sui servizi ferroviari in partenza da Londra, v. **Per/da Lewes**.

BRIGHTON
Pop. 188.000 ☎ 01273

'Come ha fatto l'Inghilterra a produrre una città effervescente e stravagante come Brighton? È un meraviglioso mistero – come un figlio dalla genialità mozartiana nato in una famiglia di sciocchi'

Nigel Richardson
Breakfast in Brighton – Adventures on the Edge of Britain

Brighton è giustamente considerata la stazione balneare inglese per eccellenza – un affascinante miscuglio di decadenza ed eleganza – frequentata dai londinesi fin dal 1750, quando un medico perspicace rese noti i benefici derivati dai bagni in acqua di mare, che consigliava anche di

INGHILTERRA SUD-ORIENTALE

bere. Si può ancora fare il bagno, anche se l'acqua è fredda; bere l'acqua di mare, tuttavia, è assolutamente fuori questione.

La città deve il suo carattere inconfondibile al principe reggente (futuro re Giorgio IV), dissoluto e amante della musica, che nel 1780 decise di farvi costruire uno stravagante palazzo estivo dove organizzare sontuosi ricevimenti in riva al mare. Ancora oggi Brighton è considerata la città inglese che offre i locali più caldi dopo Londra e vanta il più grande club per gay del paese. Qui troverete un vibrante popolo di studenti e viaggiatori, eccellenti negozi, un vivace ambiente artistico e innumerevoli ristoranti, pub e caffè.

Orientamento

Old Steine è la via principale che corre dal molo al centro cittadino. La parte più interessante (cioè più bohemien) di Brighton si estende a est di Queens Rd, nella zona conosciuta come North Laine. La stazione ferroviaria si trova a 15 minuti di cammino dalla spiaggia, verso nord. La minuscola autostazione è nascosta in Poole Valley, a sud-est della zona conosciuta come The Lanes.

A ovest sorge Hove, località un po' snob che oggi fa parte della stessa unità amministrativa di Brighton. Hove viene scherzosamente chiamata 'Hove Actually' a Brighton, perché i suoi residenti, quando interrogati sulla loro provenienza, tendono a rispondere 'Hove, actually' per precisare che non vivono a Brighton!

Informazioni

Ufficio turistico Il TIC (☎ 292599, @ tourism@brighton.co.uk), 10 Bartholomew Square, è aperto dalle 9 alle 17 dal lunedì al venerdì, dalle 10 alle 17 il sabato, e dalle 10 alle 16 la domenica, da giugno ad agosto. Nel resto dell'anno l'orario di apertura è dalle 9 alle 17 dal lunedì al sabato. Qui potrete acquistare copie delle riviste che annunciano gli avvenimenti in programma, ossia *The Brighton Latest* (30p), *Brighton & Hove Scene* (25p) e *New Insight* (45p). La *Brighton*

Town Centre Map-Guide costa £1. Per informazioni di qualsiasi genere, dagli acquisti ai locali notturni ai ristoranti di Brighton visitate il sito www.brighton.co.uk.

Cambio C'è una filiale dell'American Express all'82 di North St (☎ 321242) e un ufficio di cambio della Thomas Cook (☎ 328154) in North St, vicino alla torre dell'orologio. Troverete un comodo bancomat della NatWest in Castle St, vicino all'ingresso del Royal Pavilion.

Poste e telecomunicazioni La posta centrale si trova in Ship St, e vi è un ufficio postale più piccolo in Western Rd. Per navigare in rete andate al Riki Tik (☎ 683844), 18a Bond St. Potete rivolgervi anche al Brighton Media Centre (☎ 384200), 60 Middle St, ma è costoso a £3 per 30 minuti.

Librerie La Borders Books (☎ 731122), presso il Churchill Square Shopping Centre, vende anche CD, ha un caffè e di tanto in tanto organizza incontri. A North Laine si trovano alcune librerie specializzate e altre che vendono libri usati, tra cui David's Book Exchange (☎ 690223), 3 Sydney St. Le librerie delle grandi catene si trovano in North St, in centro.

Lavanderie La Bubble Laundrette è al 75 di Preston St.

Assistenza sanitaria La Wiston's Clinic (☎ 506263) si trova al 138 di Dyke St, a poco meno di un miglio dal centro. C'è un pronto soccorso presso il Royal Sussex County Hospital (☎ 696955), in Eastern Rd, 2 miglia (3 km) a est del centro.

Servizi igienici Troverete dei gabinetti pubblici dietro il TIC, in Black Lion St.

Attività

Golf L'Hollingbury Park Golf Course (☎ 500086) in Ditchling Rd, a circa 5 miglia (8 km) da Old Steine, è un campo da golf impegnativo dove si spendono da £12 a £18 per 18 buche, più £5 per il no-

BRIGHTON

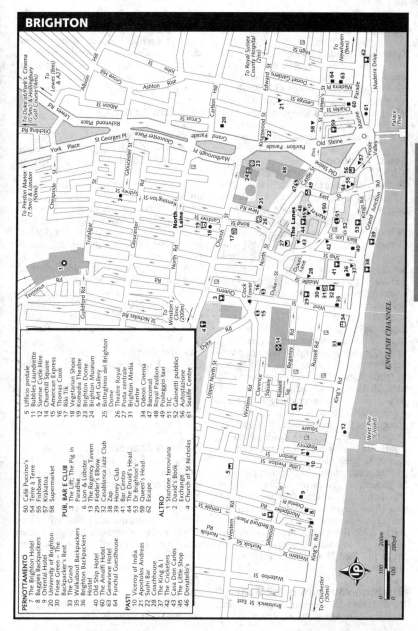

INGHILTERRA SUD-ORIENTALE

PERNOTTAMENTO
7 The Brighton Hotel
8 Baggies Backpackers
9 Oriental Hotel
20 University of Brighton
30 Friese Green – The Backpacker's Rest
33 The Grand
35 Walkabout Backpackers
36 Brighton Backpackers Hostel
40 Old Ship Hotel
60 The Amalfi Hotel
63 Genevieve Hotel
64 Funchal Guesthouse

PASTI
10 Viceroy of India
21 Apostolos Andreas
22 Sushi Bar
28 Coachhouse
37 The King & I
42 The Cricketers
43 Casa Don Carlos
45 The Little Shop
46 Donatello's

50 Café Puccino's
54 Terre à Terre
55 Fishbowl
57 Krakatoa
58 Supermarket

PUB, BAR E CLUB
3 The Lift; The Pig in Paradise
6 Lion & Lobster
13 The Regency Tavern
24 Brighton Museum & Art Gallery
29 Fiddler's Elbow
32 Casablanca Jazz Club
38 Zap
39 Honey Club
41 Bar Centro
44 The Druid's Head
53 Dr Brighton's
59 Queen's Head
62 Escape

ALTRO
1 Stazione ferroviaria
2 David's Book Exchange
4 Church of St Nicholas

5 Ufficio postale
11 Bubbles Laundrette
12 Sunrise Cycle Hire
14 Churchill Square
15 American Express
16 Thomas Cook
17 Riki Tik
18 Vegetarian Shoes
19 Komedia Theatre
23 Brighton Dome
25 Botteghino del Brighton Dome
26 Theatre Royal
27 Posta centrale
31 Brighton Media Centre
34 Odeon Cinema
47 Royal Pavilion
48 Bancomat
51 Gabinetti pubblici
52 Posteggio taxi
56 Autostazione
61 Sealife Centre

leggio delle mazze. Da quassù si gode uno splendido panorama su Brighton.

Itinerari a piedi Tramite il TIC si possono prenotare visite guidate che coprono una serie di argomenti d'interesse. Sono condotte da persone residenti a Brighton con una vasta conoscenza in ambiti specifici, quali Regency Brighton, architettura, giardini e così via. Il prezzo in genere è di £3 e le passeggiate durano circa un'ora.

Royal Pavilion

Il Royal Pavilion (☎ 290900) è assolutamente da visitare e costituisce il maggiore richiamo di ogni viaggio nell'Inghilterra meridionale. È una creazione straordinariamente fastosa, completamente eccessiva, così... poco inglese! Nacque da una fantasiosa idea del principe Giorgio che aveva l'abitudine di raggiungere Brighton per divertirsi con il duca di Cumberland, suo zio. Il principe si innamorò del luogo e decise che Brighton era il luogo ideale per i ricevimenti.

Nel 1787 chiese a Henry Holland di costruire una semplice villa in stile neoclassico che divenne nota come Marine Pavilion. L'attuale edificio però iniziò a prendere forma soltanto nel 1802, quando era di moda il gusto orientale. Il progetto finale, di ispirazione indiana, è opera di John Nash, autore anche di Regent's Park e degli edifici che vi si affacciano, e fu realizzato tra il 1815 e il 1822. Il palazzo fu usato anche dalla regina Vittoria, anche se è difficile immaginare la sovrana conservatrice in questo ambiente.

Una guida gratuita vi condurrà attraverso il palazzo, stanza per stanza. Il Royal Pavilion è aperto ogni giorno, dalle 10 alle 18 da giugno a settembre, fino alle 17 da ottobre a maggio. L'ingresso costa £4,50/2,75. Il biglietto che comprende il viaggio in treno da Londra e l'ingresso costa £17,75/3,75 (☎ 0845 748 4950 per informazioni).

Brighton Museum e Art Gallery

Al momento della stesura di questa guida il Brighton Museum & Art Gallery

(☎ 290900), in Church St, era in fase di ristrutturazione, un progetto costato 10 milioni di sterline. Quando riaprirà ci sarà ancora la collezione di mobili art déco e art nouveau, reperti archeologici, quadri e costumi surrealisti, ma si potranno ammirare anche molte altre cose. Ci auguriamo che ci sia ancora il divano a forma di labbra di Salvador Dalì.

Moli di Brighton

Aperto tutti i giorni e gratuito, il **Palace Pier** è diventato il simbolo di Brighton. Giostre, chioschi che vendono cibo da asporto e innumerevoli macchinette scintillanti di luci vi prosciugheranno le tasche. Qui potrete acquistare i Brighton Rock, i famosi bastoncini di zucchero candito e fare un giro sull'Helter Skelter, giostra che ispirò la canzone dei Beatles ormai poco apprezzata.

Proseguendo lungo la spiaggia incontrerete i resti del **West Pier**. Nell'ultima edizione di questa guida abbiamo menzionato una sovvenzione di 20 milioni di sterline per ristrutturare questo pontile, ma i lavori non sono ancora iniziati.

Sealife Centre

Ebbene sì, qui c'è una galleria panoramica sott'acqua dalla quale si possono vedere gli squali. Il centro (☎ 604234) si trova in Marine Parade, verso la fine del molo. È aperto ogni giorno dalle 10 alle 17. L'ingresso costa £4,95/3,25.

Preston Manor

Questa tipica dimora signorile edoardiana (☎ 290900), 2 miglia e mezzo (4 km) a nord del centro, in London Rd, è colma di oggetti antichi, ornamenti e quadri. Costruita intorno al 1600, fu ricostruita nel 1738, come dimostrano i modesti esterni. Di particolare interesse è la visita guidata della cucina e degli alloggi della servitù. L'edificio è piccolo e dovrete dividerlo con le scolaresche se lo visitate nei giorni feriali, dunque si consiglia di telefonare prima se volete un po' di tranquillità.

Preston Manor è aperto dalle 10 alle 17 dal lunedì al venerdì, dalle 13 alle 17 il sabato e dalle 14 alle 17 la domenica. L'ingresso costa £3,10/1,95. Per arrivarci, potete prendere l'autobus n. 5 o 5a dal centro.

Manifestazioni di particolare rilievo

Ogni anno a maggio la città ospita il Brighton Festival (☎ 292961), la più importante manifestazione d'arte dopo quella di Edimburgo, che dura tre settimane. Gli avvenimenti artistici sono in gran parte di tipo tradizionale, ma non mancano gli spettacoli di tendenza. Per informazioni particolareggiate visitate il sito www. brighton-festival.org.uk.

Pernottamento

Numerose sono le possibilità di scelta per tutte le tasche. Dovreste prenotare in anticipo se pensate di visitare la città nei fine settimana estivi e durante il Brighton Festival che si svolge a maggio.

Ostelli Gli ostelli indipendenti di Brighton sono decisamente più rilassanti dell'YHA che si trova in scomoda posizione.

Baggies Backpacker's (☎ 733740, 33 Oriental Place) è un posto simpatico e accogliente con letti a £10 per notte (più £5 di deposito per la chiave della stanza) e stanze doppie a £25. Ci sono due salotti, una cucina comune e una lavanderia. Si trova in bella posizione in una zona tranquilla, vicino al lungomare e a molti ristoranti economici.

Il *Brighton Backpackers Hostel* (☎ 777717, fax 887778, @ stay@brighton backpackers.com, 75-6 Middle St) sembra stia cercando in tutti i modi di coltivare un'atmosfera apatica. Costa £10 per notte (£11 nella dépendance sul lungomare). Le tariffe settimanali sono di £55/60. I murales sono stati realizzati da alcuni viaggiatori.

Friese Green – The Backpacker's Rest (☎ 747551, 20 Middle St) chiede £9 per un letto e £30 per una stanza doppia. Il *Walkabout Backpackers* (☎ 770232, 79-81 West St) non è esclusivamente per australiani e neozelandesi, anche se potreb-

be sembrarlo. Un letto costa £10 negli ordinari e anonimi dormitori e £12 in stanza doppia. Questo posto non accetta prenotazioni.

L'*University of Brighton* (☎ 643167, fax 642610) offre appartamenti che possono ospitare da due a otto persone, distribuiti in diversi edifici nei pressi dell'università e disponibili da luglio a settembre. I prezzi partono da £60 per persona per settimana.

B&B e alberghi La maggior parte dei B&B più economici si concentra a est del Palace Pier. Attraversate la rotatoria di Old Steine e risalite St James's St. La *Funchal Guesthouse* (☎/fax 603975, 17 Madeira Place) cerca in tutti i modi di soddisfare i propri ospiti, con stanze pulite e accoglienti che vengono rassettate ogni giorno. I prezzi partono da £20 per persona, ma queste tariffe aumentano di qualche sterlina in estate.

Il *Genevieve Hotel* (☎ 681653, 18 Madeira Place) è pulito e ogni cosa sembra abbastanza nuova. Le stanze costano da £20 a £25 per persona, con colazione continentale.

The Amalfi Hotel (☎ 607956, 44 Marine Parade) si trova sul lungomare e pratica prezzi abbastanza ragionevoli: da £23 a £30 per persona in stanze con bagno.

L'*Oriental Hotel* (☎ 205050, fax 821096, @ info@orientalhotel.co.uk, 9 Oriental Place) è una ventata di aria fresca tra i B&B. Decorato a colori vivaci, con mobili artigianali disposti in modo splendido, è davvero molto bello. Le doppie costano £54/70 nei giorni lavorativi/ fine settimana. Non ci sono tariffe per l'occupazione singola delle stanze.

The Grand (☎ 321188, Kings Rd) fu costruito intorno al 1860 e completamente ristrutturato in seguito all'attentato dell'IRA che nell'ottobre del 1984 vi fece esplodere una bomba durante il congresso dei Tories. I prezzi sono elevati: le eleganti stanze partono da £145/180. Nel corso dell'anno sono previste delle offerte speciali.

L'*Old Ship Hotel* (☎ 329001, fax 820718), sempre in Kings Rd, è il più vecchio tra gli alberghi di Brighton. Intorno al 1830 vi soggiornò Thackeray, nel periodo in cui stava scrivendo *Vanity Fair*. Le singole/doppie partono da £75/99.

The Brighton Hotel (☎ *820555, fax 821555, 145 Kings Rd*) è migliore di gran parte degli alberghi nella stessa fascia di prezzi che si trovano lungo questa via. Le singole/doppie partono da £60/80.

Pasti

Brighton offre ristoranti di ogni sorta. Basterà fare un giro nella zona chiamata The Lanes o scendere lungo Preston St, che dal lungomare, vicino al West Pier, si dirige verso l'interno, per accorgervi che vi sono ristoranti per tutti i gusti e dai prezzi accettabili. Non vengono trascurati neppure i vegetariani, i vegan e i salutisti. Chi cucina i propri pasti troverà un *supermercato* in St James's St.

Il *Krakatoa* (☎ *719009, 7 Poole Valley*), vicino all'autostazione, è un ristorante piccolo e informale con un moderno menu nato dalla fusione di sapori orientali. È per chi ama veramente il cibo. I piatti principali costano £7/8.

Fishbowl (☎ *777505, 74 East St*) è un posto all'ultima moda con un menu limitato ma interessante che offre di tutto, dal satay malaysiano alla paella.

Terre à Terre (☎ *729051, 71 East St*), poco più avanti, è un ristorante vegetariano relativamente costoso con un ampio menu. I primi piatti costano £5 circa, i piatti principali £9,50 circa. Questo posto è molto frequentato, quindi si consiglia di prenotare, specialmente durante il fine settimana.

Il *Sushi Box* (☎ *818040, 181 Edward St*) si trova vicino all'università e chiede da £3 a £4 per un cestino da asporto di sashimi e/o involtini californiani.

Apostolos Andreas (☎ *687935, George St*) è un caffè greco con un menu di piatti in stile inglese. È estremamente rinomato tra gli studenti per l'ottimo rapporto tra qualità e prezzi. Se riuscite a trovare un posto a sedere in questo minuscolo locale spenderete circa 65p per un caffè, da 95p a £1,45 per un panino e £1,35 per un pasto caldo.

The King & I (☎ *773390, 2 Ship St*) è un ristorante thailandese che a pranzo propone un menu comprendente una pietanza con riso, più tè o caffè, a £4,99.

Casa Don Carlos (☎ *327177 o 303274, 5 Union St, The Lanes*) è un ristorante spagnolo dall'intima atmosfera che serve anche tapas e offre una vasta scelta di vini spagnoli poco costosi. Una porzione abbondante di paella costa £4,25, un'omelette spagnola £3,10.

Donatello's (☎ *775477, 1-3 Brighton Place, The Lanes*) è un enorme ristorante che occupa quasi un intero caseggiato. Ci sono un bistrot, una pizzeria e un ristorante più raffinato. Offre un ottimo rapporto tra qualità e prezzo – due portate costano £6,60, tre £7,90 – ma non è il posto adatto per un pasto intimo e tranquillo.

The Little Shop (☎ *325594, 48a Market St, The Lanes*) sembra aver vinto alcuni premi per i suoi panini. Sono deliziosi e abbondanti, con prezzi a partire da £2,25.

Il *Café Puccino's* (☎ *204656, fax 206915, 1 Bartholomews*) offre una vasta scelta di caffè con nomi come 'Mocha Meltdown' e 'Wham Bam'. Serve anche pasti e spuntini a prezzi ragionevoli.

Viceroy of India (☎ *324733, 13 Preston St*) è uno dei migliori ristoranti indiani lungo questa via, e serve piatti di varie cucine – Kashmir, Madras, Ceylon, Balti e Tandoor. I piatti principali costano da £3 a £3,50.

Il *Coachhouse* (☎ *719000, 59a Middle St*) è un rilassante caffè/bar con un'atmosfera studentesca e musica dal vivo il venerdì. Il curry thailandese con tagliolini croccanti a £7 è assolutamente delizioso.

The Cricketers (☎ *329472, Black Lion St*) è il luogo ideale per gustare cibo da pub vecchio stile. Il pasticcio di manzo e funghi costa £4,95. Si noti il decorativo soffitto di questo pub del XVI secolo.

Divertimenti

Brighton è considerata la capitale dei locali e delle feste del sud del paese, se non dell'intera Inghilterra, fin dagli anni Sessanta. Verso la fine degli anni Settanta tale situazione fu immortalata nel film cult *Quadraphenia*. Chi non ricorda i bei tempi andati ricorderà sicuramente Fat Boy Slim, nativo di Brighton. Altri DJ sono regolarmente ospiti di vari locali della città. Pub, bar e club aprono, chiudono e cambiano tema di continuo – per essere aggiornati sulle ultime novità, basta acquistare *The Brighton Latest* e *New Insight* oppure dare un'occhiata ai manifesti appesi nei bar e nei caffè. Vivacissimo l'ambiente gay, con bar e club che si concentrano perlopiù intorno a St James's St e a Old Steine. Per informazioni sull'ambiente gay di Brighton visitate il sito www.gay.brighton.co.uk.

Pub Decorato con teschi e offerte votive, il *Druid's Head (☎ 325490, 9 Brighton Place)* è un locale che merita una visita. Il *Lion & Lobster (☎ 776961, 24 Sillwood St)* propone musica dal vivo quasi tutte le sere. Il *Fiddler's Elbow (☎ 325850, Boyces St)* è un pub irlandese con musica dal vivo il venerdì sera.

Tra i pub per gay figurano il *Dr Brighton's*, in King's Rd, e il *Queen's Head*, nella viuzza laterale che si dirama da Marine Parade. Riconoscete l'individuo sull'insegna del pub?

Nessun altro pub riflette il carattere di Brighton quanto *The Regency Tavern (☎ 325652, 32 Russell Square)* – molto semplice all'esterno, presenta interni in puro stile reggenza e, con la sua carta da parati a strisce verdi e i cammeo dipinti, sembra quasi una dépendance del Pavilion.

Club Tutti i club restano aperti almeno fino alle 2 del mattino, in alcuni casi anche fino alle 5. I prezzi dei biglietti d'ingresso vanno da £4 a £10.

Tra i locali notturni in attività da lungo tempo che meritano una visita vi è *Zap (☎ 821588, Kings Rd Arches)*, a metà strada tra i due moli. L'*Honey Club (☎ 0700 446639, 214 Kings Rd Arches)* propone i classici della disco music anni '70 e '80 il lunedì e il giovedì (ingresso £4) e ospita un DJ il sabato (£12).

Il *Bar Centro (☎ 206580)*, in Ship St, è un club dove si suonano la batteria e il basso e l'ingresso è gratuito. La domenica sera è riservata ai soci.

I clienti del *Casablanca Jazz Club (9 Middle St)* hanno un'età compresa tra i 25 e i 35 anni. Non c'è musica dal vivo, ma un DJ propone una varietà di brani musicali dalle 21 alle 2, dal martedì al sabato; l'ingresso costa £5.

C'è poi l'*Escape (☎ 606906, 10 Marine Parade)*, un locale tranquillo. *The Pig in Paradise* e *The Lift (☎ 724639, 11 Queens Rd)* offrono musica dal vivo tutte le sere, in gran parte alternativa e sperimentale, oltre a qualche gruppo jazz e blues (l'ingresso costa da £2 a £3).

Teatri e cinema Ci sono diversi teatri a Brighton. Il *Brighton Dome (☎ 709709, ✉ tickets@brighton-dome.org.uk, 29 New Rd)*, edificio in stile art déco accanto al Royal Pavilion, occupa le scuderie e il cortile che re Giorgio IX usava per fare esercizio ed è il più grande teatro di Brighton.

Gli altri sono il *Theatre Royal (☎ 328488, New Rd)*, che ospita rappresentazioni teatrali, musical e spettacoli operistici, e il *Komedia Theatre (☎ 647101, Gardner St, North Laine)*, che propone commedie e cabaret oltre a teatro d'avanguardia.

L'enorme *Odeon Cinema (☎ 207977)*, all'angolo tra King's Rd e West St, proietta film commerciali. Il *Duke of York's Cinema (☎ 602503, Preston Circus)*, circa un miglio a nord di North Rd, propone invece film d'autore.

Acquisti

Poco più a sud di North St (e a nord rispetto al TIC) si estende **The Lanes**, un labirinto di viuzze e stretti passaggi pieni di gioiellerie, negozi di antiquariato e di abbigliamento. Qui ci sono anche alcuni dei migliori ristoranti e bar della città.

Se cercate abiti usati, dischi e CD, bong shop, oggetti dell'artigianato locale e bar new age (e un'atmosfera meno turistica) fate un giro a **North Laine**, una serie di vie a nord-ovest delle Lanes, che comprende Bond St, Gardner St, Kensington St e Sydney St. In Gardner St visitate il Vegetarian Shoes, dove sono in vendita scarpe realizzate senza prodotti animali. Merita una visita anche il mercato delle pulci allestito il sabato mattina in Upper Gardner St.

Per/da Brighton

I trasporti per/da Brighton sono veloci e frequenti. Londra si trova 53 miglia (85 km) a nord, Eastbourne 23 miglia (37 km) a est.

Autobus La National Express (☎ 0870 580 8080) ha un ufficio all'autostazione, ma i biglietti sono in vendita anche presso il TIC. C'è un servizio navetta tra Victoria (Londra) e Brighton ogni ora (£7 sola andata; la tariffa ridotta, ossia con partenza dopo le 9.30, è di £5).

L'autobus n. 711 della Stagecoach Coastline (☎ 01903-237661) collega Brighton con Dover via Hastings e Rye. L'autobus n. 712 effettua una corsa ogni mezz'ora da Eastbourne a Brighton (£2.20; un'ora e 15 minuti). L'autobus n. 710 va da Brighton a Hastings (£4.30; 2 ore e mezzo). L'autobus n. 702 raggiunge Chichester, con partenza a intervalli di 30 minuti (£3.20; 2 ore e 50 minuti), l'autobus n. 700 segue la costa meridionale collegando Brighton con Portsmouth ogni 30 minuti (£3.20; tre ore e 20 minuti).

L'Airlinks (☎ 0870 574 7777) è un autobus giornaliero che fa servizio tra l'autostazione di Brighton e tutti gli aeroporti di Londra. Gli autobus per Gatwick e Heathrow partono ogni 30 minuti circa.

Treno Ci sono due treni ogni ora per Brighton dalle stazioni di Victoria e King's Cross (£13.70/14.60 sola andata/andata e ritorno; 50 minuti). Pagando un supplemento di £1 sulla tariffa per Brighton si ha diritto a un numero illimitato di corse sugli autobus locali di Brighton e Hove per la giornata. Ci sono servizi ogni ora tra Brighton e Portsmouth (£11.70; un'ora

e 20 minuti) e treni frequenti per Eastbourne (£6.70; 37 minuti) e Hastings (£8.60; un'ora e 15 minuti).

Trasporti urbani

Autobus La compagnia di autobus locale è la Brighton & Hove (☎ 886200). Il biglietto giornaliero costa £2,60 e si acquista dal conducente. Gli autobus della Guide Friday (☎ 746205) vi porteranno in giro per la città alla scoperta delle sue principali attrattive. I biglietti possono essere acquistati dal conducente e costano £6,50/2,50.

Automobile L'unica cosa che ci sentiamo di dire è di lasciar perdere. Trovare parcheggio è un vero incubo, guidare ancora più difficile a causa della rete di vie a senso unico e pedonali. Se decidete di portare un'automobile, preparatevi a dover sborsare parecchi soldi per il parcheggio. Per parcheggiare l'automobile in qualsiasi posto vi servirà un tagliando, che potrete acquistare presso i garage e i negozi che recano un segno di spunta. In genere costa £1 circa per un'ora, ma i prezzi variano.

Taxi Provate le agenzie Radio Cars (☎ 414141), Yellow Cab Company (☎ 884488) o Brighton Streamline Taxis (☎ 747474).

Bicicletta Potete noleggiare una bicicletta da Sunrise Cycle Hire (☎ 748881) presso il West Pier. Le tariffe partono da £10 al giorno. Ci sono corsie apposite sul lungomare e in tutto il centro cittadino, ma il traffico è imprevedibile, quindi state attenti. Per ulteriori informazioni sui percorsi ciclabili a Brighton e nei suoi dintorni chiamate il numero ☎ 292475.

West Sussex

La contea del West Sussex non è così ricca di pittoreschi villaggi, castelli e manieri come l'East Sussex o il Kent, ma ospita la città storica di Chichester, che merita sicuramente una visita. Arundel costitui-

La pesca è una tradizione antica nel paesino di Polperro, Cornovaglia

Scorcio del porticciolo di St. Ives, Cornovaglia

In estate le spiagge di Torquay sono sempre molto affollate

Difficilmente dimenticherete un pomeriggio trascorso in barca lungo il fiume Cam, Cambridge

Tra le mura del Warwick Castle (Midlands) il tempo sembra essersi fermato

PAUL BIGLAND / LPI

Tranquillità e silenzio regnano sovrani lungo i sentieri della New Forest

TONY WHEELER / LPI

Il villaggio medievale di Castle Combe, Wiltshire

RICHARD I'ANSON / LPI

Un angolo di India nella ridente cittadina di Brighton

Pulteney Weir, Bath, vi mostrerà alcuni splendidi esempi di architettura in stile georgiano

Il faro sembra fare la guardia alle leggendarie scogliere di Dover

A Poole (Dorset) sarà difficile resistere a una passeggiata lungo la costa

sce una buona base per visitare i suggestivi villaggi nascosti tra le colline ondulate della contea.

ARUNDEL
Pop. 4000 ☎ 01903

Arundel è un'incantevole trappola per turisti situata sul fiume Arun, ai piedi di un romantico castello. Nonostante l'aspetto antico e un ricco patrimonio storico, la città risale in gran parte all'epoca vittoriana. Può essere facilmente esplorata a piedi in mezza giornata.

Il TIC (☎ 882268, fax 882419), 61 High St, è aperto dalle 9 alle 17 dal lunedì al venerdì, e dalle 10 alle 17 nel fine settimana, da Pasqua a ottobre; nel resto dell'anno è aperto ogni giorno dalle 10 alle 15. Qui è in vendita, al prezzo di 25p, l'opuscolo *A Walk Around Arundel*, ma tutti i luoghi d'interesse della città sono ben segnalati. Accanto al TIC c'è il **Museum & Heritage Centre**, con una piccola mostra che illustra la storia di Arundel; è aperto dalle 10.30 alle 17 dal lunedì al sabato, e dalle 14 alle 17 la domenica; l'ingresso costa £1/50p.

Arundel Castle (☎ 882173) è stato la residenza dei duchi di Norfolk per oltre 700 anni. Costruito verso la fine dell'XI secolo, è arroccato in cima a un colle che domina la città e il fiume Arun. È aperto dalle 12 alle 17 (ultimo ingresso alle 16) dalla domenica al venerdì, da aprile a ottobre. L'ingresso costa £7/4,50.

Il **Waterfowl Park** (☎ 883355), in Mill Rd, a un miglio dal centro, si estende su una superficie di 25 acri ed è un luogo interessante da visitare per chi ama il birdwatching, ma tutti gli altri potrebbero trovarlo un po' deludente per il prezzo. È aperto ogni giorno dalle 9.30 alle 17.30 (fino alle 16.30 in inverno). L'ingresso costa £5/3.

L'**Arundel Cathedral** (☎ 882297) è una chiesa cattolica che fu costruita intorno al 1870 in stile gotico francese. Commissionata da Enrico, quindicesimo duca di Norfolk, è un edificio straordinario. È aperta ogni giorno dalle 9 al crepuscolo.

Pernottamento e pasti
Ci sono diversi B&B e alberghi, tra loro molto diversi per atmosfera e prezzi, vale quindi la pena di fare un giro prima di sceglierne uno.

Il *Warningcamp Youth Hostel* (☎ 882204, Sefton Place, Warningcamp) dista un miglio dalla stazione ed è segnalato lungo la A27. Un letto in dormitorio costa £7,70, il campeggio £3,85 per persona. È chiuso a gennaio e a febbraio.

L'*Arden Guesthouse* (☎ 882544, 4 Queens Lane) è segnalata da cartelli posti sulla sinistra arrivando in città dalla A27. Questa pensione pulita e luminosa offre un buon rapporto tra qualità e prezzo a £18 per persona, o £20 in stanza con bagno.

Dukes of Arundel (☎ 883847, fax 889601, 65 High St) è un B&B di lusso e il fior fiore della città. Si noti il soffitto in stile rinascimentale italiano nel caffè al piano di sotto che, stando a quanto afferma il proprietario, potrebbe essere stato rubato molto tempo fa da Palazzo Medici di Firenze. Le stanze costano da £25 a £32 per persona, ma la bella suite in stile veneziano destinata alle coppie in luna di miele è il posto che fa per voi se avete £80 da spendere.

Il *Norfolk Arms* (☎ 882101, fax 884275, High St) fu costruito per volere del decimo duca di Norfolk intorno al 1800. I mobili antichi nella lobby indicano che si tratta di un posto costoso e lo è – £65/100 per le singole/doppie.

The Country Kitchen (☎ 882438, 31 Tarrant St) è un ristorantino spartano che offre un ottimo rapporto tra qualità e prezzo – un bricco di tè costa 80p, i panini a partire da £1,75. *Pappardelle* (☎ 882025, 41a High St) è un informale ristorante italiano con piatti a base di pasta a £6,95 circa e pizze a £5,95.

Per/da Arundel
Il treno costituisce il mezzo di locomozione più comodo per raggiungere Arundel o lasciarla. Arundel dista 55 miglia (89 km) da Londra (£15,90; un'ora e 25 minuti), 20 miglia (32 km) da Brighton (£6,30; 50

INGHILTERRA SUD-ORIENTALE

minuti) e 11 miglia (18 km) da Chichester (£3,40; 20 minuti). L'autobus n. 702 della Stagecoach Coastline (☎ 01903-237661) effettua una corsa ogni 30 minuti (ogni ora la domenica) tra Brighton e Chichester via Arundel. Il viaggio dura un'ora e 15 minuti da Brighton (£3,20) e un'ora da Chichester (£2,80).

BIGNOR ROMAN VILLA

Scoperta nel 1811 da un agricoltore, questa villa (☎ 01798-869259) risale al 240 d.C., anche se alcuni reperti sono stati datati tra il 2000 e il 600 a.C. Della villa rimangono solo l'ipocausto (sistema di riscaldamento romano) e i pavimenti a mosaico, tra i meglio conservati del paese. Un frammento particolarmente intricato raffigura Venere e i gladiatori.

Intorno alla villa si continuano a trovare reperti. Nel 1999 è stato portato alla luce lo scheletro intatto di un neonato, vissuto in un periodo compreso tra il III e il IV secolo d.C.

Da giugno a settembre la villa romana è aperta ogni giorno dalle 10 alle 18, fino alle 17 da ottobre a maggio. L'ingresso costa £3,50/1,50. Si trova 6 miglia (10 km) a nord di Arundel, nei pressi della A29, ma raggiungerla può essere un problema senza un mezzo proprio (con gran disappunto dei proprietari della villa). Per arrivarci, potete prendere l'autobus, piuttosto lento e poco frequente, che collega Chichester con il villaggio di Bignor, percorrendo a piedi gli ultimi 300 m fino alla villa. Oppure, potete raggiungerla dal Petworth House & Park (v. **Dintorni di Chichester**, più avanti in questo capitolo), che si trova 6 miglia più a nord, con l'autobus che da Worthing porta a Sutton Village.

CHICHESTER

Pop. 28.000 ☎ 01243

Chichester, fondata subito dopo l'invasione romana del 43 d.C., è oggi il fiorente capoluogo amministrativo della contea del West Sussex. Situata nel tratto di terreno pianeggiante compreso tra le South Downs e il mare, un tempo era anche un porto.

East St, West St, North St e South St furono costruite dai Romani per la loro città che all'epoca si chiamava Noviomagus. Nella cintura di Chichester, in località Fishbourne, si conservano le fondamenta e i bellissimi mosaici di una grande villa romana (v. **Dintorni di Chichester**, più avanti in questo capitolo). Del castello normanno non resta più alcuna traccia, ma si può ancora ammirare l'antica cattedrale. La City Cross, una delle più belle del paese, si trova al centro della città e risale al 1501 (fu il vescovo Story a volerla innalzare a 'conforto della povera gente di piazza'). Fra gli edifici del centro predomina lo stile georgiano.

Orientamento e informazioni

Come a Canterbury e a Winchester c'è una circonvallazione intorno alle antiche mura cittadine; il centro si può facilmente girare a piedi.

Il TIC (☎ 75888, fax 539449, @ helpline@chichester.gov.uk), 29a South St, è aperto dalle 9.30 alle 17.30 dal lunedì al sabato, e dalle 10 alle 16 la domenica, da Pasqua a ottobre.

La posta centrale si trova all'angolo tra Chapel St e West St. Troverete un ufficio dell'AmEx all'81 di East St, e diversi uffici di cambio più avanti lungo la stessa via.

Nel centro ci sono alcuni gabinetti pubblici – accanto al Guildhall Museum in Priory Park e nei pressi di West St, vicino all'angolo di Tower St.

Chichester Cathedral

La cattedrale visibile oggi è il risultato di modiche effettuate nell'arco di nove secoli, ma la struttura rimane sostanzialmente normanna, o romanica, e presenta proporzioni più armoniose rispetto ad altre chiese di quel periodo. Le opere d'arte custodite all'interno vanno da sculture in pietra normanne a dipinti del XX secolo.

I lavori di costruzione iniziarono nel 1705 e proseguirono per oltre 100 anni – di questa fase rimane soltanto la navata; agli inizi del XIII furono costruiti, in stile gotico primitivo, i lati interni del cleristorio, il coro dietro l'altare maggiore, la sacrestia e i portici; le cappelle laterali e la Lady Chapel, in stile gotico ornato (*decorated*) sono del principio del XIV secolo; verso la fine del XV secolo furono aggiunti il chiostro, la torre e il campanile (separato dalla cattedrale), costruiti in stile perpendicolare.

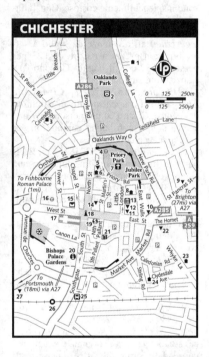

Per conoscere nei particolari la storia della cattedrale, che custodisce preziose opere d'arte, conviene farsi accompagnare da un esperto; vi sono visite guidate da Pasqua a ottobre, dal lunedì al sabato, alle 11 e alle 14.15. Di particolare interesse sono il bel soffitto della Lady Chapel, realizzato da Lambert Barnard, lo squisito bassorilievo del XII secolo, considerato tra i massimi capolavori di scultura romanica, il reliquiario di St Richard, la finestra disegnata da Marc Chagall e la commovente tomba del conte di Arundel e della sua contessa. Fu ispirandosi a questi due nobili, scolpiti intorno al 1376 mano nella mano e con i piedi poggiati sui loro cagnolini prediletti (simbolo della fedeltà coniugale), che Philip Larkin compose la poesia *An Arundel Tomb*. La grande passione degli inglesi per i cani ha dunque origini molto lontane.

La cattedrale di Chichester (☎ 782595) è aperta tutti i giorni dalle 7 alle 19 in estate, fino alle 18.30 nel resto dell'anno. Il coro di Chichester, molto apprezzato, canta ogni giorno all'ora dei vespri. Dal lunedì al sabato i vespri si cantano alle 17.30, la domenica alle 15.30. L'ingresso è gratuito ma si consiglia di farc un'offerta di £2/1.

Pallant House

Fra le tante belle case georgiane di Chichester spicca soprattutto Pallant House (☎ 774557), 9 North Pallant, splendido edificio costruito da un ricco mercante di

INGHILTERRA SUD-ORIENTALE

CHICHESTER

PERNOTTAMENTO					
1	Chichester Institute	9	Café Metro Brasserie	7	Church of the Greyfriars
3	11 Cavendish St	10	The Nag's Head	13	Chichester District
6	The Ship	11	Little London Indian		Museum
8	Suffolk House Hotel &		Tandoori	15	Posta centrale
	Restaurant	12	Shepherd's Tea Rooms	16	Gabinetti pubblici
23	Whyke House	14	St Martin's Tea Room	17	Chichester Cathedral
24	Encore	22	Home Bake Café	18	City Cross
		27	Waitrose Supermarket	19	AmEx
				20	TIC
PASTI		ALTRO		21	Pallant House
5	Clinches Coffee Shop &	2	Chichester Festival Theatre	15	Autostazione
	Restaurant	4	Gabinetti pubblici	26	Stazione ferroviaria

vini che non badava a spese. Dopo un accurato restauro, ospita oggi una ricca collezione d'arte, in gran parte britannica, in forma di dipinti, mobili, sculture e porcellane. Potrete ammirare, tra le altre, opere di Picasso, Moore, Sutherland e Cézanne e molti quadri di un artista tedesco chiamato Feibusch, che fuggì dalla Germania nazista nel 1933 e visse a Londra fino alla sua morte, avvenuta nel 1998. Nel suo testamento lasciò il contenuto del suo studio a Pallant House. Pallant House è aperta dalle 10 alle 17 dal martedì al sabato, e dalle 12 alle 17 la domenica. L'ingresso costa £4 ed è gratuito per i bambini.

Church of the Greyfriars

Nell'angolo orientale della città, oggi Priory Park e un tempo il luogo in cui sorgeva il castello, si trova la chiesa fondata nel 1269 dai francescani (Greyfriars). La costruzione, di sobria bellezza, visibile oggi sopra il campo di cricket, costituiva il coro della chiesa. In seguito alla soppressione dei monasteri nel 1538, la chiesa divenne il municipio cittadino e successivamente un tribunale, dove fu processato per sedizione William Blake nel 1804. La chiesa è aperta da giugno a settembre, ma solo il sabato dalle 12 alle 16, ma è possibile concordare visite su appuntamento in altri orari. (☎ 784683). L'ingresso è libero.

Chichester District Museum

Qui si apprende tutto sulla storia e la popolazione del West Sussex. Il museo (☎ 784683) si trova al 29 di Little London Rd ed è aperto dalle 10 alle 17.30 dal martedì al sabato. L'ingresso è libero.

Manifestazioni di particolare rilievo

Il Chichester Festival Theatre (☎ 781312, 🖂 box-office@cft.org.uk), costruito nel 1962, è un imponente edificio moderno, situato nel parco che si estende a nord della circonvallazione. Il primo direttore del teatro fu Sir Laurence Olivier, tra i personaggi famosi che vi si sono esibiti figurano Ingrid Bergman, John Gielgud,

Maggie Smith e Anthony Hopkins. Ogni anno, nel mese di luglio, ospita un importante festival d'arte drammatica, il Chichester Festivities (☎ 780192, 🖂 info@ chifest.org.uk).

Pernottamento

Quasi tutte le sistemazioni di Chichester sono inspiegabilmente costose. Consigliamo di fare un giro prima di prenotare.

Il **Chichester Institute** (*☎ 816070, College Lane*) affitta stanze da luglio a settembre, con prezzi a partire da £23 per persona, £32 con il bagno. Ci sono 218 stanze, tutte singole.

L'**Encore** (*☎ 528271, 11 Clydesdale Ave*) si trova a pochi minuti di cammino dal centro. Costa £20 per persona per una stanza doppia con bagno comune; in genere non accetta persone sole.

11 Cavendish St (*☎ 527387*) è un B&B per non fumatori, con una doppia e una singola che costano £17 per persona.

La **Whyke House** (*☎ 788767, 13 Whyke Lane*) è gestita da una coppia molto disponibile che chiede £45 per notte (minimo due notti) in un appartamento indipendente. La prima colazione non è compresa nel prezzo.

The Ship (*☎ /fax 778000, North St*), un bell'albergo risalente al XVIII secolo, ha un buon ristorante e si trova vicino al teatro. Le singole/doppie costano £75/114.

Il **Suffolk House Hotel & Restaurant** (*☎ 778899, fax 787282, 🖂 suffolkhshotel. demon.co.uk, 3 East Row*) è un albergo ricavato da una casa georgiana e situato nel cuore della città che offre una serie di confortevoli stanze, con prezzi a partire da £59/89.

Pasti

Trovate un supermercato **Waitrose** vicino alla stazione ferroviaria.

L'**Home Bake Café** (*☎ 533785, The Hornet*) è il posto dove andare per un pasto senza spendere molto. Il suo piatto a base di yorkie (Yorkshire pudding, panino fatto con una pastella di farina, latte e uova), salsiccia, purè e fagioli è molto conveniente a £3,70.

Il *Clinchs Coffee Shop & Restaurant* (☎ 789915, *4 Guildhall St*) ha prezzi ragionevoli e si trova vicino al teatro. I piatti principali costano da £6 a £8.

La *St Martin's Tea Room* (☎ 786715, *3 St Martin's St*) e la *Shepherd's Tea Rooms* (☎ 774761, *35 Little London*) servono tè e pasticcini in un ambiente caldo.

La *Café Metro Brasserie* (☎ 788771, *St Pancras St*) a pranzo propone menu turistici che costano £4,50 e musica jazz dal vivo il martedì sera.

I migliori piatti al curry in città sono serviti al *Little London Indian Tandoori* (☎ 537550, *38 Little London*). Il tikka masala di pollo costa £8.95, un piatto vegetariano come il sag paneer £2,95.

Un posto dove si mangia bene è *The Nag's Head* (☎ 785823, *3 St Pancras St*) che propone un menu ricco e vario. Ha anche dei tavoli all'aperto.

Per/da Chichester

Chichester dista 60 miglia (97 km) da Londra e 18 miglia (29 km) da Portsmouth.

Autobus Chichester è servita dall'autobus n. 700/701 della Stagecoach Coastline (☎ 01903-237661) che collega Brighton (£3,20; 2 ore) a Portsmouth (£3; un'ora), con una corsa ogni 30 minuti dal lunedì al sabato (ogni ora la domenica). L'autobus n. 702 va da Brighton a Chichester via Arundel ogni 30 minuti, ogni ora la domenica (£3,20, 2 ore e 40 minuti). La National Express (☎ 0870 580 8080) offre un servizio giornaliero prolungato dalla stazione di Victoria (£10,50/14 per sola andata/andata e ritorno in giornata; 3 ore).

Treno Chichester può essere facilmente raggiunta dalla stazione di Victoria (£16; un'ora e 45 minuti) con il treno, che parte ogni ora e poi passa per l'aeroporto di Gatwick e Arundel. La città è inoltre servita dalla linea costiera tra Brighton (£7,60; 45 minuti) e Portsmouth (£4,50; 25 minuti).

Trasporti urbani

Se viaggiate in automobile vi consigliamo di utilizzare i parcheggi destinati a soste prolungate, tutti situati a breve distanza dal centro. Per parcheggiare all'interno della circonvallazione è necessario acquistare gli appositi tagliandi che costano 20p per 20 minuti.

DINTORNI DI CHICHESTER

A sud di Chichester si trova il rinomato Chichester Harbour, dichiarato Area of Outstanding Natural Beauty (area di eccezionale valore naturalistico). A nord del porto si estendono le splendide South Downs con diversi villaggi ancora incontaminati – per esempio East Dean, West Dean e Charlton (a 6 miglia/10 km da Chichester).

Da Itchenor potete concedervi una crociera di un'ora e mezzo nel porto con la Chichester Harbour Water Tours (☎ 786418). Il prezzo di £5/2 comprende i rinfreschi. Per raggiungere Itchenor potete partecipare all'escursione di 4 miglia lungo il canale da Chichester, oppure semplicemente godervi la passeggiata lungo l'alzaia. Per ulteriori informazioni al riguardo chiamate i numeri ☎ 771363 o ☎ 671051.

Palazzo romano e museo di Fishbourne

Riportato alla luce nel 1960, il palazzo di Fishbourne (☎ 01243-785859), Salthill Rd, è la più grande residenza romana conosciuta in Gran Bretagna. Gli studiosi ritengono che sia stato costruito intorno al 75 d.C. per un re locale che aveva stretto alleanza con i Romani. Vasto e lussuosissimo, era un edificio spettacolare – i suoi bagni fanno ancora impallidire molti dei moderni impianti sanitari britannici. Benché del palazzo si conservino solo le fondamenta, alcuni straordinari pavimenti a mosaico e l'ipocausto, le rovine trasmettono ancora un'immagine di eleganza e comodità 'moderne'.

Il padiglione che protegge i resti è una brutta costruzione, ma all'interno sono stati ricostruiti in modo squisito alcuni ambienti e persino il giardino ripropone lo schema del I° secolo d.C. Il sito è aperto da maggio a settembre dalle 10 alle 17 (fino alle 18 nel mese di agosto).

L'ingresso costa £4,40/2,30. Gli autobus n. 11 e 700 dal lunedì al sabato (n. 56 la domenica) partono ogni ora dalla cattedrale e fermano all'inizio di Salthill Rd (a cinque minuti di cammino dal sito). Il museo si trova a 10 minuti di cammino, verso sud-est, dalla stazione ferroviaria di Fishbourne, situata lungo la linea tra Chichester e Portsmouth.

Petworth House e parco

Petworth House (☎ 01798-342207, NT), situata 12 miglia (19 km) a nord-est di Chichester, risale in gran parte al 1688. L'edificio è imponente (specialmente la facciata ovest) e la collezione d'arte è straordinaria. J. M. W. Turner era un ospite abituale di questa casa, che custodisce la più ampia raccolta di quadri (20) del pittore dopo la Tate Britain di Londra. Si possono ammirare inoltre dipinti di Van Dyck, Reynolds, Gainsborough, Tiziano e Blake. Petworth, tuttavia, è rinomata soprattutto per il parco, considerato la massima espressione della teoria sul giardino paesaggistico di Lancelot Brown (detto Capability), celebre architetto di giardini britannico. Il parco è dimora di mandrie di cervi.

Petworth House è aperta al pubblico da aprile a ottobre, tutti i giorni dalle 13 alle 17.30 (ultimo ingresso alle 16.30). L'ingresso costa £5/2,50. Il parcheggio per le automobili e il Pleasure Ground, una parte del giardino trasformata in parco dei divertimenti, sono aperti dalle 12 alle 8. Il parco è aperto ogni giorno dell'anno dalle 8 al tramonto. L'ingresso è libero.

Petworth dista 6 miglia (10 km) dalla stazione ferroviaria di Pulborough. Dalla stazione di Victoria (£12,80; un'ora e 15 minuti) parte un treno ogni ora. Dal lunedì al sabato c'è qualche collegamento (n. 1/1A) tra la stazione e Petworth Square.

Hampshire

La contea dell'Hampshire è ricca di luoghi interessanti che non mancheranno di affascinare i visitatori diretti verso il West Country. Innanzi tutto c'è Winchester, con la sua splendida cattedrale, poi le importanti città marittime di Portsmouth e Southampton e, infine, l'incantevole New Forest – la più vasta foresta originaria rimasta in Inghilterra.

WINCHESTER
Pop. 96.000 ☎ 01962

Situata sulle rive del fiume Itchen e cosparsa di marcite, Winchester è una bella città con una splendida cattedrale. Ha svolto un ruolo importante nella storia del paese, essendo stata sia capitale dell'Inghilterra sassone sia sede dei potenti vescovi di Winchester fin dal 670 d.C. Oggi è famosa soprattutto per la magnifica Winchester Cathedral.

Nel luogo dove ora sorge la città, i Romani costruirono Venta Bulgarum; parte dell'antica cinta muraria è tuttora visibile, incorporata in una struttura difensiva di epoca medievale. Alfredo il Grande e molti dei suoi successori, tra cui Canuto e i re danesi, fecero di Winchester la loro capitale, e Guglielmo il Conquistatore raggiunse la città per rivendicare la corona d'Inghilterra. Qui venne compilato il Domesday Book (il libro del catasto d'Inghilterra). Ciononostante, gli edifici odierni risalgono in gran parte al XVIII secolo, periodo in cui Winchester aveva già trovato una sua dimensione come prospero centro di commerci.

Orientamento

Winchester può essere visitata con una gita di un giorno da Londra. Il centro cittadino è piccolo e può essere girato comodamente a piedi. La stazione ferroviaria si trova cinque minuti di cammino a nord-ovest del centro, mentre quella degli autobus e dei pullman è in centro, di fronte al municipio (Guildhall) e al TIC. High St, parzialmente pedonale, è la principale via di negozi. Jewry St, che un tempo era il quartiere ebraico della città, delimita il lato occidentale del centro.

Informazioni

Il TIC (☎ 840500, fax 850348, ❷ tourism @winchester.gov.uk), situato nella Guil-

8

dhall in Broadway, è aperto tutto l'anno
dal lunedì al sabato dalle 10 alle 18, da
giugno a settembre anche la domenica
dalle 11 alle 14. Pubblica l'ottima *Winchester Visitor's Guide*, che comprende
informazioni sui luoghi d'interesse e su
alberghi e ristoranti.

La posta centrale si trova in Middle
Brook St, e c'è un ufficio postale più piccolo in Kingsgate St, vicino al college.
Impossibile non notare le banche, i bancomat e i cambiavalute che si trovano in
High St. Trovate alcuni gabinetti pubblici
nel parco, vicino a Broadway.

Winchester Cathedral

La prima chiesa di Winchester, l'Old
Minster, fu costruita per volere del re
Kenwahl nel 648 d.C. Nel camposanto
adiacente all'odierna cattedrale ci sono
ancora le tracce dell'edificio originario e
dei successivi ampliamenti. L'edificio
originario fu sostituito dal New Minster,
dove fu sepolto Alfredo il Grande (871-
899) dopo un breve periodo nell'Old Minster. Intorno al 1000 l'Old Minster era
una delle più grandi chiese sassoni d'Inghilterra, ma la conquista normanna nel
1066 portò notevoli cambiamenti e nel
1079 si gettarono le fondamenta di una
nuova cattedrale.

Intorno al 1110 fu demolito anche il
New Minster. Una volta ultimata, la cattedrale si rivelò la più lunga chiesa della
Gran Bretagna dell'epoca, ma dovette affrontare alcuni problemi, in parte causati
dall'umidità del terreno sul quale erano
state gettate le inadeguate fondamenta.
Nel XIII secolo, secondo le istanze del
gotico primitivo, venne ampliata l'estremità orientale dove furono costruiti il
coro dietro l'altare, il coro centrale e il
presbiterio. A partire dal XIV secolo la
navata romanica, che nel corso degli
anni aveva subito un grave cedimento, fu
completamente ricostruita in stile perpendicolare.

Il convento di St Swithun fu demolito
in seguito alla soppressione dei monasteri. La cattedrale fu in parte danneggiata
dall'esercito di Cromwell durante il perio-
do della Riforma. Le pareti recano ancora
i segni lasciati dalle spade e dalle asce,
mentre le statue e alcune delle vetrate
istoriate furono sostituite nel XIX secolo.

Nella navata laterale nord, vicino all'ingresso, vi è la tomba di **Jane Austen**,
che morì a pochi passi dalla cattedrale nel
1817. I transetti costituiscono la parte più
antica della cattedrale. Si notino gli archi
romanici a tutto sesto e il soffitto in legno
dipinto. Gli affreschi sulle pareti della
Holy Sepulchre Chapel risalgono al 1120
e al 1240.

Le visite alla **cripta** normalmente iniziano dal transetto nord, ma spesso vengono sospese per allagamento dei sotterranei. La visite hanno luogo da Pasqua a
settembre, dal lunedì al sabato, alle 10.30
e alle 14.30. È possibile accedere alla prima parte della cripta dove c'è una spettrale statua moderna.

Il coro presenta stalli lignei intagliati,
realizzati nel 1307 da William Lyngwode.
Il **pulpito** fu aggiunto intorno al 1520 per
volere del priore Silkstede e la decorazione a foggia di drappo di seta allude al suo
nome (*silk* significa 'seta').

Chiude il presbiterio la magnifica **Great
Screen**, una transenna costruita intorno al
1470. Durante il periodo della Riforma le
statue che la decoravano furono rimosse e
distrutte. Nel 1890 furono sostituite da altre, e la statua della regina Vittoria (secondo livello, terza fila a destra delle figure minori) riuscì a introdursi di soppiatto tra quelle dei sovrani sassoni. Su entrambi i lati del presbiterio, sotto gli archi,
si trovano i **sarcofagi** in cui si conservano
le ossa di sovrani (tra cui re Canuto) e di
vescovi sassoni.

Nel coro dietro l'altare vi sono diverse
chantry chapels, piccole cappelle votive,
ciascuna dedicata a una persona. Si noti
l'insolita effigie a forma di scheletro del
vescovo Gardiner e del vescovo Fox, dall'altra parte. I due vescovi vollero essere
raffigurati in questo modo per ricordare ai
visitatori la natura mortale e la fragilità
dell'essere umano.

Particolarmente originale, la **Guardian
Angels Chapel** presenta affreschi del

WINCHESTER

PERNOTTAMENTO
3   East View
9   The Royal Hotel
16 Cathedral View
18 Youth Hostel
33 Hotel du Vin
41 Wykeham Arms
43 Mrs Wright's

PASTI
2   The Elizabethan Restaurant
8   Mr So
11 Sainsbury Supermarket
12 Blue Dolphin Restaurant
21 Gandhi Indian Restaurant & Takeaway
29 Nine the Square
30 Granny Pastries
35 The Refectory

PUB, BAR E CLUB
10 North Pole
17 The Cricketers Inn
19 The Old Monk
28 Old Vine Inn

31 Eclipse Inn
38 Black Boy

ALTRO
1   Stazione ferroviaria
4   Military Museums
5   Great Hall
6   Rovine romane
7   Westgate Museum
13 Posteggio taxi
14 Posta centrale
15 Autostazione
20 City Mill
22 Statua di re Alfredo
23 Gabinetti
24 St Mary's Abbey
25 TIC; Guildhall
26 Winchester Cathedral
27 City Museum
32 Butter Cross
34 Royal Hampshire Regiment Museum
36 Wolvesey Palace
37 Wolvesey Castle
39 Winchester College
40 Jane Austen's House
42 Ufficio postale

1240. Riproduzioni moderne di dipinti del XVI secolo sono visibili nella **Lady Chapel**, dove si trova anche una moderna scultura raffigurante la *Pietà*. Davanti a questa cappella c'è una piccola **statua** in bronzo in memoria di William Walker, il sommozzatore che all'inizio del XX secolo puntellò i muri della cattedrale sprofondata, intervento che richiese cinque anni di lavoro. Le irregolarità del **pavimento** su entrambi i lati del coro dietro l'altare sono una conseguenza dei problemi d'instabilità che interessarono la cattedrale.

Al centro del coro dietro l'altare si trovava l'ultima sede del reliquiario **St Swithun's shrine**. È ancora visibile l'entrata all'**Holy Hole**, un tunnel scavato sotto il reliquiario in uso dal 1150 al 1476 che i pellegrini dovevano attraversare strisciando.

Nel transetto sud si trovano la **Prior Silkstede's Chapel**, con la tomba di Izaak Walton (1593-1683) e una finestra dedicata a questo santo patrono della pesca e autore del trattato *The Compleat Angler*. Si notino le grottesche facce scolpite su entrambi i lati dell'ingresso della **Venera-**

ble **Chapel**, che potrebbero essere il risultato di una licenza artistica da parte dei carpentieri. La biblioteca e il triforio, sempre nel transetto sud, ospitano una mostra di tesori della cattedrale, tra cui le statue danneggiate rimosse dalla Great Screen e la Winchester Bible miniata del XII secolo. L'orario delle visite è variabile. L'ingresso costa £1/50p. La navata laterale sud accoglie la **Chantry of Bishop William of Wykeham** (cappella votiva del vescovo William di Wykeham), fondatore del New College di Oxford e del Winchester College.

Le visite guidate sono condotte da un gruppo di volontari locali, che si dedica a questa attività con entusiasmo, ogni giorno, tranne la domenica, alle 11 e alle 14. Le visite guidate alla torre si svolgono il mercoledì alle 14.15, il sabato alle 11.30 e alle 14.15 (£1,50), quelle alla cripta ogni giorno, tranne la domenica, alle 10.30 e alle 14. La cattedrale (☎ 853137) è aperta ogni giorno dalle 7.30 alle 18.30; è richiesta un'offerta di £2,50/50p. È consentito scattare fotografie. La domenica le funzioni sono alle 8, alle 10 e alle 11.15, i vespri si cantano alle 15.30. Dal lunedì al sabato i vespri vengono cantati alle 17.30.

City Mill

Sulla sponda del fiume sorge il City Mill (☎ 870057; NT), il vecchio mulino dove un tempo si macinava il grano per i fornai della zona. Fu costruito nel 1743, ma in questo luogo vi era un mulino già in epoca medievale. La ruota è stata restaurata di recente e sul retro vi sono alcuni graziosi giardini. Nel mese di marzo il mulino è aperto solo nel fine settimana dalle 11 alle 16.30, da aprile a ottobre è aperto dal mercoledì alla domenica. L'ingresso costa £1/50p. Una parte dell'edificio è stata adibita a ostello della gioventù e, quando le porte chiudono, la Mill House si trasforma nella sala da pranzo dell'ostello.

Musei

Il **City Museum** (☎ 863064), The Square, ospita un'interessante esposizione di reperti romani al primo piano, insegne di negozi all'ammezzato, e una mostra che

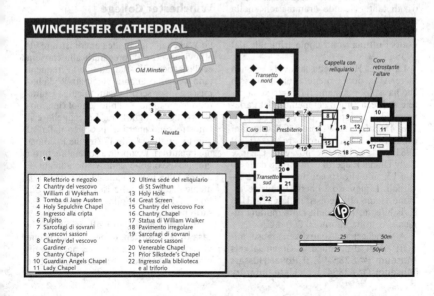

WINCHESTER CATHEDRAL

Old Minster

Transetto nord

Cappella con reliquiario

Coro retrostante l'altare

Navata

Coro ■ Presbiterio

Transetto sud

1 Refettorio e negozio
2 Chantry del vescovo William di Wykeham
3 Tomba di Jane Austen
4 Holy Sepulchre Chapel
5 Ingresso alla cripta
6 Pulpito
7 Sarcofagi di sovrani e vescovi sassoni
8 Chantry del vescovo Gardiner
9 Chantry Chapel
10 Guardian Angels Chapel
11 Lady Chapel
12 Ultima sede del reliquiario di St Swithun
13 Holy Hole
14 Great Screen
15 Chantry del vescovo Fox
16 Chantry Chapel
17 Statua di William Walker
18 Pavimento irregolare
19 Sarcofagi di sovrani e vescovi sassoni
20 Venerable Chapel
21 Prior Silkstede's Chapel
22 Ingresso alla biblioteca e al triforio

0   25   50m
0   25   50yd

illustra la storia della città nei periodi sassone e normanno al piano terra. Da aprile a settembre il museo è aperto dal lunedì al sabato, dalle 10 alle 17 (il sabato chiude dalle 13 alle 14), e la domenica dalle 14 alle 17. Nel resto dell'anno rimane chiuso il lunedì. L'ingresso è libero.

Il **Westgate Museum** (☎ 869864), in High St, è allestito nell'antica porta medievale, un tempo prigione dove venivano reclusi i debitori. Tra gli oggetti in visione figura una serie di macabre catene di ferro che furono usate l'ultima volta nel 1777 per esporre il corpo di un criminale giustiziato. Sulle pareti si vedono i disegni e le frasi scritte dai prigionieri. Da aprile a settembre il museo è aperto dal lunedì al sabato dalle 10 alle 17 (il sabato chiude dalle 13 alle 14), e la domenica dalle 14 alle 17. Nel resto dell'anno rimane chiuso il lunedì; da novembre a gennaio è chiuso. L'ingresso costa 30/20p.

La **Great Hall** (☎ 845610) fu l'unica parte del Winchester Castle a non essere distrutta da Oliver Cromwell. Il castello, iniziato da Guglielmo il Conquistatore nel 1067 e in seguito ampliato e fortificato da molti altri re d'Inghilterra, fu teatro di tante vicende drammatiche nella storia del paese, tra cui il processo di Sir Walter Raleigh tenutosi nel 1603. Fu usato l'ultima volta come tribunale dal 1938 al 1978.

La Great Hall ospita la tavola rotonda di re Artù, ormai ritenuta un falso visto che ha 'solo' 600 anni. Il dipinto sulla parete sud reca i nomi dei membri del Parlamento dell'Hampshire dal 1283 (Edoardo I) al 1868 (regina Vittoria). Gli splendidi cancelli in acciaio furono realizzati nel 1981 per celebrare le nozze di Carlo e Lady Diana. È aperto ogni giorno dalle 10 alle 17, fino alle 16 nei fine settimana invernali. L'ingresso è libero. In una recinzione vicino all'ingresso della Great Hall è visibile una parte della **cinta muraria** romana costruita intorno al 200 d.C.

A Winchester ci sono diversi musei militari aperti al pubblico. Il **Green Jackets Museum** (☎ 828549), il **Royal Hussars Museum** (☎ 828541), il **Light Infantry Museum** (☎ 828550), il **Royal Hampshire Regiment Museum** (☎ 863658) e il **Gurkha Museum** (☎ 828536). Gli orari delle visite sono variabili; alcuni musei sono gratuiti, altri costano fino a £2.

Wolvesey Castle e Wolvesey Palace

Secondo la leggenda il Wolvesey Castle (☎ 854766; EH) avrebbe preso il nome dal capriccio di un re sassone che pretendeva di ricevere un tributo annuale di 300 teste di lupo (*wolf* significa 'lupo'). Iniziato nel 1107, il castello fu ultimato più di mezzo secolo dopo da Henry de Blois, nipote di Guglielmo il Conquistatore. In epoca medievale era la residenza del vescovo di Winchester. Pare che la regina Maria I e Filippo di Spagna vi abbiano consumato la prima colazione nel giorno del loro matrimonio. Il castello venne quasi interamente demolito intorno al 1680 e oggi il vescovo risiede nell'adiacente Wolvesey Palace. Il castello è aperto da aprile a novembre, ogni giorno dalle 10 alle 18. L'ingresso costa £1,80/90p.

Winchester College

Il Winchester College (☎ 621217), in College St, fu fondato nel 1382 dal vescovo Wykeham, la cui idea era di istruire 70 allievi poveri e di prepararli alla carriera ecclesiastica. Gli studenti che lo frequentano vengono ancora chiamati Wykehamists. Fu per secoli l'istituto cui si ispirarono le prestigiose public school (le scuole private) d'Inghilterra. La cappella e il chiostro sono aperti al pubblico dalle 10 alle 13 e dalle 14 alle 17 (tranne la domenica mattina). Da aprile a settembre, tutti i giorni si svolgono delle visite guidate di un'ora, che iniziano alle 11 (tranne la domenica), alle 14 e alle 15.15 (£2,50/2) dal Porters' Lodge in College St; non è necessario prenotare.

Nelle vicinanze, in College St, c'è la **casa di Jane Austen**, o meglio, quella che viene considerata la sua casa anche se in realtà la scrittrice vi trascorse soltanto le ultime sei settimane di vita.

St Cross Hospital

Il St Cross Hospital (☎ 851375), in St Cross Rd, un miglio a sud di High St, nei pressi di Kingsgate Rd, fu fondato nel 1132 da Henry de Blois per fornire cibo e un letto ai pellegrini, ai poveri e ai crociati, i quali pregavano e mangiavano qui prima di mettersi in viaggio. Questo ospedale, che è la più antica istituzione filantropica del paese, ospita tuttora 25 sacerdoti e continua la sua opera di carità. All'interno del complesso potete vedere la chiesa, la sala dei confratelli, la cucina e il giardino del direttore. Da aprile a ottobre è aperto dal lunedì al sabato, dalle 9.30 alle 17; nel resto dell'anno è aperto dalle 10.30 alle 15.30. Il biglietto d'ingresso costa £2/50p e comprende il Wayfarer's Dole (elemosina del viandante, ossia un tozzo di pane e un corno di birra), che viene distribuito in elemosina a tutti i viandanti di passaggio.

St Mary's Abbey

Benché ridotto a qualche rovina all'interno di una recinzione nei pressi di High St, questo convento di suore ha una storia interessante. Fondato dalla moglie di Alfredo il Grande nel 903 d.C., nel periodo di massimo splendore fu uno dei principali centri del sapere nel paese. Dopo la conquista normanna fu ricostruito e si conservò fino al XVI secolo, quando Enrico VIII ne ordinò la distruzione.

Itinerari a piedi

La Water Meadows Walk dall'ingresso del Wolvesey Castle si snoda per un miglio fino a raggiungere l'Hospital of St Cross. La Riverside Walk parte dal castello e si snoda lungo la riva del fiume Itchen fino a High St. La camminata di mezzo miglio che porta in cima a St Giles Hill, sede di un insediamento risalente all'Età del ferro, viene premiata da splendide vedute sulla città.

Ci sono anche visite guidate a piedi alla scoperta dei principali luoghi d'interesse di Winchester. Da maggio a settembre si svolgono dal lunedì al sabato alle 11 e alle 14.30, e la domenica alle 11.30. Da novembre a marzo vengono condotte solo il sabato alle 11; a ottobre e aprile dal lunedì al venerdì alle 14.30, e il sabato alle 11 e alle 14.30. Le visite guidate partono dal TIC e costano £3/50p.

Se preferite potete seguire la Phantasm Ghostwalk, che parte ogni giorno al tramonto dalla cattedrale e dura un'ora. Dovrete prenotare chiamando il numero ☎ 07990 876217.

Pernottamento

I B&B di Winchester in genere non hanno l'insegna, dovrete quindi rivolgervi al TIC che vi darà un elenco delle sistemazioni disponibili.

Campeggi Il *Morn Hill Caravan Club Site* (☎ 869877, Morn Hill) si trova 3 miglia (5 km) a est del centro cittadino, nei pressi della A31. Offre piazzole per tenda a £2,50, più £3,90 per persona.

Ostelli Lo *Youth Hostel* (☎ 853723, City Mill, 1 Water Lane) occupa un bel mulino ad acqua del XVIII secolo, sulla riva opposta del fiume rispetto all'ingresso del mulino. La tariffa è di £8,80/5,95 per adulti/ragazzi sotto i 18 anni per notte. La sala da pranzo fa parte del City Mill.

B&B e alberghi Ci sono molti piccoli B&B, in genere con una o due stanze soltanto.

Cathedral View (☎ 863802, 9a Magdalen Hill) è un posto accogliente con belle stanze, un salotto e una soleggiata sala da pranzo dove viene servita la prima colazione. Le singole/doppie costano £30/40 con bagno comune, £40/50 con bagno privato. Il B&B *Mrs Wright's* (☎ 855067, 56 St Cross Rd) si trova a cinque minuti di cammino dal centro e costa £22/40.

East View (☎ 862986, 16 Clifton Hill) è situato in comoda posizione ha tre stanze piccole ma confortevoli e dotate di bagno a partire da £35/45. Il *Wykeham Arms* (☎ 853834, fax 854411, 75 Kingsgate St), vicino al college, ha alcune belle stanze con bagno a partire da £70/80.

The Royal Hotel (☎ 840840, fax 841582, St Peter St) si trova proprio nel cuore della città, lungo una tranquilla via laterale. Gli interni sono incantevoli e c'è un bel giardino. Le stanze partono da £82,50/89,50, ma sono previste offerte speciali per il fine settimana (non in estate) con trattamento di mezza pensione (prima colazione e cena) per due notti.

L'*Hotel du Vin* (☎ 841414, fax 842458, ✉ admin@winchester.hotel duvin.co.uk, Southgate St) è molto lussuoso e alquanto decadente – ci sono frigobar, un videoregistratore a cassette e un lettore di CD in ogni stanza. Ciascuna stanza è sponsorizzata da una diversa casa di vini francese, ecco perché i numeri sono stati sostituiti da nomi come Courvoisier. I prezzi vanno da £90 a £125.

Pasti

Vi sono diversi supermercati nel centro cittadino. Il migliore è *Sainsbury's*, in Middle Brook St.

Granny Pastries (☎ 878370, The Square) è giustamente rinomato e serve pasticci e timballi davvero buoni. Provate il pasticcio di pollo al curry verde thailandese oppure quello di Stilton e sedano. Prepara anche baguette con ogni sorta di ripieni esotici che costano £2 circa.

Consigliamo *The Refectory*, vicino all'ingresso della cattedrale, dove i panini partono da £1,70 e un cream tea costa £3,45.

Il *Blue Dolphin Restaurant* (☎ 853804) lungo la Broadway offre fish and chips a £3,10. Al *Gandhi Indian Restaurant & Takeaway* (☎ 863940, 163 High St), di fronte alla Guildhall, il pollo masala costa £5,25, il sag paneer £3,95.

Nine the Square (☎ 864004, 8 Great Minster St) è un elegante ristorante enoteca. Propone ottimi piatti a base di pasta fatta in casa a £6 circa e altre interessanti specialità, quali faraona arrosto con aglio e rosmarino a £14 circa.

Mr So (☎ 861234, 3 Jewry St) è specializzato nelle cucine di Pechino, Sichuan e Canton, con piatti principali a prezzi compresi tra £6 e £7,50. *The Elizabethan Restaurant* (☎ 853566, 18 Jewry St) occupa una casa stile Tudor risalente al 1509. Il menu prevede piatti della cucina tradizionale inglese e francese; c'è anche un menu turistico di tre portate a £10,50.

Il *Wykeham Arms* (v. **Pernottamento**) è un'autentica locanda vecchia Inghilterra, con banchi di scuola al posto dei tavoli e boccali che pendono dal soffitto. Eccellente luogo in cui mangiare, propone piatti da ristorante a prezzi compresi tra £9 e £13 e un menu da bar più economico; la domenica non serve i pasti.

Il bistrot dell'*Hotel du Vin* (v. **Pernottamento**) ha un'ottima reputazione, ma vi costerà £13,50 per un piatto principale, per esempio merluzzo arrosto con pancake di piselli e salsa ravigote.

Pub Il *Black Boy* (☎ 861754, 1 Wharf Hill), si trova dall'altra parte del fiume e ha l'atmosfera di un 'art-house pub', sempre che esista un posto del genere. Sulla parete sono disposti scaffali con libri e c'è una terrazza all'aperto. Qui il pasto domenicale a base di pietanze arrosto costa £5.

The Cricketers Inn (☎ 862603, Bridge St) è dedicato al cricket, e per quanto si cerchi di parlare d'altro la conversazione ruota sempre intorno a questo argomento.

The Old Monk (☎ 855111, 1 High St) ha una piacevole area all'aperto affacciata sul fiume e il cibo è ottimo.

Vicino al City Museum trovate l'*Eclipse Inn* (☎ 865676, The Square), un locale minuscolo ma ricco di atmosfera, e il frequentato *Old Vine Inn* (☎ 854616, 8 Great Minster St). Il *North Pole* (☎ 878315, 9a Parchment St) è un piccolo bar frequentato da studenti che offre musica dal vivo il mercoledì, il venerdì e il sabato sera.

Per/da Winchester

Winchester si trova 65 miglia (105 km) a sud-ovest di Londra e 15 miglia (24 km) a nord-est di Southampton.

Autobus L'autobus n. 32 della National Express (☎ 0870 580 8080) effettua una corsa ogni due ore dalla stazione di

Victoria via Heathrow (£7/9; 2 ore); meno frequenti i servizi per Oxford.

L'autobus n. 47 della Solent Blue Line (☎ 023-8022 6235) collega Southampton con Winchester (£2,05; 50 minuti), con partenza ogni 30 minuti nei giorni feriali, ogni ora la domenica. L'autobus n. 29 ogni ora raggiunge Southampton (£2,35; un'ora e mezzo). L'autobus n. 69 della Stagecoach Hampshire (☎ 01256-359142) effettua una corsa ogni ora (ogni due ore la domenica) tra Winchester e Portsmouth (£3,50; un'ora e 50 minuti). Il n. 68, che parte ogni ora (tranne la domenica), prosegue verso ovest fino a Salisbury (£3,50; un'ora e mezzo).

Treno Ci sono collegamenti veloci con la stazione di Waterloo (Londra) e la costa meridionale. Ogni 15 minuti partono treni da Londra (£17,30; un'ora), Southampton (£3,60; 18 minuti) e Portsmouth (£6,70; un'ora). Per raggiungere Salisbury, dovrete cambiare a Southampton; per Oxford cambiate a Reading.

Trasporti urbani
Le vostre gambe sono il miglior mezzo di locomozione. Se volete prendere un taxi, provate il posteggio di fronte al supermercato Sainsbury's, in Middle Brook, oppure chiamate la Wintax Taxis al numero ☎ 854838 o 866208, o la Wessex Cars al numero ☎ 853000.

Vi sono molti parcheggi diurni situati a cinque minuti di cammino dal centro. Il servizio Park and Ride costa £1,50.

PORTSMOUTH E SOUTHSEA
Pop. 190.000 ☎ 023

Sede della Royal Navy durante gran parte della storia britannica, Portsmouth conserva numerose testimonianze dell'importante ruolo svolto dalla marina di Sua Maestà, che per molti secoli determinò le sorti del mondo. I principali richiami di Portsmouth, tuttora una trafficata base navale e sede di lucenti e grigie macchine belliche del XX secolo, sono le navi storiche custodite nella Naval Heritage Area.

Gravemente colpita dai bombardamenti della Seconda guerra mondiale, non è una città molto attraente, ma Old Portsmouth, ossia la città vecchia, vanta alcuni luoghi interessanti e il confinante quartiere di Southsea è una vivace stazione balneare.

Orientamento
L'autostazione, la stazione ferroviaria Portsmouth Harbour e il terminal dei traghetti passeggeri per l'Isle of Wight sono raggruppati nella stessa zona, a pochi passi dalla Naval Heritage Area e dal TIC. La banchina è conosciuta come The Hard.

Southsea, dove ci sono le spiagge e gran parte degli alberghi e dei ristoranti, si trova circa 2 miglia (3 km) a sud di Portsmouth Harbour. Old Portsmouth si estende sul porto vecchio, chiamato Camber, mezzo miglio a sud di Portsmouth Harbour.

Non c'è molto da vedere nel resto di Portsmouth, quindi il vostro giro turistico e le vostre attività si concentreranno probabilmente in riva al mare.

Informazioni
Ufficio turistico Il TIC (☎ 9282 6722), The Hard, organizza visite guidate e fornisce un servizio di prenotazione alberghiera e innumerevoli opuscoli. In estate è aperto ogni giorno dalle 9.30 alle 17.45. La sede principale del TIC si trova al 102 di Commercial Rd (☎ 9283 8382, fax 9273 0116, ❷ tic@portsmouthcc.gov.uk) e in estate è attivo un altro ufficio accanto al Sea Life Centre, a Southsea, (☎ 9283 2464, fax 9282 7519); osservano entrambi lo stesso orario di apertura dell'ufficio lungo The Hard.

Cambio A Southsea troverete un ufficio della Thomas Cook in Palmerston Rd, e vi sono diversi bancomat in Osborne Rd. A Portsmouth le banche e i bancomat si concentrano lungo Commercial Rd, circa un miglio e mezzo (2,5 km) a est di The Hard.

Poste e telecomunicazioni Trovate un ufficio postale al 42 di Broad St, a Old Portsmouth, e un altro a Southsea in Pal-

PORTSMOUTH E SOUTHSEA

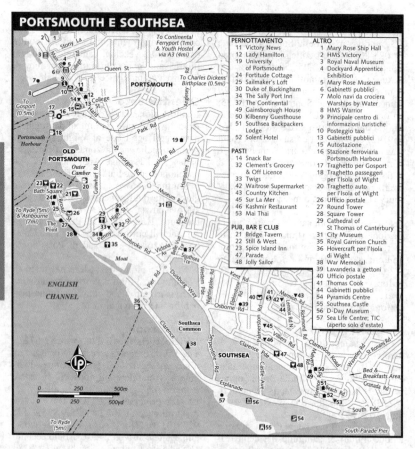

PERNOTTAMENTO
11 Victory News
12 Lady Hamilton
19 University of Portsmouth
24 Fortitude Cottage
25 Sailmaker's Loft
30 Duke of Buckingham
34 The Sally Port Inn
37 The Continental
49 Gainsborough House
50 Kilbenny Guesthouse
51 Southsea Backpackers Lodge
52 Solent Hotel

PASTI
14 Snack Bar
32 Clement's Grocery & Off Licence
33 Twigs
42 Waitrose Supermarket
44 Country Kitchen
45 Sur La Mer
46 Kashmir Restaurant
53 Mai Thai

PUB, BAR E CLUB
21 Bridge Tavern
22 Still & West
23 Spice Island Inn
47 Parade
48 Jolly Sailor

ALTRO
1 Mary Rose Ship Hall
2 HMS Victory
3 Royal Naval Museum
4 Dockyard Apprentice Exhibition
5 Mary Rose Museum
6 Gabinetti pubblici
7 Molo navi da crociera Warships by Water
8 HMS Warrior
9 Principale centro di informazioni turistiche
10 Posteggio taxi
13 Gabinetti pubblici
15 Autostazione
16 Stazione ferroviaria Portsmouth Harbour
17 Traghetto per Gosport
18 Traghetto passeggeri per l'Isola di Wight
20 Traghetto auto per l'Isola di Wight
26 Ufficio postale
27 Round Tower
28 Square Tower
29 Cathedral of St Thomas of Canterbury
31 City Museum
35 Royal Garrison Church
36 Hovercraft per l'Isola di Wight
38 War Memorial
39 Lavanderia a gettoni
40 Ufficio postale
41 Thomas Cook
44 Gabinetti pubblici
54 Pyramids Centre
55 Southsea Castle
56 D-Day Museum
57 Sea Life Centre; TIC (aperto solo d'estate)

merston Rd. Offre l'accesso a internet il Southsea Backpackers Lodge (v. **Pernottamento**) al prezzo di £2,50 per 30 minuti. Non è necessario soggiornare presso l'ostello per usare il computer.

Lavanderie A Southsea c'è una lavanderia in Osborne Rd. Non ve ne sono invece vicino a The Hard o a Old Portsmouth.

Servizi igienici Troverete alcuni gabinetti pubblici presso la Naval Heritage Area, accanto alla biglietteria, e all'autostazione lungo The Hard.

Flagship Portsmouth (Naval Heritage Area)

La Naval Heritage Area (☎ 9286 1512) ospita tre navi d'epoca e alcuni musei. Preparatevi – vi aspetta una giornata molto costosa. C'è un biglietto d'ingresso per ciascuna nave (circa £6) oppure potete acquistare il biglietto cumulativo chiamato All-Ships che costa £11,90/8,90 e consente l'ingresso alle tre navi, al Royal Naval Museum e al Mary Rose Museum. Non dovrete visitare tutto in un solo giorno – il biglietto è valido per due anni. Forse la marina pensa che in questo modo il prezzo dei biglietti risulti più appropriato – se volete ottenere quello per cui avete pagato, potete tornare il giorno successivo e ricominciare da capo. Il biglietto chiamato Passport (£14,90/10,90) comprende tutti i luoghi citati sopra più la mostra Dockyard Apprentice e una crociera Warships by Water (navi da guerra via mare). Il Royal Naval Museum è molto interessante, ma il vero richiamo è la HMS (nave di Sua Maestà) *Victory* – consigliamo di acquistare solo il biglietto per questa nave se viaggiate con un budget limitato.

La Naval Heritage Area è aperta ogni giorno da marzo a ottobre dalle 10 alle 17.30, da novembre a febbraio dalle 10 alle 17.

Le navi La *Victory* fu la nave ammiraglia di Lord Nelson durante la battaglia di Trafalgar nel 1805. Nelson morì a bordo. Armata nel 1765, aveva già 40 anni quando affrontò la celebre battaglia, con un equipaggio di 850 uomini e una velocità massima di 16 km orari. Quando fu trasformata in museo, nel 1922, era ancora in mare, anche se molto malridotta.

Visitare la *Victory* e seguire le orme di Lord Nelson e del suo eterogeneo equipaggio di canaglie e galantuomini è la cosa che più si avvicina a un viaggio nel passato – un'esperienza straordinaria. È una delle mete predilette dai turisti e vi si può accedere solo con la visita guidata di 45 minuti, muniti di un biglietto a termine. Le visite vengono condotte in modo troppo veloce ma con grande senso dell'umorismo, e le guide non tralasciano alcun particolare cruento relativo alla vita di bordo. La vita in mare viene narrata attraverso fatti sbalorditivi che resteranno impressi nella vostra mente per sempre. Apprenderete, per esempio, che la razione giornaliera di alcolici consisteva di un gallone di birra e mezza pinta di rum. Considerando che la razione d'acqua era di molto inferiore, viene da domandarsi come l'equipaggio sia potuto sopravvivere all'inevitabile disidratazione. Ci sono molte scale ripide e strette da affrontare, e dovrete chinare la testa. Al-

l'interno della nave è proibito scattare fotografie. L'ingresso costa £6,50.

Nelle vicinanze si trova il relitto, peraltro ben conservato, della *Mary Rose*. Costruito nel 1509 per ordine di Enrico VIII, questo vascello da 700 tonnellate di stazza affondò nelle basse acque al largo di Portsmouth nel 1545. Vi sono pareri discordanti sulle cause del naufragio, che all'epoca fu attribuito alla follia umana e alla sfortuna. Molti degli oggetti calati a picco con la nave furono portati in superficie nel 1982, 437 anni dopo il naufragio; oggi sono esposti al Mary Rose Museum. L'ingresso costa £5,95.

Costruita nel 1860 durante un periodo di transizione e considerata all'avanguardia della tecnologia dell'epoca, la HMS *Warrior* segnò l'inizio di una nuova fase che privilegiava l'uso del ferro al posto del legno e del vapore al posto delle vele. I quattro ponti della nave consentono di farsi un'idea della vita della marina militare in epoca vittoriana. Sarete liberi di gironzolare senza limiti di tempo. L'ingresso costa £5,95.

Royal Naval Museum Allestito in cinque gallerie indipendenti, questo enorme museo ospita una ricca collezione di modellini di navi, diorami di battaglie navali, mostre sulla storia della Regia Marina, medaglie e quadri. I contributi audiovisivi ricreano la battaglia di Trafalgar, offrendo ai visitatori la possibilità di prendere i comandi di una nave da guerra – dimostrata di saper tenere a bada le canaglie ed evitare gli ammutinamenti e le esecuzioni. Una delle gallerie è interamente dedicata a Lord Nelson e vi sono esposti, tra numerosi altri oggetti, gli effetti personali dell'ammiraglio rinvenuti nella sua cabina privata – la vita in mare deve essere stata molto dura per gli ufficiali che avevano in dotazione dei refrigeratori per il vino! L'ingresso costa £6,50.

Mary Rose Museum Visitando questo eccellente museo apprenderete molte cose sulla scoperta della *Mary Rose* e sulle operazioni di recupero del relitto attraverso mostre, materiale audiovisivo e potenti effetti sonori. Il museo illustra anche il fallito tentativo di recuperare il relitto nel XVI secolo da parte di due fiduciosi Veneziani e la massiccia operazione di scavo sott'acqua del 1965. Considerando che la nave è rimasta sul fondo dell'oceano per quasi cinque secoli, è sorprendente il numero di manufatti rinvenuti al suo interno. Ogni 30 minuti viene proiettato un filmato di 15 minuti sul recupero della *Mary Rose*. L'ingresso costa £5,95.

Dockyard Apprentice Exhibition Questo museo illustra tutto ciò che riguarda le costruzioni navali, il lavoro e i lavoratori dei cantieri navali. L'ingresso (non incluso nel biglietto All-Ships) costa £2,50.

Waterships by Water Cruise Per riuscire a vedere tutte le navi, vecchie e nuove, da una prospettiva diversa potete partecipare a una crociera guidata nel porto che dura 40 minuti e costa £3,50/2. La crociera è inclusa nel biglietto Passport.

Da Old Portsmouth a Southsea

Nelle giornate di sole è molto piacevole raggiungere **The Point**, accanto alle viuzze lastricate con ciottoli di Old Portsmouth, e sorseggiare una pinta di birra in un pub osservando il passaggio delle navi e dei traghetti.

Situata a Old Portsmouth, la **Cathedral of St Thomas of Canterbury** conserva soltanto alcuni frammenti dell'edificio originale del 1180. La navata e la torre furono ricostruite intorno al 1690, mentre le successive opere di ampliamento furono eseguite nel 1703 e tra il 1938 e il 1939. Immediatamente a sud di Old Portsmouth si trovano la **Round Tower**, costruita per volere di Enrico V, i resti delle mura di un vecchio forte e la **Square Tower** del 1494.

Proseguendo verso sud si incontrano le rovine della **Royal Garrison Church**, chiesa fondata nel 1212, chiusa nel 1540, restaurata tra il 1866 e il 1868 e infine danneggiata durante un'incursione aerea del 1941. Un **fossato** corre parallelo al lungomare e allo scivolo degli hovercraft per

l'Isle of Wight. Da qui partono anche delle imbarcazioni turistiche che fanno il giro del porto – l'ancora esposta è quella dell'HMS *Victory*.

All'estremità del lungomare dalla parte di Southsea, lungo Clarence Esplanade, ci sono alcuni luoghi d'interesse turistico, vecchi e nuovi. Il **Sea Life Centre** (☎ 9287 5222) è un acquario aperto ogni giorno dalle 10 alle 17 (dalle 11 alle 15 in inverno). L'ingresso costa £5,50/3,50. Nel 1944 Portsmouth fu un'importante base di partenza delle truppe alleate; il **D-Day Museum** (☎ 9282 7261) documenta la storia dello sbarco in Normandia attraverso l'Overlord Embroidery, (lungo 83 m) che si ispira all'Arazzo di Bayeux, e mostre. È aperto ogni giorno dalle 10 alle 17. L'ingresso costa £4,75/2,85.

Il **Southsea Castle** (☎ 9282 7261) fu costruito da Enrico VIII per proteggere la città dalle invasioni francesi. Fu poi modificato all'inizio del XIX secolo per sistemare un numero maggiore di armi e di soldati e per costruire un tunnel sotto il fossato. Si narra che da questo castello Enrico VIII vide affondare la *Mary Rose*. È aperto ogni giorno dalle 10 alle 17.30. L'ingresso costa £2/1,20.

Il **Pyramids Centre** (☎ 9279 9977), in Clarence Esplanade, è un complesso ricreativo con piscina e scivoli. L'orario di apertura varia nel corso dell'anno, ma in genere il complesso è aperto tutti i giorni dalle 10 alle 18. Il **South Parade Pier** è un tipico lungomare inglese con divertimenti.

Altre cose da vedere

Il **Royal Navy Submarine Museum** (☎ 9252 9217) si trova a Gosport, sulla riva opposta (v. **Trasporti urbani**). Il museo è aperto ogni giorno con il seguente orario: da aprile a ottobre dalle 10 alle 17.30, da novembre a marzo dalle 10 alle 16.30. L'ingresso costa £3,75/2,50.

In Museum Rd si trova il **City Museum** (☎ 9282 7261) che illustra la storia di Portsmouth attraverso materiali audiovisivi, ricostruzioni di stanze di case in uso dal XVII al 1950, e altri oggetti. È aperto dalle 10 alle 17.30. L'ingresso è libero.

Il **Charles Dickens' Birthplace** (☎ 9282 7261), 393 Old Commercial Rd, è arredato in uno stile appropriato al 1812, anno di nascita dello scrittore, ma l'unico mobile autentico è il divano dove egli morì nel 1870! La casa è aperta da aprile a ottobre, ogni giorno dalle 10 alle 17.30. L'ingresso costa £2/1,20.

Pernottamento

La maggior parte dei B&B si concentra a Southsea, ma la zona più piacevole in cui soggiornare è The Point a Old Portsmouth. Offre incantevoli vedute, un'atmosfera storica e si trova a soli dieci minuti di cammino dalle navi. Purtroppo i B&B si riempiono in fretta, quindi se volete essere sicuri di trovare una stanza in questa zona dovreste prenotare con largo anticipo.

Ostelli Lo *Youth Hostel* (☎ 9237 5661, fax 9221 4177, Wymering Manor, Old Wymering Lane, Cosham) si trova a nord della città, a circa 4 miglia (6 km) dai principali luoghi d'interesse. Il pernottamento costa £8,80/5,95 per adulti/ragazzi sotto i 18 anni. Gli autobus locali n. 5 e 41 collegano Cosham con il Southsea Parade Pier, percorrendo Commercial Rd a Portsmouth, mentre l'autobus n. 38 della Stagecoach parte da The Hard ogni ora.

Il *Southsea Backpackers Lodge* (☎ 9283 2495, 4 Florence Rd, Southsea) è molto più comodo e costa £10 per un letto in dormitorio, £15 per le singole e da £22 a £25 per le doppie. I proprietari sono molto disponibili e hanno lavorato senza sosta per rendere l'ostello accogliente e confortevole.

In estate la *University of Portsmouth* (☎ 9284 3178) offre sistemazioni, stile B&B, in stanze che affaccino sul Southsea Common, con prezzi a partire da £16,75 per persona, oppure in appartamenti per sei persone presso il Nuffield Centre, in St Michael's Rd.

B&B e alberghi Il *Sailmaker's Loft* (☎ 9282 3045, fax 9229 5961, 5 Bath Square) è estremamente raffinato e lo consigliamo caldamente. È gestito da un marinaio in pensione che potrà raccontarvi molte cose su Portsmouth. Chiede £20/22 per persona in stanze con bagno comune/privato. La vista sul porto è splendida e una delle stanze ha il balcone.

Il *Fortitude Cottage* (☎ 9282 3748, 51 Broad St), dietro l'angolo, offre stanze con bagno a £23 per persona. Il *Duke of Buckingham* (☎ 9282 7067, fax 9282 3397, 119 High St, Old Portsmouth), nelle vicinanze, offre stanze molto spartane a prezzi ragionevoli: £17,50/25.

The Sally Port Inn (☎ 9282 1860, fax 9282 1293, High St) è un posto ben gestito che occupa un edificio del XVI secolo con i pavimenti in pendenza. Le stanze costano £37/55; non ci sono bagni privati, ma le doppie hanno la doccia.

Lady Hamilton (☎ 9287 0505, fax 9283 7366, 21 The Hard) è un B&B vicino all'autostazione e alla Naval Heritage Area, dove le stanze costano £18/32 o £25/38 con bagno, prima colazione inclusa.

Victory News (☎ 9282 5158, 11 The Hard) costituisce la scelta più economica. Le stanze costano £14/24, ma non siamo riusciti a verificarne la qualità.

The Continental (☎ 9282 2783, 2 Belle Vue Terrace) si trova tra Southsea e Old Portsmouth, a pochi minuti di cammino dalla spiaggia. Le singole costano da £18 a £25, le doppie da £30 a £36. È spartano ma pulito.

La zona che offre maggiori possibilità ricettive è Southsea, dove grazie alla concorrenza i prezzi sono molto ragionevoli. La soluzione migliore è fare un giro cercando i cartelli che pubblicizzano stanze libere, ma qui di seguito segnaliamo alcuni posti che meritano una visita.

Gainsborough House (☎ 0282 2322, 9 Malvern Rd) offre un ottimo rapporto tra qualità e prezzo con stanze a £17 per persona (non ci sono bagni privati). La *Kilbenny Guesthouse* (☎ 9286 1347, 2 Malvern Rd) è molto simile per qualità e chiede £16/35 per stanze pulite e spaziose. Le stanze con bagno costano qualche sterlina in più. Il *Solent Hotel* (☎ 9287 5566, 14-17 South Parade) si trova di fronte a Southsea Common e offre stanze (alcune con vista sul mare) a prezzi compresi tra £25 e £50 per persona.

Pasti

A Old Portsmouth, in High St, c'è il *Clement's Grocery & Off-Licence*, e trovate un supermercato *Waitrose* in Marmion Rd, a Southsea.

Lo *snack bar* accanto all'autostazione, lungo The Hard, serve porzioni di cibo grasso e gustoso a partire da 80p. *Lady Hamilton* (v. **Pernottamento**) è un grande pub che a pranzo serve pietanze arrosto a £4,95.

Twigs (☎ 9282 8316, 39 High St) è un piccolo ristorante con panini, baguette e bap (grosso panino, schiacciato e soffice) a prezzi compresi tra £1,80 e £3,30.

A Southsea i ristoranti si concentrano soprattutto lungo Osborne Rd e Palmerston Rd.

Al *Kashmir Restaurant* (☎ 9282 2013, 91 Palmerston Rd), ristorante relativamente economico, potrete gustare un vindaloo di gamberetti a £4,30, pollo tikka a £5,75 e chapati a 75p.

Sur La Mer (☎ 9287 6678, 69 Palmerston Rd) è un bistrot/caffè francese con spuntini a prezzi compresi tra £2,95 e £3,50 e pietanze che costano da £9,20 a £13. *Country Kitchen* (☎ 9281 1425, 59a Marmion Rd) è un ristorante che serve alimenti integrali, aperto durante il giorno dal lunedì al sabato. Un pranzo di due portate con una bibita costa £4,95.

Mai Thai (☎ 9273 23 22, 27A Burgoyne Rd) è un buon ristorante thailandese situato nelle immediate vicinanze di South Parade, dove un pasto di quattro portate costa £11, il pollo al curry con noce di cocco £4,95.

Divertimenti

Pub Nelle calde serate estive non c'è posto migliore per bere qualcosa dei tavoli all'aperto dello *Still & West* (☎ 9282 1567, 2 Bath Square) o dello *Spice Island Inn* (☎ 9287 0543, 65 Broad Rd) nella zona chiamata The Point. Altrettanto frequentata è la *Bridge Tavern* (☎ 9275 2992, 54 East Rd), affacciata sul Camber, un vero ritrovo di lupi di mare.

A Southsea, lungo Clarence Parade, ci sono diversi club, discoteche e pub, quali il *Parade* (☎ 9282 4838) e il *Jolly Sailor* (☎ 9282 6139).

Per/da Portsmouth

Portsmouth si trova 75 miglia (120 km) a sud-ovest di Londra ed è collegata alla capitale, alle altre località sud-orientali e a quelle sud-occidentali da treni e autobus frequenti.

Autobus La National Express (☎ 0870 580 8080) offre numerose corse da Londra; alcune passano dall'aeroporto di Heathrow (£9/11 sola andata/andata e ritorno per la giornata; 2 ore e mezzo). C'è anche un servizio giornaliero da Brighton (£6,75). Ogni giorno un autobus prosegue verso ovest fino a Penzance, in Cornovaglia, via Plymouth (£30, £35 il sabato a luglio e agosto; 11 ore).

L'autobus n. 700 della Stagecoach Coastline (☎ 01903-237661) collega Brighton con The Hard a Portsmouth (£3,20; 3 ore e 20 minuti) via Chichester, con una corsa ogni 30 minuti dal lunedì al sabato (ogni ora la domenica). L'autobus n. 69 della Stagecoach Hampshire (☎ 01256-359142) raggiunge Winchester, con partenza ogni ora (ogni due ore la domenica), e impiega un'ora e 50 minuti (£3,50).

Treno Dalle stazioni di Victoria e di Waterloo (Londra) partono ogni giorno più di 40 treni (£17,80; è più veloce la linea che parte da Waterloo, un'ora e mezzo). Ci sono servizi ogni ora per Brighton (£11,70; un'ora e 20 minuti) e per Winchester (£6,70; un'ora). Ogni ora partono tre treni per Chichester (£4,50; 25 minuti).

Se siete diretti a Flagship Portsmouth, dove ci sono le navi, scendete all'ultima stazione (Portsmouth Harbour).

Imbarcazioni Per informazioni sui collegamenti per la Isle of Wight, v. Isle of Wight, più avanti in questo capitolo.

La Condor Ferries (☎ 0845 345 2000) gestisce un servizio per automezzi e passeggeri tra Portsmouth e Jersey e Guernsey, ma è molto costoso. Il prezzo del biglietto di andata e ritorno è di circa £76/ 38 per adulti/bambini. Non prendete neppure in considerazione l'idea di portare l'auto. La P&O Ferries (☎ 0870 242 4999) ha dei traghetti che salpano due volte la settimana per Bilbao, in Spagna, e ogni giorno per Cherbourg e Le Havre, in Francia. La Brittany Ferries (☎ 0870 901 2400) garantisce collegamenti notturni per St Malo, Caen e Cherbourg, in Francia. Visitate il suo sito www.brittanyferries.co.uk. Il Continental Ferryport si trova in Wharf Rd, circa un miglio a nord di Flagship Portsmouth.

Trasporti urbani

L'autobus locale n. 6 collega l'autostazione di Portsmouth Harbour con il South Parade Pier di Southsea. Gli autobus n. 17 e 6 vi porteranno dalla stazione a Old Portsmouth.

Quanto ai taxi, provate la MPS Taxis chiamando il numero ☎ 9261 1111. Vi sono traghetti che fanno la spola tra The Hard e Gosport (£1,10 andata e ritorno, il trasporto di biciclette è gratuito).

SOUTHAMPTON
Pop. 216.031 ☎ 023

Nel Medioevo Southampton crebbe fino a diventare un importante centro di commerci, grazie alle relazioni stabilite con la Francia e altri paesi europei. Quando il suo ruolo commerciale iniziò a declinare, la città riacquistò una stabilità economica prima come importante sede di cantieri navali (da qui salpò il *Titanic* nel 1912) poi come centro dell'industria aeronautica. Tali stabilimenti segnarono la sua rovina durante la Seconda guerra mondiale quando, verso la fine del 1940, in due sole notti, furono sganciate più di 30.000 bombe sopra la città.

Purtroppo non è rimasto molto della città medievale. Per questa ragione, oltre al fatto che la città nuova è in gran parte costituita da brutti edifici, Southampton non richiama molti turisti. Con il programma di valorizzazione avviato di recente, che comprende un enorme centro commerciale sul lungomare e un complesso dei diverti-

menti, si sta cercando di incrementare il potenziale turistico della città. Della città medievale si conserva, tuttavia, l'imponente cinta muraria, lungo la quale si può camminare seguendo un percorso guidato. La **Tudor House** (☎ 8063 5904), in Bugle St, nella città vecchia, risale al 1495 e, dall'altra parte del percorso, in French St, sorge un'altra casa in legno conosciuta come **Medieval Merchant's House** (☎ 8022 1503), costruita nel 1290.

Il TIC (☎ 8022 1106), in Civic Centre Rd (all'estremità settentrionale del tratto pedonale di Above Bar St), è aperto dal lunedì al sabato, dalle 9 alle 17. Le visite guidate a piedi nella città vecchia sono gratuite e si svolgono la domenica e nei giorni festivi alle 10.30; da giugno a metà settembre partono ogni giorno alle 10.30 e alle 14.30. Ci si incontra al Bargate in High St.

Per/da Southampton
Aereo Il Southampton International Airport offre voli per Bruxelles, Parigi, Zurigo, Amsterdam, Dublino e le principali località balneari della Spagna. Per informazioni sui voli telefonate al numero ☎ 8062 0021.

Autobus Gli autobus della National Express (☎ 0870 580 8080) raggiungono Southampton da Londra e Heathrow, con diverse corse giornaliere (£9; 2 ore e mezzo). L'autobus n. 700 della Stagecoach effettua corse tra Portsmouth e Southampton. Gli autobus n. X34 e X35 della Solent Blue Line (☎ 8022 6235) collegano Southampton con Lyndhurst (£2,60; un'ora e mezzo), nella New Forest, quindi proseguono fino a Bournemouth (£4,10; 2 ore), con partenza ogni ora nei giorni feriali e ogni due ore la domenica. Gli autobus n. 47 e 29 effettuano corse tra Southampton e Winchester (£1,95, 40 minuti) ogni 30 minuti, con servizio ridotto la domenica. L'autobus n. 56/56A della Wilts & Dorset raggiunge ogni ora (ogni due ore la domenica) tutte le principali città nella New Forest. I biglietti Explorer sono validi lungo questi percorsi.

Treno Dalla stazione di Waterloo (Londra) ogni ora partono due treni per Southampton Central (£20,30; un'ora e 20 minuti). Da Portsmouth ci sono tre treni ogni ora (£6,20; 50 minuti). I treni per Bournemouth (£7,60; 30 minuti) e Winchester (£3,70; 17 minuti) partono a intervalli di 15 minuti circa.

Imbarcazioni I traghetti (☎ 8033 4010) della Red Funnel raggiungono l'Isle of Wight e c'è un servizio di traghetto per Hythe, nella New Forest (v. **Per/dalla New Forest**). La Channel Hoppers (☎ 01481-728689, @ info@channelhoppers.com) ha un servizio di traghetto tra Southampton e le isole della Manica e la Francia.

NEW FOREST
Pop. 160.456 ☎ 023

La New Forest non è un parco nazionale, ma è stata dichiarata Area of Outstanding Natural Beauty (area di eccezionale valore naturalistico). Dopo le Highlands scozzesi, rappresenta la più vasta area naturale in Gran Bretagna. Conserva questo aspetto sin dal 1079, quando Guglielmo il Conquistatore vi fondò una riserva di caccia reale.

La New Forest si estende su una superficie di 145 miglia quadrate, 105 delle quali costituite da foresta e brughiera. La parte restante è occupata da villaggi e terreni coltivati. È una bella zona da attraversare in automobile, meglio ancora a piedi o in bicicletta lungo i sentieri escursionistici e le piste ciclabili.

Informazioni
Il TIC di Lyndhurst (☎ 8068 9000, fax 8028 4404) si trova in High St, vicino al principale parcheggio per automobili, ed è aperto tutti i giorni dalle 10 alle 18 (fino alle 17 da novembre a febbraio). Vende una vasta scelta di materiale informativo sulla New Forest, tra cui cartine delle piste ciclabili a prezzi compresi tra £2 e £3,50, una cartina della zona che riporta i sentieri escursionistici a £1,50 e una più dettagliata cartina Collins a £5,99; distribuisce inoltre una guida gratuita ai campeggi per tende e roulotte. La cartina dell'Ordnance Survey (OS) n. 22, (£5,95) è più particolareggiata.

Pernottamento
Non si può campeggiare ovunque, ma ci sono diversi campeggi a pagamento descritti in un opuscolo gratuito distribuito dal TIC.

Nelle città della New Forest si trovano numerosi B&B, ma consigliamo di usare Lyndhurst come base. Il TIC di Lyndhurst offre un servizio di prenotazione gratuito. Consigliamo caldamente il **South View B&B** (*☎ 8028 2224, Gosport Lane, Lyndhurst*), con la sua atmosfera accogliente e il simpatico cane, dove si spendono £22 per persona per l'alloggio e la prima colazione. *The Fox & Hounds* (*☎ 8028 2098, 22 High St, Lyndhurst*) occupa una vecchia rimessa per carrozze che ha 400 anni. Le stanze doppie costano £50 per notte, prima colazione compresa. È un bel posto per una birra e una partita a biliardo.

Per/dalla New Forest
Southampton e Bournemouth delimitano la New Forest; c'è un regolare servizio di autobus tra queste due città e le cittadine della New Forest. L'autobus n. 56/56A della Wilts & Dorset (☎ 01202-673555) raggiunge Southampton da tutte le principali cittadine nella New Forest, con partenza ogni ora (ogni due ore la domenica). Gli autobus n. X34 e X35 vanno da Lyndhurst a Southampton (£2,60; un'ora e mezzo), quindi proseguono fino a Bournemouth, ogni ora nei giorni feriali, ogni due ore la domenica.

Dalla stazione di Waterloo ogni 30 minuti c'è un treno per Bournemouth, Poole e Weymouth via Brockenhurst (£22,70; un'ora e mezzo). Ogni 30 minuti c'è anche un collegamento tra Brockenhurst e Lymington, conosciuto come Lymington Flyer (£2; sette minuti).

La White Horse Ferries (☎ 023-8084 0722) offre un servizio da Southampton a Hythe ogni 30 minuti (£3,60 per andata e ritorno; 12 minuti).

I pony della New Forest

Una delle prime cose che noterete viaggiando nella New Forest sono i pony. Mentre il resto dell'Inghilterra veniva in gran parte recintato e arato per la coltivazione e il pascolo del bestiame, la zona della New Forest rimase relativamente incontaminata grazie dell'inadeguatezza del terreno all'agricoltura. In realtà i pony furono introdotti nella regione. Benché siano selvatici, ciascuno dei 3000 pony che popolano la zona appartiene a un cittadino comune, che ha il diritto di far pascolare il proprio bestiame nella Open Forest. Gli *agister*, come vengono chiamati questi individui, acquistano i diritti di pascolo.

I visitatori non possono dar da mangiare ai pony; sono animali selvatici e il cibo offerto dall'uomo potrebbe attirarli sulle strade. Per proteggere i pony, oltre che i ciclisti e gli escursionisti, c'è un limite di velocità di 40 miglia orarie lungo le strade non recintate. Se vi capitasse di incontrare un pony ferito telefonate alla Lyndhusrt Police al numero ☎ 023-8028 2813 indicando il punto esatto e, se possibile, il numero di immatricolazione di qualsiasi veicolo coinvolto nell'incidente. Cercate di stare vicino all'animale (ma non toccatelo) per proteggerlo da ulteriori lesioni.

Trasporti locali

La New Forest può essere esplorata con diversi mezzi di trasporto.

Autobus I biglietti Busabout offrono la possibilità di effettuare un numero illimitato di corse sulle linee principali per sette giorni e costano £19/10. La linea X1 della Solent Blue Line (☎ 023-8022 6235) attraversa la New Forest seguendo il percorso Bournemouth-Burley-Lyndhurst-Southampton. L'autobus n. 56 della Wilts & Dorset collega Lyndhurst, Brockenhurst e Lymington.

Bicicletta La New Forest è uno splendido posto per le escursioni in bicicletta e vi sono diversi punti di noleggio. AA Bike Hire (☎ 023-8028 3349) si trova a Fern Glen, Gosport Lane, Lyndhurst, e chiede £8/42 per giorno/settimana. New Forest Cycle Experience (☎ 01590-624204). 2-4 Brookley Rd, Brockenhurst, chiede £9,50/53,20. Rentabike a Brockenhurst (☎ 01590-681876) offre la consegna a domicilio nella zona dalle 8 alle 20 e chiede £9 al giorno. Potete procurarvi le cartine dei percorsi ciclabili presso i TIC e i negozi di biciclette.

Cavallo Questo è un bel modo di esplorare la foresta, ma non stiamo parlando di saltare in groppa a uno dei pony selvatici che popolano la regione. Ci sono un paio di maneggi dove potete organizzare escursioni a cavallo di una o due ore lungo sentieri tracciati. Sandy Balls si trova a Godshill, Fordingbridge (☎ 01425-654114), la Burley-Villa School of Riding (☎ 01425-610278) è nei pressi della B3058, immediatamente a sud di New Milton. Entrambi i maneggi accettano volentieri i principianti.

Beaulieu e National Motor Museum

Se andate alla New Forest, una visita a Beaulieu è doverosa. L'abbazia di Beaulieu fu l'ennesima vittima della massiccia confisca di monasteri messa in atto da Enrico VIII verso la metà del XVI secolo. Intorno al 1538 il re vendette questa tenuta di 3200 ettari agli antenati della famiglia Montague.

È la collezione di 250 veicoli messa insieme da Lord Montague che fa del **Motor Museum** uno dei maggiori richiami turistici del paese. Vi sono esposte automobili, motociclette, autobus, oltre a macchine da corsa detentrici di record di velocità, quali la Bluebird, con motore a getto, che nel 1964 superò il primato delle 403 miglia orarie. Non è il posto adatto per gli appassionati di automobilismo troppo emotivi.

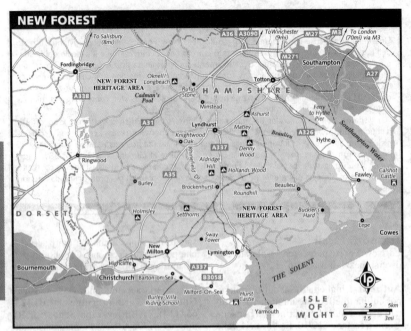

NEW FOREST

Palace House, l'antica portineria dell'abbazia, è un bizzarro edificio che coniuga il gotico del XIV secolo con lo stile baronale scozzese del XIX secolo, voluto dal barone Montague quando ne fece la sua residenza intorno al 1860. A differenza di altri manieri che forse visiterete, questa sembra davvero una casa e di conseguenza emana un certo calore. Nelle stanze ci sono cimeli di famiglia – dipinti, fotografie, mobili – accompagnati da didascalie che illustrano la storia della casa e della famiglia.

L'**abbazia** fu fondata nel 1204 quando re Giovanni donò la tenuta ai monaci cistercensi. Fu uno dei primi edifici in Inghilterra dotato di archi a sesto acuto. In accordo con i dettami cistercensi, è priva di elaborati elementi decorativi come le vetrate istoriate, e gli interni sono austeri e freddi. Ospita un'eccellente mostra che documenta la vita quotidiana nel monastero, mentre una targa nel cortile afferma che il movimento di resistenza europeo utilizzò l'abbazia come campo di addestramento durante la Seconda guerra mondiale.

L'abbazia di Beaulieu (☎ 01590-612345) è aperta ogni giorno dalle 10 alle 18, da Pasqua a settembre, fino alle 17 nel resto dell'anno, ma Palace House apre solo alle 11. L'ingresso all'intero complesso è costoso a £9,25/6,75, o £29,50 per una famiglia di quattro persone, ma ne vale sicuramente la pena.

Per/da Beaulieu L'autobus n. 66/X66 della Stagecoach Hampshire (☎ 01256-359142) collega Beaulieu con Winchester via Lyndhurst. Potete raggiungere Beaulieu anche da Southampton prendendo il traghetto per Hythe e quindi l'autobus n. 112 o X9. Gli autobus della Solent Blue Line effettuano corse tra le principali città della New Forest.

Lymington

Questa cittadina, con le sue vie coperte di ciottoli e i cottage in stile georgiano, un tempo era un importante porto marittimo e svolse un ruolo di primo piano nel proteggere la costa meridionale dall'invasione francese. Fu anche una fiorente città di mercato; presenta alcune zone molto turistiche, ma la zona intorno a Fisherman's Quay e Quay Hill è un luogo piacevole per una passeggiata. Il TIC (☎ 01590-689000) si trova in New St.

Isle of Wight

Pop. 125.466 ☎ 01983

Situata a poche miglia dalla costa dell'Hampshire, l'Isle of Wight è meta di numerosi escursionisti che la visitano in giornata (cercate di evitare i fine settimana estivi), ma le sue molte attrattive la rendono piacevole anche per un soggiorno più lungo. Le città costiere sono ricche di atmosfera e i fish and chips serviti da queste parti non temono confronti. Circa un terzo dell'isola è stata dichiarata Area of Outstanding Natural Beauty (area di eccezionale valore naturalistico) e vi sono 25 miglia (40 km) di spiagge pulite e incontaminate. Il modo migliore per vedere l'isola è girarla a piedi o in bicicletta. Una pista ciclabile costeggia il perimetro dell'isola per un totale di 62 miglia (99 km), mentre i sentieri escursionistici, 500 miglia in tutto (805 km), invitano a lunghe passeggiate.

ORIENTAMENTO E INFORMAZIONI

Lunga solo 23 miglia (37 km) da est a ovest e 13 miglia (21 km) da nord a sud, l'isola presenta la forma di un parallelogramma. Il territorio è orlato di scogliere di gesso, sabbia e argilla, e la bassa marea rivela scogli e distese di sabbia e di ciottoli. L'interno è caratterizzato da campi coltivati, paludi di acque dolci e salmastre, fiumi soggetti alle maree, colline di gesso e boschi. Newport, al centro dell'isola, è la città principale, anche se si

trovano luoghi decisamente più interessanti per il visitatore nelle cittadine lungo le coste orientale e settentrionale. Alcuni visitatori sembrano prediligere le coste meridionali e occidentali, meno costruite e frastagliate.

Troverete l'*Official Pocket Guide*, una guida all'isola formato tascabile, presso i TIC di quasi tutte le cittadine. Numerosi sono i campeggi, descritti in un opuscolo reperibile presso i TIC. Ci sono anche diversi siti internet con informazioni sull'isola – provate www.wightonline.co.uk.

COWES

Situata all'estremità settentrionale dell'isola, Cowes è una collinosa cittadina portuale di epoca georgiana. Importante centro velistico, ospita ogni anno, tra la fine di luglio e l'inizio di agosto, la cosiddetta Cowes Week, una settimana di regate internazionali. Il TIC (☎ 913818, fax 280077), Fontain Quay, è aperto dal martedì al sabato dalle 9.30 alle 16.30.

Fin dalla sua apparizione nel film *Mrs Brown*, **Osborne House** (☎ 200022; EH) è uno dei monumenti dell'English Heritage più visitati. Costruita tra il 1845 e il 1851, questa casa è il luogo dove nel 1901 morì la regina Vittoria. Osborne House ha una gemella agli antipodi: nei giardini botanici di Melbourne, in Australia, esiste una copia perfetta dell'edificio, la Victoria's Government House, costruita nel 1872. La casa si trova a East Cowes, che il fiume Medina divide dal resto della città alla quale è collegata da un traghetto. È aperta da metà marzo a ottobre, ogni giorno dalle 10 alle 17. L'ingresso costa £6,90/3,50. Nel resto dell'anno è aperta solo per le visite guidate la domenica, il lunedì, il mercoledì e il giovedì dalle 10 alle 14.30 (£5/3).

Con la sua popolazione benestante, Cowes attira molti turisti abbienti. Di conseguenza le sistemazioni hanno prezzi elevati, ma vi sono alcuni posti splendidi in cui soggiornare. Il *Rawlings Hotel* (☎ 297507, *30 Sun Hill*) ha un ristorante, un bar e la piscina. Dispone di stanze doppie soltanto che partono da £45, prezzo che a luglio e agosto sale a £120. A cinque minuti di cammino dal centro si trova la *Villa Rothsay* (☎ *295178, fax 290352, Baring Rd)*, costruita nel 1878 e piena di pannelli di legno e oggetti antichi. Le lussuose stanze doppie costano £90.

RYDE

La vittoriana Ryde è il principale porto d'ingresso all'isola e la più vivace tra le località balneari dell'isola. Trovate un TIC (☎ 562905) in Western Esplanade, aperto dal giovedì al lunedì dalle 9.30 alle 16.30.

Alla **St Cecilia's Abbey**, in Appley Rise, potrete ascoltare canti gregoriani intonati dalle suore benedettine tutti i giorni durante la messa delle 9.15 (dalle 10 la domenica).

Alcune porte più avanti rispetto al TIC trovate il *Seahaven Hotel* (☎ *563069, fax 563570, St Thomas St)*, un albergo con vista sul mare e stanze con bagno pulite e confortevoli a £24/42. Chiedete una stanza sul davanti. La *Georgian House* (☎ *563588, 22 George St)* è pulita e luminosa, forse un po' troppo ornata, e costa £19 per persona.

DINTORNI DI RYDE

Quarr Abbey, in località Binstead, 2 miglia e mezzo (4 km) a sud-ovest di Ryde, fu fondata nel 1132 e distrutta nel 1536. Nel 1908 in questo luogo fu costruito un monastero benedettino.

Brading, 4 miglia (6 km) a sud di Ryde, ospita una villa romana (☎ 406223) con bellissimi pavimenti a mosaico. È aperta da aprile a settembre, dal lunedì al sabato dalle 9.30 alle 17, e la domenica dalle 10.30 alle 17. L'ingresso costa £2,50/ 1,25. In questa cittadina ci sono anche due interessanti edifici d'epoca – Morton Manor e Nunwell House – e un museo delle cere (ebbene sì, c'è anche una camera degli orrori).

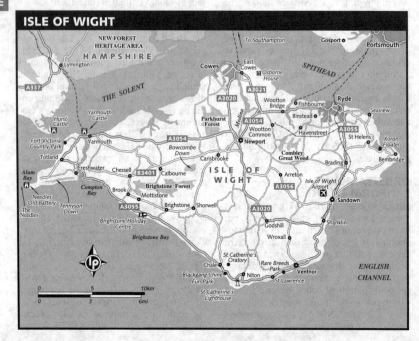

ISLE OF WIGHT

A circa 5 miglia (8 km) da Ryde, sulla punta orientale dell'isola, c'è **Bembridge**, con il Shipwreck Centre & Maritime Museum (☎ 872223), aperto da aprile a ottobre, ogni giorno dalle 10 alle 17. L'ingresso costa £2,50/1,35. Qui vedrete l'unico mulino a vento dell'isola (☎ 873845; NT), risalente al 1700. Questo mulino di tre piani ospita una raccolta di manufatti ed è aperto da aprile a ottobre, dalla domenica al venerdì dalle 10 alle 17 (ultimo ingresso alle 16.30), anche il sabato a luglio e agosto. L'ingresso costa £1,50/75p. Un bel sentiero di 5 miglia lungo la costa porta da Bembridge a Sandown.

Se desiderate qualcosa di diverso, potete alloggiare presso lo *Xoron Floatel* (*☎ 874596, Embankment Rd*) a Bembridge, un albergo-battello sorprendentemente spazioso con stanze dotate di bagno che costano £20 per persona.

VENTNOR

Ventnor è una tipica cittadina di pescatori senza pretese turistiche, anche perché la tranquillità del luogo è di per sé molto attraente. Nei pressi della A3055, un miglio a sud della città, c'è il **Rare Breeds Park** (☎ 852582), che ospita una ricca varietà di animali da fattoria, più o meno rari, tra cui lama e bovini africani e cavalli in miniatura 'Falabella'. Ci sono uno zoo di animali domestici per i bambini e un piccolo ristorante. Il parco è aperto dalla fine di marzo all'inizio di ottobre, tutti i giorni dalle 10 alle 17.30. L'ingresso costa £3,70/2,20 ed è gratuito per i bambini sotto i cinque anni. Per arrivarci prendete l'autobus n. 7, 7a o 31 da Ryde o da Ventnor.

Se cercate un posto dove alloggiare e mangiare, consigliamo caldamente *The Spy Glass Inn* (*☎ 855338*), all'estremità occidentale dell'Esplanade. Adornato con cimeli marinareschi di ogni sorta, questo posto ha un'area all'aperto con splendide vedute della città e offre musica dal vivo quasi ogni sera. È un pub dove ci si diverte davvero, con un'atmosfera calda e accogliente. Offre sistemazioni in apparta-menti indipendenti sopra l'albergo che costano £50 per due persone (non accetta bambini e cani).

COSTA MERIDIONALE

La costa meridionale dell'Isle of Wight, tra Ventnor e Alum Bay, è il tratto più tranquillo del perimetro costiero. L'estremo punto meridionale dell'isola è indicato dal **St Catherine's Lighthouse**, costruito tra il 1837 e il 1840 e normalmente aperto al pubblico da Pasqua a metà settembre, dalle 13 alle 18.

St Catherine's Oratory, che sembra un missile in pietra, è un faro che risale al 1314 e indica il punto più alto dell'isola. Arroccato su una collina, domina il **Blackgang Chine Fun Park** (☎ 730330), aperto da aprile a ottobre, ogni giorno dalle 10 alle 17.30 (fino alle 22.15 a luglio e agosto); l'ingresso costa £5,95/4,95.

Uno splendido posto dove soggiornare lungo la costa meridionale è il *Brighstone Holiday Centre* (*☎/fax 740244*), situato sulla A3055, 6 miglia (10 km) a sud-est di Freshwater. Questo campeggio per roulotte/B&B, posto in alto sulle scogliere che affacciano sul tratto di costa più bello dell'isola, è anche vicino ai sentieri escursionistici. I posti tenda costano £5 per notte, le piazzole per roulotte £10, i bungalow a partire da £126 la settimana per due persone, il B&B (colazione continentale) £18 per persona.

WEST WIGHT

Yarmouth Castle (☎ 760678; EH) fu l'ultima grande fortezza di Enrico VIII. La facciata risale al 1547; all'interno sono esposti dipinti e fotografie dell'isola. È aperto dalle 10 alle 18 da aprile a settembre, fino alle 17 nel mese di ottobre. L'ingresso costa £2,10/1,10.

Nei pressi della A3054, un miglio a ovest di Yarmouth, c'è il **Fort Victoria Country Park**, che ospita un acquario, un museo navale, un planetario e la Sunken History Exhibition. Il biglietto di ingresso a ciascuno di questi posti costa circa £1,50/80p, ma le mostre valgono appena la spesa.

I **Needles** (così chiamati per la forma aguzza che ricorda quella di un ago, 'needle' in inglese) all'estremità occidentale dell'isola, sono tre imponenti formazioni rocciose che emergono dal mare diventate un po' l'immagine simbolo dell'isola. All'estremità dell'ultima roccia c'è un faro, sormontato da una brutta pista di atterraggio per elicotteri. Un tempo vi era un'altra roccia, una guglia alta 37 m, in tutto simile a un ago, che però sprofondò in mare nel 1764.

La strada così come il servizio d'autobus in questa parte dell'isola terminano ad **Alum Bay**, rinomata per le sue sabbie colorate. Qui troverete un parco dei divertimenti e negozi di souvenir privi di interesse nonché una seggiovia che porta alla spiaggia. Da Alum Bay un sentiero escursionistico di un miglio (c'è un autobus ogni ora, ogni 30 minuti in alta stagione) raggiunge il **Needles Old Battery** (☎ 754772; EH), un forte costruito nel 1862 e usato come osservatorio durante la Seconda guerra mondiale. Il forte affaccia sui Needles e vi è un tunnel lungo 200 piedi che scende lungo la scogliera. Il forte è aperto da aprile a ottobre, dalla domenica al giovedì dalle 10.30 alle 17; a luglio e agosto è aperto ogni giorno. L'ingresso costa £2,50/1,60.

Brighstone, nelle vicinanze, è un pittoresco villaggio con file di cottage dal tetto di paglia, strade lastricate con ciottoli e passeggiate verso la Brighstone Forest. Il **Tennyson Trail** da Carisbrooke, vicino a Newport, oltre Bowcombe Down, raggiunge The Needles attraverso la Brighstone Forest; Lord Tennyson, figlio del poeta, visse in questa zona.

L'unico posto economico dove pernottare è il ***Totland Bay Youth Hostel*** (☎ 752165, fax 756443, Hirst Hill) che chiede £10/7 per adulti/ragazzi.

Per/dall'Isle of Wight
La Wightlink (☎ 0870 582 7744) gestisce un traghetto passeggeri che collega The Hard, a Portsmouth, con il molo di Ryde (15 minuti) e un traghetto per automezzi e passeggeri (35 minuti) per Fishbourne. I traghetti partono ogni 30 minuti circa (il biglietto di andata e ritorno per la giornata costa £7,40). Le tariffe per le automobili partono da circa £38 per andata e ritorno in giornata. Il biglietto di andata e ritorno in giornata con il traghetto per automezzi della Wightlink tra Lymington (nella New Forest) e Yarmouth costa £7 per i passeggeri, la tariffa per le automobili è di circa £37. Il viaggio dura 30 minuti e i traghetti salpano ogni 30 minuti. Potrete ottenere maggiori informazioni visitando il sito della Wightlink www.wightlink.co.uk.

Gli hovercraft della Hovertravel (☎ 023-9281 1000) fanno la spola tra Southsea (vicino a Portsmouth) e Ryde (il biglietto di andata e ritorno per la giornata costa £8,60; 10 minuti).

La Red Funnel (☎ 023-8033 4010) ha delle navi traghetto per automezzi in servizio tra Southampton e East Cowes (£7 per andata e ritorno in giornata, a partire da £46 per l'auto; 55 minuti) e dei traghetti passeggeri ad alta velocità tra Southampton e West Cowes (£7; 10 minuti). I bambini pagano metà della tariffa intera su tutti questi traghetti.

TRASPORTI LOCALI
Autobus e treno
La Southern Vectis (☎ 827005) offre un efficiente servizio di autobus sull'isola. Ha un ufficio a Cowes, al 32 di High St. Gli autobus fanno il giro dell'isola ogni ora, e collegano le cittadine situate nella parte orientale ogni 30 minuti.

Il biglietto costa £3 da Cowes a Ryde e £3,05 da Ryde a Ventnor. Potete prendere una cartina con il percorso degli autobus e gli orari presso l'ufficio della Southern Vectis o i TIC. Due treni ogni ora collegano Ryde con Shanklin; l'Isle of Wight Steam Railway si dirama da questa linea a Havenstreet e raggiunge Wootton.

Il Rover Ticket consente di usare liberamente i treni e gli autobus e costa £6,25 per un giorno, £9,95 per due giorni e £25,50 per una settimana.

Bicicletta

Si possono noleggiare biciclette in quasi tutte le principali città dell'isola. Offshore Sports (☎ 290514), Birmingham Rd, Cowes, chiede £9 al giorno, £5 per quattro ore. Potete noleggiare la bicicletta a Cowes e consegnarla al negozio di Shanklin (☎ 866269), 19 Orchardleigh Rd. Wavells (☎ 760219), The Square, Yarmouth, chiede £12 per le biciclette più nuove e £10 per quelle più vecchie.

Essex

Pur essendo una delle più grandi contee d'Inghilterra, l'Essex non possiede luoghi di particolare interesse da offrire al turista. Vanta una lunga linea costiera, numerose località balneari e la più antica città di cui si abbia notizia in Inghilterra, ma non attira le folle di turisti che si riversano nelle altre contee sud-orientali. Se vi trovate nell'Essex (cosa molto probabile se arrivate all'aeroporto di Stansted o al porto di Harwich), cercate di visitare i villaggi medievali di Saffron Walden e Thaxted e la zona intorno a Dedham per ammirare i paesaggi che ispirarono i dipinti di Constable. Se volete visitare una tipica e pacchiana stazione balneare inglese, dirigetevi verso Southend.

L'aspetto positivo è che, a differenza del resto dell'Inghilterra sud-orientale, la contea dell'Essex è molto economica.

SOUTHEND-ON-SEA
Pop. 172.300 ☎ 01702

Southend, che si estende lungo l'estuario del Tamigi, non è solo la più frequentata località balneare dell'Essex, ma anche la città più grande della contea. Situata poco meno di 50 miglia (80 km) a est del centro di Londra, rappresenta un'invitante luogo di villeggiatura per molti abitanti dei quartieri orientali di Londra. Possiede il molo più lungo del mondo e focalizza l'attenzione soprattutto sul divertimento, anche se questo in genere si traduce in luna park, sale giochi, botteghe dove si eseguono tatuaggi e squallidi locali notturni. Southend offre tuttavia anche svaghi più intellettuali e nel corso dell'anno presenta un fitto programma di rappresentazioni teatrali e concerti.

Più di recente Southend si è assunta il compito di accogliere molti rifugiati dell'Europa orientale. Per il visitatore questo significa che un gran numero di guesthouse e di alberghi lungo la costa sono ora delle pensioni, non sorprendetevi quindi se in alcuni casi non troverete posto.

Orientamento

Southend è grande ed estesa. Negozi e uffici si concentrano perlopiù lungo High St e nelle sue vicinanze. A est del molo c'è Marine Parade che porta a Thorpe Bay, dove troverete i tratti di spiaggia sabbiosa più puliti e tranquilli. In cima alla collina a ovest del molo sorge Westcliffe, l'elegante quartiere residenziale con case risalenti al periodo della Reggenza e alberghi costosi seppure un po' malandati. La bassa marea qui è un fenomeno degno di nota che lascia circa mezzo miglio di piane di fango grigie intorno al molo.

Informazioni

Ufficio turistico Il TIC (☎ 215120, fax 431449, @ marketing@southend.gov.uk), 19 High St, è aperto dalle 9.30 alle 17 dal lunedì al sabato, ad agosto anche la domenica dalle 11 alle 16.

Cambio In High St troverete alcuni bancomat e un ufficio della Thomas Cook (☎ 573700) al n. 92.

Poste e telecomunicazioni La posta centrale si trova all'angolo tra High St e Queens Rd. L'unico bar con internet di Southend aveva appena chiuso i battenti al momento della stesura di questa guida; il TIC saprà dirvi se nel frattempo ne sono stati aperti di nuovi.

Librerie Le librerie di tutte le principali catene si trovano lungo High St, in centro.

SOUTHEND-ON-SEA

PERNOTTAMENTO
18 Atlantis Guesthouse
19 Bideford Private Hotel
26 The Regency Hotel
28 Terrace Hotel
31 Seaway Guesthouse
33 Lee Villas

PASTI
3 Sainsbury Supermarket
4 Mamma Amalfi
7 Tesco Supermarket
8 Il Pescatore
9 Continental Restaurant
13 Southend Tandoori

14 Kingfisher Diner
17 The Inane Café & Bar
22 The Esplanade
24 Singapore Sling
27 Terrace Cafe
29 Fisherman's Wharf

ALTRO
1 Central Museum & Planetarium
2 Stazione ferroviaria Southend Victoria
5 Odeon Cinema
6 Posta centrale
10 Stazione ferroviaria Southend Central
11 Thomas Cook

12 TGF Churchills
15 Autostazione
16 TIC
20 Westcliff Casino
21 Monumento ai caduti
23 Cliffs Bandstand
25 Cliff Lift
30 Peter Pan's Adventure Island
32 Lavanderia a gettoni
34 Forester's Arms
35 Gabinetti pubblici
36 Dizzyland
37 Kursaal
38 Brockett's
39 Sealife Centre
40 Pier Museum

Lavanderie C'è una lavanderia a gettoni all'87 di Southchurch Ave, vicino ai B&B di Hartington Rd, ma a una discreta distanza dal centro.

Assistenza sanitaria Il Southend Hospital (☎ 435555), Prittlewell Chase, Westcliffe è il posto dove andare in caso di incidente. Si trova circa un miglio a nord-ovest del centro, tra la A13 e la A127.

Servizi igienici Ci sono dei gabinetti pubblici in Marine Parade, tra il molo e il Sealife Centre.

Molo di Southend

Seppure meno eccitante di quello di Brighton, il molo dei divertimenti di Southend è il più lungo del mondo, misura infatti 1,3 miglia (2,1 km). All'estremità vi sono un paio di ristoranti e un bar che potete raggiungere con la **Pier Railway** (£2/1) o a piedi se la giornata non è troppo fredda o ventosa. Il molo è aperto dalle 8 alle 17 (fino alle 15 in inverno) dal lunedì al venerdì, e nel fine settimana fino alle 19 (fino alle 17 in inverno). Il **Pier Museum** (☎ 611214) è aperto dalle 11 alle 17 il sabato, la domenica, il martedì e il mercoledì, da maggio a ottobre; l'ingresso è gratuito.

Altre cose da vedere

Il **Central Museum & Planetarium** (☎ 215640) si trova in Victoria Ave, accanto alla stazione ferroviaria Southend Victoria. Al momento della stesura di questa guida il museo era in fase di ampliamento e riorganizzazione. È aperto dalle 10 alle 17 tutti i giorni; gli spettacoli al planetario sono alle 11, alle 14 e alle 16. L'ingresso al museo è gratuito; il planetario costa £2,25/1,60.

Victorian Lanes è un mercato all'aperto dove sono in vendita oggetti antichi, cianfrusaglie, scarpe, abiti, fiori e cibo. Inizia ad animarsi intorno alle 9.30 e chiude alle 17 (alle 16 in inverno).

Il **Sealife Centre** (☎ 462400) è un acquario con pesci di ogni genere, dalle stelle di mare agli squali. È piccolo e forse non vale il prezzo del biglietto a £5,25/3,50. È aperto dalle 10.30 alle 15.30 dal lunedì al venerdì, dalle 10 alle 17 il sabato e la domenica.

Pernottamento

Southend non ha un ostello ma vi sono decine di B&B, che però dovrete prenotare se pensate di visitare la città nei fine settimana estivi. I B&B più economici si concentrano lungo Hartington Place e Hartington Rd, che si dirama da Marine Parade, ma quelli migliori si trovano sul lungomare a Thorpe Bay, circa 1 miglio e mezzo (2,5 km) a est del molo.

La **Seaway Guesthouse** (☎ 615901, 15 Herbert Grove) è pulita, si trova vicino al centro e offre un ottimo rapporto tra qualità e prezzo con stanze a £15 per persona. Consigliamo di prenderla in considerazione prima di provare i B&B di Hartington Rd, anche se la via non è particolarmente interessante. **Lee Villas** (☎ 317214, 1-2 Hartington Place) è il migliore tra i B&B economici della zona e chiede £15 per persona.

The Regency Hotel (☎ 340747, 18 Royal Terrace) è molto centrale e si trova in cima alla collina che domina il molo. È

gestito da un newyorkese con una passione per la storia della marina. Questo posto accogliente offre stanze spartane ma spaziose a partire da £20/35 per le singole/doppie; la tripla con bagno costa £55. **The Terrace Hotel** (☎ 348143, 8 Royal Terrace) offre belle stanze a £21/34, prezzo molto ragionevole. Le stanze con bagno costano £30/40.

L'**Atlantis Guesthouse** (☎ 332538, fax 392736, 63 Alexandra Rd) è uno dei posti più nuovi della città e si trova a pochi minuti di cammino dalla stazione. Le sue spaziose stanze costano £25/40 o £25/50 con bagno privato.

Il **Bideford Private Hotel** (☎ 345007, 7 Wilson Rd) costituisce una delle scelte più economiche, ma si trova a 15 minuti di cammino dal centro e dal molo. I prezzi delle stanze partono da £17,50/35 con bagno in comune.

La **Thorpe Bay Pebbles Guesthouse** (☎/fax 582329, ❷ pebbles.guesthouse @virgin.net, 190 Eastern Esplanade) è un posto elegante e pulito che chiede £35/50 per la singola/doppia; la stanza con balcone e vista sul mare costa £60.

Il **Beaches Hotel** (☎ 586124, fax 588377) è simile e offre stanze arredate con gusto e imbiancante di recente che costano £25/50. **The Moorings** (☎ 587575, fax 586791, 172 Eastern Esplanade) è un piacevole B&B sulla strada per Thorpe Bay e lo consigliamo caldamente. Le stanze costano £30/42,50.

The Camelia Hotel (☎ 587917, fax 585704, 178 Eastern Esplanade) è un posto raffinato e pulito, con lussuose stanze dotate di televisore satellitare e telefono. Costa £46/60, di meno se ci si ferma almeno due notti.

Pasti

A Southend ci sono molti caffè, friggitorie che vendono fish and chips e ristoranti italiani. Troverete molti di questi nelle vie laterali di High St e sul lungomare. C'è un supermercato **Sainsbury's** in London Rd e un supermercato **Tesco** in High St.

Il **Fisherman's Wharf** (☎ 346773, Western Esplanade) sostiene di preparare il miglior fish and chips della città, e non sbaglia. Un enorme filetto di pesce tenero e gustoso, servito con patatine fritte, insalata e diversi condimenti, vi costerà circa £7. C'è anche un ricco menu di frutti di mare e il ristorante è autorizzato alla vendita di alcolici.

Il *Terrace Cafe* (☎ *344158, 15 Royal Terrace*) è un frequentato caffè dai prezzi ragionevoli con un'atmosfera ariosa. Bagel e baguette costano £1.75, omelette e insalata £4,25 e fish and chips £4.

Decorato a colori vivaci, **The Inane Cafe & Bar** (☎ *332889, 19 Alexandra Rd*) serve spuntini e piatti a base di pasta che costano circa £4,95. Al piano terra c'è un'enoteca.

Il Pescatore (☎ *341892, 4 Queens Rd*) è un ristorante italiano poco illuminato che serve piatti a base di pasta a £6 e pizze a partire da £4,95.

Il **Continental Restaurant** (☎ *330175, 75 Queens Rd*) è un posto piuttosto bizzarro, o forse solo molto antiquato. Il menu offre piatti spagnoli, italiani e tedeschi, le tende e le tovaglie di pizzo conferiscono all'ambiente un'atmosfera accogliente. Si mangia bene senza spendere molto con piatti che costano circa £5, £8 per la bistecca.

Mamma Amalfi (☎ *341353, 5-6 London Rd*) è un moderno e sofisticato ristorante italiano dove si consumano copiose quantità di Chardonnay. Il menu turistico di due portate proposto a pranzo è ottimo a £6,25.

Singapore Sling (☎ *431313, 12 Clifftown Parade*) è un bar ristorante dall'aspetto moderno che serve piatti cinesi, giapponesi, malaysiani e thailandesi. I prezzi variano a seconda della cucina, ma gran parte dei piatti principali costa meno di £7.

The Esplanade (☎ *353180, Western Esplanade*), sotto il Cliffs Bandstand, è un enorme pub-bistrot che riesce però a creare un'atmosfera calda e accogliente.

Il **Kingfisher Diner** (☎ *610306, 34 York Rd*) è un ristorante senza pretese che serve dell'ottimo a cibo a prezzi

molto contenuti. Gli hamburger costano £2.40, il fish and chips £3,50, i pasti per bambini solo £1,70.

Il *Southend Tandoori* (☎ *463182, 36 York Rd*), accanto, è un ristorante indiano con piatti al curry a partire da £3,50 e gamberetti malesi a £4,50. Il pranzo di tre portate a £4,25 è davvero conveniente.

Slassor's (☎ *614880, 145 Eastern Esplanade*) ha vinto diversi premi per la cucina ed è molto rinomato a livello locale. Serve principalmente piatti a base di frutti di mare in un ambiente marinaresco pieno di percalle. I primi costano da £2,95 a £5, i piatti principali da £8,50 a £11. Si possono portare bottiglie da fuori.

Divertimenti

I bambini vorranno forse andare all'*Adventure Island* (☎ *468023*), sul lido su entrambi i lati del molo. È aperta da Pasqua a metà settembre ogni giorno dalle 11 fino a tardi. L'ingresso è libero, ma per salire sulle giostre bisogna acquistare il biglietto. C'è poi il *Dizzyland*, un parco dei divertimenti all'angolo tra Southchurch Ave e Eastern Esplanade. *Kursaal* (☎ *322322*), dall'altra parte della strada, è una sala giochi piuttosto deludente con un bowling (£3,70 per ogni partita), bar e ristoranti.

L'*Odeon Cinema* (☎ *0870-505 007*) si trova all'angolo tra London Rd e High St. Grande e alquanto turbolento il *TGF Churchills* (☎ *617866, Tylers Ave*) ospita diversi bar e un locale notturno, ma il luogo ricorda un po' un mercato della carne. Per i nottambuli c'è il malandato **Brockett's** (☎ *559137, Eastern Esplanade*), di fronte al Sealife Centre. I DJ suonano principalmente musica anni '50, '60 e '70 e di tanto in tanto c'è un concerto. Il *Forester's Arms* (☎ *467927, 65 Marine Parade*), dietro Dizzyland, con un DJ e musica jazz, è il locale del momento.

Al *Cliffs Bandstand* in Clifftown Parade di tanto in tanto si tengono concerti. Per informazioni chiamate il numero ☎ 343605 oppure recatevi al TIC. Il *Cliffs Pavilion* (☎ *351135, Westcliffe Parade*) presenta concerti, spettacoli teatrali e musical così come il *Palace Theatre* (☎ *342564, London Rd*).

Potete tentare la fortuna al *Westcliff Casino* (☎ *352919, Western Esplanade*).

Per/da Southend
Southend si trova sulla A127, 50 miglia (80 km) a est di Londra.

Autobus L'autobus n. 721 della Greenline (☎ 0870 608 7266) ogni 30 minuti collega la fermata di Bulleid Way (Bulleid Way Coach Stop), di fronte alla Victoria Coach Station (Londra), con Southend, ma ferma in quasi tutte le località lungo il percorso (£4,50 per andata e ritorno in giornata; 2 ore e 40 minuti).

Treno Ogni ora diversi treni collegano Londra con Southend; quelli per la stazione Souhtend Victoria (£10,30, un'ora) partono da Liverpool Street, quelli per Southend Central partono dalla stazione di Fenchurch Street.

Trasporti urbani
A Southend le distanze sono notevoli ed è difficile visitare tutti i luoghi di interesse turistico a piedi.

Autobus Le due autolinee locali, Arriva (☎ 442444) e First Thamesway (☎ 01245-262828), hanno sede presso l'autostazione in York St. Il biglietto Southend Day Rover, che costa £2,75/1,80, consente un numero illimitato di corse a Southend e dintorni sui mezzi della First Thamesway o della First National Buses (☎ 01245-256159).

Taxi Se vi serve un taxi, provate la Southend Taxis (☎ 334455) o l'ARC Taxis (☎ 611611).

COLCHESTER
Pop. 142.000 ☎ 01206
Colchester, la più antica città della Gran Bretagna di cui si abbia notizia, fu fondata dall'imperatore Claudio nel 49 d.C. e fu la capitale della Britannia romana

quando Londra non era che una base commerciale di relativa importanza. È un luogo interessante, con un castello, diversi musei e i resti delle mura romane, che potrete visitare tranquillamente in mezza giornata.

Orientamento e informazioni
Ci sono due stazioni ferroviarie – quasi tutti i treni fermano alla stazione North, circa mezzo miglio a nord del centro cittadino. L'autostazione (☎ 282645) si trova in centro, vicino al TIC e al castello.

Il TIC (☎ 282920, fax 282924), 1 Queen St, è aperto dalle 9.30 alle 18 dal lunedì al sabato, dalle 10 alle 17 la domenica e nei giorni lavorativi durante l'inverno. Da giugno a settembre è possibile scoprire la città con le visite guidate a piedi (£2,50/1,25) che partono ogni giorno alle 11, ma l'orario potrebbe cambiare quindi telefonate prima. Da metà luglio a settembre è inoltre disponibile un autobus turistico che fa il giro della città e costa £4,95/2,95 (i biglietti sono in vendita presso il TIC).

Trovate un ufficio postale in North Hill e un altro in Longe Wyre St. In Culver St West ci sono banche, bancomat e un ufficio della Thomas Cook.

Che cosa vedere
Il Colchester Castle (☎ 282939) fu costruito da Guglielmo I sulle fondamenta di un forte romano. La costruzione iniziò nel 1076 e fu ultimata nel 1125. Vanta il maschio più grande d'Europa – più grande ancora di quello della Torre di Londra. Durante il XIV secolo il castello fu usato principalmente come prigione. Nel museo sono custoditi mosaici e statue romane. È aperto dalle 10 alle 17 dal lunedì al sabato (ultimo ingresso alle 16.30), e dalle 13 alle 17 la domenica. L'ingresso costa £3,80/2,50. Aggiungendo £1,20/70p potete partecipare a una visita guidata ai sotterranei romani, alla cappella normanna sul tetto e lungo le mura del castello.

A Tymperleys – in un magnifico palazzo restaurato del XV secolo – si trova il Clock Museum. È aperto dalle 10 alle 17 dal martedì al sabato; l'ingresso è libero.

È interessante fare un giro anche nel **Dutch Quarter** (quartiere olandese), poco più a nord di High St, fondato nel XVI secolo dai tessitori protestanti olandesi sfuggiti alle persecuzioni religiose.

Il **Natural History Museum** (☎ 282931), High St, di fronte al castello, era chiuso al momento della stesura di questa guida. Quando riaprirà osserverà probabilmente il seguente orario: dalle 10 alle 17 dal martedì al sabato, e dalle 13 alle 17 la domenica.

Pernottamento

Colchester non possiede molti B&B, ma vi sono molti piccoli alberghi dai prezzi ragionevoli.

Il *Colchester Camping* (☎ 545551), Cymberline Way, Lexden, si trova a 30 minuti di cammino dal centro cittadino; potete anche prendere l'autobus n. 5 dall'autostazione (due corse ogni ora). Costa £6,90 per persona per tenda.

The Old Manse (☎ 545154, fax 545153, 15 Roman Rd), a pochi minuti di cammino dal centro, offre confortevoli stanze per non fumatori. Si trova in una tranquilla piazza accanto a Castle Park e in fondo al giardino è visibile una parte della cinta muraria romana. Le singole/doppie con bagno in comune costano £30/42.

Lo *Scheregate Hotel* (☎ 573037, 36 Osborne St) offre stanze dignitose in pieno centro. Costano £22/34, o £30/42 con bagno.

Il *Peveril Hotel* (☎ 574001, 51 North Hill) è situato in posizione altrettanto comoda, sulla strada per la stazione ferroviaria. Ha 17 stanze, quasi tutte senza bagno, con prezzi a partire da £25/36.

Il *Rose & Crown Hotel* (☎ 866677, East St) è forse il miglior albergo della città. Ci sono 30 stanze – tutte le doppie hanno il bagno – a prezzi compresi tra £62,50 e £99. Sono previste offerte speciali per il fine settimana.

Pasti

Ci sono molti ristoranti a Colchester, anche se sembrano predominare i fast food.

The Lemon Tree (☎ 767337, 48 St John's St) offre un ottimo rapporto tra qualità e prezzo e ha un allettante menu. L'insalata di patate alla provenzale con filetto di sgombro essiccato, servita come antipasto, costa solo £3,95. Numerosi i piatti vegetariani.

Picasso's (☎ 561080, 2 St John's St) è forse il posto che offre il miglior rapporto tra qualità e prezzo in città. Si tratta di un allegro e informale caffè dove i panini partono da £1,70, gli hamburger da £1,40 e i piatti caldi principali costano £4 circa.

Akash (☎ 578791, 40 St Botolph's St) è un ristorante indiano consigliato dalla gente del luogo. Il vindaloo di agnello costa £4,10, mentre lo speciale pollo balti makhani costa £7,95.

Il *Forester's Arms* (☎ 542646, Castle Rd), nei pressi di Roman Rd, è un incantevole vecchio pub situato in una zona tranquilla della città, dietro il castello. Nei mesi caldi ha i tavoli all'aperto.

Per/da Colchester

Colchester si trova 62 miglia (100 km) a nord-est di Londra. La National Express (☎ 0870 580 8080) assicura collegamenti giornalieri da Londra (£7,50/8,50 sola andata/andata e ritorno). L'autobus n. 103 della First Eastern National (☎ 0870 608 2608) raggiunge Harwich, con partenza ogni ora (un'ora). Non ci sono autobus diretti per Colchester da Southend.

C'è un treno ogni 15 minuti dalla stazione londinese di Liverpool Street (£9,90, 55 minuti). Ogni ora parte un treno per Norwich (£15,50; un'ora e 10 minuti), a nord, e ci sono servizi più frequenti per Ipswich (£3,70; 20 minuti).

HARWICH
Pop. 15.374 ☎ 01255

Anche se il vecchio porto è interessante, i visitatori raggiungono Harwich solo per prendere il traghetto per l'Olanda della Stena Line (☎ 0870 570 7070) o per Amburgo o Esbjerg (Danimarca) della Scandinavian Seaways (☎ 0870 533 3000). Per ulteriori informazioni al riguardo, v. **Via mare** in **Il viaggio**. Harwich è collegata a

Londra da treni diretti che partono dalla stazione di Liverpool Street (£16,70; un'ora e 10 minuti).

DEDHAM VALE

'Amo ogni scaletta, ogni ceppo, ogni vicolo... questi paesaggi hanno fatto di me un pittore.'

John Constable

Se Dedham Vale, nella Stour Valley, vicino al confine con il Suffolk, vi sembra stranamente familiare è forse perché avete già visto questi vividi paesaggi dipinti su tela intorno alla metà del XIX secolo da John Constable. La 'Constable country' (terra di Constable), come viene chiamata questa zona, si concentra nei villaggi di Dedham, East Bergholt (nel Suffolk, luogo di nascita del pittore) e Flatford. È preferibile spostarsi in automobile, ma questa zona è comunque servita da autobus e treni che partono da Colchester.

Flatford Mill (non è l'originale), un tempo di proprietà del padre di Constable, è oggi del National Trust e ospita il Field Studies Centre, dove potrete seguire un corso d'arte (☎ 01206-298283 per informazioni). Il **Bridge Cottage** (☎ 01206-298260; NT) compare in alcuni paesaggi di Constable e ospita una mostra dedicata al celebre pittore. È aperto al pubblico con il seguente orario: tutti i giorni dalle 10 alle 17.30 da aprile a settembre, il martedì, il giovedì e il sabato a marzo, solo il sabato e la domenica nel resto dell'anno. Le visite guidate si svolgono tre volte al giorno da maggio a settembre. L'ingresso (con una visita guidata) costa £1,80 ed è gratuito per i bambini. La Willy Lott's House, il cui nome è legato all'opera intitolata *Haywain*, si trova nelle vicinanze. Willy era vicino di casa e amico di Constable.

L'autobus n. 93 della First Eastern National (☎ 0870 608 2608) dal lunedì al sabato effettua una corsa ogni ora (tre servizi soltanto la domenica) tra Colchester e East Bergholt, che dista poco meno di un miglio dal Bridge Cottage. È preferibile viaggiare in treno (scendendo a Manningtree) poiché in questo modo si ha la possibilità di fare una bella passeggiata di circa 3 km lungo i sentieri che attraversano la Constable country. Se vi trovate a Manningtree, potete fare una veloce deviazione e risalire a piedi la collina fino a raggiungere la città di Mistly dalla quale si gode uno splendido panorama sull'estuario del fiume Stour. Questi itinerari sono ben segnalati.

SAFFRON WALDEN
Pop. 14.300 ☎ 01799

Saffron Walden fu la più grande città di mercato della regione dal XV secolo alla prima metà del XX secolo. Prende il nome dallo zafferano (*saffron* in inglese) che veniva coltivato nei campi circostanti. Per gli amanti dell'antiquariato arrivare a Saffron Walden è come trovare un tesoro. Cercate anche di visitare il vicino villaggio di Thaxted, con i suoi edifici Tudor. Potete arrivarci con l'autobus n. 5 della First Eastern National (☎ 0870 608 2608) che ferma in Church St, a Saffron Walden.

Il TIC (☎ 510444, fax 510445), 1 Market Place, vende un utile opuscolo che riporta gli itinerari cittadini e fornisce informazioni su Thaxted. Potete collegarvi a internet (£1,25 per 15 minuti) presso l'ASI (☎ 528045) in Lime Tree Court, in centro.

Il **Museo** (☎ 510333) merita sicuramente una visita per la quantità di materiale informativo, che comprende un'interessante mostra sulla storia locale e un'eterogenea collezione di oggetti provenienti da ogni parte del mondo, tra cui figura una mummia di Tebe. È aperto dalle 10 alle 17 dal lunedì al sabato, e dalle 14 alle 17 la domenica. L'ingresso costa £1/50p. Le rovine del **maschio del Walden Castle**, costruito intorno al 1125, si trovano accanto al castello.

La chiesa di **St Mary the Virgin**, nei pressi di Museum St, fu costruita in gran parte tra il 1450 e il 1525, periodo in cui la città era all'apice del suo splendore. È una delle chiese più grandi della contea e presenta alcuni maestosi archi gotici, soffitti decorativi in legno e una guglia alta

200 piedi che fu aggiunta nel 1832. Nella parte orientale della città c'è un antico **labirinto**; un sentiero che gira intorno al labirinto per quasi un miglio vi porterà al centro se seguite il giusto percorso.

Pernottamento e pasti

I B&B occupano quasi tutti case minuscole e hanno un paio di stanze soltanto, ma poiché i turisti sono pochi non dovreste avere problemi a trovare un posto dove alloggiare.

Il *Saffron Walden Youth Hostel* (☎ 01799-523117), all'angolo tra Myddylton Place e Bridge St, occupa l'edificio del XV secolo meglio conservato della città. Un posto letto costa £9/6,20 per adulti/ragazzi sotto i 18 anni.

Due posti da prendere in considerazione sono *The Sun Inn* e il *Queen Elizabeth Inn* (☎ 520065 o 5214894, 23 Fairycroft Rd), dove le singole/doppie costano £20/38. Le stanze del Sun Inn possono essere rumorose il venerdì e il sabato sera fino alle 23 perché al piano di sotto c'è una discoteca.

Mrs Skipper (☎ 527857, 53/55 Castle St) offre due stanze doppie a £20 per persona nella sua minuscola casa. L'*Archway Guesthouse* (☎ 501500, 11 Church St) è un posto bizzarro con un insolito assortimento di mobili e una vasta collezione di oggetti d'ogni specie che possiamo definire chincaglieria. Le stanze sono incantevoli e costano £30/50.

Dorringtons (☎ 522093, 9 Cross St) è una panetteria che vende panini e squisite paste fresche. I panini costano da 70p a £1,40. Ci sono alcuni deliziosi pub in città, tra cui l'*Eight Bells* (☎ 522790, 18 Bridge St), in un edificio del XVI secolo a circa tre minuti di cammino dal centro.

Per/da Saffron Walden

L'autobus n. 102 della Stagecoach Cambus (☎ 01223-423554 o 717740) effettua una corsa ogni ora tra Cambridge e Saffron Walden (£2,70; un'ora). L'autobus n. 38 per pendolari della Biss Brothers (☎ 681155) parte dall'autostazione di Victoria (Londra) nei giorni lavorativi

alle 17, e ritorna da Saffron Walden alle 6.55 (£7,35; 2 ore).

La stazione ferroviaria più vicina è quella di Audley End, due miglia e mezzo (4 km) più a ovest. Dalla stazione di Liverpool Street parte un treno ogni 20 minuti (£10,70; un'ora).

AUDLEY END HOUSE

Costruita all'inizio del XVII secolo, questa casa signorile giacobita fu una delle residenze reali di Carlo II, mentre Giacomo I la riteneva 'troppo grande per un re'. Le 30 stanze ospitano una bella collezione di quadri, argenteria e mobili. È immersa in un magnifico giardino all'inglese, opera di Capability Brown.

Situata sulla B1383, un miglio a ovest di Saffron Walden, Audley End House (☎ 01799-522399; EH) è aperta da aprile a settembre dal mercoledì alla domenica dalle 13 alle 18 (ultimo ingresso alle 17). I giardini aprono alle 11. L'ingresso costa £6,50/3,30. La tenuta dista poco più di un miglio (2 km) dalla stazione ferroviaria di Audley End. L'autobus n. 102 della Stagecoach Cambus che collega Cambridge con Saffron Walden ferma qui.

Hertfordshire

Caratterizzata da una cintura di quartieri popolari abitati da pendolari verso sud e da campi ondulati a nord, la piccola contea dell'Hertfordshire non è un luogo particolarmente emozionante. Il maggiore richiamo della contea è St Albans, cittadina con esempi di architettura georgiana che risale all'epoca romana, con una magnifica cattedrale che merita sicuramente una visita. Circa 6 miglia (10 km) a est di St Albans sorge Hatfield House, villa monumentale tra le più importanti del paese e perla turistica dell'Hertfordshire.

ST ALBANS
Pop. 120.700 ☎ 01727

Situata a soli 25 minuti di treno dal centro di Londra, la città di St Albans costituisce una meta interessante per una gita di un giorno. Per i Romani St Albans era Verulamium, nome al quale sono ancora legati il teatro e parte delle antiche mura visibili nella zona sud-occidentale della città. Molti altri tesori archeologici giacciono invece sepolti sotto i campi coltivati alla periferia di St Albans.

St Albans è un luogo attraente e allegro, con alcune belle case georgiane, anche se molti suoi edifici risalgono in realtà al XV secolo. Vi sono molti antiquari e fabbricanti di mobili in questa cittadina; il mercoledì e il sabato mattina il mercato situato nel centro si anima di voci e colori.

Orientamento

St Peter's St, 10 minuti di cammino a ovest della stazione ferroviaria, costituisce il centro della città. Il mercato si trova accanto all'edificio del TIC. La cattedrale sorge nella parte occidentale, nei pressi di High St, le rovine di Verulamium si trovano ancora più a ovest, in St Michael's St. Tutti i luoghi d'interesse turistico sono raggiungibili a piedi, ma visitarli richiede almeno una giornata.

Informazioni

Ufficio turistico Il TIC (☎ 864511, fax 863533, @ tic@relaxion.co.uk) ha sede nella maestosa Town Hall (municipio) in Market Place. Da Pasqua a ottobre è aperto dal lunedì al sabato dalle 9.30 alle 17.30, da luglio a metà settembre anche la domenica dalle 10.30 alle 16. Da novembre a Pasqua è aperto soltanto dal lunedì al sabato dalle 10 alle 16. Vende l'utile *Discover St Albans* con gli itinerari cittadini (95p). L'*Official Visitors Guide* è gratuita e descrive nei particolari un itinerario cittadino che copre tutti i luoghi d'interesse. Da Pasqua a settembre è possibile partecipare gratuitamente alle visite guidate a piedi che si svolgono la domeni-

INGHILTERRA SUD-ORIENTALE

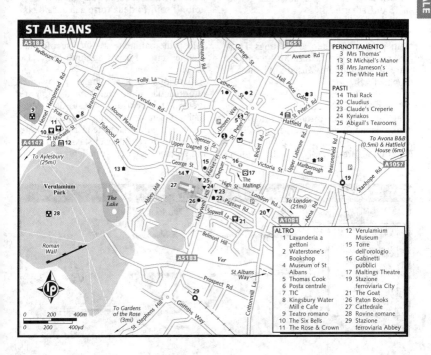

ST ALBANS

PERNOTTAMENTO
3 Mrs Thomas'
13 St Michael's Manor
18 Mrs Jameson's
22 The White Hart

PASTI
14 Thai Rack
20 Claudius
23 Claude's Creperie
24 Kyriakos
25 Abigail's Tearooms

ALTRO
1 Lavanderia a gettoni
2 Waterstone's Bookshop
4 Museum of St Albans
5 Thomas Cook
6 Posta centrale
7 TIC
8 Kingsbury Water Mill e Cafe
9 Teatro romano
10 The Six Bells
11 The Rose & Crown
12 Verulamium Museum
15 Torre dell'orologio
16 Gabinetti pubblici
17 Maltings Theatre
19 Stazione ferroviaria City
21 The Goat
26 Paton Books
27 Cattedrale
28 Rovine romane
29 Stazione ferroviaria Abbey

To Avona B&B (0.5mi) & Hatfield House (6mi)

To Aylesbury (25mi)

Verulamium Park

The Lake

Roman Wall

To London (21mi)

To Gardens of the Rose (3mi)

St Albans Way

0   200   400m
0   200   400yd

ca alle 11.15 e alle 15. L'appuntamento è presso la torre dell'orologio in High St.

Cambio Tutte le banche principali e i bancomat si trovano in Chequer St e in St Peter's St, a pochi passi dal TIC. L'ufficio della Thomas Cook è al 65 di St Peter's St.

Poste e telecomunicazioni La posta centrale si trova in St Peter's St. Al momento della stesura di questa guida non c'erano locali con internet, ma la situazione potrebbe essere cambiata; rivolgetevi al TIC per saperne di più.

Librerie Trovate una libreria della catena Waterstone al 10 di Catherine St. Paton Books, 34 Holywell Hill, occupa un incantevole edificio del XVII secolo e vende libri nuovi e usati oltre a rari titoli fuori catalogo.

Lavanderie C'è una lavanderia a gettoni al 13 di Catherine St.

Servizi igienici Troverete alcuni gabinetti pubblici accanto al Maltings Theatre, nei pressi di Chequer St in centro, e altre al Verulamium Museum, vicino a St Michael's St.

St Albans Cathedral

Nel 209 d.C. un cittadino romano di nome Alban fu decapitato per la sua fede cristiana, divenendo così il primo martire della Gran Bretagna. Nell'VIII secolo re Offa di Mercia fondò, sul luogo del martirio, un'abbazia per i monaci benedettini. Paolo, il primo abate normanno, fece ricostruire la chiesa nel 1077, inglobando parte dell'edificio sassone. Nella navata sud, lungo il presbiterio, sono visibili i resti di un **passaggio ad arco** sassone. Furono utilizzati anche molti mattoni di edifici romani, numerosi soprattutto nella torre centrale. Nel 1877 la cattedrale fu sottoposta a un'estesa opera di restauro.

Entrando nella cattedrale (☎ 860780) si notano gli **affreschi** che decorano le colonne romaniche, dipinti nel XIII secolo. Uno degli affreschi raffigura Thomas Becket (lato meridionale dei primi due pilastri) e, sopra di lui, San Cristoforo. Nascosti da una coltre di calce dopo la Riforma, questi affreschi furono scoperti solo nel 1862.

I pannelli di legno dipinti che decorano il **soffitto del coro** risalgono al XV secolo. Il **soffitto della torre** è decorato con le rose rosse e bianche delle casate Lancaster e York. La **transenna dell'altare** risale principalmente al XVI secolo, ma alcune statue furono aggiunte nel XIX secolo.

Il **reliquiario di St Albans** si trova nel cuore della cattedrale, immediatamente dietro il presbiterio, dominato dalla **Watching Chamber** in legno di quercia finemente intagliato risalente al 1400. Questo è il luogo dove i monaci stavano di guardia per accertarsi che i pellegrini non ru-

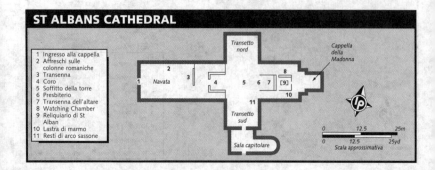

ST ALBANS CATHEDRAL

1 Ingresso alla cappella
2 Affreschi sulle colonne romaniche
3 Transenna
4 Coro
5 Soffitto della torre
6 Presbiterio
7 Transenna dell'altare
8 Watching Chamber
9 Reliquiario di St Alban
10 Lastra di marmo
11 Resti di arco sassone

Transetto nord

Cappella della Madonna

Navata

Transetto sud

Sala capitolare

0   12.5   25m
0   12.5   25yd
Scala approssimativa

bassero le reliquie. Una volta usciti dal reliquiario, sulla sinistra potrete ammirare l'antica **lastra di marmo** incastonata di fossili marini che un tempo era parte dell'altare.

La cattedrale è aperta dalle 9 alle 17.45. L'ingresso è libero ma viene richiesta un'offerta di £2,50. Le visite guidate partono alle 11.30 e alle 14.30. Nella navata sud un filmato racconta la storia della cattedrale. Viene proiettato dalle 11 alle 16 dal lunedì al venerdì; il sabato l'ultima proiezione è alle 15.30 (dalle 14 alle 17 la domenica). È richiesto un contributo di £1,50/1.

Verulamium Museum e rovine romane

Questo museo (☎ 819339), situato in St Michael's St e considerato il migliore della Gran Bretagna nel suo genere, fornisce un quadro di quella che era la vita quotidiana nella Britannia romana e ospita splendidi pavimenti a mosaico e affreschi. Vi sono molte mostre interattive, materiali audiovisivi e ricostruzioni di stanze che consentono di farsi un'idea di come doveva essere una tipica casa romana. La vita quotidiana è illustrata anche attraverso modelli di artigiani al lavoro e di donne intente a cucinare. Si possono addirittura ascoltare i cittadini di Verulamium mentre parlano della loro vita. I bambini si divertiranno un mondo. Il museo è aperto dalle 10 alle 17.30 tutti i giorni (dalle 14 alle 17.30 la domenica). I biglietti costano £3,05/1,75 e consentono una seconda visita nello stesso giorno. Volendo potete seguire la visita guidata gratuita attraverso la città di Verulamium, ossia nell'area dove un tempo sorgeva, con partenza dal museo ogni domenica alle 15.

Nell'adiacente **Verulamium Park** ci sono i resti di una basilica, di uno stabilimento termale e delle mura cittadine. Dall'altra parte della trafficata A4174 ci sono le rovine di un **teatro romano**, ma in realtà non si vede altro che fossi erbosi, monticelli e qualche rudere. Il sito è aperto dalle 10 alle 17 tutti i giorni. L'ingresso

Alban Way

L'Alban Way è un sentiero lungo 6 miglia e mezzo (10 km) che da St Albans conduce a Hatfield (dove potete visitare la giacobita Hatfield House). È percorribile sia a piedi sia in bicicletta. Il sentiero segue il percorso di una vecchia linea ferroviaria che fu aperta nel 1865 e chiusa nel 1951 quando, grazie al miglioramento delle strade nella zona, gli autobus divennero il principale mezzo di locomozione tra le due cittadine. Il TIC di St Albans distribuisce gratuitamente un opuscolo intitolato *The Alban Way*, corredato di cartina e contenente descrizioni particolareggiate di tutti i luoghi d'interesse che si incontrano lungo il percorso.

costa £1,50/50p, ma queste rovine meritano una visita soltanto se siete veramente appassionati di storia romana.

Museum of St Albans

Il museo (☎ 819340), Hatfield Rd, inizia con una mostra di utensili che venivano usati tra il 1700 e il 1950 dagli artigiani inglesi – bottai, carrai, maniscalchi, boscaioli ed ebanisti. Riassume la storia del mercato e del commercio nella città e ospita un'interessante mostra di cimeli vittoriani. Il museo è aperto dalle 10 alle 17 dal lunedì al sabato, e dalle 14 alle 17 la domenica. L'ingresso è libero.

Altre cose da vedere

La **torre dell'orologio** medievale, in High St, fu costruita tra il 1403 e il 1412. È l'unica torre campanaria di epoca medievale dell'Inghilterra e conserva la campana originaria. Potete salire fino in cima per ammirare uno splendido panorama sulla città tra le 10.30 e le 17 il sabato, la domenica e nei giorni festivi da Pasqua a ottobre.

Il **Kingsbury Water Mill**, St Michael's St, fu utilizzato per macinare il grano fino al 1936. Risale al periodo sassone, ma gli edifici visibili sono elisabettiani con facciate georgiane. Qui ci sono un piccolo museo e un delizioso ristorantino con pietanze fatte in casa e tavoli all'aperto. Il mulino è aperto dalle 11 alle 18 dal martedì al sabato, e dalle 12 alle 18 la domenica (fino alle 17 in inverno). L'ingresso costa £1,10/60p. Con circa 30.000 esemplari, i **Gardens of the Rose** (☎ 850461), 3 miglia (5 km) a sud di St Albans, ospitano la raccolta di rose più grande del mondo. Sono aperti dalle 9 alle 17 dal lunedì al sabato da metà giugno a metà ottobre. L'ingresso costa £4 ed è gratuito per i bambini.

Pernottamento

I seguenti alberghi si trovano a cinque minuti di cammino dal centro.

Mrs Jameson's (☎ 865498, fax 854136, 7 Marlborough Gate), nei pressi di Upper Latimore Rd, è vicino alla stazione ferroviaria e chiede £18 per persona per stanze con bagno in comune.

Consigliamo caldamente *Mrs Thomas'* (☎ 858939, 8 Hall Place Gardens). Le graziose singole/doppie con bagno in comune e vista sul giardino costano £25/40.

L'*Avona* (☎ 842216, fax 07956, 857353, 478 Hatfield Rd) offre un buon rapporto qualità-prezzo a £20/40 o £50 per la stanza doppia con bagno. Si trova a 10 minuti di cammino dal centro.

The White Hart (☎ 853624, fax 840237, 25 Holywell Hill), un albergo in legno e muratura con travi a vista e pavimenti scricchiolanti, si trova a pochi minuti di cammino dal centro cittadino. Le stanze con bagno costano £54/70 (di meno nel fine settimana), la prima colazione £5.

St Michael's Manor (☎ 864444, fax 848909; @ smmanor@globalnet.co.uk, Fishpool St) è il miglior albergo di St Albans. Tranquillo ed elegante, ha splendidi giardini. I prezzi delle stanze partono da £110/145 e arrivano fino a £225/295. Durante il fine settimana a volte sono previste formule speciali, per esempio cena e champagne.

Pasti

A St Albans non mancano i ristoranti dove si mangia bene a prezzi ragionevoli.

Abigail's Tearooms (☎ 856939, 7 High St), con le sue tende di pizzo e i cream tea, si trova nel Village Arcade. *Claudius* (☎ 850527, 116 London Rd) è un divertente ristorante italiano con un'accozzaglia di cimeli calcistici collezionati dal proprietario. Chiedetegli di farvi vedere uno dei suoi trucchi con le carte. I pasti, semplici e squisiti, costano circa £6.

Kyriakos (☎ 832841, 3 Holywell Hill) è un ristorante greco ricco di atmosfera dove i primi piatti partono da £3 e le portate principali da £8,95.

La *Claude's Creperie* (☎ 846424, 15 Holywell Hill), con il suo interno rustico, offre una vasto menu che coniuga la cucina regionale francese e italiana. I piatti principali costano da £6 a £8,50.

Il *Thai Rack* (☎ 850055, 13 George St), con una sala da pranzo tranquilla e piena di piante, offre un pranzo di tre portate a £9,50. I piatti principali à la carte costano circa £6,20.

The Goat (☎ 833934, 37 Sopwell Lane) è un vecchio pub molto grazioso ubicato in un edificio Tudor. Si trova a pochi minuti di cammino dal centro e offre jazz dal vivo la domenica dalle 12.30 alle 15. *The Rose & Crown* (☎ 851903, 10 St Michael's St) e *The Six Bells* (☎ 856945, 16-18 St Michael's St), poco più avanti, sono due pub accoglienti e molto frequentati, con travi a vista, bassi soffitti e caminetti. Entrambi offrono i tradizionali piatti da pub oltre a specialità più moderne.

Per/da St Albans

Il treno è il mezzo di trasporto più diretto per raggiungere St Albans, ma se arrivate da Heathrow potete prendere l'autobus n. 724 della Greenline (☎ 0870 608 7266) che parte ogni ora (£4,20; un'ora).

La stazione di St Albans City si trova in Stanhope Rd, 10 minuti di cammino a est di St Peter's St. I treni della Thameslink per St Albans City partono ogni 15 minuti dalla stazione londinese di King's Cross (£6,20, 23 minuti). La stazione di St Albans Abbey (dalla quale partono i treni per Watford) si trova a 15 minuti di cammino (in salita) dal centro. Per raggiungere questa stazione dovrete cambiare a Watford, 6 miglia (10 km) a sud di St Albans.

HATFIELD HOUSE

Hatfield House (☎ 01707-262823) è la più imponente casa giacobita d'Inghilterra. Questa dimora signorile in pietra e mattoni rossi, costruita tra il 1607 e il 1611 per Robert Cecil, primo conte di Salisbury e segretario di stato per Elisabetta I e Giacomo I, è piena di oggetti preziosi.

Fu eretta su un palazzo Tudor di epoca precedente, costruito intorno al 1497, dove Elisabetta I trascorse gran parte della sua infanzia. Del palazzo reale si conserva soltanto un'ala, visibile nei giardini.

All'interno l'edificio è estremamente sontuoso con una splendida Marble Hall (sala di marmo) e celebri ritratti di Elisabetta e di numerosi altri sovrani inglesi. La Grand Staircase è una grande scala in legno di quercia, decorata con figure scolpite, tra le quali è nota quella di John Tradescant, il botanico che nel XVII secolo realizzò i giardini.

Nella Great Hall si tengono banchetti elisabettiani di cinque portate, con tanto di menestrelli e giullari di corte, alle 19.45 il martedì (£31,50 per persona), il venerdì (£33) e il sabato (£35,50). Chi fosse interessato potrà prenotare il biglietti chiamando il numero ☎ 01707-262055.

Hatfield House è aperta il sabato, la domenica e nei giorni festivi dalle 13 alle 14. Dal martedì al giovedì è aperta soltanto per le visite guidate dalle 12 alle 16. L'ingresso costa £6,20/3,10; per accedere al parco si pagano £1,80/90p. Dista 21 miglia (34 km) da Londra e 6 miglia (10 km) da St Albans. Si trova di fronte alla stazione ferroviaria di Hatfield, servita da numerosi treni provenienti dalla stazione londinese di King's Cross (£6,30 per andata e ritorno in giornata, 25 minuti).

L'autobus n. 797 della Greenline Bus (☎ 0870 608 7266) collega Londra con Hatfield ogni ora, mentre l'autobus n. 724 della Greenline (☎ 0870 608 7266) effettua una corsa ogni ora tra St Albans e Hatfield.

St Albans Beer Festival

Ogni anno tra la fine di settembre e l'inizio di ottobre la filiale del South Hertfordshire della CAMRA (Campaign for Real Ale) organizza una festa della birra presso il Civic Centre in St Peter's St, che si protrae per quattro giorni. Circa 4000 persone partecipano a questa manifestazione che ha lo scopo di sostenere le fabbriche di birra più piccole della zona e di favorire il riconoscimento delle birre e del sidro locali come parte della cultura nazionale. Vengono esposte circa 180 birre, prodotte localmente, in altre zone della Gran Bretagna e all'estero. Alcune birre vengono prodotte appositamente per il festival. C'è la possibilità di mangiare e la sera di solito ci sono concerti. I prezzi dei biglietti partono da £3, a seconda del giorno scelto. Per ulteriori informazioni al riguardo contattate la CAMRA al numero ☎ 01727-867201; ✉ realales@yahoo.com.

Buckinghamshire

Abitata da pendolari, la contea del Buckinghamshire è un luogo tranquillo e piacevole dove i paesaggi urbani convivono con quelli rurali. Tra i molti pendolari che si trasferirono in questa zona ci furono anche i potenti Rothschild, che costruirono diversi imponenti edifici nei dintorni di Aylesbury. Altri personaggi importanti che vissero nel Buckinghamshire sono i poeti John Milton, T.S. Eliot e Shelley (Marlow) e Robert Frost (Beaconsfield).

Le Chiltern Hills sono una catena di colline di gesso che attraversano la parte meridionale del Buckinghamshire, famose per il loro boschi di faggi. La campagna è particolarmente suggestiva in autunno.

La Ridgeway, lunga 85 miglia (137 km), è un itinerario nazionale che si snoda lungo le Chiltern Hills fino a Ivinghoe Beacon, nella parte orientale della contea. Altri itinerari si snodano nei boschi delle Chilterns e lungo il Grand Union Canal, il

Wendover Woods

Circa miglio a nord-est della città di Wendover (nei pressi della B4009) ci sono i Wendover Woods (☎ 01296-625825 per la guardia forestale), 325 ettari di boschi di faggi e conifere lungo i margini settentrionali delle Chilterns. Si possono effettuare diverse escursioni, dalla passeggiata di un miglio e mezzo verso la cima di Coombe Hill, che con i suoi 260 m è il punto più alto delle Chilterns, al percorso di due miglia (3 km) lungo il Firecrest Trail. Ci sono poi piste ciclabili e sentieri per le gite a cavallo, ma potete anche raggiungere questo luogo tranquillo per un semplice picnic. Il TIC (☎ 01296-696759), situato nella torre dell'orologio in High St, a Wendover, fornisce informazioni sulle Chilterns, il Ridgeway Path e i Wendover Woods. Il chiosco informazioni situato nei boschi distribuisce una cartina escursionistica.

L'Aylesbury Bus n. 54 raggiunge Wendover ogni 30 minuti (15 minuti). Dalla stazione londinese di Marylebone ci sono treni per Wendover (£7,30, 45 minuti) che partono ogni mezz'ora.

canale che va da Londra a Birmingham attraverso il margine nord-orientale della contea.

AYLESBURY
Pop. 51.497 ☎ 01296

La ricca Aylesbury è il capoluogo della contea fin dal 1725. È un centro di trasporti con treni che ogni mezz'ora la collegano alla stazione londinese di Marylebone (£8,60; 54 minuti), ma a parte questo ha ben poco da offrire al visitatore. Il TIC (☎ 330559), 8 Bourbon St, fornisce informazioni di carattere generale sulla contea.

DINTORNI DI AYLESBURY
Waddesdon Manor
Progettato da un architetto francese per il barone Ferdinand de Rothschild, Waddesdon Manor (☎ 02196-651282; NT) fu ul-

timato nel 1889 riprendendo lo stile del rinascimento francese per ospitare la collezione di opere d'arte del barone, porcellane di Sèvres e mobili francesi. La collezione comprende quadri di Gainsborough, Reynolds e di alcuni maestri fiamminghi del XVII secolo. La cantina dei vini è aperta al pubblico, ma purtroppo non sono previste degustazioni. C'è anche un aviario con uccelli esotici.

Waddesdon Manor è aperto dalle 11 alle 16 dal giovedì alla domenica, da aprile a ottobre; a luglio e agosto anche il mercoledì. Il biglietto, a termine, costa £6. Potete prenotare in anticipo, ma in questo caso dovrete pagare altre £2,50. Il parco è aperto dalle 10 alle 17 dal mercoledì alla domenica, da marzo a metà dicembre. L'ingresso al parco costa £3/1,50.

La tenuta si trova 6 miglia (10 km) a nord-ovest di Aylesbury. Dall'autostazione di Aylesbury prendete l'autobus Red Rose n. 16 o 17.

Claydon House
Le decorazioni delle sontuose sale di Claydon House sono considerate la massima espressione del delicato rococò inglese, stile che si sviluppò in Francia all'inizio del XVIII secolo da forme barocche più pesanti. La residenza fu abitata per diversi anni da Florence Nightingale e il museo ospita alcuni ricordi del suo periodo in Crimea. Qui, nel 1995 furono girate alcune scene del film *Emma* con Gwyneth Paltrow.

Claydon House (☎ 01296-730349; NT) è aperta dalle 13 alle 17 dal sabato al mercoledì, da aprile a ottobre. L'ingresso costa £4,20. Si trova 13 miglia (21 km) a nord-ovest di Aylesbury. Potete raggiungerla con l'autobus n. 16 e 17 della Red Rose, ma dovrete dire al conducente dove siete diretti.

Giardini di Stowe
Situata circa 4 miglia (6 km) a nord della città di Buckingham, Stowe è una sorta di scuola privata così esclusiva che il suo viale d'accesso è lungo mezzo miglio. I

giardini furono realizzati dai tre maggiori architetti di giardini dell'epoca, Charles Bridgeman, William Kent e Capability Brown.

I giardini georgiani (☎ 01280-822850; NT) si estendono su una superficie di circa 400 ettari e sono rinomati per i loro 32 templi, creati nel XVIII secolo dal ricco proprietario della tenuta, Sir Richard Temple, proveniente da una famiglia il cui motto era *Templa Quam Delecta* ('Che delizia i vostri templi'). Ci sono anche archi, laghi e un ponte palladiano. I giardini sono aperti al pubblico dalle 10 alle 17 (ultimo ingresso alle 16) dal mercoledì alla domenica, da aprile a ottobre; a luglio e agosto sono aperti anche il martedì. L'ingresso costa £4,60/2,30. Non ci sono autobus che passano vicino ai giardini, quindi dovrete raggiungerli a piedi o in taxi (£6) dalla vicina città di Buckingham che dista 3 miglia (5 km) da Stowe e un'ora da Aylesbury, alla quale è collegata dall'autobus n. 66 dell'Arriva.

INGHILTERRA SUD-ORIENTALE

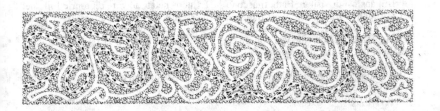

Wessex

Le contee del Somerset, Dorset e Wiltshire costituivano un tempo il regno del Wessex, ormai scomparso da lungo tempo ma riportato in vita dalla penna di Thomas Hardy, il più famoso personaggio originario di questa regione.

In nessun altro luogo il passato ha lasciato nel paesaggio un segno più indelebile che nel Wessex. La civiltà inglese può vantare alcuni grandissimi monumenti: Stonehenge e l'affascinante Avebury risalgono all'Età della pietra; i Britanni dell'Età del ferro costruirono Maiden Castle, appena fuori Dorchester; i Romani (e in seguito i Georgiani) edificarono Bath; sembra che il leggendario re Artù sia stato sepolto a Glasonbury; al Medioevo risalgono le imponenti cattedrali di Salisbury e Wells, mentre al XVI e XVII secolo risalgono le residenze signorili di Montacute e Wilton.

Le contee occidentali sono dunque estremamente ricche di mete interessanti e il paesaggio, pur essendo vario, è dominato dagli elementi che caratterizzano la classica campagna inglese: siepi, chiese di pietra, cottage dal tetto rivestito di canne, vaste tenute e campi color verde smeraldo. Lacock nel Wiltshire, Dunster nel Somerset e Corfe Castle nel Dorset sono tutti esempi di paesini perfetti che sembrano essere usciti da un film.

Città quali Bath e Salisbury richiamano un numero enorme di turisti e sono tra le prime mete di coloro che si accingono a visitare la zona per la prima volta. Spesso i turisti, ansiosi di visitare Bath, finiscono per trascurare Bristol, ma quest'ultima è la città principale della regione sud-occidentale, offre una notevole vita notturna e l'architettura di uno dei suoi sobborghi, Clifton, non teme rivali.

Le contee del Dorset, del Somerset e del Devon settentrionale offrono attrattive più tranquille e si prestano ad essere

Da non perdere

- Una passeggiata lungo le vie della georgiana Bath
- Esplorate le misteriose località di Avebury e Stonehenge
- Una pausa di riflessione all'interno della splendida Wells Cathedral
- Il giro dei pub e dei locali di Bristol fino alle ore piccole
- Qualche scatto nella graziosa Lacock, patria della fotografia
- Percorrete le zone incolte di Exmoor popolate di pony

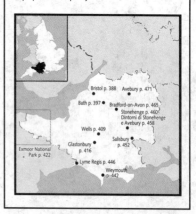

visitate piacevolmente, senza una meta precisa e senza incontrare troppi turisti, anche se lo splendido Parco nazionale di Exmoor ne attrae vere e proprie folle nei mesi estivi.

Gli amanti delle camminate prediligono il South West Coast Path, un lungo itinerario da percorrere a piedi lungo la costa che parte da Minehead nel Somerset, prosegue lungo il perimetro della penisola della Cornovaglia e continua fino a Poole, vicino a Bournemouth, nel Dor-

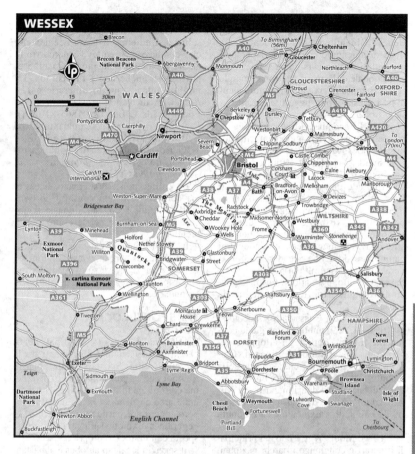

set, attraversando alcune delle zone più belle e intatte della costa inglese.

ORIENTAMENTO E INFORMAZIONI

Passando dalla bellezza del ventoso Exmoor e degli scogli del Somerset, alle tempestose pianure del Wiltshire, e ancora alla verde e piacevole campagna inglese del sonnecchiante Dorset, il Wessex è una regione caratterizzata da un paesaggio spettacolare e da piacevoli città. Le colline calcaree che circondano la pianura di Salisbury si estendono lungo il Wiltshi-

re e attraversano il centro del Dorset fino alla costa. Il paesaggio del Somerset è caratterizzato dalla presenza delle conformazioni granitiche di Exmoor.

Nel Parco nazionale di Exmoor sorgono numerosi ostelli della gioventù YHA, così come a Salisbury, Bath e Bristol, e sono parecchi anche lungo la costa, a Swanage e Lulworth, per esempio. In quest'area vi sono anche molti ostelli indipendenti; se ne trovano a Bath, Bornemouth, Bristol, Glastonbury e Salisbury. Vi è, inoltre, una scelta illimitata di B&B e alberghi.

ITINERARI A PIEDI E IN BICICLETTA

Benché l'Inghilterra sud-occidentale sia ricca di splendide campagne, i percorsi più battuti dagli escursionisti sono il Parco nazionale di Exmoor e la zona lungo la costa. Exmoor riserva al viaggiatore alcuni tra i paesaggi più suggestivi che si possano trovare in Inghilterra, e il tratto costiero tra Ilfracombe e Minehead è davvero spettacolare. Per maggiori informazioni v. **Exmoor National Park**.

Il South West Coast Path, il sentiero più lungo del paese, non è un itinerario che richiede una particolare resistenza: lungo tutto il percorso risultano facilmente raggiungibili villaggi che offrono possibilità di ristoro e sistemazione per la notte. Il percorso segue una linea costiera davvero magnifica e chiunque ami camminare dovrebbe prendere in considerazione la possibilità di percorrerne almeno un tratto, evitando di farlo, se possibile, durante i trafficati fine settimana estivi.

La South West Coast Path Association (☎ 01364-73859) pubblica una guida contenente informazioni sugli alloggi e descrizioni dettagliate degli itinerari. Ciascuna delle guide ufficiali a cura della Countryside Agency e Aurum Press si occupa di una parte dell'itinerario: da Minehead a Padstow, da Padstow a Falmouth, da Falmouth a Exmouth e da Exmouth a Poole.

La Two Moors Way è uno dei principali itinerari e congiunge i parchi nazionali di Dartmoor ed Exmoor. Per chi volesse unire un po' di cultura all'avventura, la Hardy Way è un itinerario circolare lungo 200 miglia che attraversa il Dorset e permette di visitare luoghi di una certa rilevanza per la vita e i racconti dello scrittore omonimo.

Un altro itinerario molto conosciuto, il Ridgeway Path, ha inizio nei pressi di Avebury e procede in direzione nord-est per 85 miglia (137 km) fino a Ivinghoe Beacon, vicino ad Aylesbury. Il percorso si snoda per lo più lungo vecchie strade che attraversano l'ampia ed elevata dorsale delle colline di gesso per poi scendere verso la valle del Tamigi e infine risalire le Chilterns. Il tratto occidentale, che conduce a Streatley, è percorribile anche a cavallo o in mountain bike e, purtroppo, anche con i fuoristrada. La miglior guida a questo itinerario è *The Ridgeway*, di Neil Curtis. Presso il National Trails Office (☎ 01865-810224), Countryside Service, Departement of Leisure & Arts, Holton, Oxford OX33 1QQ, troverete diverse altre pubblicazioni utili, tra cui l'ottima *Information and Accomodation Guide*.

Le colline non scarseggiano di certo, ma considerati il tempo mite e le tranquille stradine secondarie, questa regione è il posto ideale per le escursioni in bicicletta.

La West Country Way, aperta di recente da Sustrans, organizza escursioni da Bristol e Salisbury verso ovest, in Devon e Cornovaglia, seguendo le tranquille vie secondarie.

TRASPORTI LOCALI
Autobus

La National Express (☎ 0870 580 8080) garantisce dei buoni collegamenti tra le principali città. Spostarsi nella zona di Exmoor può essere complicato in inverno, ma coloro i quali decidessero di rimanere nelle aree costiere del parco non dovrebbero incontrare particolari difficoltà. In generale a Exmoor sarà favorito chi si sposta con un mezzo proprio.

Il servizio locale di autobus è abbastanza soddisfacente, considerata la natura rurale del luogo. Tra i numeri di telefono più utili per ottenere gli orari degli autobus nella regione citiamo i seguenti: da Bristol a Bath ☎ 0117-955 5111, per il Somerset ☎ 01823-358299, per il Wiltshire ☎ 0845 709 0899 e per il Dorset ☎ 01305-224535.

È possibile acquistare dei biglietti giornalieri a circa £5: vale la pena di informarsi al riguardo. Per esempio, il Wiltshire Day Rover (£5) permette di viaggiare illimitatamente in tutto il Wiltshire (che possiede meraviglie tra cui citiamo Salisbury, Avebury e Bradford-on-Avon), ma è valido anche per Bath.

Il biglietto Explorer della Wilts & Dorset (☎ 01202-673555) permette di viaggiare illimitatamente per l'intera giornata negli autobus delle seguenti compagnie: Wilts & Dorset, Stagecoach Hampshire Bus, Damory Coaches e Solent Blue Line al prezzo di £5/2,5. Con questo biglietto potrete spostarvi da Portsmouth, Winchester o Southampton, nella parte est, a Dorchester e Weymouth, nella zona ovest, attraversando la New Forest. Partendo dalla costa meridionale invece, potrete dirigervi a nord, in direzione Salisbury, fino a Bath, Devizes, Swindon o Newbury. Il biglietto settimanale si chiama Busabout e costa £22/11. Vi verrà chiesta una foto tessera.

Per chi avesse poco tempo a disposizione, la Mad Max Tours (☎ 01225-325900, ✉ maddy@madmax.abel.co.uk), con base a Bath, organizza escursioni giornaliere a Stonehenge, Avebury, Lacock e Castle Combe al prezzo di £15.

Treno

I principali snodi ferroviari sono Bristol e Salisbury: da Bristol partono i collegamenti per Londra e Birmingham, mentre Salisbury è un punto di congiunzione tra la capitale e la regione sud-occidentale. Il servizio ferroviario nel sud-ovest è soddisfacente, garantendo il collegamento tra Bristol, Bath, Salisbury, Weymouth ed Exeter. Per maggiori informazioni contattate il National Rail Enquiries al numero ☎ 0845 748 4950, o visitate i siti Internet www.railtrack.co.uk e www.thetrainline.com.

Sono disponibili diversi tipi di biglietti tra cui la tessera Freedom of the South West Rover che è valida 15 giorni e permette di viaggiare illimitatamente per otto giorni nella zona a ovest di una linea immaginaria che congiunge Salisbury, Bath, Bristol e Weymouth (nonché tutte le città che rientrano nel tragitto tra le destinazioni raggiungibili) al prezzo di £71,50 in estate e £61 in inverno).

BRISTOL

Pop. 414.000 ☎ 01

Bristol è il centro [...] l'Inghilterra sud-o[...] di grandi musicist[...] [...]ad, Tricky e i Massive Attack, oltre a Rocky the Rooster e ai pupazzi Wallace e Gromit. È davvero un posto che offre molte occasioni di divertimento e ovunque stanno nascendo rapidamente nuovi ristoranti, bar e locali.

Purtroppo i bombardamenti della seconda guerra mondiale hanno distrutto gran parte del centro, che venne ricostruito negli anni '50 e '60, ma con scarso riguardo per l'estetica.

Tuttavia la città conserva alcuni luoghi di notevole interesse architettonico, porti e magazzini salvati dal degrado e numerosissimi pub e ristoranti. L'affascinante Clifton non ha nulla da invidiare a Bath quanto a splendidi edifici georgiani, con la differenza che, fortunatamente, qui mancano le folle di visitatori.

Sebbene si trovi a 6 miglia (10 km) dall'estuario del Severn, Bristol è famosa soprattutto come porto. Verso la fine del XIX secolo la mutata realtà degli scambi commerciali rese il porto obsoleto, al punto che venne trasferito dal centro della città alle vicine Avonmouth e Portishead. Si è finalmente dato il via ai lavori di recupero dell'ultima zona abbandonata nell'area del vecchio porto 'Floating Harbour' ed è prevista la costruzione di un cinema Imax.

Bristol è un importante nodo stradale e ferroviario, con collegamenti con le Cotswolds e le Midlands a nord, il Devon e la Cornovaglia a sud-ovest e Bath (raggiungibile con una tranquilla gita di un giorno) a est.

Bristol è collegata anche al Galles meridionale attraverso un ponte (il Severn Bridge) e da un secondo ponte, dal nome poco originale, Second Severn Crossing.

...osce molto della storia di Bri-
...edente il X secolo, ma si sa che
...edioevo si sviluppò una città tutt'in-
...no a un castello in una zona non lontana dall'attuale Bristol Bridge. All'epoca il
centro della città si concentrava nella
zona compresa tra le attuali Wine St,
High St, Broad St e Corn St.

Sul terreno rialzato al di sopra delle paludi furono eretti diversi edifici sacri, a ricordo dei quali la stazione è stata chiamata Temple Meads. Per capire quanto fosse
importante scegliere un terreno elevato su
cui costruire è sufficiente osservare la
versione inglese della torre di Pisa, la torre di Temple Church, in Victoria St.

Per la prosperità di Bristol iniziò presto
a essere determinante lo scambio di schia-
vi e di merci quali cacao, zucchero, tabacco e manufatti importati dall'Africa e dal
Nuovo Mondo.

A un ricco mercante, tale William
Canynges, si deve la costruzione della
chiesa originaria che sorgeva sul luogo in
cui ora si trova la chiesa di St Mary Redcliffe, e fu proprio da Bristol che salpò
Giovanni Caboto alla scoperta di Terranova nel 1497.

Nel XVIII secolo, tuttavia, la città già
subiva la concorrenza di altri porti, soprattutto di Liverpool, anche perché di-
ventava sempre più difficile per le grosse
navi raggiungere il porto al centro della
città attraverso la stretta Avon Gorge. Negli anni '70 del XVIII secolo, quando
vennero inaugurati i porti di Avonmouth e
Portishead, le attività commerciali britanniche gravitavano ormai nelle regioni più
a nord.

Orientamento

Il centro della città, a nord del Floating
Harbour, è facilmente raggiungibile a piedi, ma la zona è tutta un saliscendi. La
splendida Clifton si trova a nord-ovest ed
è raggiungibile in autobus dal centro. La
principale area commerciale di Bristol si
trova all'interno e tutt'intorno alle Galleries (un centro commerciale) a Broadmead, ma di gran lunga più interessanti

sono i negozi che fiancheggiano Park St,
Queens Rd e Whiteladies Rd, e quelli di
Clifton.

Il quartiere di St Paul a nord-est del
centro, abitato principalmente da Afroca-
raibici, è una zona trascurata e talvolta
scenario di tensioni e traffici di droga,
quindi è preferibile non trovarsi da soli da
quelle parti di notte.

La principale stazione ferroviaria, Bristol Temple Meads, è situata un miglio a
sud-est del centro, con il quale è collegata
da un regolare servizio di autobus. Alcuni
treni fermano a Bristol Parkway, 5 miglia
(8 km) a nord, subito dopo la M4. Anche
questa è raggiungibile dal centro sia in
autobus sia in treno. Il taxi costa circa £8.

La stazione degli autobus in Marlborough St, situata a nord rispetto al centro,
è servita dagli autobus della National Express e da quelli della Badgerline che garantiscono collegamenti con le città e i
paesi circostanti.

Informazioni

Uffici turistici Il TIC (☎ 962 0767, fax
922 1557, @ bristol@tourism.bristol.
gov.uk) si trova in The Annexe, Wildscre-
en Walk, Harbourside. Vale la pena di acquistare l'ottima guida *Visitors Guide*, e i
libretti disponibili sulla città *Bristol Heritage Trail* e *Slave Trade Trail*. In estate il
TIC è aperto tutti i giorni dalle 10 alle 18.
Per informazioni sugli orari di apertura in
altri periodi, telefonate. Per ulteriori informazioni consultate il sito www.visitbri
stol.co.uk.

E-mail e Internet Net Gates, in Broad
St, è un sofisticato Internet café che of-
fre molto più di un semplice accesso a
Internet.

Agenzie di viaggi La STA Travel
(☎ 929 4399), 43 Queen's Rd, ha appena
aperto una nuova filiale vicino all'Università. Dalla parte opposta della strada si
trova l'usit Campus (☎ 929 2494, 37 Queens Rd). Anche qui vengono applicati degli sconti per le persone di età inferiore ai
26 anni.

Se siete alla ricerca di pubblicazioni o equipaggiamento da viaggio, rivolgetevi alla YHA Adventure Shop al n. 10 di Fairfax St.

Librerie Bristol Books (☎ 924 5458), 180b Cheltenham Rd, è il posto ideale per acquistare libri usati.

Quotidiani e riviste La rivista quindicinale *Venue* fornisce informazioni dettagliate su tutto ciò che viene proposto a Bristol e a Bath. Consultate il sito www.venue.co.uk prima di arrivare. Potrete ottenere ulteriori informazioni anche su spettacoli teatrali, cinema e ristoranti nel *Bristol Evening Post*, o consultandone la versione on-line al sito Internet www.thisisbristol.com.

Musei

Il **City Museum & Art Gallery** (☎ 922 3571), in cima a Park St, propone una varietà di esposizioni che variano dalle mummie egizie alla storia locale e naturale alle belle arti. È aperto dalle 10 alle 17 tutti i giorni e l'ingresso è libero.

Chi fosse interessato a conoscere i rapporti tra Bristol e l'industria aerospaziale dovrebbe recarsi all'**Industrial Museum** (☎ 925 1470) al Princes Wharf, presso il porto. È aperto dalle 10 alle 17 dal sabato al mercoledì da aprile e ottobre, mentre in inverno è aperto solo il fine settimana. L'entrata è gratuita.

L'**Explore-at-Bristol** (☎ 915 5000), Harbourside, è il museo interattivo delle scienze di Bristol per il XXI secolo. Vengono spiegati, tra le altre cose, fenomeni naturali come i tornado e i mulinelli. L'entrata costa £6,50/4,50. Il vicino **Wildscreen-at-Bristol** (☎ 915 5000) è molto simile al precedente, ma viene prestata maggiore attenzione alla natura e all'ambiente. È possibile consultare il sito Internet www.at-bristol.org.uk.

SS *Great Britain*

Bristol è la città natale del geniale ingegnere vittoriano Isambard Kingdom Brunel (1806-59), famoso, tra l'altro, per il

Clifton Suspension Bridge. Nel 1843 progettò la prima nave di ferro per la navigazione nell'oceano, la SS *Great Britain*, la prima grande nave a elica.

L'imbarcazione fu utilizzata come nave di linea e da carico per 43 anni, trasportando passeggeri fino in Australia. Successivamente, nel 1886, fu seriamente danneggiata nel doppiare Capo Horn. I costi per la riparazione furono considerati troppo elevati, per cui fu venduta e destinata a magazzinaggio. Nel 1970 è stata restituita a Bristol e da allora è in via di restauro proprio nel bacino di carenaggio dove fu costruita.

La nave (☎ 926 0680) si trova dopo il City Dock ed è aperta al pubblico dalle 10 alle 17.30 (alle 16.30 in inverno). L'entrata costa £6,25/3,75. Accanto alla nave si trova la riproduzione della nave *Matthew* di Giovanni Caboto, che nel 1497 intraprese il viaggio da Bristol a Terranova.

Vi si accede dal **Maritime Heritage Centre** che documenta lo sviluppo delle costruzioni navali a Bristol (stessi orari di apertura della nave; l'ingresso è libero).

Clifton e il ponte sospeso

Il quartiere nord-occidentale di Clifton vanta alcuni magnifici esempi di architettura georgiana, fra cui due 'crescent' (serie di edifici disposti su un fronte a forma di falce), il Cornwallis e il Royal York, oltre ad alcune delle più belle vie di negozi della città. Per molti aspetti Clifton è splendida quanto Bath, ma non ci sono altrettanti turisti.

Lo spettacolare **Clifton Suspension Bridge**, progettato da Brunel, è un ponte arditamente sospeso sull'Avon a 75 m di altezza. I lavori di costruzione iniziarono nel 1836, ma non fu completato che nel 1864, dopo la morte di Brunel. Il ponte attrae acrobati spericolati e, purtroppo, anche molti aspiranti suicidi. Famosa è la storia di Sarah Ann Hedley la quale, nel 1885, si buttò dal ponte dopo un litigio con l'innamorato, ma fu salvata dalla voluminosa gonna che indossava poiché, come un paracadute, la fece planare dolcemente a terra. La ragazza visse poi fino

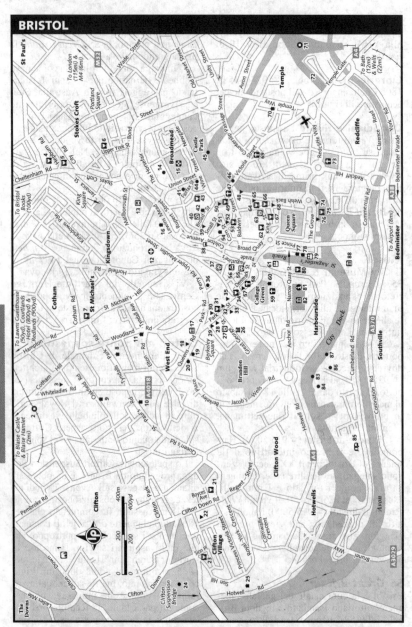

BRISTOL

BRISTOL

PERNOTTAMENTO		74	Riverstation; Severnshed	24	Osservatorio; Camera
8	Tyndales Park Hotel	76	Mud Dock		Obscura
9	Oakfield Hotel			26	Casa georgiana
10	Washington Hotel	**PUB, BAR E CLUB**		27	St George's
11	The Hawthorns	4	Maze	36	Red Lodge
	(Università)	5	Club Loco	37	Colston Hall
16	Hotel du Vin	6	Lakota	38	Fermata degli autobus
25	Avon Gorge Hotel	7	The Highbury Vaults		(per Clifton)
42	Grand Thistle Hotel	21	The Albion	40	Net Gates
54	Bristol Backpackers	23	Coronation Tap	41	YHA Adventure shop
60	Marriot Royal Hotel	31	All in One; Brasserie Pierre	44	Bakers Dolphin Travel
70	City Inn	34	Queenshilling; Silent Peach	45	Floating Harbour
77	Jurys	43	Bierkeller	46	Bristol Bridge
78	Bristol Youth Hostel	49	Fez Club; Las Iguanas	47	St Nicholas Church
85	Baltic Wharf Caravan Club	53	Tantric Jazz	55	Hippodrome
		62	Renato's Taverna dell'Artista	56	Posteggio dei taxi
PASTI		64	The Old Duke	58	Lord Mayor's Chapel
3	Thai Classic; Cartier Vert	66	Llandoger Trow	59	Bristol Cathedral
18	Brown's	67	The Famous Royal Navy	61	Watershed Media Centre
22	Bouboulinos		Volunteer	63	Old Vic (Theatre Royal
28	The Boston Tea Party	75	Thekla		& New Vic)
29	Vincenzo's	80	Evolution; Brasshouse	69	Temple Church
30	Melbourne's			71	Stazione ferroviaria
32	Le Chateau	**ALTRO**			(Bristol Temple Meads)
33	Pastificio	1	Bristol Zoo Gardens	72	Bristol Old Station
35	Woode's Café	2	Stazione ferroviaria (Bristol	73	St Mary Redcliffe
39	Arc		Parkway)	79	Arnolfini Arts Centre
48	The Glass Boat	12	Bristol Royal Infirmary	81	TIC (centro di informazio-
50	St Nicholas Market		Casualty		ni turistiche)
51	Via Vita; All Bar One	13	Stazione degli autobus	83	The Matthew
52	San Carlo	14	John Wesley's New Room	84	SS Great Britain
57	Harvey's Restaurant;	15	Centro commerciale Galleries	86	Maritime Heritage
	Harvey's Wine Museum	17	City Museum & Art Gallery		Centre
65	Aqua	19	usit Campus	87	SS Waverley
68	Belgo	20	STA Travel	88	Industrial Museum

WESSEX

a 85 anni. Un episodio più recente riguarda Richey James Edwards, appartenente alla setta dei Manic Street Preachers, la cui automobile fu recuperata nelle vicinanze prima della sua scomparsa, ma il cui corpo non fu più ritrovato. Un apposito centro di accoglienza è a disposizione dei visitatori tutti i giorni dalle 10 alle 18. Il prezzo è di £1,50/1.

Sulle Durham Downs, le colline che dominano il ponte, sorge un **osservatorio** che possiede anche un'affascinante **camera oscura** (£1/50p), da cui si godono viste eccezionali sul ponte sospeso e in cui vengono descritti i divertimenti della gente prima dell'avvento della televisione. È possibile accedere anche a una **caverna**

(£1/50p) che si trova nelle vicinanze e dalla cui piattaforma è possibile godere di un'altra bella vista sul ponte.

Non lontano si trova il **Bristol Zoo Gardens** (☎ 970 6176), uno degli zoo più famosi del paese, che ospita i famosi gorilla dell'Africa occidentale, parte di un progetto di conservazione del Camerun, e dispone di una vasta zona dedicata a foche e pinguini. È aperto dalle 9 alle 17.30 (alle 16.30 in inverno). L'entrata costa £8,20/4,60.

Dal centro della città partono gli autobus n. 8/9 e 508/9 per Clifton.

Casa georgiana e Red Lodge

La casa georgiana (☎ 921 1362) al 7 di Great George St era la casa di un mercante di zucchero del XVIII secolo, John Pinney, e conserva intatto l'arredamento dell'epoca. Fu qui che Wordsworth e Coleridge incontrarono per la prima volta il poeta Robert Southey, anch'egli di Bristol.

Il Red Lodge (☎ 921 1360), edificio elisabettiano con giardino cintato, fu ampiamente rimaneggiato nel corso del XVIII secolo. Una delle stanze è stata dedicata alla memoria di Mary Carpenter che, nel 1854, istituì in questo luogo il primo riformatorio femminile.

Entrambi sono aperti tutti i giorni (tranne il giovedì e il venerdì) dalle 10 alle 17. L'ingresso è libero.

Bristol Cathedral
La cattedrale di Bristol (☎ 926 4879), sul College Green, fondata come chiesa di un monastero agostiniano nel 1140, divenne cattedrale nel 1542. Una delle sue caratteristiche più notevoli è la sala capitolare normanna. Il coro risale al XIV secolo, ma gran parte della navata e le torri occidentali furono progettate nel 1868 da George Street. Nel transetto sud spicca un raro bassorilievo sassone raffigurante la discesa di Cristo all'inferno.

St Mary Redcliffe
Nel 1574 Elisabetta I la definì 'la più bella, la più nobile e la più famosa chiesa parrocchiale inglese'. St Mary Redcliffe (☎ 929 1487) è un magnifico esempio di stile architettonico perpendicolare. Presenta uno splendido atrio esagonale ed è sicuramente più bella della cattedrale. È aperta tutti i giorni dalle 8 alle 20, ma in inverno chiude alle 17.30.

Lord Mayor's Chapel
Costruita come cappella del St Mark's Hospital, la Lord Mayor's Chapel (☎ 929 4350) in Park St è una gemma medievale incastonata tra una serie di negozi prospicienti la cattedrale. All'interno troverete numerosissime vetrate istoriate, monumenti medievali e antiche piastrelle. Amata dal poeta John Betjeman, fu da lui definita 'per le sue dimensioni, una delle più belle chiese d'Inghilterra'. È aperta

dalle 10 a mezzogiorno e dalle 13 alle 16 tutti i giorni tranne il lunedì.

New Room
Seminascosta dal moderno Broadmead Shopping Centre, la New Room (☎ 926 4740), 36 The Horsefair, fu la prima cappella metodista del mondo quando venne inaugurata nel 1739. John Wesley, la cui statua equestre è visibile nel cortile, predicò dal suo pulpito. Al piano superiore si possono visitare le stanze in cui vissero John e Charles Wesley e Francis Asbury. È aperta dalle 10 alle 16 tutti i giorni tranne la domenica (e il mercoledì in inverno). L'ingresso è libero.

Blaise Castle House Museum
Nel quartiere settentrionale di Henbury sorge Blaise Castle (☎ 950 6789), un edificio del tardo XVIII secolo che ospita un bel museo sulla vita urbana e rurale nella regione occidentale. È aperto dalle 10 alle 17 dal sabato al mercoledì e l'ingresso è libero.

In cima a una collina del parco creato da Humphrey Repton torreggia un bizzarro castello. All'altro lato della strada si trova Blaise Hamlet, un borgo di cottage dal tetto di paglia progettato nel 1811 da John Nash per accogliere la servitù della proprietà. Immerso tra i fiori e il verde dei giardini ordinati, è il villaggio 'medievale' inglese dei sogni.

Gli autobus n. 1/501 ci passano partendo dal centro della città.

Bristol Old Station
I viaggiatori in partenza da Temple Meads dovrebbero trovare un attimo, prima di raggiungere il proprio treno, per fermarsi davanti a una delle più antiche stazioni del mondo, progettata anch'essa da Brunel negli anni 1839-40.

La stazione originale si trova a sinistra di quella attuale. Il Great Train Shed, con le sue travi sporgenti, vide l'ultimo treno nel 1966. Provate a entrare dalla porta del Brunel Centre: con un po' di fortuna potrete dare un'occhiata in giro.

Escursioni organizzate

Da giugno alla fine di settembre, tutti i giorni eccetto il sabato, si può prendere parte a un'escursione in autobus che tocca i 14 punti più interessanti di Bristol. È un po' un *tour de force*, sempre su e giù dall'autobus visitando tutto di corsa. È possibile acquistare i biglietti (£7/5) sia a bordo dell'autobus sia presso il TIC. Prendete l'autobus in St Augustine's Parade, all'esterno dell'Hippodrome.

Manifestazioni di particolare rilievo

Il St Paul's Carnival, una riproduzione in piccolo del Notting Hill Carnival di Londra, ha luogo il primo sabato del mese di luglio. In luglio, al porto, viene organizzata anche una regata. Da non perdere assolutamente sono le feste delle mongolfiere e degli aquiloni che si svolgono ad Ashton Court, oltre il Clifton Suspension Bridge, in agosto e in settembre. In occasione della festa delle mongolfiere del 2000 si è raggiunto il record mondiale di decolli consecutivi poiché diverse centinaia di mongolfiere si librarono nell'aria una dopo l'altra.

Pernottamento

Campeggi Il *Baltic Wharf Caravan Club* (☎ 926 8030, *Cumberland Rd*) dista 1,5 miglia (2,5 km) dal centro e costa £2 per piazzola e £4 per persona. Si trova vicino agli incroci delle strade A370, A369, A4 e A3029. Non accettano più prenotazioni, quindi cercate di arrivarci presto il fine settimana perché lo spazio è limitato.

Ostelli A Bristol è possibile trovare alloggi economici, ma il *Bristol Youth Hostel* (☎ 922 1659, fax 927 3789, **@** *bristol @yha.org.uk, 14 Narrow Quay St*), con i suoi 129 letti, occupa un ex magazzino a 5 minuti dal centro ed è un ottimo posto in cui pernottare. Il prezzo per notte è di £11,90/8,20 per adulto/bambino. Si trova in un posto strategico per quanto riguarda la vita notturna.

Comodo perché vicino alla stazione degli autobus, il *Bristol Backpackers*

(☎ 925 7900, **@** *kate&martin@bristol backpackers.co.uk, 17 St Stephen's St*) è nuovo e occupa un vecchio e affascinante edificio dove i letti costano £12,50 per notte e vengono serviti tè e caffè gratuitamente. Anche questo si trova in un'ottima posizione per visitare Bristol, sia di giorno sia di notte.

Alloggi universitari Al termine dei corsi l'università affitta gli alloggi degli studenti. *The Hawthorns* (☎ 954 5900, fax 923 7188, **@** *central-catering@bris.ac.uk, Woodland Rd, Clifton*) ha la posizione migliore e costa £25/38 per stanza, compresa la prima colazione continentale.

B&B e alberghi La *Lawns Guest House* (☎ 973 8459, 91 Hampton Rd), situata nell'ombreggiato quartiere di Redland, offre stanze a £24/40.

La maggior parte delle altre sistemazioni economiche in B&B è in genere piuttosto lontana dal centro. Clifton, a 1,5 miglia (2,5 km) dal centro, è un quartiere molto piacevole e un bel posto in cui alloggiare, ma i B&B che vi si trovano non costano di solito meno di £25 per persona. Subito dopo Whiteladies Rd, il piacevole *Oakfield Hotel* (☎ 973 5556, fax 974 4141, 52 Oakfield Rd) offre stanze a £28,50/38,50.

Al *Tyndalls Park Hotel* (☎ 973 5407), in Tyndalls Park Rd, troverete stanze a partire da £40/50.

Il *Washington Hotel* (☎ 973 3980, fax 973 4740, St Paul's Rd), si trova a metà strada tra il centro e il Clifton Suspension Bridge. Nei giorni feriali le stanze costano £53 (£67 con bagno), e il fine settimana £36/46.

A circa un miglio dal centro, in direzione nord, si trova il *Courtlands Hotel* (☎ 942 4432, fax 923 2432, 1 Redland Court Rd, Redland), un albergo a conduzione famigliare dotato di bar e ristorante. Le stanze, la maggior parte delle quali con bagno, sono 25 e costano £50/60.

Gli incassi della maggior parte degli alberghi del centro dipendono dalla massiccia presenza di uomini d'affari nei giorni feriali, quindi le tariffe vengono notevolmente ridotte il fine settimana. Tuttavia il **City Inn** (*☎ 925 1001, fax 907 4116,* @ *bristolreservations@cityinn.com, Temple Way*) propone prezzi economici per l'intera settimana e le stanze, confortevoli anche se un po' impersonali, costano a partire da £51.50.

L'**Avon Gorge Hotel** (*☎ 973 8955, fax 923 8125, Sion Hill, Clifton*) ha una terrazza con vista sul ponte sospeso. Nei giorni feriali è piuttosto caro (£99/109), ma il fine settimana i prezzi scendono a £44 per persona, con pernottamento minimo di due notti. Consultate il sito Internet www.peelhotel.com.

Il **Grand Thistle Hotel** (*☎ 929 1645, fax 922 7619,* @ *bristol@thistle.co.uk, Broad St*) è un albergo vittoriano nel cuore della città. Nei giorni feriali le stanze costano £84/93, prima colazione esclusa. Il fine settimana costano £94, prima colazione inclusa.

Il **Jurys** (*☎ 923 0333, fax 923 0300,* @ *con_ring@jurys.com, Prince St*) gode di una splendida posizione con vista sul Floating Harbour ma le stanze costano £120 nei giorni feriali, anche se il prezzo scende di molto il fine settimana (£54/69).

Il nuovo **Hotel du Vin** (*☎ 925 5577, fax 925 1199, Narrow Lewins Mead*) offre stanze sontuose in un ex magazzino. Il prezzo della stanza (prima colazione esclusa) è di £99/125 e il bistrot gode di ottima reputazione.

L'albergo più elegante è sicuramente il **Marriot Royal Hotel** (*☎ 925 5100, fax 925 1515, College Green*), accanto alla cattedrale. Le stanze, molto chic, costano £129/139 (prima colazione inclusa) nei giorni feriali e £89/110 il fine settimana.

Pasti

Se cercate un posto all'insegna del risparmio, troverete uno dei locali più economici del centro della città all'interno del **St Nicholas Market** dove piatti quali salsiccia e fagioli, jacket potatoes (patate cotte al forno con la buccia) e panini tostati costano davvero poco.

Non lontano, in Broad St, si trova l'**Arc** (*☎ 922 6456, 27 Broad St*), un bel caffè che serve zuppe saporite, pizze economiche e altri piatti come il Thai curry a £4. Di sera si trasforma in bar e discoteca.

Tra gli altri posti apprezzati in cui pranzare citiamo i caffè-bar **Watershed** (*☎ 921 4135*) e **Arnolfini** (*☎ 937 9191*), entrambi situati in complessi edilizi dedicati alle arti sul lungofiume, in St Augustine's Reach. Servono dei buoni pasti veloci a circa £5 e sono anche dei locali piacevoli in cui trascorrere la serata.

Non molto lontano, sopra a un negozio di biciclette, si trova il **Mud Dock** (*☎ 934 9734, 40 The Grove*). È un po' più caro, ma molto apprezzato e offre anch'esso la vista sull'acqua. Di sera funge anche da bar ed è frequentatissimo.

Il vicino **Riverstation** (*☎ 914 4434, Harbourside*) è situato all'interno di un edificio dall'aspetto volutamente trasandato e serve ottimi piatti (i dessert sono deliziosi) molto più economici al piano inferiore. Accanto si trova il **Severnshed** (*☎ 925 1212, Harbourside, The Grove*), un luminoso caffè-bar specializzato in cibo biologico, mediorientale servito in piccole porzioni (tipo tapas) a circa £7. La sera vengono proposte birre belghe, si può ascoltare musica dal vivo e i prezzi del menu alla carta aumentano.

Sempre nell'area del lungofiume, l'**Aqua** (*☎ 915 6060, Welsh Back*) è il posto ideale per pranzare e spettegolare su quanto avviene a Bristol, con un ottimo menu e una piacevole atmosfera. Per un pasto completo spenderete almeno £15.

Accanto si trova il **Belgo** (*☎ 905 8000, The Old Granary, Queen Charlotte St*), ottimo per chi ama i molluschi, i vassoi di frutti di mare e abbondante birra belga. Sostengono di averne a disposizione più di cento marche, ma la maggior parte è almeno a 6 gradi, quindi andateci piano o la birra avrà la meglio.

Negli ultimi anni, i vecchi e imponenti edifici sulla riva sono stati trasformati in pub, caffè-bar e ristoranti. Vi si trovano

All Bar One (☎ 946 8751) e *Via Vita*, e il *San Carlo* (☎ 922 6586), che serve delle buone pizze.

Se avete voglia di trattarvi bene, il posto per voi è l'*Harvey's Restaurant* (☎ 927 5034, 12 Denmark St), che si trova sopra al Harvey's Wine Museum. Una cena con tre portate costa circa £40. Il pranzo è più economico a £17,95.

Al *The Glass Boat* (☎ 929 0704), un barcone trasformato in un grazioso ristorante lungo Welsh Back, la cena costa circa £20.

Park St, in direzione di Clifton, è fiancheggiata da pizzerie dai prezzi ragionevoli. Provate *Pastificio* (☎ 949 9884, 39 Park St) o *Vincenzo's* (☎ 926 0908, 71a Park St). Il *Woode's Café* (☎ 926 4041, 18 Park St) che serve ottimi panini e pasti leggeri in un ambiente molto elegante.

Le Chateau (☎ 929 7298, 64 Park St) serve vino e piatti francesi a prezzi contenuti, sulla linea della catena Pierre Victoire, ma la vera attrattiva è l'orario di chiusura (resta aperto fino alle 2 della notte).

Per pranzo, vengono serviti dei buoni piatti al *The Boston Tea Party* (☎ 929 8601, 75 Park St). Ce n'è uno più grande in Lewins Mead.

Il *Melbourne's* (☎ 922 6996, 74 Park St) riesce a mantenere prezzi contenuti grazie alla politica tipicamente australiana del 'bring-your-own-bottle' (letteralmente 'porta la tua bottiglia', ovvero i clienti possono consumare bevande acquistate all'esterno del locale). La sera è molto frequentato dagli abitanti di Clifton.

Brown's (☎ 930 4777, 38 Queens Rd) serve ottimi piatti nell'elegante atmosfera di un ex refettorio universitario in stile veneziano ed è sempre molto frequentato.

Procedendo oltre in Whiteladies Rd, vi sono diverse alternative interessanti. Il *Thai Classic* (☎ 973 8930, 87 Whiteladies Rd) propone un menu equilibrato di piatti thailandesi e malesi e, per pranzo, offre un pasto di due portate a £6,50. Il vicino *Cartier Vert* è un impeccabile moderno ristorante francese dove un buon pranzo si aggira attorno alle £15 (la cena è più cara).

A Clifton si trova il *Bouboulinos* (☎ 973 1192, 9 Portland St), un ristorante greco i cui 'mezes' (piatti di antipasti) di pesce, carne e verdure (15 piatti per £12,95) sono famosi. Potete portare le bevande dall'esterno.

Divertimenti

La rivista *Venue* (£1,90) offre una lista completa di spettacoli teatrali, musicali e di altri intrattenimenti relativi alle zone di Bristol e Bath.

Pub e bar È consigliabile evitare la maggior parte dei locali del centro (lungo St Augustine's Parade e dintorni), soprattutto il fine settimana. Dirigetevi invece in King St, al *Llandoger Trow* (☎ 926 0783), un pub che esiste da secoli e che sembra avere ispirato l'Ammiraglio Benbow de *L'Isola del Tesoro*. Sembra inoltre che sia qui che Daniel Defoe abbia incontrato Alexander Selkirk, un autentico Robinson Crusoe da cui trasse ispirazione per il libro.

Tra i posti frequentati dagli studenti citiamo *The Albion* (☎ 973 3522, Boyces Ave, Clifton) e *Highbury Vaults* (☎ 973 3203, St Michael's Hill), che ha pure un bel cortile per stare all'aperto.

Una tappa d'obbligo, per gli amanti del sidro, è *The Coronation Tap* (☎ 973 9617, Sion Place, Clifton) vicino al ponte sospeso, dove sono disponibili cinque varietà di sidro. I molti pub irlandesi tra Baldwin St e Corn St sono piuttosto vivaci, ma sicuramente non più "irlandesi" di quelli con meno trifogli sull'insegna.

I locali in cui è possibile bere alcol fino a tardi sono una novità a Bristol. *Riverstation, Severnshed* e *Arc*, tutti ristoranti caldamente consigliati, restano aperti fino a tardi. L'*All in One* e la *Brasserie Pierre*, in Park St, sembrano ristoranti, ma sono soprattutto sciatte osterie aperte fino a tardi. Possono apparire eccessivi, ma sono davvero tra i pochi locali in cui è possibile esagerare un po' con l'alcol in questa zona della città.

La *Brasshouse* (☎ 922 0330, Canons Rd), vicino al porto, si propone come locale di classe, ma di fatto non lo è: si tratta di uno dei locali della catena McBar che stanno invadendo Bristol e dintorni.

Las Iguanas (☎ 927 6233, 10 St Nicholas St), presso il St Nicholas Market, offre buona musica latino-americana accompagnata da birra.

Il miglior locale nel raggio di un miglio in cui è possibile bere qualcosa fino a tardi è **Renato's Taverna dell'Artista** (☎ 929 7712, 33 King St), accanto all'Old Vic Theatre. Sembra un ristorante italiano, ma non lasciatevi fuorviare: è il posto migliore in cui bere qualcosa dopo la mezzanotte e l'atmosfera è fantastica.

Dal lato opposto della strada si trova il **Famous Royal Navy Volunteer** (☎ 929 1763, King St), una birreria un tempo prediletta dai marinai incaricati dell'arruolamento forzato dei giovani trovati in questo locale. Sembra che ora le tattiche di arruolamento della Marina siano diventate più professionali, quindi è possibile bere liberamente, senza temere di svegliarsi a Timor Est, in Kossovo o in Sierra Leone.

The Queen's Shilling (☎ 926 4342, 9 Frogmore St) è un famoso locale per gay e dal lato opposto si trova una piccola discoteca alla moda, dai prezzi contenuti e frequentata da tutti i generi di persone, il **Silent Peach** (☎ 929 1181, 1 Unit St).

Club I locali notturni alla moda appaiono e scompaiono con estrema rapidità. Il frequentatissimo **Lakota** (☎ 942 6208, 2 Upper York St) rimane aperto fino alle 6 del mattino, a da qui è possibile anche spostarsi al **Club Loco** (☎ 942 6208, Hepburn Rd), alla fine di Stokes Croft, con licenza per la vendita di alcolici 24 ore su 24.

Attualmente, tra gli altri locali alla moda vi sono l'acclamatissimo **Fez Club** (☎ 925 9200, St Nicholas St), il **Maze** (☎ 923 2920, 84 Stokes Croft), il **Thekla** (☎ 929 3301, The Grove), e il volgare **Evolution** (☎ 922 0330, The Waterfront, Canons Rd), giù al porto.

Musica dal vivo Vicino al Llandoger Trow si trova l'ottimo **Old Duke** (☎ 927 7137, 45 King St), in cui si suona regolarmente musica jazz. Il **Tantric Jazz** (☎ 940 2304, 39 St Nicholas St) propone musica jazz tutte le sere e rappresenta un'ancora di salvezza per chi desiderasse fuggire da tutti i bar impersonali situati nella zona di Corn St.

Il leggendario **Bierkeller** (☎ 926 8514, All Saints St) ha accolto numerose star del rock e organizza tuttora serate in cui suonano gruppi provenienti da ogni parte del mondo. L'entrata costa da £1 a £12, a seconda del giorno della settimana e dal gruppo che si esibisce.

Teatro, cinema e concerti Tra i teatri l'**Hippodrome** (☎ 0870 607 7500, St Augustine's Parade) propone balletti, musical e pantomime. L'**Old Vic** (☎ 987 7877, King St) rimane fedele al genere drammatico e, di tanto in tanto, propone delle commedie. La **Colston Hall** (☎ 922 3686, Colston St) mette in scena di tutto, da incontri di wrestling a concerti.

Il **St George** (☎ 923 0359, Great George St) è un'incredibile vecchia chiesa trasformata in sala che ospita concerti di musica classica; nella cripta sottostante c'è un caffè.

L'**Arnolfini Arts Centre** (☎ 929 9191, 16 Narrow Quay, Harbourside) è più all'avanguardia: mette in scena spettacoli teatrali e di danza contemporanea e ospita uno dei cinema più frequentati della città.

Un altro cinema, che propone costantemente film stranieri, è il vicino **Watershed Media Centre** (☎ 925 3845, 1 Canon's Rd, Harbourside).

Per/da Bristol

Bristol si trova 115 miglia (185 km) da Londra, 75 miglia (121 km) da Exeter e 50 miglia (81 km) da Cardiff. Per informazioni sulle tariffe si veda il capitolo **Trasporti interni**.

Aereo L'aeroporto (Bristol International Airport), ☎ 01275-474444, dista 8 miglia (13 km) in direzione sud-ovest dalla città, all'uscita della A38. Un servizio di autobus collega l'aeroporto con la stazione degli autobus di Malborough St e, anche se con minore frequenza, con la stazione ferroviaria di Temple Meads. La corsa in taxi fino all'aeroporto si aggira sulle £13.

Autobus Gli autobus della National Express (☎ 0870 580 8080) effettuano servizio ogni ora e mezzo per Heathrow (due ore e mezzo, £24) e l'aeroporto di Gatwick (3 ore, £28). Anche gli autobus diretti al centro di Londra sono regolari (due ore e mezzo, £11). I prezzi per Londra proposti dalla Bakers Dolphin (☎ 972 8000) sono più economici (£10 sola andata, £18 andata e ritorno). Consigliamo di consultare le agenzie della Bakers Dolphin che troverete in città.

La National Express offre anche collegamenti frequenti con Cardiff (un'ora e un quarto, £5). Partono un paio di autobus al giorno diretti a Barnstaple (due ore e tre quarti, £14), e c'è un servizio regolare di autobus diretti a sud, a Truro in Cornovaglia (quattro ore e mezzo, £25,75), Exeter nel Devon (un'ora e tre quarti, £9,75), Oxford (due ore e mezzo, £12,75) e Stratford-upon-Avon (due ore e mezzo, £13).

È disponibile anche servizio di autobus locali della Badgerline (☎ 955 3231), le cui linee partono dalla stazione di Marlborough St. Sono frequenti i collegamenti con Bath, Wells e Glastonbury. È possibile prendere un autobus per Bath, con partenza ogni ora, all'esterno della stazione Temple Meads. Ogni ora partono anche le corse per Salisbury (X4) e quelle dirette a nord a Gloucester. Tutti i giorni, ogni ora, parte l'autobus n. 376 diretto a Wells e a Glastonbury.

I biglietti giornalieri 'Day Rambler tickets' (£5,30/3,75) vi consentiranno di utilizzare qualsiasi autobus della Badgerline o della City Line tutto il giorno e in tutta la regione.

Treno Importante nodo ferroviario, Bristol è servita da treni regolari per/da Londra (Paddington, un'ora e mezzo, £21). La maggior parte dei treni, a parte quelli diretti a sud, ferma sia alla stazione di Temple Meads sia alla stazione Parkway.

Distante soli 20 minuti, Bath è la meta ideale per un'escursione in giornata (£4,80 andata e ritorno). Sono frequenti i collegamenti con Cardiff (tre quarti d'ora, £6,90), Exeter (un'ora, £15,60), Fishguard (tre ore e mezzo, £21,50), Oxford (un'ora e mezzo, £9,90), e Birmingham (un'ora e mezzo, £19).

Imbarcazioni Tra luglio e ottobre è possibile imbarcarsi a Bristol e percorrere il canale di Bristol fino a Clevedon, Penarth, Ilfracombe, Barry e Lundy Island. Il servizio è offerto dalle navi SS *Balmoral* e SS *Waverly,* l'ultimo piroscafo al mondo che ancora solca il mare. Un biglietto Bristol-Clevedon costa £12,95. Per informazioni contattate la Waverley Excursions (☎ 01446-720656).

Trasporti urbani
Autobus Gli autobus della City Line (☎ 955 3231) non sono certo economici, ma è possibile fare un biglietto giornaliero ('Dayrider ticket') direttamente dal conducente (dopo le 9 dal lunedì al venerdì e a tutte le ore il fine settimana), il che permette di effettuare più viaggi a un prezzo scontato.

Raggiungere Clifton a piedi dal centro richiede una lunga camminata. Potete prendere gli autobus nn. 8/9 (508/509 il fine settimana) alla fermata 'Cu' in Colston Ave, o dalla stazione ferroviaria Temple Meads. In estate, l'autobus n. 511 parte ogni mezz'ora da Broadmead ed effettua un percorso circolare via Clifton Triangle e Hotwells per poi tornare a Baltic Wharf e collegando tutte le principali attrazioni e i maggiori centri commerciali.

Taxi Il posteggio dei taxi, in St Augustine's Parade, si trova in una zona centrale ma in cui non è consigliabile aggirarsi a notte tarda. Per chiamare un taxi rivolgetevi al numero verde della Premier Taxis (☎ 0800 716777).

Imbarcazioni Il mezzo più piacevole con cui spostarsi a Bristol è il traghetto (☎ 927 3416). Effettua servizio ogni 20 minuti, partendo dal Floating Harbour, da aprile a settembre (in inverno il servizio viene effettuato solo il fine settimana), e le fermate previste sono le seguenti: SS *Great Britain*, Hotwells, Baltic Wharf, centro città, Bristol Bridge (da cui si può raggiungere il centro commerciale Broadmead) e Castle Park. Un breve tragitto costa £1/60p, mentre il circuito completo costa £3/1,50.

BATH
Pop. 84.400 ☎ 01225

Bath è la più splendida città inglese, di fama e di fatto, e i turisti vi si recano a migliaia. Per oltre 2000 anni la sua fortuna è dipesa dalle sorgenti d'acqua calda e dai turisti che ne erano attratti. Furono i Romani i primi a creare un complesso termale e a erigere un tempio dedicato alla dea Sulis-Minerva sul luogo in cui sorse la città che venne chiamata Aquae Sulis. Ma la fama di Bath è oggi legata anche alla sua architettura georgiana, al punto da essere stata dichiarata dall'UNESCO 'World Heritage Site' (patrimonio dell'umanità).

Per tutto il XVIII secolo Bath fu il ritrovo alla moda dell'aristocrazia inglese, che vi si recava per dedicarsi ad attività quali il pettegolezzo, il gioco d'azzardo e i giochi amorosi. Fortunatamente i nobili ebbero il buon gusto e le disponibilità economiche sufficienti per assumere brillanti architetti che progettarono le file di edifici palladiani disposti a mezzaluna, a cerchio e a semicerchio che oggi dominano la città.

Bath è un vero gioiello architettonico, proprio come Firenze. Anche qui c'è un ponte fiancheggiato da negozi e immortalato ripetutamente dall'obiettivo fotografico e, proprio come a Firenze, anche qui si ha talvolta l'impressione di trovarsi in un costoso centro commerciale per turisti facoltosi. Tuttavia, quando la luce del tramonto illumina la pietra color miele dei palazzi e i suonatori ambulanti e i passanti si riversano nelle vie e sul lungofiume, è impossibile non rimanere incantati dalla bellezza di questa città.

Risalendo alcune delle sue impervie colline, si possono anche scovare edifici georgiani che solo i residenti sembrano apprezzare.

Bath ha un aspetto più ricco di Bristol, sia perché la sua bellezza ha spinto molti individui facoltosi a trasferircisi, sia perché le ondate di visitatori che vi si riversano garantiscono entrate sicure a chi opera nel turismo. I luoghi più conosciuti ad Abbey Courtyard e dintorni richiamano molti più turisti di quanto potrebbero effettivamente accoglierne. Tuttavia, i musei minori lontani dal centro contendono i visitatori ai loro simili più famosi e riservano un'accoglienza davvero calorosa a quegli 'scocciatori' che vi giungono. Naturalmente, anche Bath ha la sua parte di popolazione che non è neppure stata sfiorata dal benessere, così si assiste al singolare contrasto fra negozi sfavillanti e i mendicanti che chiedono l'elemosina lungo la strada.

La grande novità è che alla fine Bath tornerà a essere un centro termale. Grazie a un finanziamento ottenuto dal Millennium Fund, si sta provvedendo al restauro degli stabilimenti termali 'Hot Bath' e 'Cross Bath' e alla creazione di un nuovo complesso termale progettato da Nicholas Grimshaw, l'architetto cui si deve l'Eurostar Terminal di Waterloo. La conclusione dei lavori è prevista per la fine del 2001.

Storia

Gli accampamenti preistorici sulle colline nei dintorni di Bath testimoniano l'esistenza di insediamenti anteriori all'arrivo dei Romani. Una leggenda fa risalire le origini della città a un certo re Bladud, che l'avrebbe fondata dopo essere guarito dalla lebbra grazie a un bagno nelle sue fangosi paludi. I Romani fondarono la città di Aquae Sulis (dal nome della dea celtica Sul) nel 44 d.C., e sotto il regno di Agricola (78-84 d.C.) era già un'importante stazione termale con ampi stabilimenti.

In seguito all'allontanamento dei Romani, la città conobbe un periodo di decli-

BATH

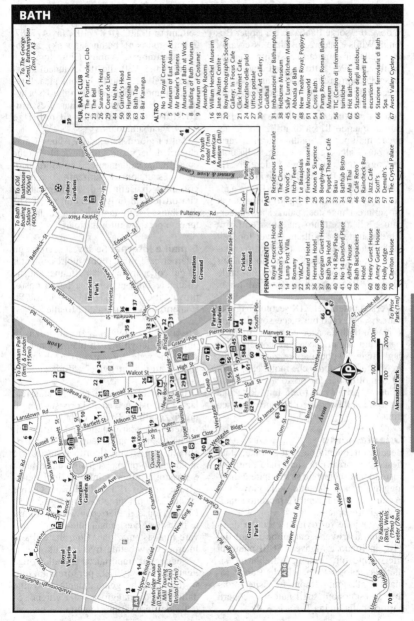

PUB, BAR E CLUB
12 The Porter; Moles Club
23 The Bell
26 Saracen's Head
29 Coeur de Lion
44 Po Na Na
50 Garrick's Head
58 Huntsman Inn
63 Bath Tap
64 Bar Karanga

ALTRO
2 No 1 Royal Crescent
5 Museum of East Asian Art
6 Mr Bowler's Business
7 Museum of Bath at Work
8 Building of Bath Museum
9 Museum of Costume;
   Assembly Rooms
16 William Herschel Museum
18 Jane Austen Centre
20 Royal Photographic Society
   Gallery; In Focus Cafe
21 Click Internet Cafe
24 Mercatino delle pulci
27 Ufficio postale
30 Victoria Art Gallery;
   Guildhall
31 Imbarcazioni per Bathampton
38 Holburne Museum
45 Sally Lunn's Kitchen Museum
47 Abbazia di Bath
48 New Theatre Royal; Popjoys
51 Microworld
54 Cross Bath
55 Pump Room; Roman Baths
56 TIC (Centro di informazioni
   turistiche
62 Hot Bath; Scoff's
65 Stazione degli autobus;
   autobus scoperti per
   escursioni
66 Stazione ferroviaria di Bath
   Spa
67 Avon Valley Cyclery

PASTI
3 Rendezvous Provencale
4 The Circus
10 Woods
11 Tilly's Feet
17 Itchy Feet
19 Le Beaujolais
19 Firehouse Brasserie
25 Moon & Sixpence
28 Bonghy-Bo
32 Puppet Theatre Café
33 Baku
34 Bathtub Bistro
43 Mai Thai
46 Café Retro
49 Raincheck Bar
52 Jazz Café
53 Scoff's
57 Demuth's
61 The Crystal Palace

PERNOTTAMENTO
1 Royal Crescent Hotel
13 Walton's Guest House
14 Lamp Post Villa
15 Kennard Hotel
22 Romany
35 Kennard Hotel
36 Henrietta Hotel
37 Georgian Guest House
39 Bath Spa Hotel
40 No 14 Raby Place
41 No 14 Dunsford Place
42 Ashley House
59 Bath Backpackers
   Hotel
60 Henry Guest House
68 Arney Guest House
69 Holly Lodge
70 Cheriton House

WESSEX

no e nel 577 fu conquistata dagli Anglosassoni. Nel 944 venne eretto un monastero dove ora sorge l'abbazia e a Upper Borough Walls è ancora possibile osservare i resti della cinta muraria costruita in epoca medievale. Per tutto il Medioevo Bath funse da centro religioso e sviluppò attività economiche legate al commercio della lana, ma fu soltanto nel XVIII secolo che riuscì a sfruttare al meglio le sue potenzialità, quando l'idea di utilizzare le acque termali per la cura di disturbi di vario tipo portò alla creazione della bella città che oggi tutti possiamo vedere. Nello stesso periodo Ralph Allen avviò lo sfruttamento delle cave di Coombe Down e affidò ai Wood (padre e figlio) l'incarico di progettare i maestosi palazzi a semicerchio e gli altrettanto maestosi edifici a schiera; il dottor William Oliver fondò il Bath General Hospital per fornire assistenza ai poveri e diede il suo nome al biscotto Bath Oliver; il giocatore d'azzardo Richard 'Beau' Nash divenne arbitro in materia di moda.

Verso la metà del XIX secolo i bagni al mare riscuotevano più successo delle cure termali e Bath decadde come luogo di villeggiatura. È curioso notare come ancora negli anni '60 pochi apprezzassero la sua architettura, al punto che molte case furono demolite per far posto a costruzioni moderne prima che fosse introdotta una legge per tutelare il patrimonio artistico rimasto.

Orientamento

Benché circondata da sette colline, Bath riesce a coprire una superficie piuttosto vasta (come scoprirete se vi capiterà di alloggiare presso l'ostello della gioventù). Fortunatamente il centro è raccolto e facile da girare a piedi.

La stazione ferroviaria e quella degli autobus si trovano entrambe a sud del TIC, in fondo a Manvers St. Il punto di riferimento più evidente è l'abbazia, situata accanto ai Roman Baths (terme romane) e alla Pump Room. Le visite guidate e le escursioni sugli autobus scoperti partono dalla vicina Terrace Walk.

Informazioni

Uffici turistici Da metà giugno a metà settembre il TIC (☎ 477101, fax 477787, ✆ bath_tourism@bathnes.gov.uk), in Abbey Chambers, Abbey Churchyard, è aperto dalle 9.30 alle 19 dal lunedì al sabato, e dalle 10 alle 18 la domenica. Il resto dell'anno chiude alle 17 (alle 16 la domenica). È possibile consultare l'esaustivo sito Internet di Bath all'indirizzo www. visitbath.co.uk.

Tutti i giorni partono da Abbey Churchyard delle visite guidate a piedi (che consigliamo caldamente). Per informazioni, v. **Escursioni organizzate**. Il terreno collinoso di Bath rende sicuramente la vita difficile ai turisti disabili, ma il TIC distribuisce gratuitamente una guida contenente preziose informazioni.

E-mail e Internet Se doveste cercare un Internet café pratico con molti computer da cui collegarsi e da cui effettuare anche chiamate internazionali a basso costo, provate il Click (☎ 337711), 19 Broad St. È aperto tutti i giorni dalle 10 alle 22.

Festival Da metà maggio all'inizio di giugno ha luogo il Bath International Festival che vede l'organizzazione di iniziative in tutti i ritrovi cittadini, abbazia compresa.

Il Festival prevede musica classica, jazz e operistica. *Venue*, la rivista con gli indirizzi utili di Bristol e Bath, pubblica l'intero calendario delle manifestazioni, anche se gli appuntamenti di maggior richiamo registrano il tutto esaurito già molto tempo prima. A partire da febbraio è possibile ottenere informazioni dettagliate presso il Festival Box Office (☎ 462231, per prenotazioni ☎ 463362), Linley House, 1 Pierrepont Place. Durante il festival è estremamente difficile trovare una sistemazione. Consultate il sito Internet www.bathfestivals.org.uk.

Segue, per importanza, il Bath Fringe Festival (☎ 480079, per prenotazioni ☎ 463362), che generalmente si svolge dalla fine di maggio a metà giugno. Si tratta del festival più importante, nel suo genere, di tutta l'Inghilterra. È secondo solo a quello di Edimburgo e prevede lo stesso tipo di manifestazioni teatrali e musicali. Per saperne di più consultate il sito Internet www.bathfringe.co.uk.

Il Bath Literature Festival ha luogo ogni anno all'inizio di maggio. Nel 2000 vi hanno partecipato Roger McGough e Andrew Motion. Per informazioni consultate il sito www.bathlitfest.org.uk.

Escursioni a piedi

Bath sembra essere stata ideata proprio per permettere di organizzare passeggiate a piedi: vi sarà necessaria almeno un'intera giornata per visitare i punti di maggiore interesse.

Il punto più adatto da cui iniziare la vostra visita è l'**abbazia**, situata in posizione strategica vicino ai **Roman Baths** e alla **Pump Room**. Di fronte noterete un colonnato. Percorretelo e svoltate a sinistra in Stall St. Sulla destra si trova Bath St, una via che, grazie al suo porticato, permetteva a chi faceva la cura delle acque termali di spostarsi a piedi tra i tre complessi termali senza bagnarsi.

In fondo a Bath St c'è il **Cross Bath**, dove nel 1688 Maria di Modena, moglie di Giacomo II, fece erigere una croce in segno di ringraziamento per la sua gravidanza. Di fronte si trova l'**Hot Bath**, il terzo stabilimento edificato sulle sorgenti termali. Girate a destra e percorrete il vicolo antistante il cinema immettendovi in Westgate St. Svoltate a sinistra e seguite la strada per continuare in Barton St, dove supererete l'edificio georgiano che ospita il **Theatre Royal** e il **Popjoys Restaurant**, dove Beau Nash visse con la sua amante Juliana Popjoy. Barton St sbocca in **Queen Square**, una piazza progettata da John Wood il Vecchio (1704-54). Particolarmente grazioso è il lato nord, dove sette case formano un unico edificio.

Fate il giro della piazza e imboccate la via che dall'angolo nord-occidentale conduce in Royal Avenue. Sulla destra c'è Queen's Parade Place. I due piccoli chioschi in pietra sul lato destro della strada erano il luogo in cui i 'tassisti' dell'epoca

georgiana attendevano con le loro portantine i clienti. Royal Avenue continua in direzione nord fino a Royal Victoria Park. Qui una stradina che costeggia il lato orientale oltrepassa il **Georgian Garden**, tipico esempio di come dovevano essere stati i giardini nel XVIII secolo, l'epoca di maggiore splendore della città, con ghiaia al posto dell'erba per evitare che i lunghi vestiti delle signore si sporcassero. Percorrete il sentiero attorno al perimetro del parco e sbucherete sul prato antistante il famoso **Royal Crescent**, il palazzo a mezzaluna opera di John Wood il Giovane (1728-1801).

Dopo aver ammirato la splendida architettura del Royal Crescent, svoltate a destra in Brock St e percorretela fino al **Circus**, una piazza circolare delimitata da 30 case progettata da John Wood il Vecchio. Le targhe visibili sui muri delle case ricordano i loro illustri inquilini tra cui Thomas Gainsborough, Clive of India e David Livingstone. Uscite dalla piazza imboccando una via a sinistra che confluisce in Bennett St, dove si trovano le **Assembly Rooms** e il **Museum of Costume**. Passate davanti al museo immettendovi in Alfred St, dove le case hanno conservato i loro raffinati accessori settecenteschi in metallo, compresi gli spegnitoi dove i passanti smorzavano le loro torce. Proseguite in Alfred St e svoltate a destra in Bartlett St, poi ancora a destra in George St e a sinistra in Milsom St, la principale via commerciale di Bath. A metà altezza circa noterete la **Royal Photographic Society Gallery** che occupa ciò che un tempo era la Octagon Chapel (cappella ottagonale).

In fondo a Milsom St, portatevi sulla sinistra e imboccate New Bond St finché non arriverete al grande ufficio postale con porticato. Attraversate la strada e svoltate a destra nella trafficata Northgate St (oltrepassando la **Victoria Art Gallery** sulla destra) fino al fiume Avon e al **Pulteney Bridge**, il ponte progettato nel 1774 da Robert Adam. Dal ponte potrete godere di viste panoramiche su Pulteney Weir, struttura a forma di mezzaluna.

Continuate dritti attraversando Laura Place e Great Pulteney St. In fondo si trova l'**Holburne Museum**. Al n. 4 di Sydney Place è stata posta una targa commemorativa dedicata a Jane Austen, la scrittrice che trascorse qui tre anni non particolarmente felici. Durante la sua permanenza a Bath scrisse *Persuasion* e *Northanger Abbey*, romanzi che illustrano assai bene la vita dell'alta società di Bath nel 1800. Sulla via del ritorno a Great Pulteney St, prendete una qualsiasi delle vie sulla destra e arrivate a Henrietta Park, luogo ideale per concedervi una pausa ristoratrice.

Roman Baths Museum

Tra il I e il IV secolo, i Romani costruirono un complesso termale e un tempio su una delle tre sorgenti termali che sgorgavano spontaneamente a Bath. Nel Medioevo le terme crollarono e fu solo nel XVII secolo che tornarono a godere di un certo favore tra il pubblico. Verso la fine del secolo Maria di Modena era solo una delle numerose persone che si recavano a Bath per 'fare la cura'. Nel 1702 la visita della regina Anna lanciò definitivamente la moda delle terme e la città iniziò ad espandersi.

Oggi una passerella sopraelevata consente ai visitatori di dare una prima occhiata al **Great Bath** (grande bagno), uno stabilimento delimitato da un porticato del XIX secolo che presenta pavimentazioni e fondamenta in piombo dell'epoca romana. Sotto il livello stradale si sviluppa un dedalo di corridoi e camere che si dipartono in varie direzioni permettendo di vedere i resti di altri bagni minori e degli ipocausti (sistemi di riscaldamento). Uno degli angoli più pittoreschi del complesso è il **King's Bath** (bagno del re) costruito attorno alla sorgente sacra: da una finestra è possibile scorgere la vasca, con le nicchie dove i bagnanti trovavano posto e gli anelli ai quali si reggevano. Ogni giorno vengono tuttora riversati nella vasca 1,5 milioni di litri d'acqua calda.

Il museo illustra la storia delle terme ed espone i ritrovamenti fatti durante gli scavi, tra i quali l'elegante testa di una gorgone rinvenuta sul sito del tempio di Sul e la testa in bronzo della statua oggetto di culto.

I Roman Baths (☎ 477791), Abbey Courtyard, sono una delle principali mete turistiche d'Inghilterra e in estate possono diventare davvero affollate di visitatori, al punto che anche i corridoi recintati del museo risultano claustrofobici. Probabilmente starete molto meglio facendovi visita in un giorno feriale e di mattina.

Le terme sono aperte dalle 9 alle 18 tutti i giorni (fino alle 21 in agosto e fino alle 17 in inverno e la domenica). Concedetevi almeno un'ora per apprezzarli adeguatamente. L'entrata costa £6,90/4, ma un biglietto unico per le terme e il Costume Museum costerà £8,90/5,30.

Pump Room

La Pump Room è un elegante ristorante che occupa un edificio del XVIII secolo annesso al Roman Baths Museum, dove si vende la tiepida acqua minerale che sgorga da un rubinetto alimentato dal King's Bath. Fin dall'epoca georgiana i commensali sono stati allietati dalla musica suonata da un trio di Palm Court, tradizione che continua tutt'oggi. I quadri alle pareti raffigurano alcuni illustri personaggi di allora, come Sir Robert Walpole e Ralph Allen. Quest'ultimo era il proprietario delle cave di Coombe Down da cui proviene gran parte della pietra impiegata nella costruzione delle piazze e degli edifici a mezzaluna di Bath. C'è anche la statua di Richard 'Beau' Nash (1674-1761), il 're' senza corona del Georgian Bath e giocatore d'azzardo noto per aver dettato le leggi del galateo agli ambienti mondani della città.

La Pump Room serve il miglior tè in città e cene eleganti. Per informazioni v. **Pasti**.

Bath Abbey

Edgardo, primo re dell'Inghilterra unita, fu incoronato nel 973 in una chiesa che allora sorgeva in Abbey Courtyard, ma l'attuale abbazia, con molte più vetrate che strutture in pietra, fu edificata tra il

1499 e il 1616 divenendo l'ultima grande chiesa medievale dell'Inghilterra. Le meravigliose volte a ventaglio della navata risalgono invece al XIX secolo.

L'elemento forse più straordinario di questo edificio è rappresentato dalla facciata ovest, decorata con angeli che salgono e scendono scale di pietra in ricordo di un sogno fatto dal suo fondatore, il vescovo Oliver King. L'abbazia vanta 640 lapidi e in tal senso è seconda solo alla Westminster Abbey di Londra. Tra i personaggi che qui riposano ricordiamo il reverendo Thomas Malthus, filosofo vittoriano famoso per le sue teorie sul controllo demografico; Sir Isaac Pitman, ideatore del metodo stenografico Pitman; Beau Nash, sepolto all'estremità orientale della navata meridionale.

L'abbazia di Bath (☎ 422462) è aperta dalle 9 alle 18 (fino alle 16.30 in inverno) e la domenica solo il pomeriggio. Viene chiesta un'offerta di £2.

Dall'estremità meridionale dell'abbazia scendono dei gradini che conducono a un sotterraneo dove è stato allestito un piccolo **museo** che illustra la storia dell'abbazia e i legami tra questa e le terme e l'alta società georgiana. È aperto dal lunedì al sabato dalle 10 alle 16. Il biglietto costa £2/gratis.

Assembly Rooms e Museum of Costume

Nel XVIII secolo le Assembly Rooms in Bennett St erano il luogo di ritrovo dei visitatori di Bath che vi si riunivano per giocare a carte, ballare e ascoltare musica. Il museo nell'interrato (☎ 477789) espone gli indumenti indossati tra il XVI secolo e la fine del XX secolo, tra cui delle inquietanti crinoline che a malapena permettevano alle signore di passare attraverso le porte.

Il museo è aperto tutti i giorni dalle 10 alle 17 (dalle 11 la domenica) e l'entrata costa £4/2,90. Vale la pena di acquistare un biglietto unico per il museo e il Roman Baths Museum a £8,90/5,30.

No 1 Royal Crescent

Per farsi un'idea di come fosse la vita nei giorni gloriosi di Bath vale decisamente la pena di visitare questa magnifica residenza palladiana (☎ 428126) sul bel Royal Crescent, riportata ai fasti del 1770 grazie ad accurati lavori di restauro. È aperta dalle 10.30 alle 17 tutti i giorni, tranne il lunedì, da marzo a ottobre (fino alle 16 in novembre). Il biglietto di entrata costa £4/3.

Jane Austen Centre

Situato all'interno di una residenza georgiana, il Jane Austen Centre (☎ 443000), 40 Gay St, è un vero e proprio omaggio a una delle cittadine più famose della città. L'esposizione comprende oggetti dell'epoca e oggetti personali appartenuti alla scrittrice.

Il centro è aperto tutti i giorni dalle 10 alle 17. L'entrata costa £3,95/2,95. Per maggiori dettagli consultate anche il sito Internet www.janeaustin.co.uk.

Building of Bath Museum

Ospitato all'interno della cappella settecentesca della contessa di Huntingdon, questo museo (☎ 333895) illustra la nascita dello splendore di Bath in epoca georgiana, cosa molto più interessante di quanto non si immagini.

È aperto dalle 10.30 alle 17 dal martedì al sabato tra marzo e novembre, e l'entrata costa £3,50/1,50.

Holburne Museum

L'elegante edificio settecentesco (☎ 466669) in Great Pulteney St fu originariamente progettato come albergo, il Sydney Hotel. Ora ospita una collezione di porcellane, oggetti antichi e dipinti eseguiti da grandi artisti del XVIII secolo quali Gainsborough e Stubbs.

È aperto dalle 11 alle 17 dal lunedì al sabato e dalle 14.30 alle 17.30 la domenica tra metà febbraio e metà dicembre (chiuso da metà dicembre a Pasqua e tutti i lunedì). L'entrata costa £3,50/1,50.

Museum of Bath at Work

Nascosto in Julian Rd, il museo (☎ 318348) testimonia il patrimonio industriale di Bath e sorge su ciò che nel XVI-

Il secolo era un campo da tennis. La maggior parte degli impianti esposti apparteneva alla fabbrica in cui veniva imbottigliata l'acqua minerale e alla fonderia di ottone di proprietà di Jonathan Burdett Bowler.

È aperto dalle 10 alle 17 tutti i giorni (da novembre a Pasqua solo il fine settimana) e l'entrata costa £3,50/2,50.

William Herschel Museum

Quando giunse a Bath, William Herschel era un organista, ma divenne presto famoso come astronomo. Nel 1781 scoprì il pianeta Urano dal giardino di casa sua, che ora ospita questo museo a lui dedicato. All'interno si è cercato di rappresentare fedelmente l'arredamento come doveva essere stato all'epoca di maggior splendore di Bath, nel XVIII secolo. Il museo (☎ 311342, 19 New King St) è aperto dalle 14 alle 17 tutti i giorni (da novembre a febbraio solo il fine settimana) e il biglietto costa £2,50/1.

Sally Lunn's Kitchen Museum

Girato l'angolo dell'abbazia si arriva nel North Parade Passage, dove c'è un interrato con un piccolo museo (☎ 461634) fatto essenzialmente con pietre angolari. In questo museo è descritto come Sally Lunn, un'ugonotta rifugiatasi qui nel XVII secolo, preparasse brioche al forno. Brioche simili vengono tuttora vendute nel caffè al piano superiore.

È aperto dalle 10 alle 18 dal lunedì al sabato e da mezzogiorno alle 18 la domenica. L'entrata costa 30p.

Victoria Art Gallery

Di fronte al Pulteney Bridge si trova la Victoria Art Gallery (☎ 477772) dove sono esposti due cartoni di Thomas Rowlandson appartenenti a una serie intitolata *I piaceri di Bath* (The Comforts of Bath). Vi si trovano anche dei dipinti di Walter Sickert, un pittore che visse nelle vicinanze.

È aperta dalle 10 alle 17.30 tutti i giorni. Il sabato chiude alle 17 e la domenica apre alle 14. L'ingresso è gratuito.

Royal Photographic Society Gallery

Questa galleria (☎ 462841), situata in Milsom St è dedicata all'arte fotografica e contiene una libreria e l'ottimo In Focus cafe.

È aperta dalle 9.30 alle 17.30 tutti i giorni e l'entrata costa £4/gratis.

Museum of East Asian Art

Questo museo dedicato all'arte asiatica orientale (☎ 464640), 12 Bennett St, espone oltre 500 oggetti in giada, bambù, porcellana e bronzo provenienti da Cambogia, Corea e Thailandia, ma principalmente dalla Cina e dal Giappone. È aperto dalle 10 alle 17 tutti i giorni tranne il lunedì (apre alle 12 la domenica e gli orari di apertura sono ridotti in inverno). L'entrata costa £3,50/2,50.

Microworld

Questo strano museo (☎ 333033), 4 Monmuth St, ospita una collezione di sculture microscopiche che riproducono, per esempio, il Tower Bridge all'interno della cruna di un ago e il Monte Rushmore nella capocchia di un fiammifero. Questa buffa e particolare esposizione è aperta tutti i giorni dalle 10 alle 18 e l'entrata costa £3,95/1,95.

Escursioni organizzate

Dall'esterno della Pump Room partono delle escursioni a piedi gratuite della durata di un paio d'ore (☎ 477786) alle 10.30 e alle 14 dalla domenica al venerdì (il sabato, solo da maggio a settembre, alle 10.30 e alle 19). In estate, il martedì e il venerdì, vengono organizzate altre escursioni con partenza alle 19.

Per gli appassionati di letteratura vi sono anche escursioni nella Bath di Jane Austen. Partono dal TIC alle 11 tutti i giorni, durano un'ora e mezzo e costano £3,50/2,50.

Dal Nash Bar del pub Garrick's Head, alla fine di Saw Close, partono anche delle visite a luoghi insoliti della durata di due ore (☎ 463618) con partenza alle 20 tutti i giorni (tranne la domenica) da maggio a ottobre (in inverno solo il venerdì). Partecipare costa £4/3.

Le divertenti passeggiate 'Bizarre Bath' (☎ 335124) permettono di guardare alla città in maniera del tutto irriverente, decisamente un cambiamento rispetto alle culturali escursioni tradizionali che vengono proposte di solito. Partono tutte le sere alle 20 dalla Huntsman Inn, in North Parade Passage, e partecipare costa £4,50.

Guide Friday (☎ 444102), alla stazione ferroviaria, organizza escursioni in autobus scoperti (è tutto un salire e scendere dall'autobus) tutti i giorni dalle 9.15 alle 17.25 da Pasqua a ottobre (in inverno gli orari sono ridotti). Gli autobus fermano in Terrace Walk, dietro all'abbazia, e alla stazione degli autobus di Bath. I biglietti costano £8,50/3.

Il classico Citytour (☎ 424157) è una proposta molto simile alla precedente, con autobus locali della Ryan Coaches, ma è più economico (£6/1,50).

Pernottamento
Trovare una sistemazione in periodo di alta stagione può essere davvero difficile. In tal caso, ricordate che potete sempre pagare £2,5 e chiedere l'aiuto del TIC. Potete anche richiedere alla Bath Visitor Call (☎ 0891 194601, 45p al minuto) di inviarvi un fax con la lista delle sistemazioni.

Campeggi Situato circa 3 miglia (5 km) a ovest di Bath, a Newton St Loe, il *Newton Mill Touring Centre* (☎ 333909, fax 461556, Newton Rd) chiede £11,50 per una tenda e due persone. È aperto tutto l'anno. Per arrivarci prendete la B3310 uscendo dalla A4.

Ostelli Il *Bath Backpackers Hotel* (☎ 446787, ✉ backpackers_uk@hotmail.com, 13 Pierrepont St) ha 52 posti letto ed è splendidamente decorato. È decisamente il posto più conveniente in cui alloggiare e si trova a meno di dieci minuti a piedi dalla stazione degli autobus e dalla stazione ferroviaria. Una sistemazione B&B in una camerata per non fumatori

con un massimo di 8 letti costa £12. Ci sono un salotto, una cucina e l'accesso a Internet. Ad alcuni sembra di essere a Woodstock negli Stati Uniti più che a Bath, ma se il luogo non è di vostro gradimento avete altre scelte. È centrale anche l'*YMCA* (☎ 460471, International House, Broad St Place) che accetta sia uomini sia donne e non ha coprifuoco, ma è spesso al completo, soprattutto in estate. Se provenite da sud e procedete lungo Walcot St, cercate un'arcata e dei gradini sulla sinistra, circa 180 m dopo l'ufficio postale. Il pernottamento con prima colazione costa £15/28 e la sistemazione in camerata £11.

Il *Bath Youth Hostel* (☎ 465674, fax 482 947, ✉ bath@yha.org.uk, Bathwick Hill) è più lontano, verso l'università di Bath, circa 25 minuti a piedi dal centro. Tuttavia è anche possibile prendere l'autobus n. 18 della Badgerline che parte dalla stazione degli autobus. La visita compensa decisamente la distanza e l'edificio è splendido. I posti letto disponibili sono 117. È aperto tutto il giorno, tutto l'anno, e costa £10,85/7,40 per gli adulti/bambini.

B&B e alberghi Alloggiare a Bath non è certo economico, soprattutto in estate, quando molti alberghi aumentano vertiginosamente le loro tariffe. Bath è un bel posto in cui trascorrere il fine settimana e le tariffe lo dimostrano. Le zone in cui si trova la maggiore concentrazione di B&B sono le Newbridge Rd e l'area a ovest di questa, le vie a sud di Wells Rd e ad est in Pulteney Rd.

Considerata la sua posizione (pochi minuti a piedi dalle stazioni degli autobus e dei treni), i prezzi della *Henry Guest House* (☎ 424052, ✉ Cox@TheHenry Bath.freeserve.co.uk, 6 Henry St) sono ragionevoli a £22 per persona. Tutte e otto le stanze hanno servizi in comune.

Anche il *Romany* (☎ 424193, 9 Charlotte St) è centralissimo e con prezzi ragionevoli (£40 per la doppia).

In Pulteney Rd e nella zona circostante si trovano numerosi B&B. La *Ashley*

House (☎ *425027, 8 Pulteney Gardens*) ha otto stanze, alcune delle quali con doccia, al prezzo di £26,50/50. In bassa stagione vengono applicate delle riduzioni.

Le camere per non fumatori del *14 Raby Place* (☎ *465120, fax 465283, 14 Raby Place*), che si trova alla fine di Bathwick Hill subito dopo Pulteney Rd, costano £25/42 (compresa un'abbondante colazione).

Henrietta St, vicino a Henrietta Park, offre diverse soluzioni. La piacevole *Georgian Guest House* (☎ *424103, fax 425279, @ georgian@georgian-house.co.uk, 34 Henrietta St*), per non fumatori, ha a disposizione una serie di stanze a partire da £38/55.

L'*Henrietta Hotel* (☎ *447779, fax 444150, 32 Henrietta St*), accanto al precedente, costa £30/50. Attenzione: nel fine settimana le tariffe aumentano a £50/75!

Dall'altra parte della strada, l'elegante *Kennard Hotel* (☎ *310472, fax 460054, @ kennard@dircon.co.uk, 11 Henrietta St*) ha stanze con bagno a partire da £48/88.

Immerso in un'atmosfera idilliaca lungo il fiume Avon, l'*Old Boathouse* (☎ *466407, Forester Rd*) occupa una rimessa per barche costruita in epoca edoardiana ed è raggiungibile a piedi dal centro. Le confortevoli stanze doppie con bagno per non fumatori costano £55.

I B&B a ovest del centro lungo Upper Bristol Rd (A4), a sud di Crescent, costano per la maggior parte almeno £25 a testa, di più se viaggiate da soli.

A Crescent Gardens, il *Lamp Post Villa* (☎ *331221, fax 426783, 4 Crescent Gardens*) ha stanze doppie molto confortevoli a £55.

Presso la *Walton's Guest House* (☎ *426528, fax 420350, 17 Crescent Gardens*) alcune singole/doppie costano £27/50. Il rapporto qualità-prezzo delle singole è superiore rispetto alle altre sistemazioni in singola disponibili a Bath.

Anche in Wells Rd (A367) si trovano dei B&B. La *Arney Guest House* (☎ *310020, 99 Wells Rd*) ha tre stanze con bagno in comune al prezzo di £25/45. Nei dintorni ci sono numerosi altri alberghi.

Dall'*Holly Lodge* (☎ *424042, fax 481138, @ george.h.hall@btinternet.com, 8 Upper Oldfield Park*), 10 minuti a piedi dal centro, si gode una bella vista sulla città. Le stanze in questo albergo per non fumatori (che ha anche ricevuto un premio di qualità) costano £48/97.

Viene consigliato anche l'ospitale *Cheriton House* (☎ *429862, fax 428403, @ cheriton@which.net, 9 Upper Oldfield Park*), dall'altro lato della strada, che offre ampie stanze a partire da £42/64.

L'albergo più esclusivo della città si trova nel più maestoso dei maestosi edifici a mezzaluna della città: il *Royal Crescent Hotel* (☎ *739955, fax 339401, 16 Royal Crescent*) ha 46 stanze disposte nei due edifici centrali. Sul retro dell'albergo si trovano un giardino e un ottimo ristorante. Le stanze sono arredate con mobili d'epoca e la tariffa ufficiale è di £195, ma in bassa stagione e nei giorni feriali è possibile trattare il prezzo. Consultate il sito Internet www.royalcrescent.com.

Altrettanto esclusiva è il cinque stelle *Bath Spa Hotel* (☎ *444424, fax 476825, Sydney Rd*) con eleganti stanze a partire da £140/224, prima colazione esclusa! Consultate il sito www.bathspahotel.com.

Se potete permettervi prezzi simili e disponete di un vostro mezzo per spostarvi, potete anche prendere in considerazione una sistemazione fuori Bath, allo *Ston Easton Park* (☎ *01761-241631, fax 01761-241377, @ stoneastonpark@stoneaston.co.uk*), una stupenda tenuta georgiana immersa in uno splendido paesaggio e con stanze magnifiche al prezzo di £155/320. Il villaggio di Ston Easton dista 10 miglia (16 km) da Bath, in direzione sud-ovest.

Pasti

A Bath si trovano locali di ogni tipo. Se desiderate fare la spesa per conto vostro, dirigetevi al mercato coperto o nei vari supermercati. È possibile mangiare a prezzi contenuti nei pub e nei caffè, mentre chi desiderasse trattarsi bene troverà numerosi ristoranti di classe.

L'*Itchy Feet* (☎ *337987, fax 337986, 4 Bartlett St)* ha un piccolo menu per i viaggiatori che consiste in un panino, un pacchetto di patatine, un dolcetto e una bibita, il tutto a £4,95. Anche se non richiama la vostra attenzione, vale la pena di dare un'occhiata al ben fornito negozio di articoli da viaggio. È pieno zeppo di ogni cosa, dagli indumenti alle guide di viaggio.

Vicino all'abbazia si trova il *Café Retro* (☎ *339347, York St)*, con aspirazioni retrò, dove un pasto di tre portate costa circa £10, ma è possibile fare anche spuntini leggeri (e più economici). Troverete dei buoni dolci al caffè *In Focus*, nella Royal Photographic Society Gallery (v. sopra **Royal Photographic Society Gallery**).

A est di Pulteney Bridge c'è il piccolo *Baku* (☎ *444440, Argyle St)*, un locale carino che serve panini imbottiti e simili. Accanto, l'economico *Bathtub Bistro* (☎ *460593, 2 Grove St)* propone piatti interessanti quali una specialità a base di spinaci, lenticchie e albicocche.

Il *Jazz Café*, vicino a Westgate, non fa musica ma offre una vasta selezione di piatti tipici dei ristoranti alla buona.

Demuth's (☎ *446059, North Parade Passage)* serve ottimi piatti vegetariani e un pasto di due portate costa £6,95. I vegetariani possono anche provare uno dei due *Scoff's*, tra cui l'Arts Café della Hot Bath Gallery con piatti a partire da £3.

In alternativa potete provare il *Sally Lunn's*, che sforna brioche da 300 anni e dispone di una varietà di piatti tradizionali inglesi, quali arrosti e cibi al forno e il 'toad-in-the-hole' (letteralmente 'rospo nel buco', piatto che comprende una salsiccia, non un rospo, nel caso in cui vi stiate già preoccupando, avvolta da uno strato di pastella). Si veda anche **Sally Lunn's Kitchen Museum**.

Il *Moon & Sixpence* (☎ *460962, 6 Broad St)* serve piacevoli pasti, consistenti in due portate contenenti tutto il cibo che riuscirete a ingerire, a £5. Per consumare una cena economica, la soluzione migliore è rappresentata dai pub. *The Crystal Palace* (☎ *423944, Abbey Green)*, a sud di Abbey Churchyard, è un locale con birreria all'aperto, serve birre 'ale' tradizionali e i tipici piatti dei pub.

The Raincheck Bar (☎ *444770, 34 Monmouth St)* è un frequentato caffè-bar con buoni piatti in una piacevole atmosfera; ha anche alcuni tavoli all'esterno. La sera è più un locale in cui bere che mangiare.

La *Firehouse Brasserie* (☎ *482070, Queen St)* prepara piatti tradizionali mediterranei e, a quanto si dice, le migliori pizze della città. I prezzi sono più elevati di alcuni dei concorrenti (£10 per pizza), ma questo non sembra impedire agli abitanti del posto di ritrovarsi qui numerosi. Il prezzi di *Wood's* (☎ *314812, 9 Alfred St)* sono più ragionevoli: un pranzo da due portate si aggira sulle £5.

Il *Bonghy-bo* (☎ *462276, 2-3 Barton Court, Upper Borough Walls)* è un piccolo caffè che serve un vasto assortimento di piatti asiatici e i prezzi non sono male, anche se il nome fa sorridere. Il *Mai Thai* (☎ *445557, 6 Pierrepoint St)* è un buon ristorante thailandese che cucina ottimi pranzi di due portate a £7.

Tra i migliori ristoranti francesi citiamo *Le Beaujolais* (☎ *423417, 5 Chapel Row)*, dove un pranzo di tre portate costa £8,50 e sono disponibili vari piatti regionali. Il fatto che sia sempre pieno dimostra l'ottima qualità del cibo. Il *Rendezvous Provencal* (☎ *310064, Upper Church St)* è un altro ristorante francese con proposte simili per pranzo, una piacevole atmosfera e una buona posizione.

The Circus (☎ *318918, Brock St)* ha una buona reputazione, ma i prezzi sono elevati. Aspettatevi un conto di oltre £20 a testa.

Il posto migliore in cui ordinare un 'cream tea' è la *Pump Room* (v. anche **Pump Room**), dove potrete sorseggiare un tè e consumare 'scones' (dolci da te) con montagne di burro e marmellata, mentre il Pump Room Trio suona per voi. Non è sicuramente un posto economico (i prezzi partono da £6,95), ma fa parte delle esperienze che dovete vivere a Bath. È aperta dalle 9.30 alle 22 e la cena viene servita dalle 19 alle 22 (una cena di due portate costa £16,50 e una da tre portate £18,95).

Il menu è piuttosto vario e comprende piatti deliziosi quali il filetto di salmone con asparagi alla griglia e salsina di limone.

Divertimenti

La rivista *Venue* (£1,90) fornisce informazioni dettagliate sugli spettacoli teatrali e musicali e su tutto ciò che si svolge a Bristol e a Bath.

Pub e club A Bath ci sono molti pub pieni di atmosfera e, grazie ai numerosi studenti universitari, alcune discrete discoteche.

Tra i pub in cui vale la pena di entrare citiamo il *Coeur de Lion (17 Northumberland Place)*, dopo High St, *The Bell* (☎ *460426, 103 Walcot St)* e il *Saracen's Head* (☎ *426518, Broad St)*, il più antico pub della città. In attesa che vi venga sete, potete costeggiare a piedi il canale per 1,5 miglia (2,5 km) lasciandovi Bath alle spalle in direzione nord-est fino al villaggio di Bathampton, dove troverete il sempre frequentatissimo *George* (☎ *425079)* accanto all'alzaia.

Il *Bath Tap* (☎ *404344, 19-20 St James Parade)* è il posto più frequentato dalla comunità gay di Bath. Tra i locali di moda al momento si trova il *The Porter* (☎ *424104, 2 Miles's Bldgs, George St)*, un pub-bar con una bella atmosfera proprio sopra alla frequentata discoteca *Moles* (☎ *404445, 14 George's St)*.

Un altro locale che al momento sta richiamando l'attenzione è il *Bar Karanga* (☎ *446546, 8-10 Manvers St)*, un locale alla moda che prende nome dall'evento più gradito della città legato alla vita notturna e che si svolge al *Babylon* (☎ *400404, Kingston Rd)*, una discoteca che, altrimenti, non varrebbe neanche la pena di visitare.

Po Na Na (☎ *401115, 8-9 North Parade)* è un noto bar-discoteca che chiude alle 2 della notte il fine settimana e appartiene a una catena che è riuscita a emergere nelle maggiori città, da Oxford a Bristol.

Teatro Il sontuoso *Theatre Royal* (☎ *448844, Barton St)* spesso ospita

spettacoli prima ancora del loro debutto londinese.

Musica classica All'ora di pranzo si tengono regolarmente dei recital nella *Bath Abbey* (☎ *422462)*. Il prezzo dei biglietti dipende dal nome degli esecutori.

Acquisti

La maggior parte del centro, compreso il labirinto di vie a nord di Abbey Churchyard e Shire's Yard dopo Milsom St, è invaso da costosi negozi, ma il sabato e la domenica mattina a Walcot St, vicino all'YMCA, si tiene il mercatino dell'usato (antiquariato e indumenti), molto frequentato da persone in cerca di buoni affari. Il mercato coperto Guildhall Market, in High St, è ben fornito di ottimi libri usati.

Itchy Feet (☎ 337987, fax 337986), 4 Bartlett St, è un ottimo negozio di articoli da viaggio in cui è possibile trovare libri, cartine, indumenti e provviste. C'è anche un caffè. Per informazioni v. **Pasti**.

Per/da Bath

Bath dista 106 miglia (171 km) da Londra, 19 miglia (31 km) da Wells e solo 12 miglia (19 km) da Bristol. Per informazioni sulle tariffe v. sopra **Trasporti locali**.

Autobus Gli autobus della National Express (☎ 0870 580 8080) partono da Londra ogni due ore (3 ore, £11,50). È previsto anche un collegamento con Oxford (2 ore, £9,75) e Stratford-upon-Avon via Bristol (due ore e mezzo, £15,75).

Un autobus (X4) garantisce il collegamento tra Bristol e Salisbury (£3,90) via Bath, con partenza ogni ora. La strada tra Bristol e Bath è servita da numerosi autobus, ma il più frequente è il n. X39, che parte ogni 15 minuti (ogni 30 minuti la domenica) e impiega nel tragitto 50 minuti. L'autobus n. 173 per/da Wells parte ogni ora e impiega un'ora e un quarto a compiere il percorso.

L'utile Cotswold Shuttle (X55) garantisce tutti i giorni due collegamenti con Stratford-upon-Avon passando per i più bei villaggi del Cotswold quali Cirencester, Bourton-on-the-Water, Stow-on-the-Wold, Moreton-in-Marsh, Chipping Campden e altri ancora. Per maggiori informazioni v. oltre **Cotswold e dintorni**. È possibile ottenere delle ottime cartine con gli orari presso la stazione degli autobus (☎ 464446) a Manvers St. Il biglietto giornaliero Badgerline Day Rambler (£5,30/3,75) permette di utilizzare un gran numero di autobus a Bristol, nel Somerset (Wells, Glastonbury), nel Gloucestershire (Gloucester) e nel Wiltshire (Lacock, Salisbury, Bradford-on-Avon).

Treno Sono numerosi i treni che partono dalla stazione di Paddington di Londra (un'ora e mezzo, £30) e anche quelli diretti a Bristol che proseguono per Cardiff, Exeter o verso nord. Ogni ora partono dei treni che collegano Portsmouth e Bristol via Salisbury e Bath. Un biglietto di sola andata da Bath a Salisbury costa £10. Un biglietto di andata e ritorno in giornata per Bristol costa £4,60.

Trasporti urbani
Automobile Il traffico è un vero problema a Bath ed è sempre difficile trovare un parcheggio. In centro è necessario esporre sul parabrezza il 'parking disk', che potrete acquistare nei negozi del posto: parcheggiare vi costerà 50p ogni quarto d'ora. Il bloccaggio delle ruote è un fatto frequente e implica multe di circa £110. Fate attenzione a dove parcheggiate. Il supermercato Sainsbury's e Homebase DIY hanno un enorme parcheggio per i clienti, vicino a Charles St e al fiume Avon, in cui è possibile lasciare la macchina gratuitamente per 2 ore.

Bicicletta È possibile noleggiare biciclette presso l'Avon Valley Cyclery (☎ 461880), alle spalle della stazione, a £14 al giorno. Consultate il sito Internet www.bikeshop.uk.com. I ciclisti possono utilizzare un sentiero lungo una vecchia linea ferroviaria in disuso lunga 12 miglia (Bristol and Bath Railway Path).

Imbarcazioni Da aprile a ottobre salpano ogni ora dei battelli da sotto il Pulteney Bridge diretti a Bathampton. Tuttavia potete anche noleggiare delle canoe, dei 'punt' (barchini a fondo piatto), o barche a remi e navigare per vostro conto sull'Avon (£4,50 un'ora; £1,50 ogni ora aggiuntiva). Se siete interessati, provate alla rimessa Bath Boating (☎ 466407) in Forester Rd.

DINTORNI DI BATH
Prior Park
Questo stupendo parco settecentesco (☎ 833422) restaurato di recente è di proprietà del National Trust (NT) e offre splendide viste di Bath. Fu progettato per Ralph Allen da Capability Brown. Si trova in Ralph Allen Drive, raggiungibile esclusivamente con gli autobus n. 2, 4 o 733 o a piedi. L'entrata costa £3,80/1,90 (vi verrà restituita £1 se mostrerete il biglietto dell'autobus) ed è aperto da mezzogiorno alle 17.30 tutti i giorni tranne il martedì.

American Museum
Claverton Manor (☎ 460503), a 3 miglia (5 km) da Bath in direzione sud-est, è una residenza signorile costruita negli anni '20 del XIX secolo che oggi ospita la ricostruzione di interni americani dal XVII al XIX secolo, una collezione di trapunte e altre testimonianze del mondo americano. È stata riprodotta persino una taverna del Massachusetts del XVIII secolo.

L'autobus n. 18 diretto all'università vi fermerà a mezzo miglio circa dall'entrata. La visita è consentita dalle 14 alle 17 tutti i giorni tranne il lunedì da marzo a ottobre (il parco dalle 13 alle 18). L'entrata costa £5,50/3, ma è anche possibile acquistare un biglietto per visitare esclusivamente il parco a £3/2.

Dyrham Park
Dyrham Park (☎ 0117-937 2501; NT), distante 8 miglia (13 km) da Bath lungo la A46, è una riserva naturale di cervi che si estende su una superficie di 105 ettari attorno all'elegante casa secente-

sca di William Blathwayt, segretario di stato di Guglielmo III.

L'edificio è aperto al pubblico da mezzogiorno alle 17.30 da venerdì a martedì, da aprile a ottobre e il biglietto costa £7,50/3,70. Il parco è aperto da mezzogiorno alle 17.30 tutti i giorni dell'anno e il biglietto costa £1,80/90p. Il venerdì e il sabato gli autobus della Ryan Coaches effettuano servizio tra Dyrham e Bath. Per informazioni sugli orari telefonate al ☎ 424157.

Somerset

Il Somerset è una contea prevalentemente agricola, famosa per la produzione di sidro, per il club di cricket e per un celebre formaggio, il 'Cheddar cheese'. Le città più interessanti sono Wells, con la sua splendida cattedrale, e la mistica Glastonbury, che attrae innumerevoli druidi e hippy New Age. Bath e Wells sono delle buone località in cui alloggiare se intendete visitare il Somerset orientale, così come Lynton e Lynmouth per il Somerset occidentale.

Il Somerset è una contea in cui è possibile effettuare molte escursioni a piedi. Le Mendip Hills sono una catena di colline attraversate da gole le cui grotte erano abitate in epoca preistorica. Le Quantocks, a ovest, sono meno coltivate e nella zona più occidentale della contea il selvaggio Exmoor National Park (vedi oltre in questo capitolo) sconfina nel Devon.

ITINERARI A PIEDI E IN BICICLETTA

Il South West Coast Path è un itinerario di 613 miglia (987 km) che inizia a Minehead e prosegue lungo la costa del West Country fino a Poole, nel Dorset. Per informazioni v. oltre **Attività**. Presso gli uffici del TIC sono in distribuzione gratuita *Cycle Round South Somerset*, che descrive un itinerario in bicicletta lungo 80 miglia (129 km) e *The Somerset Cycle Guide*.

TRASPORTI LOCALI

La linea telefonica al servizio dei viaggiatori corrisponde al ☎ 01823-358299, ma potete contattare direttamente le compagnie degli autobus: il trasporto pubblico della regione viene gestito essenzialmente dalla First Badgerline (☎ 0117-955 3231) a nord di Bridgewater e dalla First Southern National (☎ 01823-272033) a sud. La seconda prevede un biglietto giornaliero valido nel Somerset, nel Devon settentrionale e nel Dorset occidentale e costa £5,30/3,75. Il biglietto giornaliero della Badgerline ha lo stesso prezzo e copre gran parte del Somerset, Bristol, Salisbury e Berkeley.

WELLS
Pop. 9400 ☎ 01749

Wells è una tappa obbligatoria per chiunque si trovi in questa regione. Questa cittadina – che deve il suo nome alle tre sorgenti scaturite nei pressi del medievale Bishop's Palace – è il più piccolo centro inglese con una cattedrale. Wells è riusci-

---

L'orologio della Wells Cathedral

Nel transetto settentrionale si trova un magnifico orologio meccanico che risale al 1392. Si tratta del più antico in Inghilterra, dopo quello della cattedrale di Salisbury.

Il quadrante, piuttosto complicato, divide le ore in due sistemi di 12 ciascuno nel circolo esterno, mentre il sole ruota attorno alla terra segnando il passare delle ore. I minuti sono indicati nel circolo interno, e ciascuno è contrassegnato da una stella rotante.

Sono riportate anche le posizioni dei pianeti e le fasi lunari, ma è soprattutto lo spettacolo offerto dalla giostra medievale di cavalieri a richiamare le piccole folle che si raccolgono sotto l'orologio ogni ora (in estate ogni quarto d'ora).

Alcuni cavalieri del XV secolo colpiscono una campana con le loro alabarde per segnare il tempo sul quadrante esterno dell'orologio.

ta a conservare quasi intatto il suo carattere medievale e la sua cattedrale è una delle più belle d'Inghilterra e rappresenta
uno dei più bei complessi religiosi rimasti
ancora integri.

Wells dista 22 miglia (35 km) da Bath
in direzione sud-ovest, al limite delle
Mendips. Oltre a essere un posto strategico da cui visitare le Mendips, permette di
raggiungere facilmente anche Cheddar,
Wookey Hole e Glastonbury.

Orientamento e informazioni

Il centro cittadino è raccolto e quindi facile da girare. Il TIC (☎ 672552, fax
670869, ✉ wellstic@ukonline.co.uk) si
trova all'interno del municipio (Town
Hall) sulla pittoresca Market Place accanto alla cattedrale. È aperto dalle 9.30 alle
17.30 tutti i giorni.

Nei dintorni ci sono numerosi itinerari
da percorrere a piedi o in bicicletta. Potete
chiedere informazioni al TIC. Il mercoledì e il sabato si svolge il mercato in
Market Place.

Wells Cathedral

La cattedrale (☎ 674483) fu costruita in
più riprese tra il 1180 e il 1508 e riassume
in sé diversi stili gotici. Celebre è la **facciata ovest**, un'immensa galleria scultorea
contenente oltre 300 statue realizzate tra
il 1230 e il 1250 e riportata all'antico
splendore nel 1986. Fatta eccezione per il
Cristo aggiunto nel 1985 nella nicchia superiore, tutte le altre sculture sono originali dell'epoca.

Ciò che colpisce maggiormente all'interno è la magnifica coppia di **archi inver-
titi** (o 'a forbice') che separano la navata
dal coro (una brillante soluzione escogita-
ta per risolvere il problema dello sprofon-
damento della torre centrale), aggiunti nel
XIV secolo subito dopo il completamento
della torre. Fate in modo di trovarvi davanti all'affascinante **orologio meccanico**,
nel transetto settentrionale, poco prima
dello scoccare dell'ora.

Tra i numerosi particolari degni di nota
all'interno della cattedrale citiamo l'elegante **Lady Chapel**, all'estremità orienta-

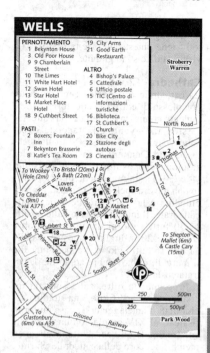

le, le sette **effigi** di vescovi anglosassoni
attorno al coro, e la cosiddetta **chained library**, una biblioteca con volumi assicurati da catene che si trova in cima alle scale
che partono dal transetto meridionale. La
biblioteca è aperta dalle 14.30 alle 16.30
dal martedì al sabato, da aprile a ottobre.
L'entrata costa 50p.

I logori gradini che partono dal transetto settentrionale conducono alla stupenda **Chapter House**, la sala capitolare
costruita verso la metà del XIII secolo, il
cui particolare più notevole è costituito
dalle nervature del soffitto che si dipartono dalla colonna centrale. All'esterno,
osservate il **Chain Bridge**, una passerella
costruita tra il lato settentrionale della
cattedrale e il Vicars' Close per permettere agli ecclesiastici di raggiungere la
chiesa senza bagnarsi. I **chiostri** sul lato
meridionale sono disposti attorno a un
grazioso cortile.

WESSEX

La cattedrale è aperta dalle 7 alle 19 (in luglio e agosto fino alle 20.30) e ai visitatori viene chiesta un'offerta di £4/1. Le visite guidate sono gratuite.

Cathedral Close

La cattedrale è il nucleo centrale di un complesso di edifici la cui storia è strettamente connessa a quella della cattedrale stessa. Davanti alla facciata ovest sono visibili sulla sinistra il quattrocentesco **Old Deanery** e un edificio color salmone che ospita il **Wells Museum** (☎ 673477), un museo che oltre a esporre una mostra speleologica illustra la vita cittadina e la storia architettonica della cattedrale. Il museo è aperto dalle 10 alle 17.30 tutti i giorni da aprile a ottobre (fino alle 20 in luglio e agosto), e dalle 11 alle 16 tutti i giorni, tranne il lunedì e il martedì, da novembre ad aprile. L'entrata costa £2/1.

Proseguendo oltre, sulla sinistra, incontrerete **Vicars' Close**, una stradina acciottolata fiancheggiata da case uniformi risalenti al XIV secolo con una cappella sul fondo. È qui che abitano ancora i membri del coro della cattedrale. Si ritiene che sia la più antica strada medievale ancora intatta di tutta Europa. Mentre passate sotto il Chain Bridge, osservate l'esterno della Lady Chapel e una graziosa casa medievale chiamata **The Rib** (la costola), prima di sbucare in una delle strade principali, The Liberty, che nel Medioevo segnava il confine del complesso della cattedrale, al cui interno era possibile rifugiarsi per sfuggire alla legge secolare.

Bishop's Palace

Oltre la cattedrale si trova il Bishop's Palace (☎ 678691), un edificio circondato da un fossato che fu costruito nel XIII secolo come residenza privata del vescovo. È attorniato da splendidi giardini dove zampillano le sorgenti da cui trae il nome la città e da cui proviene l'acqua del fossato.

È aperto dalle 11 alle 18 dal martedì al venerdì e nelle feste nazionali ('bank ho-

lidays'), dalle 14 alle 18 la domenica e tutti gli altri giorni in agosto. L'entrata costa £3/gratuita.

Dopo che per un decennio nessun cigno è riuscito a capire il trucco, una nuova generazione di volatili ha ora imparato a suonare una campanella all'esterno di una delle finestre del palazzo per chiedere da mangiare. Se intendete dar loro del cibo, ricordate che il pane integrale è meglio di quello bianco.

St Cuthbert's Church

La cattedrale suscita un tale interesse che spesso i turisti dimenticano di avventurarsi oltre il recinto, ma vale decisamente la pena di dare un'occhiata alla solenne **St Cuthbert's Church**, in Cuthbert St, per ammirarne la splendida torre perpendicolare del XV secolo e il soffitto della navata vivacemente dipinto. Cercate la bugna con la scrofa che allatta cinque maialini nel portico meridionale.

Pernottamento

I B&B sono numerosi, ma la maggior parte ha poche stanze, quindi è consigliabile prenotare in anticipo. Il *9 Chamberlain St* (☎ 672270, *number9@ukf.net*) gode di una buona posizione, vicino alla cattedrale, e costa £22/38. Nelle vicinanze si trova *The Limes* (☎ 675716, fax 674874, *john@thelimes.uk.com, 29 Chamberlain St*): la stanza con letto a baldacchino (B&B) costa £20 per persona, la doppia £18 e la singola £30.

Il Bed & Breakfast *19 St Cuthbert St* (☎ 673166) offre una bella vista sulla cattedrale ed è situato in una parte molto tranquilla della città. Costa £16,50 per persona.

La *Old Poor House* (☎/fax 675052, *bookings@wells-poorhouse.co.uk, 7a St Thomas St*) occupa un confortevole cottage del XIV secolo immediatamente all'esterno del complesso della cattedrale. Il prezzo è di £25 per persona. Leggermente oltre, si trova la *Bekynton House* (☎ 672222, *desmond@bekynton.free serve.co.uk, 7 St Thomas St*) che offre stanze confortevoli a £36/52.

Sono numerosi gli alberghi nei pressi della cattedrale. Lo **Star Hotel** (☎ 670500, fax 672654, 18 High St) ha a disposizione delle triple al conveniente prezzo di £65. Le singole/doppie costano £50/55. Il **White Hart Hotel** (☎/fax 672056, @ white hart@wells.demon.co.uk, Sadler St) ha stanze con bagno a £57,50/75.

Lo **Swan Hotel** (☎ 678877, fax 677647, @ swan@heritagehotels.co.uk, Sadler St) è situato in un'elegante locanda del XV secolo con letti anche a baldacchino e alcune delle stanze danno direttamente sulla facciata ovest della cattedrale. Le tariffe ufficiali sono di £75/95, ma informatevi sui periodi di bassa stagione.

L'albergo più recente è il **Market Place Hotel** (☎ 672616, fax 679670, @ market place@heritagehotels.co.uk, Market Place), che in realtà occupa uno degli edifici più antichi. Le stanze costano £75/95, ma risulta molto più conveniente prenotare per due notti in mezza pensione (a partire da £49,50 per notte in inverno e £65 in estate).

Pasti

Il ristorante con l'atmosfera più suggestiva è il **Refectory**, nei chiostri della cattedrale, dove si possono consumare zuppe con pane e panini circondati da monumenti settecenteschi. È aperto tutti i giorni per pranzo e per lo spuntino del pomeriggio. La **Katie's Tea Room** (Sadler St), di fronte al White Hart Hotel, serve un buon cream tea.

Vicino alla stazione si trova il **Good Earth Restaurant** (☎ 678600, 4 Priory Rd), un ottimo ristorante vegetariano. Consigliamo le lasagne di zucchine e segnaliamo le zuppe, un vero affare.

La **Bekynton Brasserie** (☎ 675993, 21 Market Place) è un buon posto in cui ordinare piatti tradizionali per pranzo ed è molto frequentato dalla gente del posto. '

Il **City Arms** (☎ 673916, 69 High St) prepara buoni piatti tradizionalmente serviti nei pub e ha un ristorante aperto anche la sera. Parte del pub era una prigione durante il regno dei Tudor.

Probabilmente il ristorante migliore della città è il **Boxers** (☎ 672317, 1 St Thomas St), al piano superiore della Fountain Inn. Aspettatevi un conto di £20 per un pasto di tre portate e le bevande.

Divertimenti

Tutto l'anno all'ora di pranzo si svolgono dei concerti che consentono di ascoltare il famoso coro della cattedrale. Per informazioni chiamate il ☎ 674483.

Per/da Wells e trasporti locali

Gli autobus della Badgerline (☎ 0117-955 3231) effettuano servizio ogni ora da Bristol (nn. 376 e 976) e Bath (n. 173). Il n. 163 collega Wells con Glastonbury e Street. Gli autobus nn. 161/2 partono da Frome e attraversano Shepton Mallet. Da Weston-Super-Mare, sulla costa, partono ogni ora il n. 126 e il n. 826 (la domenica ogni due ore) via Cheddar.

Non c'è una stazione degli autobus a Wells: la più vicina è quella di Castle Cary che dista 15 miglia (24 km).

Bike City (☎ 343111, 91 Broad St) noleggia biciclette a partire da £8 per la giornata.

WOOKEY HOLE

Wookey Hole è a sole due miglia (3 km) a est di Wells ed è il luogo in cui si trovano una serie di grotte scavate dal fiume Axe. Una di esse contiene uno splendido lago, un'altra ospita una stalagmite che per la sua forma straordinaria ha dato origine alla leggenda della strega di Wookey. Queste grotte oggi sono la più importante di una serie di attrattive che comprendono anche un antico mulino per la costruzione della carta costruita a mano, un luna park di epoca edoardiana, un labirinto di specchi e una sala giochi d'epoca.

Wookey Hole (☎ 01749-672243) è aperto tutti i giorni dalle 10 alle 17 da aprile a settembre, e dalle 10.30 alle 16.30 in inverno. L'entrata costa £7,20/4,20. L'autobus n. 171 collega ogni ora Wells e Wookey Hole (10 minuti, £1,20/1,60 per il biglietto di sola andata/andata e ritorno.

WESSEX

Il Cheddar cheese

Il formaggio più famoso della Gran Bretagna iniziò a farsi conoscere quando la Cheddar Gorge si aprì ai turisti, che si portavano a casa assaggi di questo formaggio locale. Cheddar era solo uno dei numerosi villaggi in cui questo tipo di formaggio veniva prodotto.

Con il passare degli anni, e in seguito alla produzione di massa avviata in Gran Bretagna come all'estero, il nome Cheddar è divenuto il termine con cui si designa qualsiasi formaggio di colore giallo pallido e di media durezza, dal saponoso Cheddar venduto nei supermercati al delizioso formaggio offerto nelle fattorie quando è maturo e piccante al punto giusto.

Chi fosse interessato ai processi di lavorazione del vero Cheddar cheese sappia che la Cheddar Gorge Cheese Company (☎ 01934-742810) è aperta tutti i giorni. È possibile assistere alla produzione del formaggio accompagnata da una breve spiegazione ogni ora. Fa parte del Rural Village (subito a lato della B3135), in cui è anche possibile osservare la lavorazione dei merletti, della ceramica, la produzione del 'fudge' (un tipico dolce caramellato) e i processi di filatura. Il biglietto di entrata al villaggio costa £1,50/1.

È possibile anche raggiungere Wookey Hole a piedi, partendo da New St a Wells dove ha inizio un sentiero lungo 3 miglia.

CHEDDAR GORGE
☎ 01934

I paesaggi più spettacolari delle Mendip Hills sono quelli del versante meridionale delle colline, dove la Cheddar Gorge (gola di Cheddar) prosegue per un miglio tra impressionanti crepacci grigi alti 138 m. Avvicinandosi a piedi da nord o percorrendo i sentieri in cima a questi dirupi è facile immaginare quanto questa zona debba essere stata selvaggia prima che le stalattiti e le stalagmiti delle grotte di Cox e Gough iniziassero ad attrarre maree di turisti. La visita delle zone circostanti le grotte può rivelarsi un'esperienza davvero snervante in estate, quando il posto trabocca di gente. La cosa migliore è visitarle in bassa stagione; ricordate però che in inverno la maggior parte delle sale da tè e negozi di fish and chips rimane aperta solo il fine settimana.

Le **Cheddar Showcaves** (☎ 742343) sono aperte dalle 10 alle 17 tutti i giorni da Pasqua a settembre e dalle 10.30 alle 16.30 in inverno. L'entrata costa £7,50/5 e il biglietto permette anche di accedere all'Heritage Centre, alla torre panoramica e alla passeggiata che conduce in cima ai dirupi.

Il TIC (☎ 744071, fax 744614) si trova presso la gola ed è aperto dalle 10 alle 17 tutti i giorni da Pasqua a ottobre e solo la domenica il resto dell'anno. Il **Cheddar village**, a sud-ovest della gola, ha un'elegante chiesa e un'antica croce del mercato, ma per il resto è abbastanza deludente. Il *Cheddar Youth Hostel* (☎ 742494, *fax 744724, ✆ cheddar@yha.org.uk, Hillfield*) dista un miglio dalle grotte e si trova lungo una strada che si diparte oltre The Hayes, nella parte occidentale del villaggio. Il prezzo è di £10,85/7,40 per notte.

Gli autobus n. 126 e 826 della Badgerline effettuano servizio tra Wells (9 miglia; 14 km) e Weston-Super-Mare via Cheddar (20 minuti, £2,45/3,40 per un biglietto di sola andata/andata e ritorno), ogni ora dal lunedì al sabato e ogni due ore la domenica.

AXBRIDGE
☎ 01934

Il grazioso villaggio di Axbridge, che dista appena un miglio e mezzo (2,5 km) da Cheddar, non ha niente a che vedere con lo stile poco raffinato di Cheddar ed è un luogo molto più piacevole, anche se più caro, in cui pernottare.

In un angolo della piazza principale sorge il notevole **King John's Hunting Lodge** (☎ 732012; National Trust), la residenza (per metà in legno) di un mercante dell'epoca dei Tudor che ora ospita

WESSEX

il museo locale. È aperto dalle 14 alle 17 tutti i giorni da Pasqua a settembre.

In un altro angolo sorge l'enorme chiesa tardo gotica di St John, il cui soffitto a stucchi risale al XVII secolo. La restante parte della piazza è delimitata da alberghi e ristoranti.

Pernottamento e pasti

Se cercate un posto in cui pernottare, provate *The Lamb Inn* (☎ *732253, fax 733821,* ✉ *lambinn@axbridge.org.uk)* dove troverete stanze con bagno a £40/50. Provate anche *The Oak House Hotel* (☎ *732444, fax 733122, The Square)* dove la tariffa è di £45/65.

Per mangiare potete scegliere tra lo *Spinning Wheel Restaurant (* ☎ *732476, The Square)*, dove nei giorni feriali un pasto di tre portate costa £17,95, e il quattrocentesco *Almhouse Bistro (* ☎ *732493)*.

Per/da Axbridge

Da Cheddar, Axbridge è facilmente raggiungibile sia a piedi sia in bicicletta. L'autobus n. 126 della Badgerline diretto a Burnham-on-Sea da Cheddar attraversa il centro.

MENDIP HILLS

Le Mendip Hills sono una catena di colline calcaree lunga circa 25 miglia (40 km) e larga 5 miglia (8 km) che si estende nel Somerset settentrionale. Non ci sono rilievi elevati (la cima più alta è il Black Down, 326 m, a nord-ovest), ma sorgono in una zona molto pianeggiante che a sud dà luogo ai Somerset Levels, dove le inondazioni hanno spesso reso necessaria la costruzione di strade rialzate.

Attualmente le Mendip Hills sono sottoposte a un intenso utilizzo agricolo, ma in passato erano note soprattutto per le loro miniere di carbone, come testimoniano i resti rimasti nei dintorni di Radstock e Midsomer Norton a est. È accertato che i Romani le sfruttarono per i giacimenti di piombo situati nei dintorni di Charterhouse e Priddy, attività che proseguì nel Medioevo e fino all'inizio del secolo scorso.

I pub che spuntano dal niente sono sopravvissuti a un'epoca in cui l'attività mineraria portava enormi quantità di lavoratori assetati. Nei pressi di Priddy è ancora possibile osservare i resti delle miniere di piombo di St Cuthbert e nei dintorni di Chartehouse ci sono delle buche a testimonianza delle attività di estrazione del minerale. L'industria legata alle cave di pietra è tuttora un'attività importante (e molto contestata).

I TIC dei villaggi della zona distribuiscono dei volantini contenenti informazioni sui possibili itinerari a piedi o in bicicletta della regione, compresi i sentieri che dai villaggi conducono a luoghi di particolare interesse.

La A371 costeggia il versante meridionale delle Mendip Hills e ciascuno dei villaggi che attraversa (Axbridge, Cheddar, Wells, Shepton Mallet e Frome) costituiscono delle buone basi di partenza da cui esplorare la zona, anche se forse il posto migliore è Wells, per la maggior presenza di servizi.

Villaggi delle Mendip Hills

I villaggi delle Mendip Hills non sono certo famosi per la loro architettura, ma qualcuno potrebbe essere interessato a visitare la grande chiesa ottocentesca **Downside Abbey**, fondata da monaci inglesi costretti a tornare in patria in seguito allo scoppio della rivoluzione francese. Downside è ora una famosa scuola cattolica maschile.

I villaggi sono, per la maggior parte, graziosi e molte loro chiese presentano delle belle torri in gotico perpendicolare. Una delle più imponenti è quella di **Chewton Mendip** (all'uscita della A37 tra Bristol e Wells), con un'incantevole croce cimiteriale d'epoca medievale. Procedendo verso ovest, il villaggio di **Priddy**, il più elevato tra i villaggi delle Mendip Hills, presenta vastissimi pascoli per gli ovini che gli abitanti del posto conducono qui da tutte le zone circostanti.

Il villaggio di **Compton Martin** vanta una chiesa normanna con torre del XV secolo. Procedendo per un miglio in direzione est, ci si imbatte in un villaggio più gradevole, **West Harptree**, dove si trovano due case signorili del XVII secolo. Nei pressi di **East Harptree** ci sono i ruderi di Richmond Castle, un castello normanno che nel XII secolo fu sottratto ai seguaci di Matilda da quelli di re Stefano nel corso degli scontri tra le due fazioni.

Per/dalle Mendip Hills

Gli autobus della Badgerline (☎ 0117-955 3231) effettuano servizio in questa zona, ma non aspettatevi dei collegamenti molto frequenti al di là delle strade principali. Oltre agli autobus diretti a Wells e Glastonbury, gli autobus n. 126 e 826 garantiscono il collegamento fra Wells, Cheddar e Axbridge. Gli autobus n. 160 e 162 effettuano regolarmente servizio tra Wells e Shepton Mallet, il n. 161 tra Wells e Frome, e il n. 173 tra Bath, Radstock, Midsomer Norton e Wells.

Se vi spostate in automobile, ricordate che le Mendip Hills sono strette tra la A38 (da Bristol a Burnham-on-Sea) e la A37 (da Bristol a Wells).

FROME
☎ 01373

Frome (che si pronuncia come se in inglese fosse scritto 'froom') è una cittadina che deve la sua esistenza alle pecore e alla loro lana. È una località piacevole che presenta un insieme di edifici storici e stretti vicoli, anche se ha una superficie piuttosto vasta, essendo la quarta città del Somerset per estensione. **Cheap St** è una via fiancheggiata da case che risalgono all'epoca Tudor, mentre **Catherine Hill** è una strada disordinata piena di negozi di oggetti antichi e artistici, l'ideale per chi ama curiosare. Non c'è nient'altro di particolare, ma il fatto che sia situata a est delle Mendip Hills la rende un'ovvia alternativa alle città dell'ovest.

Il TIC (☎ 467271, fax 451733, @ frome.ti@ukonline.co.uk), The Round Tower, 2 Bridge St, è aperto dalle 10 alle 17 dal lunedì al sabato.

L'autobus n. 161 la collega a Shepton Mallet e a Wells.

SHEPTON MALLET
☎ 01749

Anche Shepton Mallet si sviluppò grazie alle attività legate alla lana e raggiunse il massimo splendore nel XVII secolo. Ora ha perso molta della sua importanza, ma rimane comunque un buon punto di partenza da cui esplorare le Mendip Hills nel caso in cui Wells sia invasa dai turisti. In centro c'è una **croce del mercato** decorata risalente al XVI secolo, ma non c'è molto altro che vi possa trattenere qui.

Il TIC (☎ 345258, @ sheptonmallet.tic @ukonline.co.uk), 70 High St, si trova nello stesso edificio dell'Heritage Centre. È aperto dalle 10 alle 16 dal lunedì al venerdì (alle 14 il sabato), e dalle 10 alle 13 in inverno (fino a mezzogiorno il sabato).

L'autobus n. 161 effettua servizio regolarmente da Wells e prosegue per Frome.

GLASTONBURY
Pop. 6900 ☎ 01458

Pur essendo poco più di un grosso borgo, Glastonbury è la capitale inglese della New Age, il posto giusto per farsi decifrare simboli magici, scoprire il paganesimo inglese o semplicemente acquistare cristalli, candele e bastoncini d'incenso. La compresenza delle classi più nobili del Somerset, di streghe di magia bianca e di numerosi individui 'allergici al sapone' la rendono una realtà estrememente varia.

Sono innumerevoli le leggende e i miti su Glastonbury. Una racconta di come vi giunsero Gesù e Giuseppe d'Arimatea, il prozio del Messia, mentre secondo un'altra quest'ultimo sarebbe giunto portando con sé il Santo Graal, il calice dell'Ultima Cena. Leggende successive hanno trasformato Glastonbury anche nel luogo in cui sarebbero stati sepolti re Artù e la regina Ginevra, identificando nella vicina Tor (la collina che sorge nei dintorni) l'isola di Avalon. Altre ancora attribuiscono a questa tor la funzione di sorvegliare una delle vie d'accesso all'oltretomba. Nel corso dei secoli queste leggende si sono intrecciate rendendo Glastonbury importante tanto per i cristiani quanto per gli atei e i pagani, come testimoniano le varie librerie del posto.

Ma al di là di tutto ciò, Glastonbury offre al turista le rovine di un'abbazia del XIV secolo, un paio di musei, delle mistiche sorgenti e splendide vedute dalla tor: è insomma un luogo che vale davvero la pena di visitare.

Orientamento e informazioni

La principale fermata degli autobus si trova di fronte al municipio, in Magdalene St, visibile dalla croce del mercato e dalle rovine dell'abbazia.

Il TIC (☎ 832954, fax 832949, ℮ glastonbury.tic@ukonline.co.uk), Tribunal, 9 High St, è aperto dalle 10 alle 17 tutti i giorni (dalle 10 alle 17.30 il venerdì e il sabato in inverno). Distribuisce cartine gratuite ed elenchi di alloggi e vende opuscoli con la descrizione degli itinerari a piedi e dei sentieri della zona.

Chi desiderasse collegarsi a Internet potrà farlo dal Café Galatea (v. **Pasti**). Da Pasqua a ottobre è possibile noleggiare biciclette per £7/30 per giorno/settimana da Pedalers (☎ 834562), di fronte al municipio in Magdalene St.

Il mercato di Glastonbury si svolge il martedì.

Glastonbury Abbey

Secondo la leggenda, in questo punto sorgeva una chiesa eretta nel I secolo, ma in realtà i resti più antichi risalgono al VII secolo, quando un monastero ricevette dei privilegi reali da re Ine. La prima chiesa abbaziale sembra aver raggiunto la massima importanza con St Dunstan, successivamente divenuto arcivescovo di Canterbury. Nel periodo in cui egli dirigeva l'abbazia, morì Edgardo, primo re dell'Inghilterra unita, il quale fu seppellito proprio a Glastonbury.

Nel 1184 la vecchia chiesa andò distrutta in un incendio e i lavori di ricostruzione ripresero sotto il regno di Enrico II. Nel 1191 i monaci raccontarono di aver ricevuto dei segni che confermavano i passaggi trovati in vecchi manoscritti in base ai quali il re-guerriero Artù (VI seco-

lo) e la moglie Ginevra sarebbero stati seppelliti nel terreno dell'abbazia. Gli scavi effettuati a sud della vecchia chiesa portarono alla luce quella che si ritiene essere la loro tomba e una croce commemorativa in piombo che è però scomparsa. Nel 1278 la coppia fu tumulata una seconda volta davanti all'altare maggiore della nuova chiesa e lì riposò fino al 1539, anno in cui Enrico VIII fece distruggere il monastero.

L'ultimo abate fu impiccato e il suo cadavere trascinato e squartato sulla tor. Dopo questo episodio il complesso abbaziale cadde lentamente in rovina e le sue pietre furono utilizzate per costruire altri edifici. Fu solo nel XIX secolo che, con l'avvento del Romanticismo, maturò un nuovo interesse per la figura di re Artù e i luoghi a lui collegati.

Le rovine visibili oggi a Glastonbury sono principalmente quelle della chiesa costruita dopo l'incendio del 1184. Comprendono una **Lady Chapel** (stranamente situata all'estremità occidentale della chiesa), alcuni muri della navata, parte degli archi della crociera (che devono aver avuto la stessa forma a forbice di quelli della Wells Cathedral), alcune **piastrelle medievali** e resti del coro. Il sito della presunta **tomba di re Artù e Ginevra** è indicato sull'erba. Appena a lato dei ruderi, non va assolutamente persa la **Abbot's Kitchen**, una costruzione con pavimento lastricato e altissimi camini il cui successivo impiego da parte di una comunità di quaccheri come sala riunioni ha contribuito a mantenerla intatta fino ai giorni nostri.

L'interessantissimo **Visitors Centre** racconta la storia del luogo e ospita un modello di quello che doveva essere stato l'aspetto dei ruderi all'epoca di maggiore splendore della chiesa abbaziale. Difficili da individuare a prima vista, dietro il centro si trovano la minuscola **St Patrick's Chapel** e un **albero spinoso** che proverrebbe da quello sorto sulla Wearyall Hill, nel punto in cui Giuseppe d'Arimatea conficcò il suo bastone nel terreno. Esso fiorisce in primavera e a Natale.

Il sito (☎ 832267) è aperto dalle 9.30 (dalle 9 da giugno ad agosto) alle 17.30, o fino al tramonto, tutti i giorni. L'entrata costa £3/2,50.

Lake Village Museum

Il Lake Village Museum è un piccolo museo dedicato al villaggio preistorico che sorse nei pressi di Glastonbury quando le pianure circostanti non erano ancora state bonificate. È situato al piano superiore del Tribunal, il tribunale medievale del '400 che ora ospita anche il TIC. L'umidità ha permesso la conservazione di un numero stranamente considerevole di manufatti in legno tra cui persino una canoa ricavata da un tronco (in una stanza a parte sul retro). Il museo (☎ 832949) appartiene all'English Heritage (EH) ed è aperto dalle 10 alle 17 dalla domenica al giovedì da aprile a settembre, e fino alle 17.30 il venerdì e il sabato, mentre da ottobre a marzo è aperto fino alle 16.30. L'entrata costa £2/1.

St John's Church

Un po' in disparte, lungo la High St, sorge questa splendida chiesa in stile gotico perpendicolare che presenta uno straordinario tetto in legno del XV secolo e delle colonne così sottili che sembra impossibile che possano reggere il peso delle pareti. Non perdetevi la clessidra sistemata accanto al pulpito per evitare sermoni eccessivamente lunghi. Per timore di atti vandalici la chiesa viene tenuta chiusa quando non c'è il custode. È più facile trovarla aperta il giorno del mercato, il martedì.

Glastonbury Tor

Tor è un termine celtico che indica una collina cuneiforme. La Glastonbury tor è accessibile tutto l'anno. Sulla cima, a 160 m d'altezza, sorge una torre, che è tutto ciò che rimane della chiesa medievale di St Michael, santo spesso associato ai posti elevati. Sulla facciata della torre è visibile un'incisione che rappresenta san Michele che pesa le anime dei defunti su una bilancia di dimensioni gigantesche.

Risalire e discendere la tor richiede una camminata di tre quarti d'ora. All'inizio di entrambi i sentieri sono presenti dei parcheggi per auto con sosta a tempo limitato. Da maggio a settembre effettua

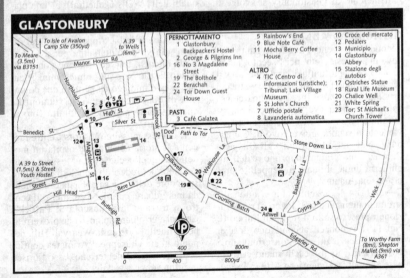

GLASTONBURY

PERNOTTAMENTO
1 Glastonbury Backpackers Hostel
2 George & Pilgrims Inn
16 No 3 Magdalene Street
19 The Bolthole
22 Berachah
24 Tor Down Guest House

PASTI
3 Café Galatea

5 Rainbow's End
9 Blue Note Café
11 Mocha Berry Coffee House

ALTRO
4 TIC (Centro di informazioni turistiche); Tribunal; Lake Village Museum
6 St John's Church
7 Ufficio postale
8 Lavanderia automatica

10 Croce del mercato
12 Pedalers
13 Municipio
14 Glastonbury Abbey
15 Stazione degli autobus
17 Ostriches Statue
18 Rural Life Museum
20 Chalice Well
21 White Spring
23 Tor; St Michael's Church Tower

servizio il 'Tor bus', un autobus che ogni 30 minuti parte in direzione della collina (£1/50p) da Magdalene St.

White Spring

Questa sorgente sgorga in una grotta ai piedi della tor in Wellhouse Lane, dove sono stati costruiti un caffè e facciate di case che riproducono lo stile medievale e quello Tudor. Il risultato può sembrare suggestivo o eccessivamente 'disneyzzato', a seconda dell'umore e del numero di visitatori.

Chalice Well

Il Chalice Well (pozzo del calice) è entrato a far parte delle leggende e dei miti di Glanstonbury, anche se probabilmente deve il suo nome più al fatto di trovarsi in Chilkwell St piuttosto che a legami effettivi con il Santo Graal. Da sempre alla sua acqua (che è possibile bere mentre sgorga da un beccuccio inserito in una bocca di leone) vengono attribuite proprietà curative. Dopo essere fuoriuscita, l'acqua si immette in canaletti di mattoni e scorre fino ai giardini sottostanti, per riversarsi infine da una serie di piatti di ceramica in due bacini collegati fra loro e circondati da fiori. È un posto bellissimo e tranquillo in cui trascorrere un paio d'ore ed è aperto dalle 10 alle 17 tutti i giorni. L'entrata costa £2,75/1.

Rural Life Museum

In un elegante granaio costruito alla fine del XIV secolo in Bere Lane, il Rural Life Museum (☎ 831197) propone una mostra di arnesi utilizzati per il lavoro dei campi, per la produzione del sidro e del formaggio e per altri aspetti della vita rurale del Somerset. All'esterno troverete dei meli e rare specie di pecore e polli. Non perdetevi il water a tre posti (per papà, mamma e figlio) che si trova al piano superiore. Il granaio reca squisiti intagli sui timpani e sul portico e uno straordinario tetto in legno. Attualmente ospita una collezione di vecchi macchinari agricoli.

Il museo è aperto dalle 10 alle 17 nei giorni feriali (a parte il lunedì) da Pasqua

a ottobre, e dalle 14 alle 18 il fine settimana. Durante il resto dell'anno è aperto dalle 10 alle 15 dal martedì al sabato. L'entrata costa £2,50/1.

Glastonbusty Festival

Il festival che si svolge a Glastonbury sembra riportare in vita lo spirito di Woodstock. È un insieme spettacolare di eventi musicali, teatrali, circensi e di cure naturali che si svolge in estate per tre giorni. È un evento di enormi proporzioni, con oltre 1000 numeri, che non sempre è ben visto dagli abitanti del luogo. Si svolge a Worthy Farm, Pilton, che dista 8 miglia (13 km) da Glastonbury. È necessario procurarsi il biglietto in anticipo (circa £90 per l'intera durata del festival).

Il festival del 2001 è stato annullato in seguito agli episodi verificatisi nel corso del festival del 2000, quando una folla di persone ha scavalcato la staccionata ponendo seri interrogativi sulle condizioni di sicurezza, ma si prevede che quello del 2002 avrà luogo e sarà dotato di alte staccionate per evitare che si ripeta l'accaduto. Per maggiori informazioni consultate i siti Internet www.glastonburyfestivals.co.uk e www.efestivals.co.uk/glastonbury.

Pernottamento

Campeggi A Glastonbury e nella zona circostante si trovano numerosi campeggi. L'*Isle of Avalon* (☎/fax 833618, *Godney Rd*) dista 10 minuti a piedi dal centro, lungo la B3151. Il prezzo è di £5,95 per piazzola e £1,90 per persona.

Ostelli Vale la pena di provare il *Glastonbury Backpackers Hotel* (☎ 833353, fax 835988, ✆ glastonbury@backpackersonline.com, Crown Hotel, Market Place). I letti in camerata costano £10, ma ci sono anche delle doppie (£26) e persino una suite (£30). Sono disponibili una cucina, una stanza con televisore e al piano terra si trova un caffè molto frequentato anche dalla gente del posto oltre che dai viaggiatori.

L'ostello HI più vicino si trova nella vicina Street (v. **Dintorni di Glastonbury**).

B&B I B&B di Glastonbury hanno tariffe che si aggirano sulle £20 per notte e molti di essi offrono l'aromaterapia, la prima colazione con muesli, pasti vegetariani, ecc. L'elenco completo è disponibile presso il TIC.

La *Tor Down Guest House* (☎ 832287, fax 831100, ✉ torangel@aol.com, 5 Ashwell Lane), per non fumatori, dispone di singole/doppie a partire da £20/42.

The Bolthole (☎ 832800, 32 Chilkwell St) si trova non lontano dai piedi della tor e ha due matrimoniali e una doppia a £19 per persona. Nella stessa strada c'è un altro paio di B&B di questo tipo.

Berachah (☎ 834214, fax 832252, Well House Lane) è comodo per la vicinanza alla tor e ai pozzi. Le tariffe sono di £25 per persona.

Il *George & Pilgrims Inn* (☎ 831146, fax 832252, 1 High St) è una locanda che risale ai tempi di Edoardo III. Le stanze costano a partire da £45/70 ma i pacchetti da due notti, con cena inclusa, sono più convenienti.

I viaggiatori per cui i soldi non sono un problema potranno provare il tranquillo *No 3 Magdalene St* (☎ 832129, fax 834227, ✉ info@numberthree.co.uk), una bellissima casa i cui proprietari hanno a loro volta viaggiato molto, e questo spiega la presenza di tessuti indiani e di arazzi. Le stanze confortevoli con bagno privato costano £55/75.

Pasti

Se avete mai pensato di diventare vegetariani, Glastonbury è il posto ideale per iniziare perché è una delle poche località in Inghilterra dove i piatti vegetariani sono più frequenti degli altri.

Un buon posto in cui sorseggiare un caffè è il *Mocha Berry Coffee House* (☎ 832149, 14 Market Place), vicino alla croce del mercato.

Il *Blue Note Café* (☎ 832907, 4a High St) ha tavoli all'aria aperta e una vasta scelta di pranzi leggeri.

Sull'altro lato della via, il *Café Galatea* (☎ 834284, 5a High St) serve insalate nutrienti e piatti integrali. È anche una galleria in cui sono esposte delle sculture e un Internet café.

Il *Rainbow's End* (☎ 833896, 17a High St) serve deliziose torte salate di funghi e porri ed enormi fette di torta al cioccolato. Si trova in un vicolo con numerosi negozi di libri usati e scarpe ed è aperto dalle 10 alle 17. Un pranzo di tre portate al *George & Pilgrims Inn* (☎ 831146, 1 High St) costa circa £10.

Per/da Glastonbury

Un autobus della National Express parte tutti i giorni per Londra (£19,50, quattro ore e un quarto) e un altro va a Bath.

Gli autobus della Badgerline effettuano servizio da Bristol (n. 367) a Wells, Glastonbury e Street, per poi proseguire per Ilchester e Yeovil. Glastonbury dista solo 6 miglia (10 km) da Wells (15 minuti con l'autobus n. 163). L'autobus n. 29 (n. 929 la domenica) parte ogni due ore diretto a Tauton.

A Glastonbury non c'è la stazione ferroviaria.

DINTORNI DI GLASTONBURY
Street

Street trae il proprio nome da un'antica strada rialzata che attraversava il River Brue e giungeva fino a Glastonbury. La sua relativa importanza attuale si deve alla vicinanza a Glastonbury e alla presenza dei punti vendita delle fabbriche. Il calzaturificio Clarks fu fondato a Street nel 1825, ma nel 1996 si è fermata la produzione ed è subentrata la Dr Martens. Il Clarks Village è uno spaccio in cui si trovano in vendita vestiti firmati e scarpe Clarks.

Lo *Street Youth Hostel* (☎ 442961, fax 442738, The Chalet, Ivythorn Hill) dista circa un miglio dal centro. I letti costano £9/6,20 per gli adulti/bambini. L'autobus n. 376 da Glastonbury ferma a Marshalls Elm, che dista 500 m dall'ostello.

QUANTOCK HILLS

Situate nel Somerset occidentale, le Quantock Hills sono delle colline di arenaria rossa che formano una catena lunga

12 miglia (19 km) e larga non più di 3 miglia (5 km).

Queste colline, che digradano verso il mare fino a Quantoxhead, sono di altezza modesta, come le Mendip Hills (raggiungono un'altezza massima di 385 m), ma essendo meno coltivate possono sembrare più spoglie. Tuttavia, le stradine di campagna e le vallette boscose ne fanno una zona estremamente piacevole per camminare.

Alcune della aree più belle appartengono al National Trust. È questo il caso di Beacon e Bicknoller, due colline da cui è possibile ammirare il canale di Bristol e il parco di Exmoor a nord-ovest. Nel 1861 fu introdotto su queste colline il cervo nobile di Exmoor e la caccia al cervo è tuttora una tradizione molto viva.

La zona più desolata delle Quantock è attraversata da una strada che collega Over Stowey a Crowcombe, ed esiste anche un itinerario escursionistico. A Broomfield, 6 miglia (10 km) a nord di Taunton, Fyne Court ospita il Somerset Trust for Nature Conservation (☎ 01823-451587), aperto dalle 8 alle 18 tutti i giorni, dove potrete raccogliere informazioni.

Bridgwater e Taunton sono entrambe buone basi di partenza da cui esplorare la zona, ma i villaggi sono decisamente più suggestivi.

Per/dalle Quantock Hills

Per godere appieno della tranquillità offerta dai sentieri e dai boschi della zona cercate di arrivare in un giorno feriale, quando i visitatori che durante il fine settimana si riversano su Taunton e Bridgwater saranno tornati alle loro scrivanie. Se vi spostate in automobile potrete arrivarci con la M5, che collega Bristol a Exeter costeggiando il versante orientale delle colline. Un'altra possibile via d'accesso è la A358, che corre lungo il versante occidentale e collega Taunton e Williton a nord.

I treni provenienti da Bristol, Bath e Exeter fermano sia a Taunton sia a Bridgwater e, anche se con poca frequenza, gli autobus della Southern National

(☎ 01823-272033) effettuano servizio sulle strade principali. L'autobus n. 28, per esempio, percorre il lato meridionale da Minehead a Taunton. La Southern National ha in servizio un autobus al giorno (n. 23) anche per la tratta tra Taunton e Nether Stowey. Il n. 15 collega Minehead e Bridgwater. Il n. 29 da Bristol prosegue per Bridgwater e Taunton dopo essere passato per Wells e Glastonbury, ma solo la domenica e nelle feste nazionali, la cosiddette 'bank holidays'.

Nether Stowey e Holford

Uno dei più illustri frequentatori delle Quantock Hills fu il poeta Samuel Taylor Coleridge, che visse a **Nether Stowey** tra il 1769 e il 1796. È possibile visitare il **Coleridge Cottage** (☎ 01278-732662; NT), la villetta dove scrisse *The Rime of the Ancient Mariner* (La ballata del vecchio marinaio), aperta dalle 14 alle 17 dal martedì al giovedì e la domenica da aprile a ottobre. L'entrata costa £2,60/1. Alcune delle stanze sono state restaurate di recente e sono stati ripristinati i vivaci colori di un tempo.

Anche l'amico di Coleridge, William Wordsworth, e la sorella di quest'ultimo, Dorothy, trascorsero il 1797 in una casa, Alfoxden House, nella vicina **Holford**, un grazioso villaggio nei pressi di una valle coperta di boschi. Le *Lyrical Ballads* (Ballate liriche), pubblicate nel 1798, sono il frutto del soggiorno dei due poeti su queste colline.

Situato in un'area boscosa 2 miglia (3 km) a ovest di Holford, il *Quantock Hills Youth Hostel* (☎ 01278-741224, fax 01278-741224, Sevenacres, Holford) è aperto tutti i giorni in luglio e agosto, mentre da aprile a giugno è chiuso la domenica. Il prezzo per notte è di £8,10/5,65 per gli adulti/bambini.

L'autobus n. 15 della Southern National da Bridgwater conduce a Nether Stowey; il n. 28 proveniente da Taunton o Minehead ferma a Williton. In entrambi i casi dovrete proseguire a piedi per tre miglia e mezzo.

West Somerset Railway

I treni che effettuano servizio sulla più lunga linea ferroviaria privata della Gran Bretagna tra Bishops Lydeard e Minehead, una località balneare a 20 miglia (32 km) di distanza, sono treni a vapore. Fermano a Crowcombe, Doniford Beach, Stogumber, Williton, Watchet, Washford, Blue Anchor e Dunster.

I treni effettuano servizio tutti i giorni da maggio a settembre e solo il fine settimana in inverno. Un biglietto di sola andata/andata e ritorno da Bishops Lydeard a Minehead costa £6,20/9,10. Il numero ☎ 01643-707650, per informazioni sugli orari, è attivo 24 ore su 24. Per altre informazioni chiamate il numero ☎ 01643-704996 o consultate il sito Internet www.west-somerset-railway.co.uk.

Gli autobus da n. 28 e 28A della Southern National da Taunton diretti a Minehead fermano anche a Bishops Lydeard.

Crowcombe

Uno dei villaggi più graziosi delle Quantock Hills è Crowcombe, caratterizzato dalla presenza di alcuni cottage in pietra e mattoni crudi (fatti di argilla e paglia) e di molti altri con tetti in paglia. Possiede inoltre una bella chiesa con banchi cinquecenteschi. Parte della guglia si trova ancora nel cimitero dove cadde nel 1725 quando fu colpita da un fulmine. La Church House è un edificio del XVI secolo con finestre a colonnine e una porta Tudor. Un altro posto interessante da vedere è Crowcombe Court, un'elegante casa georgiana.

Il *Crowcombe Heathfield Youth Hostel* (*☎/fax 01984-667249, Denzel House, Heathfield*) è un'ampia casa di campagna con 50 posti letto e dista 2 miglia (3 km) dal villaggio e mezzo miglio dalla stazione di Crowcombe, lungo la West Somerset Railway. È raggiungibile dall'ostello di Holford (v. sopra **Nether Stowey e Holford**) con una camminata di 7 miglia (11 km) attraverso le Quantock Hills o con l'autobus n. 28C dalla stazione di Taunton e proseguendo a piedi per quasi un miglio dopo essere

scesi alla fermata di Triscombe Cross. L'ostello è aperto tutti i giorni da aprile ad agosto (ma è chiuso il giovedì in maggio e giugno). I letti costano £9/6,20 per gli adulti/bambini.

TAUNTON
Pop. 35.000 ☎ 01823

Taunton è il poco interessante centro amministrativo del Somerset. Il monumento più caratteristico della città è la **Church of St Mary Magdalene**, chiesa la cui torre alta 50 metri fu ricavata dalla roccia rossa delle vicine Quantock Hills. La torre venne eretta nel XV secolo, ma successivamente, nel 1858, fu demolita per ragioni di sicurezza per essere poi ricostruita. Taunton è un importante nodo ferroviario e stradale per il Somerset centrale, e la porta d'accesso alle Quantock Hills.

Il TIC (☎ 336344, fax 340308, Paul St) si trova accanto alla biblioteca e rimane aperto dalle 9.30 alle 17.30 dal lunedì al sabato (fino alle 17 il sabato).

Il **Somerset County Museum** (☎ 355455) occupa parte del **Taunton Castle**. È aperto dalle 10 alle 17 dal martedì al sabato e l'entrata costa £2,50/1. La Great Hall, parte della quale ospita il museo, è il luogo in cui il giudice Jeffries tenne una delle sue più cruente assise nel 1685 (v. oltre la lettura **Le assise di sangue** in **Dorchester**).

Se dovesse venirvi fame durante una rapida visita, *Pain et Vin* (*☎ 324412, 51a St James St*) serve una vasta scelta di tramezzini e panini imbottiti, che potrete consumare sul posto o portare via. Più sofisticato è il *Café Mamba* (*☎ 354955, 61 High St*), che offre pranzi leggeri con piatti nazionali ed esteri.

Taunton si trova su una delle principali linee servite dagli autobus della National Express, che la collegano a Londra (tre ore e mezzo, £11), Bristol (un'ora e tre quarti, £5), Bridgwater (30 minuti, £2,75) e Exeter (50 minuti, £4,50). Gli autobus nn. 28 e 28A della Southern National attraversano le Quantock Hills diretti a Minehead. L'autobus n. 29 parte per Glastonbury ogni ora (la domenica è il n. 929).

La città si trova anche lungo la linea ferroviaria West Coutry rail, che collega Exeter e Plymouth con Londra.

MONTACUTE HOUSE

Montacute House (☎ 01935-823289; NT) dista 22 miglia (35 km) da Taunton in direzione sud-est e 4 miglia (6 km) dalla città di Yeovil (dove si svolge un mercato) in direzione ovest. Si tratta di un'imponente residenza elisabettiana costruita nell'ultimo decennio del XVI secolo per Sir Edward Phelips, presidente della Camera dei Comuni. Nella Long Gallery sono esposti ritratti del periodo Tudor e giacobiano che appartengono alla National Portrait Gallery di Londra. La casa è circondata da un parco con giardini all'italiana.

Da quando è stata ripresa nel film *Sense and Sensibility* (Ragione e sentimento), con Kate Winslet e Alan Rickman, il numero dei visitatori è aumentato enormemente, quindi cercate di evitarli visitandola in un giorno feriale.

È aperta da mezzogiorno alle 17.30 tutti i giorni tranne il martedì da aprile a ottobre. L'entrata costa £5,50/2,80 (£3,10/1,80 per il solo parco). In inverno il parco rimane aperto al pubblico dalle 11.30 alle 16 e costa £1,50. L'autobus n. 681 (☎ 01460-240309) da Yeovil diretto a South Petherton passa nei pressi.

HAYNES MOTOR MUSEUM

Il nome Haynes è molto familiare in Gran Bretagna. Infatti, il proprietario di questa collezione di automobili possiede anche un vero e proprio impero editoriale specializzato nella pubblicazione di manuali per la riparazione e revisione di ogni tipo di automobile. Ogni negozio del paese che raccoglie fondi per le associazioni di carità vende classici quali il manuale 'Austin Allegro' e 'Ford Cortina Mark III'. Questo museo (☎ 01963-440804), che si trova a Sparkord, vicino a Yeovil, ospita oltre 250 automobili provenienti da ogni parte del mondo, tra cui anche alcuni mezzi leggendari del mondo delle corse.

Il museo è aperto dalle 9.30 alle 17.30 da marzo a ottobre (fino alle 18.30 in luglio e agosto) e dalle 10 alle 16.30 il resto dell'anno. L'entrata costa £4,95/2,95.

Exmoor National Park

Questo parco nazionale, che si estende su parte del Somerset occidentale e del Devon settentrionale, ha un'estensione limitata (265 miglia quadrate; 687 kmq), ma è molto vario dal punto di vista paesaggistico. I panorami costieri in particolare sono davvero mozzafiato, e dai promontori gibbosi si godono splendide viste del canale di Bristol. Le scogliere di Exmoor (che in alcuni punti raggiungono un'altezza di 366 m) sono, inoltre, le più elevate dell'intera Inghilterra.

A ridosso della linea costiera si innalza bruscamente un altopiano attraversato da torrenti che scorrono impetuosi tra ripidi pendii. Le spoglie colline coperte di erica ed erba si snodano parallelamente alla costa e raggiungono l'altezza massima con il Dunkery Beacon (519 m). Sul versante meridionale passano i due fiumi più importanti del parco, l'Exe e il Barle, che serpeggiano tra boscose vallate.

Nella brughiera si vedono ancora oggi errare pecore con corna, pony di Exmoor (discendenti di un'antica razza collinare) e gli ultimi esemplari di cervo nobile rimasti in Inghilterra. Il simbolo del parco è la testa di un cervo, animale a cui peraltro si dà la caccia in determinati periodi dell'anno. Questo sport gode del pieno sostegno degli agricoltori locali, che vedono il cervo come una pestilenza, ma trova comunque la forte opposizione di molti, tra cui il National Trust (che l'ha vietato sulla sua proprietà), e nella stagione di caccia la questione torna ogni volta al centro di vivaci dibattiti.

All'interno del parco si trovano numerosi villaggi di particolare fascino: Lynton e Lynmouth, che sono collegati tra loro per mezzo di una ferrovia ad acqua;

Porlock, adagiato in una bella vallata ai confini della brughiera; Dunster, dominato da un castello medievale; Selworthy, con i caratteristici cottage dal tetto di paglia.

Il tratto più spettacolare del sentiero chiamato South West Coast Path è proprio quello compreso tra Minehead (immediatamente dopo il confine nord-orientale del parco) e Padstow, in Cornovaglia.

ORIENTAMENTO

Il parco si estende per 21 miglia (34 km) da ovest a est e per 12 miglia (19 km) da nord a sud. È accessibile da ovest attraverso Barnstaple, da sud-ovest attraverso South Molton, da sud attraverso Tiverton e da est attraverso Minehead.

I centri più importanti all'interno del parco sono Dulverton al confine meridionale, Exford al centro, Dunster a est e Porlock, Lynton e Lynmouth sulla costa.

Sulla sua superficie si snodano oltre 600 miglia (966 km) di sentieri e piste per cavalli, nella maggior parte dei casi indicati da segnavia.

INFORMAZIONI

La National Park Authority (NPA) ha cinque centri informazioni all'interno e all'esterno del parco, ma è possibile ottenere informazioni anche presso i TIC di Barnstaple, Ilfracombe, Lynton e Minehead. I centri della NPA di Dunster (☎ 01643-821835), Lynmouth (☎ 01598-752509), County Gate (☎ 01598-741321) e Combe Martin (☎ 01271-883319) sono aperti tutti i giorni da fine marzo a ottobre. Durante il resto dell'anno questi uffici sono chiusi oppure hanno orari d'apertura ridotti.

Il principale centro informazioni, invece, e la sede dell'NPA di Exmoor (☎ 01398-323841) a Dulverton sono aperti tutto l'anno, anche se in inverno presentano un orario d'apertura ridotto.

L'*Exmoor Visitor* è un giornale gratuito che fornisce utili informazioni relative a indirizzi, alloggi e un programma di escursioni guidate a piedi e in bicicletta offerte dalla NPA e dalle organizzazioni locali. La maggior parte delle escursioni si svolge in estate, ma alcune vengono garantite tutto l'anno.

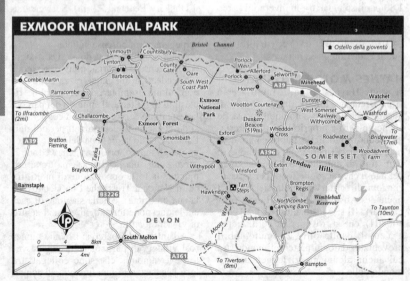

I centri informazioni e i TIC distribuiscono numerose guide per escursioni a piedi e cartine della Ordnance Survey. Esistono anche due buoni siti web su Exmoor: per informazioni sul parco nazionale consultate il sito Internet www. exmoor-nationalpark.gov.uk, e per informazioni di carattere generale sulla zona di Exmoor il sito www.exmoortourism.org.

Per la maggior parte i villaggi di Exmoor sono molto piccoli, quindi gli sportelli bancomat sono pochi e molto lontani tra loro. In caso di necessità, provate a Dulverton, Lynton o Minehead, ma cercate di arrivare già forniti del contante che vi occorre.

ATTIVITÀ
Itinerari a piedi
Benché oltre il 70% della superficie di Exmoor sia proprietà privata, vi sono numerosi sentieri indicati con segnali. I percorsi più conosciuti sono il sentiero Somerset e il North Devon Coast Path (che fa parte del South West Coast Path) e il tratto della Two Moors Way (via delle due brughiere) che attraversa il parco di Exmoor partendo da Lynmouth per poi proseguire lungo il River Barle, via Withypool, fino a Dartmoor.

Il Tarka Trail (che trae il proprio nome dalla campagna che ispirò a Henry Williamson *Tarka the Otter,* 'Tarka la lontra') è un altro itinerario di 180 miglia (290 km) che attraversa in parte il parco di Exmoor. Potete prenderlo da Combe Martin fino a Lynton/Lynmouth, per poi dirigervi verso l'entroterra fino a Brayford e Barnstaple.

Il centri del parco più indicati per compiere escursioni sono Lynton, Porlock, County Gate, Oare, Horner, Exford, Simonsbath, Withypool e Dulverton. L'*Exmoor & West Somerset Public Transport Guide,* una guida distribuita gratuitamente presso i TIC, fornisce anche la descrizione dettagliata di una decina di itinerari a piedi raggiungibili con mezzi di trasporto pubblico.

Itinerari in bicicletta
È vietato circolare in bicicletta lungo i sentieri pubblici e in aperta brughiera e i ciclisti devono dare la precedenza ai pedoni e a chi si sposta a cavallo sulle apposite piste e sulle strade che fungono da sentieri pubblici. Potrete chiedere informazioni sul regolamento presso i centri informazioni.

Tra le piste ciclabili vere e proprie ne esiste una lungo la costa (lungo la vecchia linea ferroviaria, su alcuni tratti del Tarka Trail, sulle Brendon Hills e nei boschi di Crown Estate). La West Country Way attraversa Exmoor da Padstow a Bristol.

Trekking a cavallo ed equitazione
Il parco di Exmoor è molto apprezzato dagli appassionati di equitazione e al suo interno sono disseminati numerosi maneggi in cui sono disponibili pony e cavalli per tutti i livelli di abilità, per qualche ora o per l'intera giornata. Poiché si tratta di una zona dalle condizioni atmosferiche molto instabili è consigliabile scegliere un abbigliamento adeguato: può infatti piovere o fare freddo all'improvviso. I prezzi partono da circa £9 all'ora.

Se siete interessati, potete contattare uno dei seguenti maneggi: Pine Lodge Riding & Holidays (☎ 01398-323559), Higher Chilcott Farm, Dulverton; Doone Valley Riding Stables (☎ 01598-741278), Cloud Farm, Lynton; oppure Burrowhayes Farm (☎ 01643-862463), West Luccombe, Porlock.

Inseguimento del cervo
Diverse agenzie offrono safari che consistono nell'inseguimento del cervo. La Moorland Wildlife Safaris (☎ 01398-323699) applica tariffe di £10 per persona per escursioni di tre ore.

Pesca
Per pescare trote e salmoni è necessaria una licenza, che generalmente è possibile ottenere presso il negozio principale o l'ufficio postale del villaggio. La pesca in mare è consentita oltre le mura del porto e si trovano delle imbarcazioni a noleggio nei maggiori centri costieri.

PERNOTTAMENTO E PASTI

Gli ostelli della gioventù si trovano a Minehead e Ilfracombe (all'esterno del parco), e a Lynton ed Exford (all'interno). È consentito accamparsi se si ottiene il permesso del proprietario del terreno (di solito nei negozi del posto sanno chi possiede le terre delle vicinanze). Lungo la costa si trovano dei veri campeggi con tutti i servizi necessari.

È possibile alloggiare anche presso alcune fattorie (ricordate di portarvi il sacco a pelo) a Roadwater (Woodadvent Farm; £3,75) e Northcombe, a un miglio di distanza da Dulverton (£4,50). Per prenotazioni chiamate lo ☎ 01200-428366.

In questa zona di villeggiatura sono numerosi i B&B e gli alberghi, e anche i posti in cui mangiare qualcosa: vecchi pub di campagna con basse travi contro cui è facile sbattere la testa e fuochi accesi in inverno, negozietti che servono cream tea, così come ristoranti costosi.

Chi avesse intenzione di trattenersi una settimana o più, potrebbe essere interessato ad affittare un cottage. L'Exmoor Holiday Group (☎ 01398-323722) è specializzato in questo. Consultate anche il sito Internet www.exmoor-holidays.co.uk.

PER/DALL'EXMOOR NATIONAL PARK
Autobus

Gli autobus della National Express effettuano servizio tutti i giorni da Londra a Barnstaple (5 ore) e Ilfracombe (cinque ore e mezzo). Ci sono anche degli autobus provenienti da Plymouth e da Bristol diretti a Barnstaple, entrambi via Taunton.

Gli autobus della First Red Bus (☎ 01271-345444) e della First Southern National (☎ 01823-272033) effettuano servizio da Minehead, Barnstaple, Ilfracombe, Dunster e Williton. È possibile effettuare parte del viaggio anche con la ferrovia privata West Somerset Railway (v. **Somerset**).

Treno

Dalla stazione di Paddington a Londra partono i treni intercity che fermano a Taunton (due ore e un quarto), Tiverton Parkway (due ore e mezzo) e Exeter (due ore e tre quarti). È possibile raggiungere queste destinazioni anche da Bristol (sulla linea Bristol-Plymouth). La Tarka Line, che offre splendidi panorami, collega Exeter a Barnstaple. Il viaggio dura un'ora e mezzo e ci sono circa quattro treni al giorno.

TRASPORTI LOCALI

Disporre di un mezzo proprio, camminare o affittare un cavallo sono i modi più comodi per spostarsi perché il servizio di autobus è limitato. Alcuni autobus circolano infatti solo nei giorni di scuola e altri appartengono ad autisti che agiscono di loro iniziativa, per la maggior parte stagionali o attivi solo la domenica. Ricordate inoltre che in alta stagione le viuzze dei villaggi della zona sono piene di gente, e trovare un parcheggio può diventare un problema.

Autobus

La preziosa guida *Exmoor & West Somerset Public Transport Guide* viene distribuita gratuitamente presso i TIC e contiene anche informazioni sulle escursioni a piedi di una giornata.

Il biglietto valido tre giorni dell'Exmoor Bus Service costa £9,50/6,50 e permette di viaggiare illimitatamente sugli autobus della Red Bus e della Southern National.

Bicicletta

La Tarka Trail Cycle Hire (☎ 01271-324202), Train Station (stazione ferroviaria), Barnstaple, noleggia ogni tipo di bicicletta a partire da £6,50 per giorno per biciclette standard e £8,50 per le mountain bike.

DULVERTON
Pop. 1300 ☎ 01398

Questo piacevole villaggio a sud della brughiera nella Barle Valley è il 'capoluogo' della zona e la sede centrale delle autorità responsabili del parco. Le strette vie del paese si intasano facilmente di turisti in estate, quindi, se vi è possibile, potete evitate il traffico visitandola in bassa stagione.

L'Exmoor National Park Visitor Centre (☎ 323841, 7-9 Fore St) è aperto tutti i giorni dalle 10 alle 17 (chiuso dalle 13.15 alle 13.45) da Pasqua a ottobre e dalle 10.30 alle 15 in inverno.

Itinerari a piedi

Consigliamo l'itinerario circolare della durata di quattro ore che segue il corso del fiume da Dulverton a Tarr Steps, un antico ponte di pietra sul fiume Barle. È possibile anche proseguire per altre tre o quattro ore da Tarr Steps a Winsford Hill da cui si godono viste panoramiche sul Devon.

Durante la sosta a Tarr Steps, non perdetevi la *Tarr Farm* (☎ 01643-851507), una vecchia locanda sul fiume dove viene servito il cream tea ed è anche un ristorante molto frequentato.

Pernottamento e pasti

A circa un miglio da Dulverton si trova il *Northcombe Farm Camping Barn* (☎ 323118) che dispone di 35 posti letto al prezzo di £4,50 per notte.

Chi ama farsi portare la colazione a letto e trovare il caminetto acceso può provare al *Town Mills* (☎ 323124), ricco di atmosfera, al prezzo di £19 per persona. La via d'accesso parte da High St.

La *Springfield Farm* (☎/fax 323722, Ashwick Lane) dista 4 miglia (6 km) da Dulverton lungo la strada per Exford e appena un miglio e mezzo (2,5 km) da Tarr Steps. La sistemazione in B&B costa £22,50 per persona, o £26 in stanze con bagno privato. A partire da metà maggio, una volta terminata la stagione dell'agnellatura, vengono serviti anche i pasti serali.

Al limite della brughiera si trova l'eccellente *Highercombe Farm* (☎/fax 323 616), situata 3 miglia (5 km) a nord di Dulverton, in fondo a una strada senza uscita. Il B&B in stanze con bagno privato costa £22, ed è possibile anche affittare il cottage di tre stanze che si trova nel parco.

Il *Crispins Restaurant* (☎ 323397, 26 High St) serve dei buoni piatti vegetariani e anche alcuni piatti a base di carne. In estate si può pranzare anche sotto il pergolato nel giardino.

The Lion Hotel (☎ 323444, 2 Bank Square) offre abbondanti porzioni di cibi tipici serviti dei bar.

Per/da Dulverton

L'autobus n. 398 della Devon Bus effettua servizio otto volte al giorno (esclusa la domenica) da Minehead a Tiverton via Dulverton. Se dovete proseguire per Exeter, cambiate a Tiverton e prendete il n. 55.

L'autobus n. 307 della Devon Bus collega Dulverton a Barnstaple e Taunton una volta ogni due ore circa (tutti i giorni tranne la domenica).

DUNSTER
Pop. 800 ☎ 01643

Considerato il più bel villaggio di Exmoor, Dunster pullula di visitatori in estate. Il richiamo principale è rappresentato dal castello, ma vale la pena di vedere anche St George's Church, un mulino ad acqua tuttora funzionante, un vecchio ponte a schiedа d'asino, la vicina spiaggia e il mercato ottagonale (Yarn Market) del XVII secolo, testimonianza dell'epoca in cui gli affari del paese erano collegati alla tessitura più che al turismo.

L'Exmoor National Park Visitors Centre (☎ 821835), Dunster Steep, è aperto dalle 10 alle 17 tutti i giorni da Pasqua a ottobre (in inverno è aperto solo il fine settimana, e in gennaio e febbraio è chiuso).

Dunster Castle

Profondamente ristrutturato secondo l'ideale di castello dell'epoca vittoriana (con torrette, merlature, ecc.), il Dunster Castle (☎ 821314; National Trust) risale all'epoca normanna, ma della struttura originale sopravvive solo una porta del XIII secolo. Le stanze sono arredate con mobili Tudor e ritratti della famiglia Luttrell, tra cui uno strano ritratto del XVI secolo raffigurante Sir John che fa il bagno in costume adamitico.

WESSEX

È aperto dalle 10.30 alle 16.40 dal sabato al mercoledì da aprile a ottobre (in ottobre fino alle 16) e l'entrata costa £5,50/3. Il parco e i giardini circostanti sono aperti quasi tutto l'anno. Lo separa dal villaggio una breve ma ripida camminata.

Pernottamento

L'ostello della gioventù più vicino si trova a Minehead a 2 miglia (3 km) di distanza (v. oltre **Minehead**).

Il *Woodville House* (☎ *821228, West St)* è uno dei posti in cui alloggiare più economici del villaggio ed è molto accogliente. Il prezzo per il B&B è di £19 per persona.

The Old Priory (☎ *821540)* è una casa medievale immersa in un giardino cinto da mura e il B&B costa a partire da £27,50 per persona (£50 per una stanza con letto a baldacchino).

Il *Dollons House* (☎ *821880, Church St)* è un B&B di lusso con stanze (tutte con bagno privato) per non fumatori a £27,50.

L'*Exmoor House Hotel* (☎ *821268, 12 West St)* è un albergo molto confortevole per non fumatori in cui le stanze con bagno privato costano £25/45 (formula B&B).

Lo *Yarn Market Hotel* (☎ *821425, fax 821475, @ yarnmarket.hotel@virgin.net, High St)* offre delle stanze molto carine a un prezzo conveniente. Le singole costano a partire da £30 e le doppie £60 (£70 per il letto a baldacchino).

L'albergo più confortevole di Dunster è *The Luttrell Arms* (☎ *0870 400 8110, fax 0870 382 1567, 32 High St)* che fa parte della catena Fort Heritage e le cui stanze sono disponibili a partire da £85 per persona.

Pasti

Il *cafe* (☎ *821759, Dunster Watermill, Mill Lane)* è un buon locale per pranzare o prendere un tè in estate. Pagando £2,10/1,10 è anche possibile assistere alla macina del grano nel mulino tuttora in funzione.

The Tea Shoppe (☎ *821304, 3 High St)* serve caffè al mattino e pranzi e cream tea nelle sue sale da tè del XV secolo. La sera si trasforma in un ristorante rinomato. Nel caso in cui fosse al completo, ci sono molti altri posti lungo High St, tra cui il *Willow Tearooms* (☎ *821414),* all'interno di un edificio d'epoca e con un piccolo giardino.

Il *Locks* (☎ *822032)* ha il personale abbigliato con costumi d'epoca e, nonostante il vezzo non sia probabilmente molto gradito ai camerieri, ciò dona un'affascinante atmosfera nostalgica all'ambiente.

The Luttrell Arms (☎ *821555, 36 High St),* di fronte allo Yarn Market, serve buoni spuntini (di quelli generalmente offerti dai bar) tra cui panini fatti con baguette e primi piatti a circa £5.

Per/da Dunster

L'autobus n. 398 della Devon Bus parte da Minehead diretto a Dunster e prosegue per Dulverton otto volte al giorno (tranne la domenica). La First Southern National garantisce un servizio di autobus (n. 928) con partenza ogni ora tra Minehead e Dunster la domenica e nelle feste nazionali (ci sono solo sei autobus). Potete arrivare anche con il treno a vapore lungo la West Somerset Railway (v. **Somerset**).

MINEHEAD
Pop. 8500 ☎ 01643

La più grande stazione balneare del Somerset si trova subito oltre il confine orientale del parco. In estate è presa d'assalto dai villeggianti inglesi, molti dei quali in fuga da Somerwestworld, un grande centro vacanze. Tuttavia, se riuscirete a recarvici in maggio, potrete assistere alle cerimonie medievali tuttora messe in scena dalla città, come per esempio quelle legate al May Day, in cui l'Hobby Horse (uomo travestito da cavallo) esegue una danza della fertilità per le strade del paese.

Il TIC (☎ 702624, fax 707166, @ mineheadtic@visit.org.uk), 17 Friday St, è aperto dalle 9.30 alle 17.30 dal lunedì al sabato e dalle 10 alle 13 la domenica.

Pernottamento e pasti

Il *Minehead Youth Hostel* (☎ *702595, fax 703016)* si trova ad Alcombe Combe, un luogo isolato 2 miglia (3 km) a sud di Minehead. È aperto tutti i giorni in luglio e agosto, tutti i giorni tranne il lunedì da aprile a giugno, e tutti i giorni tranne il lunedì e il martedì in settembre e ottobre. Il prezzo per notte è di £9,80/6,75 per gli adulti/bambini.

Per/da Minehead

Da Minehead gli autobus della Southern National effettuano servizio ogni ora per Taunton (un'ora e un quarto; n. 28; n. 928 la domenica), Porlock Weir (n. 38) e Lynton (n. 300; tre volte al giorno). Minehead è il capolinea settentrionale della West Somerset Railway.

EXFORD
☎ 01643

Questo minuscolo villaggio situato nel cuore del parco è un'ottima base di partenza per effettuare delle escursioni a piedi, soprattutto a Dunkery Beacon, il punto più elevato della brughiera, che dista 4 miglia (6 km) da Exford.

Pernottamento e pasti

Situato nel centro del paese, l'*Exford Youth Hostel* (☎ *831288, fax 831650, Exe Mead)* occupa una casa vittoriana in riva al fiume Exe. È aperto tutti i giorni in luglio e agosto, mentre da aprile a giugno è chiuso la domenica. Per informazioni dettagliate sugli orari d'apertura è meglio telefonare prima. Il costo di un letto è di £9,80/6,75 per gli adulti/bambini.

Il *Westermill Farm Campsite* (☎ *831 238, fax 831660)* si trova subito fuori Exford, a lato della strada per Porlock. È aperto da aprile a ottobre e il prezzo è di £6 per tenda. È possibile anche affittare dei cottage.

L'*Exmoor House Hotel* (☎ *831304, Chapel St)* domina il parco del villaggio e offre sistemazione B&B a partire da £25/ 50 per la singola/doppia.

Il *White Horse Inn* (☎ *831229)*, una locanda del XVI secolo proprio al lato del ponte, offre stanze con bagno privato (formula B&B) a partire da £35 per persona. Nei giorni feriali vengono serviti i cibi normalmente serviti nei bar e la domenica l'arrosto.

Per/da Exford

Il villaggio è raggiungibile attraverso la brughiera con una camminata di 7 miglia (11 km) da Porlock, 10 miglia (16 km) dal Minehead Youth Hostel, 12 miglia (19 km) da Dunster e 15 miglia (24 km) da Lynton.

In estate, l'autobus n. 285 (☎ 01823-358232) effettua servizio tra Porlock, Minehead ed Exford (n. 985 la domenica). L'autobus n. 398 effettua tutto l'anno ogni due ore servizio (tranne la domenica) tra Exford, Dulverton o Dunster e Minehead.

PORLOCK
Pop. 1500 ☎ 01643

Questo grazioso villaggio di cottage dal tetto di paglia è adagiato in una valle profonda raggiungibile tramite una ripida stradina. L'affascinante molo di Porlock Weir dista 2 miglia (3 km) in direzione ovest.

Il pittoresco villaggio di **Selworthy** (di proprietà dell'NT) dista due miglia e mezzo (4 km) da Porlock in direzione est. I suoi cottage color crema in mattoni crudi e tetto di paglia sono particolarmente amati dai registi e infatti vi è stato girato il film *The Return of the Native* (Il ritorno al paese) tratto dall'omonimo romanzo di Thomas Hardy.

Il minuscolo centro informazioni turistiche di Porlock (☎ 863150, fax 863014), West End, High St, è aperto dalle 10 alle 18 (fino alle 13 la domenica) in estate.

Pernottamento e pasti

Lo *Sparkhayes Farm Campsite* (☎ *862 470)* è proprio in centro e ci sono molte indicazioni per raggiungerlo. Il prezzo è di £3,50 per persona.

La maggior parte degli alberghi si concentra in High St. Le stanze con bagno privato (formula B&B) nell'accogliente

WESSEX

cottage con tetto in paglia *Myrtle Cottage* (☎ 862978, *High St*) costano a partire da £30/43 per notte.

Il *Lorna Doone Hotel* (☎ 862404, *High St*) ha stanze singole/doppie con bagno a £25/50, ma sono previsti degli sconti per pernottamenti di almeno tre notti.

The Ship Inn (☎ 862507, *High St*) è una locanda del XIII secolo con tetto di paglia, menzionata anche nel romanzo *Lorna Doone*. Le tariffe per la formula B&B partono da £25 per persona. Il pub domina il molo e serve tramezzini di granchio e tutti i piatti normalmente serviti nei pub. I vini della casa sono buoni. Provate quello di susine ('damson wine').

Aperto tutte le sere, il *Piggy in the Middle* (☎ 862647, *2 High St*) serve buone bistecche e frutti di mare. Il salmone alla griglia costa meno di £10 e la sogliola circa £20.

Lungo High St ci sono molte sale da tè in cui viene servito anche il pranzo.

Per/da Porlock

L'autobus n. 300 della Southern National (☎ 01823-272033) effettua servizio lungo la costa da Barnstaple a Lynton e Porlock fino a Minehead e Bridgwater. L'autobus n. 38 va fino a Minehead.

LYNTON E LYNMOUTH
Pop. 2075 ☎ 01598

Lynmouth è il più piacevole e Lynton il più elevato, ma una sorprendente funicolare ad acqua collega i due villaggi e quindi è facile spostarsi tra l'uno e l'altro. Coperta di fitti boschi, la pittoresca gola scavata dal fiume West Lyn (che sfocia in mare a Lynmouth) è splendida in bassa stagione ed è un'ottima base per le passeggiate lungo la costa e nella parte settentrionale del parco.

Il TIC (☎ 752225, fax 752755), Lynton Town Hall, Lee Rd, è aperto dalle 9.30 alle 17.30 tutti i giorni (in inverno resta chiuso la domenica).

Nei pressi del porto di Lynmouth, sulla Esplanade, c'è un National Park Visitors Centre (☎ 752509) aperto dalle 10 alle 17 tutti i giorni da Pasqua a ottobre (in inverno è aperto solo il fine settimana).

Biketrail (☎ 753987, @ info@biketrail. co.uk) noleggia biciclette a Lynton.

Che cosa vedere

Nel 1952, il West Lyn e l'East Lyn uscirono dagli argini a causa di forti temporali distruggendo 98 case e causando la morte di 34 persone. Il disastro è descritto al **Lyn & Exmoor Museum** (☎ 752317), un museo allestito all'interno di un edificio spettrale, il St Vincent's Cottage, Market St, Lynton. Il museo è aperto tutti i giorni (tranne la domenica mattina e il sabato) da fine marzo a fine ottobre, ma chiude dalle 12.30 alle 14 per la pausa pranzo. L'entrata costa £1/20p.

Realizzata in epoca vittoriana, la **ferrovia** tra i due villaggi è un meraviglioso esempio di ingegneria che ha saputo rispettare l'ambiente. Le due carrozze sono collegate tra loro da un cavo in acciaio e salgono e scendono lungo il pendio in base alla quantità d'acqua contenuta nei loro serbatoi. Sono il miglior mezzo di trasporto per spostarsi da un villaggio all'altro (£1/50p) tra Pasqua e novembre, e le vedute delle scogliere di Exmoor offerte durante la discesa sono straordinarie.

Itinerari a piedi

Presso il TIC e il Lynmouth Visitors Centre è possibile ottenere informazioni sulle numerose escursioni a piedi possibili. I villaggi sono attraversati dal South West Coast Path e dal Tarka Trail e la Two Moors Way, che collega Exmoor e Dartmoor, inizia a Lynmouth.

Nel lasciare Lynmouth, cercate le indicazioni per **Glen Lyn Gorge**, accessibile tutto l'anno, e dove troverete anche una piccola esposizione aperta solo in estate. Camminare lungo la gola costa £2/1.

La **Valley of the Rocks** che sembra essere il luogo in cui un tempo scorreva il fiume Lyn, è stata descritta dal poeta Robert Southey con le seguenti parole: 'macigno che vacilla su macigno, pietra accatastata su pietra, enorme e spaventosa massa traballante'. Dista da Lynton poco più di un miglio in direzione ovest e raggiungerla attraverso il sentiero lungo la costa è un modo di fare una piacevole camminata. A est di Lynmouth, a **Foreland Point**, si trova il faro, altra bella meta da raggiungere a piedi.

Un altro itinerario assai battuto è quello che parte da Lynmouth e conduce a **Watersmeet**, seguendo per 2 miglia (3 km) il corso del fiume. Il vecchio capanno da caccia ospita una tavola calda dell'NT.

Pernottamento e pasti

Il *Lynton Youth Hostel (☎ 753237, fax 753305)*, a Lynbridge, dista circa un miglio da Lynton. È una casa vittoriana situata nella gola e, in luglio e agosto, è aperta tutti i giorni (per gli altri periodi telefonate). Il prezzo è di £9,80/6,75 per notte per adulti/bambini. Sempre a Lynton, per chi preferisce godere della vista di Lymouth dall'alto, c'è il *Valley House (☎ 752285, Lynbridge Rd)* la cui tariffa è £24/40.

Il *St Vincent House Hotel (☎ 752244, fax 753971)* si trova proprio accanto al museo di Lynton e il prezzo della doppia è di £31, o £38 con bagno privato. All'esterno c'è un bel giardino dove è piacevole prendere il tè in estate.

L'*Orchard House Hotel (☎ 753247, fax 753855, Watersmeet Rd, Lynmouth)* ha alcune stanze con vista sul mare e il prezzo è di £24 per persona.

Il *Rising Sun (☎ 753223)* è una locanda del XIV secolo sul porto di Lynmouth. Il prezzo è di £52 per persona e sono disponibili pacchetti per pernottamenti minimi di due notti con la cena compresa nel prezzo. È il posto ideale per un pranzo di quelli normalmente serviti nei pub o un pasto serale. Il poeta Shelley portò la sua sposa sedicenne a trascorrere la luna di miele nel cottage adiacente ricoperto di roseti. La tariffa è di £70/140 per la singola/doppia (prenotate all'albergo).

Chi dovesse procurarsi le provviste per un picnic può rivolgersi al *Gourmet Organix (☎ 752228, 4 Queen St)* a Lynton, negozio specializzato con grandi quantità di cibo saporito.

Per/da Lynton e Lynmouth

Gli autobus nn. 309 e 310 della First Red Bus (☎ 01271-345444) effettuano servizio tra Barnstaple e Lynton (un'ora; 10 corse al giorno) dal lunedì al sabato (una corsa al giorno la domenica). Un autobus della Lyn Valley Bus (☎ 01598-752225) collega Lynton a Minehead due volte al giorno tutti i martedì.

Se vi spostate in automobile, ricordate che Porlock Hill è molto ripida. Quando vi trovate in cima alla collina, provenendo da Porlock, cercate di individuare la vecchia cabina telefonica della AA da cui potrete chiedere aiuto in caso di surriscaldamento del radiatore. In alternativa potete scegliere due strade a pedaggio (£1), entrambe meno ripide e panoramiche.

Dorset

Pur essendo ricco di bellezze naturali e di piacevoli città e villaggi, il Dorset non è ancora stato preso d'assalto dai turisti. Fra le località marine della splendida costa vanno ricordate le stazioni balneari di Bournemouth, Weymouth e Lyme Regis, un luogo estremamente bello, ricco di collegamenti con il mondo letterario. Il Dorset Coast Path, che fa parte del più lungo South West Coast Path (613 miglia), si snoda per quasi l'intera lunghezza della costa.

Nell'entroterra troviamo Dorchester, il cuore di quella contea immaginaria resa celebre dai romanzi di Thomas Hardy. Il Dorset è anche ricco di castelli famosi (Maiden Castle e Corfe Castle), case signorili (prima fra tutte Kingston Lacy), luoghi legati al ricordo di Lawrence d'Arabia, belle chiese (Christchurch Priory, Wimborne Minster e Sherborne Abbey), e una delle più note figure incise nelle colline di gesso, il Cerne Giant.

TRASPORTI LOCALI

Dorchester è un'ottima base di partenza da cui esplorare i luoghi più interessanti del Dorset, ma se preferite la costa saranno comode basi anche Lyme Regis o Weymouth. Uno dei motivi per cui il Dorset è ancora poco turistico probabilmente consiste nel fatto che non è ben servito dai mezzi di trasporto. Esiste un raccordo ferroviario a ovest che collega Southampton e Dorchester e poi prosegue verso nord fino a Yeovil, ma i principali treni Intercity diretti a ovest fermano a Axminster (nel Devon orientale).

Per informazioni sugli orari degli autobus nel Dorset chiamate lo ☎ 01305-225165. La principale compagnia nel Dorset orientale e centrale è Wilts and Dorset (☎ 01202-673555) il cui biglietto giornaliero ('explorer ticket'; £5/2,50) comprende il Wiltshire e Bath.

Per quanto riguarda il Dorset occidentale e il Devon, la compagnia principale è la First Southern National (☎ 01305-262992) il cui biglietto giornaliero 'explorer' costa £5,30/3,75.

BOURNEMOUTH
Pop. 265.000 ☎ 01202

Bournemouth era già una rinomata stazione balneare alla metà del XIX secolo e ancora oggi continua a emanare il tipico fascino delle ricche atmosfere delle località balneari vittoriane. Rispetto alle altre città inglesi, Bournemouth è relativamente giovane (infatti venne fondata solo nel 1810) e sono giovani anche i turisti che nel fine settimana estivi vi si recano numerosissimi. La vita notturna tiene testa a quella di Brighton, anche se qui il tipo di divertimento è diverso, con molte feste di addio al celibato e molto alcol. I festaioli la troveranno una buona base d'appoggio da cui esplorare la New Forest senza dover rinunciare ai divertimenti notturni.

Attualmente è in via di costruzione un banco di scogli artificiale, per cui Bournemouth potrebbe diventare presto una località dove praticare il surf.

In base a un'inchiesta eseguita per conto di una famosa marca di preservativi, Bournemouth è risultata essere il posto in cui avvengono più rapporti sessuali all'aperto di tutta la Gran Bretagna.

Orientamento e informazioni

Bournemouth è una città molto vasta che si estende lungo la costa verso Poole a ovest e verso Christchurch a est. Il molo rappresenta la parte centrale dell'area costiera e il centro e la stazione ferroviaria si trovano a nord-est rispetto a questo punto.

Il TIC di Bournemouth (☎ 0906-802 0234, fax 451743, @ info@bournemouth. gov.uk), Westover Rd, è aperto dalle 9.30 alle 18 dal lunedì al sabato e dalle 10 alle 16 la domenica. Ricordate che una telefonata costa 50p al minuto, quindi potrebbe rivelarsi più economico consultare il sito Internet www.bournemouth.co.uk.

In estate, dal TIC partono delle visite a piedi gratuite: alle 10.30 nei giorni feriali e alle 14.30 il fine settimana. Guide Friday (☎ 01789-294466) organizza anche visite in autobus scoperti che partono ogni 30 minuti da Bournemouth Pier dalle 10 alle 16.30. Il servizio è attivo solo dalla fine di aprile a settembre e costa £5,50/1,50.

Che cosa vedere e fare

Bournemouth è famosa per le sue *chines* (valli scoscese che precipitano nel mare).

Il magnifico **Russell-Cotes Art Gallery & Museum** (☎ 451800) offre notevoli vedute sul mare da Russell-Cotes Rd e presenta una ricca collezione (acquisita in gran parte nel corso dei numerosi viaggi del suo omonimo fondatore), che comprende una raccolta di squisita arte giapponese. È aperto dalle 10 alle 17 tutti i giorni tranne il lunedì.

Lo **Shelley Rooms** (☎ 303571), nello Shelley Park, Beechwood Ave, ospita vari cimeli di Mary Shelley, l'autrice di *Frankenstein* (sepolta a St Peters). È aperto dalle 14 alle 17 tutti i giorni tranne il lunedì e l'ingresso è gratuito.

Copton Acres (☎ 700778) è un insieme di giardini lungo il fianco riparato di un'insenatura della costa. È aperto tutti i giorni dalle 10 alle 17.15 da marzo a ottobre. L'entrata costa £5,45/2,45. Gli autobus nn. 150 e 151 ci arrivano dal centro.

A fianco del Bournemouth Pier si trova l'**Oceanarium** (☎ 311933), un costoso acquario in cui è possibile osservare la vita marina. È aperto dalle 10 alle 17 tutti i giorni e il biglietto costa £5,75/3,75.

Pernottamento

Bournemouth è zeppa di posti in cui alloggiare e gli uffici del TIC provvederanno a prenotare per voi gratuitamente (anche se la telefonata vi costerà 50p al minuto). Benché le possibilità siano centinaia, in estate conviene prenotare in anticipo perché si registra facilmente il tutto esaurito ovunque. Risalendo Priory Rd in direzione della zona di West Cliff, troverete B&B e alberghi ovunque. Ci sono anche diverse aree per il campeggio, ma non in città.

Il *Bournemouth Backpackers* (☎ 299 491, @ bournemouth.backpackers@virgin. net, 3 Frances Rd) si trova in buona posizione, accanto alla stazione degli autobus e alla stazione ferroviaria e le tariffe partono da £12.

La *Cartrefle Guest House* (☎ 297856, 45 St Michael's Rd) offre la sistemazione in B&B a partire da £17 per persona (£25 con servizi in camera). Il *Denbry Hotel* (☎ 558700, 179 Holdenhurst Rd) propone una sistemazione simile a partire da £18/20 per persona.

Il *Parklands Hotel* (☎ 552529, 4 Rushton Crescent) dispone di singole/doppie a £28/50 (il prezzo aumenta per il letto a baldacchino).

Pasti

Oltre ai numerosi negozi di fish and chips, ci sono posti decisamente più interessanti, anche se più costosi.

Provate al *Sala Pepe* (☎ 291019, 43 Charminster Rd) dove, tra i vari piatti di pesce fresco, vengono serviti pesci angelo con polpa di granchio e gamberi.

C'è un locale della sempre apprezzatissima catena *Cafe Rouge* (☎ 757472, 67 Seamoor Rd). Se cercate cibo cinese, l'ideale è *Mr Pang's* (☎ 553748, 234 Holdenhurst Rd). Per la miglior cucina indiana disponibile nei paraggi, rivolgetevi al *Bournemouth Tandoori* (☎ 296204, 1 Holdenhurst Rd). Potete scegliere se andarci prima o dopo una visita al pub, perché resta aperto fino a mezzanotte. Se cer-

cate qualcosa di completamente differente, provate l'*Helvetia* (☎ 555447, 61 Charminster Rd), specializzato in piatti svizzeri quali la fonduta e gli schnitzel.

Divertimenti

La vita notturna può essere molto intensa a Bournemouth, quindi preparatevi. Lunghe code sono la norma per entrare nella maggior parte delle discoteche e i buttafuori accettano solo chi è vestito in modo elegante.

Il *Moon in the Square* (☎ 314940, 48 Exeter Rd), vicino ai Victorian Pleasure Gardens, è il pub più economico della città, ma non c'è musica. Tuttavia il servizio è rapido, anche quando c'è tanta gente.

Il *Liquids*, in Landsdowne, si sta guadagnando una buona reputazione come posto in cui 'prepararsi' alla serata in discoteca. La discoteca più famosa è l'*Urban*. Al piano superiore c'è un bar, lo *Slam* (☎ 55512, Firvale Rd), utile anch'esso prima di spostarsi in discoteca.

Situata all'interno di un incredibile ex teatro, l'*Opera House* (☎ 399922, 570 Christchurch Rd) è la risposta di Bournemouth alla super discoteca, se rientra nei vostri gusti.

The Zoo & Cage (☎ 311178, Firvale Rd) da molto tempo continua ad attrarre vere e proprie folle il fine settimana.

Per/da Bournemouth

C'è un regolare servizio di autobus da Londra garantito dalla National Express. L'autobus n. X3 effettua servizio per/da Salisbury e il n. X33 per/da Southampton. Gli autobus nn. 121/2/3/4 da Lymington sono frequenti, come pure quelli tra Bournemouth e Poole.

Ogni 30 minuti parte un treno diretto a Bournemouth dalla stazione di Waterloo di Londra (£30, due ore). Ce ne sono molti anche da Bristol e Bath (è necessario cambiare a Southampton).

POOLE
☎ 01202

Poole, fiorente porto nel Medioevo, ora è meta di yacht e navi portacontainer. È

WESSEX

anche uno delle principali località del sud-ovest in cui si pratica la pesca.

Il TIC di Poole (☎ 253253, fax 684 531), The Quay, sul lungomare, è aperto dalle 10 alle 18 tutti i giorni.

Che cosa vedere e fare

Poole Old Town (la città vecchia) ha dei bellissimi edifici del XVIII secolo, tra cui la **Custom House** (dogana).

Il **Waterfront Museum** (☎ 683138) illustra la storia della città, senza trascurare di ricordare la prosperità resa possibile dal commercio del pesce con Terranova. È aperto dalle 10 alle 17 dal lunedì al sabato e da mezzogiorno alle 17 la domenica. L'entrata costa £2/1,35, tranne in agosto, mese in cui il prezzo del biglietto aumenta (£4/2,85), ma comprende anche la visita al vicino **Scaplen's Court Museum**, che durante il resto dell'anno è aperto solo per le visite scolastiche ed è allestito all'interno della casa di un mercante del Medioevo.

Il **Poole Pottery** (☎ 666200), The Quay, attrae numerosi visitatori e l'edificio ospita anche un negozio di articoli da regalo con prodotti di seconda mano, molto più accessibile dei negozi di antichità di tutta la Gran Bretagna.

A Poole è possibile sia la **pesca d'alto mare** sia la **pesca degli sgombri**, ma molti ragazzi inglesi fanno escursioni dopo essere andati a caccia di ragazze durante gli addii al celibato. Il Poole Sea Angling Centre (☎ 676597), 5 High St, organizza escursioni di mezza giornata per la pesca allo sgombro a £10 e la pesca serale al branzino a £12. Sea Fishing (☎ 679666), The Quay, organizza escursioni per la pesca d'alto mare.

Brownsea Island

Brownsea Island è una riserva naturale di proprietà del National Trust all'imboccatura del Poole Harbour e nel 1907 vi si tenne il primo campo scout. Da aprile a ottobre, il biglietto di andata e ritorno da Sandbanks (sulla terra ferma, tra Bournemouth e Poole) costa £3/2, più una tassa di sbarco di £2,60/1,30.

In inverno l'RSPB organizza occasionali escursioni in barca (Birdboats) per osservare l'avifauna dell'area del porto. Per informazioni sulle imbarcazioni telefonate al ☎ 666226.

Pernottamento e pasti

A Poole ci sono numerosi B&B, ma è più divertente alloggiare a Bournemouth.

Poole è diventato un centro ricco di ristoranti di pesce, e la cosa non sorprende vista la sua posizione.

Il *Corkers* (☎ 681393, 1 High St) è un caffè-bar aperto tutto il giorno e all'ora di pranzo e di cena si trasforma in un ristorante.

Il *John B's* (☎ 672440, High St) aggiunge un tocco gallico al menu prevalentemente a base di pesce, per la gioia di chi ama la cucina francese. Lo *Storm* (☎ 674970, 16 High St) è un altro posto piacevole per ordinare frutti di mare con facilità.

Se cercate qualcosa di più semplice, il *Custom House* (☎ 676767, The Quay) è un edificio piacevole con posti a sedere all'esterno e il menu sono compresi tè del pomeriggio e dolci.

Per/da Poole

Gli autobus n. 101/2/3/4/5 della Wilts & Dorset (☎ 673555) vanno a Bournemouth.

Un traghetto effettua servizio tra Sandbanks e Studland: è una scorciatoia da Poole a Swanage, Wareham e la costa del Dorset occidentale, ma in estate si possono formare code davvero terribili.

CHRISTCHURCH
Pop. 30.000 ☎ 01202

Christchurch è una piacevole cittadina che può rappresentare un'alternativa a Bournemouth. Dista circa 5 miglia (8 km) da quest'ultima, in direzione est.

Il TIC (☎ 471780, fax 476816, ✉ tic@ christchurch.gov.uk), 23 High St, è aperto dalle 9.30 alle 17.30 dal lunedì al sabato e dalle 10 alle 14 la domenica.

Di fronte al Priory si trova il **Red House Museum & Gardens** (☎ 482860), un'ex casa per mendicanti che ora accoglie un museo di storia locale. È aperto dalle 10 alle 17 dal martedì al sabato e dalle 14 alle 17 la domenica. L'entrata costa £1,50/80p.

La magnifica prioria, **Christchurch Priory** (☎ 485804), si trova tra i fiumi Avon e Stour. I Normanni vi aggiunsero un nuovo coro nel XV secolo, epoca in cui venne costruita anche la torre. Tra le stupende mensole d'appoggio sotto i sedili ribaltabili degli stalli del coro, cercate di individuare l'intaglio raffigurante Riccardo III e un altro raffigurante una volpe 'frate' mentre predica a un gregge di oche. In estate è possibile salire in cima alla torre per godere di splendide viste e apprendere tutto sulla vita nella prioria presso il **St Michael's Loft Museum**. Ai visitatori viene chiesta un'offerta di £1.

Gli autobus nn. 121/2/3/4 effettuano servizio per Bournemouth e Lymington tramite corse frequenti.

WIMBORNE
Pop. 14.000 ☎ 01202
La piacevole cittadina di Wimborne si concentra attorno alla sua vecchia e interessante chiesa (o, meglio, duomo). Il TIC (☎ 886116, fax 841025, @ wimbornetic@ eastdorsetdc.gov.uk), 29 High St, si trova vicino al duomo. È aperto dalle 9.30 alle 17.30 dal lunedì al sabato (chiude alle 16.30 in inverno).

Vicino al duomo si trova anche il Priest's House Museum (☎ 882533), un interessante museo di storia locale allestito all'interno di un edificio del XVI secolo e contenente una serie di stanze in cui sono stati ricostruiti dei periodi storici. È aperto dalle 10.30 alle 17 dal lunedì al sabato, da aprile a ottobre, e dalle 14 alle 17 la domenica da giugno a settembre. L'entrata costa £2,20/1.

Gli autobus nn. 132/3 e 182/3 della Wilts & Dorset (☎ 673555) collegano Wilborne a Bournemouth e Poole.

Wimborne Minster
Fondato nel 1050 circa, il duomo ('minster') di Wimborne venne considerevolmente ampliato nel XIV secolo in stile

gotico ornato e divenne una chiesa parrocchiale nel 1537, quando Enrico VIII soppresse i monasteri. L'edificio si caratterizza per le sue torri gemelle e per l'uso di pietre di vari colori. La torre occidentale, costruita in stile perpendicolare, fu aggiunta alla metà del XV secolo, quando si dubitava della stabilità della torre centrale del XII secolo in semplice stile normanno. Questi timori si rivelarono fondati nel 1600, quando la guglia di quest'ultima crollò.

All'interno, i principali elementi normanni sopravvissuti sono i pilastri della torre centrale e i transetti meridionale e settentrionale. Nel transetto settentrionale, in una nicchia dell'altare normanno, si trovano tracce degli affreschi eseguiti tra il XIII e il XV secolo. Nel presbiterio vi è una targa commemorativa di re Ethelred, ucciso in battaglia nell'anno 871, unica targa commemorativa di un re in tutta l'Inghilterra.

Nella Holy Trinity Chapel si trova la tomba di Ettricke o 'tomba dell'uomo murato'. Un eccentrico (ma evidentemente influente) abitante del luogo rifiutò di essere sepolto nella chiesa o nel cimitero del villaggio e ottenne di essere sepolto dentro le mura della chiesa. Sicuro di morire nel 1693, Ettricke fece anche incidere la lapide della propria tomba, ma visse per altri 10 anni quindi dovette far reincidere la data.

Sopra la sagrestia del coro c'è una biblioteca con libri assicurati da catene, la **chained library**, fondata nel 1686.

Kingston Lacy
Kingston Lacy (☎ 01202-842913; NT), 2 miglia (3 km) a nord di Wimborne, è un'elegante casa secentesca circondata da un parco molto curato, quest'ultimo risalente al XVIII secolo. È insolito il fatto che questa residenza non abbia avuto in sorte una 'nobile decadenza' per essere poi completamente riarredata. Il suo ultimo inquilino morì nel 1981 senza dover vendere nulla, per cui la casa è ricca di oggetti artistici e mobili, per la maggior parte raccolti da William Bankes che si

Lawrence d'Arabia

È difficile immaginare un legame tra le verdi campagne del Dorset e le distese di sabbia dell'Arabia, eppure questa contea è ricca di luoghi legati alla memoria del leggendario Lawrence d'Arabia: il TIC di Wareham li ha riuniti tutti in un itinerario descritto nell'opuscolo *The Lawrence of Arabia Trail*.

T.E. Lawrence nacque nel Galles nel 1888. Il padre, Sir Thomas Chapman, aveva assunto il nome Lawrence dopo aver abbandonato la moglie e le figlie in Irlanda per fuggire con la governante, con cui ebbe cinque figli maschi; Thomas Edward era il secondo. Dal 1909 al 1914, terminati gli studi in storia presso l'Università di Oxford con una specializzazione sui paesi mediorientali, il giovane Lawrence si dedicò ai viaggi in quella regione, e al momento dello scoppio della Prima guerra mondiale fu assegnato a una postazione militare del Cairo.

Per sconfiggere la Turchia (all'epoca ancora Impero Ottomano) che era alleata con la Germania, Lawrence capeggiò una rivolta araba trasformandola in una vera e propria guerriglia contro le forze ottomane culminata con la conquista di Aqaba nel 1917. Al termine del conflitto, amareggiato nel vedere Francia e Inghilterra spartirsi l'Impero Ottomano al tavolo delle trattative, rifiutò gli onori militari e per diversi anni continuò a viaggiare tra Europa e Medio Oriente, mentre la notizia dei suoi successi incominciava a circolare valendogli il nome di 'Lawrence d'Arabia'.

Personaggio molto enigmatico, nel 1922 Lawrence si arruolò clandestinamente come semplice aviere nella Royal Air Force (RAF) con il nome di John Hume Ross. Contemporaneamente pubblicò, in pochissime copie, la sua monumentale opera *Seven Pillars of Wisdom* (I sette pilastri della saggezza). I giornali svelarono la sua identità, ma un anno dopo egli si arruolò nell'esercito come soldato semplice con il nome di T.E. Shaw, nome che in seguito adottò legalmente. Destinato a Bovington Camp, nel Dorset, acquistò un cottage nelle vicinanze, la casa di Clouds Hill. Trasferito alla RAF nel 1925, trascorse i dieci anni successivi tra l'India e l'Inghilterra prima di essere congedato nel 1935. All'età di 46 anni si ritirò quindi a Clouds Hill, dove morì due mesi dopo in un incidente di motocicletta.

Tra i luoghi del Dorset che hanno una certa relazione con Lawrence c'è Bovington Camp, dove il museo dei carri armati gli ha dedicato un'intera sezione. Morì nell'ospedale militare di Bovington sei giorni dopo l'incidente, avvenuto tra il campo militare e Clouds Hill, a solo un miglio dall'ospedale. La sua tomba si trova nel cimitero di St Nicholas Church, a Moreton, mentre i suoi cimeli si conservano al Wareham Museum. Nella piccola chiesa sassone di Wareham, infine, si può ammirare una sua statua in marmo.

occupò dei lavori di ristrutturazione negli anni '30 del XIX secolo.

La casa è aperta da mezzogiorno alle 17.30 (la biglietteria chiude alle 16.30) dal sabato al mercoledì da aprile a ottobre. L'entrata costa £6/3 (per la sola visita del parco il biglietto costa £2,50/1,25).

DORSET SUD-ORIENTALE

Nell'angolo sud-orientale del Dorset, chiamato Purbeck, si trovano numerosi e graziosi villaggi di cottage dal tetto di paglia e antiche rovine. Questa zona, che offre splendidi panorami, è attraversata dal Dorset Coast Path, un tratto del South West Coast Path, è ricca campeggi e si trovano dei B&B in quasi tutti i villaggi.

Tolpuddle

Tolpuddle, situato lungo la A35, svolse un ruolo determinante nella storia dei sindacati. Nel 1834 alcuni braccianti agricoli si riunirono per discutere il recente taglio dei salari, ma vennero tutti immediatamente arrestati, accusati di aver tenuto un incontro illegale (benché lo sciopero non fosse contro la legge) e condannati alla deportazione in Australia. Ma grazie alla massiccia mobilitazione pubblica i 'Martiri di Tolpuddle' ottennero il condono della pena nel 1836.

Accanto all'albero sotto il quale si dice che fosse avvenuto l'incontro è stato eretto un monumento commemorativo. Il **Tolpuddle Martyrs Museum** (☎ 01305-848237), nella periferia ovest della città, rievoca l'intera storia. È aperto dalle 10 (dalle 11 la domenica) alle 17.30 tutti i giorni tranne il lunedì. In inverno chiude alle 16. L'ingresso è gratuito.

Athelhampton House

Athelhampton House (☎ 01305-848363), costruita nel 1485, era un edificio recente all'epoca in cui nacque la dinastia Tudor, ma la prima durò un po' più a lungo della seconda. Contiene notevoli pannelli e vetrate araldiche, ma ciò che più interessa ai visitatori è il parco circostante. Quest'ultimo è aperto dalle 10.30 alle 17 (fino al tramonto da novembre a febbraio) tutti i giorni tranne il sabato. La residenza invece è aperta al pubblico dalle 11 alle 16.30. L'entrata costa £5,40/1,50 o £3,50 per il solo parco.

Wareham

Pop. 2800 ☎ **01929**
Il grazioso villaggio di Wareham forma un quadrato perfetto, cinto com'è dal fiume Frome a sud e da un muro sassone (sorprendentemente rimasto intatto) sugli altri tre lati. Come se non bastasse, North St, East St, South St e West St sono orientate verso i quattro punti cardinali, dipartendosi da The Cross che sta nel centro. Il villaggio fu gravemente danneggiato da una serie di incendi. Particolarmente disastroso fu quello che si verificò nel 1762, dopo il quale venne vietata la costruzione di cottage dal tetto di paglia.

Il TIC di Purbeck (☎ 552740, fax 554491, ✉ purbecktic@compuserve. com), Holy Trinity Church, South St, distribuisce un'ottima guida e una cartina gratuita degli itinerari da effettuare a piedi. È aperto dalle 9.30 alle 17 dal lunedì al sabato e dalle 10 alle 16 la domenica. Chiude per la pausa pranzo dalle 13 alle 14.

Che cosa vedere Il Wareham Museum (☎ 553448), East St, adiacente al municipio, è stato appena ristrutturato ed è aperto dalle 11 alle 13 e dalle 14 alle 16 tutti i giorni da Pasqua a metà ottobre. Oltre ai documenti che illustrano la storia locale, il museo ha riservato una sezione agli oggetti appartenuti a Lawrence d'Arabia.

Ad **Abbots Quay**, un tempo trafficato porto sul fiume Frome, è possibile noleggiare barche a remi.

I solidi **argini** che circondano la città furono costruiti nell'876 dopo un attacco vichingo. Un tratto di essi lungo il West Wall, il lato ovest della cinta muraria, è passato alla storia con il nome di Bloody Bank ('l'argine insanguinato') in memoria dell'assassinio dei ribelli di Monmouth avvenuto qui nel 1685 (v. oltre la lettura **Le assise di sangue** in **Dorchester**).

Presso le mura lungo North St si trova la sassone **St Martin's Church**, risalente al 1020. Sebbene il portico e il campanile siano stati aggiunti successivamente e vetrate più ampie siano state inserite con il passare dei secoli, la struttura portante è ancora quella originale. All'interno, oltre a una statua in marmo di Lawrence d'Arabia, si può ammirare, sulla parete nord, un affresco del XII secolo.

Pernottamento e pasti Nei dintorni di Wareham si trovano diversi campeggi.

Tra i B&B citiamo il ***Belle Vue*** (☎ *552 056, West St)*, proprio sopra il West Wall, con camere doppie a partire da £42.

Di fronte al ***Black Bear Hotel*** *(☎ 553339, fax 552846, 14 South St)* sorge la statua di un orso a grandezza naturale. Sono disponibili singole/doppie con servizi privati a partire da £25/40.

Il pittoresco ***Old Granary*** *(☎ 552 010, fax 552482, The Quay)* mette a disposizione stanze a £45 e un buon ristorante. Il vicino ***Quay Inn*** *(☎ 552735)* è un apprezzato pub dove viene servito anche cibo.

WESSEX

Per/da Wareham Gli autobus nn. 142/3/4 effettuano servizio tra Poole e Swanage via Wareham con una certa frequenza.

Bovington Camp Tank Museum

Il Tank Museum (☎ 01929-405096), museo dei carri armati, dista 6 miglia (10 km) da Wareham. Ospita una collezione che comprende alcuni dei primi esemplari usati nella Prima guerra mondiale e carri armati utilizzati da entrambe le parti durante la seconda, ma anche alcuni risalenti all'epoca della guerra fredda. Tra i modelli più recenti, potrete vedere dei carri armati iracheni della guerra del Golfo. È aperto dalle 10 alle 17 e l'ingresso costa £6,90/4,50. Nel 1923 Lawrence d'Arabia fu assegnato ai reparti di questa base militare e nel negozio si trova una piccola esposizione dedicata a lui.

Monkey World

Monkey World, 'il mondo delle scimmie' (☎ 0800 456600), fu istituito nel 1987 per proteggere gli scimpanzé maltrattati provenienti dalla Spagna dove erano utilizzati sia come animali domestici sia nei laboratori scientifici. Questo gruppo di scimpanzé è il più numeroso che esista fuori dall'Africa, ma si trovano anche oranghi, lemuri e macachi. È aperto dalle 10 alle 17 tutto l'anno (alle 18 in luglio e agosto; la biglietteria chiude un'ora prima della chiusura). L'ingresso costa £5,50/4.

Clouds Hill

L'ex casa di Lawrence d'Arabia (☎ 01929 405616; National Trust) è aperta al pubblico da mezzogiorno alle 17 tutti i giorni tranne il lunedì e il martedì da aprile a ottobre. L'ingresso costa £2,30.

Corfe Castle

Le imponenti rovine di Corfe Castle (☎ 01929-481294; National Trust) dominano un grazioso villaggio di case di pietra e offrono un magnifico panorama della campagna circostante. Il castello, risalente al X secolo, fu teatro di vicende storiche drammatiche. Nel 978 il re Edoardo, allora diciassettenne, vi fu accolto dalla regina Elfrida, la matrigna, con un bicchiere di vino avvelenato ma, prima ancora che quest'ultimo sortisse il suo effetto, fu ucciso con una pugnalata. Così come aveva previsto la perfida regina, al trono ascese il fratellastro di Edoardo, Etelredo lo Sconsigliato. Il giovane re caduto vittima del complotto fu canonizzato nel 1001 come san Edoardo.

Durante la guerra civile il castello fu assediato due volte e il secondo attacco, nel 1646, lo ridusse al pittoresco rudere attuale. È aperto dalle 10 alle 17.30 tutti i giorni, da febbraio a ottobre (alle 16.30 in marzo) e dalle 11 alle 15.30 il resto dell'anno. L'ingresso costa £4/2.

Nel villaggio ci sono diversi pub e B&B e nei dintorni non mancano i campeggi.

Il *Greyhound* è un buon pub, con un piacevole giardino, situato vicino al fossato del castello, mentre il *Fox Inn* è un pub molto intimo frequentato dalla gente del posto.

The Blue Pool Considerato luogo di alto interesse scientifico (SSSI, Sito di speciale interesse scientifico), il Blue Pool è un lago le cui acque cambiano colore. L'ingresso a questo luogo molto apprezzato dalla gente del posto (raggiungibile seguendo le indicazioni lungo la A351) costa £3/1,50.

Swanage
☎ 01929

In epoca vittoriana il cavatore John Mowlem fece fortuna rifornendo i costruttori londinesi (all'epoca impegnati in grandi progetti di costruzione nella fiorente Londra) di pietra estratta nelle cave di Swanage. L'impresa che porta il suo nome è ancora oggi una delle principali imprese edili. Oltre a rifornire la capitale di materiale da costruzione, Mowlem recuperava a Londra frammenti di palazzi destinati alla demolizione assieme ad altri elementi architettonici che poi inviava a Swanage. Ecco perché a Swanage si trovano i tipici pilastrini spartitraffico che si vedono a Londra; la Wellington Clock Tower che un tempo sovrastava il London Bridge oggi decora il pontile della cittadina, mentre la grandiosa facciata in pietra del municipio, che stilisticamente risente dell'influenza di Wren, fu rimossa dal palazzo della Cheapside Mercers' Company. Il piccolo *heritage centre*, al porto, narra la storia di Swanage e dell'isola di Purbeck. È aperto dalle 10 alle 17 (chiuso dalle 13 alle 14) tutti i giorni da Pasqua a ottobre. L'entrata è gratuita.

Il TIC (☎ 422885, fax 423423, ✆ mail @swanage.com), White House, Shore Rd, è aperto dalle 10 alle 17 tutti i giorni.

Lo *Swanage Youth Hostel* (☎ 422113, fax 426327, ✆ swanage@yha.org.uk, Cluny Crescent) gode di una buona posizione, in centro, e la tariffa è di £10,85/ 7,40. I numerosi B&B attestano la fortuna di cui gode Swanage come località balneare.

Ricky's (☎ 424476, 15 High St) è un apprezzato caffè di classe, in cui vengono servite buone prime colazioni (anche se costose) e cene di due portate a £10.95.

L'autobus n. 150, diretto a Bournemouth, parte ogni mezz'ora e i nn. 142/3/4 si recano con una certa frequenza a Poole via Corfe Castle e Wareham.

Lulworth Cove e la costa
☎ 01929

La bellissima costa del Dorset appare in tutto il suo splendore nell'affollatissimo tratto compreso tra Lulworth Cove e Durdle Door. Lulworth Cove è una baia quasi perfettamente circolare e quasi completamente racchiusa tra alte scogliere. Durdle Door ha una bella spiaggia, una splendida baia e un notevole passaggio a volta naturale. Si trova circa un miglio a ovest di Lulworth Cove e in entrambe le direzioni delle bellissime camminate portano in cima alle scogliere. La spiaggia di Lulworth Cove non è niente di speciale, ma quelle a est e a ovest di Durdle Door sono notevoli. Per maggiori informazioni sulla zona, consultate il sito Internet www.lulworth.com.

Il tozzo castello **Lulworth Castle** (☎ 400352) si trova nel villaggio di East Lulworth, circa 3 miglia (5 km) verso l'entroterra. Rispetto a molti castelli inglesi, si tratta di un castello 'moderno', poiché fu costruito nel 1608 ma distrutto da un incendio nel 1929. L'esterno è stato completamente restaurato, mentre la parte interna continua a essere oggetto di restauri. Il parco è aperto dalle 10 alle 18 (alle 16 da novembre a marzo) tutti i giorni, ma il castello è aperto al pubblico solo il mercoledì dalle 13 alle 16.30 da aprile a settembre. L'ingresso costa £4,50/2,50.

Sono numerosi i posti in cui è possibile alloggiare a Lulworth Cove, e ce ne sono molti altri anche a West Lulworth, più all'interno.

Il *Durdle Door Holiday Park* (☎ 400200, fax 400260) gode di una splendida posizione, tra i prati in cima alle scogliere. Il prezzo per una tenda e parcheggio dell'automobile è di £15. Per chi non dovesse pernottare nel campeggio ma desiderasse comunque entrare con l'automobile il prezzo è di £3.

Il *Lulworth Cove Youth Hostel* (☎ 400564, fax 400640, School Lane, West Lulworth) costa £9,80/6,75 per adulti/bambini.

Le gelaterie di Lulworth Cove vendono ottimi gelati tra cui il delicato gusto di pavlova (dolce a base di meringa, crema e frutta) al lampone o allo zenzero. Lasciatevi tentare.

Gli autobus nn. 101/2/3/4 della First Southern National (☎ 01305-783645) effettuano servizio (seppur irregolarmente) tra Dorchester e Lulworth Cove. L'autobus n. 29 proviene da Wareham.

DORCHESTER
Pop. 14.000 ☎ 01305

Famosa in quanto città natale dello scrittore Thomas Hardy, Dorchester, capoluogo amministrativo del Dorset, è una città molto tranquilla. La vivace Weymouth e la graziosa Cerne Abbas sono basi di partenza altrettanto consigliabili per esplorare i dintorni.

Le assise di sangue

Nel 1685 il duca di Monmouth, figlio illegittimo di Carlo II, sbarcò a Lyme Regis con l'intento di scalzare Giacomo II e diventare re al suo posto. Tuttavia, la sua ribellione non ebbe esito felice: il duca fu sconfitto nella battaglia di Sedgemoor, nel Somerset, e decapitato nella torre di Londra (furono necessari quattro colpi d'ascia per mozzargli la testa). Il giudice Jeffreys, giudice capo, condannò a morte i ribelli nel processo di Dorchester, un barbaro processo passato alla storia con il nome di 'the Bloody Assizes' (letteralmente 'le assise di sangue').

Vennero impiccati oltre 300 ribelli: i loro corpi furono poi sventrati e squartati e le loro misere membra esposte nelle città e nei villaggi di tutta la regione. Quasi mille ribelli furono deportati alle Barbados e molti altri imprigionati, multati o frustati.

Orientamento e informazioni

La vita si svolge principalmente nella zona di South St che conduce all'area pedonale di Cornhill per poi immettersi in High St, divisa in East e West dalla chiesa di St Peter.

Il TIC (☎ 267992, fax 266079), Unit 11, Antelope Walk, dopo Trinity St, è aperto dalle 9.30 alle 17.30 dal lunedì al sabato. Vi troverete la *Historical Guide – Dorchester*, che descrive interessanti escursioni a piedi in città, e molte opere riguardanti Hardy, tra cui una serie di opuscoli in cui vengono indicati i luoghi che compaiono nei suoi romanzi.

Max Gate (casa di Hardy)

Coloro che sono interessati alla vita di Hardy dovrebbero visitarne la casa, progettata dallo stesso scrittore che qui visse dal 1885 fino alla morte, avvenuta nel 1928. Fu qui che scrisse molte delle sue opere più celebri, tra cui *Tess of the D'Urbervilles* e *Jude the Obscure*, ma non sono numerosissimi gli oggetti che lo ricordano.

Max Gate (☎ 262538; National Trust), in Alington Ave, è aperta dalle 14 alle 17 il lunedì, mercoledì e la domenica, da aprile a settembre. L'ingresso costa £2,10/1,10. La casa dista un miglio dal centro, in direzione est, lungo la A352. L'autobus D va in quella direzione: scendete alla rotonda Max Gate.

Dorset County Museum

Il Dorset County Museum (☎ 262735), in High West St, ospita lo studio in cui scriveva Hardy. Vi si trovano anche delle interessanti sale dedicate agli scavi archeologici di Maiden Castle, i fossili trovati a Lyme Regis e oggetti di artigianato rurale.

È aperto dalle 10 alle 17 dal lunedì al sabato (in luglio e agosto anche la domenica) e l'ingresso costa £3,30/1,50.

Tutankhamun Exhibit

Il Tutankhamun Exhibit (☎ 269571), in High West St, può sembrare fuori luogo nel Dorset, ma è comunque interessante da visitare. Sono stati ricostruiti i momenti relativi alla scoperta della tomba e il suo contenuto, senza trascurare neppure odori e suoni.

È aperto dalle 9.30 alle 17.30 tutti i giorni e l'ingresso costa £4,50/2,95.

Altre cose da vedere

Il **Keep Military Museum** (☎ 264066), oltre la rotonda di Bridport Rd, ripercorre le fortunate imprese militari dei soldati del Dorset oltremare. È aperto dalle 9.30 alle 17 dal lunedì al venerdì (chiuso il sabato dalle 13 alle 14), e dalle 10 alle 16 la domenica in estate. L'ingresso costa £2,50/1,50.

In Icen Way si trova anche un piccolo **Dinosaur Museum** (☎ 269880) aperto dalle 9.30 alle 17.30 tutti i giorni. L'ingresso costa £4,50/2,95.

Il palazzo che ora ospita l'edificio della **Barclays Bank**, al n. 10 di South St, ispirò a Thomas Hardy la descrizione della casa che compare nel romanzo *The Mayor of Casterbridge*. Per un certo periodo Hardy lavorò al n. 62, presso lo studio di un architetto. Alla rotonda di West Gate, una **statua** di Hardy seduto osserva il traffico.

Pernottamento

I B&B più economici di Dorchester hanno a disposizione poche stanze. L'*Hillfort View* (☎ *268476, fax 269233, 10 Hillfort Close*) dispone di una camera singola a £18 e di una doppia a £36.

Il *Maumbury Cottage* (☎ *266726, 9 Maumbury Rd*) è comodo data la sua vicinanza alle stazioni. Il prezzo è di £34 per una doppia. Presso il *Mountain Ash* (☎ *264811, ✆ peewheet@cixcompulink. co.uk, 30 Mountain Ash Rd*) il prezzo della singola/doppia è di £20/36.

Il *Casterbridge Hotel* (☎ *264043, fax 260884, ✆ reception@casterbridgehotel. co.uk, 49 High East St*) è un alberghetto di lusso in cui, d'estate, la formula B&B costa £42/72.

In High St West si trovano due confortevoli alberghi in stile georgiano. Il *Westwood House Hotel* (☎ *268018, fax 250282, 29 High St West*) ha stanze da £49/69. Il vicino *Wessex Royale Hotel* (☎ *262660, fax 251941, 32 High St West*) ha le stesse tariffe.

Pasti

Un locale suggestivo in cui ordinare un tè o un vero e proprio pasto, sempre che il suo macabro passato non vi faccia impressione (v. la lettura Le assise di sangue), è il *Judge Jeffreys' Lodgings* (☎ *264369, 6 High West St*), con facciata a travatura di legno, dove i piatti principali costano dalle £7 alle £10.

Considerate una spesa di circa £20 per persona per un pasto di tre portate al *Mock Turtle* (☎ *264011, High West St*).

The Old Tea House (*High West St*), dall'altro lato della strada, serve cream tea e pasti leggeri.

Il *Kings Arms* (☎ *265353, High East St*) compare anch'esso nel *Mayor of Casterbridge* di Hardy. Serve dei buoni piatti (quelli generalmente serviti nei pub) e c'è anche una caffetteria.

Anche il *Royal Oak* (*High West St*) e il vicino *Old Ship Inn* (il più antico pub della città) sono dei posti suggestivi in cui ordinare qualcosa da bere o da mangiare.

Per/da Dorchester

Autobus Il servizio è molto più lento di quello offerto dai treni: l'autobus da Londra impiega 4 ore. Tra le compagnie di autobus locali ricordiamo la First Southern National (☎ 783645), i cui autobus effettuano servizio da Lyme Regis e Taunton, la Wilts & Dorset (☎ 01202-673555), da Salisbury, e la Dorchester Coachways (☎ 262992) da Weymouth.

Treno Ci sono due stazioni ferroviarie, la Dorchester South e la Dorchester West (quest'ultima senza personale), entrambe situate a sud-ovest del centro. La prima ha sette collegamenti al giorno con la stazione di Waterloo di Londra (3 ore, £32,40) via Bournemouth (£7,10) e Southampton (£14,60). Frequenti sono i collegamenti con Weymouth (10 minuti, £2,50). Da Dorchester West passano i treni provenienti da Bath (2 ore, £10,30) e Bristol.

Trasporti locali

La Dorchester Cycles (☎ 268787), al n. 31b di Great Western Rd, noleggia biciclette al prezzo di £10 per giorno (£50 per settimana).

DINTORNI DI DORCHESTER
Maiden Castle

I bastioni con terrapieno di Maiden Castle distano un miglio e mezzo (2,5 km) da Dorchester in direzione sud-ovest, si estendono per 3 miglia (5 km) e racchiudono una superficie di quasi 20 ettari. Il luogo fu abitato fin dall'epoca neolitica, ma il primo forte costruito sul posto risale all'800 a.C. circa. Abbandonato e poi ricostruito nel 500 a.C., il forte fu ampliato ed esteso nel 250 e poi nuovamente nel 150 a.C. Ai grandi terrapieni furono aggiunte altre difese negli anni compresi tra il 100 e il 75 a.C., fortificazioni che però non impedirono ai Romani di conquistarlo nel 43 d.C. (lo abbandonarono solo nel IV secolo). Le dimensioni delle sue mura, l'area che esse racchiudono, il fossato e la posizione molto panoramica ne fanno un luogo estrema-

Charlieville

Poundbury, che sorgerà in una zona periferica a ovest di Dorchester, è una città modello progettata allo scopo di immortalare gli ideali conservatori del principe Carlo. È conosciuta dagli abitanti del posto con il nome di Charlieville. Il complesso ospiterà 5000 persone, anche se per il momento sono state costruite solo 135 case, tutte basate su principi architettonici tradizionali, ma dotate delle comodità moderne, quali i doppi vetri o il riscaldamento centralizzato.

Il concetto fondamentale dell'idea di città del principe è che persone appartenenti a diverse fasce sociali dovrebbero vivere nella stessa via, piuttosto che essere confinate in zone diverse. Un altro principio fondamentale consiste nella volontà di fare in modo che la città sia il più possibile progettata per i pedoni. Gli standard costruttivi sono molto severi: gli infissi delle finestre, per esempio, potranno essere dipinti solo di bianco e antenne, cavi telefonici e parabole non dovranno essere visibili.

Il progetto è stato oggetto di numerose critiche, ma sarà chiaramente un successo. Le case vengono vendute non appena rese disponibili all'acquisto e i prezzi degli immobili sono aumentati enormemente.

mente interessante. I reperti archeologici rinvenuti in questa zona sono esposti al Dorset County Museum.

Hardy's Cottage
Il cottage (☎ 01305-262366) dove nacque Thomas Hardy e dove scrisse *Far form the Madding Crowd* (Via dalla pazza folla) si trova in Higher Bockhampton, circa 3 miglia (5 km) a nord-est di Dorchester, circa 10 minuti a piedi dal parcheggio. Nonostante la mancanza di oggetti appartenuti allo scrittore, il cottage attrae numerosi visitatori.

È aperto dalle 11 alle 17 dalla domenica al giovedì, da aprile a ottobre e l'ingresso costa £2,60.

Cerne Abbas e Cerne Giant
Il pittoresco villaggio di Cerne Abbas conserva alcune belle case del XVI secolo e una chiesa medievale. Il convento, più volte oggetto di rimaneggiamenti nel corso dei secoli, ora è una residenza privata, ma le rovine dietro la casa possono ancora essere visitate. L'Abbot's Porch risale al 1509 un tempo costituiva l'entrata all'intero complesso di Cerne Abbas.

A nord del villaggio torreggia il Cerne Giant, una delle più famose sculture

di gesso della Gran Bretagna. Il gigante è alto 55 m e in mano regge una mazza lunga 37 m. Non è chiara la sua origine: potrebbe risalire a qualche centinaio, o anche qualche migliaio, di anni fa. Una cosa è certa: questo vecchio signore non ha bisogno del Viagra! Il pover'uomo ha potuto riappropriarsi della sua virilità solo questo secolo, dopo che i pudichi Vittoriani avevano lasciato che l'erba crescesse sul suo organo, coprendolo.

Visti i numerosi B&B, Cerne Abbas è una buona alternativa a Dorchester (20 minuti in autobus; 8 miglia, 13 km). Il *Red Lion* (☎ 01300-341441) serve buoni piatti da pub, come pure il *Royal Oak* (☎ 01300-341797), entrambi in Long St.

WEYMOUTH
Pop. 40.000 ☎ 01305
Questa vivace e accattivante stazione balneare è una buona alternativa a Dorchester come punto di partenza per visitare la regione di Hardy (Weymouth è la 'Budmouth' delle sue opere).

Furono i primi bagni di Giorgio III nelle acque di Weymouth nel 1789 a scatenare l'interesse degli inglesi per il mare. Nonostante lo shock che deve aver provato la prima volta, quando uscendo dalla sua 'bathing machine' (una cabina su ruote che consentiva al bagnante di immergersi in acqua lontano da occhi indiscreti) una banda si mise a suonare in suo onore, egli fece ritorno a Weymouth per ben tredici volte.

Orientamento e informazioni
Il centro di Weymouth, la zona compresa tra la spiaggia e l'Inner Harbour (la parte interna del porto), occupa soltanto alcuni isolati. Il viale che costeggia la spiaggia si chiama The Esplanade, ma è diviso in vari tratti che recano nomi diversi. St Mary St è il centro commerciale a cui hanno accesso solo i pedoni, ma è più invitante Hope Square, all'estremità del bel vecchio porto (Old Harbour).

Il TIC (☎ 785747, fax 788092, @ tourism@weymouth.gov.uk), lungo The Esplanade, si trova di fronte alla statua di re Giorgio III. È aperto dalle 9.30 alle 17 tutti i giorni.

The Esplanade e Old Harbour
Weymouth è un tipico esempio di località balneare inglese e facendo una passeggiata d'estate lungo The Esplanade si noteranno vari chioschi in cui si vendono attrezzature da spiaggia, punti di noleggio di sedie a sdraio, asinelli pronti a scarrozzare i bambini e i Punch and Judy shows, spettacoli di burattini con litigi tra moglie e marito. Cercate il Jubilee Memorial Clock, dai colori vivaci, che risale al 1888 e l'altrettanto vivace statua di re Giorgio III, santo patrono del turismo locale.

L'insenatura dell'Old Harbour è fiancheggiata da pittoreschi edifici antichi in cui sono stati allestiti negozi, ristoranti e pub. Sono numerosissimi i pescherecci e gli eleganti yacht provenienti da ogni parte del mondo.

Deep Sea Adventure
Il Deep Sea Adventure (☎ 760690), che occupa un ex granaio al n. 9 di Custom House Quay, ricostruisce la storia delle immersioni subacquee e quella di alcuni naufragi avvenuti nella zona, del *Titanic* e del HMS *Edinburgh* (quest'ultima affondò navigando in convoglio mentre tornava dalla Russia con un carico d'oro pari a 40 milioni di sterline, che in seguito fu recuperato). Una sezione è dedicata a William Walker, il sommozzatore che salvò la Winchester Cathedral (v. **Winchester** in **Inghilterra sud-orientale**), e un'altra a John Lethbridge e al suo pionieristico 'motore da immersione' del 1715.

La mostra è aperta dalle 9.30 alle 18.30 tutti i giorni (alle 20 in luglio e agosto). L'ultimo ingresso è un'ora e mezzo prima dell'orario di chiusura. Il biglietto costa £3,75/2,75.

Brewer's Quay e Timewalk
Brewer's Quay comprende un centro commerciale e presenta molte attrazioni, tra cui il Timewalk (☎ 777622) che ripercorre la storia di Weymouth dalle origini di porto commerciale, alla sconfitta dell'Invencible Armada, alla rinascita infine della città come stazione balneare. È esposta addirittura la riproduzione del povero Giorgio III mentre esce dalla sua famosa 'bathing machine' (la cabina con cui raggiungeva il mare per fare il bagno).

Questa bella visita termina con la narrazione della storia della distilleria Devenish, presso la quale il museo è allestito.

È aperto dalle 10 alle 17.30 tutti i giorni (alle 21 in luglio e agosto). L'ingresso al Timewalk costa £4,25/3.

Tudor House
Costruita nel 1600 circa, la Tudor House (☎ 812341), al n. 3 di Trinity St, sorgeva originariamente sul lungomare, rispetto al quale oggi si trova in posizione un po' arretrata.

La casa, interamente arredata in stile Tudor, è aperta da giugno a settembre dalle 11 alle 15.45 dal martedì al venerdì, mentre da ottobre a maggio è aperta solo la prima domenica del mese, nel pomeriggio. L'entrata, che comprende una visita guidata, costa £2/50p.

WESSEX

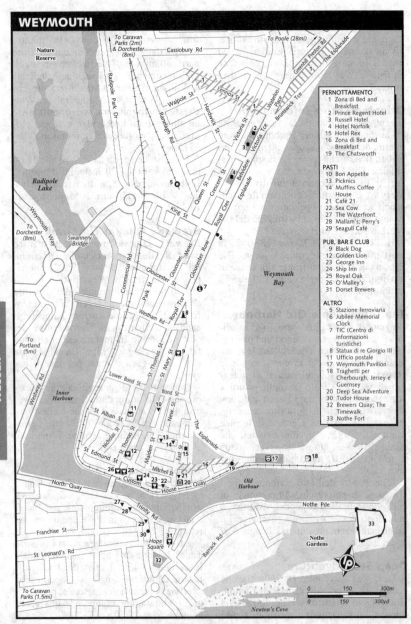

WEYMOUTH

PERNOTTAMENTO
1 Zona di Bed and Breakfast
2 Prince Regent Hotel
3 Russell Hotel
4 Hotel Norfolk
15 Hotel Rex
16 Zona di Bed and Breakfast
19 The Chatsworth

PASTI
10 Bon Appetite
13 Picknics
14 Muffins Coffee House
21 Café 21
22 Sea Cow
27 The Waterfront
28 Mallam's; Perry's
29 Seagull Café

PUB, BAR E CLUB
9 Black Dog
12 Golden Lion
23 George Inn
24 Ship Inn
25 Royal Oak
26 O'Malley's
31 Dorset Brewers

ALTRO
5 Stazione ferroviaria
6 Jubilee Memorial Clock
7 TIC (Centro di informazioni turistiche)
8 Statua di re Giorgio III
11 Ufficio postale
17 Weymouth Pavilion
18 Traghetti per Cherbourgh, Jersey e Guernsey
20 Deep Sea Adventure
30 Tudor House
32 Brewers Quay; The Timewalk
33 Nothe Fort

Nothe Fort

Situato in cima al promontorio che domina la cittadina, il Nothe Fort (☎ 766626) è un forte del XIX secolo in cui è stato allestito un museo che illustra i sistemi di difesa adottati lungo le coste britanniche.

È aperto dalle 10.30 alle 17.30 tutti i giorni, dall'inizio di maggio alla fine di settembre (dalle 14, solo la domenica, in inverno). L'ingresso costa £3/gratis.

Pernottamento

Per prenotare un alloggio potete servirvi del numero verde ☎ 0800 765223.

Campeggi Ci sono parcheggi per roulotte tra Overcombe e Preston, a nord sulla Dorchester Rd e a sud vicino a Sandsfoot Castle e Chesil Beach.

B&B e alberghi Weymouth brulica di alberghi. I posti più economici, i B&B (che generalmente costano dalle £14 alle £18 per persona), si possono trovare ovunque in città. I posti migliori in cui cercare sono i dintorni di Brunswick Terrace, lungo il tratto settentrionale di The Esplanade. I graziosi B&B presenti in questo tratto si affacciano direttamente sulla spiaggia.

Lennox St, a nord della stazione ferroviaria, e Waterloo Place, il tratto di The Esplanade che parte dall'incrocio con Lennox, sono altre due zone che offrono una vasta scelta di B&B economici. All'altra estremità di The Esplanade, subito prima di Weymouth Quay, ci sono B&B dal n. 1 al n. 34.

The Chatsworth (☎ 785012, fax 766342, @ dave@chatsworth.freeserve. co.uk, 14 The Esplanade) ha un lato che si affaccia sul mare e un altro sull'Old Harbour. Le stanze con bagno privato costano a partire da £25 per persona.

La maggior parte degli alberghi che si trovano nel tratto centrale di The Esplanade è costosa, ma l'*Hotel Norfolk* (☎ 786734, fax 766250, 125-6 The Esplanade) ha prezzi ragionevoli a partire da £30 per persona.

Il *Russell Hotel* (☎ 786059, fax 775723, @ admin@russell-hotel.co.uk, 135-8 The Esplanade) ha stanze singole/doppie a £32/64. Accanto c'è il *Prince Regent Hotel* (☎ 771313, fax 778100, @ hprwey@aol.com, 139 The Esplanade) le cui tariffe partono da £55/85.

L'*Hotel Rex* (☎ 760400, fax 760500, 29 The Esplanade) era un tempo la residenza estiva del duca di Clarence. Oggi chiunque può alloggiarvi per £54,50/96.

Pasti

Un buon posto in cui ordinare baguette imbottite e fette di pizza da asporto è il *Bon Appetite* (☎ 777375, 32 St Mary St).

Il *Picknics* (☎ 761317, 31 Maiden St), a nord dell'Old Harbour, serve una vasta scelta di panini imbottiti e tramezzini da portare via. È chiuso la domenica.

Il *Café 21* (☎ 767848, 21 East St) è un bel posticino per vegetariani in cui viene servito cibo sano e saporito a poco prezzo. Piatti quali le crêpes di funghi e porri e le torte di frutta di stagione ne fanno un locale assolutamente da non perdere.

La *Muffins Coffee House* (☎ 783844, St Albans St) è molto frequentata all'ora di pranzo e i piatti del giorno sono scritti in gesso su una lavagna all'esterno.

Se ancora non l'avete fatto, Weymouth è il posto ideale per assaggiare il più inglese dei fast food: fish and chips. Sul lato meridionale del porto si trova *The Waterfront* (☎ 781237, 14 Trinity Rd) in cui è possibile ordinare merluzzo, razza e pianuzza da asporto a circa £3. Dietro l'angolo, c'è un altro posto economico in cui ordinare patatine: il *Seagull Café* (10 Trinity Rd).

Sul lato sud dell'Old Harbour si trovano due locali, il *Perry's* (☎ 785799, 4 Trinity Rd) e il *Mallam's* (☎ 776757, 5 Trinity Rd), che servono piatti di pesce presentati con molta fantasia. Da Perry's i piatti sul menu alla carta costano tra £12,50 e £22,50 (l'aragosta). Da Mallam c'è un menu a prezzo fisso (due portate a £18.90)

The Sea Cow (☎ 783524, 7 Custom House Quay), nell'Old Harbour, serve una vasta scelta di pesce, tra cui esotici pesci del posto come il John Dory. Un pasto di tre portate con vino vi costerà tra £15 e £25.

Divertimenti

Weymouth pullula di pub. Il *Dorset Brewers* (☎ 786940, Hope St) ha un'ambientazione nautica e serve buoni piatti da pub.

L'*O'Malley's* (☎ 761020) e il *Royal Oak*, in Custom House Quay, vicino al ponte, o lo *Ship Inn* (☎ 773879) e il *George Inn* (☎ 773301) sono tutti molto apprezzati.

Tornando dal porto, si trova il *Golden Lion* (☎ 786778), all'angolo tra St Mary St e St Edmund St.

Il *Black Dog* (☎ 771426), nella zona pedonale di St Mary St, è considerato il pub più antico della città e deve il proprio nome al primo Labrador nero portato in Inghilterra a bordo di una nave proveniente da Terranova.

Il *Weymouth Pavilion* (☎ 783225), sul molo, ha un ricco programma di spettacoli tutto l'anno. Dà un po' sull'intellettuale: si sono visti spogliarellisti australiani e Ronnie Corbett.

Per/da Weymouth

Autobus Gli autobus fermano lungo The Esplanade. Per informazioni sugli autobus locali telefonate al ☎ 224535. Gli autobus della Dorchester Coachways (☎ 262992) effettuano servizio per Londra tutti i giorni. La Wilts & Dorset ha collegamenti per Dorchester, Salisbury, Taunton, Poole e Bournemouth. L'autobus n. X53 della First Southern National (☎ 01305-783645) parte ogni ora per Exeter via Lyme Regis. L'autobus n. 1 effettua servizio per Portland con frequenza.

Treno La stazione di Weymouth è comoda perché situata all'incrocio tra Ranelagh Rd e King St. Ogni ora partono treni per Londra (£33,70, tre ore e mezzo) via Bournemouth (£8,80, un'ora) e Southampton (£15,90, un'ora e mezzo). Tra le località del sud-ovest servite dai collegamenti ferroviari c'è la vicina Dorchester (£2,50, 12 minuti).

Imbarcazioni I traghetti della Condor (☎ 761551) sono catamarani ad alta velocità che trasportano anche automobili e raggiungono Cherbourgh, in Francia, in quattro ore e mezzo. Un'escursione in giornata (andata e ritorno) costa £29,90. I traghetti della Condor offrono collegamenti anche con Jersey e Guernsey.

DA WEYMOUTH A LYME REGIS

Portland

Portland, a sud di Weymouth, è collegata alla terraferma attraverso una lunga lingua di terra, la Chesil Beach. Molti noti edifici sono stati costruiti con la pietra estratta dalle cave di Portland.

Il solido **Portland Castle** (☎ 820539; EH) è uno dei migliori esempi dei castelli eretti a scopo difensivo sotto il regno di Enrico VIII, che fece costruire numerosi castelli temendo un attacco francese. È aperto dalle 10 alle 18 tutti i giorni da aprile a settembre e dalle 10 alle 17 in ottobre. L'ingresso costa £2,80/1,40.

Dal faro si godono splendidi panorami. In estate ospita il TIC (☎ 01305-861233) in fondo a **Portland Bill**. In estate il faro è aperto dalle 11 alle 17 tutti i giorni, ma da ottobre ad aprile solo il sabato. Salire in cima (a un'altezza di 41 m) costa £2/1,50. Un precedente faro, più piccolo, ora funge da osservatorio ornitologico.

Chesil Beach

Chesil Beach è una lunga striscia coperta di sassi e dalla forma arcuata che si estende per 10 miglia (16 km) da Portland ad Abbotsbury. Essa circonda le acque un po' stagnanti della Fleet Lagoon, un vero paradiso per gli uccelli acquatici (particolarmente famosa è la colonia di cigni di Abbotsbury).

Le dimensioni dei sassi variano: non più grandi di semplici ciottoli a ovest, presso Abbotsbury, del diametro 15 cm a est, presso Portland. I pescatori del posto riconoscono la loro posizione in base alla dimensione delle pietre. In alcuni punti Chesil Beach raggiunge un'altezza di 15 m. Benché d'inverno il mare in tempesta arrivi a sferzare la cima dell'argine, questo non si è mai spezzato. È raggiungibile dal lato di Portland e da ovest rispetto ad Abbotsbury.

Abbotsbury
☎ 01305
Abbotsbury è uno dei villaggi più graziosi del Dorset e ora vanta numerosi luoghi d'interesse con cui attrae continui flussi di turisti.

Che cosa vedere L'enorme thite barn (☎ 871817) è un locale lungo 83 metri un tempo adibito alla conservazione del raccolto. In questo grande capannone furono girate le scene della cena del raccolto nel film di Polanski *Far for the Madding Crowd* (Via dalla pazza folla). Oggi ospita un interessante museo contadino e tra le nuove acquisizioni c'è anche la ricostruzione dell'esercito di terracotta proveniente da Xian, in Cina.

È aperto dalle 10 alle 18 tutti i giorni, da aprile a ottobre, mentre il resto dell'anno è possibile visitarlo solo la domenica. L'ingresso costa £4/3.

Lungo la costa, in un punto panoramico che domina la Fleet Lagoon, si trova l'Abbotsbury Swannery (☎ 871130, New Barn Rd), una tenuta dove i cigni nidificano da oltre 600 anni. Attualmente la colonia conta all'incirca 600 esemplari adulti, più i piccoli. Passeggiando fra i canneti della 'swannery' (allevamento di cigni) potrete imparare tutto ciò che volevate sapere sui cigni. Se desiderate vedere i nidi, andateci in maggio, oppure a fine maggio-giugno per osservare i piccoli. È aperta tutti i giorni dalle 10 alle 18 (fino al tramonto in inverno) e l'ingresso costa £5/3.

La swannery fu fondata dai monaci del convento benedettino di Abbotsbury, ma questo venne distrutto nel 1541. Presso il *thite barn* sono ancora visibili alcuni resti del monastero. Chi si sente in forze può salire a piedi fino alla St Catherine's Cha-

pel, una chiesetta del XIV secolo da dove si gode una splendida vista sull'allevamento dei cigni, il villaggio e Chesil Beach.

I giardini Abbotsbury Subtropical Gardens (☎ 871387) furono creati nel 1765 come orto, ma oggi comprendono anche alcune piante esotiche. Sono aperti dalle 10 alle 18 tutti i giorni, da marzo a ottobre (alle 16 in inverno; ultimo ingresso un'ora prima della chiusura). L'entrata costa £4,50/3.

Pernottamento e pasti Ad Abbotsbury ci sono diversi posti in cui alloggiare o mangiare qualcosa.

Il vecchio *Ilchester Arms* (☎ 871243, 9 Market St), nel villaggio, serve la tradizionale cucina dei pub, come la 'Dorset sausage baguette', ma ha anche il ristorante. Dispone anche di stanze doppie a £45,50 (prima colazione esclusa).

Il *Chesil House* (☎ 871324) è un posto accogliente con tariffe a partire da £22,50 per persona.

Per/da Abbotsbury Abbotsbury dista 9 miglia (14 km) da Weymouth, in direzione nord-ovest sulla B3157, e in estate questa strada è servita da almeno tre autobus al giorno, dal lunedì al sabato.

LYME REGIS
Pop. 4600 ☎ 01297
All'estremità occidentale della contea del Dorset sorge la bella cittadina costiera di Lyme Regis: il Devon inizia subito dopo l'antico molo detto 'Cobb'. Quest'ultimo è diventato un luogo letterario grazie a due scrittori inglesi: è il luogo dell'incidente di Louisa Musgrove in *Persuasione* di Jane Austen ed è anche il molo su cui vediamo ferma in attesa *La donna del tenente francese* nel romanzo di John Fowles (così come Meryl Streep nel film omonimo).

Oltre ai libri, Lyme Regis deve la sua fama all'importanza che riveste in quanto sito preistorico. Le scogliere calcaree ai lati della città, infatti, sono tra le rocce più ricche di fossili di tutta la Gran Bretagna ed è qui che furono scoperti i primi scheletri di dinosauro.

WESSEX

Nel 1685 il duca di Monmouth approdò a Monmouth Beach, a ovest della città, da dove mosse contro lo zio, il futuro Giacomo II, nella speranza di conquistare la corona (per maggiori dettagli v. sopra la lettura **Le assise di sangue** in **Dorchester**).

Orientamento e informazioni

La strada A3052 entra a Lyme Regis scendendo quasi a precipizio e ne esce altrettanto ripida all'estremità opposta della baia. Da Bridge St, il breve tratto in cui la A3052 tocca la costa, parte Marine Parade, il viale che corre verso ovest in direzione del porto.

Il TIC (☎ 442138, fax 443773), Guildhall Cottage, Church St, si trova presso il punto in cui Church St cambia nome e diventa Bridge St. L'ufficio è aperto tutti i giorni dalle 10 alle 18 (nei fine settimana fino alle 17).

Musei

Presso il **Lyme Regis Philpot Museum** (☎ 443370), accanto a un'esposizione di fossili, trovano posto documenti di storia locale. Le scogliere che si ergono a ovest del porto e di Monmouth Beach sono ancora soggette a frane e smottamenti che portano alla luce strati rocciosi ricchi di fossili. L'ultima frana rovinosa risale al giorno di Natale del 1839, quando un tratto di roccia lungo tre quarti di miglio scivolò via trascinando con sé terra, case e fattorie. Il museo propone un'interessante ricostruzione della catastrofe, ricordata come Dowlands Landslip. Il museo si trova in Bridge St ed è aperto tutti i giorni dalle 10 alle 17 (la domenica è chiuso dalle 12 alle 14.30); l'ingresso costa £1/40p.

In Coombe St c'è **Dinosaurland** (☎ 443 541), attrazione che riunisce interesse scientifico (passeggiate tra i fossili) e

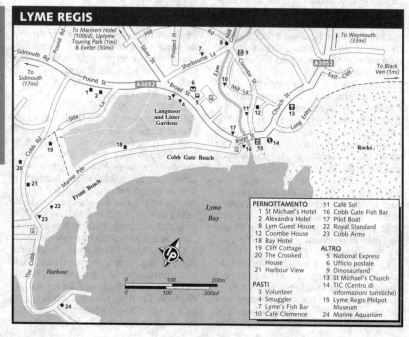

LYME REGIS

To Mariners Hotel (100yd), Uplyme Touring Park (1mi) & Exeter (30mi)
To Weymouth (33mi)
To Sidmouth (17mi)
To Black Ven (1mi)
Sidmouth Rd
Pound Rd
Hill
Silver St
Prospect Pl
Sherbourne La
Rd
Mill Green
Coombe St
A3052
East Cliff
Pound St
A3052
Broad St
Lym
Mill La
Church St
Long Entry
Langmoor and Lister Gardens
Cobb Rd
Stile
Marine Pde
Front Beach
Cobb Gate Beach
Rocks
The Cobb
Harbour
Lyme Bay

PERNOTTAMENTO	11 Café Sol
1 St Michael's Hotel	16 Cobb Gate Fish Bar
2 Alexandra Hotel	17 Pilot Boat
8 Lym Guest House	22 Royal Standard
12 Coombe House	23 Cobb Arms
18 Bay Hotel	
19 Cliff Cottage	**ALTRO**
20 The Crooked House	5 National Express
21 Harbour View	6 Ufficio postale
	9 Dinosaurland
PASTI	13 St Michael's Church
3 Volunteer	14 TIC (Centro di informazioni turistiche)
4 Smuggler	15 Lyme Regis Philpot Museum
7 Lyme's Fish Bar	24 Marine Aquarium
10 Café Clemence	

WESSEX

folklore locale. Da Pasqua al mese di novembre è aperto tutti i giorni dalle 10 alle 17; l'ingresso costa £3,20/1,90.

The Cobb

The Cobb è un molo-frangiflutti in pietra lungo 183 m. Il piccolo **Marine Aquarium** (☎ 443678), che si trova proprio sul molo, offre un interessante panorama della fauna marina locale. L'acquario è aperto tutti i giorni da aprile a ottobre dalle 10 alle 17 (più tardi in alta stagione). Il biglietto d'ingresso costa £1,40/90p.

Da Cobb Gate in direzione East Cliff si snoda la **passeggiata Gun Cliff**. La struttura superiore maschera ingegnosamente il sistema fognario della città.

Pernottamento

Lyme Regis ha un grande numero di alberghi, pensioni e B&B. Chi cercasse un posto per piantare la propria tenda potrà farlo nell'*Uplyme Touring Park* (☎ 442801, *Hook Farm, Uplyme*) pagando £9 per due persone, in estate. Ci si arriva percorrendo Silver St (che diventa poi Uplyme Rd), in direzione di Exeter, per un quarto d'ora circa.

All'incrocio fra Hill Rd e Sherborne Lane c'è la *Lym Guest House* (☎ 442164, *1 Mill Green*), dove la formula B&B costa £22 per persona.

Alla *Coombe House* (☎/fax 443849, 41 *Coombe St*) si pagano £16 per una camera con bagno.

Abbarbicato sopra il porto c'è l'*Harbour View* (☎ 443910, *Cobb Rd*), ospitato in un edificio moderno e confortevole, dove si pagano £17, esclusa la prima colazione.

Poco oltre, risalendo la collina, c'è *The Crooked House* (☎/fax 444741, 6 *Cobb Rd*), che non si è guadagnato questo nome per niente: abbondano, infatti, travi e scale. Una notte costa £20 per persona, compresa una salutare prima colazione.

Il *Cliff Cottage* (☎ 443334, *Cobb Rd*) dispone di doppie a £38 compresa la prima colazione; offre inoltre suggestivi panorami sulla baia.

Il *St Michael's Hotel* (☎ 442503, *Pound St*) offre una splendida vista sul mare; una camera con bagno costa £35, se non vi interessa il panorama il prezzo scende a £30.

Accanto al St Michael's c'è l'*Alexandra Hotel* (☎ 442010, fax 443229, @ *alexandra@lymeregis.co.uk, Pound St*), uno dei più begli alberghi di Lyme Regis, che offre camere singole/doppie a £50/85.

Il *Mariners Hotel* (☎ 442753, fax 442431, *Silver St*), un albergo ricco di storia e di atmosfera fondato nel XVII secolo, offre camere a partire da £42 a testa.

Al *Bay Hotel* (☎ 442059, *Marine Parade*), situato sul lungomare, una notte costa £45 per persona.

Pasti

Anche Lyme Regis è una località costiera dove sanno preparare un buon fish and chips: provatelo al *Lyme's Fish Bar* (34 *Coombe St*) o al *Cobb Gate Fish Bar*, sul lungomare.

L'accogliente *Café Sol*, in Coombe St, offre un menu variegato e leggero adatto a tutte le ore del giorno.

Dietro l'angolo, nel complesso del vecchio mulino c'è il *Café Clemence* (*Mill Lane*), un locale molto frequentato.

Allo *Smuggler* (☎ 442795, 30 *Broad St*) potete fare la prima colazione tutto il giorno, pranzare, bere cream tea e cenare, purché prima delle 20, orario in cui chiude.

Fra i pub in cui si può anche mangiare sono segnalati il *Cobb Arms* e il *Royal Standard*, entrambi lungo Marine Parade, vicino al molo.

Altri due pub con cucina sono il *Volunteer* (*Broad St*) e il *Pilot Boat* (*Bridge St*).

Per/da Lyme Regis

Far tappa a Lyme Regis può essere comodo per chi proviene da Dorchester o Weymouth ed è diretto a Exeter. Da Lyme Regis infatti parte l'autobus n. 31 della Southern National diretto a Taunton e Weymouth via Axminster. L'autobus n. X53 parte ogni ora diretto a ovest verso Exeter e a est verso Weymouth.

WESSEX

DINTORNI DI LYME REGIS
Parnham

L'attuale proprietario di Parnham
(☎ 01308-862204) è John Makepeace, un
simpatico artigiano-designer che in un laboratorio attiguo alla casa progetta e rea-
lizza i mobili che poi espone nella sua
elegante dimora. Gli oggetti più accessibili sono le sedie, in vendita a £600 l'una,
ma i prezzi dei mobili si aggirano perlopiù tra le £3000 e le £10.000.

La residenza di Parnham si trova vicino
a Beaminster, 5 miglia (8 km) a nord di
Bridport, ed è aperta al pubblico da aprile
a ottobre il martedì, il mercoledì, il giovedì e la domenica dalle 10 alle 17. L'ingresso costa £5/2.

Forde Abbey

Circondato da 12 ettari di magnifici giardini, Forde Abbey (☎ 01460-220231) era
un monastero che è stato trasformato in
casa d'abitazione. Si trova 6 miglia (10
km) a nord-est di Axminster ed è aperta
da aprile a ottobre, il mercoledì e la domenica, dalle 13 alle 16.30. L'ingresso
costa £5 (i bambini entrano gratis) e comprende l'accesso ai giardini. Questi sono
aperti tutto l'anno, ogni giorno dalle 10
alle 16.30 (£4, bimbi gratis).

SHERBORNE
Pop. 7500 ☎ 01935

Sherborne è un'affascinante cittadina di
campagna conosciuta per la sua antica e
magnifica chiesa abbaziale. Ai margini
della cittadina si estende il lago di Sherborne, sulle cui rive sorgono, l'una di fronte
all'altra, due fortezze di cui non restano
che le rovine: New Castle e Old Castle.

Il TIC (☎ 815341, fax 817210, @
tourism@westdorset-dc.gov.uk), 3 Tilton
Court, si trova di fronte all'entrata del-
l'abbazia, lungo Digby Rd. È aperto dal
lunedì al sabato dalle 9 alle 17.

Sherborne Abbey

L'abbazia di Sherborne è un monumento
dalla storia lunga e travagliata. Agli inizi
dell'VIII secolo fu costruita una piccola
chiesetta sassone, che poi, nel 998, è diventata un'abbazia benedettina. Opere di
ingrandimento e decorazione furono realizzate fino al 1539, anno in cui la comunità monastica fu soppressa dall'editto di
Enrico VIII. I cittadini di Sherborne, allora, misero insieme la somma necessaria
per acquistare l'abbazia e la trasformarono nella loro chiesa parrocchiale.

Fra monaci e cittadini, infatti, all'epoca
esisteva una controversia pendente fin dal
1437 circa le dimensioni di un passaggio
che collegava l'abbazia e l'All Hallows
Church (di cui non resta quasi più traccia)
e che gli uni volevano più stretto, gli altri
più largo. La disputa era culminata in una
vera e propria battaglia combattuta tra le
due opposte fazioni e in un incendio scop-
piato a causa di una freccia infuocata
scoccata, leggenda vuole, dall'altro capo
della città.

All'abbazia si accede attraverso un portico normanno risalente al 1180, superato il
quale, subito a sinistra, si può ammirare il
portale normanno del 1140 che fu all'origine della controversia nata nel 1437. A
ovest del cosiddetto muro sassone ci sono i
resti dell'antica chiesa di All Hallows,
mentre a nord si conserva un arco sassone
del 1050. La splendida volta a ventaglio
che sovrasta il coro, una delle più eleganti
e antiche d'Inghilterra, fu costruita agli inizi del XV secolo. La volta della navata
centrale è di epoca successiva, ma simile a
quella del coro. I robusti pilastri che sostengono la torre centrale furono innalzati
tra l'epoca sassone e quella normanna. Gli
stalli del coro, sempre della metà del XV
secolo, sono vivacemente decorati da figure intagliate nel legno.

L'abbazia (nello stile delle cattedrali)
ha un terreno cintato dove potete trovare
il St John's Almshouses del 1437. Da
maggio a settembre, l'entrata è consentita
dalle 14 alle 16 il martedì e dal giovedì al
sabato; l'ingresso costa £1. Il museo cittadino (☎ 812252), che si trova in Half
Moon St, espone un bel modellino di Old
Castle così come doveva apparire prima
che cadesse in rovina. Il museo è aperto
da aprile a ottobre con i seguenti orari: dal
martedì al sabato dalle 10.30 alle 16.30 e

WESSEX

la domenica dalle 14.30 alle 16.30; l'ingresso costa £1 (i bambini entrano gratis). Fondata nel 1550 la **Sherborne School**, una scuola privata, occupa diversi edifici del vecchio complesso monastico.

Old Castle

Ai margini della città si possono visitare le rovine di Old Castle (☎ 812730; English Heritage), situate a est rispetto al centro. Costruito nel 1107, il castello piacque subito a Sir Walter Raleigh che alla fine del XVI secolo ottenne da Elisabetta I il permesso di acquistarlo. La regina, però, indispettita per il fatto che Raleigh avesse osato sposare una delle sue dame di corte, costrinse la coppia a trascorrere un breve periodo nella prigione della Torre di Londra. Tornato in libertà, Raleigh investì grandi somme di denaro nella ristrutturazione del castello prima di decidere che non ne valeva la pena e di costruire un nuovo castello sulla sponda opposta del fiume Yeo. Nel 1645 Old Castle fu distrutto dalle truppe parlamentari dopo un assedio durato 16 giorni. Stando alla leggenda, Cromwell avrebbe tuonato: 'Un castello maligno e malefico, proprio come il suo proprietario' (all'epoca il conte di Bristol). Il castello è aperto ogni giorno dalle 10 alle 18; l'ingresso costa £1,60/80p.

Sherborne Castle

Sir Walter Raleigh iniziò a costruire Sherborne Castle, detto anche New Castle (☎ 813182), nel 1594, ma dovette sospendere i lavori nel 1608 perché nuovamente arrestato e stavolta per ordine di Giacomo I. Inizialmente il re volle sbarazzarsi del castello, ma nel 1617 se ne rimpossessò per poi venderlo a Sir John Digby, conte di Bristol. Da allora è sempre stato la residenza stabile della famiglia Digby.

Il castello è aperto da Pasqua a settembre il giovedì, il sabato e la domenica; l'ingresso costa £5/2,50.

Pernottamento e pasti

A Sherborne ci sono alcuni B&B economici. Il *Britannia Inn* (☎ 813300, West-

bury St) fa pagare £20 per persona durante la settimana e £25 nei weekend.

Il *Clatcombe Grange* (☎ 814355, Bristol Rd)* offre un ambiente confortevole in un edificio ricavato da un granaio; una singola/doppia costa £25/50.

L'*Antelope Hotel* (☎ 812077, fax 816473, Greenhill)* è un pub che offre la formula B&B a £44/65.

A Milborne Port, a 2 miglia (3 km) da Sherborne, c'è *The Old Vicarage* (☎ 01963 251117, Sherborne Rd)*, un albergo collocato nella piacevole campagna inglese. A seconda della camera si spendono da £25 a £45 per persona, compresa la prima colazione. Per un weekend si spendono da £41 a £63 per persona, compresa la cena.

Per un pasto leggero provate il *Three Wishes* (☎ 817777, 78 Cheap St)*, dove propongono anche un'ampia scelta di dolci.

Il *Cross Keys Hotel* (☎ 812492), all'incrocio fra Cheap St e Long St, accanto all'abbazia, ha un ricco menu dei tipici piatti da pub. Sempre vicino all'abbazia c'è il *Digby Tap* (☎ 813148, Cooks Lane)*, un pub che propone un'ampia selezione di birre chiare (*ale*) e abbondanti porzioni di piatti tradizionali.

Per/da Sherborne

Per quanto riguarda i trasporti pubblici, Sherborne è un po' tagliata fuori dalle principali linee di comunicazione, ma la vicina Yeovil è un utile punto di riferimento. Gli autobus nn. 57 e 58 effettuano numerose corse da Yeovil, mentre il n. 216 collega Sherborne a Dorchester con regolarità. Da Shaftesbury prendete il n. 58/A.

SHAFTESBURY
Pop. 4900 ☎ 01747

Shaftesbury è una tranquilla cittadina di campagna ricca d'atmosfera dove vale la pena di fermarsi anche solo per vedere l'affascinante Gold Hill, una ripida viuzza costeggiata da graziosi cottage, che offrono grandi vedute della pianura circostante.

Durante l'estate il TIC (☎ 853514), 8 Bell St, è aperto tutti i giorni dalle 10 alle 17. In inverno l'ufficio è aperto il mercoledì mattina e dal giovedì al sabato.

Che cosa vedere

Fondata da Alfredo il Grande nell'888, **Shaftesbury Abbey** (☎ 852910) sorge in cima a un'altura di 240 m. Di quello che un tempo è stato il convento più ricco di tutta l'Inghilterra oggi non restano che alcune tracce delle fondamenta, situate fuori Park Walk, con belle vedute sulla campagna circostante.

Nell'abbazia, ove nel 1035 morì re Canuto, si dice sia stato sepolto anche Sant'Edoardo (v. **Corfe Castle** in **Dorset sudorientale**).

La zona è aperta da aprile a ottobre tutti i giorni dalle 10 alle 17; l'ingresso costa £1,50/60p.

Appollaiato in cima alla collina, lo **Shaftesbury Museum** (☎ 852157) è aperto da Pasqua a ottobre tutti i giorni dalle 10.30 alle 16.30. L'ingresso costa £1,20 (i bambini entrano gratis).

La stradina di ciottoli ripida e pittoresca nota come **Gold Hill** scende vertiginosamente lungo il fianco dell'altura passando accanto alle rovine dell'abbazia e, in una limpida serata estiva, si possono fare delle fotografie memorabili.

Pernottamento e pasti

Situato in un grazioso piccolo cottage accoccolato ai piedi della collina più bella e famosa di Shaftesbury c'è il *Thatch Cottage* (☎ *853318*, ✉ *info@thatchcottage .co.uk, 15 Gold Hill*). C'è un'unica camera doppia con bagno arredata con i tipici mobili inglesi a £22,50 per persona; gli ospiti possono recarsi anche nel giardino e sulla terrazza.

A chi ama mangiare di fronte a un bel panorama consigliamo *The Salt Cellar* (☎ *851838, 2-3 Gold Hill Parade*), un grazioso caffè in cima a Gold Hill che in genere è aperto solo durante il giorno.

I pub *Ship Inn* e *King's Arms*, nei pressi del parcheggio centrale, preparano anche da mangiare.

Figure incise nel gesso

La caratteristica conformazione del terreno nella campagna del Wiltshire, un mantello verde che ricopre un substrato gessoso, ha indotto l'uomo sin dall'antichità a lasciare il proprio segno sulla terra incidendo forme e figure sui fianchi delle colline. La tecnica usata è semplicissima: basta tracciare una sagoma sull'erba e rimuovere lo strato superficiale di terra all'interno dei contorni per far apparire la figura desiderata evidenziata dal gesso. L'opera di incisione necessita di una periodica ma non troppo frequente manutenzione: molte figure, infatti, se pur di origine incerta, potrebbero risalire all'epoca preistorica. Il Wiltshire è la contea che vanta il maggior numero di figure incise nel gesso, ma non certo le più sorprendenti. Questo primato spetta al Cerne Abbas Giant, figura maschile alta 55 metri (notevole è soprattutto il pene, lungo 12 metri), che si trova nel Dorset, oppure all'Uffington White Horse, figura di cavallo lunga 110 metri che si trova nell'Oxfordshire e che risulta visibile nella sua interezza soltanto dall'alto (da un elicottero o da una mongolfiera).

I cavalli sono un soggetto ricorrente tra le figure in gesso realizzate nel XVIII secolo. Se ne possono vedere di molto belli a Cherhill, vicino Calne, ad Alton Barnes e ad Hackpen (tutti e tre nel Wiltshire), oppure a Osmington, vicino Weymouth, nel Dorset.

Durante la prima guerra mondiale vi furono dei soldati che incisero i simboli del loro reggimento sul fianco di una collina nei pressi di Fovant (Wiltshire). Un reggimento neozelandese lasciò un gigantesco kiwi a Bulford, vicino Amesbury (Wiltshire). Agli interessati segnaliamo il libro di Kate Bergamar, *Discovering Hill Figures* (Alla scoperta delle figure incise) edito dalla Shire Publications, che ricostruisce la storia di questo fenomeno in Inghilterra.

Per/da Shaftesbury
La Wilts & Dorset (☎ 01202-673555) gestisce un servizio di autobus (nn. 182/3) che collegano regolarmente Shaftesbury a Wimborne e Blandford (tranne la domenica). Gli autobus nn. 26 e 27 collegano Shaftesbury a Salisbury e viceversa (circa nove corse al giorno) dal lunedì al sabato.

Wiltshire

Al fascino dei dolci paesaggi collinosi la contea del Wiltshire unisce la magia di Stonehenge e Avebury, i maggiori siti preistorici della Gran Bretagna, l'interesse artistico di Salisbury, dove sorge una delle più belle cattedrali del paese, e la raffinata eleganza delle dimore di Wilton, Stourhead e Longleat. Nel Wiltshire si trova il tratto occidentale del Ridgeway Path, itinerario nazionale che in questa contea corre lungo il crinale di una catena di colline. Salisbury è un'ottima base di partenza per visitare la zona.

Per informazioni sui servizi di autobus che interessano la contea, chiamate il Wiltshire Bus Line al ☎ 0845-7090899.

ATTIVITÀ
Il Ridgeway Path inizia nei pressi di Avebury e procede in direzione nord-est per 85 miglia (137 km) terminando a Ivinghoe Beacon, vicino Aylesbury. Per maggiori informazioni, v. Itinerari a piedi e in bicicletta all'inizio di questo capitolo.

Il Wiltshire Cycleway comprende sei itinerari appositamente studiati per consentire una lenta e piacevole immersione nel paesaggio. Il più breve è un circuito che misura 70 miglia (113 km), quello più lungo arriva a 160 miglia (258 km). Molto utili sono gli opuscoli *Wiltshire Cycleway* e *Wiltshire Cycleway Campsites* che vengono distribuiti dagli uffici turistici. Il primo illustra i singoli itinerari fornendo indirizzi di agenzie che noleggiano biciclette e di negozi specializzati, il secondo è un elenco dei campeggi che s'incontrano lungo ciascun percorso.

Kennet & Avon Canal, è questo il nome del canale di 87 miglia che collega Bristol a Reading. Costruito tra il 1794 e il 1810 dall'abile ingegnere John Rennie e felicemente riaperto nel 1990 dopo essere rimasto inutilizzato per quarant'anni, il canale oggi viene usato da barche strette e offre dei bei tratti di alzaia. Il canale attraversa una zona particolarmente bella nel tratto compreso tra Bath e Bradford-on-Avon, superando fra l'altro un grande acquedotto. L'infilata di 29 chiuse poco fuori Devizes è soltanto una delle audaci soluzioni escogitate per realizzare questa mirabile opera d'ingegneria. Per informazioni sul canale, visitate il Kennet & Avon Canal Museum (☎ 01380-721279), sul molo di Devizes.

SALISBURY
Pop. 37.000 ☎ 01722
Famosa soprattutto per la sua cattedrale, Salisbury conserva il fascino di un'antica città di mercato quale è stata ed è da ormai più di sei secoli. Ancora oggi, come in passato, il centro cittadino si anima due volte la settimana nei giorni di mercato, quando file di bancarelle attirano una vivace folla di acquirenti e semplici curiosi. Dal punto di vista architettonico Salisbury offre esempi di tutti gli stili a partire dal Medioevo, fra cui alcuni splendidi edifici bianchi e neri in legno e muratura.

La città può essere un punto di partenza ideale sia per visitare il Wiltshire sia per qualche escursione lungo la costa.

Orientamento e informazioni
Dalla stazione ferroviaria si arriva al centro in 10 minuti camminando in direzione est, da quella degli autobus nella metà del tempo semplicemente scendendo lungo Endless St. Dal centro città, rappresentato da Market Square con il suo imponente municipio (Guildhall), si possono raggiungere comodamente a piedi tutti i posti interessanti.

Il TIC (☎ 334956, fax 422059), che si trova lungo Fish Row, proprio dietro il municipio, è aperto dal lunedì al sabato dalle 9.30 alle 17 e la domenica (solo d'estate) dalle 10.30 alle 17. L'ufficio di-

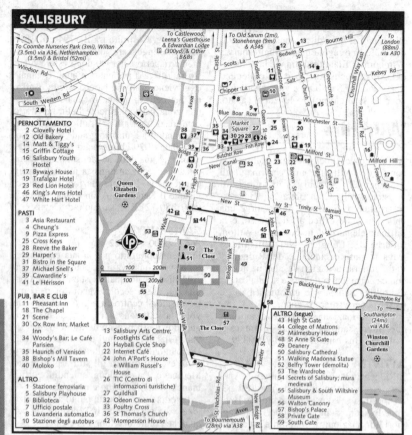

SALISBURY

To Coombe Nurseries Park (3mi), Wilton (3.5mi) via A36, Netherhampton (3.5mi) & Bristol (52mi)

To Castlewood; Leena's Guesthouse & Edwardian Lodge (300yd) & Other B&Bs

To Old Sarum (2mi), Stonehenge (9mi) & A345

To London (88mi) via A30

PERNOTTAMENTO
2 Clovelly Hotel
12 Old Bakery
14 Matt & Tiggy's
15 Griffin Cottage
16 Salisbury Youth Hostel
17 Byways House
19 Trafalgar Hotel
23 Red Lion Hotel
46 King's Arms Hotel
47 White Hart Hotel

PASTI
3 Asia Restaurant
4 Cheung's
9 Pizza Express
25 Cross Keys
28 Reeve the Baker
29 Harper's
31 Bistro in the Square
37 Michael Snell's
39 Cawardine's
41 Le Hérisson

PUB, BAR E CLUB
11 Pheasant Inn
18 The Chapel
21 Scene
30 Ox Row Inn; Market Inn
34 Woody's Bar; Le Café Parisien
35 Haunch of Venison
38 Bishop's Mill Tavern
40 Moloko

ALTRO
1 Stazione ferroviaria
5 Salisbury Playhouse
6 Biblioteca
7 Ufficio postale
8 Lavanderia automatica
10 Stazione degli autobus

13 Salisbury Arts Centre; Footlights Cafe
20 Hayball Cycle Shop
22 Internet Café
24 John A'Port's House e William Russel's House
26 TIC (Centro di informazioni turistiche)
27 Guildhall
32 Odeon Cinema
33 Poultry Cross
36 St Thomas's Church
42 Mompesson House

ALTRO (segue)
43 High St Gate
44 College of Matrons
45 Malmesbury House
48 St Anne St Gate
49 Deanery
50 Salisbury Cathedral
51 Walking Madonna Statue
52 Belfry Tower (demolita)
53 The Wardrobe
54 Secrets of Salisbury; mura medievali
55 Salisbury & South Wiltshire Museum
56 Walton Canonry
57 Bishop's Palace
58 Private Gate
59 South Gate

To Bournemouth (28mi) via A38

To Southampton (24mi) via A36

Winston Churchill Gardens

The Close

spone di molto materiale utile, fra cui l'opuscolo *Seeing Salisbury*, che propone alcune passeggiate in città oppure lungo le marcite, da dove si gode una bella vista della cattedrale.

Da maggio a settembre, tutti i giorni alle 11 e alle 18, dal TIC partono eccellenti passeggiate in città della durata di un'ora (£2,50/1). Il venerdì, il giro delle 18 viene spostato alle 20.

L'Internet Café, in Milford St, è una piccola postazione Internet molto alla moda dove però troverete solo computer Macintosh.

Salisbury Cathedral

Consacrata alla Beata Vergine Maria, la cattedrale di Salisbury (☎ 555100) è ritenuta una delle più belle chiese di tutta la Gran Bretagna, fonte di ispirazione per il pittore John Constable, che la dipinse stando sulle marcite. Questa cattedrale segue in ogni sua parte i principi del gotico primitivo (Early English o Pointed English), periodo caratterizzato dall'introduzione dell'arco a sesto acuto e dell'arco rampante e da un senso generale di sobria austerità. L'uniformità di stile si deve sia alla rapidità con cui la chiesa fu costruita

– fra il 1220 e il 1258 – sia al fatto che da allora non è mai stata sottoposta a sostanziali opere di modifica o ricostruzione. Unica aggiunta di rilievo fu la magnifica torre con guglia di 123 m, la più alta della Gran Bretagna, innalzata fra il 1285 e il 1315.

Le origini della cattedrale vanno rintracciate 2 miglia (3 km) a nord di Salisbury, presso l'insediamento di Old Sarum (v. **Old Sarum** più avanti in questo stesso capitolo), dove sorgeva una cattedrale normanna. Nel 1217 il vescovo Poore rivolse al papa una supplica per trasferire la cattedrale in un luogo più consono alle esigenze del tempo. La richiesta era sostenuta da motivazioni che oggi possono sembrare in parte bizzarre. Oltre allo scarso approvvigionamento d'acqua, infatti, il vescovo lamentava l'eccessivo rumore del vento, che a sua detta copriva le voci del coro, le cattive condizioni atmosferiche, foriere di reumatismi, la sovrappopolazione del borgo, con il conseguente problema degli alloggi, e i modi rozzi dei soldati. La sua richiesta fu accolta e nel 1220 fu iniziata la nuova cattedrale, stavolta progettata in pianura e vicina a ben tre corsi d'acqua.

La cappella orientale, la **Trinity Chapel**, fu ultimata nel 1225, il corpo centrale nel 1258 e le parti rimanenti nel 1266. Più o meno nello stesso periodo fu costruito il chiostro e, soltanto qualche anno dopo, la magnifica torre a guglia che, curiosamente, non era prevista nel progetto originale, sì che i quattro pilastri centrali furono caricati di ulteriori 6400 tonnellate. Gli architetti dell'epoca devono aver lavorato di fine ingegno se sono riusciti a calcolare un'adeguata distribuzione del nuovo peso.

L'ultima parte a essere completata fu il cosiddetto West Screen, la facciata della cattedrale che, riccamente decorata, si ammira al meglio dal lato opposto del recinto. L'ingresso attualmente in uso è la **porta sud-ovest**, accessibile dal chiostro. La navata centrale, lunga 70 m e sorretta da splendidi pilastri in marmo di Purbeck, fu rimaneggiata da James Wyatt tra il

1789 e il 1792. L'intervento di Wyatt previde, tra le altre cose, l'ordinata disposizione dei monumenti funebri fra i pilastri della navata centrale. L'estremità sudovest della navata accoglie la **grave slab of Bishop Joscelyn** (pietra tombale del vescovo Joscelyn; 1141-84), un tempo erroneamente ritenuta quella del vescovo Roger, colui che, in carica dal 1107 al 1139, fece completare la riedificazione della cattedrale di Old Sarum. Nella navata laterale sud si trova un **plastico** che riproduce un momento della costruzione della chiesa.

Il **Shrine of St Osmund** (reliquiario di St Osmund) fu traslato nella cattedrale nel 1226, un anno dopo l'inaugurazione della Trinity Chapel. Osmund fece costruire la prima cattedrale di Old Sarum nel 1092 e fu canonizzato nel 1457. Le sue spoglie rimangono nella Trinity Chapel. La **Tomb of William Longespée**, conte di Salisbury e figlio di Enrico II, fu la prima nuova tomba a essere sistemata nella cattedrale nel 1226, anno della sua morte. Il conte aveva presenziato la firma della Magna Charta e aveva posto una delle prime pietre della cattedrale.

L'elemento che forse maggiormente attira l'attenzione è l'alta guglia che sormonta la torre centrale. Da un sopralluogo effettuato nel 1668 da Sir Christopher Wren, l'architetto più celebre del tempo, che fra l'altro realizzò la cattedrale di St Paul's a Londra, risultò che la guglia aveva una pendenza di 75 cm. Per registrare le variazioni di pendenza nel 1737 s'inserì una **targa d'ottone** nel pavimento della navata centrale, esattamente sotto il centro della guglia. Sorprendentemente la guglia non aveva subito il benché minimo spostamento dal 1668, né lo fece registrare nelle successive misurazioni del 1951 e del 1970.

A risentire del peso della torre, però, sono i **pilastri** che la sostengono, quattro massicce colonne in pietra dalla base di 2 mq che risultano leggermente incurvati a causa dell'eccessiva mole che devono sopportare. Guardando dal basso verso l'alto la curvatura appare particolarmente evidente nei due pilastri orientali. A mo' di rinforzo furono aggiunti degli archi rampanti esternamente alla cattedrale, come ulteriore sostegno ai quattro angoli della torre, e dei contrafforti all'interno, dove si crearono anche degli **archi doppi**, come nella Wells Cathedral, per alleggerire i transetti orientali. Gli interventi di manutenzione e rinforzo, in ogni modo, hanno bisogno di costanti ritocchi e continuano tuttora.

Non tutto nella cattedrale va visto da sotto in su. La **tomba di Sir Richard Mompesson**, che morì nel 1627, e della consorte Catherine è un'opera particolarmente ricca di colore. La grandiosa **tomba di Edward Seymour** (1539-1621) e di **Lady Catherine Grey**, sorella di Lady Jane Grey, è situata all'estremità orientale del deambulatorio. Accanto troviamo la **Trinity Chapel** con i suoi eleganti pilastri in marmo di Purbeck. La cappella rappresenta la parte più antica della cattedrale in quanto fu la prima a essere ultimata. Recentissima invece è la vetrata policroma dal titolo **Prisoners of Conscience** (Prigionieri della coscienza), montata nel 1980.

All'interno della cappella Sudan è contenuta una magnifica **targa commemorativa in ottone** del XIV secolo dedicata al vescovo Robert Wyvil, qui raffigurato mentre è raccolto in un momento di preghiera nel castello di Sherborne, e un **monumento commemorativo a forma di prisma** dedicato all'artista Rex Whistler, che visse nel recinto. L'**orologio** esposto nella navata laterale nord è il più antico dell'Inghilterra e uno dei più antichi del mondo. Sconosciuto è l'anno di fabbricazione, ma l'orologio doveva trovarsi nella cattedrale già prima del 1386, anno in cui documenti locali attestano una 'manutenzione dell'orologio'. Restaurato nel 1956, l'orologio continua a funzionare, come d'altronde ha fatto per buona parte degli ultimi sei secoli.

Adiacente alla cattedrale è il chiostro, che conduce alla bellissima **Chapter House** (sala capitolare), vero gioiello d'arte gotica, costruita fra il 1263 e il 1284. Al suo interno si conserva una delle quattro copie originali della **Magna Charta**, l'accordo che re Giovanni e i baroni inglesi firmarono nel 1215 per limitare i poteri assoluti del sovrano. La delicata volta a ventaglio è sorretta da un'unica colonna centrale, mentre le pareti sono decorate da un fregio raffigurante scene dell'antico testamento.

La cattedrale è aperta tutti i giorni dalle 8 alle 18.30; ciascun visitatore è invitato a lasciare una donazione di £3/1. La sala capitolare è aperta dal lunedì al sabato dalle 9.30 alle 16.45 e la domenica dalle 13 alle 16.45. Per comprendere meglio quelle che furono le tecniche di costruzione medievali consigliamo di partecipare a una visita guidata della torre proposta dal lunedì al sabato alle 11, alle 14, alle 15 e alle 18.30 (la domenica solo alle 16.30) e che costa £3/2.

The Close

Oltre alla guglia più alta del paese, la cattedrale di Salisbury vanta anche il più ampio, ma anche il più bel recinto (The Close) di tutta l'Inghilterra. Al suo interno sorgono pregevoli edifici in parte risalenti all'epoca di costruzione della chiesa, anche se la configurazione attuale si deve in buona parte a Wyatt, l'architetto che verso la fine del XVIII secolo fu incaricato della ristrutturazione della cattedrale. Nel 1333 il recinto fu interamente circondato da mura difensive innalzate con le pietre della vecchia cattedrale di Old Sarum allora in via di demolizione, separandolo così fisicamente dal resto della città. Oggigiorno il recinto rappresenta una zona residenziale d'élite, isolata da cancelli che ancora oggi vengono chiusi a chiave di notte (gli inquilini hanno la propria chiave). L'inquilino più famoso attualmente è l'ex primo ministro Edward Heath.

Fu sempre Wyatt a decidere il trasferimento delle tombe dal recinto all'interno della chiesa e la demolizione del campanile del XIII secolo allora pericolante. In mezzo ai prati del recinto, a ovest della cattedrale, campeggia la **Walking Madonna**, statua della Madonna realizzata da Elizabeth Frink nel 1981.

All'interno del recinto è possibile visitare alcuni interessanti musei e case d'epoca, molte delle quali offrono un servizio di ristoro.

Il **Salisbury & South Wiltshire Museum** (☎ 332151), ospitato all'interno della King's House, possiede una collezione di reperti archeologici risalenti alla preistoria provenienti da Stonehenge e da Old Sarum. Il museo è aperto tutto l'anno, dal lunedì al sabato, dalle 10 alle 17; in luglio e agosto apre anche la domenica dalle 14 alle 17. L'ingresso costa £3/75p.

All'interno della Medieval Hall (☎ 412472) è possibile assistere alla proiezione di un filmato della durata di mezz'ora intitolato **Secrets of Salisbury** (I segreti di Salisbury). La Medieval Hall è aperta tutti i giorni dalle 11 alle 17; l'ingresso costa £1,50/1.

Per gli appassionati di uniformi militari c'è **The Wardrobe** (☎ 414536), con un'esposizione dedicata alle Giubbe Rosse del Gloucestershire, del Berkshire e del Wiltshire. Il museo è aperto ogni giorno, da aprile a ottobre, dalle 10 alle 16.30. In novembre, febbraio e marzo il museo è aperto solo durante i fine settimana. L'ingresso costa £2,50/50p.

Costruita nel 1701, **Mompesson House** (☎ 335659; NT) è una bella casa stile regina Anna, immersa in un giardino cinto da un muro. È aperta al pubblico da aprile a ottobre, dal sabato al mercoledì, dalle 12 alle 17.30. L'ingresso costa £3,40/1,70.

Malmesbury House (☎ 327027) è una canonica del XIII secolo poi trasformata in residenza dei conti di Malmesbury. Per visitarla si può partecipare a un tour guidato (£5); per conoscere gli orari occorre telefonare.

Vicino High St Gate, una stretta porticina attraverso la quale si accede al recinto da High St, si trova il **College of Matrons**, collegio per vedove e figlie nubili degli ecclesiastici fondato nel 1682. A sud della cattedrale sorge il palazzo del vescovo, **Bishop's Palace**, in parte risalente al 1220. Attualmente l'edificio ospita la Cathedral School. Lungo il passaggio chiamato Bishop's Walk si può ammirare

la **Deanery**, antica sede del decanato, costruita quasi interamente nel XIII secolo.

Nell'edificio ancora detto **Walton Canonry** abitò per un periodo Izaak Walton, il santo patrono dei pescatori (v. **Winchester Cathedral** in **Inghilterra sud-orientale**), che all'epoca, con ogni probabilità, sarà andato a pesca nelle acque del vicino Avon.

St Thomas's Church

Se non fosse per la cattedrale di Salisbury, la splendida St Thomas's Church attirerebbe maggiore attenzione. Il leggero e arioso edificio che vediamo attualmente risale principalmente all'inizio del XV secolo. Il principale motivo di richiamo qui è lo straordinario dipinto del giudizio universale che si trova sopra l'arco del presbiterio. Realizzato intorno al 1475, ai tempi della Riforma il dipinto fu imbiancato per restare coperto fino al 1881. L'opera raffigura Cristo al centro con scene del paradiso a sinistra e dell'inferno a destra. Se osservato con attenzione il dipinto rivela particolari curiosi e anche divertenti, come le figure di un vescovo e di due re completamente nudi, a parte la mitra e le corone sul capo, di un avaro con la sua borsa piena di denari e di una donna proprietaria di una birreria, l'unica a cui sono stati lasciati i vestiti addosso, che vengono gettati all'inferno sotto l'occhio vigile di un diavolo peloso.

Market Square

È dal 1219 che Market Square si trasforma in mercato e dal 1361 che i giorni prestabiliti sono quelli del martedì e del sabato. In passato le bancarelle non occupavano solo l'attuale area del parcheggio, ma si estendevano lungo le viuzze circostanti che ancora oggi portano i nomi dei prodotti allora in vendita: Oatmeal Row (via della farina d'avena), Fish Row (via del pesce) o Silver St (via dell'argento). Nella piazza campeggia l'edificio del municipio (Guildhall), costruito verso la fine del XVIII secolo.

Di fronte al municipio si possono notare due belle **case medievali**, quella di John

WESSEX

A'Port, risalente al 1425 e quella di William Russel che porta la data del 1306. Quest'ultima sembra essere la più nuova delle due a causa di una falsa facciata, ma all'interno l'edificio dimostra tutti i suoi anni. Alcuni negozianti della zona, abituati ai turisti che curiosano davanti alle loro vetrine, distribuiscono un opuscolo che presenta gli edifici più antichi della città.

Alle spalle di Market Square troviamo Fish Row, lungo la quale ci sono belle case d'epoca e il **Poultry Cross**, opera del XV secolo.

Pernottamento

Campeggi Il *Coombe Nurseries Park* (☎ 328451) si trova a Netherhampton, 3 miglia circa (5 km) a ovest di Salisbury. Un posto tenda per due persone costa £9. Nei dintorni esistono anche altri campeggi.

Ostelli Il *Salisbury Youth Hostel* (☎ 327572, fax 330446, ❷ salisbury@ yha.org.uk, Milford Hill) si trova in un bell'edificio circondato da un ampio giardino a 10 minuti di cammino dal centro storico, appena oltre la circonvallazione. La tariffa è di £10,85/7,40 per notte.

Accanto alla stazione degli autobus, *Matt & Tiggy's* (☎ 327443, 51 Salt Lane) è una pensione-ostello gestita da privati. Un posto letto costa £10, compresa una prima colazione leggera, ed è possibile anche collegarsi a Internet, noleggiare una bicicletta e cose di questo genere.

B&B e alberghi Lungo Castle Rd, la continuazione di Castle St, ossia l'A345 che esce da Salisbury puntando verso nord, s'incontrano numerosi B&B, specialmente nel tratto compreso fra la circonvallazione e Old Sarum.

La *Leena's Guesthouse* (☎/fax 335419, 50 Castle Rd) ha sei camere singole/doppie a partire da £25/46. Le camere della *Castlewood* (☎/fax 421494, 45 Castle Rd), edificio in stile edoardiano, costano £25/45. L'*Edwardian Lodge* (☎ 413329, fax 503105, ❷ richardwhite @edlodge.freeserve.co.uk, 59 Castle Rd),

un edificio di grandi dimensioni, dispone di camere con bagno a £30/45 (meno durante la bassa stagione).

Percorrendo Milford St nella direzione opposta al centro e superati la circonvallazione e l'ostello della gioventù si raggiunge, girando a destra, la *Byways House* (☎ 328364, fax 322146, ❷ byways@bed-breakfast-salisbury.co.uk, 31 Fowlers Rd). Le camere, quasi tutte con bagno, partono da £35/55. La zona è molto piacevole e tranquilla ed è solo a pochi minuti di cammino dal centro.

All'altro capo della città, vicino alla stazione ferroviaria, segnaliamo il *Clovelly Hotel* (☎ 322055, fax 327677, ❷ clovelly.hotel@virgin.net, 17-19 Mill Rd), che ha camere con bagno (non tutte) a £38/58.

L'*Old Bakery* (☎ 320100, 35 Bedwin St) è un piccolo B&B ricavato da una casa del XVI secolo con stanze a partire da £18/38. È un posto allegro e confortevole: vi piacerà.

Un altro B&B che consigliamo è il *Griffin Cottage* (☎/fax 328259, ❷ mark @brandonasoc.demon.co.uk, 10 St Edmunds Church St), ospitato in un edificio del XVII secolo. Si tratta di un posto piccolo e confortevole dove anche il pane è fatto in casa. Ci sono solo due camere doppie a £38.

Il *Red Lion Hotel* (☎ 323334, fax 325756, ❷ reception@the-redlion.co.uk, Milford St), con stanze a partire da £84/ 104, è molto confortevole e di grande interesse storico. Costruito nel 1230, si dice che sia il più vecchio edificio di tutta l'Inghilterra a essere stato progettato come albergo.

Il caratteristico *King's Arms Hotel* (☎ 327629, 9-11 St John's St) dispone di camere a partire da £50/75.

L'edificio che ospita il *Trafalgar Hotel* (☎ 338686, 33 Milford St) risale al XVI secolo. Vi sono 18 camere, tutte con bagno, a partire da £55/65, senza la prima colazione.

Nascosto dietro un grande portico vicino al recinto della cattedrale c'è il più lussuoso albergo di Salisbury, il *White Hart*

Hotel (☎ *327476, fax 412761, 1 St John's St*). Vi sono 68 camere a £95/135, la prima colazione non è compresa. Durante il fine settimana è invece possibile profittare della più economica formula del B&B. Consultate il sito Internet all'indirizzo: www.heritage-hotels.com.

Pasti

Un posto ideale per il pranzo o per uno spuntino è la sala da tè di **Reeve the Baker**, in Market Square, la piazza principale. Il locale si trova al primo piano dell'edificio. Il **Michael Snell's**, vicino alla St Thomas's Church, prepara pranzi leggeri e serve tè. Il **Cawardine's** (☎ *320 619, 3 Bridge St*) è un locale molto frequentato dalla gente del luogo che propone anche alcuni piatti vegetariani. *Le Café Parisien* (☎ *412356, Oatmeal Row*), gestito da Francesi, offre gustosi pasticcini e un buon caffè.

Al **Pheasant Inn** (v. oltre Divertimenti) si può pranzare spendendo un minimo di £5 circa; si possono ordinare anche alcuni piatti vegetariani inclusi nel menu. Dal martedì al sabato si può mangiare con poca spesa anche al **Footlights Café** (☎ *321744*), situato all'interno del Salisbury Arts Centre. Nei dintorni c'è l'**Harper's** (☎ *333118*), che offre pranzi a menu fisso a prezzi ragionevoli, meno di £10 per le portate. Il menu serale alla carta comprende piatti elaborati come l'anatra arrosto con salsa di prugne e zenzero e salmone al finocchio.

In Market Square troviamo il **Bistro in the Square** (☎ *328923*), che propone prime colazioni, pasti leggeri, minestre e panini fatti con le baguette. Sempre in posizione centrale c'è una succursale di **Pizza Express** (☎ *415191, 50 Blue Boar Row*).

Le Hérisson (☎ *333471, Crane St*) è un fiorente negozio di gastronomia che effettua anche servizio ristorante. I clienti sono attirati da piatti elaborati a prezzi modesti: una portata principale costa intorno alle £8.

In Fisherton St, tra il centro e la stazione, vi sono numerosi ristoranti asiatici in cui si può mangiare a prezzi ragionevoli.

Il **Cheung's** (☎ *327375, 60 Fisherton St*) è un ristorante cinese molto frequentato. L'**Asia Restaurant** (☎ *327628, 90 Fisherton St*) è invece consigliato a chi ama il cibo indiano piccante.

Divertimenti

Pub e bar L'**Haunch of Venison** (☎ *322 024, 1-5 Minster St*) è un vecchio pub ricco di atmosfera con pareti rivestite con pannelli e travi di quercia. C'è un'interessante varietà di piatti tipici da pub e oltre 100 tipi di whisky di malto. Consigliamo di finire di mangiare *prima* di chiedere di vedere la mano mummificata del giocatore di carte che risale a più di 200 anni fa.

Il **Pheasant Inn** (☎ *327069*), un vecchio pub all'angolo fra Salt Lane e Rollestone St, attira una clientela giovane e prepara piatti gustosi. Ricco di atmosfera è anche il **Cross Keys**, un edificio del XIV secolo con tanto di travi a vista e buoni piatti caratteristici di questo tipo di locale.

Il **Moloko** (☎ *507050, 5 Bridge St*), molto trendy, e il **Woody's Bar** (*12 Minster St*) sono entrambi locali molto animati, e il Moloko spesso tiene aperto fino a tardi.

L'**Ox Row Inn** e il **Market Inn** sono due locali situati in pieno centro in Market Square, mentre la **Bishop's Mill Tavern** dispone di uno spazio esterno con vedute sul fiume.

Lo **Scene** (*Milford St*) è un caffè/bar minimalista che in questo momento è molto 'in'. **The Chapel** (*Milford St*) è una specie di pub/club che propone drink a prezzi economici durante la settimana, mentre fa pagare l'ingresso nei weekend.

Teatro Il **Salisbury Arts Centre** (☎ *321744, Bedwin St*), ospitato all'interno di una chiesa sconsacrata, propone un interessante programma di avvenimenti e spettacoli fra cui, per esempio, performance e concerti di musica contemporanea ad alto livello. È aperto dal martedì al sabato dalle 10 alle 16.

Consigliamo di controllare anche il programma degli spettacoli messi in scena al **Salisbury Playhouse** (☎ *320333*), Malthouse Lane.

WESSEX

Cinema L'*Odeon Cinema* (☎ 0870 5050007, New Canal) deve essere uno dei pochi cinema al mondo ad avere un foyer medievale.

Per/da Salisbury

Salisbury è situata 88 miglia (142 km) a ovest di Londra, 52 miglia (84 km) a est di Bristol e a 24 miglia (39 km) da Southampton.

Da Salisbury si possono fare ottime escursioni a piedi e in bicicletta; l'Hayball Cycle Shop (v. oltre **Trasporti locali**)

distribuisce gratuitamente l'utile opuscolo *Cycling Around Salisbury*. La Clarendon Way è un percorso di 26 miglia che arriva fino a Winchester.

Autobus La National Express (☎ 0870 580 8080) garantisce tre autobus giornalieri sulla linea Londra-Heathrow-Salisbury (tre ore, £12) e uno sulla linea Portsmouth-Salisbury-Bath-Bristol, ma è più costoso del servizio offerto dalla locale Wilts & Dorset (☎ 336855). Il tragitto Salisbury-Bath, per esempio, costa £6,25 con la National Express e solo £3,90 con la compagnia locale.

Da Salisbury sono previste partenze quasi ogni ora per Bath via Bradford-on-Avon e Wilton (due ore), per Bournemouth e Poole (un'ora e mezzo) e per Southampton (un'ora e un quarto).

La linea n. 3 della Wilts & Dorset è diretta a Stonehenge; gli autobus n. 5 (dal lunedì al sabato) e il n. 6 (solo la domenica) vanno ad Avebury, Marlborough e Swindon; il n. 184 (e il n. X84 in estate) fino a Dorchester. C'è poi l'autobus n. X68 che fa servizio per Winchester.

Treno Da Salisbury si possono prendere treni per Portsmouth (£11,10, un'ora e un quarto, più partenze ogni giorno), Bath (£9,80, due ore, più partenze ogni giorno) ed Exeter (£20,10, due ore, 10 partenze al giorno). Da Londra (Waterloo) partono 30 treni al giorno (£21,80, un'ora e mezzo). Per andare a Winchester (£9,50) bisogna cambiare a Basingstoke oppure a Southampton.

Trasporti locali

L'Hayball Cycle Shop (☎ 411378, 26-30 Winchester St) noleggia biciclette a £9 al giorno. La domenica il negozio è chiuso.

DINTORNI DI SALISBURY
Old Sarum

Nell'Età del ferro, Old Sarum (☎ 01722-335398) era una collina fortificata e nel Medioevo divenne una città con tanto di cattedrale. Oggi i 22 ettari di terreno che

DINTORNI DI STONEHENGE E AVEBURY

la comprendono sono soggetti a imponenti lavori di sterro che offrono belle vedute di Salisbury, dei ruderi delle fortificazioni normanne e, sotto le mura interne, delle fondamenta della vecchia cattedrale.

Quest'ultima, il primo edificio di questo tipo a essere lungo 53 m, fu voluta dal vescovo Osmund, ma fu gravemente danneggiata da un fulmine nel 1092, poco tempo dopo la consacrazione. Successivamente, nel 1130, fu ricostruita e ampliata, ma in seguito fu abbandonata e alla fine, nel 1331, demolita per fornire materiale da costruzione destinato alle mura del recinto della cattedrale di Salisbury.

Benché nel 1540 Old Sarum fosse ormai una città fantasma, continuò a esistere come collegio elettorale, con il diritto all'elezione di due rappresentanti in parlamento, fino al 1833: incongruenze della storia...!

Old Sarum si trova 2 miglia (3 km) a nord di Salisbury ed è raggiunta da diversi autobus: dal lunedì al sabato sono previste fino a quattro partenze all'ora. È aperto ogni giorno dalle 10 alle 18 e l'ingresso costa £2/1 (di più se è in corso un evento particolare).

Wilton House

Wilton House (☎ 01722-746720) è un'antica residenza che Enrico VIII donò a William Herbert nel 1541. Herbert, dieci anni dopo, divenne conte di Pembroke, un titolo che la famiglia detiene da allora, benché alcuni suoi membri si siano distinti negativamente nel corso della storia. Distrutta quasi completamente in un incendio, la casa fu riprogettata dall'architetto Inigo Jones e ultimata con l'avvento del quinto conte. L'attuale conte di Pembroke è il diciassettesimo discendente della famiglia Herbert.

La visita a Wilton House e ai suoi 8 ettari di parco, preceduta dalla proiezione di un filmato introduttivo, inizia dalla cucina e dalla lavanderia. Nell'ingresso spicca una statua di Shakespeare, il quale dedicò la prima edizione in folio delle sue com-

medie al terzo conte di Pembroke. A Inigo Jones si devono la Single Cube Room e la Double Cube Room, due splendide sale dai soffitti affrescati, decorate con stucchi e opere di Van Dyck.

Wilton House si trova 2 miglia e mezzo (4 km) a ovest di Salisbury, lungo la A30. Dalla città vi si può arrivare comodamente in autobus: ne partono circa sei all'ora. La residenza è aperta ogni giorno, da aprile a ottobre, dalle 10.30 alle 16.30. L'ingresso costa £6,75/4. Gli autobus nn. 60 e 61 passano davanti alla residenza.

Gli appassionati di tappeti, trovandosi a Wilton, apprezzeranno sicuramente una visita alla **Wilton Carpet Factory** (☎ 01722-744919, King St), che è aperta tutto l'anno (tranne il periodo a cavallo di Natale e capodanno) dal lunedì al sabato dalle 9 alle 17 e la domenica dalle 11 alle 17. L'ingresso costa £4/2,50.

Old Wardour Castle

A nord della A30, fra Salisbury e Shaftesbury, sorgono le rovine dell'Old Wardour Castle (☎ 01747-870487; EH), costruito intorno al 1393, ma gravemente danneggiato durante la guerra civile. Il castello è immerso in un piacevole scenario naturale e si può ammirare tutti i giorni dalle 10 alle 17.30; l'ingresso costa £2/1.

STONEHENGE

Senza dubbio il più famoso sito preistorico d'Europa, Stonehenge (☎ 01980-624715; EH/NT) è un circolo di enormi monoliti (alcuni provengono dal Galles) che venne costruito in fasi successive a partire dal 3000 a.C. Una volta giunti sul posto i visitatori spesso restano delusi: il parcheggio, il negozio di souvenir e i pullman carichi di turisti fanno quasi scomparire questo antichissimo monumento.

Avebury, situato 19 miglia (31 km) a nord di Stonehenge, è più tranquillo e consigliato a coloro che vogliono 'entrare in sintonia' con l'ambiente in tutta tranquillità (v. **Avebury** più avanti in questo capitolo).

WESSEX

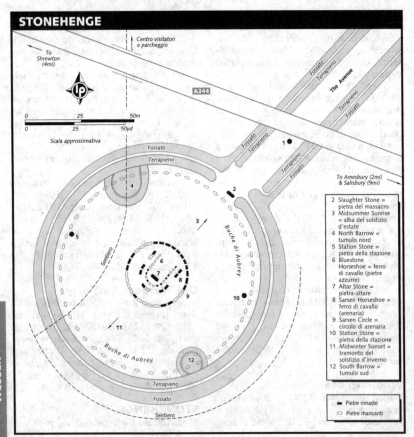

STONEHENGE

Centro visitatori e parcheggio

To Shrewton (4mi)

A344

The Avenue

Fossato
Terrapieno
Terrapieno
Fossato

Terrapieno
Fossato

0   25   50m
0   25   50yd
Scala approssimativa

Fossato
Terrapieno

To Amesbury (2mi)
& Salisbury (9mi)

Buche di Aubrey

Sentiero

Buche di Aubrey

Terrapieno
Fossato

Sentiero

2 Slaughter Stone =
   pietra del massacro
3 Midsummer Sunrise
   = alba del solstizio
   d'estate
4 North Barrow =
   tumulo nord
5 Station Stone =
   pietra della stazione
6 Bluestone
   Horseshoe = ferro
   di cavallo (pietre
   azzurre)
7 Altar Stone =
   pietra-altare
8 Sarsen Horseshoe =
   ferro di cavallo
   (arenaria)
9 Sarsen Circle =
   circolo di arenaria
10 Station Stone =
   pietra della stazione
11 Midwinter Sunset =
   tramonto del
   solstizio d'inverno
12 South Barrow =
   tumulo sud

■ Pietre rimaste
▭ Pietre mancanti

WESSEX

Il sito

Secondo gli archeologi, Stonehenge è il risultato di una costruzione avvenuta in fasi successive nell'arco di un periodo di 1500 anni e iniziata intorno al 3000 a.C. A questo primo periodo risalgono il terrapieno circolare esterno e il fossato che lo circonda. Un millennio dopo, all'interno del terrapieno, fu eretto un circolo di lastre di granito, dette pietre azzurre per il loro colore originale. La cosa stupefacente è che queste lastre, pesanti 4 tonnellate ciascuna, provengono dai monti Preseli, ossia dal Galles meridionale, e quindi do-

vettero essere trasportate per una distanza di quasi 250 miglia (403 km).

Intorno al 1500 a.C. fu innalzato il circolo di enormi blocchi di pietra che è diventato il simbolo di Stonehenge: un anello di monoliti in pietra arenaria (si tratta del *sarsen*, un particolare tipo di arenaria diffuso nell'Inghilterra centro-meridionale) sormontati da monoliti altrettanto massicci a formare tanti triliti (due elementi verticali che sorreggono un architrave). I blocchi di pietra provenivano dalle Marlborough Downs, una catena rocciosa situata circa 20 miglia

(32 km) più a nord. Anche in questo caso ci si domanda come delle lastre di pietra del peso di 50 tonnellate l'una siano potute giungere fino a qui: si calcola che il trasporto di un unico masso richiederebbe la forza di 600 uomini.

Sempre in questo periodo furono spostate le pietre azzurre del circolo eretto mezzo secolo prima per essere disposte a ferro di cavallo all'interno del nuovo cir-colo. All'interno di questo ferro di cavallo fu sistemata quella che nel XVIII secolo, senza alcuna prova scientifica, fu definita una pietra-altare. Intorno al ferro di cavallo fatto di pietre azzurre fu innalzato un ferro di cavallo d'arenaria composto da cinque triliti. Tre di questi si sono conservati miracolosamente intatti, mentre degli altri resta un unico pilastro per ciascuno. Intorno a questo secondo ferro di cavallo

La battaglia per Stonehenge

Nonostante il suo status di Patrimonio dell'Umanità, il XX secolo non è stato clemente con Stonehenge, delimitato a sud da una strada molto trafficata, la A303, e a nord dalla A344. Invece di essere incoraggiati a lasciar volare l'immaginazione, i visitatori devono sopportare di essere incanalati in un tunnel che passa sotto la A344 e poi di guardare le pietre attraverso un recinto di filo spinato, con il rumore delle automobili in sottofondo.

Per essere un luogo relativamente piccolo, Stonehenge ha sempre ricevuto un enorme numero di visitatori: oltre 700.000 all'anno nell'ultimo conteggio effettuato. A peggiorare la situazione, negli anni Ottanta, in occasione del solstizio d'estate, iniziarono ad arrivare in massa neodruidi e seguaci nomadi della New Age, che spesso rimanevano in zona per intere settimane. Gli archeologi si lamentarono che queste presenze potevano danneggiare non solo il circolo di pietre, ma anche i monumenti minori situati nei campi circostanti. Di conseguenza, la polizia impose delle restrizioni alle visite di questi personaggi che si trasformarono in un'annuale occasione di tafferugli culminati nell'ignobile Battle of the Beanfield, quando alla televisione furono proposte immagini di donne e bambini tirati fuori a forza da un insieme variopinto di vecchi autobus e altri mezzi simili. Lo scontro ha lasciato in eredità il filo spinato e una legge, emanata nel 1994, che aveva lo scopo di rendere più difficili gli assembramenti di autoconvogli.

'Una disgrazia nazionale', è questo il modo in cui la Commissione per i conti pubblici della Casa dei Comuni ha descritto la situazione a Stonehenge nel 1992. Quale speranza, dunque, per un futuro migliore? L'ideale, secondo l'English Heritage (EH) e il National Trust (NT), sarebbe riuscire a far spostare il percorso di entrambe le strade, e magari far passare la A303 in una galleria sotterranea (al costo di 300 milioni di sterline).

Il NT e l'EH hanno in progetto la realizzazione di un Millennium Park, che prevede quanto meno la chiusura della A344 e lo spostamento del centro visitatori a un miglio di distanza, per restituire al sito, almeno in parte, la sua atmosfera.

Non è ancora chiaro da dove provengano i finanziamenti, ma il ministro della Cultura Chris Smith ha detto chiaramente che vorrebbe vedere Stonehenge restituita al suo ambiente naturale il più presto possibile.

LPP

fu costruito un grande anello di 30 menhir, dei quali rimangono 17 monoliti verticali e 6 architravi.

All'esterno dell'anello doveva esserci un altro circolo, come dimostrano le 58 buche scoperte nel XVII secolo dallo studioso Aubrey e che da lui prendono il nome (Aubrey Holes). Lungo questo circolo, del quale rimangono pochissime pietre, sono situati anche due tumuli tombali (South Barrow e North Barrow, in origine coperti da una lastra di pietra) e due pietre collocate quasi simmetricamente sull'asse est-ovest. Il circolo di buche è circondato a sua volta dal terrapieno e dal fossato.

L'asse dei due ferri di cavallo è disposto lungo la direzione che unisce il punto in cui il sole tramonta al solstizio d'inverno con quello in cui sorge al solstizio d'estate. In corrispondenza di quest'ultimo, approssimativamente in direzione nord-nord-est si distingue l'antico viale d'accesso a Stonehenge, detto The Avenue, che oggi risulta quasi subito tagliato dalla A344. Il punto in cui il terrapieno si interrompe per accogliere il viale è segnato da una pietra chiamata Slaughter Stone (curioso nome settecentesco che significa 'pietra del massacro'). Oltre il fossato, a breve distanza dall'ingresso, sono state rinvenute le due cosiddette Heel Stones ('pietre del tallone') situate rispettivamente lungo il lato destro e sinistro del viale. Benché sia ormai indubbio che la disposizione dei monoliti è legata ai cicli solari, il significato di questo monumento rimane ancora oscuro.

Il sito di Stonehenge è aperto, da aprile e ottobre, ogni giorno dalle 9.30 alle 18 (da giugno ad agosto fino alle 19 e fino alle 16 da novembre a marzo). L'ingresso costa £4/2 e prevede l'utilizzo di un supporto audio. Molti viaggiatori che l'hanno visitato ritengono che non valga la pena pagare il biglietto sia perché il monumento è ben visibile anche dalla strada, sia perché una volta entrati nel recinto bisogna comunque tenersi a una certa distanza dalle pietre. Se le vostre

finanze ve lo permettono, il modo più affascinante di esplorare il sito è una visita privata della durata di un'ora al di fuori del normale orario di apertura. Se v'interessa questa opportunità dovete organizzarvi con un certo anticipo contattando l'English Heritage (☎ 01980-623108), che provvederà a rilasciarvi il permesso necessario (£8/4).

Per/da Stonehenge

Stonehenge si trova 2 miglia (3 km) a ovest di Amesbury, all'incrocio tra la A303 e la A344/A360. La stazione ferroviaria più vicina è quella di Salisbury, da cui dista 9 miglia (14 km). D'estate vi sono fino a nove autobus al giorno per Stonehenge che partono dalla stazione degli autobus di Salisbury e fermano anche alla stazione ferroviaria. Conviene acquistare il biglietto Explorer della Wilts & Dorset che costa £5/2,50. Il primo autobus di solito parte alle 10 del mattino.

La compagnia Guide Friday (☎ 01225-444102) organizza delle escursioni della durata di due ore con partenza da Salisbury. In alta stagione sono previste fino a tre partenze al giorno e il biglietto costa £13,50/6,50, compreso l'ingresso a Stonehenge, il che vi permetterà di evitare di sottoporvi alle file che si formano soprattutto in alta stagione. Esistono inoltre diverse compagnie di minibus che organizzano escursioni a Stonehenge e a volte includono anche la visita del complesso di Avebury. Per maggiori informazioni rivolgetevi alla AS Tours (☎ 334956, @ astours@globalnet.co.uk).

DINTORNI DI STONEHENGE

Stonehenge non è, come si potrebbe pensare, un complesso megalitico isolato, bensì si trova circondato da numerosi altri siti preistorici, alcuni scoperti solo di recente in seguito a rilievi aerei. Attualmente si possono visitare soltanto i monumenti situati nella zona appartenente al National Trust, poiché gli altri sorgono su terreni di proprietà privata. L'opuscolo intitolato *Stonehenge Estate Ar-*

chaeological Walks illustra i luoghi aperti al pubblico e indica un interessante itinerario da percorrere a piedi.

Tre miglia (5 km) a est di Stonehenge, poco più a nord di Amesbury, si trova **Woodhenge**, una struttura in legno formata da cerchi concentrici, individuabile grazie a pilastri di calcestruzzo infissi nel terreno. La struttura è anteriore a Stonehenge.

A nord di Stonehenge, lungo una linea immaginaria che corre approssimativamente lungo l'asse est-ovest, si estende un lungo terrapieno di forma ovale, detto **Cursus**, inizialmente ritenuto un ippodromo romano. Studi più recenti, invece, hanno rivelato che si tratta di una costruzione molto più antica, anche se ne rimane oscuro il significato. Non lontano dal Cursus si è scoperto il frammento di un altro terrapieno, detto **Lesser Cursus** (Cursus minore), che sembrerebbe essere l'estremità di un ovale più lungo. Fra i siti preistorici che si trovano nei dintorni di Stonehenge ci sono anche diversi tumuli tombali, come l'imponente **New King Barrows**, e una collina fortificata risalente all'Età del ferro, il cosiddetto **Vespasian's Camp**.

STOURHEAD

Quella di Stourhead (☎ 01747-841152; NT) è una delle tante residenze di campagna inglesi, ma a differenza delle altre qui il palazzo passa decisamente in secondo piano rispetto al giardino, un parco davvero meraviglioso che sarebbe un peccato non vedere. Dovendo scegliere fra il palazzo e i giardini non ci sono dubbi: optate per i giardini.

Il facoltoso banchiere Henry Hoare fece costruire il palazzo fra il 1721 e il 1725, mentre il figlio, Henry Hoare II, ideò il giardino nella valle vicina alla casa. Fra gli altri discendenti della famiglia Hoare che contribuirono ad ampliare e arricchire la residenza va ricordato Sir Richard Colt Hoare, che tra il 1790 e il 1804 fece aggiungere le ali del palazzo. Gravemente danneggiata da un incendio, la casa fu restaurata nel 1902.

Osservando i paesaggi di Claude e Gaspard Poussin non si può fare a meno di pensare che furono questi quadri a ispirare l'ideatore dei bellissimi giardini di Stourhead.

Per visitare il parco potete seguire un circuito di due miglia (3 km) che attraversa il giardino facendo anche un giro del lago. Quest'ultimo è un lago artificiale che Henry Hoare II creò unendo una serie di stagni e laghetti medievali abitati da pesci. La nostra passeggiata, dunque, inizia dal palazzo e procede verso l'**ice house**, una ghiacciaia usata per conservare d'inverno il ghiaccio necessario nei mesi estivi. Continuando si raggiungono prima un tempietto, **Temple of Flora**, situato in prossimità del lago, e poi una grotta artificiale, il **grotto**, sempre lungo le rive del lago. Dopo aver superato il cosiddetto **Gothic cottage** e il **Pantheon** si sale verso il **Temple of Apollo**, copia del tempio di Baalbec (Libano), da dove si gode una splendida vista del lago. Per ridiscendere si percorre un sentiero che conduce alla **Bristol Cross**, croce gotica acquistata dalla città di Bristol nel 1765. Prima di tornare al punto di partenza si passa davanti alla **St Peter's Church** e allo **Spread Eagle Inn**.

Chi ha tempo può concedersi anche una deviazione alla **King Alfred's Tower**, raggiungibile percorrendo un sentiero lungo 3 miglia e mezzo (5,5 km) che parte nei pressi del Pantheon. Dalla cima della torre, alta 50 m, lo sguardo abbraccia un paesaggio che comprende tre contee: Wiltshire, Somerset e Dorset.

Il giardino è aperto ogni giorno dalle 9 alle 19 (o fino all'ora del tramonto). Il palazzo, invece, si può visitare da aprile a ottobre, dal sabato al mercoledì, dalle 12 alle 17.30. Questi i prezzi dei biglietti: £4,60/2,60 per il palazzo e £4,60/2,60 per il giardino (in inverno £3,30/ 1,50). Un biglietto cumulativo per il palazzo e il giardino costa £8/3,80. Per visitare King Alfred's Tower è necessario acquistare un altro biglietto da £1,50/70p.

LONGLEAT

Longleat (☎ 01985-844400) è la classica residenza inglese trasformata in un luogo di attrazioni. In seguito alla soppressione dei monasteri decretata da Enrico VIII, nel 1541 Sir John Thynne, per la modica cifra di £53, divenne proprietario della priora di Longleat, allora in rovina, e dei 360 ettari di terra che ne facevano parte. Per ragioni ancora sconosciute l'acquisto di una priora agostiniana del '200 dovette stimolarlo a trasgredire i canoni architettonici dell'epoca, giacché diede l'ordine di costruire una casa che si affacciasse direttamente sul bellissimo parco invece che sui cortili interni, com'era d'uso nel XVI secolo. Purtroppo i lavori di costruzione erano ancora in corso nel 1580, al momento della sua morte. Nei secoli successivi furono apportati diversi cambiamenti interni, mentre le facciate sono rimaste pressoché immutate. Oltre ai preziosi mobili che arredano le stanze, il palazzo vanta sette biblioteche per un totale di 40.000 volumi. Il parco, completo di lago artificiale (Half Mile Pond) e boschi sullo sfondo, fu realizzato tra il 1757 e il 1762 su progetto di Capability Brown.

Dopo la seconda guerra mondiale la nobiltà inglese si ritrovò costretta a intaccare i patrimoni di famiglia per poter pagare le tasse. I costi di manutenzione delle grandi proprietà divennero esorbitanti come pure gli stipendi della servitù. Il primo a reagire escogitando una soluzione fu l'allora proprietario di Longleat, il sesto marchese di Bath, il quale trovò il modo di far fruttare le sue ricchezze aprendo la residenza al pubblico e arricchendola di attrazioni turistiche. Oggi nella proprietà trovano posto un pub, una ferrovia a scartamento ridotto, vari spazi espositivi e ricreativi, un giardino delle farfalle e un parco-safari con tanto di leoni in carne e ossa. Il settimo marchese di Bath, un personaggio alquanto eccentrico, ha addirittura aggiunto una serie di pitture murali, alcune d'ispirazione erotica, realizzate nei suoi appartamenti privati.

Longleat House è aperta ogni giorno dalle 11 alle 16 (da Pasqua a settembre è aperto fino alle 17.30). Il parco-safari è aperto da metà marzo a ottobre dalle 11 alle 17.30; le altre attrazioni aprono un'ora più tardi. L'ingresso al parco costa £2/1, al palazzo £6/4, al parco-safari £6/5. Chi fosse interessato proprio a tutto, piuttosto che acquistare una dozzina di biglietti diversi, può optare per un biglietto cumulativo che costa £13/11. In estate, un autobus della Lion Link parte tutti i giorni alle 11.10 da Warminster diretto alle 11.10 da Warminster diretto all'entrata del parco-safari, una passeggiata di 2 miglia e mezzo (4 km) da Longleat House attraverso splendidi giardini.

BRADFORD-ON-AVON
Pop. 9000 ☎ 01225

Bradford-on-Avon è un'incantevole cittadina che conserva antiche case in pietra e vecchi opifici suggestivamente allineati lungo la riva del fiume. Trovandosi a sole 8 miglia (13 km) da Bath, dove ci sono molti più alberghi e ristoranti, Bradford-on-Avon può essere meta ideale di una piacevole escursione in giornata. Purtroppo l'ampliamento della circonvallazione di Bath ha avuto come effetto quello di deviare il traffico in eccesso nella piccola Bradford.

Orientamento e informazioni

Il cuore della città è rappresentato dal ponte medievale, Town Bridge, diventato il simbolo di Bradford-on-Avon. Gli edifici storici si concentrano lungo la riva nord del fiume Avon. Oltre che da quest'ultimo, la città è attraversata dal Kennet & Avon Canal. Un bel sentiero da percorrere a piedi o in bicicletta costeggia il canale fino alla vicina Avoncliff, che dista un miglio e mezzo da Bradford-on-Avon. Nei pressi di Avoncliff si può ammirare un incredibile acquedotto costruito in epoca vittoriana.

Il TIC (☎ 865797, fax 868722, 34 Silver St) si trova al di là del ponte rispetto alla stazione ferroviaria; è aperto tutti i giorni dalle 10 alle 17 (da gennaio a marzo fino alle 16).

Che cosa vedere e fare

Fondata in epoca sassone, Bradford-on-Avon raggiunse il suo periodo di massimo splendore durante i secoli XVII e XVIII quale importante centro di produzione tessile. Testimoni quanto mai eloquenti dell'antica prosperità sono i grandi opifici e le splendide case risalenti a quel tempo, edifici solidi, di pietra chiara, che invitano a perdersi fra le viuzze, lasciandosi trasportare indietro nel tempo.

La nostra passeggiata inizia da **Shambles**, l'antica piazza del mercato, per risalire lungo Market St, non prima di aver dato un'occhiata a **Coppice Hill**, piccola via che parte dalla piazza. Una volta in cima a Market St sono visibili le casette a schiera di **Middle Rank** e **Tory**, un nome, quest'ultimo, probabilmente derivato dal termine anglosassone 'tor', che significa 'collina alta'. Dall'altra parte del fiume, presso il **Town Bridge**, sorge **Westbury House**, edificio che nel 1791 fu teatro di una rivolta operaia contro l'introduzione delle macchine industriali in cui persero la vita tre persone.

Il primo ponte sull'Avon fu costruito intorno al XII secolo là dove ora sorge l'attuale Town Bridge, che invece porta la data del 1610. La piccola stanzetta ricavata al suo interno in origine era una cappella e più tardi una **prigione**.

Il **Bradford-on-Avon Museum** (☎ 863 280), in Bridge St, è aperto dal mercoledì al sabato dalle 10.30 alle 12.30 e dalle 14 alle 16 (la domenica solo di pomeriggio). In inverno è aperto solo di pomeriggio a eccezione del sabato. Il museo si trova nell'edificio della biblioteca presso il fiume e contiene la riproduzione di una farmacia di epoca vittoriana che serviva la città.

Chiese

Una delle più belle chiese fondate dai Sassoni in Gran Bretagna, la piccola **Church of St Laurence** probabilmente risale agli inizi dell'XI secolo. In seguito fu adibita a usi secolari per poi essere completamente abbandonata fino al XIX secolo, quando la chiesetta fu riscoperta, re-

staurata e riportata al suo semplice e antico splendore. Notate, in particolare, le pareti, gli archi stretti e gli angeli in pietra che sovrastano il coro. La chiesa è aperta durante tutto l'anno.

Al 1150 risale invece la costruzione della **Holy Trinity Church**, che nella sua forma originale risulta quasi indistinguibile sotto le parti aggiunte nei secoli XIV e XV e quelle restaurate nel secolo scorso.

Un po' più in alto sulla collina sorge la cappella di **St Mary's Tory**. Costruito intorno al 1480, l'edificio fu usato come

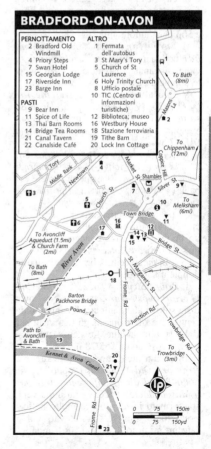

BRADFORD-ON-AVON

PERNOTTAMENTO
2 Bradford Old Windmill
4 Priory Steps
7 Swan Hotel
15 Georgian Lodge
17 Riverside Inn
23 Barge Inn

PASTI
9 Bear Inn
11 Spice of Life
13 Thai Barn Rooms
14 Bridge Tea Rooms
21 Canal Tavern
22 Canalside Café

ALTRO
1 Fermata dell'autobus
3 St Mary's Tory
5 Church of St Laurence
6 Holy Trinity Church
8 Ufficio postale
10 TIC (Centro di informazioni turistiche)
12 Biblioteca; museo
16 Westbury House
18 Stazione ferroviaria
19 Tithe Barn
20 Lock Inn Cottage

fabbrica di tessuti nel XVIII secolo, prima di essere sottoposto a opera di restauro.

Tithe Barn

Una breve e amena passeggiata lungo il fiume conduce dal centro al vecchio 'tithe barn', un immenso magazzino costruito nel 1341 per la conservazione delle decime ecclesiastiche pagate in natura; è lungo 50 metri e ha il tetto coperto da 100 tonnellate di tegole in pietra.

Pernottamento

Il campeggio più vicino alla città è il *Church Farm* (☎/fax 722246, @ church farmcottages@compuserve.com, Winsley). Si spendono solo £2,50 per persona e 50p per l'automobile.

Il *Barge Inn* (☎ 863403, 17 Frome Rd), collocato in una piacevole posizione vicino al canale, dispone di camere singole/doppie a £25/35.

Vicino al ponte c'è il *Riverside Inn* (☎ 863526, 49 St Margaret's St), anch'esso in una bella posizione lungo il fiume. Vi sono stanze semplici, ma con bagno, a £35/47,50.

Il *Georgian Lodge* (☎ 862268, fax 862 218, @ georgian_lodge_hotel@ btinternet. com, 25 Bridge St) dispone di camere con bagno a £30/68, compresa la prima colazione.

Se potete permettervi di spendere qualche sterlina in più, Bradford-on-Avon è un buon posto dove concedersi qualche lusso. Lo *Swan Hotel* (☎ 868686, 1 Church St), in pieno centro, ha camere singole/doppie a £50/80.

Il *Priory Steps* (☎ 862230, fax 866248, @ priorysteps@clara.co.uk), a Newtown, dista solo qualche minuto di cammino dal centro, ma offre una magnifica vista dall'alto su tutta la città. Le stanze, tutte con bagno, costano da £58/78 in su.

In posizione panoramica è anche il *Bradford Old Windmill* (☎ 866842, fax 866648, @ distinctly.different@virgin.net, 4 Masons Lane), vecchio mulino a vento trasformato in un albergo molto bello. I prezzi delle camere sono elevati: calcolate un minimo di £79, £10 di meno se

la camera è occupata da un'unica persona, ma il panorama, l'atmosfera e l'ambiente confortevole valgono decisamente te la spesa.

Pasti

L'antico *Bridge Tea Rooms* (☎ 865537, 24a Bridge St), accanto al Town Bridge, serve ottimi spuntini e pranzi veloci, comprese salutari minestre e ottimi tè con focaccine ripiene di panna e marmellata. In alternativa c'è il piccolo *Spice of Life* (☎ 864351, 33 Silver St), a ridosso del TIC, che offre anche piatti vegetariani e a base di ingredienti biologici.

Il *Canalside Café*, situato nel Lock Inn Cottage vicino al punto in cui Frome Rd attraversa il canale, è un posto piacevole che offre un'ampia varietà di spuntini a prezzi ragionevoli.

Allo *Swan Hotel* c'è un bar che prepara piatti veloci a meno di £5 e un ristorante che propone pasti a prezzo fisso. In alternativa, si può mangiare in uno dei pub con cucina: il *Bear Inn* (26 Silver St) e il *Canal Tavern* (49 Frome Rd), che propone piatti di pesce. In quest'ultimo locale non è permesso fumare.

Il *Georgian Lodge*, accanto al Town Bridge, prepara piatti più elaborati, come il salmone affumicato con fuoco di legno di quercia con capperi e lime, a circa £10.

Per assaggiare una cucina più esotica provate il *Thai Barn* (☎ 866433, 24 Bridge St). Il menu è molto ricco.

Per/da Bradford-on-Avon

Ottimi i collegamenti per Bath: sono frequenti sia i treni (£3,60 a/r, 14 minuti, partenze ogni ora) sia gli autobus (n. X4, £3,40 a/r, partenze ogni ora), che proseguono poi per Salisbury. Una volta alla settimana c'è anche un autobus diretto a Devizes; per informazioni contattate il ☎ 0845 709 0899.

Trasporti locali

Lungo il canale si trova il Lock Inn Cottage (☎ 868068), 48 Frome Rd, che noleggia biciclette a £12 al giorno. In questo posto potete noleggiare anche canoe, se volete concedervi una gita lungo il canale.

CHIPPENHAM E DINTORNI
Pop. 22.000 ☎ 01249

In sé cittadina di modesto interesse, con un centro storico recentemente chiuso al traffico automobilistico, ha il vantaggio di trovarsi a breve distanza da numerose località che meritano d'essere visitate.

Il TIC locale (☎ 657733, fax 460776, @ tourism@northwilts.gov.uk), The Citadel, Bath Rd, ha a disposizione una cartina della città con gli itinerari consigliati e fornisce informazioni su alloggi a partire da £15 per persona. Il museo ospitato all'interno della **Yelde Hall** (XV secolo) è aperto dalle 10 alle 12.30 e dalle 14 alle 16.30, tutti i giorni tranne la domenica da marzo a ottobre. Mentre siete in attesa dell'autobus potete infilarvi nell'affascinante e delizioso *Waverley Restaurant*, di fronte al Bear Hotel, per gustare una tazza di tè e una fetta di dolce a prezzi economici.

L'autobus n. 92 parte ogni ora da Chippenham per Cirencester passando anche per Malmesbury. C'è un regolare servizio di autobus anche per Bristol e Bath.

Da Londra (Paddington; £31,50, un'ora e 20 minuti), partono numerosi treni che passano per Chippenham diretti a Bath (£3,60, 12 minuti) e a Bristol (£6,20, 24 minuti).

Castle Combe

Romantico villaggio medievale, Castle Combe ha tutto il fascino di un luogo in cui il tempo sembra essersi fermato. La strada principale è fiancheggiata da cottage in pietra che traboccano fiori, da pub e da graziose botteghe. Da notare, in particolare, il Market Cross (XIII secolo), il ponte fiancheggiato dalle antiche case dei tessitori e la deliziosa chiesa di St Andrew's, di epoca medievale, con una pregevole statua del XIII secolo raffigurante Sir Walter de Dunstanville.

Il *Gates Tea Shop* (☎ 782111), vicino al Market Cross, ha due camere doppie che costano £45 o £55, a seconda dello stile del letto. Durante il giorno viene servito anche il tè con focaccine ripiene di panna e marmellata.

All'estremità opposta nella scala dei prezzi troviamo la *Manor House Inn* (☎ 782206), dove si spendono almeno £145 per una camera. Sia nell'affascinante *Castle Inn* sia nell'antico *White Hart* preparano piatti di buona qualità.

L'autobus n. 35 parte ogni due ore dalla stazione ferroviaria di Chippenham diretto a Castle Combe, ma è più semplice arrivarci in auto.

Corsham Court

Palazzo elisabettiano risalente al 1582, Corsham Court (☎ 01249-701610) fu ampliato e rinnovato nel XVIII secolo per ospitare la collezione di opere d'arte raccolte da Paul Methuen e dai suoi discendenti.

Il palazzo si trova 3 miglia (5 km) a sud-ovest di Chippenham ed è aperto da Pasqua a ottobre, dal martedì alla domenica, dalle 11 alle 17 e durante il resto dell'anno con un orario ridotto; l'ingresso costa £4,50/2,50.

Bowood House

Questa residenza signorile (☎ 01249-812102) è la casa del marchese di Landsdowne e comprende una galleria di quadri, tra cui molti capolavori antichi, e il laboratorio dove il dottor Joseph Priestly scoprì l'ossigeno nel 1774. I giardini, ideati da Capability Brown, già di per sé sono molto interessanti, compreso il giardino delle rose a terrazze. La residenza si trova 3 miglia (5 km) a sud-est di Chippenham ed è aperto, da aprile a ottobre, tutti i giorni dalle 11 alle 17.30. L'ingresso costa £5,70/3,50.

LACOCK
☎ 01249

Un altro piccolo villaggio sorprendentemente bello è Lacock che, oltre a ospitare numerosi edifici e un complesso monastico medievale, sostiene di essere il luogo in cui nacque la fotografia. Il villaggio di Lacock fu fondato in era sassone, quindi ben prima del complesso abbaziale. Molte case risalgono all'epoca medievale e sono quasi tutte proprietà del National Trust; vi sono anche edifici d'epoche successive, ma pochi costruiti dopo il XVIII secolo.

Il National Trust pubblica un utile opuscolo intitolato *Lacock Village*, che viene distribuito gratuitamente e che suggerisce un interessante percorso di visita. La prima tappa è l'originale **Hunting Lodge**, il capanno da caccia di re Giovanni, risalente in parte al XIII secolo, e l'adiacente **St Cyriac's Church**, che risale principalmente alla fine del XV secolo; notate la targa in ottone situata nel transetto meridionale dedicata a Robert ed Elizabeth Baynard e ai loro 18 figli (1501). L'albergo **At the Sign of the Angel** porta la data del 1480. Nel 1824 W.H. Fox Talbot fondò la **scuola elementare** di High St. La sua **tomba** si trova nel cimitero del villaggio. Dedicate un po' di tempo anche al **tithe barn** (magazzino un tempo adibito alla conservazione delle decime ecclesiastiche pagate in natura) e alla **prigione**, entrambi del XIV secolo.

A Lacock sono state girate diverse scene della famosa produzione televisiva della BBC *Pride and Prejudice* (Orgoglio e pregiudizio).

Lacock Abbey e Fox Talbot Museum of Photography

Fondata come convento di monache nel 1232, Lacock Abbey (☎ 730459; NT) fu confiscata da Enrico VIII e venduta a William Sharington nel 1539. Sharington ne fece una residenza privata, fece demolire la chiesa, aggiunse una torre presso un angolo del convento e fece costruire una fabbrica di birra. Fortunatamente mantenne sia il chiostro sia altre strutture medievali. Nonostante i suoi tre matrimoni, morì senza eredi, sì che la casa passò nelle mani della famiglia Talbot, già proprietaria di quasi tutti gli edifici del villaggio. Nel 1944 i Talbot vendettero il loro patrimonio al National Trust.

All'inizio del XIX secolo William Henry Fox Talbot, inventore prolifico in vari campi, fece qui degli esperimenti importantissimi per lo sviluppo della fotografia. Subito dopo l'ingresso all'abbazia è stato allestito un museo (☎ 730459) che illustra nel dettaglio il lavoro pionieristico svolto intorno al 1830, periodo durante il quale anche Louis Daguerre faceva i suoi esperimenti in Francia. La grande invenzione di Fox Talbot fu quella del negativo, cioè di un'immagine a partire dalla quale si potessero riprodurre infinite immagini positive. Prima d'allora, invece, la 'fotografia', o dagherrotipo, era la stessa lastra metallica sulla quale veniva impressa l'immagine. Una sua lastra del 1835, che ritrae la finestra a loggia sporgente dell'abbazia, potrebbe essere la prima foto mai scattata.

L'abbazia e il museo sono aperti al pubblico da aprile a ottobre, tutti i giorni tranne il martedì, dalle 11 alle 17.30. L'ingresso costa £5,80/3,20 ma, se volete visitare solo il chiostro, il museo e il parco, il biglietto costa £3,70/2,20.

Pernottamento e pasti

Lacock è un posto splendido dove fermarsi qualche giorno, anche se gli alloggi a disposizione sono limitati e i prezzi sono relativamente elevati.

Il *King John's Hunting Lodge* (☎/fax 730313, 21 Church St) dispone di due camere deliziose con travi a vista a £32,50 per persona, compresa la prima colazione. In estate e durante i weekend viene aperta la sala da tè.

Il grazioso *Lacock Pottery* (☎ 730266, fax 730948, ✉ simone@lacockbedand breakfast.com, 1 The Tanyard) offre camere a £37/59, prezzo che comprende una salutare prima colazione e l'iscrizione a un corso di ceramica.

Le stanze dell'*At the Sign of the Angel* (☎ 730230, fax 730527, ✉ angel@lacock. co.uk, Church St) sono più costose ma anche molto più ricche di atmosfera; spendendo £68/99 (il sabato di più) potete dormire in una camera con travi a vista.

Tutti e tre i pub del villaggio hanno una cucina. *At the Sign of the Angel* prepara cene tradizionali per le quali si spendono da £20 a £25, mentre l'affascinante *Geor-*

ge Inn è più economico e molto frequentato, un ottimo locale per coloro che amano i pub autentici. Il *Carpenters Arms* è il pub con i prezzi più ragionevoli ed è anche molto spazioso, ma ha meno personalità del George Inn.

In estate, il *The Stables*, di fronte all'abbazia, apre come sala da tè.

Per/da Lacock

Dal lunedì al sabato, l'autobus n. 234 parte quasi ogni ora da Chippenham diretto a Lacock (15 minuti).

DEVIZES
Pop. 12.500 ☎ 01380

Attraente città di mercato, Devizes un tempo fungeva da stazione di posta per le diligenze di passaggio e ancora oggi attorno a Market Place sopravvivono numerose locande dell'epoca. Tra gli edifici interessanti che sorgono nei dintorni vi sono la borsa dei cereali, **Corn Exchange**, sormontata da una statua di Cerere, dea dell'agricoltura, e il vecchio municipio, **Old Town Hall**, costruito tra il 1750 e il 1752. Devizes è anche la patria della **Wadworth brewery** (fabbrica di birra) e della famosa 6X, che si può assaggiare nei pub locali. Ancora oggi, tutte le mattine, la birra viene consegnata ai pub su carri trainati da robusti cavalli da tiro.

Il TIC (☎ 729408, 39 St John's St), vicino alla piazza del mercato, è aperto dal lunedì al sabato dalle 9.30 alle 17.

Che cosa vedere

Poco oltre il TIC inizia **St John's Alley**, una via fiancheggiata da splendide case elisabettiane con i piani superiori aggettanti. Al termine di St John's St sorge il nuovo municipio, **town hall**, del 1806. Nella St John's Church sono ancora visibili diversi elementi dell'edificio originale normanno, fra i quali spicca la massiccia torre del transetto.

Il **Wiltshire Heritage Museum** (☎ 727 369, 41 Long St) ha un'interessante mostra sui siti di Stonehenge e Avebury, una sezione dedicata alla storia romana e, al piano superiore, una sala dedicata alla storia sociale. Il museo è aperto dal lunedì al sabato dalle 10 alle 17. L'ingresso costa £3/75p (il lunedì è gratuito).

Situato a nord del centro, nel Wharf, il **Kennet & Avon Canal Exhibition** (☎ 729489) è aperto ogni giorno dalle 10 alle 17 (in inverno fino alle 16); l'ingresso costa £1,50/50p. Nella periferia occidentale di Devizes, presso **Caen Hill**, si estende la famosa infilata di 29 chiuse che innalzano il livello dell'acqua di 72 metri in 2 miglia e mezzo (4 km).

Pernottamento e pasti

Il *Lower Foxhangers Farm* (☎/fax 828254), 2 miglia e mezzo (4 km) a ovest di Devizes, vicino alle chiuse di Caen Hill, offre un posto tenda a £6 (più £1 per la corrente elettrica). Questo campeggio è situato in una comoda posizione vicino al canale, perciò chi ama le passeggiate o le corse in bicicletta è avvantaggiato, anche perché i trasporti pubblici sono scarsi.

Al *Bear Hotel* (☎ 722444, fax 722450, Market Place), ricavato da un edificio risalente al 1558, si spendono £59/86, compresa la prima colazione. In una locanda del XVII secolo c'è invece il *Black Swan Hotel* (☎ 723259, fax 729966, Market Place), che dispone di camere a £50/70.

L'*Healthy Life* (Little Britox) è un nuovo ristorante vegetariano in cui vengono utilizzati prodotti biologici. È situato al piano superiore di un negozio specializzato in alimenti biologici situato in una laterale di Market Place.

Il popolare Wiltshire Kitchen è stato sostituito dal *Quintessence* (☎ 724840, 11-12 St John's St).

In alternativa, potete provare i vari pub nei dintorni di Market Place: i prezzi sono ragionevoli, specie nei giorni di mercato.

Per/da Devizes

Gli autobus nn. 33 e X33 collegano Chippenham (£2,70, 25 minuti, ogni due ore) a Devizes, mentre il n. X71 copre il tragitto Bath-Devizes (£3,40, un'ora, ogni ora).

AVEBURY
☎ 01672
Avebury si trova al centro di un vasto
complesso preistorico formato da luoghi
di culto, strade antichissime e camere
tombali. Dal punto di vista delle dimensioni, i resti archeologici sono molto più
imponenti di Stonehenge e, fortunatamente, meno visitati, perciò molti li ritengono
più suggestivi e ricchi di atmosfera: la
presenza delle popolazioni del Neolitico è
così viva che se ne può quasi sentire il fia-
to sul collo. Avebury, che è addirittura
più antica di Stonehenge, in quanto risale
al 2500 a.C. circa, in sé è un villaggio
molto grazioso dove anche la chiesa ha il
tetto di paglia. Silbury Hill e West Kennet
Long Barrow sono nelle vicinanze. Presso
Avebury si trova anche l'estremità ovest
del Ridgeway Path.

Orientamento e informazioni
Le pietre del circolo di Avebury circondano parte del villaggio: se siete in auto, non
conviene entrare nel centro abitato, bensì
lasciarla nel parcheggio lungo la A4361,
situato a due passi dal circolo.
   All'epoca della stesura di questa guida
il TIC (☎ 539425, fax 539494) era in pro-
cinto di trasferirsi nel Great Barn. L'ufficio è aperto dal mercoledì alla domenica
dalle 10 alle 17.

Il circolo di pietre
Secondo gli archeologi il circolo risale a
un periodo compreso all'incirca fra il
2600 e il 2100 a.C., ossia fra la prima e
la seconda fase di costruzione di Stonehenge. Con un diametro di 348 metri
circa il circolo di Avebury è uno dei monumenti preistorici più grandi di tutta la
Gran Bretagna. In origine il complesso
consisteva di un circolo esterno formato
da 98 menhir, lunghi fra i 3 e i 6 metri e
pesanti fino a 20 tonnellate ciascuno. I
blocchi di pietra furono scelti in base alla
loro forma e alle loro dimensioni, ma
non furono poi sagomati dall'uomo come
quelli di Stonehenge. Tale circolo era
circondato da un terrapieno alto 5 metri e
mezzo, a sua volta cinto da un fossato

profondo da 6 m a 9 m. All'interno, invece, erano stati innalzati due circoli più
piccoli, uno a nord (27 pietre) e uno a
sud (29 pietre).
   I circoli dovettero rimanere pressoché
intatti fino al periodo romano, mentre a
partire dal 600 divennero base di un insediamento sassone. Nel Medioevo,
quando il potere della chiesa era molto
grande e il timore del paganesimo molto
forte, numerose pietre vennero intenzionalmente abbattute e sepolte. Ma il peggio arrivò tra la fine del XVII e l'inizio
del XVIII secolo, quando il villaggio cominciò a espandersi rapidamente e le
pietre del circolo furono sistematicamen-
te rimosse e fatte a pezzi per ottenere
materiale da costruzione. Quasi nello
stesso periodo, fortunatamente, iniziarono i primi studi sulla zona ad opera di
William Stukeley (1687-1765), che ci lasciò valide testimonianze.
   Nel 1934, sotto la supervisione di
Alexander Keiller, si procedette all'indi-
viduazione delle pietre sepolte, che poi
furono dissotterrate, e di quelle mancanti,
che vennero comunque catalogate. A onor
del vero, alla fine il facoltoso Keiller acquistò il sito di Avebury pur di rimediare
al danno che gli Inglesi avevano saputo
arrecare a uno dei loro maggiori monumenti archeologici.
   L'incrocio di strade che s'incontra
presso Avebury taglia il circolo preistorico esattamente in quattro parti. Per la visita del sito conviene iniziare da High St,
vicino all'Henge Shop, e costeggiare il
circolo camminando in senso antiorario.
Nel settore sud-ovest rimangono 12 pietre, una delle quali è detta **Barber Surgeon
Stone** (pietra del barbiere chirurgo). Sotto
di essa fu rinvenuto lo scheletro di un
uomo sepolto assieme a quelli che sembrano essere gli strumenti di barbiere-ce-
rusico del Medioevo. A quanto pare l'uomo fu ucciso da una pietra cadutagli ac-
cidentalmente addosso.
   All'inizio del settore sud-est s'innalzano le enormi **portal stones**, pietre d'ingresso che segnano il punto in cui l'antico
viale, West Kennet Ave, s'immetteva nel

circolo. All'interno di questo settore si trovava anche uno dei circoli minori, il **southern inner circle**, al cui centro campeggiava l'**Obelisk** e un gruppo di pietre disposte a forma di Z e conosciute pertanto come **Z Feature**. Fuori da questo circolo minore c'era la cosiddetta **Ring Stone**, una pietra di cui è rimasta soltanto la base. Poche sono le pietre rimaste nella parte più orientale del settore sud-est così come in tutto il settore nord-est. In quest'ultimo era localizzata gran parte dell'altro circolo minore (northern inner circle), all'interno del quale sorgeva il **Cove**, una struttura formata da tre fra le pietre più grandi di Avebury.

Il settore con il maggior numero di pietre è quello nord-ovest, dove fra tutte spicca la colossale **Swindon Stone** (65 tonnellate), la prima pietra preistorica che fu riconosciuta come tale e una delle poche a non essere mai state rovesciate.

Alexander Keiller Museum

All'epoca dei suoi scavi archeologici, Alexander Keiller, divenuto ricco grazie alla marmellata d'arance Dundee, non acquistò soltanto il sito preistorico, ma anche gran parte del villaggio, West Kennet Ave, Windmill Hill e quant'altro era allora in vendita. L'Alexander Keiller Museum (☎ 539250), ospitato nelle antiche scuderie di Avebury Manor, illustra la storia del circolo di Avebury e possiede una collezione di reperti archeologici rinvenuti nel circolo stesso. Il museo è aperto dalle 10 alle 18 (in inverno fino alle 16); l'ingresso costa £1,80/80p.

Il villaggio

Avebury conserva una chiesetta di origine sassone, **St James Church**, che si distingue per la presenza di elementi normanni e di un'insolita galleria sovrastante il jubé. Il National Trust ha in programma lo svilup-

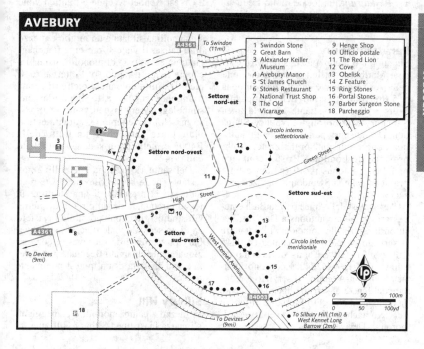

AVEBURY

1 Swindon Stone	9 Henge Shop
2 Great Barn	10 Ufficio postale
3 Alexander Keiller Museum	11 The Red Lion
4 Avebury Manor	12 Cove
5 St James Church	13 Obelisk
6 Stones Restaurant	14 Z Feature
7 National Trust Shop	15 Ring Stones
8 The Old Vicarage	16 Portal Stones
	17 Barber Surgeon Stone
	18 Parcheggio

po di un nuovo museo all'interno del **Great Barn** dove sarà esposto materiale utile alla comprensione del paesaggio locale e alla riscoperta del circolo di pietre. Notate nei pressi la colombaia circolare (**dovecote**) del XVI secolo.

Il grazioso **Avebury Manor** (☎ 539388; NT) risale al XVI secolo, ma furono apportate delle modifiche all'inizio del XVIII secolo. È aperto da aprile a ottobre il martedì, il mercoledì e la domenica dalle 14 alle 17. L'ingresso costa £3,20/1,60. I giardini (£2,25/1) sono aperti tutti i giorni tranne il lunedì e il giovedì dalle 11 alle 17.

Pernottamento e pasti

The Old Vicarage (☎ *39362, High St*) è il più economico dei B&B della città: si parte da £22 per persona. *The Red Lion* (☎ *539266, fax 539618*) è un affascinante pub di campagna dove una doppia costa £30 per persona.

A fianco del Great Barn si trova lo *Stones Restaurant*, un locale molto frequentato che serve 'megaliti' (piatti caldi) a circa £6.

Per/da Avebury

Situata più o meno a metà strada fra Calne e Marlborough, lungo una deviazione della A4, Avebury è servita dall'autobus n. 5 (tre volte al giorno) della compagnia Wilts & Dorset, operante lungo la linea Salisbury-Marlborough-Avebury-Swindon. Da Salisbury partono anche gli autobus delle escursioni organizzate. A chi proviene da Londra o Bristol conviene prendere l'autobus n. 49 (partenze ogni ora), che collega Swindon a Devizes passando di qui.

Servendosi delle linee per/da Bath è necessario cambiare autobus a Devizes; per informazioni sulle coincidenze contattare il servizio trasporti della contea (☎ 0845 709 0899). Gli autobus della Thamesdown (☎ 01793-428428) coprono la linea Swindon-Avebury: il servizio è regolare dal lunedì al sabato e meno frequente la domenica. Nei giorni feriali è attivo un servizio anche sulla linea Avebury-Marlborough-Devizes.

DINTORNI DI AVEBURY

Esistono diversi siti archeologici nei dintorni di Avebury, tutti collegati da sentieri che consentono di visitarli passeggiando amenamente fra i campi. Partendo dal villaggio, per esempio, si possono raggiungere facilmente Silbury Hill e West Kennet Long Barrow. Vicino ad Avebury inizia anche il Ridgeway Path che correndo verso ovest attraversa Fyfield Down, una delle colline da cui furono tratti molti dei blocchi d'arenaria (sarsen) trasportati ad Avebury e Stonehenge.

Windmill Hill

Datato intorno al 3700 a.C., Windmill Hill è il sito più antico finora scoperto nei pressi di Avebury. L'ipotesi del recinto neolitico parrebbe confermata dai fossati individuati tutt'intorno.

West Kennet Avenue e santuario

La West Kennet Avenue è l'antico viale preistorico che collegava il circolo di Avebury con un santuario posto in cima a una collina situata a un miglio e mezzo di distanza. Il viale si presenta fiancheggiato da cento paia di monoliti disposti a coppie lungo il percorso: l'alternanza di pietre simili a colonne e pietre di forma triangolare suggerì a Keiller l'idea che simboleggiassero rispettivamente il sesso maschile e femminile. Attualmente il viale corre parallelo a un tratto della B4003 e, nella parte sud, viene tagliato dalla A4.

Del santuario in cima alla collina non restano che le buche rilevate nel terreno indicanti la presenza di una struttura in legno circondata da un circolo di pietre. Gli studiosi ritengono possibile l'esistenza di un secondo viale d'accesso ad Avebury proveniente da sud-ovest e convenzionalmente chiamato Beckhampton Avenue, ma si tratta di un'ipotesi puramente teorica.

Silbury Hill

In mezzo a campi morbidi e pianeggianti s'innalza inaspettata Silbury Hill, una tra

Girare attorno ai circoli

Il Wiltshire è la capitale mondiale dei 'crop circles', enormi figure circolari o vagamente antropomorfe che risultano visibili nei campi coltivati se osservati dall'alto. Si tratta di un curioso fenomeno che suscita passione e scetticismo in egual misura. In tutto il mondo ne sono apparsi più di 5000 e, per quanto di solito vengano realizzati su campi di cereali quali orzo e grano, sono stati visti anche sui prati d'erba e di erica. Le figure possono essere semplici forme circolari o disegni altamente elaborati. I romantici sostengono che rappresentano un messaggio degli extraterrestri, ma i più realisti controbattono che si tratta di un messaggio molto terrestre inviato dagli agricoltori, dagli artisti o dai buontemponi di campagna.

Gli studiosi hanno analizzato la questione nel dettaglio e hanno scoperto che queste figure alterano la struttura molecolare delle piante e la composizione chimica del terreno. Le coltivazioni, comunque, non hanno subito soste. Alcuni affermano che hanno effetto sui dispositivi elettrici, ma questo può essere spiegato dalla presenza di cavi ad alta tensione nelle vicinanze. Una decina di anni fa, gli Inglesi si appassionarono molto all'argomento e la televisione propose una serie di documentari che illustravano le diverse teorie, ma alla fine la realizzazione di molti circoli fu attribuita a qualcuno che, ubriaco, era in vena di scherzi.

Le zone dove trovare il maggior numero di crop circles sono Marlborough Downs e Pewsey Vale. Ricordate però che molte di queste figure si trovano sulla proprietà privata, perciò chiedete sempre il permesso prima di addentrarvi.

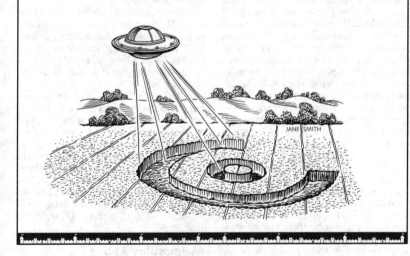

JANE SMITH

le colline artificiali più grandi d'Europa. La struttura si presenta come un tronco di cono, simile per dimensioni a una piccola piramide egizia: è alta 40 m e ha una sommità completamente piatta del diametro di 30 m. Si calcola che sia stata costruita in fasi diverse a partire dal 2500 a.C. per fini ancora sconosciuti, ma sicuramente nessuno è stato sepolto qui sotto.

La collina ha subito una grave erosione, provocata dalle migliaia di piedi che l'hanno calpestata, nonostante vi siano numerosi segnali che chiedono ai visitatori di ammirare la collina stando a una certa distanza.

West Kennet Long Barrow

A sud di Silbury Hill si trova il West Kennet Long Barrow, uno dei monumenti funerari più imponenti d'Inghilterra. La tomba, datata intorno al 3500 a.C., è lunga 104 m e larga 23 m. Il suo ingresso è difeso da enormi sarsen, blocchi di arenaria simili a quelli di Stonehenge, mentre il tetto è formato da gigantesche lastre di pietra sovrapposte. Al suo interno sono stati ritrovati una cinquantina di scheletri e altri reperti oggi esposti al museo di Devizes.

MARLBOROUGH
Pop. 5400 ☎ 01672

Marlborough è un piacevole capoluogo di contea con una famosa scuola privata. Nata come insediamento sassone, la città si sviluppò dall'odierno Green, il nucleo originario, in direzione ovest, fino a raggiungere un tumulo di origine preistorica alto 18 m. Con l'arrivo dei Normanni il tumulo fu trasformato in una fortezza circondata da potenti bastioni. Nei secoli successivi la città divenne un importante centro commerciale e, particolare curioso, al fine di creare più spazio per il mercato, lungo entrambi i lati di High St le case furono arretrate sempre di più fino a che la strada non raggiunse la larghezza attuale. Alle estremità di High St sorgono due chiese, St Mary's a est e St Peter's a ovest.

Oggi è molto gradevole passeggiare lungo High St, specialmente il mercoledì e il sabato, giorni di mercato. Al n. 132 s'incontra la **Merchant's House** (☎ 511491), un palazzo del XVII secolo oggi trasformato in museo. È aperta da aprile a settembre solo il sabato dalle 10 alle 16. Al posto del **vecchio castello normanno** sorge oggi il Marlborough College, un'esclusiva scuola privata. Sul fianco della collina, a ovest della scuola, si può notare la figura di un piccolo cavallo, incisa nel gesso da una classe di studenti nel 1804.

Il TIC (☎ 513989) si trova nel parcheggio lungo George Lane, una laterale di High St, ed è aperto ogni giorno dalle 10 alle 17 (la domenica fino alle 16.30). Numerose sono le possibilità di alloggio lungo High St e George Lane, ma non c'è nessun buon motivo per trascorrere la notte qui.

La migliore sala da tè è **Harpers** (*High St*), dall'altra parte della strada rispetto alla chiesa di St Peter's, anche se il servizio è più rapido al **Polly Tea Rooms**, anch'esso in High St. **Options**, alle spalle dell'Ivy House Hotel, propone anche alcuni piatti vegetariani. Quanto ai pub con cucina, si mangia bene al **Green Dragon** (☎ *512366*), al **Sun Inn** (☎ *512081*), ospitato in un edificio del XV secolo, e al **Wellington Arms** (☎ *512954*), tutti situati lungo High St.

Un regolare servizio di autobus collega Marlborough a Swindon, Salisbury, Amesbury e Pewsey.

MALMESBURY
Pop. 4300 ☎ 01666

Interessante cittadina situata in cima a un colle, Malmesbury conserva una splendida chiesa abbaziale, parzialmente distrutta, e un monumento del XV secolo, il Market Cross. Il visitatore di passaggio troverà diversi pub e ristoranti, alcuni anche piacevoli.

Il TIC locale (☎ 823748, @ malmesbury@northwilts.go.uk), ben fornito, si trova nel municipio (town hall), lungo Market Lane. L'ufficio è aperto dal lunedì al giovedì dalle 9 alle 16.50 (il venerdì fino alle 16.20 e il sabato fino alle 16). Si trova dietro l'angolo rispetto al piccolo **Athelstan Museum** (☎ 829258), che in estate è aperto dal lunedì al sabato dalle 10 alle 14 e in inverno dal giovedì al sabato dalle 10 alle 12. L'ingresso è gratuito.

Malmesbury Abbey

Il fascino di Malmesbury Abbey è la splendida commistione fra vita e morte. Alla fine del '300, l'abbazia di Malmesbury, che era stata iniziata due secoli prima, si presentava come una solida costruzione lunga 100 m e munita di due torri, quella ovest e quella centrale terminante in una guglia. Il crollo di quest'ultima, provocato da un temporale nel 1479, causò anche la distruzione della parte orientale della chiesa.

Nel 1539 il monastero fu soppresso e l'abbazia venduta a un fabbricante di stoffe locale. Inizialmente il nuovo proprietario la usò come fabbrica trasferendo i suoi telai nella navata centrale, ma già nel 1541 decise di donarla alla città, dal momento che la vicina chiesa parrocchiale di St Paul's era ormai ridotta a un rudere. Intorno al 1662 crollò anche la torre ovest, distruggendo le prime tre campate della navata centrale. Attualmente l'edificio consta delle sei campate rimaste (circa un terzo della struttura originale) contornate da rovine a entrambe le estremità.

Alla chiesa si accede attraverso il magnifico portale sud, decorato con sculture normanne raffiguranti scene d'argomento biblico. Gli enormi apostoli scolpiti ai lati del portale sono fra i più begli esempi di scultura romanica della Gran Bretagna. Guardando la navata centrale dal lato sud si può ammirare la bellissima galleria del triforio. Nell'angolo nord-est si trova il cenotafio (tomba vuota) medievale di Athelstan (Etelstano), nipote di Alfredo il Grande e re d'Inghilterra dal 925 al 939.

Una rampa di scale conduce al cosiddetto Parvise, camerino sovrastante il portale, dove si conserva una collezione di libri antichi, fra cui spicca una Bibbia del 1407 (manoscritto miniato in quattro volumi). Una finestra sulla parete ovest ricorda Elmer, il monaco volante, personaggio che nel 1010, fissatosi un paio d'ali alle spalle, tentò di spiccare il volo saltando giù dalla torre. Si narra che il monaco, miracolosamente sopravvissuto al catastrofico atterraggio, attribuì il fallimento dell'impresa alla scarsa aerodinamicità della sua figura.

Nell'angolo sud-ovest del sagrato sorge il campanile di St Paul's (chiesa parrocchiale fino al 1541) che risale al XIV secolo e oggi funge da campanile dell'abbazia. Vicino all'angolo sud-est, invece, si trova la **tomba di Hannah Twynnoy**, sfortunata fanciulla morta nel 1703

all'età di 33 anni. Così recita la lapide: 'For tyger fierce, Took life away, And here she lies, In a bed of clay' ('Poiché tigre feroce le strappò la vita, qui ora essa giace, in un letto di creta'). Una tigre nel Wiltshire? Ebbene sì, la fiera apparteneva a un circo itinerante e caso volle che, riuscita a fuggire, essa aggredisse la malcapitata cameriera del White Lion.

L'abbazia è aperta ogni giorno dalle 10 alle 17. Sono gradite le offerte.

Pernottamento e pasti

Passeggiando lungo il fiume (dal centro sono dieci minuti) si raggiunge il *Burton Hill Camping Park* (☎ 826880), che offre posti tenda per una persona a £5 e per due a £7,50.

A due passi dal centro c'è la *Bremilham House* (☎ 822680, Bremilham Rd), che ha stanze a £19,50/34. Il *King's Arms Hotel* (☎ 823383, fax 825327, High St) è l'affascinante locanda di una vecchia stazione di posta che ha camere a £30/50. Allo storico *Old Bell Inn* (☎ 822344, fax 825145, *✉ info@oldbellhotel.com, Abbey Row*), vicino all'abbazia, si spendono £75/95 per camere molto lussuose.

Dietro il Market Cross c'è un wine bar molto allegro e accogliente, il *Whole Hog* (☎ 825845), dove si servono anche panini (compresi quelli per vegetariani).

Per/da Malmesbury

L'autobus n. 31 parte ogni ora da Swindon diretto a Malmesbury, mentre il n. 92, sempre con la stessa frequenza, collega Cirencester a Chippenham passando per Malmesbury. La sera e la domenica non ci sono autobus per/da Malmesbury.

SWINDON
Pop. 182.000 ☎ 01793
Swindon vanta un posto d'onore nella storia della ferrovia in Gran Bretagna, essendo stata uno dei maggiori nodi ferroviari della Great Western Railway, fino alla sua chiusura nel 1986. Attualmente è una città in forte crescita, il settore dell'informatica, in particolare, è in pieno sviluppo,

difficilmente, però, la si potrebbe definire la cittadina più attraente del sud-ovest. Nondimeno, ha il vantaggio di essere una buona base di partenza per effettuare escursioni nelle Cotswolds e nei siti preistorici del Wiltshire.

Il TIC (☎ 530328, fax 434031), 37 Regent St, è aperto dal lunedì al sabato dalle 9.30 alle 17.30.

Lo **STEAM – Museum of the Great Western Railway** (☎ 466646, Kemble Drive) è un nuovo spazio espositivo dove viene illustrata la storia della Great Western Railway e il ruolo di Swindon nel suo successo. È aperto tutti i giorni dalle 10 alle 18; l'ingresso costa £4,80/3.

Swindon si trova sulla linea che collega Londra (Paddington; £26,50, un'ora, due partenze all'ora) a Bristol (£10,70, 40 minuti, due partenze all'ora) e al Galles meridionale.

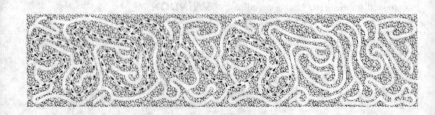

Devon e Cornovaglia

Il Devon e la Cornovaglia vantano alcuni dei più bei paesaggi e delle più spettacolari coste di tutta l'Inghilterra. Queste regioni sono disseminate di resti delle culture e dei regni che vi si sono succeduti, ogni volta spazzati via da un nuovo invasore.

Il Devon e ancor più la Cornovaglia erano un tempo il 'selvaggio west' dell'Inghilterrra, un rifugio isolato per pirati e contrabbandieri. La Cornovaglia aveva addirittura una propria lingua e, anche se l'ultima persona che la parlava è morta nel 1770, sono stati fatti parecchi studi per rivificarla.

Le condizioni atmosferiche di questa parte dell'Inghilterra sono più temperate che altrove, vi sono spiagge dalla sabbia dorata e onde perfette per fare surf. Nonostante la concorrenza delle località turistiche più economiche di altri paesi, tutte le estati la 'riviera inglese' si riempie di persone in fuga dalla città. Se state cercando delle belle onde, Devon e Cornovaglia sono le migliori regioni di tutta l'Inghilterra per fare surf, in particolare la cittadina di Newquay, in Cornovaglia. Nei mesi di luglio e agosto, però, è consigliabile tenersi alla larga dalle città costiere: nelle loro strade strette il traffico diventa più che mai congestionato, in questi mesi.

Sparsi qua e là lungo la costa si trovano alcuni dei più bei villaggi dell'Inghilterra. Clovelly nel Devon e Mousehole in Cornovaglia sono i più conosciuti. Anche le città non sono male; St Ives, in Cornovaglia, è la materializzazione della tipica località turistica di mare che si vede nelle cartoline, mentre Dartmouth, nel Devon, è la classica città di mare.

Per i camminatori questo angolo di Inghilterra votato al turismo balneare non è molto cambiato; c'è un ampio tratto del South West Coast Path, un sentiero per

Da non perdere

- Ammirare l'arte moderna a Tate St Ives
- Godere di panorami mozzafiato lungo il South West Coast Path, nella Cornovaglia occidentale
- Assistere a una rappresentazione teatrale al Minack Theatre
- Fare un'escursione da un giorno alla lontana Lundy Island
- Passeggiare nella selvaggia Dartmoor
- Esplorare i Tresco Abbey Gardens, nelle Isles of Scilly
- Fare surf a Newquay
- Passeggiare per l'affascinante paese di Clovelly

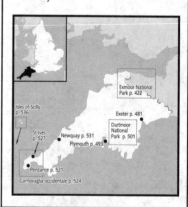

camminate a lunga percorrenza, che passa attraverso le più belle e le più incontaminate parti della zona costiera.

ITINERARI A PIEDI E IN BICICLETTA

Devon e Cornovaglia sono pieni di magnifiche località di campagna, anche se i luoghi più conosciuti sono il Dartmoor

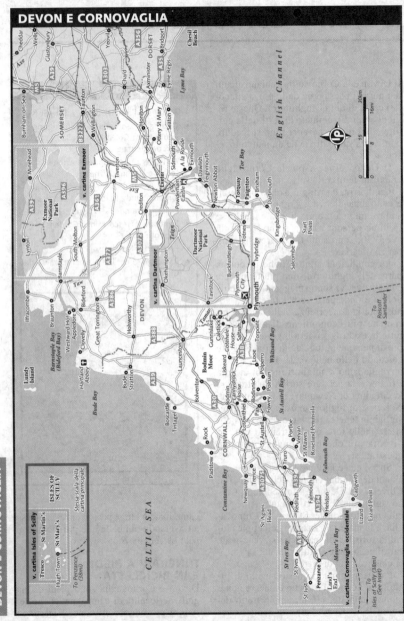

National Park e le zone costiere. Gli aperti e incontaminati ambienti naturali di Dartmoor possono essere un gusto acquisito, specie se confrontati con Exmoor (v. **Wessex**). Le Two Moor Ways collegano questi due parchi naturali. La camminata lungo il South West Coast Path, il percorso più lungo di tutta l'Inghilterra, non si sviluppa in un ambiente del tutto selvaggio: sono sempre facilmente raggiungibili villaggi dove poter trovare cibo, bevande e una sistemazione per la notte. Questo percorso segue la linea costiera, che è veramente stupenda. Chiunque si reputi un camminatore dovrebbe percorrere almeno una parte di questa bella passeggiata, ma sarebbe preferibile evitare i fine settimana estivi, nei quali il percorso è piuttosto affollato. La South West Coast Path Association (☎ 01364-73859) pubblica una guida delle possibili sistemazioni, oltre a guide particolareggiate che descrivono il percorso. Le guide ufficiali, pubblicate dalla Aurum Press, trattano: da Minehead a Padstow; da Padstow a Falmouth; da Falmouth a Exmouth; da Exmouth a Poole. Anche la guida in inglese *Walking in Britain*, della Lonely Planet, contiene informazioni particolareggiate.

Si possono noleggiare biciclette nella maggior parte dei centri della regione, inclusi Exeter, Plymouth, Penzance, Padstow e Barnstaple; data la scarsa frequenza degli autobus, quella di spostarsi in bicicletta potrebbe essere una scelta molto pratica. Ci sono parecchie colline, ma il clima mite e le tranquille strade secondarie fanno sì che queste regioni siano l'ideale per andare in bicicletta. La West Country Way, recentemente aperta da Sustrans (v. **Escursioni in bicicletta**) si sviluppa passando da Penzance, St Ives o Padstow, in Cornovaglia, fino a Bristol via Bodmin Moor e Exmoor. Il percorso segue vie ferroviarie in disuso e tranquille strade secondarie.

SURF

I luoghi principali in cui praticare il surf, in Inghilterra, sono Newquay e la costa occidentale della Cornovaglia. Le coste adatte a questo tipo di attività vanno da Porthleven (vicino Helston) in Cornovaglia, a ovest nei dintorni di Land's End e a nord verso Ilfracombe. I punti migliori per solcare le onde sono a Porthleven, Lynmouth e Millbrook; sono validi ma piuttosto inconsistenti, e in inverno può fare piuttosto freddo!

TRASPORTI LOCALI

Cercate l'eccellente opuscolo *Car-Free Days Out* nei centri di informazioni turistiche, sul quale troverete un elenco completo dei trasporti pubblici e consigli su come utilizzarli per raggiungere i luoghi di vostro interesse. In alternativa, visitate il sito Internet www.carfreedaysout.com, sul quale troverete un'abbondanza di informazioni sugli spostamenti con i servizi di trasporto pubblici.

Autobus

Gli autobus National Express (☎ 0870 580 8080) offrono un ragionevole servizio di collegamento fra le città principali, soprattutto verso est, mentre più si va a ovest e più la situazione si fa disastrosa. Gli spostamenti nella zona di Dartmoor sono molto difficoltosi in estate e praticamente impossibili nel resto dell'anno. In questa regione è favorito chi dispone di un mezzo proprio. I numeri telefonici per avere gli orari regionali dei servizi di trasporto sono lo ☎ 01392-382800 (Devon) e lo ☎ 01872-322142 (Cornovaglia). Ci sono anche dei numeri telefonici per informazioni sui biglietti giornalieri Explorer, disponibili per circa £5, che potrete trovare nelle relative sezioni, in questo capitolo. Le compagnie First Western National (☎ 01752-402060) e First Red Bus (☎ 01271-345444) offrono un biglietto Explorer unificato valido per Cornovaglia, Dartmoor, Devon settentrionale e parte del Devon meridionale. Un biglietto valido per un giorno costa £6/3,50, per tre giorni £15/8,50, per una settimana £27/15.

Treno

I servizi ferroviari sono piuttosto limitati in questa parte del mondo, quindi gli autobus sono più che mai necessari per colmare le lacune. Superata Exeter, una sola linea segue la costa sud fino a Penzance, con diramazioni per Barnstaple, Gunnislake, Looe, Falmouth, St Ives e Newquay. La linea che va da Exeter a Penzance è una fra le più belle di tutta l'Inghilterra. Per informazioni sui servizi di trasporto, telefonate allo ☎ 0845 748 4950.

Sono disponibili vari tipi di biglietti regionali; fra di essi ricordiamo il Freedom of the Southwest Rover che, nell'arco di 15 giorni, dà diritto a otto giorni di viaggi illimitati a ovest di una linea che passa per (e include) Salisbury, Bath, Bristol e Weymouth (£71,50 in estate, £61 in inverno). Esistono anche biglietti Rail Rover separati per il Devon e la Cornovaglia; per ulteriori informazioni consultate le relative sezioni.

Devon

In Inghilterra il Devon è una delle destinazioni preferite per le vacanze. È il posto in cui gli Inglesi vengono per la tradizionale vacanza al mare con la famiglia e in estate le località di villeggiatura costiere attirano sempre una folla di visitatori.

La storia del Devon è legata in modo indissolubile al mare; da Plymouth, Drake partì per combattere l'Invencible Armada e sempre da qui salparono i Padri Pellegrini per raggiungere l'America. Piccole strade di campagna conducono a idilliaci villaggi composti da casette col tetto di paglia; nelle sale da tè si serve il tradizionale tè al latte (cream tea); nelle fattorie locali si può comperare il sidro fatto artigianalmente. Nell'interno, troverete splendidi luoghi per fare una camminata nei due parchi nazionali della contea: il selvaggio Dartmoor, nel centro, e a nord Exmoor, che si estende fino al Somerset.

TRASPORTI LOCALI
Per avere informazioni contattate la Devon County Public Transport Help Line (☎ 1392-382800), in servizio tutti i giorni

dalle 9 alle 17. Potete farvi inviare la preziosa cartina *Devon Public Transport Map* e l'utile orario *Dartmoor Bus Services Timetable*. Lo Stagecoach Devon (☎ 1392-427711) è un importante operatore del Devon meridionale.

La rete ferroviaria del Devon costeggia la costa sud, attraversa Exeter e Plymouth e prosegue verso la Cornovaglia. In alcuni tratti molto pittoreschi il treno corre proprio di fianco al mare. Due linee si diramano verso nord: la Tarka Line (39 miglia, 63 km) che congiunge Exeter a Barnstaple e la Tamar Valley Line (15 miglia, 24 km), che va da Plymouth a Gunnislake. Il biglietto Devon Rail Rover permette di viaggiare tre giorni nel corso di una settimana e costa £30 (£24 in inverno), oppure otto giorni in due settimane per £46,50 (£39,50 in inverno).

Se vi tenete lontani dalle strade principali, il Devon è un'ottima regione per andare in bicicletta. Al TIC potete trovare un valido opuscolo, *Making Tracks!*, che fornisce informazioni sulle strade principali. La strada Sustrans' West Country Way attraversa il Devon del nord, passando per Barnstaple, e continua per Bristol via Taunton. Il premiato Bike Bus (☎ 01392-383223), che ha anche un sito Internet all'indirizzo www.devon.gov.uk/tourism/ncn, è un servizio estivo di autobus che trasporta anche le biciclette dei passeggeri. All'epoca della stesura di questa guida il suo percorso era in fase di revisione, ma a partire dal 2001 si prevede che, con tutta probabilità, vada da Barnstaple a Plymouth via Okehampton, collegandosi inoltre con Exeter. Contattate direttamente la Bike Bus per le ultime notizie.

EXETER
Pop. 89.000 ☎ 01392
Exeter è il cuore e l'anima del West Country, sede di una delle più belle cattedrali medievali della regione. Da un punto di vista pratico, è il principale nodo di comunicazioni per il Devon e la Cornovaglia ed è un ottimo punto di partenza per raggiungere Dartmoor.

Fino al XIX secolo, Exeter è stata un porto importante; oggi il lungomare è in fase di lenta ristrutturazione. Molti vecchi edifici sono stati distrutti durante i bombardamenti aerei della Seconda guerra mondiale, quindi buona parte della città è moderna e non esercita un grande richiamo dal punto di vista architettonico. È comunque una città universitaria molto vivace, con un'attiva vita notturna.

Storia

Exeter fu fondata dai Romani verso il 50 d.C. per farne la capitale amministrativa per i Dumnonii, il popolo che abitava il Devon e la Cornovaglia. Lungo la riva del fiume Exe, tuttavia, esisteva un insediamento umano precedente all'arrivo dei Romani.

Nel III secolo la città venne cinta da spesse mura: in qualche punto sono visibili ancora oggi, benché la maggior parte di esse sia crollata o sia stata inglobata negli edifici.

Le fortificazioni sono state abbattute dagli invasori danesi e in seguito dai Normanni, nell'XI secolo. Nel 1068 Guglielmo il Conquistatore dovette impiegare 18

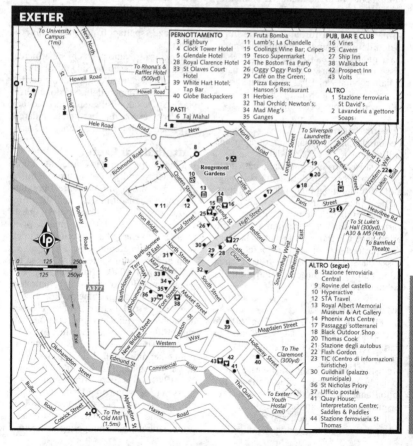

EXETER

PERNOTTAMENTO
3 Highbury
4 Clock Tower Hotel
5 Glendale Hotel
28 Royal Clarence Hotel
33 St Olaves Court Hotel
39 White Hart Hotel; Tap Bar
40 Globe Backpackers

PASTI
6 Taj Mahal
7 Fruta Bomba
11 Lamb's; La Chandelle
15 Coolings Wine Bar; Cripes
19 Tesco Supermarket
24 The Boston Tea Party
26 Oggy Oggy Pasty Co
29 Café on the Green; Pizza Express; Hanson's Restaurant
31 Herbies
32 Thai Orchid; Newton's;
34 Mad Meg's
35 Ganges

PUB, BAR E CLUB
16 Vines
25 Cavern
27 Ship Inn
38 Walkabout
42 Prospect Inn
43 Volts

ALTRO
1 Stazione ferroviaria St David's
2 Lavanderia a gettone Soaps

ALTRO (segue)
8 Stazione ferroviaria Central
9 Rovine del castello
10 Hyperactive
12 STA Travel
13 Royal Albert Memorial Museum & Art Gallery
14 Phoenix Arts Centre
17 Passaggi sotterranei
18 Black Outdoor Shop
20 Thomas Cook
21 Stazione degli autobus
22 Flash Gordon
23 TIC (Centro di informazioni turistiche)
30 Guildhall (palazzo municipale)
36 St Nicholas Priory
37 Ufficio postale
41 Quay House; Interpretation Centre; Saddles & Paddles
44 Stazione ferroviaria St Thomas

DEVON E CORNOVAGLIA

giorni per sfondare le mura. Una volta conquistata la città, assegnò a un nobile normanno il compito di costruire un castello, del quale sono ancora visibili alcuni resti nei Rougemont Gardens.

Exeter fu un importante porto commerciale fino a quando Isabella, contessa del Devon, fece costruire una chiusa sul fiume, impedendo la navigazione. La città riconquistò piano piano la sua posizione di centro commerciale solo nel 1563, quando venne scavato un canale che permetteva alle imbarcazioni di aggirare la chiusa. Exeter è stata ampiamente coinvolta in molte delle più grandi battaglie combattute dall'Inghilterra. Tre delle navi che furono inviate a fronteggiare l'Invencible Armada spagnola furono costruite qui e alcuni dei più grandi capitani dell'epoca, fra i quali Drake, Raleigh e Frobisher, vissero in questa zona per buona parte della loro vita. Nel 1942 un pesante attacco aereo dei bombardieri tedeschi ridusse in macerie ampie aree della città.

Orientamento

Le antiche mura romane circondano una collina situata in un'ansa del fiume Exe, le maestose torri quadrate della cattedrale dominano il profilo della città. La maggior parte dei luoghi da vedere è raggiungibile a piedi: i parcheggi per soste prolungate sono ben segnalati da appositi cartelli. Ci sono due stazioni ferroviarie principali, Central e St David's; la maggior parte dei treni a lunga percorrenza passa da St David's, che si trova a circa 20 minuti di cammino dal centro cittadino, in direzione ovest.

Informazioni

Il TIC (☎ 265700, fax 265260, @ tic@exeter.gov.uk), nel Civic Centre in Paris St, si trova proprio di fronte alla stazione degli autobus (per la quale sono previste opere di ristrutturazione). È aperto dal lunedì al sabato, dalle 9 alle 17, per tutto l'anno; nel periodo che va da maggio a settembre apre anche alla domenica, dalle 10 alle 16. L'indirizzo del suo sito Internet è www.exeter.gov.uk.

Vale la pena seguire una delle visite guidate tenute dai volontari 'Redcoats' di Exeter. Durano da un'ora e mezzo a due ore e si occupano di una grande varietà di aspetti: si va dalla normale visita a piedi della città (che si tiene tutti i giorni) al 'giro degli spettri' (che si tiene al giovedì alle 19). Le visite partono dall'area di fronte al Royal Clarence Hotel o da Quay House diverse volte al giorno, in estate. Per informazioni più precise, chiedete al TIC.

The List è una nuova rivista gratuita che fornisce informazioni sulle manifestazioni nell'area di Exeter. Il Festival di Exeter (☎ 265198) si svolge agli inizi di luglio e offre il prevedibile misto di musica, danze, spettacoli artistici e divertimenti.

In città si trovano parecchi supermercati, fra i quali Tesco in Sidwell St. Fra le lavanderie a gettone convenienti ricordiamo Soaps, a fianco della stazione ferroviaria St David, e Silverspin in Blackboy Rd. Per i servizi Internet potete andare a Hyperactive, in Central Station Crescent.

Cattedrale di Exeter

Il gioiello di Exeter è la Cathedral Church of St Mary and St Peter, un magnifico edificio rimasto praticamente immutato nel corso degli ultimi 600 anni. A differenza delle altre cattedrali inglesi, questa venne costruita relativamente in poco tempo, fatto che le ha conferito una grande omogeneità architettonica.

In questo punto sorgeva una chiesa già dal 932. Nel 1050, alla chiesa sassone venne conferito lo status di cattedrale e Leofric vi si insediò come primo vescovo di Exeter. Fra il 1112 e il 1133, al posto della chiesa originale venne costruita una cattedrale normanna. Le due torri del transetto sono state costruite contemporaneamente: un insolito stile di progettazione per le cattedrali inglesi di quell'epoca. Nel 1270 il vescovo Bronescombe promosse la ristrutturazione dell'intero edificio, un processo che durò per più di 90 anni e dette come risultato un misto fra un primo stile inglese e un gotico decorato.

Si entra attraverso l'imponente Great West Front, che vanta la più grande raccolta di sculture del XIV secolo oggi esistente in Inghilterra. Le nicchie attorno alle tre porte ospitano statue di Cristo e degli apostoli, circondate da santi e angeli, re e regine.

All'interno, la cattedrale è luminosa e ariosa, e vanta le più lunghe volte gotiche singole del mondo. Gli interni potrebbero essere ancora più luminosi, se non fosse stato bloccato il controverso progetto per ripulire tutte le opere in pietra e per ridipingere i soffitti nei loro originali colori vivaci. Guardando verso l'alto, si può vedere il punto in cui i lavori di tinteggiatura sono stati interrotti a causa dell'intervento di chi riteneva eccessivo questo progetto, benché buona parte della cattedrale medievale fosse già stata ridipinta con colori sgargianti.

Camminando in senso orario attorno all'edificio, passerete davanti all'**orologio astronomico** della torre nord, che mostra le fasi lunari, oltre all'ora. Il quadrante risale al XV secolo ma i meccanismi sono moderni. Di fronte si trova la **minstrel's gallery** (galleria dei menestrelli), usata per i cori di Natale e di Pasqua.

La **Great Screen** (grande balaustra) fu costruita nel 1325. Dietro di essa si trova il coro, che vanta alcune interessanti mensole di appoggio per i sedili degli stalli, alcune delle quali presentano le prime raffigurazioni di elefanti in Inghilterra. Il **Bishop's Throne** (seggio del vescovo) è stato scolpito nel 1312.

Nella Lady Chapel, all'estremità est, si trovano le **tombe** dei vescovi Bronescombe e Leofric, e un monumento all'autore di *Lorna Doone*, R.D. Blackmore. Il personale della cattedrale vi mostrerà la famosa **statua della Madonna con due piedi sinistri**.

La cattedrale (☎ 255573) è aperta tutti i giorni a partire dalle 8.30; ai visitatori si richiede una donazione di £2,50. Ci sono delle visite guidate gratuite alle 11 e alle 14.30, dal lunedì al venerdì, solo alle 15 al sabato, da aprile a ottobre; durano almeno 45 minuti e sono decisamente raccomandabili. Vale anche la pena di assistere a una messa: la preghiera della sera è alle 17.

Passaggi sotterranei
I passaggi di servizio per la manutenzione delle condutture idriche in piombo, che furono realizzate nel sottosuolo nel XIV secolo, esistono ancora oggi. Sono stretti e scuri e decisamente sconsigliati a chi soffre di claustrofobia; le visite guidate (☎ 265887), tuttavia, sono molto interessanti. Si svolgono dalle 14 alle 16.30, dal martedì al venerdì, e dalle 10 alle 16.30 al sabato. Gli orari di apertura per le visite dei passaggi sono più lunghi e si estendono anche al lunedì nei mesi di luglio e agosto. Il biglietto d'ingresso costa £3,50/2,50 in luglio e agosto, £2,50/1,50 nel resto dell'anno. L'entrata è a fianco di Boots, in High St.

Royal Albert Memorial Museum & Art Gallery
La maggior parte delle gallerie di questo museo (☎ 265858) è costruita nel classico stile vittoriano, con vetrine di esposizione molto ricche e polverosi trofei di caccia. La storia della città viene presentata grazie a una serie di esposizioni, che vanno dalla preistoria alla città romana per arrivare ai giorni nostri. Le gallerie del piano di sopra presentano opere di artisti del Devon del XVIII e XIX secolo.

Il museo è aperto dalle 10 alle 17 dal lunedì al sabato; l'entrata è gratuita. Vale la pena anche fare una sosta al caffè.

Guildhall (palazzo municipale)
Una parte del Guildhall (☎ 265500) risale al 1160, facendo di questo edificio il più antico edificio municipale ancora in funzione nel paese. Buona parte della costruzione, però, è stata edificata nel XIV secolo, mentre l'imponente colonnato che si estende sopra il lastricato fu aggiunto alla fine del XVI secolo. All'interno sono esposti gli argenti e le insegne della città.

È aperto (quando non ci sono cerimonie) dalle 10.30 alle 13 e dalle 14 alle 16, dal lunedì al venerdì, al sabato solo al mattino. L'entrata è gratuita.

St Nicholas Priory

Costruita in origine per dare alloggio ai visitatori che dovevano fermarsi per la notte, l'ala per gli ospiti del convento benedettino di St Nicholas (☎ 265858), poco distante da Fore St, diventò la casa di un ricco commerciante dell'epoca elisabettiana. Oggi questa parte è ben conservata, con mobilio dell'epoca e stucchi sui soffitti, e il suo aspetto è più o meno come avrebbe potuto essere all'epoca in cui vi vivevano questo mercante e la sua famiglia.

È aperto dalle 15 alle 16.30 al lunedì, mercoledì e sabato, da Pasqua a ottobre; il biglietto d'ingresso costa 50p.

Quay House Interpretation Centre

Più in basso, scendendo lungo il fiume, si trova questa mostra, che è corredata da audiovisivi e presenta un'interessante sintesi della storia cittadina e del legame delle attività commerciali con la vita del fiume. L'ingresso è gratuito e gli orari d'apertura vanno dalle 10 alle 17, tutti i giorni da Pasqua a ottobre.

Escursioni a piedi e in bicicletta

Il percorso di 18 km che porta allo *Steps Bridge Youth Hostel* (per informazioni v. **Moretonhampstead**, più avanti) su Dartmoor segue strade di campagna e passa per Shillingford St George e Doddiscombsleigh. Per informazioni potete rivolgervi al TIC.

Fermatevi al *Nobody Inn* (☎ 01647-252394, fax 252978, *e inn.nobody@ virgin.net*) di Doddiscomsleigh: a nostro parere è uno dei migliori pub dell'Inghilterra sud-occidentale.

Un giro di Dartmoor in bicicletta, della lunghezza di 30 miglia (48 km), vi porterà da Exeter a Doddiscombseligh, a Bovey Tracey a Widecombe-in-the-Moor, per tornare poi a Exeter. Potete trovare informazioni particolareggiate in merito presso il TIC.

Pernottamento

Ostelli In una grande abitazione che si affaccia sul fiume Exe, l'*Exeter Youth Hostel* (☎ 873329, fax 876939, *e exeter @yha.org.uk, 47 Countess Wear Rd*) si trova 3 km a sud est della città, verso Topsham. È aperto tutto l'anno e costa £10,85/7,40 per notte per un adulto/bambino. Dalla High St, potete prendere i minibus J, K o T (10 minuti) e chiedere dell'ufficio postale di Countess Wear. L'autobus n. 57 vi ci porterà partendo dalla stazione.

Al nuovo *Globe Backpackers* (☎ 215 521, fax 215531, *e caroline@ globeback packers.freeserve.co.uk, 71 Holloway St*), un benvenuto ingresso sulla scena degli alloggi economici, sono disponibili 60 posti letto (£11), tè e caffè gratuiti, accesso a Internet e un'atmosfera simpatica. Se vi fermate sei notti, la settima è gratuita.

Sistemazioni universitarie Una delle sistemazioni più convenienti a Exeter è quella presso l'università *St Luke's Hall* (☎ 211500, fax 263512, *e conferences@ exeter.ac.uk*) nel suo campus St Luke's; le tariffe partono da sole £13,50/22,50 per una singola/doppia, prima colazione inclusa.

B&B e alberghi I B&B più economici si trovano in periferia. L'*Old Mill* (☎ 259977, *Mill Lane, Alphington*), in un tranquillo quartiere residenziale, offre un discreto rapporto qualità/prezzo. La sistemazione B&B costa £12,50 per persona; si può raggiungere facilmente in autobus.

Molti dei B&B e degli alberghi economici si trovano nella zona a est della stazione ferroviaria St David e a nord della stazione ferroviaria Central. Ci sono numerosi B&B di qualità ragionevole su St David's Hill. L'*Highbury* (☎/fax 434737, *85 St David's Hill*) offre un buon rapporto qualità/prezzo, con camere a partire da £20/35. Il *Glendale Hotel* (☎/fax 274350, *8 St David's Hill*) offre camere (di cui alcune con doccia) a partire da £20 per persona.

Il *Clock Tower Hotel* (☎ *424545, fax 218445,* @ *reservations@clocktower hotel.com, 16 New North Rd)* è un bell'albergo che offre alcune singole per £30, doppie per £45. Ci sono altri alberghi lungo questa strada e ancora di più lungo Howell Rd. Il *Rhona's* (☎ *277791, 15 Blackall Rd)* offre singole/doppie a partire da £15/29. Di fascia un po' superiore, il *Raffles Hotel* (☎ *270200,* @ *rafﬂeshtl @btinternet.com, 11 Blackall Rd)* ha tutte camere con bagno che costano £34/48.

Il *Claremont* (☎ *274699,* @ *geoffself @conscribe.com, 36 Wonford Rd)* è un confortevole B&B per non fumatori, in un elegante quartiere di periferia sul lato est della città. Le singole/doppie costano £34/44.

Il *White Hart Hotel* (☎ *279897, fax 250159, fax 250159, South St)* è una vecchia stazione per il ricambio dei cavalli: il cortile acciottolato attraverso il quale i vetturini facevano passare i loro cavalli è sempre il punto focale dell'edificio. È un posto interessante nel quale soggiornare; le camere con bagno costano £49/64 nei fine settimana, £61/94 nei giorni feriali.

Il centralissimo *St Olaves Court Hotel* (☎ *217736, fax 413054, Mary Arches St)* ha 15 camere confortevoli, tutte con bagno. Le tariffe vanno da £65/90 nel fine settimana a £75/100 nei giorni feriali. Alcune stanze sono dotate di vasca per idromassaggio.

Il *Royal Clarence Hotel* (☎ *319955, fax 439423)*, che risale al XIV secolo, si trova nella migliore posizione di tutti, proprio in Cathedral Yard. La sua offerta di sistemazioni B&B per il fine settimana presenta un buon rapporto qualità/prezzo: £65 per persona e per notte, per due pernottamenti; per una stanza frontale che offre una stupenda vista sulla cattedrale si paga un supplemento di £10. Nei giorni feriali queste camere costano £99/125; la prima colazione si paga a parte. Hanno alloggiato qui lo zar Nicola I e Lord Nelson.

Pasti

Herbies (☎ *258473, 15 North St)* è un eccellente ristorante vegetariano per il quale gli abitanti del posto vanno pazzi. Vivamente raccomandati le sue minestre fatte in casa, il chili e la torta di mele.

Non molto lontano in Queen St si trova *Oggy Oggy Pasty Co*, che offre diversi tipi di pasticcio, da quelli vegetariani a quelli di manzo, oppure al formaggio piccante 'Stilton'. Sempre in Queen St si trova il *Fruta Bomba* (☎ *412233)*, che offre un'incredibile varietà di cibi latino-americani. Un pranzo con bevanda costa £6; alla notte diventa un popolare cocktail bar. In un viale poco fuori Queen St trovate *The Boston Tea Party* (☎ *201181)* aperto di giorno a partire dalle 8, alla sera dal giovedì al sabato. Un pasto costa meno di £5.

In Cathedral Close ci sono parecchi locali fra i quali scegliere. Il *Café on the Green* (☎ *310130)* offre un menu jolly che comprende un 'British Buttie' (una focaccina con bacon e uovo fritto con abbondante HP Sauce). Ci sono poi insalate, pasta, pizza e bistecche. L'*Hanson's Restaurant* (☎ *276913)* è il posto adatto per un tè o un pranzo tradizionale, in un ambiente per non fumatori. Sempre in Cathedral Close si trova il *Pizza Express*.

Nelle vicinanze, dall'altro lato del prato della cattedrale, si trova il *Thai Orchid* (☎ *214215)*, che offre ottimi pranzi a menu fisso per £8,50; è aperto anche per la cena. A fianco c'è il *Newton's* (☎ *411 200, 3 Cathedral Yard)* con un menu britannico moderno più costoso.

Ci sono alcuni locali in stile bistrot attorno a Gandy St. Il *Coolings Wine Bar* (☎ *434184, 11 Gandy St)* ha un'ottima varietà di piatti principali e un assortimento di vini costosi. Il *Cripes* (☎ *491411, 21 Gandy St)* è specializzato in dolci e gustosi pancake inglesi (un dolce tipo frittella).

Per chi ama la cucina piccante, il *Ganges* (☎ *272630, Fore St)* è ritenuto il migliore di ristoranti indiani di Exeter. Anche il *Taj Mahal* (☎ *258129, 50 Queen St)* offre un ottimo rapporto qualità/prezzo e alla domenica offre un buffet dal quale si può attingere liberamente per £6,95.

Mad Meg, che si dice un tempo abbia sparso il terrore nelle cucine dello cceriffo di Exeter, oggi dà il nome a un ristorante a tema in stile medievale, con lunghe tavole di legno e pavimenti in pietra. *Mad Meg's (☎ 221225, Fore St)* serve pasti di cucina inglese da gran signori: bistecche, costolette, fagiano, coniglio e simili. I piatti principali costano da £6 a £16.

Fra i ristoranti più quotati della città ricordiamo il *Lamb's (☎ 254269, 15 Lower North St)*, sotto un vecchio ponte in ferro, che serve piatti di cucina inglese moderna. Una cena con tre portate costa circa £20. Un paio di porte più in giù si trova poi *La Chandelle (☎ 435953)*, dove l'accento è decisamente francese e il menu a prezzo fisto costa £15.

Michael Caine's (☎ 319955), al Royal Clarence Hotel, non ha niente a che vedere con il famoso attore. In questo caso si tratta di un famoso chef, e il cibo che offre è considerato ottimo. Anche il ristorante del *St Olaves Court Hotel* è molto popolare; due portate costano £11,50, tre portate £14,50.

Divertimenti

Pub e club Si dice che il locale preferito da Sir Francis Drake fosse lo *Ship Inn (☎ 270891, Martin's Lane)*, che si trova sul viale fra High St e la cattedrale. Il locale punta molto sulla figura di questo illustre cliente del passato; l'atmosfera è piacevole e il cibo conveniente. Il *Tap Bar*, al White Hart Hotel, ha un aspetto più 'genuino', con segatura sul pavimento e caraffe di vera birra ale.

Vines (Gandy St) è un locale piuttosto divertente, al sabato sera, quando viene suonata musica dal vivo; è particolarmente gremito di avventori locali.

Il *Prospect Inn* è un bel pub lungo il Quay ristrutturato; è un bel posto nel quale sedere all'aperto, nelle serate estive. Un pub molto popolare è il *Double Locks (☎ 256947)*, che si trova proprio a fianco dell'Exeter Shipping Canal; offre ottimo cibo, pudding eccellenti e in estate barbecue tutti i giorni. Si raggiunge con una passeggiata di 20 minuti verso sud, lungo il canale, partendo da The Quay.

Il *Walkabout* in Fore St potrebbe mandare gli australiani al tappeto, perché offre il tipo di divertimento giusto. C'è musica dal vivo o un DJ ogni notte nell'eccellente *Cavern (☎ 495370, 83 Queen St)*, che si trova in un sotterraneo. La maggior parte dei locali notturni fa pagare l'ingresso.

I nightclub vivono fasi alterne. Lungo The Quay, anche il *Volts* è molto popolare, soprattutto fra gli studenti.

Teatro Il *Phoenix Arts Centre* di Exeter (☎ 667080, Gandy St) presenta spettacoli di danza, teatro, film ed eventi musicali ed è aperto dal lunedì al sabato. All'epoca della stesura di questa guida era in fase di ristrutturazione.

I teatri sono due: il *Northcott (☎ 493 493)* nel campus universitario, e il più piccolo *Barnfield (☎ 270891, Barnfield Rd)*, che presenta rappresentazioni di compagnie locali e itineranti.

Per/da Exeter

Exeter si trova a 172 miglia (277 km) da Londra, 75 miglia (121 km) da Bristol, 45 miglia (72 km) da Plymouth e 120 miglia (193 km) da Land's End. Se volete arrivarci in macchina partendo da Londra, prendete la M3 e poi la A303, non la congestionata A30. È anche più veloce seguire la M4 per Bristol e poi la M5 verso sud, fino a Exeter.

Aereo I servizi di trasporto aereo collegano l'aeroporto di Exeter (☎ 367433) a Birmingham, all'Irlanda, alle Channel Islands e alle Isles of Scilly.

Autobus L'ufficio prenotazioni della stazione degli autobus è aperto tutti i giorni dalle 7.45 alle 18.30.

Gli autobus della National Express collegano Exeter a numerose città, fra cui Londra (3 ore e tre quarti, £16,50), via Heatrow Airport (3 ore e mezzo), Bath (2 ore e tre quarti, £12,50), Bristol (1 ora e mezzo, £9,75), Salisbury (2 ore, £12,50) e

Penzance (5 ore, £16). C'è un servizio giornaliero della National Express che serve la costa sud, fra Brighton e Penzance (via Portsmouth, Weymouth, Dorchester, Bridport, Exeter e Plymouth), che parte da Exeter per Brighton (7 ore, £22,50).

La Stagecoach Devon (☎ 427711) gestisce l'autobus n. X38 per Plymouth (1 ora e un quarto). La First Western National (☎ 01752-222666) offre autobus per Okehampton (1 ora) e Torquay (45 minuti).

La Stagecoach Devon distribuisce un utile opuscolo, *Smuggler's Trail*, con informazioni sui sentieri escursionistici che si possono raggiungere in autobus. L'area coperta comprende Sidmouth, Exeter, Torquay e Dartmouth. Un biglietto Explorer costa £5,65/14,30/24,20 per uno/tre/sette giorni di viaggi in autobus illimitati.

Treno I treni più veloci fra Londra a Exeter usano la stazione di Paddigton e impiegano 2 ore (partenze ogni ora, £39). Anche dalla stazione di Waterloo, sempre a Londra, ogni ora partono treni per Exeter; impiegano 3 ore e seguono un percorso più panoramico, passando da Salisbury.

Exeter è un nodo di linee ferroviarie che la collegano con Bristol (1 ora e mezzo, £15,60), Salisbury (2 ore, £20,10) e Penzance (3 ore, £18,60).

La diramazione lunga 39 miglia (63 km) che la collega a Barnstaple (1 ora e mezzo, £9,70), è promossa come Tarka Line e segue le vallate dei fiumi Yeo e Taw; offre una bella vista sui tradizionali paesaggi del Devon, con le sue caratteristiche stradine infossate. Ci sono nove treni al giorno, durante tutto l'anno. La maggior parte dei treni intercity utilizza la stazione di St David's.

Trasporti locali

Autobus Exeter è ben servita dai trasporti pubblici. Un biglietto giornaliero Freedom Ticket potrebbe rivelarsi molto utile. L'autobus N collega le stazioni St David's e Central e passa in prossimità della stazione degli autobus.

Taxi I taxi sono posteggiati di fronte alla stazione. In alternativa, potete chiamare Capital Taxis (☎ 433433).

Bicicletta e canoa Potete noleggiare le biciclette da Flash Gordon (☎ 424246), al 15 di Clifton Rd, dove trovate anche attrezzatura da campeggio e canoe. Una bicicletta con cambio a tre rapporti costa £5/20 per giorno/settimana, le mountain bike costano £12 per giorno e i tandem £25, sempre per una giornata.

Saddles & Paddles (424241), The Quay, affitta biciclette (£12/9 al giorno per adulti/bambini) e canoe canadesi (da £8/27 per ora/giorno). Organizza inoltre 'feste della pagaia' con barbecue a Double Locks (v. sopra **Divertimenti**). Visitate il suo sito Internet www.saddlepaddle.co.uk.

DINTORNI DI EXETER
Powderham Castle

Il castello (☎ 01626-890243) si trova sull'estuario del fiume Exe, 8 miglia (13 km) a sud di Exeter. Risale al XIV secolo ma è stato notevolmente rimaneggiato nel XVIII e XIX secolo. Residenza della famiglia Courtenay, contiene collezioni di porcellane francesi e mobilio Stuart e Regency; potrete inoltre ammirare alcuni vistosi soffitti rococò.

È aperto dalle 10 alle 17.30, tutti i giorni tranne il sabato, da aprile a settembre; il biglietto d'ingresso costa £5,85/2,95.

A la Ronde

Jane e Mary Parminter progettarono di combinare la magnificenza della chiesa di San Vitale, che avevano visitato a Ravenna, con la semplicità di un cottage di campagna, per creare un posto ideale nel quale risiedere. Ne è risultato un'interessante edificio a sedici lati (☎ 01395-265514), oggi di proprietà del National Trust (NT), nel quale si possono vedere bizzarre decorazioni interne: per esempio, c'è un stanza rivestita con conchiglie, un fregio di piume e collage di sabbia e alghe marine.

L'orario di apertura va dalle 11 alle 17.30, da domenica a giovedì, da aprile a ottobre; il biglietto d'ingresso costa £3,30/ 1,65. L'edificio si trova 2 miglia (3 km) a nord di Exmouth, lungo la A376; l'autobus n. 57 della Stagecoach Devon passa nelle vicinanze, nel suo percorso verso Exeter.

COSTA DEL DEVON MERIDIONALE
Sidmouth
Pop. 11.000 ☎ 01395

Attivo porto di pescatori nel Medioevo, Sidmouth diventò una località di villeggiatura alla moda dopo essere stato visitato dalla futura regina Vittoria e dalla sua famiglia, nel 1819. La città conserva ancora oggi un po' della sua 'grandeur', con i suoi numerosi edifici in stile Regency di una certa bellezza. A est, un sentiero piuttosto ripido sale la Salcombe Hill, dalla cui sommità si può godere di una splendida vista panoramica.

Il TIC (☎/fax 516441) in Ham Lane, si trova nello stesso edificio della piscina comunale. È aperto tutti i giorni dalle 9.30 alle 18 (fino alle 17 alla domenica). Le visite guidate della città partono dal **Sidmouth Museum** alle 10,15, al martedì e giovedì, da Pasqua a ottobre.

Sidmouth International Festival Sidmouth è conosciuta soprattutto per il suo festival della musica folk, che ha conosciuto un notevole sviluppo visto che, da piccola riunione di musicisti, è diventato uno dei principali eventi sulla scena della musica folk. Si svolge in città verso la fine di luglio o gli inizi di agosto e dura una settimana.

I biglietti validi per tutta la manifestazione costano £140/84, più £40/16 se volete campeggiare qui; un biglietto per un giorno solo costa £29/19, più £8 per il campeggio. Per informazioni chiamate lo ☎ 01296-433669.

Pernottamento Il campeggio più vicino è il *Salcombe Regis Camping and Caravan Park* (☎/fax 514303, @ info@salcombe-regis.co.uk) e si trova circa 2 miglia (3 km) a est di Sidmouth; si pagano £6,75 per ogni posto tenda.

L'ostello più comodo è il *Beer Youth Hostel* (☎ 01297-20296, fax 23690, @ beer@yha.org.uk, Bovey Combe, Townsend), situato in un grande edificio a meno di un chilometro di distanza dal villaggio di Beer, che a sua volta si trova 6 miglia (10 km) a est di Sidmouth. Da luglio ad agosto è aperto tutti i giorni, mentre nel periodo aprile/giugno e settembre/ottobre chiude la domenica. In estate si pagano £10,85/7,40 per notte.

Se invece vi interessano B&B o alberghi, a Sidmouth ce ne sono in quantità, ma cercate di prenotare con un certo anticipo nel periodo del festival.

Per/da Sidmouth Da Exeter partono per Sidmouth due autobus ogni ora (45 minuti, £3,15). L'autobus X53 della Axe Valley (☎ 01297-625959) raggiunge invece il villaggio di Beer.

Torbay Resorts
☎ 01803

Le diverse città che si trovano nei dintorni di Torbay – Torquay, Paignton e Brixham – vengono definite come la 'Riviera dell'Inghilterra': è vero che, rispetto agli standard dell'Inghilterra, queste località godono di un clima abbastanza mite, ma se vi aspettate una riviera di tipo mediterraneo fareste bene a cambiare idea.

Torquay Torquay, con più di 60.000 abitanti, è la più grande e la più caratteristica fra queste tre cittadine. Qui troverete una lunga passeggiata a mare, che di notte è rischiarata da luci colorate, e strade piene di alberghi e B&B, che sperano di sfruttare la risonanza della serie televisiva *Fawlty Towers* della BBC, girata proprio a Torquay.

Il TIC (☎ 297428, fax 214885, @ torbay.tic@torbay.gov.uk) in Vaughan Parade, si trova in prossimità del porto. È aperto dalle 9.30 alle 17.30, dal lunedì al venerdì, mentre al sabato chiude alle 17.

Da vedere Agatha Christie è nata in questa città e il **Torquay Museum** (☎ 293975), al 529 di Babbacombe Rd, dedica una mostra a questa notissima scrittrice. In estate è aperto dalle 10 alle 16.45, dal lunedì al sabato; alla domenica dalle 10 alle 13.30; in inverno è aperto solo nei giorni feriali. Il biglietto d'ingresso costa £2/1,25.

La **Torre Abbey** (☎ 293593) si trova in un parco alle spalle della spiaggia; in passato è stata un monastero e poi è stata convertita in casa di campagna. L'ammiraglio Orazio Nelson vi ha soggiornato nel 1801. Oggi ospita una collezione di mobili, oggetti di vetro e altri ricordi di Agatha Christie. È aperta tutti giorni dalle 9.30 alle 17, da aprile a ottobre. Il biglietto d'ingresso costa £2,75/1,50.

La **Kent's Cavern** (☎ 215136) è un'impressionante caverna con stalattiti che si trova sotto la parte moderna della città. È aperta tutto l'anno dalle 10 alle 16.30 (fino alle 17 in luglio e agosto, mentre in inverno chiude alle 16). Il biglietto d'ingresso costa £4,75/3. Ci sono delle visite serali 'da brivido', in luglio e agosto. La bella **Babbacombe Beach** si trova in fondo a una strada che deve essere fra le più ripide di Inghilterra, quindi, che ci andiate in bicicletta o in auto, controllate bene i freni prima di partire! La spiaggia si trova a circa 3 km dal centro cittadino.

Pernottamento e pasti Vicino sia al centro città sia alla spiaggia, il ***Torquay Backpackers*** (☎ 299924, ✉ torquay.back packers@btinternet.com, 119 Abbey Rd) fa pagare £8 per notte, oppure £48 per settimana. In estate organizza barbecue sulla spiaggia e visite notturne a Dartmoor.

Ci sono letteralmente centinaia di B&B e alberghi nell'area di Torquay, ma nessuno ha ancora osato prendere il nome 'Fawlty Towers'. Per quanto riguarda i B&B, ***The Wilsbrook*** (☎ 298413, 77 Avenue Rd,) è gradevole e offre camere a partire da £17 per persona. All'altra estremità della gamma, il ***Palace Hotel*** (☎ 200200, fax 299899, ✉ info@palace torquay.co.uk, Babbacombe Rd) fu costruito per il vescovo di Exeter. È dotato di tutto, dalla piscina al campo da golf, e le tariffe partono da £61 per persona.

Il ***Tudor Rose*** (14 Victoria Parade) è un ottimo posto per una cena a lume di candela o per un tè. Per qualcosa di più consistente, il ***Capers*** (☎ 291177, 7 Linsburne Square) offre un'ottima scelta di cibi internazionali, soprattutto francesi. Prevedete di spendere da £10 in su. La migliore cucina indiana da queste parti è offerta dal ***Bombay Express*** (☎ 380060, 98 Belgrave Rd), dove troverete un servizio molto cordiale; potete portare al vostro tavolo bevande alcoliche acquistate fuori dal ristorante.

Se cercate un locale che rimanga aperto fino a tardi, il posto che fa per voi è il ***Claire's*** (☎ 292079, Torwood St).

Paignton Proseguendo verso sud lungo la baia, Torquay si congiunge con Paignton, che si pubblicizza come località di villeggiatura al mare per famiglie. Roundham Head separa le due spiagge principali. Il **Paignton Zoo** (☎ 527936), in Totnes Rd, si autoproclama parco 'ambientalista' e si ritiene che abbia standard migliori di molti degli altri zoo inglesi. È aperto dalle 10 alle 18 (fino al tramonto in inverno); il biglietto d'ingresso costa £7,50/5,40.

Il TIC (☎ 558383, fax 551959), in The Esplanade, è aperto tutti giorni dalle 9.30 alle 18 in estate, e dalle 9.30 alle 17 in inverno.

Pernottamento e pasti Al ***Riviera Backpackers*** (☎/fax 550160, ✉ alan@ri viera-backpackers.ssnet.co.uk, 6 Manor Rd, Preston Sands), a poca distanza dalla spiaggia, un posto letto costa £8, tè o caffè compresi. Se telefonate dalla stazione ferroviaria, vi verranno a prendere.

The Natural Break (☎ 526220, 41 Torquay Rd) è un ottimo ristorante vegetariano aperto tutto il giorno. Il ***Thai Paradise*** (☎ 551166, 4a Parkside Rd) è un affidabile ristorante tailandese.

Brixham Oggi è una città dedita alla pesca, raccolta attorno a un piccolo porto; verso la metà del XIX secolo Brixham era il porto pescereccio più attivo del paese ed è ancora il posto migliore nel quale venire, se volete fare una spedizione per pescare. Il **Brixham Heritage Museum** (☎ 856267) nella Old Police Station di New Rd, offre una realistica introduzione alla storia della città e ai suoi legami con il mare. È aperto dalle 10 alle 17 dal lunedì al venerdì (al sabato solo fino alle 13) e costa £1,50/50p.

Il TIC (☎ 852861) nella Old Market House, The Quay, è aperto dalle 9,30 alle 17,30, dal lunedì al sabato.

Andare a pesca I chioschi lungo il porto propongono escursioni in barca. Un'escursione di mezza giornata per la pesca di gronghi, molve o merlani attorno ai relitti nella baia costa circa £20, di meno per la pesca degli sgombri. Prima di sborsare denaro, informatevi se ci sono banchi di sgombri in circolazione. Per organizzare un'escursione, contattate direttamente lo skipper dell'imbarcazione: provate a chiamare *Boy Richard* (☎ 521986) o *Our Jenny* (☎ 854444).

Pernottamento A 4 miglia (6 km) da Brixham, dall'altra parte di Dartmouth, si trova il *Maypool Youth Hostel* (☎ 842444, fax 845939): è in una posizione molto interessante, a sud-est di Galmpton. I posti letto costano £9/6,20 per adulti/bambini ed è aperto tutti i giorni, da aprile ad agosto. L'autobus n. 12 della Stagecoach Devon ferma a Churston Pottery, a poco più di 1 km dalla stazione ferroviaria di Churston.

Per/da Torbay Resorts L'autobus n. X46 effettua il collegamento fra Exeter e Torquay una volta ogni ora (1 ora, £4,10). Il n. 12 fa cinque corse all'ora, parte da Torquay e passa lungo la costa, per raggiungere Paignton e Brixham.

Una diramazione ferroviaria si snoda da Newton Abbot a Paignton, via Torquay. La Paignton & Dartmouth Steam Railway (☎ 555872) parte da Paignton e corre lungo la costa, coprendo un percorso panoramico di 7 miglia (11 km) che raggiunge Kingswear sul fiume Dart, col-

legata con un traghetto (6 minuti) a Dartmouth; un biglietto cumulativo treno/traghetto da Paignton a Dartmouth costa £5,50/3,70 per un adulto/bambino, sola andata, e £7,50/5 andata e ritorno.

Dartmouth
Pop. 5300 ☎ 01803

Dartmouth, situata sull'estuario del fiume Dart, è un'interessante città portuale e vanta una lunga storia. La profonda insenatura che ne fa un porto naturale ha ospitato imbarcazioni commerciali fin dal tempo dei Normanni, poi per molti secoli ha dato riparo alle imbarcazioni da pesca, ai Padri Pellegrini nel loro viaggio verso Plymouth e, nel 1944, ai mezzi da sbarco diretti in Francia per il D-Day. Oggi vi si vedono soprattutto yacht, anche se le associazioni navali continuano la loro opera: il college per l'addestramento degli ufficiali della Royal Navy si trova ai margini della città.

Il TIC (☎ 834224, fax 835631, @ enquire@dartmouth-tourism.org.uk), si trova nell'Engine House in Mayor's Ave ed è aperto dalle 9 alle 18, dal lunedì al sabato, e dalle 10 alle 16 la domenica. In alternativa, potete visitare il sito Internet www.dartmouth-tourism.co.uk.

Castello di Dartmouth Situato circa un chilometro fuori città, il Dartmouth Castle (☎ 833588) risale al XV secolo e fu progettato in modo da poter far passare una catena da qui al castello gemello a Kingswear, in modo da bloccare l'estuario. È gestito dall'English Heritage (EH)

Il castello è aperto tutti i giorni dalle 10 alle 18 in estate, e dalle 10 alle 16 dal mercoledì alla domenica in inverno; il biglietto d'ingresso costa £2,90/1,50. C'è un traghetto che parte dalla città e assicura il collegamento con il castello; le partenze sono ogni 15 minuti (£1).

Altre cose da vedere La città è attraversata da strette stradine. In centro si trova il **Butterwalk,** una schiera di case dalla struttura in legno costruite nel XVII secolo. La città ospita un **museo** in cui sono esposti molti modellini di nave. Il museo

(☎ 832923) è aperto dalle 11 alle 17, dal lunedì al sabato (in inverno dalle 12 alle 15); l'ingresso è gratuito.

Pernottamento Il più vicino ostello della gioventù si trova a circa 5 miglia (8 km) da Maypool; per informazioni v. **Brixham**, più indietro.

Lungo Victoria Rd ci sono B&B e alberghi economici. Il *Galleons Reach* (☎ *834339*), al n. 77, offre camere a £16 per persona, o £20 per camere con bagno. Di fronte al lungomare si trova l'affascinante *Captain's House* (☎/fax 832133, 18 Clarence St), le cui stanze costano da £22,50 per persona in su.

Il *Little Admiral Hotel* (☎ 832572, fax 835815, @ info@little-admiral.co.uk, 29 Victoria Rd) offre sistemazioni lussuose in camere impeccabili a partire da £45/90.

Pasti

Il *Dartmouth Castle Tea Rooms*, che si trova nel castello, offre cream tea e pasti leggeri; inoltre da qui si può godere di una bella vista panoramica sull'acqua. La *Dartmouth Bakery (Smith St)* offre una notevole scelta di torte e crostate.

La città è rinomata per la sua buona cucina. Il *Royal Castle Hotel* (☎ 833033, 11 The Quay) ha un ristorante molto apprezzato, ma è ancora più conosciuto il *Carved Angel* (☎ 832465, 2 South Embankment) dove un pasto memorabile da tre portate costa £48. Gestito dalle stesse persone ma con un menu più economico, il *Carved Angel Café* (☎ 834842, 7 Foss St) offre piatti principali in stile bistro per £7,50; è specializzato in piatti di pesce. *Hooked* (☎ 832022, 5 Higher St) è un altro ristorante specializzato in piatti di pesce ed è molto rinomato; prevedete di pagare da £25 in su per persona.

I titolari del *Cherub Inn* (☎ 832571, 13 Higher St) sostengono che il loro locale è l'edificio più antico della città; è un ottimo posto per bersi una birra o consumare un pasto al bar.

Per/da Dartmouth Il modo migliore per raggiungere Dartmouth è in traghetto,

sia partendo da Kingswear (6 minuti, £2 per una macchina e 4 persone, 50p per un passeggero a piedi) sia da Totnes (1 ora e un quarto, £5,20/6,90 per sola andata/andata e ritorno). La River Dart Cruises (☎ 832109) è una delle società di trasporto che operano a Dartmouth. Da Exeter, prendete un treno per Totnes e da qui prendete il traghetto.

Per avere informazioni sulla popolare Paignton & Dartmouth Steam Railway, v. sopra **Per/da Torbay Resorts**.

Totnes
Pop. 7500 ☎ 01803
Un tempo Totnes era una delle città più floride dell'Inghilterra, centro importante per l'industria della lana e dello stagno. Oggi è una città commerciale alla moda ('la Glastonbury dell'ovest'), con una fiorente comunità artistica. È un luogo piacevole per andare a spasso, con i suoi interessanti negozi, i numerosi edifici elisabettiani e il suo molo animato. In estate da qui partono con una certa frequenza i traghetti fluviali per Dartmouth. Si trova 9 miglia (14 km) all'interno da Torquay e 10 miglia (16 km) a monte di Dartmouth.

Il TIC (☎ 863168, fax 865771) si trova in The Plains ed è aperto dalle 9,30 alle 17, dal lunedì al sabato, dalle 10 alle 13 la domenica.

Da vedere In un edificio in stile Tudor in Fore St si trova il **Totnes Museum**, aperto dal lunedì al sabato. Il biglietto costa £3 ed è valido anche per la **Guildhall** e il **Museum of Period Costume**.

Il **Totnes Castle** (☎ 864406; EH), che oggi non è molto più che un rudere, è aperto tutti i giorni dalle 10 alle 18, in estate; il biglietto d'ingresso costa £1,60/80p.

Pernottamento Il *Dartington Youth Hotel* (☎ 862303, fax 865171, Lonward, Dartington) si trova a 2 miglia (3 km) da Totnes, in prossimità di Week lungo la A385. È aperto tutti i giorni in luglio e agosto, dal martedì alla domenica da aprile a giugno, e da mercoledì a domenica da settembre a ottobre; costa £9/6,20 per notte per un adulto/bambino. L'autobus n. X80 della First Western National Bus che parte da Torquay diretto a Plymouth passa nelle vicinanze.

Appena fuori High St, l'*Alison Fenwick* (☎ 866917, 3 Plymouth Rd) offre sistemazioni B&B per tariffe che vanno da £15 a £19 per persona e può organizzare visite private di Dartmoor. A due minuti di cammino dalla stazione ferroviaria di Totnes, in Queen's Terrace, c'è un confortevole B&B al *No 4* (☎ 867365), che offre camere singole/doppie a £25/40, prima colazione vegetariana inclusa.

L'*Old Forge* (☎ 862174, Seymour Place), antico di 600 anni, è l'albergo più caratteristico della città e conserva ancora le sue antiche segrete. Le tariffe per le camere partono da £54.

Pasti Totnes High St è costeggiata da locali interessanti nei quali andare a mangiare. Il *Munchmania*, un bar che offre succhi di frutta freschi, attira un ampio pubblico di salutisti. L'*Anne of Cleves Tearoom* offre vari tipi di torta che fanno veramente venire l'acquolina in bocca, oltre ai classici tè. Il *Willow Vegetarian Restaurant* (☎ 862605), al n. 87, offre vari piatti che costano circa £4, e inoltre ha un bel giardino.

Il *Tolivers Vegetarian Bistro* (65 Fore St) è più costoso ma offre musica dal vivo e ottimo cibo a tutte le ore.

Per/da Totnes Gli autobus per Exeter passano solo poche volte alla settimana, ma fanno una fermata a Totnes quelli della National Express.

Ci sono frequenti collegamenti ferroviari per Exeter (45 minuti, £7,10) e Plymouth (25 minuti, £5,50). La stazione ferroviaria si trova a 15 minuti di cammino dal centro.

Situata a poca distanza dalla stazione ferroviaria principale di Totnes, la ferrovia privata South Devon Railway (☎ 01364-642338) effettua collegamenti con Buckfastleigh (25 minuti, £6,50/4 andata e ritorno per adulti/bambini, £6/3,50 se prenotate tramite il TIC), all'estremità di Dartmoor.

PLYMOUTH
Pop. 239.000 ☎ 01752

Plymouth era una rinomata città marinara ben già molto tempo prima del 1588, anno in cui Drake inaugurò il famoso gioco delle bocce sulla spianata del Plymouth Hoe. Eppure la gloriosa storia della città più grande del Devon è difficile da apprezzare attraversando i vasti sobborghi moderni lungo la strada che porta in centro. Devastata dalle incursioni aeree durante la Seconda guerra mondiale, Plymouth è stata in gran parte ricostruita, anche se il Barbican (il vecchio quartiere vicino al porto da cui i Padri Pellegrini si imbarcarono per il Nuovo Mondo) si è conservato intatto.

Storia

Plymouth cominciò realmente a espandersi nel XV secolo, con l'introduzione delle grandi navi: il Plymouth Sound forniva un perfetto ancoraggio per le navi da guerra.

Il lupo di mare che viene più comunemente associato alla città è Sir Francis Drake, che ottenne il cavalierato grazie a un epico viaggio intorno al mondo; partì da Plymouth sul *Golden Hind* nel 1577 e tornò solo dopo tre anni.

Nel 1588 Drake svolse un ruolo fondamentale nella sconfitta dell'Invincibile Armada spagnola, flotta che era stata inviata da Filippo II per invadere l'Inghilterra e riportarvi il cattolicesimo. Tornando da un'incursione nei Caraibi, nel 1586, Drake si fece beffe del sovrano spagnolo attaccando alcune delle sue navi nel porto di Cadice.

Non si sa esattamente se sia vero che a quel tempo Drake abbia giocato a bocce nello Hoe, ma è certo invece che la flotta inglese salpò da Plymouth. Drake era viceammiraglio, mentre John Hawkins (che era salpato con lui nell'incursione del 1586) era contrammiraglio. L'Armada fu inseguita attraverso il Canale della Manica fino a Calais, dove però le truppe che avrebbe dovuto imbarcare per l'invasione dell'Inghilterra non arrivarono. Gli Inglesi allora attaccarono le navi spagnole con brulotti. Molti dei vascelli spagnoli riuscirono a sfuggire, ma le imbarcazioni furono spinte fuori rotta e naufragarono al largo della Scozia. Il bilancio delle perdite fu Inghilterra 0-Spagna 51.

Trentadue anni più tardi, le due navi dei Padri Pellegrini, la *Mayflower* e la *Speedwell*, entravano nel porto di Plymouth. Poiché la seconda era gravemente dan-neggiata, solo la *Mayflower* salpò per l'America, il 16 settembre 1620. Alcuni dei 102 passeggeri e membri della ciurma passarono la loro ultima notte sul suolo inglese nell'Island House, oggi sede del TIC. Un altro famoso uomo di mare di Plymouth è il capitano James Cook, che partì dal Barbican nel 1768 alla ricerca di un continente nell'emisfero meridionale.

La darsena reale fu costruita a Devonport, a fianco del fiume Tamar, nel 1690 e ancora oggi è sede di una grande base navale.

PLYMOUTH

PERNOTTAMENTO
6 Duke of Cornwall
7 Georgian House Hotel
8 Plymouth Backpackers International Hostel
10 Forte Posthouse
11 Berkeleys of St James
13 West Winds
15 Bowling Green Hotel
16 Kynance Hotel
17 Drake Hotel
18 Plymouth Hoe Moat House

PASTI
2 Chez Nous
12 Hoe Cantonese
14 Thai Palace
28 The Ship
30 Tudor Rose Tea Rooms
33 Cap'n Jasper's
35 Café on the Quay

ALTRO
1 Stazione ferroviaria
3 Theatre Royal
4 Union Rooms
5 Plymouth Pavillions
9 Lavanderia a gettone
19 Merchant's House
20 Ufficio postale
21 Stazione degli autobus
22 The China House
23 Plymouth Arts Centre
24 Notte Inn
26 Jazz Café
26 Plymouth Dry Gin
27 The Barbican Gallery
29 Caramba
31 Elizabethan House
32 TIC (Centro di informazioni turistiche)
34 Mayflower Steps
36 National Marine Aquarium
37 Plymouth Boat Cruises
38 Plymouth Boat Cruises
39 Royal Citadel
40 Statua di Drake
41 Torre Smeaton
42 Plymouth Dome

DEVON E CORNOVAGLIA

Orientamento e informazioni
La stazione ferroviaria si trova circa un chilometro e mezzo a nord di Plymouth Hoe, un parco erboso che si affaccia sul mare. Fra di essi si trova il centro cittadino e la zona pedonale, con strade piene di negozi che si diramano da Armada Way e la stazione ferroviaria. A est dell'Hoe si trova il Barbican, l'interessante porto antico, nei pressi di Sutton Harbour.

Il TIC (☎ 264849, fax 257955) in Island House, 9 The Barbican, è aperto dalle 9 alle 17 dal lunedì al sabato, e dalle 10 alle 16 alla domenica in estate. Se arrivate a Plymouth in auto, c'è un altro ufficio del TIC (☎ 266030) accanto al supermercato Sainsbury (fuori della A38).

Ci sono delle lavanderie a gettone in Notte St e in Pier St.

Plymouth Hoe
Questa famosa passeggiata offre magnifiche, e ventose, vedute su Plymouth Sound. In un angolo c'è anche un campo da bocce; quello in cui Drake giocò la sua partita doveva essere probabilmente dove adesso si trova la sua statua.

Il più ovvio punto di riferimento all'interno del parco è la **Torre Smeaton**, a strisce rosse e bianche, che in origine era il faro di Eddystone, ricostruito qui nel 1882. Può sembrare simile a tutti gli altri fari ma in realtà è stato il primo faro al mondo scientificamente progettato in muratura giuntata.

È aperto in estate e per salire i suoi 93 gradini si pagano 75p.

Il **Plymouth Dome** (☎ 603300), sotto la Torre Smeaton, fornisce una dettagliata storia della città con tecnologici supporti audiovisivi. C'è anche una strada Tudor con locali piuttosto animati nei quali andare a divertirsi e un osservatorio del porto con computer interattivi e radar, aperto tutti i giorni dalle 9 alle 17 (fino alle 16 in inverno); il biglietto d'ingresso costa £4,10/2,60.

A est dell'Hoe si trova la **Royal Citadel**, costruita da Carlo II nel 1670 e ancora oggi adibita a usi militari. Le visite guidate che permettono di visitare parte della fortezza, compresa la cappella, si tengono tutti i giorni alle 14.30, da maggio a settembre. I biglietti (£3/2; entrata gratuita per i membri EH) si possono acquistare al Plymouth Dome o al TIC.

Barbican
Per avere un'idea di come doveva essere Plymouth prima che la Luftwaffe ne ridisegnasse i tratti, visitate il Barbican con edifici Tudor e giacobiti e il suo animato mercato del pesce di epoca vittoriana. I turisti americani vorranno fare un pellegrinaggio al **Mayflower Steps**, dove un cartello elenca i passeggeri che parteciparono alla famosa spedizione.

Le strette stradine ospitano interessanti gallerie e botteghe artigiane. Una famosa artista locale degna di attenzione è Beryl Cook, le cui figure cattive e grassocce raggiungono prezzi considerevoli. La Barbican Gallery (☎ 661052), 15 The Parade, vende riproduzioni delle sue opere.

La **Elizabethan House** (☎ 253871), 32 New St, è la ex residenza di un capitano elisabettiano. È aperta da mercoledì a domenica dalle 10 alle 17, nel periodo che va da aprile a ottobre; il biglietto d'ingresso costa £1/50p.

Al 60 di Southside St, la **Plymouth Dry Gin** propone sette visite guidate alla distilleria a partire dalle 10.30 fino alle 15.45, tutti i giorni tranne la domenica, da aprile a dicembre; i biglietti costano £2,75/2,50.

Fra il Barbican e il centro città si trova la **Merchant's House** (☎ 264878), al 33 di St Andrews St, un museo di storia sociale aperto dalle 10 alle 13 e dalle 14 alle 17.30, da martedì a sabato, da aprile a ottobre; il biglietto d'ingresso costa £2/1.

National Marine Aquarium
Aperto nel 1998 in un solenne edificio di fronte al Barbican, l'acquario è un'istituzione che non ha scopo di lucro ma solo fini educativi e ricreativi. Le sue rampe seguono un percorso che porta il visitatore attraverso tutto l'edificio, permettendogli di osservare la vita acquatica in una quantità di habitat diversi: i torrenti di brughiera, l'estuario dei fiumi, il fondo

marino di media e alta profondità. C'è anche la vasca dei pescecani, in merito ai quali siamo stati rassicurati: da queste parti sarebbe più facile morire perché ti cade in testa una noce di cocco che non per i morsi di uno squalo!

L'acquario (☎ 220084) merita senz'altro una visita; è aperto tutti i giorni dalle 9 alle 17 e il biglietto d'ingresso costa £6,50/4.

Escursioni in barca

La Plymouth Boat Cruises (☎ 822797) propone diverse escursioni in barca, dalla visita quotidiana del porto, che dura circa un'ora e costa £4/2, alle escursioni di 4 ore risalendo il fiume Tamar, che non hanno partenze regolari e costano £6,50/3. L'escursione lungo il fiume per Calstock si può combinare con un viaggio in treno sulla Tamar Valley Line. Le imbarcazioni partono da Phoenix Wharf, lungo il Barbican (a est della cittadella).

Pernottamento

Campeggi Il campeggio più vicino è il *Riverside Caravan Park* (☎ 344122), a 4 miglia (6 km) dal centro lungo Longbridge Rd (fuori Plympton Rd). Il posto tenda costa £7, in estate.

Ostelli A 2 miglia (3 km) dal centro, il *Plymouth Youth Hostel* (☎ 562189, fax 605360, @ plymouth@yha.org.uk, Belmont Place, Stoke) è un palazzo in stile greco. In estate il posto letto costa £10,85/7,40 per un adulto/bambino. L'ostello è aperto tutti i giorni. L'autobus n. 15 della First National Bus e i nn. 33 e 34 della Citybus passano da queste parti nel loro percorso dal centro città. La stazione ferroviaria di Devonport si trova a meno di mezzo chilometro di distanza dall'ostello.

Il *Plymouth Backpackers International Hostel* (☎ 225158, fax 207847, 172 Citadel Rd) è molto accogliente. Dispone di 48 posti letto in camerata a partire da £8,50 per notte. Ci sono anche alcune camere doppie (£20). Le docce sono gratuite mentre il bagno costa £1,50; c'è un servizio di lavanderia.

B&B e alberghi Per trovare B&B e alberghi provate la zona a nord-ovest dell'Hoe. Citadel Rd è piena di possibili sistemazioni. Il *West Winds* (☎ 0800 731 5717, fax 662158), al n. 99, fa pagare £20/40 per una singola/doppia; le doppie sono dotate di doccia. Il grande e accogliente *Kynance Hotel* (☎ 266821, fax 254076), al n. 107, offre camere con bagno a partire da £25/40. Se dovete partire presto con il traghetto per la Francia, vi forniranno una prima colazione continentale.

Di classe un po' più elevata, il *Georgian House Hotel* (☎ 663237, fax 253 953, @ georgianhousehotel@msn. com, 51 Citadel Rd) offre camere con bagno a partire da £24/38. In inverno le tariffe scendono a £21/36.

Il *Berkeleys of St James* (☎/fax 221 654, 4 St James Place East) è una pensione confortevole per non fumatori; per una camera con bagno si pagano £25/40.

Il *Bowling Green Hotel* (☎ 667485, fax 209092, 9 Osborne Place, Lockyer St) è situato, come suggerisce il nome, proprio di fianco al campo da bocce dell'Hoe. È un albergo piccolo e confortevole, gestito da persone molto cordiali. Le camere con doccia costano da £38/50 in su. Sempre in Lockyer St si trova il *Drake Hotel* (☎ 229730, fax 255092, @ drakehotel @themutual.net, 1 Windsor Villas), che offre camere con bagno per £42/52.

Il *Forte Posthouse* (☎ 0870 400 9064, fax 660974, Cliff Road) fa pagare £89 per una doppia, nei fine settimana. Ha una bella vista panoramica su Plymouth Sound.

Al *Plymouth Hoe Moat House* (☎ 639 988, fax 673816, Armada Way) si pagano £115/130. È piuttosto privo di atmosfera ma offre un bel panorama sul Sound.

Il *Duke of Cornwall* (☎ 266256, fax 600062, @ duke@bhere.co.uk, Millbay Rd) è un impressionante albergo in stile vittoriano gotico e si trova fra l'Hoe e il terminal dei traghetti. Le tariffe per le camere partono da £84,50/99,50, prima colazione esclusa.

Pasti

La zona del Barbican è il posto migliore per trovare posti interessanti in cui mangiare, in particolare lungo Southside St e in New St, dietro il TIC.

La *Tudor Rose Tea Rooms* (☎ 255502, *New St*) ha un gradevole giardino sul retro; vi si può prendere il tè oppure pranzare. Il 'beef and Guinness pie' (pasticcio di manzo alla Guinness) è molto gustoso.

Il *Café on the Quay* vicino all'acquario offre pranzi leggeri, comprendenti per esempio patate al forno ripiene di tonno. Il *Cap'n Jasper's* è un popolare chiosco che offre prima colazione e hamburger, situato in prossimità del Mayflower Steps. Per i 'panino-dipendenti' sono disponibili hot dog da un metro. *The Ship* (☎ 667604), di fianco al porticciolo vicino al Barbican, offre convenienti pasti a base di arrosti.

Ci sono pochi ristoranti nell'area di Lockyer St e Citadel Rd; *Hoe Cantonese* (☎ 661895, *14 Athenaeum St*) è una felice eccezione ed è aperto quasi tutte le sere. Sempre in questa parte della città si trova il *Thai Palace* (☎ 255770, *Elliot St*), un discreto ristorante tailandese che farà contenti gli amanti della cucina piccante.

Il ristorante più rinomato della città è *Chez Nous* (☎ 266793, *13 Frankfort Gate*), prevalentemente di cucina francese, che si trova a pochi passi dal Theatre Royal. I piatti di pesce sono la sua specialità e la portata principale costa circa £18; un pasto fisso da tre portate costa £30. Prenotate in anticipo.

Divertimenti

Per avere notizie sugli avvenimenti musicali e artistici di Plymouth prendete una copia della rivista mensile gratuita *Scene*, che ne contiene un elenco completo.

Pub e club Il Barbican è un ottimo posto dove andare a bere qualcosa alla sera; il *Dolphin*, in Southside St e il *Ship* sul Barbican sono molto popolari.

L'*Union Rooms* (*Union St*) offre le bevande più economiche, ma non c'è musica, mentre il *Notte Inn* (*Notte St*) è in parte un pub e in parte un ristorante, con un'atmosfera del passato.

Il *China House* (☎ 260930, *Marrowbone Slip, fuori Sutton Rd*), che si affaccia su Sutton Harbour, è un popolare pub situato in un magazzino riconvertito. Alla domenica si suona musica jazz dal vivo durante l'ora di pranzo e ci sono gruppi musicali che suonano anche al venerdì e sabato sera.

Il *Jazz Café* in Southside St si occupa di quasi tutti i generi musicali e ogni notte ci sono gruppi musicali, jazz o DJ.

Il *Candy Store* (*67 Hyde Park Rd*) e il *Club Fandango* sono club molto animati, ma il più grande di tutti è il *Dance Academy*.

Teatro Il bel *Theatre Royal* (☎ 267222, *Royal Parade*) attira sorprendentemente grandi nomi dello spettacolo, nonostante sia un teatro regionale. Il *Pavillions* (☎ 229922, *Millbay Rd*) presenta un po' di tutto, da Tom Jones al Bolshoi Ballet.

Il *Plymouth Arts Centre* (☎ 206114, *38 Looe St*) ha un cinema, gallerie d'arte e un ristorante vegetariano.

Per/da Plymouth

Plymouth si trova a 211 miglia (340 km) da Londra, a 90 miglia (145 km) da Land's End e a 46 miglia (74 km) da Exeter.

Autobus La First Western National (☎ 402060) mette a disposizione tre autobus al giorno per Yelverton (35 minuti), all'estremità di Dartmoor, e un servizio orario alla domenica e nei giorni festivi. Per informazioni sui biglietti Explorer, v. Trasporti locali, all'inizio di questo capitolo.

L'autobus n. X38 della Stagecoach effettua una corsa per Exeter ogni 90 minuti (1 ora e un quarto, £5,45). I biglietti Explorer della Stagecoach per 1/3/7 giorni costano £5,50/13,40/22,65, ma la Stagecoach offre servizi molto più ridotti.

La National Express (☎ 0870 580 8080) offre collegamenti diretti con numerose città, incluse Londra (4 ore e mezzo, £20,50) e Bristol (2 ore e mezzo, £18).

Treno Il mezzo più rapido per raggiungere Londra è il treno (3 ore e mezzo, £44). Ci sono anche servizi diretti per Bristol (1 ora e mezzo, £29) e Penzance (2 ore, £10,30).

C'è un tragitto panoramico per Exeter (1 ora, £10): la linea ferroviaria segue l'estuario del fiume Exe e per un tratto corre a fianco della costa. La Tamar Valley Line, che passa da Bere Ferrers, Bere Alston e Calstock e si dirige a Gunnislake, è un altro percorso decisamente panoramico. In estate si può viaggiare in treno fino a Calstock (£3,90) e ritornare in battello, o viceversa; per informazioni, v. **Escursioni in barca**, più indietro.

Trasporti locali

Si possono noleggiare biciclette al Caramba (☎ 201544), situato in una comoda posizione al 9 di Quay Rd, a £10 per giorno o £60 per settimana. Il suo sito Internet è www.carambabikes.co.uk.

DINTORNI DI PLYMOUTH
Mount Edgcumbe

La residenza quattrocentesca dei conti di Mount Edgcumbe si trova sulla costa della Cornovaglia. Benché l'abitazione sia aperta al pubblico e sia piena di mobili del XVIII secolo, sono i giardini in stile francese, italiano e inglese ad attirare maggiormente i visitatori. I giardini sono aperti ogni giorno e l'ingresso è gratuito.

L'edificio è aperto dalle 11 alle 16.30, dal mercoledì alla domenica, nel periodo da aprile a settembre; il biglietto d'ingresso costa £4,50/2,25. Potete arrivare qui con il traghetto Cremyll.

Buckland Abbey

Situata 11 miglia (18 km) a nord di Plymouth, Buckland Abbey (☎ 01822-853607; National Trust) era in passato un monastero cistercense, trasformato poi in residenza di famiglia da Sir Richard Grenville e acquistata nel 1581 da Sir Francis Drake. Fra i suoi oggetti c'è il tamburo usato per chiamare a raccolta i marinai sul ponte del *Revenge*, prima della battaglia contro l'Invincible Armada spagnola. Si dice che quando l'Inghilterra corre il rischio di essere invasa, il tamburo si metta a suonare da solo.

L'abbazia è aperta dalle 10.30 alle 17.30, tutti i giorni eccetto il giovedì, da aprile a ottobre; nei fine settimana e in inverno apre solo dalle 14 alle 17. Il biglietto d'ingresso costa £4,50/2,20. Da Plymouth, gli autobus nn. 83 e 84 portano fino a Yelverton e da qui si prende il n. 55 che arriva alla Buckland Abbey.

DEVON SETTENTRIONALE

Il Devon settentrionale ha tratti di costa di un'incredibile bellezza, con la magnifica Clovelly e le due città gemelle di Lynton e Lynmouth (v. **Exmoor National Park**, in **Wessex**).

Barnstaple
Pop. 24.500 ☎ 01271

Barnstaple è una grande città e un importante nodo di comunicazioni: un ottimo punto di partenza per il Devon del nord ed Exmoor (v. **Wessex**).

Il **Museum of North Devon** (☎ 346 747), un po' in disparte in The Square, è aperto dalle 10 alle 16, da martedì a sabato.

Il TIC (☎ 375000), al 36 di Boutport St, è aperto dalle 9.30 alle 17.30 dal lunedì al venerdì, e dalle 10.30 al sabato.

Si possono noleggiare biciclette presso Tarka Trail (☎ 324202), alla stazione ferroviaria, a partire da £6,50 per giorno (£8,50 per le mountain bike); inoltre il personale potrà suggerirvi alcuni percorsi da seguire.

Barnstaple si trova all'estremità nord-occidentale della ferrovia Tarka Line che parte da Exeter e si collega con diversi servizi di autobus diretti a varie località della costa. L'autobus n. 310 della First Red Bus (☎ 345444) parte ogni 2 ore per Lyndon (v. **Exmoor National Park**, in **Wessex**), ma la possibilità più interessante è quella offerta dal n. 300 della Devon-Bus, che segue un percorso molto panoramico da Exmoor a Bridgwater e passa per Lynton e Minehead.

La moneta 'puffin'

Martin Harman, proprietario di Lundy Island dal 1925 al 1954, era un tipico signore inglese un po' stravagante. Non soddisfatto di essere il proprietario di questa lontana isola, Harman era intenzionato a renderla indipendente dal resto del Regno Unito, chiudendo l'ufficio postale ed emettendo i propri francobolli. Dato che Lundy prendeva il nome dall'antica parola norvegese usata per designare il 'puffin', letteralmente 'pulcinella di mare', ai nuovi francobolli venne attribuito un valore in puffin, anziché in sterline.

Questi francobolli vennero ignorati, ma nel 1930 Harman fece un passo più in là emettendo monete locali di Lundy, che su un lato avevano una riproduzione della sua testa e sull'altro quella di un pulcinella di mare. Queste monete avevano un valore in puffin anziché in sterline o pence. Un tale gesto di sfida non poteva essere trascurato e Harman venne condannato per contraffazione in base al Coinage Act del 1870.

Purtroppo, i pulcinella di mare, un tempo molto diffusi a Lundy, oggi sono considerati una specie in via di estinzione e potrete ritenervi molto fortunati se riuscirete a vederne uno.

Il Bike Bus assicura il collegamento con Barnstaple; per informazioni v. Trasporti locali, all'inizio di Devon.

Ilfracombe
Pop. 10.471 ☎ 01271

Ilfracombe si eleva al di sopra di un piccolo porto ed è la più grande località balneare del Devon settentrionale, benché le spiagge migliori si trovino 5 miglia (8 km) a ovest di Woolacombe e a Croyde Bay, 2 miglia (3 km) dopo.

Nel 1998 ha aperto l'impressionante **Ilfracombe Pavillion** (☎ 865655), che comprende il Landmark Theatre, da 480 posti, e una sala da ballo circolare; sono contenuti dentro due coni bianchi di mattoni che assomigliano un po' a due enormi paralumi.

Il TIC (☎ 863001, fax 862586), in The Promenade, è aperto tutti i giorni dalle 10 alle 18.30.

Le spiagge di Woolacombe e di Croyde Bay sono molto popolari fra i surfisti, in particolare il frangiflutti a Croyde: se vi interessa una chiacchierata sul surf andate al bar *The Thatch*.

Pernottamento e pasti L'*Ilfracombe Youth Hostel* (☎ 865337, fax 862652, @ ilfracombe@yha.org.uk. 1 Hillsborough Terrace) si trova sopra la città e si affaccia sul mare. Si pagano £9,80/6,75 per notte per un adulto/bambino ed è aperto dal lunedì al sabato, da aprile a settembre (tutti i giorni in luglio e agosto).

L'*Ocean Backpackers* (☎/fax 867835, 29 St James Place) è un ostello accogliente, situato di fronte alla stazione; il cibo è ottimo e l'atmosfera gradevole. Si pagano £9 per la prima notte, £8 per le notti successive, tè e toast compresi. In passato è stato un albergo, quindi ci sono molti più bagni di quanti solitamente se ne trovino negli ostelli. Al piano terra c'è l'*Atlantis Restaurant*, un caffè vegetariano che attira tanto gli abitanti locali quanto i turisti.

Il *Rendezvous Cafe*, nel complesso dell'Ilfracombe Pavillion, è un locale molto popolare nel quale pranzare.

Per/da Barnstaple e Ilfracombe Gli autobus nn. 1 e 2 della First Red Bus fanno quattro corse all'ora (due alla domenica) fra Ilfracombe e Barnstaple (35 minuti). Il n. 300 della DevonBus collega Ilfracombe a Lynton e Minehead, tutti i giorni due volte al giorno. L'autobus n. X85 raggiunge Plymouth ed è in funzione al sabato.

Lundy Island

Situata 10 miglia (16 km) al largo della costa, nel Canale di Bristol, Lundy è un masso di granito lungo 3 miglia (5 km), largo poco più di mezzo chilometro e alto fino a 122 m sul livello del mare.

La popolazione residente arriva solo a 19 abitanti, c'è un pub (la *Marisco Tavern*), una chiesa e non ci sono strade.

I visitatori arrivano qui per scalare la scogliera, osservare gli uccelli, immergersi nella riserva marina o per fuggire dal mondo, rifugiandosi in una delle 23 case destinate ai turisti.

Edifici interessanti che si possono affittare per una vacanza sono il faro, il castello e un porcile riconvertito, ma è necessario prenotarli con mesi di anticipo. È anche possibile campeggiare, spendendo da £4 a £7 per persona, a seconda della stagione. Per avere ulteriori informazioni telefonate allo ☎ 01237-431831; per fare una prenotazione telefonica chiamate invece lo ☎ 01628-825925.

In alternativa, potete sempre fare un'escursione di un giorno partendo da Ilfracombe o da Bideford. Da questi porti ci sono da due a cinque partenze la settimana, nella stagione estiva (2 ore, £25/ 12,50). Per prenotare, telefonate allo ☎ 01237-470422, oppure visitate il sito Internet www.lundyisland.co.uk.

È anche possibile fare escursioni giornaliere partendo da Clovelly: il *Jessica Hettie* (☎ 431042) effettua viaggi giornalieri, con partenze non regolari, che permettono di passare tutta la giornata sull'isola. Il biglietto costa £22,50.

Se vi sentite ricchi o siete molto propensi a farvi venire il mal di mare, potete sempre noleggiare un elicottero da Lomas Helicopters (☎ 01237-421054).

Bideford
Pop. 14.000 ☎ 01237

Charles Kingsley ambientò il suo romanzo epico *Westward Ho!* nella città di Bideford, non nella vicina località di villeggiatura che porta lo stesso nome: quest'ultima infatti prese il nome dal libro e oggi è la sola località inglese il cui nome contenga un punto esclamativo! Bideford è un posto abbastanza piacevole ma non esiste un motivo preciso per fermarsi qui. Vari autobus assicurano i collegamenti con questa città, comunque, e dal suo molo partono le imbarcazioni dirette all'isola di Lundy.

Potete trovare il TIC (☎ 477676, fax 421853, ✉ bidefordtic@visit.org.uk) nelle vicinanze del molo, in Victoria Park. È aperto dalle 10 fino alle 17 (fino alle 16 la domenica).

Si possono noleggiare biciclette al Bideford Bicycle Hire (☎ 424123), in Torrington St, a £7 per mezza giornata, £9,50 per tutto il giorno.

Ci sono frequenti autobus per Barnstaple (30 minuti). L'autobus n. 2 raggiunge Appledore (15 minuti).

Appledore

Questa interessante cittadina, con le sue strade strette e il suo fascino da 'mondo antico', è l'esatto opposto della dozzinale Westward Ho!, che si trova nelle vicinanze. Il nome di Appledore è stato a lungo legato alla costruzione delle navi, ma quest'attività ha cominciato a declinare all'inizio del XX secolo. Risuscitata nel 1963, sopravvive ancora oggi.

Il North Devon Maritime Museum (☎ 01237-422064) presenta la storia delle locali costruzioni navali, dei naufragi e del contrabbando; è aperto dalle 11 alle 13 e dalle 14 alle 17, tutti i giorni, da Pasqua a ottobre. Il biglietto d'ingresso costa £1/30p (ingresso gratuito alla domenica). Il *Seagate Hotel* (☎ 01237-472589) è un accogliente pub vicino al mare che offre sistemazioni B&B in singole/doppie per £29/50. L'autobus n. 2A effettua corse regolari per Bideford (15 minuti).

Clovelly
☎ 01237

Clovelly sembra a tutti una pittura a olio e si è un po' trasformata in una galleria d'arte vivente, facendo pagare ai visitatori £3,50 per quest'esperienza, anche se tecnicamente questo esborso è per il centro visitatori (☎ 431781) e per il parcheggio. Se arrivate alla sera l'ingresso nel centro è gratuito; potete passare dal cancello a destra del centro visitatori. Il piccolo villaggio, con le sue strade acciottolate (sono consigliate scarpe senza tacco) è sicuramente pittoresco e il miglior modo per apprezzarlo è fermarsi qui per la notte, perché l'atmosfera del posto cambia in maniera considerevole dopo che se ne sono andati gli 'invasori' diurni. Se non avete la possibilità di fermarvi qui, cercate di visitare il paese al mattino presto o nel tardo pomeriggio.

Il villaggio è abbarbicato a un pendio scosceso che si affaccia sul porto e deve essere il più fotografato di tutto il Devon. Da Pasqua a ottobre le Land Rover trasportano regolarmente i visitatori su e giù per il pendio (£1/1,50 solo andata/andata e ritorno) fra le 9.30 e le 17.30.

Pernottamento e pasti Le sistemazioni B&B sono numerose, ma è comunque consigliabile prenotare in anticipo. *Mrs Golding's* (☎ *431565, 104 High St*) è la più economica, fa pagare £15 per persona. Il *Temple Bar* (☎ *431438*) si trova in una bella posizione, affacciato sul porto; la tariffa è di £19 per persona. Il *Donkey Shoe Cottage* (☎ *431601, 21 High St*) offre una sistemazione B&B casalinga a £18 per persona.

Il *New Inn* (☎ *431303, fax 431636, High St*) offre stanze per £60 durante l'alta stagione, ma per soggiorni prolungati si paga di meno. Il suo ristorante ha un menu che comprende i classici piatti che si trovano nei pub, come per esempio le salsicce con purè di patate. Ha anche piatti preparati con il pesce fresco di giornata e altre specialità di pesce come i gamberetti.

Situato direttamente sul porto, il *Red Lion Hotel* (☎ *431237, fax 431044*) fa pagare £83 per una doppia, di meno se vi fermate a lungo. Il ristorante offre piatti più formali rispetto al New Inn: c'è un ristorante 'à la carte' specializzato in piatti di pesce. Prevedete di pagare almeno £20 per un pasto completo.

Entrambi i ristoranti chiudono alle 9, quindi tenete d'occhio l'orologio se non volete rimanere senza cena.

Per/da Clovelly Ci sono tre partenze al giorno dell'autobus n. 319 della First Red Bus (☎ 01271-345444) con destinazione Bideford (40 minuti).

Hartland Abbey

La Hartland Abbey (☎ 01237-441264) risale al XII secolo, ma è diventata un'abitazione privata a partire dal 1539, quando il monastero è stato sciolto ed è stato adibito a cantina da un sergente di Enrico VIII. È aperta dalle 14 alle 17, da giovedì a domenica, da maggio a settembre, anche al martedì in luglio e agosto. Il biglietto d'ingresso costa £4,50/1,50.

La Hartland Abbey si trova 15 miglia (24 km) a ovest di Bideford, uscendo dalla A39 fra Hartland e Hartland Quay.

Dartmoor National Park

Dartmoor comprende alcuni dei territori più selvaggi e desolati dell'Inghilterra: sembra il posto adatto per ambientarvi le vicende del famoso nemico di Sherlock Holmes *Hound of the Baskervilles* (Il mastino dei Baskerville). Il paesaggio e le condizioni del tempo (nebbia, pioggia e neve) possono dare a questo luogo un che di soprannaturale: nelle serate buie e nebbiose, cercate di non pensare alla scena iniziale del film *Un lupo mannaro americano a Londra*. Il parco occupa un'area di circa 365 miglia quadrate (950 kmq).

Dartmoor si trova nella contea del Devon e prende il nome dal fiume Dart, che ha qui la sua sorgente; i fiumi West Dart e East Dart si fondono a Dartmeet. Il parco si estende su un pianoro di granito punteggiato da caratteristici pinnacoli di roccia, che possono apparire come misteriosi castelli in rovina, ed è tagliato da profonde vallate, o combe, nonché da fiumi e ruscelli impetuosi. Alcuni pinnacoli di roccia, come il Vixen Tor, raggiungono quasi i 30 m di altezza. La brughiera è coperta da ginestra ed erica, ed è territorio di pascolo per pecore, bovini e pony semi-selvatici di Dartmoor. Il paesaggio del sudest è di una bellezza più convenzionale, con vallate alberate e villaggi dai tetti di paglia.

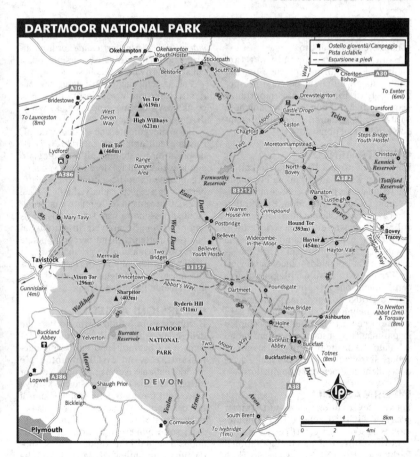

DARTMOOR NATIONAL PARK

Ostello gioventù/Campeggio
Pista ciclabile
Escursione a piedi

Okehampton • Okehampton Youth Hostel
Sticklepath
Belstone • South Zeal
Cheriton Bishop
A30
To Exeter (6mi)
Bridestowe
Yes Tor ▲ (619m)
West Devon Way
High Willhays ▲ (621m)
Drewsteignton
Castle Drogo
Easton
Teign
Dunsford
To Launceston (8mi)
Brat Tor ▲ (460m)
Chagford
Moretonhampstead
Steps Bridge Youth Hostel
Lydford
A386
Range Danger Area
Fernworthy Reservoir
Two
North Bovey
A382
Christow
Kennick Reservoir
Tottiford Reservoir
Mary Tavy
East Dart
B3212
Warren House Inn
Grimspound
Manaton
Lustleigh
Bovey
Postbridge
Hound Tor (393m)
Bovey Tracey
Bellever
Widecombe-in-the-Moor
Haytor ▲ (454m)
Temple Way
West Dart
Bellever Youth Hostel
Haytor Vale
Tavistock
Merrivale
Two Bridges
B3357
Vixen Tor ▲ (296m)
Princetown
Abbot's Way
Dartmeet
Poundsgate
Gunnislake (4mi)
Sharpitor ▲ (403m)
Ryder's Hill (511m) ▲
New Bridge
Ashburton
To Newton Abbot (2mi) & Torquay (8mi)
Walkham
Holne
Buckland Abbey
Yelverton
Burrator Reservoir
DARTMOOR NATIONAL PARK
Two Moors Way
Buckfast Abbey
Buckfast
Lopwell
A386
Shaugh Prior
DEVON
Meavy
Buckfastleigh
Totnes (8mi)
Dart
Bickleigh
Yealm
Erme
Avon
A38
LP
Plymouth
Cornwood
South Brent
To Ivybridge (1mi)
0   4   8km
0   2   4mi

Ci sono molti resti preistorici: Grimspound è probabilmente il villaggio dell'Età del bronzo meglio conservato di tutta l'Inghilterra e i molti monumenti funebri e tumuli segnano i luoghi di sepoltura di antichi capitribù.

Un tempo quest'area era ricca di minerali come stagno, rame, argento, piombo e caolino, e i resti di antiche miniere e cave sono sparsi un po' ovunque. Quasi tutti i monumenti preistorici di Dartmoor sono stati costruiti con pezzi grezzi del locale granito grigio. La cave di Haytor hanno prodotto la pietra per la colonna di Nel-son, per il London Bridge e per altri monumenti. La ricchezza creata da queste imprese ha lasciato nelle piccole comunità della brughiera begli edifici e chiese. L'edificio più conosciuto di Dartmoor, tuttavia, è il carcere di massima sicurezza di Princetown.

Quasi tutto il parco si trova a 600 m di altitudine. Il punto più alto è High Willhays, a 621 m, e si trova in prossimità di Okehampton. Circa il 40% di Dartmoor è territorio libero, ma il 15% del parco (la sezione nord-occidentale, comprendente High Willhays e Yes Tor) è affittato al

Ministero della Difesa (MOD) e per una parte dell'anno è chiuso, perché vi si svolgono esercitazioni di tiro.

È un territorio stupendo per fare escursioni a piedi, ma in estate non sarete certo gli unici sui percorsi più popolari. È di fondamentale importanza disporre di una buona cartina poiché è molto facile perdersi, soprattutto quando scende la nebbia.

ORIENTAMENTO

Dartmoor si trova a 10 miglia (16 km) da Exeter e a 7 miglia (11 km) da Plymouth. È circondato da piccole città commerciali e villaggi, fra cui Ashburton, Buckfastleigh, Tavistock e Okehampton. Gli autobus collegano queste città con Princetown, Postbridge e Moretonhampstead, nella brughiera. Le due principali strade che attraversano la brughiera si incontrano vicino Princetown, il solo villaggio di una certa dimensione a Dartmoor.

Two Bridges, con il suo ponte medievale, è il maggior centro di interesse per i visitatori che arrivano qui in macchina o in pullman, e in estate può essere molto affollato. La maggior parte dei luoghi da vedere si trova nella parte orientale; quella occidentale è per veri camminatori.

INFORMAZIONI

Potete ricevere informazioni su Dartmoor presso i TIC di Exeter e di Plymouth; inoltre ci sono altri centri per i visitatori dentro e attorno al parco. La National Park Authority (NPA) gestisce lo High Moorland Visitors Centre (☎ 01822-890414), Old Duchy Hotel, Princetown, che è aperto tutti i giorni, tutto l'anno.

Gli altri centri per visitatori sono generalmente aperti tutti i giorni dalle 10 alle 17, da aprile e ottobre, e si trovano a Haytor (☎ 01364-661520), Postbridge (☎ 01822-880272), New Bridge (☎ 01364-631303), Okehampton (☎ 01837-53020), Ivybridge (☎ 01752-897035) e Tavistock (☎ 01822-612938).

Questi centri informativi offrono utili pubblicazioni gratuite e aggiornate annualmente, fra cui *Dartmoor Visitor*. Hanno

inoltre guide per le escursioni a piedi e cartine della Ordnance Survey (OS). La *Dartmoor Public Transport Guide* fornisce informazioni sui percorsi escursionistici a cui si può arrivare in autobus.

Vale la pena anche consultare i seguenti siti Internet: www.dartmoor-guide. co.uk; www.dartmoor-npa.gov.uk; www. dart moorway.org.uk.

Le visite guidate che si dedicano all'esame dell'ambiente naturale di Dartmoor, al bird-watching, all'archeologia o alle leggende e al folklore locale vengono organizzate da aprile a ottobre. Le tariffe partono da £2,50 per una visita di 2 ore e da £4,50 per una di 6. Le relative informazioni si possono trovare sulla guida *Dartmoor Visitor*. Se arrivate in autobus al punto di partenza di un percorso, potete unirvi alla visita guidata gratuitamente.

Non date cibo ai pony di Dartmoor perché questo li incoraggia a spostarsi pericolosamente vicino alle strade.

ESCURSIONI A PIEDI

Dartmoor è un ottimo territorio per fare delle escursioni a piedi. Postbridge, Princetown e Chagford sono tutti centri interessanti, e a sud di Okehampton c'è un'area naturale elevata attorno a Yes Tor e High Willhays (ma ricordate che si trova nel raggio d'azione delle esercitazioni di tiro dell'esercito). Anche Haytor è una popolare destinazione per escursioni a piedi.

Ci sono numerosi sentieri marcati da appositi segnali. La Abbot's Way si snoda lungo un'antica strada di 14 miglia (23 km) che va da Buckfast a Princetown. Il West Devon Way è un percorso pedonale di 23 km fra Tavistock e Okehampton, che segue vecchi sentieri e attraversa dei bei villaggi all'estremità occidentale di Dartmoor. Potete sempre fare una parte di questo percorso in autobus, visto che corre parallelamente alla strada seguita dal n. 187.

Gli ostelli per la gioventù sono situati in punti comodi a un giorno di cammino attraverso la brughiera, quindi è possibile seguire un circuito di cinque giorni sia da Exeter sia da Plymouth.

La Templer Way è una camminata di 18 miglia (29 km) da Teignmouth (sulla costa orientale della brughiera) a Haytor, che segue un percorso originariamente utilizzato per trasportare il granito di Dartmoor fino alle banchine.

La Two Moors Way porta da Ivybridge, all'estremità meridionale di Dartmoor, fino a 103 miglia (166 km) più a nord, a Lynmouth, nell'Exmoor. La guida *Two Moors Way* (£3,70 comprese spese postali) è disponibile presso la Rambler's Association (☎ 020-7339 8500), 1 Wandsworth Rd, London SW8 2XX.

Il Dartmoor Way è un percorso circolare di 90 miglia (145 km) che si snoda attorno alla fascia esterna del parco nazionale, estendendosi da Buckfastleigh a sud, passando più su attraverso Moretonhampstead, a nord-ovest da Okehampton e a sud attraverso Lydford fino a Tavistock. Per avere maggiori informazioni in merito, prendete l'opuscolo *Escapes on Foot* presso il TIC.

Il Tarka Trail (v. sopra **Exmoor National Park** in **Wessex**) circonda il Devon settentrionale e si collega con Dartmoor, a sud di Okehampton.

È sempre meglio portarsi una cartina, una bussola e una mantellina antipioggia, perché le condizioni atmosferiche possono cambiare molto rapidamente e non tutti i sentieri sono segnalati. Nella cartina n. 28 OS Outdoor Leisure sono segnati i confini del parco e il raggio d'azione delle esercitazioni a fuoco dei militari.

ESCURSIONI IN BICICLETTA

È permesso andare in bicicletta solo sulle strade pubbliche, sulle scorciatoie aperte a tutti i tipi di traffico, sui sentieri per gite a cavallo e sulle strade della Forestry Commission.

La Plym Valley Cycle Way segue la ferrovia in disuso Great Western Railway fra Plymouth e Yelverton, sul bordo della brughiera. Fra gli altri percorsi che si possono fare in bicicletta ricordiamo un sentiero nella foresta, lungo 3 miglia (5 km), che parte da Bellever; la West Devon Tavistock Cycle Route, che si estende per 26

miglia (42 km) lungo stradine di campagna; il Sticklepath Cycle Route, di 30 miglia (48 km), che si sviluppa anch'esso su strade di campagna. Dartmoor Way (v. sopra **Escursioni a piedi**) è anche il nome di una strada ciclabile circolare di 90 miglia (145 km) che segue la fascia esterna della brughiera e passa da Okehampton, Chagford, Buckfastleigh, Princetown e Tavistock. Per ulteriori informazioni, procuratevi presso il TIC l'opuscolo *Escapes by Byke*.

Si possono noleggiare biciclette a Exeter (v. **Trasporti locali** in Exter) e anche presso la Tavistock Cycles (☎ 01822-617630), Paddons Row, Brook St, Tavistock, e presso la Mountain Bike Hire (☎ 01364-631505), a lato del pub a Pundsgate.

ALTRE ATTIVITÀ
Escursioni sui pony o a cavallo
Ci sono scuderie di cavalli in tutto il parco. Alla Lydford House Riding Stables (☎ 01822-820321), Lydford House Hotel, Lydford, si pagano £10/18 per 1/2 ore.

Nelle vicinanze di Widecombe-in-the-Moor, Babery Farm Stables (☎ 01364-631296) offre cavalcate da mezza giornata, oppure una 'cavalcata più pub' (3 ore a cavallo, 1 ora al pub) a partire da £20.

DEVON E CORNOVAGLIA

Scalate

Le scalate possono essere praticate solo nei luoghi di pubblico accesso: sui terreni privati bisogna prima ottenere il permesso del proprietario. Le aree più apprezzate per fare delle arrampicate sono Haytor, di proprietà dell'NPA, e il Dewerstone vicino Shaugh Prior, dell'NT. I gruppi devono prenotare in anticipo. Per informazioni chiedete al centro visitatori o al TIC.

Pesca

La pesca è permessa lungo determinati tratti dell'East e del West Dart (con un permesso del Ducato di Cornovaglia) e sui fiumi Tavy, Walkham, Plym, Meavy e Teign, oltre che in sette cisterne all'interno del parco. Di solito è necessario un permesso; per avere informazioni telefonate all'Environment Agency (☎ 01392-444000, dipartimento per la pesca).

PERNOTTAMENTO E PASTI

Se volete campeggiare, di solito le autorità e i proprietari di terreni non recintati non hanno nulla da ridire, purchè vi atteniate ad alcune semplici norme di comportamento: non campeggiare in terreni recintati da muri e nel raggio visivo di case e strade; non campeggiare nello stesso posto per più di due notti; non accendere fuochi; lasciare il luogo come si è trovato. Con tende molto grandi, tuttavia, potete campeggiare solo negli appositi campeggi. Ce ne sono parecchi in tutta quest'area; molti si trovano all'interno di fattorie.

Ci sono ostelli della gioventù a Postbridge (Bellever), in mezzo alla brughiera, e a Steps Bridge, vicino Dunsford (fra Moretonhampstead ed Exeter), come pure a Okehampton, Exeter, Plymouth e Dartington.

Ci sono anche capannoni per campeggiatori di proprietà degli ostelli per la gioventù a Manaton (Great Houndtor), Postbridge (Runnage), Sticklepath (Sticklepath Halt), Cornwood (Watercombe), Bridestowe (Fox & Hounds) e Lopwell (Lopwell Dam). Si tratta di 'tende in pietra' in cui possono dormire

fino a 15 persone. Ci sono strutture per cucinare, per fare un fuoco a legna e le docce. Si dorme sul pavimento o in letti a castello, ma dovete portarvi lenzuola e coperte. Le tariffe partono da £3,75 per persona. Per informazioni e per prenotazioni, telefonate allo ☎ 01200-428366. Ci sono anche case di mandriani e capannoni indipendenti.

Le città più grandi all'estremità del parco (come Okehampton e Tavistock) offrono molte possibilità per quanto riguarda le sistemazioni in B&B e alberghi. All'interno del parco, le possibilità di alloggio sono talvolta scarse, quindi in estate è preferibile prenotare in anticipo. Nel parco ci sono anche alcuni alberghi fatti a casa di campagna, molto confortevoli.

La Dartmoor Tourist Association (☎ 01822-890567) pubblica una guida agli alloggi; se prenotate tramite uno dei centri visitatori del parco dovrete pagare una commissione di £2,75 per il servizio. Presso i TIC potete trovare informazioni sul B&B presso fattorie.

Antichi pub e osterie sono spesso il fulcro delle comunità locali e talvolta sono gli unici posti in cui sia possibile trovare qualcosa da mangiare nei piccoli villaggi.

PER/DAL DARTMOOR NATIONAL PARK

Exeter e Plymouth sono i punti di partenza migliori per raggiungere il parco, Exeter in particolare offre i migliori collegamenti rispetto al resto del paese. Totnes, Exeter, Newton Abbot e Plymouth offrono collegamenti ferroviari con Londra, Bristol e le Midlands. La National Express ha pullman che prestano servizio fra Londra ed Exeter, Newton Abbot, Okehampton e Plymouth.

C'è un servizio di trasporto domenicale fra Okehampton ed Exeter (40 minuti). Le altre stazioni ferroviarie in prossimità del parco sono Ivybridge e South Brent, sulla linea Exeter/Plymouth. Ivybridge è utile per chi vuole percorrere la Two Moors Way. Il biglietto di ritorno da Exeter costa £9,60 (40 minuti).

L'autobus più comodo che effettivamente attraversa Dartmoor è il n. 82 della DevonBus, il Transmoor Link, che collega Exeter a Plymouth passando da Steps Bridge, Moretonhampstead, Warren House Inn, Postbridge, Princetown, Sharpitor e Yelverton. Nel periodo che va da fine maggio a settembre presta servizio tutti i giorni, mentre nel resto dell'anno viaggia solo il sabato e la domenica. Per ulteriori informazioni telefonate allo ☎ 01752-402060.

L'autobus n. 359 della DevonBus viaggia regolarmente fra Exeter e Moretonhampestead via Steps Bridge (dal lunedì al sabato). Il n. 173 è un servizio regolare che passa per Drewsteington e arriva a Chagford. Il n. X39 (della Stagecoach Devon) segue la A38 fra Plymouth ed Exeter, facendo fermate a Buckfastleigh e Ashburton. Gli autobus nn. 83 e 84 della First Western National da Plymouth a Tavistock, via Yelverton, partono ogni 20 minuti.

Il biglietto Dartmoor Sunday Rover (£5/3), valido solo in estate, dà diritto di viaggiare illimitatamente sulla maggior parte dei percorsi serviti da autobus in questa zona e sui treni della Tamar Valley Line da Plymouth a Gunnislake.

Alla domenica, in estate, l'autobus n. 187 della DevonBus collega Plymouth a Okehampton via Gunnislake, Tavistock, Mary Tavy e Lydford; potete fare parte di questo percorso in treno sulla Tamar Valley Line o addirittura in battello (v. **Plymouth**, più indietro).

Siccome le corse degli autobus non sono molto frequenti e sono soggette a cambiamenti, sarebbe meglio progettare prima i propri spostamenti e poi contattare la Devon County Public Transport Help Line (☎ 01392-382800, dalle 8.30 alle 17 nei giorni feriali). Vi potranno inviare la *Dartmoor Public Transport Guide* che contiene indicazioni sui percorsi escursionistici collegati a servizi di autobus.

TRASPORTI LOCALI

Il Dartmoor Rover (☎ 01392-383800) è un biglietto molto apprezzato: è utilizzabile solo la domenica e costa £5/3. È valido su tutti i servizi di trasporto di Dartmoor e su quelli per Exeter, Plymouth e altri centri.

PRINCETOWN
☎ 01822

Situata a 420 m di altezza, Princetown è il centro abitato più elevato di tutta l'Inghilterra, oltre a essere la più grande comunità di tutto il Dartmoor. Con la sgradevole presenza del noto carcere, questa non è certo la più bella città di Dartmoor, ma è molto vicina a eccellenti percorsi escursionistici.

La città fu creata alla fine del XVIII secolo da sir Thomas Tyrwhitt, che voleva convertire ampi tratti di brughiera in terra coltivabile. Quando questo tentativo fallì, trovò un altro progetto per dare occupazione alle molte persone che nel frattempo si erano trasferite in quest'area: costruire un carcere per i prigionieri di guerra. Nella prima metà del XIX secolo il carcere ospitò prigionieri di guerra francesi e americani. Quando cessarono le ostilità contro questi paesi, vi vennero trasferiti carcerati inglesi. Oggi in questo carcere di massima sicurezza sono recluse circa 600 persone.

Lo High Moorland Visitor Centre (☎ 890414) era un tempo il Duchy Hotel. Allestisce esposizioni su Dartmoor e ha un centro informazioni ben fornito di cartine. È gradita una donazione di 25p.

Pernottamento e pasti

Il *Plume of Feathers Inn* (☎ 890240, fax 890780, The Square), l'edificio più antico di Princetown, è un pub vicino al centro visitatori che offre ogni tipo di sistemazione economica. Il campeggio (£2,50 per persona) è aperto tutto l'anno, la sistemazione nel capannone costa da £3,50 in su e c'è una sistemazione in una 'casa dei mandriani' per £5,50 (stanze da due o quattro persone). Dovete prenotare con largo anticipo. È anche possibile la sistemazione B&B a partire da £15,50 per persona.

Di fronte al centro visitatori, il *Railway Inn* (☎/fax 890232, @ railwayinnpl20

@*aol. com, Two Bridges Rd)* è un pub che offre sistemazioni B&B per £20/35 (singola/doppia).

Per/da Princetown

L'autobus n. 82 DevonBus (il Transmoor Link) parte da Princetown diretto sia a Exeter sia a Plymouth (per entrambe le destinazioni ci vogliono circa 50 minuti). Presta servizio ogni giorno, nel periodo che va dalla fine di maggio alla fine di settembre, mentre nel resto dell'anno il servizio di trasporto è limitato al sabato e domenica. L'autobus n. 98 collega Princetown a Tavistock.

POSTBRIDGE
☎ 01822

Situata proprio a metà del parco, Postbridge costituisce un ottimo punto di partenza per le escursioni. È famosa per il suo ponte di granito, che attraversa l'East Dart e risale al XIII secolo; è costituito da larghe lastre di granito, sostenute a ogni estremità da corti pilastri in pietra.

La leggenda racconta che, nel XIII secolo, una gentildonna del posto, appartenente a una sobria famiglia, cominciò a servire alcolici in casa, con grande orrore del marito che si affrettò a versarli nel fiume. Un cane che si era fermato a bere impazzì dopo aver bevuto questa potente mistura e in seguito morì. Si dice che il suo spirito tormentato si aggiri ancora a Dartmoor: questa è una versione della storia che diede lo spunto a Conan Doyle per scrivere *The Hound of Baskervilles*.

Da aprile a ottobre è aperto un centro visitatori dell'NPA nel parcheggio per le auto. Nel villaggio ci sono anche un ufficio postale e un negozio.

Pernottamento e pasti

Il *Bellever Youth Hostel* (☎ 880207, fax 880302) si trova 1 km e mezzo a sud di Postbridge, sulla riva occidentale del fiume. È aperto tutti i giorni in luglio e agosto, da aprile a giugno chiude la domenica, e nei mesi di settembre e ottobre fa servizio solo dal martedì al sabato. Un posto letto costa £9,80/6,75 per adulti/bambini.

Il *Runnage Farm* (☎ 880222) ha un capanno per campeggiatori: la tariffa per una notte è di £4 per persona. Per raggiungere la fattoria, prendete la piccola strada che si diparte dalla B3212 poco prima di raggiungere Postbridge, venendo dalla parte di Moretonhampstead.

L'*East Dart Hotel* (☎ 880213, fax 880313) è una vecchia stazione per il cambio dei cavalli e si trova a 100 m dal ponte; offre sistemazioni B&B a partire da £26/48.

Il *Lydgate House Hotel* (☎ 880209, fax 880202) si trova a qualche centinaio di metri dal centro del villaggio in una piacevole vallata riparata. È un ottimo posto per pernottare, con posti letto a partire da £30,50 per persona; è anche possibile consumare un'ottima cena composta di tre portate.

L'*Headland Warren Farm* (☎ 880206) è un'antica fattoria sulla brughiera a 5 miglia (8 km) da Postbridge, molto comoda per chi vuole fare escursioni a piedi perché vicina alla Two Moors Way. La sistemazione B&B costa £25 per persona la prima notte, £20 per le notti successive.

Circa tre chilometri a nord-est di Postbridge, lungo la B3212 in direzione Moretonhampstead, si trova la *Warren House Inn* (☎ 880208). È un bel posto nel quale arrivare dopo una camminata: ci si può scaldare davanti al fuoco che, sostengono i gestori, brucia ininterrottamente dal 1845. Si beve vera birra ale e c'è una scelta di piatti tipici dei pub, compreso un pasticcio di coniglio fatto in casa.

Per/da Postbridge

L'autobus n. 82 della DevonBus (il Transmoor Link) collega Postbridge a Plymouth ed Exeter.

BUCKFASTLEIGH
☎ 01364

Situata all'estremità sud-orientale del parco, Buckfastleigh è una vecchia città commerciale vicina alla vallata del Dart superiore. Nelle vicinanze si trova la Buckfast Abbey, l'ultimo monastero ancora attivo in Inghilterra.

Per molti secoli Buckfastleigh è stato un centro manifatturiero per la produzione di capi di abbigliamento in lana. Sopra la città si trova la chiesa di questo distretto, nel cui cimitero una pesante tomba, costruita dagli abitanti del villaggio in modo che il suo occupante non potesse tornare indietro, custodisce il corpo di Sir Richard Cabell, l'uomo più odiato di Dartmoor. Quando questo terribile proprietario terriero morì, nel XVII secolo, si dice che siano stati visti neri fantasmi di cani da caccia sfrecciare attraverso la brughiera per andare a ululare vicino alla sua tomba.

Buckfast Abbey

La Buckfast Abbey, situata 2 miglia (3 km) a nord di Buckfastleigh, fu fondata nel 1016 e si sviluppò nel Medioevo grazie al commercio della lana. Con lo scioglimento dei monasteri del 1539, l'abbazia venne abbandonata. Nel 1806 le rovine vennero spianate e vi venne costruito un edificio in finto stile gotico, che venne acquistato nel 1882 da un gruppo di monaci benedettini francesi in esilio. La chiesa dell'abbazia venne costruita fra il 1906 e il 1932 dai monaci; un'impressionante vetrata raffigurante il Cristo domina la cappella orientale.

L'abbazia (☎ 645500) è una popolare attrazione turistica. L'entrata è gratuita. I monaci arrotondano i loro proventi con i prodotti delle api e con la produzione di un vino tonificante.

Pernottamento e pasti

Circa 3 miglia (5 km) a nord-ovest di Buckfastleigh, a Holne, si può trovare un'economica sistemazione in un capanno in pietra, all'*Holne Court Farm* (☎ 631271); le tariffe partono da £3,50 per persona.

Il *Furzeleigh Mill Hotel* (☎/fax 643476, @ furzeleigh@eclipse.co.uk, Old Ashburton Rd, Dartbridge) dispone di camere singole/doppie per £33,75/57,50.

Il *Dartbridge Inn* (☎ 642214, fax 643839, Totnes Rd) offre sistemazioni B&B a partire da £45/60 per una camera con bagno.

Il ristorante e le sale da tè alla *Buckfast Abbey* sono ottimi per un pranzo o per sorseggiare un tè.

Per/da Buckfastleigh

L'autobus n. 88 della First Western National collega Plymouth a Buckfastleigh tre volte al giorno, dal lunedì al sabato (1 ora). Prosegue per Newton Abbot (30 minuti). L'autobus n. X39 va da Buckfastleigh a Exeter (1 ora).

La South Devon Railway (☎ 642336) collega Totnes a Buckfastleigh (25 minuti) ogni ora e mezzo, con un percorso di 7 miglia (11 km) che corre a fianco del fiume Dart, su una linea che funziona ancora a vapore. Il biglietto di andata e ritorno costa £6,50/4 per adulti/bambini. Il servizio è attivo ogni giorno nel periodo che va dalla metà di maggio a settembre. I treni viaggiano il mercoledì, il sabato e la domenica in aprile e ottobre, mentre a maggio sono in funzione il martedì, il mercoledì, il sabato e la domenica.

WIDECOMBE-IN-THE-MOOR
☎ 01364

C'è un grande afflusso di visitatori in questo piccolo villaggio di Dartmoor e non solo il secondo martedì di settembre, giorno in cui si svolge sempre la fiera locale, commemorata nella canzone folk *Widdicombe Fair*. La bella chiesa di granito del XIV secolo, chiamata Cathedral in the Moor (cattedrale nella brughiera), fu fondata dai benestanti minatori di stagno e ha una torre alta 37 m.

C'è un Visitor Information Point presso il Sexton Cottage, adiacente alla Church House. Costruita nel 1537 come birreria, la Church House è oggi sede del municipio. A 5 miglia (8 km) da Ashburton si trova il *Cockingford Farm Campsite* (☎ 621258), 1,5 miglia (2,5 km) a sud di Widecombe. Per campeggiare qui si pagano £2,50 per persona.

Il *Dartmoor Expedition Centre* (☎ 621 249) si trova a circa 2,5 km di distanza da Widecombe. Dispone di 32 posti letto in due ex capanni dei mandriani; le tariffe partono da £7 per persona (lenzuola e co-

Letter boxing, ovvero la caccia alle 'cassette postali'

Se vedete un escursionista che si comporta in modo furtivo e nasconde un vecchio contenitore in plastica nel ceppo di un albero o sotto una roccia, state probabilmente assistendo a una atto di 'letterboxing'. Questo strambo passatempo conta più di 10.000 appassionati ed è costituito da una caccia al tesoro senza fine che ha come obiettivo qualche migliaio di 'cassette postali' improvvisate, nascoste un po' ovunque a Dartmoor.

Nel 1844 la ferrovia raggiunse Exeter e a Dartmoor cominciarono ad arrivare i primi visitatori, ai quali questo viaggio permetteva di sentirsi un po' come dei grandi esploratori. Una guida di questi intrepidi gentiluomini vittoriani era James Perrott, di Chagford. Nel 1854, Perrott ebbe l'idea di far loro lasciare il proprio biglietto da visita in un contenitore di vetro a Cranmere Pool, la parte più remota della brughiera cui si potesse accedere a quell'epoca. Fu solo nel 1938 che venne introdotto un secondo contenitore, e l'idea continuò a svilupparsi dopo la Seconda guerra mondiale. In origine, le persone lasciavano il loro biglietto con una busta sulla quale era stampigliato il loro indirizzo: chi l'avesse trovata avrebbe provveduto a spedirla.

Oggi ci sono circa 4000 di queste 'cassette postali' e in ognuna c'è un registro dei visitatori, che viene firmato da chi si imbatte in quella cassetta, un timbro e un tampone (ci sono se qualcuno non li ha rubati) per timbrare il proprio registro dei ritrovamenti. Benché sia tecnicamente illegale lasciare una di queste 'cassette delle lettere' – in quanto in realtà state lasciando immondizia nella brughiera, per di più senza il permesso dei proprietari – fintanto che esse non danno fastidio di solito i proprietari terrieri tollerano questo gioco. Oggi ci sono perfino cassette di visitatori tedeschi, francesi, belgi o americani, per non citare le 'cassette mobili', strani personaggi che si aggirano per la brughiera aspettando di individuare il proprietario di una cassetta per avvicinarlo e chiedergli di timbrare il proprio registro.

Una volta collezionati 100 timbri, il cercatore può fare richiesta per accedere al 'Club dei 100', dopo di che potrà ricevere un libro di indicazioni corredato da mappe per trovare altre cassette. Per avere maggiori informazioni in proposito, contattate Godfrey Swinscow (☎ 015488-21325), Cross Farm, Diptford, Totnes, Devon TQ9 7NU.

Inevitabilmente, poiché sempre più persone vanno a caccia di queste cassette, si cominciano ad avvertire i lati negativi di quest'attività (oltre a un generale scadimento). Un codice di com-

---

perte incluse). Nella bella stagione è preferibile prenotare con largo anticipo.

All'estremità di Widecombe c'è un B&B, il *Sheena Tower* (☎ *621308*), che fa pagare £17 per persona, o £18 in una camera con bagno.

MORETONHAMPSTEAD
☎ 01647

Moretonhampstead è una piacevole cittadina mercantile posta all'incrocio fra la B3212 e la A382, 14 miglia (22 km) a nord-est di Princetown.

Proprio sul confine nord-orientale del parco, 4,5 miglia (7 km) a est di Moretonhampstead lungo la B3212, si trova lo *Steps Bridge Youth Hostel* (☎ *252435, fax 252948*). I posti letto costano £7,20/ 4,95 per adulti/bambini; l'ostello è aperto

tutti i giorni da aprile a settembre. Si trova a 10 miglia (16 km) di cammino dall'ostello di Exeter.

Potete campeggiare al *Clifford Bridge Park* (☎ *24226, fax 24116, Clifford*) da Pasqua a settembre. Le tariffe partono da £3,50 per una persona e una tenda. Il posto è vicino al fiume Teign, 3 miglia (5 km) a ovest di Steps Bridge, e dispone perfino di una piscina riscaldata.

Moretonhampstead si trova sul percorso dell'autobus Transmoor Link (il n. 82 della DevonBus).

CHAGFORD
Pop. 1500 ☎ 01647

Questa deliziosa cittadina di campagna in prossimità del fiume Teign costituisce una base di partenza per la parte nord-

Letter boxing, ovvero la caccia alle 'cassette postali'

portamento oggi proibisce ai 'cacciatori' di recare disturbo con il loro fervore nelle attività di siti archeologici o all'ambiente naturale. Anche così, però, si dice che l'attività di questi 'ricercatori' abbia disturbato la nidificazione di vari uccelli, come pivieri e merli.

JANE SMITH

orientale del parco molto più piacevole rispetto a Moretonhampstead. Nel XIV secolo, questa era una città che viveva sullo stagno; il minerale estratto veniva qui pesato e controllato, e venivano pagate le relative tasse. È un ottimo centro per dedicarsi a escursioni a piedi o a cavallo.

Pernottamento e pasti
La **Glendarah House** (☎ 433270, fax 433483, @ enquiries@glendarah-house. co.uk, Lower St) offre camere con bagno a £26 per persona, anche per le singole. La **Lawn House** (☎ 433329, Mill St) offre sistemazioni B&B a £20 per persona.

Di fronte alla chiesa trovate il bel **Three Crowns Hotel** (☎ 433444, fax 433117, High St), che risale al XIII secolo. Le tariffe partono da £32,50.

Evelyn Waugh ha soggiornato all'**Easton Court Hotel** (☎ 433469, fax 433654, @ stay@easton.co.uk) nel periodo in cui stava scrivendo *Brideshead Revisited*. È un bell'edificio dal tetto in paglia, risalente al XV secolo, situato poco fuori la A382 a Easton, sul lato opposto della svolta per Chagford. Le tariffe per una sistemazione B&B partono da £78/136.

Per/da Chagford
Da Exeter (1 ora) presta servizio l'autobus n. 173, che passa da Moretonhampstead. Da Okehampton, l'autobus n. 179 effettua collegamenti giornalieri.

CASTLE DROGO
A poco più di un chilometro e mezzo da Chagford si trova il **Castle Drogo**

(☎ 01647-433306), gestito dal National Trust; si tratta di una fortificazione dall'aspetto medievale, in granito. Il castello è stato progettato da Sir Edwin Sutyens e costruito fra il 1910 e il 1930 per un ricco uomo d'affari, Julius Drewe, che morì poco tempo dopo che vi si era trasferito. Con la sua mole sovrasta la gola boscosa del fiume Teign, con una bella vista su Dartmoor. Una volta che avete visitato il castello (che dev'essere uno dei più confortevoli di tutto il paese) potete noleggiare l'attrezzatura da croquet e farvi una partita sul prato. È aperto dalle 11 alle 17.30, tutti i giorni tranne il venerdì, da aprile a ottobre; il biglietto d'ingresso costa £5,40/2,70.

OKEHAMPTON
Pop. 4200 ☎ 01837

L'animata Okehampton è separata da Dartmoor dalla A30, la strada principale per la Cornovaglia. È proprio a sud di Okehampton che si trovano i percorsi escursionistici nella natura più incontaminata, ma siccome si trovano nell'area delle esercitazioni a fuoco dei militari prima di visitarla occorre telefonare, per controllare che la zona sia aperta al pubblico. Anche la zona a sud di Belstone è molto bella, e per di più è al di fuori dell'area controllata dal Ministero della Difesa.

Il TIC (☎ 53020, fax 55225, @ oketic @visit.org.uk), al 3 di West St, si trova nelle vicinanze del museo. È aperto tutti i giorni dalle 10 alle 17.30. Fatevi dare la *Okehampton Area Discovery Map*, un cartina gratuita, molto completa.

Cosa vedere e fare

A Okehampton ci sono molti luoghi interessanti per chi si vuole dedicare alle escursioni. Per visitare il **castello** in rovina (☎ 52844; EH), situato sopra alla città, si paga un biglietto di £2,30/1,20. È aperto tutti i giorni dalle 10 alle 18, da aprile a settembre, mentre in ottobre chiude alle 17.

Il **Museum of Dartmoor Life** (☎ 52295) presenta mostre interattive, esposizioni e fotografie sulla brughiera e sui suoi abitanti. È aperto tutti i giorni dalle 10 alle 17, da giugno a settembre; per gli altri periodi di apertura informatevi telefonicamente. Il biglietto d'ingresso costa £2/1.

Il percorso fra Okehampton e Sticklepath è l'ideale per una bella escursione a piedi di tre o quattro ore e corre lungo un tratto della Tarka Trail; a Sticklepath si trova la **Finch Foundry** (☎ 840046; NT) nella quale ci sono ancora delle macchine utensili che funzionano con la forza motrice fornita dall'acqua. È aperto dalle 11 alle 17,30, tutti i giorni tranne il martedì, da aprile a ottobre, e il biglietto d'ingresso costa £2,80. L'opuscolo *Two Museums Walk*, disponibile presso il TIC, contiene informazioni su questa passeggiata. L'autobus n. X10 (che non presta servizio la domenica) collega Sticklepath con Okehampton ed Exeter.

Pernottamento e pasti

Lo *Yertiz Caravan & Camping Park* (☎ 52281, @ yertiz@dial.pipex.com) si trova un chilometro a est di Okehampton, sulla A3260. In estate si pagano £4 per una tenda e una persona, £5 per due.

L'*Olditch Caravan & Camping Park* (☎ 840734) si trova all'estremità di Sticklepath, 4 miglia (6 km) a est di Okehampton, e fa pagare £5 per una persona e una tenda, per tutto l'anno, da £7 a £9 per due persone, a seconda della stagione.

L'*Okehampton Youth Hostel* (☎ 53916, fax 53965, @ okehampton@yha.org.uk, Klondyke Rd) si trova in un magazzino merci recentemente convertito, in prossimità della stazione ferroviaria. Dispone di 64 posti letto in piccole camerate; si pagano £10,85/7,40. Ci sono anche una cucina e una lavanderia.

Il *Fountain Hotel* (☎ 53900, Fore St) offre camere con bagno in comune che costano £16.

Lo *Heathfield House* (☎ 54211, Klondyke Rd) offre sistemazioni B&B in camere con bagno singole/doppie per £35/50.

Al *Coffee Pot* (14 St James St) si può prendere un tè oppure pranzare.

Per/da Okehampton

Okehampton si trova 23 miglia (37 km) a ovest di Exeter e 29 miglia (46 km) a nord di Plymouth. C'è un autobus giornaliero della National Express che collega Okehampton a Londra via Heathrow.

L'autobus n. X9 (partenze ogni ora) della First Western National collega Exeter e Okehampton (1 ora). Alla domenica le partenze sono meno frequenti. Ogni 2 ore parte il n. 86 che collega Plymouth a Okehampton (1 ora e mezzo).

Il Bike Bus raggiunge Okehampton; per informazioni, v. **Trasporti locali**, all'inizio della sezione **Devon**.

Nel 1997 è stata riaperta la stazione ferroviaria di Okehampton e oggi è disponibile un collegamento domenicale con Exeter (40 minuti).

La linea Tarka Trail passa da Okehampton nel suo percorso di 180 miglia (288 km) attraversando la regione del Devon settentrionale.

LYDFORD

Pop. 1800 ☎ 01822

Lydford è un pittoresco villaggio ai confini occidentali della brughiera. In base ai reperti trovati, questo luogo è stato sede di insediamenti celtici e sassoni; ci sono inoltre delle rovine di un castello normanno. È anche stato il centro amministrativo delle città stannifere (v. **Chagford**, più indietro).

I tribunali che processavano i lavoratori dello stagno ribelli erano particolarmente duri: si dice che qui chi si macchiava di crimini punibili con la pena di morte veniva impiccato al mattino e processato al pomeriggio.

Lydford è soprattutto conosciuta, però, per la **Lydford Gorge**, una gola naturale lunga 2 km e mezzo. Un'interessante ma faticosa camminata lungo la sponda del fiume porta alle cascate White Lady, alte 28 m, e passa vicino a una serie di vortici gorgoglianti, fra i quali il Devil's Cauldron. È di proprietà dell'NT ed è aperto dalle 10 alle 17.30, tutti i giorni da aprile a ottobre (dalle 10.30 alle 15 in inverno); il biglietto d'ingresso costa £3,50.

Nel terreno attorno al Lydford House Hotel (v. **Pernottamento e pasti**, più avanti) ci sono stalle con cavalli; si pagano £10/18 per 1/2 ore.

Widgery Cross

Partendo da Lydford si può fare un'escursione di circa 5 miglia (8 km) fino a uno dei più conosciuti monumenti di Dartmoor, la Widgery Cross sul Brat Tor, eretta nel 1887 per le nozze d'oro della regina Vittoria. Il paesaggio che si attraversa nel corso di questa passeggiata è quello classico di Dartmoor: accidentato e spazzato dal vento.

Pernottamento e pasti

Nel *Castle Inn* (☎ *820242, fax 820454,* **@** *castleinnlyd@aol.com*), che risale al XVI secolo, è stato ambientato *The Hound of the Baskervilles*; si trova proprio a fianco del castello e a poco più di mezzo chilometro da Lydford Gorge. È un ottimo luogo in cui soggiornare, ma anche un locale pittoresco in cui bere una birra o consumare un ottimo pasto: offre piatti di stagione, come, per esempio, il pasticcio di cervo alle bacche di ginepro o i piatti di cinghiale selvatico, ma ci sono anche stuzzichini decisamente migliori di quelli offerti nella maggior parte dei pub. La sistemazione B&B costa £35/62 per una singola/doppia con bagno.

Al *Lydford House Hotel* (☎ *820347,* **@** *relax@lydfordhouse.co.uk*), alla periferia del villaggio, l'alloggio B&B costa da £39,50 per persona in su.

In prossimità dell'entrata principale delle cascate White Lady, la *Manor Farm Tea Rooms* è un ottimo locale nel quale andare a prendere un tè o a consumare un pasto leggero.

Per/da Lydford

L'autobus n. 86 della First Western National attraversa il Devon da Barnstaple a Plymouth via Lydford ogni due ore, dal lunedì al sabato. Il n. 187 della DevonBus presta servizio fra Exeter e Tavistock via Lydford sei volte al giorno alla domenica durante l'estate.

TAVISTOCK
Pop. 8700 ☎ 01822

Tavistock ha vissuto i suoi giorni di gloria alla fine del XIX secolo, periodo in cui era uno dei più grandi produttori di rame al mondo. Fino alla dissoluzione dei monasteri, l'abbazia di Tavistock controllava zone enormi sia nel Devon sia nella Cornovaglia; oggi però ne resta solo qualche rovina.

Alla periferia della città è stata eretta la **statua di Sir Francis Drake**, che nacque a Crowndale, a pochi chilometri da Tavistock. La Buckland Abbey, che Drake comperò dopo aver circumnavigato il globo, è aperta al pubblico (v. **Dintorni di Plymouth**, più indietro).

C'è un ufficio del TIC (☎ 612938, fax 610909, @ tavistocktic@visit.org.uk) in Bedford Square, al di sotto del municipio. È aperto tutti i giorni dalle 9.30 alle 17.30, da Pasqua a ottobre (in inverno chiude alle 16.30 e alla domenica).

Si possono noleggiare biciclette da Tavistock Cycles (☎ 617630) in Paddons Row, Brook St, di fronte al Goodes Café, per £12 il primo giorno, £8 nei giorni successivi.

Per/da Tavistock

Gli autobus nn. 83, 84 e 86 della First Western National viaggiano tre volte all'ora fra Tavistock e Plymouth (50 minuti). Alla domenica l'autobus n. 187 collega Okehampton e Tavistock con la stazione ferroviaria di Gunnislake, con coincidenze per Plymouth. Alla domenica è in servizio l'autobus n. 23 che collega Tavistock a Exeter via Princetown, Postbridge, Chagford e Moretonhampstead.

Cornovaglia

Situata nell'angolo sud-occidentale dell'Inghilterra, la Cornovaglia è stata descritta come una cornice stupenda attorno a un quadro mediocre. La metafora è appropriata, poiché la costa è meravigliosa: ad alte e frastagliate scogliere si alternano bei villaggi di pescatori, riparati nelle insenature. L'interno però è molto meno suggestivo, anzi in alcuni punti è addirittura desolato.

Gli abitanti della Cornovaglia amano sottolineare quanto la loro cultura sia differente da quella del resto del paese e in effetti le loro origini sono diverse da quelle degli altri Inglesi; la Cornovaglia è stata infatti l'ultimo rifugio dei Celti in Inghilterra, dopo che i Sassoni li avevano scacciati dalle altre regioni. La lingua della Cornovaglia è sopravvissuta fino al tardo XVIII secolo. Nonostante gli sforzi fatti per conservarla, oggi essa sopravvive essenzialmente solo nei toponimi: per esempio, ogni nome di villaggio sembra essere preceduto dal prefisso *tre-*, che significa 'insediamento'.

Nel XVIII e XIX secolo la Cornovaglia ha dominato i mercati mondiali dello stagno e del rame. Oggi la maggior parte delle miniere è stata chiusa ma il passato industriale di queste regioni ha lasciato profonde cicatrici nel paesaggio. Il caolino viene ancora estratto attorno ad Austell, anche se il turismo ha ampiamente soppiantato l'industria estrattiva. Purtroppo però l'industria turistica offre principalmente impieghi stagionali e spesso mal retribuiti e la Cornovaglia è oggi una delle regioni più povere dell'Inghilterra.

In estate, le località marinare della Cornovaglia sono molto affollate ma non lasciatevi scoraggiare da questo, perché il popolo dei 'vacanzieri' tende a concentrarsi attorno alle località di villeggiatura più grandi, come Bude, Newquay, Falmouth, Penzance e St Ives; perfino nella calura estiva alcune di queste città meritano una visita. Newquay è la capitale del surf dell'Inghilterra ed è impossibile non rimanere impressionati dalla bellezza di St Ives.

Alcuni trovano la Cornovaglia una regione piuttosto sconcertante. Rimarrete senz'altro delusi se vi aspettate che l'estremità sud-occidentale dell'isola sia piena di zone incontaminate ancora da scoprire. A causa di un'indiscriminata attività di sviluppo Land's End – il vero simbolo di questa regione – è stata ridotta

Quando è scomparsa la lingua della Cornovaglia?

Di origine celtica come il gallese, la lingua della Cornovaglia è stata parlata a ovest del Tamar fino al XIX secolo. Ci sono documenti scritti che provano come questa lingua fosse ancora ampiamente parlata al tempo della Riforma, ma essa venne soppressa dopo l'insurrezione degli abitanti della Cornovaglia contro gli Inglesi del 1548. Nel XVII secolo solo le persone che vivevano nelle parti più remote della penisola occidentale parlavano ancora solo ed esclusivamente il 'Cornish'.

Verso la fine del XVIII secolo vari studiosi di linguistica previdero la fine imminente del Cornish e setacciarono la regione alla ricerca di chi ancora lo conosceva. Uno di questi studiosi, Daines Barrington, visitò Mousehole nel 1768 e annotò circa un'anziana signora, Dolly Pentreath, che lo insultava in Cornish per aver pensato che lei non fosse in grado di parlare questa lingua.

Dolly è deceduta nel 1769 ed è passata alla storia come l'ultima persona ad aver parlato la lingua della Cornovaglia come lingua madre. Tuttavia, Barrington ebbe notizia di altre persone che hanno continuato a parlare Cornish fino alle fine del 1790, mentre è del 1891 una lapide di Zennor che commemora un certo John Davey come 'l'ultimo a possedere una vasta conoscenza della tradizionale lingua della Cornovaglia'.

Recentemente si sono fatti notevoli sforzi per vivificare questa lingua. Purtroppo oggi esistono tre varietà di 'Cornish' in conflitto – unificata, fonematica e tradizionale – e sembra difficile che questa lingua possa tornare alla sua passata importanza.

---

a una trappola per turisti dedita al commercio, mentre nell'interno buona parte della penisola è stata devastata dagli scarti delle miniere. Tuttavia, molti dei villaggi costieri conservano ancora il loro fascino, specialmente fuori della stagione turistica.

Le chiese della Cornovaglia non possono vantare lo splendore di quelle del Devon o del Somerset e addirittura la cattedrale di Truro è relativamente recente. Tuttavia, il nome stesso delle chiese della Cornovaglia afferma a chiare lettere la diversità di questa regione. Dove altro potete trovare strade che si chiamano St Non, St Cleer, St Keyne e con il nome dei molti altri santi dei quali viene narrata la vita in *The Cornish Saints* di Peter Berresford Ellis?

La Cornovaglia sa autopromuoversi molto bene e pare che produca più opuscoli e depliant di tutte le altre regioni dell'Inghilterra messe assieme. Alcuni sono utili, ma molti non sono molto più che pubblicità e fareste meglio a ignorarli. Se cercate ulteriori informazioni generali sulla regione, consultate il sito Internet www.cornwall.online.co.uk.

ESCURSIONI A PIEDI E IN BICICLETTA

Il Cornwall Coast Path è la parte più panoramica del lungo percorso costiero South West Coast Path. Il Saints' Way è un sentiero segnalato che si estende per 26 miglia (42 km) e che si snoda da Fowey attraverso il centro della contea, per arrivare a Padstow, sulla costa settentrionale. Veniva utilizzato nel VI secolo dai missionari celti in viaggio fra la Bretagna (in Francia), il Galles e l'Irlanda, risparmiandosi così un lungo viaggio via mare attorno a Land's End.

Gli ostelli della gioventù sono collocati in comode posizioni lungo la costa, per potersi fermare durante l'escursione a piedi o in bicicletta lungo i sentieri della Cornovaglia. A nord, il Camel Trail, lungo 17 miglia (27 km), segue una vecchia linea ferroviaria partendo da fuori Padstow e passando luongo il fiume Camel.

TRASPORTI LOCALI

Per informazioni sugli autobus è disponibile un'efficiente linea di assistenza telefonica (☎ 01872-322142). La principale compagnia di trasporti che opera nella regione è la First Western National (☎ 01209-719988); il biglietto Explorer permette di viaggiare per un giorno sulla sua rete per £6/3,50; sono disponibili anche molti altri tipi di biglietti.

Per informazioni sui trasporti ferroviari, telefonate allo ☎ 0845 748 4950. La principale linea del treno in arrivo da Londra termina a Penzance, ma ci sono diramazioni per St Ives, Falmouth, Newquay e Looe. Un biglietto Cornish Rail Rover costa £40,50 (£33 in inverno) e dà diritto a viaggiare illimitatamente per 8 giorni su questa linea, in un periodo di due settimane, oppure £25,50 (£18 in inverno) per tre giorni di viaggio nell'arco di una settimana. Il viaggio fino a Plymouth è compreso nel prezzo.

Al TIC sono disponibili tutti gli orari annuali *Public Transport Timetable* (con cartina), comprendenti un elenco di tutte le possibilità di trasporto via aereo, autobus, treno e traghetto della Cornovaglia.

CORNOVAGLIA SUD-ORIENTALE

La Cornovaglia meridionale ha un carattere molto diverso dal quello del selvaggio nord o delle regioni centrali del paese. È una zona meno aspra, con fattorie, insenature alberate e graziosi villaggi di pescatori, alcuni sovraffollati di turisti in estate, ma sicuramente meritevoli di una visita nei periodi più tranquilli.

Il clima mite favorisce la crescita di molte piante che non riescono a prosperare in nessun'altra parte dell'Inghilterra; ci sono parecchi giardini che vale la pena visitare, con rododendri che qui riescono a raggiungere la stessa altezza che nel loro habitat naturale himalayano. Su questo argomento, il TIC offre la guida *Gardens of Cornwall*, con cartine e molte informazioni.

Uno dei più famosi giardini di quest'area è l'**Heligan** (☎ 01726-845100), 4 miglia (6 km) a sud di St Austell, che è stato chiuso per parecchi anni finché, dieci anni fa, è stato iniziato un ambizioso progetto di ristrutturazione. È aperto dalle 10 alle 18 tutti i giorni (fino alle 17 in inverno; si può entrare fino a un'ora e mez-

zo prima dell'ora di chiusura). Il biglietto d'ingresso costa £5,50/2,50.

Il **Trelissick Garden** (☎ 01872-862090; National Trust) si trova 6 km a sud di Truro, lungo la King Harry's Ferry. È uno dei migliori giardini marittimi ed è aperto dalle 10.30 alle 17.30 (dalle 12.30 alla domenica, fino alle 17 in inverno). È chiuso da novembre a metà febbraio; il biglietto d'ingresso costa £4.30/2.10.

Cotehele

Situata 7 miglia (11 km) a sud-ovest di Tavistock, sulla sponda ovest del Tamar, il fiume che costituisce il confine fra Devon e Cornovaglia, il territorio di Cotehele comprende un piccolo palazzo nobiliare con uno splendido giardino, una banchina con un museo e un mulino azionato ad acqua, ancora funzionante.

Quella di Cotehele è una delle più belle case padronali in stile Tudor di tutta l'Inghilterra ed è stata per secoli la residenza della famiglia Edgcumbe. Il salone è particolarmente impressionante e molte stanze sono decorate da splendidi arazzi: a causa della loro fragilità non c'è illuminazione elettrica. I visitatori possono entrare solo in numero limitato, quindi a volte bisogna aspettare un po'. Prendete un biglietto orario quando arrivate.

Cotehele Quay fa parte del National Maritime Museum e comprende un piccolo museo che espone materiale sulle locali attività cantieristiche e sui commerci fluviali. Il *Shamrock*, l'ultimo barcone ancora in servizio sul fiume Tamar, è ancorato nelle vicinanze.

Il mulino Cotehele Mill si trova a 15 minuti di cammino e potrete vederlo in azione; in prossimità del mulino si trova anche un torchio per la produzione del sidro.

Questa proprietà (☎ 01579-351346; National Trust) è aperta al pubblico dalle 11 alle 17.30, tutti i giorni tranne il venerdì, da aprile a ottobre; il biglietto d'ingresso costa £6/3, oppure £3,20/1,60 per visitare solo il giardino e il mulino. Potete arrivarci da Tavistock con l'autobus n. 79 della First Western National diretto a Calstock, a circa un chilometro e mezzo da Cotehele.

East Looe e West Looe
☎ 01503

Un ponte collega queste due città, poste sui due lati del fiume. Esse comprendono il secondo maggior porto peschereccio della contea, il posto adatto in cui venire se siete interessati alla pesca degli squali.

La parte più grande della città è East Looe ed è caratterizzata da stradine strette e piccoli cottage; l'ampia spiaggia sabbiosa si trova a est. Dalla banchina partono delle escursioni in barca per la minuscola Looe Island, una riserva naturale, e per Fowey e Polperro.

Il TIC (☎ 262072, fax 265426), nel palazzo del municipio in Fore St, è aperto dalle 10 alle 17, dal lunedì al sabato (chiuso all'ora di pranzo al venerdì e al sabato); da Pasqua a settembre è aperto anche alla domenica dalle 14 alle 17.

Pesca dello squalo Se vi attira l'idea di cimentarvi in questo tipo di pesca, contattate il Tackle Shop (☎ 265444) per informazioni sulle escursioni giornaliere (circa £25, a seconda del numero di partecipanti e delle prede).

Oceana Questa esposizione che si trova nel South-East Cornwall Discovery Centre (☎ 262777), Millpool, West Looe, presenta con supporti interattivi una veduta della costa della Cornovaglia. È aperta dalle 10 alle 16 (fino alle 18 in estate), dal lunedì al venerdì, mentre nel periodo da marzo a dicembre è aperta dalle 11 alle 15. In estate apre anche al sabato pomeriggio e il biglietto è gratuito.

Escursioni a piedi Con una bella passeggiata di 5 miglia (8 km) da Looe si arriva al vicino villaggio di Polperro, passando attraverso spiagge, scogliere e per il vecchio villaggio di contrabbandieri di Talland. Dovreste impiegare circa due ore; in estate ci sono anche degli autobus che collegano ogni giorno questi villaggi.

Per/da East Looe e West Looe I treni percorrono la panoramica Looe Valley Line da Liskeard (30 minuti, £2,40), sulla linea principale Londra-Penzance, almeno sei volte al giorno.

Il giardino dell'Eden

Uno dei più spettacolari giardini botanici d'Inghilterra si trova in una miniera di caolino in disuso vicino St Austell. L'Eden Project (☎ 01726-811911) è una fondazione scientifica (presente anche su internet al sito www.edenproject.com) che ha lo scopo di studiare la dipendenza della razza umana dalla vita delle piante.

Guidata da Tim Smit, la stessa persona responsabile dei giardini di Heligan, il progetto comprende una grande struttura geodetica a cupola, lunga 1 km e alta 60 m. All'interno è riscaldata a una temperatura di 35°C e ospita 10.000 specie di piante provenienti da tutto il mondo. Questa struttura è stata progettata da Nicholas Grimshaw, lo stesso architetto che ha ideato il terminal Eurostar a Waterloo International. Alberi come il tek o il mogano hanno abbastanza spazio per crescere in tutta la loro altezza, anche se prima che la raggiungano, dovranno passare altri 50 anni.

L'Eden Project dovrebbe essere completamente aperto al pubblico all'epoca in qui questa guida verrà pubblicata e, anche se le piante non saranno molto cresciute nel frattempo, questa struttura è comunque interessante da vedere. Gli orari di apertura vanno dalle 10 alle 18, ogni giorno; ultimo accesso alle 17.

Polperro

Più grazioso di Looe, Polperro è un antico villaggio di pescatori che abbraccia un minuscolo porticciolo, al quale si accede nel modo migliore tramite il sentiero costiero da Looe o Talland. Sfortunatamente è molto popolare fra chi vuole fare brevi gite, quindi è consigliabile visitarlo alla sera o durante la bassa stagione.

Il villaggio è costituito da un pittoresco intrico di stradine e case di pescatori; un tempo era dedito soprattutto alla pesca delle sardine, di giorno, e al contrabbando di notte: c'è anche un piccolo museo sui contrabbandieri, in centro. Non c'è il TIC.

Fowey
Pop. 2600 ☎ 01726

L'incontaminata Fowey si trova sull'omonimo estuario. La città vanta un lungo passato marinaro e nel XIV secolo conduceva incursioni contro le città costiere della Francia o della Spagna. Per questo gli Spagnoli attaccarono la città, nel 1380. In seguito questo centro prosperò grazie al trasporto del caolino estratto in Cornovaglia, attività ancora in corso ai nostri giorni, anche se oggi il suo porto è pieno soprattutto di yacht. Benché non ci siano cose particolari da vedere (a parte un piccolo museo e un acquario), Fowey è un ottimo punto di partenza per fare escursioni lungo l'estuario.

Il TIC (☎/fax 833616, @ foweytic@ visit.org.uk) si trova nell'ufficio postale al 4 di Custom House Hill. È aperto dal lunedì al venerdì dalle 9 alle 17.30, al sabato dalle dalle 9.30 alle 16 e alla domenica dalle 10 alle 17.

Escursioni a piedi Fowey si trova all'estremità meridionale della Saint's Way (v. **Escursioni a piedi e in bicicletta**, in **Cornovaglia**, più indietro). Sul fiume prestano servizio dei traghetti con i quali si può raggiungere Bodinnick, da dove si accede al sentiero di 4 miglia (6 km) Hall Walk, che porta a Polruan. Da Polruan potete prendere un altro traghetto per tornare a Fowey.

Pernottamento e pasti Quattro miglia (6 km) a nord di Fowey, a Golant, si trova il *Golant Youth Hostel* (☎ 833507, fax 832947, @ golant@yha.org.uk, Penquite House). È aperto tutti i giorni da febbraio a settembre, tranne il venerdì, da ottobre ai primi di novembre. La tariffa per un pernottamento è di £10,85/7,40 per adulti/ bambini. L'autobus n. 24 della First Western National da St Austen a Fowey ferma a Castle Dore, a 2 km e mezzo dall'ostello.

A Bodinnick, l'*Old Ferry Inn* (☎ 870237, fax 870116) offre camere gra-

devoli, con vista sul fiume e bagno; le tariffe per la sitemazione B&B vanno da £20 a £35 per persona.

Il delizioso *Marina Hotel* (☎ 833315, fax 832779, @ marina.hotel@dial. pipex.com) si trova proprio sul lungomare, sull'Esplanade. Una camera con vista mare e bagno costa £84, prima colazione inclusa. C'è anche un ottimo ristorante.

I pub consigliati di Fowey sono il grande *King of Prussia*, sulla banchina, lo *Ship* e il *Lugger*, un po' più all'interno in Lostwithiel St.

Per/da Fowey Da St Austell ci sono frequenti partenze (50 minuti) dell'autobus n. 24 First Western National, che passa anche da Par, la stazione ferroviaria più vicina a Fowey.

Lanhydrock House

Situata in mezzo a un parco a monte del fiume Fowey, 2,5 miglia (4 km) a sud-est di Bodmin, questa grande villa di campagna (☎ 01208-73320; National Trust) è stata ricostruita nel 1881 dopo un incendio. L'impressionante galleria, con i suoi bei soffitti intonacati, è sopravvissuta all'incendio, anche se l'attrattiva principale di questo edificio è il fatto che esso ritrae la classica divisione sociale 'Upstairs Downstairs' (piano di sopra/piano di sotto), tipica dell'Inghilterra vittoriana. Anche le cucine sono molto interessanti, complete come sono di tutti gli attrezzi che 100 anni fa dovevano essere considerati 'comodità moderne'.

L'edificio è aperto dalle 11 alle 17, tutti i giorni tranne il lunedì, da aprile a ottobre. Il biglietto d'ingresso costa £6,60, oppure £3,60 per visitare solo il giardino e gli esterni. Il giardino è aperto tutto l'anno e in inverno si può visitare gratuitamente. La stazione ferroviaria Bodmin Parkway si trova a 3 km dall'edificio.

Charlestown
☎ 01726

Nonostante le sue dimensioni, St Austell non è particolarmente interessante e quasi tutti la attraversano senza fermarsi.

Tuttavia vale la pena fare una digressione a sud per visitare Charlestown, un villaggio estremamente pittoresco, con il suo porto, che è stato costruito da Charles Rashleigh fra il 1790 e il 1815. Nei suoi giorni migliori il porto era pieno di magnifiche imbarcazioni dalle vele quadrate. Queste oggi sono spesso lontane, impegnate nelle riprese di film in qualche parte del mondo. Il film *Frenchman's Creek*, tratto dal romanzo di Daphne Du Maurier, è stato in parte girato qui, nel 1998.

Lo **Shipwreck and Heritage Centre** (☎ 69897) contiene esposizioni sui molti aspetti della vita marinara della Cornovaglia, con modelli animati che rappresentano la vita di un villaggio del XIX secolo. È aperto tutti i giorni dalle 10 alle 17, da marzo a ottobre (fino alle 18 in alta stagione) e il biglietto d'ingresso costa £4,45 (ingresso gratuito per i bambini). Al vicino **Bosun's Bistro** potete prendere il tè o il caffè, oppure pranzare.

T'Gallants (☎ 70203) è una bella abitazione georgiana che offre sistemazioni B&B a £30/40 per la singola/doppia. In alternativa, al **Pier House Hotel** (☎ 67955, fax 69246), proprio lungo la banchina, si pagano £40/63, prima colazione inclusa.

TRURO

Pop. 18.000 ☎ 01872

Un tempo Truro era il centro di distribuzione per le miniere di stagno della Cornovaglia e la sua prosperità risale a quel periodo. In Lemon St si possono vedere alcune belle architetture georgiane e la cattedrale merita una visita, se state passando da quelle parti, nonostante risalga appena al XIX secolo. Costruita in uno stile neo-gotico, è stata la prima nuova cattedrale a essere costruita in Inghilterra dopo quella di St Paul, a Londra.

Il TIC (☎ 274555) in Boscawen St è nel palazzo del municipio, vicino al mercato coperto. È aperto dalle 9 alle 17,30 dal lunedì al venerdì, fino alle 17 al sabato; chiuso la domenica.

Il Royal **Cornwall Museum** (☎ 272205), in River St, espone materiale sulla storia della Cornovaglia, nonché su archeologia e mineralogia. È aperto dalle 10 alle 17, tutti i giorni tranne domenica; il biglietto d'ingresso costa £3 (per i bambini è gratuito).

Pernottamento e pasti

In città non ci sono alberghi ma in Treyew St, in prossimità della stazione ferroviaria, si possono trovare economiche sistemazioni B&B. Al **The Fieldings** (☎/fax 262783, *@ukrab@globalnet.co.uk, 35 Treyew Rd*) le tariffe partono da £18/32 per camere singole/doppie.

Il **Royal Hotel** (☎ 270345, fax 242453, *@ reception@royalhotelcornwall.co.uk, Lemon St*) è in un bell'edificio georgiano ed è vicino alla cattedrale. Nel fine settimana le camere costano da £35/55 in su, mentre nei giorni feriali sono più care, si parte da £67/90.

La **Charlotte's Tea House**, nel vecchio edificio della zecca, è un'istituzione fra gli abitanti di Truro, con le sue torte deliziose e i suoi costumi d'epoca.

L'**Old Ale House** è un discreto pub in Quay St. Fra i cibi che propone ci sono panini di generose dimensioni e piatti principali serviti in diversi tipi di porzioni.

Saffron (*Key St*) è un ristorante in stile bistrot con un interessante menu.

Per/da Truro

Truro si trova a 246 miglia (394 km) da Londra, a 26 miglia (42 km) da St Ives e a 18 miglia (29 km) da Newquay.

Ci sono autobus National Express (☎ 0870 580 8080) per numerose destinazioni, per raggiungere le quali è talvolta necessario fare un cambio a Plymouth. Ci sono 4 autobus al giorno diretti, da Londra (6 ore e mezzo, £27,50), St Ives (1 ora, £3) e Penzance (1 ora e mezzo, £3,25). La First Western National (☎ 01209-719988) copre molti percorsi locali.

Truro si trova sulla linea ferroviaria principale fra Londra Paddington (4 ore e mezzo, £53) e Penzance (45 minuti, £6,10). C'è una diramazione da qui a Falmouth (20 minuti, £2,60) e per St Ives (£6, cambio a St Erth).

ROSELAND PENINSULA

A sud di Truro, la Roseland Peninsula prende il suo bel nome non dai fiori (benché ce ne siano moltissimi) ma dalla parola *ros*, che nell'antica lingua della Cornovagli significava appunto penisola. Fra i villaggi che vale la pena visitare ricordiamo **Portloe**, un punto di ritrovo lungo il South West Coast Path, e **Veryan**, che in primavera si riempie di giunchiglie.

A **St Mawes** c'è un castello (☎ 01326-270526; English Heritage) che fu costruito da Enrico VIII per difendere l'estuario del Fal. Da aprile a ottobre è aperto tutti i giorni dalle 10 alle 18, in ottobre dalle 10 alle 16, mentre in inverno è aperto dal venerdì al martedì dalle 10 alle 16 (chiuso nell'ora di pranzo). Il biglietto d'ingresso costa £2,50/1,30.

St Just in Roseland vanta uno dei più bei cimiteri del paese, pieno di fiori, e digrada verso un torrente dove potrete vedere imbarcazioni e uccelli trampolieri.

CORNOVAGLIA SUD-OCCIDENTALE
Falmouth

Pop. 18.000 ☎ 01326

A Falmouth c'è una gradevole atmosfera di 'genuinità': si tratta infatti di un paese che non ha venduto l'anima ai turisti. C'è un castello interessante, nel cui terreno sorge anche l'ostello della gioventù. Dal molo partono parecchie e interessanti escursioni in battello. La scuola d'arte di questo centro attira studenti da tutto il paese, cosicché Falmouth appare un po' più 'sofisticata' delle restanti parti della contea.

Il porto giunse ad avere la sua massima importanza nel XVII secolo, quando diventò la base di partenza dei battelli postali Post Office Packet, che portavano la corrispondenza in America. Il cantiere navale ha ancora oggi una certa importanza per le riparazioni e la costruzione delle navi.

Il TIC (☎ 312300, fax 313457), al 28 di Killigrew St, si trova presso la stazione degli autobus nel centro città. È aperto dalle 9.30 alle 17.30 dal lunedì al sabato e dalle 10 alle 16 la domenica. Potete anche consultare il sito Internet www.falmouth-sw-cornwall.co.uk.

Che cosa vedere All'estremità del promontorio si trova il **Pendennis Castle** (☎ 316594; English Heritage), che è il più grande e il più interessante castello della Cornovaglia, per le sue esposizioni all'interno, e per i magnifici panorami di cui si gode dai suoi bastioni. È stato un centro operativo durante la Seconda guerra mondiale. È aperto tutti i giorni dalle 10 alle 18 (fino alle 16 in inverno); il biglietto d'ingresso costa £3,80/1,90.

Escursioni in barca Dal molo Prince of Wales partono traghetti per St Mawes. In estate, partono escursioni in battello per Truro (£5 andata e ritorno) e ci sono visite a una casetta di contrabbandieri di 500 anni fa, situata più a monte. Per informazioni, contattate l'Enterprise Boats (☎ 374241) o la St Mawes Ferries (☎ 313201).

Pernottamento e pasti Presso il castello, a circa un chilometro dalla stazione ferroviaria di Falmouth, si trova il *Pendennis Castle Youth Hostel* (☎ *311435, fax 315473*). È aperto tutti i giorni dalla metà di febbraio fino a settembre, dal martedì al sabato in ottobre e novembre; il posto letto costa £9,80/6,75 per adulti/bambini.

Lungo Melvill Rd ci sono B&B e piccoli alberghi, comodi per raggiungere la stazione ferroviaria. Provate l'*Ivanhoe* (☎ *319083, 7 Melvill Rd*), dove la sistemazione B&B costa £22 per persona. Al *Tudor Court Hotel* (☎/fax *312807*, @ *peter@tudor-court-hotel.freeserve.co.uk, 55 Melvill Rd*) si pagano £21 per persona.

Il *De Winny's*, situato lungo la acciottolata Church St, è una sala da tè del XIX secolo e offre torte prelibate e pasticci di pesce. Nelle vicinanze, il *Citrus* è un luminoso caffè che offre gustosi spuntini, di fronte alla chiesa parrocchiale.

Il *No 33* (☎ *211914, High St*) è un ristorante molto popolare che offre piatti di pesce deliziosi, ma preparatevi a pagare almeno £20 per persona.

Il solo cibo che troverete allo *Smack Alley's* è un piatto di fish and chips a tarda sera: è aperto almeno fino all'1, e spesso quasi tutta la notte. Si trova di fronte al Finn M'Couls in Market Strand.

Fra i buoni pub locali ci sono il *Mason Arms (Killigrew St)*, per una birra St Austell, e il *Chain Locker*, sul lungomare, dove potrete trovare la vera atmosfera dei locali per pescatori.

Il *Finn M'Couls (Market Strand)* è uno di quei soliti 'Irish pub', ma è certamente il più popolare della città e pieno di studenti d'arte.

Il vicino *Paradox* è il nightclub di Falmouth e il paradosso è chiaro: è un piccolo club che scoppia di gente in una piccola cittadina. L'ingresso è gratuito e le bevande sono abbastanza economiche. È aperto quasi tutti i giorni fino all'1 o anche dopo.

Per/da Falmouth Ci sono numerosi autobus della National Express che raggiungono svariate destinazioni, fra cui Londra (6 ore e un quarto, £27,50) e Penzance (1 ora). Per St Ives dovete cambiare a Penzance o a Truro; lo stesso dicasi per Newquay (tranne la domenica).

Falmouth è alla fine della diramazione ferroviaria che parte da Truro (20 minuti, £2,60). In estate, potete anche raggiungere Truro in battello (1 ora £2,50); con la bàssa marea, quando le imbarcazioni arrivano solo fino a Malpas, c'è un servizio di autobus che assicura il collegamento con Truro.

The Lizard

La penisola The Lizard è la punta più meridionale di tutta l'Inghilterra ed è anche un'ottima regione per fare escursioni a piedi, poiché buona parte della costa è di proprietà del National Trust. Il clima mite fa sì che varie specie botaniche rare in quest'area qui riescano a prosperare; ci sono inoltre alcuni tratti di rocce in serpentino dal colore rosso-verde. Per avere maggiori informazioni su questa zona così particolare consultate il sito Internet www.lizard peninsula.uk.

Nel 1901 Marconi inviò il primo segnale radio transatlantico da Poldhu. The Lizard viene sempre associata alle telecomunicazioni e il centro è dominato dalla bianca parabola satellitare della Goonhilly Earth Station (☎ 0800 679593). I visitatori che vengono da altri paesi possono star sicuri che le loro chiamate telefoniche a casa passeranno attraverso Goonhilly, che è anche la stazione satellitare più grande del mondo. È aperta ai visitatori tutti i giorni dalle 10 alle 17 e l'ingresso costa £4/2,50.

La parte nord di The Lizard è attraversata dal bel **fiume Helford**, costeggiato da antiche querce e dotato di insenature nascoste – nascondigli perfetti per i contrabbandieri. Il solitario **Frenchman Creek**, che ha ispirato l'omonimo romantico romanzo della scrittrice Daphne Du Maurier, si può raggiungere a piedi partendo dal parcheggio del villaggio di **Helford**.

Sulla riva nord del fiume si trova **Trebah Garden** (☎ 01326-250448), collocato, con un effetto molto spettacolare, su un ripido dirupo pieno di rododendri giganti, enormi piante di rabarbaro brasiliano e pini di Monterey. Si può visitare tutti i giorni dalle 10.30 alle 17; il biglietto d'ingresso costa £3,50;1,75.

Vicino Gweek, all'estremità ovest del fiume, si trova il **National Seal Sanctuary** (☎ 01326-221361), che presta soccorso agli animali marini feriti; è aperto al pubblico dalle 9 alle 16, tutti i giorni; il biglietto d'ingresso costa £6,50/4,25.

Cadgwith è la quintessenza del tipico villaggio di pescatori della Cornovaglia, con le sue casette dal tetto di pietra imbiancate a calce e il porticciolo. Il *Cadgwith Cove Inn* serve deliziosi panini ai gamberi. La **Lizard Point** si trova a 3,5 miglia (6 km) di cammino da qui, lungo il South West Coast Path.

A circa 8 miglia (13 km) nella direzione opposta si trova il *Coverack Youth Hostel* (☎ 01326-280687, fax 280119, Parc Behan, School Hill, Coverack), aperto da aprile a ottobre; le tariffe sono £9,80/6,75 per adulti/bambini.

Helston L'8 di maggio Helston, posta sulla strada di accesso a The Lizard, diventa teatro della **Furry Dance**; in quest'occasione gli abitanti della città scendono in strada per abbandonarsi a una danza che ha origini pagane. L'**Helston Folk Museum** (Church St) presenta esposizioni che illustrano questo strano avvenimento.

Il TIC (☎ 01326-565431, fax 572803, ✉ info@helstontic.demon.co.uk) si trova al 79 di Meneage St; in estate è aperto dalle 10 alle 13 e dalle 14 alle 16.30, dal lunedì al sabato, mentre in inverno è chiuso il lunedì e il sabato pomeriggio, e tutto il giorno il mercoledì.

Il *Blue Anchor* (*Coinagehall St*) è una taverna del XV secolo che produce la propria birra ale (Spingo) con locale acqua di fonte. È più una casa che un pub e merita sicuramente una visita.

Per/da The Lizard Il nodo di comunicazioni di The Lizard è Helston, che è servito dagli autobus della Truronian (☎ 01872-273453). L'autobus n. T1 va da Truro a Lizard via Helston (1 ora e mezzo, £2,75); ci sono quattro partenze al giorno, dal lunedì al sabato. Si trova a circa un chilometro e mezzo da Lizard Point.

St Michael's Mount

Nel 1070 il monte St Michael (☎ 01736-710507; National Trust) fu assegnato agli stessi monaci che avevano edificato il Mont St Michel al largo della costa della Normandia. Nel Medioevo era un importante luogo di pellegrinaggio. A partire dal 1659 la famiglia St Aubyn vive nell'edificio dell'ex monastero.

Benchè non si trovi in una collocazione spettacolare come nella sua versione francese, il monte St Michael è comunque impressionante. L'alta marea separa l'isola dalla terraferma, ma gli edifici del monastero si stagliano imponenti al di sopra delle rocce.

Con la bassa marea, si può raggiungere a piedi da Marazion; in estate quando c'è l'alta marea un traghetto vi trasporta fino alla costruzione (☎ 01736-710265; £1/50p), risparmiandovi la fatica di arrampicarvi su per le rocce.

Il modo migliore per visitare questa costruzione è seguendo la visita Walkman. Il monastero è aperto dalle 10.30 alle 17.30 (ultimo ingresso alle 16,45), dal lunedì al venerdì, da aprile a ottobre; il biglietto d'ingresso costa £4,40/2,20. Telefonate per avere informazioni sugli altri orari di apertura.

Dal *Fire Engine Inn* a Marazion potete godere di una splendida vista sul monte, mentre bevete qualcosa per calmare la sete.

L'autobus n. 2 della First Western National passa da Marazion nel suo viaggio fra Penzance e Falmouth.

PENZANCE
Pop. 19.000 ☎ 01736
Per chi arriva in treno da Londra, Penzance è il capolinea. È una cittadina piacevole anche se non vanta nulla di particolare; potrete andare a spasso o a fare acquisti mescolandovi a una curiosa folla di persone venute qui per una vacanza al mare, abitanti locali, artisti e hippie New Age. Newlyn, un po' a ovest di Penzance, è stata il centro di una comunità di artisti, verso la fine del XIX secolo.

Orientamento e informazioni
Il porto si estende lungo la Mount's Bay, con il terminal dei traghetti a est, le stazioni del treno e degli autobus immediatamente a nord e la spiaggia principale a sud. La stessa città risale la collina verso l'edificio a cupola TSB del Lloyds, con una statua di un personaggio locale, Humphrey Davy, inventore della lampada frontale per i minatori. Una parte dell'edificio oggi ospita botteghe artigianali.

Il TIC (☎ 362207), in Station Rd, si trova nel parcheggio per le auto, vicino alle stazioni degli autobus e del treno. È aperto dalle 9 alle 17 dal lunedì al venerdì, dalle 9 alle 16 al sabato e dalle 10 alle 13 alla domenica. Nelle vicinanze c'è una lavanderia a gettone, di fronte alla stazione ferroviaria.

Pedals (☎ 360600, @ pedalsbikes@hot mail.com, Wharf Rd) noleggia mountain bike a £10,50 per 24 ore; la tariffa comprende caschetto di sicurezza e borsa degli attrezzi.

Che cosa vedere e fare

A Penzance ci sono alcuni interessanti edifici in stile georgiano e Regency, situati nella parte vecchia della città attorno a Chapel St, dove troverete anche l'appariscente **Egyptian House**, risalente all'inizio del XIX secolo. Proseguendo verso il porto, vicino al Georgian House Hotel, si trova il **Maritime Museum** (☎ 368890), aperto dalle 10 alle 17 dal lunedì al sabato.

Il **Trinity House National Lighthouse Museum** (☎ 360077), Wharf Rd, presenta la storia di fari che hanno aiutato le navi a tenersi al largo da coste pericolose. È aperto tutti i giorni dalle 10.30 alle 16.30,

da marzo a ottobre; il biglietto d'ingresso costa £2,50/1,50.

Alcuni prodotti della scuola di pittura Newlyn sono esposti al **Penlee House Museum & Art Gallery** (☎ 363625) in Morrab Rd. È aperto tutti i giorni tranne la domenica; il biglietto d'ingresso costa £2, ma al sabato l'ingresso è gratuito. La **Newlyn Art Gallery** (☎ 363715) in New Rd presenta esclusivamente esposizioni di arte contemporanea ed è aperta dalle 10 alle 17 dal lunedì al sabato; l'ingresso è gratuito.

Escursioni a piedi

La parte del South West Coast Path, lunga circa 25 miglia (40 km), nei dintorni di Land's End fra Penzance e St Ives è una delle più panoramiche di tutto il percorso. L'escursione può essere interrotta per riposarsi all'ostello della gioventù di St Just-in-Penwith (v. più avanti in questo

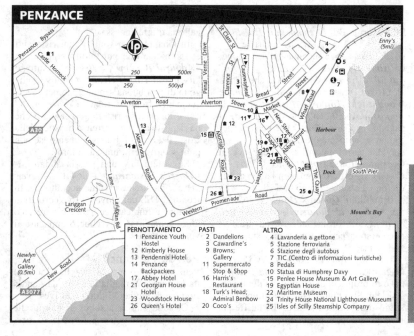

PENZANCE

DEVON E CORNOVAGLIA

PERNOTTAMENTO	PASTI	ALTRO
1 Penzance Youth Hostel	2 Dandelions	4 Lavanderia a gettone
12 Kimberly House	3 Cawardine's	5 Stazione ferroviaria
13 Pendennis Hotel	9 Browns; Gallery	6 Stazione degli autobus
14 Penzance Backpackers	11 Supermercato Stop & Shop	7 TIC (Centro di informazioni turistiche)
17 Abbey Hotel	16 Harris's Restaurant	8 Pedals
21 Georgian House Hotel	18 Turk's Head; Admiral Benbow	10 Statua di Humphrey Davy
23 Woodstock House	20 Coco's	15 Penlee House Museum & Art Gallery
26 Queen's Hotel		19 Egyptian House
		22 Maritime Museum
		24 Trinity House National Lighthouse Museum
		25 Isles of Scilly Steamship Company

capitolo); lungo la via ci sono anche molte fattorie che offrono economiche sistemazioni B&B.

Pernottamento

Il *Penzance Youth Hostel* (☎ 362666, fax 362663, ✉ penzance@yha.org.uk, Castle Horneck, Alverton) è in un palazzo del XVIII secolo alla periferia della città. Gli autobus nn. 5B, 6B e 10B vanno dalla stazione ferroviaria al Pirate Inn, che si trova a 500 m dall'ostello. Si pagano £10,85/7,40 per adulti/bambini.

L'accogliente *Penzance Backpackers* (☎ 363836, ✉ pzbackpack@ndirect.co.uk, the Blue Dolphin, Alexandra Rd) dispone di 30 letti a castello per £10 ognuno (£9 per le notti successive) e di due camere doppie per £22. C'è anche una cucina e una lavatrice. È di una pulizia impeccabile: 'le lenzuola hanno un ottimo profumo', ci ha scritto un lettore! Si può raggiungere con gli autobus nn. 1A, 5A e 6A dal TIC o dalla stazione ferroviaria.

Penzance ha molti B&B e alberghi, soprattutto lungo la Promenade, Alexandra Rd e Morrab Rd. Al *Pendennis Hotel* (☎/fax 363823, Alexandra Rd) le tariffe vanno da £15 a £25, a seconda della stagione. La *Kimberly House* (☎ 362727, 10 Morrab Rd) offre stanze per tariffe che vanno da £16 a £18 per persona. All'accogliente *Woodstock House* (☎/fax 369049, ✉ woodstocp@aol.com, 29 Morrab Rd) si pagano da £18 a £24,50 per persona per camere con doccia o con bagno.

Nella parte più antica di Penzance, il *Georgian House Hotel* (☎/fax 365664, 20 Chapel St) offre camere con bagno a partire da £21, senza bagno da £18.

Il nobiliare *Queen's Hotel* (☎ 362371, fax 350033, ✉ enquiries@queens-hotel.co.uk), sulla Promenade, fa pagare £54 per persona per camere con vista mare, £48 senza.

L'*Abbey Hotel* (☎ 366906, fax 351163, ✉ glyn@abbeyhotel.zetnet.co.uk, Abbey St) è di proprietà della modella degli anni '60 Jean Shrimpton, ed è il posto più prestigioso nel quale risiedere. Le tariffe per le singole/doppie partono da £75/100.

In alternativa potreste affittare un piano dell'*Egyptian House* (v. **Che cosa vedere e fare**) dal Landmark Trust (☎ 01628-825925). Le tariffe spaziano da £123 per 4 giorni in inverno a £419 per una settimana in estate.

Si può trovare un'eccellente sistemazione in una casa di campagna da *Enny's* (☎ 740262, fax 740055, ✉ ennys@zetnet.co.uk, St Hilary), circa 5 miglia (8 km) a est di Penzance. Le stanze hanno il bagno o la doccia e la sistemazione B&B costa fra £30 e £40 per persona. C'è anche una piscina riscaldata.

Pasti

Cawardine's (10 Causewayhead) offre una scelta di tè e caffè speciali e prepara ottimi pasti a tariffe convenienti. Una baguette con bacon croccante e formaggio fuso o un piatto di merluzzo con patatine costano attorno alle £3 o £4. Il *Dandelions*, che si trova lì vicino al n. 39a, è un piccolo caffè vegetariano che fa anche ottimi piatti da asporto. Il *Browns*, in Bread St, è simile al precedente e ha anche una galleria d'arte annessa.

In Chapel St ci sono alcuni ristoranti economici e due pub molto conosciuti; l'*Admiral Benbow* (☎ 363448), piuttosto kitsch, e il *Turk's Head* (☎ 363093), che gode di una buona reputazione per la sua cucina. Di fronte si trova il *Coco's* (☎ 363 540), un vistoso ristorante spagnolo che ha risposto alla concorrenza turistica della Costa del Sol con l'atteggiamento 'se non puoi sconfiggerli, unisciti a loro'.

Se volete fare una pazzia andate all'*Harri's Restaurant* (☎ 364408, 46 New St) in una stretta stradina acciottolata, di fronte al TSB del Lloyds. I loro cornetti al salmone affumicato con granchio fresco o con cacciagione dovrebbero appagare il vostro appetito.

Per/da Penzance

Penzance si trova a 281 miglia (450 km) da Londra, a 9 miglia (14 km) da Land's End e a 8 miglia (13 km) da St Ives.

Ci sono cinque autobus al giorno che vanno da Penzance a Londra (5 ore,

£27,50) e all'aeroporto di Heathrow, un autobus diretto per Exeter (5 ore, £16) e tre autobus al giorno per Bristol via Truro e Plymouth. Ci sono almeno due partenze all'ora per St Ives (20 minuti). Nei giorni feriali parte un autobus ogni ora, il n. 1 della First Western National, diretto a Land's End (1 ora); nel fine settimana le partenze sono meno frequenti.

Il treno costituisce un modo piacevole, benché costoso, per raggiungere Penzance da Londra. Da Londra Paddington partono cinque treni al giorno per Penzance (5 ore, £54). Da Penzance ci sono treni frequenti per St Ives (20 minuti, £2,90), fra le 7 e le 20.

Per i traghetti diretti alle Isles of Scilly, v. **Isles of Scilly**, più avanti.

CORNOVAGLIA OCCIDENTALE
Mousehole
☎ 01736

Mousehole è un altro suggestivo villaggio di pescatori che vale la pena visitare, ma fuori della stagione turistica. Un tempo l'attività prevalente era la pesca delle sardine; le sue piccole casette si concentrano attorno al porto. Come St Ives, questo villaggio ha attirato molti artisti e in paese sono numerose le botteghe artigiane.

L'*Old Coastguard Hotel* (☎ *731222, fax 731720,* @ *bookings@oldcoast guardhotel.co.uk)* offre camere singole/doppie a partire da £32/36 per persona.

Lo *Ship* (☎ *731234)* prepara ottimi piatti di pesce fresco; per il pernottamento si spendono £35/50, e il panorama è gratuito. L'*Annie's Eating House* serve tè deliziosi con molta panna .

Ci sono sporadici autobus che in 20 minuti collegano il paese a Penzance.

Minack Theatre

Il Minack è sicuramente il teatro all'aperto in una delle più suggestive collocazioni al mondo, situato com'è sul bordo della scogliera che si affaccia sulla baia. Fu costruito da Rowena Cade, un'indomita signora del posto che realizzò buona parte della costruzione da sola, fino alla sua morte avvenuta nel 1983. L'idea le venne

quando la sua famiglia fornì alla locale compagnia teatrale una sala all'aperto per la produzione della *Tempesta* di Shakespeare. Il luogo si rivelò così soddisfacente che vennero istituite rappresentazioni regolari.

Le opere teatrali vengono presentate in questa struttura (☎ 01736-810181) dalla fine di maggio alla fine di settembre; il biglietto costa £6,50/3,25. I posti a sedere sono un po' duri, è consigliabile portarsi un cuscino o noleggiarne uno sul posto. C'è anche un centro esposizioni aperto tutti i giorni dalle 9.30 alle 17.30, da Pasqua a settembre (talvolta è chiuso se è in corso una rappresentazione teatrale); i biglietti d'ingresso costano £2,50 (entrata gratuita per i bambini).

Il teatro si trova a sud del villaggio di Porthcurno, a 3 miglia (5 km) da Land's End e a 9 miglia (14 km) da Penzance. L'autobus n. 1 della First Western National che va da Penzance a Land's End ferma a Porthcurno, dal lunedì al sabato.

Land's End
☎ 01736

La costa sui due versanti di Land's End è fra le più spettacolari di tutta l'Inghilterra, anche se la costruzione di un parco divertimenti a tema (☎ 01736-871501), un monumento all'era thatcheriana, ha rappresentato la vittoria del bieco sfruttamento commerciale sulla cultura. Peter de Savary è l'uomo che ha offerto di più al National Trust per infliggere questa mostruosità alla regione più occidentale dell'Inghilterra. Oggi si è da tempo ritirato ed è passato ad altro, ma ormai il danno è fatto.

Ci sono cinque separate esposizioni da visitare, comprendenti il film *Air-Sea Rescue* proiettato in un cinema e Miles of Memories, che celebra i vari metodi di trasporto usati per andare da un capo all'altro dell'Inghilterra, da Land's End a John o'Groats. Il biglietto d'ingresso per ogni mostra costa £2,50/1,50, ma c'è anche un biglietto cumulativo che costa £8. Cattivo gusto a parte, il complesso ha almeno il merito di fornire 250 posti di lavoro in un'area in cui il problema occupa-

DEVON E CORNOVAGLIA

CORNOVAGLIA OCCIDENTALE

zione è piuttosto serio. Se venite a piedi da Sennen Cove, circa un chilometro e mezzo a nord, eviterete di pagare £3 per il parcheggio.

In estate questo posto è estremamente affollato e ci sono chioschi che vendono di tutto, dagli hamburger alle crêpes con fragole e panna. Potete farvi fare una fotografia con il cartellone pubblicitario di questo parco, con l'indicazione della vostra città di residenza e della sua distanza da questo famoso luogo di divertimenti per £5.

Pernottamento e pasti Il *Land's End Youth Hostel* si trova vicino St Just-in-Penwith (v. oltre), 5 miglia (8 km) a nord di Land's End.

Il confortevole *Land's End Hotel* (☎ *871844, fax 871599, @ info@land send-landmark.co.uk*), il 'primo e ultimo albergo in Inghilterra', fa parte del complesso ed è l'unico posto veramente buono dove pernottare a Land's End. Fermarsi qui per la notte significa poter visitare il promontorio alla sera, dopo che la massa di visitatori è andata via. La sistemazione B&B costa £46 per persona (per una singola si pagano £10 in più). Qui si può anche mangiare, all'*Atlantic Restaurant* oppure al bar.

Situata quasi 2 km a nord di Land's End, Sennen Cove vanta una bella spiaggia sabbiosa. Si può consumare un ottimo pranzo in stile pub all'*Old Success Inn* (☎ *871232, fax 871457*), dove si può anche pernottare: si pagano £26 per una singola economica e £39 per persona in camere con bagno.

L'accogliente *Myrtle Cottage* (☎ *871 698*) serve cream tea e pranzi leggeri, e la sistemazione B&B costa £20 per persona. Nelle vicinanze c'è anche un negozio che vende fish and chips.

L'Inghilterra da un capo all'altro: i record

JANE SMITH

La moda di percorrere la strada fra le due estremità dell'Inghilterra nel più breve tempo possibile è stata lanciata nel 1875 da un americano, Eliuh Burritt, che andò a piedi da John o'Groats a Land's End in 'diverse settimane'. Oggi i tempi vengono misurati con più precisione e il record di percorrenza per queste 886 miglia e tre quarti (1427 km) è al momento detenuto da Malcolm Barnish, che ha impiegato 12 giorni, 3 ore e 45 minuti per arrivare da un capo all'altro del paese. Il record per aver compiuto questo viaggio in bicicletta spetta invece ad Andy Wilkinson, che nel 1990 ha impiegato 1 giorno, 21 ore e 2 minuti per completare un percorso di 847 miglia (1364 km).

In tempi più recenti, alcuni hanno cercato un modo più inconsueto per andare da un capo all'altro del paese. Questo lungo viaggio è stato percorso in carriola in 30 giorni, con un Sinclair C5 a batteria in 80 ore, su un triciclo in 5 giorni e mezzo e con i pattini a rotelle in linea in 9 giorni e mezzo. Nel 1990 è stato percorso in 26 giorni e 7 ore da Arvind Pandya – non è un gran record di per sé, se non fosse per il dettaglio che ha fatto tutta la strada correndo all'indietro!

Per/da Land's End Land's End si trova a 9 miglia (14 km) da Penzance, a 886 miglia (1418 km) da John o'Groats e a 3147 miglia (5035 km) da New York. Ci sono autobus scoperti (il n. 15) il cui percorso segue la costa fino a St Ives, dalla domenica al venerdì, e autobus giornalieri per Penzance.

La Westward Airways (☎ 788771) offre visite aeree di Land's End su velivoli Cessna; un volo di 7 minuti costa £19/17.

St Just-in-Penwith
☎ 01736

Anche se non c'è niente di particolare da vedere nella lontana St Just, questo centro costituisce un ottimo punto di partenza per escursioni a piedi a Cape Cornwall o a sud, lungo il South West Coast Path che porta a Land's End.

In epoca vittoriana St Just era un centro di riferimento per le locali attività estratti-ve dello stagno e del rame. La miniera **Geevor Tin Mine** (☎ 01736-788662), a Pendeen, a nord di St Just, ha infine chiuso i battenti nel 1990 e oggi è aperta ai visitatori dalle 10.30 alle 17, tutti i giorni tranne il sabato. Il biglietto d'ingresso costa £5/2,50.

Oltre ai capannoni abbandonati contenenti i motori e le attrezzature delle miniere, nell'area fra St Just e St Ives ci sono diversi menhir e altri misteriosi resti antichi. Se la preistoria vi appassiona, andate a cercare **Lanyon Quoit**, **Mên-an-Tol** e **Chysauster Iron Age Village**.

Il *Land's End Youth Hostel* (☎ 788 437, fax 787337) si trova circa 800 m a sud del villaggio di Letcha Vean. È aperto tutti i giorni da aprile a ottobre; telefonate per maggiori informazioni sugli orari e i giorni di apertura. Per un pernottamento si pagano £9,80/6,75 per adulti/bambini.

Potete fermarvi all'indipendente *Whitesands Lodge* (☎ *871776,* ✉ *whitesan@ globalnet.co.uk)*, albergo per viaggiatori in stile 'zaino in spalla', nel villaggio di Sennen; un posto in camerata costa £10 e c'è anche una doppia per £29. La prima colazione costa £4.

Al *Kelynack Caravan & Camping Park* (☎ *787633)*, un chilometro e mezzo circa a sud di St Just, per dormire in camerata con letti a castello si pagano £6, ma in estate dovete prenotare in anticipo perché ci sono solo 8 posti. Per campeggiare si pagano £3 per persona.

A Botallak, a nord di St Just, potete trovare una confortevole sistemazione in una casa di campagna al *Manor Farm* (☎ *788525)*. Il B&B costa £23 per persona.

Zennor

Si può fare una bellissima escursione a piedi di circa 6 miglia (10 km) percorrendo il South West Coast Path fra St Ives e il piccolo villaggio di Zennor, in cui D.H. Lawrence scrisse una parte di *Women in love*. Nella sua interessante chiesetta si può vedere una sirena scolpita nel legno di una panca; c'è anche un piccolo museo.

L'*Old Chapel Backpackers Hostel* (☎/ *fax 01736-798307)* offre 32 posti letto a £10 per persona; la prima colazione all'inglese costa £4, quella continentale £2,50. Il *Tinner Arms* serve ottimo cibo e cream tea.

Ci sono almeno quattro autobus al giorno da St Ives per Zennor. Venire in taxi da St Ives dovrebbe costarvi circa £5.

ST IVES
Pop. 9500 ☎ 01736

St Ives è l'ideale a cui aspira qualunque altra città di mare. Il mare onnipresente, un'atmosfera particolarmente luminosa, il porto e le belle spiagge sabbiose, le strette viuzze, le ripide discese e gli angolini nascosti sono tutti elementi che fanno di questa cittadina un posto veramente accattivante. Gli artisti hanno cominciato a concentrarsi qui da quando Turner visitò la città nel 1811, e nel 1993 è stata aperta la Tate St Ives, una sede distaccata della

Tate Gallery di Londra. Oggi non si contano più le gallerie e le botteghe artigiane che si concentrano nelle stradine di questa città.

Purtroppo in estate St Ives è incredibilmente affollata: evitate i fine settimana di luglio e agosto.

Orientamento

L'area sopra il porto di St Ives ha subìto una pesante edificazione e si fonde con Carbis Bay. Fore St, la principale via commerciale, è in posizione un po' arretrata rispetto alla banchina ed è anche piena di posti in cui mangiare. Nella parte della città che si affaccia a nord, sovrastante Porthmeor Beach, si trovano la Tate St Ives e numerose pensioni. La stazione ferroviaria si trova vicino a Porthminster Beach; anche la stazione degli autobus è in questa zona, sulla salita di Station Hill.

Informazioni

Il TIC (☎ 796297, fax 798309), situato nella Guildhall in Street-an-Pol, è aperto dalle 9 alle 17.30 da lunedì al sabato; alla domenica è aperto dalle 10 alle 13.

In estate un servizio Park & Ride è in funzione nel parcheggio di Park Ave, sopra il centro abitato.

Windansea (☎ 794830), in Fore St, noleggia mute da sub e imbarcazioni da 2 metri (£5 al giorno).

Tate St Ives

Aperta nel 1993 in un edificio costato 3 miliardi di sterline, progettato da Evans & Shalev (architetti che hanno progettato anche la premiata Truro Law Courts), la Tate St Ives (☎ 796226) è una vetrina espositiva per la scuola d'arte di St Ives. Questo imponente edificio ha sostituito un vecchio impianto per la produzione del gas e ha un grande finestrone centrale che dà sulla sottostante Porthmeor Beach, dove di solito ferve l'attività dei surfisti. La collezione della Tate St Ives è piccola ed esclusiva, con opere di Ben Nicholson, Barbara Hepworth, Naum Gabo, Terry Frost e altri artisti locali.

La galleria è aperta tutto l'anno dalle 10.30 alle 17.30 dal martedì alla domenica, tutti i giorni in luglio e agosto. Il biglietto d'ingresso costa £3,95; in alternativa potete acquistare un biglietto che costa £6,50 e che dà diritto a visitare anche il Barbara Hepworth Museum. Il caffè sul tetto è quasi popolare quanto la galleria.

Barbara Hepworth Museum

Barbara Hepworth è stata una delle più grandi scultrici del XX secolo. Negli anni '30, con Henry Moore e Ben Nicholson (all'epoca suo marito) faceva parte del principale gruppo di artisti che si interessava a opere astratte. Mentre le sculture di Moore rimasero fedeli alla rappresentazione di forme umane, la Hepworth evitò le opere che ritraevano la realtà. Si recò in Cornovaglia nel 1939 e visse continuativamente in questa regione dal 1949 al 1975, anno in cui perse la vita nel corso di un incendio.

Il museo (☎ 796226) si trova in Ayr Lane, dall'altra parte della città rispetto alla Tate St Ives; ha gli stessi orari di

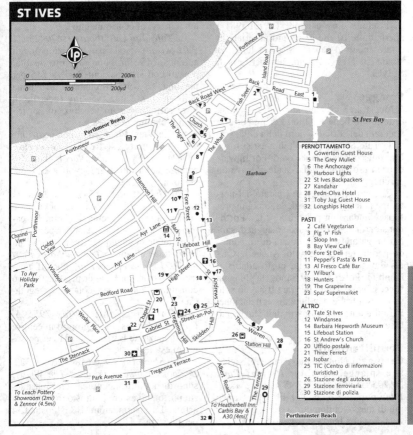

ST IVES

0   100   200m
0   100   200yd

Porthmeor Rd
Island Road
Back Road West
Fish Street
Back Road
East
St Ives Bay
Porthmeor Beach
Church Pl
Porthmeor
The Digey
The Wharf
Harbour
Barnoon Hill
Porthmeor Hill
Fore Street
Back St
Ayr Lane
Channel View
Clodgy View
Lifeboat Hill
To Ayr Holiday Park
Windsor Hill
Ayr Lane
High Street
St Andrews St
Bedford Road
Chapel St
Tregenna Terrace
Gabriel St
Street-an-Pol
Skidden Hill
The Warren
Station Hill
Wesley Place
The Stennack
Park Avenue
Tregenna Terrace
Albert Road
The Terrace
To Leach Pottery Showroom (2mi) & Zennor (4.5mi)
To Heatherbell Inn, Carbis Bay & A30 (4mi)
Porthminster Beach

PERNOTTAMENTO
1 Gowerton Guest House
5 The Grey Muliet
6 The Anchorage
9 Harbour Lights
22 St Ives Backpackers
27 Kandahar
29 Pedn-Olva Hotel
31 Toby Jug Guest House
32 Longships Hotel

PASTI
2 Café Vegetarian
3 Pig 'n' Fish
4 Sloop Inn
8 Bay View Café
10 Fore St Deli
11 Pepper's Pasta & Pizza
13 Al Fresco Café Bar
17 Wilbur's
18 Hunters
19 The Grapewine
23 Spar Supermarket

ALTRO
7 Tate St Ives
12 Windansea
14 Barbara Hepworth Museum
15 Lifeboat Station
16 St Andrew's Church
20 Ufficio postale
21 Three Ferrets
24 Isobar
25 TIC (Centro di informazioni turistiche)
26 Stazione degli autobus
29 Stazione ferroviaria
30 Stazione di polizia

DEVON E CORNOVAGLIA

apertura e le stesse tariffe. Il bel giardino costituisce una cornice perfetta per alcune delle opere di maggiori dimensioni della Hepworth.

Le ceramiche di Leach

Bernard Leach si recò in Giappone nel 1909 per insegnare l'arte dell'incisione all'acquaforte, ma presto scoprì di avere un notevole talento per la ceramica. Al suo ritorno, nel 1920, le sue opere in stile giapponese esercitarono una profonda influenza sulla ceramica inglese. Leach è morto nel 1979 ma il laboratorio di ceramica che ha fondato è ancora oggi utilizzato da vari artigiani (vi ha lavorato anche sua moglie Janet, fino alla morte, avvenuta nel 1997).

Il salone d'esposizione (☎ 796398) è aperto dalle 10 alle 17 nei giorni feriali, in estate anche al sabato. Si trova lungo la strada che porta a Zennor, alla periferia di St Ives.

Spiagge

In quest'area ci sono numerose spiagge, tutte molto belle e pulite. **Porthmeor** è la spiaggia dei surfisti a nord della città, sotto la Tate St Ives. Poco più a est si trova la minuscola baia sabbiosa di **Porthgwidden**, in prossimità della quale si trova un parcheggio.

Ci sono aree sabbiose riparate dal porto, ma la maggior parte delle famiglie preferisce andare un po' più a sud, a **Porthminster**, dove si trova una spiaggia di sabbia lunga quasi 1 km, dotata di un comodo parcheggio per le auto. Anche la **Carbis Bay**, a sud-est, è un posto adatto ai bambini. **Porth Kidney Sands**, la spiaggia successiva, è sicura per fare il bagno solo se si resta fra le bandiere di segnalazione. Fare il bagno nell'estuario dell'Hayle può essere pericoloso.

Pernottamento

Campeggi Non ci sono campeggi vicino alle spiagge, ma l'*Ayr Holiday Park* (☎ 795855, fax 798797, @ andy@ayr-holiday-park.demon.co.uk) si trova a poco più di mezzo chilometro a ovest di Higher Ayr. Per una tenda si pagano £12,30.

Ostelli Al *St Ives Backpackers* (☎ 799444, @ st-ivesbackpackers@dial.pipex.com, Lower Stennack), una cappella convertita, dotata di molte comodità, un posto letto costa £12 per notte, £8 in bassa stagione.

Nell'area di Carbis Bay, 2 miglia (3 km) fuori città, si trova l'*Heatherbell Inn* (☎ 298604, Longstone Hill), un pub che offre anche posti letto in camerata per £10. Non è lontano dal bar e c'è una fermata degli autobus National Express nelle vicinanze.

B&B e alberghi La strada principale che entra a St Ives da Penzance, sopra Carbis Bay, è piena di B&B nella fascia di prezzo fra le £15 e le £18, ma più riuscite ad avvicinarvi al centro meglio è.

La *Toby Jug Guesthouse* (☎ 794250, 1 Park Ave), comoda per la stazione degli autobus, offre un buon rapporto qualità/prezzo con sistemazioni B&B a £15 per persona. Ci sono 10 camere, in ognuna delle quali c'è una *toby jug* (boccale di birra raffigurante un vecchio con un tricorno) che funge da teiera.

In Sea View Place, in ottima posizione vicino al mare, si trova il *Gowerton* (☎ 796805, 6 Sea View Place), che offre camere abbastanza gradevoli a £17 per persona.

The Grey Mullet (☎ 796635, 2 Bunkers Hill) è un'eccellente pensione nella parte antica della città, vicina al porto. Le camere costano fra £20 e £24 per persona e sono dotate di bagno. Di fronte si trova un bel cottage chiamato *The Anchorage* (☎/fax 797135, 5 Bunkers Hill), che offre camere a partire da £20 per persona. Si può consumare una prima colazione vegetariana.

L'*Harbour Lights* (☎/fax 795525, Court Cocking) si trova proprio in centro; la sistemazione B&B costa £21 per persona, in estate.

Allo *Sloop Inn* (☎ 796584, fax 793322, @ sloop@connexions.co.uk, The Wharf) sono disponibili alcune camere, ma questo posto può essere piuttosto rumoroso in estate. La sistemazione B&B costa £34 per persona.

Il *Kandahar* (☎ *796183*, @ *cortina@21. com, 11 The Warren*) si trova proprio sulla scogliera, vicino al mare. Si pagano da £21 a £28 per persona. È in una posizione ideale per raggiungere sia la stazione ferroviaria sia quella degli autobus, ma è chiuso da metà novembre a metà febbraio.

Nelle vicinanze c'è il *Pedn-Olva Hotel* (☎ *0796222, fax 797710, Porthminster Beach*), di fascia superiore, situato in posizione analoga vicino al mare. La sistemazione B&B costa da £45 in su, la mezza pensione da £60; ci sono una piccola piscina e un solarium.

Più a sud si trova il confortevole *Longships Hotel* (☎ *798180, fax 798180, Talland Rd*) dove le camere con vista mare e bagno costano da £27 in su per persona.

Pasti

I fish and chips sono una scelta ovvia ma sono anche l'opzione preferita dai gabbiani locali, che hanno imparato a gettarsi in picchiata e rubare il cibo a chiunque osi mangiare all'aperto. È uno spettacolo divertente da vedere, ma un po' meno divertente quando è il proprio pasto a essere preso di mira.

Il *Café Vegetarian* è un piccolo ristorante vegetariano poco fuori Back Rd East che offre una scelta incredibile di piatti salutari.

Il *Fore St Deli* è una fermata utile per chi vuole fare la spesa, con molti alimenti per chi vuole fare un picnic sulla spiaggia. Per una pizza, provate l'ottimo *Pepper's Pasta & Pizza*, appena fuori Fore St.

L'*Hunters* (☎ *797074, St Andrews St*) è un ristorante specializzato in piatti di pesce, molto apprezzato dalla gente del posto. Nelle vicinanze si trova il *Wilbur's* (☎ *796663*), che serve aragosta e pesci locali. *The Grapewine* (☎ *794030*), nella vicina High St, è un informale bistrot anch'esso specializzato in piatti di pesce; c'è anche un bar.

Il pub migliore è lo *Sloop Inn*, del XIV secolo, che si trova vicino al porto e nel quale sono esposti i quadri di artisti locali.

Le sue specialità di pesce sono molto popolari; il pesce fresco (merluzzo, sogliola, platessa) costa da £6 a £9.

Lungo il Wharf ci sono molti altri ristoranti in cui si può mangiare, fra i quali ricordiamo il *Bay View Café*, che – come dice il nome – offre una bella vista sulla baia. Un posto in cui farsi vedere a St Ives è l'italiano *Al-fresco Café Bar* (☎ *793 737*), anch'esso sul Wharf, che offre un menu in stile mediterraneo. Il posto migliore dove mangiare è il *Pig 'n' Fish* (☎ *794204, Norway Lane*), rinomato per i suoi piatti di pesce. Le tariffe per i piatti principali oscillano fra £11 e £17; fra i pesci solitamente offerti dal menu vi sono rombo, branzino, triglie e cozze.

Divertimenti

L'*Isobar*, in Tregenna Hill, è un cafe-bar con nightclub, aperto fino all'una di notte.

Per un pub alternativo, provate il *Three Ferrets*, in cui potete addirittura consumare il cibo che vi siete portati.

Per/da St Ives

St Ives si trova a 8 miglia (13 km) da Penzance e a 277 miglia (443 km) da Londra. Ci sono tre autobus al giorno della National Express (☎ *0870 580 8080*) per Londra (7 ore e mezzo, £27,50). Ci sono inoltre autobus per Newquay (1 ora e un quarto), Truro (1 ora) e Plymouth (3 ore). Per andare a Exeter, dovete cambiare a Plymouth. Gli autobus che da St Ives raggiungono Land's End passando da Zennor, St Just-in-Penwith e Sennen Cove partono tre volte al giorno in estate, e sono scoperti, se le condizioni atmosferiche lo permettono. Un biglietto Explorer che permette di viaggiare per un giorno su questo percorso costa £6/3,50. In inverno, bisogna passare da Penzance. St Ives è facilmente raggiungibile in treno da Penzance e Londra via St Erth.

NEWQUAY
Pop. 14.000 ☎ **01637**

Nell'originale 'costa del Cornwall', questa audace e sfrontata città attirava frotte di inglesi prima ancora che questi

imparassero a dire Torremolinos. Oggi
è un confuso, ma piacevole, miscuglio
di patiti del surf, famiglie in vacanza e
gruppi di ragazzi dominati dal testoste-
rone. Prima di essere spostato a Sei-
gnosse, in Francia, nel 1998, qui si
svolgeva tutte le estati il World Surfing
Championships.

La **Huer's House**, imbiancata a calce, si
trova sopra la scogliera di Towan Beach e
viene usata per avvistare i banchi di sardine in avvicinamento; ce n'è un'altra, di
origini leggermente precedenti al XIX secolo, ancora esistente a Newquay. Tutti i
villaggi di pescatori della Cornovaglia
hanno una torre di avvistamento come
questa: le operazioni per calare le reti venivano infatti effettuate sotto la direzione
del cosiddetto *huer*. Prima dello sfruttamento intensivo degli inizi del XX secolo,
questi banchi di pesci erano enormi: durante una battuta del 1868 a St Ives sono
stati presi in una sola volta 16 milioni e
mezzo di sardine.

Orientamento e informazioni
Il TIC (☎ 871345, fax 852025, ✉ info@
newquay.co.uk), in Marcus Hill, è vicino
alla stazione degli autobus nel centro città. È aperto tutti i giorni dalle 10 alle
17.30 (la domenica solo fino alle 15.30)
dalla fine di maggio alla metà di settembre, mentre per la restante parte dell'anno
è aperto fino alle 16.30 (fino a mezzogiorno al sabato, chiuso la domenica).

Se non avete un tatuaggio, almeno fate-
vene fare uno temporaneo prima di scendere in spiaggia. Cut Snake, in Fore St, ne
offre un'ampia scelta; durano anche più di
quattro settimane.

Cyber Surf (☎ 875497, 2 Broad St) fornisce l'accesso a Internet. C'è una lavanderia a gettone in Beach Rd.

Spiagge
Fistral Beach, a ovest della città e attorno
a Towan Head è la spiaggia per il surf più
famosa d'Inghilterra. Ci sono onde veloci
e dalla forma concava, soprattutto durante
l'alta marea, con ottime sezioni a tubo
quando soffia vento da sud-est.

La **Watergate Bay** è una spiaggia sabbiosa lunga circa 2 miglia (3 km), sul lato
est di Newquay Bay. Con la bassa marea è
un ottimo posto per imparare a fare surf.
A 1 km e mezzo a sud-ovest di Newquay
si trova **Crantock**, una spiaggia riparata
che si affaccia a nord-ovest, nella quale le
onde migliori si sviluppano con la media
o alta marea.

Surf
I negozi che vendono attrezzatura per fare
surf possono anche noleggiare tavole in
vetroresina e tute da sub per circa £5 al
giorno. Provate al Fistral Surf Co in Bacon Rd, o al Tunnel Vision Surf Shop di
fronte al supermercato Somerfield in
Alma Place.

Se non avete mai fatto surf, contattate
Offshore Surfing (☎ 877083), in Tolcarne
Beach, per una lezione completa per principianti della durata di mezza giornata (attorno a £20), o Winter Brothers' Surf
School (☎ 879696), sempre per lezioni da
£20 circa. Il Sunset Surf Shop (☎ 877
624), al 106 di Fore St, offre lezioni più
'soft' al suo interno.

Pernottamento
Campeggi In questa zona ci sono numerosi posteggi per roulotte e campeggi. Al
Trenance Caravan & Chalet park
(☎ 873447, fax 852677), all'estremità
meridionale di Edgcumbe Ave, si pagano
£6,75 per persona in estate, £4,75 negli
altri periodi dell'anno.

Ostelli Ci sono numerosi ostelli indipendenti orientati soprattutto a dare alloggio
ai surfisti. Il nuovo *Home Surf Lodge*
(☎ 873387, ✉ home.surflodge@btinter
net.com, 18 Tower Rd) è un ottimo posto
dove soggiornare. Fra le altre cose offre
l'accesso a Internet; le tariffe partono da
£10 ma in estate è necessario prenotare in
anticipo.

Il più vicino a Fistral Beach è il *Fistral
Backpackers* (☎ 873146, 18 Headland
Rd), che dispone anche di uno schermo
cinematografico, per i patiti del genere.
Le tariffe per il posto letto variano da

£5,50 a £10 (a seconda della stagione); ci sono anche camere doppie per £18.

Situato in eccellente posizione centrale, il *Newquay Cornwall Backpackers* (☎ 874668, ✆ stevenpark@aucom.net, *Beachfield Ave*) si affaccia su Towan Beach e offre posti letto in camerata a £7 per notte, £39 per settimana.

Il *Newquay International Backpackers* (☎ 879366, ✆ backpackers@dial.pipex.com, 69 Tower Rd) è in attività da molto tempo e offre posti letto in camerata per £12 in alta stagione, £8 in bassa stagione. Ha molte comodità e offre sconti sul noleggio di tavole da surf e sull'ingresso a vari club.

Rick's (☎ 851143, 8 Springfield Rd) offre sistemazioni per periodi minimi di una settimana, in estate (£70 in agosto), mentre durante tutto il resto dell'anno si pagano £6 per notte o £30 per settimana.

Matt's Surf Lodge (☎/fax 874651, 110 Mount Wise) offre posti letto in camerata per £10, prima colazione continentale compresa.

B&B e alberghi In luglio e agosto prenotate in anticipo! Trebarwith Crescent, Mount Wise, Dane Rd, Tower Rd, Cliff Rd e Narrowcliff sono piene di posti in cui alloggiare. Il *Sunnyback Cottage* (☎ 879403, ✆ rose@sunnyback26.freeserve.co.uk, 26 Sidney Rd) è un B&B casalingo che costa £15 per persona, con prima colazione all'inglese servita durante tutta la mattinata.

Fra i grandi alberghi di Newquay, l'enorme *Headland Hotel* (☎ 872211, fax 872212, ✆ office@headlandhotel.co.uk) è quello situato nella migliore posizione. Come suggerisce il nome, questo albergo si trova sul promontorio su Fistral Breach. Le camere costano £76 per persona, durante l'alta stagione.

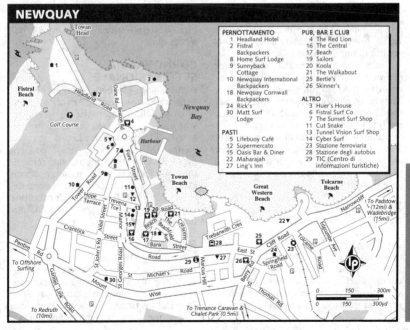

NEWQUAY

PERNOTTAMENTO	PUB, BAR E CLUB
1 Headland Hotel	4 The Red Lion
2 Fistral	16 The Central
Backpackers	17 Beach
8 Home Surf Lodge	19 Sailors
9 Sunnyback	20 Koola
Cottage	21 The Walkabout
10 Newquay International	25 Bertie's
Backpackers	26 Skinner's
18 Newquay Cornwall	
Backpackers	**ALTRO**
24 Rick's	3 Huer's House
30 Matt Surf	6 Fistral Surf Co
Lodge	7 The Sunset Surf Shop
	11 Cut Snake
PASTI	13 Tunnel Vision Surf Shop
5 Lifebuoy Café	14 Cyber Surf
12 Supermercato	23 Stazione ferroviaria
15 Oasis Bar & Diner	28 Stazione degli autobus
22 Maharajah	29 TIC (Centro di
27 Ling's Inn	informazioni turistiche)

DEVON E CORNOVAGLIA

Pasti

Il *Lifebuoy Café*, all'incrocio fra Fore St e Beacon Rd, ottime colazioni a tariffe convenienti e pasti.

L'*Oasis Bar & Diner*, in Fore St, offre per tutto il giorno prima colazione e hamburger, mentre alla sera fa solo servizio bar.

Il miglior ristorante indiano è *Maharajah* (☎ 877377, *39 Cliff Rd*), dove un ottimo panorama accompagna gli ottimi sapori. Il ristorante cinese più apprezzato dagli abitanti del posto è il *Ling's Inn* (☎ 877439, *28-30 East St*).

Divertimenti

Newquay straripa di locali, pub e discoteche, che fanno di questo paese un luogo ideale per la vita notturna. *The Central* è un animato bar in Central Square.

Il pub *Red Lion* è il luogo dove i *veri* surfer vanno a oziare: potrete osservare dal vivo il cast del film *Un mercoledì da leoni* e informarvi su quale nightclub è in voga in quel periodo.

Lo *Skinner's* è il pub in cui potrete provare qualche birra tipica della Cornovaglia, invece di continuare a bere le solite birre di importazione.

I nightclub più affermati sono *Sailors* (*Fore St*), *Bertie's* (*East St*), *Beach* (*Beach Rd*) e il *Koola*, un po' più tranquillo. Tutti fanno pagare il coperto e offrono bevande economiche durante la settimana; nei fine settimana si scatena l'inferno.

Il nuovo *The Walkabout*, che sovrasta Towan Beach, acquisisce sempre più clienti perché offre musica dal vivo, ha belle iniziative promozionali e non fa pagare il coperto.

Per/da Newquay

Newquay si trova a 32 miglia (51 km) da St Ives e a 252 miglia (403 km) da Londra. Gli autobus National Express forniscono collegamenti via Plymouth con la maggior parte delle località inglesi, fra cui due diretti per Londra (6 ore, £27,50). Ci sono quattro autobus per Plymouth (1 ora e un quarto) e un servizio diretto per Exeter.

Ci sono quattro treni al giorno che collegano Newquay e Par, che si trova sulla linea principale che va da Penzance a Londra.

DINTORNI DI NEWQUAY
Trerice

Se il vuoto culturale di Newquay comincia a pesarvi, fate un viaggetto fino a Trerice (☎ 01637-875404; NT), una casa padronale elisabettiana dove potrete dimenticare tavole da surf e nightclub. La maggior parte degli stucchi è originale e ci sono alcuni bei pezzi di mobilio del XVII e XVIII secolo. La cosa più strana è un museo dei tagliaerba, nel granaio, in cui potrete vedere più di 100 falciatrici del secolo scorso e anche più antiche.

L'edificio è aperto dalle 11 alle 17.30, tutti i giorni tranne il martedì e il sabato, da aprile a ottobre. Dalla fine di luglio agli inizi di settembre è aperto tutti i giorni. Il biglietto d'ingresso costa £4,20/2,10. Si trova 3 miglia (5 km) a sud-est di Newquay. In estate ci sono parecchie corse dell'autobus n. 50 della First Western National, che porta direttamente qui.

CORNOVAGLIA SETTENTRIONALE

Alcune delle più belle spiagge dell'Inghilterra si trovano sull'Atlantico, lungo la costa della Cornovaglia del nord, ma viaggiare in quest'area senza un proprio mezzo di trasporto richiede una certa pazienza. Da Newquay, la strada costiera passa da **Bedruthan Steps**, una serie di pinnacoli rocciosi lungo una spiaggia sabbiosa. Qui si trova anche una bottega del tè del National Trust. Alla **Constantine Bay**, c'è una vasta spiaggia sabbiosa, ottima per fare surf.

Padstow

Pop. 2300 ☎ 01841

Posto sull'estuario del fiume Camel, Padstow è un suggestivo villaggio di pescatori, conosciuto soprattutto per il suo **May Day Hobby Horse**, un uomo vestito con un enorme abito che sembra una tenda e con indosso una maschera. Mentre si aggira danzando per le strade, viene schernito dalle donne locali; se riesce a prenderne una, la attira sotto la tenda e la pizzica, ai fini di assicurarle una futura maternità, ovviamente.

Sopra il villaggio si trova **Prideaux Place** (☎ 532411), una ricca casa padronale costruita nel 1592 dalla famiglia Prideaux-Brune e utilizzata dall'esercito inglese durante la Seconda guerra mondiale. È aperta dalle 13.30 alle 17, dalla domenica al giovedì, da Pasqua a settembre; il biglietto d'ingresso costa £4/1,50.

Il poeta Sir John Betjeman è sepolto nella chiesa di St Enodoc, dall'altra parte del fiume a nord di **Rock**, un piccolo villaggio che è la risposta dei ragazzi snob a Newquay, in estate. Un'imbarcazione assicura collegamenti regolari (£1,60 andata e ritorno) fra Padstow e Rock.

Il TIC (☎ 533449, fax 532356, *@* padstowtic@visit.org.uk), nel Red Brick Building di North Quay, è aperto dalle 9.30 alle 17 dal lunedì al sabato, dalle 10 alle 15.30 la domenica.

Si possono noleggiare biciclette da Padstow Cycle Hire (☎ 533533) in South Quay, a tariffe che vanno da £5 a £7 per giorno (sono disponibili sconti per noleggi di una settimana).

Pernottamento e pasti La sistemazione economica più vicina è il *Treyarnon Bay Youth Hostel* (☎/fax 520322, Tregonnan), situato sopra una popolare spiaggia dove si pratica il surf, circa 4,5 miglia (7 km) a ovest di Padstow. Il posto letto costa £9,80/6,75 per adulti/bambini. L'autobus n. 55 passa nelle vicinanze, sulla B3274.

A Padstow ci sono innumerevoli B&B. *Althea Library* (☎/fax 532717, 27 High St) è un'accogliente casetta che offre sistemazioni B&B a £26 per persona.

Se volete viziarvi, considerate la possibilità di andare al *Tregea Hotel* (☎ 532 455, fax 533542, *@* tim@tregea.co.uk, 16 High St), che ha vinto il prestigioso primo premio dalla British Tourist Authority e offre camere super per £80.

A Padstow sono molti i ristoranti che meritano una sosta, ma il più famoso è quello dello chef televisivo Rick Stein, il *Seafood Restaurant* (☎ 532485), che si trova di fronte al porto e offre una notevole scelta di piatti di pesce. Prevedete di pagare almeno £30 per persona. Oggi Rick Stein è così famoso in Inghilterra che per trovare posto nel suo ristorante è necessari prenotare con mesi di anticipo. Quando è chiuso, alla domenica, potete consumare un pasto in stile bistrot alla *St Petroc's House* (☎ 532485, 4 New St).

Tintagel
☎ 01840

Tintagel si è gettata nello sfruttamento delle attività turistiche già da molto tempo, puntando su re Artù e i Cavalieri della Tavola Rotonda come richiamo per attirare i turisti. Detto questo, perfino l'affollamento estivo e la grossolana impostazione commerciale del villaggio non riescono a distruggere completamente l'importanza di Tintagel Head per le attività surfistiche. Il castello, del quale restano solo poche rovine, non è veramente quello di re Artù perché risale per la maggior parte al XIII secolo, ma non c'è ragione di non credere al racconto in base al quale Artù sarebbe nato qui alla fine del V secolo. I resti del castello (☎ 770328; EH) si possono visitare tutti i giorni dalle 10 alle 19, da aprile a ottobre (in inverno fino alle 16); il biglietto d'ingresso costa £2,90/1,50. Si può fare una passeggiata costeggiando lo strapiombo.

Tornando al villaggio, il **Tintagel Old Post Office** (☎ 770024; National Trust) è un edificio del XIV secolo che serviva da ufficio postale nel XIX secolo. È aperto dalle 11 alle 17,30, da aprile a ottobre; il biglietto d'ingresso costa £2,20/1,10.

Il TIC di Tintagel (☎ 779084), situato in Bossiney Rd, è aperto tutti i giorni dalle 10 alle 15.

Pernottamento Il *Tintagel Youth Hostel* (☎ 770334, fax 770733, Dunderhole Point) si trova in una posizione spettacolare sul South West Coast Path, un chilometro a ovest del villaggio. È aperto tutti i giorni da aprile a settembre; le tariffe sono di £9,80/6,75 per adulti/bambini.

Al **Cornishman Inn** (☎ *770238, fax 770078,* @ *jeremy@cornishmaninn. freeserve.co.uk*), nel centro di Tintagel, le tariffe per le camere con bagno partono da £25. Se vi piace il kitsch, provate ad andare al **King Arthur's Castle Hotel** (☎ *770202, fax 770978),*· uno pseudo-castello con camere a partire da £39 per persona, prima colazione inclusa.

Se avete un'auto, potreste preferire seguire le indicazioni per Trebarwith per arrivare all'*Old Mill-floor* (☎ *770234*), un B&B in una posizione deliziosa in cui si pagano £18 per persona.

Per/da Tintagel L'autobus n. 122 della First Western National arriva da Wadebridge e il n. X4 da Bude. Ci sono occasionalmente autobus per Plymouth.

Boscastle
☎ 01840

Anche la vicina Boscastle attira visitatori a migliaia, poiché è assurdamente pittoresca. In particolare, andate a cercare la Minster church, situata in una magnifica valle alberata. Le mura del porto risalgono al 1584 e furono costruite per ordine di Sir Richard Grenville, capitano della nave di Elizabetta I, *The Revenge*.

Nel parcheggio c'è un centro per visitatori molto fornito di materiale informativo (☎/fax 250010). È aperto tutti i giorni dalle 10 alle 17.

Il *Boscastle Harbour Youth Hostel* (☎ *250287, fax 250615*) è aperto dalla metà di aprile alla fine di settembre; si pagano £9,80/6,75. È in una bella posizione, proprio di fronte al porto.

Per una sistemazione B&B, il *Sunnyside* (☎ *250453*), di fianco al porto, ha posti letto in camere senza bagno per £17, con bagno per £21.

Per informazioni sugli autobus, v. sopra Tintagel.

Bodmin Moor

Il 'tetto' della Cornovaglia è una delle sue parti più calde ed è disseminato da acqui-

trini e gigantesche colonne di roccia, simili a quelle di Dartmoor, che si stagliano sul territorio selvaggio: il Brown Willy (419 m) e il Rough Tor (400 m) sono i più alti. La A30 taglia a metà la brughiera partendo da **Launceston**: c'è un castello (☎ 01566-772365; English Heritage) che la sovrasta, che sembra un po' una ciliegina sulla torta, e vi si trova anche una chiesa di granito completamente rivestita di bassorilievi. Il castello è aperto tutti i giorni dalle 10 alle 18, da aprile a settembre; in inverno apre invece dalle 10 alle 13 e dalle 14 alle 16, dal venerdì alla domenica. Il biglietto d'ingresso costa £1,80/90p.

A **Bolventor** si trova il *Jamaica Inn* (☎ 01566-86250), reso famoso dall'omonimo romanzo di Daphne du Maurier. Fermatevi a bere un bicchiere in una nebbiosa notte invernale e il posto vi ricorderà l'atmosfera del libro. In estate è pieno di visitatori che fanno la coda per vedere la scrivania dell'autrice e il bizzarro **Museum of Curiosities** di Mr Potter, in cui una raccolta di gattini e conigli imbalsamati rappresenta il massimo del cattivo gusto vittoriano. Bolventor è un ottimo punto di partenza per un'escursione nella brughiera. Circa 1 km e mezzo a sud si trova **Dozmary Pool**: si dice che la spada di re Artù, Excalibur, venne gettata qui dopo la sua morte. È una passeggiata di 4 miglia (6 km) dal Jamaica Inn verso nordovest, in direzione del Brown Willy.

La stessa **Bodmin** si trova a sud-ovest della brughiera e il TIC (☎/fax 01208-76616, @ bodmintic@visit.org.uk), nella Shire House in Mount Folly Square, offre molti opuscoli con informazioni per esplorare la brughiera.

Bodmin è collegata da autobus con St Austell e con Bodmin Parkway, una stazione ferroviaria sulla linea Londra-Penzance, più a sud. Da Launceston partono autobus per Plymouth e Bodmin.

Bude
Pop. 2700 ☎ 01288

Situata a 5 miglia (8 km) da Devon, Bude è un'altra località di villeggiatura che attira un pubblico costituito sia da famiglie

Il sentiero di Daphne Du Maurier

Daphne du Maurier, autrice di molti thriller di successo ambientati in Cornovaglia, ha probabilmente contribuito più di chiunque altro a pubblicizzare questa contea. Per molti anni la Du Maurier ha vissuto nella zona dell'estuario del Fowey, prima a Ferryside (una casa di Bodinnick) e poi a Menabilly.

Il suo primo grande successo è stato *Jamaica Inn*, un divertente racconto sulle avventure di un gruppo di contrabbandieri che aveva il proprio covo proprio in questo famoso locale. Si dice che l'idea per il romanzo le sia venuta quando, persasi insieme a un'amica nelle nebbie di Bodmin Moor, l'autrice trovò per caso questo locale e vi entrò. Il parroco locale intrattenne le due amiche raccontando loro un'avvincente storia di contrabbandieri. Il Jamaica Inn ha allestito una piccola mostra sull'autrice. Il parroco proveniva dalla vicina Altarnun, la cui chiesa registra un costante afflusso di ammiratori della scrittrice.

Il libro successivo fu *Rebecca*, scritto nel 1938. Manderley, la casa di cui parla nel libro, era situata a Menabilly ed era quella in cui viveva l'autrice, tuttavia non è aperta al pubblico. *Frenchman's Creek* è ambientato nei dintorni dell'insenatura che porta lo stesso nome, sul fiume Helford. Lanhydrock House e Falmouth's Pendennis Castle compaiono entrambi in *The King's General*.

Il West Country Tourist Board pubblica un interessante opuscolo dal titolo *Daphne Du Maurier in Cornwall*. A maggio si svolge il Daphne Du Maurier Festival of Arts & Literature (☎ 01726-74324).

sia da surfisti. Crooklets Beach è la principale zona per il surf, poco a nord della città. La vicina Sandymouth è ottima per i principianti e anche Duckpool è molto popolare. Summerleaze Beach, nel centro di Bude, è una spiaggia per famiglie. Quest'area fa parte del cosiddetto Atlantic Heritage Coast; per ulteriori informazioni in merito, visitate il sito Internet www. atlantic-heritage-coast.co.uk.

Il Bude Visitor Centre (☎ 354240, fax 355769, ✉ budetic@visit.org.uk), in The Crescent, è aperto dalle 9.30 alle 17 dal lunedì al venerdì, dalle 10 alle 16 la domenica.

Bude è ben servita dagli autobus: ne esiste uno giornaliero della National Express che raggiunge Londra (6 ore e mezzo, £31).

ISLES OF SCILLY
Pop. 2000 ☎ 01720

Le Isles of Scilly – un gruppo di 140 isolette rocciose che gode di un clima particolarmente mite, grazie agli effetti della corrente del Golfo – si trovano 28 miglia (45 km) a sud-ovest di Land's End; vi cre-

scono piante e alberi che non crescono da nessun'altra parte in Inghilterra. Una delle principali destinazioni per i visitatori sono i giardini subtropicali della Tresco Abbey. La coltivazione di fiori destinati al continente è una delle principali attività praticate.

Fra queste isole, solo quelle di St Mary's, Tresco, St Martin's, St Agnes e Bryher sono abitate. St Mary's è la più grande (misura 3 miglia per 2 miglia; 5 km per 3 km e mezzo) e ospita la maggior parte della popolazione. Quasi tutte le isole hanno bianche spiagge sabbiose e acque cristalline, che sono motivo di attrazione per molti subacquei. Il ritmo di vita è molto tranquillo: dimenticatevi completamente la vita notturna di Newquay. Se dunque siete alla ricerca di sfrenatezze, bussate altrove.

Informazioni
L'Isles of Scilly Tourist Board (☎ 422 536, fax 422049), Wesleyan Chapel, Porthcressa Bank, si trova sull'isola di St Mary's. È aperto dalle 8.30 alle 18.30 dal lunedì al giovedì, dalle 8.30 alle 17.30 al venerdì e al sabato, dalle 10 alle 14 la do-

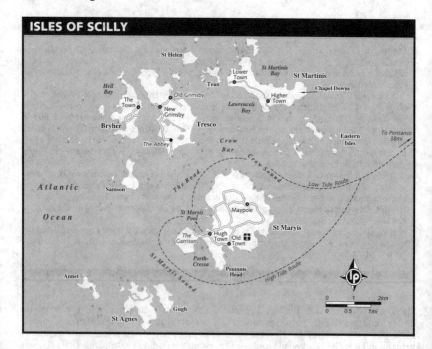

ISLES OF SCILLY

menica, da maggio a settembre. Nel resto dell'anno chiude quasi sempre alle 17 nei giorni feriali, al sabato pomeriggio e alla domenica tutto il giorno. La guida più completa di queste isole è la *Standard Guidebook, Isles of Scilly*.

Per informazioni generali su Internet, visitate il sito www.scillyonline.co.uk. Il TIC ha anche un sito all'indirizzo www.simplyscilly.co.uk.

La sistemazione per la notte andrebbe prenotata in anticipo, soprattutto in estate; le tariffe sono tendenzialmente più costose che in Inghilterra. Molti alberghi chiudono da novembre a marzo.

Tutte le isole tranne Tresco hanno campeggi: le tariffe oscillano fra £3 e £6 per persona. Il TIC vi può inviare un elenco delle possibili sistemazioni.

Ogni venerdì sera, e talvolta al mercoledì in estate, si possono vedere le gare delle tradizionali imbarcazioni a sei remi (alcune hanno più di 100 anni) che, in origine, venivano utilizzate per raggiungere i relitti delle navi naufragate.

St Mary's

La capitale, Hugh Town, si trova a cavallo di un istmo che separa la zona di Garrison dalla parte principale della città, nella quale attraccano le imbarcazioni provenienti dalla terraferma, e ricorda un po' l'Inghilterra dei tempi andati. Il TIC e la maggior parte degli alberghi si trovano qui. A St Mary's si possono fare molte interessanti escursioni a piedi. Il percorso Garrison Walk, di circa un'ora, offre una bella vista panoramica sulle altre isole e passa vicino allo Star Castle, una ex fortezza elisabettiana oggi trasformata in albergo. C'è poi una camminata di due ore che arriva a Peninnis Head, in cui sono state smantellate parecchie navi, e una di tre ore, Telegraph Walk, che passa nei pressi di diversi siti storici e camere di sepoltura. Il TIC potrà fornirvi ogni informazione in merito.

Il *campeggio* (☎ *422670*) si trova in Garrison Farm: si pagano £6 per persona.

Uno dei più economici B&B di Hugh Town è la *Lyonnesse Guest House* (☎ *422458, The Strand)*; per la sistemazione B&B si pagano £25, per la mezza pensione £36. *The Wheelhouse* (☎*/fax 422719, Porthcressa)* dispone di camere ben arredate; per la mezza pensione si pagano £42.

L'*Atlantic Hotel* (☎ *422417, fax 423 009, @ atlantichotel@btinternet.com)* è proprio di fronte al mare e ha un ottimo ristorante. Si pagano £82,50 per persona per camere con vista mare, £70 senza, sistemazione B&B e cena.

Il posto migliore in cui alloggiare, a St Mary's è lo *Star Castle Hotel* (☎ *422317, fax 422343)*, che dispone di una piscina riscaldata. Le tariffe vanno da £72 a £105 per persona, per B&B e cena. Il sito Internet dell'albergo è www.starcastle scilly.co.uk.

Tresco
Tresco è la seconda isola del gruppo, in ordine di grandezza, ed è conosciuta soprattutto per i giardini Tresco Abbey Gardens, creati nel 1834 nel luogo in cui sorgeva un'abbazia benedettina del X secolo. Ci sono più di 5000 piante subtropicali, e un'esposizione di polene recuperate dalle navi più importanti affondate nelle acque di queste isole. I giardini sono aperti dalle 10 alle 16, tutti i giorni; il biglietto costa £6 (ingresso gratuito per i bambini).

Sull'isola non ci sono né campeggi né sistemazioni economiche, ma solo il *New Inn* (☎ *422844)*, in cui si pagano da £80 a £92 per persona cena inclusa, o il più costoso *Island Hotel* (☎ *422883)*, che fa pagare da £90 a £130 per persona, in bassa stagione, e da £120 a £230 in estate; dispone di piscina riscaldata. Tutti e due gli alberghi possono essere contattati via e-mail all'indirizzo @ contactus@tresco. co.uk e sul sito Internet www.tresco. co.uk.

Bryher
La più piccola delle isole abitate è selvaggia e accidentata. Hell Bay, spazzata dal vento dell'Atlantico, è uno spettacolo suggestivo. Si può godere di un'ottima panoramica sull'isola dalla cima della collina Watch Hill. Dalla banchina, di tanto in tanto partono imbarcazioni per la disabitata Samson Island.

C'è un *campeggio* (☎ *422886)*, a Jenford, in cui si pagano £5 per notte. In alternativa si può trovare una sistemazione molto confortevole allo *Hell Bay Hotel* (☎ *422947, fax 423004)*; le tariffe vanno da £59 a £94 per persona, cena inclusa.

St Martin's
Famosa per le sue belle spiagge, St Martin's si trova più a nord, rispetto alle isole principali. Ci sono pittoresche scogliere lungo la riva settentrionale e si possono fare escursioni a piedi su Chapel Downs, su per Day Mark e lungo le distese di sabbia sulla costa nord o sud.

Il *campeggio* (☎ *422888)* si trova presso Lawrence's Bay.

Per una sistemazione B&B potete andare al *Polreath* (☎ *422046)* che offre un servizio di mezza pensione a tariffe comprese fra £28 e £39,50 per persona.

Il solo albergo disponibile è il lussuoso *St Martin's on the Isle* (☎ *422092, fax 422298)*, a Tean Sound; la mezza pensione costa da £85 a £135 per persona. Ha un eccellente ristorante specializzato in piatti di pesce.

St Agnes
Un faro in disuso sovrasta la comunità stanziata più a sud di tutta l'Inghilterra. A ovest ci sono straordinarie rocce affioranti in granito, una delle quali somiglia vagamente alla regina Vittoria. Con la bassa marea si può raggiungere a piedi la vicina isola di Gugh. Gli abitanti si autodefiniscono 'turchi'.

Il *campeggio* (☎ *422360)* si trova vicino alla spiaggia, a Troy Town Farm. Potete trovare una sistemazione B&B e una cena al *Covean Cottage* (☎ *422620)*, con tariffe che vanno da £36,50 fino a £39,50 per persona.

Per/dalle Isles of Scilly

Non ci sono trasporti da o per le Isles of Scilly alla domenica.

Aereo La Isles of Scilly Skybus (☎ 0845 7105555) è la linea aerea di queste isole. In estate ci sono voli frequenti, tutti i giorni tranne la domenica, fra l'aerodromo di Land's End e St Mary's. Il volo dura 15 minuti e per adulti/bambini costa £49/25 solo andata (£36/18 con biglietto stand-by), £57/28 andata e ritorno nello stesso giorno e £68/34 per una breve sosta fino a tre giorni. All'aerodromo di Land's End c'è un parcheggio gratuito ed è anche in servizio un autobus-navetta dalla stazione ferroviaria di Penzance, che dovrebbe essere prenotato in anticipo. Ci sono anche voli da Exeter e Newquay (dal lunedì al sabato da entrambi i punti di partenza), Plymouth (lunedì, mercoledì e venerdì), Bristol (lunedì, martedì, giovedì e venerdì) e Southampton (lunedì e venerdì).

Lo Scotia Helicopter Services (☎ 01736-363871) ha voli per St Mary's, tutti i giorni tranne la domenica, che partono dall'eliporto di Penzance. Il viaggio dura 20 minuti e costa £47/23,50 per adulti/bambini sola andata, £62/31 andata e ritorno nello stesso giorno, £69/34,50 per una permanenza di 5 giorni e £62/31 per un soggiorno fino a tre giorni (si può prenotare solo con un giorno di anticipo). Inoltre tutti i giorni (tranne la domenica) ci sono voli da Penzance per Tresco; le tariffe sono le stesse di quelle per St Mary's. Per lasciare la macchina all'eliporto si pagano £2 per giorno e c'è un collegamento in autobus per la stazione ferroviaria di Penzance.

Imbarcazioni Da aprile a ottobre c'è una partenza al giorno dei battelli della Isles of Scilly Steamship Company (☎ 0845 710 5555), dal lunedì al sabato, fra Penzance e St Mary's. Il viaggio dura 2 ore e tre quarti e costa £72/36 in alta stagione, per un biglietto andata e ritorno per adulti/bambini. Per una sosta fino a tre giorni si pagano £52/26, andata e ritorno. A Penzance, l'ufficio prenotazioni è in prossimità del molo sud.

Trasporti locali

Ci sono partenze regolari per le altre quattro isole principali dal porto di St Mary's. Un viaggio andata e ritorno costa £5,60. Le escursioni in battello per andare a vedere le foche costano £5,60.

A St Mary's si possono noleggiare biciclette da Buccabu Hire (☎ 422289), vicino al TIC, a partire da £5 per giorno. C'è anche un servizio circolare di autobus, ma le partenze non sono molto frequenti, e ci sono visite guidate di St Mary's in minibus.

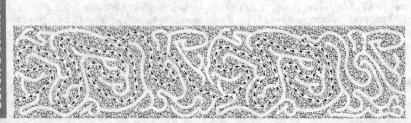

Dal Tamigi al Wye

Le contee che si trovano fra Oxford e il confine con il Galles offrono alcuni dei più verdeggianti paesaggi di campagna di tutta l'Inghilterra, così come un numero quasi esagerato di villaggi da cartolina e alcune importanti città mercato.

Nel sud-est, Oxford continua a mantenere gran parte del suo fascino a dispetto dell'attività frenetica, e negli immediati dintorni si trova il magnifico Blenheim Palace. A ovest, la vicina regione del Cotswold rappresenta ciò che comunemente si intende per campagna inglese. La bellezza può perfino sembrare artefatta e ben pochi villaggi rimangono fuori dai circuiti turistici, ma ci saranno momenti in cui sarete estasiati dalla combinazione fra pietra dorata, cottage ricoperti di fiori, guglie di chiese, maestosi alberi di castagno e quercia, morbide colline e prati color smeraldo.

Cheltenham è una leggiadra cittadina dell'epoca della Reggenza che, a ovest, rappresenta una buon punto d'appoggio per la regione del Cotswold, allo stesso modo della storica Tewkesbury, con la sua varietà architettonica.

Nel sud-ovest il Bristol Channel e l'ampia Severn Valley costituiscono un confine naturale con la contea agricola di Herefordshire, con quella di Worcestershire e con la regione nota con il nome di Welsh Marches. Dal punto di vista turistico, questa è una regione da non perdere per le sue innumerevoli bellezze. Worcester rappresenta il punto d'appoggio più agevole per il Worcestershire, sebbene Great Malvern, nascosta nelle Malvern Hills, sia più indicata per i camminatori. Hereford o Ross offrono buoni servizi per le escursioni nelle campagne vicine al Galles, anche se gli amanti della lettura preferiranno Hay-on-Wye, capitale delle librerie dell'usato, a cavallo del confine.

Da non perdere

- Visitare a primavera i villaggi in pietra color miele della regione del Cotswold
- Scegliere il college di Oxford che si preferisce
- Ammirare la cattedrale di Gloucester e l'abbazia di Tewkesbury
- Esplorare la Wye Valley e Symonds Yat
- Decifrare la Mappa Mundi nella cattedrale di Hereford
- Oziare lungo il fiume a Henley-on-Thames
- Constatare la grandezza del periodo della Reggenza a Cheltenham

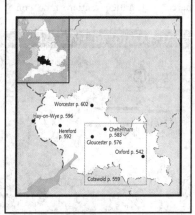

Worcester p. 602
Hay-on-Wye p. 596
Hereford p. 592
Cheltenham p. 583
Gloucester p. 576
Oxford p. 542
Cotswold p. 559

Oxfordshire

La contea dell'Oxfordshire è nota nel mondo intero per la cittadina universitaria di Oxford, mecca per i turisti che giungono per ammirare gli splendidi college dalle tonalità color del miele e gli scorci lungo il fiume.

La campagna circostante possiede il fascino delicato e discreto dell'Inghilterra centrale. I tratti salienti sono rappresentati dal Tamigi, che attraversa la parte centrale e meridionale della contea; dal gessoso Chiltern, un crinale boscoso che si dipana lungo l'angolo sud-orientale della contea e dal calcareo Cotswold, che da ovest si estende attraverso il Gloucestershire.

Oltre ai college, ai musei e ai giardini dell'università più antica d'Inghilterra, non va assolutamente perso il vicino Blenheim Palace, lo straordinario palazzo dove nacque Sir Winston Churchill. Le colline offrono piacevoli escursioni e ci sono numerosi villaggi ricchi di fascino che devono la loro peculiarità all'uso di materiali da costruzione del luogo.

ITINERARI A PIEDI E IN BICICLETTA

L'Oxfordshire è attraversato da tre lunghi percorsi. L'antico sentiero noto con il nome di Ridgeway segue una dorsale sul confine meridionale dell'Oxfordshire. Se siete interessati a percorrerla a piedi consultate l'opuscolo *Ridgeway National Trail Information & Accomodation* o la *National Trail Guide* ufficiale a cura di Neil Curtis. Per maggiori informazioni v. **Attività**.

L'Oxfordshire Way è un percorso segnalato di 65 miglia (105 km) che collega la regione del Cotswold al Chilterns da Bourton-on-the-Water a Henley-on-Thames. Nell'opuscolo *Oxfordshire Way* il percorso è suddiviso in 16 tappe a piedi lunghe dalle 2 alle 8 miglia (dai 3 ai 13 km).

Il Thames Path segue il corso del Tamigi per 175 miglia (282 km) dalla sua foce nei pressi della Thames Barrier di Londra, attraverso il centro dell'Oxfordshire, fino alla sorgente di Thames Head nel Gloucestershire. Fate riferimento all'opuscolo *Thames Path National Trail Information*

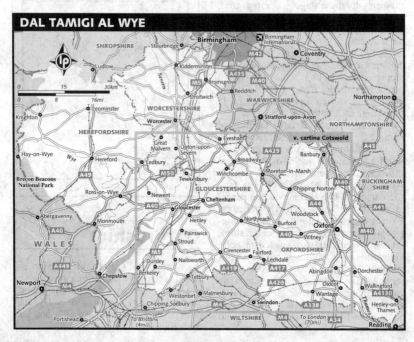

DAL TAMIGI AL WYE

& *Accomodation* oppure alla National Trail Guide ufficiale.

L'Oxfordshire è anche particolarmente adatto alle escursioni in bicicletta. Sono infatti poche le pendenze impegnative e a Oxford si noleggiano biciclette a buon prezzo. La cartina *Oxfordshire Cycleway* comprende Woodstock, Burford e Henley.

TRASPORTI LOCALI

Nell'Oxfordshire vi è una rete ferroviaria piuttosto estesa, che ha come stazioni principali Oxford e Banbury. I treni circolano sulle linee Cotswold e Malvern tra le stazioni di Londra Paddington e di Hereford e tra quelle di Londra Euston e di Birmingham.

Oxford è il centro di una rete di servizi di autobus piuttosto ampia. I Tourist Information Centres (TIC) sono provvisti di una utile cartina gratuita, la *Bus & Rail Map*, con tutti i percorsi e i numeri di telefono per contattare i gestori dei vari servizi. Le compagnie più importanti sono la Stagecoach (☎ 01865-772250) e la Oxford Bus Company (☎ 01865-785400).

OXFORD

Pop. 115.000 ☎ 01865

Oxford è stata descritta dal poeta Matthew Arnold come 'quella dolce città dalle guglie magiche', un verso ancora oggi molto evocativo, che una visita fuori stagione potrà farvi sembrare ancora più verosimile.

Oxford è una delle città più importanti d'Inghilterra e i suoi laureati sono fra le persone con la più alta considerazione di se stesse del paese. Per alcuni l'università di Oxford è sinonimo di eccellenza accademica, per altri costituisce un circolo elitario i cui membri dominano ingiustamente molti aspetti della vita inglese. Questo senso di elitarismo sta oggi guadagnando nuova linfa mentre i college, sotto il peso schiacciante del turismo di massa, si chiudono sempre più ai potenziali visitatori.

Oggi le guglie da sogno convivono con una fiorente città commerciale che deve far fronte ad alcuni dei problemi sociali tipici delle Midlands, anche se per il turista la sua splendida architettura e l'atmosfera unica creata da college, cortili e giardini rimangono le attrattive principali.

Storia

Oxford è una città di grande importanza strategica, trovandosi nel punto di confluenza tra il fiume Cherwell e il Tamigi. Rilevante centro già nel periodo sassone, Alfredo il Grande la dotò di fortificazioni per respingere i Danesi.

L'importanza di Oxford come centro accademico ebbe origine nel XII secolo da un contrasto politico tra gli Anglo-normanni e i Francesi, disputa che per i primi si tradusse nel divieto di accedere a quello che allora era il fulcro della vita accademica europea, la Sorbona di Parigi.

Gli studenti presero a frequentare l'abbazia agostiniana di Oxford, che presto divenne un famoso luogo di dibattito teologico tra i diversi ordini religiosi. Finché tali dibattiti rimanevano su un piano strettamente accademico tutto andava per il meglio, ma le discussioni tra studenti di tanto in tanto sfociavano in episodi di violenza. Fu proprio per fare in modo che potenziali rivolte studentesche avessero luogo lontano da Londra che alla fine sia Oxford sia Cambridge furono ufficialmente riconosciute come università del regno. Per consentire alle autorità di vigilare sulle attività degli studenti si decise di dividere l'università in diversi college, ciascuno dei quali sviluppò le proprie tradizioni.

I primi college, costruiti nel XIII secolo, furono Balliol, Merton e University. Nei tre secoli successivi vennero costruiti almeno nove altri college al ritmo di tre ogni 100 anni e altri ancora seguirono, anche se in misura più ridotta. Intanto il diffondersi del gusto barocco e neoclassico portò a una ristrutturazione dei più antichi secondo i dettami di questi nuovi stili. Altri, come per esempio Keble, si sono aggiunti nel XIX e XX secolo per far fronte alle esigenze di una popolazione studentesca sempre più numerosa. Oggi si contano circa 14.500 studenti e 36 college. Quello di Lady Margaret's Hall, costruito nel 1878, fu il primo a consentire l'accesso alle donne, che però non poterono ottenere la laurea che a partire dal 1920. Oggi i college sono aperti a tutti e quasi la metà degli studenti è rappresentato da donne.

Durante la guerra civile Oxford fu il quartier generale dei fedeli al re e si divise tra l'università, realista, e la città, che appoggiava i sostenitori del Parlamento.

Nel 1790 Oxford fu collegata ai centri industriali delle Midlands grazie al completamento dell'Oxford Canal, ma la città conobbe il vero boom industriale solo quando nel 1912 William Morris vi aprì la sua fabbrica di automobili. I modelli Bullnose Morris e Morris Minor uscivano entrambi dagli stabilimenti di Cowley, nella parte orientale di Oxford.

Benché oggi Oxford dipenda soprattutto dal settore terziario, il suo passato manifatturiero ha lasciato una città con un centro congestionato, circondato da sobborghi e centri residenziali che si espandono disordinatamente in tutte le direzioni.

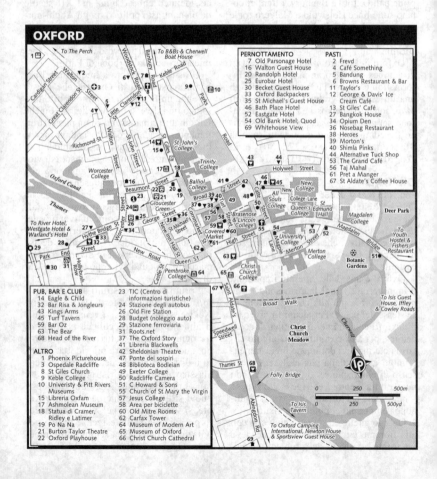

OXFORD

PERNOTTAMENTO
7 Old Parsonage Hotel
16 Walton Guest House
20 Randolph Hotel
25 Eurobar Hotel
30 Becket Guest House
33 Oxford Backpackers
35 St Michael's Guest House
46 Bath Place Hotel
52 Eastgate Hotel
54 Old Bank Hotel; Quod
69 Whitehouse View

PASTI
2 Frevd
4 Café Something
5 Bandung
6 Browns Restaurant & Bar
11 Taylor's
12 George & Davis' Ice Cream Café
13 St Giles' Café
27 Bangkok House
34 Opium Den
36 Nosebag Restaurant
38 Heroes
39 Morton's
40 Shimla Pinks
44 Alternative Tuck Shop
53 The Grand Café
56 Taj Mahal
61 Pret a Manger
67 St Aldate's Coffee House

PUB, BAR E CLUB
14 Eagle & Child
32 Bar Risa & Jongleurs
43 Kings Arms
45 Turf Tavern
59 Bar Oz
63 The Bear
68 Head of the River

ALTRO
1 Phoenix Picturehouse
3 Ospedale Radcliffe
8 St Giles Church
9 Keble College
10 Univeristy & Pitt Rivers Museums
15 Libreria Oxfam
17 Ashmolean Museum
18 Statua di Cramer, Ridley e Latimer
19 Po Na Na
21 Burton Taylor Theatre
22 Oxford Playhouse

23 TIC (Centro di informazioni turistiche)
24 Stazione degli autobus
26 Old Fire Station
28 Budget (noleggio auto)
29 Stazione ferroviaria
31 Roots.net
37 The Oxford Story
41 Libreria Blackwells
42 Sheldonian Theatre
47 Ponte dei sospiri
48 Biblioteca Bodleian
49 Exeter College
50 Radcliffe Camera
51 C Howard & Sons
55 Church of St Mary the Virgin
57 Jesus College
58 Area per biciclette
60 Old Mitre Rooms
62 Carfax Tower
64 Museum of Modern Art
65 Museum of Oxford
66 Christ Church Cathedral

Orientamento

Il centro città è delimitato da fiumi e ruscelli sul lato meridionale, orientale e occidentale e può essere facilmente girato a piedi. La Carfax Tower, all'incrocio tra Queen St, Cornmarket St, High St e St Aldate's, rappresenta un utile punto di riferimento in centro.

La stazione ferroviaria è a ovest della città ed è collegata con la Carfax Tower da un frequente servizio di autobus. In alternativa, dalla stazione girate a sinistra in Park End St e proseguendo lungo questa arriverete in centro in 15 minuti di cammino. La stazione degli autobus è più centrale ed è a poca distanza da Gloucester Green, che, a dispetto del nome, non è affatto verde.

Gli edifici universitari sono sparsi per tutta la città e quelli più importanti e interessanti dal punto di vista architettonico sorgono in centro. È necessario più di un giorno per visitarli tutti ma se si è a corto di tempo provate a concentrarvi sui seguenti: Christ Church, New e Magdalen.

Informazioni

Il TIC (☎ 726871, fax 240261), The Old School, Gloucester Green, subito a fianco della stazione degli autobus, può essere molto affollato durante l'estate. È aperto dal lunedì al sabato dalle 9.30 alle 17 e la domenica (in estate) dalle 10 alle 15.30. Per maggiori informazioni prima di arrivare sul posto, consultate il sito Internet www.oxford.gov.uk/tourism.

Gli orari di apertura dei college stanno diventando sempre più restrittivi; alcuni non aprono del tutto, altri accettano solo visite guidate, molti sono chiusi al mattino e altri ancora fanno pagare un biglietto d'ingresso.

Il TIC distribuisce l'opuscolo *Welcome to Oxford*, che contiene un itinerario a piedi con gli orari di apertura dei college. Il TIC è anche il punto di ritrovo per le visite guidate a piedi dei college, della durata di due ore; le partenze si effettuano alle 10.30, alle 11, alle 13 e alle 14. Il costo è di £4,50/2,50. Gli itinerari organizzati dalla Inspector Morse, che toccano i luoghi collegati all'investigatore creato da Colin Dexter, partono dal TIC ogni sabato alle 13.30 (£5/3).

Oxford è una guida gratuita a tutto quello che succede in città, pubblicata ogni due mesi; contiene anche suggerimenti sui locali dove bere e mangiare in ogni angolo di Oxford.

Per l'accesso a Internet, provate Internet Exchange (☎ 241601), 12 George St, dove le tariffe partono da 3p al minuto.

Chi invece necessita di articoli per il viaggio può fare una visita a YHA Adventure Shop (☎ 247948), 9 St Clement's, a pochi passi a est dal centro cittadino.

Carfax Tower

Nel cuore del centro cittadino, la Carfax Tower, con i suoi personaggi che battono i quarti sulle campane, costituisce quanto rimane della chiesa medievale di St Martin's. Salendo in cima è possibile godere di una bella vista che sarà utile per orientarvi. La torre è aperta tutti i giorni dalle 10 alle 17.30 da Pasqua a ottobre, e dalle 10 alle 15.30 in inverno. Il biglietto d'ingresso costa £1,20/60p.

Museum of Oxford

Questo istruttivo museo (☎ 815559), St Aldate's, offre un primo approccio alla lunga storia della città. L'orario di apertura va dal martedì al venerdì dalle 10 alle 16 (alle 17 il sabato); l'ingresso costa £2.

Museum of Modern Art

Descritto in un'occasione dal quotidiano *The Independent* come uno dei musei più autorevoli d'Europa, il MOMA (☎ 722 733), 30 Pembroke St, non possiede una collezione permanente ma ospita mostre provenienti da tutto il mondo. L'attenzione è concentrata sulla pittura, scultura e fotografia di diverse aree culturali del XX secolo. È aperto dal martedì alla domenica dalle 11 alle 18 e il biglietto costa £2,50 (l'ingresso è gratuito per i bambini e per tutti dalle 11 alle 13 di mercoledì e dalle 18 alle 21 di giovedì).

Ashmolean Museum

Istituito nel 1683, l'Ashmolean Museum è il più antico del paese e il suo nucleo è costituito dalle collezioni della famiglia di giardinieri Tradescant e del dottor Elias Ashmole, che le offrirono in dono all'università.

L'edificio che lo ospita in Beaumont St rappresenta uno dei migliori esempi di architettura neo-greca in Inghilterra e risale al 1845. Al suo interno è ospitata una ricca collezione di arte europea (con opere anche di Raffaello e Michelangelo) e di antichità mediorientali. Fra gli oggetti esposti ricordiamo la lanterna di Guy Fawkes e lo straordinario ritratto smaltato di epoca sassone di Alfredo il Grande.

Il museo (☎ 278000) è aperto dal martedì al sabato dalle 10 alle 17, la domenica e nei giorni festivi (bank holiday) dalle 14 alle 17. L'ingresso è libero, ma è richiesta un'offerta di £3.

University Museum e Pitt Rivers Museum

Uno splendido edificio gotico vittoriano in Parks Rd ospita l'University Museum (☎ 270949), il museo di scienze naturali. Gli scheletri di dinosauro si intonano alla perfezione con l'ambiente circostante, dando vita a un gioco di rimandi fra i modelli delle loro strutture ossee e la delicata struttura in ferro e vetro che li ospita. Una delle maggiori attrattive è costituita dai resti di dodo, esposti lungo le pareti a sinistra rispetto all'entrata.

Il Pitt Rivers Museum (☎ 270949), in South Parks Rd, si raggiunge passando attraverso l'University Museum. Le sue teche in vetro sono piene fino all'inverosimile di ogni cosa, da una barca a vela a un'agghiacciante raccolta di teste rinsecchite provenienti dal Sud America. Pare vi siano oltre un milione di pezzi, alcuni dei quali (soprattutto strumenti musicali) sono stati trasferiti in un edifico annesso, il Balfour Building in Banbury Rd.

Entrambi i musei sono aperti tutti i giorni, l'University da mezzogiorno alle 17, il Pitt Rivers dalle 13 alle 16.30

(dalle 14 la domenica). L'ingresso è libero ma è richiesta un'offerta di £2.

The Oxford Story

Sul lato opposto di Broad St rispetto al Balliol College si trova The Oxford Story (☎ 790055), 6 Broad St, un percorso di 40 minuti, assai pubblicizzato e abbastanza divertente, in carrelli a forma di vecchi banchi scolastici, che fa passare in rassegna la storia dell'università. È aperto dalle 9.30 alle 17 da aprile a ottobre (alle 18 in luglio e agosto), e dalle 10 alle 16.30 nel resto dell'anno (fino alle 17 durante il fine settimana). L'ingresso costa £5,70/4,70.

Gite in *punt*

Per farsi avvolgere completamente dall'atmosfera di Oxford non vi è nulla di meglio di una gita sul fiume in *punt*. Il segreto per far scivolare sull'acqua queste imbarcazioni a fondo piatto sta nello spingere con delicatezza la pertica per partire e utilizzare poi la stessa come timone per mantenere la rotta.

I punt si possono affittare da Pasqua a settembre e portano fino a cinque persone, 'timoniere' compreso. Sia il Tamigi sia il Cherwell sono sufficientemente bassi per gite di questo tipo, ma il miglior consiglio che possiamo dare è quello di risalire il Cherwell portandosi tutto l'occorrente per un picnic. In alternativa, scendete lungo il Cherwell partendo dal Magdalen Bridge e passando per i Botanic Gardens e Christ Church Meadow; lungo questo percorso potrete godere di begli scorci sui college.

Ecco due possibili punti di noleggio: C. Howard & Sons (☎ 761586, £7 all'ora, £20 di cauzione) accanto al Magdalen Bridge e Cherwell Boat House (☎ 515 978, £8 all'ora, £40 di cauzione, che diventano rispettivamente £10 e £50 durante i week-end) ancora più su, in fondo a Bardwell Rd.

Gite in barca

Da maggio a settembre la Salter Bros (☎ 243421) organizza diverse interessanti escursioni in barca con partenza dal Folly Bridge, compresa una gita di due ore fino ad Abingdon (£6,80/10,40 sola andata/andata e ritorno).

College ed edifici universitari

Pembroke College Il Pembroke College (☎ 276444), fondato nel 1624, si trova in St Aldate's. Sir Roger Bannister, il primo uomo a correre il miglio in meno di quattro minuti, ne è stato uno dei rettori; il dizionarista e uomo d'ingegno Samuel Johnson fu uno degli studenti.

Christ Church College Di fronte al Pembroke si trova il più prestigioso college di Oxford, il Christ Church College (☎ 276150). Istituito la prima volta nel 1525 dal cardinale Thomas Wolsey, fu rifondato da Enrico VIII nel 1546 e vanta uno stuolo di ex studenti illustri quali John Wesley, William Penn, W.H. Auden e Charles Dodgson, meglio conosciuto come Lewis Carroll, che scrisse *Alice's Adventures in Wonderland* (Alice nel paese delle meraviglie) e successivamente insegnò qui matematica.

L'ingresso principale è posto sotto la Tom Tower, così chiamata perché eretta in onore di St Thomas of Canterbury. La torre presenta due stili diversi: una base Tudor e una parte superiore più recente progettata da Sir Christopher Wren (l'architetto della cattedrale di St Paul di Londra) nel 1682. Ogni sera è possibile udirne la campana, la Great Tom, che rintocca per 101 volte allo scoccare delle 21.05, ora in cui vennero richiamati all'interno i primi 101 studenti che furono ammessi a questo college. Poiché la città è situata cinque minuti a ovest di Greenwich, la campana di fatto suona alle 21 ora di Oxford. L'entrata riservata ai visitatori si trova ridiscendendo di qualche passo St Aldate's e per arrivarvi si passa per i Memorial Gardens.

Dai chiostri si raggiunge la **Christ Church Cathedral**, cattedrale anglicana di Oxford fin dall'epoca del regno di Enrico VIII. Si tratta della più piccola cattedrale d'Inghilterra, costruita sul sito del convento di St Frideswide, il cui santuario fu un importante centro di pellegrinaggio prima di essere parzialmente distrutto su ordine di Enrico VIII. Il santuario attuale fu ricostruito nel XIX secolo e ha accanto la **Watching Loft**, punto dal quale il custode controllava che i fedeli non se ne andassero via con le reliquie del santo. Le Lady e Latin Chapels hanno delle finestre particolarmente belle.

Dalla cattedrale si accede alla corte quadrangolare interna denominata **Tom Quad**, il cui laghetto centrale fungeva anche da bacino idrico in caso d'incendio del college. Sul lato meridionale si trova la **Great Hall**, il solenne refettorio del college caratterizzato da un magnifico soffitto con travi a vista. È anche permesso aggirarsi nelle altre due corti quadrangolari interne e visitare la **Picture Gallery** (pinacoteca).

Il college è aperto dalle 9.30 alle 17.30 (la domenica solo dalle 13). La Great Hall rimane chiusa tra le 12 e le 14; la cattedrale chiude alle 16.45 e la Chapterhouse (sala capitolare) alle 17. Il biglietto d'ingresso costa £3/2.

Merton College Il Merton College (☎ 276310), Merton St, fu uno dei primi tre college a essere fondati a Oxford nel 1264 e costituisce il più antico esempio di progettazione architettonica per costruzioni di questo tipo. La sua **Mob Quad** del XIV secolo è la prima corte quadrangolare interna a fare la comparsa nei college. Inoltre l'edificio della **library**, che da qui si diparte, ospita la più antica biblioteca medievale ancora in attività, con alcuni volumi assicurati a catenelle, come si faceva in passato per prevenire i furti.

La biblioteca possiede numerosi strumenti astrologici del XV secolo e anche un astrolabio che sarebbe stato utilizzato da Chaucer. Tra gli studenti va citato T.S. Eliot, mentre J.R.R. Tolkien vi insegnò inglese.

Il college è aperto nei giorni feriali dalle 14 alle 16 e il fine settimana dalle 10 alle 16.

Magdalen College Il Madgalen College si trova in High St, nei pressi del bel ponte sul fiume Cherwell. È uno dei college più ricchi di Oxford, nonché quello con i giardini più grandi e belli, che comprendono una riserva di cervi, una passeggiata lungo il fiume e prati assolutamente meravigliosi. È anche uno dei luoghi preferiti dai registi cinematografici e infatti qui sono state effettuate alcune riprese del film *Shadowlands*, che narra la storia di C.S. Lewis.

Il college fu fondato nel 1458 da William di Waynflete, vescovo di Winchester. La cappella, con la sua torre campanaria alta 43 m, risale alla fine del XV secolo. È tradizione festeggiare ogni anno il primo di maggio (May Day) con una cerimonia che vede il coro del college salire in cima alla torre e da lì intonare un inno per le folle assiepate sotto. In questa occasione i pub aprono prima di colazione e così facendo garantiscono sempre la buona riuscita in termini di partecipazione popolare. Tra i personaggi celebri che hanno studiato qui ricordiamo Oscar Wilde, Sir John Betjeman e Dudley Moore.

Il college (☎ 276000) è aperto tutti i giorni dalle 12 alle 18, da aprile a settembre. Il biglietto d'ingresso costa £2/1.

Di fronte al Magdalen College si trovano i **Botanic Gardens** (☎ 276920), istituiti nel 1621 da Henry Danvers per lo studio delle piante medicinali. I giardini sono aperti tutti i giorni dalle 9 alle 16.30.

St Edmund Hall In Queen's Lane, il St Edmund Hall (☎ 279000) è diventato un college nel 1957, ma la sua esistenza risale almeno agli inizi del XIII secolo. Si tratta dell'unica rimasta tra le scuole medievali originali, le istituzioni didattiche che a Oxford precedettero i college. Le decorazioni della piccola cappella si devono a William Morris e a Edward Burne-Jones.

Queen's College In High St, il Queen's College (☎ 279121) fu fondato nel 1341, mentre gli edifici che oggi lo ospitano sono tutti in stile classico. La maggior parte dei college ha conservato nel tempo qualche stravagante tradizione e il Queen's non fa eccezione. Qui gli studenti vengono chiamati nel refettorio con una tromba e a Natale si serve testa di cinghiale per ricordare uno studente che ne scacciò uno facendogli ingoiare un volume di Aristotele! Non stupirà quindi sapere che Rowan Atkinson (alias Mr Bean) ha studiato qui. Chi desidera visitare il college si deve necessariamente unire a una visita guidata.

University College L'University College (☎ 276602), High St, è balzato agli onori della cronaca perché pare che qui Bill Clinton si concedesse qualche vizietto assumendo sostanze stupefacenti. Questo college fu istituito nel 1249, sebbene qualcuno sostenga sia stato fondato da re Alfredo. Ospita un romantico monumento commemorativo del poeta Percy Bysshe Shelley, espulso dal college per aver pubblicato nel 1811 *The Necessity of Atheism*. Per visitare il college è necessario essere in possesso di un invito personale.

All Souls College L'All Souls College (☎ 279379), High St, fu fondato nel 1438 e le anime ('soul' significa anima) in questione sono quelle dei soldati caduti nella guerra dei Cent'Anni. All'All Souls sono ammessi solo gli studenti che abbiano già conseguito la laurea; questo piccolo college ospita infatti solo 70 ricercatori.

La cappella, aperta nei giorni feriali dalle 14 alle 16, merita di essere visitata.

Church of St Mary the Virgin All'angolo fra High St e Catte St si trova questa chiesa, con la sua torre risalente al XIV secolo dalla quale si godono splendide vedute sulla città (£1,60/80p).

In luglio e agosto è aperta tutti i giorni dalle 9 alle 19; fino alle 17 il resto dell'anno.

Radcliffe Camera La Radcliffe Camera è una straordinaria biblioteca circolare costruita nel 1748 in stile palladiano. Sfortunatamente non è aperta al pubblico.

Brasenose College Risalente al XVI secolo, il Brasenose College (☎ 277830) ha l'accesso da Radcliffe Square e trae il suo nome dal battente di porta dell'XI secolo a forma di naso che oggi abbellisce il refettorio. Lo scrittore William Golding, autore di *Lord of the Flies* (Il signore delle mosche) è uno dei suoi laureati più famosi.

Il college è aperto tutti i giorni dalle 10 alle 11.30 e dalle 14 alle 16.30.

New College Per raggiungere il New College (☎ 279555) da Catte St, ridiscendete New College Lane passando sotto il Bridge of Sighs (Ponte dei sospiri), una copia risalente al 1914 del famoso ponte di Venezia. Il New College fu fondato nel 1379 da William di Wykeham, vescovo di Winchester, e i suoi edifici sono uno squisito esempio di stile perpendicolare. Di particolare interesse è la cappella, con le sue splendide vetrate policrome risalenti per lo più al XIV secolo. Quella occidentale è stata disegnata da Sir Joshua Reynolds e nella cappella è collocata anche l'inquietante statua di Lazzaro, scolpita da Sir Jacob Epstein. I giardini contengono una parte delle mura medievali di Oxford.

Uno dei rettori di questo college fu William Spooner, personaggio che per la sua abitudine a parlare spostando le consonanti iniziali di due o più parole di una frase è entrato nella storia della lingua inglese. Si afferma che un giorno egli abbia rimproverato uno studente con le seguenti parole: 'You have deliberately tasted two worms and can leave Oxford by the town drain' al posto di 'You have deliberately wasted two terms and can leave Oxford by the down train' ('Lei ha intenzionalmente assaggiato due vermi e può quindi lasciare Oxford passando per le fognature della città' in luogo di 'Lei ha intenzionalmente sprecato due trimestri e può quindi lasciare Oxford con il treno che la riporterà in provincia').

Da Pasqua a ottobre il college è aperto tutti i giorni dalle 11 alle 17; in inverno invece dalle 14 alle 16. Il biglietto costa £2 in estate, mentre d'inverno l'ingresso è gratuito.

Sheldonian Theatre In Broad St si trova lo Sheldonian Theatre (☎ 277299), il più importante edificio pubblico appartenente all'università. Commissionato dall'arcivescovo di Canterbury Gilbert Sheldon, questo teatro fu il primo importante lavoro di Christopher Wren e fu edificato nel 1667 quando il famoso architetto era professore d'astronomia.

È aperto dal lunedì al sabato dalle 10 alle 12 e dalle 14 alle 16.30 (alle 15.30 in inverno). Il biglietto d'ingresso costa £1,50/1.

Bodleian Library La Bodleian Library, una delle tre biblioteche nazionali d'Inghilterra, si trova a lato dell'Old Schools Quadrangle, e risale al periodo giacobita. Le visite guidate alla biblioteca (☎ 277 000) si svolgono tutti i giorni alle 10.30, 11.30, 14 e 15 e permettono di ammirare la biblioteca del Duca Humfrey (1488). I posti disponibili vanno esauriti su prenotazione molto in fretta e il costo è di £3,50 (i bambini sotto i 14 anni non sono ammessi).

Da non perdere è anche la Divinity School, con il suo magnifico soffitto a volta. Celebre come capolavoro dell'architettura gotica inglese del XV secolo, la scuola è aperta dalle 9 alle 17 nei giorni feriali e fino alle 12.30 il sabato.

Trinity College In Broad St si trova il Trinity College (☎ 279900), che fu fondato nel 1555, mentre gli attuali edifici risalgono in gran parte al XVII secolo.

È aperto tutti i giorni dalle 10.30 alle 12 e dalle 14 alle 16 e il biglietto d'ingresso costa £1.

Balliol College Sempre in Broad St si trova anche il Balliol College (☎ 277777), che pur essendo stato fondato nel lontano 1263, ha edifici in gran parte risalenti al secolo scorso. Le porte in legno tra la corte quadrangolare interna e quella esterna recano ancora i segni delle bruciature che rimandano ai martiri protestanti arsi sul rogo verso la metà del XVI secolo. Matthew Arnold, Aldous Huxley e Graham

Greene sono tutti stati studenti del Balliol, da cui sono anche usciti due primi ministri conservatori del secolo scorso, Harold Macmillan e Edward Heath.

Il college è aperto tutti i giorni dalle 14 alle 17 e il biglietto costa £1.

Lincoln College Il college fu fondato nel 1427 dal vescovo Richard Fleming per difendere la fede dall'eresia medievale. Uno dei suoi laureati più famosi fu John Wesley, padre fondatore del metodismo ed eretico moderno (o almeno tale sarebbe parso agli occhi del vescovo). Quelle che furono le stanze di Wesley all'interno del college (☎ 279800) sono aperte tutti i giorni dalle 14 alle 17, ma solo per piccoli gruppi.

Fra i laureati illustri si possono citare il dott. Seuss e John Le Carré.

Exeter College Questo college (☎ 279600) è conosciuto per il suo elaborato refettorio del XVII secolo. All'interno della cappella si trova un arazzo di William Morris, che qui studiò nel 1853, così come il suo amico e collega Edward Burne-Jones. Fra gli altri personaggi che hanno frequentato Exeter si può citare Richard Burton. Il college è aperto tutti i giorni dalle 14 alle 17.

Jesus College Questo college (☎ 279700) in Turl St fu fondato nel 1571 per educare gli studiosi del Galles alle 'belle lettere' e molti degli studenti di oggi provengono ancora da questa parte della Gran Bretagna. Fra le persone famose che hanno frequentato il Jesus vanno citati T.E. Lawrence (alias Lawrence d'Arabia) e l'ex primo ministro laburista Harold Wilson. Il college è aperto tutti i giorni dalle 14.30 alle 16.30.

Escursioni organizzate

La Guide Friday (☎ 790522) organizza un giro della città in autobus che prevede numerose fermate lungo il percorso, con corse ogni 15 minuti dalle 9.30 alle 19 in estate, meno frequenti in inverno. L'escursione parte dalla stazione ferrovia-ria oppure si può iniziare da uno qualunque dei vari luoghi visitati lungo il percorso. I biglietti costano £8,50/2,50. L'indirizzo del sito Internet dell'agenzia è www.guidefriday.com.

Una proposta simile viene dall'operatore turistico Oxford Classic Tour (☎ 240 105), ma i prezzi sono più convenienti, £7/2. Le visite partono sia dalla stazione degli autobus sia dalla stazione ferroviaria dalle 10 alle 18 circa (alle 17 in inverno).

La Cotswold Roaming (☎ 250640/308300) organizza escursioni in autobus con guida turistica per diverse destinazioni nei dintorni di Oxford, tra cui Bath il mercoledì e il sabato, Stonehenge e Salisbury il giovedì e la domenica, Stratford-upon-Avon e Warwick Castle il venerdì. Il prezzo di queste escursioni è di circa £30 per persona. L'agenzia organizza quattro volte a settimana anche delle visite di mezza giornata nella regione del Cotswold che costano £18.

Pernottamento

In estate può essere difficile trovare alloggio a Oxford; è quindi meglio organizzarsi in anticipo o mettersi in fila al TIC pagando una commissione di £2,75 per un aiuto nella ricerca.

Campeggi L'*Oxford Camping International* (☎ 244088, *426 Abingdon Rd*) gode di una comoda posizione accanto al parcheggio per auto Park & Ride, circa 1,5 miglia (2,5 km) a sud del centro. I prezzi sono relativamente alti per i non soci: £5,30 per persona e £4,30 per la piazzola.

Ostelli L'ostello più conveniente è l'*Oxford Backpackers* (☎ 721761, *fax 315038*, ✉ oxford@hostels.demon.co.uk, *9A Hythe Bridge St*), che si trova a meno di 500 m dalla stazione ferroviaria. È dotato di 120 letti, prevalentemente in camerate. Nel periodo compreso tra aprile e settembre è consigliabile prenotare con una settimana di anticipo, lasciando una cauzione. Il posto letto nella camerata costa £11 per persona. Tra i servizi a disposizione vi sono un'ampia cucina, un bar, una lavanderia e l'accesso a Internet.

Pur essendo alquanto distante dal centro, all'*Oxford Youth Hostel* (☎ 762997, fax 769402, ✉ oxford@yha.org.uk, 32 Jack Straw's Lane) in estate è necessario prenotare con un largo anticipo. Si raggiunge con l'autobus n. 14 o 14A da High St. L'ostello è aperto tutto l'anno e i posti letto costano £10,85/7,40 per adulti/bambini.

Alloggio nelle università Durante le vacanze è possibile trovare una sistemazione nelle camere vuote degli studenti.

Da luglio a settembre la St Edmund Hall affitta le camere ammobiliate che durante l'anno sono occupate dagli studenti, trasformandosi in un B&B di alto livello con il nome di *Isis Guest House* (☎ 248894, fax 243492, 45-53 Iffley Rd). Le camere dotate di bagno privato costano £26 per persona, quelle senza £24.

Altrimenti si può provare l'*Old Mitre Rooms* (☎ 279821, fax 279963, 4B Turl St), che solamente a luglio e agosto affitta camere singole e doppie al prezzo rispettivamente di £25 e £46.

B&B e alberghi – centro Per una camera in un B&B in alta stagione la cifra a cui fare riferimento è di £20 circa per persona. Le zone con la più alta concentrazione di questo tipo di sistemazione sono Abingdon Rd a sud, Cowley Rd e Iffley Rd a est e Banbury Rd a nord. Queste vie si trovano tutte sui percorsi degli autobus di linea urbani, ma Cowley Rd presenta il vantaggio di avere anche la miglior scelta di locali dove mangiare.

La *Becket Guest House* (☎/fax 724675, 5 Becket St) si trova a pochi passi dalla stazione ferroviaria ed è un posto senza grosse pretese; affitta singole/doppie a partire da £30/45. A ovest della stazione si trova il piccolo *River Hotel* (☎ 243475, fax 724306, 17 Botley Rd), presso l'Osney Bridge; si tratta di un albergo molto frequentato da chi viaggia per motivi di lavoro, con camere a partire da £60/70. Il *Westgate Hotel*

(☎ 726721, fax 722078, 1 Botley Rd) offre camere a £36/48 (£39/56 con il bagno).

La *St Michael's Guest House* (☎ 242 101, 26 St Michael's St) si trova subito a lato di Cornmarket St e dunque non potrebbe essere più centrale. Le camere con bagno in comune costano £32/48, ma occorre tener presente che è necessario prenotare con settimane di anticipo.

Il B&B più vicino alla stazione degli autobus è la modesta *Walton Guest House* (☎ 552137, 169 Walton St), con camere senza bagno privato a £18 per persona. L'*Eurobar Hotel* (☎ 725087, fax 243367, ✉ eurobarox@aol.com, 48 George St) è molto comodo per la sua vicinanza alla stazione degli autobus. Le camere sono molto confortevoli e partono da £45/58.

Il migliore albergo di Oxford è il *Randolph Hotel* (☎ 0870 400 8200, fax 791678, Beaumont St), di proprietà dell'italiano Forte, situato in centro di fronte all'Ashmolean Museum. Fu costruito nel 1864 in stile neo-gotico; le camere costano a partire da £140/170, con riduzioni sul prezzo nei fine settimana. È possibile prenotare accedendo al sito Internet della società all'indirizzo www.heritage-hotels.com. Il delizioso *Old Parsonage Hotel* (☎ 310210, fax 311 262, 1 Banbury Rd) offre camere dotate di tutti i comfort a £130/165 ed è vivamente consigliato dall'azienda di promozione turistica.

Il *Bath Place Hotel* (☎ 791812, fax 791 834, 4 e 5 Bath Place) è un lussuoso albergo che dispone di 10 camere, tutte con stili diversi e alcune con letto a baldacchino. Le camere costano a partire da £90/140. Si trova in una zona tranquilla, seppur centrale, della città, vicino al New College. Potete consultare il suo sito Internet all'indirizzo www.bathplace.co.uk.

L'*Old Bank Hotel* (☎ 799599, fax 799598, ✉ oldbank@bestloved.com, 92 High St) è il primo esempio a Oxford di un albergo arredato con mobili di design, e prezzi di conseguenza. Le camere, raffinate e lussuose, hanno prezzi a partire da £135/155, esclusa la prima colazione!

B&B e alberghi – est A est del centro ci sono diversi B&B nell'area circostante a Cowley Rd, abitata in prevalenza da studenti, e numerosi altri si trovano lungo Iffley Rd verso sud. Un altro gruppetto si trova a nord, lungo Headington Rd.

La *Bravalla Guest House* (☎ *241326, fax 250511,* ✉ *bravalla.guesthouse@ virgin.net, 242 Iffley Rd*) è un posto alla buona con camere con bagno a £35.

L'*Athena Guest House* (☎ *243124, 253 Cowley Rd*) è comoda per raggiungere a piedi negozi e ristoranti e ha posti letto a £18 a testa. Continuando lungo la stessa via si incontra l'*Earlmont* (☎ *240 236, fax 434903,* ✉ *beds@earlmont. prestel.co.uk, 322 Cowley Rd*), un accogliente B&B che offre camere per non fumatori a £35/50.

B&B e alberghi – nord Lungo Banbury Rd, a nord del centro, si trovano parecchi B&B. La *Cotswold House* (☎/fax *310558, 363 Banbury Rd*) è un posto molto confortevole per alloggiare; le camere con bagno costano a partire da £41/66. Più modesta è invece la *Burren Guest House* (☎ *513513, 374 Banbury Rd*), che offre trattamento di B&B a partire da £33/48.

B&B e alberghi – sud Il posto più vicino al centro è il conveniente *Whitehouse View* (☎ *721626, 9 Whitehouse Rd*), in una via secondaria poco distante da Abingdon Rd, con camere a partire da £18/34.

Ci sono numerose altre possibilità di alloggio lungo Abingdon Rd. La *Newton House* (☎ *240561, fax 244647,* ✉ *newton. house@btinternet.com, 82 Abingdon Rd*) è piuttosto ampia (è costituita da due case unite insieme) e le camere costano £46/48. Al n. 106 si incontra invece la *Sportsview Guest House* (☎ *244268, fax 249 270,* ✉ *stayatsportsview_guest_ house@ freeserve.co.uk*) le cui camere costano a partire da £30/52 (£35/60 con bagno).

Pasti

Molti ristoranti di Oxford sono pensati per le tasche di genitori e turisti facoltosi. Per mangiare senza spendere troppo, scovate i posti più frequentati dagli studenti.

Chi si arrangia per conto proprio può fare un salto al *covered market*, il mercato coperto sul lato nord di High St dalla parte della Carfax Tower, dove troverà l'occorrente per spuntini, frutta e verdura. Fra i vari chioschi, *Palm's Delicatessen* ha una ricca scelta di paté e formaggi. Il *Brown's Café* serve pasti economici, del genere salsiccia e fagioli. In alternativa, l'*Alternative Tuck Shop* (*Holywell St*) è il posto per un pranzo a base di ottimi panini imbottiti e sandwich.

Un locale molto conosciuto per uno spuntino è il *St Giles' Café* (*St Giles*), che serve veloci spuntini e toast, tutti economici. Coloro che amano trattarsi bene non possono perdere *Taylor's* (☎ *558853, 31 St Giles*), un'incantevole gastronomia che ha un'impeccabile scelta di olive, insalate e pasticceria. Le porzioni di torta all'albicocca e zenzero sono straordinarie. Il conosciutissimo *George & Davis' Ice Cream Café* (☎ *511294, Little Clarendon St*) serve pasti leggeri (panini a ciambella tipici della cucina yiddish a partire da £1) e ottimi gelati di produzione artigianale.

In tutto il centro si trovano buone paninoteche e molte discussioni fra studenti vertono su quale sia la migliore. *Morton's* (☎ *200867, 22 Broad St*) non può davvero essere criticato per le sue gustose baguette e sul retro si trova anche un grazioso giardino per le giornate di sole. Appena un isolato dietro a Morton's, in Ship St, c'è *Heroes* che invoglia a ordinare con un'ampia scelta di panini imbottiti.

Il locale per non fumatori *Nosebag Restaurant* (☎ *721033, 6 St Michael's St*) ha buone zuppe e una eccellente scelta di torte. È aperto tutti i giorni a pranzo e a cena (chiuso il lunedì sera).

La *St Aldate's Coffee House*, nascosta sotto la chiesa di St Aldate's, è uno dei locali preferiti dagli studenti e ha una discreta scelta di panini e torte. Pasti leggeri, tè e caffè si possono trovare alla *Convocation Coffee House*, annessa alla chiesa di St. Mary. Se vi capita di trovarvi al TIC intorno all'ora di pranzo, l'adiacente pub *Old School* serve spuntini quali baguette farcite a prezzi ragionevoli.

The Grand Café (☎ *204463, 84 High St*) si trova in pieno centro di fronte al Queen's College e serve panini sontuosi e insalate in un ambiente elegante, fra colonne e specchi. Il cibo servito giustifica ampiamente una sosta. Altrettanto allettante è il *Frevd* (☎ *311171, Walton St)*, un caffè collocato all'interno di una antica chiesa con una facciata neoclassica di grande effetto. La domenica sera si ballano musiche latino-americane.

L'elegante *Browns* (☎ *511995, 5 Woodstock Rd)* può dare l'impressione di essere più costoso di quanto non sia effettivamente e serve una buona scelta di piatti della cucina europea e di altri angoli del mondo. Il *Café Something* (☎ *559782, Walton St)* è un piccolo posto alla moda specializzato in pizze dai prezzi ragionevoli e in alcuni ottimi dessert.

Lo *Shimla Pinks* (☎ *244944, 16 Turl St)* è un ristorante indiano particolarmente buono, appartenente a una catena nazionale in espansione, con servizio a buffet a partire da £6 circa e un'ampia scelta di piatti alla carta. In direzione della stazione, la *Bangkok House* (☎ *200705, 42a Hythe Bridge St)* serve cene thailandesi a menu fisso per due persone a £15,50, con alternative più economiche a pranzo. Questo locale è davvero conveniente per coloro che alloggiano all'Oxford Backpackers. Restando nel Sud-est asiatico, il *Bandung* (☎ *511668, 124 Walton St)* serve cucina malese e indonesiana con piatti del giorno a £7. Il satay è una specialità del posto e può essere mangiato bevendo una birra *Bintang* fatta arrivare da Java. *The Opium Den* (☎ *248680, 79 George St)* è considerato uno dei migliori ristoranti cinesi della città e serve una serie di menu a prezzo fisso per coloro che amano assaggiare un po' di tutto. La maggior parte delle portate principali costa £5,30.

Il *Quod* (☎ *202505, 92-94 High St)* è frequentatissimo dagli abitanti di Oxford per la sua cucina italiana alla moda servita in un ambiente confortevole. È consigliata la prenotazione e siate pronti a spendere come minimo £15 a testa. La carta dei vini è ancora più ricca del menu.

Se amate il pesce, allora il *Fishers Restaurant* (☎ *243003, 36 St Clement's)* è il miglior ristorante di Oxford per questo tipo di cibo. Per coloro che si vogliono garantire una serata speciale, il menu comprende ostriche Whitstable a £12,50 la dozzina.

Divertimenti

Pub e bar A Oxford ci sono alcuni ottimi pub sia in centro sia a poca distanza lungo il Tamigi.

In una posizione ideale, accanto al Folly Bridge, si trova l'*Head of the River*, un locale molto frequentato e un ottimo posto dove trascorrere una calda giornata estiva. Molto meno visibile è il minuscolo *Turf Tavern*, da sempre uno dei preferiti dagli studenti, che è nascosto in un vicolo del centro (Bath Place) ed è stato ritratto nella serie televisiva *Inspector Morse*. Esistono numerose birrerie all'aperto per chi ama stare fuori. Il *Kings Arms* è un affollato pub di studenti nel cuore della città, di fronte allo Sheldonian Theatre, in Parks Rd. Il *Bar Risa* (*3–5 Hythe Bridge St)* ha annesso il circolo di appassionati di commedia Jongleurs (menestrelli).

Gli universitari amano ciondolare all'*Eagle & Child* (*49 St Giles)*, un locale del XVII secolo, dove J.R.R. Tolkien e C.S. Lewis erano soliti incontrarsi per le letture pubbliche di *The Hobbit* (Lo Hobbit) e delle cronache di Narnia. Gli abitanti di Oxford lo chiamano affettuosamente 'Bird & Baby' (che è un diminutivo del vero nome).

Subito a lato di High St, di fronte a Turl St, il pub *The Bear* è ritenuto il più antico della città e deve la sua atmosfera raccolta e intima alle dimensioni ridotte.

Gli australiani nostalgici di casa potrebbero trovare sollievo al *Bar Oz*, nascosto in un vicolo a lato di Cornmarket St, dietro al mercato coperto.

Percorrendo a piedi l'alzaia che parte dal Folly Bridge, dopo 1,5 miglia (2,5 km) si arriva all'*Isis Tavern*, un luogo perfetto nelle giornate di sole, fatto salvo che non vi dispiaccia la gran folla. *The Perch* è un pub in una casa dal tetto in paglia in riva al fiume Binsey. Per raggiungerlo a piedi dal centro città si impiegano 25 minuti; da Walton St prendete Walton Well Rd e attraversate Port Meadow. È un pub molto frequentato sia per mangiare sia per bere e ha in assoluto il più bel giardino di Oxford e dintorni.

Per provare qualcosa di un po' meno tradizionale, azzardatevi ad entrare al *Baba* (☎ *203011, 240 Cowley Rd*), una sorta di ristorante indiano che funziona soprattutto come bar e rimane aperto fino a tardi. Nell'ingresso, che ha un po' lo stile del take away, si possono consumare i piatti tipici di questa cucina, anche se quasi tutti ordinano birra. Proseguendo lungo la strada si trova *The Zodiac (190 Cowley Rd)*, un piccolo circolo studentesco che si anima durante il fine settimana.

I locali notturni di Oxford non sono nulla di particolare; il *Po Na Na (13 Magdalen St)*, che è piuttosto un bar in cui la gente inizia a ballare nelle prime ore del mattino, è verosimilmente il migliore.

Musica Durante molti fine settimana si possono ascoltare concerti di gruppi irlandesi che suonano al *Bullingdon Arms (162 Cowley Rd)*, un movimentato locale irlandese con musica dal vivo, jazz o blues, il mercoledì sera.

Il *Roots.net (27 Park End St)* presenta una vasta scelta di musica da tutto il mondo e nel locale ci sono un bar e un nightclub in cui si fanno concerti dal vivo nella maggior parte delle sere.

Teatro drammatico, cinema e commedia L'*Oxford Playhouse* (☎ *798600, Beaumont St)* ha un cartellone che comprende teatro, musica e danza. L'*Old Fire Station* (☎ *794490, George St)* mette in scena soprattutto rappresentazioni classiche, mentre il *Burton Taylor Theatre* (☎ *798600, Gloucester St)* si interessa maggiormente a produzioni non convenzionali.

I film più interessanti generalmente sono proiettati al *Phoenix Picturehouse* (☎ *554909, Walton St)*.

Per la commedia, provate il *Jongleurs* (v. *Bar Risa* in **Pub e Bar**), un locale appartenente a una catena nazionale in forte crescita. Talvolta durante i fine settimana capita di vedere qualche grande nome ospite qui.

Per/da Oxford

Oxford dista 57 miglia (92 km) da Londra, 74 miglia (119 km) da Bristol e 33 miglia (53 km) da Cheltenham. Chi si muove in auto può raggiungerla rapidamente da Londra prendendo l'autostrada M40; Oxford però soffre di grossi problemi di traffico e spesso è difficile trovare posteggio. È dunque meglio ricorrere al sistema di Park & Ride, ovvero parcheggio più autobus: per trovare uno dei quattro parcheggi è sufficiente seguire le indicazioni poste lungo le strade di accesso alla città. Il posteggio è gratuito, ma sugli autobus per il centro si paga un biglietto di £1,30 (valido anche per il ritorno). Le partenze hanno luogo ogni 10 minuti durante tutto il giorno, dal lunedì al sabato.

Autobus Esiste un'agguerrita concorrenza tra le compagnie di trasporti che servono Oxford da Londra. L'Oxford Tube (☎ 772250) effettua corse per Londra, dove fa capolinea alla stazione degli autobus di Victoria, e lungo il percorso ferma a Shepherd's Bush, Notting Hill Gate e Marble Arch; il biglietto di andata e ritorno valido per 24 ore per la stazione di Victoria costa £7,50, la durata del viaggio è di un'ora e mezzo circa e il servizio è operativo 24 ore su 24. Le partenze sono molto ravvicinate ed è difficile che l'attesa superi i 15 minuti. A Oxford viene effettuata una fermata anche in St Clement's, nei pressi di Cowley Rd.

La National Express (☎ 0870 580 8080) ha numerosi autobus per il centro di Londra e l'aeroporto di Heathrow. Vengono inoltre effettuate tre corse al giorno per Cambridge (3 ore, £14), due o tre al giorno per Bath (2 ore, £9,75) e Bristol (2 ore e un quarto, £12,75), nonché due per Gloucester (un'ora e mezzo, £8) e Cheltenham (un'ora, £7,75). La Citylink

(☎ 785400) è la terza delle principali compagnie di trasporti e ha un frequente servizio di autobus per Londra (n. X90), Heathrow (n. X70), Gatwick (n. X80), Birmingham e Stratford-upon-Avon.

Treno Oxford ha una stazione moderna e tirata a lucido, dalla quale partono di frequenti treni per la stazione di Paddington, a Londra (un'ora e mezzo, £13).

Esiste un regolare servizio di treni per Coventry e Birmingham, il principale nodo ferroviario per i trasporti diretti a nord, e per Worcester e Hereford a nordovest, passando per Moreton-in-Marsh (per il Cotswold).

Per prendere i treni diretti a sud-ovest è necessario cambiare a Didcot Parkway (15 minuti). Ci sono moltissime coincidenze per Bath (un'ora e mezzo). Per viaggiare lungo l'altra linea che va nel Cotswold (Kemble, Stroud e Gloucester) si cambia a Swindon.

Trasporti urbani
Autobus Oxford è stata una delle prime città al mondo a introdurre gli autobus elettrici, che sono impiegati sulla linea che va dalla stazione ferroviaria al centro città e circolano dal lunedì al sabato con partenze ogni 12 minuti tra le 8 e le 18; il biglietto ha un costo fisso.

La città è stata duramente colpita dalla deregulation che ha interessato il settore dei trasporti pubblici e ci sono talmente tanti autobus concorrenti che stazionano in Cornmarket St che a volte può anche essere difficile attraversare la strada. Le compagnie principali sono la Oxford Bus Company (☎ 785410) e la Stagecoach (☎ 772250). L'autobus n. 4 della prima serve Iffley Rd, mentre il n. 5 serve Cowley Rd. L'ufficio informazioni, che si trova nella stazione degli autobus, potrà fornirvi tutte le informazioni di cui avrete bisogno.

Automobile Per noleggiare una macchina potete rivolgervi a Budget (☎ 724884), la cui agenzia è situata in Hythe Bridge St, a poca distanza dalla stazione.

Taxi I taxi sono reperibili fuori della stazione ferroviaria e nei pressi di quella degli autobus.

Bicicletta La bicicletta è sempre stata molto diffusa fra gli studenti e numerose sono le strade con corsie preferenziali. La cartina *Cycle into Oxford* riporta tutte le piste ciclabili in città e dintorni. Le biciclette che si trovano a noleggio a Oxford sono in genere del tipo da città, con cambio a tre velocità, e conviene sicuramente noleggiarle per una settimana intera piuttosto che a giornata.

Warlands (☎ 241336), Botley Rd, si trova nei pressi della stazione e fa pagare £8 per giorno e solo £15 per una settimana (più £35 di cauzione). Bike Zone (☎ 728 877), 6 Market St, è in pieno centro e dispone di biciclette a £10 per giorno o £20 per una settimana (più £100 di cauzione).

WOODSTOCK
☎ 01993
Woodstock può costituire la comoda meta di un'escursione in giornata da Oxford e deve fama e prosperità alla fabbricazione di guanti e alla famiglia Churchill. Anche se in genere la gente vi fa tappa durante il viaggio per il Blenheim Palace, qui si può trovare una squisita serie di edifici del XVII e XVIII secolo, in particolare il Bear Hotel e il municipio, costruito nel 1766 a spese del duca di Marlborough. La chiesa ha una torre del XVIII secolo, ma un interno medievale. Di fronte la Fletcher's House ospita l'**Oxfordshire County Museum** (☎ 811456), aperto tutti i giorni tranne il lunedì dalle 10 alle 17; il biglietto d'ingresso costa £2,50/50p.

Il TIC (☎ 813276, **@** tourism@west oxon.gov.uk), Hensington Rd, è aperto dal lunedì al sabato dalle 9.30 alle 17.30 e la domenica dalle 13 alle 17.

Pernottamento e pasti
Soggiornare a Woodstock costa caro, se si fa il paragone con le sistemazioni a buon mercato di Oxford. Il miglior rapporto qualità-prezzo lo offre *The Lawns* (☎/fax 812599, 2 Flemings Rd)*, che ha camere

DAL TAMIGI AL WYE

biglietti gratuiti per treni e autobus locali
e per l'ingresso al Blenheim Palace. L'albergo dispone anche di un servizio di lavanderia gratuito, cosa che lo rende praticamente unico!

Salendo di categoria, il *Pinetrees*
(☎ 813300, fax 01608-678877, 44 Green
Lane) ha un bel giardino e le camere singole hanno prezzi a partire da £30, le doppie £48. La *Plane Tree House* (☎ 813
075, 48 Oxford St) è un B&B esclusivo in
posizione centrale che dispone di tre camere a £60.

A coloro cui non difettano i soldi da
spendere, la città offre due alberghi sontuosi. Il più abbordabile è il *Feathers Hotel* (☎ 812291, fax 813158, Market St), le
cui camere lussuose costano £88/105. Il
Bear Hotel (☎ 0870 400 8202, fax
813380, ✉ woodstockbear@fortehotels.
com, Park St) è una storica locanda due-
centesca dove un tempo sostavano le carrozze, con camere a partire da £115/140.

L'*Harriet's Tearooms* (Park St) è una
bella e piccola sala da tè che serve una
delle migliori piccole pasticcerie da questo lato della Manica. La *Brotherton's
Brasserie* (Park St) ha un'ampia scelta di
piatti tipici mediterranei, a cui si accompagna una ricca carta dei vini. La scelta di
piatti pronti all'affollato *Black Prince*
comprende specialità messicane e pizza.

Per/da Woodstock

Per raggiungere Woodstock da Oxford si
deve prendere l'autobus n. 20 della compagnia Stagecoach, che parte dalla stazione degli autobus.

DINTORNI DI WOODSTOCK
Oxford Bus Museum

Ai patiti dei mezzi pubblici farà forse piacere visitare una delle più grandi collezioni di autobus di tutta l'Inghilterra. Qui ne
troverete più di 50, alcuni dei quali sono
ancora in corso di restauro. Il museo è
aperto il sabato dalle 13.30 alle 16.30 e la
domenica e nei giorni festivi di 'bank holiday' dalle 10.30 alle 16.30. Il biglietto
d'ingresso costa £3/1,50 e il museo si tro-

va subito dopo la stazione ferroviaria di
Long Hanborough, ad appena 10 minuti
da Oxford.

Blenheim Palace

Il Blenheim Palace, uno dei palazzi più
grandi d'Europa, fu donato dalla regina
Anna e dal Parlamento a John Churchill,
il primo Duca di Marlborough, in segno
di riconoscenza per aver contribuito a
sconfiggere Luigi XIV. Blenheim è
un'enorme fantasia barocca e fu costruito
da Sir John Vanbrugh e Nicholas Hawksmoor fra il 1704 e il 1722. Oggi il sito fa
parte del patrimonio dell'umanità protetto
dall'Unesco.

Si entra nell'edificio percorrendo un
grande salone d'ingresso alto 20 m, con
un soffitto affrescato da Sir James Thornhill e raffigurante il Duca di Marlborough che offre in dono a Britannia il suo
piano per la battaglia di Blenheim. A
ovest del grande salone si trovano gli appartamenti un tempo abitati dal cappella-
no del palazzo e oggi occupati da una mostra dedicata a Churchill, la Churchill
Exhibition. Nella stanza in cui venne alla
luce il grande primo ministro inglese sono
conservati le sue pantofole e un ricciolo
dei suoi capelli.

Le finestre della fastosa sala dei ricevimenti offrono uno scorcio sulla torre della
Bladon Church, la chiesa che ospita le
tombe di Churchill e della sua famiglia.
Tra la sala dei ricevimenti e la biblioteca
si aprono tre saloni di rappresentanza con
arazzi che commemorano le campagne
militari dei Marlborough.

È anche possibile visitare la cappella e i
giardini che si estendono su una superficie di oltre 800 ettari, in parte occupati da
un parco all'inglese disegnato da Capability Brown.

La ferrovia del parco di Blenheim conduce al giardino delle erbe, alla casa delle
farfalle e a un grande labirinto. Un biglietto a parte vi permette di dare un'occhiata agli appartamenti privati dove vivono gli attuali duchi.

Il Blenheim Palace (☎ 01993-811325)
è aperto da metà marzo a ottobre dalle

10.30 alle 17 e il biglietto d'ingresso costa £9/4. Il parco è accessibile tutto l'anno a partire dalle 9.

La Cotswold Roaming (☎ 01865-250640/308300) effettua gite organizzate a Blenheim con partenza da Oxford. In alternativa, prendere un taxi da Oxford a Blenheim vi costerà £15 circa.

COTSWOLD DELL'OXFORDSHIRE

Per informazioni più dettagliate sulla porzione della splendida regione del Cotswold che appartiene all'Oxfordshire, v. oltre **Cotswold e dintorni**.

A SUD DI OXFORD
Abingdon
Pop. 30.000 ☎ 01235

La graziosa Abingdon è una città sede di mercato che si trova 6 miglia (10 km) a sud di Oxford. Lo straordinario edificio della **County Hall** fu progettato nel 1678 da Christopher Kempster, che lavorò pure alla St Paul Cathedral di Londra. Oggi questo edificio ospita l'**Abingdon Museum** (☎ 523703), che è aperto tutti i giorni dalle 11 alle 17 (alle 16 in inverno). L'ingresso è gratuito, ma per godere della vista dal tetto si paga £1/50p. La **St Helen's Church** è una chiesa più larga che lunga ed è un eccellente esempio di stile gotico perpendicolare.

Il TIC (☎ 522711), 25 Bridge St, si trova vicino al fiume ed è aperto dal lunedì al sabato dalle 10 alle 17 e, in estate, anche la domenica dalle 13.30 alle 17.

Sul St Helen's Wharf, il molo sul Tamigi, si trova un accogliente pub, l'*Old Anchor Inn*, che serve anche da mangiare.

Il mezzo più piacevole per raggiungere Abingdond da Oxford è la barca (v. sopra **Gite in barca** in **Oxford**). In alternativa l'autobus n. 31 della Stagecoach garantisce il collegamento tra Abingdon, Oxford e Wantage.

Didcot Railway Centre

Il Didcot Railway Centre (☎ 01235-817200, @ didrlyc@globalnet.co.uk) è il luogo in cui continua a esistere la Great Western Railway (GWR). Progettata da Isambard Kingdom Brunel, questa linea ferroviaria correva da Londra a Bristol con uno scartamento decisamente superiore al normale e mantenne la sua indipendenza fino alla nazionalizzazione delle ferrovie avvenuta nel 1948. Il centro ospita una serie di locomotive a vapore e da aprile a settembre è aperto tutti i giorni dalle 10 alle 17, e dalle 10 alle 16 nei fine settimana in inverno. La tariffa d'ingresso varia da £4 a £12, a seconda delle circostanze.

Questo centro si trova a Didcot, sulla A34, ma si può anche raggiungere in treno da Oxford (15 minuti).

Dorchester-on-Thames

Una strada di vecchie locande un tempo stazioni per diligenze e una magnifica chiesa medievale è più o meno tutto ciò che offre Dorchester-on-Thames, nonostante che all'epoca dei Sassoni qui si trovasse una cattedrale. Nel XII secolo sul posto venne fondata un'abbazia che, a seguito della Riforma, divenne la parrocchia dei santi Pietro e Paolo. L'edificio merita una visita per poter ammirare il fonte battesimale in piombo di epoca normanna sul quale sono raffigurati gli apostoli, una fantastica finestra di Jesse con figure scolpite, una vetrata policroma che raffigura la stirpe di Gesù Cristo, e la lapide del XIII secolo di un cavaliere. All'interno della *Abbey Guest House* (☎ *340703*), anch'essa risalente al Medioevo, si trovano un piccolo museo e un caffè. Il primo è aperto dalle 11 alle 17 dal martedì al sabato, e la domenica e i lunedì di 'bank holiday' dalle 14 alle 17; l'ingresso è gratuito. L'autobus n. X39 della Thames Travel (☎ 01491-874216) collega Dorchester a Oxford e Abingdon.

Wantage
Pop. 9700 ☎ 01235

Wantage è posta ai piedi delle Berkshire Downs, 15 miglia (24 km) a sud-ovest di Oxford; è il luogo che nell'849 diede i natali ad Alfredo il Grande e la statua del re domina la piazza principale. Il Ridgeway, nome di un itinerario escursionistico nazionale, passa a meno di 3 miglia (5 km) a sud.

Il TIC (☎/fax 760176), 19 Church St, è aperto dalle 10 alle 16.30 dal martedì al sabato e la domenica dalle 14.30 alle 17. Si trova all'interno di una casa riadattata di un mercante di tessuti vissuto nel XVI secolo, che ospita anche il **Vale & Downland Museum Centre** (☎ 771447) dove potrete trovare informazioni su Alfredo il Grande e sulla vita nelle zone percorse dal Ridgeway. Il museo osserva gli stessi orari di apertura del TIC e il biglietto d'ingresso costa £1,50/1.

Pernottamento e pasti Due miglia (3 km) a sud di Wantage si trova il *Ridgeway Youth Hostel* (*☎ 760253, fax 768865, Court Hill*), ricavato da diversi vecchi fienili disposti attorno a un cortile. Da maggio all'inizio di settembre è aperto tutti i giorni (telefonate per maggiori informazioni); il pernottamento costa £9/6,20 per adulti/bambini.

The Chalet (*☎ 769262, 21 Challow Rd*) offre un'essenziale sistemazione B&B a partire da £16 per persona. Un'alternativa più costosa è rappresentata dal *Bell Inn* (*☎ 763718, fax 224392, ✉ thebellwantage @aol.com, Market Square*), che è più centrale ma dove una camera costa £22,50/45 (£55 con bagno).

Il *Flying Teapot*, a fianco della chiesa, serve spuntini tradizionali inglesi quali le patate al forno cotte con la buccia con i consueti condimenti. Al *The Shears* (*Mill St*) si possono trovare i tipici piatti da bar.

Per/da Wantage La Stagecoach (☎ 01865-772250) effettua corse regolari per Didcot e Swindon. Il biglietto Sunday Rover vi permette di girare in tutta la zona al costo di £5.

The White Horse

Sei miglia (10 km) circa a ovest di Wantage, l'immagine stilizzata di un cavallo scolpito sul fianco di una collina rappresenta probabilmente la più famosa figura in gesso d'Europa. Misura 114 m di lunghezza e 49 m di larghezza e fu scolpita 2000 anni or sono per motivi rimasti sconosciuti. E altrettanto inspiegabile è come l'artista sia riuscito a riprodurre con tale precisione linee e prospettiva, se si pensa che solo da una certa distanza si riesce a vedere il cavallo a figura intera.

Sopra il cavallo in gesso si trovano i terrapieni erbosi di Uffington Castle. Dal Ridgeway Youth Hostel, nei pressi di Wantage, una meravigliosa passeggiata lunga 5 miglia (8 km) conduce lungo il Ridgeway fino a White Horse (il cavallo bianco, appunto).

Thomas Hughes, autore del libro *Tom Brown's Schooldays* (I giorni di scuola di Tom Brown) nacque nel villaggio di **Uffington**. La sua casa è oggi un **museo** alla buona (☎ 01367-820259), aperto dalle 14 alle 17 nei week-end, da Pasqua a settembre; il biglietto d'ingresso costa 60/30p.

The Craven (*☎ 01367-241846*) è una fattoria dal tetto in paglia con servizio di B&B a partire da £25/48.

HENLEY-ON-THAMES
Pop. 11.000 ☎ 01491

Henley è conosciuta in tutto il mondo per la sua regata di canottaggio. Si tratta di uno di quegli avvenimenti profondamente inglesi, nei quali si sprecano cappelli di paglia, blazer, fragole con panna e che oggi sempre più tendono a diventare monopolio degli alti ranghi dell'industria dello spettacolo.

Il TIC (☎ 578034, fax 411766) si trova nel seminterrato del municipio, in Market Place; da Pasqua a settembre è aperto tutti i giorni dalle 10 alle 18; in inverno dal lunedì al sabato dalle 10 alle 17, e la domenica dalle 10 alle 16. In estate viene istituito anche un punto informativo supplementare in un chiosco in Mill Meadows.

La solenne High St è dominata dalla **St Mary's Church**, una chiesa che risale al XIII secolo. Sopra gli archi dell'Henley Bridge, un ponte costruito nel 1786, sono visibili le sculture raffiguranti Iside e il Padre Tamigi. Due belle locande dove un tempo sostavano le diligenze, la Red Lion e la Angel, fanno da sentinella all'estremità di High St dove sorge il ponte. Entrambe esistevano già molto tempo prima del XVIII secolo, epoca in cui vissero il loro apogeo, ed entrambe hanno ospitato molti personaggi celebri, dal Duca di Wellington a James Boswell.

Henley Royal Regatta

La prima gara di canottaggio tra Oxford e Cambridge si tenne nel 1829 e all'epoca il percorso andava da Hambledon Lock a Henley Bridge. Nel 1839 si pensò di allungarlo, per dare ulteriore impulso al crescente prestigio di Henley.

Ogni anno, nella prima settimana di luglio, la regata attrae il bel mondo; ma nonostante la sua caratteristica combinazione di sfarzo ed eccentricità, è una manifestazione sportiva seria che richiama i canottieri più forti.

Gli spettatori possono assistere allo svolgersi della competizione da due zone, il recinto dei commissari sportivi e quello del pubblico, anche se pochi sembrano essere veramente interessati a quanto accade in acqua. Si consumano picnic luculliani, enormi quantità di Pimm's (coppa alcolica alla frutta) e di champagne, ed è ancora oggi un avvenimento di vitale importanza nel calendario mondano.

Chi è in contatto con l'ambiente delle regate o dell'industria può ottenere i biglietti per il recinto dei commissari di gara; tutti gli altri pagano £6 al giorno il mercoledì e il giovedì (£10 al giorno dal venerdì alla domenica) per assistere alle competizioni dal recinto del pubblico.

River & Rowing Museum

Henley è stata recentemente dotata di un museo appositamente costruito e progettato dall'architetto minimalista David Chipperfield, all'interno del quale sono esposti dipinti e manufatti che fanno riferimento alla storia della città, al Tamigi e al canottaggio. Alla stregua di tutti i migliori musei moderni, il River & Rowing Museum (☎ 415600) dispone della tecnologia più moderna per animare le sue esposizioni. Il panorama di cui

si gode dall'edificio è incantevole e non mancano, ovviamente, una caffetteria e un negozio.

Il museo è aperto tutti i giorni dalle 10 alle 18 (dalle 10.30 la domenica) e il biglietto d'ingresso costa £4,95/3,75. Si trova in Mill Meadows ed è dotato di un parcheggio riservato.

Visita alla Brakspear Brewery

Gli appassionati della 'bitter' inglese non dovrebbero lasciarsi sfuggire l'opportunità di fare un giro alla fabbrica di birra Brakspear (☎ 570224), New St, che ha sede in città fin dal 1779. Le visite durano 45 minuti circa e devono essere prenotate con anticipo (per un minimo di sei persone, quindi procuratevi degli amici). Il costo è di £5, che comprendono l'obbligatoria bottiglia di 'bitter' Brakspear.

Gite in barca

Henley è il posto ideale per abbandonarsi a un po' di ozio: sul fiume e nei pressi del ponte numerose compagnie di navigazione sono pronte a farvi divertire. Nelle domeniche estive Hobbs & Son (☎ 572035) organizza escursioni a partire da £20 a testa. Tragitti più brevi di andata e ritorno con destinazione Hambledon Lock costano circa £4/3. Il noleggio di una barca a remi da 5 posti costa £10 all'ora; una barca a motore da 4 posti £18.

Pernottamento

Se volete soggiornare in un qualunque posto nei dintorni di Henley nel periodo della regata, dovrete prenotare con settimane di anticipo. Anche durante la bassa stagione i B&B sono piuttosto cari.

Campeggi Lo *Swiss Farm International Camping* (☎ 573419, *Marlow Rd*) si trova 400 m circa fuori Henley, sulla strada per Marlow. Campeggiare costa £4 per gli adulti e £1 per la piazzola.

B&B e pensioni Il bel *No 4 Riverside* (☎ 571133, *fax 413651, 4 River Terrace*) è in una posizione molto carina e le camere che affacciano sul fiume costano £40/50. In alternativa si può provare l'*Alftrudis* (☎ 573099, fax 411747, @ b&b@alftrudis.fsnet.co.uk, 8 Norman Ave), un B&B piacevole che si trova a circa 5 minuti a piedi dal centro; le camere costano da £40 a £55 con bagno. L'*Avalon* (☎ 577 829, 36 Queen St) è una delle soluzioni più economiche in città e ha prezzi a partire da £25/40.

Il *Lenwade* (☎ 573468, @ lenwadeuk@compuserve.com, 3 Western Rd) ha tre camere doppie a partire da £55 (£45 per uso singolo!). L'*Abbotsleigh* (☎/fax 572982, 107 St Marks Rd) offre camere doppie con bagno, in una grande casa familiare, a £56.

Pasti

In molti pub si può mangiare senza spendere troppo. Nei pressi del TIC c'è il *Three Tuns (5 Market Place)*, un locale decoroso e tradizionale, che ha buone proposte gastronomiche limitate ai cibi normalmente preparati nei bar e che serve pranzo anche la domenica. *The Angel* è un pub con vista su Thames Side, vicino all'Henley Bridge, ma è piuttosto costoso sia per mangiare sia per bere. Gli spuntini al bar hanno un prezzo più accessibile rispetto al ristorante.

In alternativa, ci sono i locali delle catene *Café Rouge* (☎ 411733) e *Caffe Uno* (☎ 411099), uno di fronte all'altro in High St, e vicino a *Pizza Express (35 Market Place)*. L'*Henley Tea Rooms* è in River Terrace, di fronte al fiume, mentre all'*Old Rope Walk (High St)* si serve il tipico pasto pomeridiano accompagnato dal tè (high tea), servito con tutti i contorni tradizionali. Il *Thai Orchid* (☎ 412227, Hart St) offre un buon menu standard di piatti tipici thailandesi e la maggior parte delle portate principali costa £7 circa.

Per/da Henley

Henley è situata 21 miglia (34 km) a sud-est di Oxford lungo la A423 e 40 miglia (64 km) a ovest di Londra. L'autobus n. X39 della compagnia Thames Travel (☎ 874216) collega ogni ora Henley con Oxford e Abingdon (ogni 2 ore la domenica).

Per andare in treno da Henley a Oxford è necessario cambiare a Twyford oppure a Reading. Il viaggio da Henley alla stazione londinese di Paddington ha una durata di circa un'ora e costa £7,20.

DINTORNI DI HENLEY-ON-THAMES
Stonor Park

La residenza di Stonor Park (☎ 01491-638587) è stata per oltre 800 anni dimora degli Stonor, una famiglia di salde tradizioni cattoliche che dalla Riforma in poi patì numerose ingiustizie. Il palazzo in stile Tudor custodisce una squisita collezione di dipinti che comprende opere di Tintoretto e Caracci.

Stonor Park si trova 5 miglia (8 km) a nord di Henley e per arrivarci è necessario disporre di un proprio mezzo di trasporto. È aperto la domenica dalle 14 alle 17.30 ad aprile; il mercoledì e la domenica a maggio, giugno e settembre; il mercoledì, il giovedì e la domenica a luglio; il mercoledì, il giovedì, il sabato e la domenica ad agosto. Il biglietto d'ingresso costa £4,50.

Cotswold e dintorni

Le colline del Cotswold, rilievi calcarei che dominano la valle del Severn tra Bath e Chipping Campden, rappresentano l'ispirazione di quei dipinti tradizionali che ritraggono l'Inghilterra agreste come una contadina con le gote arrossate. Si tratta di una zona collinare fatta di incantevoli villaggi in pietra dorata e di panorami mozzafiato. Alcuni villaggi sono molto conosciuti e durante l'estate possono dare la sensazione di essere letteralmente invasi; il modo migliore per evitare il turismo di massa è viaggiare a piedi o in bicicletta. Alloggiare può essere costoso, gli ostelli della gioventù sono pochi e anche i campeggi scarseggiano.

La Severn Vale abbraccia città quali Cheltenham (una delle città del periodo della Reggenza meglio conservata di tutta la Gran Bretagna), Tewkesbury (che ha una bella abbazia) e Gloucester (sede di una storica cattedrale), oltre a luoghi quali Berkeley Castle e il Wildfowl & Wetlands Trust a Slimbridge (una riserva ornitologica). La parte occidentale della contea, che geograficamente appartiene al Galles, è occupata dalla Forest of Dean e al confine con il Galles c'è la bella valle del Wye.

ITINERARI A PIEDI E IN BICICLETTA

La regione del Cotswold e le aree circostanti offrono interessanti itinerari, sia per escursioni a piedi sia per gite in bicicletta, grazie a una miriade di strade poco trafficate, pendenze lievi ma ugualmente gratificanti e graziosi pub. Fatevi dare dai TIC locali una copia dei pratici opuscoli *Walking in Gloucestershire* e *Cycling in Gloucestershire*.

Cotswold Way (v. **Itinerari a piedi** in **Attività**) è un percorso di 100 miglia (161

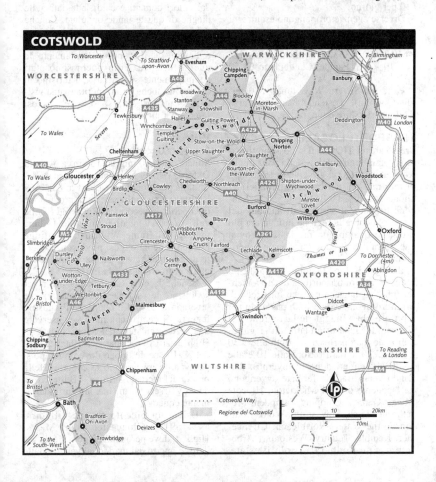

km) che va da Bath a Chipping Campden. Presso i TIC locali sono disponibili le guide per gli itinerari a piedi e un'utile serie di opuscoli dal titolo *Cycle Touring Routes in Gloucestershire*. *Cycling in the Cotswolds* di Bartholomew (£8,99) fornisce tutte le informazioni del caso.

La Campus Holidays (☎ 01242-250642) organizza escursioni nella regione in mountain bike, con partenza da Cheltenham, mentre la Cotswold Country Cycles (☎ 01386-438706), che si trova a Chipping Campden, noleggia biciclette a £10 per giorno.

Diverse agenzie propongono escursioni a piedi con o senza guida; rivolgetevi, per esempio, alla Cotswold Walking Holidays (☎ 01242-254353, @ walking@star.co.uk), 10 Royal Parade, Cheltenham GL50 3AY.

Parte del Severn Way, lungo 210 miglia (338 km), si estende a sud attraverso il Gloucestershire e lungo il Severn.

TRASPORTI LOCALI

Presso alcuni TIC locali si possono trovare gli orari degli autobus della zona oppure potete rivolgervi al servizio telefonico di informazioni dei trasporti pubblici del Gloucestershire (☎ 01452-425543). Sebbene limitato, il servizio di autobus del Cotswold copre la regione in maniera più estesa di quanto non faccia la ferrovia, che sfiora il confine settentrionale e meridionale.

Il Cotswold Link (autobus n. X55) è un utile servizio di trasporti da tenere a mente. Infatti collega le mecche turistiche di Stratford-upon-Avon e Bath passando per i pittoreschi villaggi della regione del Cotswold; viene effettuato tutti i giorni dell'anno, con partenza da Bath alle 9.30 e alle 15.30, e da Stratford alle 10 e alle 15.30 (10 minuti dopo in inverno). Andando verso Bath le fermate avvengono nel seguente ordine: Mickleton, Hidcote Manor Garden, Chipping Campden, Moreton-in-Marsh, Stow-in-the-Wold, Bourton-on-the-Water, Northleach, Cirencester, Kemble, Tetbury, Westonbirt Arboretum, Old Sodbury e, solo d'estate,

Dyrham Park. Il biglietto di sola andata per l'intero viaggio costa £7,70, quello di andata e ritorno £13; una volta in possesso del biglietto si può salire e scendere quante volte si vuole nell'arco della giornata. Il biglietto 'Rover', valido tre giorni, costa invece £15/7,50 per adulti/bambini. Per maggiori informazioni ci si può rivolgere al ☎ 01225-464446.

COTSWOLD SETTENTRIONALE

Il Cotswold settentrionale è caratterizzato da suggestivi villaggi con case in pietra dai colori delicati e caldi, adagiati nelle pieghe di queste lande ondulate. Benché debbano la loro esistenza all'industria medievale della lana, oggi la maggior parte di essi trae il proprio sostentamento da quella turistica. Solo pochi sono stati completamente sopraffatti dal turismo di massa, ma anche questi meritano una visita (d'altra parte non sono diventati così famosi per niente).

Witney
Pop. 22.000 ☎ 01993
Situata a soli 10 miglia (16 km) a ovest di Oxford, Witney potrebbe essere quasi definita la porta del Cotswold. Fin dal 1669 la città si è specializzata nella produzione di coperte; le pecore del Cotswold e delle valli (*downs*) locali forniscono la lana mentre dal fiume Windrush si attinge l'acqua. Ancora oggi si producono coperte di alta qualità e la stessa regina continua a ordinare le sue da Early's.

Benché la città sia cresciuta per poter soddisfare le esigenze dei pendolari che lavorano a Oxford e quelle dell'industria leggera, il centro continua a conservare una certa atmosfera dei tempi andati. In High St si trova la barocca Blanket Hall del XVIII secolo, luogo dove un tempo si pesavano e misuravano le coperte. Nella piazza del mercato si trova il Buttercross, del XVII secolo, un mercato originariamente coperto.

Esiste un piccolo **museo** cittadino (☎ 775915), Gloucester Court Mews, High St, dove però non c'è granché da vedere. È aperto dal martedì al venerdì dalle

14 alle 17 e il sabato dalle 10.30 alle 17 (e la domenica in luglio e agosto). Il biglietto d'ingresso costa £1 (i bambini entrano gratis).

Il TIC (☎ 775802, fax 709261), 51 Market Square, si trova all'interno del palazzo comunale del XVIII secolo ed è aperto dal lunedì al sabato dalle 9.30 alle 17.30 (dalle 10 alle 16.30 da novembre a febbraio).

Cogges Manor Farm Museum Chiaramente segnalato sulla riva orientale del fiume Windrush, il Cogges Manor Farm Museum (☎ 772602) permette di farsi una vaga idea di quale potesse essere la vita a Witney 100 anni fa. Qui troverete un telaio a mano del XVIII secolo ancora funzionante e animali domestici che vagano nella tenuta di questo casale del XIII secolo, che fu radicalmente modificato nel '600 e '700. Potrete anche assaggiare torte e 'scones' (focaccine dolci tonde) appena uscite dal forno della vecchia stufa.

Da fine marzo a ottobre il museo è aperto dalla 10.30 alle 16.30 dal martedì al venerdì, e dalle 12 alle 16.30 durante i fine settimana. Il biglietto d'ingresso costa £4/2. Se arrivate con l'autobus da Oxford, dovete scendere al Griffin Pub e percorrere a piedi Church Lane.

Pernottamento e pasti La maggior parte di voi sceglierà di alloggiare a Oxford o nel cuore del Cotswold, ma per chi lo desiderasse esistono anche alcune possibilità a Witney.

La *Cassidy's Guest House* (☎/fax 779445, ✉ mc1351@aol.com, Puck Lane) è un comodo B&B non lontano dal centro. Le camere costano £30/40.

Se preferite una stanza in centro, il *Marlborough Hotel* (☎ 776353, fax 702152, 28 Market Square) è una antica locanda, un tempo stazione per le diligenze, che ha camere a partire da £49,50/ 69,50.

Il *Browns Café Bar* (☎ 709788, Waterloo Walk) offre una buona scelta di piatti. Per qualcosa di un po' più raffinato, il *Bistro 35* (☎ 703540, 35 High St) ha un menu molto elaborato ed è aperto tutti i giorni a pranzo e cena.

Per/da Witney Esistono frequenti corse d'autobus dirette a Oxford

Minster Lovell

Questo villaggio nella valle del fiume Windrush si diceva essere stato il preferito di William Morris, dopo il suo amato Bibury (v. oltre **Bibury**). Da qui partono deliziose passeggiate lungo il fiume.

Le interessanti rovine di **Minster Lovell Hall**, la tenuta di campagna del XV secolo di Lord Lovell, sono poste sotto la tutela dell'English Heritage. I Lovell furono una famiglia sfortunata. Francis Lovell si trovò dalla parte dei perdenti nella battaglia di Bosworth del 1485 e peggiorò ulteriormente le cose sostenendo le labili pretese al trono di Lambert Simnel contro Enrico VII. Si dice che egli abbia abbandonato la battaglia di Stoke del 1487 e che abbia vissuto il resto dei suoi anni chiuso in una camera segreta della casa.

Nel centro del minuscolo villaggio si trova *The Swan*, un bellissimo pub e albergo dove viene servito un ottimo menu.

Minster Lovell è 3 miglia (5 km) a ovest di Witney, a poca distanza dalla A40 e 5 miglia (8 km) a sud-est di Burford.

Burford
☎ 01993

Villaggio tra i più pittoreschi della regione del Cotswold, Burford è attraversato da una ampia strada interamente fiancheggiata da graziose abitazioni in pietra e richiama folle di turisti nei mesi estivi. Un tempo Burford fu importante come stazione delle diligenze e oggi vanta una straordinaria quantità di case costruite nel periodo che va dal XIV al XVI secolo e un ponte medievale sul fiume Windrush.

Il TIC locale (☎ 823558, fax 823590), The Brewery, Sheepstreet, si trova nei pressi del Lamb Inn. È aperto dal lunedì al sabato dalle 9.30 alle 17.30 e la domenica dalle 10 alle 15.

Che cosa vedere Il **Tolsey Museum** (Toll House) in High St è un edificio del XVI secolo che oggi ospita un piccolo museo sulla storia di Burford. È aperto da aprile a settembre dal lunedì al venerdì dalle 14 alle 17 e dalle 11 alle 17 nei fine settimana. Il biglietto d'ingresso costa 50/10p.

Appena fuori Burford si trova il **Cotswold Wildlife Park** (☎ 823006), uno zoo esistente da molto tempo all'interno del parco di un palazzo gotico. È aperto tutti i giorni dalle 10 alle 17 (alle 16 in inverno). L'ingresso costa £6/4.

Pernottamento e pasti Burford non è consigliabile a chi deve fare i conti con il portafoglio; la maggior parte delle sistemazioni più economiche è a Leafield, 4 miglia (6 km) a nord-est.

A Burford il *Priory Tearooms* (☎ 823 249, High St) ha cinque camere con servizio di B&B che a £15 per persona rappresentano un vero affare. D'estate il caffè ha tavoli all'aperto nei quali si può anche rischiare di inciampare quando la folla è tanta. Il *Chevrons* (☎ 823416, Swan Lane), è un altro dei B&B poco costosi con camere singole/doppie con bagno a partire da £25/35.

Il quattrocentesco *Lamb Inn* (☎ 823 155, Sheep St) è il pub più antico di Burford. Oggi è un albergo estremamente accogliente, con soffitti con travi a vista e scale scricchiolanti. Le camere con bagno hanno prezzi a partire da £52,50 per persona durante la settimana e £57,50 il fine settimana. Un soggiorno breve vi offrirà un miglior rapporto qualità-prezzo.

La *Burford House* (☎ 823151, fax 823 240, ✉ stay@burfordhouse.co.uk, 99 High St) si potrebbe definire la sistemazione più elegante in città. Le camere in questa tipica casa di città a graticcio non sono economiche e hanno prezzi a partire da £75/90.

A Burford ci sono diversi pub di buona qualità in cui mangiare o bere. In High St si trovano il caratteristico *Mermaid* e il *Golden Pheasant*, che offrono entrambi sia spuntini sia pasti completi. In Witney

St sembra invece riscuotere grande successo l'*Angel*, che richiama clienti non solo per la sua birra alla spina, ma anche per il cibo, che è valso al locale numerosi riconoscimenti. Il ristorante è caro ma i prezzi dei pasti consumati al bar sono più abbordabili.

In High St ci sono diverse sale da tè: *Huffkins* offre la più stupefacente scelta di torte e durante l'alta stagione è sempre affollatissimo.

Per/da Burford La Swanbrook (☎ 01452-712386) ha quattro autobus giornalieri (solo due la domenica) da Oxford per Burford che passano da Witney.

Chipping Norton
☎ 01608

Questa piacevole cittadina sede di mercato è quella posta ad altezza più elevata di tutto l'Oxfordshire e rappresenta un buon punto di partenza per visitare i villaggi dei dintorni. Come accaduto in tutta questa zona, Chipping Norton costruì la propria ricchezza sulla lana che fu poi rimpiazzata dal tweed a partire dal XIX secolo. La **Church of St Mary** è un classico esempio di chiesa dei centri lanieri, di cui il Cotswold vanta numerosissimi esempi, mentre la vecchia **fabbrica di guanti** a lato della strada per Moreton-in-Marsh è un sorprendente esempio di architettura industriale del XIX secolo. Esiste anche un piccolo museo storico locale (☎ 658 518), 4 High St, in un vecchio palazzo di fronte al municipio. Da Pasqua a ottobre è aperto dal martedì alla domenica dalle 14 alle 16. L'ingresso costa £1/50p.

Il TIC (☎ 644379) si trova all'interno del Guildhall. È aperto dalle 9.30 alle 17.30 dal lunedì al sabato, ma talvolta effettua una pausa pranzo di mezz'ora.

Northleach
Pop. 1000 ☎ 01451

Northleach è raccolta attorno a una bella piazza del mercato. È un meraviglioso connubio di stili architettonici e nomi evocativi ed è il luogo che forse possiede la chiesa più bella di tutti i centri lanieri. Questa è un capolavoro di gotico perpendicolare del Cotswold e al suo interno ospita un impareggiabile insieme di lastre tombali in ottone di epoca medievale.

Il TIC (☎ 860715, fax 860091) occupa una parte dell'edificio che un tempo fungeva da prigione. È aperto dal lunedì al sabato dalle 10 alle 17, e le domeniche d'estate dalle 14 alle 17.

Che cosa vedere Nei pressi della piazza è visibile l'Oak House, un lanificio del XVII secolo contenente il **World of Mechanical Music** (☎ 860181) di **Keith Harding**. Si tratta di una collezione di orologi e scatole armoniche, aperta ai visitatori tutti i giorni dalle 10 alle 18; l'ingresso costa £5/2,50.

Altrettanto interessante è il **Cotswold Heritage Centre** nella vecchia casa di correzione di Northleach sulla Fosse Way, un tempo una prigione modello del XIX secolo. Il centro è aperto da aprile a ottobre dalle 10 alle 17 dal lunedì al sabato, e dalle 14 alle 17 la domenica. Il biglietto d'ingresso costa £2,50/80p.

Chedworth Roman Villa Questa villa (☎ 01242-890256) di proprietà del National Trust, si trova in un tranquillo scenario 4 miglia (6 km) circa a sud-ovest di Northleach. Costruita attorno al 120 d.C. per un ricco possidente terriero, contiene alcuni splendidi mosaici che ritraggono le stagioni.

È aperta da maggio a settembre tutti i giorni tranne il lunedì dalle 10 alle 17 (in marzo, aprile, ottobre e inizio novembre dal mercoledì alla domenica dalle 11 alle 16). L'ingresso costa £3,60.

Pernottamento e pasti La *Market House* (☎ 860557, Market Square), offre servizio di B&B a £20/36 in camere singole e doppie (£24/44 con bagno).

Il *Red Lion Inn* (☎ 860251, @ steve heath@redlion46.freeserve.co.uk, Market Place) è un piacevole vecchio pub che offre sia da dormire sia da bere. Le camere costano £25/45.

Il Red Lion, lo *Sherborne Arms* e il *Wheatsheaf*, tutti intorno alla piazza principale, sono le fonti di sostentamento per cibo e bevande più a portata di mano.

Per/da Northleach Northleach dista 9 miglia (14 km) da Burford e 13 miglia (21 km) da Cheltenham. La Swanbrook (☎ 01452-712386) effettua diverse corse giornaliere di autobus tra Cheltenham e Oxford, via Northleach. La Cotswold Link (autobus n. X55) passa da Northleach.

Bibury
Pop. 500 ☎ 01285

Definito da William Morris il più bel villaggio d'Inghilterra, Bibury è una meta turistica di grande richiamo e nonostante l'alto numero di visitatori è riuscita a conservare un certo decoro.

Il fiume Coln scorre a fianco della strada ed è pieno di trote, che se desiderate potrete acquistare, per cucinarvele, presso l'allevamento del posto. Ci sono alcune case incantevoli, in particolar modo quelle della **Arlington Row**, un pittoresco gruppo di vecchi cottage di tessitori che oggi appartiene al National Trust. Di fronte è visibile Rack Isle, dove in passato si facevano asciugare le stoffe dopo la tessitura e la follatura (compressione). Queste operazioni venivano eseguite nell'**Arlington Mill**, un edificio secentesco oggi trasformato in museo etnografico (☎ 740 368). Il mulino è aperto dalle 10 alle 17.30; il biglietto d'ingresso costa £2/1,20.

Una passeggiata di 5,5 miglia (9 km) serpeggia a fianco del fiume Coln: partite da Arlington Row e, proseguendo sul ponte di lastroni in pietra, dirigetevi a sud verso la bella **Coln St Aldwyns**, dove potrete bere qualcosa al *New Inn*, prima di puntare nuovamente a nord verso il mulino di Bibury e il centro città.

Pernottamento e pasti Il *William Morris* (☎ 740555, fax 850648, @ alex@ ndwa2000.freeserve.co.uk, 11 The Street) ha tre camere decorate alla maniera dell'artista da cui prende il nome e una splendida posizione di fronte ad Arlington

Row. Le camere doppie hanno prezzi a partire da £55. Se volete sciare, provate il famoso *Swan Hotel* (☎ 740695, fax 740473, @ swanhot1@swanhotel-cotswolds.co.uk) dove le camere singole/doppie costano £99/180.

Il *Jenny Wren's Tearoom* di pomeriggio serve un tè così ricco che non avrete più bisogno di cenare.

Per/da Bibury Ogni giorno (tranne la domenica) ci sono due autobus che collegano Cirencester con Lechlade-upon-Thames e che passano da Bibury.

Bourton-on-the-Water
Pop. 2600 ☎ 01451

Nessuno può mettere in discussione il fascino di Bourton, con il fiume Windrush che attraversa il centro passando sotto una serie di ponti bassi e alcune deliziose case in pietra proveniente dalla regione del Cotswold. Eppure non sono ancora del tutto chiari i motivi per cui questa località sia diventata una tale calamita per turisti.

Per giustificare la costruzione del largo spiazzo riservato a pullman e automobili, nella cittadina è stato aperto un certo numero di attrattive: una ferrovia e un villaggio in miniatura, un'esposizione di profumi e un labirinto. Il villaggio in miniatura fu inaugurato nel 1937 ed è costruito in scala 1:9, alberi compresi. L'ingresso costa £2/1,50.

Birdland (☎ 820480) è un impegnativo progetto per la protezione delle specie ornitologiche, avviato dopo che il proprietario della tenuta acquistò due delle isole Falkland per salvare le colonie di pinguini che le popolavano. È aperto tutti i giorni dalle 10 alle 17 (alle 15 in inverno) e il biglietto d'ingresso costa £4,25/2,50.

Pernottamento e pasti A Burton e nella vicina Lansdowne l'offerta è davvero molto elevata. Vale quindi la pena trascorrere una o due notti qui, dal momento che la maggior parte dei turisti che durante il giorno rovinano l'atmosfera, di sera se ne va.

Il *Fairlie* (☎ 821842, Riverside) è in una bella posizione sul fiume e costa £19 per persona. Anche l'incantevole *Manor Close* (☎ 820339, High St) è situato in centro e offre servizio di B&B per non fumatori in una casa tipica del Cotswold a £45 per una camera doppia.

Anche il *Kingsbridge Inn* (☎ 820371, fax 810179, @ lionheart@lionheartinns.demon.co.uk, Riverside), un piacevole pub con camere a £64, si trova sul fiume.

L'*Old Manse Hotel* (☎ 820082, fax 810381, Victoria St) è il più vecchio hotel del posto e ha 15 camere con bagno a £75.

Le sale da tè e i ristoranti si trovano lungo la strada principale.

Per/da Bourton-on-the-Water Il Cotswold Link (autobus n. X55) passa da qui due volte al giorno.

Slaughters

Al pari di Bourton-on-the-Water, Upper Slaughter (alta) e Lower Slaughter (bassa) sono due villaggi famosi per essere i più pittoreschi del Cotswold. Il loro nome ripugnante deriva dall'alterazione di una parola sassone con la quale si indicavano 'i luoghi nei quali crescevano le piante di susine di macchia'.

Il modo migliore per godere della bellezza dei due villaggi di Slaughter è quello di raggiungerli a piedi da Bourton con una passeggiata di un'ora. Percorrendo un tratto del Warden's Way si attraversa il Fosse Way che proviene da Bourton, attraversando prima un prato e percorrendo successivamente un sentiero che conduce a Lower Slaughter. Superato il mulino vittoriano prima dei prati poi, il sentiero passa successivamente dietro la Manor House per entrare infine a Upper Slaughter.

Il mulino è aperto tutti i giorni da marzo a ottobre, dalle 10 alle 18; il biglietto d'ingresso costa £1,50/75p. È possibile alloggiare all'*Old Mill Lodge* (☎ 01451-822127, Mill Lane), un B&B sorto in questo importante punto di riferimento. Le camere sono davvero graziose e costano £50/70.

Stow-on-the-Wold
Pop. 2000 ☎ 01451
Posto a quasi 240 m d'altitudine, Stow-
on-the-Wold è il centro più alto del
Cotswold. Questo villaggio battuto dal
vento sta all'incrocio di otto itinerari
escursionistici e fu teatro dell'ultima battaglia combattuta durante la guerra civile.
La bella piazza principale ha un che di
italiano. Il Royalist Hotel ha la pretesa di
essere il più antico albergo d'Inghilterra:
alcune delle sue travi, sottoposte alle analisi con carbonio, sono state attribuite al X
secolo.

Il TIC (☎ 831082, fax 870083), Hollis
House, si trova sulla piazza centrale ed è
aperto dal lunedì al sabato dalle 9.30 alle
17.30 e la domenica dalle 10 alle 16.

Pernottamento e pasti Lo *Stow-on-
the-Wold Youth Hostel* (☎ 830497, fax
870102, Market Square) ha sede in un
bell'edificio del centro e costa £10,85/
7,40 per adulti/bambini. Da aprile all'inizio di settembre è aperto tutti i giorni; telefonate per avere informazioni sull'apertura negli altri periodi dell'anno.

Ostello a parte, le sistemazioni economiche sono rare. Il *White Hart Inn*
(☎ 830674, The Square) ha prezzi a partire da £22 per persona. L'accattivante
Gate Lodge (☎ 832103, Stow Hill), a
mezzo miglio (800 m circa) dal centro, ha
camere che costano £27/40. Un'altra buona alternativa, con prezzi a partire da £40/
52, è l'incantevole *Number Nine* (☎ 870
333, fax 870445, 9 Park St). Ha solo tre
camere con bagno e in inverno un camino
riscalda il salone. Il *Royalist Hotel*
(☎ 830670, fax 870048, Digbeth St), forse
fondato nel 947, offre camere a £45/95.

Il *Peggums* (☎ 830102, Church St) è
una minuscola sala da tè con l'atmosfera
tipica del Cotswold.

A Stow esiste un buon numero di locande che risalgono ai giorni in cui il paese era un crocevia per le diligenze. Il *Talbot Inn* (Market Square) è un pub della
catena Wadworth che ha una buona scelta
di birre. Il *Queen's Head Inn* (Market
Square) è un piccolo pub adornato di fiori

molto grazioso e ogni suo centimetro quadrato trasmette lo spirito della regione del
Cotswold.

Per/da Stow-on-the-Wold La Pulhams
Coaches (☎ 820369) effettua servizi di
autobus che collegano quotidianamente
Stow a Moreton-in-Marsh (15 minuti) e
altri che, dal lunedì al sabato, raggiungono Cheltenham (45 minuti). La Cotswold
Link passa di qui con l'autobus n. X55.

Le stazioni ferroviarie più vicine sono
quelle di Kingham e Moreton-in-Marsh,
entrambe situate a 4 miglia (6 km) da
Stow.

Moreton-in-Marsh
Pop. 2600 ☎ 01608
Moreton-in-Marsh forse non è la cittadina
sede di mercato più bella della regione,
ma è tra quelle meglio servite dai mezzi
di trasporto. Posta ai due lati della Fosse
Way, la vecchia strada romana che collega Cirencester a Leicester, Moreton non
ha mai avuto paludi vicine ('marsh' significa palude, ma in questo caso è un'alterazione della parola 'march', ossia confine),
e si sviluppò inizialmente come stazione
delle diligenze e successivamente come
centro ferroviario. Il mercato che vi si tiene il martedì è una vecchia tradizione e
con le sue oltre 200 bancarelle merita decisamente una visita.

Sezincote House A 2 miglia (3 km) circa da Moreton sorge la straordinaria Sezincote House, un palazzo in stile moghul
fatto costruire nel 1805 da Charles Cocke-
rell della Compagnia delle Indie Orientali
e che si pensa sia stato fonte di ispirazione per la costruzione del Royal Pavilion
di Brighton.

È possibile visitare il palazzo parteci-
pando alle visite guidate che si tengono il
giovedì e venerdì pomeriggio nei mesi di
maggio, giugno, luglio e settembre. Il
giardino è aperto negli stessi giorni dalle
14 alle 18, da gennaio a novembre. Il biglietto d'ingresso costa £5 per il palazzo
(i bambini non sono ammessi) e il giardino; £3,50/1 per il solo giardino. Il palazzo

non ha telefono; per avere maggiori informazioni si deve contattare il TIC di Stowe-on-the-Wold.

Pernottamento e pasti L'ostello della gioventù più vicino è a Stow-on-the-old, 4 miglia (6 km) a sud. Tra i B&B di Moreton c'è il *Treetops* (☎ 651036, *London Rd*), che ha camere singole/doppie con bagno a £30/42. La *Moreton House Guest House* (☎ 650747, *fax 652747, High St*), ha un ristorante e diverse camere a partire da £24/44, mentre per una camera con letto a baldacchino si spendono £62.

Il *Manor House Hotel* (☎ 650501, *High St*), mette a disposizione lussuose camere a partire da £70/98.

Tra i vari pub del posto ci sono il caratteristico *White Hart Royal*, il *Bell Inn*, con il suo ampio patio per i pranzi estivi, e il *Black Bear*, famoso per gli squisiti panini caldi con carne.

Per/da Moreton-in-Marsh La Pulhams Coaches (☎ 01451-820369) effettua un servizio di autobus tra Moreton e Cheltenham (un'ora) via Stow-on-the-Wold (15 minuti) e Bourton-on-the-Water. Le corse vengono effettuate ogni giorno, con partenze ridotte la domenica. Molti villaggi dei dintorni istituiscono degli autobus speciali nei giorni di mercato. L'autobus n. 569 della Stratford Blue (☎ 01789-292085) parte ogni ora per Stratford-upon-Avon passando alternativamente da Broadway o da Chipping Campden. La Cotswold Link (autobus n. X55) serve Moreton.

Moreton è raggiunta ogni due ore circa dai treni provenienti da Oxford (35 minuti, £7,20) da Worcester (30 minuti, £7,60) e da Hereford (un'ora, £10.40).

Chipping Campden
Pop. 2000 ☎ 01386

In una zona dove abbondano villaggi di una bellezza mirabile, Chipping Campden con i suoi tetti in paglia, le sue siepi perfettamente potate e i suoi straordinari giardini, è sicuramente uno dei luoghi più affascinanti. Sulla via principale, che pare

non essere stata toccata dal trascorrere del tempo, si allinea una serie di cottage a schiera dorati, ognuno leggermente diverso dagli altri.

Il TIC (☎ 841206, fax 841681), poco lontano da High St in Noel Arms Courtyard, è aperto tutti i giorni dalle 10 alle 17.30 (alle 17 in inverno, periodo in cui questo è l'unico TIC aperto la domenica in questa parte del Cotswold). Dall'altra parte della strada si trova la Market Hall, edificio con frontoni del 1627.

Che cosa vedere All'estremità occidentale del villaggio si trova **St James**, una delle chiese più belle dei centri lanieri della regione del Cotswold, che possiede alcuni splendidi monumenti funebri del XVII secolo. Nei pressi si trovano i casotti e gli ingressi di una casa padronale giacobita oggi scomparsa e di fronte è visibile una straordinaria serie di **ospizi**.

Al di sopra del villaggio si erge **Dover's Hill**, una collina che deve il suo nome a quel Robert Dover che nel XVII secolo si fece promotore dei Giochi Olimpici del Cotswold. Reintrodotti di recente, si tengono l'ultimo lunedì di maggio (Spring Bank Holiday) e prevedono sport quali la salita dell'albero della cuccagna e il lancio dello stivale. Il momento culminante è costituito da una processione al lume di fiaccole, con balli nella piazza. È disponibile un servizio di trasporto con partenza da The Square.

Hidcote Manor Gardens Quattro miglia (6 km) a nord-est di Chipping Campden, l'appartata Hidcote Bartrim ospita gli Hidcote Manor Gardens (☎ 438333), amministrati dal National Trust. Formati da una serie di sei incantevoli giardini e studiati per integrarsi l'uno con l'altro, sono aperti da aprile a settembre ed è possibile visitarli tutti i giorni (eccetto il martedì e il venerdì) dalle 11 alle 19; l'ingresso costa £5,60/2,80.

La Cotswold Link (autobus n. X55) ferma a Hidcote Manor Gardens due volte al giorno provenendo da Chipping Campden o da Stratford-upon-Avon (£2,40).

Pernottamento e pasti Nessuno dei numerosi B&B nei pressi di Chipping Campden è a buon prezzo.

Allo *Sparlings* (☎ *840505, 841676, Leysbourne)* potete trovare una camera matrimoniale e una doppia, entrambe con bagno, a £50 e £53 rispettivamente.

Il *Badgers Hall* (☎ *840 839,* @ *badgershall@ talk21.com, High St)*, situato in un edificio del XV secolo, dispone di due sole camere a £45/50.

Molti lettori ci hanno segnalato il *Marnic* (☎ *840014, fax 840441,* @ *marnic @zoom.co.uk)*, che ha ottenuto molti riconoscimenti e che si trova vicino a Broad Campden. Le camere in questo luogo, esclusivamente riservate ai non fumatori, partono da £36/44.

Il *Cotswold House Hotel* (☎ *840330, fax 840310,* @ *reception@cotswold-house.demon.co.uk, High St)* è la sistemazione più sontuosa del posto e questo si riflette anche sui prezzi: le camere hanno prezzi a partire da £75/170, ma durante la settimana e in inverno si può contrattare una riduzione.

Quando si parla di ristorazione, Chipping Campden offre davvero numerose alternative per essere un posto così piccolo. L'*Eight Bells* in Church St serve piatti squisiti, come l'agnello stufato in salsa di capperi. Il *Badger Bistro* (☎ *840520, The Square)* di domenica propone pranzi a meno di £6.

Il *Joel's Restaurant* (☎ *840 598, High St)* ha una scelta di paste e un menu di cucina inglese dei giorni nostri. Se desiderate un cream tea potete provare il *Badgers Hall*, in High St, dove la sala da tè restaurata ha travi a vista e un fuoco sempre acceso d'inverno.

Per/da Chipping Campden L'autobus n. 569 della Stratford Blue (☎ 01789-292085) parte ogni ora per Stratford-upon-Avon o Moreton. La Cotswold Link (autobus n. X55) tutti i giorni ha due corse che vanno a Stratford verso nord e due a Bath verso sud. Tutti i martedì, in occasione del mercato, l'autobus arriva da Moreton.

Trasporti urbani Le biciclette possono essere noleggiate presso la Cotswold Country Cycles (☎ 438706), Longlands Farm Cottage, a £10 al giorno o £60 alla settimana.

Broadway
Pop. 2000 ☎ 01386

Posto subito sopra il confine con il Worcestershire, questo villaggio tanto famoso e perciò molto visitato si sviluppa ai due lati di un'ampia strada che passa sotto la cresta di una scarpata. Luogo di indubbia bellezza e con il merito di aver saputo preservare quasi intatto il suo carattere a dispetto della notorietà, Broadway ha ispirato artisti e scrittori: da J.M. Barrie a Edward Elgar. Una nuova circonvallazione ha alleggerito un po' il traffico in città, nonostante gli autobus riescano ancora a creare enormi disagi durante l'alta stagione estiva.

L'accogliente TIC (☎ 852937), 1 Cotswold Court, ha personale volontario ed è aperto da marzo a metà dicembre dalle 10 alle 13 e dalle 14 alle 17, dal lunedì al sabato.

Che cosa vedere L'edificio più straordinario in assoluto è quello chiamato Lygon Arms, oggi albergo di fama. Una passeggiata di 30 minuti, ben segnalata a partire dal villaggio, vi condurrà all'antica **Church of St Eadburgha**, una chiesa medievale rimasta intatta.

Chi desidera cimentarsi in percorsi più lunghi può prendere la stradina che di fronte alla chiesa sale fino alla **Broadway Tower** (☎ 852390), uno stravagante edificio merlato del XVIII secolo che si erge al di sopra del villaggio e che, a un piano, ospita una piccola mostra su **William Morris**. Nelle giornate limpide dalla sommità lo sguardo può spaziare su dodici contee. La torre è aperta tutti i giorni dalle 10.30 alle 17 (la domenica la chiusura è posticipata); la tariffa d'ingresso è di £3/2,20.

Pernottamento e pasti Broadway offre un'ampia scelta di sistemazioni di ottima qualità; il lusso, però, ha inevitabilmente i suoi costi. Lo splendido *Cinnibar Cottage* (☎ *858623, 45 Bury End*) si trova a mezzo miglio (800 metri circa) dal centro e la sua unica camera costa £40 (ricordatevi di prenotare con anticipo). L'*Olive Branch Guest House* (☎ *853440, fax 859070, @ clive@theolivebranch.u-net.com, 78 High St*) si trova in un'incantevole casa del XVI secolo e ha camere a partire da £35/55.

Il posto migliore dove alloggiare è il *Lygon Arms* (☎ *852255, fax 858611, @ info@the-lygon-arms.co.uk, High St*) sempre che la vostra carta di credito vi permetta di spendere £99/159. Il ristorante annesso, *Olivers*, ha una buona fama serve piatti quali sformato di pesce in salsa di acetosella. Chi desidera spendere meno può provare la *Roberto's Coffee House*, uno dei pochi posti aperti anche la domenica.

Per/da Broadway Broadway dista 6 miglia (10 km) da Evesham (v. **Worcestershire**) e 9 miglia (14 km) da Moreton-in-Marsh. La Castleways Coaches (☎ 01242 -602949) fa servizio per Evesham con l'autobus n. 559 e per Cheltenham con il n. 606.

Snowshill

Lo Snowshill Manor (☎ 01386-852410), di proprietà del National Trust, è un maniero arredato con una straordinaria ed eclettica collezione di oggetti che vanno da un'armatura giapponese a carrozzine vittoriane, raccolta da un personaggio altrettanto eccentrico, Charles Paget Wade.

I giardini cinti da mura sono particolarmente graziosi e il ristorante che si trova all'interno offre splendidi scorci. L'edificio è aperto da aprile a ottobre dalle 12 alle 17, dal mercoledì alla domenica; l'ingresso costa £6/3.

Date le ridotte dimensioni dell'edificio i biglietti consentono una permanenza al suo interno per un tempo predefinito. Da Broadway si può arrivare anche con una passeggiata in salita di 3 miglia (5 km).

Stanton e Stanway

Stanton è un minuscolo villaggio del Cotswold che molti non visitano dal momento che è fuori mano. Ciò è un peccato poiché non solo è un bel villaggio ma anche perché qui troverete uno dei migliori pub estivi della zona, il *Mount Inn* (☎ 01386-584316), dal quale si possono ammirare begli scorci del paese e delle colline circostanti. La birra, prodotta sul posto, è fornita da Donnington Ales, ed è disponibile anche un menu ridotto ma sfizioso. La deviazione non vale però la pena in caso di cattivo tempo.

La **Stanway House** (☎ 01386-584469) si trova nel minuscolo villaggio di Stanway. È una splendida dimora giacobiana con un portone d'ingresso molto elaborato e un giardino con vasche e fontane, recentemente restaurato, all'interno del quale si trova una fontana di 25 m. L'edificio è aperto il martedì e il giovedì dalle 14 alle 17; il biglietto d'ingresso costa £3/1

Winchcombe
Pop. 5000 ☎ 01242

In epoca sassone, Winchcombe fu capoluogo della sua contea e sede della casa reale di Mercia. La sua abbazia benedettina fu una delle principali mete di pellegrinaggio del paese e la splendida **St Peter's Church** deve la sua fama a uno squisito assortimento di doccioni, uno dei quali assomiglia al Cappellaio matto di Lewis Carroll.

Uno splendido sentiero di 2,5 miglia (4 km), che percorre un tratto del Cotswold Way, conduce fino a **Belas Knap**, una camera mortuaria con falsa entrata costruita circa 5000 anni fa. Il TIC (☎ 602925), Town Hall, High St, è in grado di fornire informazioni dettagliate anche sugli altri itinerari escursionistici della zona. È aperto tutti i giorni dalle 10 alle 17 (alle 16 la domenica).

Sudeley Castle Il motivo di maggior interesse di Winchcombe è sicuramente il Sudeley Castle (☎ 604357), la cui cappella ospita la tomba di Catherine Parr, ultima moglie di Enrico VIII. Il castello fu apprezzato da un certo numero di appartenenti alla famiglia reale, fra i quali il Principe Rupert, nipote di Carlo I, che ne fece il suo quartier generale durante la guerra civile e istigando in questo modo il successivo saccheggio opera degli uomini di Cromwell. Parti della struttura originaria sono state lasciate in rovina; altre sono state restaurate nel XIX secolo.

Il castello è aperto da Pasqua a ottobre ed è possibile visitarlo tutti i giorni dalle 10.30 alle 17.30; la tariffa d'ingresso è di £6,20/3,20. I giardini sono particolarmente belli.

Gloucestershire Warwickshire Railway Questa linea ferroviaria, sulla quale operano delle locomotive a vapore, si è astutamente impossessata delle iniziali della più famosa ferrovia inglese, la GWR (Great Western Railway). Sfortunatamente questa GWR (☎ 621405) non effettua una tratta così utile come la Bristol-Londra, bensì un percorso circolare che parte e arriva a Toddington passando per Winchcombe. Questa linea è tenuta in funzione esclusivamente da personale volontario; dal momento che gli orari sono un po' casuali, per avere maggiori informazioni date prima un colpo di telefono, oppure visitate il sito Internet all'indirizzo www. gwsr.plc.uk. Il biglietto costa £7/4.

Pernottamento e pasti Winchcombe offre molte alternative, a meno che uno non voglia compiere delle gite in giornata da Cheltenham o da Tewkesbury. La *Courtyard House* (☎ 602441, High St) ha due camere doppie a £45. La *Wesley House* (☎ 602366, fax 602405, High St), parzialmente a graticcio, costa £48/70 per una camera singola/doppia (cenare nell'ottimo ristorante costa da £15,50 in su). Sono accettate anche le carte di credito. Leggermente più lontano, l'accogliente *Blair House* (☎ 603626, fax 604214, 41 Gretton Rd) dispone delle camere più economiche di Winchcombe, con prezzi a partire da £25/42,50.

La *Wincelcumbe Tearooms* (☎ 603 578, 7 Hailes St) serve zuppe con un pane saporito aromatizzato con rosmarino e uvetta e classici cream tea. Al *Poachers Restaurant* (☎ 604566, 6 North St), girato l'angolo rispetto al TIC, le portate principali costano da £8 a £11. L'*Old White Lion*, in North St, è un invitante pub del XV secolo. Il *Plaisterers Arms*, nei pressi della chiesa, serve buoni pasti e birre alla spina.

Per/da Winchcombe La Castleways Coaches (☎ 602949) dal lunedì al sabato effettua ogni giorno numerose corse da Winchcombe a Cheltenham o a Broadway.

Hailes Abbey

Questa antica abbazia cistercense posta 3 miglia (5 km) a nord-est di Winchcombe lungo il Cotswold Way, si presenta oggi come un romantico insieme di rovine, ma un tempo fu un importante centro di pellegrinaggio. Fedeli provenienti da ogni angolo d'Europa giungevano qui per vedere le fiale con il sangue di Cristo conservate nell'abbazia. Dopo la soppressione dei monasteri si scoprì che il sangue era in realtà un miscuglio di miele e zafferano.

Di proprietà dell'English Heritage e del National Trust, l'abbazia di Hailes (☎ 01242-602398) è aperta tutti i giorni da Pasqua a ottobre dalle 10 alle 18, ma solo nei fine settimana nella restante parte dell'anno; l'ingresso costa £2,60/1,30.

La piccola chiesa adiacente è davvero deliziosa, con le sue vetrate policrome, gli affreschi e le piastrelle recanti stemmi araldici, tutti di epoca medievale. Nei pressi si trova la *Hayles Fruit Farm*, che pratica l'agricoltura biologica e che vende un buon sidro, e l'*Orchard Tea Room*.

Guiting Power
☎ 01451

Guiting Power si trova 4 miglia (6 km) circa a est di Winchcombe. È un bel borgo, raccolto attorno a un campo da golf con un negozio, un ufficio postale e due pub. Ha addirittura un suo festival musicale che si tiene annualmente in luglio e una chiesa con un portale normanno di notevole interesse.

Nelle immediate vicinanze, il **Cotswold Farm Park** (☎ 850307) protegge specie di animali domestici in pericolo di estinzione, quali per esempio il maiale del Gloucester. È aperto da aprile a ottobre tutti i giorni dalle 10.30 alle 17 (alle 18 la domenica) e l'ingresso costa £4,50/2,30.

Il *Farmers Arms* (☎ 850358, fax 850 724) è un pub tradizionale, completo anche del gioco dei birilli che da queste parti è uno dei più apprezzati e che è una sorta di bowling con dieci birilli per tecnofobi, ma giocato con soli nove birilli. Il locale offre una buona scelta di birre alla spina e di cibo fatto in casa. Se volete fermarvi anche a dormire, sono disponibili tre camere a £30/45.

COTSWOLD MERIDIONALE

Nella regione del Cotswold meridionale si respira un'atmosfera abbastanza diversa rispetto alla parte settentrionale: la pietra ha colori più sobri, le valli sono più profonde e il turismo è meno presente. Chi dunque vuole allontanarsi dai formicai della regione farebbe bene a visitare alcuni dei villaggi descritti di seguito.

Painswick
Pop. 2800 ☎ 01452

Altrimenti nota come 'regina del Cotswold', Painswick è un perfetto villaggio da cartolina. La **St Mary's Church** è una chiesa particolarmente interessante, con il suo cimitero pieno di pietre tombali di ricchi mercanti lanieri che, a partire dal XVII secolo, resero questo centro prospero. Si dice che sia impossibile contare le piante di tasso, ma sicuramente non sono più di 99, anche perché se mai dovesse crescere la centesima il diavolo la farebbe seccare. La torre della chiesa reca ancora oggi i segni delle cannonate sparate durante la guerra civile.

Le strade dietro alla chiesa sono fiancheggiate da belle case di mercanti. Bisley St un tempo era l'arteria più importante di Painswick e presenta numerosi edifici del XIV secolo; New St è invece un'aggiunta di epoca medievale. Lungo la strada, subito a sud della chiesa, si trovano delle rare gogne in ferro.

Il TIC (☎ 813552), The Library, Stroud Rd, è gestito da volontari appassionati ed è aperto da Pasqua a ottobre dalle 10 alle 16 dal martedì al venerdì, e dalle 10 alle 13 nei fine settimana.

Painswick Rococo Garden I giardini della tenuta di Painswick House (☎ 813 204), situati mezzo miglio (800 m) a nord del centro abitato, sono aperti da metà gennaio a novembre dalle 11 alle 17 dal mercoledì alla domenica (tutti i giorni in estate). Il periodo migliore per visitarli è febbraio o marzo, per le meravigliose fioriture dei bucaneve. L'ingresso costa £3,30/1,75; all'interno dei giardini si trovano anche un ristorante e delle sale da tè.

Pernottamento e pasti Il piacevole *Hambutts Mynd* (☎ 812352, Edge Rd) si rivolge in prevalenza a chi sta percorrendo il Cotswold Way, con camere doppie a £45. La *Cardynham House* (☎ 814006, The Cross), posizionata in centro e risalente al XV secolo, ha nove camere con prezzi a partire da £36/46. Il *Thorne* (☎ 812476, Friday St), del XVI secolo, ha due camere doppie che costano £50. Il miglior albergo del posto è il *Painswick Hotel* (☎ 812160, Kemps Lane), con lussuose camere a partire da £85/110, molte delle quali con vista sulla valle.

Il *Royal Oak* (☎ 813129, St Mary's St) è un locale molto frequentato, come il *Falcon*. Il *Country Elephant* (☎ 813564, New St), serve ottimo cibo ma a cena mettete in conto di pagare £25 a testa. Per coloro che devono prestare attenzione alle spese, il *Bertram's Café-Bistro*, di fronte alla chiesa, offre maggiori possibilità, con le sue portate semplici quali il 'ploughman's lunch' (menu del contadino).

Per/da Painswick L'autobus n. 46 collega ogni ora Cheltenham e Stroud con Painswick. La Swanbrook (☎ 712386) offre un servizio migliore per Gloucester. Coloro che si muovono con mezzi propri devono prestare attenzione alle strade estremamente strette.

Stroud
Pop. 37.800 ☎ 01453

La stretta e scoscesa valle di Stroud si distingue dal resto del Cotswold meridionale e ha assistito agli ultimi sussulti dell'industria laniera della regione.

Stroud è costruita attorno a uno sperone roccioso che si protende sopra il fiume Frome. La produzione di tessuti è attualmente minima, ma non molto tempo fa era ancora famoso in tutto il mondo lo Stroudwater rosso scarlatto. Molti vecchi stabilimenti tessili sono rimasti, anche se sono stati in gran parte adibiti a nuovi scopi. Passeggiando per le vie che si inerpicano sulla collina, sarebbe un vero peccato non visitare il vecchio mercato di Shambles (mattatoio), aperto il mercoledì, venerdì e sabato, il municipio di epoca Tudor e lo Stroud Museum.

Il TIC (☎ 765768, fax 755658), Stroud Subscription Rooms, George St, è aperto dal lunedì al sabato dalle 10 alle 17.30. La Cotswold Experience Tours (☎ 767574), 84 Horms Rd, è un'agenzia di viaggi del posto specializzata nell'organizzazione di gite nella regione del Cotswold.

Pernottamento e pasti Il *London Hotel* (☎ 759992) si trova di fronte al parcheggio per auto del centro e effettua servizio di B&B con prezzi a partire da £29/42 (£39/50 con bagno). La *Fern Rock House* (☎ 757307, 72 Middle St) ha camere a £20/35. La *Deben House* (☎ 766573), a poca distanza dalla London Rd, è esclusivamente per non fumatori e ha camere con prezzi a partire da £20/45.

In Union St, il *Pelican* serve piatti tipici dei pub; in alternativa esistono diversi caffè in High St, che è zona pedonale, dietro il TIC. Provate il *Woodruff's Organic Café*, che è stato uno dei primi caffè inglesi a servire solo cibi e bevande interamente biologici, oppure il *Mills Café*, al

fondo di un vicolo, che ha alcuni tavoli all'aperto per prendere il sole d'estate.

Per/da Stroud La Stagecoach Stroud Valleys (☎ 763421) è il maggior operatore locale; l'autobus n. 46 parte ogni ora per Painswick e Cheltenham e il n. 93 garantisce un collegamento ogni mezz'ora con Gloucester.

Dintorni di Stroud
Owlpen Manor Owlpen (☎ 01453-860 261) è una romantica casa padronale medievale, risalente al 1450, nei pressi del pittoresco villaggio di Uley. Vuota e in stato di abbandono per gran parte del XIX secolo, solo nel 1926 fu restaurata sotto la supervisione di Norman Jewson, un architetto del Cotswold appartenente al movimento Arts and Crafts e seguace di William Morris. È possibile visitare il palazzo e i giardini del XVII secolo tutti i giorni (eccetto il lunedì) da aprile a metà ottobre, dalle 14 alle 17; il biglietto d'ingresso costa £4,50/2.

È anche possibile alloggiare in uno dei molti cottage di Owlpen Manor. I prezzi partono da £20 per persona per quelli più piccoli, ma salgono sensibilmente per i più grandi, che ospitano fino a nove persone. Sul posto si trova anche un ristorante, la *Cyder House*, le cui specialità sono il fagiano e il cream tea. A Uley si possono trovare anche alcuni B&B. Il sito Internet dell'Owlpen Manor è www.owlpen.com.

Woodchester Mansion Gli architetti e i curiosi potrebbero essere interessati a visitare Woodchester Mansion (☎ 01453-750455), un imponente edificio vittoriano che non fu mai completato. Nel 1868 il cantiere fu abbandonato dopo 16 anni di lavori, lasciando da terminare molte delle 27 stanze. Ciò che resta è sicuramente bizzarro: porte che conducono da nessuna parte, camini mai completati e un gruppo di orrendi doccioni.

Di norma la casa, che si trova 5 miglia (8 km) a sud di Stroud e a un miglio (1,5 km) a nord di Uley, è aperta da giugno a settembre dalle 11 alle 17 di domenica; controllate prima però con una telefonata. La visita richiede almeno due ore e costa £4/2,50.

L'indirizzo del sito Internet è www. the-mansion.co.uk.

Per/da Woodchester Mansion Tutti i giorni, tranne la domenica, ci sono autobus ogni ora per Uley da Stroud.

Tetbury
Pop. 4500 ☎ 01666

Tetbury ha un'interessante chiesa gotica del XVIII secolo, con una guglia armoniosa e un interno meraviglioso. La Market House del XVII secolo è il luogo in cui un tempo si svolgeva il commercio della lana.

Il TIC (☎/fax 503552, **@** tetbury tourism@yahoo.co.uk) ha sede nell'Old Court House in Long St ed è aperto dal lunedì al sabato dalle 9.30 alle 16.30, e la domenica dalle 10.30 alle 14.30.

Westonbirt Arboretum Il Westonbirt Arboretum (☎ 880220) è un grande arboreto con una ricchissima varietà di piante provenienti dalle zone temperate del mondo, situato a 2,5 miglia (4 km) a sud-ovest di Tetbury. I sentieri che lo attraversano sono particolarmente suggestivi in primavera e in autunno. Si ritiene che il luogo ospiti più di 4000 specie di piante, sparse su un'area di 240 ettari all'interno della quale si sviluppano 17 miglia (27 km) di sentieri.

L'arboreto è aperto tutti i giorni dalle 10 all'imbrunire. Il biglietto d'ingresso costa £4/1.

Pernottamento e pasti La *Gordon House* (☎ 503383, **@** dh20@fdn.co.uk, 12 Silver St) è un comodo B&B in una proprietà del XVIII secolo vicino al centro. Le camere costano £22/40.

Lo *Snooty Fox* (☎ 502436, fax 503479, **@** res@snooty.fox.co.uk, Market Place) è con tutta probabilità il posto più elegante di Tetbury e ha camere lussuose a £67,50/90.

La *Tetbury Gallery Tearoom* (☎ 503 412, 18 Market Place) ha una fama che va ben al di là del Cotswold che le arriva dai suoi tè e dalle sue torte.

Per chi cerca cibi saporiti, il *The Mad Hatters* (☎ 832615, 3 Cossack Square) è un interessante ristorante biologico famoso per la sua zuppa di pesce.

Per/da Tetbury Tetbury ha un collegamento regolare di autobus con Cirencester e Stroud che passa a est di Wotton sulla A433.

Lechlade-upon-Thames
☎ 01367

Situata nel punto ancora navigabile più vicino alla sorgente del Tamigi, Lechlade è abbellita dalla guglia della **St Lawrence's Church**, che Shelley nel 1815 celebrò come 'mole eterea' nella poesia *A Summer Evening Churchyard, Lechlade, Gloucestershire* (Cimitero in una sera d'estate, Lechlade, Gloucestershire). Costruita con il denaro dei mercanti lanieri, la chiesa fu ribattezzata con il nome del santo spagnolo in onore di Caterina d'Aragona, che nel XVI secolo fu proprietaria del feudo. Qui si trova anche un famoso ponte soggetto a pedaggio, risalente al 1792, conosciuto con il nome di **Ha'penny Bridge**, che richiama la somma richiesta per attraversarlo.

Kelmscott Manor Tre miglia (5 km) a est di Lechlade, poco lontano dalla strada per Faringdon, si trova il Kelmscott Manor (☎ 252486), la dimora di quel William Morris che fu poeta, artista e fondatore nel 1871 del movimento artistico Arts and Crafts e sua guida fino alla morte, avvenuta nel 1896. L'edificio è aperto da aprile a settembre nel solo giorno di mercoledì, e alcuni sabati in estate, dalle 11 alle 13 e dalle 14 alle 17; il biglietto d'ingresso costa £6/3. Sui vicini Memorial Cottages è scolpita una bella immagine di Morris seduto sotto un albero.

Buscot Park Questo palazzo neoclassico del XVIII secolo ospita la collezione Faringdon di dipinti e arredi, che comprende lavori di pre-raffaelliti. È aperto da aprile a settembre il mercoledì, giovedì e venerdì e a week-end alterni dalle 14 alle 18. L'ingresso costa £4,40/2,20. È situato a poco meno di 3 miglia (4 km) da Lechlade.

Pernottamento Il *New Inn Hotel* (☎ 252296, fax 252315, @ newinnlech@ aol.com, Market Square) è una locanda georgiana, un tempo stazione delle diligenze, situata proprio nel centro della città. Le singole/doppie costano £45/55.

Per/da Lechlade Ci sono un paio di autobus al giorno da Lechlade per Cirencester che passano da Bibury.

Fairford

La fama di Fairford è interamente legata alla presenza della **St Mary's Church**, l'unica chiesa della Gran Bretagna che possa vantare un complesso di vetrate policrome medievali. Donate dal facoltoso mercante laniero John Tame, che fece ricostruire anche la chiesa, le vetrate sono attribuite alla mano di Barnard Flower, maestro di pittura su vetro sotto Enrico VII. Tiddles, il gatto della chiesa, è seppellito nel cimitero. La via principale del villaggio è High St, lungo la quale si allineano graziose case del XVII secolo.

CIRENCESTER

Pop. 17.500 ☎ 01285

Situata 12 miglia (19 km) circa a sud di Cheltenham, Cirencester è la sedicente capitale del Cotswold e la più grande città della regione. Seconda città della Britannia romana dopo Londra, fu fondata originariamente come semplice guarnigione all'incrocio delle vie romane Akeman St, Fosse Way ed Ermin Way, e all'epoca il suo nome era Corinium. Con il tempo divenne una delle più importanti città dell'Europa nord-occidentale. Di quell'epoca rimane in Cotswold Ave l'anfiteatro del II secolo, quasi interamente coperto d'erba, che fu uno dei più grandi del paese. La città fu distrutta a opera dei Sassoni nel

VI secolo; questi diedero vita a degli insediamenti più piccoli al di fuori delle mura romane e le cambiarono il nome in Cirencester. La città riacquistò l'importanza perduta solo quando, nel Medioevo, divenne il centro laniero più importante del Cotswold.

Oggi è un centro benestante di media grandezza con diverse cose interessanti da vedere. Ogni lunedì e venerdì si tengono ancora dei mercati settimanali.

Il centro è raccolto intorno alla parrocchia su Market Square. Il TIC (☎ 654180, fax 641182), Corn Hall, Market Place, è aperto dal lunedì al sabato dalle 9.30 alle 17.30 (dalle 9.45 il lunedì).

Il Brewery Arts è un centro di artigianato (☎ 657181) molto conosciuto che si trova in Brewery Court e che fu fondato nel 1979. Ci sono parecchi artigiani che svolgono qui la loro attività e la qualità del loro lavoro è eccezionale.

Chiesa di St John the Baptist

Una delle più grandi chiese d'Inghilterra, la chiesa di St John ha più la parvenza di una cattedrale. La magnifica torre in stile gotico perpendicolare fu eretta con il denaro della ricompensa data da Enrico IV a un gruppo di conti che avevano sedato una rivolta. Ma il particolare più stupefacente della parte esterna è il portico meridionale a tre ordini, che è quello rivolto verso la piazza. Fatto realizzare alla fine del XV secolo dagli abati che volevano farne un magazzino, divenne successivamente sede del municipio medievale.

L'interno della chiesa presenta diverse lastre tombali in ottone recanti la genealogia di importanti mercanti lanieri. Un pulpito in pietra affrescata del XV secolo è dotato di clessidra, mentre la finestra orientale è abbellita da vetrate policrome medievali. All'interno di uno scrigno a muro è contenuta la Boleyn Cup, una coppa realizzata nel 1535 per Anna Bolena, seconda moglie di Enrico VIII. La chiesa è altresì nota perché possiede le dodici più antiche campane del paese e perché continua a osservare il rito del suono della 'pancake bell' in occasione del Martedì grasso e la celebrazione della Restaurazione il 29 maggio.

Corinium Museum

Questo museo (☎ 655611), situato in Park St, espone reperti romani del luogo in quadri plastici tra i quali spiccano degli straordinari mosaici, quali i famosi *Hunting Dogs* (Cani da caccia) e *Four Seasons* (Le quattro stagioni). È aperto dal lunedì al sabato dalle 10 alle 17, e la domenica dalle 14 alle 17; è chiuso nei lunedì invernali. L'ingresso costa £2,50/80p.

Cirencester Park

Ai confini occidentali di Cirencester, questo parco è un esempio di giardino geometrico all'inglese, realizzato con il contributo del poeta Alexander Pope. È un bellissimo luogo per fare qualche breve passeggiata, specie lungo Broad Ride.

La Cirencester House fu costruita dal primo Conte di Bathurst fra il 1714 e il 1718 ed è nascosta dietro a una delle siepi di tasso più alte al mondo. È chiusa al pubblico.

Pernottamento

Se siete pronti a rinunciare alle comodità per una sistemazione a buon mercato, alla *Abbey Home Farm* (☎ 656969/652808 *giorno/sera*), una fattoria dove si pratica l'agricoltura biologica situata un miglio (1,5 km) a nord di Cirencester sulla strada per Northleach, c'è un'area attrezzata per il campeggio a £1 per persona se siete a piedi o in bicicletta, a £2 se avete la macchina.

Il *Duntisbourne Abbots Youth Hostel* (☎ 821682, fax 821697, ✆ duntisbourne@ yha.org.uk, *Old Rectory*) occupa una canonica vittoriana 5 miglia (8 km) a nordovest di Cirencester. È aperto tutti i giorni (tranne la domenica) da aprile a ottobre; la tariffa per una notte è di £9/6,20 per adulti/bambini e l'ostello è rinomato per la sua buona cucina. Lo si raggiunge solo con mezzi di trasporto propri.

Durante il periodo delle vacanze scolastiche, si possono trovare camere al *Royal Agricultural College* (☎ 652531),

nella periferia nord. Le camere hanno prezzi a partire da £24,50/45 per una singola/doppia.

In Victoria Rd si trovano numerosi B&B e pensioni. L'*Apsley Villa Guest House* (☎ 653489, *16 Victoria Rd*) ha cinque camere con prezzi a partire da £25/40. La *Wimborne House* (☎/fax 653890, *91 Victoria Rd*), per non fumatori, ha camere con bagno a partire da £30/40.

Il *White Lion Inn* (☎ 654053, fax 641316, ✆ roylion@aol.com, *8 Gloucester St*) è una locanda secentesca dove un tempo sostavano le diligenze a cinque minuti di cammino dal centro. Le camere con bagno hanno prezzi a partire da £39,50/47.

Il *Golden Cross* (☎ 652137, *Black Jack St*) ha camere con un buon rapporto qualità-prezzo a partire da £20/30 e si trova in pieno centro. Il comodo *Kings Head Hotel* (☎ 01942-824824, *Market Place*) si trova di fronte alla chiesa. Le camere costano £65/85; le tariffe vengono ridotte per soggiorni di due o più notti.

Pasti

A Cirencester esistono numerosi buoni locali dove mangiare. Un ottimo caffè si trova all'interno di Brewery Arts, a poca distanza da Cricklade St, dove potrete bere uno dei migliori caffè di Cirencester, da accompagnare ad alcune gustose torte; è aperto dal lunedì al sabato. Di fronte, in Brewers Courtyard, c'è *The Café-Bar*, dove troverete diversi tipi di panini imbottiti, ideali per un pranzo leggero. Il *Black Jack Coffee House* (*Black Jack St*) è un buon posto dove potersi rinfrescare un po'. Lo *Swan Yard Café* (*6 Swan Yard*) serve torte che vi faranno senz'altro venire l'acquolina in bocca.

Per procurarsi l'occorrente per un picnic difficilmente potrete trovare di meglio di *Jeroboams*, a fianco della chiesa, dove sostengono di 'costruire' piuttosto che fare i panini.

Coloro che apprezzano i sapori dell'India dovrebbero fare un salto al *Rajdoot Tandoori* (☎ 652651, *Castle St*), che la domenica serve pranzi tutto compreso a

£6,95 (£4,95 per i vegetariani), oltre che un menu completo di tutti i piatti forti. Chi invece preferisce i sapori d'Oriente, al *Tatyans* (☎ *653529, Castle St)* troverà il tipo di cucina cinese che è apprezzato dalle guide enogastronomiche.

Il *Mad Hatter Wine Bar* e il *MacKenzie*, entrambi in Castle St, servono piatti tipici dei bar e sono anche dei posti molto conosciuti per bere qualcosa. Il *Somewhere Else*, in Castle St, ha cibi di vari tipi e un bel cortile dove sedersi in estate.

Il *Twelve Bells* in Lewis Lane, caratteristico del posto, serve birra alla spina, mentre *The Black Horse*, in Castle St, ha buon cibo da pub.

Per/da Cirencester

Gli autobus della National Express fanno servizio da Cirencester a Londra (due ore e un quarto, £10,75).

L'autobus n. 51 della Stagecoach (☎ 01242-522021) va a Cheltenham, mentre il meno frequente n. 52 va a Gloucester. Ci sono due autobus al giorno per Lechlade-upon-Thames, che passano da Bibury. L'autobus n. 92 che parte ogni ora per Lacock, va a Chippenham passando per Malmesbury.

GLOUCESTER

Pop. 106.600 ☎ 01452

Nonostante sia la capitale della contea, Gloucester non è più all'altezza del suo passato e oggi si trova messa in ombra della sua più affascinante vicina Cheltenham. Avvicinandosi alla città, si è colpiti dalla sua collocazione, annidata nella valle sottostante la scarpata del Cotswold, sulle rive del fiume Severn. Gloucester subì gravi danni a causa dei bombardamenti patiti durante la Seconda guerra mondiale, ma senza dubbio vale ancora la pena di visitarla, soprattutto per la sua magnifica cattedrale gotica e per il gruppo di musei collocato nei magazzini del porto restaurati. Qui troverete anche alcune delle sistemazioni più a buon mercato della zona, cosa che ne fa un buon punto d'appoggio per visitare la regione circostante.

Storia

All'epoca dei Romani Gloucester si chiamava Glevum, ed era stata fondata come casa di riposo per i centurioni di Cirencester. Conservò la sua importanza anche sotto la dominazione dei Sassoni, quando diventò una guarnigione nel punto di confine dei regni di Mercia e del Wessex, posizione che le permise di svilupparsi fino a diventare un importante centro monastico.

Quando Etelredo, fratello di Alfredo il Grande, fu seppellito nel palazzo reale sassone che si trova nei pressi della cattedrale, l'importanza di Gloucester eguagliò quella di Winchester e questa situazione si perpetuò anche sotto i Normanni.

Nel 1216 l'incoronazione di Enrico III si svolse nell'abbazia di St Peter. Dopo il suo assassinio, Edoardo II fu seppellito qui e ciò fece di Gloucester un importante luogo di pellegrinaggio, con evidente beneficio per la sua importanza commerciale.

Nel corso della guerra civile, la città fu una roccaforte puritana e resistette a un assedio di ben 26 giorni. Nel XVIII secolo Gloucester prosperò grazie alle industrie del ferro, del carbone e del legname sorte nella foresta di Dean. Nel corso del XX secolo la città è stata un centro industriale per la produzione, in periodi successivi, di materiale rotabile per ferrovie, aerei e motocicli.

Orientamento e informazioni

Il centro città si sviluppa attorno a quattro arterie principali – Northgate, Southgate, Eastgate e Westgate – che convergono tutte in The Cross.

Il TIC (☎ 421188, fax 504273, @ tourism@gloscity.gov.uk, 28 Southgate St) è situato in un bell'edificio e qui potrete trovare in vendita la descrizione del percorso cittadino denominato *Via Sacra* e un dépliant dove viene delineato il tracciato del Glevum Way, che si sviluppa per 26 miglia (42 km) attorno ai sobborghi della città. L'ufficio è aperto dal lunedì al sabato dalle 10 alle 17, e la domenica dalle 11 alle 15.

All'Intercafe (☎ 305303, 124 Barton St) troverete delle postazioni Internet.

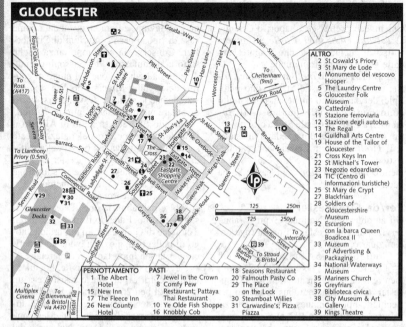

GLOUCESTER

ALTRO
2 St Oswald's Priory
3 St Mary de Lode
4 Monumento del vescovo Hooper
5 The Laundry Centre
6 Gloucester Folk Museum
9 Cattedrale
11 Stazione ferroviaria
12 Stazione degli autobus
13 The Regal
14 Guildhall Arts Centre
19 House of the Tailor of Gloucester
21 Cross Keys Inn
22 St Michael's Tower
23 Negozio edoardiano
24 TIC (Centro di informazioni turistiche)
25 St Mary de Crypt
27 Blackfriars
28 Soldiers of Gloucestershire Museum
32 Escursioni con la barca Queen Boadicea II
33 Museum of Advertising & Packaging
34 National Waterways Museum
35 Mariners Church
36 Greyfriars
37 Biblioteca civica
38 City Museum & Art Gallery
39 Kings Theatre

PERNOTTAMENTO
1 The Albert Hotel
15 New Inn
17 The Fleece Inn
26 New County Hotel

PASTI
7 Jewel in the Crown
8 Comfy Pew Restaurant; Pattaya Thai Restaurant
10 Ye Olde Fish Shoppe
16 Knobbly Cob
18 Seasons Restaurant
20 Falmouth Pasty Co
29 The Place on the Lock
30 Steamboat Willies
31 Carwardine's; Pizza Piazza

The Laundry Centre (☎ 300306, 104 Westgate St) è in grado di soddisfare ogni vostra esigenza di bucato ed è aperto tutti i giorni.

Gloucester Cathedral

Questa magnifica cattedrale gotica rappresenta ancora oggi il punto focale di Gloucester e uno degli esempi più antichi di stile gotico perpendicolare inglese. Edificata come parte dell'abbazia di St Peter, la sua costruzione fu avviata nel 1089 con la posa della prima pietra. Quando l'abbazia fu soppressa nel 1541, la chiesa divenne il centro della nuova diocesi di Gloucester. La navata centrale presenta alcuni meravigliosi archi di epoca normanna con le due ultime campate all'estremità occidentale ricostruite in stile gotico perpendicolare nel 1420. Da notare nella navata sud l'inclinazione decisamente anormale della parete meridionale a causa della presenza del fossato che proteggeva la città romana sottostante.

La splendida torre alta 69 m fu eretta a partire dal 1450 per sostituire la guglia del XIII secolo.

La finestra orientale, da poco restaurata, fu costruita nel 1349 per ricordare la partecipazione della città alla battaglia di Crecy, ed è la più grande d'Inghilterra, mentre gli stalli lignei del coro risalgono al 1350. Al di sopra di questi ultimi si eleva la volta innervata da costoloni dorsali magnificamente intarsiati. La Lady Chapel (cappella dedicata alla Vergine Maria), della fine del XV secolo, costituisce uno degli ultimi gioielli architettonici prodotti dallo stile perpendicolare.

Nel deambulatorio meridionale è visibile un'effige di Roberto, primogenito di Guglielmo il Conquistatore. La splendida tomba di Edoardo II, sormontata da un'effige in alabastro, si trova invece nel deambulatorio settentrionale.

Il transetto settentrionale ospita un reliquiario del XIII secolo e permette l'accesso al tesoro e alla galleria sopra all'abside, dove è stata allestita una mostra sulla storia della cattedrale (aperta solo d'estate). Nella navata settentrionale si trova il monumento commemorativo di John Stafford Smith, un compositore di Gloucester che fu l'autore della melodia poi divenuta inno nazionale degli Stati Uniti.

All'estremità occidentale è collocata una statua di Edward Jenner (1749-1823), che nella vicina Berkeley scoprì il vaccino contro il vaiolo.

Il Great Cloister (grande chiostro) è caratterizzato da volte a ventaglio del XIV secolo, che sono le più antiche del paese. Non perdetevi il catino in pietra in cui si lavano i monaci e le nicchie per gli asciugamani da entrambi i lati del passaggio.

La cattedrale (☎ 528095) è aperta tutti i giorni dalle 8 alle 18; all'ingresso è richiesta un'offerta di £2,50. È possibile prendere accordi per effettuare visite guidate.

Ogni tre anni la cattedrale di Gloucester ospita il Three Choirs Festival (Festival dei tre cori; www.3choirs.org), un avvenimento organizzato in collaborazione con le cattedrali di Worcester e Hereford (v. oltre Worcester e Hereford). Il turno di Gloucester sarà nuovamente nel 2004. Il futuro della cattedrale sarà anche al cinema, essendo stata scelta quale ambientazione principale dell'adattamento hollywoodiano delle storie di Harry Potter, il famoso personaggio di J.K. Rowling. Evento che nei prossimi anni attirerà senz'altro moltitudini di appassionati, accrescendo ulteriormente il già elevato numero di visitatori.

Gloucester Docks

Le prime notizie riguardanti il molo odierno risalgono al 1390. I commerci diretti con i porti stranieri iniziarono nel 1580 e nel 1780 Gloucester accoglieva qualcosa come 600 navi all'anno, anche se le più grosse in genere arrivavano solo fino a Bristol. I quindici magazzini nella zona dei dock furono costruiti nel XIX secolo per il commercio del grano. Oggi in soprannumero, sono stati restaurati e la maggior parte ospita musei, uffici e ristoranti.

National Waterways Museum

Il Llanthony, il più grande dei magazzini dei dock, accoglie l'eccellente National Waterways Museum (☎ 318054), che ha una collezione molto varia di vascelli storici oltre che di raffigurazioni di fantasia. È aperto tutti i giorni dalle 10 alle 17 e l'ingresso costa £4,75/3,75.

Museum of Advertising and Packaging

L'Albert Warehouse, parte del Victoria Dock, che era specializzato nel trasbordo di sale, ospita il Museum of Advertising and Packaging (Museo della pubblicità e del packaging; ☎ 302309), la collezione di confezioni e di articoli da imballaggio di Robert Opie, tutta giocata sul filo della nostalgia. Qui troverete di tutto, dalle bottiglie di birra alle confezioni di biscotti; un vero viaggio nel consumismo del XX secolo. Il museo è aperto tutti i giorni dalle 10 alle 18 e l'ingresso costa £3,50/1,25.

Soldiers of Gloucestershire Museum

Nella vecchia dogana (Custom House) è stato allestito il Soldiers of Gloucestershire Museum (☎ 522682), che è più vivace della maggior parte dei musei militari nel raccontare la storia dei valorosi combattenti di queste terre nel corso di 300 anni di conflitti. È aperto dal martedì alla domenica dalle 10 alle 17 (tutti i giorni da giugno a settembre); l'ingresso costa £4/2.

Gloucester Folk Museum

Il Gloucester Folk Museum (☎ 526467), 99 Westgate St, occupa la casa del XVI secolo di un fabbricante di stoffe. Tra le varie cose che si possono vedere ci sono un piccolo caseificio, un negozio di ferramenta e un'aula scolastica di epoca vittoriana. Il museo è aperto dalle 10 alle 17 dal lunedì al sabato (e, da luglio a settembre, dalle 10 alle 16 della domenica); il biglietto d'ingresso costa £2 (i bambini non pagano).

City Museum and Art Gallery

Il City Museum and Art Gallery (☎ 524 131), Brunswick Rd, merita una visita per ammirare il bel Birdlip Mirror, che risale al I secolo d.C. Il museo è aperto tutti i giorni dalle 10 alle 17 (alle 16 la domenica); l'ingresso costa £2 (i bambini non pagano).

Altri luoghi interessanti

La St Nicholas House, subito a fianco del Folk Museum, fu la casa di famiglia dei Whittington, famosi pantomimi, e uno dei posti in cui Elisabetta I dormì. Nelle vicinanze ci sono i resti della St Oswald's Priory e di St Mary de Lode, la chiesa più antica di Gloucester.

Al n. 5 di Southgate St, un negozio in stile edoardiano fa sfoggio di un particolare orologio meccanico che ha figure che rappresentano le quattro nazioni che compongono il Regno Unito. Lungo Eastgate St si incontrano la St Michael's Tower, l'Eastgate Market (fate una capatina all'interno per dare un'occhiata all'orologio di Beatrix Potter) e i resti dell'East Gate vero e proprio.

Se siete dei fan di Beatrix Potter vi piacerà senz'altro molto la House of the Tailor of Gloucester (☎ 422856), che si trova all'interno del negozio che ispirò l'omonima storia. La casa è aperta dal lunedì al sabato dalle 10 alle 17 e l'ingresso costa £1 (gratuito per i bambini). All'interno della mostra si trova anche un negozio di articoli da regalo molto conosciuto. Blackfriars, Ladybellgate St, è il più bell'esempio ancora esistente in Inghilterra di convento di frati domenicani. L'ingresso è libero e il luogo è aperto tutti i giorni.

In Hempsted Lane, dall'altra parte del Llanthony Bridge rispetto all'area dei dock, si trovano i resti della Llanthony Priory, una delle case agostiniane più ricche d'Inghilterra, prima di essere soppressa nel 1538.

Pernottamento

Molte persone preferiscono visitare Gloucester in giornata, pernottando nella vicina Cheltenham. Il *Bienvenue* (☎ 523284, 54 Central Rd) è un B&B affidabile, con prezzi a partire da £18 a persona, che diminuiscono in proporzione alla durata del periodo di soggiorno.

The Albert Hotel (☎ 502081, 56-58 Worcester St) è un affascinante antico edificio dichiarato d'interesse architettonico e situato più vicino al centro rispetto al Bienvenue, con servizio di B&B a £37/54.

Ha riaperto lo storico *New Inn* (☎ 522 177, fax 301054, 16 Northgate St), che ha alle spalle una reputazione di più di 500 anni di attività nel settore della ricettività e offre camere con un buon rapporto qualità-prezzo considerata la posizione centrale. Le singole hanno prezzi a partire da £29,95, le doppie da £49,95 e le camere a più letti costano £59,95; ci sono poi alcune romantiche suite con letti a baldacchino a £79,95.

The Fleece Inn (☎ 522762, fax 385 371, Westgate St) è un albergo vecchio stile come il New Inn. Ha singole/doppie con prezzi a partire da £26/33 prima colazione compresa, oppure £35/40 per camere con bagno. Non perdetevi il vecchio telefono del centralino posto dietro alla reception.

Il *New County Hotel* (☎ 307000, fax 500487, 44 Southgate St) è un caratteristico albergo a tre stelle, comodo e pulito, situato a cinque minuti a piedi dal centro; ha camere doppie con bagno con prezzi a partire da £65.

Pasti

L'*Orchids at the Undercroft*, che occupa una parte della grande sala dell'edificio che un tempo fu il monastero, vicino alla cattedrale, è un buon posto per il pranzo o per il tè. Anche il *Comfy Pew Restaurant* (☎ 415648) si trova vicino alla cattedrale ed è in uno splendido edificio a graticcio; si possono gustare tè, torte, piatti leggeri a pranzo e cene con menu alla carta. Subito a fianco si trova il *Pattaya Thai Restau-*

Il sarto di Gloucester

La storia che Beatrix Potter preferiva, fra tutte quelle da lei stessa scritte, sembra che fosse *The Taylor of Gloucester* (Il sarto di Gloucester), il famoso racconto che ha come protagonista un bambino che lei scrisse e illustrò nel 1901, quale regalo di Natale per un'amica.

Mentre era in visita a dei cugini che vivevano ad Harescombe Grange, vicino a Stroud, Potter ebbe occasione di ascoltare la storia di un calzolaio effettivamente esistito, tale John Prichard di Gloucester. Come accade anche nel suo racconto, al sarto fu chiesto di realizzare un panciotto per il sindaco della città. In quel periodo però egli era così impegnato che la domenica precedente il lunedì in cui era stata fissata la consegna dell'indumento, egli era solo riuscito a tagliare la stoffa. Tuttavia, quando egli aprì bottega il lunedì mattina, trovò il panciotto finito, fatta eccezione per un'unica asola. Un bigliettino appuntato all'indumento recava la seguente scritta: 'Non ho più filo'.

Disorientato (ma comunque commercialmente avveduto) egli sistemò un cartello sulla vetrina della sua bottega, esortando la gente a servirsi nel suo negozio, dove 'i panciotti vengono confezionati di notte dalle fate'. In seguito venne fuori che l'indumento era stato terminato dagli aiutanti del sarto, che avevano dormito nella bottega perché troppo in ritardo per poter tornare a casa.

John Prichard morì nel 1934 e la sua lapide a Haresfield ricorda che egli fu il sarto di Gloucester, il famoso personaggio di Beatrix Potter. Nella versione di quest'ultima, il sarto non è giovane ma vecchio e al posto delle fate ci sono dei topolini. La scrittrice trascorse ore intere a disegnare per le strade di Gloucester e nei cottage del luogo. La casa nel College Court del paese, che lei scelse quale ambientazione di fantasia del racconto, è oggi un negozio di articoli da regalo con museo annesso.

rant (☎ 520739) che offre a pranzo menu a prezzo fisso a circa £5 e a cena un menu alla carta molto ricco. Anche questo locale è all'interno di un bell'edificio a graticcio nei tipici colori del bianco e del nero, una tipologia abitativa molto comune nella città di Gloucester prima che venisse bombardata. Di fronte al negozio di Beatrix Potter si trova il **Seasons Restaurant** (☎ 307060), che serve pranzi di due portate a £5,95.

Il locale dove andare per il fish e chips (pesce fritto e patatine) è subito a est della cattedrale ed è **Ye Olde Fish Shoppe** (☎ 522502, Hare Lane); i prezzi per gustare questo piatto nazionale sono relativamente alti, in parte perché questo locale ha la licenza dal 1535 e quindi l'inflazione ha avuto una notevole incidenza sui costi. Il **Falmouth Pasty Co** (Westgate St) sforna pasticceria dolce fresca. Sempre in Westgate St si trova lo **Knobbly Cob**, un'alternativa economica per un panino veloce.

Se avete voglia di cucina al curry, prendete in considerazione il **Jewel in the Crown** (☎ 310666): serve infatti tutti i piatti più tipici e famosi del subcontinente indiano a circa £5.

Nella zona dei dock si trovano diversi buoni locali dove mangiare. **The Place on the Lock** (☎ 330253), al primo piano del Gloucester Docks Antiques Centre, è meno caro di ciò che possa sembrare.

Lo **Steamboat Willies** (☎ 300990) serve piatti texani e messicani e pasta con prezzi a partire da £5,95. Il **Pizza Piazza** (☎ 311 951), nel centro commerciale Merchants Quay, si affaccia sull'acqua e serve pizza. Nello stesso posto si trova anche la bottega del caffe **Carwardine's**.

Divertimenti

The Regal (St Aldate St) è uno dei pub più economici di Gloucester, ma se cercate qualcosa di più tipico provate il **Cross Keys Inn** (Cross Keys Lane).

DAL TAMIGI AL WYE

Per/da Gloucester

Gloucester dista 16 miglia (26 km) da Cirencester, 45 miglia (72 km) da Bath, 49 miglia (79 km) da Oxford e 105 miglia (169 km) da Londra. La National Express ha tutti i soliti collegamenti oltre agli autobus che ogni due ore partono per Londra (3 ore e mezzo, £11). La Stagecoach opera principalmente con autobus di linea locali; per maggiori informazioni telefonate allo ☎ 01242-522021. Un biglietto giornaliero 'Explorer', valido su qualunque autobus di servizio nel Gloucestershire, costa £4,50/3. Ci sono degli autobus

per Cheltenham ogni 15 minuti, ma il mezzo più rapido per raggiungerla è sicuramente il treno (10 minuti, £2,30).

DINTORNI DI GLOUCESTER
Slimbridge
☎ 01453

Riattato di recente, lo **Slimbridge Wildfowl & Wetlands Centre** (☎ 891900) è un centro adibito alla riproduzione di uccelli selvatici, principalmente oche e cigni. Istituito nel 1946 dal defunto Sir Peter Scott, è situato 11 miglia (18 km) a sud-ovest di Gloucester. Aperto tutti i

Cavalcando l'onda di piena del Severn

Ciò che gli Inglesi indicano con il termine 'bore' è un fenomeno dovuto alla marea che si verifica quando il suo flusso si riversa nell'ampia foce di un estuario in una misura superiore alla portata d'acqua normale del fiume. In questi casi la marea montante travolge il più lento fluire del fiume e si spinge controcorrente, sommergendone gli argini mano a mano che avanza.

In Inghilterra il più impressionante di questi fenomeni si verifica nel fiume Severn, il più lungo del paese, che subisce una delle più alte maree del mondo. Nel suo punto più elevato l'onda di piena del Severn misura 2,75 m, anche se nell'ottobre del 1966 se ne registrò una alta 2,82 m che viaggiava a una velocità di 13 miglia/h (21 km/h).

Negli ultimi anni si è diffuso un nuovo tipo di sport, il bore-surfing appunto, che vede surfisti e canoisti allineati ad aspettare l'onda. Se si indovinano i tempi, si può riuscire a cavalcare l'onda risalendo il fiume anche per un miglio e mezzo (2,5 km), con grande fastidio di chi pensa che chi si dà a tale pratica rovini questo stupefacente fenomeno naturale.

I posti migliori da cui osservare l'onda di piena del Severn si trovano fra Awre, dove l'estuario si restringe, e Gloucester. Il TIC di Gloucester vi può informare sui giorni più indicati. Non dimenticate gli stivali di gomma, perché l'acqua invade anche le strade circostanti.

JANE SMITH

Cavalcare la cresta di un'onda nel Gloucestershire

giorni dalle 9.30 alle 17.00 (alle 16.00 in inverno), il centro è di notevole interesse sia in inverno, con l'arrivo delle specie artiche, sia in estate. Il biglietto d'ingresso costa £5,75/3,50, ma alloggiando la notte prima allo *Slimbridge Youth Hostel* (☎ *890275, fax 890625,* @ *slimbridge@ yha.org.uk)*, mezzo miglio (circa 800 m) a sud dall'altra parte di Sharpness Canal, è possibile ottenere una riduzione. L'ostello è aperto da marzo ad agosto; è consigliabile telefonare per avere informazioni sull'apertura negli altri periodi dell'anno. Il prezzo per notte è £ 9,80/6,75 per adulti/ bambini.

L'autobus n. 308 della Badgerline (☎ 0117-955 5111) collega Bristol con Gloucester e passa per l'incrocio di Slimbridge, che dista 2 miglia (3 km) dal centro. Alla domenica la Stagecoach mette a disposizione tre autobus per andare e tornare dal santuario; per avere informazioni sugli orari esatti, telefonate al numero ☎ 01452-527516.

BERKELEY
☎ 01453
Questa tranquilla cittadina georgiana è nota soprattutto come il luogo in cui Edoardo II fece la sua terribile fine al Berkeley Castle. I suoi ultimi giorni devono essere stati terribili quanto la sua morte (fu presumibilmente impalato su un attizzatoio arroventato); infatti il pozzo d'aerazione della sala dove fu assassinato era collegato a una fossa in cui venivano premeditatamente stipate le carcasse putrescenti degli animali morti.

Berkeley Castle
Lo splendido castello medievale (☎ 810 332) è immerso nel verde dei giardini terrazzati di epoca elisabettiana e circondato da prati. Fu costruito nel 1153 per volere di Lord Maurice Berkeley e da allora è rimasto di proprietà della famiglia.

È aperto dal martedì al sabato dalle 14 alle 17 in aprile e maggio; da giugno a settembre dal martedì al sabato (anche al lunedì a luglio e agosto) dalle 11 alle 17 e la domenica dalle 14 alle 17; in ottobre

solo la domenica dalle 14 alle 16.30. Il biglietto d'ingresso costa £ 5,40/2,90, mentre si pagano solo £2/1 per la visita ai giardini. La **Butterfly Farm**, che si trova sull'altro lato del parcheggio delle automobili, apre un'ora più tardi rispetto all'orario del castello e chiude alle 17.30; il biglietto d'ingresso costa £2/1.

Un sentiero che passa attraverso il cimitero della chiesa di **St Mary's**, con un insolito campanile isolato rispetto al corpo dell'edificio, conduce al **Jenner Museum** (☎ 810631), allestito nella casa in cui Edward Jenner sperimentò nel 1796 la prima vaccinazione antivaiolosa. Il museo osserva lo stesso orario di apertura del castello, ma è chiuso il lunedì. Il biglietto d'ingresso costa £2,50/1.

Per/da Berkeley
Berkeley si trova 6 miglia (10 km) a sud-ovest di Slimbridge. L'autobus n. 308 della Badgerline da Bristol a Gloucester passa anche di qui.

CHELTENHAM
Pop. 88.000 ☎ 01242
Cheltenham, come la sua sorella più famosa Bath, è una delle più importanti città termali d'Inghilterra, sebbene oggi la sua fama sia dovuta più all'ippodromo e al Cheltenham Ladies' College, una scuola privata, che non alle sue terme. Nel pianificare la città, che è sostanzialmente in stile Regency, gli urbanisti del tempo non furono così clementi come con Bath: le sue splendide piazze, i suoi giardini pubblici variopinti e le sue eleganti architetture d'inizio ottocento sono infatti inframmezzati da zone invadenti e assurde di modernità; tuttavia Cheltenham emana una certa cultura e classe.

La nutrita presenza di ristoranti e alloggi la rende una base ideale per gite nel Cotswold occidentale. Dal momento che è anche ricca di parchi e giardini graziosi non vi è la necessità di allontanarsi troppo per riposarsi. Gli **Imperial Gardens**, di fronte all'albergo Queen's, sono abbelliti da migliaia di fiori diversi, mentre i vicini **Montpellier Gardens** conservano ancora un antico palco per orchestra vittoriano.

Cheltenham fa anche da sfondo a quattro importanti festival: il National Hunt Meeting in marzo, un raduno di caccia durante il quale si corre la Cheltenham Gold Cup; il Music Festival e il Cricket Festival, entrambi a luglio, e il Literature Festival in ottobre. In concomitanza con questi avvenimenti, le possibilità di trovare una camera sono più basse di quelle di vincere alla Lotteria Nazionale.

Storia

Nel 1226 Cheltenham fu ufficialmente riconosciuta come sede di mercato, grazie alla sua posizione: un villaggio tra Gloucester e Tewkesbury, sulla strada per Winchcombe e Oxford. Ciò avvenne quando Cheltenham non era altro che un gruppo di case disposte ai lati dell'odierna High St. La città continuò a godere di una certa importanza anche dopo la guerra civile, quando nella zona del Cotswold meridionale si sviluppò per breve tempo la produzione di tabacco. Il periodo d'oro iniziò però solamente dopo il 1788, anno in cui il re Giorgio III vi giunse per le cure termali.

Nel 1716 si scoprì che alcuni piccioni che becchettavano in un campo sotto quello che è oggi il Ladies College, in realtà si cibavano di sali di cristallo provenienti da una sorgente. Seguendo la moda dell'epoca, il cognato del proprietario del campo vi fece costruire una vera e propria *pump room* (sala dove si bevono le acque), che aprì al pubblico. La visita del re diede il via allo sviluppo delle terme e si costruirono diversi pozzi nuovi e case per ospitare le orde di visitatori che cominciarono a riversarsi in città, tra cui Handel e Jane Austin.

I turisti d'oggi in genere sono più interessati agli edifici che non alle terme. L'elegante stile Regency è presente in tutta la città con villette a schiera mirabilmente proporzionate, quasi tutte di un colore bianco crema, decorate con balconi e ringhiere in ferro battuto. Che lo crediate o no molte di queste belle e maestose villette sono dei prefabbricati dei primi anni del XIX secolo, costruiti da speculatori edilizi che avevano l'occhio per i guadagni facili. Già negli anni '60, molte stavano cedendo sotto il loro stesso peso e si dovettero spendere diversi miliardi di lire solo per tenerle in piedi.

Orientamento

La stazione ferroviaria di Cheltenham si trova sul bordo occidentale della città; gli autobus F o G vi condurranno in centro per 65p. La stazione degli autobus è in una posizione più favorevole, trovandosi immediatamente alle spalle di The Promenade, nel centro città.

La zona centrale di Cheltenham può essere in gran parte girata a piedi. La High St si sviluppa grosso modo da est verso ovest e a sud della stessa si trova The Promenade, la zona commerciale più elegante ('la Bond St dell'ovest'). The Promenade si spinge fino al quartiere commerciale del XIX secolo chiamato Montpellier, oltre al quale si trovano Suffolk Square e Lansdown Crescent. Il Pittville Park e l'antica Pump Room si trovano invece a un miglio (1,5 km) a nord di High St.

Informazioni

Il TIC (☎ 522878, fax 255848, @ tic@cheltenham.gov.uk), 77 The Promenade, il cui personale è particolarmente disponibile, è aperto dal lunedì al sabato dalle 9.30 alle 17.15. Qui troverete in vendita ogni tipo di guida sulle passeggiate ed escursioni in bicicletta nel Cotswold, così come *The Romantic Road*, una guida su un percorso automobilistico ad anello di 30 miglia (48 km) che si sviluppa nel Cotswold meridionale. L'ufficio dispone anche di un opuscolo nel quale sono elencati tutti i mezzi di trasporto per le destinazioni turistiche più famose di Cheltenham.

Visite guidate della città partono dal TIC alle 11 dal lunedì al venerdì dei mesi di luglio e agosto; il costo è di £2,50.

The Promenade

The Promenade rappresenta il cuore di Cheltenham ed è al culmine della sua bellezza in estate, quando le ceste appese sono ricolme di fiori.

Gli **uffici municipali**, costruiti come residenze private nel 1825, sono uno degli elementi di spicco di una delle vie principali più belle di tutta la Gran Bretagna. Di fronte agli uffici si trova una **statua di Edward Wilson** (1872-1912), un cittadino di Cheltenham che si unì alla seconda sfortunata spedizione per il Polo Sud del Capitano Scott (1910-12) e che morì in Antartide.

Procedendo lungo The Promenade in direzione della zona di Montpellier, si in-

contrano gli **Imperial Gardens**, originariamente realizzati a completamento delle Imperial Spa (terme imperiali), prima di essere coperti nel 1902 dai Winter Gardens (giardini d'inverno). La struttura in ferro e vetro fu smantellata nel corso della Seconda guerra mondiale, per evitare che i suoi riflessi potessero attirare i bombardieri tedeschi.

Pittville Pump Room

Immersa in un delizioso quartiere con ville e un parco che si trova a un miglio (1,5

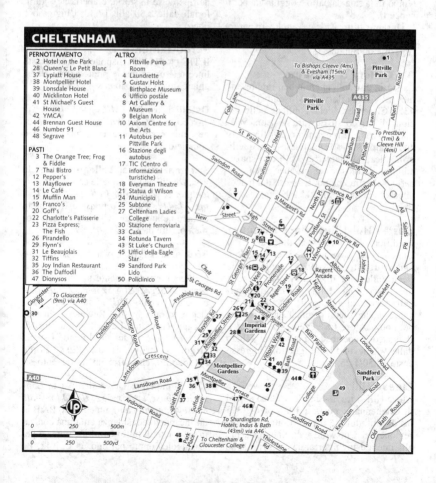

km) dal centro, la Pump Room è il più squisito esempio cittadino di stile Regency. Costruita fra il 1825 e il 1830, fu edificata come centro termale e luogo mondano della nuova tenuta di Joseph Pitt. Al piano superiore, nelle stanze un tempo occupate dalla biblioteca e dal biliardo, si svolgono di tanto in tanto delle mostre d'arte.

È aperta tutti i giorni (eccetto il martedì) ma gli orari variano; l'ingresso è gratuito. Al piano terreno (dove si può ancora bere l'acqua termale) quella che un tempo fu la sala da ballo è oggi usata per i concerti.

Durante tutta l'estate anche il parco viene utilizzato per i concerti (per il ciclo 'Pittville on Sunday').

Art Gallery & Museum

La storia di Cheltenham è ben rappresentata all'Art Gallery & Museum (☎ 237 431), Clarence St, che contiene delle sezioni di spicco su Edward Wilson, William Morris e il movimento artistico Arts and Crafts, sull'arte olandese e su quella britannica. Al pianterreno c'è uno spazio adibito alle mostre temporanee, mentre il caffè è al primo piano. È aperto dal lunedì al sabato dalle 10 alle 17.20; l'ingresso è libero.

Gustav Holst Birthplace Museum

L'edificio vittoriano (☎ 524846) al n. 4 di Clarence Rd, dove nacque il compositore Gustav Holst (1874-1934), contiene una ricca collezione di suoi ricordi, nonché una descrizione della vita nei quartieri della servitù al volgere del secolo. La visita è anche accompagnata dalla musica del compositore (in genere *The Planets*). Il museo è aperto dal martedì al sabato dalle 10 alle 16.15; il biglietto d'ingresso costa £2,50/1,25.

Cleeve Hill

Cleve Hill si trova 4 miglia (6 km) a nord di Cheltenham; posta a 1066 piedi (325 m) di altitudine, è il punto più alto della regione del Cotswold e la pianura a più alta quota d'Inghilterra, da cui si possono godere delle splendide vedute di Cheltenham. Durante i fine settimana, la Castleways (☎ 603715) offre un servizio di autobus, dal centro città in direzione Clive Hill, all'incirca ogni ora.

Ippodromo

Nella periferia nord di Cheltenham si trova Prestbury, il villaggio che secondo l'opinione generale è il più infestato dai fantasmi di tutta l'Inghilterra e che ospita uno dei più importanti ippodromi del paese. La sua Hall of Fame (☎ 513014), che ne ripercorre la storia, è aperta nei giorni feriali dalle 8.30 alle 17.30; l'ingresso è libero.

Pernottamento

Il TIC (☎ 517110) dispone di un'apposita linea telefonica per le prenotazioni alberghiere, ma il servizio costa £2,75.

Ostelli L'ostello *YMCA* (☎ 524024, fax 232635, 6 Vittoria Walk) dispone di alcune camere singole a £15, ma spesso è completo.

Sistemazione nei college Durante le vacanze di Pasqua e quelle estive, il *Cheltenham & Gloucester College* (☎ 532774, fax 543412, Park Campus) affitta delle camere nelle sue tre sedi; una singola costa a partire da £25.

B&B e alberghi Diverse possibilità di alloggio sono offerte dalla zona di Montpellier, immediatamente a sud-ovest del centro. Il *Segrave* (☎ 523606, 7 Park Place) è un piccolo B&B situato in un massiccio edificio in stile Regency, con parcheggio custodito. Le tariffe sono di £16/35 per le singole/doppie. Lungo la stessa strada si trova il *32 Park Place* (☎ 582889), che offre un trattamento simile.

In Montpellier Drive si trova la *Lonsdale House* (☎/fax 232379, @ lonsdale house@hotmail.com), un comodo B&B in un'incantevole residenza cittadina con camere dotate di tutti i comfort; i prezzi per le singole/doppie partono da £21/42. La

St Michael's Guest House (☎/fax 513 587, 4 Montpellier Drive) è più piccola ma ugualmente frequentata; ha camere alla buona per non fumatori in una residenza edoardiana a £28/40.

Il *Number 91* (☎ 579441, 91 Montpellier Terrace), casa natale di quel Wilson che partecipò alla spedizione antartica del 1910-12 destinata a fallire, ha camere graziose a £26/50.

Alla raffinata *Lypiatt House* (☎ 224 994, fax 224996, ✉ lypiatthouse@ gofor net.co.uk, Lypiatt Rd) i prezzi delle camere partono da £55/65.

Altrettanto centrale è l'accogliente *Brennan Guest House* (☎ 525904, 21 St Lukes Rd), che offre sei camere con bagno in comune a partire da £22/40.

Il *Beaumont House Hotel* (☎ 245986, fax 520044, ✉ rocking.horse@virgin.net, 56 Shurdington Rd) ha camere con bagno con prezzi a partire da £42/60 e un paio di altre camere con sfarzosi letti a baldacchino a £78.

Tra il centro città e Pittville Park è ubicato il lussuoso *Hotel on the Park* (☎ 518 898, fax 511526, 38 Evesham Rd); si tratta di una villa in stile Regency, con un buon ristorante e camere dotate di tutti i comfort i cui prezzi partono da £78,50/96,50.

Il raffinato albergo *Queen's* (☎ 514 724, fax 224145, ✉ gm1050@ forte-hotels .com, The Promenade), di epoca vittoriana, ha camere con prezzi a partire da £100/135, alcune delle quali offrono una splendida vista sugli Imperial Gardens. Tra i suoi ospiti vi sono stati Edoardo VII, Sir Edward Elgar e Sir Arthur Conan Doyle. Questo è anche il luogo di Cheltenham dove farsi vedere e a consumare il pasto pomeridiano accompagnato da tè (high tea).

Pasti

Cheltenham è un vero e proprio paradiso per i buongustai, poiché offre una gamma completa di ristoranti con cucina internazionale, per soddisfare tutti i palati, ma anche tutte le tasche.

Bar economici affollano le strade vicino alla stazione degli autobus; provate *Le*

Café (☎ 522400, 1 Royal Well Rd), che offre un buon assortimento di caffè e spuntini leggeri.

Per consumare un buon pranzo in centro a un prezzo ragionevole provate il *Café Museum* (☎ 237431, Clarence St), all'interno dell'Art Gallery & Museum: una minestra, un panino tondo e una fetta di torta vi costeranno meno di £4. Un altro posto molto frequentato dalla gente che conta è il *Tiffins* (☎ 222492, 4 Montpellier Walk), dove si trova uno splendido assortimento di panini da mangiare sul posto o da portare via.

Se una torta è tutto ciò di cui avete bisogno, la *Charlotte's Patisserie* (☎ 575 144, 112 The Promenade) effettua servizio di consegna a domicilio. L'*Orange Tree* (☎ 234232, 317 High St) è un invitante ristorante vegetariano, che per accompagnare il cibo serve vino e birra anch'essi prodotti biologicamente. L'*Axiom Centre for the Arts* (☎ 253183, 57 Winchcombe St) dispone anche di un piccolo ristorante vegetariano che serve un pasticcio di verdura ricoperto di purè.

L'ottimo *Indus* (☎ 516676, 226 Bath Rd) è forse il miglior ristorante indiano della città e la sua specialità è il tandoori. Recentemente è stato incluso nella classifica dei Top 100 della Good Curry Guide. Se cercate invece un locale più centrale, il *Joy Indian Restaurant* (☎ 522888, Lansdown Rd) con vista sui Montpellier Gardens, è un locale di alta classe ed è difficilmente superabile.

Se la scelta cade sulla cucina cinese, andate al *Mayflower* (☎ 522426, 32 Clarence St), da tempo rinomato, che offre alcuni menu fissi eccezionali e un'ampia scelta di cibo vegetariano, tra cui la mock duck (anatra finta). La maggior parte dei piatti principali ha un prezzo che varia tra £6 e £8. Se cercate qualcosa di un po' più gustoso, il *Thai Bistro* (☎ 244590, 8 Well Walk) serve un'ampia scelta di specialità tailandesi.

Franco's (☎ 224880, 49 Rodney Rd) è un ristorante specializzato in cucina tradizionale italiana, dove un pasto con tre portate costa circa £15. Non servono pizza. Un ristorante italiano nuovo è il *Pi-randello* (☎ 234599, *The Promenade*), ma è caro e quindi siate pronti a spendere £20 per il menu completo.

Pizza Express (☎ 253896, *Imperial Square*) si trova all'interno della Belgrave House e propone concerti jazz dal vivo tutti i mercoledì sera, oltre le solite gusto-sissime pizze. Il pluripremiato *Dionysos* (☎ 227277, *8 Suffolk Parade*) è un risto-rante greco-cipriota per coloro i quali pre-feriscono le zone sud-orientali del Medi-terraneo. Se volete provare la cucina gre-ca fino in fondo assaggiate un *meze* (piat-to di stuzzichini).

Il *Pepper's* (☎ 573488, *Regent St*) è una brasserie con un dehors per i drink estivi.

Due tra i posti migliori per mangiare a Cheltenham sono *Le Beaujolais* (☎ 525 230, *15 Rotunda Terrace*) e *Le Petit Blanc* (☎ 266800, *Queen's, The Prome-nade*). Le Beaujolais è un piccolo ed ec-cellente ristorante francese, che serve ric-chi menu a prezzo fisso per £15,95 a pranzo e per £18,95 a cena. Le Petit Blanc rappresenta un primo contatto, neanche tanto a buon mercato, con il tipo di cucina che le persone facoltose apprezzano: esi-ste un fantastico menu base di tre portate che costa £15, ma le buone forchette tro-veranno le porzioni non all'altezza della presentazione.

Un altro posto decisamente da prende-re in considerazione è *The Daffodil* (☎ 700 055, *18 Suffolk Parade*), colloca-to in un ex cinema Art Deco accurata-mente restaurato. Il menu è a base di piatti inglesi dei giorni nostri, con cenni di cucina francese e mediterranea. Il quotidiano *The Independent* lo ha de-scritto come 'il ristorante più caldo di Cheltenham', ma forse quel giorno l'aria condizionata era spenta.

Divertimenti

Pub e club Se cercate un bar raffinato provate il *Casa (Montpellier Walk)*, loca-le in cui alcuni dei brillanti giovanotti di Cheltenham amano trovarsi per bere qual-cosa e mangiare del buon cibo. *The Fish (Imperial Square)* è un piccolo e originale locale un po' nascosto, a fianco di Pizza Express, in cui si ascolta della buona mu-sica.

Per coloro che danno più importanza alla birra che non al locale, il *Belgian Monk (Clarence St)* ha una notevole scel-ta di birre, dalle più alcoliche a quelle fruttate. La *Rotunda Tavern (The Prome-nade)* rappresenta ciò che i turisti si aspet-tano dai pub inglesi e si trova in uno degli edifici che contraddistinguono Chel-tenham. Un ultimo posto in cui vale la pena fermarsi è il *Frog & Fiddle*, in fondo a High St, in quella porzione di via che è diventata una sfida architetto-nica per una zona della città in via di sviluppo.

Gli assidui frequentatori dei locali not-turni troveranno Cheltenham carente da questo punto di vista, ma il *Subtone* (☎ 575925, *117 The Promenade*) è co-stantemente affollato e ospita di tanto in tanto dei DJ londinesi di fama.

Teatro e musica Il teatro *Everyman* (☎ 572573, *Regent St*) mette in scena qua-lunque cosa, dalla commedia alla panto-mima, fino ad arrivare a Shakespeare. La *Pittville Pump Room* ospita spesso con-certi di musica classica, mentre il *Town Hall* (☎ 227979, *Imperial Square*) è mag-giormente indirizzato verso la musica più popolare. Anche l'*Axiom Centre for the Arts* (☎ 690243, *57 Winchcombe St*) pro-pone un cartellone di musica meno tradi-zionale e di eventi teatrali.

Per/da Cheltenham

Cheltenham dista 9 miglia (14 km) da Gloucester, 40 miglia (64 km) da Bristol, 43 miglia (69 km) da Oxford e 100 miglia (161 km) da Londra.

Autobus La National Express (☎ 0870 580 8080) collega Cheltenham con Lon-dra (2 ore e 45 minuti, £11), con Oxford (un'ora e un quarto, £7,75) e con tutte le altre destinazioni poste sulle linee servi-te da questa compagnia di trasporti. An-che la Swanbrook Coaches (☎ 01452-

712386) ha autobus per Oxford (un'ora e mezzo, £5).

La Stagecoach (☎ 522021) effettua corse per Gloucester ogni 10 minuti (30 minuti). Dal lunedì al sabato ogni due ore l'autobus n. 51 effettua servizio per Cirencester (30 minuti). La stessa compagnia ha anche un servizio nei giorni feriali per Tewkesbury; è consigliabile telefonare per avere maggiori informazioni.

La Pulham's Coaches (☎ 01451-820 369) ha autobus giornalieri per Moreton-in-Marsh (un'ora), passando per Bourton-on-the-Water e Stow-on-the-Wold. La Castleways Coaches (☎ 602949) garantisce un servizio regolare dal lunedì al sabato tra Cheltenham e Broadway (45 minuti), passando per Winchcombe.

Treno Cheltenham è situata sulla linea Bristol-Birmingham e ogni ora esistono treni per Londra (2 ore e mezzo, £31,50), Bristol (45 minuti, £7,20) e Bath (un'ora, £11,20), nonché frequenti partenze per Gloucester (10 minuti, £2,30).

Trasporti urbani
Biciclette a noleggio sono reperibili presso la Compass Holiday (☎ 250642), alla stazione ferroviaria di Cheltenham, a £11 per giorno.

TEWKESBURY
Pop. 9500 ☎ 01684
Posta solamente 8 miglia (13 km) a nord-ovest di Cheltenham, Tewkesbury è un'incantevole cittadina di campagna, ricca di edifici a graticcio e dominata dalla sua abbazia, parzialmente di epoca normanna. Qui nel maggio del 1471 ebbe luogo la battaglia di Tewkesbury, una delle più atroci di tutta la guerra civile, nella quale Edoardo IV, del casato York, rivendicava il suo diritto al trono su Enrico VI, del casato Lancaster. Fu l'ultima bravata di Margherita d'Angiò, l'intrigante regina consorte dell'incapace Enrico, e le sue truppe furono sbaragliate. Il luogo dove si svolse la battaglia – poco lontano da Lincoln Green Lane, a sud-ovest dell'abbazia

– è oggi noto con il nome di Bloody Meadow (prato insanguinato, ma anche prato maledetto).

Vale la pena girovagare fra gli stretti vicoli e fare una capatina nelle piazzette, in fondo a una delle quali troverete un'antica **cappella battista**, all'interno di un edificio del XV secolo. Church St, Mill St e Mill Bank sono particolarmente meritevoli di una visita.

Il TIC (☎ 295027, fax 292277), 64 Barton St, si trova nello stesso edificio che ospita il museo della città (l'ingresso costa 70/25p). È aperto dal lunedì al sabato dalle 9 alle 17 e la domenica dalle 10 alle 16.

Tewkesbury Abbey
Il punto focale della città è la chiesa di un'antica abbazia benedettina, soppressa da Enrico VIII quando era ormai rimasta l'unica del regno. Fu edificata nel XII secolo con pietre trasportate via mare e fiume dalla Normandia. La fortuna di Tewkesbury dipendeva dall'industria laniera, anche perché l'abbazia possedeva terreni e greggi in tutto il Cotswold. Quando questa venne soppressa, la chiesa riuscì a sopravvivere grazie all'intervento degli abitanti del posto che l'acquistarono.

Con la sua torre alta 40 m, è una delle abbazie più grandi d'Inghilterra. All'interno vi sono delle magnifiche colonne normanne allineate lungo la navata, una vetrata policroma del XIV secolo sovrastante il coro e un organo del 1631. Non perdetevi le tombe di Edoardo, il Barone Le Despenser, che combatté a Poitiers nel 1356, e di John Wakeman, l'ultimo abate, che è raffigurato sotto forma di scheletro ricoperto di vermi. Sempre qui, sotto il presbiterio, si trova Edoardo, principe di Galles, figlio di Enrico VI e vittima più illustre del massacro perpetrato dai partigiani del casato di York all'interno dell'abbazia dopo la battaglia di Tewkesbury.

Un nuovo centro di accoglienza nei pressi del cancello ospita l'Abbey Refectory, dove sono serviti tè, caffè e pranzo. A chi visita l'abbazia è richiesta un'offerta di £2.

Altre cose da vedere e fare

Il **John Moore Countryside Museum** (☎ 297174), che si trova all'interno di una casa del XV secolo al 41 di Church St, ospita una collezione di natura protetta. Da aprile a ottobre è aperto dal martedì al sabato dalle 10 alle 13 e dalle 14 alle 17; l'ingresso costa £1/50p.

Tutti i giorni durante l'estate la Telstar (☎ 294088), Riverside Walk, organizza crociere sul fiume Avon, a bordo del Kingfisher Ferry, dirette al Fleet Inn. È anche possibile noleggiare dei cabinati per massimo sei persone senza comandante, che costano da £30 in su ogni due ore.

Pernottamento

I posti migliori dove alloggiare si trovano tutti nei pressi dell'abbazia in Church St. Il più economico è la **Crescent Guest House** (☎ 293395, 30 Church St), che costa £19 per persona.

L'**Abbey Hotel** (☎ 294247, fax 297208, 67 Church St) ha prezzi a partire da £45/60. Di fronte all'entrata dell'abbazia, il **Bell Hotel** (☎ 293293, fax 295938, 52 Church St) ha camere doppie con bagno che costano da £75 in su. Il piacevole **Jessop House Hotel** (☎ 292017, fax 273076, 65 Church St) costa £45/75.

In Barton Rd, a est del TIC, si trovano un paio di sistemazioni più a buon mercato. La **Barton House** (☎ 292049, 5 Barton Rd) fa pagare £18 per persona in camera doppia, mentre all'**Hanbury House** (☎ 299911, Hanbury Terrace, Barton Rd) il prezzo parte da £36 per una doppia. Questi posti, tuttavia, sono leggermente più lontani dal centro città.

Pasti

Il **My Great Grandfather's** (☎ 292687, 85 Church St) è un ristorante e sala da tè alla buona. I cream tea costano meno di £3 e a pranzo nei giorni feriali vengono serviti roast beef, maiale o agnello. L'**Hen & Chickens Eating House** (☎ 292703, 73 Church St) serve piatti quali pesce affumicato e frutti di mare in pastella. Nelle immediate vicinanze, all'**Abbey Tea Rooms** (☎ 292215, 59 Church St) servono porzioni di arrosto per £5 circa. L'**Aubergine** (☎ 292703, 73 Church St) è un piccolo ristorante elegante con un menu vivace.

Le Bistrot André (☎ 290357, 78 Church St) è un ristorante francese con prezzi abbordabili. Gli antipasti costano £3 circa; le portate principali vanno da £8 a £13. Per chi apprezza la cucina di posti ancora più lontani, il **New World** (☎ 292 225, 61 High St) è uno splendido ristorante vietnamita gestito da un ex abitante di Hanoi; il cibo è genuino e i prezzi ragionevoli.

Divertimenti

Il **Royal Hop Pole** (Church St), che viene citato in *Pickwick Papers* (Il circolo Pickwick) di Dickens, è un pub, ristorante e albergo molto conosciuto. In alternativa, per una bevuta fate un saldo al **Berkeley Arms** (Church St), incredibilmente vecchio, o allo storico **Ye Olde Black Bear** (High St).

Per/da Tewkesbury

Il modo più facile per raggiungere Tewkesbury è quello di prendere l'autobus n. 41 della Stagecoach, che parte ogni ora da Clarence St a Cheltenham. La stessa compagnia nei giorni feriali effettua corse per Tewkesbury anche con partenza da Gloucester e Worcester. Per maggiori informazioni rivolgersi al ☎ 01242-522021.

Tewkesbury può essere raggiunta da Cheltenham anche in treno, ma la stazione di Ashchurch si trova 3 miglia (5 km) circa fuori città.

FOREST OF DEAN
☎ 01594

Un tempo riserva reale di caccia, la Forest of Dean occupa una porzione triangolare di altopiano fra Gloucester, Ross e Chepstow e comprende un'area di 42 miglia quadrate (110 km quadrati) circa, di cui 28 (73) circa di foresta che è posta sotto la giurisdizione di un'antica legge forestale. L'esplorazione di questa parte del Gloucestershire può dare grandi soddisfazioni, dal momento che il suo relativo isolamento mantiene il numero dei visitatori ben al di sotto delle medie tipiche del Cotswold. È anche un ottimo luogo per effettuare camminate o escursioni in bicicletta.

Informazioni

Il TIC principale (☎ 812388, @ tourism @fdean.gov.uk), che si trova in High St a Coleford, dispone di guide per le escursioni a piedi e in bicicletta. È aperto dal lunedì al sabato dalle 10 alle 17 e la domenica dalle 10 alle 13.30. Offre anche un servizio gratuito di prenotazione alberghiera.

La Forest Adventure (☎ 834661), 5 Brummels Drive, Coleford, organizza attività quali arrampicata, speleologia, discesa in corda doppia e kayak.

Che cosa vedere e fare

Le **Clearwell Caves** (☎ 832535), nei dintorni di Coleford, sono delle grotte sfruttate fin dall'Età del ferro per estrarre questo prezioso minerale; ci si può aggirare fra nove di queste, tutte umide e sinistre, osservando l'attrezzatura che veniva utilizzata per il lavoro di estrazione unitamente a pozze naturali e formazioni rocciose. In occasione di Halloween (la vigilia di Ognissanti, il 31 ottobre) qualcosa di molto simile a un rave sotterraneo si svolge dentro Barbecue Churn, la più grande delle grotte; per potervi prendere parte è necessario prenotare con anticipo. Da marzo a ottobre le grotte sono aperte tutti i giorni dalle 10 alle 17; l'ingresso costa £3/2,20.

A meno di 3 miglia (5 km) di distanza si trova il bel villaggio di **Newland**, dominato dalla chiesa di **All Saints**, la cosiddetta Cathedral of the Forest (cattedrale della foresta). All'interno della cappella di Greyndour (Greyndour Chantry) cercate la targa funeraria in ottone che ritrae un minatore libero (free miner) (v. la lettura **I minatori della Forest of Dean**) che ha in

---

I minatori della Forest of Dean

Già prima dell'arrivo dei Romani, la Forest of Dean era un'importante fonte di approvvigionamento di legna, ferro e pietra. Inoltre sotto la sua superficie si trova un filone di carbone che si estende per diverse migliaia di acri. In base a una curiosa anomalia, da 700 anni a questa parte un ristretto gruppo di persone di St Briavels che abitano nella foresta ha conservato il diritto di estrarre questo carbone, diritto che fu ottenuto dai loro avi quale ricompensa per la loro abilità a scavare gallerie sotto le fortificazioni dei castelli. Sebbene ancora molti uomini possano in teoria rivendicare questo diritto dopo aver lavorato per un anno e un giorno in una miniera, in realtà oggi sono solo due le *free mines* (miniere libere) rimaste operative a tempo pieno, ed entrambe sono imprese a gestione individuale.

---

bocca una candela di sego (*nelly*), in mano un piccone e sulla schiena uno zaino (*billy*).

Anche l'**Hope Colliery Museum** si trova nei pressi di Coleford. Si tratta di una miniera libera ancora funzionante aperta al pubblico tutti i giorni da Pasqua a ottobre dalle 10 alle 16.30; l'ingresso costa £3/2.

Al Beechenhurst Enclosure, vicino a Cinderford, si può percorrere l'agevole **sculpture trail** (sentiero delle sculture) della Forest of Dean.

Al **Dean Heritage Centre** (☎ 822170), ospitato in un vecchio mulino di Soudly, vicino a Cinderford, viene ripercorsa la storia della foresta e dei *free miners* (minatori liberi). Da aprile a settembre è aperto tutti i giorni dalle 10 alle 18; in febbraio, marzo e ottobre tutti i giorni dalle 10 alle 17. L'ingresso costa £3,50/2. Il *Dean Heritage Kitchen* serve pranzi e tè.

Pernottamento e pasti

L'imponente *St Briavel's Castle Youth Hostel* (☎ 530272, fax 530849, @ stbria vels@yha.org.uk, Lidney) ha un bel fossato e un tempo era un casino di caccia usato da re Giovanni. Si trova a occidente della foresta, sopra la valle del Wye, e costa £10,85/7,40 per adulti/bambini.

A Clearwell il **Tudor Farmhouse Hotel** (☎ 833046, fax 837093, ✉ reservations @tudorfarmhouse.u-net.com) ha ottime camere doppie con bagno a partire da £65. La **Scatterford Farm** (☎ 836562, fax 836323, Newland) è un accogliente B&B in un'antica casa colonica di campagna che costa £27/44. La **Cherry Orchard Farm** (☎ 832212, Newland) è un B&B in un caseificio con prezzi a partire da £20 per persona. Le camere sono due, ma occorre telefonare prima per avere maggiori ragguagli. Esistono anche un paio di piazzole per campeggiare. La **Tan House Farm** (☎ 832222, fax 833561, ✉ christie. arno3@virgin.net, Newland) non sembra neanche una fattoria quanto piuttosto un piccolo castello francese e la sistemazione B&B in questo incantevole scenario costa £25 per persona per la prima notte e £22 per quelle successive.

Per/dalla Forest of Dean

Gli autobus collegano Gloucester e Monmouth con Coleford, Lydney e i paesi più piccoli. Cirencester e Ross-on-Wye sono gli altri due possibili punti d'appoggio dai quali partire per visitare la regione. Potete telefonare all'help-desk dei trasporti pubblici del Gloucestershire, al ☎ 01452-425543, per avere maggiori informazioni.

I treni arrivano alla stazione di Lydney. Da aprile a settembre, il mercoledì, giovedì sabato e domenica, i treni a vapore collegano Lydney a Norchard (£4,20/2,20) sulla linea della Forest of Dean. Per maggiori informazioni rivolgersi al ☎ 845840.

Trasporti locali

Il traffico relativamente ridotto su gran parte della rete viaria fa di questa zona un buon posto per le escursioni in bicicletta. Il Pedalabikeaway (☎ 860065), a Cannop Valley sulla B4234, noleggia biciclette a £10 per giorno e solo per singole giornate. Il Forest Cycle Centre (☎ 832121, ✉

pkendall@compuserve.com), 44 Park Rd, Coleford, è più facile da raggiungere e le tariffe partono da £6 per metà giornata. Si può anche prendere in considerazione l'eventualità di arrivare in zona con una bicicletta noleggiata nei paraggi, per esempio a Ross-on-Wye.

NEWENT
Pop. 5160 ☎ 01531

L'intatta cittadina di Newent dà l'impressione di essere un posto dimenticato dal tempo, dove tutto è rimasto fermo all'Inghilterra degli anni '50 se non a un'epoca ancora antecedente, dato il forte successo che riscuote lo Shambles Museum dedicato all'epoca vittoriana.

Il TIC (☎ 822468), 7 Church St, si trova quasi di fronte al museo. È aperto dal lunedì al venerdì dalle 9 alle 12.30 e dalle 13.30 alle 16, e il sabato dalle 10 alle 16.

Shambles Museum sull'epoca vittoriana

Lo Shumbles Museum (☎ 822144) è una sorta di museo vivente dove troverete alcuni esempi di facciate di negozi in stile vittoriano sistemate attorno a una sala da tè. Da Pasqua a dicembre è aperto dal martedì alla domenica dalle 10 alle 18. L'ingresso costa £3,50/1,95.

National Birds of Prey Centre

Al Centro nazionale per gli uccelli rapaci (☎ 820286), alla periferia di Newent, durante il giorno potrete ammirare falchi e gufi volare liberamente. Da febbraio a novembre il centro è aperto tutti i giorni dalle 10.30 alle 17.30; il biglietto d'ingresso costa £5,50/3,25.

Museum of Crime Through Time

Questo museo (☎ 821888), ospitato nella Nicholson House, descrive i criminali e i loro crimini nelle varie epoche con un allestimento collocato all'interno di un ex commissariato di polizia. Gli oggetti esposti sono spesso raccapriccianti e comprendono una ghigliottina, strumenti di tortura ed effetti personali di famosi criminali quali il duro Charles Bronson. Il museo è aperto tutti i giorni dalle 10 alle 17 e l'ingresso costa £3/2.

Pernottamento e pasti

Il *George Hotel (☎ 820203, Church St)* è un'antica locanda, un tempo stazione delle diligenze, che pratica prezzi molto ragionevoli, partendo da appena £16 per persona in una camera doppia.

Il *Singing Kettle (☎ 822941, 1 Cheapside)* è un caffè-ristorante a pochi passi da Church St. Il caffè serve pasti leggeri, mentre al ristorante di sera si possono gustare pesce e selvaggina. Del buon cibo, innaffiato con vini inglesi, può essere trovato anche al *ristorante* del Three Choirs Vineyard (☎ 890223), dove le visite fai-da-te costano £2,50/1,50.

Per/da Newent

La National Express (☎ 0870 580 8080) effettua un servizio giornaliero da Newent per Hereford e Londra. L'autobus n. 32 della Stagecoach collega Newent a Gloucester.

Herefordshire

Delimitata dal Malvern a est e dal Galles a ovest, l'Herefordshire è una tranquilla contea di campi e siepi, rimasta ancora pressoché incontaminata dal turismo. Il fiume Wye serpeggia nella campagna e sparse qua e là ci sono numerose belle città sedi di mercato e graziosi villaggi con case a graticcio nei tipici colori del bianco e del nero. Hereford, Ross-on-Wye e Hay-on-Wye costituiscono tutte gli ottimi punti d'appoggio per le escursioni.

La contea di Hereford ha un suo sito Internet che potrete visitare all'indirizzo www.herefordshiretourism.com.

ITINERARI A PIEDI

La contea è attraversata da numerosi lunghi percorsi. L'Offa's Dyke Path corre lungo il confine occidentale con il Galles. Il Wye Valley Walk, lungo 107 miglia (172 km), inizia a Chepstow (in Galles) e risale il corso del fiume in Inghilterra attraverso l'Herefordshire per tornare nuovamente in Galles fino a Rhayader. Il Three Choirs Way collega Hereford a Worcester e Gloucester.

TRASPORTI LOCALI

La First Midland Red (☎ 01905-763888) è la compagnia di autobus più importante della regione. Il biglietto giornaliero 'Day Rover' costa £4,60/3,60 e permette la libera circolazione su tutte le tratte effettuate dalla società e anche su quelle della maggior parte delle compagnie più piccole. Per avere informazioni in generale sugli autobus, rivolgetevi al ☎ 0845 712 5436. Il Wye Valley Wanderer è un autobus molto utilizzato che nelle domeniche d'estate e nei lunedì di 'bank holiday' collega Ross-on-Wye e la valle del Wye con il Worcestershire. Per avere maggiori informazioni in proposito rivolgersi al ☎ 01432-260948.

La linea ferroviaria collega Hereford con Shrewsbury, Worcester, Birmingham e Cardiff.

HEREFORD

Pop. 48.400 ☎ 01432

Di primo acchito Hereford può dare l'impressione di essere fuori dal mondo, ma in poco tempo avrete modo di scoprirne il calore e lo spirito, oltre che le sue molte bellezze: una delle mappe più famose del mondo, una cattedrale maestosa (anche se più volte rimaneggiata) e alcuni notevoli esempi di architettura d'epoca.

Hereford deve la sua importanza alla posizione che occupa sul fiume Wye lungo il confine con il Galles, posizione che fu sfruttata dai Sassoni per costruire qui una guarnigione di difesa contro le tribù gallesi. Fu la capitale del regno sassone di Mercia e sede di una diocesi fin dall'inizio dell'VIII secolo.

Orientamento e informazioni

Il quartiere commerciale di High Town e la cattedrale, pochi isolati più a sud lungo Church St, costituiscono il cuore della città, sulla riva settentrionale del fiume Wye. La stazione degli autobus si trova a nord-est, a poca distanza da Commercial Rd, mentre la stazione ferroviaria è poco più lontana, dietro al supermercato Safeway.

Il TIC (☎ 268430), 1 King St, il cui personale è sempre disponibile, si trova di fronte alla cattedrale ed è aperto dal lunedì al sabato dalle 9 alle 17 e le domeniche d'estate dalle 10 alle 16. Da giugno a settembre vengono organizzate delle visite guidate a piedi (☎ 266867) che partono alle 10.30 dal lunedì al sabato e alle 14.30 la domenica (£2/1).

Il Pi Shop (☎ 377444), 17 King St, è un ottimo Internet café che pratica una tariffa di £4 all'ora.

Hereford Cathedral

Questa cattedrale rosso porpora (☎ 374 200) da un punto di vista estetico è meno interessante di molte delle altre grandi cattedrali inglesi, in parte a causa dei lavori di ricostruzione che seguirono al crollo della torre occidentale sulla navata nel 1786 e in parte perché la lavorazione della pietra è un po' troppo ridondante.

Anche se alcune parti della cattedrale risalgono all'XI secolo e la torre centrale in arenaria alta 50 m fu costruita nel XIV secolo, la facciata occidentale ha meno di 100 anni. All'interno, gran parte della navata normanna e dei i suoi archi sono rimasti intatti. Nel coro si trovano una cattedra vescovile del XIV secolo e lo stallo di re Stefano, che si dice sarebbe stato occupato dal monarca stesso. Nel transetto settentrionale si trova il reliquiario del vescovo St Thomas Cantilupe (XIII secolo), la cui tomba in passato fu fatta oggetto di venerazione e diventò anche meta di pellegrinaggio. Il transetto meridionale contiene tre arazzi che raffigurano l'albero della vita disegnato da John Piper nel 1976.

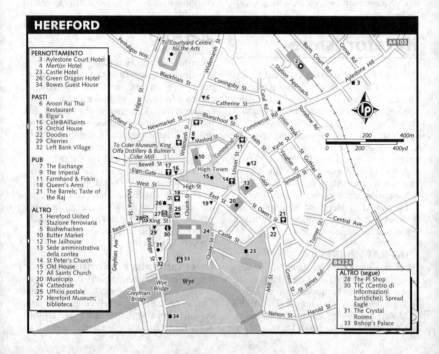

HEREFORD

PERNOTTAMENTO
3 Aylestone Court Hotel
4 Merton Hotel
23 Castle Hotel
26 Green Dragon Hotel
34 Bowes Guest House

PASTI
6 Aroon Rai Thai Restaurant
8 Elgar's
16 Café@AllSaints
19 Orchid House
22 Doodies
29 Cherries
32 Left Bank Village

PUB
7 The Exchange
9 The Imperial
11 Farmhand & Firkin
21 Queen's Arms
21 The Barrels; Taste of the Raj

ALTRO
1 Hereford United
2 Stazione ferroviaria
5 Bushwhackers
10 Butter Market
12 The Jailhouse
13 Sede amministrativa della contea
14 St Peter's Church
15 Old House
17 All Saints Church
20 Municipio
24 Cattedrale
25 Ufficio postale
27 Hereford Museum; biblioteca

ALTRO (segue)
28 The Pi Shop
30 TIC (Centro di informazioni turistiche); Spread Eagle
31 The Crystal Rooms
33 Bishop's Palace

La cattedrale deve la sua fama soprattutto a due antichi tesori qui custoditi: la **Mappa Mundi** del XIII secolo e la **chained library**, una biblioteca i cui 1500 volumi, alcuni dei quali risalgono perfino all'VIII secolo, sono legati agli scaffali con catene. Per ospitare mappa e biblioteca, nell'angolo sud-ovest della cattedrale è stato creato un impressionante 'edificio medievale high-tech', aperto dal lunedì al sabato dalle 10 alle 16.15 e la domenica dalle 11 alle 15.15 (dal lunedì al sabato dalle 11 alle 15.15 in inverno). L'ingresso costa £4/3.

La cattedrale ospiterà il prossimo appuntamento del Three Choirs Festival (un evento organizzato in collaborazione con le cattedrali di Gloucester e Worcester) nel 2003. Per maggiori informazioni potete visitare il sito Internet all'indirizzo www.3choirs.org.

Old House

Situata nella zona pedonale dell'High Town, la Old House (☎ 260694) è una meravigliosa casa in legno di tre piani nei tipici colori del bianco e del nero costruita nel 1621 e arredata con mobilio del XVII secolo. Da notare al primo piano gli affreschi raffiguranti le Muse.

Da aprile a settembre, la casa è aperta dal martedì al sabato dalle 10 alle 17 e la domenica e i lunedì di 'bank holiday' dalle 10 alle 16. L'ingresso è libero.

Hereford Museum

Questo museo e galleria d'arte (☎ 260 692) è situato sopra la biblioteca in Broad St e contiene dei reperti di epoca romana, acquarelli inglesi e attrezzi tradizionali per l'agricoltura. È aperto dal martedì al sabato dalle 10 alle 17 e la domenica dalle 10 alle 16.

Altri luoghi interessanti

Nei pressi della cattedrale, il **Bishop's Palace** (vescovado) conserva alcuni saloni in legno fra i più antichi di tutta l'Inghilterra. A est della stessa, invece, si trovano la antica Cathedral School e Castle Green, luogo dove sorgeva un castello abbattuto nel 1652. Strette viuzze e vicoli conducono dal Cathedral Close alla zona commerciale.

In High St si trova la **All Saints Church**, una chiesa con una torre alta 65 m e leggermente inclinata, sormontata dal più grande gallo segnavento d'Inghilterra. Cosa più insolita, la chiesa contiene una incisione medievale nella quale è raffigurato un uomo che mostra il sedere nudo e esibisce le sue vergogne; si trova su una trave immediatamente al di sopra dell'eccellente bar (v. **Pasti**).

Escursioni alle distillerie di sidro

Subito a lato della A438 per Brecon, il **Cider Museum & King Offa Distillery** (☎ 354207) occupa un'ex fabbrica di sidro in Pomona Place. Nel 1984 la distilleria ha ripreso la produzione di brandy al sidro, dopo 250 anni di inattività. Il museo e la distilleria sono aperti tutti i giorni dalle 10 alle 17.30, da aprile a ottobre; in inverno invece l'apertura è limitata dal martedì alla domenica dalle 11 alle 15. L'ingresso costa £2,40/1,90.

Il **Bulmers Cider Mill** (☎ 352000) produce sidro dal 1887. Dal lunedì al venerdì organizza visite guidate della durata di due ore (£3,95/2); le partenze sono fissate alle 10.30, alle 14.15 e alle 19.30. Per prenotare occorre telefonare con una settimana di anticipo.

Pernottamento

La *Bowes Guest House* (☎ 267202, 23 St Martin's St), subito a nord del ponte sul fiume Wye, ha camere che costano da £18,50/34 in su.

Il *Merton Hotel* (☎ 265925, fax 354 983, @ sales@mertonhotel.co.uk, 28 Commercial Rd) è molto vicino alla stazione e le sue camere costano £45/60. A poca distanza dalla strada principale e sul lato opposto rispetto alla stazione ferroviaria, l'accogliente *Aylestone Court Hotel* (☎ 341891, Aylestone Hill) ha camere con bagno con prezzi a partire da £55/85.

La *Castle House* (☎ 356321, fax 266 460, @ info@castlehse.co.uk, Castle St), nei pressi della cattedrale, un tempo era la residenza del vescovo e recentemente è stata oggetto di importanti lavori di miglioria; le camere con bagno, dotate di tutti i comfort, adesso costano l'impegnativa cifra di £90/165. Il sito Internet dell'albergo si trova all'indirizzo www.castlehse.co.uk.

Una comodità più abbordabile la si può trovare al **Green Dragon** (☎ 272506, fax 352139, Broad St), dove le tariffe partono da £56/84 in un notevole edificio neoclassico nel cuore della città. Le prenotazioni possono essere effettuate direttamente sul sito Internet all'indirizzo www.heritage-hotels.com.

Pasti

Il luogo più suggestivo dove mangiare è il **Café@All Saints** (☎ 370415), raffinatamente collocato nell'estremità occidentale della magnifica chiesa di All Saints; un modo originale per riguadagnare una clientela altrimenti in declino. Il menu è di quelli sani e i vegetariani sono trattati ottimamente con piatti quali la ratatouille di melanzane grigliate e i ceci con spezie. I pranzi sono molto convenienti e il locale è aperto a cena il venerdì.

Per fare le provviste per un picnic andate senza esitazione al **Butter Market** coperto, in High Town, che risale al 1860.

Un'ottima nuova alternativa per chi fa la spesa per conto proprio è **Leftbank** (☎ 340200, Bridge St), un complesso all'interno del quale troverete una panetteria e una gastronomia. **Cherries** (☎ 279 714, 2 Bridge St) offre un'ampia scelta di prime colazioni a partire da 99p. Per qualcosa di un po' più ricercato, l'**Elgar's** (☎ 266444, 22 Widemarsh St) serve tè e caffè provenienti da tutto il mondo, così come tè con panna liquida e una piccola scelta di piatti caldi. Il locale è aperto dal lunedì al sabato.

A Hereford ci sono almeno due ristoranti tailandesi. L'**Aroon Rai** (☎ 279971, 60 Widemarsh St) ha un'ampia scelta di autentici piatti thailandesi a £7 circa e alcuni ricchi menu completi. L'**Orchid House** (☎ 277668, East St) è situato in un edificio caratteristico in East St e gli abitanti del posto vanno pazzi per il suo cibo.

Per chi apprezza le specialità indiane, **The Taste of the Raj** (☎ 351076, St Owen's) ha una solida reputazione per il suo buon cibo ispirato a quell'angolo del mondo.

Il miglior ristorante in città è l'elegante **Doodies** (☎ 269974, 48 St Owen's), che offre un'ampia scelta di piatti di tutte le cucine del mondo a partire da £10, anche se con il contorno di verdure è probabile che il prezzo lieviti a £20 a testa. Subito a fianco c'è un piccolo ristorante dove servono piatti più leggeri ed economici, *tapas* la sera e il bancone è sempre molto affollato.

Divertimenti

Pub *The Barrels*, in St Owen's St, è una tappa obbligatoria per chiunque capiti a Hereford. È qui che ha sede la Wye Valley Brewery, oltre che alcuni cordiali abitanti del posto che sono stabili quasi quanto la tappezzeria alle pareti. Fra le birre più in voga, vanno citate la Butty Back e la Dorothy Goodbodys, che vengono entrambe preparata nel retro, in quelle che una volta erano le stalle.

Fra gli altri pub del centro, lo **Spread Eagle**, *(King St)*, è un luogo molto frequentato dai giovani, mentre gli habitué del **Queen's Arms**, *(Broad St)*, sono un po' più in là con gli anni. **The Exchange**, *(Widemarsh St)*, è degno di nota per i suoi interni medievali con rivestimento in stile vittoriano.

Per coloro che non credono che la confidenza tolga riverenza, i pub che fanno parte di una catena sono rappresentati da **The Farmhand & Firkin** *(Commercial St)*.

Club La più importante di Hereford è **The Crystal Rooms** (☎ 267378, Bridge St), che il venerdì sera ospita DJ provenienti da altri locali, senza che per questo vi dobbiate aspettare chissà cosa. Per qualcosa di ancora meno raffinato, ma talvolta più divertente, provate il **Bushwhackers** (☎ 270009, Blue School St).

Musica e teatro Per la musica dal vivo suonata da complessi del posto provate *The Jailhouse* (☎ *344354, 1 Gaol St*).

Il *Courtyard Centre for the Arts* (☎ *359252*), a pochi passi da Edgar St, ospita un teatro, due cinema, una galleria per mostre d'arte, oltre ai consueti bar e a un piccolo ristorante.

Per/da Hereford

Hereford dista 25 miglia (40 km) da Worcester, 38 miglia (61 km) da Brecon in Galles e 140 miglia (225 km) da Londra.

Autobus La National Express (☎ 0870 580 8080) effettua tre corse giornaliere da Londra (4 ore, £14,50) che passano da Heathrow, Cirencester, Cheltenham, Gloucester, Newent e Ross-on-Wye.

La First Midland Red (☎ 01905-763 888) collega Hereford a Worcester (autobus nn. 419 e 420) e a Ludlow (autobus n. 192). L'autobus n. 476 effettua corse per Ledbury ogni ora (ogni 2 ore la domenica), mentre il n. 38 le effettua per Ross-on-Wye e per Gloucester dal lunedì al sabato ogni ora, con un'unica corsa la domenica. Dal lunedì al sabato sei autobus al giorno partono per Hereford (un'ora, £3,40), solo tre la domenica.

Per coloro che sono intenzionati a proseguire il viaggio verso il Galles, l'autobus n. 20 effettua regolarmente servizio per Abergavenny e il n. 416 effettua cinque corse giornaliere per Monmouth.

Treno Hereford è collegata a Londra con un treno che parte ogni ora (3 ore, £33), in genere via Newport o Worcester. Da Hereford esistono anche dei treni per Worcester (un'ora, £5,20).

DINTORNI DI HEREFORD
Villaggi in bianco e nero

Le case a graticcio nei tipici colori del bianco e del nero che caratterizzano i paesi dell'Herefordshire rappresentano una grande attrattiva per alcuni turisti e i TIC locali propongono un percorso attraverso i villaggi più famosi. **Eardisland** è il più caratteristico, con una colombaia del

XVIII secolo unica nel suo genere, ma tutti offrono qualcosa che oggi è difficile trovare nel Cotswold durante l'alta stagione: pace e tranquillità. **Pembridge** è un'altra perla, con il suo gruppo di case classiche e il suo utile Black & White Villages Centre (☎ 01544-388761) svolge anche funzioni di TIC; è aperto tutti i giorni dalle 9 alle 18. L'autobus n. 496 passa per questi paesi dal lunedì al sabato con corse regolari.

Golden Valley

La Golden Valley, che si trova in un angolo remoto dell'Herefordshire ai confini con il Galles, è stata resa famosa dallo scrittore C.S. Lewis e dal film *Shadowlands*. Solcata dal fiume Dore, questo è uno degli angoli meno visitati dell'Inghilterra, sebbene offra alcuni incredibili panorami.

Croft Castle

Il Croft Castle (☎ 01568-780246), di proprietà del National Trust, si trova nei pressi del confine con il Shropshire e risale al XIV secolo. Gran parte dell'interno fu riattata nel XVIII secolo, compresa un'ampia scala gotica. A pochi minuti a piedi si trovano le rovine del forte di **Croft Ambrey**, risalenti all'Età del ferro.

Da maggio a settembre il castello è aperto dal mercoledì alla domenica dalle 13.30 alle 17.30, e nei fine settimana di aprile e ottobre dalle 13.30 alle 17.30 (16.30 in ottobre); è anche aperto nei giorni di 'bank holiday'. L'ingresso costa £3,80/1,90.

HAY-ON-WYE
Pop. 1500 ☎ 01497

Il 1° aprile del 1977 Hay-on-Wye si dichiarò indipendente dalla Gran Bretagna, una trovata pubblicitaria con la quale questa piccola ed eccentrica cittadina di librerie ha voluto attirare su di sé l'attenzione. Gran parte della pubblicità fu orchestrata dal libraio Richard Booth, il pittoresco sedicente re di Hay, che è il maggior responsabile della trasformazione di questo luogo da una delle tante città sede di mercato sul confine fra l'Inghilterra e il Galles a capitale mondiale del libro usato.

È assolutamente consigliato trascorrere una giornata sfogliando libri nelle varie librerie. Con il suo piccolo centro fatto di stretti e ripidi viottoli, anche la città è interessante, così come lo sono le persone che giungono qui. Situata nell'angolo nord-orientale del Parco nazionale di Brecon Beacons, Hay costituisce un ottimo punto di partenza per le escursioni nell'Herefordshire occidentale e nelle Black Mountains del Galles.

Storia

Gran parte degli eventi storici che hanno interessato Hay sono da ricondurre alla sua collocazione nelle Marches, sul confine fra il Galles e l'Inghilterra. Durante il periodo normanno la città era suddivisa in Hay inglese (la città vera e propria) e in Hay gallese (la campagna a sud e a ovest della città).

Un castello preesisteva già a quello attualmente visibile, eretto nel 1200 circa dall'infido William Breos II (uno dei feudatari normanni, o governatori di marca, a cui furono concessi vasti appezzamenti di terra sul confine allo scopo di consolidare il potere sui territori conquistati). Da allora, fino alla definitiva acquisizione del Galles da parte della corona inglese, Hay passò di mano numerose volte. Divenne successivamente una città sede di mercato, dando lavoro a molte persone nel commercio della flanella nel corso del XVIII secolo. La prima libreria di volumi usati di un certo rilievo aprì nel 1961: l'avanguardia di una nuova attività commerciale.

Il castello e il suo palazzo giacobita, costruito all'interno delle mura normanne, fu acquistato nel 1971 da Booth ma l'incendio che si sviluppò nel 1977 è all'origine della sua attuale condizione di fatiscenza.

Orientamento e informazioni

Il raccolto centro di Hay include, entro un perimetro di forma pressoché quadrata, il castello e la maggior parte delle librerie. L'arteria centrale principale è Castle St, che unisce Oxford Rd con Lion St.

Il TIC (☎ 820144), in Oxford Rd, si trova al confine della città, nei pressi

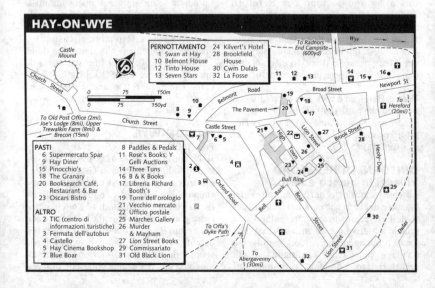

HAY-ON-WYE

PERNOTTAMENTO
1 Swan at Hay
10 Belmont House
12 Tinto House
13 Seven Stars
24 Kilvert's Hotel
28 Brookfield House
30 Cwm Dulais
32 La Fosse

PASTI
6 Supermercato Spar
9 Hay Diner
15 Pinocchio's
18 The Granary
20 Booksearch Café, Restaurant & Bar
23 Oscars Bistro

ALTRO
2 TIC (centro di informazioni turistiche)
3 Fermata dell'autobus
4 Castello
5 Hay Cinema Bookshop
7 Blue Boar
8 Paddles & Pedals
11 Rose's Books; Y Gelli Auctions
14 Three Tuns
16 B & K Books
17 Libreria Richard Booth's
19 Torre dell'orologio
21 Vecchio mercato
22 Ufficio postale
25 Marches Gallery
26 Murder & Mayham
27 Lion Street Books
29 Commissariato
31 Old Black Lion

del principale parcheggio per auto. È aperto tutti i giorni da Pasqua a ottobre dalle 10 alle 17 e dalle 11 alle 16 il resto dell'anno.

La maggior parte delle librerie dispone dell'utile cartina gratuita della città nella quale sono riportati e descritti tutti i negozi che vendono libri. Il Festival della Letteratura, che ha luogo tutti gli anni a maggio e giugno, è un avvenimento molto conosciuto e interessante.

Che cosa vedere e fare

A Hay esistono attualmente oltre 30 librerie dell'usato, dove si possono trovare centinaia di migliaia di volumi: solo in quella di Richard Booth ce ne sono 400.000. Gli editori inglesi sfornano decine di migliaia di nuovi titoli ogni anno e il paese ha una lunga tradizione in questo settore. A detta degli esperti nella maggior parte di questi posti a essere privilegiata è la quantità piuttosto che la qualità.

Alcune di queste librerie sono specializzate nei temi esoterici: **B & K Books** (☎ 820386), in Newport St, vanta la più pregevole collezione al mondo di libri di apicoltura (l'allevamento e la cura delle api); **Rose's Books** (☎ 820013), in Broad St n. 14, tiene libri per bambini rari e fuori stampa; **Lion St Books** (☎ 820121), al n. 1 di St John's Place, tratta libri di argomento militare e sull'anarchia; alla **Marches Gallery** (☎ 821451), in Lion St, troverete volumi di teologia e sulla storia della chiesa; infine **Murder & Mayhem** (☎ 821613), al n. 5 di Lion St, abbonda di gialli, reportage su fatti di cronaca nera e libri dell'orrore.

Molte librerie, tuttavia, trattano ogni tipo di genere e le più famose di tutte sono **Richard Booth's** (☎ 820322), in Lion St n. 44, e **Hay Cinema Bookshop** (☎ 820071), in Castle St.

Alcune di esse, su richiesta, svolgono anche ricerche per trovare libri fuori stampa. La Booksearch (Hay-on-Wye, Hereford HR3 5EA) opera solo per corrispondenza. Da **Y Gelli Auctions** (☎ 821179), in Broad St, si svolgono con regolarità aste di libri.

Si possono noleggiare canoe canadesi per due/tre persone da Paddles & Pedals (☎ 820604), in Castle St; il costo è di £15 per canoa per mezza giornata o di £25 per una giornata intera. Nello stesso posto si possono noleggiare anche biciclette.

Pernottamento

Il *Radnors End Campsite* (☎ 820780) si trova a 550 m dal ponte sul fiume Wye, sulla strada per Clyro. La tariffa è di £3 per persona.

A Hay si trovano un certo numero di B&B e di alberghi, ma l'ostello più vicino è il *YHA Hostel* (☎ 890650), che si trova a Capel-y-ffin in Galles, 8 miglia (13 km) a sud; la tariffa è di £8,70/5,75 per adulti/bambini. Se volete pernottare al *Joe's Lodge* (☎ 01874-711845, Hay Rd, Talgarth), 8 miglia (13 km) a sud-ovest di Hay, ricordatevi di prenotare con anticipo. È un ostello privato e il servizio di B&B costa £10. Sempre a Talgarth si trova un B&B esclusivo, l'*Upper Trewalkin Farm* (☎ 01874-711349, Pengenffordd) che costa £20 per persona. Le cene (£13) sono eccellenti. Sono disponibili anche offerte speciali per soggiorni brevi.

Tornando a Hay-on-Wye, la *Brookfield House* (☎ 820518, Brook St) è una dimora cinquecentesca situata in centro. Le camere hanno prezzi a partire da £18/32 per una singola/doppia. La *Belmont House* (☎ 820718, Belmont St) è in una bella posizione, con camere a £20/32 (£38 per una doppia con bagno).

All'ospitale *Cwm Dulais* (☎ 820640, Heoly-Dwr), anch'esso in centro, troverete un servizio di B&B a £25/38. *La Fosse* (☎ 820613, Oxford Rd) è un posto accogliente che costa £40 per una doppia con bagno. Il famoso *Kilvert's Hotel* (☎ 821 042) è proprio nel centro del Bull Ring, con camere che costano da £35/65 in su.

Il *Seven Stars* (☎ 820886, Broad St) è un ottimo posto in cui alloggiare. Dispone di accoglienti singole/doppie a partire da £22/37 (£28/45 con bagno), così come di una piscina e di una sauna. È consigliabile prenotare con anticipo. Praticamente a fianco, la *Tinto House* (☎ 820590, Broad

St) è un posto piacevole con un giardino appartato e costa £30/40.

Lo *Swan at Hay* (☎ 821188, *Church St)* è di un lusso più classico e costa £50 per una singola e tra £65 e £100 per una doppia.

A 2 miglia (3 km) da Hay, a Llanigon e vicino all'Offa's Dyke Path, si trova l'*Old Post Office* (☎ 820008), un eccellente B&B per vegetariani con camere con bagno in comune a £17 per persona e a £25 con bagno privato.

Pasti

Per essere un posto così piccolo, Hay-on-Wye offre numerose alternative. Per acquistare l'occorrente per un picnic, in Castle St si trova un supermercato *Spar.*

L'*Hay Diner,* anch'esso in Castle St, va bene per un caffè, una birra o un pasto completo e subito a fianco si trova un take away. È aperto tutti i giorni dalle 10 alle 22 e nel giardino sono disponibili alcuni posti a sedere.

Per qualcosa di informale e sostanzioso allo stesso tempo, il *Granary* (☎ 820790, *Broad St)* è un locale ottimo e molto gettonato. Il gulash ungherese costa £7,50 e vengono serviti anche dei buoni piatti vegetariani; si consiglia l'arrosto tibetano. In estate e durante il festival è aperto tutti i giorni; d'inverno fino alle 17.30.

Il *Booksearch Café, Restaurant & Bar* (☎ 821932, *The Pavement)* è un bel posto dove bere o mangiare qualcosa e il personale, molto volenteroso, è a disposizione per effettuare su richiesta delle ricerche nelle librerie della città, o del mondo via Internet. Il menu comprende piatti quali il salmone essiccato cotto al burro aromatizzato con dragoncello a £10,50; in alternativa si può anche solo bere qualcosa al bar. Il locale è chiuso il lunedì.

L'*Oscars Bistro* (☎ 821193, *High Town)* si trova in centro e serve piatti a prezzi molto ragionevoli (compresi alcuni per vegetariani). Ha anche ottimi panini imbottiti a £3,50. Il *Pinocchio's* (☎ 821 166, 2 Broad St)* è un buon ristorante italiano che serve una pizza eccellente.

Il minuscolo *Three Tuns* (Broad St) è uno splendido vecchio pub, dove si serve anche il sidro, molto frequentato dagli abitanti del posto. Il *Blue Boar* (☎ 820 884, Castle St) offre un'ampia scelta di piatti pronti mentre al pub *Old Black Lion* (Lion St) servono cibo più raffinato. Il *Kilvert's Hotel* (v. sopra **Pernottamento**) è un posto accogliente dove troverete buoni piatti tipici dei pub e un ristorante con menu alla carta. Attenzione però perché, se siete lì per mangiare, la zona del pub può diventare a volte un po' fumosa. La scaloppina di salmone alla citronella costa £10,95; la pizza e la pasta partono da £4.

Per/da Hay-on-Wye

Dal lunedì al sabato ogni giorno ci sono sei autobus per Hereford (un'ora, £3,40); solamente tre la domenica. Le partenze avvengono da Oxford Rd ed esistono corse aggiuntive dalla torre dell'orologio in Broad St. Anche per Brecon (40 minuti) ci sono sei autobus al giorno, dal lunedì al sabato, mentre la domenica le corse si riducono a due. La stazione ferroviaria più vicina è quella di Hereford.

L'Offa's Dyke Path passa vicino a Hay.

ROSS-ON-WYE
Pop. 8300 ☎ 01989

Costruita su un impressionante dirupo di arenaria, Ross-on-Wye è un piacevole punto di partenza per le escursioni nella **Wye Valley**, la valle lungo il tratto più panoramico del fiume Wye. Serpeggiando tra boschi e prati, il fiume attraversa Ross, Symonds Yat e prosegue verso il confine con il Galles per sfociare nel Canale di Bristol sotto il Severn Bridge.

Il TIC (☎ 562768, fax 565057), Swan House, Edde Cross St, è aperto dal lunedì al sabato dalle 9 alle 17.30 e dalle 10 alle 16 la domenica.

Che cosa vedere

Belle vedute della valle e delle rovine del castello di Wilton si possono godere dal **Prospect**, un giardino pubblico in cima a una rocca progettato nel XVII secolo da un urbanista di nome John Kyrle, l''uomo di Ross' a cui si deve anche la sistemazione di alcune vie della città. La sua attività filantropica fu celebrata in termini entusiastici da Pope nella poesia *Of the Use of Riches* (Sull'uso delle ricchezze). Kyrle è seppellito nella chiesa parrocchiale alla cui entrata è posta la Plague Cross (croce della peste) che ricorda le 315 vittime dell'epidemia che colpì il villaggio nel 1637.

Un piccolo **Heritage Centre** si trova al primo piano della pomposa Market House.

Pernottamento

L'ostello più vicino si trova a Welsh Bicknor (v. oltre **Goodrich** in **Dintorni di Ross-on-Wye**), 6 miglia (10 km) a sud di Ross.

A Ross, la georgiana *Vaga House* (☎ 563024, @ vagahouse@hotmail.com, Wye St) si trova in una graziosa via nei pressi del TIC e svolge servizio di B&B a partire da £19 per persona, che salgono a £23 con il bagno. Subito a fianco si trova la *Radcliffe Guesthouse* (☎ 563895, Wye St) che costa £25/44 per una singola/doppia.

La *Linden House* (☎ 565373, fax 565575, 14 Church St), per non fumatori, si trova di fronte alla chiesa e costa £25/42 per una singola/doppia (£36/50 se con il bagno); su richiesta vengono servite prime colazioni per vegetariani.

Il *King's Head Hotel* (☎ 763174, fax 769578, @ enquiries@kingshead.co.uk, 8 High St) è accogliente e i prezzi delle camere partono da £43,50/75. Il *Royal Hotel* (☎ 565105, fax 768058, Palace Pound), in splendida posizione, è il posto più elegante in cui poter alloggiare e costa £50 per persona.

Pasti

High St brulica di piccoli ristoranti e il più interessante di tutti è l'*Antique Teashop* (☎ 566123, 40 High St), dove un cream tea consumato in un ambiente d'epoca costa £3,65. La *Priory Coffee House* (☎ 562217, 45 High St) serve toast, panini e torte fatte in casa. Il *Pop-*

py's Bistro (☎ 564455, 9 High St) propone piatti caldi del giorno a £4.95.

L'*Oat Cuisine* (☎ 566271, 47 Broad St), uno dei nomi di maggior spicco emersi a seguito della rivoluzione dell'alimentazione naturale, serve pasti vegetariani a prezzi molto contenuti. Allo **Yaks 'n Yetis** (☎ 564963, Broad St) un ampio menu di vivaci piatti messicani sostituisce il dahl del Nepal e il *momos* tibetano che sarebbe lecito aspettarsi; non esiste infatti nessun legame con lo Yak 'n Yeti Hotel di Katmandu.

Per un'uscita serale, *Le Faisan Dore Brasserie* (☎ 565751, 52 Edde Cross St), chiamato un tempo Pheasant, è un locale specializzato in un'eccellente cucina tipica inglese ed è aperto dal martedì al sabato; le portate principali costano £12 circa.

In alternativa si può provare il *Meaders* (☎ 562803, 1 Copse Cross St) dove i piatti tipici ungheresi hanno prezzi a partire da £8,50 circa. Di fronte, l'enoteca *Cloisters* (☎ 567717, 24 High St) ha piatti del giorno a base di pesce quali la trota arcobaleno con limetta e mandorle a £8,50.

Sempre da queste parti si trova il *China Boy Jo* (☎ 563533, 27 Gloucester Rd), un autentico ristorante cinese che a pranzo serve piatti del giorno. Chiuso il lunedì.

Divertimenti

Ross non gode di particolare fama per la sua vita notturna, ma il *King Charles II* ha una sua atmosfera e l'*Hope & Anchor Inn*, nei pressi del fiume, è sempre pieno di persone che mangiano o bevono.

Per/da Ross-on-Wye

Ross si trova a 14 miglia (23 km) da Hereford e a 16 miglia (26 km) da Gloucester; servizi di autobus la collegano a Londra via Cheltenham e Cirencester. La Stagecoach (☎ 485118) effettua ogni ora corse che collegano Hereford a Gloucester passando per Ross (autobus n. 38; la domenica esiste un'unica corsa), l'autobus n. 34, invece, collega Ross con Monmouth (con destinazione Goodrich e Symonds Yat).

Trasporti urbani

Da Revolutions (☎ 562639), 48 Broad St, si possono noleggiare biciclette a £10 per giorno.

DINTORNI DI ROSS-ON-WYE
Goodrich

Il Goodrich Castle (☎ 01600-890538), di proprietà dell'English Heritage, è un castello in arenaria rossa che risale al XII secolo. Roccaforte dei fedeli di re Carlo I durante la guerra civile, fu conquistato dai Roundhead dopo un assedio durato 4 mesi e mezzo e distrutto da Cromwell. Il castello è aperto tutti i giorni dalle 10 alle 18; l'ingresso costa £3,20/1,60.

A poco meno di 2 miglia (3 km) da Goodrich si trova il *Welsh Bicknor Youth Hostel* (*☎ 01594-860300, fax 861276, @ welshbicknor@yha.org.uk*), una canonica vittoriana posta all'interno di una tenuta di 10 acri in riva al fiume. I posti letto costano £9,80/6,75 per adulti/bambini. L'ostello è aperto da aprile a ottobre; telefonate per avere informazioni relative agli altri periodi di apertura durante l'anno.

L'autobus n. 34, che effettua servizio regolare da Ross a Monmouth, passa di qui. La domenica, invece, l'unica possibilità è rappresentata dal n. 32 per Gloucester, che però passa molto di rado.

Symonds Yat

Symonds Yat, 2,5 miglia (4 km) a sud di Goodrich, è un luogo famoso per la sua bellezza e dal quale si gode la vista del fiume Wye. D'estate è particolarmente affollato ma negli altri periodi dell'anno vale davvero la pena visitarlo. Da Yat Rock (a est della città) si possono ammirare bei panorami e qualche raro falco pellegrino nidifica sulla parete della montagna. Per poterli osservare meglio, nel periodo che va da aprile a agosto, sul posto sono stati sistemati alcuni cannocchiali.

Un piccolo traghetto del tipo a fune collega i due lati del paese e lo si può prendere sia dalla *Saracen's Head Inn* sulla sponda orientale, sia dalla *Ye Olde Ferrie Inn*, su quella occidentale.

Fra le molte attività che si possono praticare, questa zona è famosa per il canottaggio e l'arrampicata e il Wyedean Canoe Centre (☎ 01594-833238) gode di un'ottima fama per l'organizzazione di escursioni in kayak e sulle rapide del fiume. All'occorrenza può anche organizzare uscite di arrampicata e speleologia nella zona. Il centro possiede un pittoresco **campeggio** in riva al fiume, proprio sotto il famoso belvedere e aperto fin dal 1904; la tariffa è di £4,50 per persona. Il sito Internet del centro può essere visitato all'indirizzo www.wyedean.co.uk.

Il Symonds Yat Canoe Hire (☎ 01600-891069) organizza a sua volta una serie di uscite sul fiume Wye, che durano da mezza giornata a quattro giorni.

LEDBURY
☎ 01531

Ledbury è un notevole borgo di mercato che deve la sua fama all'antiquariato. Molti dei suoi stessi edifici sono antichi, compreso uno splendido **palazzo del mercato** a graticcio del XVII secolo nei tipici colori del bianco e del nero.

Quella della vecchia **Church Lane** è la zona migliore per concentrarsi sul patrimonio architettonico. Qui si trova anche il **Ledbury Heritage Centre** (☎ 636147), che ha sede in un edificio a graticcio un tempo sede di una scuola secondaria. Da Pasqua a ottobre è aperto tutti i giorni dalle 10 alle 16.30; l'ingresso è libero. Nella vicina Church Lane si trovano le **Butcher's Row Houses** (☎ 632040), una sorta di museo etnografico aperto tutti i giorni da Pasqua a settembre dalle 11 alle 17.

Il TIC di Ledbury (☎ 636147, fax 634313, @ tourism@herefordshire.gov. uk), 3 The Homend, è aperto dal lunedì al sabato dalle 10 alle 17.

L'autobus n. 476 arriva da Hereford ogni ora (ogni due la domenica).

DINTORNI DI LEDBURY
Eastnor Castle

Il castello di Eastnor (☎ 01531-633160) sembra uscito dal film *El Cid*, ma in realtà risale all'inizio del XIX secolo. Di recente ha subito degli importanti lavori di restauro per sistemare gli interni. La vasta tenuta che lo circonda comprende una riserva di cervi e un arboreto.

In luglio e agosto è aperto tutti i giorni eccetto il sabato dalle 11 alle 17 e la domenica da metà aprile a inizio ottobre. Il biglietto d'ingresso al castello costa £4,75/2,50, mentre quello solo per il parco £2,75/1,50.

Il castello è a poca distanza dal Junction (raccordo) 2 sull'autostrada M50 e a 2 miglia (3 km) circa da Ledbury.

Worcestershire

Senza dubbio il Worcestershire è una contea di forti contrasti, nella quale l'idillio bucolico dell'Inghilterra più attaccata ai valori tradizionali si scontra con lo sviluppo incontrollato dell'Inghilterra più aperta al mondo esterno.

Gran parte del Worcestershire comprende le pianure della valle del Severn e la valle dell'Evesham, circondata da morbide colline, tra cui quelle del Malvern a ovest e quelle del Cotswold a sud. I fiumi Wye, Severn e Avon lo attraversano e lungo i loro corsi la contea può vantare molte affascinanti città sede di mercato.

Le zone settentrionali e orientali della contea, invece, sfumano verso Birmingham e offrono poche attrattive, fatta eccezione per alcuni musei particolari a Redditch e Bromsgrove e per le terme di Droitwich, la frequentata stazione termale della contea.

Centro polarizzatore di tutta la contea è Worcester, una città abbastanza interessante e famosa per la sua cattedrale, per la porcellana e per il cricket, oltre che punto di partenza ideale per le escursioni nella regione.

ITINERARI A PIEDI E IN BICICLETTA
Il Severn Way si snoda attraverso il Worcestershire, passando per Stourport-on-Severn, Worcester e Upton-upon-Severn.

Il Three Choirs Way unisce Worcester a Hereford e Gloucester. I ciclisti dovrebbero procurarsi presso i TIC la guida *Elgar Ride Variations*, che propone una selezione di percorsi nel Malvern.

TRASPORTI LOCALI
La First Midland Red (☎ 01905-763888) è la maggiore compagnia di autobus della regione. Il biglietto giornaliero 'Day Rover' costa £4,60/3,60 e permette di viaggiare ovunque sulla sua rete e sulle tratte gestite da molte altre società più piccole. Per informazioni generali rivolgersi al ☎ 0845 712 5436. Il Wye Valley Wanderer è un famoso autobus che le domeniche estive e i lunedì di 'bank holiday' collega Pershore e Worcester con Ross e la valle del Wye; per maggiori informazioni rivolgersi a ☎ 01432-260948.

Esistono collegamenti ferroviari per Worcester, Evesham e Pershore. Kidderminster è il capolinea meridionale della famosa Severn Valley Railway.

WORCESTER
Pop. 75.500 ☎ 01905
Conosciuta per secoli con l'appellativo di 'città fedele', per essere rimasta indissolubilmente legata alla causa di re Carlo I durante la guerra civile, Worcester non si è poi dimostrata così fedele al suo patrimonio architettonico, avendo abbattuto il negozio di musica di epoca vittoriana, appartenuto alla famiglia Elgar nel corso di un prolungato periodo di sconsiderata pianificazione urbana. Famosa al mondo per la porcellana fine e per la salsa, possiede anche una cattedrale maestosa che ospita la tomba di re Giovanni Senza Terra, famoso per aver firmato la Magna Carta.

È una città urbanisticamente poco omogenea, che talvolta al primo impatto può risultare non molto accogliente, ma su alcune delle sue strade si affacciano quegli edifici parzialmente a graticcio che sono generalmente associati a Stratford-upon-Avon, pur accogliendo Worcester di gran lunga meno turisti della città natale di Shakespeare.

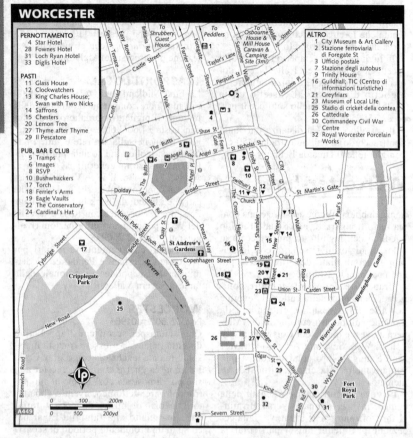

WORCESTER

PERNOTTAMENTO
4 Star Hotel
28 Fownes Hotel
31 Loch Ryan Hotel
33 Diglis Hotel

PASTI
11 Glass House
12 Clockwatchers
13 King Charles House;
    Swan with Two Nicks
14 Saffrons
15 Chesters
20 Lemon Tree
27 Thyme after Thyme
29 Il Pescatore

PUB, BAR E CLUB
5 Tramps
6 Images
8 RSVP
10 Bushwhackers
17 Torch
18 Ferrier's Arms
19 Eagle Vaults
22 The Conservatory
24 Cardinal's Hat

ALTRO
1 City Museum & Art Gallery
2 Stazione ferroviaria
   di Foregate St
3 Ufficio postale
9 Stazione degli autobus
9 Trinity House
16 Guildhall; TIC (Centro di
    informazioni turistiche)
21 Greyfriars
23 Museum of Local Life
25 Stadio di cricket della contea
26 Cattedrale
30 Commandery Civil War
    Centre
32 Royal Worcester Porcelain
    Works

Orientamento e informazioni

La parte principale della città sorge sulla sponda orientale del fiume Severn, dominata dalla cattedrale. High St, subito a nord, cambia nome un numero impressionante di volte mano a mano che avanza in questa direzione: The Cross, The Foregate, Foregate St e The Tything.

Il TIC (☎ 726311, fax 722481), all'interno del Guildhall in High St, è aperto dal lunedì al sabato dalle 10 alle 17.30. Tutti i mercoledì alle 11 e alle 14.30 da maggio a agosto, dal TIC partono le visite a piedi guidate (£3/1,50).

Worcester Cathedral

La cattedrale che oggi tutti possono ammirare fu iniziata nel 1084 per volere del vescovo, poi santo, Wulfstan e la suggestiva cripta risale a questo periodo. Il coro e la Lady Chapel (cappella dedicata alla Vergine Maria) furono realizzati nel XIII secolo nello stile gotico del primo periodo, mentre la navata normanna fu rifatta in stile gotico ornato del XIV secolo. Se osservate con attenzione le sculture in legno poste nel deambulatorio e nei transetti, vi scorgerete delle scene del giudizio, dell'inferno e della natività.

Nel coro è sepolto il malvagio re Giovanni Senza Terra, la cui slealtà nei confronti del fratello Riccardo Cuor di Leone gettò il paese nel caos alla sua morte. Cosciente delle sue scarse possibilità di varcare le porte del cielo, si dice che in punto di morte il re abbia chiesto di essere seppellito travestito da monaco. Quando, nel 1797, la tomba fu aperta, sul teschio del re furono effettivamente trovati brandelli di una tonaca da frate.

Una cappella riccamente ornata, posta a sud dell'altare maggiore, commemora il principe Arturo, fratello maggiore di Enrico VIII, che morì durante la luna di miele con Caterina d'Aragona.

La cattedrale (☎ 28854) è aperta tutti i giorni dalle 7.30 alle 18. È richiesta un'offerta di £2. Il coro della cattedrale canta durante la preghiera della sera tutti i giorni (tranne il giovedì) alle 17.30 (alle 16 la domenica).

Commandery Civil War Centre

Situato nei pressi di Sidbury Lock, a sud-est della cattedrale, il Commandery (☎ 361821) occupa uno splendido palazzo Tudor che, durante la battaglia di Worcester, fu adibito a quartier generale di re Carlo II. Questo avvenimento segnò la fine della guerra civile nel 1651 e il Commandery dà conto delle alterne fortune di questa come delle tante altre battaglie che infuriarono nell'Inghilterra del XVII secolo.

È aperto dal lunedì al sabato dalle 10 alle 17 e la domenica dalle 13.30 alle 17; l'ingresso costa £3,70/2,60.

Royal Worcester Porcelain

Worcester è famosa soprattutto per le porcellane fini decorate che dal 1751 escono dalla fabbrica della Royal Worcester Porcelain, l'azienda con la più duratura produzione ininterrotta di porcellana di tutta l'Inghilterra. Nel 1789 alla società fu accordata una garanzia reale e ancora oggi il vasellame Worcester è quello preferito dalla regina.

La Royal Worcester Porcelain Works (☎ 21247) si trasferì nella sua attuale sede di Severn St nel 1840. Oggi possiede un vero e proprio centro di accoglienza per i visitatori, con negozi, un ristorante e un museo aperto dal lunedì al sabato dalle 9 alle 17.30 e la domenica dalle 11 alle 17.

Dal lunedì al venerdì è possibile effettuare visite guidate di un'ora degli stabilimenti. Costano £5 e chi fosse interessato farebbe bene a prenotare con anticipo. Il Visitors' Centre (£2,25/1,75) vi mostra come era la vita di un vasaio alla fine del XIX secolo, mentre un film vi farà vedere la storia di una fabbrica di ceramiche. Il negozio di articoli da regalo vende qualsiasi tipo di oggetto, dal 'miglior' servizio da tavola da 23 pezzi che costa quasi £1000, a singoli articoli di seconda scelta che vi potrete portare a casa con poca spesa.

Il Museum of Worcester Porcelain illustra la storia della fabbrica e ospita la più grande collezione al mondo di porcellana di Worcester, compresi alcuni dei primi pezzi mai prodotti. È aperto dal lunedì al venerdì dalle 9.30 alle 17 e il sabato dalle 10 alle 17; l'ingresso costa £3/2,25.

The Greyfriars

Costruito nel 1480, The Greyfriars (☎ 23 571), di proprietà del National Trust, è un edificio in stile Tudor, situato in Friar St, che è stato accuratamente restaurato e che oggi è pieno di stoffe e mobili. Da Pasqua a ottobre è aperto tutti i mercoledì, giovedì e lunedì di 'bank holiday' dalle 14 alle 17; l'ingresso costa £2,60.

Museum of Local Life

Questo museo di vita locale (☎ 722349), in Friar St, rievoca il passato di Worcester attraverso la ricostruzione di negozi dell'epoca vittoriana, l'esposizione di giocattoli e vestiti e particolari della vita quotidiana durante la Seconda guerra mondiale. È aperto tutti i giorni, tranne il giovedì e la domenica, dalle 10.30 alle 17; l'ingresso è gratuito.

Worcester City Museum and Art Gallery

Il Worcester City Museum and Art Gallery (☎ 25371), in Foregate St, ospita interessanti mostre temporanee che si affiancano a quella permanente che ha come tema il fiume Severn. È aperto dal lunedì al sabato dalle 9.30 alle 17.30; l'ingresso è gratuito.

Altre cose da vedere

Per avere un'idea di quale potesse essere l'aspetto di Worcester prima che i progettisti dei giorni nostri cominciassero a metterci mano, fatevi una passeggiata lungo New St o Friar St, entrambe fiancheggiate da begli edifici in stile Tudor ed elisabettiano.

La magnifica **Guildhall**, in High St, è un edificio del 1722 in stile Regina Anna, progettato da un allievo di Wren. Prestate attenzione, proprio sopra all'entrata principale, alla raffigurazione su pietra di Oliver Cromwell che riceve una bella tirata di orecchie. Non si può proprio dire che fosse molto benvoluto a Worcester, città fedele a re Carlo I.

La **Trinity House** (in The Trinity, a pochi passi da The Cross), parzialmente a graticcio, un tempo appartenne alla Gilda della Santissima Trinità. Dopo la battaglia di Worcester, il re Carlo II si sarebbe nascosto in quella che successivamente fu definita la **King Charles House**, 29 New St, che oggi è diventata un ristorante.

Restando alla larga da musei ed edifici storici, gli appassionati di cricket vorranno senz'altro andare a dare un'occhiata al Worcestershire County Cricket Club.

Pernottamento

L'ostello più vicino si trova a Malvern Wells (v. oltre **Great Malvern**), che dista 8 miglia (13 km). Tre miglia (5 km) circa a nord di Worcester si trova il campeggio **Mill House Caravan & Camping Site** (☎ 451283, fax 754143, Hawford), che costa £5,50 per ogni tipo di tenda.

La via più indicata per cercare un B&B è Barbourne Rd, a nord del centro. La **Shrubbery Guest House** (☎ 24871, fax 23620, 38 Barbourne Rd) ha una piccola singola con bagno in comune per £20 e singole/doppie con bagno a £35/45.

Un altro B&B frequentato è l'**Osborne House** (☎/fax 22296, ✉ enquiries@ osb ornehouse.freeserve.co.uk, 17 Chestnut Walk) e sebbene non sia così vistoso come la casa della regina Vittoria dell'Isola di Wight, è comunque molto accogliente con camere con bagno con prezzi a partire da £36.

Il **Loch Ryan Hotel** (☎/fax 351143, 119 Sidbury), situato nei pressi della cattedrale, ha camere con prezzi a partire da £45/60. Esattamente nel centro cittadino, proprio vicino alla stazione, si trova lo **Star Hotel** (☎ 24308, fax 234400, Foregate St) che offre camere dotate di tutti i comfort con prezzi a partire da £65/80.

Uno dei posti che gode della miglior posizione è la **Diglis House** (☎ 353518, fax 767772, ✉ diglis@england.com, Severn St) sulle rive del fiume Severn. I prezzi delle camere partono da £60/75, ma fate in modo di ottenerne una con vista sul fiume. Molto frequentato da chi viaggia per motivi di lavoro è l'immenso **Fownes Hotel** (☎ 613151, fax 23742, City Walls Rd), situato in una ex fabbrica di guanti riadattata. Nei giorni infrasettimanali le camere costano £85, ma il prezzo scende a £55 il fine settimana.

Pasti

L'**Assembly Room Restaurant**, rifinito con cura, si trova all'interno della Guildhall ed è aperto per pranzi e spuntini dal lunedì al sabato.

Per coloro che hanno poco tempo a disposizione perché vogliono andare a visitare i luoghi di interesse turistico o a dare un'occhiata ai vicini negozi di vendita per beneficenza (charity shops), il **Clockwatchers** (☎ 611662, 21 Mealcheapen St) è la paninoteca più conosciuta della città. Coloro che invece hanno più tempo a disposizione, salendo le scale potranno scoprire una casa antica dai muri irregolari: un vero contrasto rispetto alla sua parte esterna dimessa; esiste anche un giardino per le giornate di sole.

La **Glass House** (☎ 611120, Church St) è in un'ottima posizione all'interno di una vecchia chiesa e il menu si adatta a tutte le tasche; si può scegliere fra alcuni tipi di pasta, panini sontuosi e, a pranzo, insalate. La cinquecentesca *King Charles House* (☎ *22449, 29 New St*) serve pranzi tradizionali di tre portate a £9,95 e gli appassionati di storia lo apprezzeranno come luogo per cenare. A fianco si trova lo *Swan with Two Nicks* (☎ *28190*), economico e divertente, dove i piatti – sempre gli stessi – sono quelli tipici dei pub.

Il *Saffrons* (☎ *610505, 15 New St*) offre un'ampia varietà di piatti, dalla cucina thailandese a quella inglese dei giorni nostri, ma i prezzi elevati potrebbero tenervi lontano: mettete in conto di pagare £25 circa a testa tutto compreso. Il vicino *Chesters* (☎ *611638, 51 New St*) serve soprattutto cibi messicani.

Il *Lemon Tree* (☎ *27770, 12 Friar St*) offre, in un ambiente raccolto, una cucina inglese moderna con un chiaro tocco internazionale. I cuochi potrebbero diventare famosi dopo un paio di apparizioni in televisione. Con £10 potete pranzare e prendere una bevanda; mettete invece in conto di spendere £20 per una cena completa.

Il *Pescatore* (☎ *21444, 34 Sidbury*), nei pressi della cattedrale, è un ristorante italiano molto frequentato, che serve piatti leggeri a pranzo a circa £5. Il *Thyme after Thyme* (☎ *611786, 27 College St*) offre a pranzo una varietà di stuzzichini da accompagnare alle insalate, alle baguette o alle patate (cotte al forno con la buccia), al prezzo di circa £4. La sera le cose si fanno più eleganti e i prezzi aumentano considerevolmente.

Divertimenti

Il *RSVP* (☎ *723035, The Cross*) è un autorevole esempio di conversione e riutilizzo di una chiesa, con il pulpito originario, le scale e il fonte battesimale a completamento dell'arredo. È sia un bar molto in voga di sera, sia un locale movimentato di giorno.

Un locale frequentato è il *Farrier's Arms* (*Fish St*), vicino alla cattedrale, che dispone di alcuni tavolini all'aperto, mentre nel più antico pub di Worcester, il *Cardinal's Hat* (*Friar St*), durante l'in-

verno troverete il fuoco acceso. L'*Eagle Vaults* (*Friar St*) è un'osteria originaria dell'epoca vittoriana, con mattonelle decorate e ricchi arredi.

Una buona scelta per bere senza spendere troppo e divertirsi con comici esordienti è *The Conservatory* (*Friar St*). Il *Bushwhackers* (*Trinity St*) è un pub australiano sempre affollato di sera.

Molti locali notturni della città hanno nomi che fanno presumere un ritorno agli anni '80 (o forse a Worcester sono rimasti fermi a quegli anni?), quali il *Tramps* (*Angel Place*) e l'*Images* (*The Butts*). Il *Torch* (*Hylton Rd*) probabilmente è l'alternativa migliore, anche se un treno per Birmingham rimane nonostante tutto la scelta più saggia.

La musica di Elgar è sempre il punto culminante del Three Choirs Festival, che si svolge nella cattedrale di Worcester (☎ *616211*) ogni tre anni. Il suo prossimo turno sarà nel 2002. Per avere maggiori informazioni visitate il sito Internet del festival all'indirizzo www.3choirs.org.

Per/da Worcester

Worcester si trova a 25 miglia (40 km) da Hereford, 57 miglia (92 km) da Oxford e 113 miglia (182 km) da Londra.

Autobus La National Express (☎ 0870 580 8080) ha almeno un autobus che garantisce il collegamento giornaliero tra Worcester, Heathrow e Londra (3 ore e mezzo, £14,50). Un altro autobus effettua servizio sulla linea tra Aberdare e Great Yarmouth, passando per Worcester, Great Malvern e Hereford.

La First Midland Red (☎ 763888) effettua corse per Hereford, Tewkesbury ed Evesham. Il biglietto giornaliero 'Day Rover' costa £4,60/3,60.

La Cambridge Coach Services (☎ 01 223-423900) nei giorni feriali effettua un servizio di collegamento tra Worcester e Cambridge, passando per Stratford-upon-Avon e Warwick.

Treno La stazione ferroviaria di Foregate, da cui partono i treni per Hereford (un'ora, £5,20) e per Birmingham, è più centrale di quella di Shrub Hill, che effettua un servizio regolare di treni per Londra Paddington (2 ore e un quarto, £22,80). La stazione di Shrub Hill è a 15 minuti scarsi a piedi dal centro; l'autobus n. 30 passa nelle vicinanze.

Trasporti urbani
Le biciclette a noleggio sono reperibili presso Peddlers (☎ 24238), 46 Barbourne Rd, al costo di £8/30 per giorno/settimana.

DINTORNI DI WORCESTER
Elgar's Birthplace Museum
Tre miglia (5 km) circa a ovest di Worcester si trova Broadheath, il villaggio natale di Sir Edward Elgar (1857-1934). Il cottage (☎ 01905-333224) è oggi un museo sulla vita di Elgar, dove troverete partiture originali e manoscritti. Il biglietto d'ingresso costa £3/50p; telefonate prima per conoscere gli orari di apertura.

Severn Valley Railway
Con un tragitto di 20 minuti dalla stazione di Foregate Street a Worcester giungete a **Kidderminster**, un tempo il centro più importante in Gran Bretagna per i tappeti, punto in cui vi congiungete con la Severn Valley Railway (☎ 01299-403816).

Witley Court
Forse la rovina più venerabile e romantica d'Inghilterra, questa enorme casa fu un tempo una delle residenze più stravaganti del paese. Nel 1937 un grande incendio sventrò parte dell'interno, anche se in realtà i danni furono limitati a una piccola zona vicino alla sala delle feste. Sfortunatamente l'edificio era assicurato per una cifra bassa, cosicché il proprietario, magnate nel settore dei tappeti, convinse un antiquario ad acquistarlo; il nuovo proprietario cominciò a smontarlo del tutto, pezzo per pezzo, fino ad arrivare all'intonaco, lasciando solo l'immenso scheletro della casa, proprio come è giunta ai giorni nostri. Non molto tempo fa il cantante George Michael visitò la casa e, stando a quel che si dice, sembrava intenzionato ad acquistare l'immobile per ristrutturarlo:

l'intenzione svanì quando venne a conoscenza del costo stimato, che era ben oltre i 3000 miliardi di lire!

I giardini, progettati in origine da William Nesfield, sono tornati del tutto allo splendore di un tempo, così come le famose fontane. Una di queste, che raffigurava Perseo e Andromeda, spruzzava un getto d'acqua fino a un'altezza di 30 m; è stata parzialmente restaurata e viene attivata durante i giorni di 'bank holiday'.

La vicina **Great Witley Church** è comunemente considerata una delle più belle chiese barocche d'Inghilterra. Al suo interno vi sono splendidi dipinti di Antonio Bellucci e delle incisioni e vetrate eccezionalmente elaborate. In origine era stata progettata come cappella privata di Witley Court, ma con la cessione della casa, gli abitanti del villaggio intervennero avvedutamente per salvare questo tesoro. Dopotutto ha più la parvenza di una sala per concerti che di una chiesa e infatti durante tutta l'estate si tengono con regolarità concerti classici; per maggiori informazioni rivolgetevi allo ☎ 01299-896437. La Witley Court (☎ 01299-896636; English Heritage) è aperta da aprile a ottobre tutti i giorni dalle 10 alle 17, e da novembre a marzo dal mercoledì al venerdì, dalle 10 alle 16. Il biglietto d'ingresso costa £3,50/1,80. Si trova 10 miglia (16 km) a nord-ovest di Worcester sulla A443 e la stazione ferroviaria più vicina è quella di Droitwich Spa, a circa 8 miglia (13 km). Gli autobus che viaggiano da Worcester o da Kidderminster verso Tenbury Wells passano di qui con scarsa frequenza.

Droitwich Spa
☎ 01905
Se provate a chiedere di Droitwich Spa, sul viso della grande maggioranza degli inglesi comparirà un'espressione disorientata. Probabilmente non è una stazione termale famosa come quelle di Cheltenham o di Leamington, ma sicuramente possiede ciò che queste ultime non hanno più da tempo: la genuinità, un'acqua termale salubre che attira una clientela affezionata da tutta l'Inghilterra.

A fianco delle terme si trova il TIC (☎ 774312, fax 794226), St Richard's House, Victoria Square, che è aperto dal lunedì al sabato dalle 10 alle 16.

In treno Droitwich Spa è a meno di 10 minuti dalle due stazioni di Worcester, in Foregate Street e Shrub Hill.

Redditch
☎ 01527

Un tempo Redditch era la città più famosa al mondo per gli aghi, dal momento che sfornava aghi per cucire, ferri da calza e ami per la pesca destinati agli angoli più remoti dell'Impero Britannico.

Gli aghi non sembrerebbero essere degli oggetti adatti ad essere esposti nei musei; invece il **Forge Mill Needle Museum** (☎ 62509), Needle Mill Lane, Riverside, ospitato all'interno di una fabbrica di aghi del XVIII secolo, riesce a superare questo luogo comune con un allestimento molto ben studiato. Da Pasqua a settembre il museo è aperto dal lunedì al venerdì dalle 11 alle 16.30 e dalle 14 alle 17 durante i fine settimana. In inverno è aperto dal lunedì al giovedì dalle 11 alle 16 e la domenica dalle 14 alle 17. È chiuso a dicembre e a gennaio. Il biglietto d'ingresso costa £3,50/50p e comprende la visita al **Bordesley Abbey Visitors Centre**, un centro che ospita una collezione di resti di un'abbazia del XII secolo poco lontana, portati alla luce dagli scavi delle rovine.

Sfortunatamente non esiste molto altro di interessante per giustificare una permanenza prolungata a Redditch. Il TIC (☎/fax 60806), Civic Square, Alcester St, è aperto dal lunedì al giovedì dalle 9 alle 17.30, il venerdì dalle 9 alle 17 e il sabato dalle 9.30 alle 13.30. Esistono treni diretti per Redditch da Birmingham New Street (35 minuti). Se provenite da Worcester (un'ora e un quarto) dovete cambiare alla stazione di University.

Bromsgrove
☎ 01527

Non vi sono molte attrattive a Bromsgrove per un turista, ma l'**Avoncroft Museum of Historic Buildings** (☎ 831363),

Stoke Heath, è certamente un luogo straordinario, in cui trovano spazio edifici storici che non sono più utili in altri posti. Fra i pezzi di successo vanno citati un mulino a vento funzionante proveniente dal Warwickshire, una chiesa, la collezione nazionale delle cabine telefoniche (le vecchie cabine rosse) e perfino un Tardis dalla famosa serie televisiva inglese *Dr Who*.

Il museo generalmente è aperto dal martedì alla domenica dalle 11 alle 17 (tutti i giorni in estate); il biglietto d'ingresso costa £4,60/2,30. È segnalato dalla A38 e ci sono autobus regolari da Bromsgrove e Droitwich. L'indirizzo del sito Internet del museo è www.avoncroft.org.uk.

Il TIC di Bromsgrove (☎ 831809), 26 Birmingham Rd, condivide la sede con il museo civico. Entrambi sono aperti dal lunedì al sabato dalle 10.30 alle 12.30 e dalle 13 alle 16.30. In High St si trova una statua del poeta A.E. Houseman, autore di *A Shropshire Lad*, che nacque nei dintorni nel 1859.

La stazione ferroviaria di Bromsgrove è raggiunta dai treni che provengono da Birmingham e Worcester.

GREAT MALVERN
Pop. 30.000 ☎ 01684

Le Malvern Hills costituiscono uno sfondo eccezionale per Great Malvern, il più grande e meglio conosciuto di una serie di insediamenti i cui nomi ricordano le famose colline da cui sono dominati. Famosa per l'acqua minerale, per il festival musicale che si tiene alla fine di maggio, per una scuola secondaria privata e per la marca di automobili Morgan, Great Malvern assomiglia vagamente a quelle stazioni termali del Galles centrale con in più una versione su scala ridotta della cattedrale di Gloucester e una gran quantità di cedri, pini e di alberi di araucaria. Turner ne trasse ispirazione per alcuni suoi dipinti, naturalmente prima che i grandi edifici vittoriani iniziassero a essere costruiti ogni dove sulle colline! Poiché è situata sul fianco di una collina, a Great

DAL TAMIGI AL WYE

Percorrendo l'Elgar Trail

Sir Edward Elgar, compositore di *Land of Hope and Glory* che per la Gran Bretagna può quasi essere considerato un secondo inno nazionale, nacque nel 1857 a Broadheath, 3 miglia (5 km) a ovest di Worcester, dove morì nel 1934. Visse a Hereford per otto anni e dalle vicine Malvern Hills trasse l'ispirazione per alcuni dei suoi pezzi musicali, quali per esempio le marce *Pomp and Circumstance* e le *Enigma Variations*. Presso i TIC di Hereford, Worchester e Malvern è disponibile un opuscolo che descrive minuziosamente il ben segnalato 'Elgar Route', un percorso che vi condurrà in alcuni dei posti che hanno avuto attinenza con la vita del compositore. Sir Elgar è sepolto nella chiesa di St Wulstan, a Little Malvern, poco più a sud di Great Malvern.

L'Elgar Birthplace Museum (☎ 01905-66224) si trova a Lower Broadheath e da maggio a settembre è aperto tutti i giorni (tranne il mercoledì) dalle 10.30 alle 18; per gran parte dell'inverno, invece, l'orario va dalle 13.30 alle 16.30 (il museo è chiuso dal 16 gennaio al 15 febbraio). L'ingresso costa £3/50p.

Malvern ci sono alcune strade molto ripide: tenetene conto se avete delle valigie pesanti.

Il TIC (☎ 892289, fax 892872, @ malvern.ticie@malvernhills.gov.uk), 21 Church St, vende una guida dove sono indicati i percorsi per i turisti disabili (£1), sebbene già solo salire fin qui per comprarla possa rappresentare un problema. Dispone anche di un opuscolo che descrive sei piste ciclabili attorno alle Malvern Hills. È aperto tutti i giorni dalle 10 alle 17.

Il Malvern Festival Theatre (☎ 892277) ha sede nel Winter Gardens Complex che si trova in Grange Rd.

Great Malvern Priory

La chiesa parrocchiale, con la sua navata fiancheggiata da colonne normanne, è famosa per le vetrate policrome e le mattonelle. Di particolare interesse sono la vetrata quattrocentesca della finestra occidentale, quella del lucernario del coro e quella della Jesus Chapel nel transetto settentrionale, che raffigura le Sette Gioie di Maria. Il coro è abbellito da 1200 mattonelle medievali, le più antiche e raffinate del Regno Unito.

Altre cose da vedere

Chi fosse interessato alla storia della città può visitare il **Malvern Museum of Local History** (☎ 567811), ospitato all'interno della solenne Priory Gatehouse del 1470, facente parte di quella che un tempo fu l'abbazia benedettina della città. Da Pasqua a ottobre il museo è aperto tutti i giorni (tranne il mercoledì) dalle 10 alle 17.30.

Il **Theatre of Small Convenience**, collocato in una toilette per uomini ristrutturata, è entrato nel *Guinness Book of Records* per essere il più piccolo teatro del mondo (ha solo 12 posti a sedere). Se decidete di andarci, evitate solo di chiedere dove sono i servizi igienici.

Itinerari a piedi nelle Malvern Hills

Da Great Malvern è possibile raggiungere, tagliando St Ann's Rd e percorrendo un sentiero tanto corto quanto ripido, la cima del Worchester Beacon (419 m, 1374 piedi), collina con una vista mozzafiato.

L'Herefordshire Beacon (334 m, 1095 piedi) si erge a sud di Great Malvern ed è il luogo che ospita il cosiddetto British Camp, un forte dell'Età del ferro. La passeggiata che percorre il sentiero che serpeggia tra le cime delle Malvern Hills è splendida.

Le Malvern Hills fornirono al musicista Elgar l'ispirazione per le sue *Enigma Variations* e per le marce *Pomp and Circumstance* (v. la lettura **Percorrendo l'Elgar Trail**).

Presso il TIC è disponibile il *Malvern Map Set*, una serie di tre cartine che coprono l'intera catena di colline.

Pernottamento e pasti

Benché Great Malvern offra un'ampia scelta di sistemazioni, molte delle quali estremamente accoglienti, bisogna però anche ricordare che questa è una zona che si rivolge a una fascia alta di clientela e i prezzi sono di conseguenza piuttosto elevati.

Il *Malvern Hills Youth Hostel* (☎ 569131, fax 565205, ✉ malvern@yha. org.uk, 18 Peachfield Rd) si trova a Malvern Wells, 1,5 miglia (2,5 km) a sud di Great Malvern (prendere l'autobus n. 675 diretto a British Camp). È aperto da metà febbraio a ottobre e costa £9,80/6,75 per adulti/bambini.

Il *Great Malvern Hotel* (☎ 563411, fax 560514, 7 Graham Rd) è in posizione molto centrale e offre camere singole/doppie con bagno a £55/80. Il *Cottage in the Wood* (☎ 575859, fax 560662, ✉ proprietor@cottageinthewood.co.uk, Holywell Rd) dista 3 miglia (5 km) e si trova nei pressi di Malvern Wells; dal posto si gode di splendidi panorami. Le camere hanno prezzi a partire da £75/95. Una cena formale nell'ottimo ristorante costa £30 circa.

L'effervescente *Victoria's* si trova in Church St; qui troverete tè e patate (cotte al forno con la buccia) a partire da £2. Al *Blue Bird Tearooms*, girato l'angolo rispetto al TIC, sono serviti cream tea per chi ha bisogno di bere qualcosa dopo una faticosa giornata di passeggiate fra le colline.

La *Lady Foley's Tearoom* (☎ 893033, Imperial Rd) serve pranzi e tè all'interno della magnifica stazione ferroviaria vittoriana. Il venerdì e il sabato sera, dalle 19 alle 21, presso la stazione è aperto anche il *Passionata*, dove potrete trovare piatti più ricercati.

Il ristorante indiano *Baazi Blue Restaurant* (☎ 575744, Church St) è il posto dove potrete dare più sapore alla vostra serata. All'interno del *Red Lion* (☎ 564787, St Ann's Rd) trovano posto sia un pub tradizionale sia un moderno ristorante che ha un ottimo menu di piatti molto attuali.

Per/da Great Malvern

Great Malvern si trova a 8 miglia (13 km) da Worcester e 15 miglia (24 km) da Hereford. La National Express effettua servizio giornaliero fra Great Malvern e Londra (4 ore, £12,50), passando per Worcester e Pershore.

Il modo più veloce per raggiungere Great Malvern è quello di prendere il treno da Worcester o Hereford. Esistono anche treni per Londra e Birmingham.

VALE OF EVESHAM

In primavera, quando le miriadi di alberi da frutto sono in fiore, l'angolo sud-orientale del Worcestershire è davvero magnifico. Le due città principali della valle sono Evesham stessa e Pershore.

Evesham

Pop. 15.000 ☎ 01386

Evesham, una tranquilla città sede di mercato sul fiume Avon, fu teatro della battaglia con la quale il principe Edoardo, figlio di re Enrico III, sconfisse Simon de Montfort nel 1265.

Il fiume scorre non lontano dalla cinquecentesca torre campanaria dell'abbazia benedettina, ormai andata persa, che con le due chiese gemelle medievali di All Saints e St Lawrence dà vita a un bell'insieme. Non perdetevi la magnifica volta a ventaglio della cappella di Lichfield all'interno della chiesa di All Saints.

Il TIC (☎ 446944, fax 442348), Abbey Gate, all'interno del pittoresco Almonry Centre sul lato meridionale della città, e ospita un piccolo centro di documentazione; l'ingresso costa £2 (gratis per i bambini). Sia il TIC sia il museo sono aperti dal lunedì al sabato dalle 10 alle 17 e la domenica dalle 14 alle 16.

Pernottamento e pasti I non fumatori dovrebbero scegliere la *Berryfield House* (☎ 48214, 172 Pershore Rd, Hampton), dove il servizio di B&B parte da £15. Il *Park View Hotel* (☎ 442639, Waterside) ha camere singole/doppie che costano da £23/41 in su.

Dai lettori ci sono arrivate molte segnalazioni di apprezzamento per la **Brookside Guest House** (☎ 443116, Mill St), che si trova sul fiume a poco più di un chilometro dal centro di Hampton; qui i prezzi delle camere partono da £18 per persona. L'accogliente **Evesham Hotel** (☎ 765566, Cooper's Lane) ha camere da £63/98 in su. Anche il ristorante annesso gode di un'ottima fama.

Il posto migliore per uno spuntino o un tè pomeridiano è il **Gateway Cake Shop**, vicino all'abbazia. Il **Vine Wine Bar** (☎ 446799, 16 Vine St) serve finezze quali il trancio di pescespada.

Alcuni dei posti migliori si trovano però poco fuori Evesham. **The Fleece** (☎ 831178, The Cross, Bretforton) è una locanda storica del XVI secolo donata negli anni '70 dalla proprietaria Lola Taplin al National Trust. Il locale è specializzato in distillati di frutta – ideali da sorseggiare in inverno davanti al fuoco del camino – e serve numerose birre alla spina. Di sera si può anche mangiare.

Per/da Evesham L'autobus n. 550 della First Midland Red (☎ 01905-763888) dal lunedì al sabato parte ogni ora per Pershore e Worcester. L'autobus n. 28, invece, vi porterà a Stratford-upon-Avon dal lunedì al sabato.

Sono diversi i treni che arrivano da Worcester (20 minuti) e da Londra (2 ore, £22,50), passando da Oxford (un'ora).

Pershore
Pop. 6900 ☎ 01386

Costruita a ridosso di un lago di sbarramento, Pershore è una graziosa città di case georgiane, conosciuta soprattutto per l'abbazia, fondata nel 689. Il TIC (☎ 554 262) è ospitato all'interno di un'agenzia di viaggi in High St n. 19

Pershore Abbey Quando i seguaci di re Enrico VIII attaccarono per distruggere l'abbazia di Pershore, i cittadini comprarono l'austero coro in stile gotico del primo periodo per farne la loro chiesa parrocchiale. Questo, assieme al più antico transetto meridionale (di cui alcune parti potrebbero essere antecedenti alla conquista normanna), sono tutto ciò che oggi rimane.

Pasti Un buon posto dove sorseggiare un tè o un caffè al mattino o consumare un pranzo prima di tuffarsi nel cuore del Worcestershire è il **Whistlers** (The Square), che offre un'eccellente scelta di panini e insalate. Per un assaggio delle birre alla spina del posto, provate il **Brandy Cask** (Bridge St), che le produce in proprio.

Per/da Pershore Pershore è situato a circa 8 miglia (13 km) da Worcester e a 7 miglia (11 km) da Evesham e il miglior modo per raggiungerlo è con l'autobus, partendo da una qualunque di queste due località. Se invece si opta per il treno, Pershore si trova sulla linea del Cotswold che collega Hereford e Worcester con Oxford e Londra. La stazione, però, è situata a un miglio e mezzo (2,5 km) a nord-ovest del centro cittadino.

Bredon Hill

Questa collina isolata, posta sul confine fra il Worcestershire e il Gloucestershire, è un terreno ideale per compiere delle passeggiate ed è stata resa famosa dalla poesia *Summertime on Bredon* (Estate sul Bredon) di A.E. Houseman. Sulla sommità un tempo sorsero un accampamento dell'Età del ferro e, successivamente, un forte romano, uno dei tanti della zona che assolvevano allo scopo di facilitare la repressione degli abitanti di questa regione. Lungo tutte le pendici più basse della collina si trovano dei piccoli paesi, che rappresentano degli utili punti di partenza per l'attacco alla vetta; fra i tanti, scegliete Ashton-under-Hill, Conderton o Elmley Castle.

Il punto di accesso principale alla collina è rappresentato dal grazioso villaggio di Bredon, che è collegato con Tewkesbury da un saltuario servizio di autobus. Partendo da Breton è possibile effettuare un'escursione circolare che, passando da Bredons Norton e salendo fino alla cima, ridiscende a Overbury e, attraverso Kemerton, riporta al punto iniziale. I panorami sulle Malvern Hills sono straordinari e nelle giornate terse lo sguardo si spinge fino al Galles.

Upton-upon-Severn
☎ 01684

Upton è una piccola e graziosa cittadina sulle rive del fiume Severn, caratterizzata da un piacevole miscuglio di architettura Tudor e georgiana. Vi è un piccolo **centro di documentazione**, ospitato in una chiesa sconsacrata conosciuta sul posto come *pepperpot* (pepaiola). Da Pasqua a settembre è aperto tutti i giorni dalle 14 alle 16.30 (dalle 10.30 alle 16.30 la domenica).

Il TIC (☎ 594200, fax 594185, @ upton.tic@malvernhills.gov.uk), 4 High St, aperto tutti i giorni dalle 10 alle 17 (alle 16 in inverno). Alla fine di giugno Upton ospita un famoso festival di musica jazz.

I patiti delle cartine troveranno soddisfazione al The Map Shop (☎ 593146), 15 High St , che ha una delle più ampie scelte che si possano trovare in Inghilterra fuori Londra.

Per essere una città così piccola, Upton ha un numero di pub davvero sorprendente, che risalgono al tempo in cui qui questo era un importante punto di attraversamento del fiume. L'*Ye Olde Anchor Inn* è un vecchio e scricchiolante pub con travi a vista e camino, che produce in proprio la birra e serve piatti molto apprezzati.

Nel vicino paese di Hanley Castle si trova il ***Three Kings Inn*** *(☎ 592686)*, un eccellente vecchio pub che ha ricevuto molti importanti riconoscimenti dalla Campaign for Real Ale.

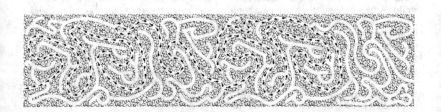

Midlands

Le Midlands costituiscono una vasta fascia di territorio che comprende alcuni luoghi degni di nota e altri che sarebbe meglio dimenticare. Se molte delle zone ai lati del corridoio formato dall'autostrada M1 appaiono decisamente squallide se visitate in un giorno di pioggia e vento, è anche vero che qui si incontrano alcune delle città più attive della regione, tra cui Coventry.

Nelle Midlands meridionali si trovano alcuni dei principali siti turistici dell'Inghilterra, tra cui il Warwick Castle, uno dei più bei castelli medievali inglesi, e Stratford-upon-Avon, luogo di pellegrinaggio per gli estimatori di Shakespeare di tutto il mondo. La vicina Northampton offre la possibilità di sfuggire al turismo di massa, ma manca di qualsiasi attrattiva turistica di rilievo.

Per informazioni più dettagliate sui trasporti nelle Midlands v. i paragrafi relativi alle singole contee. Vale la pena di procurarsi il Midland Day Ranger, un biglietto che consente di viaggiare sui treni da Northampton a Birmingham e Lichfield e da Hereford a Shrewsbury. Costa £11,50.

Warwickshire

Il Warwickshire ospita due tra le mete turistiche più importanti d'Inghilterra: Stratford-upon-Avon con i suoi luoghi shakespeariani e Warwick con il suo celebre castello. Altri siti degni di un'occhiata sono anche il castello in rovina di Kenilworth e la moderna cattedrale di Coventry, oltre a un'abbondanza di musei, castelli, città di mercato, canali e gradevoli paesaggi campestri.

Per informazioni sulle linee degli autobus in questa zona telefonate allo ☎ 01926-414140. Coventry è ben servita

Da non perdere

- Seguire la rappresentazione di un'opera di Shakespeare a Stratford-upon-Avon
- Visitare il Warwick Castle o Chatsworth

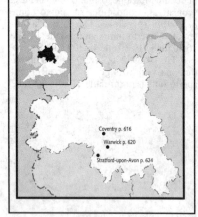

Coventry p. 616
Warwick p. 620
Stratford-upon-Avon p. 624

dai trasporti con collegamenti ferroviari per la stazione londinese di Euston, quella di Birmingham New Street e Leicester.

COVENTRY
Pop. 318.800 ☎ 024

In passato Coventry era una delle città più importanti d'Inghilterra, centro di lavorazione della lana in epoca medievale e più di recente dinamica capitale dell'industria automobilistica britannica. Tra i bombardamenti aerei della Luftwaffe e quelli architettonici degli urbanisti non è però rimasto molto della Coventry storica, sepolta sotto una montagna di cemento; va tuttavia ricordato che le sue zone pedonali sono state tra le prime del paese.

Coventry è facilmente raggiungibile da Birmingham e da Stratford-upon-Avon e gli appassionati di architettura moderna troveranno interessante la nuova cattedrale costruita accanto alle rovine di quella medievale distrutta dalle bombe. Nelle vicinanze ci sono alcune case georgiane e casupole medievali, magri indizi della bellezza di questa città prima della distruzione. Può comunque essere un ottimo rifugio dal carosello di turisti che nei mesi estivi affollano altre località.

Nel XIV secolo Coventry era la quarta città in Inghilterra per dimensioni. Poi venne il declino e quando arrivò la rivoluzione industriale nel XIX secolo, era ancora una città sostanzialmente medievale. Coventry fu uno dei centri industriali più vivaci dell'età vittoriana e può affermare con orgoglio di essere la patria della bicicletta moderna. La prima automobile made in England fu infatti una Daimler costruita qui nel 1896 e all'inizio del XX secolo questa città divenne la capitale britannica dell'auto nonché uno dei più importanti centri dell'industria aeronautica. Questa lunga crescita industriale crollò però precipitosamente negli anni '70 e '80 quando sparirono marchi come Sunbeam, Hillman, Singer, Humber e Triumph L'unica industria locale oggi rimasta è la Jaguar (sebbene sia di proprietà del gigante statunitense Ford), se si esclude lo stabilimento che assembla le automobili francesi della Peugeot.

Coventry è però forse più famosa per la leggenda di Lady Godiva, una nobildonna che si spogliò per aiutare i poveri, una sorta di Robin Hood in versione 'senza veli'.

Orientamento e informazioni

Il centro di Coventry è cinto da un raccordo anulare all'interno del quale è concentrata la maggior parte dei luoghi di interesse turistico. La medievale Spon St conserva diversi edifici in legno e muratura trasferiti qui da altre zone della città.

Il TIC (☎ 7683 2303, fax 7683 2370), Bayley Lane, è accanto alla Coventry University, di fronte alle due cattedrali.

È aperto dal lunedì al venerdì dalle 9.30 alle 17 e nei fine settimana dalle 10 alle 16.30.

Le cattedrali

Edificata nel XII secolo e ricostruita nel 1373, St Michael era una delle più grandi chiese parrocchiali d'Inghilterra prima di essere elevata al rango di cattedrale nel 1918. Allora la sua guglia era seconda in altezza solo a quelle delle cattedrali di Salisbury e Norwich. Poi, il 14 novembre 1940, fu sventrata dai bombardieri della Luftwaffe e tra le rovine fumanti rimasero solo le mura perimetrali e la guglia.

Dopo la guerra si decise di lasciare le rovine come monito e accanto ad esse sorse la nuova St Michael's Cathedral (☎ 7622 7597). Progettata da Sir Basil Spence e costruita tra il 1955 e il 1962, la nuova cattedrale è uno dei rari esempi di architettura post-bellica britannica ed è oggetto di un sincero affetto popolare. Tra i particolari di maggiore interesse segnaliamo all'estremità meridionale un'altissima vetrata incisa all'acquaforte in sostituzione della facciata, sopra l'altare un grande arazzo di Graham Sutherland e a fianco dei gradini d'ingresso un gruppo bronzeo di Sir Jacob Epstein raffigurante san Michele che trionfa sul diavolo.

Il *visitor centre* offre una presentazione audiovisiva sulla distruzione della vecchia cattedrale e la nascita della nuova per £2/1 (tranne la domenica). Per visitare la nuova cattedrale è consigliabile lasciare un'offerta di £2. La guglia della vecchia cattedrale si erge ancora maestosa al di sopra delle rovine e 80 scalini conducono a una vista magnifica dalla cima; l'ingresso costa £1.

Museum of British Road Transport

Il museo (☎ 7683 2425), in Hales St, espone una ricchissima collezione di biciclette, motocicli, auto da corsa e da rally. C'è persino una Thrust 2 (un tempo una delle automobili più veloci del mondo) accanto alle comuni familiari britanniche.

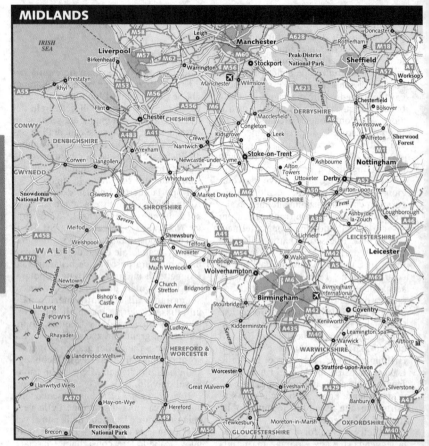

Quando si guarda la splendida serie di incantevoli modelli sfornati negli anni '50 e '60 e quella sorta di carcassoni prodotti dalla British Leyland alla fine degli anni '70 si capisce come un'intera industria riesca ad andare in rovina. Il museo è aperto tutti i giorni dalle 10 alle 16.30 e l'ingresso è libero.

Altre cose da vedere e fare

La statua di Lady Godiva (v. la lettura Lady Godiva: tra mito e realtà), ai margini di The Precinct, è uno dei punti di incontro della città, sorvegliata dall'alto dal Coventry Clock, un orologio che allo scoccare dell'ora si apre facendo uscire la signora nuda e Peeping Tom che sbircia da sopra. Godiva appare poi di nuovo, questa volta col marito Leofric, sulla favolosa facciata della Council House in High St.

L'Herbert Art Gallery & Museum (☎ 7683 2386), in Jordan Well, offre una rapida panoramica della storia cittadina. La galleria al piano superiore contiene dipinti sulla leggenda di Lady Godiva e gli

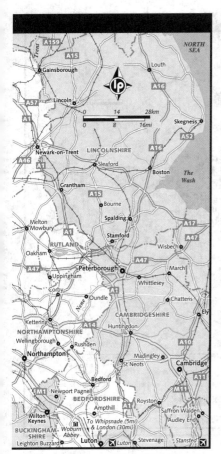

Lady Godiva: tra mito e realtà

Lady Godiva è per Coventry ciò che Robin Hood è per Nottingham: un personaggio realmente vissuto la cui storia è stata abbellita e arricchita di particolari nel corso dei secoli. Lady Godiva, moglie di Leofric, avaro conte di Mercia e signore di Coventry, era una donna caritatevole che chiese al marito di ridurre le tasse che gravavano sui poveri della regione. Leofric scherzò dicendo che le avrebbe fatto soltanto se lei avesse cavalcato nuda attraverso la città. Con suo sommo stupore è proprio quello che fece, anche se prima si fece promettere dagli abitanti che sarebbero rimasti nelle loro case. Solo il giovane Tom (Peeping Tom) non resistette alla tentazione di guardare e rimase cieco.

Leggenda a parte, Lady Godiva svolse certamente un ruolo importante nella storia di Coventry, anche se, purtroppo per i romantici, è assai improbabile che Leofric le abbia veramente permesso di compiere un gesto simile. Comunque, per Coventry la leggenda è una scusa per festeggiare e ogni anno, all'inizio di giugno, si tiene una sfilata per commemorare l'originale spogliarellista.

Lady Godiva ha tutto un altro significato a Londra, dove in gergo indica una banconota da 5 sterline.

13 alle 16 (nei fine settimana dalle 13 alle 17) e l'ingresso costa £1,50/1.

Altri edifici sopravvissuti alle sfortune di Coventry sono **St Mary's Guildhall**, un grande edificio civico elaborato risalente all'epoca medievale. È possibile visitarlo da aprile a ottobre, ma è meglio verificare presso il TIC in quanto a volte vi si tengono funzioni pubbliche. La **Holy Trinity Church** fu costruita nel XII secolo e la sua guglia alta 67 m è da tempo uno dei simboli della città. Al suo interno, sopra l'arcata del coro, è visibile un raro dipinto medievale. La più piccola **St John's Church** è famosa per aver dato origine all'espressione 'sent to Coventry' (essere mandato a Coventry). Qui infatti, durante la guerra civi-

schizzi originali dell'arazzo di Sutherland esposto nella cattedrale. Gli orari di apertura sono tutti i giorni dalle 10 alle 17.30 e domenica da mezzogiorno alle 17. L'ingresso è libero.

Il **Coventry Toy Museum** (☎ 7622 7560) è ospitato all'interno dell'antico Whitefriars Gate, l'antico ingresso del convento dei frati carmelitani risalente al 1352. I giocattoli esposti vanno dalla mitica Raleigh Chopper degli anni '70 agli eterni orsetti *teddy bear*. Il museo è aperto da aprile a novembre, tutti i giorni dalle

COVENTRY

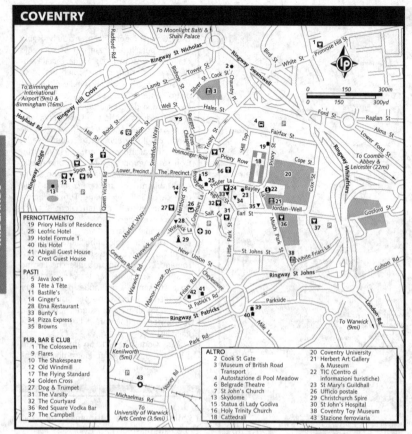

PERNOTTAMENTO
19 Priory Halls of Residence
25 Leofric Hotel
39 Hotel Formule 1
40 Ibis Hotel
41 Abigail Guest House
42 Crest Guest House

PASTI
5 Java Joe's
8 Tête à Tête
11 Bastille's
14 Ginger's
28 Etna Restaurant
33 Bunty's
34 Pizza Express
35 Browns

PUB, BAR E CLUB
1 The Colosseum
9 Flares
10 The Shakespeare
12 Old Windmill
17 The Flying Standard
24 Golden Cross
27 Dog & Trumpet
31 The Varsity
32 The Courtyard
36 Red Square Vodka Bar
37 The Campbell

ALTRO
2 Cook St Gate
3 Museum of British Road
  Transport
4 Autostazione di Pool Meadow
6 Belgrade Theatre
7 St John's Church
13 Skydome
15 Statua di Lady Godiva
16 Holy Trinity Church
18 Cattedrali
20 Coventry University
21 Herbert Art Gallery
  & Museum
22 TIC (Centro di
  informazioni turistiche)
23 St Mary's Guildhall
26 Ufficio postale
29 Christchurch Spire
30 St John's Hospital
38 Coventry Toy Museum
43 Stazione ferroviaria

le, furono internati i 'Royalists', ossia i seguaci di re Carlo I, senza alcuna possibilità di vedere amici e familiari.

Pernottamento

Il servizio prenotazioni alberghiere del TIC è gratuito (☎ 0800 243748), ma tenete presente che molti alberghi sono troppo vicini al rumoroso raccordo anulare.

Non ci sono ostelli, ma a luglio e agosto è possibile alloggiare al *Priory Halls of Residence* (☎ 7688 8318, *Priory St*), alla Coventry University, a partire da £15 per persona.

La *Crest Guest House* (☎ 7622 7822, *alanharve@aol.com, 39 Friars Rd*) è una pensione confortevole per non fumatori con stanze a £26,50 per persona. Subito dietro l'angolo c'è l'accogliente *Abigail Guest House* (☎ 7622 1378, *39 St Patricks Rd*) che ha tariffe molto ragionevoli, a partire da £18,50.

L'*Ibis Hotel* (☎ 7625, 0500, *Mile Lane*) è a un tiro di sasso dalla stazione e dal centro e offre camere standard con bagno privato per £39,95.

Proprio accanto all'Ibis Hotel si trova l'*Hotel Formule 1* (☎ 7623 4560, *Mile*

Lane) appartenente a una catena di alberghi francesi che si sta facendo strada in Inghilterra. Le camere ricordano un po' le cabine di una nave e le docce sono in comune, ma per £19,50 non ci si può proprio lamentare.

Se cercate qualcosa di più confortevole provate il *Leofric Hotel (☎ 7622 1371, Broadgate)* che offre stanze con tutti i comfort per £95 e tariffe più ridotte il fine settimana. Dall'esterno non è un gran che, ma non scoraggiatevi: dentro è molto meglio.

Il più bell'albergo della città è il *Coombe Abbey (☎ 7645 0450, Brinklow Rd, Binley)* situato in periferia. Un tempo era un'abbazia risalente all'XI secolo, ma ora non è più necessario prendere i voti per entrare. Il prezzo delle stanze parte da (tenetevi forte) £125.

Pasti

Da non perdere è il *Browns (☎ 7622 1100, Jordan Well)*, che a Coventry è ormai una vera e propria istituzione. Ha un lungo menu di piatti abbondanti a £4,50 l'uno e tutti lasciano il locale sazi. Di sera si trasforma in un pub molto frequentato e nei fine settimana c'è musica selezionata da DJ. Il *Bunty's (☎ 7622 3758, 4 Hay Lane)* è una piacevole sala da tè che serve ciambelle farcite e una squisita cioccolata calda. Nelle vicinanze ci sono dei bar per mangiare un panino alla veloce.

Sempre nella rimodernata Hay Lane c'è una filiale del *Pizza Express (☎ 7663 3156)* con i soliti piatti, ma se volete mangiare veramente italiano andate all'*Etna Restaurant (☎ 7622 3183, 57 Hertford St)* che ha un'ampia scelta dei più famosi piatti mediterranei. Si mangia bene a partire da £10 a testa. Il *Ginger's (☎ 7622 3223, 20 Hertford St)*, nella zona pedonale, è un locale frequentato che serve panini, patate ripiene e prime colazioni sostanziose.

Il *Java Joe's (☎ 7622 8898, 50 Corporation St)* è un piccolo caffè con un'intera sfilza di piatti tipici della cucina internazionale.

Nell'antica Spon St ci sono diversi ristoranti tra cui l'elegante *Bastille's*

(☎ 7622 9274, 21 Spon St), all'interno di una sontuosa casa antica, che serve pranzi di due portate molto convenienti per £5 e a cena un ricco menu compreso tra £15 e £20 tutto compreso. Nelle vicinanze c'è il *Tête à Tête (☎ 7655 0938, 18 Spon St)* frequentato dalla fascia di avventori che ama prendere il tè delle cinque.

Ci sono alcuni ristoranti con cucina balti, soprattutto in Foleshill Rd. Tra questi segnaliamo il *Moonlight Balti (☎ 7663 3414, 196-198 Foleshill Rd)*, un locale di habitué che nonostante abbia una licenza per la vendita di alcolici, offre anche la possibilità di portarsi dietro bevande acquistate altrove (BYO).

Anche il *Shahi Palace (☎ 7668 8719, 367 Foleshill Rd)* si trova in questa zona ed è specializzato in cucina del Bangladesh con economici buffet e banchetti molto apprezzati tra domenica e giovedì.

Divertimenti

Pub e club Con due università Coventry ha una vita notturna piuttosto animata. Il *Golden Cross (☎ 7622 2311, 8 Hay Lane)* è il posto giusto per trovare da 'mangiare, bere e gente trasandata', piuttosto raro quindi in un periodo in cui invece è spesso richiesto un certo abbigliamento e ci sono buttafuori all'entrata. Situato all'ombra della cattedrale in Hay Lane, è uno dei pub più antichi di Coventry, risalente addirittura al XVI secolo.

Il più classico ritrovo di studenti è però il *The Campbell (☎ 7623 4831, 122 Gosford St)*, che ora chiude alle 2 e vanta una sfilza incredibile di bevande in offerta (locale, quindi, a rischio per alcuni). Il *The Varsity (Little Park St)*, in centro, è un altro pub molto popolare tra gli studenti e fa parte di una catena in rapida espansione. Nei fine settimana può tenere aperto fino a tardi. Se cercate un locale economico, puntate dritti sul *The Flying Standard (☎ 7655 5723, 2-10 Trinity St)* che fa parte della catena Wetherspoon e ha offerte incredibili, ma pochissima atmosfera.

Spon St ospita una schiera di altri locali tra cui il tranquillo *Old Windmill*, un pub piacevole che la gente del posto chiama Ma Browns. Qui due volte l'anno si tiene una festa della birra che richiama sempre molti appassionati. Nelle vicinanze si trova il *The Shakespeare* (☎ 7663 4087, *Spon St)*, un pub tradizionale frequentato dalla gente del posto, il tipico locale senza tempo in una via, Spon St, che cambia continuamente.

Per chi preferisce l'atmosfera anni '70 c'è lo psichedelico *Flares* (☎ 7623 4821, *181 Spon St)*, un bar a tema molto frequentato situato in un edificio di finto legno, dove in alcune serate è prevista una piccola tariffa di ingresso. Un altro pub popolare è il *The Courtyard* che, come lascia intendere il nome, ha un bel cortile per le giornate di sole. Si trova all'interno di un edificio, parte del quale risale al XV secolo. Il *Red Square Vodka Bar* è il luogo dove, ovviamente, potete sorseggiarvi una vodka, ma è frequentato solo nei fine settimana.

Se volete ascoltare musica dal vivo ed ai pub preferite i club, potete provare il *The Dog & Trumpet (Hertford St)*, dove però vale la pena andare solamente il venerdì sera per ascoltare musica alternativa. *The Colosseum* (☎ 7655 4473, *Primrose Hill St)*, a Hillfields, è un palcoscenico per i gruppi promettenti, ma si trova in una zona che richiede una certa prudenza perché è sempre stata un po' turbolenta.

Il nuovo *Skydome* (☎ 7655 5911, *Croft Rd)* si fa pubblicità dicendo 'Spiacente, Birmingham', ma Brum non ha ancora motivo di preoccuparsi. Si tratta di un complesso che comprende una pista di pattinaggio su ghiaccio, un bowling, alcuni cinema e due grandi locali notturni, l'*Ikon* e il *Diva*.

Teatri e cinema L'università di Warwick, situata 4 miglia (6 km) a sud della città, possiede il più grande *Arts Centre* (☎ 7652 4524) dopo quello di Londra, con un calendario di manifestazioni e un affollato cinema che proietta film stranieri e classici che in genere le sale più commerciali non mostrano mai. Da Coventry è raggiungibile con gli autobus nn. 12 e X12. Gli appassionati di teatro troveranno in Corporation St il *Belgrade Theatre* (☎ 7655 3055) che mette in scena commedie e musical.

Per/da Coventry

Aereo L'aeroporto internazionale di Birmingham (☎ 0121-767 5511) è di fatto più vicino a Coventry che a Birmingham.

Autobus L'autostazione di Pool Meadow è in Fairfax St e i servizi nell'area delle Midlands occidentali sono coordinati dalla Centro (☎ 7655 9559). Le corse di sola andata della National Express per Londra costano £10,50, per Oxford £8 e per Bath £16,50. L'Arriva (☎ 0116-251 1411) mette a disposizione la linea n. X67 per Leicester con un servizio all'ora (tranne la domenica).

La Stagecoach (☎ 01788-535555) vende biglietti Explorer a £4,50/2,50 che consentono di utilizzare per un'intera giornata gli autobus di Birmingham, Evesham, Kenilworth, Leamington, Northampton, Oxford, Stratford-upon-Avon e Warwick. Ci sono diversi servizi per Birmingham (n. 900), ma il treno è molto più veloce.

Treno La stazione ferroviaria si trova subito oltre il raccordo anulare, a sud del centro. Coventry è sulla principale linea

ferroviaria per Londra (£19,50, meno di 1 ora e mezzo). Il tratto in treno fino a Birmingham costa £2,80.

Trasporti urbani
Per avere informazioni sulle linee urbane conviene telefonare al ☎ 7655 9559; un biglietto Daysaver per Coventry costa £2/1 e se acquistate un Daytripper, per £4/2 potete utilizzare per un'intera giornata tutti i servizi di autobus e treno nella zona gestita dalla Centro.

KENILWORTH
Pop. 21.000 ☎ 01926
Kenilworth è famosa per il suo castello, un'imponente costruzione medievale andata in gran parte distrutta durante la guerra civile. Situata accanto all'università di Warwick, la città risulta piacevole in quelle zone in cui gli urbanisti non sono riusciti a intervenire ed è come una grande pensione per le famiglie agiate che lavorano nella vicina Coventry, 4 miglia (6 km) più a nord-est. La vecchia e la nuova Kenilworth sono separate e il castello sorge più vicino alla parte più vecchia e pittoresca della città.

Il TIC (☎ 852595, fax 864503), The Library, 11 Smalley Place, è aperto dal lunedì al sabato (tranne il mercoledì) dalle 9 alle 19, e la domenica dalle 9.30 alle 16.

Kenilworth Castle
L'imponente castello di Kenilworth in arenaria rossa (☎ 852078), gestito dall'English Heritage, fu costruito attorno al 1120 e ampliato nel XIV e nel XVI secolo. Edoardo II vi rimase prigioniero per breve tempo prima di essere trasferito a Berkeley Castle, dove fu poi assassinato. Nel 1563 Elisabetta I donò il castello all'amante Robert Dudley, conte di Leicester. Tra il 1565 e il 1575 la sovrana si recò a trovarlo a Kenilworth in quattro occasioni e i romantici spettacoli teatrali che egli organizzò in suo onore nel 1575 sono stati immortalati da Sir Walter Scott nel romanzo *Kenilworth*, scritto nel 1821. Il castello, lasciato deliberatamente cadere in rovina nel 1644,

dopo la guerra civile, è aperto da aprile a settembre tutti i giorni dalle 10 alle 18 e da ottobre a marzo fino alle 16. L'ingresso costa £3,50/1,80.

Pernottamento e pasti
L'*Abbey Guest House* (☎ 512707, fax 859148, 41 Station Rd) offre singole/doppie per £26/45. In Priory Rd ci sono diversi B&B, per esempio la *Priory Guest House* (☎ 856173, 58 Priory Rd) con otto stanze e prezzi a partire da £25/40, o la vicina *Ferndale Guest House* (☎ 853214, fax 858336, 45 Priory Rd) con camere molto confortevoli a partire da £26/40.

Il *The Peacock Hotel* (☎ 851156, fax 864644, @ peacockhotel@rafflemalaysian.com, 149 Warwick Rd) è un albergo relativamente nuovo e arredato con gusto. I prezzi delle stanze partono da £65/75.

Proprio di fronte al castello, il *Clarendon Arms* (☎ 852017, 44 Castle Hill), provvisto di un grande giardino, è famoso per la cucina ed è anche piacevole come pub, soprattutto in estate. Nelle vicinanze c'è anche l'*Harringtons on the Hill* (☎ 852074, 42 Castle Hill), un ristorante più raffinato che serve soprattutto cucina inglese moderna. Calcolate di spendere circa £15 per persona. Subito accanto c'è il *Time for Tea* dove si può pranzare e prendere il tè senza spendere troppo.

Per bere qualcosa potete andare al *The Virgins & Castle* (☎ 853737, 7 High St) che ha fama di essere il pub più lontano dalla costa di tutta l'Inghilterra.

Per/da Kenilworth
Kenilworth è raggiungibile da Coventry o da Warwick con l'autobus n. X18. La linea n. X14 effettua corse frequenti per Leamington Spa e Coventry.

WARWICK
Pop. 22.000 ☎ 01926
Il capoluogo della contea del Warwickshire è una cittadina piacevole e tranquilla che fa da cornice al Warwick Castle, una delle principali destinazioni turisti-

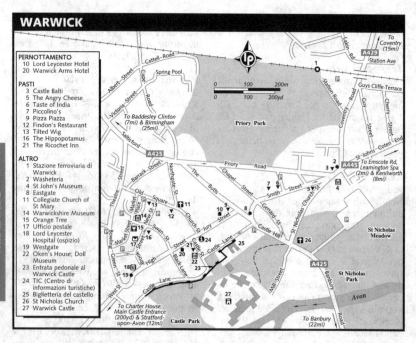

WARWICK

PERNOTTAMENTO
10 Lord Leycester Hotel
20 Warwick Arms Hotel

PASTI
3 Castle Balti
5 The Angry Cheese
6 Taste of India
7 Piccolino's
9 Pizza Piazza
12 Findon's Restaurant
13 Tilted Wig
16 The Hippopotamus
21 The Ricochet Inn

ALTRO
1 Stazione ferroviaria di Warwick
2 Washeteria
4 St John's Museum
8 Eastgate
11 Collegiate Church of St Mary
14 Warwickshire Museum
15 Orange Tree
17 Ufficio postale
18 Lord Leycester Hospital (ospizio)
19 Westgate
22 Oken's House; Doll Museum
23 Entrata pedonale al Warwick Castle
24 TIC (Centro di informazioni turistiche)
25 Biglietteria del castello
26 St Nicholas Church
27 Warwick Castle

che d'Inghilterra. Ci sono alcuni edifici storici in città che testimoniano l'importanza che aveva in passato. È una comoda base per visitare la vicina Stratford-upon-Avon.

Orientamento e informazioni

Warwick non pone problemi di orientamento: la A429 passa esattamente in centro con Westgate da una parte e Eastgate dall'altra. Il centro della città vecchia si trova subito a nord di questa arteria e il castello immediatamente a sud.

Il TIC (☎ 492212, fax 494837), Court House, Jury St, è quasi all'incrocio con Castle St ed è aperto tutti i giorni dalle 9.30 alle 16.30.

Warwick Castle

Warwick Castle (☎ 406600), uno dei più bei castelli medievali inglesi, appartiene a Madame Tussaud's; una visita accurata all'edificio può anche richiedere mezza giornata.

Warwick fu dotata di una struttura fortificata già in epoca sassone, ma il primo vero castello fu edificato sulle rive del fiume Avon nel 1068, poco dopo la conquista normanna. La parte esterna risale in gran parte al XIV-XV secolo, mentre gli interni furono realizzati tra la fine del XVII e la fine del XIX secolo e cioè all'epoca in cui questa roccaforte militare fu trasformata in residenza nobiliare. I suoi magnifici giardini sono opera di Capability Brown, che li progettò nel 1753.

Si accede dal corpo di guardia posto accanto alla sala d'armi e al sotterraneo con la camera di tortura. Subito entrati, un cartello indica la mostra dedicata al 'Kingmaker'. Il più potente di tutti i potenti proprietari del castello fu il 16° conte di Warwick (1428-71), Richard Neville, soprannominato 'kingmaker' (che letteralmente significa 'fabbricante di re'). Dopo aver sostituito l'incapace Enrico VI con il figlio Edoardo IV nel 1461, nove anni dopo detronizzò quest'ultimo riportando sul trono Enrico VI e tutto questo per essere poi sconfitto e ucciso da Edoardo IV a meno di un anno di distanza. In questa altalena di successioni al trono, una volta si trovò ad avere sotto chiave Enrico VI nella Torre di Londra e contemporaneamente Edoardo VI imprigionato a Warwick. La mostra 'Kingmaker' utilizza dei modelli per illustrare i preparativi di una delle sue tante battaglie.

L'influenza di Madame Tussaud's è però più evidente negli appartamenti privati, i cui arredi sono ricostruzioni di quelli del 1898 con tanto di statue di cera che partecipano a un ipotetico ricevimento. Passando da una sala all'altra si incappa in vari membri dell'aristocrazia dell'epoca, nei loro servitori e in figure storiche come un ancor giovane Winston Churchill e il principe di Galles, il futuro Edoardo VII.

Il castello è aperto tutti i giorni dalle 10 alle 18, in inverno fino alle 17. L'ingresso costa £10,95/6,50. Vi si tengono anche banchetti in stile medievale: per maggiori informazioni telefonate al numero sopra indicato.

Collegiate Church of St Mary

Edificata nel 1123, questa chiesa (☎ 403 940) situata in Old Square fu seriamente danneggiata da un incendio nel 1694 e ricostruita in un miscuglio di stili diversi. Al fuoco scampò invece la straordinaria Beauchamp Chapel perpendicolare, realizzata tra il 1442 e il 1460 con una spesa di £2400, cifra esorbitante per l'epoca.

L'effigie in bronzo dorato di Richard Beauchamp, tredicesimo conte di Warwick, è al centro della cappella, mentre la figura dallo sguardo sinistro all'angolo della tomba è Richard Neville.

La chiesa è aperta da novembre a marzo, tutti i giorni dalle 10 alle 18 ed è richiesta un'offerta di £1. Non perdetevi la cripta del 1200 con i resti del *ducking sto-*

ol, una forma di punizione utilizzata soprattutto per le donne litigiose, le quali venivano fatte 'accomodare' su uno sgabello legato all'estremità di un palo che veniva poi tuffato in acqua.

Lord Leycester Hospital

La strada che entra in città dal Westgate attraversa una rupe in arenaria. Sopra questa rupe, nel 1571, Robert Dudley, conte di Leicester, fondò l'imponente Lord Leycester Hospital (☎ 491422), un ospizio di carità situato in High St. Oltre a un bel cortile interno, il complesso comprende una cappella del XIV secolo e un palazzo delle corporazioni voluto da Neville che ospita un museo militare. L'ospizio è aperto da aprile a settembre, dal martedì alla domenica dalle 10 alle 17 e da ottobre a marzo fino alle 16. L'ingresso costa £3/gratis o £1 se si visitano solo i giardini.

Musei

Il **Warwickshire Museum** (☎ 412500), nel secentesco palazzo del mercato in Market Place, è dedicato alla storia naturale e all'archeologia. Il museo è aperto da maggio a settembre, dal lunedì al sabato dalle 10 alle 17.30, e domenica dalle 11 alle 17. L'ingresso è libero.

In Castle St è possibile soffermarsi davanti alle bambole del **Doll Museum** (☎ 412500), allestito nella Oken's House, casa medievale in legno e muratura, e aperto da Pasqua a settembre, tutti i giorni dalle 10 alle 17. L'ingresso costa £1/70p. La storia sociale della contea si ripercorre nella **St John's House** (☎ 410410), residenza giacobita in St John's, aperta tutto l'anno dal martedì al sabato dalle 10 alle 17.30 e da maggio a settembre anche la domenica dalle 14.30 alle 17. L'ingresso è libero.

Pernottamento

L'ostello della gioventù più vicino è quello di Stratford-upon-Avon (v. oltre).

Il centro città è purtroppo sprovvisto di B&B economici. Per pernottare senza sborsare somme esorbitanti dovrete quindi optare per la zona di Emscote Rd, l'estremità orientale della strada principale che attraversa Warwick in direzione di Leamington Spa. L'*Avon Guest House* (*☎/fax 491367, 7 Emscote Rd*), vicino al centro città, è una pensione molto frequentata e ha stanze a partire da £20 per persona compresa una prima colazione vegetariana su richiesta. Il *Park House* (*☎/fax 494359, 17 Emscote Rd*) è un altro posto molto gettonato in una casa in stile gotico che offre singole/doppie con bagno privato a partire da £25/40, compresa prima colazione vegetariana.

Il *Warwick Arms Hotel* (*☎ 492759, fax 410587, 17 High St*) offre stanze con bagno a partire da £40/50, £55/65 nei giorni feriali. Il *Lord Leycester Hotel* (*☎ 491 481, fax 491561, 17 Jury St*) trasuda storia da tutti i pori e rappresenta un buon affare per £55/65 per persona. Al piano inferiore c'è anche un bar che è tra i ritrovi preferiti della gente del posto.

Il *Charter House* (*☎ 496965, fax 411 910, ✉ penon@charterhouse8.freeserve. co.uk, 87-91 West St*) è un eccellente B&B e proprio questo fatto lo rende assai poco economico. Le stanze caratteristiche arredate con mobili d'epoca hanno letti a baldacchino e partono da £49,50/75.

Pasti

Pizze discrete a prezzi ragionevoli vengono servite al *Pizza Piazza* (*☎ 491641, 33-35 Jury St*) che a pranzo ha offerte speciali con portate principali scontate. Più a est si trova il *Piccolino's* (*☎ 491020, 31 Smith St*), un ristorante che merita la buona reputazione di cui gode e che serve squisiti piatti di pasta ai frutti di mare.

Tra i ristoranti indiani segnaliamo il frequentato *Castle Balti* (*☎ 493007, 11 St John's*), che offre anche la possibilità di portarsi bevande acquistate altrove (BYO), e il *Taste of India* (*☎ 492151, 35 Smith St*), che la domenica organizza buffet 'tradizionali' per £6,75.

Le alternative alla pasta e al curry non sono molte. *The Angry Cheese* (*☎ 400 411, St Nicholas Church St*) è un'enoteca/bistrot specializzata in cucina messi-

cana, ma ce n'è per tutti i gusti e l'ambiente è piacevole. Il *Tilted Wig* (*☎ 410466, 11 Market Place*) ha un lungo menu di piatti tipici da bar e un piacevole settore all'aperto per l'estate. Il *The Hippopotamus* (*☎ 439504, 48 Brook St*) di giorno sembra un normalissimo caffè, ma la sera offre una serie incredibile di specialità africane e caraibiche: tre portate per £12.

Dall'altra parte della strada rispetto a St Mary's c'è il *Findon Restaurant* (*☎ 411 755, 7 Old Square*) che serve cene romantiche di due portate al lume di candela per £15,95. A pranzo la sua cucina creativa è più abbordabile con piatti del giorno a £4,95. Il *The Ricochet Inn* (*☎ 491232, Castle St*) offre un robusto menu di moderna cucina britannica con portate principali comprese tra £10 e £12.

La vita notturna è a dir poco un mortorio; fa eccezione l'*Orange Tree* (*☎ 621 821, 62 Market St*) che per gli standard di Warwick può essere definito un bar animato. Se desiderate un po' di movimento, dovrete prendere un autobus e andare a Leamington Spa o a Coventry.

Per/da Warwick

Gli autobus della National Express partono da Old Square e quelli della Stagecoach (*☎ 01788-535555*) fermano in Market Place. La corsa per Coventry (n. X16/ X18) richiede un'ora, meno per Stratford-upon-Avon (n. X16). I servizi sono ogni ora e la domenica ogni due.

Ci sono treni per Birmingham, Stratford-upon-Avon e Londra, ma esistono più collegamenti dalla vicina Leamington Spa.

DINTORNI DI WARWICK
Baddesley Clinton

Baddesley Clinton (*☎ 01564-783294; NT*) è un'incantevole casa medievale con tanto di fossato che dalla morte del signorotto del luogo Henry Ferrers, avvenuta nel 1633, è rimasta praticamente immutata. La casa è famosa per gli interni in stile elisabettiano e servì da rifugio ai cattolici nel XVI secolo, per questo ci sono ben tre cosiddetti nascondigli da prete. È aperta al pubblico da marzo a ottobre, dal mercoledì alla domenica dalle 13.30 alle 17 (da maggio a settembre fino alle 17.30). L'ingresso costa £5,20/2,60 oppure £2,60 per dare un'occhiata dall'esterno. L'autobus n. 60 che collega Warwick a Solihull passa nelle vicinanze.

LEAMINGTON SPA
Pop. 57.000 ☎ 01926

A Leamington Spa ci sono edifici in stile Regency e negozi eleganti che le conferiscono un'atmosfera molto europea rispetto a Warwick o Stratford-upon-Avon. I confini tra Leamington e Warwick non sono ben definiti e può essere un'ottima base durante l'alta stagione quando i più illustri vicini sono al completo.

Le antiche Pump Rooms (sale delle terme) in The Parade ora ospitano un interessante **Museum & Art Gallery** oltre al TIC (☎ 742762, fax 881639, *e* leamington@shakespeare-country.co.uk). L'ufficio informazioni è aperto da Pasqua a settembre, dal lunedì al venerdì dalle 9 alle 17, il sabato dalle 9.30 alle 17 e la domenica dalle 10.30 alle 17; da ottobre a Pasqua gli orari sono dal lunedì al sabato dalle 9.30 alle 17 e la domenica da mezzogiorno alle 16. La galleria e il museo sono invece aperti dalle 10.30 alle 17 il martedì, mercoledì, venerdì e sabato; il giovedì dalle 13.30 alle 20 e la domenica dalle 11 alle 16.

Pernottamento e pasti
Ci sono diversi B&B situati in posizione comoda lungo Avenue Rd vicino alla stazione. L'accogliente *Charnwood Guest House* (☎ 831074, 47 Avenue Rd) è uno dei più economici con doppie a partire da £17 per persona, £18 con bagno in camera. La *Comber House* (☎ 421332, fax 313 930, *e* b-b@comber house.freeserve. co.uk, 2 Union Rd) è un B&B per non fumatori in una bella residenza e tra tutti è quello che ha la miglior atmosfera. Le singole/doppie partono da £40/65.

L'*Adams Hotel* (☎ 450742, fax 313 110, *e* adams22@tinyworld.com, Avenue Rd) è una sistemazione confortevole all'interno di una delle grandi ville in stile Regency di Leamington e offre B&B a partire da £54/68.

Il *Sacher's* (☎ 421620, 14 The Parade) è un ottimo caffè-ristorante che ogni giorno propone diverse offerte. La sera diventa un bar e il fine settimana vi si può ascoltare jazz dal vivo. Nelle Pump Rooms c'è il *Café Hudson* (☎ 742750) che serve una buona scelta di pasti leggeri, 'high teas', ossia pasti completi accompagnati da tè, e dolci elaborati.

Se siete in vena di spese pazze andate all'*Amor's* (☎ 778744, 15 Dormer Place) vicino al TIC. Lo stile è francese e i cibi vengono preparati sul momento: il pranzo costa circa £10, la cena parte da £15. Dalla parte opposta della città ci sono diversi ristoranti con cucina balti estremamente economici, esuli di Balsall Heath a Birmingham, quindi... ottimi. Si concentrano soprattutto in Bath St, a sud dell'ufficio postale.

Per/da Leamington Spa
Leamington Spa è ben servita dai trasporti pubblici. I treni raggiungono Birmingham e Londra Marylebone e c'è anche un raccordo ferroviario per Stratford-upon-Avon con qualche raro servizio. Gli autobus della National Express offrono tre corse al giorno da Londra. Gli autobus nn. X12, X14, X16 e X18 hanno frequenti servizi per Coventry. Il n. X16 serve anche regolarmente Stratford-upon-Avon e il n. X14 Kenilworth.

STRATFORD-UPON-AVON
Pop. 22.000 ☎ 01789

La sorte propizia e capricciosa ha voluto che qui nascesse il grande drammaturgo elisabettiano William Shakespeare (1564-1616), evento che ha portato in questa città fama internazionale e turisti in numero sempre crescente: la sua popolarità è ora seconda solo a quella di Londra e la sua principale attività consi-

STRATFORD-UPON-AVON

PERNOTTAMENTO
3 Dukes
4 Payton Hotel
31 Stratford Backpackers Hostel
43 Swan's Nest Hotel
46 Thistle Stratford-upon-Avon
49 The Shakespeare
53 Falcon Hotel
61 Woodstock Guest House
62 Carlton Guest House
63 Virginia Lodge; Twelfth Night
64 Grosvenor Villa; Dylan Guest House
65 Aberfoyle
66 Quilts & Croissants

PUB, BAR E CLUB
11 Cask & Bottle
12 Slug & Lettuce
28 Bar M
36 Garrick Inn
55 Dirty Duck
60 Windmill Inn

ALTRO
1 Stazione degli autobus
2 Stratford Leisure & Visitor Centre
6 Shakespeare Bookshop
7 Cinema
8 Shakespeare Centre; Shakespeare's Birthplace
9 Biblioteca
10 Ufficio postale
15 Fermata autobus Guide Friday
16 TIC (Centro di informazioni turistiche)
17 Gower Memorial
19 Bancroft Gardens
21 Posteggio taxi; stazione degli autobus

PASTI
5 Greek Connection
13 Restaurant Margaux
14 Lemon Tree
18 Countess of Evesham
20 De.alto
22 Café
24 Wholefood Café
26 Raj Tandoori Balti
27 Lalbagh Balti Restaurant
34 Marlowe's
37 Vintner Wine Bar
38 Lambs
39 Opposition
41 Glory Hole
51 Edward Moon's

ALTRO (segue)
23 Teddy Bear Museum
25 The Cyber Junction
29 Mary Arden Hospital
30 Stazione ferroviaria
32 American Fountain
33 Autobus per Anne Hathaway's Cottage
35 Harvard House
42 Falstaffs
44 Boatshouse (rimessa barche)
45 Royal Shakespeare Theatre
45 Swan Theatre
47 New Place; Knott Garden
48 Nash's House
52 Midland Bank Building
52 Stazione di polizia
54 Guild Chapel
56 King Edward VI School
57 Ospizi
58 The Other Place
67 Hall's Croft
67 Lavanderia a gettone Sparklean
68 Holy Trinity Church

ste nello sfruttare in tutti i modi il suo figlio prediletto. Trovandosi subito oltre il confine settentrionaledella regione del Cotswold, Stratford può essere una comoda tappa per chi va o viene dal nord ed è una base ideale per visitare i castelli di Warwick e Kenilworth.

Orientamento e informazioni

Se arrivate in autobus o in treno vi troverete a pochi minuti di cammino dal centro che è facile da esplorare a piedi. In realtà in questa città i trasporti servono solo per visitare la casa di Mary Arden.

Posto vicino al fiume in Bridgefoot, il TIC (☎ 293127, fax 295262, ℮ stratford tic@shakespeare-country.co.uk) abbonda di informazioni, ma in estate è letteralmente oberato di lavoro. È aperto da aprile a ottobre, dal lunedì al sabato dalle 9 alle 18, e la domenica dalle 11 alle 17; da novembre a marzo l'orario è dal lunedì al sabato dalle 9 alle 17.

Ogni giovedì e sabato (anche la domenica in luglio, agosto e settembre) vengono organizzate **escursioni a piedi guidate** di due ore (☎ 412602) che partono dallo Swan Theatre alle 10.30. I biglietti costano £5/4. Ci sono anche i **ghost tours** (☎ 551702) che partono dall'American Fountain alle 15.30, 17.30 e 19.30 da aprile a settembre (in inverno è meglio chiamare prima) e costano £4/2.

Sparklean (☎ 269075) è un'utile lavanderia a gettone in 74 Bull St e al Cyber Junction (☎ 263400), 28 Greenhill St, potete navigare in Internet, giocare e fare uno spuntino.

Luoghi shakespeariani

Lo Shakespeare Birthplace Trust (☎ 204 016, 🖂 info@shakespeare.org.uk) è l'ente che amministra i cinque edifici associati al grande drammaturgo. In estate non è raro trovarli gremiti di orrende folle di turisti e nessuno di essi è stato progettato per accogliere una tale calca; se potete, quindi, cercate di visitarli in bassa stagione. Tenete presente che l'accesso agli edifici in sedia a rotelle è molto limitato.

Tre delle case sono situate in centro, una è raggiungibile con una breve corsa in autobus e la quinta in auto o in bicicletta. Il biglietto da £12/6 è valido per l'ingresso in tutte e cinque e quello da £8,50/4,20 permette l'accesso solo alle tre situate in città. Pagando singolarmente gli ingressi, alla fine verreste a spendere quasi il doppio. Da fine marzo a metà ottobre le visite seguono i seguenti orari: dal lunedì al sabato dalle 9/9.30 alle 17 e la domenica dalle 9.30/10 alle 17; in inverno dal lunedì al sabato dalle 9.30/10 alle 16 e la domenica dalle 10/10.30 alle 16. Per maggiori informazioni visitate il sito Internet del Trust all'indirizzo www.shakespeare. org.uk.

Shakespeare's Birthplace L'attrazione numero uno legata a Shakespeare, in Henley St, probabilmente ha ben poco a che vedere con la casa che lo vide nascere e ciò a causa dei rimaneggiamenti ai quali è stata sottoposta nel corso dei secoli. Comunque, richiama visitatori da ben 300 anni, come potete vedere dai nomi di illustri visitatori del XIX secolo che, non alieni da un certo vandalismo, hanno scalfito i loro nomi su una delle finestre. Il biglietto che

costa £5,50/2,50 comprende anche l'ingresso all'adiacente **Shakespeare Centre** contenente tutte le notizie possibili e immaginabili sul famoso drammaturgo.

Dall'altra parte della strada si trova lo **Shakespeare Bookshop** (☎ 292176), una libreria che vende l'*opera omnia* del drammaturgo in una moltitudine di formati.

New Place e Nash's House Ritiratosi a vita privata, l'ormai ricco Shakespeare acquistò un'elegante casa a New Place, all'angolo tra Chapel St e Chapel Lane; la casa fu demolita nel 1759 e bisogna accontentarsi di visitare il sito e la tenuta, dalla quale è stato ricavato un giardino elisabettiano. Accanto c'è la Nash's House dove visse la nipote, oggi trasformata in un museo di storia locale con un'interessante ricostruzione di come si presentava la casa nel 1876 e dopo il restauro completo effettuato nel 1911. L'ingresso costa £3,50/1,70.

Hall's Croft La figlia di Shakespeare, Susanna, sposò l'eminente dottor John Hall e con lui andò a vivere in questa bella dimora elisabettiana situata vicino all'Holy Trinity Church. La mostra allestita all'interno illustra le pratiche mediche del tempo. L'ingresso costa £3,50/1,70 e c'è un caffè proprio accanto.

Anne Hathaway's Cottage Prima del matrimonio con Shakespeare, Anne Hathaway viveva a Shottery, un villaggio situato un miglio a ovest di Stratford-upon-Avon, in un grazioso cottage dal tetto di paglia con giardino e orto. Il vicino Tree Garden contiene un esemplare di ogni pianta menzionata nelle opere del drammaturgo. Il cottage è raggiungibile seguendo un sentiero (vietato alle biciclette) che arriva al villaggio partendo da Evesham Place. In alternativa potete prendere un autobus da Wood St. L'ingresso costa £4,20/1,70.

Mary Arden's House La casa della madre di Shakespeare ora ospita lo Shakespeare Countryside Museum, un museo che ripercorre la storia di questa zona rurale negli ultimi quattro secoli. Dato che il museo contiene anche una collezione di rari animali da cortile e una fattoria che risale agli inizi del XX secolo, probabilmente è questo l'edificio shakespeariano in cui trascorrerete più tempo. L'ingresso costa £5/2,50.

La casa di Mary Arden si trova a Wilmcote, 3 miglia (5 km) a ovest di Stratford. Chi la raggiunge in bicicletta passando prima per il cottage di Anne Hathaway, al ritorno può seguire l'alzaia dello Stratford-upon-Avon Canal fino a Wilmcote invece di rientrare in città lungo lo stesso tragitto o prendere la trafficata A3400.

Holy Trinity Church

La Holy Trinity Church (☎ 266316) ha transetti della metà del XIII secolo, epoca in cui la chiesa venne considerevolmente ampliata. In seguito subì diversi altri rimaneggiamenti, come testimonia la guglia risalente al 1763. Nel coro ci sono fotocopie dei certificati di battesimo e di morte di Shakespeare, la tomba sua e della moglie nonché un busto che lo ritrae. Poiché venne realizzato prima della scomparsa di Anne Hathaway, avvenuta sette anni dopo quella del marito, dovrebbe riprodurne in maniera piuttosto fedele i tratti. L'ingresso costa £1/50p e in estate la chiesa è aperta dal lunedì al sabato dalle 8.30 alle 18 e la domenica dalle 14 alle 17.

Harvard House

Harvard House (☎ 204016, fax 296083) è una casa riccamente scolpita situata in High St, in cui un tempo abitava la madre di John Harvard, che nel XVII secolo fondò la celebre Harvard University negli Stati Uniti. Ora ospita una collezione di oggetti in peltro, visibili da maggio a fine ottobre, dal martedì al sabato dalle 10 alle 16 (la domenica a partire dalle 10.30). L'ingresso è libero.

A fianco si trova lo storico **Garrick Inn**, un edificio in legno e muratura, e sull'altro lato della strada il **Midland Bank Building**, decorato con rilievi raffiguranti scene tratte dalle opere di Shakespeare.

Altre cose da vedere e fare

Eretto nel 1881, il **Gower Memorial** rappresenta Shakespeare circondato da quattro dei suoi personaggi: Falstaff, Amleto, Lady Macbeth e il principe Hal. Il monumento domina il bacino del canale, punto di confluenza tra lo Stratford-upon-Avon Canal e il fiume Avon. Sul luogo si radunano sempre piccole folle di curiosi che guardano le narrowboat mentre 'mettono in funzione la chiusa'.

La **Guild Chapel**, all'incrocio tra Chapel Lane e Church St, risale al 1269, anche se l'edificio visibile oggi è una ricostruzione del XV secolo. Accanto alla cappella vi è la **King Edward VI School**, che avrebbe avuto tra i suoi allievi lo stesso Shakespeare; in origine l'edificio fungeva da Guild Hall.

La **Royal Shakespeare Company Gallery** (☎ 296655), all'interno dello Swan Theatre, espone materiale scenico e costumi facenti parte della Royal Shakespeare Company Collection. La galleria è aperta dal lunedì al sabato dalle 9.30 alle 17, e la domenica da mezzogiorno alle 16.30 (nelle domeniche invernali dalle 11 alle 15.30); l'ingresso costa £1,50/1. È possibile partecipare a visite guidate (☎ 412 602) dal lunedì al venerdì alle 13.30 e alle 17.30 (tranne quando ci sono le matinée), nonché la domenica alle 12.30, 13.45, 14.45 e 15.45 (un'ora prima in inverno). Visita guidata più ingresso alla collezione RSC costano £4/3.

Il **Teddy Bear Museum** (☎ 293160), 19 Greenhill St, è una meta apprezzata soprattutto dai più giovani e da chi continua ad andare a dormire con l'orsetto di peluche. Il museo è aperto tutti i giorni dalle 9.30 alle 18 (a gennaio e febbraio fino alle 17) e per l'ingresso si paga £2,25/1.

Il piccolo e buio **Falstaffs** (☎ 298070), 40 Sheep St, è un museo che vi farà fare un salto indietro nel tempo. Gli orari di apertura sono dal lunedì al sabato dalle 10 alle 17.30, e la domenica dalle 11 alle 17. L'ingresso costa £2,50/gratuito.

Pernottamento

Campeggi Ci sono due campeggi alla periferia occidentale di Stratford. Il *Dodwell*

Park (☎ 204957, fax 336476, Evesham Rd) fa pagare £9 per la tenda e £1,50 per persona. Da Pasqua a settembre potete fermarvi anche allo *Stratford Racecourse* (☎ 267 949, fax 415850, Luddington Rd), dove le tariffe partono da £7 per due persone.

William Shakespeare, il bardo di Avon

Forse il più grande drammaturgo di tutti i tempi, William Shakespeare nacque a Stratford-upon-Avon nel 1564 da un guantaio del posto. All'età di 18 anni sposò Anne Hathaway, di otto anni più vecchia, e circa sei mesi dopo il matrimonio venne alla luce Susanna. Nei due anni successivi nacquero un bambino e due gemelle, Hamnet e Judith, ma il figlio morì a 11 anni.

JANE SMITH

La nascita delle gemelle coincise più o meno con il periodo in cui Shakespeare si trasferì a Londra, dove iniziò a scrivere per la Lord Chamberlain's Company. Si trattava di una compagnia teatrale famosa che aveva il privilegio di esibirsi nel teatro più bello (il Globe) e di contare sugli attori più bravi. Fu però solo tra il 1590 e il 1600 che il nome di Shakespeare iniziò a comparire sulle opere da lui scritte e questo perché prima di allora si pensava che il nome della compagnia fosse più importante di quello del suo drammaturgo.

Le opere di Shakespeare si distinguevano per un uso nuovo e moderno della lingua inglese, accompagnato da possenti strutture narrative e da una profonda analisi dell'animo umano, caratteristiche che non solo ne hanno garantito la fortuna nei secoli, ma che le hanno rese celebri in tutto il mondo grazie alle traduzioni in altre lingue. Tra le sue prime opere ricordiamo commedie come *La commedia degli errori*, drammi storici come *Enrico VI* e *Riccardo III* e la tragedia *Romeo e Giulietta*. Il nuovo secolo inaugurò il periodo delle grandi tragedie: *Amleto*, *Otello*, *Re Lear* e *Macbeth*.

Intorno al 1610 Shakespeare si ritirò dalle scene e fece ritorno a Stratford-upon-Avon, dove condusse vita agiata fino alla morte, avvenuta nel 1616. Fu seppellito nella chiesa parrocchiale della città; la moglie morì sette anni dopo.

Le notizie sulla vita del grande drammaturgo sono pochissime. Malgrado la sua fecondità artistica non sono rimaste né lettere né altri scritti personali in grado di fornire informazioni più precise e il poco che si sa di lui e della sua famiglia è stato ricostruito attraverso atti ufficiali, ossia certificati di nascita, morte e matrimonio (compreso il testamento in cui lascia alla moglie il 'suo secondo letto preferito'!). La carenza di informazioni ha in parte contribuito al proliferare di teorie secondo cui Shakespeare non sarebbe mai stato l'autore delle opere che portano il suo nome. Infatti non è rimasto alcun manoscritto e quindi non esistono prove calligrafiche che possano attribuirgliene la paternità. Gli studiosi, autori di queste teorie, sostengono inoltre che le origini e l'educazione di Shakespeare non avrebbero mai potuto fornirgli il patrimonio culturale e l'esperienza necessari per comporre simili opere. Molti sono stati indicati come i possibili veri autori. Tra questi i candidati favoriti sono il conte di Derby e il conte di Oxford, i quali, sempre secondo quanto affermato da queste teorie, avrebbero preferito rimanere nell'anonimato.

MIDLANDS

Ostelli Anche se per l'YHA non è una bella notizia, lo *Stratford Backpackers Hostel* (☎ 263838, ✆ stratford@hostels.demon.co.uk, 33 Greenhill St) ha finalmente portato le tanto desiderate sistemazioni economiche in centro città. I posti letto in dormitorio costano £11, £15 in stanze con due letti; in estate è consigliabile prenotare con largo anticipo.

Lo *Stratford-upon-Avon Youth Hostel* (☎ 297093, fax 205513, ✆ stratford@yha.org.co.uk, Hemmingford House, Alveston) è a un miglio e mezzo (2,5 km) dal centro. Ecco come arrivarci: oltrepassate il TIC, passate sul ponte Clopton Bridge e girate a sinistra (nord-est) in Tiddington Rd (B4086). C'è anche un autobus, il n. 18, che da Bridge St arriva ad Alveston. L'ostello è aperto da inizio gennaio a metà dicembre e costa £14,90/11,20 per adulti/bambini.

B&B In estate i prezzi dei B&B sono talvolta molto elevati e in più non sempre si trova posto: se le cose stanno così, si può scegliere di pernottare a Leamington Spa o a Warwick. La prima riserva di caccia per quanto concerne i B&B più economici corrisponde alle zone di Evesham Place, Grove Rd e Broad Walk, ad appena un paio di minuti di cammino dal centro città. Se avete problemi a trovare qualcosa, potete rivolgervi al TIC, che per £3 più un deposito del 10% può darvi una mano. Anche il South Warwickshire Tourism ha una hotline (☎ 415061) per prenotazioni con carta di credito ed è aperto dal lunedì al venerdì dalle 9 alle 17.

In Evesham Rd, a sud di Evesham Place, c'è l'*Arrandale* (☎ 267112, 208 Evesham Rd), la soluzione più economica di questa zona con camere standard per £15,50 per persona. Si accetta la carta di credito Visa.

Altre possibilità a Evesham Place sono l'allegro *Grosvenor Villa* (☎ 266192, 9 Evesham Place), dove la singola costa £22 e la doppia con bagno privato £48. La *Dylan Guest House* (☎ 204819, 10 Evesham Place) è una casa vittoriana per non fumatori con camini d'epoca, dove il B&B costa £24 per persona. Il *Virginia Lodge* (☎/fax 292157, 12 Evesham Place) ha alcune camere arredate a tema per £24, tra cui qualcuna con arredi firmati Laura Ashley e letti a baldacchino.

L'ospitale *Aberfoyle* (☎/fax 295703, 3 Evesham Place) è un edificio edoardiano che offre B&B ai non fumatori per £21 per persona. La *Carlton Guest House* (☎/fax 293548, 22 Evesham Place) costa £40/48 per doppie con/senza bagno, compresa una sostanziosa prima colazione che basta per l'intera giornata. L'accogliente *Quilts & Croissants* (☎ 267629, fax 551 651, ✆ rooms@quilt-croissants.demon.co.uk, 33 Evesham Place) ha tariffe che partono da £20/35.

Più costoso, ma decisamente valido, è il *Twelfth Night* (☎ 414595, 13 Evesham Place), un B&B per non fumatori che fa pagare da £27 a £31 per persona, compresa la prima colazione servita in stoviglie di porcellana. Nella stessa zona si trova la *Woodstock Guest House* (☎/fax 299881, ✆ woodstockhouse@compuserve.com, 30 Grove Rd), un B&B molto apprezzato che ha anche vinto un premio, con stanze provviste di bagno privato per £30/56.

In Alcester Rd, accanto alla stazione ferroviaria, ci sono diverse altre possibilità. Il *Moonlight Bed & Breakfast* (☎ 298 213, 144 Alcester Rd) è uno dei più economici con tariffe a partire da £15 per persona o £17,50 con bagno.

L'*Hunters Moon Guest House* (☎ 292888, fax 204 101, ✆ thehuntersmoon@compuserve.com, 150 Alcester Rd) ha stanze con bagno a partire da £30/48 e su richiesta prepara prime colazioni vegetariane. Le stanze con bagno nella graziosa *Moonraker House* (☎ 299346, fax 295504, 40 Alcester Rd) partono da £45/49 e per le suite con letto a baldacchino si paga £75.

Alberghi In città sono presenti numerosi alberghi costosi che si rivolgono essenzialmente ai turisti stranieri dei viaggi organizzati. Chi è solito frequentare i teatri non potrà non pernottare al *Thistle*

Stratford-upon-Avon (☎ 294949, fax 415874, @ stratford.uponavon@thistle.co .uk, Waterside), situato proprio di fronte allo Swan Theatre, dove però le stanze partono dalla bella cifra di £69/82.

The Shakespeare (☎ 0870 400 8182, fax 415411, Chapel St), con i suoi begli edifici storici, è un albergo a quattro stelle con camere a partire da £105/210. L'affascinante *Falcon Hotel* (☎ 279953, fax 414260, Chapel St) mette a disposizione stanze a partire da £80/115 in un vecchio edificio in legno e muratura che sembra esistere per lo meno dai tempi del grande drammaturgo.

Tra gli alberghi più piccoli, e a prezzi più contenuti, segnaliamo il *Dukes* (☎ 269300, fax 414700, @ dukes-hotel @freeserve.co.uk, Payton St), un albergo a gestione privata che dà le spalle al canale e offre stanze con bagno a partire da £56/69,50. Dalla parte opposta della strada c'è il *Payton Hotel* (☎ 266442, fax 294410, @ info@payton.co.uk, 6 John St), un albergo molto più piccolo che applica tariffe a partire da £28 per persona. Tutte le stanze hanno servizi privati.

Pasti

In tema di ristoranti e locali Stratford offre diverse possibilità. Il *Café* è un locale elegante in Meer St che non lascia molto all'immaginazione quando si tratta della sua *raison d'etre*. C'è una buona scelta di bevande per scaldare le budella in inverno e dolci gustosissimi che danno l'energia necessaria per affrontare la corvè shakespeariana. Nelle vicinanze, in Greenhill St, si trova il *Wholefood Café* che a pranzo serve buone minestre e insalate per vegetariani a prezzi decisamente ragionevoli. Il migliore di tutti i caffè è però il *Lemon Tree* (☎ 292997, 2 Union St) dove potete mangiare e bere in un'atmosfera allegra e gioviale. I piatti sono leggeri e moderni.

Sheep St ha un interessante gruppetto di locali dove mangiare, tutti simili come ambiente, ma con menu differenti. Il *Glory Hole* (☎ 293546, 21 Sheep St) è arredato con mobili vecchio stile e serve piatti inglesi tradizionali. Le portate principali sono per lo più comprese tra £5 e £10. L'*Opposition* (☎ 269980, 13 Sheep St) è specializzato in buoni piatti di pasta ed è molto frequentato. Il *Lambs* (☎ 292 554, 12 Sheep St) è considerato uno dei ristoranti migliori della città e il menu presenta un ricco assortimento di piatti internazionali. La cena costa circa £15. Il *Vintner Wine Bar* (☎ 297259, 5 Sheep St) è la migliore soluzione se amate la cucina vegetariana.

L'*Edward's Moon* (☎ 267069, 9 Chapel St) offre un gustoso menu di piatti da tutto il mondo e le portate principali, servite in un ambiente raffinato, partono da circa £8. I dessert sono eccellenti, specialmente lo *sticky-toffee pudding* (una specie di budino con salsa al caramello).

Il *Greek Connection* (☎ 292214), all'angolo tra Birmingham Rd e Shakespeare St, è il luogo giusto se volete divertirvi con la tradizionale rottura dei piatti; calcolate di spendere un minimo di £15 a testa.

I ristoranti asiatici della città comprendono il *Lalbagh Balti Restaurant* (☎ 293563, 3 Greenhill St) e l'eccellente *Raj Tandoori Balti* (☎ 267067, 7 Greenhill St), dove si può mangiare bene per circa £10.

Il *De:alto* (☎ 298326, 13 Waterside) è un ristorante italiano alla moda e molto frequentato situato vicino al fiume. È di sicuro uno dei posti migliori attualmente presenti a Stratford. Il *Restaurant Margaux* (☎ 269106, 6 Union St) ha una ricca varietà di costosi piatti d'area francese, ma preparatevi a sborsare minimo £20.

Il ristorante più rinomato della città è il *Marlowe's* (☎ 204999, 18 High St), che ricorda agli avventori il proprio retaggio storico proclamando 'di recente costruzione, 1595'. È molto formale e caro ma all'interno c'è anche un bistrot più abbordabile chiamato *Georgie's*. Infine, un'ultima proposta che piacerà a chi ama l'acqua: il *Countess of Evesham* (☎ 07836-769499, fax 01789-293477, @ countess @tinyworld.co.uk, The Basin), un ristorante galleggiante che offre crociere con pranzo, merenda a base di tè e pasticcini o cena (£20,50), ma non preoccupatevi: sul fiume Avon non si corre certo il rischio di soffrire il mal di mare!

Divertimenti

Pub e bar Una pinta di birra al *Dirty Duck* (☎ *297312, Waterside*) – alias Black Swan – vicino al fiume, è un'esperienza irrinunciabile per attori e frequentatori di teatro. I ritrovi dei più giovani sono invece lo *Slug & Lettuce* (☎ *299 700, 38 Guild St*) e il *Cask & Bottle* (☎ *267881, 7-9 Union St*).

Il *Windmill Inn* (☎ *297687, Church St*) ha fama di essere il pub più antico della città e quasi tutte le sere è animato da un pubblico giovane e allegro e in genere da chi pernotta allo Stratford Backpackers. Il *Falcon Hotel* (v. sopra **Pernottamento**) è un altro locale con

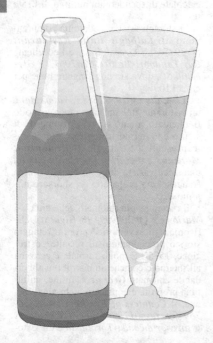

una lunga tradizione come anche il *Garrick Inn* (☎ *292186, 25 High St*), dove vale la pena fare un salto anche solo per ammirare l'edificio che lo ospita. Il *Bar M (Greenhill St)* quasi tutte le sere tiene aperto fino a tardi.

Teatro Assistere a una rappresentazione della Royal Shakespeare Company (☎ 295623) è come minimo doveroso. Gli spettacoli si tengono al **Royal Shakespeare Theatre**, allo **Swan Theatre**, subito a fianco, o al vicino **The Other Place**.

I biglietti vanno da £12 a £40 e il botteghino del Royal Shakespeare Theatre è aperto dal lunedì al venerdì dalle 9.30 alle 20. Il giorno stesso della rappresentazione vengono messi in vendita i biglietti non prenotati a disposizione di studenti e di chi ha meno di 19 anni e più di 60 (£13 o £16,50). Gli ultrasessantenni hanno anche diritto ai biglietti da £14 per le matinée del fine settimana e gli spettacoli del mercoledì sera, a patto che prenotino con 24 ore di anticipo. Fino all'ultimo momento sono in genere disponibili anche biglietti per posti in piedi per appena £5.

Per/da Stratford-upon-Avon

Stratford dista 93 miglia (150 km) da Londra, 40 miglia (64 km) da Oxford e 8 miglia (13 km) da Warwick. I collegamenti di autobus con quasi tutto il paese sono nettamente migliori di quelli ferroviari.

Autobus Gli autobus della National Express effettuano diverse corse al giorno per Birmingham, Stratford-upon-Avon, Warwick, Oxford, Heathrow e Londra. Da Stratford è possibile raggiungere Birmingham (£5, 1 ora) e Victoria (£11, 3 ore e 10 minuti). La fermata della National Express è in Bridge St, di fronte a McDonald's.

La Cambridge Coach Services (☎ 01 223-423900) offre un servizio nei giorni feriali che collega Worcester a Cambridge via Stratford e Warwick.

La Stagecoach Midland Red (☎ 01788-535555) raggiunge Warwick (X18, 20 minuti), Coventry (X18, 1 ora e un quarto), Birmingham (X20, 1 ora) e Oxford (X50, 1 ora e mezzo). L'utile Cotswold Shuttle (X55) offre due servizi giornalieri fino a Bath che passano per le incantevoli località del Cotswold come Chipping Campden, Moreton-in-Marsh, Stow-on-the-Wold, Bourton-on-the-Water e Cirencester. Per maggiori informazioni v. **Dal Tamigi al Wye**. La Stratford Blue (☎ 01789-292085) mette a disposizione l'autobus n. 569 con servizi ogni ora per Stratford o Moreton.

Treno La stazione di Stratford è in Station Rd, una via a nord-ovest del centro che si raggiunge in pochi minuti di cammino. Ci sono solo due servizi giornalieri diretti per la stazione londinese di Paddington (£20, 2 ore e mezzo).

Ai viaggiatori provenienti da nord a volte conviene cambiare a Leamington Spa e altre a Birmingham. I treni in partenza da Birmingham lasciano la città dalla stazione di Moor St (£3,50, 50 minuti).

In estate viene istituito un **servizio speciale** con sei **treni a vapore** giornalieri (☎ 299866) che collegano la stazione Snow Hill di Birmingham a Stratford. I biglietti di andata/andata e ritorno costano £10/15 per gli adulti e £3/5 per i bambini.

Trasporti urbani

Autobus Per informazioni sugli autobus locali chiamate la Busline (☎ 01788-535555). L'autobus n. X18 collega Stratford a Warwick e Leamington Spa passando per l'ostello di Alveston; il servizio è operativo dal lunedì al sabato e le partenze hanno luogo ogni ora.

La Guide Friday (☎ 294466) propone il giro dei cinque luoghi shakespeariani su autobus scoperti con partenze ogni 15 minuti nei mesi di punta della stagione estiva. Il biglietto costa £8,50/2,50 e la fermata è davanti al TIC.

Bicicletta Stratford è abbastanza piccola per essere visitata agevolmente a piedi, ma la bicicletta è un modo piacevole di scoprire la campagna circostante e i luo-

ghi shakespeariani fuori città. Wilmcote, per esempio, è raggiunta da un bel percorso lungo l'alzaia del canale.

La Off the Beaten Track (☎ 01926-817380, @ offbeatentrack@demon.co.uk) noleggia biciclette (complete di casco e lucchetto) per £13,50, compresa consegna e ritiro in qualsiasi punto nel raggio di 25 miglia (40 km) da Warwick.

Automobile Se per divertirvi non badate a spese, potete noleggiare una Jaguar E Type (£200), Lotus Elan (£100) o una MG Roadster (£100) presso il The Open Road (☎ 01926-624891, @ openroad@att global.net).

Imbarcazioni Presso la rimessa di barche di Clopton Bridge potete noleggiare barchini, canoe e barche a remi. Da Pasqua a novembre è inoltre possibile partecipare a frequenti crociere di mezz'ora (☎ 267073) che partono da Bancroft Gardens e costano £3/2.

DINTORNI DI STRATFORD-UPON-AVON

Stratford-upon-Avon è circondata da graziosi villaggi, pub ricchi di atmosfera e residenze signorili. I famosi villaggi del Cotswold di Chipping Campden e Broadway si trovano a breve distanza in direzione sud (v. **Dal Tamigi al Wye**) e in giornata si possono visitare Warwick, Leamington Spa, Coventry e Birmingham. È addirittura possibile raggiungere Birmingham a piedi o in bicicletta lungo l'alzaia parallela allo Stratford-upon-Avon Canal.

Charlecote Park

Si racconta che Sir Thomas Lucy avrebbe sorpreso il giovane Shakespeare nella tenuta di Charlecote Park (☎ 01789-470 277; NT), circa 5 miglia (8 km) a est di Stratford, mentre cacciava di frodo i cervi, a tutt'oggi sono ospitati nel parco realizzato da Capability Brown. La casa, edificata tra il 1550 e il 1560, fu ricostruita all'inizio del XIX secolo con un'interpretazione vittoriana dello stile elisabettiano. È aperta da aprile a ottobre, tutti i giorni, tranne il mercoledì e il giovedì, da mezzogiorno alle 17. L'ingresso costa £5,40/2,70. Da Stratford è raggiungibile con gli autobus n. 19 o n. X18.

Ragley Hall

Ragley Hall (☎ 01789-762090) è una dimora palladiana posta un paio di miglia a sud-ovest di Alcester. La casa fu costruita fra il 1679 e il 1683, ma i magnifici stucchi dei soffitti e l'enorme portico furono aggiunti solo in seguito. È di notevole interesse anche la South Staircase Hall con le sue pitture murali e il soffitto affrescato realizzati tra il 1968 e il 1982. La casa è aperta da aprile a settembre, dal giovedì alla domenica dalle 12.30 alle 17 e il sabato dalle 11 alle 15.30. L'ingresso costa £5/3,50.

Northamptonshire

La città di Northampton ha pochi edifici di un qualche interesse, ma nella zona circostante ci sono due chiese sassoni tra le più belle del paese, un affascinante museo su un canale, il più importante autodromo di tutta l'Inghilterra e il santuario in memoria di Lady Diana, principessa di Galles, nella tenuta di Althorp House. I turisti americani trovano anche interessante Sulgrave Manor, una residenza costruita da un antenato dell'unico e solo George Washington. Per informazioni sugli autobus urbani telefonate allo ☎ 01604-620077.

NORTHAMPTON

Pop. 154.000 ☎ 01604

Mancando di attrattive turistiche di rilievo, Northampton non è invasa da orde di visitatori e questo può anche essere un bene per chi non ne può più dell'atmosfera illustre delle vicine località, come Stratford-upon-Avon e Warwick. Sebbene non ne rimanga praticamente traccia, nel Northampton Castle fu processato per frode Thomas à Beckett nel 1164. L'incendio del 1675 ha lasciato ben po-

che testimonianze del passato medievale della città. La rivoluzione industriale trasformò Northampton in un centro della calzatura e nei dintorni ci sono numerosi spacci aziendali che sfornano economiche Docs del famosissimo stabilimento Dr Martens, mentre i gentiluomini possono fare un salto alla Churches che ha anche alcuni punti vendita che realizzano scarpe su misura.

Il TIC (☎ 622677, fax 604180, ⊠ tic@ northampton.gov.uk), 10 Giles Square, si trova proprio di fronte alla Guildhall ed è molto utile in quanto fornisce un'enorme quantità di informazioni sui principali punti di interesse turistico della città. L'ufficio distribuisce un opuscolo dal titolo *Historic Town Trail* pieno di sorprese per i visitatori. Gli orari d'apertura sono dal lunedì al venerdì dalle 9.30 alle 17 e il sabato fino alle 16. Nella seconda metà di agosto si tiene l'annuale festival delle mongolfiere ed è questo il periodo in cui la città è più animata.

Che cosa vedere e fare

Il **Central Museum & Art Gallery** (☎ 639 415), Guildhall St, ha una collezione di calzature tale da mandare in delirio qualsiasi feticista della scarpa. Il museo è aperto dal lunedì al sabato dalle ore 10 alle ore 17, e la domenica fino alle ore 14. Interessante risulta anche la **Holy Sepulchre Church**, in quanto è una delle quattro chiese del paese ad avere pianta circolare.

Dirigendosi fuori città sulla London Rd, s'incontra l'**Eleanor Cross**, una delle dodici croci originali fatte erigere per segnare i punti in cui il corteo che seguiva la salma della regina Eleonora (moglie di Edoardo I), morta nel 1290, si fermò ad accamparsi nel lungo viaggio da Lincoln alla Westminster Abbey. La croce più famosa delle tre rimaste si trova nel villaggio di **Geddington**, a breve distanza da Kettering sulla A43.

Ai turisti australiani potrebbe interessare sapere che nel cimitero di Billing Rd è sepolta **Caroline Chisholm**, che dedicò la propria vita ad aiutare gli emigranti che giungevano in Australia e che venne anche immortalata sulla banconota da 5 dollari.

Pernottamento e pasti

Northampton non offre poi così tante sistemazioni; nella categoria media rientra l'*Aarandale Regent Hotel* (☎ *631096, 6-8 Royal Terrace, Barrack Rd)*, un albergo a gestione familiare con un'atmosfera accogliente dove le singole/doppie costano £30/44.

Il *Coach House Hotel* (☎ *250981, fax 234248, 10 East Park Parade)* è situato in mezzo a una fila di case vittoriane riadattate accanto all'ippodromo e offre stanze ben attrezzate a partire da £55/65.

Chi ha gusti più raffinati può andare al *Lime Trees Hotel* (☎ *632188, fax 233012, @ info@limetreeshotel.co.uk, 8 Langham Place)*, una soluzione elegante all'interno di una casa georgiana a circa mezzo miglio (1 km) dal centro città. Le stanze costano £65/77 con sconti nei fine settimana.

Il *Pumpernickels* (☎ *629154, 26-28 The Drapery)* è un bar dove chi ha fretta può mangiare un panino alla veloce. I fan del caffè possono bersene uno al *Cafe Morandi* (☎ *250062, 5 Gold St)*, che serve anche specialità come espresso con gelato della Cornovaglia. Vicino alla piazza principale c'è poi il *Laurence's Coffee House* che ha una buona scelta di spuntini e piatti leggeri.

Se invece volete proprio sfamarvi, il *The Vineyard Restaurant*, in Derngate, offre una serie di piatti a base di pesce e pasti di due portate a £10 da gustare prima di andare a teatro.

Divertimenti

Pub e bar La vita notturna di Northampton è molto provinciale. Chi ama tracannare birra *real ale* troverà di suo gusto il *The Malt Shovel* (☎ *234212, 121 Bridge St)*, un pub che viene pubblicizzato addirittura dalla Campaign for Real Ale (CAMRA). Ci sono anche 'birre ospiti' e per chi ha nostalgia di casa il pub ha in serbo una sfilza di birre in bottiglia provenienti da tutto il mondo. Il *Cuba Libre* (☎ *621070, 47-49 St Giles St)* ha birra proveniente da terre lontane, soprattutto dall'America Latina, mentre al *Bar Soviet* (☎ *230444, 16 Bridge St)* sarete a vostro agio grazie all'atmosfera intima e tranquilla.

Teatro e cinema Il *Derngate* (☎ *624 811, Guildhall Rd)* è il centro artistico di Northampton dove si può assistere a rappresentazioni d'ogni genere, da Tom Jones a Tom Thumb. Il *Royal Theatre* (☎ *632533, Guildhall Rd)* è un elegante teatro vittoriano che mette in scena diverse opere. Il *Forum Cinema* (☎ *402833, Weston Favell Centre)* è un cinema d'essai che proietta film internazionali e rassegne dedicate agli omosessuali.

Per/da Northampton

La Stagecoach (☎ 620077) è la principale società di autolinee. Dal lunedì al sabato l'autobus n. X38 serve Oxford ogni due ore, mentre la domenica ci sono solo tre servizi. L'autobus n. X7 effettua una corsa all'ora per Leicester e ogni due ore la domenica. L'autostazione è in Lady's Lane, vicino al centro commerciale Grosvenor.

Northampton dispone di buoni collegamenti ferroviari per Birmingham e la stazione londinese di Euston con servizi regolari per tutto il giorno. La stazione ferroviaria è circa mezzo miglio (1 km) a ovest della città, in Gold St.

DINTORNI DI NORTHAMPTON
Althorp

Nonostante la morte prematura, Lady Diana, principessa di Galles, continua ad attirare l'attenzione del pubblico e il monumento e museo nella tenuta di famiglia, Althorp Park, poco lontano dalla A428, a nord-ovest di Northampton, è diventato un vero e proprio richiamo turistico. Il parco è aperto solo a luglio e ad agosto e i biglietti costano £10/5 (il ricavato è devoluto al Memorial Fund). Data la limitata quantità di biglietti disponibili, è necessario prenotare in anticipo, telefonando allo ☎ 01604-770107 o via Internet al sito www.althorp.com. A proposito, Althorp si pronuncia 'altrap'! Dalla stazione ferroviaria di Northampton partono quattro autobus al giorno diretti ad Althorp.

Stoke Bruerne Canal Museum

Su quel grazioso tratto del Grand Union Canal che passa per Stoke Bruerne, 8 miglia (13 km) a sud di Northampton, si trova il bellissimo Canal Museum (☎ 01604-862229) con un'interessante mostra dedicata allo sviluppo della canalizzazione in Inghilterra e modelli di alcuni dei primi esempi di ingegneria applicata in questo campo. È aperto da Pasqua a settembre, tutti i giorni dalle 10 alle 17 e in inverno dal martedì alla domenica dalle 10 alle 16. L'ingresso costa £3/2.

Se siete rimasti affascinati dalla mostra, per £90 potete noleggiare una narrowboat per un'intera giornata presso la Stoke Bruerne Boat Company (☎ 01604-862107) in Bridge Rd.

Sulle sponde del canale si affacciano parecchi pub dall'aspetto gradevole dove si può mangiare qualcosa e anche l'elegante ristorante *Old Chapel* (☎ *01604-863284, Chapel Lane*) che rimane aperto fino alle 21. Il *Wharf Cottage* (☎ *01604-862174*), anch'esso sul canale, offre B&B.

Silverstone

Il Gran Premio Automobilistico di Gran Bretagna si corre in estate a Silverstone (☎ 01327-857271), subito a sud della A43. Si tratta di uno dei circuiti più veloci d'Europa, con un record sul giro di pista di oltre 140 miglia orarie (circa 225 km/h), malgrado l'aggiunta di nuove curve per rallentare la velocità.

All Saints, Brixworth

Situata circa 8 miglia (13 km) a nord di Northampton, a lato della A508, All Saints (☎ 01604-880286) è la più grande chiesa sassone d'Inghilterra a essere rimasta relativamente intatta. Costruita attorno al 680 d.C. con la pianta di una basilica, incorpora le piastrelle romane di un edificio preesistente. La torre e la torretta a gradini furono erette a scopo difensivo dopo che la chiesa venne saccheggiata dai Vichinghi nel IX secolo, mentre la guglia vi fu aggiunta attorno al 1350. Di solito è possibile visitare la chiesa dalle 10 alle 18 (dalle 10 alle 16 in inverno). Brixworth è raggiungibile da Northampton con gli autobus n. X7 o n. 62 della Stagecoach (☎ 01604-620077).

All Saints, Earls Barton

Circa 8 miglia (13 km) a est di Northampton si trova Earls Barton con la sua chiesa famosa per la possente torre sassone decorata con motivi ispirati a precedenti modelli in legno. Eretta probabilmente sotto il regno di Edgardo il Pacifico (959-95), la porta sita al primo piano doveva servire da accesso alla torre in caso di un attacco vichingo. Intorno al 1100 alla torre fu aggiunta la navata normanna e nei secoli successivi vennero eseguiti altri ampliamenti. Earls Barton è raggiungibile da Northampton con gli autobus nn. 46, 47 o 48 della Stagecoach.

Sulgrave Manor

Venduta a Lawrence Washington da Enrico VIII nel 1539, Sulgrave Manor (☎ 01 295-760205) non sarebbe che una delle tante belle case di campagna se non fosse per il fatto che 250 anni dopo un discendente della famiglia che la acquistò, tale George Washington, divenne il primo presidente degli Stati Uniti. La famiglia visse qui per 120 anni prima che il colonnello John Washington si trasferisse in Virginia nel 1656. Oggi è meta di un gran numero di turisti americani che partecipano alle visite guidate di questa storica proprietà, trovandola sicuramente anche molto pittoresca. Dato che cambiano spesso nel corso dell'anno, per sapere gli orari d'apertura è meglio telefonare oppure visitare il sito www.stratford.co.uk/sulgrave. L'ingresso costa £4/2 e comprende la visita guidata.

Rushton Triangular Lodge

La follia architettonica più famosa di Northampton è un tributo alla fede cattolica di un uomo, Sir Thomas Tresham, il quale progettò alcuni edifici nella zona per esprimere il suo credo religioso, a causa del quale finì in prigione in più di un'occasione. Il tema dominante del Triangular Lodge (☎ 01536-710761; EH) è il numero tre: dalle tre facciate ai tre pavimenti ai tre timpani, il tutto a simboleggiare la Santissima Trinità. Costruito alla fine del XVI secolo, oggi è aperto tutti i giorni da aprile a settembre dalle 10 alle 18 (in ottobre dalle 10 alle 17). L'ingresso costa £1,50/80p. Per arrivarci prendete gli autobus nn. 46, 47 o 48 della Stagecoach che partono da Northampton.

Oundle

Oundle è la città più attraente della contea, grazie soprattutto a un misto di architettura che ricorda la più famosa regione del Cotswold. Per fortuna, però, a differenza di quest'ultima, non è presa di mira dai turisti e quindi può essere interessante da esplorare per chi è munito di un mezzo proprio.

Il TIC (☎/fax 01832-274333, trbaxter @compuserve.com), 14 West St, è aperto dal lunedì al sabato dalle 9 alle 17.

Il *Talbot Inn* è collegato sia a Maria Stuarda, regina di Scozia, sia al suo carnefice, che si dice si sia fermato qui prima di assolvere il suo triste compito. È un buon locale per mangiare qualcosa. Ci sono servizi di autobus per Northampton e Peterborough.

Fotheringhay

Famoso per aver dato i natali a un famigerato re e la morte a una sfortunata regina, Fotheringhay Castle oggi è poco più di una collinetta. Riccardo III, infame vittima dei Tudor e del loro genio letterario William Shakespeare, nacque in questo castello nel 1452, mentre Maria Stuarda, regina di Scozia, vi fu giustiziata nel 1587 per ordine della cugina Elisabetta I.

Bedfordshire

Il Bedfordshire è una piccola contea tranquilla e prevalentemente agricola. Il fiume Great Ouse serpeggia tra i campi della parte settentrionale attraversando Bedford, mentre l'autostrada M1 passa con il suo frastuono di veicoli tra le grigie zone semi-industriali del sud.

La mediocre cittadina di Bedford è conosciuta dai turisti perché vi abitò John

MIDLANDS

John Bunyan e *Il viaggio del pellegrino*

Figlio di uno stagnino, John Bunyan nacque a Elstow, vicino a Bedford, nel 1628. Entrato a far parte di una chiesa indipendente, divenne presto un esperto predicatore. Nel 1660, quando fu restaurata la monarchia, il governo cercò di reprimere le sette dissidenti proibendo le prediche. Bunyan fu arrestato e trascorse dodici anni in carcere.

L'opera allegorica iniziata negli anni di carcere, *The Pilgrim's Progress* (Il viaggio del pellegrino) divenne uno dei libri maggiormente letti e dalla sua pubblicazione, avvenuta nel 1678, è stato tradotto in oltre 200 lingue.

I motivi di questo successo stanno nel felice abbinamento tra avvincente libro d'avventura e testo religioso. Il protagonista è un pellegrino di nome Christian che si mette in viaggio per il paradiso passando per la Palude dello Sconforto e la Collina delle Difficoltà sotto il peso di uno zaino carico di peccati. Lungo il cammino viene tentato dalla Fiera delle Vanità e imprigionato nel castello di un gigante, ma riesce a trionfare su tutti gli ostacoli raggiungendo infine la Città Celeste.

Bunyan (1628-88), il predicatore battista del XVII secolo che scrisse *The Pilgrim's Progress* (Il viaggio del pellegrino). A sud-est di Bedford si trova la residenza signorile di Woburn Abbey, assai pubblicizzata. Per informazioni sugli autobus che servono la contea, telefonate allo ☎ 01234-228337. La Stagecoach (☎ 01 604 -620077), la principale azienda di trasporti della regione, vende il biglietto Explorer che costa £5/3,50 e consente di viaggiare per un giorno intero su tutte le sue linee.

BEDFORD
Pop. 77.000 ☎ 01234
In genere chi visita Bedford sta compiendo una sorta di pellegrinaggio sulle orme del più famoso predicatore della città. Gran parte dei luoghi legati al ricordo di Bunyan si trovano infatti a Bedford e dintorni e la città vanta anche una piacevole posizione in riva al fiume e un'interessante galleria d'arte. A parte questo, Bedford non è che un altro satellite di Londra.

Informazioni
Il TIC (☎/fax 215226, tic@bedford.gov.uk), 10 St Paul's Square, è subito a lato di High St. Distribuisce una guida gratuita ai luoghi legati al predicatore intitolata *John Bunyan's Bedford*. L'ufficio è aperto dal lunedì al sabato dalle 9.30 alle 17, e la domenica dalle 11 alle 15. Le visite guidate si tengono nelle domeniche estive con partenza dal TIC alle 14.15.

Bunyan Meeting
Bunyan Meeting (☎ 358870), Mill St, è il nome della chiesa edificata nel 1849 sul sito di una baracca dove Bunyan tenne le sue prediche dal 1671 al 1678. Le porte bronzee della chiesa, ispirate a quelle del Battistero di Firenze realizzate dal Ghiberti, raffigurano scene tratte da *The Pilgrim's Progress*. Altrettanto interessante è una famosa vetrata su cui è rappresentato Bunyan in carcere. All'interno della chiesa è stato aperto un mu-

seo che illustra la vita del predicatore e dove i visitatori possono ammirare qualcosa come 169 edizioni del suo libro provenienti da tutto il mondo. La chiesa è aperta ai visitatori da aprile a ottobre, dal martedì al sabato dalle 10 alle 16, e l'ingresso è libero.

Cecil Higgins Art Gallery
La Cecil Higgins Art Gallery (☎ 353323), Castle Close, ospita una splendida collezione di cristalli, porcellane e pittoreschi mobili vittoriani. Il Bedford Museum, subito accanto, espone reperti archeologici e storici. Entrambi sono aperti dal martedì al sabato dalle 11 alle 17, e la domenica dalle 14 alle 17. L'ingresso costa £2/gratuito.

Pernottamento e pasti
Bedford si può benissimo visitare nell'ambito di un'escursione in giornata da Londra, ma è anche possibile pernottarvi in quanto offre diversi alberghi e B&B lungo la frondosa De Pary's Ave che da High St procede verso nord fino a Bedford Park. La *Bedford Park House* (☎ 215100, 59 De Pary's Ave) ha singole/doppie per £22/40. La *De Pary's Guest House* (☎ 261982, 48 De Pary's Ave) ha nove singole e sei doppie. Le camere con servizi privati partono da £29,50/37. Tanto per confondere le idee c'è anche un *De Pary's Hotel* (☎ 352121, 45 De Pary's Ave), di livello superiore rispetto agli altri alberghi di questa via, i cui prezzi partono da £47,50/57,50. Il suo ristorante è rinomato nella zona.

Il *Park View* (☎ 341376, 11 Shaftesbury Ave) offre un ottimo rapporto qualità-prezzo, anche se è un po' fuori città. Lo *Swan Hotel* (☎ 346565, fax 212009, The Embankment), proprio accanto al fiume, ha una lunga tradizione e pratica tariffe di £76/84,50, ma nei fine settimana i prezzi scendono a £57,50 per persona per mezza pensione.

Il *Bunyan Meeting* (☎ 213722, Mill St) serve tè e caffè nel foyer oppure, in estate, si possono gustare spuntini all'aperto a base di patate ripiene o panini al *The*

Piazza (☎ *328433, St Paul's Square)*, subito dietro St Pauls' Church. La *Green Cuisine* (☎ *305080, 41 St Cuthbert's St)* è un ristorante vegetariano con un'ampia scelta di cibi sani a prezzi contenuti che vanno dai classici piatti inglesi a specialità indiane. Per bere un buon caffè quel che ci vuole è il *Caffe Crema* (☎ *330518, 59 High St)* che ne ha un'intera varietà, dal colombiano al keniota, per accompagnare gli squisiti pasticcini.

Il *The Orchid* (☎ *266766, St Paul's Square)* è un pub che serve birre della Charles Wells e funge anche da ristorante thailandese. I cibi sono genuini e i prezzi si aggirano attorno a £6 al piatto. Per gustare una buona cucina italiana basta andare da *Santaniello's* (☎ *353742, 9 Newnham St)*, dove i proprietari italiani sfornano le migliori pizze della zona. Per rimanere sui sapori europei, il *Vol-au-Vent* (☎ *360320, 27 St Peters St)* è un rinomato ristorante francese che ha buone offerte durante la settimana, tra cui un menu di tre portate con caffè per circa £10.

Molti dei pub di Bedford preparano piatti economici; tra questi segnaliamo l'*Hobgoblin* (☎ *356391, 26-28 High St)*, che è il più economico di tutti grazie alla clientela composta prevalentemente da studenti. Il *Fleur de Lis* è più conosciuto per le birre ed è stato per lungo tempo un centro della real ale.

Il *Wellington Arms* (*40 Wellington St)* è un altro buon pub con una serie di birre ospiti e alcune delle migliori marche europee, per esempio la Budvar.

Per/da Bedford
Bedford si trova 50 miglia (80 km) a nord di Londra e 30 miglia (48 km) a ovest di Cambridge.

La National Express ha collegamenti diretti tra Bedford e Londra, Cambridge e Coventry. Più economica è però la Stagecoach (☎ 01604-620077) che mette a disposizione l'autobus n. X5 con corse giornaliere per Oxford (£4,75) e Cambridge (£2,75). L'X2 serve Northampton ogni ora da lunedì a sabato, con servizi meno regolari la domenica.

L'autostazione è a mezzo miglio (1 km) a ovest di High St.

Ci sono frequenti treni da King's Cross Thameslink (£16 andata e ritorno in giornata, 1 ora) fino alla stazione di Midland, circa 10 minuti di cammino a ovest di High St (ci sono cartelli).

WOBURN ABBEY E SAFARI PARK
Non tanto un'abbazia, quanto una sontuosa residenza signorile costruita sul sito di un'abbazia cistercense, **Woburn Abbey** (☎ 01525-290666) è stata dimora dei duchi di Bedford negli ultimi 350 anni. Risale prevalentemente al XVIII secolo, epoca in cui fu ampliata e ristrutturata divenendo un'enorme villa di campagna. Metà dell'edificio fu demolita nel 1950 perché stava marcendo, ma vale comunque la pena visitare ciò che ne resta soprattutto perché è pieno zeppo di mobili, dipinti e porcellane.

Il parco di 1200 ettari ospita il più grande allevamento di cervi di padre David, scomparsi per un intero secolo dal loro habitat naturale in Cina (un piccolo branco è stato riportato a Pechino nel 1985).

Woburn Abbey è aperta da fine marzo a ottobre, tutti i giorni dalle 11 alle 16; da gennaio a marzo e in ottobre solo nei fine settimana. L'ingresso costa £7,50/3 (gratuito per chi ha meno di 12 anni). È facilmente accessibile in automobile dall'autostrada M1, mentre i treni da King's Cross Thameslink arrivano solo fino a Flitwick costringendo poi i turisti a prendere un taxi per le ultime 5 miglia (8 km).

A un miglio di distanza si trova il **Woburn Safari Park** (☎ 01525-290407), la più grande riserva del paese accessibile anche alle auto. È aperta da fine marzo a ottobre tutti i giorni e in inverno solo nei fine settimana. L'ingresso costa £12/9,50. Se visitate prima l'abbazia avete diritto al 50% di sconto.

WHIPSNADE
Il Whipsnade Wild Animal Park (☎ 01 582-872171) è un'estensione del London Zoo, ma senza le gabbie di quest'ultimo.

Questo parco di 240 ettari fu istituito per sperimentare la riproduzione in cattività di varie specie in via d'estinzione e oggi i suoi responsabili sostengono che per ogni esemplare catturato 50 vengono restituiti al loro habitat naturale. Attualmente è popolato da 2500 animali in gran parte ospitati in larghe recinzioni e visibili dall'auto, dal treno che attraversa il parco o semplicemente a piedi.

Il parco è aperto tutti i giorni dalle 10 alle 18 (da novembre a marzo fino alle 16). L'ingresso costa £9,90/7,50, con una tariffa extra di £8 per chi vuole girarlo in automobile.

In estate Whipsnade è raggiungibile (via Hemel Hempstead) con l'autobus della Green Line che parte da Buckingham Palace Rd vicino alla Victoria Coach Station di Londra (☎ 0870 608 7261).

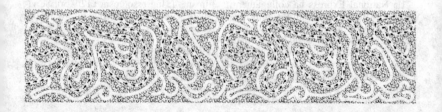

Inghilterra orientale

Quando si prepara un viaggio in Inghilterra raramente si prendono in considerazione le regioni orientali di cui parla questo capitolo – Suffolk e Cambridgeshire – considerate regioni meno interessanti. Non ci sono qui, con un'eccezione, città che possano rivaleggiare con la turistica Bath, non ci sono musei famosi come il London British Museum, né castelli maestosi come il Castle Howard dello Yorkshire, nemmeno la costa è bella e impressionante quanto quella che si stende tra Land's End e St Ives in Cornovaglia oppure tra Scarborough e Saltburn, nello Yorkshire. Viene quasi da chiedersi perché visitare la cattedrale di Ely quando le guglie di Canterbury sono molto più rinomate?

Questa regione, e particolarmente la zona chiamata East Anglia (a cui appartengono il Suffolk e il Cambridgeshire orientale) è sempre stata in disparte, separata dal resto dell'Inghilterra dalle paludi bonificate conosciute con il nome di *fen*, e dalla foresta di Essex. Oggi questa distinzione è meno tangibile, grazie alle autostrade e alle linee ferroviarie che la attraversano, ma le masse di turisti che scorrazzano su e giù per l'Inghilterra sono attratte da destinazioni più conosciute e continuano a evitare questa regione.

Questa è già una ragione sufficientemente convincente per recarvisi: qui troverete un'Inghilterra più dolce, mercati pittoreschi nelle cittadine medievali che costellano le colline in un paesaggio orlato da coste magnifiche e attraversate da canali e paludi. Guardando questi paesaggi è difficile pensare che in altri tempi questa regione fosse l'epicentro del potere economico dell'Inghilterra, anche se nelle cittadine più importanti di questa zona – Cambridge, Ely e Bury St Edmunds – sono ancora visibili le prove di

Da non perdere

- Una visita alle cittadine medievali di Lavenham e il georgiano Bury St Edmund: un approccio a oltre 800 anni di architettura
- Sognare di essere un candidato al premio Nobel mentre passeggiate vicino alla Cambridge University
- Farvi rapire dal coro Eversong alla King's College Chapel (non si sa mai, se cantate bene...)
- Remare abilmente con una pertica sul fiume Cam tra Cambridge e Grantchester, ma senza cascarci dentro

Ely p. 675

Cambridge p. 658

un passato intenso e dell'immensa prosperità che il commercio tessile portò alla regione nel periodo medievale. Tutto questo si può visitare senza fare lunghe code, senza pagare prezzi esorbitanti per i biglietti d'ingresso o lottare per farsi largo tra centinaia di altri visitatori nelle chiese e nei musei.

L'eccezione di cui si parlava sopra è Cambridge, che accoglie la famosissima università, destinazione privilegiata dai gruppi e dalle escursioni organizzate in autobus. A meno di un'ora da Londra, più piccola e meno sviluppata della sua grande rivale Oxford, Cambridge non è solo una delle più famose città universitarie del mondo, ma è anche una graziosissima cittadina. Le tracce che i secoli hanno lasciato nell'architettura e i vasti parchi che si estendono dai due lati del fiume Cam ne fanno una delle cittadine più attraenti di tutta la regione, oltre che una delle più visitate. L'architettura tipica di questa regione è determinata dalla mancanza nella zona di pietre adatte alla costruzione, le quali un tempo venivano importate solo per i monumenti più importanti. Le chiesette e le case venivano invece costruite con tre diversi materiali: silice, mattoni di argilla e quercia. La silice è un materiale inusuale per la costruzione e le pietre che si trovano in natura non sono più grandi di un pugno, ma può essere frammentata e agglomerata. Spesso la silice viene usata insieme a pietre o mattoni per formare motivi di decorazione.

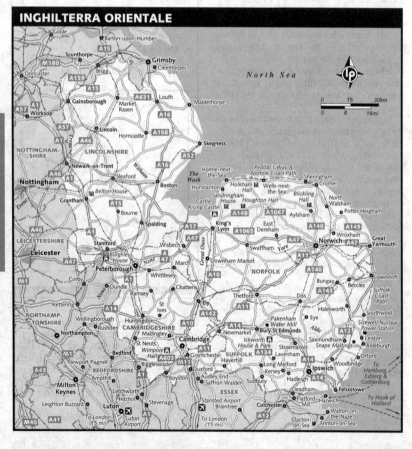

INGHILTERRA ORIENTALE

STORIA

Più di ogni altro luogo in Inghilterra, l'East Anglia ha delle affinità con l'Europa settentrionale: nel VI e VII secolo fu invasa dai Norvegesi e, a partire dal Medioevo, il Suffolk sviluppò un intenso commercio della lana e del legno con i Fiamminghi; questa ricchezza permise la costruzione di una grande quantità di chiese e contribuì all'espansione di Cambridge. I mulini a vento, i lunghi canali rettilinei di drenaggio e persino l'architettura fanno pensare ai Paesi Bassi.

ESCURSIONI A PIEDI E IN BICICLETTA

Il Suffolk Coast Path è un sentiero senza difficoltà lungo 50 miglia (80 km) che serpeggia lungo la costa tra Felixstowe e Lowestoft. Paese di dolci colline, è il luogo ideale per le escursioni in bicicletta, che potrete affittare con una modica spesa a Cambridge e nei centri di informazione turistica (Tourist Information Centres, TIC), i quali vi daranno anche informazioni sui percorsi più interessanti. Chiedete l'opuscolo *England's Cycling Country*.

NAVIGAZIONE

Un'attività molto in voga sul fiume Cam, a Cambridge, è la navigazione con la pertica; v. la sezione dedicata a questa attività per maggiori dettagli.

PER/DALL'INGHILTERRA ORIENTALE

Tutte le principali città della regione (che comprende a nord anche le contee di Norfolk e Lincolnshire) sono facilmente raggiungibili da Londra con la ferrovia. Gli autobus in partenza dalla capitale toccano le città più importanti, ma il modo migliore di raggiungere questa regione, se volete evitare lunghi viaggi in autobus e frequenti fermate, è il treno. Da Londra c'è un treno diretto che collega Cambridge, Ely e King's Lynn. Ci sono coincidenze per Bury St Edmunds, Ipswich e Norwich, mentre per recarvi a Lincoln dovrete prendere la coincidenza a Ely e/o a Peterborough.

L'ente del turismo dell'Inghilterra orientale (The East of England Tourist Board, ☎ 01473- 822922, fax 01473-823063, ❸ eastofenglandtouristboardcompuserve. com) vi potrà dare maggiori informazioni. Consultate anche il sito Internet www. visitbritain.com/east-of-england.

TRASPORTI LOCALI
Autobus

Gli autobus che servono la regione sono lenti e il servizio è mal organizzato, ma ci sono molte compagnie locali che assicurano una rete di collegamenti anche con i paesini più piccoli. I viaggi in autobus sono più lunghi di quelli in treno ma hanno il vantaggio di essere meno cari. Una linea telefonica propone un servizio di informazioni sugli orari nazionali (☎ 0870 608 2608, in seguito digitate su richiesta la regione che vi interessa). Per informazioni sui trasporti, Cambridgeshire ha messo a disposizione un numero 0891 (a 50p al minuto): ☎ 0891 910910.

Treno

Da Norwich passano treni per la costa del Norfolk e Sheringham, ma sfortunatamente non c'è ferrovia tra Sheringham e King's Lynn e non è possibile tornare a Cambridge per quella via. È possibile comprare un Anglia Plus pass, valido dalle 8.45 dal lunedì al venerdì e tutto il giorno durante il fine settimana, che propone due diverse formule: una a £18, con la quale si può viaggiare tre giorni su sette, e una a £8,50 per un giorno solo. Per maggiori informazioni chiamate lo ☎ 0845 748 4950 o visitate il sito Internet www. railtrack. co.uk.

Suffolk

Un tempo una delle contee più ricche del paese, il Suffolk è ora un angolo tranquillo dell'Inghilterra, cosa assai apprezzabile per i turisti. Come la maggior parte dell'East Anglia, il Suffolk è pianeggiante e molti dei suoi paesaggi sono pervasi da un carattere tranquillo e sereno.

Lungo il confine con l'Essex si trova la Stour Valley, resa famosa dai pittori Gainsborough e Constable, il quale era innamorato dei 'dolci declivi, i boschi e i fiumi, le praterie lussureggianti costellate di greggi e mandrie, gli altipiani ben coltivati, con villaggi e chiese, cascine e cottage pittoreschi sparsi qua e là'. Questa descrizione corrisponde ancora oggi alla realtà in gran parte del Suffolk.

Nella contea, il boom economico legato al commercio della lana durò fino al XVI secolo e di quel periodo si possono ancora oggi ammirare le magnifiche chiese 'laniere' costruite per accogliere molti più fedeli di quanti vivano oggi nella contea. Alcuni villaggi non sono cambiati da allora e le case sono famose per i *pargeting*, motivi decorati a stucco.

IPSWICH
Pop. 129.600 ☎ 01473

Povera vecchia Ipswich! Un tempo importante città sassone, anche se la sua importanza come centro commerciale ancora sussiste in parte, oggi la sua attività più rilevante si limita alla funzione di capoluogo del Suffolk. Lo sconsiderato sviluppo urbano degli ultimi 30 anni – che sembra non aver dato alcuna importanza all'estetica – ha completamente rovinato vaste zone della città, anche se in un passato più recente, il Wet Dock Quayside rivela una maggiore attenzione verso l'ambiente e si rivela un posto rilassante per passare un piacevole pomeriggio. È comunque molto probabile che passiate da Ipswich, dove si concentrano tutte le linee di trasporto della regione, dunque cercate di prenderne il meglio e approfittatene per visitare le belle case di stile Tudor, la Ancient House e Christchurch Mansion.

Tra i personaggi famosi nati in questa città citiamo il cardinale Wolsey, Trevor Nunn (direttore del National Theatre), il cantante pop degli anni '80 Nik Kershaw e l'attrice Val Lehman, che ha recitato nel film culto *Prisoner Cell Block H*; la città reclama anche la paternità dello stile hardcore della dance music, noto con il nome

di drum'n'bass o jungle: uno dei suoi fondatori, L.T.J. Bukem, è nato a Ipswich.

Orientamento e informazioni

È abbastanza facile orientarsi nella città: la maggior parte delle attività sono situate intorno all'antica piazza del mercato di Cornhill, dominata ora dal centro commerciale Buttermarket. Tutto quello che vale la pena di visitare si trova a pochi minuti a piedi dal centro, la stazione ferroviaria è a circa 15 minuti a piedi verso sud-ovest lungo Princes St e dall'altra parte della rotonda. La stazione degli autobus si trova più vicino ed è situata circa 100 metri a sud del TIC in Turret Lane.

Il TIC si trova in St Stephen's Church, a destra di St Stephen's Lane (☎ 258070, fax 432017, ✉ tourist@ipswich.gov.uk), vicino alla stazione degli autobus e alla Ancient House, ed è aperto dalle 9 alle 17 dal lunedì al sabato. Il TIC organizza delle escursioni guidate della città di una durata di 90 minuti (£1,75/1,25 per adulti/bambini) ogni martedì e giovedì alle 14.15.

Che cosa vedere

L'**Ancient House**, del XVII secolo, 40 Buttermarket, (☎ 214144) è ora una succursale del costruttore di cucine del Lakelands ma si può entrare per dare un'occhiata ai bellissimi soffitti con travi a vista del primo piano. La decorazione esterna, del 1670 circa, è uno stravagante esempio di stile Restaurazione, carico di stucchi e ricco di alcuni dei più begli esempi di pargeting (stucchi ornamentali) della regione. Il negozio apre dalle 9 alle 17.30 dal lunedì al sabato e la casa si trova circa 50 m a nord del TIC, non molto lontano da Stephen's Lane.

All'**Ipswich Museum,** in High St, troverete una riproduzione della zona del ritrovamento della nave vichinga Sutton Hoo, trovata vicino a Woodbridge, a est di Ipswich nel 1939, che costituisce la scoperta archeologica più importante della regione e il cui originale è oggi conservato al British Museum.

Situato in un parco immenso, a 300 m circa a nord della città, **Christchurch Mansion** (☎ 433554), Soane St, è una bella dimora Tudor costruita tra il 1548 e il 1550. La parete esterna è sormontata da frontoni di stile olandese e i vasti interni sono decorati con mobili antichi; sui muri figura una ricca collezione di quadri di Constable e di Gainsborough. La **Wolsey Art Gallery**, aperta dalle 10 alle 17 dal martedì al sabato (fino alle 16 da ottobre a febbraio) e dalle 14.30 alle 16.30 la domenica, ospita mostre di arte contemporanea. L'ingresso è libero e per arrivarci dal TIC e dal centro di Ipswich dirigetevi a piedi verso nord lungo Stephen's Lane, che diventa in seguito Tower St. Girate a destra in St Margaret's St e in seguito prendete a sinistra al bivio in Soane St.

Pernottamento e pasti

Dickens cita il *Great White Horse Hotel* (☎ *256558, fax 253396,* ✉ *gwh@keme. co.uk, Tavern St*) nei *Pickwick Papers*. Le 'camere mal illuminate e ammuffite' sono state da poco rinnovate, non c'è più traccia di muffa e sono molto luminose, e costano £45/55 per una singola/doppia.

Cliffden Guest House (☎ *252689, fax 461077,* ✉ *cliffden@binternet.com, 21 London Rd*) è a 10 minuti a piedi a ovest del TIC seguendo Tavern St e costa da £20 a £34.

Alcune sistemazioni di buona qualità e confortevoli sono disponibili nelle cascine da £18 a £42 al *College Farm* (☎/*fax 652253,* ✉ *brycel@agripro.co.uk, Hinthesham*) 6 miglia (10 km) a ovest di Ipswich, vicino alla A1071 per Hadleigh.

Vicino al Wet Dock si possono trovare buoni indirizzi dove mangiare. Raccomandiamo *Il Punto* (☎ *289748*) su una barca da diporto ormeggiata lungo la banchina, dove vengono servite specialità francesi e si può avere un buon pasto per £15.

Per/da Ipswich

La National Express (☎ 0870-580 8080) organizza autobus giornalieri per Ipswich a partire da diverse destinazioni, compresa Londra (£8,50, 2 ore e tre quarti) e Cambridge (£6,75, 1 ora e mezzo). La più grande delle numerose compagnie di autobus locali è la First Eastern Counties (☎ 0845-602 0121), che serve Sudbury con otto partenze al giorno, dal lunedì al venerdì (£2,40, un'ora). Anche Beestons (☎ 823243) fa servizio tra le due città con dieci partenze al giorno dal lunedì al sabato (£2,70 andata e ritorno). La domenica Chambers (☎ 01787-227233) garantisce cinque partenze al giorno (£2,40).

Ogni mezz'ora c'è un servizio di treno per la stazione di Liverpool St a Londra (£18,40, 1 ora e un quarto) e almeno uno all'ora per Norwich (£11,50, 50 minuti). 12 treni partono ogni giorno per Bury St Edmunds (£4, 30 minuti) e sei al giorno per Lowestoft (£8,40, 1 ora e mezzo).

STOUR VALLEY

Il fiume Stour, scorrendo lungo il confine tra il Suffolk e l'Essex attraversa una regione bucolica e agreste che vanta uno dei più bei paesaggi della regione e ha ispirato alcuni tra i migliori pittori inglesi, tra cui John Constable e Thomas Gainsbourough. Oggi guardando i quieti paesini disseminati sulle rive dello Stour, si fa fatica a credere che nel Medioevo la regione fosse una delle zone più attive nel commercio di tessuti.

Con lo sviluppo delle città di Colchester, Norwich e Ipswich l'importanza di questa regione ebbe un forte calo. Nel XIX secolo il Suffolk meridionale era diventato una regione rurale remota, ignorata praticamente da tutti e in cui la rivoluzione industriale non era giunta. I locali si ritengono sfortunati, ma non la pensano nello stesso modo i turisti in cerca di una esperienza genuina nella vera campagna inglese. Alcune delle città più pittoresche, come Lavenham e Sudbury, attraggono numerosi turisti, ma tutto il resto della regione è poco frequentato e indicato per chi ama le visite tranquille.

Long Melford
Pop. 2800 ☎ 01787

Nota per la sua strada principale High St (la più lunga strada inglese come dicono i suoi abitanti), dove si susseguono bellissimi edifici con facciate a graticcio, Long Melford ha una splendida chiesa con belle vetrate policrome, due residenze signorili e gli inevitabili negozi di antiquariato.

Amministrata dal National Trust (NT), **Melford Hall** (☎ 880286) del 1578, è una turrita dimora Tudor situata nel centro del paese, che possiede un salotto del XVIII secolo, una biblioteca di stile Regency, una stanza da letto vittoriana e una collezione di dipinti di Beatrix Potter, che era una lontana parente della famiglia Parker (proprietari della dimora dal 1786 fino al 1960, data in cui passò nelle mani del Tresury (equivalente del Ministero del Tesoro). La dimora è aperta dalle 14 alle 17.30 dal mercoledì alla domenica, da maggio a settembre, e dalle 14 alle 17.30 il sabato e la domenica da aprile a ottobre; per avere ulteriori informazioni occorre telefonare. Il biglietto di ingresso costa £4,30/£2,15.

In fondo al villaggio, su una strada alberata, sorge **Kentwell Hall** (☎ 310207), un'altra dimora Tudor di mattoni rossi descritta come 'la sintesi dell'immagine che hanno gli Inglesi di una casa elisabettiana". E in qualche modo è vero, forse perché appartiene ancora a dei privati e fa grande vanto delle sue origini Tudor. Ma non immaginatevi un museo, aspettatevi invece di vedere una casa perfettamente in ordine i cui mobili e decorazioni sono stati restaurati e sono mantenuti in perfetto stato da circa 30 anni. I proprietari sono molto orgogliosi delle loro origini Tudor e tra la metà di giugno e la metà di luglio ospitano un festival storico dove oltre 200 seguaci dei Tudor abbandonano il loro cinismo sull'epoca contemporanea e scendono a Kentwell Hall per ricreare e rivivere un anno importante del calendario Tudor.

La dimora, oltre a essere circondata da un fossato, ha un labirinto di mattoni con

raffigurata la rosa dei Tudor e un centro di allevamento di razze rare. Gli orari d'apertura sono i seguenti: dalle 12 alle 17 ogni giorno, da aprile a ottobre e l'ingresso costa £4,90/£2,90 (il costo aumenta durante il periodo della ricostruzione storica).

Pernottamento e pasti Al confine nord del paese, *High Street Farmhouse* (☎/fax 375765, High St) propone 3 doppie comunicanti a £50 l'una, ma una persona sola pagherà per le stesse camere £30. *The George & Dragon* (☎ 371285, fax 312428, Hall St) ha singole e doppie che costano £35/60 e un piccolo e grazioso ristorante che serve buone specialità locali e classiche inglesi da £6,95 a £13,95.

Il lussuoso *Black Lion* (☎ 312356, fax 374557, The Green) ha singole/doppie confortevoli e ben arredate a partire da £69/90.

La maggior parte dei ristoranti a buon prezzo si trova in Hall St. *Chips & Chopstix* (☎ 378776) è un 'fish and chips' che propone anche piatti cinesi da asporto. *Melford Valley Indian Cuisine* (☎ 310 079) serve buoni piatti che costano circa £10 l'uno. Il miglior ristorante (e anche il più caro) in città è *Scutchers Bistro* (☎ 310 200, Westgate St), a ovest del 'green', l'area verde vicino al Black Lions, il cui menu, rinomato in tutta la regione, dà semplicemente l'acquolina in bocca. Contate per un piatto misto da £8,90 a £15,90. Il locale è chiuso il lunedì.

Divertimenti La Great Church of the Holy Trinity propone spettacoli all'ora di pranzo ogni mercoledì alle 13.10 da metà maggio a metà settembre. Per maggiori informazioni sul programma contattate la signora Jilly Cooper al ☎ 281836.

Acquisti Numerosi negozi di antiquariato sono disseminati in tutto il paese. Opposto allo Scutchers, in Westgate St, Country Antiques (☎ 310617) è un cumulo di tesori del XVIII e XIX secolo e di piccoli mobili domestici, perfetti per essere cacciati in valigia o nello zaino!

Se vi piacciono i barometri entrate nel negozio di Patrick Marney nella Gate House di Melford Hall (☎ 880533). Il negozio è molto specializzato, come anche il lavoro di Marney, ed è necessario prenotare.

Per/da Long Melford Tredici autobus al giorno della società Chamber Buses (☎ 227233) collegano dal lunedì al sabato Long Melford a Bury St Edmunds (£2, un'ora) con una fermata a Sudbury (£1, 5 minuti). Tra Long Melford e Sudbury fa servizio anche una navetta che parte ai 10 e 40 minuti di ogni ora dal lunedì al sabato (£1, 10 minuti).

Sudbury
Pop. 17.800 ☎ 01787

Sudbury, la città più importante della zona occidentale della Stour Valley, è una città vivace e attiva la cui ricchezza è ancora oggi legata all'espansione che nel periodo medievale portò il prospero commercio della lana. Infatti, malgrado l'industria della lana abbia subito un forte calo, la città continua a mantenere un consistente contatto con l'industria tessile, particolarmente quella della seta. Molti turisti passano a Sudbury principalmente per visitare la casa natale di Thomas Gainsborough (1727-88), ma anche solo una passeggiata nella cittadina si può rivelare piacevole. Charles Dickens nel *Pickwick Papers* parla di Sudbury chiamandola Eatanswill.

Il TIC (☎ 881320, fax 374314) si trova presso il municipio ed è aperto dalle 10 alle 16.45 dal lunedì al sabato, da Pasqua a ottobre (orari ridotti il resto dell'anno). Consultate il sito Internet www.babergh-south-suffolk-gov.uk.

Gainsborough's House Al 46 di Gainsborough St troverete la casa dove nacque Thomas Gainsborough, conservata come un santuario, e che ospita oggi un museo (☎ 372958) che vanta la più grande collezione inglese delle sue opere. La facciata di stile georgiano fu costruita dal padre di Gainsborough e si riconosce

il gelso del giardino in alcune opere del figlio. L'estesa collezione presente all'interno mostra alcuni dei suoi primi quadri, *A Boy and a Girl in a Landscape* ora separato (non si sa da chi) in due parti, il ritratto del *Reverend Tobias Rustat* e il notevole *Lady Tracy*. Quest'ultimo dipinto è particolarmente bello per il tocco delicato nelle pieghe dei drappeggi. L'atelier dell'artista contiene i mobili originali, il suo bastone da passeggio e l'orologio da taschino. Nel salotto si trova l'unica scultura conosciuta dell'artista: la statua di un cavallo. La Gallery e la Weaving Room accolgono esposizioni temporanee d'arte moderna e in estate il giardino ospita una mostra di scultura. Gli orari di apertura della casa vanno dalle 10 alle 16 dal martedì al sabato e dalle 14 alle 16 la domenica; l'ingresso costa £3/1,50. V. anche la lettura **Un duello per la celebrità: Thomas Gainsborough contro Sir Joshua Reynolds**.

Pernottamento Se pensate di pernottare, *The Old Bull Hotel* (☎ 374120, fax 379044, Church St) è un alberghetto a conduzione familiare del XVI secolo con 9 camere tutte decorate in modo diverso. Singole e doppie partono da £38/52.

Il *Boathouse Hotel* (☎ 379090, Ballingdon Bridge) pratica prezzi simili, con camere a partire da £34/52, ma ha la particolarità di essere sull'acqua; l'albergo affitta anche barche a remi.

Per/da Sudbury Viaggiare in autobus per e da Sudbury non è così semplice. Gli autobus della compagnia Beestons (☎ 01473-823243) effettuano nove partenze per Ipswich al giorno (£2,70, 1 ora), dal lunedì al venerdì (sette il sabato). Per andare in qualunque altro posto bisogna cambiare anche più di una volta. Per Cambridge bisogna prima arrivare a Harverhill, che si può raggiungere con uno dei nove autobus giornalieri in partenza dal lunedì al venerdì (£1,70, 45 minuti). Il sabato vengono effettuate sette partenze e cinque la domenica. In seguito da Haverhill, la compagnia Stage-

Un duello per la celebrità: Thomas Gainsborough contro Sir Joshua Reynolds

Sebbene Thomas Gainsborough (1727-88) fosse uno dei più grandi pittori inglesi, la sua vita professionale fu segnata da un'intensa ma rispettosa rivalità reciproca con il pittore preminente del XVIII secolo, Sir Joshua Reynolds (1723-92).

Ognuno di loro aveva raggiunto il periodo della piena maturità pittorica, ma Gaisborough era per molti versi l'antitesi di Reynolds. Quest'ultimo era un uomo serio e un vero professionista, Gainsborough (la cui produzione era davvero prodigiosa) invece era più indolente e spesso consegnava le sue opere in ritardo, scrivendo che 'pittura e puntualità si mescolano come l'olio e l'aceto'. Desideroso di far carriera, era però molto più pigro di Reynold che era molto bravo a corteggiare ricchi e potenti per ottenerne i favori. Quest'ultimo inoltre era sempre attento a che la dignità (e l'aspetto) dei suoi modelli fossero sottolineati scegliendo per loro pose dalle linee classiche, mentre Gainsborough, che non fu mai unicamente un ritrattista, preferiva pose meno rigide e spesso faceva posare i modelli in un ricco paesaggio che, attirando l'attenzione, offuscava il soggetto. Gainsborough sosteneva che dipingeva ritratti per dovere (il ritratto era il miglior modo per far carriera nel vanaglorioso XVIII secolo) e paesaggi per scelta.

Sempre attenti uno del successo dell'altro, le carriere dei due pittori procedettero di pari passo: nel 1768 furono entrambi membri fondatori della Royal Academy e, mentre Reynolds ne prese la presidenza diventando il pittore preferito di Giorgio III, le abili pennellate di Gainsborough gli permisero di diventare uno dei pittori favoriti alla corte reale. Si racconta che in una cena della Royal Academy, Reynolds propose un brindisi a 'Gainsborough, il migliore paesaggista in Gran Bretagna' alla qual cosa un membro dell'accademia rispose 'ed anche il miglior ritrattista'. A quelle parole Reynolds, la cui specialità era il ritratto, montò su tutte le furie.

Ma i due uomini furono riuniti sul letto di morte di Gainsborough, che fece espressamente chiamare Reynolds chiedendo di parlargli e dopo la sua morte quest'ultimo pagò al suo rivale un tributo nel suo XIV *Discourse*, in cui riconosceva la luminosità fluida del suo pennello e lodava il 'suo modo di costruire un insieme con tutti i pezzetti di un quadro' e scrisse di 'tutti quei tratti e segni strani' che 'per magia ad una certa distanza... sembrano ricomporsi e tornare ognuno al loro posto'. Gainsborough che disdegnava la letteratura preferendole la musica, ne sarebbe stato contento pur se a malincuore.

coach Cambus (☎ 01223-423554) effettua un percorso circa ogni mezz'ora per Cambridge dal lunedì al sabato, e ogni due ore la domenica.

Dalla stazione ferroviaria di Sudbury parte un treno diretto a Londra ogni ora (£15,90, 1 ora e un quarto).

LAVENHAM
Pop. 1700 ☎ 01787

Lavenham è un luogo turistico che può rivelarsi alquanto affollato dagli autobus di turisti ma che vale comunque una visita. Conservato magnificamente, fu nel Medioevo un centro laniero e vanta più di 300 edifici dichiarati monumento nazio-

nale, alcuni con facciate a graticcio, altri decorati a stucco (pargeting). Vedrete invitanti cottage rosa con il tetto di paglia, case storte, negozi di antiquariato e gallerie d'arte, sale da tè un po' antiquate e vecchie locande. Quando l'industria della lana si spostò a ovest e a nord dell'Inghilterra sul finire del XVI secolo, nessuno degli abitanti di Lavenham poté più permettersi di costruire case e ora, quando non ci sono troppi turisti, camminando per alcune delle strade del paese si può avere la sensazione di tornare indietro nel passato. La Market Place che dà su High St, è dominata dal bel **Guildhall** (☎ 247646; NT), un bellissimo esempio di edificio con facciata a graticcio e ornamenti che risale all'inizio del XVI secolo. Ora museo della storia locale con mostre sull'industria della lana, è aperto dalle 9 alle 17.30 tutti i giorni da Pasqua a ottobre, e il biglietto d'ingresso costa £3.

Little Hall, con una facciata in stucco ocra e strutture in legno grigio, è una casa privata aperta al pubblico, che osserva i seguenti orari: dalle 14 alle 17.30, il mercoledì, il giovedì e i fine settimana, da aprile a ottobre. Il biglietto d'ingresso costa £1,75/l.

A sud del paese, di fronte al parcheggio, sorge la Church of St Peter and St Paul che grazie alla sua altissima guglia è visibile anche a molte miglia di distanza. Questa chiesa è una delle maggiori testimonianze della prosperità del paese all'epoca del commercio della lana.

Il TIC (☎ 248207), aperto dalle 10 alle 17.30, situato in Lady St, può fornire un elenco delle sistemazioni in paese.

Il *Lavenham Priory* (☎ 247404, fax 248472, @ mail@lavenhampriory.co.uk, Water St) è di sicuro uno degli alberghi più seducenti del paese: un tempo fu un convento dei monaci benedettini in epoca medievale ospitò i mercanti di tessuti. Questo lussuoso B&B costa da £39 a £59 per persona ed è collocato in un sito magnifico, la cui visita è accessibile solo ai clienti; esiste però un sito per chi voglia effettuare una visita virtuale: www.lavenhampriory.co.uk.

The Island House (☎ 248181, @ islandhouse@dial.pipex.com, Lower Rd), molto ben situato, sorge al confine di un bosco a est di Market Square (per arrivare a Lower St percorrete a piedi 200 m fino alla fine di Prentice St) e propone due camere a £50 per persona.

Molte sale da tè preparano pranzi leggeri per i turisti, che in genere si fermano nel paese solo un giorno. La *Angel Gallery* (☎ 247388, Market Place) propone un piatto di filetto di cervo con ginepro e funghi a £10,25; tutti gli altri piatti del menu costano circa £8.

Gli autobus di Chambers (☎ 01787-227233) partono ogni ora (fino alle 18

dal lunedì al sabato, non ci sono autobus la domenica) da Bury St Edmunds (£1,60, 30 minuti), fermano a Sudbury (£1,60, 20 minuti), 7 miglia (11 km) a sud di Lavenham, e proseguono fino a Colchester. Non ci sono linee di autobus dirette per Cambridge; anche in questo caso dovete cambiare a Sudbury, che è la stazione ferroviaria più vicina (v. sopra Sudbury).

KERSEY
Pop. 240 ☎ 01473

In tutto il Suffolk, l'unico grande rivale di Lavenham in materia di fotogenia si trova a 8 miglia (13 km) di distanza verso sud-est, non lontano dalla A1141. In realtà si tratta di un minuscolo villaggio con una sola strada su cui si allineano edifici in stile Tudor, case con facciate a graticcio molto quotate dagli agenti immobiliari e dagli speculatori che adescano con l'immagine della 'buona e vecchia Inghilterra' i cittadini in cerca di oasi per fine settimana fuori dal caos. Non c'è di che stupirsi, perché questo borgo è veramente affascinante, anche se non c'è niente da fare, a parte ammirare l'architettura e meravigliarsi del fatto che la sola strada del paese (chiamata appunto 'The Street') scenda e sparisca in un guado per poi uscire placidamente dall'altra parte del fiume.

Fatto questo potete andarvi a bere una birra o a mangiare qualcosa ai due pub: il *Bell Inn* (☎ 823229) o il *White Horse* (☎ 824418), che servono pranzi di buona qualità.

Per/da Kersey

Gli autobus della compagnia Galloway European Coachlines (☎ 01449-766323) effettuano tre volte al giorno (tranne la domenica) servizio tra Kersey e Ipswich (£1,90, 1 ora) e tra Kersey e Hadleigh (70p, 15 minuti). La domenica fanno servizio gli autobus della Chambers (☎ 01787-227233) e anche della First Eastern National (☎ 01245-256159). Le due compagnie effettuano un percorso diretto tra Kersey e Ipswich (£1,55, 25 minuti) che serve anche

Sudbury (£1,30, 20 minuto). Da Lavenham, il solo modo di arrivare fino qui è il taxi, e l'unica compagnia del paese è Granger's Cars (☎ 01787-247456 oppure ☎ 0589 409237) gestita da un tal Cyril, che fa pagare tra £6 e £7 per una corsa di una durata di 20 minuti.

HADLEIGH
Pop. 6595 ☎ 01473
Hadleigh, che si trova 2 miglia (3 km) a sud-est di Kersey, possiede uno splendido **Guildhall** (palazzo delle corporazioni) del XV secolo, sormontato da uno splendido tetto. Questo edificio è stato ininterrottamente sotto la gestione dell'Hadleigh Market Feoffment (eletto comitato dirigente dal Comune) dal 1432 ed è aperto dalle 14.30 alle 17 solo il giovedì e la domenica, da giugno a settembre. L'ingresso costa £1,50 e comprende anche una visita guidata. In alternativa, durante le ore di apertura del Guildhall, potete fare un giro nel giardino e prendervi un cream tea (quando non piove), tè con pasticcini chiamati 'scones', panna e marmellata di fragole, e il tutto vi costerà circa £2.

Hadleigh è la sede dell'East of England Tourist Board (☎ 822922, fax 823063, ❷ eastofenglandtouristboard@compu serve.com), vicino a High St nella Toppesfield Hall. L'ufficio non è aperto al pubblico ma il personale vi darà informazioni per telefono sulle cose da vedere e da fare nella regione e una lista completa degli alberghi e dei ristoranti della zona.

Tra i pub del centro segnaliamo il *Cock Inn* (☎ *822879, 89 George St*) un tipico pub di campagna che serve anche un menu ristretto di piatti unici.

Alcune compagnie di autobus fanno servizio per Hadleigh da Ipswich e Sudbury ogni ora; tra queste citiamo la First Eastern Countries (☎ 0845-602 0121), la First Eastern National (☎ 01245-256159), la Beestons Coachlines (☎ 01473-823 243) e la Galloway European Coachlines (☎ 01449-766323). Il percorso dura circa 30 minuti da Ipswich (£1,60) e 35 minuti da Sudbury (£1,40).

BURY ST EDMUNDS
Pop. 30.500 ☎ 01284
La più bella città del Suffolk, attraversata dai fiumi Lark e Linnet tra dolci colline coltivate, ha un gusto tipicamente georgiano, con le sue strade affiancate da belle facciate del XVIII secolo, testimoni di un periodo di grande prosperità. Oggi Bury è diventato un centro agricolo importante con mercati del bestiame e di prodotti ortofrutticoli che si tengono il mercoledì e il sabato. La fabbrica del famoso produttore di birra Greene King ha sede qui.

Per la sua posizione, Bury è un ottimo punto da cui partire per esplorare il Suffolk occidentale. Le rovine dell'abbazia, che giacciono in un bellissimo giardino, valgono una visita. Consigliamo anche un giro all'affascinante museo dell'orologio e una visita guidata della fabbrica di birra.

Storia
Conosciuta oggi per le sue eleganti case di epoca georgiana e – in estate – per la grande quantità di fiori che sbocciano nei giardini, facilmente raggiungibile da Ipswich e Cambridge, la più bella città del Suffolk è una destinazione che vale una visita, anche solo per un giorno.

Il motto di Bury 'Santuario di re, culla della legge' rievoca i due più importanti eventi della sua storia: nell'856 i Danesi decapitarono Edmund, un principe cristiano di Sassonia destinato a essere l'ultimo re dell'East Anglia. Nel 903 il suo corpo fu inumato e portato in queste terre, dove fu eretta una tomba che diventò un importante riferimento per i monaci benedettini, i quali vi edificarono un monastero chiamato St Edmundsbury, intorno al quale venne costruita la città. Questa abbazia, ora in rovina, divenne uno dei luoghi di pellegrinaggio più importanti del paese e per molti anni St Edmund fu il patrono d'Inghilterra.

Il secondo memorabile episodio della storia di Bury ebbe luogo nell'abbazia. Nel 1214 presso il St Edmund's Altar, i baroni inglesi stilarono la petizione che tracciò le basi della Magna Carta.

Orientamento e informazioni

L'assetto urbanistico di Bury dell'XI secolo, tracciato in origine dall'abate Baldwin, è stato mantenuto, ed è quindi difficile perdersi.

La stazione ferroviaria dista un quarto di miglio (circa 400 m) dal centro; gli autobus effettuano collegamenti frequenti (50p) per il centro e l'autostazione è nel cuore della città. Il TIC (☎ 764667, fax 757084, ✉ eloise.appleby@burybo.sted sbc.gov.uk), 6 Angel Hill, è aperto tutti i giorni da Pasqua a ottobre, dalle 9 alle 17.30; gli altri mesi dell'anno osserva gli stessi orari ma è chiuso la domenica. Informatevi sugli orari delle visite guidate (£3, gratis per i bambini) che partono da questo ufficio.

Vengono organizzate anche visite al Greene King Brewery (☎ 763222), Crown St, alle 14.30 dal lunedì al giovedì, che costano £6. Prenotate in tempo perché queste visite sono molto richieste.

L'ufficio postale (☎ 763954) si trova al 56-58 di St Andrew's St South.

Itinerari a piedi

Di fronte al TIC, in Angel Hill, ci sono dei begli edifici di epoca georgiana, come l'Angel Hotel, del XVIII secolo, ricoperto da una rigogliosa pianta di vite vergine.

Abbazia e parco Sebbene l'abbazia sia ora in rovina, si tratta di un sito di particolare bellezza attorniato da un bellissimo giardino. Dopo lo scioglimento dei monasteri, gli abitanti del luogo usarono le pietre di questa abbazia per costruirci le case. La tomba e le ossa di St Edmund non furono mai ritrovate.

Per arrivare all'abbazia, procedete lungo Angel Hill fino a quando non vi trovate di fronte al secondo cancello Abbey Gate (cancello dell'abbazia) che ha mantenuto la stessa aria di regalità dei tempi dei Normanni. Attraversate e girate intorno al prato, dove vedrete la statua di St Edmund, opera di Elisabeth Frink (1976). Da qui si possono vedere le rovine della facciata ovest e della Samson

Tower, all'interno delle quali sono state costruite alcune abitazioni.

L'abbazia è aperta fino al tramonto tutti i giorni e l'ingresso è libero. Nella Samson Tower troverete un centro d'informazioni (che un tempo faceva parte del lato ovest dell'abbazia) e potrete effettuare un'istruttiva visita con l'ausilio di cuffie auricolari in 45 minuti (£1,50). Oppure, se preferite una visita libera, i cartelli d'informazione vi saranno utili per capire quanto grande doveva essere questa comunità, con le cappelle, il priorato, il capitolo e il tesoro, il palazzo dell'abate e il giardino. Tutto il luogo è dominato dall'immensa chiesa e all'interno ospita una cripta e l'altare di St Edmund vicino al quale si trova un'epigrafe che ricorda il giuramento dei baroni del 1214.

Andate verso il fiume, passate oltre la vecchia colombaia e tornate indietro verso i bellissimi giardini principali, dove vi aspettano aiuole riempite di fiori a forma circolare racchiuse in siepi perfettamente tagliate. Uscite dal Gothic Gate (cancello gotico) e girate a sinistra per la cattedrale.

St Edmundsbury Cathedral La chiesa, che risale al XVI secolo, fu trasformata in cattedrale nel 1914; la facciata est venne aggiunta tra il 1945 e il 1960, e il lato nord fu completato solo nel 1990. L'interno, con un soffitto dipinto e travi a vista, è spazioso e luminoso. La cattedrale, che è aperta dalle 8.30 alle 20 da aprile a ottobre (fino alle 19 il resto dell'anno), ha ottenuto recentemente dalla Millenium Commission un finanziamento di dieci milioni di sterline ricavati dai fondi della lotteria nazionale in vista di un progetto di restaurazione, che si prevede sarà portato a termine nel 2004.

St Mary's Church Se, usciti dalla porta occidentale della cattedrale, girate a sinistra e procedete verso la Norman Tower troverete la St Mary's Church, costruita intorno al 1430, che accoglie la tomba di Mary Tudor (sorella di Enrico VIII e già regina di Francia), e che ospita un'autentica campana della sera medievale ancora in funzione.

Manor House Museum Al n. 5 di Honey Hill, vicino alla chiesa St Mary's, un bell'edificio di stile georgiano accoglie un magnifico museo di orologeria, arti e costumi. Cercate di trovarvi nei paraggi verso mezzogiorno, momento in cui suonano gli orologi. La Manor House (☎ 757072) è aperta dalle 10 alle 17 dal martedì alla domenica e l'ingresso costa £2,85/1,85.

Galleria d'arte e Moyse's Hall Tornate indietro in Honey Hill e Crown St, prendete a sinistra su per Churchgate St. In fondo alla strada girate a destra in Guildhall St e in cima alla strada a destra troverete l'edificio Market Cross, trasformato in teatro da Robert Adam nel 1774 e ora in galleria d'arte (☎ 762081). Gli orari d'apertura della galleria sono dalle 10.30 alle 17 dal martedì alla domenica e l'ingresso costa 50p. Proseguite poi a destra passando davanti al Corn Exchange e continuate verso Buttermarket, dove troverete la Moyse's Hall, risalente al XII secolo, probabilmente il più antico edificio a uso abitativo di tutta l'East Anglia. Ora museo locale (☎ 757488), era chiuso per restauri al momento della stesura di questa guida e la riapertura è prevista per il mese di ottobre del 2001; telefonate per maggiori informazioni.

Attività
Pattini a rotelle Al *Rollerbury* (☎ 701 216), Station Hill, il centro del pattinaggio a rotelle in Inghilterra, potrete portare i vostri pattini. Ci sono programmi di ginnastica, corsi, lezioni private e disco-roller. Alle 16 del martedì si svolge un corso per principianti (£2,75; 2 ore e mezzo). L'ingresso costa £5, potrete affittare pattini a rotelle classici per 60p o dei pattini in linea per £2.

Pernottamento
L'*Hilltop* (☎ 767066, ✉ bandb@hilltop22br.freeserve.co.uk, 22 Bronyon Close,

off Flemyng Rd) è un B&B che costa £16 a persona. Il *Sheila Keeley Oak Cottage B&B* (☎/fax 762745, 54 Guildhall St) è in centro e offre camere per lo stesso prezzo.

La *Ounce House* (☎ 761779, fax 768 315, ✉ pott@globalnet.co.uk, Northgate St) è confortevole, centrale e accoglie solo non-fumatori. Le singole/doppie con servizi hanno un costo di base di £55/75; chiedete una stanza con vista sul giardino.

Charles Dickens pernottò all'*Angel Hotel* (☎ 753926, fax 750092, ✉ sales@theangel.co.uk, 3 Angel Hill), nel centro di Bury, un albergo di ottimo livello con prezzi a partire da £69/84 per una singola/doppia (prima colazione esclusa). I prezzi per il fine settimana sono leggermente ridotti: £54 per persona (prima colazione inclusa) o £67 in mezza pensione (cena).

Pasti
Allo *Scandinavia Coffee House* (☎ 700 853, 30 Abbeygate), nei pressi del TIC, si possono mangiare ottimi panini aperti al salmone affumicato per £5,25. Il *Refectory* vicino alla cattedrale propone tè e spuntini leggeri.

Holland & Barrett (☎ 706677, 6 Brentgovel St) è un ristorante e bar vegetariano aperto fino alle 16.30 dal lunedì al sabato, che serve piatti per circa £3.

Raccomandiamo in particolare il ristorante *Maison Bleue* (☎ 760623, 31 Churchgate St) che serve specialità di frutti di mare. I piatti principali costano da £9 a £14,50 (rombi, branzini, rane pescatrici e altri), ma si può anche ordinare un menu a £19. È chiuso la domenica.

Divertimenti
Pub Appena fuori dall'Abbeygate, trovate il *Nutshell* (☎ 764867, 1 The Traverse), il cui nome significa 'guscio di noce' a causa delle sue dimensioni: misura 4,80 m per 2,25 m ed è il pub più piccolo d'Inghilterra. Un gatto mummificato completa l'arredamento.

The Wolf (☎ 755188, 88 St John's St), uno dei pub aperti più di recente, è il ritrovo favorito dei più giovani.

Locali notturni La discoteca più frequentata della città è il *Club Brazilia* (☎ 769655, *Station Hill*) che propone un misto di hard house, garage, varietà e disco music degli anni '70 è aperta dal giovedì al sabato dalle 21 alle 3 di notte. L'abbigliamento richiesto è classico, niente jeans o tute sportive, tranne il venerdì sera; è meglio non tentare la sorte e andarci vestiti bene se non volete rischiare di restare fuori. L'ingresso costa tra £3 e £6, secondo la serata.

Per/da Bury St Edmunds

Bury si trova a 75 miglia (121 km) da Londra, 35 miglia (56 km) da Norwich e 28 miglia (45 km) da Cambridge. Una linea di autobus della National Express (☎ 0870-580 8080) fa servizio per Londra tutti i giorni (£12,25, 2 ore e 20 minuti). Da Cambridge, partono 4 autobus al giorno della compagnia Stagecoach Cambus (☎ 01223-423554) per Bury (£4,20 per un'andata e ritorno in giornata, 35 minuti), ogni due ore dal lunedì al sabato; l'ultimo autobus parte da Bury per Cambridge alle 17.05.

Bury è sulla linea ferroviaria Ipswich/Ely, da queste due città ci sono coincidenze per Londra (£ 23,50, 1 ora e un quarto). Da Cambridge ci sono treni ogni due ore per Bury (£5,30; 45 minuti).

DINTORNI DI BURY ST EDMUNDS
Ickworth House e parco

Situata 3 miglia (5 km) a sud-ovest di Bury sulla A143, Ickworth House è un edificio eccentrico creato dal conte di Bristol. Con un'architettura particolare e un'immensa rotonda ovale che risale al 1795, contiene una bella collezione di mobili, argenteria e quadri (Tiziano, Gainsborough e Velasquez), è circondata da un insolito giardino all'italiana e un parco ideato da Capability Brown, con sentieri segnalati, una riserva di cervi e un luogo d'osservazione per la caccia.

Ickworth House (☎ 01284-735270; NT) è aperta dalle 7 alle 19 tutto l'anno e il biglietto d'ingresso per la visita della casa e del parco costa £5,50/2,40, il biglietto per il solo parco £2,40/80p.

Un servizio di autobus della First Eastern Counties per Garboldisham (n. 304) parte due volte al giorno alle 12.35 e alle 16.10 dalla stazione ferroviaria di Bury (£1,25).

Pakenham Water Mill

Sei miglia (10 km) a ovest di Bury, sulla A143 troverete l'unico paesino inglese ad avere un mulino ad acqua e un mulino a vento funzionanti. Per più di 900 anni il grano è stato macinato da queste pale e si parla di questo mulino nel rapporto del Domesday Book (libro del catasto) del 1086. Nel 1974 il mulino cessò la produzione, ma quattro anni dopo la Suffolk Preservation Society sponsorizzò un accurato progetto di ristrutturazione e la produzione ripartì. Durante i lavori fu scoperto nella zona un mulino Tudor, che risale al XVIII secolo. I visitatori possono approfittare delle visite guidate al mulino, durante le quali viene mostrato il processo completo della macinatura; alla fine della visita si può comprare grano macinato dal mulino. Essendo il mulino funzionante, gli orari delle visite sono ridotti: è aperto al pubblico dal Venerdì Santo alla fine di settembre, il mercoledì, il sabato e la domenica dalle 14 alle 17.30. Il biglietto costa £2/1,75.

Quattro autobus al giorno della First Eastern Counties (☎ 0845-602 0121) fanno servizio per il mulino dalle 13.05 (n. 337 per Thetford), dal lunedì al venerdì, e il sabato partono tre autobus (£1,50, 20 minuti). La fermata si trova di fronte al pub Fox: il mulino è in fondo alla strada.

COSTA DEL SUFFOLK

Separata dal resto del paese da una vegetazione boschiva e zone paludose, la costa del Suffolk è una delle spiagge meglio conservate d'Inghilterra e anche una delle meno modificate dall'intervento umano (se non si tiene conto della centrale nucleare di Sizewell). L'erosione costiera ha scavato il litorale a tal punto che il vecchio centro di Dunwich si trova ora sott'acqua, e l'inarrestabile declino dell'industria della pesca, che un tempo riforniva tutte le città del litorale, ha causato una profonda depressione economica. Nonostante questo la costa del Suffolk resta un paesaggio di forti contrasti, con una stazione balneare tradizionale come Lowestoft a nord, l'attivo porto di Felixstowe (solo mercantile ora: tutti i traghetti passeggeri partono da Harwich) a sud e, tra i due, alcune delle meno frequentate zone costiere d'Inghilterra. Nell'aprile del 2000 il governo ha dichiarato questa costa Area of Outstanding Natural Beauty (Area di eccezionale valore naturalistico), e sovvenziona progetti per la conservazione del litorale. I trasporti pubblici sono praticamente inesistenti e non è possibile visitarla senza automobile, ma nella zona si possono effettuare alcune belle escursioni a piedi nella calma e nella serenità di alcuni villaggi in riva al mare che rendono il posto affascinante e adatto a brevi vacanze di riposo.

Aldeburgh
Pop. 2800 ☎ 01728

Aldeburgh è un paesino situato sul mare con la spiaggia a poche centinaia di metri dal centro, ed è molto noto agli Inglesi grazie all'Aldeburgh festival, una manifestazione annuale di musica e arti creata nel 1948 da Benjamin Britten e dal suo compagno, il tenore Peter Pears (v. oltre **Aldeburgh Festival**). Inoltre, nel 1999 Aldeburgh fu dichiarato vincitore del concorso 'Anglia in fiore', per la categoria 'Paesini di campagna': vedendo tutti i giardini e gli spazi aperti traboccanti di smaglianti decorazioni floreali, uno dei giudici del concorso dichiarò: 'Questa splendida mostra floreale ci ha lasciato senza parole e non abbiamo avuto esitazioni nel dare il giudizio'. Piacevole e ameno anche quando non è la stagione dei fiori, questo paesino vale comunque una visita.

Il TIC (☎/fax 453637, @ atic@suffolk coastal.gov.uk), in High St, è aperto dalle 9 alle 17.15 tutti i giorni da Pasqua a ottobre; il resto dell'anno apre alle 10 e chiude alle 16, dal lunedì al sabato.

Che cosa vedere L'edificio più importante di Aldeburgh è il **Moot Hall** risalente al XVI secolo, che un tempo era al centro del paese ma che ora è quasi in riva al mare. Questo edificio elegante, in mattoni rossi accoglie il museo degli usi e costumi locali (folk museum) con notizie sulla storia di Aldeburgh (contattate il TIC per ulteriori informazioni), che apre dalle 10.30 alle 12.30 e dalle 14.30 alle 17 in luglio e agosto (solo il pomeriggio in settembre e ottobre). L'ingresso costa 60p.

L'altro edificio interessante del paese è la Royal National Lifeboat Institution (RNLI) Lifeboat Station (☎ 452552), di fronte al Jubilee Hall in riva al mare, costruita nel 1994 grazie a una donazione del russo emigrato Eugenie Boucher, che si stabilì in questo paese negli anni '20. La stazione è sempre aperta, ma il momento più interessante per una visita è durante la partenza bisettimanale delle scialuppe di salvataggio. Informatevi sugli orari, che variano continuamente.

Pernottamento e pasti Consigliamo il *Blaxhall Youth Hostel* (☎ 688206), che dista 4 miglia e mezzo (7 km) da Aldeburgh, vicino a Snape Maltings, dove un posto letto costa £8,50/6 per adulti/bambini.

Il *Sanviv* (☎ 453107, *59 Fairfield Rd*) è uno chalet bungalow con una camera doppia spaziosa per £20 a persona, solo per non fumatori.

Lo *Alde End House* (☎/fax 454755, *90 Saxmundham Rd*) è al confine del paese, sulla strada per Saxmundham. Le singole /doppie costano £20/40.

L'*East Cottage* (☎/fax 453010, @ anglia 55@hotmail.com, *55 King St*) è un cottage antico, costruito nel 1892 a circa 40 m dalla spiaggia, che mette a disposizione camere a partire da £20 a persona. Il cottage è aperto solo da maggio a settembre ed è consigliabile prenotare molto in anticipo perché è spesso completo.

Il *Wentworth Hotel* (☎ 452312, *fax 452343*, @ *wentworth.hotel@anglian. co.uk*, Wentworth Rd), in riva al mare, è una lussuosa casetta di campagna i cui prezzi non sono da meno: il prezzo minimo delle camere è £51,50/82 in gennaio, mentre in agosto le camere meno care costano £64/103.

Aldeburgh Festival Creato nel 1948 dal compositore Benjamin Britten (nato a Lowestoft nel 1913), l'evento culturale più importante dell'Inghilterra orientale si tiene nei dintorni di Aldeburgh, in una serie di magazzini per il deposito del malto splendidamente restaurati a Snape, a 3 miglia (5 km), lungo il fiume Alde (fiancheggiato dalla B1069). Lo Snape Malting (☎ 01728-688303) è ora divenuto un complesso di dimensioni impressionanti, con uno studio di registrazione, una scuola di musica, negozi di artigianato, gallerie e pub, senza contare le sale da concerto. Per informazioni e prenotazioni, telefonate alla biglietteria situata ad Aldeburgh al ☎ 453543, o consultate il sito Internet www.aldebourgh.co.uk.

Per/da Aldeburgh Gli autobus della First Eastern Counties (☎ 0845 602 0121) fanno servizio ogni ora tra Ipswich e Aldeburgh (£3, 1 ora e 20 minuti).

Sizewell
Le centrali nucleari, proprio come i fabbricanti di tabacco, spendono un mucchio di energie per cercare di convincere la gente che quello che fabbricano – malgrado l'evidenza – è esente da ogni pericolo. È quello che accade alla centrale di Sizewell, 4 miglia (6 km) a nord di Aldeburgh lungo la costa. Nei lontani anni '60, quando fu costruito il primo dei due reattori (reattore A) non ci furono che scarse proteste e obiezioni a questa inconfondibile superstruttura descritta come un'immensa pallina da golf. Fu la costruzione del secondo reattore (reattore B) alla vigilia del disastro di Chernobyl a scatenare una marea di proteste e in seguito fu messa sotto pubblica inchiesta per un intero anno. Quando infine il reattore entrò in funzione nel 1995, sul sito venne aperto un centro informazioni molto accogliente, nel quale ci si poteva rassicurare sull'impossibilità che potessero prodursi incidenti.

Qualunque sia la vostra opinione in proposito, se avete voglia di saperne di più (o effettuare una visita guidata del posto) il centro informazioni (☎ 01728-653890) è aperto al pubblico dalle 10 alle 16 dal lunedì al venerdì e dalle 12 alle 16 la domenica, da Pasqua a ottobre. Vengono inoltre proposte visite a piedi del reattore A alle 11.30 e alle 13.30 il mercoledì e il giovedì (12.15 e 14.15 la domenica).

Una visita al reattore B di 45 minuti in autobus viene proposta tra le 11 e le 15.15 dal lunedì al venerdì (dalle 12 la domenica). Le visite sono gratuite.

Il sito è raggiungibile solo con mezzi privati, poiché non vi fanno servizio i mezzi pubblici.

Orford
Questo paesino, 6 miglia (10 km) a sud di Snape, quasi sconosciuto ai turisti, possiede alcuni monumenti che meritano una visita, tra cui le rovine dell'**Orford Castle** (☎ 01394-450472), risalente al XII secolo e ora gestito dall'English Heritage, di cui permangono solo le torri. Il sito è aperto tutti i giorni dalle 10 alle 17 (orari più ristretti durante i mesi invernali) e l'ingresso costa £2,50/1,30.

L'altro punto è d'interesse gastronomico. Da Orford Quay, *MV Lady Florence* (☎ 0831-698298) trasporta i clienti in una crociera di 2 ore e mezzo (alle 9 e alle 11.30) o a una cena o cena-crociera di 4 ore, tutto l'anno. La crociera 'brunch' (pasto intermedio tra prima colazione e pranzo) costa £18,25 tutto compreso (il menu è fisso), mentre il pranzo o la cena crociera costano £10 per persona per il giro in barca più il costo delle portate del menù: tra £6,95 e £8,75.

Cambridgeshire

L'unica ragione che spinge i turisti a visitare il Cambridgeshire è la bella cittadina universitaria che si trova nella parte meridionale di questa contea. Cambridge, situata in un'ansa del fiume Cam, al confine con i *fen* – quella regione piatta, fertile e un tempo sommersa che occupa il resto della contea – è più piccola e più compatta della sua grande rivale Oxford. La sua posizione geografica e la mancanza di industrie pesanti le conferiscono un aspetto agreste, con mandrie di cavalli e mucche che pascolano a meno di un chilometro dal centro. È una regione che si può visitare in bicicletta, data la mancanza di alture; un sentiero lungo il fiume percorre le 15 miglia (24 km) da Cambridge a Ely, cittadina con una bellissima cattedrale, costruita su una leggera altura rispetto alla pianura circostante e conosciuta come la 'nave dei *fen*'. Nella parte settentrionale della contea, sorge un'altra bella cattedrale a Peterborough, centro conosciuto come la capitale inglese degli acquisti.

TRASPORTI LOCALI

I mezzi pubblici fanno tutti centro a Cambridge. Fate attenzione: le telefonate al servizio informazioni sui trasporti sono molto costose (☎ 0891-910910, 50p al minuto); è molto meglio procurarvi il *Cambridgeshire and Peterborough Passenger Transport Map* e contattare direttamente le compagnie di autobus.

Le principali compagnie di autobus della zona sono la Stagecoach Cambus (☎ 01223-423554) tra Cambridge, Ely e Bury St Edmunds; la Cambridge Coach Services (☎ 01223-423900) da Cambridge a Norwich, e la Stagecoach United Counties (☎ 01604-620077) da Cambridge a Huntingdon e Petesborough.

Cambridge, a soli 55 minuti di treno da Londra, si trova sulla linea ferroviaria che passa da Ely e che termina a King's Lynn nel Norfolk. Da Ely una linea secondaria parte verso est, passa da Norwich e continua verso sud-est per il Suffolk.

CAMBRIDGE

Pop. 88.000 ☎ 01223

Chiedete a chiunque di nominarvi cinque grandi università nel mondo. Una delle cinque, c'è da scommetterci, sarà Cambridge. Oxford e Cambridge sono il sinoni-

mo del massimo grado di istruzione non solo accademica, tanto che per definire la particolare progenie che queste università generano è stato coniato il termine 'Oxbridge'. Lo stereotipo del laureato di Oxbridge è in genere di razza bianca, maschio, intelligente e proveniente da una scuola privata e da una famiglia della classe alta. Il termine denota, a seconda da chi viene pronunciato, o il più alto livello di perfezione accademica, oppure i figli viziati e snob di un'élite che spadroneggiano iniquamente negli strati più alti della società inglese.

Qualunque sia il vostro punto di vista, la realtà è che Cambridge è un'università eccezionale. Il glorioso registro dei laureati famosi sembra un annuario internazionale delle personalità più in vista e l'elenco dei loro risultati in un'ampia varietà di campi riempirebbe almeno due tomi. Finora l'università conta fra i suoi laureati: 78 Premi Nobel (29 provenienti dal Trinity College), 13 primi ministri, 9 arcivescovi di Canterbury, un impressionante numero di scienziati, un esercito di poeti e altri scribacchini... e le spie più infami della guerra fredda, il quartetto di Kim Philby, Donald MacLean, Guy Burgess e Antony Blunt. E questa è solo una selezione ristretta. Oggi l'università continua a essere all'avanguardia nel settore della ricerca universitaria; possiede una casa editrice prestigiosa e dispensa diplomi riconosciuti in tutto il mondo; è il primo centro di studi astronomici in Inghilterra; il Fitzwilliam Museum accoglie un'importante collezione d'arte; la sua biblioteca è consultata da studiosi di tutto il mondo. Traboccante di storia e di tradizioni antiche, Cambridge non ha niente del paesino di campagna: col declino dell'agricoltura e la conseguente perdita d'importanza come mercato, la città (il cui status fu garantito dal re Giorgio VI nel 1951) è riuscita a diventare l'esempio perfetto di centro che ha adottato una strategia moderna di mercato: a Cambridge non ci sono industrie del settore primario, il settore secondario è invece ben rappresentato, in particolar modo nel campo informatico ed elettronico (Philips Electronic ne è il migliore esempio). Nelle strade si susseguono negozi eleganti e boutique alla moda, non mancano i mondani e carissimi caffè di stile continentale e i ristoranti che reclamano una parte del contenuto dei portafogli rigonfi dei britannici abbienti. Eppure, quello che più colpisce i turisti che visitano Cambridge è l'apparente tranquillità di un luogo dove il tempo sembra essersi fermato e un'atmosfera difficile da trovare altrove.

Vi consigliamo di visitare tutte e due le città, sia Cambridge sia Oxford. Se però non avete tempo, visitate piuttosto Cambridge, che è più piccola, più compatta e meno affollata. Nessun turista dovrebbe lasciare l'Inghilterra senza aver visto il coro e la cappella di King's College.

Storia

A Cambridge sono stati ritrovati strumenti e armi dell'era neolitica che risalgono al 3000 a.C. circa e antichi luoghi di sepoltura. Sulle colline Gog Magog, nei dintorni, è stato ritrovato anche un forte dell'Età del ferro, Wandlebury. Nel 43 d.C. i Romani tracciarono una strada che collegava Colchester a Godmanchester, guadando il fiume Cam all'altezza di Magdalene Bridge e costruirono un campo fortificato sulla collinetta che lo domina. Con il passare del tempo il campo si trasformò in città e il commercio cominciò a fiorire sfruttando le possibilità offerte dai trasporti fluviali e stradali. Nel V secolo i Romani si ritirarono e iniziò la serie di invasioni dei popoli provenienti dall'Europa. Primi fra tutti furono gli Angli e i Sassoni, che non fecero molto per lo sviluppo della città: nel VII secolo, i monaci di Ely la descrivono come 'un luogo desolato'. Furono gli invasori Norvegesi e i Danesi (popoli dediti al commercio) nel IX secolo a darle un grande impulso che la fece rifiorire.

In seguito, nel 1066 arrivarono i Normanni, che costruirono un castello al posto del forte romano (ora ridotto a semplice monticello su Castle Hill) in previsione di combattere l'audace Erevardo il Pronto, capo dei Sassoni, che si nascondeva nei fen paludosi intorno a Ely. Nel 1086 il Domesday Book (libro del catasto) censiva a Cambridge 400 cittadini di pieno diritto.

Nel 1209 la città universitaria di Oxford fu teatro di scontri tra studenti e popolazione, episodi che si conclusero con l'impiccagione di tre studenti. Parecchi discenti decisero allora di lasciare Oxford, e arrivati a Cambridge fondarono il nucleo della nuova università. Si sa poco del momento in cui questa fu fondata, anche perché una seconda rivolta scoppiò nel 1261, tra gli studenti e i cittadini, nella quale furono bruciati tutti gli archivi dell'università. Durante il processo, il giudice si pronunciò in favore degli studenti, creando un precedente a una situazione che durò poi per secoli: la nuova università aveva la legge dalla sua e poté dettare le sue condizioni alla cittadina.

Il sistema collegiale, unico a Oxford e Cambridge, si strutturò poco a poco con il primo college, Peterhouse, fondato nel 1284 da Hugh de Balsham (in seguito vescovo di Ely). L'idea era che gli insegnanti e gli studenti facessero vita comune, sul modello della vita in monastero.

Dal XIV secolo in poi, furono fondati parecchi college dai nobili e dai reggenti, che formarono i dirigenti della chiesa, della politica, dell'accademia e delle corporazioni mercantili, tutti rigorosamente di sesso maschile. Le donne si videro finalmente aprire l'accesso ai college con la creazione, nel 1869 e 1871, dei college di Girton e Newham, ma fu soltanto nel 1948 che le donne ebbero l'effettiva possibilità di laurearsi. Oggi, 29 dei 31 college sono misti; i due che restano mantengono il privilegio di iscrivere solo donne.

Orientamento

Gli edifici che accolgono i college e le università nel centro della città – come Oxford e Cambrigde – non possiedono un

Cambridge, ovvero...

Sembra impossibile che una città rinomata per le sue qualità accademiche e per la superiorità dei suoi insegnamenti e delle sue ricerche non sia in grado di spiegare esattamente l'etimologia del suo nome. Una cosa è certa: il nome Cambridge proviene in qualche modo dai due fiumi che la bagnano, il Cam e il suo affluente Granta, che fino al 1000 d.C. era considerato il più importante dei due. Il primo storico inglese, il venerabile Beda, intorno al 730 fece riferimento all'insediamento di *Grantacaestir*, mentre 15 anni più tardi Felix di Crowland menzionò nei suoi scritti *Grontricc*. Nell'875, la Anglo-Saxon Chronicle parlava di *Grantebrycge*, ma a partire dal 1107 la città fu conosciuta con i diversi nomi di *Caumbrigge*, *Caumbregge*, *Caumberage* e *Cantabrigia*. La prima strofa del *Reeve's Tale* di Chaucer , scritto alla fine del XIV secolo, cita: 'At Trumpington, not fer fro Cantebrigge' (A Trumpington non lontano da Cantebrigge). Ma il nome della città cambiò ancora: nel 1478 divenne Camebrygge e diventò Cambridge solo durante il periodo elisabettiano.

vero e proprio campus. Il centro universitario, situato in un'ansa del fiume Cam, è facilmente raggiungibile in bicicletta o a piedi. Dalla zona chiamata The Backs, sul fiume Cam, si gode una magnifica vista di sei college, compresa la King's College Chapel, immersa in un paesaggio lussureggiante. Gli altri 25 college sono sparsi nella città.

Mentre l'autostazione si trova in centro, a Dummer St, la stazione ferroviaria è a 20 minuti a piedi dal centro verso sud. La maggior parte dei negozi si trova in Sidney St, che diventa St Andrew St verso sud, e Bridge St e Magdalene St verso nord.

Informazioni

L'università ha tre trimestri di otto settimane: Michaelmas (da ottobre a dicembre), Lent (da metà gennaio a metà marzo) e Easter (da metà aprile a metà giugno). Le sessioni d'esame hanno luogo da metà maggio a metà giugno. Durante le 168 ore che seguono la chiusura degli esami gli studenti festeggiano rumorosamente quella che viene chiamata la May Week. La maggior parte dei college è chiusa al pubblico per le vacanze di Pasqua e per le sessioni d'esame. Gli orari di apertura al pubblico variano da college a college e di anno in anno; per maggiori informazioni contattate il TIC. Cinque college (King's, Queen's, Claire, Trinity e St John's) fanno pagare le visite (da £1,20 a £3,50), ma sempre più numerosi sono i college che decidono di chiudere completamente le porte ai turisti – le cui visite finiscono per disorganizzare l'intero andamento della scuola – ed è possibile che alcuni dei college che abbiamo citato non possano più essere visitati. Per informazioni riguardanti l'università potete contattare l'ufficio centrale al ☎ 337733.

Ufficio turistico Il TIC (☎ 322640, fax 457588, @ tourism@cambridge.gov.uk), Wheeler St, organizza itinerari a piedi (informazioni al ☎ 457574) con partenza alle 13.30 tutti i giorni dell'anno (ci sono più possibilità in estate). Essendo i gruppi limitati numericamente, vi consigliamo di comprare il biglietto in anticipo (£7 compreso l'ingresso al King's College, £6 compreso l'ingresso al St John's College). Consultate anche il sito Internet www.cambridge.gov.uk.

Il TIC è aperto da aprile a ottobre, dal lunedì al venerdì dalle 10 alle 18, fino alle 17 il sabato e dalle 11 alle 16 la domenica. Il resto dell'anno è aperto dal lunedì al sabato dalle 10 alle 17.30.

Poste e telecomunicazioni L'ufficio postale centrale (☎ 323325) si trova al 9-11 di St Andrew's St, e osserva i seguenti orari: dal lunedì al sabato dalle 9 alle 17.30.

Potete ricevere posta elettronica o fare chiamate internazionali a basso costo all'International Telecom Centre (☎ 357

358) che si trova di fronte al TIC, aperto tutti i giorni dalle 9 alle 22. CB1 (☎ 576306), 32 Mill St, è un Internet café, aperto dalle 10 alle 20, dotato di nove computer, e i cui scaffali a muro sono pieni di libri di seconda mano. Il costo della connessione è di £3 all'ora.

Cambio Ci sono molte banche dotate di bancomat in città: la Abbey National (☎ 350495) ha un'agenzia al 60 di St Andrew's St e la HSBC (☎ 314822) si trova al 75 di Regent St. L'agenzia dell'American Express (AmEx; ☎ 345203), 25 Sidney St, è aperta dal lunedì al venerdì dalle 9 alle 17.30 (fino alle 17 il sabato). L'ufficio della Thomas Cook (☎ 543100), 8 St Andrew's St, apre dal lunedì al sabato dalle 9 alle 17.30 (dalle 10 il mercoledì).

Librerie Come potrete immaginare, Cambridge straripa di ottime librerie. La più grande della città è Heffers (☎ 568 582), 20 Trinity St, praticamente di fronte al Trinity College. Specializzata in libri universitari, conta anche un settore importante specializzato nelle cartine. Se cercate libri di carattere generale e guide turistiche, potete provare da Heffers Plus (☎ 568596), 31 St Andrew's St. La Heffers Children's Bookshop (specializzata in libri per ragazzi, ☎ 568551) si trova al 29-30 di Trinity St, mentre Heffers Music (☎ 568562), conosciutissimo in Inghilterra per la qualità e l'ampia scelta di dischi di musica classica, in particolare del genere corale, è al 19 della stessa strada.

Al 22 di Sidney St troverete uno dei negozi Dillons (☎ 351688) e al 26 di Lion Yard un WH Smith (☎ 311313). Un'ottima libreria di seconda mano è Galloway & Porter (☎ 367876) al 30 di Sidney St, che principalmente vende libri vecchi a poco prezzo.

Lavanderia Cleanomat Dry Cleaners (☎ 464719), 10 Victoria Ave, subito dopo il ponte a nord e vicino a Chesterton Rd, è una lavanderia automatica in cui potete anche lasciare i panni sporchi e ricuperarli puliti.

Assistenza sanitaria L'Addenbrooke Hospital (☎ 245151) si trova circa mezzo miglio (1 km) a sud della stazione ferroviaria, vicino a Hills Rd. Nel centro troverete molte farmacie, compresi due negozi di Boots (supermercato di prodotti farmaceutici): uno al 28 di Petty Cury (☎ 350 213), l'altro presso il centro commerciale Grafton Centre (☎ 302576), aperti entrambi dal lunedì al venerdì dalle 8.30 alle 17.30, il sabato dalle 8,45 alle 18 e la domenica dalle 10 alle 17. Vantage Pharmacy (☎ 353002), 66 Bridge St, è aperta dal lunedì al venerdì dalle 9 alle 18 e il sabato dalle 9 alle 17.30.

Emergenze La stazione di polizia (☎ 358966) si trova in Parkside, di fronte a Parker's Piece arrivando dal centro.

Primo itinerario a piedi

Questo itinerario dura circa 3 ore e comprende la visita alla cappella del King's College e ai college del centro, e una passeggiata lungo il fiume.

Dal TIC, dopo aver percorso un isolato verso ovest in direzione della King's Parade, girate a destra e continuate a nord verso la **Great St Mary's Church** (☎ 741 716) sulla Senate House Hill. Questa chiesa universitaria, costruita tra il 1478 e il 1519, in stile tardo gotico perpendicolare emana un senso di ampiezza e di luminosità date dal cleristorio, dalle sue ampie arcate e dai lavori d'intaglio. Qui vengono officiati i tradizionali sermoni di fine trimestre agli studenti universitari. Per orientarvi, salite i 123 gradini della torre (£1,75) da dove si gode di un bellissimo panorama della città. L'edificio dall'altra parte della King's Parade, sulla destra della piazza, è la **Senate House** (casa del Senato), progettata nel 1730 da James Gibbs, che è il più bell'esempio di architettura puramente classica della città. Le tesi sono discusse in questo edificio.

Gonville & Caius Percorrete la Trinity St verso nord e girate a sinistra al primo passaggio coperto, dove troverete questo affascinante vecchio college (☎ 332400), fondato due volte: la prima nel 1347, da un prete di nome Gonville, poi di nuovo dal Dr Caius, brillante fisico e letterato, nel 1557. Di particolare interesse sono le tre porte, chiamate Virtù, Umiltà e Onore, che simbolizzano il cammino dello studente verso il sapere: la terza porta (la *Porta Honoris*, un'affascinante composizione formata da una strana e fantasiosa cupola e delle meridiane) apre la strada alla Senate House e dunque alla laurea. Appena oltrepassata la Porta Honoris, girate a destra, quindi a sinistra, e arriverete alla King's College Chapel. Per ulteriori informazioni, consultate il sito Internet www.cai.cam.ac.uk.

King's College Chapel Tutte le cappelle dei college hanno un'architettura notevole, ma la King's College Chapel, di una magnificenza unica, è uno dei più begli esempi di architettura gotica d'Inghilterra, la cui bellezza è paragonabile a quella della cattedrale di Chartres.

La cappella fu costruita su ordine del giovane Enrico VI, come atto di devozio-

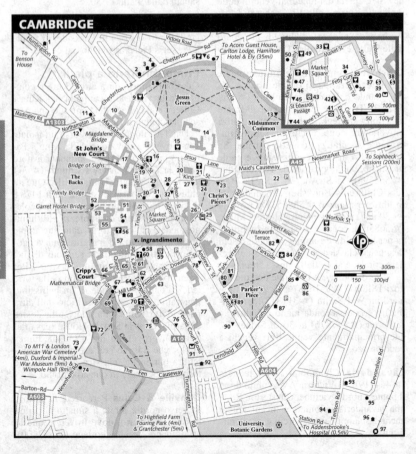

ne, e fu dedicata alla Vergine Maria. La prima pietra delle fondamenta fu posata dal re nel 1446 e l'edificio fu completato intorno al 1516. I successori di Enrico VI, tra cui il famoso Enrico VIII, ne adornarono riccamente l'interno (assicurandosi la gloria nei secoli a venire).

Le messe sono officiate dal coro del King's College, i cui coristi in origine appartenevano a Eton, un altro college fondato da Enrico VI. Famosissimi in tutto il mondo sono i *carols* che questo coro canta durante la vigilia di Natale nel corso del Festival of the Nine Lessons.

Entrate dal portico meridionale; all'interno l'atmosfera è luminosa, malgrado la presenza di vetrate policrome originali. Molte chiese dell'East Anglia videro le loro vetrate distrutte al passaggio delle truppe di Cromwell, ma quelle della King's College Chapel furono risparmiate, forse perché Cromwell fece i suoi studi a Cambridge.

Lo straordinario interno, un miracolo di bellezza e di maestria costruito da John Wastell, in cui si contano dodici campate,

CAMBRIDGE

PERNOTTAMENTO		
1	Antony's Guest House	
2	Belle Vue Guest House	
3	Arundel House Hotel	
4	Aaron House	
68	Garden House (Moat House)	
80	University Arms Hotel	
82	Warkworth House	
87	YMCA	
92	Lensfield Hotel	
93	Ostello della gioventù di Cambridge; Six Steps Guest House	
94	Tenison Towers Guest House	
96	Sleeperz	
PASTI		
6	Twenty-two	
12	Michel's Brasserie	
13	Midsummer House	
23	Efe's Restaurant	
27	Clowns	
32	Tatties	
44	No 1 King's Parade; The Eagle Pub	
45	Rainbow	
46	Nadia's (King's parade)	
62	Fitzbillies	
67	Nadia's (Silver St)	
73	Choices Café	
76	Browns	
78	The Dôme	
81	Hobb's Pavillion	
88	The Depot	
90	Shalimar Restaurant	

PUB, BAR E CLUB	
5	Boathouse
9	Rat & Parrot
15	Po Na Na
24	Champion of the Thames
33	Fez
35	Fifth Avenue
49	Bar Ha! Ha!
72	Granta (noleggio di punt)
83	The Man on the Moon
ALTRO	
7	Lavanderia
8	Cambridge River Cruises (crociere sul fiume)
10	Magdalene College
11	Kettle's Yard
14	Jesus College
16	Round Church
17	St John's College
18	Trinity College
19	Farmacia Vantage
20	Westcott
21	All Saints Church
22	Grafton Centre
25	Stazione degli autobus (Drummer Street)
26	Christ's College
28	Amex
29	Galloway & Porter
30	Heffers Music
31	Dillons
34	Boots
36	WH Smith
37	Heffers Plus
38	Banca Abbey National
39	Thomas Cook
40	Ufficio postale

41	International Telecom Centre
42	TIC (Centro di informazioni turistiche)
43	Arts Theatre
47	Heffers Bookshop
48	Great St Mary's Church
50	Heffers Children's Bookshop
51	Gonville & Caius College
52	Punts Trinity
53	Trinity Hall College
54	Casa del Senato
55	Clare College
56	King's College Chapel
57	King's College
58	Saxon Tawor
59	Corn Exchange
60	St Benet Church
61	Corpus Christi College
63	Pembroke College
64	Ben Hayward Cycles
65	St Catherine's College
66	Queen's College
69	Noleggio di imbarcazioni Scudamore
70	Little St Mary's Church
71	Peterhouse College
74	Cambridge Recycles
75	Museum Fitzwilliam
77	Downing College
79	Emmanuel College
84	Stazione di polizia
85	Mike's Bikes
86	CB1
89	Banca HSBC
91	Ufficio postale (succursale)
95	Geoff's Bike Hire
97	Stazione ferroviaria

INGHILTERRA ORIENTALE

largo circa 11 m, alto 22 m e lungo 80 m, è la più vasta struttura sostenuta da una volta a ventaglio del mondo. Dopo averla vista, Christopher Wren affermò che forse sarebbe stato in grado di costruirla, ma solo se un altro gli avesse mostrato dove mettere la prima pietra.

I complessi lavori di intaglio in legno e in pietra raffigurano stemmi e armi reali, iniziali intrecciate, simboli animali e floreali facenti parte dell'araldica dei sovrani Tudor e delle famiglie dei congiunti. Tra le rose degli York, sul muro occidentale, è raffigurato un viso di donna all'interno di una rosa, che alcuni pensano essere quello di Elisabetta di York, ma sembra più probabile che si tratti del viso della Vergine.

Il vestibolo della cappella e il coro sono separati da un magnifico **graticcio ligneo**, un altro dono di Enrico VIII, ideato ed eseguito dal mastro intagliatore al servizio del re Peter Stockton, in cui le iniziali di Enrico VIII sono intrecciate con quelle di Anna Bolena, che sembra fosse l'ispiratrice di questo atto di generosità da parte del re. Seminascosto dalle raffigurazioni di animali mitici e fiori simbolici, si nota un volto umano con un'espressione adirata: forse un piccolo scherzo che l'autore ha voluto lasciare alla posterità.

Il magnifico **organo**, originariamente fabbricato tra il 1686 e il 1688, fu poi rimaneggiato e sviluppato nel corso degli anni e ora le canne raggiungono l'altezza della struttura sulla quale poggiano.

Gli **stalli del coro**, sono opera dello stesso artigiano che lavorò il graticcio, mentre i baldacchini sono del periodo carolingio. L'**altare maggiore**, incorniciato dall'*Adorazione dei Magi* di Rubens, sebbene scolpito in legno molto scuro, mantiene una notevole impressione di leggerezza, come pure la magnifica vetrata orientale. La **Chapel Exhibition**, situata nelle cappelle laterali nord, a sinistra dell'altare, illustra i diversi stadi e i metodi di costruzione in uno sfondo storico, dall'inizio dei lavori alla loro conclusione. La mostra comprende costumi, dipinti, manoscritti miniati e libri, progetti, strumenti e modellini, tra i quali un modello a grandezza naturale che spiega la tecnica di costruzione usata per la volta a ventaglio.

L'ingresso costa £3,50/2,25 e i sagrestani, che danno volentieri spiegazioni, occasionalmente il sabato e la domenica organizzano visite guidate, mentre durante la settimana si può partecipare alle visite organizzate dal TIC.

La King's College Chapel (☎ 331100) ritrova la sua magia quando canta il coro: persino il rocchettaro più incallito si fermerà estasiato ad ascoltare il suono straordinario che si eleva dalla cappella durante i **Choral Evensong** (vespri serali). Le funzioni sono celebrate da metà gennaio a metà marzo, da metà aprile a metà giugno, da metà luglio alla fine di luglio, dall'inizio di ottobre all'inizio di dicembre, e il 24 e il 25 dicembre. Il vespro viene cantato dal martedì al sabato alle 17.30 (voci maschili al mercoledì, a cappella il venerdì), e due volte la domenica, alle 10.30 e alle 15.30. Consultate il sito Internet www.kings.cam.ac.uk.

Trinity College Da King's College Chapel, ritornate alla King's Parade e seguitela verso nord fino in Trinity St. L'ingresso del college (☎ 338400) è di fronte alla libreria Heffers. Enrico VIII fondò il Trinity College nel 1546, e fu durante il regno di Elisabetta che il college passò nelle mani del suo direttore, il dottor Nevile, (1593-1615) il quale mise in atto i desideri del re, morto sei settimane dopo averlo fondato.

Quando passate sotto la massiccia porta in mattoni (1535), date un'occhiata alla statua di Enrico che l'adorna. Nella mano destra tiene un globo, e con la sinistra un tempo impugnava uno scettro d'oro, sottratto qualche anno fa da alcuni studenti e sostituito con la gamba di una sedia. Entrando nella **Great Court** lo spirito dell'atmosfera accademica lascia il posto a una sorta di timore reverenziale e di meraviglia, qualcosa di unico nel suo genere. Un luogo che trasuda letteralmente di storia:

per esempio, a destra dell'ingresso, c'è un alberello piantato negli anni '50 che si pensa sia il discendente diretto del famoso melo di Isaac Newton, studente anch'egli del Trinity.

La famosa scena della corsa del film *Momenti di gloria* (1981) si svolge in questa piazza: 380 yarde (347,5 m) in 43 secondi (il tempo che ci mette l'orologio a suonare 12 colpi). Non ci provate, ci vorrebbe una forma olimpica per riuscire in una performance del genere, e inoltre la scena del film non fu nemmeno girata qui. Neanche Harold Abrahams (il protagonista) ha mai tentato l'esperimento e tutti gli studenti che ci hanno provato hanno miserevolmente fallito la prova.

Il luogo antistante la cappella a destra della porta, di stile gotico, è pieno di enormi statue di uomini famosi laureatisi al Trinity, come Tennyson e Newton. Il vasto ingresso ha un soffitto a travi sporgenti con una lanterna e al di là dell'ingresso ci sono i chiostri della Nevile's Court e l'austera biblioteca **Wren Library**, che conta 55.000 libri stampati prima del 1820 e più di 2500 manoscritti, tra i quali l'originale del libro di A.A. Milne *Winnie the Pooh*. Sia Milne sia suo figlio Christopher Robin si laurearono qui. La biblioteca è aperta ai visitatori dal lunedì al venerdì dalle 12 alle 14 e (solo durante l'anno scolastico) il sabato dalle 10.30 alle 12.30. Vale la pena di vederla, anche se dovrete forse fare un po' di coda. L'ingresso al college costa £1,75. Consultate il sito Internet alla pagina www.trin. cam.ac.uk.

Lungo i Backs Uscendo dai chiostri, girate a destra verso St John's New Court sulla riva occidentale del fiume. Una costruzione del XIX secolo è collegata al **St John's College** da due ponti: il Kitchen Bridge e il **Bridge of Sighs** (ponte dei sospiri, una copia dell'omonimo ponte di Venezia costruito nel 1831). Attraversate il Trinity Bridge e girate a sinistra, seguendo il sentiero arriverete al Garret Hostel Bridge. Se vi fermate sul ponte potrete osservare le imbarcazioni che passano al di sotto e a

monte scorgerete il ponte del **Clare College**, il più antico e interessante ponte dei Backs decorato con globi ornamentali. La storia racconta che l'architetto che lo costruì ricevette un compenso di ben 15 pence. Molto amareggiato, decise di tagliare un pezzo di uno dei globi che ornano la balaustra (l'ultimo sulla destra), dichiarando che il ponte in questo modo non sarebbe mai stato davvero 'finito'. Una volta attraversato il ponte, girate a destra per entrare nel Trinity Hall.

Trinity Hall College Questo delizioso piccolo college (☎ 332500), che nonostante il nome non ha niente a che fare con il Trinity College, è serrato tra i college più grandi e famosi. Fondato nel 1350 come rifugio per avvocati e chierici in fuga dalla peste nera, è conosciuto anche con il nome di 'Lawyers' College' (il college degli avvocati). Entrate dal cortile più recente, che da un lato dà sul fiume e dall'altro su un grazioso giardino (Fellows' Garden) e, passando nel cortile successivo, troverete la biblioteca del XVI secolo, che custodisce leggii del periodo giacobita e libri incatenati agli scaffali, espediente usato al tempo per impedire che venissero portati via, una sorta di codice a barre dell'epoca.

Old Schools Uscendo da dove siete venuti, vedrete una grande porta antica, che non attira molto l'attenzione. Si tratta dell'ingresso al centro amministrativo dell'università, la cui parte inferiore risale al 1441 e la parte superiore fu aggiunta negli anni 1860-70. Eccovi tornati nel cuore dell'università.

Secondo itinerario a piedi

Questo itinerario, di una durata di circa due ore, comprende il Christ's College, il Jesus College, la Round Church e il Magdalene College, al termine del quale potrete visitare la galleria d'arte Kettle's Yard. La partenza è prevista davanti al Christ's College, all'angolo con St Andrew's St e Hobson St. Il Christ's College è aperto ai visitatori solo dalle 10.30 alle

12.30 e dalle 14 alle 16: tenetene conto nell'organizzare l'itinerario.

Christ's College Questo college (☎ 334 900) fu fondato nel 1505 dalla stessa pia e generosa benefattrice, Lady Margaret Beaufort, che fondò il St John's College. La massiccia porta d'ingresso è ornata con blasoni intagliati e la statua della fondatrice, in una nicchia, si erge sul college come uno spirito guida. Segnaliamo la solida porta in rovere che si apre sulla First Court, abbellita da una curiosa aiuola circolare, magnolie e glicini, sulla quale si affacciano edifici originali di stili architettonici misti, con facciate e finestre del XVIII secolo. L'ingresso fu ricostruito il secolo scorso in stile neogotico e in una delle parti più antiche della cappella si apre un bovindo che permetteva alla fondatrice di seguire le funzioni dalla sua stanza situata al primo piano.

La Second Court accoglie un interessante Fellows' Building che risale al 1643. Un cancello conduce al Fellows' Garden, dove si trova il gelso sotto il quale si dice che Milton (che arrivò al college nel 1628) abbia scritto la sua opera *Lycidas*. In seguito, attraversate la Iris Court e vi troverete davanti a un palazzo nuovo, grigio e completamente estraneo a ciò che lo circonda, che accoglie la casa dello studente. Date un'occhiata al piccolo teatro nell'angolo a destra e uscite da New Christ's verso Hobson St. Girate a destra, poi a sinistra e poi di nuovo a destra in Jesus Lane. Passerete davanti a Westcott, un altro college di teologia (che non fa parte dell'università), poi la All Saints Church, soprannominata St Op's (St Opposite) dagli studenti del Jesus. Charles Darwin frequentò questo college.

Jesus College Per raggiungere il Jesus College, fondato nel 1496 (☎ 339339), si passa attraverso un lungo e strano 'camino', che colpisce l'attenzione come la porta principale, sovrastata da un simbolo araldico che rappresenta il nome del fondatore, il vescovo Alcock, simbolo che consiste in una serie di galletti (*cockerels*). La spaziosa First Court ospita edifici in mattoni rossi e – caratteristica inconsueta – si apre sul lato ovest.

Quando ero studente...

Essere ammessi a uno qualsiasi dei college di Cambridge comporta una serie di pesanti responsabilità: gli standard richiesti sono tra i più elevati del mondo e gli studenti di oggi devono fare i conti con le imponenti figure dei luminari del passato. Inoltre devono barcamenarsi come possono tra l'impegno gravoso degli studi e le altre responsabilità legate all'appartenenza a un college: divertirsi, ubriacarsi e andare al maggior numero di feste possibile.

Ma in passato non fu sempre così. Nel XV secolo, la vita dello studente era non solo meno edonistica, ma quasi rasentava la vita monastica. La giornata cominciava alle 4.45 con le preghiere per il monastica. Alle 5 il corpo degli studenti si recava nella cappella del college per la funzione del mattino e le lezioni cominciavano alle 6 con la 'spiegazione dei testi', tenuta da insegnanti universitari. Alle 9, seguiva una 'disputa', dove due studenti discutevano su un argomento preparato, usando la logica. Alle 11 si pranzava, dopodiché si studiava fino alle 18. Dopo la cena gli studenti avevano un'ora di libertà e per le 20 erano a letto, non prima di aver pregato ancora una volta per il re (o la regina).

Le regole era strettissime. Gli studenti non potevano andare in città senza essere accompagnati e non potevano entrare nelle taverne. Non potevano né giocare né tenere un animale né frequentare il teatro. Se non rispettavano le regole venivano privati del cibo, picchiati, e in casi estremi espulsi. C'era però un lato positivo: l'istruzione era gratuita (lo è anche la prigione...).

Le due parti più interessanti del Jesus College sono l'intimo e minuscolo cortile del chiostro, a destra, e la cappella, facenti parte dell'antico convento di St Radegund, che il vescovo stesso chiuse dopo aver scacciato le suore per comportamento immorale, fondandovi al posto il nuovo college.

La cappella, luogo assai mistico, mostra lo sviluppo che il college ha avuto nei secoli. Un portico con archi del periodo normanno, appartenenti all'edificio d'origine, un presbiterio del XIII secolo e restauri pregiati di Pugin, Morris (per i soffitti), Burne-Jones (per le vetrate) e Madox Brown, danno alla cappella particolare valore.

Gli altri edifici del college sono, al confronto, piuttosto banali, ma si può pensare di fare una passeggiata nei terreni appartenenti al college, che comprendono un campo da cricket.

Round Church Uscendo dal Jesus College percorrete Jesus Lane, girate a destra in Park St e poi a sinistra in Round Church St. In fondo alla strada troverete la magnifica Round Church of the Holy Sepulchre (☎ 518219), costruita nel 1130 per commemorare la chiesa omonima a Gerusalemme ed è una delle uniche quattro esistenti in Inghilterra. Si tratta di un edificio veramente inconsueto, con grosse colonne rotonde del periodo normanno, disposte in circolo intorno a una piccola navata. Il resto della chiesa fu aggiunto in periodi successivi e stili differenti; il tetto conico fu aggiunto nel XIX secolo. Ora non è più usata come chiesa e all'interno si fabbricano lapidi e iscrizioni in ottone (☎ 07831 839261), i cui prezzi variano a seconda della grandezza della targa, da £4 a £22. Il centro è aperto in estate tutti i giorni dalle 10 alle 18, e in inverno tutti i giorni dalle 13 alle 16.

Magdalene College Girando a destra verso Bridge St, vi avvierete verso Magdalene Bridge, nei dintorni del quale i Romani costruirono il ponte che segnò le origini di Cambridge. Le barche col loro carico venivano ad attraccare e a scaricare dove ora si trova il complesso di condomini, in riva al fiume. Dall'altra parte del fiume si trova Magdalene College che potrete raggiungere da Magdalene St.

Questo college (☎ 332100), in origine un luogo di accoglienza dei benedettini, fu ricostruito nel 1542 da Lord Audley ed è stato l'ultimo college ad accettare studenti donne: quando finalmente le donne furono accettate nel 1988, gli studenti del college misero in segno di lutto una banda nera sul braccio e calarono la bandiera del college a mezz'asta.

Malgrado questo, la sua posizione sul fiume gli conferisce un certo fascino, e possiede una biblioteca di grande valore, la Pepys Library, in cui si trova una magnifica collezione di libri che il famoso scrittore, che frequentò il college dal 1650 al 1653, lasciò in eredità alla sua scuola.

Terzo itinerario a piedi

Questo itinerario, che si può percorrere in 2 ore/2 ore e mezzo circa, tocca i college che si trovano a sud del centro, tra i quali il Corpus Christi, il Queen's e l'Emanuel.

Corpus Christi Da King's Parade, girate in Bene't (Benedict) St per vedere la più antica costruzione del Cambridgeshire: la torre sassone della chiesa francescana (☎ 353903), costruita nel 1025. Il resto della chiesa appartiene a un'epoca più recente ed è ricca di particolari artistici degni di rilievo. Le cavità rotonde che si trovano sopra le finestre della torre campanaria servivano come rifugio per i gufi, che godevano di certi privilegi perché cacciavano i topi. Fu proprio in questa chiesa che il sacerdote Fabian Stedman inventò nel 1670 il suono di più campane in ordine sequenziale. Nella chiesa si trova anche un libro che appartenne a Thomas Hobson, proprietario di uno stallaggio nelle immediate vicinanze della chiesa, che affermava che chi veniva ad affittare un cavallo prendeva quello che dormiva vicino alla porta, perché era quello che si era riposato più a lungo. Di qui deriva il motto – che spesso si sente in Inghilterra – 'la scelta di Hobson' per definire una situazione in cui non c'è affatto scelta.

La chiesa servì come cappella all'adiacente Corpus Christi (☎ 338000), fino al XVI secolo, periodo nel quale venne costruita un'altra cappella all'interno del college. Un ingresso del college porta nell'Old Court, che ha ancora la sua forma d'origine medievale e dal quale si sprigiona ancora un'atmosfera monastica.

La porta della cappella è fiancheggiata da due statue: quella a destra raffigura Matthew Parker, che fu direttore del college nel 1544 e arcivescovo di Canterbury durante quasi tutto il regno di Elisabetta I. Parker era noto per la sua curiosità e le sue domande continue hanno lasciato alla posterità il detto 'nosey parker' (ficcanaso). Christopher Marlowe fu uno studente del Corpus Christi, come indica un'iscrizione posta accanto a una meridiana di eccezionale bellezza. Un po' più avanti, il New Court (il cortile nuovo) fu costruito nel XIX secolo.

La biblioteca del college ospita la più bella collezione di manoscritti anglosassoni conosciuta, che, insieme ad altri manoscritti di valore, venne salvata dalla distruzione sistematica che avvenne per molti altri libri nel periodo della dissoluzione dei monasteri.

Queen's College Il Queens' College, uno dei college dei Backs, (☎ 335511) fu uno dei primi a fissare una tariffa per i visitatori, che ora ammonta a £1,20, i cui primi proventi furono devoluti all'isolamento acustico dell'edificio, situato su una strada molto rumorosa. Il college deve il suo nome alle due regine che lo fondarono – Margaret d'Anjou (moglie di Enrico VI) ed Elisabetta di Woodville (moglie di Edoardo IV), rispettivamente nel 1448 e nel 1465 – anche se il suo vero creatore fu il rigoroso rettore di St Botolph's Church.

L'ingresso principale del college, che si trova su Queens' Lane ed è costituito da una torre in mattoni rossi e una Old Court, che formano parte dell'edificio medievale, cattura immediatamente l'attenzione, così come Cloister Court, il cortile successivo, in cui è situato l'antico chiostro e il caratteristico President's Lodge (President sta per Master, o direttore), edificio costruito per metà in legno. Erasmo, il famoso letterato e riformatore olandese, alloggiò nella torre dal 1510 al 1514. In realtà Cambridge non gli piaceva molto, trovava il vino simile ad aceto, la birra insipida e il luogo troppo costoso, ma scrisse che le donne locali baciavano bene. Il Cam scorre proprio fuori dalla Cloister Court ed è attraversato da un ponte in legno, il Mathematical Bridge, che conduce nella moderna Cripps Court, costruita nel XX secolo.

Peterhouse College Fondato nel 1284 da Hugh de Balsham, che fu in seguito il vescovo di Ely, il Peterhouse College (☎ 338200) è il più antico e il più piccolo dei college. Si trova a ovest di Trumpington St, dietro la chiesa Church of St Mary the Less (conosciuta come Little St Mary's). La chiesa, originariamente chiamata con il nome assai originale di St Peter's-without-Trumpington-Gate (S. Pietro senza porta di Trumpington, perché non aveva nessuna porta che dava su Trumpington St), diede poi il nome al college. All'interno è custodita una lapide a Godfrey Washington, alunno del college e prozio di George Washington, il cui blasone, costituito di stelle e strisce, ispirò la bandiera americana. Una visita a questo college dà una chiara idea su come era strutturata la comunità di un college a Cambridge, anche se la casa del direttore, che in quasi tutti gli altri college si trova all'interno, qui si trova di fronte al college. Tra gli allievi illustri di questo college citiamo il poeta Thomas Grey, che iniziò i suoi studi qui nel 1742, e Henry Cavendish, il primo scienziato che riuscì a misurare la densità dell'acqua e che calcolò la massa della Terra, che – detto per inciso – pesa 6000 milioni di milioni di tonnellate.

Il cortile più antico è la piccola Old Court, graziosa e luminosa, con cesti di fiori appesi ai davanzali delle finestre. La cappella del XVII secolo, si trova sulla destra, ed è costruita in stili misti che però costituiscono un insieme armonico. All'interno, le luminose vetrate risalenti al XIX secolo contrastano con le finestre esterne, di uno stile anteriore.

Gli edifici del Burrough, a destra, sono del XVIII secolo e sulla sinistra sorge un magnifico edificio restaurato originario della fine del XIII secolo. Più oltre, si vedono i vasti giardini che si estendono fino al Fitzwilliam Museum. Proseguendo sulla destra, si entra in un cortile con un'aiuola ottagonale, oltre la quale si trovano la biblioteca, il teatro e il First Court. Consultate il sito Internet www. pet.cam.ac.uk per saperne di più.

Pembroke College Con i suoi numerosi cortili collegati da graziosi giardini e distese erbose, il Pembroke (☎ 338100) fu fondato nel 1347 da Marie de St Pol de Valence, la contessa di Pembroke, che a 17 anni sposò il cinquantenne conte di Pembroke, il quale fu ucciso in un torneo il giorno del suo matrimonio. Di lei si disse che fu vergine, moglie e vedova in un solo giorno.

Nel cortile più antico, che come in molti altri college è il primo che si incontra entrando, si possono ancora ammirare parti medievali. La cappella, all'estrema destra, fu uno dei primi progetti dell'architetto Wren (1665). Suo zio, vescovo di Ely, imprigionato da Oliver Cromwell, aveva passato 18 anni nella Tower of London, e giurò che se ne fosse uscito avrebbe fatto costruire una cappella nel college dove aveva studiato.

Se si attraversa la Old Court in diagonale, si passa davanti al refettorio di stile vittoriano, e nella bella Ivy Court. Attraversate il cortile e dietro l'angolo potrete vedere l'immensa distesa erbosa e una maestosa statua di Pitt the Younger (che fu primo ministro nel XVIII secolo) situata davanti alla bella torre dell'orologio, che ospita la biblioteca.

Continuate dritto attraverso il giardino e il prato dove gli studenti e i laureati giocano a croquet dopo gli esami di giugno, e uscendo prendete a destra in Pembroke St.

Emmanuel College Fondato nel 1584, l'Emmanuel College (☎ 334200) in St Andrew's St, è un college di media grandezza che accoglie circa 600 persone.

Nella Front Court si trova uno dei più bei complessi architettonici di Cambridge, la cappella di Wren, il chiostro e la galleria, costruiti nel 1677. A sinistra si trova la residenza, al cui interno i tavoli sono sistemati ad angolo retto davanti alla tavola d'onore.

Il cortile successivo, il New Court, si trova dietro l'angolo. Un curioso giardino di erbe aromatiche ricorda l'antico priorato domenicano preesistente al college. Alcuni resti del priorato sussistono nel nucleo in *clunch* (gesso) delle pareti della Old Library. Ritornate nella Front Court prendendo a destra ed entrate nella cappella, che contiene delle belle vetrate, un alto soffitto e dipinti di Jacopo Amigoni. Vicino alla porta laterale si trova un'iscrizione dedicata a un famoso letterato, John Harvard, (laureato in lettere nel 1632) che fu tra i trenta uomini dell'Emmanuel College a insediarsi nel New England e che lasciò in eredità il suo denaro alla città di Cambridge nel Massachusetts perché vi costruissero l'università che porta il suo nome. Su una delle vetrate si può scorgere il suo ritratto (ma l'artista, non avendo idea delle sue fattezze, prese come modello il volto di John Milton che frequentava il college nello stesso anno).

Fitzwilliam Museum
Fu il settimo visconte Fitzwilliam a dare a questo massiccio edificio neoclassico dal vasto portico il suo nome, lasciando in eredità al college in cui aveva studiato la sua vasta collezione d'arte nel 1816. L'edificio in cui sono custoditi fu iniziato da George Basevi nel 1837, il quale non visse abbastanza a lungo per vederlo terminato, nel 1848: mentre lavorava alla cattedrale di Ely, indietreggiando per am-

mirare il suo lavoro, scivolò in una caduta mortale. Definito il 'piccolo museo più bello d'Europa' fu uno dei primi musei inglesi aperti al pubblico. Nelle sale inferiori si trovano antichi sarcofagi e oggetti d'arte romana e greca, ceramiche cinesi, vetro di manifattura inglese e manoscritti miniati. Le sale superiori contengono un'ampia scelta di dipinti, tra cui opere di Tiziano, Rubens, Gainsborough, Stubbs e Constable, fino agli Impressionisti francesi, Cézanne e Picasso. Possiede anche una collezione di bei mobili antichi.

Il museo (☎ 332900) è aperto dal martedì al sabato dalle 10 alle 17 e la domenica dalle 14.15 alle 17. La domenica alle 14.30 si può assistere a una visita guidata del museo. L'ingresso è libero. Consultate anche il sito www.fitzmuseum.cam.ac.uk.

Kettle's Yard

All'angolo tra Northampton St e Castle St, questo museo-galleria (☎ 352124) fu la casa di H.S. 'Jim' Ede, ex assistente dell'intendente della Tate Gallery di Londra, e di sua moglie Helen, che nel 1957 decisero di accogliere i giovani artisti con l'idea di creare una 'casa e un rifugio pacifico delle arti visive e della musica'. Ora il museo possiede una bella collezione di opere d'arte, mobili, ceramica e vetro del XX secolo, di artisti quali Henry Moore, Henri Gaudier-Brzeska e molti artisti inglesi. Nel 1966 la casa andò in donazione all'università, che la aprì al pubblico e mantenne l'arredamento d'origine. La galleria adiacente, aperta nel 1970, ospita esposizioni temporanee di arte contemporanea.

Il museo Kettle's Yard è aperto tutti i giorni tranne il lunedì, dalle 14 alle 16. La galleria è aperta dal martedì al sabato dalle 12.30 alle 17.30 e la domenica dalle 14 alle 17.30. L'ingresso è libero. Consultate anche il sito Internet www.kettlesyard.co.uk.

Punting

Un giro in *punt* (barca che si spinge con una pertica) sui fiumi lungo i Backs può essere un'esperienza indimenticabile, soprattutto se vi capita di andarci durante gli affollati fine settimana e se per di più riuscite a cadere nell'acqua. Prima di lanciarvi nell'avventura, mettete alla prova le vostre capacità, ma non tentate la fortuna e, se proprio non vi riesce, i Backs vanno benissimo anche per una passeggiata all'asciutto o per un picnic. I prezzi per il noleggio di una barca variano in modo considerevole. Le meno care in assoluto, ma non sempre disponibili, sono le barche del Trinity Punts (☎ 338483), dietro al Trinity College, che costano £6 all'ora (più £25 di cauzione). Il noleggio di punt del Granta pub, Newnham Rd, viene a costare £7 per un'ora con una cauzione di £30. Il noleggio di Magdalene Bridge, come quello del vicino pub Rat & Parrot, costa £7 all'ora con una cauzione di £30.

Vicino a Silver St, Scudamore's (☎ 359 750) chiede £10 per un'ora più £50 di cauzione o una fotocopia della carta di credito. Se non vi fidate delle vostre abilità di rematore, potete noleggiare una barca con guidatore, che vi verrà a costare £35 per un giro di 45 minuti. Dato il traffico intenso sul Cam, tra le 13 e le 18 i punt imbarcano un massimo di 12 persone, in altri momenti della giornata possono prendere a bordo fino a 18 persone.

Potete prevedere una piacevole escursione di tutta una giornata, risalendo il fiume per 3 miglia (5 km) fino all'idilliaco villaggio di Grantchester.

Escursioni a piedi e in bicicletta

L'escursione più interessante della zona è quella di Grantchester. Per raggiungerla, se non volete maneggiare la pertica, potete percorrere le 3 miglia (5 km) del sentiero a piedi o in bicicletta. Se vi interessano camminate più lunghe, il TIC può fornirvi un'ampia scelta di guide, tra cui *Walks in South Cambridgeshire*.

La topografia del territorio, completamente piatto, è l'ideale per i ciclisti pigri, ma bisogna dire che dopo un po' il paesaggio si rivela alquanto monotono. Al TIC troverete anche le utili guide *Cycle Routes and the Cambridge Green Belt Area* e *Cambridge Cycle Route Map*. Per ulteriori informazioni sulle escursioni in bicicletta contattate il Cyclist's Touring Club (☎ 563414).

Escursioni organizzate

La Guide Friday (☎ 362444) organizza tutti i giorni dell'anno escursioni in autobus per la città, che fanno fermate un po' dappertutto e passano anche dalla stazione. Il costo del biglietto è £8,50/2,50 per adulti/bambini e £7 per gli studenti.

La Cambridge River Cruises (☎ 300 100) organizza crociere di 90 minuti sul fiume, con partenza dalle vicinanze di Jesus Green per £7/5, da aprile a settembre almeno una volta al giorno, alle 13, e con partenze più frequenti in mezza stagione.

Pernottamento – prezzi economici

Campeggi Quattro miglia circa (6 km) a sud-ovest di Cambridge, lo *Highfield Farm Touring Park* (*☎/fax 262308, Long Rd, Comberton),* aperto da aprile a otto-

bre, chiede in luglio e agosto £8,75 per una tenda da due persone (£7,25 negli altri mesi).

Ostelli Il *Cambridge Youth Hostel* (*☎ 354601, fax 312780, 97 Tenison Rd)* ha piccoli dormitori e un ristorante vicino alla stazione. Essendo un indirizzo molto conosciuto è consigliabile prenotare in anticipo. Le tariffe per adulti/bambini sono £11,90/8,20 per i tesserati degli ostelli della gioventù; per non tesserati la tariffa aumenta di £2.

B&B e alberghi Esistono parecchi B&B aperti in ogni momento dell'anno, soprattutto durante le vacanze scolastiche estive, da giugno a settembre. Le zone dei B&B sono due: una è Tenison Rd, a sud-est di Parker's Piece, e l'altra si trova a nord, intorno a Chesterton Rd.

Fuori dalla stazione ferroviaria trovate *Sleeperz* (*☎ 304050, fax 357286, @ info @sleeperz.com, Station Rd)* un ex deposi-

---

Punting: come remare con una pertica

L'attività del *punting* non sembra così complicata a prima vista, ma non vi lasciate ingannare. Con i vestiti tutti appesi ad asciugare, ci permettiamo di dare due consigli che potrebbero esservi utili su come muovere la barca ed evitare di cadere in acqua.

1. Posizionatevi sul retro della barca e sollevate la pertica fuori dall'acqua a lato della barca.

2. Lasciate la pertica scivolare tra le mani fino a che non tocca il fondo del fiume.

3. Inclinate la pertica in avanti (cioè nel senso di marcia della barca) e spingete verso il basso per spingere la barca in avanti.

4. Fate girare la pertica per liberarne la punta dalla melma del fon-

do, e lasciatela galleggiare a strascico dietro la barca. Ora potete usarla come timone per manovrare.

5. Se fino a questo punto non siete ancora caduti, sollevate la pertica fuori dall'acqua e rimettetela nella posizione iniziale in verticale e ricominciate tutta la manovra.

JANE SMITH

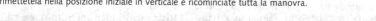

to ferroviario ben ristrutturato che propone singole/doppie a due letti per £35/45 con doccia e colazione inclusa. Le doppie matrimoniali sono un po' più ampie e costano £55. Un accesso per disabili è previsto in alcune camere e nell'albergo non si può fumare.

Il *Tenison Towers Guest House* (☎ 363924, 148 Tenison Rd), pulito e confortevole, chiede da £22 a £27 per persona. Il *Six Steps Guest House* (☎ 353968, fax 356788, 93 Tenison Rd) ha prezzi a partire da £22 per persona. Un lettore ha scritto di questo locale: 'l'unico posto in Inghilterra dove ho mangiato del buon pane'.

Nei dintorni di Tenison Rd, *Warkworth House* (☎ 363682, fax 369655, Warkworth Terrace) è un grazioso edificio vittoriano con terrazza, che offre singole/doppie a partire da £35/55. La colazione è preparata a regola d'arte e il proprietario è molto simpatico. Questo albergo è molto frequentato da studenti d'oltremare.

Lo *YMCA* (☎ 356998, fax 312749, Gonville Place) chiede £22,65/37 ed è un indirizzo interessante se si vuole affittare una camera per una settimana (£127.50/224). La colazione è inclusa.

Antony's Guest House (☎ 357444, 4 Huntingdon Rd), spazioso e confortevole, propone 4 singole, 4 doppie e 3 triple da £15 a £22 per persona. Prezzi simili sono praticati dalla *Benson House* (☎/fax 311594, 24 Huntingdon Rd) che si trova un po' più lontano, per le sue doppie ben arredate con doccia, e un bel gatto socievole. Rigorosamente riservato ai non fumatori.

Carlton Lodge (☎ 367792, fax 566877, @ info@carltonlodge.co.uk, 245 Chesterton Rd) è frequentato da gente calorosa a cui piace viaggiare. Le camere costano £19/38, e nell'albergo è rigorosamente vietato fumare.

Pernottamento – prezzi medi
Vicino al centro, al *Belle Vue Guest House* (☎ 351859, 33 Chesterton Rd) troverete doppie confortevoli per £40.

Aaron House (☎ 314723, 71 Chesterton Rd) è un piccolo albergo con singole da £27 a £29, e doppie da £44 a £56, tutte con bagno.

Più a est, la *Acorn Guest House* (☎ 353888, fax 350527, 154 Chesterton Rd) ha camere ben arredate da £25/40 a £45/58, tutte provviste di bagno e un ristorante in cui si può trovare un menu vegetariano. Nell'albergo è vietato fumare. L'*Hamilton Hotel* (☎ 365664, fax 314 866, @ enquiries@hamiltoncambridge. co.uk, 156 Chesterton Rd) situato nelle vicinanze, mette a disposizione 25 camere con prezzi che vanno da £22 a £50 e da £40 a £65, molte delle quali dotate di servizi.

Pernottamento – prezzi elevati
Se cercate un albergo elegante, provate lo *Arundel House Hotel* (☎ 367701, fax 367721, 53 Chesterton Rd), un grande edificio vittoriano le cui finestre danno sul Cam. Le 42 singole hanno prezzi che vanno da £53 a £72,50 e le 60 doppie da £69 a £96, tutte con bagno privato.

Il *Lensfield Hotel* (☎ 355017, fax 312 022, @ enquiries@lensfieldhotel.co.uk, 53 Lensfield Rd), situato vicino al Fitzwilliam Museum, possiede 32 camere dove le singole costano £55/70 e le doppie £80. I prezzi sono elevati, ma le camere sono molto belle.

Il *Garden House (Moat House)* (☎ 259988, fax 316605, Granta Place, Mill Lane) molto chic, si trova nel centro, sul Cam, e ha un giardino privato. Le 117 camere sono molto lussuose e i prezzi non sono da meno: £140/245 (colazione esclusa), ma per i fine settimana i prezzi possono subire forti sconti.

L'altro indirizzo veramente chic è lo *University Arms Hotel* (☎ 351241, fax 461319, @ devere.uniarms@airtime.co .uk, Regent St), una grande dimora vittoriana che dà su Parker's Piece e che pratica prezzi che vanno da £110 a £135.

Pasti
Ristoranti In Regent St troverete parecchi ristoranti a prezzi ragionevoli.

The Depot (☎ 566966, 41 Regent St) è un locale di classe che tuttavia pratica prezzi ragionevoli e propone un menu internazionale basato sugli antipasti (circa £4,50 l'uno). Un po' più avanti, lo **Shalimar Restaurant** (☎ 355378, 84 Regent St) è un ristorante indiano che pratica sconti per gli studenti.

Di fronte al King's College si trova il **Rainbow** (☎ 321551, 9 King's Parade), un buon ristorante vegetariano, che serve cuscus per £6.

Il **No 1 King's Parade** (☎ 359506) è una enoteca-ristorante che si trova di fronte al King's College, dove pagherete per un veloce pranzo a due portate £6,95. Un pasto di cinghiale e salsicce con le mele costa £8,25.

Efe's Restaurant (☎ 350491, 80 King St) è un buon ristorante turco, aperto tutta la settimana dalle 12 alle 14.30 e dalle 18 alle 23, e la domenica dalle 12 alle 23, dove i piatti di carne costano tra £6 e £7.

Situato nel vecchio padiglione per il gioco del cricket, l'**Hobb's Pavilion** (☎ 367480, Park Terrace) è specializzato in focacce farcite. Chiuso la domenica e il lunedì.

Uno dei locali più gradevoli del centro è **The Dôme** (☎ 313818, 33-4 St Andrew's St) un ristorante stile brasserie francese che riserva un'accoglienza calorosa ai clienti, con un giardino sul retro e ottimi sandwich con bistecca a £9, e qualche piatto riservato ai vegetariani.

Browns (☎ 461655, 23 Trumpington St) fa parte di una catena presente in molte città universitarie e non è molto caro: un primo costa circa £7.

Michel's Brasserie (☎ 353110, 21 Northampton St) serve pranzi a prezzo fisso per £7,25 e cene un po' più costose con scelta dal menu.

Il **Twenty-two** (☎ 351880, 22 Chesterton Rd), vicino al Boathouse pub, che non sembra molto diverso dagli altri edifici, i B&B e gli alberghi della stessa strada, è un ristorante per buongustai. Il menu a prezzo fisso costa £25.

Il miglior ristorante della città è il **Midsummer House** (☎ 369299), sul fiume, in Midsummer Common. Un locale chic e sofisticato, rinomato per la carta dei vini, che sembra sia degno dei migliori ristoranti di Parigi. Menu a prezzo fisso costa intorno alle £27,50 e cene a £42. È aperto per il pranzo dal martedì al venerdì e la domenica, e la sera dal martedì al sabato. La prenotazione è necessaria, e cercate di farlo con molto anticipo.

Caffè Pur essendo una città universitaria, l'economia di Cambridge è basata principalmente sul turismo, come si può vedere dai prezzi praticati dai ristoranti. Malgrado questo si trovano fortunatamente dei caffè che praticano prezzi ragionevoli, in alcuni dei quali gli studenti possono avere degli sconti.

Nadia's è una piccola catena di panetterie in cui vengono serviti sandwich e caffè: un sandwich al bacon e un caffè consumati prima delle 10.30 costano 95p, una baguette con prosciutto affumicato ed Emmental costa £1,05. Alcune di queste panetterie sono su King's Parade e Silver St.

Tatties (☎ 323399, 11 Sussex St) è sempre stato uno dei caffè che praticano prezzi poco elevati. Le sue specialità sono le patate al cartoccio farcite con una grande varietà di ingredienti, ma anche le colazioni, i sandwich con baguette, le insalate e i dolci. La deliziosa Breakfast Baguette (salsiccia di Cambridge calda) costa £2,50.

Molto conosciuto dagli studenti, **Clowns** (☎ 355711, 54 King St) serve pasti leggeri non molto costosi.

Choices Café (☎ 360211, Newnham Rd) prepara cestini da picnic per i barcaioli a circa £4 per persona.

Fitzbillies (☎ 352500, 52 Trumpington St) è un ottimo caffè/panetteria, che vende Chelsea buns (ciambelle) terribilmente buoni a 80p e porzioni di torta al cioccolato adorate da generazioni di studenti, e molte altre tentazioni oltre ai soliti sandwich e le torte salate: potete farvi una provvista prima di andare a tentare la fortuna con il punting. Le torte e le ciambelle possono essere ordinate per posta.

Escursioni a piedi nell'Inghilterra orientale

Una delle più belle escursioni di tutta la regione è il percorso di 3 miglia (5 km) da Cambridge a Grantchester, lungo le rive del Cam. In realtà si tratta più di una passeggiata che di un'escursione, seguendo i meandri del fiume che serpeggia verso sud-ovest; quando il tempo è bello il fiume è costellato di barche.

Se non volete percorrere tutto il Suffolk Coast Path, sentiero lungo 50 miglia (80 km), potete pensare di percorrere il bel tratto tra Aldeburgh e Snape, che segue per 3 miglia il fiume Alde. Il sentiero passa tra foreste e campi ed è ben segnalato. Seguite le indicazioni per Snape Maltings.

Bar Ha! Ha! (☎ *305089, 17 Trinity St*) è un caffè/bar alla moda, con una buona scelta di insalate e di sandwich i cui prezzi variano tra £3 e £6.

Divertimenti

Pub Essendo la gita in barca con la pertica una delle esperienze più tentate dai turisti che vengono a Cambridge, moltissimi bar si occupano di nutrire i temerari rematori, e alcuni di essi affittano barche.

Il *Rat & Parrot* (☎ *311701, Thomspon's Lane*) si trova vicino al fiume, a nord di Magdalene Bridge, da dove si possono prendere barche in affitto. Il *Granta* (☎ *505016, Newnham Rd*) è un altro pub vicino al quale esiste un centro che noleggia barche. Il *Boathouse* (☎ *14 Chesterton Rd*) ha un molo di attracco e vi si può entrare con la barca.

Gli scienziati e premi Nobel Crick e Watson in genere passavano la metà del tempo in laboratorio e la metà a *The Eagle* (☎ *505020, Bene't St*), e si sospetta che anche Greene King, la fabbrica di birra del Suffolk, abbia giocato un ruolo importante nella scoperta della struttura del DNA. Sul soffitto del locale si possono ancora leggere le firme di molti aviatori americani che vennero qui durante la Seconda guerra mondiale.

Il *Champion of the Thames* (☎ *352 043, 68 King St*) è un locale semplice che non cerca di attirare né la folla dei navigatori e i curiosi della pertica né gli studenti facoltosi dei college: è un pub tradizionale, senza cibo, senza musica, solo birra

Greene King, ma è molto noto per la sua Abbot Ale, reputata la migliore della città.

Per chi preferisce qualcosa di più moderno, ultimamente parecchi locali hanno aperto in città: *Bar Ha! Ha!* (☎ *305089, 17 Trinity St*) è un locale di tendenza che raccoglie una clientela di giovanissimi (v. anche **Pasti** più sopra).

Il *Sophbeck Sessions* (☎ *569100, 14 Tredgold Lane*) che si trova a nord-est del centro, è un locale nuovo che si sta facendo una buona reputazione tra gli studenti e i turisti, dove si può bere qualcosa ascoltando musica jazz e soul.

Locali notturni Con una popolazione composta per la maggior parte di studenti, non è strano che Cambridge abbia una buona scelta di discoteche, ma non aspettatevi niente di veramente alternativo o underground. La musica che viene spesso diffusa da questi locali spazia dal commerciale e house, al sexy R&B.

La discoteca più rinomata al momento della stesura della guida era *Fez* (☎ *519 224, 15 Market Passage*) davanti alla quale sovente si fa la coda per entrare e dove viene diffusa musica con i bassi a tutto volume. Il locale è aperto dalle 20 alle 2 dal lunedì al sabato, l'ingresso costa da £2 a £7, secondo la notte, (ingresso libero prima delle 21 il lunedì e il mercoledì).

Il *Po Na Na* (☎ *323880, 7b Jesus Lane*) è un bar/discoteca fantastico, situato nel seminterrato di un edificio neoclassico. Con uno stile da casbah marocchina, è aperto fino alle 2. Un DJ propone un misto di ritmi latino-americani, house e funky. L'ingresso costa £1,50.

Anche il *Fifth Avenue* (☎ *364222, Heidelburg Gardens, Lion Yard)* è un locale rinomato, e un posto dove ci si può divertire anche se a volte è veramente molto affollato. Serate a tema con nomi tipo 'Desire', 'Hustle' (spintone), 'A Kick up the 90s' (un calcio agli anni '90) sono un po' la versione cambridgeana di 'Ibiza Uncovered'. L'ingresso costa circa £7 e durante il fine settimana è richiesto un abbigliamento adeguato.

The Man on the Moon (☎ *474144, 2 Norfolk St)* è l'unico locale di Cambridge che si può avvicinare allo stile underground e chiude alle 23. Qui si può ascoltare una scelta di breakbeats e hard techno, l'ingresso costa tra £1 e £2 e, fedeli allo stile underground, la richiesta di abbigliamento è: qualunque cosa abbiate nel guardaroba, stirata o no.

Teatro Il *Corn Exchange* (☎ *357851),* vicino al TIC, è il centro culturale d'arte e di teatro più frequentato della città, il cui programma presenta spettacoli di tipo diverso come l'English National Ballet e lo show americano Sesame Street Live. L'*Arts Theatre* (☎ *503333)*, restaurato di recente, si trova al 6 di St Edward's Passage. Le esecuzioni del King's College Choir sono spettacoli assolutamente da non perdere (v. **Primo itinerario a piedi** più sopra).

Per/da Cambridge

Da Londra si può pensare di fare un'escursione di un giorno (anche se è comunque meglio stare due giorni) oppure vi potete fermare a Cambridge come tappa intermedia se pianificate un viaggio verso il nord dell'Inghilterra. Il servizio ferroviario è ottimo, un po' meno buono il servizio di autobus.

Autobus Il numero del servizio informazioni è ☎ 317740. Per Londra partono ogni ora autobus della compagnia National Express (☎ 0870 580 8080, £8, 2 ore e mezzo), e da Bristol partono quattro autobus al giorno (due fermano a Bath, £25,75, 6 ore). Purtroppo non ci sono linee dirette per il nord. Per andare a Lincoln o a York bisogna cambiare autobus rispettivamente a Peterborough o a Nottingham. Anche a King's Lynn si arriva solo cambiando a Peterborough, e in questo caso è molto più semplice il tragitto in treno.

Sei autobus al giorno della Cambridge Coach Services (☎ 423900) fanno servizio da Cambridge a Oxford passando dall'aeroporto di Stansted (£8/14 per un biglietto andata o andata e ritorno, 3 ore). Della stessa compagnia ci sono anche autobus per gli aeroporti di Heathrow (£15,50) e Gatwick (£18,50).

Treno Ogni mezz'ora partono treni dalle stazioni di King's Cross e Liverpool St (£15,50, 55 minuti). Per questi tragitti sono valide le tessere Network railcard. I treni che partono da King's Cross effettuano il percorso via Hatfield e Stevenage. Ci sono anche coincidenze ogni ora per Bury St Edmunds (£5,30, 45 minuti), Ely (£2,90, 15 minuti) e King's Lynn (£6,90, 50 minuti). A Peterborough si possono prendere le coincidenze per Lincoln, York ed Edimburgo. Se volete dirigervi verso ovest, in direzione di Oxford e Bath, dovrete ritornare a Londra.

Trasporti urbani

Il centro di Cambridge è ora chiuso alla maggior parte dei veicoli, motivo per cui è consigliabile usare i parcheggi intorno alla città, i ben segnalati Park and Ride (£1,25).

Autobus Una navetta gratuita con motore a gas fa servizio nel centro e si ferma a Emmanuel St. Parecchi autobus della compagnia Cambus (☎ 423554, 50p) circolano per la città con capolinea a Drummer St, compreso anche il n. 1 che va dalla stazione ferroviaria al centro.

Taxi Per chiamare un taxi telefonate a Cabco (☎ 312444). A meno che non abbiate molti bagagli, non è necessario prendere un taxi dalla stazione per recarvi in centro, che potete raggiungere in 25 minuti a piedi. Il taxi ci mette circa 10 minuti (un po' di più se c'è traffico), per un costo di £3/3,60.

Bicicletta È molto facile andare in giro per Cambridge a piedi, ma se pernottate un po' fuori dal centro, o pensate di esplorare i fen, può essere utile noleggiare una bicicletta. Le collinette sono poco elevate, non è perciò necessario prendere una mountain bike. Molti noleggiatori propongono biciclette con tre rapporti. Ben Hayward Cycles (☎ 35229), 69 Trumpington St, affitta biciclette per £10 al giorno da metà maggio a metà ottobre, che potete anche prenotare su Internet al sito www.benhay wardcycles.com. Geoff's Bike Hire (☎ 365629), 65 Devonshire Rd, vicino all'ostello della gioventù, chiede £7 per una giornata e circa £15 per settimana, ma i tesserati della YHA possono avere il 10% di sconto. Cambridge Recycles (☎ 506035), 61 Newnham Rd, chiede da £6 a £10 per un giorno intero. Mike's Bikes (☎ 312 591), Mill Rd, è il noleggio meno caro: £5 per una giornata o £8 per una settimana (più £25 di cauzione) per una bicicletta senza cambio.

DINTORNI DI CAMBRIDGE
Grantchester

Grantchester è un grazioso villaggio situato tre miglia (5 km) a sud-ovest di Cambridge. Il paesaggio composto dai cottage con i tetti di paglia e i prati pieni di fiori lungo il fiume Granta (il fiume Cam era conosciuto nel passato con questo nome e qui ancora viene chiamato così) formano la quintessenza della vita inglese, e fu immortalato dal poeta Rupert Brooke, studente al King's College prima della Prima guerra mondiale, in questi versi: 'Stands the church clock still at ten to three, and is there honey still for tea?' (L'orologio della chiesa è fermo alle tre meno dieci, e c'è ancora miele per il tè?).

L'abitante più illustre di Grantchester è il romanziere Jeffrey Archer, che vive tuttora nell'antica casa del parroco (Old Vicarage).

Nel villaggio troverete dei caffè e alcuni pub molto graziosi; provate per esempio l'*Orchard Tea Gardens* (☎ 845788, 45 Orchard House, Mill Way) dove vengono serviti tè con deliziose brioche, panna fresca e marmellata di fragole sotto i meli. Tra i pub il migliore è il *Red Lion* (☎ 840121, 33 High St) vicino al fiume, con un gradevole giardino.

A Grantchester potete arrivarci sia dal sentiero che costeggia il fiume, sia con le barche a pertica (punt), che potrete noleggiare a Cambridge (v. la lettura **Punting: come remare con una pertica**).

American War Cemetery

A Madingley, situato 4 miglia (6 km) a ovest di Cambridge, si trova un cimitero particolarmente commovente, con file regolari di croci di marmo bianco che si stendono lungo i pendii, che commemora i 3811 americani stanziati in Gran Bretagna caduti durante la Seconda guerra mondiale. L'ultimo soldato sepolto qui, morì durante la guerra del Golfo, nel 1991. Il cimitero (☎ 01954-210350) è aperto dal 16 aprile al 30 settembre dalle 8 alle 17.30 (fino alle 17 durante il resto dell'anno).

Il cimitero è incluso in un'escursione con guida che parte da Cambridge il venerdì (v. sopra **Escursioni organizzate**, in **Cambridge**).

Duxford Imperial War Museum

Consigliamo vivamente questo museo (☎ 01223-835000), che si trova 9 miglia (14 km) a sud di Cambridge vicino all'autostrada, agli appassionati di equipaggiamenti militari. Il museo è situato in un campo di aviazione che ebbe un ruolo significativo nella Seconda guerra mondiale, in special modo in occasione della famosa Battle of Britain. Fu anche la base del battaglione Dambuster di Lancaster e oggi accoglie il battaglione Red Arrows della Royal Air Force, i cui piloti sono conosciuti in tutto il mondo per le spericolate e spettacolari esibizioni aeree.

Troverete qui la più grande collezione europea di aeronautica, dai biplani usati nella Prima guerra mondiale fino ai jet, compreso il Concorde. Nello stesso sito, il nuovo **American Air Museum** ospita la più grande collezione aeronautica civile e militare americana fuori dall'America. Sul sito vengono sovente organizzate esibizioni aeree e nel padiglione della guerra terrestre vengono organizzate ricostruzioni di scene di battaglia, dove potrete vedere in atto l'artiglieria e i carri armati della Seconda guerra mondiale. Per i ragazzi vengono proposte simulazioni di volo ed è messo a disposizione uno spazio per giocare con materiale da guerra. Nel 1998 il museo conseguì lo Stirling Prize, il premio d'architettura più ambito in Gran Bretagna.

Il museo è aperto in luglio e agosto dalle 10 alle 18 (fino alle 16 gli altri mesi). L'ingresso costa £7,40/3,70. Dal museo partono navette, il cui biglietto è compreso nel prezzo d'ingresso, dalla stazione ferroviaria di Cambridge ai 40 e ai 50 minuti di ogni ora tra le 9.40 e le 16.40 (fino alle 14.40 da settembre a giugno), che fanno una fermata davanti al Crowne Plaza Hotel vicino al Lionyard.

Wimpole Hall

Questa vasta ed elegante dimora circondata da un bellissimo parco di 140 ettari, che fino a poco tempo fa era l'abitazione della figlia di Rudyard Kipling, appartiene ora al National Trust. L'adiacente Wimpole Home Farm, adiacente, fu costruita nel 1794 come fattoria modello e oggi accoglie un gran numero di allevamenti di razze rare.

Wimpole Hall (☎ 01223-207257) si trova 8 miglia (13 km) a sud-ovest di Cambridge sulla A603. La fattoria è aperta, da marzo a novembre, tutti i giorni tranne il lunedì e il venerdì, dalle 10.30 alle 16, fino alle 17 in luglio e agosto. La dimora invece è aperta tutti i giorni, eccetto il lunedì e il venerdì, dalle

I fen

I fen erano strane paludi che si stendevano da Cambridge verso nord fino a The Wash e ancora più in là, verso il Lincolnshire. Erano il rifugio di persone che conducevano un'esistenza isolata in questo labirinto di canali e fiumi, vivendo di pesca, caccia e coltivando fazzoletti di terra. Nel XVII secolo, però, il duca di Bedford e un gruppo di speculatori chiesero all'ingegnere olandese Cornelius Vermuyden di bonificare i fen, e furono create così le vaste pianure con ricchi terreni da coltivare. Questa regione fece da scenario alla bella novella *Waterland* di Graham Swift.

I fen stanno di nuovo scomparendo sott'acqua, a causa delle modificazioni subite dal tempo atmosferico della terra e l'aumento del livello del mare. Si pensa che per il 2030 più di 400.000 ettari di terra saranno sommersi.

13 alle 17. Questi orari sono soggetti a cambiamenti, telefonate per informazioni più particolareggiate. L'ingresso costa £5,90 per la sola dimora e £8,50 se volete visitare anche la Home Farm (i bambini pagano metà prezzo). L'ingresso al parco è libero.

La dimora si può raggiungere da Cambridge con l'autobus n. 175 della compagnia Whippet, mentre gli amanti delle escursioni potranno percorrere a piedi le 13 miglia (21 km) che la dividono da Cambridge lungo il sentiero segnalato. Chiedete l'opuscolo su questa escursione al TIC.

ELY
Pop. 9000 ☎ 01353

Ely è un'affascinante cittadina sede di mercato con belle case di stile georgiano, un porto fluviale e una delle cattedrali più importanti del paese (v. la lettura I fen). Edificata al centro dei fen, Ely un tempo era su un'isola e trae il suo nome dalle anguille (*eels*) di cui erano ricche le acque circostanti.

Orientamento e informazioni

Ely, facilmente raggiungibile da Cambridge, è una piccola cittadina e si può tranquillamente visitare in un giorno. Il TIC (☎ 662062, fax 668518) si trova nella Oliver Cromwell's House, ed è aperto da aprile a settembre tutti i giorni dalle 10 alle 17; gli altri mesi dell'anno dal lunedì al sabato dalle 10 alle 17, e dalle 11 alle 16 la domenica.

Esiste un biglietto cumulativo (£9, £7 per gli studenti) che comprende l'ingresso alla cattedrale, il museo delle vetrate, l'Ely Museum e la Oliver Cromwell's House.

L'ufficio postale (☎ 669946) si trova al 19 di High St, nello stesso edificio che accoglie anche la farmacia Lloyd's Chemist (☎ 662226). Il Prince of Wales Hospital (☎ 652000) si trova a un miglio circa del centro, verso nord, vicino a Lynn Rd. La stazione di polizia è situata in Lynn Rd, in caso di bisogno dovrete telefonare alla polizia di Cambridge (☎ 01223-358966) che poi le trasferisce all'ufficio di Ely.

Cattedrale di Ely

Le origini della cattedrale sono legate a una grande regina del Northumbria, chiamata Etheldreda, che nonostante si fosse sposata due volte, perseguiva con determinatezza la sua vocazione di farsi suora. Fondò dunque un'abbazia nel 673 e dopo la sua morte fu canonizzata per le sue opere pie e l'abbazia divenne ben presto un centro di pellegrinaggio.

Fu un vescovo normanno, Simeon, a gettare le fondamenta della cattedrale, la quale, completata nel 1189, rimane uno splendido esempio di architettura romanico-normanna. Nel 1322 – dopo il crollo della torre centrale – vennero eretti due elementi che resero famosa la cattedrale: l'ottagono e la lanterna, con volte a ventaglio e ricche decorazioni. Tra gli altri particolari degni di nota citiamo la Lady Chapel, aggiunta nel XIV secolo, la più grande d'Inghilterra. Nonostante gli interventi distruttivi degli iconoclasti, le nicchie conservano intatti i delicati lavori di intaglio e le decorazioni. Entrando dalla porta occidentale, un magnifico scorcio dell'interno della cattedrale – che comprende la navata in tutta la sua lunghezza, gli stalli del coro, fino alle bellissime vetrate – si apre senza ingombri e con un sublime senso dello spazio, della luce e della spiritualità.

Ely fu la prima cattedrale inglese a istituire un ingresso a pagamento (che si eleva ora £4) e, i fondi raccolti dai biglietti dal 1986 in poi, hanno permesso di restaurare l'ottagono e la torre con la lanterna. Le visite guidate sono gratuite. Si possono visitare anche l'ottagono e il soffitto. Il museo delle vetrate (£3,50) si trova nel triforio meridionale. La cattedrale (☎ 667 735) è aperta dalle 7 alle 19 (alle 17 in inverno). Le funzioni domenicali con il coro si svolgono alle 10.30 e il vespro viene recitato alle 15.45.

Altri luoghi interessanti

Nel quartiere che circonda la cattedrale, di grande interesse storico e architettonico, si trovano il Bishop's Palace, oggi trasformato in casa di cura e la King's School, che prepara i coristi della cattedrale.

La **Oliver Cromwell's House** (☎ 662 062) verso ovest, dall'altra parte della strada di St Mary's Green, è una graziosa casa a graticcio del XIV secolo che fu la dimora di Cromwell e della sua famiglia dal 1636 al 1646, nel periodo in cui Cromwell era esattore di decime a Ely. Ora la stanza che dà sulla strada è occupata dal TIC, che propone un film sulla storia della casa e una visita dell'appartamento (£3/2,40).

Troverete una presentazione storica della città all'**Ely Museum** (☎ 666655), che si trova in Old Gaol House ed è aperto tutti i giorni dalle 10.30 alle 17.30 (fino alle 16.30 da novembre ad aprile). L'ingresso costa £2/1,25.

Seguite le indicazioni che vi faranno scendere al fiume, dove troverete un interessante **centro d'antiquariato** sulla riva del fiume. Nelle vicinanze l'**Old Maltings** (☎ 662633), in Ship Lane, organizza mostre e al suo interno troverete anche un caffè (la Waterfront Brasserie). Il fiume

River Great Ouse si presenta come un'arteria di grande traffico, dove cigni, anatre e barche lottano per avere un po' di spazio. Il sentiero che costeggia il fiume serpeggia seguendo le anse: girate a sinistra se volete farvi una passeggiata tranquilla; seguendo questo sentiero vedrete dopo qualche tempo i fen all'orizzonte.

Pernottamento

Non ci sono molti alberghi di categoria economica a Ely. Troverete molti B&B in Egremont St. Al n. 31, la *Old Egremont House* (☎ *663 118, fax 666968)* propone singole/doppie confortevoli per £40/46 in una casa deliziosa con giardino. Al *No 23* (☎ *664557)*, la sistemazione B&B costa £25/40. Con la bandiera inglese che sventola fuori, non potrete non trovare il *The Post House* (☎ *667184)*, al 12a, le cui stanze costano £19/38.

In Broad St, il *No 84 (*☎ *666862)* possiede una sola camera doppia che propone a £18/32. La *Cathedral House* (☎/*fax 662124, @ farndale@cathedralhouse.co.uk, 17 St Mary's St)* chiede £40/50 per le sue camere belle e molto confortevoli in B&B.

Pasti

Vicino alla cattedrale, la *Steeplegate Tea Room* (☎ *664731, 16 High St)* propone pranzi leggeri e patate al forno farcite a partire da £2,50.

Nella zona della cattedrale si trova un bel ristorante con giardino, l'*Almonry* (☎ *666360)* situato a sinistra della Lady Chapel, in cui viene proposta una vasta scelta di tè e caffè.

Dominiques (☎ *665011, St Mary's St)* serve cream tea, pranzi e cene con menu a prezzo fisso (£18). Chiuso il lunedì e il martedì, non accetta fumatori e ha una buona scelta di piatti per i vegetariani.

La specialità locale di Ely sono le anguille, che potrete gustare in parecchi ristoranti, in modo particolare consigliamo il migliore ristorante di Ely, l'*Old Fire Engine House (*☎ *662582, St Mary's St)* dove il cibo è ottimo e l'accoglienza vi farà sentire più come a casa di un amico che in un ristorante.

I piatti principali costano tutti intorno a £12. Aperto tutti i giorni tranne la domenica.

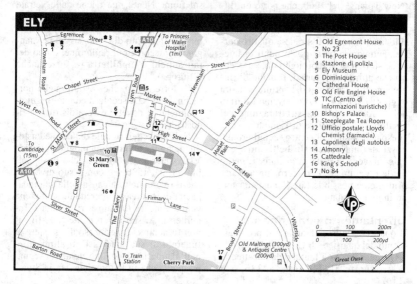

ELY

1 Old Egremont House
2 No 23
3 The Post House
4 Stazione di polizia
5 Ely Museum
6 Dominiques
7 Cathedral House
8 Old Fire Engine House
9 TIC (Centro di informazioni turistiche)
10 Bishop's Palace
11 Steeplegate Tea Room
12 Ufficio postale; Lloyds Chemist (farmacia)
13 Capolinea degli autobus
14 Almonry
15 Cattedrale
16 King's School
17 No 84

Per/da Ely

Ely si trova sulla A10, a 15 miglia (24 km) da Cambridge. Un sentiero lungo 17 miglia (27 km) segue la Fen Rivers Way: chiedetene la cartina ai diversi TIC della regione.

L'autobus n. 106 della Stagecoach Cambus (☎ 01223-423554) parte ogni mezz'ora dall'autostazione Drummer St di Cambridge (£3,10, 1 ora e un quarto); è un po' lento e si ferma dappertutto fino al capolinea di Ely che si trova in Market St. L'autobus n. X8 parte ogni ora ed è un po' più veloce (40 minuti).

Il mezzo più veloce ed economico resta il treno: da Cambridge parte un treno ogni ora (£2,90, 15 minuti).

PETERBOROUGH
Pop. 156.600 ☎ 01733

Peterborough si autodefinisce come la capitale dello shopping, ed è in parte vero, almeno per quanto riguarda il commercio e i negozi, ma non si può dire che attiri i turisti che sono abituati ai grandi supermercati e alle strade piene di negozi. Centro commerciale molto attivo, Peterborough è una città che rientra nel programma 'New Towns' del 1960, che portò un rinnovamento urbanistico sostanziale, comprendente la costruzione di complessi residenziali nuovi e di strade a quattro corsie. Tuttavia, a parte pochi punti di interesse storico, Peterborough non è un centro che attira molti turisti. Il piano di rinnovamento urbanistico continua ancora oggi, e si sta portando a termine l'ultimo dei quattro piani di ristrutturazione del territorio – il quartiere di Hampton – che si espande a sud del centro. Peterborough possiede una cattedrale bellissima, che vale davvero la pena di visitare. È molto facile raggiungere Peterborough da Cambridge ed è possibile fare l'andata e ritorno in una giornata.

Orientamento e informazioni

Il quartiere della cattedrale è il prolungamento del quartiere di Cowgate, Bridge St e Queensgate. Non lontano dalla cattedrale troverete il TIC (☎ 452336, fax 452353, ✉ tic@peterborough.gov.uk), 45 Bridge St che è aperto dal lunedì al venerdì dalle 8.45 alle 17 (dalle 10 il giovedì), e il sabato dalle 10 alle 16. Esiste un sito Internet – www.peterborough. gov.uk – sui negozi e sulla cattedrale. La stazione degli autobus e la stazione ferroviaria sono poco lontane dal centro, verso ovest.

Peterborough Cathedral

Ai tempi degli Anglosassoni, quando la regione faceva parte del regno di Mercia, il re Peada, recentemente convertito al cristianesimo, fondò qui nel 655 una chiesa monastica, che fu saccheggiata e distrutta dai Danesi nell'870. Nel 1118 l'abate benedettino John de Sais fondò una chiesa appartenente all'abbazia benedettina – l'attuale cattedrale – che fu consacrata nel 1237. Accedendo nel recinto da Cathedral Square, si ha un bellissimo scorcio del lato occidentale – risalente all'inizio del XIII secolo – che fa di questa cattedrale una delle più belle d'Inghilterra. All'interno si rimane impressionati dall'altezza della navata e dalla leggerezza che deriva non solo dalla pietra di Barnack (estratta nelle vicinanze e trasportata sul fiume Nene), ma anche dalle vetrate del cleristorio. La navata, a tre piani, è uno stupendo esempio di architettura normanna. Il soffitto di legno, su cui permangono le decorazioni policrome, è uno dei più antichi d'Inghilterra (e forse anche d'Europa).

La torre gotica, che sostituì quella normanna, nel XIX secolo diede dei segni di cedimento e dovette essere distrutta e ricostruita.

Nell'ala settentrionale del coro è custodita la tomba della prima moglie di Enrico VIII, Caterina di Aragona, che fu seppellita qui nel 1536. Fu con il suo divorzio, che il re architettò a causa della sua incapacità di procreare un erede maschio, che venne fondata la chiesa riformata d'Inghilterra. Al suo unico erede (una figlia) non fu nemmeno permesso di assistere al funerale di sua madre. Dall'altra parte, nell'ala meridionale, due stendardi segnano quella che fu la tomba di Maria Stuarda regina di Scozia, il cui corpo fu portato nella Westminster Abbey, quando suo figlio Giacomo salì al trono.

Il lato orientale della cattedrale, conosciuto sotto il nome di New Building fu aggiunto nel XV secolo e possiede una bellissima volta a ventaglio, attribuita al mastro muratore John Wastell, che lavorò anche alla King's College Chapel.

La cattedrale (☎ 343342) è aperta dalle 8.30 alle 17.15 e l'ingresso è libero (ma viene richiesta una donazione di £3). Ogni 29 gennaio viene organizzata una processione per commemorare la morte di Caterina di Aragona.

Pernottamento e pasti

Se per un motivo qualunque vi trovate a Peterborough e dovete passarci la notte, non dovreste avere nessun problema per trovare un albergo, specialmente se vi dirigete a nord del centro, in Oundle Rd.

Il *Graham Hotel* (*☎/fax 567824, 296 Oundle Rd)*, che si trova a circa 400 m dal centro, ha singole/doppie per £18/35. Il

Longueville Guesthouse (*☎/fax 233422, 411 Oundle Rd)* propone camere di migliore qualità per £30/40.

Il *Papillon Café* (*☎ 314659, 9 Queensgate Centre)* è un locale grazioso, dove servono sandwich e piatti caldi al costo di circa £4.

Un altro indirizzo simpatico è il *Nip In Café* (*☎ 34603835, Hereward Cross)* con prezzi simili al precedente.

In centro potrete trovare anche un caffè della catena *Clown's* (*☎ 341124, 5 Midgate)*.

Per/da Peterborough

Peterborough è situato 37 miglia (60 km) a nord di Cambridge. Gli autobus della Stagecoach United Counties (☎ 01604-620077) e della National Express (☎ 0870-580 8080) collegano Cambridge a Peterborough (£7, 1 ora). Non tutti sono diretti, e a volte è necessario cambiare a Huntingdon. Da Cambridge partono treni per Peterborough ogni ora (£8,60, 55 minuti).

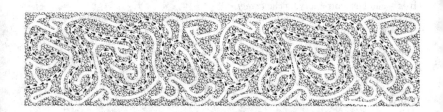

Glossari

Glossario linguistico

agister – pastore salariato
aka – alias
almshouse – sistemazione per anziani o persone bisognose
AONB – Area of Outstanding Natural Beauty (Area di eccezionale valore naturalistico)

BABA – Book-A-Bed-Ahead (sistema di prenotazione)
bailey – muri di cinta esterni di un castello
banger – vecchia automobile a poco prezzo
bangers – salsicce
bap – panino di hamburger
bent – non completamente lecito
bevvied – ubriaco
bevvy – qualcosa da bere
bevvying – bere
billion – un miliardo
bitter – birra rossa
black pudding – tipo di sanguinaccio
bloke – uomo
bloody (agg.) – maledetto (nelle imprecazioni)
bodge job – riparazione eseguita in modo approssimativo
bridleway – sentiero percorribile a piedi, in bicicletta o a cavallo
Brummie – nativo di Birmingham
BTA – British Tourist Authority (il Ministero del Turismo inglese)
bus – autobus, corriera (v. anche *coach*)
BYO – *bring your own* (letteralmente 'portate il vostro')

caff – tavola calda a buon mercato
cheers – cin cin
chemist – farmacia
chine – calanco
chips – patatine fritte

circus – piazza generalmente circolare in cui confluiscono più strade
coach – pullman (v. anche *bus*)
coaching inn – locanda della posta in cui si cambiavano i cavalli
coasteering – avanzare lungo la costa, arrampicandosi, saltando, nuotando o strisciando
Corbett – montagna tra i 762 e i 914 m di altitudine
couchette – cuccetta del treno
courts – cortili
crack – simpatica chiacchierata (di origine irlandese)
crannogh – insediamento fortificato costruito sull'acqua
crisps – patatine croccanti
croft – appezzamento di terreno con annessa la casa del contadino

dear – costoso
DIY – do-it-yourself (fai da te)
dolmen – monumento sepolcrale preistorico
dosh – denaro
dough – denaro
downs – altipiano ondulato caratterizzato dall'assenza di alberi
duvet – piumone per il letto

EH – English Heritage (l'ente statale preposto alla conservazione del patrimonio culturale inglese)
EU – Unione Europea
evensong – vespro della liturgia anglicana

fag – sigaretta; compito noioso
fagged – stanco morto
fanny – organo sessuale femminile
fen – pianura bassa, in genere paludosa o bonificata
fiver – banconota da £5
flat – appartamento
flip-flops – ciabatte di gomma

gaffer – capo o responsabile
grand – mille
greasy spoon – caffè/tavola calda a buon mercato
gutted – molto deluso
guv, guv'nor – (*governo*) termine con cui si chiama il capo; può essere anche ironico

hammered – ubriaco
hire – noleggiare
hosepipe – pompa per innaffiare il giardino
hotel – sistemazione con servizio di ristorazione e bar, non sempre aperto agli ospiti di passaggio
Huguenots – protestanti francesi

inn – pub con camere per la notte/locanda

jumper – maglione

kyle – stretto braccio di mare

lager lout – teppista ubriaco
ley – radura
lock – chiusa di canale o fiume
lolly – denaro; lecca-lecca, ghiacciolo
lorry – camion
love – appellativo cortese indirizzato alle donne, sia da uomini sia da donne, senza implicazione sentimentale

machair – dune di sabbia coperte da erba e fiori
manky – cattiva qualità
Martello tower – piccola torre circolare per la difesa delle coste
mate – amico, appellativo per gli uomini
midge – insetto tipo zanzara
motte – terrapieno su cui è costruito il castello

naff – inferiore, insipido
NT – National Trust, associazione senza scopo di lucro che si occupa della conservazione delle dimore storiche e della tutela ambientale in Inghilterra e nel Galles

oast house – edificio usato come essiccatoio per il luppolo

off-licence (offie) – negozio di vini e alcolici
OS – Ordnance Survey, ente che si occupa della cartografia ufficiale dell'Inghilterra e dell'Irlanda
owlers – contrabbandieri

pee – pence
pele – case fortificate
pissed – ubriaco
pissed off – arrabbiato
pitch – campo da gioco
ponce – uomo eccessivamente ben vestito o effeminato
postbuses – minibus che svolgono servizio di camioncini postali nelle campagne
pub – abbreviazione di *public house*, locale con un bar che serve cibo e che a volte dispone anche di camere d'albergo
punter – cliente

queue – coda (di persone che aspettano)
quid – sterlina

ramble – fare una passeggiata
return ticket – biglietto andata e ritorno
roll-up – sigaretta arrotolata
rood – sinonimo di croce, crocifisso
RSPB – Royal Society for the Protection of Birds (Associazione regia per la protezione dell'avifauna)
rubber – gomma; preservativo
rugger – rugby

sacked – licenziato
sarnie – sandwich
shag – fare sesso con
shout – turno per pagare da bere
shut – passaggio parzialmente coperto
single ticket – biglietto solo andata
snogging – coccolare
spondulicks – denaro
SSSI – Site of Special Scientific Interest (Sito di speciale interesse scientifico)
steaming – ubriaco
stone – unità di misura uguale a 6,350 kg
subway – sottopassaggio
sweets – caramelle e affini

ta – (*thank you*) grazie
thwaite – radura

TIC – Tourist Information Centre (Centro di informazioni turistiche)

ton – cento

tor – parola celtica che descrive una collina dalla forma triangolare

torch – torcia elettrica

towpath – alzaia, sentiero che costeggia i canali

trainers – scarpe da tennis o da corsa

traveller – hippy nomade

tron – peso pubblico

tube – metropolitana di Londra

twitchers – osservatori di uccelli

twitten – passaggio, viuzza

Underground – metropolitana (v. anche *tube*)

VAT – Value Added Tax, IVA

verderer – guardia forestale delle foreste reali

way – una pista per il trekking

wellied – ubriaco

wellies – (*wellington*) stivali di gomma

wide boy – piccolo delinquente, playboy da strapazzo

wold – zona collinare con ampie valli

yob – teppista

ziggurat – alto edificio costituito da terrazze sovrapposte

Glossario di architettura religiosa

abbey – abbazia
Comunità di monaci o suore, o complesso degli edifici occupati da queste comunità. Quando Enrico VIII soppresse i monasteri tra il 1536 e il 1540, molte abbazie inglesi e irlandesi furono distrutte o trasformate in abitazioni private, alcune invece furono trasformate in chiese. Per questo il termine *abbey* può essere riferito a un'abitazione privata o a una chiesa

aisle – ala o navata laterale
Navata parallela alla navata centrale, dalla quale è divisa da una fila di pilastri o di colonne

alignment – asse
Anche se non sempre in accordo con i punti cardinali, le chiese gotiche dovrebbero essere costruite su un asse est-ovest, con l'altare, il presbiterio e il coro posti all'estremità orientale e la navata in prossimità di quella occidentale

ambulatory – deambulatorio
Prolungamento delle navate laterali nella zona absidale dietro l'altare

apse – abside
Zona semicircolare o rettangolare destinata al clero, all'estremità orientale di una chiesa a pianta tradizionale

baptistry – battistero
Edificio destinato al rito battesimale, sovente annesso alla cattedrale

barrel vault – volta a botte
Volta di sezione semicilindrica (tipica dell'architettura romanica)

boss – chiave di volta
Pietra a cuneo sporgente, sovente riccamente decorata, posta al punto di intersezione dei costoloni di una volta

brass – lapide
Iscrizione commemorativa frequente nelle chiese medievali consistente in una placca di ottone incastrata nel pavimento o su una lastra tombale, che porta i dati anagrafici del defunto oppure un semplice testo

buttress – contrafforte
Supporto verticale che sorregge un muro

campanile – campanile
Corpo architettonico attiguo alla chiesa in cui sono ospitate le campane; le cattedrali di Chester e Westminster hanno un campanile di recente edificazione

chancel – presbiterio, coro
Zona della chiesa riservata al clero. Il ter-

mine inglese deriva dal latino e indica la transenna che separava all'epoca le due parti della chiesa

chantry – cappella votiva
Cappella edificata da un donatore, destinata alla celebrazione delle messe in suo suffragio

chapel – cappella
Piccolo edificio sacro o luogo di preghiera generalmente incorporato alla navata. Le cappelle di alcune cattedrali inglesi furono edificate da corporazioni di artigiani

chapel of ease – cappella sussidiaria
Cappella costruita per coloro che vivevano troppo lontano dalla chiesa parrocchiale

chapterhouse – sala capitolare
Costruzione facente parte del complesso religioso dove si tengono le riunioni del decano con il capitolo, i canonici addetti alla cattedrale

chevet – cappelle radiali
Cappelle disposte in semicerchio, più frequenti in Francia ma presenti anche nelle cattedrali di Westminster e Canterbury

choir – coro
Parte absidale in cui trovano posto gli stalli per i cantori del coro, normalmente situata a est dei transetti e della navata centrale; a volte chiamata anche presbiterio

clerestory – cleristorio
Parete della navata centrale, più alta delle navate laterali e dotata di ampie finestre per consentire l'entrata della luce

cloister – chiostro
Cortile interno di conventi o monasteri delimitato da portici oppure portico che collega la chiesa con gli edifici monastici adiacenti

close – recinto
Area chiusa circostante la cattedrale nella quale si trovano gli altri edifici del complesso. Conosciuto anche come *precint*

collegiate – collegiata (o chiesa collegiata)
Chiesa non vescovile ma con un capitolo di canonici e prebendari

corbel – centina
Struttura di sostegno in legno o in pietra che sorregge un arco o una trave

crossing – crociera
Intersezione tra la navata centrale e i transetti

flying buttress – arco di sostegno
Sostegno composto da due parti: un contrafforte e uno o più archi che partono dal contrafforte e si appoggiano alla navata

font – fonte battesimale
Vasca usata per il battesimo, generalmente all'estremità occidentale della chiesa, oppure situata in un battistero esterno alla chiesa

frater – refettorio
Sala comune dei monasteri medievali, molto ampia, in cui si consumavano i pasti

lady chapel – cappella della Madonna
Cappella dedicata alla Vergine Maria generalmente situata all'estremità orientale, dietro l'altare

lancet – finestra a ogiva
Finestra tipica dello stile gotico inglese

minster – chiesa di abbazia

misericord – misericordia
Mensola d'appoggio sotto il sedile ribaltabile dello stallo, spesso riccamente intarsiata, usata durante i momenti della funzione che richiedevano di stare in piedi

nave – navata centrale
Parte centrale della chiesa situata all'estremità occidentale, dove si raduna la congregazione dei fedeli

piscina – piscina probatica
Vasca nella quale il prete si lava le mani

presbytery – presbiterio
Spazio situato a est tra l'abside e la navata centrale, riservato al clero, separato dal resto della chiesa da balaustre o plutei

priory – priorìa
Chiesa o edificio religioso sottoposto all'autorità del priore, gerarchicamente inferiore all'abate

pulpit – pulpito
Tribuna soprelevata destinata alla predicazione

quire – coro
Termine medievale che indica il coro

refectory – refettorio
Refettorio monastico

reredos – dossale
Parte posteriore dell'altare

rood screen – jubé; pontile
Transenna, su cui figura un crocifisso, che separa la navata centrale dal coro

squint – finestrella strombata
Apertura o finestrella obliqua in una parete o colonna attraverso la quale si vede l'altare

transepts – transetti
Corpo, sovente aggiunto in periodi successivi, che interseca trasversalmente la navata centrale all'altezza del presbiterio, conferendo alla chiesa una pianta a croce. Alcune chiese medievali inglesi (come quelle di Canterbury e Salisbury) presentano transetti secondari più ridotti

triforium – triforio
Nelle chiese gotiche, galleria che sovrasta da ambo i lati le navate laterali, aperta sulla navata centrale per mezzo di trifore

undercroft – cripta
Sala sotterranea di una chiesa che accoglie tombe o reliquie e che talvolta ha la funzione di cappella

vault – volta
Struttura a superficie curva che copre un edificio spesso sostenuta da nervature o costoloni decorati

vestry – sagrestia
Locale annesso alla chiesa in cui i sacerdoti si preparano per le funzioni e dove si conservano gli arredi sacri

Glossario delle cartine

airport – aeroporto
around – dintorni
arsenal basin – arsenale
avenue – viale
barrage – sbarramento, diga
bastion – bastione
baths – bagni, terme
bay – baia
beach – spiaggia
boat landing – approdo delle imbarcazioni
bookshop – libreria
branch – ramo, affluente
bridge – ponte
bus station – stazione degli autobus
bus, buses – autobus
camp – campeggio
canal – canale
car ferry – traghetto per le auto
cathedral – cattedrale
cemetery – cimitero
chapel – cappella
church – chiesa
commercial basin – porto commerciale
convent – convento
court – cortile
dam – diga
district – quartiere
dock – bacino marittimo
eastern – orientale
embassy – ambasciata
entrance gate – cancello d'ingresso
ferry – traghetto
field – campo, prato
flotel dock – molo di attracco
footbridge – ponte, passaggio pedonale
forest – foresta

fort – forte, fortificazione
garden, gardens – giardino, giardini
gate – porta, portone
gulf – golfo
hall – sala, vestibolo
harbour – porto
hill – collina
hospital – ospedale
hydroelectric station – centrale idroelettrica
island, isle – isola
kiosk – chiosco
lake – lago
lane – vicolo
laundrette – lavanderia
lookout – punto panoramico
main road – strada principale
maritime station – stazione marittima
market – mercato
meadow – prato, prateria
memorial – monumento, cippo
mine – miniera
monastery – monastero
museum – museo
northern – settentrionale
obelisk – obelisco
orphanage – orfanotrofio
overpass – cavalcavia
palace – palazzo
park – parco
parliament – parlamento
pass – passo
path – sentiero pedonale
pedestrian promenade – passeggiata pedonale
pier – molo
pillar – colonna

police station – stazione di polizia
port – porto
post office – ufficio postale
promontory – promontorio
public beach – spiaggia pubblica
public gardens – giardini pubblici
pylon – pilone
railway station – stazione ferroviaria
river – fiume
road – strada
ruins – rovine
sand – sabbia
sea – mare
site – sito
southern – meridionale
square – piazza a pianta quadrata
station – stazione
swimming pool – piscina
temple – tempio
ticket booth – biglietteria
to... – per/verso
tomb – tomba
tourist ferry – traghetto per turisti
tower – torre
town – città
town hall – municipio
trail – sentiero, pista
train station – stazione ferroviaria
tube – metropolitana
underground – metropolitana
underpass – sottopassaggio
university – università
vale – valle
walls – mura
western – occidentale
winery – vineria
youth hostel – ostello della gioventù

Indici

LETTURE E RIQUADRI

Finito di stampare presso Milanostampa s.p.a. – Farigliano (CN)
nel mese di gennaio 2002

Ristampa

Anno

0 1 2 3 4 5 6

2002 03 04 05 06 07

Guide in italiano
Elenco per area geografica

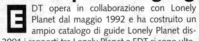

EDT opera in collaborazione con Lonely Planet dal maggio 1992 e ha costruito un ampio catalogo di guide Lonely Planet disponibili in italiano. Da aprile 2001 i rapporti tra Lonely Planet e EDT si sono ulteriormente consolidati in una cooperazione ancora più stretta per sviluppare un programma editoriale sempre più adatto alle esigenze dei lettori italiani. In Italia e nella Svizzera italiana le guide Lonely Planet in italiano sono distribuite da EDT. Negli altri paesi sono distribuite tramite Lonely Planet. In aggiunta a quanto pubblicato nell'edizione originale, l'edizione EDT prevede alcune integrazioni specifiche per i viaggiatori italiani nelle sezioni notizie sul paese, informazioni pratiche, il viaggio.

AFRICA Botswana • Costa d'Avorio, Ghana, Togo, Benin, Nigeria • Egitto • Etiopia, Eritrea e Gibuti • Kenya • Libia • Madagascar • Marocco • Mauritius • Mozambico • Namibia • Niger e Mali, Mauritania e Burkina Faso • Senegal, Capo Verde, Gambia, Guinea, Guinea-Bissau, Sierra Leone, Liberia • Seychelles • Sudafrica, Lesotho e Swaziland • Tanzania, Pemba e Zanzibar • Tunisia • Zimbabwe

AMERICA Argentina • Barbados, Trinidad e altre isole caraibiche • Bolivia • Brasile • California e Nevada • Canada Occidentale • Canada Orientale • Cile e Isola di Pasqua • Colombia • Costa Rica • Cuba • Dominica, Guadalupa, Martinica • Ecuador e Galápagos • Giamaica • Guatemala e Belize • Messico • New England • New York • Perú • Stati Uniti Occidentali • Stati Uniti Orientali • Uruguay e Paraguay • Venezuela • Yucatán e Chiapas

ASIA Asia centrale • Bali e Lombok • Bangkok • Bhutan • Cambogia • Cina Meridionale e Occidentale • Filippine • Hong Kong • India del Nord • India del Sud • Indonesia • Laos • Malaysia e Brunei • Maldive • Mongolia • Myanmar (Birmania) • Nepal • Pechino • Sri Lanka • Tagikistan • Thailandia • Tibet • Tokyo • Trekking in Nepal • Vietnam

EUROPA Amsterdam • Andalusia • Austria • Barcellona • Berlino • Bruxelles, Bruges, Anversa • Budapest • Corsica • Cracovia • Croazia • Danimarca • Dublino • Finlandia • Francia Centrale e Settentrionale • Francia Meridionale • Galles • Germania Centrale e Meridionale • Germania Settentrionale • Grecia Continentale • Isole della Grecia • Inghilterra del Nord • Inghilterra del Sud • Irlanda • Islanda • Isole Canarie • Lisbona • Londra • Mosca • Norvegia • Parigi • Portogallo • Praga • Provenza e Costa Azzurra • Repubblica Ceca • Repubblica Slovacca • Roma • San Pietroburgo • Scozia • Slovenia • Spagna Centrale e Meridionale • Spagna Settentrionale • Svezia • Toscana • Valle della Loira • Vienna

MEDIO ORIENTE Bahrain, Kuwait e Qatar • Gerusalemme • Georgia, Armenia, Azerbaijan • Giordania • Iran • Istanbul • Libano • Oman ed Emirati Arabi Uniti • Siria • Turchia • Yemen

OCEANIA Australia • Fiji • Nuova Zelanda • Tahiti e la Polinesia Francese

DISPONIBILE INOLTRE: Viaggiare con i bambini

LONELY PLANET

Guide in inglese
Elenco per area geografica

Lonely Planet è famosa in tutto il mondo per le informazioni esaustive, utili e rigorosamente controllate che diffonde grazie alle guide di viaggio e al suo sito web. La lista di titoli in inglese di Lonely Planet comprende quasi tutti i luoghi accessibili del globo. Attualmente vengono pubblicate 16 serie: Travel guides (guide di viaggio), Shoestring guides (guide per chi viaggia in economia), Condensed guides (guide condensate), Phrasebooks (frasari), Read This First (da leggere prima del viaggio), Healthy Travel (viaggi e salute), Walking guides (guide per escursionisti), Cycling guides (per i viaggi in bicicletta), Watching Wildlife (guide alla fauna), Pisces Diving & Snorkelling guides (guide alle immersioni), City Maps (mappe cittadine), Road Atlases (atlanti stradali), Out to Eat (guide ai ristoranti), World Food (cibi e cucine del mondo), Journeys travel literature (letteratura di viaggio) e Pictorials (libri illustrati).

AFRICA Africa on a shoestring • Botswana • Cairo • Cairo City Map • Cape Town • Cape Town City Map • East Africa • Egypt • Egyptian Arabic phrasebook • Ethiopia, Eritrea & Djibouti • Ethiopian Amharic phrasebook • The Gambia & Senegal • Healthy Travel Africa • Kenya • Malawi • Morocco • Moroccan Arabic phrasebook • Mozambique • Namibia • Read This First: Africa • South Africa, Lesotho & Swaziland • Southern Africa • Southern Africa Road Atlas • Swahili phrasebook • Tanzania, Zanzibar & Pemba • Trekking in East Africa • Tunisia • Watching Wildlife East Africa • Watching Wildlife Southern Africa • West Africa • World Food Morocco • Zambia • Zimbabwe, Botswana & Namibia
Narrativa di viaggio: Mali Blues: Traveling to an African Beat • The Rainbird: A Central African Journey • Songs to an African Sunset: A Zimbabwean Story

OCEANIA Aboriginal Australia & the Torres Strait Islands •Auckland • Australia • Australian phrasebook • Australia Road Atlas • Cycling Australia • Cycling New Zealand • Fiji • Fijian phrasebook • Healthy Travel Australia, NZ & the Pacific • Islands of Australia's Great Barrier Reef • Melbourne • Melbourne City Map • Micronesia • New Caledonia • New South Wales • New Zealand • Northern Territory • Outback Australia • Out to Eat – Melbourne • Out to Eat – Sydney • Papua New Guinea • Pidgin phrasebook • Queensland • Rarotonga & the Cook Islands • Samoa • Solomon Islands • South Australia • South Pacific • South Pacific phrasebook • Sydney • Sydney City Map • Sydney Condensed • Tahiti & French Polynesia • Tasmania • Tonga • Tramping in New Zealand • Vanuatu • Victoria • Walking in Australia • Watching Wildlife Australia • Western Australia
Narrativa di viaggio: Islands in the Clouds: Travels in the Highlands of New Guinea • Kiwi Tracks: A New Zealand Journey • Sean & David's Long Drive

AMERICA CENTRALE E CARAIBI Bahamas, Turks & Caicos • Baja California • Belize, Guatemala & Yucatán • Bermuda • Central America on a shoestring • Costa Rica • Costa Rica Spanish phrasebook • Cuba • Cycling Cuba • Dominican Republic & Haiti • Eastern Caribbean • Guatemala • Havana • Healthy Travel Central & South America • Jamaica • Mexico • Mexico City • Panama • Puerto Rico • Read This First: Central & South America • Virgin Islands • World Food Caribbean • World Food Mexico • Yucatán
Narrativa di viaggio: Green Dreams: Travels in Central America

EUROPA Amsterdam • Amsterdam City Map • Amsterdam Condensed • Andalucía • Athens • Austria • Baltic States phrasebook • Barcelona • Barcelona City Map • Belgium & Luxembourg • Berlin • Berlin City Map • Britain • British phrasebook • Brussels, Bruges & Antwerp • Brussels City Map • Budapest • Budapest City Map • Canary Islands • Catalunya & the Costa Brava • Central Europe • Central Europe phrasebook • Copenhagen • Corfu & the Ionians • Corsica • Crete • Crete Condensed • Croatia • Cycling Britain • Cycling France • Cyprus • Czech & Slovak Republics • Czech phrasebook • Denmark • Dublin • Dublin City Map • Dublin Condensed • Eastern Europe • Eastern Europe phrasebook • Edinburgh • Edinburgh City Map • England • Estonia, Latvia & Lithuania • Europe on a shoestring • Europe phrasebook • Finland • Florence • Florence City Map • France • Frankfurt City Map • Frankfurt Condensed • French phrasebook • Georgia, Armenia & Azerbaijan • Germany • German phrasebook • Greece • Greek Islands • Greek phrasebook • Hungary • Iceland, Greenland & the Faroe Islands • Ireland • Italian phrasebook • Italy • Kraków • Lisbon • The Loire • London • London City Map • London Condensed • Madrid • Madrid City Map • Malta • Mediterranean Europe • Milan, Turin & Genoa • Moscow • Munich • Netherlands • Normandy • Norway • Out to Eat – London • Out to Eat – Paris • Paris • Paris City Map • Paris Condensed • Poland • Polish phrasebook • Portugal • Portuguese phrasebook • Prague • Prague City Map • Provence & the Côte d'Azur • Read This First: Europe • Rhodes & the Dodecanese • Romania & Moldova • Rome • Rome City Map • Rome Condensed • Russia, Ukraine & Belarus • Russian phrasebook • Scandinavian & Baltic Europe •

LONELY PLANET

Guide in inglese
Distribuzione

Le guide Lonely Planet sono distribuite in tutto il mondo. Se aveste difficoltà a trovare un titolo specifico consultate il sito web Lonely Planet o contattate l'ufficio Lonely Planet UK di Londra: 10a Spring Place, London NW5 3BH, UK, tel. (44) 020 7428 4800, fax (44) 020 7428 4828, e-mail go@lonelyplanet.co.uk.

Le guide sono anche pubblicate in francese e spagnolo e sono distribuite in tutto il mondo. Per ulteriori informazioni contattare Lonely Planet UK di Londra.

Scandinavian phrasebook • Scotland • Sicily • Slovenia • South-West France • Spain • Spanish phrasebook • Stockholm • St Petersburg • St Petersburg City Map • Sweden • Switzerland • Tuscany • Ukrainian phrasebook • Venice • Vienna • Wales • Walking in Britain • Walking in France • Walking in Ireland • Walking in Italy • Walking in Scotland • Walking in Spain • Walking in Switzerland • Western Europe • World Food France • World Food Greece • World Food Ireland • World Food Italy • World Food Spain
Narrativa di viaggio: After Yugoslavia • Love and War in the Apennines • The Olive Grove: Travels in Greece • On the Shores of the Mediterranean • Round Ireland in Low Gear • A Small Place in Italy

SUBCONTINENTE E OCEANO INDIANO Bangladesh • Bengali phrasebook • Bhutan • Delhi • Goa • Healthy Travel Asia & India • Hindi & Urdu phrasebook • India • India & Bangladesh City Map • Indian Himalaya • Karakoram Highway • Kathmandu City Map • Kerala • Madagascar • Maldives • Mauritius, Réunion & Seychelles • Mumbai (Bombay) • Nepal • Nepali phrasebook • North India • Pakistan • Rajasthan • Read This First: Asia & India • South India • Sri Lanka • Sri Lanka phrasebook • Tibet • Tibetan phrasebook • Trekking in the Indian Himalaya • Trekking in the Karakoram & Hindukush • Trekking in the Nepal Himalaya • World Food India
Narrativa di viaggio: The Age of Kali: Indian Travels and Encounters • Hello Goodnight: A Life of Goa • In Rajasthan • Maverick in Madagascar • A Season in Heaven: True Tales from the Road to Kathmandu • Shopping for Buddhas • A Short Walk in the Hindu Kush • Slowly Down the Ganges

MEDIO ORIENTE E ASIA CENTRALE Bahrain, Kuwait & Qatar • Central Asia • Central Asia phrasebook • Dubai • Farsi (Persian) phrasebook • Hebrew phrasebook • Iran • Israel & the Palestinian Territories • Istanbul • Istanbul City Map • Istanbul to Cairo • Istanbul to Kathmandu • Jerusalem • Jerusalem City Map • Jordan • Lebanon • Middle East • Oman & the United Arab Emirates • Syria • Turkey • Turkish phrasebook • World Food Turkey • Yemen
Narrativa di viaggio: Black on Black: Iran Revisited • Breaking Ranks: Turbulent Travels in the Promised Land • The Gates of Damascus • Kingdom of the Film Stars: Journey into Jordan

AMERICA SETTENTRIONALE Alaska • Boston • Boston City Map • Boston Condensed • British Columbia • California & Nevada • California Condensed • Canada • Chicago • Chicago City Map • Chicago Condensed • Florida • Georgia & the Carolinas • Great Lakes • Hawaii • Hiking in Alaska • Hiking in the USA • Honolulu & Oahu City Map • Las Vegas • Los Angeles • Los Angeles City Map • Louisiana & the Deep South • Miami • Miami City Map • Montreal • New England • New Orleans • New Orleans City Map • New York City • New York City City Map • New York City Condensed • New York, New Jersey & Pennsylvania • Oahu • Out to Eat – San Francisco • Pacific Northwest • Rocky Mountains • San Diego & Tijuana • San Francisco • San Francisco City Map • Seattle • Seattle City Map • Southwest • Texas • Toronto • USA • USA phrasebook • Vancouver • Vancouver City Map • Virginia & the Capital Region • Washington, DC • Washington, DC City Map • World Food New Orleans
Narrativa di viaggio: Caught Inside: A Surfer's Year on the California Coast • Drive Thru America

NORD-EST ASIATICO Beijing • Beijing City Map • Cantonese phrasebook • China • Hiking in Japan • Hong Kong & Macau • Hong Kong City Map • Hong Kong Condensed • Japan • Japanese phrasebook • Korea • Korean phrasebook • Kyoto • Mandarin phrasebook • Mongolia • Mongolian phrasebook • Seoul • Shanghai • South-West China • Taiwan • Tokyo • Tokyo Condensed • World Food Hong Kong • World Food Japan
Narrativa di viaggio: In Xanadu: A Quest • Lost Japan

AMERICA MERIDIONALE Argentina, Uruguay & Paraguay • Bolivia • Brazil • Brazilian phrasebook • Buenos Aires • Buenos Aires City Map • Chile & Easter Island • Colombia • Ecuador & the Galapagos Islands • Healthy Travel Central & South America • Latin American Spanish phrasebook • Peru • Quechua phrasebook • Read This First: Central & South America • Rio de Janeiro • Rio de Janeiro City Map • Santiago de Chile • South America on a shoestring • Trekking in the Patagonian Andes • Venezuela
Narrativa di viaggio: Full Circle: A South American Journey

LONELY PLANET

SUD-EST ASIATICO Bali & Lombok • Bangkok • Bangkok City Map • Burmese phrasebook • Cambodia • Cycling Vietnam, Laos & Cambodia • East Timor phrasebook • Hanoi • Healthy Travel Asia & India • Hill Tribes phrasebook • Ho Chi Minh City (Saigon) • Indonesia • Indonesian phrasebook • Indonesia's Eastern Islands • Java • Lao phrasebook • Laos • Malay phrasebook • Malaysia, Singapore & Brunei • Myanmar (Burma) • Philippines • Pilipino (Tagalog) phrasebook • Read This First: Asia & India • Singapore • Singapore City Map • South-East Asia on a shoestring • South-East Asia phrasebook • Thailand • Thailand's Islands & Beaches • Thailand, Vietnam, Laos & Cambodia Road Atlas • Thai phrasebook • Vietnam • Vietnamese phrasebook • World Food Indonesia • World Food Thailand • World Food Vietnam

DISPONIBILI INOLTRE: Antarctica • The Arctic • The Blue Man: Tales of Travel, Love and Coffee • Brief Encounters: Stories of Love, Sex & Travel • Buddhist Stupas in Asia: The Shape of Perfection • Chasing Rickshaws • The Last Grain Race • Lonely Planet ... On the Edge: Adventurous Escapades from Around the World • Lonely Planet Unpacked • Lonely Planet Unpacked Again • Not the Only Planet: Science Fiction Travel Stories • Ports of Call: A Journey by Sea • Sacred India • Travel Photography: A Guide to Taking Better Pictures • Travel with Children • Tuvalu: Portrait of an Island Nation

LEGENDA DELLE CARTINE

CONFINI

━ ━ ━ ━ .... Internazionali
━ ━ ━ ━ .... Regionali
━ ━ ━ ━ .... Suburbani

IDROGRAFIA

.... Linea costiera
.... Fiume, torrente
.... Lago
.... Canale

.... Parco, giardini
.... Centro abitato, edificio

STRADE E TRASPORTI

.... Autostrada
.... Superstrada
.... Strada secondaria
.... Strada minore
.... Strada non asfaltata
.... Autostrada urbana
.... Superstrada urbana
.... Strada cittadina
.... Via, vicolo

.... Strada pedonale
.... Tunnel
..... Ferrovia e stazione
Metropolitana e stazione
.... Tram
...... Funivia, seggiovia
.... Escursione a piedi
.... Itinerario a piedi
.. Traghetto e terminal

TERRITORIO

.... Foresta
.... Mercato

.... Spiaggia
.... Cimitero

SIMBOLI

LONDON .... Capitale
Bristol .... Grande città
Cambridge .... Cittadina
Bideford .... Paese, villaggio
● .... Punto di interesse
■ .... Pernottamento
▲ .... Campeggio
🚐 .... Camper, roulotte
▼ .... Pasti
▢ .... Pub o bar
✈ ✚ .... Aeroporto, pista
Mura antiche o cittadine
● .... Banca
➤ .... Spiaggia
➘ .... Oasi avifaunistica
..... Fermata, autostazione
.... Castello o forte

.... Cattedrale; chiesa
.... Grotta
.... Cinema; teatro
.... Dirupo o scarpata
.... Ambasciata
.... Fontana
.... Campo di golf
.... Ospedale
.... Internet Cafe
.... Faro
.... Punto panoramico
.... Monumento
Montagna; catena montuosa
.... Museo
.... Senso unico

N.B.: non tutti i simboli che compaiono in
questa tavola sono utilizzati nel testo

P .... Parcheggio
)(............................... Passo
.... Polizia
.... Ufficio postale
.... Rovine
.... Centro commerciale
.... Pista da sci
.... Edificio storico
.... Piscina
.... Telefono
.... Toilette pubbliche
.... Tomba
..... Informazioni turistiche
.... Trasporti
.... Zona enologica
.... Cascata
.... Zoo

UFFICI LONELY PLANET E EDT

EDT srl
19 via Alfieri
10121 Torino
Italia

tel. (39) 011 5591 811
fax (39) 011 5591 824
e-mail: edt@edt.it
www.edt.it

Lonely Planet Publications
Sede:
90 Maribyrnong St, Footscray
Melbourne, VIC 3011, Australia
(altri uffici in Francia, U.S.A., Gran Bretagna)
tel. (61) 03 8379 8000
fax (61) 03 8379 8111
e-mail: talk2us@lonelyplanet.com.au
www.lonelyplanet.com

e-mail: lettere@lonelyplanet.com
www.lonelyplanet.com/italia